변호사·법무사·로스쿨·중개사·행정사·법학도·일반인용 법률전문서적

"주위토지통행권·층간소음·층간누수·일조권·조망권" 중심

상린관계 소송 실무

- 이웃토지분쟁과 생활방해금지 -

법학박사 **장 종 운** 저

- 주위토지통행권
- 일조권 · 조망권
- 소음·층간소음·층간누수·매연
- 이웃토지의 사용과 수인
- 이웃 물의 인수와 배수
- 경계표와 담의 설치
- 이웃건축물의 축조와 차면시설
- 수목과 뿌리의 제거

진 원 사

머 리 말

요즘과 같은 웰빙시대에는 도시의 복잡한 아파트 생활보다는 한적한 전원주택에서의 여유로움을 즐기는 생활을 선호하고 있는 것 같습니다. 그러다보니 토지를 구해 주택을 짓다보면 통행로 문제가 빈번히 발생하게 됩니다. 이는 비단 주택을 건축하기 위한 경우뿐만 아니라 텃밭농사를 짓거나 귀농·귀촌인이 농사를 지으려는 경우 그밖에 맹지나 통행로가 없는 건축물의 경우에는 타인 소유의 이웃토지를 통행로로 확보해서 공로로 나아가는 수밖에 없는 경우가 발생할 수 있습니다. 이를 위한 제도가 주위토지통행권입니다.

또한 현대인은 먹고 사는 문제에 매달리는 과거와 달리 삶의 질을 중시하므로 예전에는 무시하고 살았던 생활공해들이 이제는 도외시할 수 없을 정도로 중시되고, 주위의 생활환경에 예민하게 반응하기 마련입니다. 일조권, 조망권·관망권, 소음·진동, 층간소음, 매연, 누수, 오폐수문제 등이 생활환경의 요소로써 중요한 비중을 차지하고 있는 것입니다.

이웃간의 토지관계로 생긴 다양한 생활관계에 대한 이용 조절을 상린관계라고 하며, 그로부터 발생하는 권리를 상린권이라고 합니다. 토지란 그 속성상 다른 토지와 접속되어 있는 관계로 이웃토지를 사용해야 할 때도 있고 경우에 따라서는 내 토지가 이웃에서 사용하도록 수인해줘야 하는 상린관계가 생길 수 있으며, 나아가 토지나 담의 경계문제로 갈등을 겪게 되는 경우도 비일비재할 것입니다. 이는 농촌지역에서의 논밭이나 임야와 관련하여 분쟁이 많은게 사실이지만 토지가 존재하는 한 도시지역이라고 해서 예외가 될 수 없습니다. 건축이나 담 등을 쌓기 위해 이웃토지를 사용해야 하는 문제, 다른 사람의 토지를 거쳐 수도·가스관 등을 설치하거나 저수·배수·인수를 위한 공작물을 설치해야 하는 문제, 자연유수나 공용수의 사용이나 소통(疏通)을 위한 공사 또는 수류의 변경, 제방 축조, 공유하천용수권, 경계표·담의 설치, 담을 넘어온 이웃 나뭇가지나 뿌리의 제거, 이웃토지 부근에서의 토지굴착공사나 지하시설의 설치, 차면시설 문제 등 각종 문제가 모두 이웃간에 빈번히 발생하는 문제들입니다.

본서는 이러한 이웃간에 발생할 수 있는 수많은 상린관계와 관련된 분야에 관하여 빠짐 없이 다루고 있고 생활방해로 인하여 피해를 입고 있는 독자들께 구제의 방책을 소개하고 있습니다. 다만 지면 관계상 깊이 있는 논의보다는 일상생활에서 일어날 수 있는 상린관계를 모든 분야에 걸쳐 폭넓게 살펴보는데 중점을 두었습니다. 아마 상린관계에 관한 종합적인 실무서로서는 본서가 국내 최초이지 않나 싶습니다. 이와 같이 저자는 여전히 사각지대로 남아 있는 새로운 법률관계를 찾고, 그에 대한 해결책을 도모하는데 무던히 애써 오고 있습니다.

한편 상린관계는 그 성격상 판례와 관습에 의존하는 경향이 강한데, 특히 최신 판례보다는 과거에 형성된 판례에 의해 주로 규율되는 경우가 많습니다. 따라서 가급적 역대 판례와 관습을 소개하는데 많은 지면을 할애했습니다.

본서는 실무서인 만큼 실생활에서 겪을 수 있는 상린관계에 관한 분쟁사안을 망라해 누구의 도움을 받지 않고도 혼자서 손쉽게 해결할 수 있도록 하는데 초점을 맞추었습니다. 따라서 가급적 법원의 실무와 과거 및 현재의 판례 입장 나아가 최신 법령의 입장에서 생동감 있게 저술하도록 노력했습니다.

본서를 짧은 시간 내에 마무리하고 나니 여러 아쉬운 점이 남습니다. 차후에 개정되어야 할 부분과 미흡한 부분은 다음 판에서 보완해드릴 것을 약속드리며, 본서와 같이 좋은 책이 나올 수 있도록 애써 주신 진원사의 양진수 사장님을 비롯한 편집부 관계자분들께도 감사의 말씀을 드리고, 아무쪼록 본서를 구입하신 모든 독자분들께 행운이 함께 하시고, 본서로 도움을 받아 상린관계에서의 고민과 문제점의 해결에 조그마한 도움이라도 되었으면 하는 마음 간절히 바라는 바입니다.

2022년 1월

저자 **장 종 운** 드림

참 고 문 헌

[국내문헌]

1. 단행본

한국사법행정학회, 주석 민법(물권 1), 2011.

김준호, 민법강의, 법문사, 2014(제20판), 2021(제27판).

지원림, 민법강의, 홍문사, 2016(제14판), 2021(제18판).

양형우, 제4판 민법의 세계, 진원사(정독), 2011(제4판), 2020(제12판).

법원행정처, 법원실무제요 민사집행 (Ⅰ)·(Ⅱ)·(Ⅲ)·(Ⅳ)·(Ⅴ), 2014, 2020.

법원행정처, 법원실무제요 민사소송 (Ⅰ)·(Ⅱ)·(Ⅲ), 2020.

장종운, 최신 손해배상실무, 진원사, 2021.

2. 학위논문

이태승. "민법의 상린관계와 건축법의 쟁점", 대진대학교 법무행정대학원 석사학위논문, 2015.

윤의섭, "주위토지통행권에 관한 연구", 성균관대 박사학위논문, 1999.

유홍재, "공동주택 층간소음에 관한 법적 연구", 광운대학교 건설법무대학원 석사학위논문, 2013.

장가익, "일조권 침해 분쟁 해결방안 연구", 광운대학교 건설법무대학원 석사학위논문, 2015.

김영호, "일조권 침해 분쟁 해소방안에 관한 연구 -건축적 관점을 중심으로-", 동의대 박사학위논문, 2011.

김민정, "일조권 침해 사례 분쟁분석 및 제도적 개선방안", 중앙대학교 산업경영대학원 석사학위논문, 2006.

김종년, "조망권의 침해와 사법적 구제에 관한 연구", 창원대학교대학원 석사학위논문, 2004.

정갑덕, "주위토지통행권에 관한 연구", 동아대학교 법무대학원 석사학위논문, 2010.

윤의섭, "주위토지통행권에 관한 연구", 성균관대학교대학원 박사학위논문, 1998.

이태승, "만법의 상린관계와 건축법의 접점", 대진대학교 법무행정대학원 석사학위논문, 2015.

최춘식, "일조권 침해에 대한 사법적 구제에 관한 연구, 조선대학교대학원 박사학위논문, 2003.

3. 일반논문

이기우, "상린관계에 관한 민법과 공법의 법 이념에 관한 연구", 토지법학(제10호), 1994.

최봉경, "주위토지통행권 행사의 한계-대법원 2009.6.11. 2008다75300·75317·75324 판결을 중심으로", 민사판례연구(XXXⅢ-上), 2011.

김관재, "주위토지통행권의 성립요건", 대법원판례해설(제15호), 1992.

김용헌, "주위토지통해권의 허용범위에 관한 일고찰", 법실천의 제문제, 1996.

변종춘, "주위토지통행권에 관한 소고", 사법논집(제19집), 1988.

안동섭, "주위토지통행권", 새법정(2권 8호), 1972.

안창환, "주위토지통행권-통로 폭과 비용부담", 판례연구(19집), 2008.

이상태, "주위토지통행권", 일감법학(제3권), 건국대법학연구소, 1998.
이수철, "주위토지통행권-사례를 중심으로-", 사법연구자료(제17집), 법원행정처, 1990748
.
조성민, "주위토지통행권의 적용범위", 판례월보(제332호), 1998.
구제군, "주위토지통행권에 관한 연구", 토지공법연구(제37집 제1호), 2007.
배성호, "주위토지통행권에 관한 연구", 영남법학(제8권 제1-2호), 2002.
이승길, "주위토지통행권", 토지법학(제18호), 2002.
김종보, "건축법상 일조권", 환경법 연구(제23권 2호), 2001.
이웅세, "일조권 침해와 환경소송", 재판자료(제95집), 2002.
서해용, "일조권 침해에 관한 사법적 구제", 환경법연구, 2003.
박창현, "일조권 침해로 인한 공사중지 가처분", 판례연구(제7집), 부산판례연구회, 1997.
이승우, "일조권 침해와 손해배상", 한국환경법학회, 2002.
허상수, "고층건물 신축으로 인한 조망, 경관권의 침해", 판례연구(12집), 부산판례연구회, 2001.

[인터넷사이트]

대법원 : http://glaw.scourt.go.kr
대한민국 국회 : http://www.assembly.go.kr
대한법률구조공단 : http://www.klac.or.kr
로앤비 : http://www.lawnb.com
법률신문 : https://www.lawtimes.co.kr
법제처 종합법령정보센터 : http://www.law.go.kr
전남대학교법학도서관 : http://lawlib.jnu.ac.kr
한국학술정보 : http://www.kstudy.com
한국학술정보서비스(RISS) : http://www.riss.kr/index.do
헌법재판소 : http://www.ccourt.go.kr
DBPIA : https://www.dbpia.co.kr

목 차

제1부 상린관계 총론

제2부 상린관계 각론

제3부 상린관계 소장 작성실무

제1부 상린관계 총론

제1장 상린관계의 개념

01
상린관계의 의의와 성격

1. 상린관계의 의미와 기능

가. 상린관계의 의미

상린관계란 말 그대로 인접하거나 이웃한 부동산, 특히 토지소유자 상호간의 이용관계를 조절하기 위한 법률관계를 말하고, 이러한 인접 토지소유자 간의 상린관계에서 발생하는 권리를 상린권이라고 한다. 상린관계는 토지뿐만 아니라 구분건물 소유자 사이에도 인정된다.

이와 같이 상린관계는 이웃부동산 간의 이용조절을 도모하는 법률관계라고 하지만, 매연 등의 금지나 일조권, 조망권, 통행권 등과 같이 결국 그 부동산을 소유하고 있거나 거주하고 있는 사람간의 이해를 조절하는 법률관계의 측면이 강하다고 할 수 있으므로 상린관계는 이웃사람 간의 이해관계를 조절하는 법률관계라고 해도 무방하다고 본다. 상린관계를 규율하는 법률을 상린관계법이라고 할 수 있는데, 가장 기본이 되는 법으로는 민법(이하 '조문만 표시함')을 들 수 있고(제215조~제244조), 그밖에 실질적으로 상린관계를 규율하는 각종 법령, 예컨대, 구분건물에 관한 상린관계와 관련해서는 「집합건물의 소유 및 관리에 관한 법률」, 일조권이나 주위토지통행권, 경계선부근의 건축거리 제한 등과 관련해서는 건축법과 도로법을 비롯한 건축관계 법령, 소음과 관련해서는 소음·진동관리법, 생활환경과 관련된 상린관계에서는 물환경보전법 및 대기환경보전법 등 환경관계법 등도 실질적인 상린관계법에 포함시켜 상린관계를 규율하고 있다고 본다.

나. 상린관계의 기능

토지란 그 특성상 이웃토지와 붙어 있을 수밖에 없으므로 이웃토지 간의 관계는 떨어져 있는 토지간의 관계에 비하여 상호간에 밀접한 영향을 미치게 된다. 따라서 각 토지가 그 소유권의 기능을 충분히 발휘하기 위해서는 인접 토지의 각 소유자가 일정한 범위 내에서 제한을 받기도 하고, 서로 협력을 요구하는 권리도 주어져 있기도 한다. 이런 점에서 상린관계는 소유권의 제한 측면도 있지만 소유권이 확장되는 측면도 있다. 상린관계는 부동산에 대해서만 인정되고, 동산의 소유권 사이에는 인정되지 않으며, 원칙적으로 인접하거나 이웃한 부동산 사이에서만 인정되고, 멀리 떨어져 있는 부동산 사이에는 원칙적으로 인정되지 않는다.

다. 사법적 상린관계의 공법적 규제화

상린관계는 원칙적으로 사법적 관계의 영역에 속하는 것이라고 할 수 있지만, 현대로 갈수록 상린관계에서 예상치 못한 새로운 문제나 사회적 분쟁 내지 갈등 또는 이를 규제하지 않으면 안되는 공익적 수요가 나타남에 따라 이들에 대한 공법적 규제의 필요성이 생기게 되었고, 이에 따라 사법적 상린관계의 각 분야에 따라 각종 특별법이 제정됨으로써 이를 공법적 규율의 대상으로 편입하고 있는 경향에 있다고 본다. 이를 사법적 상린관계의 공법관계화라고 명명하고 싶다. 그렇다고 하더라도 건축법 등 각종 행정관련 공법은 공익적인 측면에서 상린관계를 규율하려는 것이므로 사익적 측면에서의 규율 대상인 사법상의 상린관계는 여전히 독자적인 존재 의의가 유지되고 있다고 보아야 한다.

2. 상린관계의 성격과 특징

가. 소유권의 한 내용으로서의 권리

상린관계로부터 발생하는 상린권은 토지 상호간의 이용이라는 측면에서 지역권과 유사하지만, 계약에 의해서 발생하는 것이 아니라 등기 없이도 법률의 규정에 의하여 당연히 인정되는 권리이고, 독립된 물권이라기보다는 소유권의 내용을 이루는 것이라고 보는 것이 타당하며, 따라서 단독으로 소멸시효에 걸리거나 소유권과 떼어서 별도로 거래의 객체가 될 수 없고, 서로 인접한 부동산 상호간에만 인정될 뿐 지역권과 같이 인접하지 않는 토지 사이에는 원칙적으로 인정되지 않는 특징이 있다. 이러한 인접하는 부동산소유자 간의 이용관계를 조절하기 위한 상린관계 내지 상린권은 민법 물권편의 제3장 소유권 부분에서 규율하고 있는데, 민법에서는 제1절 소유권의 제한 부분에서 제211조~제244조를 두어 상린관계를 규율하고 있다. 또한 상린관계에서는 작위보다는 주로 부작위 의무 내지 수인의무를 부담시키는 경우가 많은 특징이 있다.

나. 소유권과 구별되는 독자적인 존재 의의를 가지는지 여부

이와 같이 상린권이 독립된 물권으로서의 성격을 가지는 것은 아니라고 해서 민법상 상린관계의 규정(제215조~제244조)이 독자적인 존재 의의를 가지지 않는 것은 아니며, 소유권의 규정과 별개로 상린관계의 규정에 의한 권리행사가 가능함은 물론이다. 상린관계의 성질에 관하여는 ① 임의규정이라는 견해, ② 강행규정이라는 견해,[1] ③ 원칙적으로 강행규정이로되, 제242조(경계선부근의 건축) 및 제244조(지하시설 등에 대한 제한) 등 일부 규정은 임의규정이라는 견해 등으로 나누어지는데, 판례는 위 ③설을 취한 것으로 보이고(대판 2012.12.27. 2010다103086,[2] 1962.11.1. 62다567,[3] 1982.10.26. 80다1634[4]), 또한 타당하다고 본다.

다. 민법보다 관습이 우선적으로 적용되는 특성

상린관계의 규율은 민법보다는 이와 다른 관습이 있는 경우에는 관습이 우선적으로 적용되는 특성이 있다. 민법에서도 소통공사비용 및 저수·배수·인수를 위한 공작물의 공사비용(제224조), 수류변경권(제229조 제2항), 공유하천용수권·하류연안의 용수권보호·용수권의 승계(제234조), 경계표 및 담의 설치권(237조 제3항), 경계선부근의 건축거리 제한(제242조 제1항) 등에 관한 민법 규정에서 관습의 우선적 적용을 확인하고 있다. 따라서 같은 내용이라도 각 지역별 관습이 다르면 각각 다른 내용으로 상린관계가 규율될 수 있는 특징이 있다.

라. 지역에 따라 구분되는 상린관계

상린관계는 해당 부동산의 소재지가 농촌지역인지 도시지역인지에 따라 분쟁의 대상이 구별되는 특징이 있다. 도시지역에서는 매연이나 일조권, 조망권, 층간소음, 차면시설 등과 같은 생활방해금지의 측면이나 경계선부근의 건축, 지하굴착, 담·경계표의 설치 등과 같은

---

1) 한국사법행정학회, 2011 주석 민법(물권 1), 540p; 양형우, 제12판 민법의 세계, 495p.

2) 인접하는 토지 상호간의 이용의 조절을 위한 상린관계에 관한 민법 등의 규정은 인접지 소유자에게 소유권에 대한 제한을 수인할 의무를 부담하게 하는 것이므로 적용 요건을 함부로 완화하거나 유추하여 적용할 수는 없고, 상린관계 규정에 의한 수인의무의 범위를 넘는 토지이용관계의 조정은 사적자치의 원칙에 맡겨야 한다. 그러므로 어느 토지소유자가 타인의 토지를 통과하지 않으면 필요한 전선 등을 시설할 수 없거나 과다한 비용을 요하는 경우에는 타인은 자기 토지를 통과하여 시설을 하는데 대하여 수인할 의무가 있다(대법원 2012.12.27. 선고 2010다103086 판결).

3) 민법 제242조의 규정은 서로 인접하여 있는 소유자의 합의에 의하여 법정거리를 두지 않게하는 것을 금지한다고는 해석할 수 없고 당사자간의 합의가 있었다면 그것이 명시 또는 묵시라 하더라도 인접지에 건물을 축조하는 자에게 대하여 법정거리를 두지 않았다고 하여 그 건축을 폐지시키거나 변경시킬 수 없다고 할 것이다(대법원 1962.11.1. 선고 62다567 판결).

4) 지하시설을 하는 경우에 있어서 경계로부터 두어야 할 거리에 관한 사항 등을 규정한 민법 제244조는 강행규정이라고는 볼 수 없으므로 이와 다른 내용의 당사자간의 특약을 무효라고 할 수 없다(대법원 1982.10.26. 선고 80다1634 판결).

건축관련 상린관계가 주로 다루어질 것이지만, 농·어촌지역에서는 주로 물이나 수로 또는 하천 등과 관련된 상린관계나 논밭으로의 통행문제, 제방·둑의 설치, 수목가지·뿌리의 제거 등 농업이나 어업과 관련된 상린관계가 다루어질 것이다.

3. 소유권에 기한 물권적 청구권과 상린관계에 의한 권리구제의 관계

상린관계는 이웃토지 간의 이용조절을 도모하기 위한 것이므로 토지소유권과 밀접하게 관련되어 있다. 따라서 인근 토지소유자의 행위로부터 소유권의 완전한 실현이 방해를 받은 때에는 그 토지소유자는 소유권에 기한 물권적 청구권의 행사에 의한 구제와 상린관계에 관한 민법 규정에 의한 구제를 도모할 수 있을 것이다.

즉 소유권과 관련해서 소유자는 법률의 범위 내에서 그 소유물을 사용·수익·처분할 권리가 있고, 이러한 소유권을 방해하는 자에 대하여는 방해제거를, 방해할 염려 있는 행위를 하는 자에 대하여는 그 예방이나 손해배상의 담보를 청구할 수 있고(제214조), 상린관계와 관련해서는 이웃토지로부터 매연, 열기체, 액체, 음향, 진동 기타 이에 유사한 것에 의해 토지의 사용이 방해를 받거나 그 거주자의 생활에 고통을 받게 되는 경우에는 그것이 이웃토지의 통상의 용도에 적당한 것으로서 거주자의 수인한도의 범주에 드는 때에는 인용의무가 있을 것이지만(제217조 제2항), 수인한도를 초과할 때에는 상린권에 기하여 그 방해자에 대해 적당한 조치를 취하도록 청구할 수 있다(제217조 제1항).[5]

이에 관하여 과거에는 상린관계에 관한 규정을 소유권의 권능에 대한 적극적 이용권능의 한계 규정(제217조 제1항, 제211조) 또는 소극적 방어권능의 한계 규정(제217조 제2항, 제214조)이라고 하여 소유권에 부수적인 생활이익 내지 환경이익으로만 보는 경향이 있었으나, 이

---

5) 무릇 이 사건 피고 경영의 한일병원과 같은 종합병원의 경우에 있어서 시체실의 설치는 필요불가결한 것이라 할 것이고, 또 그 인접지 거주자인 원고가 그로 인하여 불쾌감 등 고통을 받게 될지라도 그 정도가 사회관념상 일반적으로 수인해야 할 정도의 것일 때에는 원고로서는 이를 수인함으로써 종합병원의 사회적인 기능과 일반시민의 보건생활에 지장이 없도록 해야 할 것임은 당연한 사리라 할 것이다. 그러나 만일 원고가 입는 고통이 위 정도를 초과할 때에는 그 수인의무가 없고 오히려 그 방해사유의 제거 내지 예방을 청구할 수 있으며, 따라서 피고는 그 방해사유의 제거 내지 예방을 위하여 적당한 조치를 할 의무가 있음은 민법 제217조에 비추어 분명하다 할 것인바, 피고 경영의 한일병원이 이 사건 시체실을 그곳에 안치한 시체로부터 발산하는 악취의 확산방치나 제거를 위한 조치, 유족이나 조객들의 곡성이 외곽에 전파되지 않도록 하는 조치, 시체봉구시의 시체의 일반인에의 노출방지 조치 등 적절한 조치를 취하지 않고 이런 상태대로 계속 사용한다면, 원고와 그의 가족들은 시체에서 발산하는 악취, 유족이나 조객들의 곡성 및 일반시민이 직접 보기를 꺼려하는 시체의 운구를 빈번이 보게 됨으로 인하여 죽음에 대한 공포와 생에 대한 불안감 기타 신경의 긴장을 일으켜 정신위생상 유해한 결과를 낳고 또 생활환경상의 안정이 심히 저해 받게 될 것이고, 원고가 받게 되는 위 피해와 고통은 사회관념상 일반적으로 요구되는 수인의 정도를 초과함을 인정할 수 있으므로 원고는 피고에 대하여 위 방해요인의 제거 내지 예방을 청구할 수 있다 할 것이다(대판 1974.12.24. 68다1489).

제는 쾌적한 환경을 누릴 수 있는 권리나 조망·경관권 또는 일조권의 보호, 소음·진동·먼지 등으로부터 생활고통을 받지 않을 권리 등이 토지의 사용이익과 구별되는 독자적인 생활이익으로서 법적 보호의 대상으로 발전하고 있으므로 상린관계에서 생활방해로 인한 손해배상청구권은 소유권에 기한 물권적 방해배제권 또는 방해예방청구권의 행사에 의한 구제와 더불어 양립가능한 독자적인 권리구제수단이라고 보아야 할 것이다.

소유권 등 물권에 기한 물권적 청구권은 물권자만 행사가 가능하지만, 상린권에 의한 구제는 소유권자 외에도 이웃부동산으로부터 피해를 입은 임차인 등과 같은 거주자도 구제가 가능하다는 점, 상린권에 의한 구제는 그 요건이 보다 완화되어 있다는 점, 상린권에 의한 구제수단인 적당한 조처에는 그 방법이 다양할 수 있다는 점 등에서도 물권적 청구권과 다른 독자적인 존재 의의를 가지고 있다고 본다. 다만 상린관계에 관한 민법의 규정에서는 손해배상을 예정하고 있지 않으므로 손해배상청구의 문제는 민법 제750조 이하에서 규정한 불법행위책임의 성립을 전제로 손해배상을 청구하는 수밖에 없을 것이다(제750조~제766조).

이때 생활방해로 인한 손해배상청구시에는 다른 불법행위로 인한 손해배상청구와 달리 생활방해의 정도가 사회통념에 따른 수인한도를 초과하게 되면 불법행위의 성립이 추정되어 입증책임의 요건이 보다 완화됨으로써 그 피해자는 보다 쉽게 위자료 등 불법행위로 인한 손해배상을 청구할 수 있을 것이다(대판 1997.10.28. 95다15599).

| 사례 1 | 종합병원의 응급실과 영안실이 인근 연립주택 주민들에게 끼친 생활방해가 사회통념상 요구되는 수인한도를 넘는 것인지 여부(적극)

의료법인이 운영하는 종합병원의 부지와 인근 주민들이 거주하는 연립주택의 부지는 모두 도시계획법에 의하여 일반상업지역으로 지정된 지역 내에 위치하고 있기는 하지만, 그 지역의 현황은 상가 등 근린생활시설과 주택이 혼재하여 있고, 그 연립주택의 전면이 그 병원의 부지 쪽을 향하여 건축된 다음 상당한 기간이 지난 후에 그 병원이 건축되었으며 그 연립주택 부지와 병원 부지 사이의 경계로부터 그 병원의 3층 산부인과 입원실의 연립주택 쪽 창문까지의 직선거리는 차면시설의무가 있는 법정 거리인 2m에 미치지 못하는 경우, 비록 그 병원이 그 부지의 도시계획상 용도에 적합한 시설이고 그 병원과 같은 종합병원은 공익시설이며 이를 운영함에 있어서 응급실과 영안실의 설치가 필수적이라고 하더라도 그 병원 및 연립주택의 현황과 그 위치한 지역의 형태, 토지 이용의 선후 관계, 의료법인으로서는 그 병원의 운영에 지장을 초래하지 않는 범위 내에서 인근 주민들의 생활방해를 방지하거나 감소시키기 위한 조치를 할 수 있었을 것으로 보이는 점 등 제반 사정에 비추어 볼 때, 의료법인이 그와 같은 조치를 하지 아니함으로써 발생한 생활방해는 인근 주민들에게 사회통념상 요구되는 수인의 한도를 넘은 것이라고 봄이 상당하다(대판 1997.10.28. 95다15599).

02

부동산소유권의 범위와 상린관계

1. 부동산소유권

가. 부동산소유권의 의의

부동산소유권이란 부동산의 소유자가 법률의 범위 내에서 소유물을 사용·수익하고 이를 처분할 수 권리를 말한다(민법 제211조). 이와 같이 부동산소유권은 소유자의 자유로운 의사에 따라 부동산소유권에 대한 사용·수익·처분의 권능 외에 보관관리 등 모든 면에서 소유물을 지배할 수 있는 전면적이고 포괄적인 지배권이라고 할 수 있다.[6] 이웃부동산 간의 이용 조절을 도모하는 상린관계는 부동산 중에서도 주로 토지소유권과 관련되는 것이 많다. 이에 상린관계를 다루기에 앞서 토지소유권이 미치는 상하의 범위 등 토지소유권과 관련된 내용에 관하여 살펴볼 필요가 있을 것이다.

나. 토지소유권의 범위

토지소유권은 토지의 지표뿐만 아니라 정당한 이익이 있는 범위 내에서 토지의 지상 및 지하에까지 미치게 된다(민법 제212조). 토지의 경계는, 특별한 사정이 없는 한, 지적도 등 지적공부상의 경계에 의하며(대판 1993.11.9. 93다22845,[7] 1985.3.26. 84다71), 바다에 대한 토지의 경계선은 만조수위선으로 한다(대판 1993.11.23. 93다41792·41808). 그렇다면 지상 또는 지하의 어느 범위까지 토지소유권이 미친다고 할 것인지 문제된다. 이에 관하여 로마법이나 프랑스민법 또는 독일민법에서처럼 천공 또는 지옥까지 무한대로 미친다는 입법례도 있었으나, 스위스민법에서는 정당한 이익이 미치는 범위 내에서만 인정된다고 하고 있고, 우리나라도 스위스민법을 수계하였다.[8] 여기에서 정당한 이익이 미치는 범위란 각 시대별로 과학기술

---

6) 한국사법행정학회, 2011 주석 민법(물권 1), 470p.

7) 어떤 토지가 지적공부에 1필지의 토지로 등록되면 그 토지의 소재, 지번, 지적 및 경계는 다른 특별한 사정이 없는 한 이 등록으로써 특정되고 그 소유권의 범위는 현실의 경계와 관계없이 공부상의 경계에 의하여 확정되는 것이고, 이 토지에 대한 매매도 특별한 사정이 없는 한 현실의 경계와 관계없이 지적공부상의 경계와 지적에 의하여 확정된 토지를 매매의 대상으로 하는 것으로 보아야 할 것이며, 다만 지적도를 작성함에 있어서 그 기점을 잘못 선택하는 등 기술적인 착오로 말미암아 지적도상의 경계선이 진실한 경계선과 다르게 작성되었기 때문에 경계와 지적이 실제의 것과 일치하지 않게 되었고, 그 토지들이 전전매도 되면서도 당사자들이 사실상의 경계대로의 토지를 매매할 의사를 가지고 거래를 한 경우 등과 같은 특별한 사정이 있는 경우에는 그 토지의 경계는 실제의 경계에 의해야 할 것이다(대판 1993.11.9. 93다22845).

의 수준에 따라 달라지겠지만 결국 입법 정책의 문제로 귀결될 것으로 보인다. 따라서 법에서 정한 부분까지의 지상 및 지하에 대하여만 토지소유권의 효력이 미치게 될 것이고, 그 부분을 벗어나는 지상 및 지하 부분은 토지소유권이 미치지 않아 타인이 이용할 수 있게 될 것이다. 예컨대, 항공안전법에 따르면 국토교통부장관은 항공기, 경량항공기 또는 초경량비행장치의 항행에 적합하다고 지정한 지구의 표면상에 표시한 공간의 길인 항공로의 관리에 관한 사항을 5년마다 수립해야 하고(항공안전법 제2조 제13호, 제6조 제2항 제4호), 지표면 또는 수면으로부터 200미터 이상 높이의 공역으로서 항공교통의 안전을 위하여 관제구로 지정·공고할 수 있으므로(동법 제2조 제26호). 항공로 및 관제구로 설정된 지역에서의 토지소유권의 범위는 200미터 미만으로 제한되는 것이다. 지하와 관련해서는 광물[9]과 지하수, 온천수, 동굴 등이 문제된다. 광물과 관련해서는 광업법에서 국가에게 채굴되지 않은 광물에 대하여 채굴하고 취득할 권리를 부여할 권능을 부여하고 있다(광업법 제2조). 따라서 미채굴의 광물에 대하여는 토지소유권이 미치지 않는다고 본다. 지하수란 지하의 지층이나 암석 사이의 빈틈을 채우고 있거나 흐르는 물을 말하는데(지하수법 제2조 제1호), 이러한 지하수에는 토지소유권이 미친다고 할 것이다. 다만 이로 인하여 인근 토지소유자의 지하수 관련 토지이용권이 침해되는 경우에는 권리남용으로 되어 불법행위책임이 성립될 수 있을 것이나,[10] 이는 별개의 문제이다. 온천은 지하로부터 솟아나는 섭씨 25도 이상의 온수로서 그

---

8) 한국사법행정학회, 2011 주석 민법(물권 1), 486p.

9) 광물이란 금광, 은광, 백금광, 동광, 연광(鉛鑛), 아연광, 창연광(蒼鉛鑛), 주석광(朱錫鑛), 안티몬광, 수은광, 철광, 크롬철광, 티탄철광, 유화철광(硫化鐵鑛), 망간광, 니켈광, 코발트광, 텅스텐광, 몰리브덴광, 비소광(砒素鑛), 인광(燐鑛), 붕소광(硼素鑛), 보크사이트, 마그네사이트, 석탄, 흑연, 금강석, 석유(천연피치 및 가연성 천연가스를 포함한다), 운모[견운모(絹雲母) 및 질석(蛭石)을 포함한다], 유황, 석고(石膏), 납석(蠟石), 활석(滑石), 홍주석[홍주석. 규선석(硅線石) 및 남정석(藍晶石)을 포함한다], 형석(螢石), 명반석(明礬石), 중정석(重晶石), 하석(霞石), 규조토(硅藻土), 장석(長石), 불석(沸石), 사문석(蛇紋石), 수정(水晶), 연옥(軟玉), 고령토[도석(陶石), 벤토나이트, 산성백토(酸性白土), 와목점토(蛙目粘土), 목절점토(木節粘土) 및 반토혈암(礬土頁岩)을 포함한다], 석회석[백운석(白雲石) 및 규회석(硅灰石)을 포함한다], 사금(砂金), 규석, 규사, 우라늄광, 리튬광, 카드뮴광, 토륨광, 베릴륨광, 탄탈륨광, 니오비움광, 지르코늄광, 바나듐광 및 희토류광[세륨, 란타늄, 이트륨, 프라세오디뮴, 네오디뮴, 프로메튬, 사마륨, 유로퓸, 가돌리늄, 테르븀, 디스프로슘, 홀뮴, 에르븀, 툴륨, 이터븀, 루테튬, 스칸듐을 함유하는 토석을 말한다] 중 어느 하나에 해당하는 물질을 말하며, 그 물질의 폐광(廢鑛) 또는 광재(鑛滓: 제련하고 난 찌꺼기)로서 토지에 붙어 있는 것은 광물로 본다(광업법 제3조 제1호).

10) 토지의 소유권은 정당한 이익이 있는 범위 내에서 토지의 상하에 미치므로 토지소유자는 법률의 제한 범위 내에서 그 소유 토지의 지표면 아래에 있는 지하수를 개발하여 이용할 수 있다고 할 것이나, 소유권 방해제거·예방청구권에 관한 민법 제214조의 규정과 용수장해로 인한 용수권자의 손해배상청구권 및 원상회복청구권에 관한 민법 제236조의 규정을 종합하여 보면, 어느 토지소유자가 새로이 지하수 개발공사를 시행하여 설치한 취수공 등을 통하여 지하수를 취수함으로 말미암아 그 이전부터 인근 토지 내의 원천에서 나오는 지하수를 이용하고 있는 인근 토지소유자의 음료수 기타 생활상 필요한 용수에 장해가 생기거나 그 장해의 염려가 있는 때에는, 생활용수 방해를 정당화하는 사유

성분이 질산성질소(NO3-N)가 10mg/L 이하이고, 테트라클로로에틸렌(C2Cl4)이 0.01mg/L 이하이며, 트리클로로에틸렌(C2HCl3)이 0.03mg/L 이하로서 음용 또는 목욕용으로 사용되어도 인체에 해롭지 않는 것을 말하며(온천법 제2조 제1호, 동법 시행령 제2조), 지하수의 일종이지만 그 특수성으로 인하여 특별한 보호를 하고 있다. 다만 온천수에 대한 이용권인 온천권은 토지와는 독립된 관습법상의 물권이나 준물권으로 인정되지 못하며,[11] 토지소유권의 범위에 속하는 것이다. 이러한 온천권은 온천발견신고가 수리된 신고인으로서 해당 온천공이 있는 토지를 소유하고 있는 자에게 우선권이 인정된다(온천법 제2조 제3호 본문). 온천발견신고가 수리된 후 토지소유자가 변경된 경우에는 변경된 토지소유권자에게 우선권이 넘어가게 될 것이다. 지하 동굴에는 당연히 토지소유권의 범위에 포함될 것이다. 다만 문화재로 지정된 동굴은 문화재보호법에 적용되어 소유권 행사에 제한이 가해질 수 있지만 이는 별개의 문제이다.

위와 같이 법령에 의해 토지소유권이 미치는 지상 또는 지하의 범위가 정해진 바가 없다면 분쟁이 발생한 시점의 과학기술의 수준에 따라 사회적 관행이나 거래관념에 의거하여 판단될 것으로 보인다.

2. 부동산의 이용관계와 상린관계

상린관계는 부동산소유권 자체가 아니라 이웃 간의 부동산에 대한 이용관계를 조절하기 위한 관계이다. 따라서 부동산소유권이 아니더라도 부동산의 이용과 관련되어 있다면 상린관계가 인정될 수 있다. 즉 지상권 및 전세권에도 상린관계는 준용되며, 따라서 지상권자간 또는 지상권자와 인지소유자간에도 적용되고(민법 제290조 제1항), 전세권자간 또는 전세권자와 인지소유자 및 지상권자간에도 적용된다(민법 제319조). 상린관계는 주택임대차의 경우에

가 없는 한 인근 토지소유자는 그 생활용수 방해의 제거(원상회복)나 예방을 청구할 수 있다고 할 것이며, 토지소유자의 새로운 원천의 개발 및 지하수 이용으로 인하여 기존의 원천에서 나오는 지하수를 이용하고 있던 인근 토지소유자의 생활용수에 장해가 생긴다면, 그와 같은 생활방해가 사회통념상 일반적으로 수인할 정도를 넘어서지 않는다고 볼 만한 특별한 사정이 없는 한 그 생활방해는 위법하다고 할 것이고, 토지소유자가 지하수 개발에 대하여 관할 행정청으로부터 먹는물관리법에 의한 허가를 받았다는 사유만으로는 생활방해가 정당화된다고 할 수 없다고 할 것이어서, 지하수개발공사 자체만으로는 인근 토지소유자의 생활용수에 장해가 생기지 않는다고 하더라도, 인근 토지소유자는 지하수의 대량취수에 의한 생활방해의 예방을 위하여 필요한 한도 내에서 대량취수를 위한 지하수 개발공사의 중지를 구할 수 있다(대판 1998.4.28. 97다48913).

11) 온천에 관한 권리(광천권, 온천권, 온천수이용권)가 관습법상의 물권의 일종이라거나 또는 준물권이라고는 볼 수 없으며 원천을 굴착하여 지하에서 용출하는 온천수를 가르켜 민법 제235조나 제236조에 규정된 「공용수」 또는 「생활상 필요한 용수」라고 볼 수 없다(대판 1970.5.26. 69다1239).

도 유추적용되어야 한다고 본다.[12] 이는 주택임대차보호법과 상가건물임대차보호법의 제정으로 확정일자제도가 전세권제도를 대체하게 됨에 따라 전세권 제도가 거의 자취를 감추게 되었다는 점에서도 그 당위성을 더욱 높이고 있다고 본다.

12) 한국사법행정학회, 2011 주석 민법(물권 1), 559p; 김준호, 제20판 민법강의, 637p; 지원림, 제14판 민법강의, 543p.

03

부동산소유권에 기한 물권적 청구권

1. 의 의

가. 부동산소유권 침해에 대한 구제수단

부동산소유권이란 특정한 부동산에 대한 전면적·포괄적 지배권을 말하는데, 민법(이하'조문만 표시')상 부동산소유권의 주된 내용은 그 소유부동산을 사용, 수익, 처분하는 권리라고 할 수 있다(제211조). 그런데 토지소유권의 침해와 관련하여 지상과 지하의 어느 공간까지 침해했을 때 침해라고 보아 방어가 가능한지 문제되는데, 토지소유권은 정당한 이익이 미치는 범위 내에서 미치는 것이기 때문에 정당한 이익이 미치는 범위를 침해했을 때를 침해라고 말할 수 있고, 이는 구체적으로 토지소재지의 지역적인 관계들을 고려하여 객관적인 거래관념에 따라 결정되어야 할 문제일 것이다. 그리고 이익이란 재산권적 이익 외에도 전망과 같은 미적 이익 등 보호할 가치 있는 모든 이익이 포함될 것이다. 따라서 이와 같이 정당한 이익이 미치는 범위를 벗어난 부분에서의 토지 이용으로 토지소유자가 손해를 입은 때에는 방해배제청구권은 행사할 수 없을 것이고, 불법행위로 인한 손해배상청구(제750조)나, 공작물 등의 점유자·소유자책임(제758조)을 물어 손해배상청구로써 구제를 받아야 할 것이다. 물론 방해가 장래에도 계속될 소지가 있는 때에는 소유물방해예방청구 또는 손해배상의 담보를 청구할 수는 있을 것이다(제214조).

나. 물권적 청구권과 부당이득반환청구권과의 관계

매매계약으로 동산을 인도하였으나 그 계약이 해제된 경우에 매도인은 부당이득반환청구권과 아울러 소유권에 기한 소유물반환청구권도 행사할 수 있는지 문제된다. 그러나 두 제도는 그 목적을 달리하는 것이므로 양자의 경합을 인정하는 것이 타당하다고 본다. 이 경우 급부의 청산이라는 측면에서는 부당이득반환청구권이 적용될 것이고, 소유권의 관철이라는 측면에서는 물권적 청구권이 적용된다고 할 것이다.[13)]

다. 상린관계의 관계

상린관계는 이웃하는 부동산 간에 그 이용의 조절을 도모하기 위한 것이어서 주로 부동

13) 지원림, 제14판 민법강의, 604p.

산소유자 사이의 문제로 귀착될 수 있을 것이므로 상린관계에 의한 수인의무를 초과하는 이웃토지소유자의 침해에 대하여 민법상 상린관계의 규정에 의한 구제수단 외에 소유권에 기한 물권적 청구권의 행사에 의한 구제수단이라는 다른 측면에서의 구제수단을 파악해보는 것도 구제수단의 다양화의 측면에서 나름대로 의미가 있을 것이다.

예컨대, 채광방해, 일조권침해, 매연, 열기체, 액체, 진동, 악취 등 소유권에 대한 사실상의 생활방해에 대하여는 일차적으로는 상린관계에 의한 규정(제217조)에 의해 구제를 받을 수 있을 것이지만, 이와 별도로 소유권에 기한 소유물방해제거·방해예방청구권(제214조)과 같은 물권적 청구권 행사의 요건도 따져 보아 여기에도 해당된다면 이에 의해서도 구제를 받을 수 있다고 본다. 상린관계에 의한 규정에 의해 구제를 받을 수 있는 경우에는 별도로 소유권에 기한 소유물방해제거·방해예방청구권(제214조) 등 물권적 청구권의 행사가 불가하다는 견해도 있지만,[14] 피해자를 두텁게 보호한다는 차원에서 두 요건에 모두 해당된다면 둘 중 어느 수단을 통할지는 피해자에게 맡겨져 있다고 보며, 따라서 상린관계에 관한 규정인 수지·목근의 제거권(제240조), 경계선부근의 건축거리의 제한(제242조), 차면시설의무(제243조) 등에 의하여 구제를 받을 수 있는 경우에도 그것이 소유물방해제거청구권(제214조) 등의 행사 요건에도 해당된다면 둘 중 어느 수단을 통해서도 피해자의 선택에 따라 구제가 가능하다고 보아야 할 것이다. 판례도 이와 비슷한 취지로 판사하고 있는 것으로 보인다(대판 1995.9.15. 95다23378).[15]

라. 손해배상청구권과의 관계

소유권의 완전한 실현을 방해당한 소유자는 소유권에 기한 물권적 청구권을 인정한 민법 규정(제214조)에 근거하여 소유물반환이나 소유물방해제거 또는 방해예방을 청구할 수 있고, 그 비용은 방해자의 부담으로 할 수 있을 것이지만, 그로 인하여 생긴 손해에 관하여

---

14) 한국사법행정학회, 2011 주석 민법(물권 1), 540p.

15) 인접 대지 위에 건축 중인 아파트가 24층까지 완공되는 경우, 대학교 구내의 첨단과학관에서의 교육 및 연구 활동에 커다란 지장이 초래되고 첨단과학관 옥상에 설치된 자동기상관측장비 등의 본래의 기능 및 활용성이 극도로 저하되며 대학교로서의 경관·조망이 훼손되고 조용하고 쾌적한 교육환경이 저해되며 소음의 증가 등으로 교육 및 연구 활동이 방해받게 된다면, 그 부지 및 건물을 교육 및 연구시설로서 활용하는 것을 방해받게 되는 대학교측으로서는 그 방해가 사회통념상 일반적으로 수인할 정도를 넘어선다고 인정되는 한 그것이 민법 제217조 제1항 소정의 매연, 열기체, 액체, 음향, 진동 기타 이에 유사한 것에 해당하는지 여부를 떠나 그 소유권에 기하여 그 방해의 제거나 예방을 청구할 수 있고, 이 경우 그 침해가 사회통념상 일반적으로 수인할 정도를 넘어서는지 여부는 피해의 성질 및 정도, 피해이익의 공공성과 사회적 가치, 가해행위의 태양, 가해행위의 공공성과 사회적 가치, 방지조치 또는 손해회피의 가능성, 공법적 규제 및 인·허가 관계, 지역성, 토지이용의 선후 관계 등 모든 사정을 종합적으로 고려하여 판단해야 한다(대판 1995.9.15. 95다23378).

는 근거 규정을 두고 있지 않기 때문에 그 방해가 불법행위로 인한 손해배상청구권의 요건(제750조)에 해당되는 경우에만 불법행위로 인한 손해배상을 청구할 수 있을 것이다. 소유물방해예방청구권 행사의 일환으로 방해자가 제공한 손해배상의 담보(제214조 후단)를 소유자에게 귀속시키기 위한 경우에도 마찬가지이다.[16] 토지소유자가 토양오염물질을 토양에 누출·유출하거나 투기·방치함으로써 토양오염을 유발하였음에도 오염토양을 정화하지 않은 상태에서 오염토양이 포함된 토지를 거래에 제공함으로써 유통되게 하거나, 토지에 폐기물을 불법으로 매립하였음에도 처리하지 않은 상태에서 토지를 거래에 제공하는 등으로 유통되게 한 경우에는 거래 상대방 및 토지를 전전 취득한 현재의 토지소유자에 대한 위법행위로서 불법행위가 성립할 수 있다. 이때 현재의 토지소유자가 지출하였거나 지출해야 하는 오염토양 정화비용 또는 폐기물 처리비용 상당의 손해에 대하여 불법행위자로서 손해배상책임을 지게 되는 것이다(대판 2016.5.19. 2009다66549(전)). 환경오염 또는 환경훼손으로 피해가 발생한 경우, 원인자는 환경정책기본법상 귀책사유가 없더라도 피해를 배상해야 한다(대판 2020.6.25. 2019다292026·292033·292040).

2. 소유권에 기한 물권적 청구권의 구체적인 내용

가. 소유물반환청구권

소유자는 그 소유물을 점유할 권리가 없는 점유자에 대하여 그 반환을 청구할 수 있다(제213조). 이때 소유물반환청구권자는 사실심변론종결 당시의 법률상의 소유자를 말하며, 그 상대방은 정당한 이유 없이 타인의 소유물을 점유하고 있는 자이다. 소유물반환청구권자는 법률상의 소유자를 말하므로 아직 매매등기가 이루어지지 않은 사실상의 소유자는 자신의 권리로써는 소유물반환청구권을 행사하지 못하고, 매도인을 대위해서만 행사가 가능할 뿐이다. 공유물이 침탈당한 경우에는 공유자 1인이 그 침탈자에게 소유물 전부를 자기 또는 공유자 전원에게 반환할 것을 청구할 수 있다(제265조 단서). 다만 공유물의 소수지분권자가 다른 공유자와 협의 없이 공유물의 전부 또는 일부를 독점적으로 점유·사용하고 있는 경우와 같이 침탈자가 공유자인 경우, 다른 소수지분권자는 공유물의 보존행위로서 공유물의 인도는 청구할 수 없고 자신의 지분권에 기초하여 공유물에 대한 방해상태의 제거나 공동점유를 방해하는 행위의 금지 등을 청구할 수 있다(대판 2020.5.21. 2018다287522(전)). 합유물의 경우에도 합유자 1인이 그 보존행위의 일환으로 자기에게 합유물의 반환을 청구할 수 있다(대판 1972.5.23. 72누9, 1960.5.5. 4292민상191).[17] 총유의 경우에는 그 구성원에게 총유재

16) 한국사법행정학회, 2011 주석 민법(물권 1), 555p.

산에 대한 지분권도 인정되지 않으므로 총유자 1인이 비록 비법인사단의 대표자이거나 사원총회의 결의를 거쳤다고 하더라도 보존행위라는 명목으로 단독으로 총유물의 반환을 청구할 수 없고, 비법인사단의 이름으로만 그 반환을 청구할 수 있을 뿐이다(대판 2007. 7.26. 2006다64573,[18] 2005.9.15. 2004다44971).

점유침탈자라도 현재 그 물건을 점유하지 않는 자는 소유물반환청구권의 상대방이 되지 못한다(대판 1970.9.29. 70다1508, 1999.7.9. 98다9045).[19] 소유권에 기한 소유물반환청구권은 소멸시효에 걸리지 않는다(대판 1979.2.13. 78다2412, 1982.7.27. 80다2968).[20] 소유물반환청구권은 침해자의 고의나 과실을 요하지 않고 인정되는데, 만약 그 침해가 침해자의 고의·과실로 인한 경우에는 불법행위로 인한 손해배상까지 청구할 수 있을 것이다.

한편 토지를 불법점유하고 있는 자에 대하여는 토지소유권에 기한 인도청구로써(민법 제213조), 토지상에 불법건축물이 있는 경우에는 토지소유권에 기한 건물철거청구로써(민법 제214조), 불법건축물에 임차인 등 건물의 점유자가 따로 있는 경우에는 건물점유자에 대한

---

17) 공동소유 형태인 합유 또는 총유에 있어서 그 목적물을 처분 또는 변경을 초래할 수 있는 행위에 있어서는 전합유자의 동의 또는 총유자의 결의를 요하는 것이나, 다만 그 현상을 유지하기 위한 보존행위에 있어서는 각자 단독으로 행할 수 있는 것이며, 신탁법 제24조 역시 위의 예외를 규정한 것이라고는 해석되지 않는다. 본건에 있어서 원고는 「본건 임야에 대하여 소유권이 피고 등에 없음을 확인한다. 피고 등은 위 임야에 침입하거나 입목벌채 기타 일절의 침해행위를 금지한다」 라고 청구하여 그 보존행위를 내용으로 하였고, 그 청구원인에 있어서 본건 임야가 원고의 67명의 공유임을 전제로 주장되었고, 본 선정자 32명은 위 67명 중의 일부임이 명백하고 본건 임야가 7개동의 총유에 속하였던 것을 그 사정 당시 그 7개 동민이 위 67명을 선출하여 동인 등의 공동명의로 사정을 받아 동인 등 명의로 신탁함으로써 본건 임야가 위 67명의 합유에 속하였던 사실을 인정할 수 있다. 그렇다면 본 선정자 32명은 합유자의 일원으로서 본건 임야에 대한 보존행위를 단독으로 할 수 있고, 그 선정자에 의하여 선정된 원고는 정당한 선정당사자의 적격이 있다고 할 것이다(대판 1960.5.5. 4292민상191).

18) 법인 아닌 사단이나 재단도 대표자 또는 관리인이 있으면 민사소송의 당사자가 될 수 있으므로, 자연부락이 그 부락주민을 구성원으로 하여 고유목적을 가지고 의사결정기관과 집행기관인 대표자를 두어 독자적인 활동을 하는 사회조직체라면 비법인사단으로서의 권리능력이 있다고 할 것이나, 이와 같이 자연부락이 비법인사단으로서 존재하는 사실을 인정하려면 우선 그 자연부락의 구성원의 범위와 자연부락의 고유업무, 자연부락의 의사결정기관인 부락총회와 대표자의 존부 및 그 조직과 운영에 관한 규약이나 관습이 있었는지의 여부 등을 확정해야 할 것이다. 또한 총유재산에 관한 소송은 비법인사단이 그 명의로 사원총회의 결의를 거쳐 하거나 또는 그 구성원 전원이 당사자가 되어 필수적 공동소송의 형태로 할 수 있을 뿐이며, 비법인사단이 사원총회의 결의 없이 제기한 소송은 소제기에 관한 특별수권을 결하여 부적법하다(대판 2007.7.26. 2006다64573).

19) 불법점유를 이유로 하여 그 명도 또는 인도를 청구하려면 현실적으로 그 목적물을 점유하고 있는 자를 상대로 해야 하고 불법점유자라 하여도 그 물건을 다른 사람에게 인도하여 현실적으로 점유를 하고 있지 않은 이상, 그 자를 상대로 한 인도 또는 명도청구는 부당하다(대판 1999.7.9. 98다9045).

20) 매매계약이 합의해제된 경우에도 매수인에게 이전되었던 소유권은 당연히 매도인에게 복귀하는 것이므로 합의해제에 따른 매도인의 원상회복청구권은 소유권에 기한 물권적 청구권이라고 할 것이고 이는 소멸시효의 대상이 되지 않는다(대판 1982.7.27. 80다2968).

퇴거청구[21]와 건물소유자에 대한 철거청구로써 소유권에 기한 물권적 청구권을 행사할 수 있을 것이다. 여기에서 건물퇴거청구는 건물에 대한 철거청구권이 인정된다는 전제하에서 인정되는 것이므로 건물을 위한 관습법상 법정지상권이 존재하는 경우에는 해당 건물을 점유하고 있는 임차인 등에 대한 퇴거청구도 인정되지 않을 것이다(대판 2010.8.19. 2010다43801). 건물퇴거청구는 건물의 소유자 아닌 점유자를 상대로 인정되는 것이므로 건물소유자나 건물의 미등기매수인에 대해서는 철거청구는 할 수 있으되 퇴거청구의 대상으로는 인정되지 않는다.

나. 소유물방해제거청구권

소유자는 소유권을 방해하는 자에 대하여 방해의 제거를 청구할 수 있다(제214조 전단). 이를 소유물방해제거청구권이라고 한다. 소유물반환청구권이 소유물의 점유를 상실한 소유자가 점유침탈자에 대하여 그 반환을 청구하는 것과 달리 소유물방해제거청구권은 점유침탈 외의 여러 가지 형태로 소유권의 완전한 실현을 방해하고 있는 경우에 그 방해의 제거를 청구하는 권리이다. 소유물방해제거청구권자는 현재의 소유권자를 말하며, 소유권이 양도되었다면 그 양수인만이 해당될 것이고(대판 1980.9.9. 80다7, 1969.5.27. 68다725),[22] 그 상대방은 현재 소유권을 방해하는 자(대판 1991.6.11. 91다11278, 1986.12.23. 86다카1751)나 등기부상 건물소유자(대판 1965.6.15. 65다685) 또는 방해를 일으키고 있는 사실을 자신의 지배 내에 보유하고 있는 자가 될 것이다(대판 1991.6.11. 91다11278,[23] 1967.12.26. 67다2073). 여기에서 방해란 점유침탈 또는 불법점거 외의 수단으로 소유권의 실현을 방해하는 일체의 행태를 말한다고 본다. 또한 방해란, 타인의 행위와 무관하게 소유권의 행사가 불가능하게 되는 장애와 구별되는 것으로서, 반드시 방해자의 유책사유로 발생해야 하는 것은 아니지만,[24] 적어도

---

21) 건물이 그 존립을 위한 토지사용권을 갖추지 못하여 토지의 소유자가 건물의 소유자에 대하여 당해 건물의 철거 및 그 대지의 인도를 청구할 수 있는 경우에라도 건물소유자가 아닌 사람이 건물을 점유하고 있다면 토지소유자는 그 건물 점유를 제거하지 않는 한 위의 건물 철거 등을 실행할 수 없는바, 그때 토지소유권은 위와 같은 점유에 의하여 그 원만한 실현을 방해당하고 있다고 할 것이므로, 토지소유자는 자신의 소유권에 기한 방해배제로서 건물점유자에 대하여 건물로부터의 퇴출을 청구할 수 있다(대판 2010.8.19. 2010다43801). 그리고 이는 건물점유자가 건물소유자로부터의 임차인으로서 그 건물임차권이 이른바 대항력을 가진다고 해서 달라지지 아니한다(대판 2010.8.19. 2010다43801).

22) 소유권자 외에도 유치권을 제한물권자, 광업권자·채석권자·어업권자 등 관습법상 물권자도 방해제거청구권이 인정되고, 무체재산권자, 특허권자, 저작권자도 개개의 특별법에서 방해제거청구권이 인정되고 있다.

23) 타인의 토지 위에 건립된 건물이 미등기이고 그 건물로 인하여 그 토지의 소유권이 침해되는 경우 그 건물을 철거할 의무는 그 건물을 법률상, 사실상 처분할 수 있는 지위에 있는 사람이다(대판 1991.6.11. 91다11278).

방해자의 책임으로 돌아갈 수 있는 원인에 의하여 발생해야만 된다고 본다.[25] 또한 소유물 방해제거청구권을 행사하기 위한 방해는 현재도 계속되고 있는 방해이어야 한다(대판 2003.3.28. 2003다5917,[26] 1963.1.31. 62다878).

방해는 주로 사실상의 방해가 될 것이지만, 법률상의 방해도 포함될 것이고(대판 1991.3.12. 90다카27570),[27] 타인 소유의 물건에 대한 제3자의 행위나 자연력에 의하여 발생한 방해도 포함될 것이다. 여기에서 사실상의 방해란 주로 생활방해의 경우가 해당되는데, 일조권의 침해 등 수인한도를 넘는 생활방해로 인한 건축중지 또는 건물철거(대판 1999.7.27. 98다47528,[28] 1995.9.15. 95다23378[29]), 권원 없는 분묘의 설치(대판 1967.12.26. 67다2073),[30] 타인의 제

---

24) 따라서 방해는 채무자의 유책사유를 필요로 하는 불법행위나 채무불이행으로 인한 손해와 구별된다고 할 것이다.

25) 한국사법행정학회, 2011 주석 민법(물권 1), 535p.

26) 소유권에 기한 방해배제청구권에 있어서 '방해'라 함은 현재에도 지속되고 있는 침해를 의미하고, 법익 침해가 과거에 일어나서 이미 종결된 경우에 해당하는 '손해'의 개념과는 다르다 할 것이어서, 소유권에 기한 방해배제청구권은 방해결과의 제거를 내용으로 하는 것이 되어서는 안되며(이는 손해배상의 영역에 해당한다 할 것이다) 현재 계속되고 있는 방해의 원인을 제거하는 것을 내용으로 한다. 따라서 쓰레기 매립으로 조성한 토지에 소유권자가 매립에 동의하지 않은 쓰레기가 매립되어 있다 하더라도 이는 과거의 위법한 매립공사로 인하여 생긴 결과로서 소유권자가 입은 손해에 해당한다 할 것일 뿐, 그 쓰레기가 현재 소유권에 대하여 별도의 침해를 지속하고 있다고 볼 수 없다는 이유로 소유권에 기한 방해배제청구권을 행사할 수 없다(대판 2003.3.28. 2003다5917).

27) 가등기에 기한 소유권이전등기청구권이 시효의 완성으로 소멸되었다면 그 가등기 이후에 그 부동산을 취득한 제3자는 그 소유권에 기한 방해배제청구로서 그 가등기권자에 대하여 본등기청구권의 소멸시효를 주장하여 그 등기의 말소를 구할 수 있다(대판 1991.3.12. 90다카27570).

28) 어느 토지나 건물의 소유자가 종전부터 향유하고 있던 경관이나 조망, 조용하고 쾌적한 종교적 환경 등이 그에게 하나의 생활이익으로서의 가치를 가지고 있다고 객관적으로 인정된다면 법적인 보호의 대상이 될 수 있는 것이므로, 인접 대지 위에 건물의 건축 등으로 그와 같은 생활이익이 침해되고 그 침해가 사회통념상 일반적으로 수인할 정도를 넘어선다고 인정되는 경우에는 위 토지 등의 소유자는 그 소유권에 기하여 건물의 건축 금지 등 방해의 제거나 예방을 위하여 필요한 청구를 할 수 있고, 위와 같은 청구를 하기 위한 요건으로서 반드시 위 건물이 문화재보호법이나 건축법 등의 관계 규정에 위반하여 건축되거나 또는 그 건축으로 인하여 그 토지 안에 있는 문화재 등에 대하여 직접적인 침해가 있거나 그 우려가 있을 것을 요하는 것은 아니다(대판 1999.7.27. 98다47528).

29) 인접 대지 위에 건축 중인 아파트가 24층까지 완공되는 경우, 대학교 구내의 첨단과학관에서의 교육 및 연구 활동에 커다란 지장이 초래되고 첨단과학관 옥상에 설치된 자동기상관측장비 등의 본래의 기능 및 활용성이 극도로 저하되며 대학교로서의 경관·조망이 훼손되고 조용하고 쾌적한 교육환경이 저해되며 소음의 증가 등으로 교육 및 연구 활동이 방해받게 된다면, 그 부지 및 건물을 교육 및 연구시설로서 활용하는 것을 방해받게 되는 대학교측으로서는 그 방해가 사회통념상 일반적으로 수인할 정도를 넘어선다고 인정되는 한 그것이 민법 제217조 제1항 소정의 매연, 열기체, 액체, 음향, 진동 기타 이에 유사한 것에 해당하는지 여부를 떠나 그 소유권에 기하여 그 방해의 제거나 예방을 청구할 수 있다(대판 1995.9.15. 95다23378).

30) 원고들 소유 본건 임야 내에 설치된 본건 분묘가 원고들에게 대항할 수 있는 권원 없이 설치된 것이라 하더라도, 원고들이 본건 임야에 관한 소유권에 터전을 잡아 본건 분묘의 철거를 청구함에 있어서는, 그 침해의 배제행위를 현재 할 수 있는 본건 분묘의 관리처분권을 가진 자를 상대로 해야 한다고

방설치로 인한 논밭의 침수(대판 1955.10.6. 4288민상284), 고지소유자의 뚝 설치로 인한 저지소유자의 소유권방해(대판 1967.3.28. 67다169) 등이 해당될 것이다.

방해는 방해자의 적극적인 행위에 의하는 경우가 대부분일 것이나, 채광방해 등 소극적 침해에 의한 경우도 있고, 방해자의 물건 또는 시설물로부터 발생할 수도 있으며,[31] 사람의 감정이나 명예, 생활이익 등 정신적 침해 내지 인격권 침해의 형태로 방해가 발생할 수 있다(대판 1997.10.24. 96다17851,[32] 2008.9.25. 2006다49284[33]).

방해는 위법해야 하지만(대판 2004.9.13. 2003다64602),[34] 방해자의 고의·과실을 요하지 않으며, 방해자의 책임으로 돌아갈 사유에 기인하는 한 방해자의 유책사유도 요구되는 것은 아니지만(대판 2001.4.13. 2001다8493),[35] 위법한 방해이어야 할 것이므로 방해자의 정당한 권원에 의한 적법한 방해나, 소유자가 수인의무를 지는 상린관계규정이 있는 경우 또는 당사자 간의 합의나 공법상 인용의무를 지게 되는 경우에는 방해제거청구권이 인정되지 않을 것이다.

할 것이며, 비록 본건 분묘를 피고가 설치하였다고 하더라도, 본건 분묘의 소유자인 소외인만이 본건 분묘에 관한 관리처분권을 보유하여 원고들의 본건 임야소유권을 침해하고 있다고 할 것이므로, 그 소외인만이 그 침해의 배제행위를 할 수 있다고 할 것이고, 피고는 최초에 침해한 자라고 하더라도, 현재는 침해를 하고 있는 자라고는 할 수 없을 것이므로, 본건 소의 상대방이 될 수 없다(대판 1967.12.26. 67다2073).

31) 대판 1989.2.14. 87다카3073, 1987.11.24. 87다카257, 1986.12.23. 86다카1751, 1997.9.5. 95다51182, 1988.11.22. 87다카414, 1985.11.12. 84다카1934, 1967.12.26. 67다2073.

32) 사람(종중 등의 경우에도 마찬가지이다)이 갖는 명예에 관한 권리는 일종의 인격권으로 볼 수 있는 것으로서, 그 성질상 일단 침해된 후에는 금전배상이나 명예 회복에 필요한 처분 등의 구제수단만으로는 그 피해의 완전한 회복이 어렵고 손해 전보의 실효성을 기대하기 어려우므로, 이와 같은 인격권의 침해에 대하여는 사전 예방적 구제수단으로 침해행위의 정지·방지 등의 금지청구권이 인정될 수 있다(대판 1997.10.24. 96다17851).

33) 광산에서 금광의 탐광 및 채광을 위한 굴진공사를 계속 진행할 경우 인근 주민들에게 수인한도를 넘는 환경침해가 발생할 개연성이 있고, 그 침해이익이 생명, 건강 기타 금전으로 배상하기 어려운 생활상 이익에 관한 것이므로, 위 주민들은 토지 소유권 및 환경권에 기초하여 굴진공사의 중지와 금지를 청구할 권리가 있다(대판 2008.9.25. 2006다49284).

34) 건물의 신축으로 인하여 그 이웃토지상의 거주자가 직사광선이 차단되는 불이익을 받은 경우에 그 신축행위가 정당한 권리행사로서의 범위를 벗어나 사법상 위법한 가해행위로 평가되기 위해서는 그 일조방해의 정도가 사회통념상 일반적으로 인용하는 수인한도를 넘어야 한다(대판 2004.9.13. 2003다64602).

35) 종전부터 자연발생적으로 또는 도로예정지로 편입되어 사실상 일반공중의 통행로로 사용되어 온 토지의 소유자가 그 독점적이고 배타적인 사용수익권을 포기한 것으로 볼 경우에도, 일반공중의 통행을 방해하지 않는 범위 내에서는 토지소유자로서 그 토지를 처분하거나 사용수익할 권능을 상실하지 않는다고 할 것이므로, 그 토지를 불법점유하고 있는 제3자에 대하여 물권적 청구권을 행사하여 토지의 반환 내지 방해의 제거, 예방을 청구할 수 있다고 할 것이나, 특별한 사정이 없는 한 토지소유자는 그 이후에도 토지를 독점적, 배타적으로 사용수익할 수는 없고, 따라서 제3자가 그 토지를 불법점유하였다 하더라도 이로 인하여 토지소유자에게 어떠한 손실이 생긴다고 할 수 없어 그 점유로 인한 부당이득의 반환을 청구할 수는 없다(대판 2001.4.13. 2001다8493).

소유물방해제거청구권은 종전에는 토지나 건물 등 부동산소유권에 대한 방해시에 인정된 것이었지만, 최근에는 생명·신체, 명예, 신용 등과 같은 인격권의 침해에 대하여도 유추적용하고 있다(대판 2008.9.25. 2006다49284,[36] 1997.10.24. 96다17851[37]). 그밖에도 사생활의 보호, 건강하고 쾌적한 생활, 일조권 등 생활방해와 관련해서는 상린관계의 규정(제217조)에서 구체적인 구제수단을 마련하고 있지만, 그것이 소유권에 관한 방해가 인정되면 소유권에 기한 방해제거청구권의 행사로써도 구제를 받을 수 있을 것이다.[38]

방해제거청구권은 소유권에 대한 방해상태가 현존하고 지속하고 있는 경우에 행사할 수 있는 것이므로, 이미 방해가 종료된 때에는 손해배상청구의 문제만 남게 될 것이다(대판 2003.3.28. 2003다5917).[39] 다만 표면적으로는 방해가 종료된 것처럼 보일지라도 방해의 결과가 존재하는 등 실질적으로는 방해가 이루어지고 있다고 판단되면 소유물방해제거청구권이 인정될 수 있을 것이다(대판 1997.9.9. 97다19373,[40] 1999.7.9. 98다57457·57474, 1965.6.15. 65다685, 1993.1.26. 92다48963, 1997.9.9. 97다19373[41]).

소유물방해제거청구권의 행사방법은 원칙적으로 현존하는 방해의 제거라는 적극적인

---

36) 광산에서 금광의 탐광 및 채광을 위한 굴진공사를 계속 진행할 경우 인근 주민들에게 수인한도를 넘는 환경침해가 발생할 개연성이 있고, 그 침해이익이 생명, 건강 기타 금전으로 배상하기 어려운 생활상 이익에 관한 것이므로, 위 주민들은 토지 소유권 및 환경권에 기초하여 굴진공사의 중지와 금지를 청구할 권리가 있다(대판 2008.9.25. 2006다49284).

37) 사람(종중 등의 경우에도 마찬가지이다.)이 갖는 명예에 관한 권리는 일종의 인격권으로 볼 수 있는 것으로서, 그 성질상 일단 침해된 후에는 금전배상이나 명예 회복에 필요한 처분 등의 구제수단만으로는 그 피해의 완전한 회복이 어렵고 손해 전보의 실효성을 기대하기 어려우므로, 이와 같은 인격권의 침해에 대하여는 사전 예방적 구제수단으로 침해행위의 정지·방지 등의 금지청구권이 인정될 수 있다(대판 1997.10.24. 96다17851).

38) 한국사법행정학회, 2011 주석 민법(물권 1), 533p.

39) 소유권에 기한 방해배제청구권에 있어서 '방해'라 함은 현재에도 지속되고 있는 침해를 의미하고, 법익 침해가 과거에 일어나서 이미 종결된 경우에 해당하는 '손해'의 개념과는 다르다 할 것이어서, 소유권에 기한 방해배제청구권은 방해결과의 제거를 내용으로 하는 것이 되어서는 아니 되며(이는 손해배상의 영역에 해당한다 할 것이다) 현재 계속되고 있는 방해의 원인을 제거하는 것을 내용으로 한다. 따라서 쓰레기 매립으로 조성한 토지에 소유권자가 매립에 동의하지 않은 쓰레기가 매립되어 있다 하더라도 이는 과거의 위법한 매립공사로 인하여 생긴 결과로서 소유권자가 입은 손해에 해당한다 할 것일 뿐, 그 쓰레기가 현재 소유권에 대하여 별도의 침해를 지속하고 있다고 볼 수 없다는 이유로 소유권에 기한 방해배제청구권을 행사할 수 없다(대판 2003.3.28. 2003다5917).

40) 타인 소유 건물의 일부분에 시설물을 부착·고정시켜 설치하여 소유하는 것은 달리 특별한 사정이 없는 한 그 건물의 소유와 보존·관리 기타 사용 등에 직접적인 방해를 가하고 있는 것이라고 볼 여지가 없지 않고, 또한 그 방해의 배제를 위하여는 그 시설물의 설치 경위와 위치, 구조 및 규모 등에 비추어 그 전체를 철거할 수밖에 없다(대판 1997.9.9. 97다19373).

41) 타인 소유 건물의 일부분에 시설물을 부착·고정시켜 설치하여 소유하는 것은 달리 특별한 사정이 없는 한 그 건물의 소유와 보존·관리 기타 사용 등에 직접적인 방해를 가하고 있는 것이라고 볼 여지가 없지 않고, 또한 그 방해의 배제를 위하여는 그 시설물의 설치 경위와 위치, 구조 및 규모 등에 비추어 그 전체를 철거할 수밖에 없다(대판 1997.9.9. 97다19373).

행위로써 방해자의 비용으로 방해를 제거하는 것이다. 방해의 제거는 소송 외에서도 가능하지만 방해자가 이에 응하지 않는 경우에는 이행판결을 받아 대체집행이나 간접강제의 방법으로 집행을 하게 된다.

다. 소유물방해예방청구권

소유자는 소유물에 대한 소유권을 방해할 염려 있는 자에 대하여 방해의 예방이나 손해배상의 담보를 청구할 수 있다(제214조 후단). 소유물방해예방청구권도 방해제거청구권과 같이 점유침탈 외의 여러 가지 형태로 소유권의 완전한 실현이 방해될 염려가 있는 경우에 그 방해의 예방을 청구하는 권리이며, 토지나 건물 등 부동산소유권에 대한 방해 외에도 최근에는 생명·신체, 명예, 신용 등과 같은 인격권의 침해우려시에도 유추적용될 수 있고(대판 2008.9.25. 2006다49284,[42] 1997.10.24. 96다17851[43])), 일조권 등 생활방해의 염려와 관련해서도 상린관계의 규정(제217조) 외의 구제수단으로서 작용할 수 있다고 본다.[44] 소유물반환청구권이나 소유물방해제거청구권은 사후적인 구제인데 반하여 소유물방해예방청구권은 장차 야기될 방해에 대한 예방 내지 방지를 위한 사전적인 보호수단이다.

소유물방해예방청구권자는 소유권의 완전한 실현이 방해당할 염려가 있는 물건의 소유자이고, 그 소유권을 방해할 염려가 있는 행위를 하는 자나 방해의 염려가 있는 사정을 그의 지배 내에 가지고 있는 자가 그 상대방이 될 것이다. 다만 소유물방해예방청구권은 방해의 발생을 기다리지 않고 현재 예방수단을 취할 것을 인정하는 것이므로, 그 방해의 염려가 있다고 하기 위하여는 방해예방의 소에 의하여 미리 보호받을 만한 가치가 있는 것으로서 객관적으로 근거 있는 상당한 개연성을 가져야 할 것이고, 관념적인 가능성만으로는 이를 인정할 수 없을 것이다(대판 1995.7.14. 94다50533). 예컨대, 토지 지반이 침몰할 우려가 있다거나 건물이나 공작물이 붕괴될 염려 등 개연성이 있어야 한다는 것이다. 소유물방해예방청구의 상황은 주로 상린관계에 관한 규정에서 규율하고 있지만, 상린관계에 의한 규율에서 구제와 별도로 소유물방해예방청구권을 행사하여 구제를 받을 수 있는 것이다. 방해예방청

---

42) 광산에서 금광의 탐광 및 채광을 위한 굴진공사를 계속 진행할 경우 인근 주민들에게 수인한도를 넘는 환경침해가 발생할 개연성이 있고, 그 침해이익이 생명, 건강 기타 금전으로 배상하기 어려운 생활상 이익에 관한 것이므로, 위 주민들은 토지 소유권 및 환경권에 기초하여 굴진공사의 중지와 금지를 청구할 권리가 있다(대판 2008.9.25. 2006다49284).

43) 사람(종중 등의 경우에도 마찬가지임)이 갖는 명예에 관한 권리는 일종의 인격권으로 볼 수 있는 것으로서, 그 성질상 일단 침해된 후에는 금전배상이나 명예 회복에 필요한 처분 등의 구제수단만으로는 그 피해의 완전한 회복이 어렵고 손해 전보의 실효성을 기대하기 어려우므로, 이와 같은 인격권의 침해에 대하여는 사전 예방적 구제수단으로 침해행위의 정지·방지 등의 금지청구권이 인정될 수 있다(대판 1997.10.24. 96다17851).

44) 한국사법행정학회, 2011 주석 민법(물권 1), 533p.

구권의 내용은 방해의 예방 또는 손해배상의 담보를 청구하는 것이다. 방해의 예방은 상대방의 비용부담으로 공사 등의 중지나 건축의 중단과 같은 부작위를 청구하는 경우가 많을 것이지만(대판 1979.11.13. 79다484, 1995.9.15. 95다23378[45]), 붕괴의 위험 있는 건물에 대한 보강공사 등과 같은 적극적 행위를 청구하는 경우도 있을 것이다. 또한 소유자는 방해자에 대하여 장차 손해가 발생할 경우를 대비하여 예비조치로서 방해의 예방 청구 대신 손해배상의 담보를 청구할 수도 있다. 손해배상의 담보는 금전공탁이나 인적 담보 또는 물적담보 등 방해 염려자의 형편을 감안하여 소유자가 자신에게 가장 유리한 수단으로 청구할 수 있을 것이다.

다만 그 제공된 손해배상의 담보를 현실적으로 소유자에게 귀속시키려면 불법행위로 인한 손해배상청구권의 요건이 구비되어야 할 것이다.

일반적으로 불법행위로 인한 손해배상청구사건에서 가해자의 가해행위, 피해자의 손해발생, 가해행위와 피해자의 손해발생 사이의 인과관계에 관한 증명책임은 청구자인 피해자가 부담하게 되지만, 대기오염이나 수질오염 등에 의한 공해로 손해배상을 청구하는 소송에서는 피해자에게 사실적인 인과관계의 존재에 관하여 과학적으로 엄밀한 증명을 요구하는 것은 공해로 인한 사법적 구제를 사실상 거부하는 결과가 될 수 있고 기술적·경제적으로 피해자보다 가해자에 의한 원인조사가 훨씬 용이한 경우가 많을 뿐만 아니라 가해자는 손해발생의 원인을 은폐할 염려가 있기 때문에, 가해자가 어떤 유해한 원인물질을 배출하고 그것이 피해물건에 도달하여 손해가 발생하였다면 가해자 측에서 그것이 무해하다는 것을 증명하지 못하는 한 가해행위와 피해자의 손해발생 사이에 인과관계를 인정할 수 있을 것이다(대판 2020.6.25. 2019다292026·292033·292040). 다만 이 경우에 적어도 가해자가 어떤 유해한 원인물질을 배출한 사실, 유해의 정도가 사회통념상 참을 한도를 넘는다는 사실, 그것이 피해물건에 도달한 사실, 그 후 피해자에게 손해가 발생한 사실에 관한 증명책임은 피해자가 여전히 부담한다(대판 2020.6.25. 2019다292026·292033·292040).

45) 인접 대지 위에 건축중인 아파트가 24층까지 완공되는 경우, 대학교 구내의 첨단과학관에서의 교육 및 연구 활동에 커다란 지장이 초래되고 첨단과학관 옥상에 설치된 자동기상관측장비 등의 본래의 기능 및 활용성이 극도로 저하되며 대학교로서의 경관·조망이 훼손되고 조용하고 쾌적한 교육환경이 저해되며 소음의 증가 등으로 교육 및 연구 활동이 방해받게 된다면, 그 부지 및 건물을 교육 및 연구시설로서 활용하는 것을 방해받게 되는 대학교측으로서는 그 방해가 사회통념상 일반적으로 수인할 정도를 넘어선다고 인정되는 한 그것이 민법 제217조 제1항 소정의 매연, 열기체, 액체, 음향, 진동 기타 이에 유사한 것에 해당하는지 여부를 떠나 그 소유권에 기하여 그 방해의 제거나 예방을 청구할 수 있다(대판 1995.9.15. 95다23378).

3. 비용부담의 문제

소유권에 기한 물권적 청구권의 행사는 침해의 방법에 따라 소유물반환청구나 소유물방해제거·방해예방청구를 내용으로 하는데, 이때 그 비용을 누가 부담해야 하는지 문제된다. 이에 관하여는 ① 법조문에 충실하게 상대방의 귀책사유 여부와 무관하게 상대방의 비용으로 방해를 제거해야 한다는 적극적 행위청구권설, ② 원칙적으로 상대방이 부담해야 하지만, 반환청구의 경우만은 가해자의 의사에 기하지 않는 점유의 경우 청구자의 부담으로 해야 한다는 소유자책임설, ③ 상대방의 귀책사유 여부에 따라 상대방에게 귀책사유가 있는 경우에는 상대방이 부담해야 하고, 그렇지 않는 경우에는 소유자가 부담해야 한다는 책임설, ④ 비용부담의 문제는 불법행위 또는 계약법 기타의 책임 원리에 의하여 결정되어야 하며, 따라서 양당사자에게 귀책사유가 없는 경우에는 공평의 원리상 공동부담으로 해야 한다는 인용청구권설 등으로 나누어지는데, 판례는 위 ①설에 따라 적극적 행위책임설을 따르고 있는 것으로 보이고(대판 1968.4.16. 67다2778),[46] 다수의 학자도 마찬가지의 견해인 것 같다.[47]

| 판례 1 | 집추녀가 이웃 대지에 걸터 있는 경우 절단 청구 가능 여부(적극)

【판시사항】

집추녀가 타인소유의 대지 위에 걸터 있는 경우에 해당 추녀 부분을 절단하고 그 밑 대지를 대지 소유자에게 인도해주어야 하는지 여부(적극)

【판결요지】

집추녀가 타인소유의 대지위에 걸터 있는 경우에는 그 집 소유자는 그 걸터 있는 해당추녀 및 타인 소유대지의 불법점유자이므로 그 해당추녀 부분을 절단하고 그 밑 대지를 대지소유자에게 인도해야 한다(대판 1970.2.24. 69다1158·1159).

| 판례 2 | 토지개량사업으로 소유권이나 점유권을 침해당하였거나 침해의 우려가 있는 경우의 방해배제청구

【판시사항】

토지개량조합이 토지개량사업 제2조의 사업을 실시함에 있어서 타인의 소유권이나 점유권을

46) 건물의 소유자가 누구이든 그 부지의 소유권자는 그 건물을 점유사용하는 자에 대하여 그 부지부분의 인도를 청구할 권리가 있다(대판 1968.4.16. 67다2778).

47) 김준호, 제20판 민법강의, 500p.

침해하는 경우에는 그 권리자는 그 침해나 침해의 우려에 대하여 이의 배제를 민사소송으로 청구할 수 있는지 여부(적극).

【판결요지】
토지개량조합이 토지개량사업법 제2조의 사업을 실시함에 있어서 타인의 소유권이나 점유권을 침해하는 경우에는 그 권리자는 그 침해나 침해의 우려에 대하여 이의 배제를 민사소송으로 청구할 수 있다(대판 1970.2.10. 67다318).

| 판례 3 | 미등기 건물매수인에 대한 대지소유자의 건물철거청구의 가부(적극)

【판시사항】
등기를 갖추지 아니한 건물매수인에 대한 대지소유자의 건물철거청구의 가부(적극)

【판결요지】
건물철거는 그 소유권의 종국적 처분에 해당하는 사실행위이므로 원칙으로는 그 소유자(등기명의자)에게만 그 철거처분권이 있다고 할 것이나 그 건물을 매수하여 점유하고 있는 자는 등기부상 아직 소유자로서의 등기명의가 없다 하더라도 그 권리의 범위내에서 그 점유중인 건물에 대하여 법률상 또는 사실상 처분을 할 수 있는 지위에 있고 그 건물이 건립되어 있어 불법으로 점유를 당하고 있는 토지소유자는 위와 같은 지위에 있는 건물점유자에게 그 철거를 구할 수 있다(대판 1986.12.23. 86다카1751).

| 판례 4 | 소유권을 상실한 자의 소유권에 기한 물상청구권 행사 가능 여부(소극)

【판시사항】
소유권을 상실한 경우와 소유권에 기한 물상청구권

【판결요지】
소유권에 기한 물상청구권을 소유권과 분리하여 이를 소유권 없는 전소유자에게 유보하여 행사시킬 수는 없는 것이므로 소유권을 상실한 전소유자는 제3자인 불법점유자에 대하여 소유권에 기한 물권적 청구권에 의한 방해배제를 구할 수 없다(대판 1980.9.9. 80다7).

| 판례 5 | 분묘철거청구의 상대방

【판시사항】
소유권 침해배청구를 할 수 있는 상대방

【판결요지】

임야의 소유권에 터잡아 분묘의 철거를 청구함에 있어서는 분묘의 설치를 누가 하였던지간에 그 침해의 배제행위를 현재할 수 있는 분묘의 관리처분권을 가진 자를 상대로 해야 한다(대판 1967.12.26. 67다2073).

| 판례 6 | 경착방해배제청구의 상대방

【판시사항】

과거의 경작을 방해한 사실이 있다 하더라도 현재 방해를 하고 있지 않는 경우의 방해배제청구 가능 여부(소극)

【판결요지】

과거의 경작을 방해한 사실이 있다 하더라도 현재 방해를 하고 있지 않은 이상 과거의 방해로 인한 손해배상을 청구함은 모르되 경작방해배제를 청구함은 무의미한 것이다(대판 1963.1.31. 62다878).

| 판례 7 | 부지의 불법점유를 이유로 한 건물소유자에 대한 퇴거청구 여부(소극)

【판시사항】

토지소유자가 그 지상에 건축된 건물의 소유자에게 부지의 불법점유를 이유로 건물에서 퇴거할 것을 청구할 수 있는지 여부(소극)

【판결요지】

건물의 소유자가 그 건물의 소유를 통하여 타인 소유의 토지를 점유하고 있다고 하더라도 그 토지소유자로서는 그 건물의 철거와 그 대지 부분의 인도를 청구할 수 있을 뿐, 자기 소유의 건물을 점유하고 있는 자에 대하여 그 건물에서 퇴거할 것을 청구할 수는 없다(대판 1999.7.9. 98다57457·57464).

| 판례 8 | 소유물방해예방청구권의 행사 요건

【판시사항】

소유물방해예방청구권을 행사하기 위한 요건

【판결요지】

소유물방해예방청구권은 방해의 발생을 기다리지 않고 현재 예방수단을 취할 것을 인정하는 것이므로, 그 방해의 염려가 있다고 하기 위하여는 방해예방의 소에 의하여 미리 보호받을 만한 가치가 있는 것으로서 객관적으로 근거 있는 상당한 개연성을 가져야 할 것이고 관념적인 가능성만으로는 이를 인정할 수 없다(대판 1995.7.14. 94다50533).

| 판례 9 | 사생활의 은밀이 침해될 염려로 인한 공사중지가처분의 여부(적극)

【판시사항】

사생활의 은밀이 침해될 염려가 공사중지가처분에 대한 보전의 필요성으로 인정되는 경우

【판결요지】

피신청인이 건축 중에 있는 4층 북단 교실 중간에 설치된 복도와 위 교실 서쪽 벽에 신청인들의 주거 내부를 관망할 수 있는 유리창문이 설치되어 있는 이상 위 교실 북단을 벽으로 쌓은 사실만으로는 신청인들의 사생활의 은밀히 침해될 염려가 배제된 것으로 단정할 수 없으므로 공사중지가처분에 대한 보전의 필요성이 있다(대판 1979.11.13. 79다484).

04

점유권의 보호

1. 의 의

가. 점유와 점유권

물건에 대한 사실상의 지배를 점유라고 하는데(제192조 제1항), 민법(이하 '조문만 표시')에서는 물건을 사실상 지배하는 자, 즉 점유자에게 점유권이 있는 것으로 규정하고 있다(제192조). 이러한 점유권이 물권에 속하느냐에 여부에 관하여는 긍정설(다수설)과 부정설(소수설) 등 여러 견해가 있지만, 민법에서는 점유권이라는 표현을 사용함으로써 적어도 점유를 물권으로까지 고양시키려는 의도였던 것으로 보인다.[48] 따라서 민법에서는 점유자가 점유하는 물건은 이를 선의, 평온, 공연하게 점유하는 것으로 추정하고 있고(제197저 제1항), 점유자가 점유물에 대하여 행사하는 권리는 적법하게 보유한 것으로 추정하여(제200조) 점유 자체에 대하여 일정한 법적 효과를 부여하고 있다. 점유에는 자신이 직접 물건을 점유하는 직접점유와 타인을 통하여 간접적으로 점유하는 간접점유가 있다. 간접점유에는 지상권, 전세권, 질권, 사용대차, 임대차, 임치, 기타의 관계로 타인으로 하여금 물건을 점유하게 한 자가 모두 포함될 것이다(제194조).

나. 점유의 보호제도

민법에서는 소유권자가 아닌 점유자에게 점유 그 자체에 기한 효력에 의하여 일정한 보호를 해주고 있는데, 그것이 점유보호청구권이다. 점유보호청구권은 점유물반환청구권, 점유방해제거청구권, 점유방해예방청구권 등의 형태로 구체적으로 구현된다. 또한 점유자는 자신의 점유가 부당하게 침탈 또는 방해를 받은 때에는 자력구제권을 행사할 수 있다(제209조).

다. 점유와 상린관계

상린관계는 이웃하는 부동산 간에 그 이용의 조절을 도모하기 위한 것이므로 주로 부동산소유자 사이의 문제로 귀착될 것이지만, 이웃부동산 간의 관계는 그 성질상 점유관계도 밀접한 관계가 있을 수밖에 없을 것이다. 따라서 민법에서 점유관계와 이에 대한 보호를

48) 한국사법행정학회, 2011 주석 민법(물권 1), 237p.

어떻게 하고 있는지 살펴보는 것도 상린관계를 이해하는데 도움이 될 수 있을 것이다. 즉 상린관계에 의한 수인의무를 초과하는 이웃토지소유자의 침해에 대하여 민법상 상린관계의 규정에 의한 구제수단 외에 다른 각도에서의 구제수단을 파악해보는 것도 구제수단의 다양화 측면에서 나름대로 의미가 있을 것이기 때문이다.

2. 점유보호청구권

가. 점유보호청구권의 내용

1) 점유물반환청구권

점유자는 자신의 점유가 침탈당한 때에는 1년 내에 침탈자나 그 포괄승계인에 대하여 점유물의 반환 및 불법행위로 인한 손해배상을 청구할 수 있다(제204조 제1항, 제3항). 다만 침탈자의 특별승계인에 대하여는 그가 악의가 아닌 한 점유물의 반환이나 손해배상을 청구할 수 없다(제204조 제2항). 여기에서 침탈이란 자신의 의사에 기하지 않는 점유상실을 말하는 것이므로 사기나 착각 등에 의한 점유상실과 같이 자신의 의사결정에 의하여 점유물을 교부한 경우에는 침탈이라고 할 수 없으므로 그에게는 점유회수청구권을 행사할 수 없다. 점유물반환청구권은 직접점유자뿐만 아니라 간접점유자에게도 인정되지만, 간접점유자는 먼저 직접점유자가 침탈당한 물건을 직접점유자에게 반환할 것을 청구한 후 직접점유자가 물건의 반환을 받을 수 없거나 이를 원하지 않는 경우에만 자신에게 반환할 것을 청구할 수 있다(제207조 제1항, 제2항).

2) 점유방해제거청구권

점유자가 점유의 방해를 받은 때에는 점유방해가 종료한 날부터 1년 내에 점유방해자에 대하여 점유방해의 제거 및 불법행위로 인한 손해배상을 청구할 수 있다(제205조 제1항, 제2항). 다만 공사로 인한 방해의 경우에 그 방해제거는 공사착공 후 1년 내에 또한 공사완공 전에 청구해야 하는 것이며, 공사착공 후 1년이 경과되거나 이미 공사가 완공된 후에는 방해제거를 청구할 수 없다(제205조 제3항). 점유물반환청구권이 침탈자에 의한 직접적인 점유침탈에 대한 대응수단인데 비하여, 점유방해청구권은 침탈자에 의한 직접적인 점유침탈 외의 수단으로 직접점유자의 점유물에 대한 사실상 지배권에 간섭하는 것에 대한 대응수단이라고 할 수 있다. 예컨대, 타인의 토지 위에 담장을 축조한 경우라든가(대판 2005.3.25. 2004다23899),[49] 매연·소음·진동 등의 생활방해에 의하여 상대방의 점유물에 대한 평온한 사실상

49) 취득시효가 완성된 점유자는 점유권에 기하여 등기부상의 명의인을 상대로 점유방해의 배제를 청구

의 지배를 방해하는 경우에도 점유의 방해라고 할 수 있을 것이다.

점유의 방해에는 방해자의 고의·과실을 요하지 않으며, 방해자의 시설이나 부동산 등으로부터 발생한 방해의 경우에는 방해자의 의사도 필요하지 않을 것이다.[50] 그렇다고 하더라도 방해는 위법성이 있어야 하고, 점유자에게 수인의무가 발생하는 정도에 불과한 경우에는 방해라고 할 수 없을 것이며, 방해는 사실심변론종결시까지 계속되어야 그 제거를 청구할 수 있을 것이고, 그밖의 경우에는 손해배상의 문제만 남게 될 것이다. 점유물방해제거청구권은 직접점유자뿐만 아니라 간접점유자에게도 인정된다(제207조 제1항). 여기의 방해의 제거에는 방해의 원인에 대한 제거와 방해행위의 중지가 포함될 것이다. 방해의 제거가 대체적 작위급부인 경우에는 대체집행에 의하여 방해를 제거한 후 그 비용을 방해자에 대하여 청구할 수 있을 것이로되, 통행으로 인한 방해행위와 같이 부작위에 의하여 방해가 제거될 수 있는 때에는 간접강제에 의하는 수밖에 없을 것이다.

공사의 경우에는 공사착공 후 1년이 경과되거나 공사가 완공된 후에는 방해제거를 청구할 수 없는데(제205조 제3항), 이는 손해배상청구권에 대하여도 마찬가지로 적용되어 위 제척기간이 경과되면 손해배상도 청구할 수 없게 된다. 따라서 공사착공 후 1년 내에 공사가 완공된 때에는 공사착공 후 1년이 아직 경과되지 않았더라도 방해배제거청구권이나 손해배상청구권을 행사할 수 없는 것이다. 동일공사를 일단 중지하였다가 재착수한 경우에 있어서의 공사착공 후 1년이라는 제척기간의 산정은, 그 전 공사 부분이 전부멸실되거나 이와 동일시할 상태로 돌아가지 않는 한, 후공사를 전공사의 계속으로 보아 전후 공사의 기간을 합산하여 산정해야 할 것이다(대판 1955.1.27. 4287민상86).

3) 점유방해예방청구권

점유자의 점유가 현재는 방해를 받고 있지 않지만 장차 방해를 받을 염려가 있는 때에는 점유자는 방해를 할 염려 있는 자에 대하여 방해의 예방 또는 불법행위로 인한 손해배상을 청구할 수 있다(제206조 제1항). 방해의 염려가 있는 한 제척기간의 제한 없이 방해예방 또는 손해배상의 담보를 청구할 수 있다. 다만 공사로 인하여 점유의 방해가 염려된 때에는 공사

할 수 있다 할 것인데, 시효취득자가 점유취득시효의 완성을 원인으로 하여 소유권이전등기를 청구하면서, 그와 동시에 시효 완성 후에 토지소유자가 멋대로 설치한 담장 등의 철거를 구하고 있을 뿐, 소유권에 기한 방해배제청구권에 기하여 위 담장 등의 철거를 구한바 없고, 오히려 "토지소유자가 기존의 담장을 허물고 새로운 담장을 쌓은 것은 시효취득자의 점유를 침탈한 행위에 해당한다."고 주장하였으며, 원심의 변론종결 직전에는 소유권에 기한 주장은 하지 않고 담장 등 철거 청구도 시효취득에 의하여서만 구하는 것이라고 진술하였는바, 그렇다면 시효취득자는 점유권에 기한 방해배제청구권의 행사로서 토지소유자를 상대로 담장 등의 철거를 청구하고 있는 것으로 보아야 한다(대판 2005.3.25. 2004다23899·23905).

50) 한국사법행정학회, 2011 주석 민법(물권 1), 413p.

착공 후 1년 내에 또한 공사완공 전에 방해의 예방을 청구해야 하는 것이며, 공사착공 후 1년이 경과되거나 이미 공사가 완공된 후에는 방해의 예방을 청구할 수 없다(제206조 제1항, 제2항). 점유물방해예방청구권은 직접점유자뿐만 아니라 간접점유자에게도 인정된다(제207조 제1항). 여기에서 방해를 받을 염려란 방해에 대한 고도의 개연성을 말한다.

이와 같이 점유권에 기한 방해배제청구권은 물건 자체에 대한 사실상의 지배상태를 점유침탈 외의 방법으로 침해하는 방해행위가 있는 경우에 성립되는 것이고, 방해예방청구권에 있어서 점유를 방해할 염려나 위험성이 있는지의 여부는 구체적인 사정하에 일반 경험법칙에 따라 객관적으로 판정되어야 할 것이다(대판 1964.5.19. 63다928, 1962.4.4. 4294민상1443, 1987.6.9. 86다카2942). 따라서 농지경작자에 대하여 그 농지를 경작하겠다고 통고하고 그 농지상의 입도를 가처분한 사실이 있는 경우에는 농지에 대한 점유를 방해할 염려가 있다고 보아야 한다(대판 1962.4.4. 4294민상1443).

점유침탈 자체는 방해의 염려에 해당되지 않을 것이지만 점유침탈의 우려는 방해의 염려에 포함될 것이다.

점유의 방해를 받은 점유자는 방해의 예방을 청구할 수 있는데, 그 내용으로는 방해의 종류에 따라 다르겠지만 예정된 공사의 철회 등 부작위를 청구하는 형태가 될 것이지만, 건물붕괴의 우려 등과 같이 상대방의 시설이나 부동산 등으로부터 방해가 염려되는 경우에는 시설보수 등 방해의 원인에 대한 제거를 청구하는 형태가 될 것이다. 점유를 방해할 염려가 있는 자에 대한 방해예방청구가 받아들여지지 않을 경우에 있어서 방해예방청구권의 실현수단은 대체집행이나 간접강제의 방법에 의할 것이다.

한편 점유의 방해를 받을 염려가 있는 자는 방해의 예방을 청구할 수 있는 외에 손해배상의 담보도 청구할 수 있다(제217조 제1항). 다만 방해의 염려가 있다는 사실만으로 둘 다 청구하는 것은 방해예정자에게 가혹할 수 있으므로 그중 어느 하나만을 선택적으로 청구할 수 있다고 보는 것이 타당하다고 본다.[51] 손해배상의 담보는 금전공탁을 청구할 수도 있고, 보증인 등 인적담보나 저당권 등 물적담보의 청구도 가능할 것이다.

나. 직접점유자와 간접점유자 사이의 우선관계

점유보호청구권의 근거는 직접점유자의 자력구제권에 의하여 정당화되는 것이므로 민법의 해석상 직접점유자와 간접점유자 사이에 분쟁이 생길 경우에는 점유보호청구권은 직접점유자가 우선한다고 본다. 즉 직접점유자는 간접점유자의 점유침탈이나 방해 또는 방해염려의 경우에는 간접점유자에 대하여 점유보호청구권을 행사할 수 있지만, 간접점유자는

51) 한국사법행정학회, 2011 주석 민법(물권 1), 420p.

직접점유자가 점유를 하고 있는 이상 직접점유자가 점유물에 관하여 위법행위를 하더라도 직접점유자를 상대로 점유보호청구권을 행사할 수 없다고 본다.[52] 따라서 간접점유자는 직접점유자에 대하여 점유가 아니라 본권에 기하여 권리를 행사해야 하는 것이다.

3. 점유자의 자력구제권

가. 자력구제의 인정취지

점유자는 자신의 점유가 부정하게 침탈당하거나 방해를 받는 때에는 가해자에 대하여 자력으로 방위할 수 있다(제209조 제1항). 이때 점유가 침탈당한 목적물이 부동산인 때에는 침탈 후 즉시 가해자를 배제하여 탈환할 수 있고, 동산인 때에는 현장에서 또는 추적해서 가해자로부터 탈환할 수 있다(제209조 제2항). 이를 점유자의 자력구제권이라고 한다. 원래 권리의 구제는 국가권력에 위임해서 해야 하는 것이 원칙일 것이지만, 점유의 경우에는 이를 오로지 국가의 조력에 맡기는 것은 그 급박성이나 적정성의 면에서 점유자의 보호에 미흡할 수 있으므로 민법에서는 예외적으로 점유자에 대하여 자력구제를 인정하고 있다.

나. 자력구제권자

자력구제권은 직접점유자에게 있음은 명백하다. 종업원이나 점원 등과 같은 점유보조자에게도 인정되는지 문제되는데, 자력구제는 점유침탈 내지 방해의 현장성과 밀접하게 관련되어 있고 긴급성을 요하는 것이므로 점유보조자에게 자력구제를 인정하지 않는다면 그 실효성을 거둘 수 없을 것이기 때문에 점유보조자에게도 인정된다고 본다. 그렇다고 하더라도 점유보조자의 자력구제는 점유주를 대신해서 행사하는 것이므로 점유보조자가 점유주에 대해서까지 자력구제를 하는 것은 허용되지 않을 것이다.

간접점유자도 자력구제권을 행사할 수 있는지 여부에 관하여는 긍정설, 부정설의 견해로 나누어지지만, 자력구제는 현장성과 밀접하게 관련되어 있는데도 외부에서 인식하기 곤란한 간접점유자에게 자력구제를 인정하는 것은 문제가 있고, 자력구제의 성질상 물리력에 의한 방어를 수단으로 하며, 민법상 간접점유자에게 자력구제에 관한 규정을 준용하고 있지 않으므로 간접점유자에게는 자력구제권이 없다고 보는 것이 타당하다고 본다. 제3자가 자력구제권을 행사할 수 있는지 문제된다. 이에 관하여는 자력구제권 중 자력방위권(제209조 제1항)에 관하여는 제3자에 의한 정당방위(제761조)가 인정되는 이상 허용된다고 보아야 할 것이며, 자력탈환권(제209조 제2항)도 직접점유자의 현실적인 의사나 추정적 의사에 대한

52) 한국사법행정학회, 2011 주석 민법(물권 1), 424p.

확인이 가능하다면 사무관리의 원리에 따라 인정될 수 있다고 본다.[53]

이에 간접점유자는 그 지위로부터는 직접 자력구제권을 행사할 수 없을 것이지만, 제3자의 지위에서 정당방위(제761조) 또는 사무관리(제734조)의 원리에 따라 자력구제를 할 수 있는 경우도 있을 것이다.

다. 자력구제권의 내용

1) 자력방위권

점유자는 그 점유를 부정히 침탈 또는 방해하는 행위에 대하여 자력으로써 이를 방위할 수 있다(제209조 제1항). 따라서 점유자는 그가 점유할 권리가 있는지 여부와 무관하게 점유침탈 또는 방해행위가 아직 종료되지 않는 상태라면 임의적인 실력행사로써 자신의 점유를 방어할 수 있는 것이다. 다만 침탈행위 또는 방해행위가 종료된 경우에는 자력방위권을 행사할 수 없으며, 이 경우에는 자력탈환권(제209조 제2항)의 요건이 갖추어져 있는 경우에는 자력탈환권의 행사에 의하여, 점유보호청구권의 요건이 갖추어져 있는 경우에는 점유보호권의 행사에 의하여 구제를 받아야 할 것이고, 그밖의 경우에는 본권에 기한 구제수단에 의하여 점유를 회복하는 수밖에 없을 것이다. 예컨대, 점유자의 토지 위에 가건물을 건축하려고 하는 경우에 위 가건물이 아직 완공되지 않는 상태에서는 점유자가 자력방위권을 행사하여 임의로 철거할 수 있으나, 가건물이 완공된 후에는 점유권에 기한 방해제거청구권(제205조 제1항)을 행사하거나 소유권에 기한 소유물방해제거청구권(제214조)을 행사하여 철거해야 하는 것이다. 자력방위권은 일종의 정당방위(제761조)에 해당되므로 긴급피난에서와 같은 이익형량은 요하지 않는다고 본다. 자력방위권의 요건은 자력방위권자가 입증책임을 부담한다.

2) 자력탈환권

점유물이 침탈되었을 경우에 부동산일 때에는 점유자는 침탈 후 '직시' 가해자를 배제하여 이를 탈환할 수 있고, 동산일 때에는 점유자는 '현장에서' 또는 '추적하여' 가해자로부터 이를 탈환할 수 있다(제209조 제2항). 여기에서 '직시'란 '객관적으로 가능한 한 신속히' 또는 '사회관념상 가해자를 배제하여 점유를 회복하는데 필요하다고 인정되는 범위 안에서 되도록 속히'라는 뜻으로 해석할 것이므로 점유자가 침탈사실을 알고 있는지 여부와 상관없이 침탈을 당한 후 상당한 시간이 흘렀다면 자력탈환권을 행사할 수 없는 것이다(대판 1993.3.26. 91다14116).[54]

---

53) 한국사법행정학회, 2011 주석 민법(물권 1), 434p.

이에 침탈당한 시점과 근접성이 유지되는 경우에는 점유자가 침탈자나 그 악의의 승계인에 대하여 자신의 실력행사로써 점유를 회복할 수 있을 것이지만, 침탈당한 시점으로부터 객관적으로 상당한 시간이 흘러 침탈자의 점유가 인정되어버린 경우에는 자력탈환권이 인정되지 않고, 이때는 점유보호청구권이나 본권에 기한 구제수단으로써 점유를 회복하는 수밖에 없는 것이다. 그렇다면 부동산점유의 침탈에 있어서 어느 정도의 시간을 '직시'라고 할 수 있는지 문제되는데, 판례에 의하면 점유침탈이 있는 날부터 7일이 경과한 후에 탈환을 시도하는 것은 '직시'의 자력탈환이라고 할 수 없을 것이로되(대판 1993.3.26. 91다14116),[55] 위법한 명도집행이 종료된 후 2시간 내에 자력으로 그 점유를 탈환하는 것은 적법한 자력탈환이라고 판시하고 있다(대판 1987.6.9. 86다카1683).[56] 동산점유의 침탈에 있어서 어느 정도의 시간의 범위 내에서 추적이 가능한지 문제되는데, 이는 구체적인 사안에 따라 객관적으로 판단할 수밖에 없을 것이지만 침탈현장을 목격해야 하는 것은 아니며, 시간적 근접성이 인정되는 이상 사후에 침탈사실을 알고 추적하는 것도 가능하다고 할 것이다.[57] 자력탈환권의 요건은 자력탈환권자가 입증책임을 부담한다고 본다.

---

54) 민법 제209조 제1항에 규정된 점유자의 자력방위권은 점유의 침탈 또는 방해의 위험이 있는 때에 인정되는 것인 한편, 제2항에 규정된 점유자의 자력탈환권은 점유가 침탈되었을 때 시간적으로 좁게 제한된 범위 내에서 자력으로 점유를 회복할 수 있다는 것으로서, 위 규정에서 말하는 "직시"란 "객관적으로 가능한 한 신속히" 또는 "사회관념상 가해자를 배제하여 점유를 회복하는 데 필요하다고 인정되는 범위 안에서 되도록 속히"라는 뜻으로 해석할 것이므로 점유자가 침탈사실을 알고 모르고와는 관계없이 침탈을 당한 후 상당한 시간이 흘렀다면 자력탈환권을 행사할 수 없다(대판 1993.3.26. 91다14116).

55) 피고 5는 대체집행이 불능되자 다시 중장비와 인부들을 동원하여 무단철거를 강행하였고, 그달 22.경 이 사건 기성부분을 완전히 철거한 사실들을 인정할 수 있는바, 이에 따르면, 원고는 이 사건 기성부분이 완성된 때부터 이를 계속 점유하여 왔으나, 적어도 피고 5가 이를 철거하기 시작한 그달 7. 이후에는 그 점유를 피고 5에게 침탈당하였다고 보이고, 그렇다면 원고가 그달 12, 14, 16.에 각 인부를 동원하여 그 탈환을 시도한 것은 자력탈환권의 요건인 "직시"에 해당한다고도 할 수 없고, 원고가 피고 5의 침탈 또는 방해하려는 행위에 대하여 자력방위권을 행사하였다는 자료도 전혀 없다(대판 1993.3.26. 91다14116).

56) 甲이 丙을 상대로 점포에 관한 점유이전금지가처분결정을 받아 그 집행을 한 다음 丙을 상대로 하여 받은 본안판결에 기하여 乙이 위 점포에 소유주들과 사이에 임대차계약을 체결하고서 인도를 받아 적법하게 점유하고 있던 위 점포에 대하여 명도집행을 단행하였다면 위 가처분이나 본안판결의 효력이 미칠 수 없는 乙에 대하여 그가 점유하고 있던 위 점포에 대하여 명도집행을 단행한 것은 위법하고 이러한 위법한 강제집행에 의하여 부동산의 명도를 받는 것은 공권력을 빌려서 상대방의 점유를 침탈하는 것이 되므로 乙이 위 강제집행이 일응 종료한 후 불과 2시간 이내에 자력으로 그 점유를 탈환한 것은 민법상의 점유자의 자력구제권의 행사에 해당한다(대판 1987.6.9. 86다카1683).

57) 한국사법행정학회, 2011 주석 민법(물권 1), 437p.

| 판례 10 | 점유방해소송

【판시사항】

[1] 점유방해소송과 공사기간의 산정

[2] 염전경영과 해면점유

【판결요지】

[1] 동일공사를 일단 중지하였다가 재착수한 경우에는 그 전 공사 부분이 전부멸실되거나 이와 동일시 할 상태로 돌아가지 아니한 한 후공사를 전공사의 계속으로 보아 민법 제201조 소정의 1년 기간 산정에는 전후공사의 기간을 합산하여 정함이 타당할 것이다(대판 1955.1.27. 4287민상86).

[2] 방조제의 축조가 타 염전 경영자가 점유사용하는 해면(염전수로 등)을 차단하는 등의 방법으로 점유사용에 장해를 준다면 점유방해의 소송으로써 그 제방의 철거를 청구할 수 있으나 다만 방조제로 인하여 염전에 관한 해수의 도입 또는 배수에 불리한 영향을 미친다는 것이면 이는 염전의 점유에 직접 관계되는 것이 아니요 염전운영에 관한 용수권문제로서 제방의 철거는 용수권의 유무 및 그 범위에 의하여 이를 정해야 할 것이다(대판 1955.1.27. 4287민상86).

| 판례 11 | 방조제의 축조와 점유방해소송 여부

【판시사항】

[1] 점유방해소송과 공사기간의 산정

[2] 염전경영과 해면점유

【판결요지】

[1] 동일공사를 일단 중지하였다가 재착수한 경우에는 그 전 공사 부분이 전부멸실되거나 이와 동일시 할 상태로 돌아가지 아니한 한 후공사를 전공사의 계속으로 보아 민법 제201조 소정의 1년 기간 산정에는 전후공사의 기간을 합산하여 정함이 타당할 것이다

[2] 방조제의 축조가 타 염전 경영자가 점유사용하는 해면(염전수로 등)을 차단하는 등의 방법으로 점유사용에 장해를 준다면 점유방해의 소송으로써 그 제방의 철거를 청구할 수 있으나 다만 방조제로 인하여 염전에 관한 해수의 도입 또는 배수에 불리한 영향을 미친다는 것이면 이는 염전의 점유에 직접 관계되는 것이 아니요 염전운영에 관한 용수권문제로서 제방의 철거는 용수권의 유무 및 그 범위에 의하여 이를 정해야 할 것이다(대판 1955.1.27. 4287민상86).

| 판례 12 | 점유권에 기한 방해배제청구권의 성립요건

【판시사항】

[1] 점유권에 기한 방해배제청구권의 성립요건

[2] 점유를 방해할 염려나 위험성 유무의 판단기준

【판결요지】

[1] 점유권에 의한 방해배제청구권(점유보유청구권)은 물건 자체에 대한 사실상의 지배상태를 점유침탈 이외의 방법으로 침해하는 방해행위가 있을 때 성립된다(대판 1987.6.9. 86다카2942).

[2] 방해예방청구권 (점유보전청구권)에 있어서 점유를 방해할 염려나 위험성이 있는지의 여부는 구체적인 사정하에 일반경험법칙에 따라 객관적으로 판정되어야 할 것이다(대판 1987.6.9. 86다카2942).

| 판례 13 | 농지에 대한 점유를 방해할 염려가 있는지 여부

【판시사항】

농지 경작자에 대하여 그 농지를 경작하겠다고 통고하고 그 농지상의 입도를 가처분 한 사실이 있음에도 불구하고 농지에 대한 점유를 방해할 염려가 없다고 할 수 있는 경우

【판결요지】

점유를 시해할 염려 및 위험성이 있는 여부는 구체적인 사정하에서 일반 경험법칙에 따라 객관적으로 판정되어야 할 것인바 농지경작자에 대하여 그 농지를 경작하겠다고 통고하고 그 농지상의 입도를 가처분한 사실이 있음에도 불구하고 농지에 대한 점유를 시해할 염려가 없다고 판단하였음은 점유보전에 대한 민법규정의 해석을 잘못한 것이다(대판 1962.4.4. 4294민상1443).

| 판례 14 | 종국에는 목적물의 소유자에게 인도를 하여 주어야 하는 점유자라고 하더라도 방해예방청구가 가능한지 여부(적극)

【판시사항】

가처분의 필요성에 관한 판단과 점유의 소와 본건에 관한 소송과의 관계에 관한 법리

【판결요지】

가처분 신청인에게 그 계쟁물에 대하여 소유권이 없고 비록 종말에 가서는 그 목적물의 소유자에게 인도를 하여 주어야 하고 그때까지는 신청인의 점유가 불법점유라 할 수 있을지언정 정당한 절차를 밟아 신청인이 그 목적물을 인도할 때까지는 점유자라 할지라도 그 점유의 방해를

받을 염려가 있는 때에는 그 방해의 예방을 청구할 수 있고 그밖의 조처도 청구할 수 있다(대판 1967.4.4. 66다2641).

제2장 민법상 상린관계

01

민법상 상린관계의 성질과 종류

1. 민법상 상린관계의 성질

인접하는 부동산소유자 간의 상호 이용조절을 위한 상린관계로부터 발생하는 상린권은 독립된 물권은 아니며 소유권에 내재하는 제한 내지 확장을 의미한다. 자신의 토지의 편익을 위하여 타인의 토지를 이용할 수 있는 권리라는 점에서 지역권과 유사하지만, 상린권은 계약에 의하여 발생하는 지역권과 달리 법률의 규정에 의하여 당연히 발생하는 권리이며, 독립된 물권인 지역권과 달리 소유권의 내용 그 자체이며, 등기가 있어야 취득되는 지역권과 달리 등기 없이도 부동산소유권의 등기만으로 인정되는 권리이고, 인접하는 토지가 아니더라도 인정되는 지역권과 달리 상린권은 상호 인접하는 부동산 상호간에 인정되는 권리이며, 단독으로 포기가 가능하고 별도로 소멸시효에도 걸리는 지역권과 달리 부동산소유권과 분리하여 포기할 수 없고 단독으로 소멸시효에도 걸리지 않는 권리이다.[58]

상린관계의 성질에 관하여는 임의규정이라는 견해, 강행규정이라는 견해[59]도 있지만, 원칙적으로 강행규정이로되, 민법 제242조(경계선부근의 건축) 및 민법 제244조(지하시설 등에 대한 제한) 등 일부 규정은 임의규정이라고 보는 견해가 판례의 입장이고 또한 타당하다는 점은 앞서 본 바와 같다(대판 2012.12.27. 2010다103086,[60] 1962.11.1. 62다567,[61] 1982.10.26. 80다

58) 한국사법행정학회, 2011 주석 민법(물권 1), 557-558p.

59) 한국사법행정학회, 2011 주석 민법(물권 1), 540p; 양형우, 제12판 민법의 세계, 495p.

60) 인접하는 토지 상호간의 이용의 조절을 위한 상린관계에 관한 민법 등의 규정은 인접지 소유자에게 소유권에 대한 제한을 수인할 의무를 부담하게 하는 것이므로 적용 요건을 함부로 완화하거나 유추하여 적용할 수는 없고, 상린관계 규정에 의한 수인의무의 범위를 넘는 토지이용관계의 조정은 사적자치의 원칙에 맡겨야 한다. 그러므로 어느 토지소유자가 타인의 토지를 통과하지 않으면 필요한 전선 등을 시설할 수 없거나 과다한 비용을 요하는 경우에는 타인은 자기 토지를 통과하여 시설을 하는데 대하여 수인할 의무가 있다(대법원 2012.12.27. 선고 2010다103086 판결).

61) 민법 제242조의 규정은 서로 인접하여 있는 소유자의 합의에 의하여 법정거리를 두지 않게하는 것을 금지한다고는 해석할 수 없고 당사자간의 합의가 있었다면 그것이 명시 또는 묵시라 하더라도 인접지

1634[62]). 여기에서 임의규정에 해당하는 부분에 대해서는 인근 토지소유자 간에 상린관계에 관한 민법(이하 '조문만 표시')의 규정과 다른 내용의 특약을 하는 것은 유효할 것이다.

2. 민법상 상린관계의 종류

민법에서 규정하고 있는 상린관계로는 인지사용청구권(제216조), 매연 등을 통한 인지에 대한 방해금지(제216조), 수도 등 시설권(제218조), 주위토지통행권(제219조, 제220조), 자연유수의 승수의무와 권리(제221조), 소통공사권(제222조), 저수·배수·인수를 위한 공작물에 대한 공사청구권(제223조), 처마물에 대한 시설의무(제225조), 여수소통권(제226조), 유수용공작물의 사용권(제227조), 여수급여청구권(제228조), 수류의 변경(제229조), 언(堰)의 설치·이용권(제230조), 공유하천용수권(제231조), 하류 연안의 용수권 보호(제232조), 용수의 승계(제233조), 공용수의 용수권(제235조), 용수장해의 공사와 손해배상·원상회복(제236조), 경계표·담의 설치권(제237조, 제238조, 제239조), 수지·목근의 제거권(제240조 제2항), 토지의 심굴 금지(제241조), 경계선 부근의 건축(제242조), 차면시설의무(제243조), 지하시설 등에 대한 제한(제244조), 건물의 구분소유(제215조) 등이 있다.

3. 소유권 외의 권리에 준용

상린관계는 인접하는 부동산소유권자 간의 문제인 것이 원칙인데, 이는 부동산의 이용을 조절하려는 것이 목적이므로 지상권이나 전세권에도 준용된다(제290조, 제319조). 즉 지상권자나 전세권자 또는 지상권자와 이웃토지소유자 사이에도 준용된다. 이웃부동산 간의 상호 이용을 조절한다는 차원에서 등기된 부동산임대차에도 준용된다.[63] 다만 명의신탁자에게는 적용되지 않는다(대판2008.5.8. 2007다22767).

4. 공법상 상린관계와의 구별

상린관계는 민사관계에서 뿐만 아니라 공법관계에서도 발생할 수 있다. 이에 공법관계

에 건물을 축조하는 자에게 대하여 법정거리를 두지 않았다고 하여 그 건축을 폐지시키거나 변경시킬 수 없다고 할 것이다(대법원 1962.11.1. 선고 62다567 판결).

62) 지하시설을 하는 경우에 있어서 경계로부터 두어야 할 거리에 관한 사항 등을 규정한 민법 제244조는 강행규정이라고는 볼 수 없으므로 이와 다른 내용의 당사자간의 특약을 무효라고 할 수 없다(대법원 1982.10.26. 선고 80다1634 판결).

63) 한국사법행정학회, 2011 주석 민법(물권 1), 559p.

에서도 민법상 상린관계와 유사한 목적을 달성하기 위한 다수의 상린관계 법률들이 제정되어 있다. 즉 이웃토지 간의 환경오염을 규제하기 위한 자연환경보전법이나 대기환경조정법, 물환경보전법, 토양환경보전법, 환경영향평가법 등 각종 환경관련법이 있고, 이웃토지 간의 건축 관련 이해조절을 위한 건축법, 「국토의 계획 및 이용에 관한 법률」 등이 있으며, 농지 및 농수의 관리를 위한 농어촌정비법 등이 있는 것이다.

그러나 이들 공법상의 상린관계의 규정들은 공법상 상린관계를 규율하기 위한 최소한의 기준을 정하는 것에 불과하다고 보며, 따라서 민법상 상린관계와 별개로서 상호 병존할 수 있다고 본다. 즉 공법상의 상린관계에 관한 법률들에는 적합하더라도 민법상 상린관계의 입장에서 볼 때 적합하지 않다면 민법상 상린관계를 주장할 수 있는 것이다. 예컨대 일조권 등과 관련하여 건축법 등 관련 행정법규에 정한 기준에 적합하여 건축허가가 나왔다고 할지라도(건축법 제61조), 민법의 상린관계상 일조권이 침해되면 민법상 상린관계 관련 소송을 제기할 수 있는 것이다(대판 1999.1.26. 98다23850, 2000.5.16. 98다56997, 2002.12.10. 2000다72213, 2004.9.13. 2003다64602, 2004.9.13. 2004다24212[64]).

즉, 일조방해행위가 사회통념상 수인한도를 넘었는지 여부는 피해의 정도, 피해이익의 성질 및 그에 대한 사회적 평가, 가해 건물의 용도, 지역성, 토지이용의 선후관계, 가해 방지 및 피해 회피의 가능성, 공법적 규제의 위반 여부, 교섭 경과 등 모든 사정을 종합적으로 고려하여 판단해야 하고, 건축 후에 신설된 일조권에 관한 새로운 공법적 규제 역시 이러한 위법성 평가에 있어서 의미 있는 자료가 될 수 있으며, 건축법 등 관계 법령에 일조방해에 관한 직접적인 단속법규가 있다면 그 법규에 적합한지 여부가 사법상 위법성을 판단함에 있어서 중요한 판단자료가 될 것이지만, 이러한 공법적 규제에 의하여 확보하고자 하는 일조는 원래 사법상 보호되는 일조권을 공법적인 면에서도 가능한 한 보장하려는 것으로서 특별한 사정이 없는 한 일조권 보호를 위한 최소한도의 기준으로 봄이 상당하고, 구체적인 경우에 있어서는 어떠한 건물 신축이 건축 당시의 공법적 규제에 형식적으로 적합하다고 하더라도 현실적인 일조방해의 정도가 현저히 커서 사회통념상 수인한도를 넘은 경우에는 위법행위로 평가될 수 있는 것이다(대판 2014.2.27. 2009다40462).

64) 건축법 등 관계 법령에 일조방해에 관한 직접적인 단속법규가 있다면 그 법규에 적합한지 여부가 사법상 위법성을 판단함에 있어서 중요한 판단자료가 될 것이지만, 이러한 공법적 규제에 의하여 확보하고자 하는 일조는 원래 사법상 보호되는 일조권을 공법적인 면에서도 가능한 한 보증하려는 것으로서 특별한 사정이 없는 한 일조권 보호를 위한 최소한도의 기준으로 봄이 상당하고, 구체적 경우에 있어서는 어떠한 신축건물이 건축 당시의 공법적 규제에 형식적으로 적합하더라도 현실적인 일조방해의 정도가 커 사회통념상 수인한도를 넘은 경우에는 위법행위로 평가될 수 있다(대판 2004.9.13. 2004다24212).

02

민법상 상린관계의 규정

민법상 상린관계와 관련되는 규정은 민법(이하 '조문만 표시') 제215조부터 제244조에 이르기까지 모두 30개 조문을 두어 규율하고 있다. 그중 토지의 이용관계나 물의 이용관계와 관련되는 조문이 대부분을 차지하고 있고, 몇 조문을 할애하여 수목 관계와 건축물의 이용관계에 관하여 규율하고 있다. 아래에서 구체적으로 상린관계의 규정을 살펴보기로 한다.

1. 인지사용청구권

토지소유자는 경계나 그 근방에서 담 또는 건물을 축조하거나 수선하기 위하여 필요한 범위 내에서 이웃토지의 사용을 청구할 수 있다. 그러나 이웃 사람의 승낙이 없으면 그 주거에 들어가지 못한다(제216조 제1항). 다만 이 경우 이웃 사람이 손해를 받은 때에는 보상을 청구할 수 있다(제216조 제2항).

2. 매연 등에 의한 인지에 대한 방해금지

토지소유자는 매연, 열기체, 액체, 음향, 진동 기타 이에 유사한 것으로 이웃토지의 사용을 방해하거나 이웃 거주자의 생활에 고통을 주지 않도록 적당한 조처를 할 의무가 있다. 다만 이웃 거주자는 이러한 사태가 이웃토지의 통상의 용도에 적당한 것인 때에는 이를 인용할 의무가 있다(제216조).

3. 수도 등 시설권

토지소유자는 타인의 토지를 통과하지 않으면 필요한 수도, 소수관, 까스관, 전선 등의 시설을 할 수 없거나 과다한 비용을 요하는 경우에는 타인의 토지를 통과하여 이를 시설할 수 있다. 그러나 이로 인한 손해가 가장 적은 장소와 방법을 선택하여 이를 시설할 것이며 타토지 소유자의 요청에 의하여 손해를 보상해야 한다(제218조 제1항).

한편 이러한 시설을 한 후 사정의 변경이 있는 때에는 타토지 소유자는 그 시설의 변경을 청구할 수 있다. 시설변경의 비용은 토지소유자가 부담한다(제218조 제2항).

4. 주위토지통행권

어느 토지와 공로 사이에 그 토지의 용도에 필요한 통로가 없는 경우에 그 토지소유자는 주위의 토지를 통행 또는 통로로 하지 않으면 공로에 출입할 수 없거나 과다한 비용을 요하는 때에는 그 주위의 토지를 통행할 수 있고 필요한 경우에는 통로를 개설할 수 있다. 그러나 이로 인한 손해가 가장 적은 장소와 방법을 선택해야 한다(제219조 제1항). 이 경우 통행권자는 통행지소유자의 손해를 보상해야 한다(제219조 제2항).

분할로 인하여 공로에 통하지 못하는 토지가 있는 때에는 그 토지소유자는 공로에 출입하기 위하여 다른 분할자의 토지를 통행할 수 있다. 이 경우에는 보상의 의무가 없다(제220조 제1항). 이는 토지소유자가 그 토지의 일부를 양도한 경우에도 마찬가지로 적용된다(제220조 제2항).

5. 자연유수의 승수의무와 권리

토지소유자는 이웃토지로부터 자연히 흘러오는 물을 막지 못한다(제221조 제1항). 고지소유자는 이웃 저지에 자연히 흘러내리는 물을 자기의 정당한 사용범위를 넘어서 이를 막지 못한다(제221조 제2항).

6. 소통공사권

흐르는 물이 저지에서 폐색된 때에는 고지소유자는 자비로 소통에 필요한 공사를 할 수 있다(제222조). 이 경우 비용부담에 관한 관습이 있으면 그 관습에 의한다(제224조).

7. 저수·배수·인수를 위한 공작물에 대한 공사청구권

토지소유자가 저수, 배수 또는 인수하기 위하여 공작물을 설치한 경우에 공작물의 파손 또는 폐색으로 타인의 토지에 손해를 가하거나 가할 염려가 있는 때에는 타인은 그 공작물의 보수, 폐색의 소통 또는 예방에 필요한 청구를 할 수 있다(제223조). 이 경우 비용부담에 관한 관습이 있으면 그 관습에 의한다(제224조).

8. 처마물에 대한 시설의무

토지소유자는 처마물이 이웃에 직접 낙하하지 않도록 적당한 시설을 해야 한다(제225조).

9. 여수소통권

고지소유자는 침수지를 건조하기 위하여 또는 가용이나 농, 공업용의 여수를 소통하기 위하여 공로, 공류 또는 하수도에 달하기까지 저지에 물을 통과하게 할 수 있다(제226조 제1항). 다만 이 경우에는 저지의 손해가 가장 적은 장소와 방법을 선택해야 하며 손해를 보상해야 한다(제226조 제2항).

10. 유수용 공작물의 사용권

토지소유자는 그 소유지의 물을 소통하기 위하여 이웃토지소유자가 시설한 공작물을 사용할 수 있다(제227조 제1항). 다만 이러한 공작물을 사용하는 자는 그 이익을 받는 비율로 공작물의 설치와 보존의 비용을 분담해야 한다(제227조 제2항).

11. 여수급여청구권

토지소유자는 과다한 비용이나 노력을 요하지 않고는 가용이나 토지이용에 필요한 물을 얻기 곤란한 때에는 이웃토지소유자에게 보상하고 여수(남는 물)의 급여를 청구할 수 있다(제228조).

12. 수류의 변경

구거 기타 수류지의 소유자는 대안의 토지가 타인의 소유인 때에는 그 수로나 수류의 폭을 변경하지 못한다(제229조 제1항). 다만 양안의 토지가 수류지소유자의 소유인 때에는 소유자는 수로와 수류의 폭을 변경할 수 있다. 그러나 이때에도 하류는 자연의 수로와 일치하도록 해야 한다(제229조 제2항). 다만 이와 관련하여 다른 관습이 있으면 그 관습에 의한다(제229조 제3항).

13. 언(둑)의 설치·이용권

수류지의 소유자가 언(둑)을 설치할 필요가 있는 때에는 그 언을 대안에 접촉하게 할 수 있다. 그러나 이로 인한 손해를 보상해야 한다(제230조 제1항). 대안의 소유자는 수류지의 일부가 자기소유인 때에는 그 언을 사용할 수 있다. 그러나 그 이익을 받는 비율로 언의 설치,

보존의 비용을 분담해야 한다(제230조 제2항).

14. 공유하천용수권

공유하천의 연안에서 농, 공업을 경영하는 자는 이에 이용하기 위하여 타인의 용수를 방해하지 않는 범위 내에서 필요한 인수를 할 수 있다(제231조 제1항). 또한 이때 인수를 하기 위하여 필요한 공작물을 설치할 수 있다(제232조 제2항). 다만 용수권에 관한 다른 관습이 있으면 그 관습에 의한다(제234조).

15. 하류연안의 용수권 보호

공유하천용수권(제231조)을 위한 인수나 공작물로 인하여 하류연안의 용수권을 방해하는 때에는 그 용수권자는 방해의 제거 및 손해의 배상을 청구할 수 있다(제232조). 다만 용수권에 관한 다른 관습이 있으면 그 관습에 의한다(제234조).

16. 용수권의 승계

농·공업의 경영에 이용하는 수로 기타 공작물의 소유자나 몽리자(수익자)의 특별승계인은 그 용수에 관한 전소유자나 몽리자의 권리의무를 승계한다(제233조). 다만 용수권에 관한 다른 관습이 있으면 그 관습에 의한다(제234조).

17. 공용수의 용수권

상린자는 그 공용에 속하는 원천이나 수도를 각 수요의 정도에 응하여 타인의 용수를 방해하지 않는 범위 내에서 각각 용수할 권리가 있다(제235조).

18. 용수장해의 공사와 손해배상·원상회복

필요한 용도나 수익이 있는 원천이나 수도가 타인의 건축 기타 공사로 인하여 단수, 감수 기타 용도에 장해가 생긴 때에는 용수권자는 손해배상을 청구할 수 있다(제2346조 제1항). 또한 이러한 공사로 인하여 음료수 기타 생활상 필요한 용수에 장해가 있을 때에는 용수권자는 원상회복을 청구할 수 있다(제236조 제2항).

19. 경계표·담의 설치권

인접하여 토지를 소유한 자는 공동비용으로 통상의 경계표나 담을 설치할 수 있다(제237조 제1항). 이때 그 설치비용은 쌍방이 절반하여 부담한다. 그러나 측량비용은 토지의 면적에 비례하여 부담한다(제237조 제2항). 이 경우 위와 다른 관습이 있으면 그 관습에 의한다(제237조 제3항).

또한 인지소유자는 자기의 비용으로 담의 재료를 통상보다 양호한 것으로 할 수 있으며 그 높이를 통상보다 높게 할 수 있고 또는 방화벽 기타 특수시설을 할 수 있다(제238조). 경계에 설치된 경계표, 담, 구거 등은 상린자의 공유로 추정한다. 그러나 경계표, 담, 구거 등이 상린자 일방의 단독비용으로 설치되었거나 담이 건물의 일부인 경우에는 공유로 추정하지 않는다(제239조).

20. 수지·목근의 제거권

인접지의 수목가지가 경계를 넘은 때에는 그 소유자에 대하여 가지의 제거를 청구할 수 있다(제240조 제1항). 이때 그 소유자가 청구에 응하지 않는 때에는 청구자가 그 가지를 제거할 수 있다(제240조 제2항). 수목가지와 달리 인접지의 수목뿌리가 경계를 넘은 때에는 별도의 청구절차를 거침이 없이 피해토지 소유자가 임의로 제거할 수 있다(제240조 제3항).

21. 토지의 심굴 금지

토지소유자는 인접지의 지반이 붕괴할 정도로 자기의 토지를 심굴하지 못한다. 그러나 충분한 방어공사를 한 때에는 이와 달리 심굴이 가능하다(제241조).

22. 경계선 부근의 건축

건물을 축조함에는 특별한 관습이 없으면 경계로부터 반미터 이상의 거리를 두어야 한다(제242조 제1항). 인접지소유자는 이에 위반한 자에 대하여 건물의 변경이나 철거를 청구할 수 있다. 그러나 건축에 착수한 후 1년을 경과하거나 건물이 완성된 후에는 손해배상만을 청구할 수 있다(제242조 제2항).

23. 차면시설의무

경계로부터 2미터 이내의 거리에서 이웃 주택의 내부를 관망할 수 있는 창이나 마루를 설치하는 경우에는 적당한 차면시설을 해야 한다(제243조).

24. 지하시설 등에 대한 제한

우물을 파거나 용수, 하수 또는 오물 등을 저치할 지하시설을 하는 때에는 경계로부터 2미터 이상의 거리를 두어야 하며 저수지, 구거 또는 지하실공사에는 경계로부터 그 깊이의 반 이상의 거리를 두어야 한다(제244조 제1항). 이러한 공사를 함에는 토사가 붕괴하거나 하수 또는 오액이 이웃에 흐르지 않도록 적당한 조처를 해야 한다(제244조 제2항).

25. 건물의 구분소유

민법에서는 1동의 구분소유자 상호간의 상린관계를 규율하기 위하여 구분소유권의 개념을 도입하였다. 즉 수인이 한 채의 건물을 구분하여 각각 그 일부분을 소유한 때에는 건물과 그 부속물중 공용하는 부분은 그의 공유로 추정하도록 하고 있고(제215조 제1항), 복도, 계단, 엘리베이터, 지하주차장, 기계실 등 공용부분의 보존에 관한 비용 기타의 부담은 각자의 소유부분의 가액에 비례하여 분담하도록 하고 있는 것이다(제215조 제2항). 그러나 구분건물의 상린관계를 포괄적이고 구체적으로 규율하는 「집합건물의 소유 및 관리에 관한 법률」이 제정됨으로써 구분소유에 관하여 단 하나의 조문만 있는 민법의 규정은 유명무실하게 되었다.

제 2 부 상린관계 각론

제1장 주위토지통행권

01

주위토지통행권의 의의 및 성격

1. 의 의

가. 주위토지통행권의 의미

자신의 토지가 타인의 토지로 둘러싸여 도로에 연결되지 않아 일반인이 통행하는 공로로 통행할 수 없을 때 그 도로로 통행할 수 있는 가장 적합한 타인의 토지의 특정 부분을 통행로로 사용하거나 통행로를 개설할 수 있는 권리를 민법(이하 '조문만 표시')상 주위토지통행권이라고 한다. 즉 어느 토지와 공로 사이에 그 토지의 용도에 필요한 통로가 없는 경우에 그 토지소유자는 주위의 토지를 통행 또는 통로로 하지 않으면 공로에 출입할 수 없거나 과다한 비용을 요하는 때에는 그 주위의 토지를 통행할 수 있고 필요한 경우에는 통로를 개설할 수 있는 것이다(제219조 제1항).

나아가 이러한 주위토지통행권은 인접한 토지이용자 상호간의 이용조절을 도모하기 위한 것이므로 토지이용자라면 토지소유자뿐만 아니라 토지에 대한 지상권자나 전세권자 등 토지사용권을 가진 자에게도 인정되는 권리이다. 명의신탁자는 토지이용자라고 할 수 없으므로 주위토지통행권이 인정되지 않는다(대판 2008.5.8. 2007다22767). 주위토지통행권이 성립되는 여부는 변론종결시를 기준으로 하여 법정의 요건을 충족하면 당연히 성립하고(대판 1989.5.23. 88다카10739), 그 요건이 없어지게 되면 당연히 소멸하게 된다(대판 2014.12.24. 2013다11669).

따라서 포위된 토지가 사정변경에 의하여 공로에 접하게 되거나 포위된 토지의 소유자가 주위의 토지를 취득함으로써 주위토지통행권을 인정할 필요성이 없어지게 된 경우에는 통행권은 소멸하게 된다(대판 2014.12.24. 2013다11669).

나. 통행권의 종류와 주위토지통행권

타인의 토지로의 통행이 허용되는 경우는 몇 가지로 유형화할 수 있다. 당사자간의 계약에 의한 계약통행권,[65] 물권적 설정행위에 의한 통행지역권, 그리고 민법의 규정에 의한 주위토지통행권이 그것이다. 계약통행권은 채권적 통행권으로서 다시 무상차권과 임차권이 있을 수 있을 수 있고, 주위토지통행권은 일종의 법정통행권이다. 주위토지통행권도 토지의 분할 또는 일부양도에 따른 무상통행권(제220조)과 그밖의 경우의 유상통행권(제219조)으로 구분할 수 있다. 효력면에서 보았을 때 물권인 통행지역권과 법정통행권인 주위토지통행권은 해당 토지의 승계인에게도 미치게 되지만, 채권적 계약통행권은 토지의 승계인에게 승계되지 않는 차이가 있다.[66]

2. 주위토지통행권의 성격

가. 토지소유권에 내재하는 권리

주위토지통행권은 인접한 토지 상호간의 이용조절을 도모하기 위한 것으로서 일종의 상린관계를 규율하는 것이라고 본다. 이에 포위된 토지소유자는 주위토지소유자의 허락 없이 통행권을 확보하는 것이어서 소유권의 내용이 확대된 것인 반면, 주위토지소유자에게는 반대로 수인의무를 지게 되는 것이어서 소유권의 내용이 제한되는 것이다. 이런 점에서 주위토지통행권은 이웃토지소유자 간에 상호 충돌하는 기본권에 대해 구체적이고 타당성 있게 규범조화적인 이해의 조절을 위한 유효·적절한 수단이라고 할 수 있을 것이다.

이와 같이 주위토지통행권은 토지소유권과 독립된 별개의 물권이 아니라 토지소유권에 내재하는 확장 내지 제한이어서 지역권과 달리,[67] 시효취득의 대상이 되지 않으며, 토지소

---

65) 통행의 장소, 방법 등 통행권의 범위는, 약정통행권의 경우에는 당사자 사이의 구체적인 약정의 내용에 의하여 정하여지고, 법정통행권의 경우는 민법 제219조 제1항에 의하여 통행권을 가진 자에게 필요할 뿐만 아니라 이로 인한 주위토지소유자의 손해가 가장 적은 장소와 방법의 범위 내에서 인정되어야 하며, 그 범위는 결국 사회통념에 비추어 쌍방토지의 지목과 지형적, 위치적 형상 및 그에 따른 이용관계, 부근의 지리상황, 상인지 이용자의 이해득실 기타 제반 사정을 참작한 구체적 사정에 따라 합목적적으로 판단해야 한다(대판 1992.12.22. 92다30528).

66) 채권계약에 터잡은 통행권은 지역권과 같이 물권적 효력이 있는 것이 아니고 채권적 효력만 갖는 것이므로, 계약을 체결한 상대방에 대해서만 통행권을 주장 청구할 수 있고 토지 자체를 지배하는 효력이 없을 뿐만 아니라 당사자가 변경되면 승계인에 대하여 통행권을 주장할 수 없는 것이 원칙이고, 따라서 채권계약에 터잡은 통행권에 관한 확정판결의 변론종결 후에 당해 토지를 특정승계취득한 자는 민사소송법 제204조 제1항의 변론종결 후의 승계인에 해당하지 않아 판결의 기판력이 미치지 않는다(대판 1992.12.22. 92다30528).

67) 지역권의 경우에는 계속되고 표현된 것인 경우 민법 제245조의 규정을 준용하도록 되어 있으므로,

유권의 이전에 따라 수반해서 이전되는 권리라고 할 것이다. 주위토지통행권은 법정통행권이므로 이를 방해한 자에 대하여는 주위토지통행권 확인청구를 할 수 있고, 아울러 통행방해행위금지 또는 통행방해의 제거를 청구할 수 있는 것이다. 그러나 주위토지통행권은 주위토지소유자에게 큰 손해와 부담을 줄 수밖에 없는 것이므로 통행권 인정의 반대 대가는 통상적인 거래 수준보다 높게 책정되어야 하는 등 신의칙에 따라 조화로운 해석이 요구된다고 본다.

나. 통행지소유자의 소유권 제한에 관한 내용적·방법적 한계의 설정

주위토지통행권은 통행지소유자에 대하여 그 소유권 제한에 관한 내용적·방법적 한계로서 작용하는 성질을 가지고 있다. 다만 그 한계의 기준이 일률적으로 정해질 수 있는 것이 아니고 구체적 사안별 특수성에 따라 쌍방 토지의 지형적·위치적 형상 및 그 이용상황, 부근의 지리상황, 상린지 이용자의 이해득실 기타 제반 사정을 기초로 사회통념에 따라 객관적으로 판단되어야 할 것이다(대판 1996.5.14. 96다10171).

한편 이는 헌법상 기본권제한적 법률유보의 한 형태에 해당한다고 보아야 할 것이다(헌법 제37조 제2항). 따라서 여기에 적용되는 원리인 자유와 권리의 본질적 내용에 대한 침해의 금지, 최소침해의 원칙, 목적과 수단의 적절성, 비례의 원칙, 과잉금지의 원칙이 주위토지통행권에도 적용되어야 할 것이다. 예컨대, 소유자나 임차인, 호텔 투숙객 등의 주거의 자유와 안전 또는 평온은 주위토지통행권으로서도 침해할 수 없는 본질적인 내용이라고 할 수 있을 것이다(대판 1962.6.2. 62아3, 2005.7.14. 2003다18661). 이러한 주거의 자유와 안전 및 평온을 침해하는 통행로는 통행지소유자에게 가장 손해가 적은 장소와 방법(제219조 제1항 단서)이 아닌 것이다.

다. 법정통행권

통행로의 확보는 당사자간의 약정에 따라 가능한 약정통행권이 있지만,[68] 그것이 여의치 않을 때에는 법률에서 정하는바에 따라 통행로를 확보할 수밖에 없을 것인데, 주위토지통행권이 그것이고 법률상 당연히 발생하는 법정통행권이다. 다만 주위토지통행권은 달리 등기할 수단이 없다. 그러나 주위토지통행권의 여부는 피포위지의 매수인이나 주위토지의

통행지역권은 요역지의 소유자가 승역지 위에 도로를 설치하여 승역지를 사용하는 객관적 상태가 민법 제245조에 규정된 기간 계속된 경우에는 시효취득을 인정할 수 있다(대판 1995.6.13. 95다1088·95다1095).

68) 이러한 약정통행권은 다시 등기 없이 당사자간의 채권약정만 있어 채권적 효력만 인정되는 통행권과 등기까지 이루어진 물권적 효력이 인정되는 지역권으로 구분할 수 있다.

매수인에게 중요한 이해가 얽혀있는 문제이므로 입법론적으로는 지역권 등기과 같이 공시 수단이 마련되어야 할 것으로 보인다.

라. 배타적 점유권의 불인정

주위토지통행권으로부터 다른 사람의 토지에 대한 통행권을 가지는 사람은 그 통행권의 범위 내에서 가장 손해가 적은 장소와 방법을 가려 그 토지를 사용할 수 있고, 토지소유자는 이를 수인할 의무가 있을 뿐 그 통행지에 대한 소유자의 점유까지 배제되는 것은 아니다. 따라서 통행권자가 통행지를 통행함에 그치지 않고 이를 배타적으로 점유하고 있다면 통행지 소유자는 통행권자에 대하여 그 인도를 청구할 수 있을 것이다(대판 1993.8.24. 93다25479, 1976.5.11. 75다1330, 1977.4.26. 76다2823[69]).

그런데 한편 다른 사람의 소유 토지에 대하여 상린관계로 인한 통행권을 가지고 있는 자는 필요한 경우에는 통행지상에 통로를 개설할 수 있으므로 모래를 깔거나, 돌계단을 조성하거나, 장해가 되는 나무를 제거하는 등의 방법으로 통로를 개설할 수 있고, 통행지 소유자의 이익을 해하지 않는다면 통로를 포장하는 것도 허용된다고 할 것이므로 통로를 개설하였지만 통로개설자가 그 통로를 배타적으로 점유하고 있지 않다면 통행지 소유자가 주위토지통행권이 미치는 범위 내의 통로 부분의 인도를 구하거나 그 통로에 설치된 시설물의 철거를 구할 수는 없을 것이다(대판 2003.8.19. 2002다53469).

마. 주위토지통행권의 다양한 양태 및 가변성

주위토지통행권은 물권이 아니므로 주위 사정의 변동에 따라 다양한 가변성을 띨 수 있다. 즉 통행지소유자에게 가장 손해가 적은 장소와 방법이란 원칙적으로 최단거리 또는 최소면적일 것이지만 반드시 그런 것은 아니며 보다 더 긴 통행로나 보다 더 넓은 노폭이라도 손해가 적은 경우가 있을 수 있고, 통행로도 고정불변이 아니라 주위토지상의 주택의 건설 등과 같은 토지이용상황의 변화에 따라 언제든지 위치의 변경이 생길 수 있는 것이다(대판

69) 어느 토지와 공로 사이에 통로가 없어 그 토지소유자가 공로에 출입하기 위하여 주위의 토지를 통행하거나 통로로 개설할 수 있다고 하여 그 통행지에 대한 통행지소유자의 점유를 배제할 권능까지 있는 것은 아니라고 할 것이다. 그러므로 통행지의 소유자는 특단의 사정이 없는 한 그 소유토지(통행지)를 사용 수익할 수 있고 따라서 이를 사실상 지배하는 점유권을 가지고 있다고 할 것이며 다른 사람의 소유 토지에 대하여 상린관계로 인한 통행권을 가지고 있는 사람은 그 통행권의 범위내에서 그 토지를 사용할 수 있을 뿐이라고 할 것이다. 그렇다면 원고는 통행로 9평에 대한 피고의 통행권(민법 제219조 소정의 주위토지통행권)으로 인하여 피고의 통행을 수인할 의무가 있어 피고가 통행함을 거부할 수는 없는 것이나 피고는 위 토지를 통행할 권리가 있다고 하여 위 토지에 대한 원고의 점유권을 배제할 수는 없는 것이라고 할 것이고 따라서 위 토지를 전적으로 점유하고 있는 피고에 대하여 위 토지의 인도를 구하는 원고의 청구는 인용되어야 할 것이다(대판 1977.4.26. 76다2823).

1989.5.23. 88다카10739·10746).

이와 같이 주위토지통행권은 통행을 위한 지역권과는 달리 통행로가 항상 특정한 장소로 고정되어 있는 것이 아니고, 주위토지소유자가 그 용법에 따라 토지의 사용방법을 바꾸었을 때에는 주위토지통행권자는 주위토지소유자를 위하여 보다 손해가 적은 다른 장소로 옮겨 통행할 수밖에 없는 경우도 있을 것이다(대판 1992.12.22. 92다30528, 1989.5.23. 88다카10739·10746).

또한 위요지의 소유자가 도보만으로 활용하던 자신의 농지를 종전보다 더 효율적으로 이용하기 위하여 경운기를 이용하고자 보다 강화된 주위토지통행권을 행사하는 경우에 통행지소유자는 기존의 통로만으로도 토지이용에 충분하였다는 주장은 받아들여지지 않을 것이다. 그러나 한편 농지를 공장용지로 전용하는 등으로 종전의 토지 용도와는 전혀 다른 용도로 토지의 용도를 변경함으로써 무리한 용도변경이라고 판단되는 경우에는 변경 후의 토지의 용도에 따른 주위토지통행권은 인정되지 않을 수도 있을 것이다.

3. 주위토지통행권 인정 장소 및 범위

통행권 인정의 장소 및 그 범위와 관련해서는 이미 공로로 통하는 기존의 통행로가 있어 토지소유자와 주위토지소유자 간에 별다른 분쟁이 없이 이용되어 오고 있다면 이를 통행로라고 보아도 무방할 것이다.

그러나 주위토지통행권은 통행을 위한 지역권과는 달리 통행로가 항상 특정한 장소로 고정되어 있는 것은 아니고, 주위토지소유자가 용법에 따라 토지의 사용방법을 바꾸었을 때에는 주위토지통행권자는 주위토지소유자를 위하여 보다 손해가 적은 다른 장소로 옮겨 통행할 수밖에 없는 경우도 있을 것이고, 주위토지통행권은 주위토지소유자의 토지에 대한 독점적 사용권을 제한하는 권리로서 인접한 토지소유자 간의 이해를 조정하는데 목적이 있으므로 사람이 출입하고 다소의 물건을 공로로 운반할 정도의 폭만 확보할 수 있다면 주위토지소유자의 손해가 가장 적은 장소와 방법을 선택해야 한다. 또한 현재의 토지의 용법에 따른 이용의 범위에서 인정되는 것이지 더 나아가 장차의 이용상황까지를 미리 대비하여 통행로를 정할 것은 아니라고 할 것이다(대판 1992.12.12. 92다30528).

4. 보상관계

어느 토지와 공로사이에 그 토지의 용도에 필요한 통로가 없는 경우에 그 토지소유자는 주위의 토지를 통행 또는 통로로 하지 않으면 공로에 출입할 수 없거나 과다한 비용을 요하는 때에는 그 주위의 토지를 통행할 수 있고 필요한 경우에는 통로를 개설할 수 있는 반면 통행권자는 통행지소유자의 손해를 보상해야 한다(제219조 제2항). 다만 분할로 인하여 공로로 통하지 못하는 토지소유자는 무상으로 다른 분할자의 토지를 통행할 수 있다(제220조 제1항). 이는 토지소유자가 그 토지의 일부를 양도한 경우에도 준용되므로 토지 일부의 양도로 공로에 통하지 못한 토지가 있는 경우에는 그 토지소유자는 양도자 또는 양수자의 토지를 무상으로 통행할 수 있다(제220조 제2항).

주위토지통행권자가 통행지 소유자에게 보상해야 할 손해액은 주위토지통행권이 인정되는 당시의 현실적 이용 상태에 따른 통행지의 임료 상당액을 기준으로 하여, 구체적인 사안에서 사회통념에 따라 쌍방 토지의 토지소유권 취득 시기와 가격, 통행지에 부과되는 재산세, 본래 용도에의 사용 가능성, 통행지를 공동으로 이용하는 사람이 있는지를 비롯하여 통행 횟수·방법 등의 이용태양, 쌍방 토지의 지형적·위치적 형상과 이용관계, 부근의 환경, 상린지 이용자의 이해득실 기타 제반 사정을 고려하여 이를 감경할 수 있고, 단지 주위토지통행권이 인정되어 통행하고 있다는 사정만으로 통행지를 '도로'로 평가하여 산정한 임료 상당액이 통행지 소유자의 손해액이 된다고 볼 수 없다(대판 2014.12.24. 2013다11669).[70)]

---

70) 민법 제219조는 어느 토지와 공로 사이에 그 토지의 용도에 필요한 통로가 없는 경우에 그 토지소유자에게 그 주위의 토지통행권을 인정하면서 그 통행권자로 하여금 통행지 소유자의 손해를 보상하도록 규정하고 있다. 그런데 타인 소유의 토지를 법률상 권원 없이 점유함으로 인하여 그 토지소유자가 입은 통상의 손해는 특별한 사정이 없는 한 그 점유토지의 임료 상당액이라고 할 것이지만(대판 1994.6.28. 93다51539), 주위토지통행권자가 단지 공로에 이르는 통로로서 통행지를 통행함에 그치고 통행지 소유자의 점유를 배제할 정도의 배타적인 점유를 하고 있지 않다면 통행지 소유자가 통행지를 그 본래 목적대로 사용·수익할 수 없게 되는 경우의 손해액이라 할 수 있는 임료 상당액 전부가 통행지 소유자의 손해액이 된다고 볼 수는 없다(대판 2010.7.15. 2010다22927·22934). 따라서 주위토지통행권자가 통행지 소유자에게 보상해야 할 손해액은 주위토지통행권이 인정되는 당시의 현실적 이용상태에 따른 통행지의 임료 상당액을 기준으로 하여, 구체적인 사안에서 사회통념에 따라 쌍방 토지의 토지소유권 취득시기와 가격, 통행지에 부과되는 재산세, 본래 용도에의 사용 가능성, 통행지를 공동으로 이용하는 사람이 있는지를 비롯하여 통행 횟수·방법 등의 이용태양, 쌍방 토지의 지형적·위치적 형상과 이용관계, 부근의 환경, 상린지 이용자의 이해득실 기타 제반 사정을 고려하여 이를 감경할 수 있고, 단지 주위토지통행권이 인정되어 통행하고 있다는 사정만으로 통행지를 '도로'로 평가하여 산정한 임료 상당액이 통행지 소유자의 손해액이 된다고 볼 수 없다. 위 법리에 비추어 이 사건을 살펴보면, 원심판결 이유에 의하면 이 사건 토지 부분은 지목이 대지이고 원고가 유료주차장으로 사용하는 '(지번 3 생략)' 토지의 일부인 사실을 알 수 있으므로 소외인 등의 예에 따라서 이 사건 토지 부분에 관하여 피고에게 주위토지통행권이 인정된다 하더라도 피고가 이 사건 토지 부분을 공로에 이르는 통로로서 통행함에 그치고 원고의 점유를 배제할 정도의 배타적인 점유를 하고 있지 아니한 이상 피고의 통행으로 인한 원고의 손해액은 이 사건 토지 부분의 현실적 이용상태인 '주차장 부지'로서의 임료 상당액을 기준으로 하여, 원고·피고 쌍방의 토지소유권의 취득시기,

02

주위토지통행권의 요건과 한계

1. 주위토지통행권의 요건

가. 피포위지의 요건

1) 공로로 통행이 필요한 토지의 존재

주위토지통행권이 인정되려면 이웃토지를 통하여 공로로 통행할 필요성이 있는 토지를 소유하고 있어야 한다. 즉 이웃 통행지소유자의 토지 내지 피통행지를 통과해서 공로로 나아갈 피포위지(위요지 내지 맹지)를 소유하고 있어야 한다는 것이다. 어떤 토지를 소유하고 있어도 공로로 통행할 필요성이 전혀 없는 토지에 대하여는 주위토지통행권이 인정될 필요가 없을 것이다.

공로로 통할 통행로가 필요한지 여부는 토지의 용도를 기준으로 객관적으로 정해져야 할 것이로되, 토지의 이용목적, 위치, 면적, 형상 등을 종합적으로 고려하여 판단해야 한다. 피포위지[71]의 소유자와 인접토지의 소유자가 동일하고 인접토지를 통하여 공로로 나가는 것이 가능한 경우에는 피포위지를 위한 주위토지통행권은 인정되지 않을 것이다.

2) 공로로 통할 통행로의 부존재 또는 다른 통로 이용시 과다비용 소요

가) 위요지로서 통행로의 부존재

주위토지통행권은 원칙적으로 어느 토지가 타인 소유의 토지에 둘러싸여 공로에 통할 수 없는 경우에 인정될 것이다. 다만 주위토지통행권은 이미 통로가 개설되어 있다고 하더

이 사건 토지 부분에 부과되는 재산세, 이 사건 토지 부분을 공동으로 이용하는 사람들의 통행 횟수·방법 등의 이용태양, 상업지구에 인접한 주차장과 숙박업소로서의 상호 이용관계, 원고·피고의 이해득실 기타 제반 사정을 고려하여 적절하게 감경하여 정해져야 하고, 단지 이 사건 토지 부분에 관하여 피고에게 주위토지통행권이 인정된다고 하여 이 사건 토지 부분을 '도로'로 평가하여 원고의 손해액을 산정할 수 없다. 그럼에도 원심이 그 판시와 같은 이유만으로 소외인 등의 통행방해금지가처분결정이 취소된 2007. 12. 17. 무렵까지 피고의 주위토지통행권이 인정되고, 나아가 피고에게 주위토지통행권이 인정되는 기간은 이 사건 토지 부분이 '도로'임을 전제로 한 차임 상당의 부당이득금을 원고에게 반환해야 한다고 판단한 데에는 주위토지통행권의 소멸, 통행지 소유자의 손해에 대한 보상을 규정한 민법 제219조 제2항에 관한 법리를 오해한 위법이 있고, 이를 지적하는 상고이유 주장은 이유 있다(대판 2014.12.24. 2013다11669).

71) 피포위지란 주위토지(위요지)로 둘러싸여 공로로 나갈 수 있는 통로가 없거나 통로가 있더라도 통행이 곤란한 토지를 말한다. 피포위지를 둘러싸고 있는 토지를 주위토지 또는 위요지라고 한다.

라도 그 통로가 해당 토지의 이용에 부적합하여 실제 통로로서의 기능을 충분히 발휘하지 못하고 있는 경우에도 인정될 수 있다(대판 1994.6.24. 94다14193).[72)]

사람 하나가 겨우 다닐 수 있는 정도의 넓이밖에 없는 작은 통로로서 일상생활상 통로로 하기에 불편한 정도라면 상린관계의 이용조절을 위한 위요지 관념에 비추어 주위토지통행권이 인정된다고 할 것이다(대판 1977.9.13. 77다792,[73)] 1988.2.9. 87다카1156). 토지가 하천이나 산비탈로 인하여 공로로 나가는 것이 불가한 경우에도 주위토지통행권이 인정될 수 있을 것이지만, 계단설치나 슬로우트의 설치 등 상당한 공사를 통하여 통행이 가능하다면 주위토지통행권이 인정되지 않을 수 있다.[74)]

나) 다른 통행로 사용 또는 개설시 과다비용의 소요

주위토지통행권은 어느 토지와 공로 사이에 통행로가 개설되어 있다고 하더라도 주위토지를 통행하지 않고 기존 통로를 이용하는데 과다한 비용이 요구되는 경우에도 인정된다(민법 제219조). 여기에서 과다한 비용이 요구되는 경우란 기존 통행로의 이용에 있어 임대료나 지료, 전세금 등의 액수가 턱 없이 높아 토지소유자에게 경제적으로 기대불가능한 부담이 되는 경우를 말한다. 또한 기존의 통로를 이용할 경우에는 너무 먼 거리를 돌아가야 한다든가 급경사 등으로 통행하기에 용이치 않거나 위험한 경우도 해당될 것이다.

판례도 같은 취지로서 어느 토지가 타인 소유의 토지에 둘러싸여 공로로 통할 수 없는

72) 원고가 피고 소유의 이 사건 토지의 가장자리 부분에 대하여 주위토지통행권을 주장한데 대하여 피고가 이 사건 토지 아닌 별도의 통행로로서 주장하는 이른바 '중말도로'는 여러 필지의 임야나 대지, 밭 등으로 구성되어 있고, 그 부지 소유자들도 각기 다른 데다가 그 위치와 경사도, 굴곡도, 주변 현황 등에 비추어 '중말도로'에 원고가 통로를 개설하는 데는 과다한 비용이 소요될 것으로 보이고, 또한 원고가 경기 가평군 설악면 설곡리 산 226 임야에 통로를 개설하는 것도 과다한 비용이 들거나 설령 개설된다고 하더라도 원고 토지의 이용에 부적합하여 통로로서의 충분한 기능을 하지 못할 것이므로 원고에게 피고 소유의 이 사건 토지의 가장자리 부분에 대하여 주위토지통행권이 있다고 주장하는 것은 정당하다고 할 것이다(대판 2005.12.9. 2004다63521, 2003.8.19. 2002다53469).

73) 원고의 집 북편 출입구라는 것은 원고의 집 모퉁이와 그 이웃집 담벽 사이의 넓이 약 50센치미터 가량의 공간을 거쳐 남의 집 뒤와 남의 담벽 사이를 통해 골목길로 통할 수 있는 넓이 약 23인치 높이 약 66인치의 자그마한 문이 달려 있는 곳으로서 남의 집 뒤이고, 그 남의 집의 부지인 토지도 남의 것이라서 원고가 임의로 더 넓혀 사용할 수도 없는 상태에 있어 현 상태로는 사람하나가 겨우 다닐 수 있는 정도의 넓이밖에 안되는 것인바, 위 출입구 정도로서는 그것을 원고의 일상생활상 통로로 하기에는 불편하고 애로가 많을 것이 예상되며, 피고의 집은 약 40년 전에 소외인이 주위 상황을 고려하여 인근 주민의 통행을 위하여 최소한 필요한 길을 이 사건 통로로서 남겨두고 집을 지은 것이라는 사실을 인정할 수 있다고 할 것이고, 원고의 집 북편에 위와 같은 정도의 통로가 있다고 하여 그것만으로서 이 사건에 있어서의 원고의 소유 토지를 위요지로 보지 않는 것은 상린관계의 이용조절을 위한 위요지 관념에 부합하지 않으므로 이 사건 문제의 통로는 원고에게 통행권이 있다고 할 것이다(대판 1977.9.13. 77다792).

74) 한국사법행정학회, 2011 주석 민법(물권 1), 596p.

경우뿐만 아니라 별도의 진입로가 이미 있다고 하더라도 그 진입로가 해당 토지의 이용에 부적합하여 실제로 통로로서의 충분한 기능을 하지 못하거나 통로를 개설하는데 과다한 비용을 요하는 때에는 민법 제219조에 의한 주위토지통행권이 인정될 수 있다고 판시하고 있다(대판 1992.12.22. 92다36311, 2003.8.19. 대판 2002다53469, 대결 2013.2.14. 2012마1417).

다만 임대료 등의 지료를 내고 통행해왔던 기존 통행로의 통행료가 많다는 사정만으로는 주위토지통행권이 인정되지 않을 것이며, 또한 단순히 위요지 소유자의 다른 토지를 이용한 통행로의 개설비용이 이웃토지를 이용한 통행로의 개설비용보다 많이 든다는 사유만으로 통행권이 인정되는 것이 아니고 자신의 토지를 이용한 통행로의 개설비용의 정도가 위요지의 경제적 이용 자체를 무력화시킬 정도로 현저히 비용 차이가 발생한 경우라야 통행권이 인정될 수 있을 것이다. 말하자면 위요지 소유자의 단순한 편의주의나 경제적 비용 편익계산만에 기초한 통행로의 이용이나 통행로의 개설은 허용되지 않는다는 것이다.

위요지 소유자가 위요지상에 건물을 신축하면서 건물의 위치 조정이나 일부 부속건물의 배치 조정으로 사전에 충분히 통행로를 확보할 수 있음에도 불구하고 주위토지통행권 제도를 악용하여 통행로를 확보하지 않고 통행지로의 통행로 개설을 요청한 경우에는 주위토지통행권이 인정되지 않을 것이다(대판 1972.1.31. 71다2113). 이를 인정하는 것은 선행행위모순금지의 원칙 내지 권리남용금지의 원리에도 반하는 것이기 때문이다.

다) 공로로 통할 수 있는 자기 소유 토지의 부존재

공로로 통할 수 있는 자기의 공유토지를 두고 공로에의 통로라 하여 남의 토지를 통행한다는 것은 민법상 주위토지통행권의 취지상(제219조, 제220조) 허용될 수 없다. 이는 설령 위 공유토지가 구분소유적 공유관계에 있고 공로에 접하는 공유 부분을 다른 공유자가 배타적으로 사용·수익하고 있다고 하더라도 마찬가지로서 이러한 사정은 공유자간의 내부적 사정에 불과할 뿐이다. 따라서 공유토지 중 공로와 접한 부분이 다른 공유자가 구분소유한 부분이고 위 부분을 통로로 이용하기 위해서는 다른 공유자의 동의를 얻어야 하는 등으로 제3자의 인근 토지를 통과하는 것에 비해 상대적으로 과다한 비용이 요구된다는 점 등을 이유로 주위토지통행권확인 및 통행방해금지를 청구하는 것은 허용되지 않을 것이다. 즉 공로로 통할 수 있는 자기의 공유토지를 놓아두고 공로에의 통로라고 하여 제3자의 토지를 통행한다는 것은 허용될 수 없는 것이다(대판 2021.9.30. 2021다245443·245450).

나. 통행지(포위지)의 요건

통행로의 대상이 되는 기존의 통로나 새로이 통행로가 개설되어야 할 주위토지는 통상적으로는 사유지일 것이나, 공물인 행정재산에 속하는 토지에 대하여도 주위토지통행권이 인정될 수 있다. 즉 공유재산은 지방자치단체장의 허가 없이 사용 또는 수익을 하지 못하고, 그중 행정재산에 관하여는 사권을 설정할 수 없게 되어 있으나, 민법상의 상린관계의 규정은 인접하는 토지 상호간의 이용관계를 조정하기 위하여 인지소유자에게 소극적인 수인의무를 부담시키는데 불과하므로, 그중의 하나인 주위토지통행권이 사권의 설정에 해당한다고 볼 수 없고, 또한 그러한 법정의 통행권을 인정받기 위하여 특별히 행정청의 허가를 받아야 하는 것이라고도 할 수 없는 것이다(대판 1994.6.24. 94다14193).

다. 공로의 존재

주위토지통행권은 피포위지에 대하여 타인의 토지를 이용하여 공로로 나갈 수 있도록 하는 것을 목적으로 하므로 공로가 존재해야 인정될 수 있다. 여기에서 공로란 불특정 다수인이 통행하는 도로인 한 공도(公道)든 사도(私道)든 불문한다. 다만 그 공로는 상당한 폭을 가지고 있고 자유롭고 용이하게 통행할 수 있는 도로이어야 할 것이다.

2. 주위토지통행권의 한계

타인 소유의 토지에 대하여 상린관계로 인한 통행권을 가지고 있는 사람은 그 통행권의 범위 내에서 그 토지를 사용할 수 있을 뿐 그 통행지에 대한 통행지 소유자의 점유를 배제할 권능까지 있는 것은 아니므로 그 통행지 소유자는 통행지를 전적으로 점유하고 있는 주위토지통행권자에 대하여 그 통행지의 인도를 구할 수 있다.[75] 물론 주위토지통행권이 미치는 범위 내의 통로 부분에 대하여는 그 인도를 구하거나 통로에 설치된 시설물에 대한 철거를 구할 수는 없을 것이다(대판 2003.8.19. 2002다53469).

또한 주위토지통행권은 소유토지와 공로 사이에 그 용도에 필요한 통로가 없는 경우에 한하여 인정되는 것이므로 이미 그 소유토지의 용도에 필요한 다른 통로가 있는 경우에는 그 통로를 사용하는 것보다 보다 편리하다는 이유만으로 주위토지를 통행할 권리는 인정될 수 없을 것이다(대판 1995.6.13. 95다1088·95다1095).[76]

---

75) 대판 1976.5.11. 75다1330, 1977.4.26. 76다2823, 1980.4.8. 79다1460.

76) 같은 취지의 판례로 대판 1976.5.11. 75다2338, 1977.6.7. 76다808, 1982.6.22. 82다카102, 1991.4.23. 90다15167 등이 있다.

| 사례 2 | 토지소유자 자신이 그 토지와 공로 사이의 통로를 막는 건물을 축조한 경우에도 타인소유의 주위토지를 통행할 권리가 생길 수 있는지(소극)

본건에서 원고는 그의 소유인 대지의 전면 도로변에 점포용 2층 건물을 신축한 후, 그 후면 부분에 주택용으로 건평 14평의 단층건물을 건조하던 중에 소외인과의 사이에서 위 주택용 건물이 준공되는 대로 동인에게 임대해주기로 하는 계약을 체결한 후 위 주택을 준공시켰는데, 원고의 고지로 이러한 사실을 알고 있었던 피고가 위 신축된 주택용 건물로부터 공로에 출입할 유일한 통로인 원고 소유의 위 신축건물들과 이에 인접된 피고 소유의 그가 현주하는 건물의 중간에 있는 원·피고 각자 소유 대지의 일부씩으로 형성된 공지(空地) 부분(별지도면 표시 가. 나. 다. 라. 마. 바. 사. 아. 가의 각점을 수차로 연결한 선내부분)이었던 사실을 알고 있으면서도 그 공지(空地)의 입구를 막고 그 공지(空地)상에 공작물들을 설치함으로써 그곳을 통행할 수 없게 한 관계로 소외인이 위 임차건물에 공로를 통할 출입로가 없음을 이유로 임대차계약을 해제하게 되었고, 이에 따라 원고는 그 계약의 해제가 피고의 위 공지(空地)에 대한 불법점거로 인한 것이므로 피고는 원고에 대하여 위 계약의 해제로 인하여 발생한 손해를 배상해야 한다고 주장하고 있다. 그러나 위 공지(空地)가 원·피고 각자 소유 대지의 일부씩으로 형성된 것이어서 그중 원고 소유 대지 부분의 사용수익권이 원고에게 있었다고 할지라도 피고 소유 대지 부분의 사용수익권은 피고에게 있었을 것인데, 그 각 소유 부분을 확정하지도 않고 막연히 그 공지에 대한 통행권이 원고에 있었음을 전제로 그 공지(空地)상에 이루어진 피고의 공작물의 설치 등의 행위를 원고에 대하여 불법행위가 성립한다고 단정하는 것은 잘못이며, (2) 피고가 현주하는 건물의 부지에 인접된 공로에 면하여 있었던 원고 소유 대지상에 원고 스스로가 그 전면 부분에 점포용 2층 건물을 축조한 뒤 그 후면에 위 주택용 건물을 축조함으로써, 그 주택용 건물이 공로에 출입할 통로가 없게 된 경우에 있어서는 그 통로가 없음을 이유로 하여 원고에게 위 공지(空地)의 피고 소유 대지 부분에 대하여 통행권이 생겼다고 할 수는 없을 것이다(대판 1972.1.31. 71다2113).

03

주위토지통행권의 노폭과 면적

1. 주위토지통행권의 내용

가. 기존 통행로의 사용

주위토지통행권에 의한 통행로의 확보는 타인 소유의 토지에 이미 개설되어 있는 통로가 있는 경우에는 그 통로를 이용하여 공로로 통행할 수 있는 권리에 의하여 확보될 수 있다. 이는 통행지소유자의 승낙여부와 관계없이 이용할 수 있는 권리이다. 물론 기존 통로가 있더라도 협소하여 통행로로서의 이용이 부적합한 경우에는 다른 통행로를 개설할 수 있을 것이다(대판 2005.12.9. 2004다63521, 1977.9.13. 77다792).

나. 새로운 통행로의 개설

피포위자가 다른 토지들에 둘러싸여 있고 기존의 통로도 개설되어 있지 않는 경우에는 주위토지통행권은 새로운 통로의 개설까지 허용된다(민법 제219조 제1항). 다만 통행지소유자에게는 통로개설 등 적극적인 작위의무가 주어져 있지 않고 통행권자의 통행을 수인할 소극적인 의무만 부담할 뿐이므로 통행로의 개설은 통행권자가 해야 하는 것이다(대판 2006.10.26. 2005다30993). 그리고 앞서 본 바와 같이 기존 통로가 개설되어 있더라도 폭이나 면적이 적어서 피포위지의 용도에 적합하지 않는 경우에는 역시 새로운 통행로의 개설이 가능하다.[77]

주위토지통행권자는 필요한 경우에는 통행지상에 통로를 개설할 수 있으므로 모래를 깔거나, 돌계단의 조성, 장해가 되는 나무를 제거하는 등의 방법으로 통로를 개설할 수 있다고 할 것이다(대판 1990.11.13. 90다5238, 90다카27761, 2006.6.2. 2005다70144). 따라서 주위토지통행권자가 통로를 개설하였다고 하더라도 통행지소유자는 주위토지통행권자에 대하여 주위토지통행권이 미치는 범위 내의 통로 부분의 인도를 구하거나 그 통로에 설치된 시설물의 철거를 구할 수 없다(대판 2003.8.19. 2002다53469). 나아가 토지소유자는 타인의 토지를 통과하지 않으면 필요한 수도, 유수관, 가스관, 전선 등을 시설할 수 없거나 과다한 비용을 요하는 경우에는 타인의 토지를 통과하여 이를 시설할 수 있다고 할 것이므로(민법 제218조), 통행지소유자는 위 요건이 갖추어진 수도 등 시설에 대하여 그 철거를 구할 수 없을 것이다

77) 대판 2005.12.9. 2004다63521, 1977.9.13. 77다792.

(대판 2003.8.19. 2002다53469).

다. 통행로의 포장 등

주위토지통행권자는 필요한 경우 통행지소유자의 이익을 해하지 않는 한 통행지상에 통로를 개설할 수 있으므로(민법 제219조), 모래를 깔거나, 돌계단을 조성하거나, 장해가 되는 나무를 제거하는 등의 방법으로 통로를 개설할 수 있으며 통행지소유자의 이익을 해하지 않는다면 통로를 포장하는 것도 허용된다(대판 2003.8.19. 2002다53469).

또한 주위토지통행권자가 통로를 개설하였다고 하더라도 그 통로에 대하여 통행지소유자의 점유를 배제할 정도의 배타적인 점유를 하고 있지 않다면 통행지소유자가 주위토지통행권자에 대하여 주위토지통행권이 미치는 범위 내의 통로 부분의 인도를 구하거나 그 통로에 설치된 시설물의 철거를 구할 수 없다고 할 것이다(대판 2003.8.19. 2002다53469). 토지소유자는 타인의 토지를 통과하지 않으면 필요한 수도, 유수관, 가스관, 전선 등을 시설할 수 없거나 과다한 비용을 요하는 경우에는 토지소유자의 동의나 승낙 없이 그 토지를 통과하여 이를 시설할 수 있다고 할 것이므로(민법 제218조, 대판 2016.12.15. 2015다247325) 통행지소유자는 이와 같은 요건이 갖추어진 수도 등 시설에 대하여 그 철거를 구할 수도 없다(대판 2003.8.19. 2002다53469).

라. 통행에 방해되는 담장 등 축조물의 철거

주위토지통행권의 본래적 기능발휘를 위해서는 그 통행에 방해가 되는 담장과 같은 당초에 적법하게 설치된 축조물도 위 통행권의 행사에 의하여 철거의 대상이 될 수 있을 것이다(대판 2006.6.2. 2005다70144).

그러나 주거의 자유나 안전은 주위토지통행권보다 우선하는 가치이므로 주위토지통행권을 이유로 일반 건물의 철거나 기타 장애물의 제거는 인정될 수 있을지언정 주택의 일부 철거 등과 같은 주거의 자유와 안전을 해치는 내용의 주위토지통행권은 인정될 수 없을 것이다(대판 1962.6.21. 62다3).

2. 주위토지통행권자

가. 원칙적으로 1필의 토지 전부를 위한 통행권자에게 인정

주위토지통행권은 이웃한 토지 상호간의 이용관계를 조절하기 위한 것이므로 피포위지의 소유자뿐만 아니라 지상권자, 전세권자, 임차권자 등 토지사용권을 가진 자 모두에게 인정되는 권리이다(대판 1976.10.29. 76다1694, 2008.5.8. 2007다22767). 여기의 임차권자에는 임차권등기 등 대항력을 갖춘 임차인만 해당되는지 문제되는데, 주위토지통행권이 일종의 방해배제청구권이라고 하기보다는 인접지 토지 상호간의 이용조절을 위한 법정의 권리이고 공로에 대한 공용이용권의 확장이라고 볼 때 대항요건의 구비 여부를 묻지 않고 직접적인 토지이용자라면 모든 임차인에게 주위토지통권을 인정하는 것이 그 취지에 부합하는 것이라고 보인다.[78]

그러나 주위토지통행권은 토지의 정당한 사용권을 가진 자에게만 인정되는 권리일 뿐 토지의 불법점유자에 대하여는 인정될 수 없을 것이다(대판 1976.10.29. 76다1694). 또한 등기부상 소유명의자에 대한 명의신탁자의 지위에서는 대외적으로 소유권을 주장할 수 없으므로 명의신탁자에게는 주위토지통행권이 인정되지 않는다(대판 2008.5.8. 2007다22767).

나. 예외적으로 1필의 토지 일부를 위한 통행권자에게도 인정

타인 소유의 토지상에 설치된 분묘에 관하여 관습법상 분묘기지권을 가지고 있는 경우와 같이 1필지의 토지 전부가 아니라 그 일부를 위해서도 주위토지통행권이 인정되는지 문제되는데, 하급심에서는 이를 부정하고 있으나(창원지법 거창지원 2015.11.3. 2015가단736), 대법원 판례는 이와 달리 한정적으로 긍정하여 통행권의 확인을 구하는 특정의 통로 부분 중 일부분이 민법 제219조에 정한 요건을 충족하거나, 특정의 통로 부분에 대하여 일정한 시기나 횟수를 제한하여 주위토지통행권을 인정하는 것이 가능한 경우라면, 그와 같이 한정된 범위에서만 통행권의 확인을 구할 의사는 없음이 명백한 경우가 아닌 한, 그 청구를 전부 기각할 것이 아니라, 그렇게 제한된 범위에서 청구를 인용함이 상당하다고 판시함으로써 분묘 등과 같이 1필지의 토지의 특정 부분을 위한 제한적 주위토지통행권을 인정하고 있다(대판 2017.1.12. 2016다39422).

3. 통행로의 위치와 범위(노폭·면적)의 결정

가. 통행로 위치의 결정

1) 통행로의 위치설정

통행로의 위치를 어디로 할 것인지는 통행권자나 주위토지소유자에게 이해가 상충할 수 있는 중요한 문제이다. 이에 구체적인 통행로는 통행권자를 위하여 필요한 여러 곳 중 주위토지소유자에게 손해가 가장 적은 곳이 되어야 할 것이다(민법 제219조 제1항 후단). 이의 판단

78) 한국사법행정학회, 2011 주석 민법(물권 1), 608p.

을 위해서는 피포위지 소유자나 이용자의 통행의 필요성의 정도와 주위토지소유자의 피해성의 정도를 비교형량해서 결정해야 할 것이다.[79)]

요컨대, 쌍방 토지의 용도 및 경제성, 기존 통행로의 존재 여부 및 이용관계, 쌍방 토지의 지형적·위치적 형상, 부근의 지리상황, 주위토지소유자의 손해 정도, 상린지 이용자의 이해득실, 장소적 관행, 기타 제반 사정을 기초로 종합적으로 판단해야 한다는 것이다(대판 1996.5.14. 96다10171).[80)]

2) 통행로의 위치변경

주위토지통행권은, 통행을 위한 지역권과는 달리, 통행로가 항상 특정한 장소로 고정되어 있는 것은 아니다. 주위토지의 현황이나 사용방법이 달라졌을 때에는 주위토지통행권자는 주위토지소유자를 위하여 보다 손해가 적은 다른 장소로 옮겨 통행할 수밖에 없는 경우도 있으므로, 일단 확정판결이나 화해조서 등에 의하여 특정의 구체적 구역이 위 요건에 맞는 통행로로 인정되었더라도 그 후 그 전제가 되는 포위된 토지나 주위토지 등의 현황이나 구체적 이용상황에 변동이 생긴 경우에는 주위토지통행권의 입법취지나 신의성실의 원칙 등에 비추어 구체적 상황에 맞게 통행로를 변경할 수 있는 것이다. 이때 그 과정에서 포위된 토지와 주위토지의 각 소유자 간에 원만한 합의가 이루어지지 않는 경우 일방이 상대방에 대하여 기존의 확정판결이나 화해조서 등이 인정한 통행장소와 다른 곳을 통행로로 삼아 주위토지통행권의 확인이나 통행방해의 배제·예방 또는 통행금지 등을 소로써 구하더라도 그 청구가 위 확정판결이나 화해조서 등의 기판력에 저촉된다고 할 수 없다(대판 2004.5. 13. 2004다10268).

나. 통행로의 노폭과 면적의 결정

1) 통행로의 노폭과 면적의 결정 요소

가) 피포위지의 용도

통행로의 크기는 토지의 용도 등을 기준으로 객관적으로 정해져야 한다. 그중 통행로의

79) 한국사법행정학회, 2011 주석 민법(물권 1), 598p.

80) 주위토지통행권은 공로와의 사이에 그 용도에 필요한 통로가 없는 토지의 이용이라는 공익목적을 위하여 피통행지 소유자의 손해를 무릅쓰고 특별히 인정되는 것이므로, 그 통행로의 폭이나 위치 등을 정함에 있어서는 피통행지의 소유자에게 가장 손해가 적게 되는 방법이 고려되어야 할 것이나, 최소한 통행권자가 그 소유 토지를 이용하는 데 필요한 범위는 허용되어야 하며, 어느 정도를 필요한 범위로 볼 것인가는 구체적인 사안에서 사회통념에 따라 쌍방 토지의 지형적, 위치적 형상 및 이용관계, 부근의 지리상황, 상린지 이용자의 이해득실 기타 제반 사정을 기초로 판단해야 한다(대판 1996.5.14. 96다10171).

크기를 정하는데 가장 중요한 요소는 토지의 용도일 것이다.

나) 기존 통로의 노폭 상태

주위토지에 통행로가 이미 개설되어 있는 경우에는 그 기존 통로의 폭과 면적은 주위토지통행로의 폭과 면적을 정함에 있어 하나의 중요한 기준으로 작용할 수 있을 것이다.

다) 주위토지의 이용상황

통행로는 피포위지의 용도도 중요하지만 주위토지 내지 통행지의 상황도 중요하게 작용한다. 예컨대, 피포위지가 주택지이고 주위토지상에는 건축물이 축조되어 있어 도보용의 통로는 확보될 수 있지만 나아가 승용차까지 통행할 수 있도록 하기 위해서는 주위토지상의 담이나 건물의 일부를 철거하지 않으면 안되는 경우에는 도보용의 통행로만 인정될 수 있을 것이다.

라) 건축법 등 건축관계 법규상의 허가요건

(1) 의 의

건축법 등 각종 행정법규에서 정하는 폭이나 면적 등은 통행로의 크기를 정하는 직접적인 기준이 되지는 않는다. 그러나 이러한 행정법규상의 규제내용은 하나의 참작사유로 되어 피포위지 소유자의 건축물 건축을 위한 통행로의 필요도와 그 주위토지소유자가 입게 되는 손해의 정도 등을 비교형량하여 주위토지통행권의 적정 범위를 결정할 때 중요한 요소로 작용할 수 있다. 다만 이는 피포위지 소유자와 주위토지소유자에게 서로 이익이 상충되는 문제이므로 기존의 토지이용상황이나 장래의 이용계획이 존중되는 방향으로 결정되어야 할 것으로 보인다. 건축법 등 각종 행장법규에서 건축시 확보해야 하는 도로폭 등에 관하여는 항을 바꾸어 별도로 살펴보기로 한다.

(2) 판례의 태도

주위토지통행권의 적정 노폭을 결정할 때 판례는 건축관계 법규상의 허가요건을 하나의 중요한 요소로 판단하고 있는 것도 많지만, 이와 달리 판단한 판례도 있다. 경우를 나누어서 살펴보기로 하자.

(가) 건축관계 법규상의 허가요건을 중시하는 경우

먼저 건축법규가 주위토지통행권의 노폭을 결정할 때 중요한 판단요소라고 한 판례가 있다. 즉 ① 판례에 의하면, "원고가 이 사건 토지를 건축물의 부지로 사용하려는 경우 건축법 제44조(대지와 도로의 관계)[81] 제1항 및 제11조(건축허가)의 규정에 의하면 이 사건 토지가 2m 이상 도로에 접해야 건축허가를 받을 수 있으므로 원고로서는 노폭 2m의 통행로를 확보해야 할 필요성이 절실하다 할 것이고, 피고도 장차 원고가 이 사건 토지상에 건물을 신축할 것에 대비하여 노폭 2m의 통행로를 남겨두고 건축허가를 받은 것으로 보이므로 통행로의 노폭이 건축허가에 필요한 요건을 충족하느냐의 여부는 원고의 주위토지통행권의 범위를 결정함에 있어 중요한 참작요소가 된다고 할 것이며, 여기에 원·피고 소유의 토지 및 통행로의 위치와 면적, 현재의 토지이용 상황을 덧붙여 보면, 이 사건 토지에 필요한 통행로의 노폭을 2m로 정하는 것이 타당하다."라고 판시하여 주위토지통행권의 범위를 결정함에 있어 건축법상의 규제가 중요한 참작요소로 된다고 하고 있다. ② 또한 판례는 "피고의 주장은 기존 통행로의 노폭이 건축허가에 필요한 노폭에 다소 미달한 1.5m라고 하더라도 이는 행정상 허용되는 오차의 범위에 포함되므로 무방하고, 일반적으로 노폭이 1.5m 정도이면 사람의 통행에 지장이 없어 그 보다 넓은 2m의 주위토지통행권을 인정함은 모순이며, 건축허가의 요건 충족 여부를 통행권의 범위를 결정하는 기준으로 허용하는 것은 기존건물의 증·개축시에도 같은 문제가 발생할 수 있어 이를 둘러싼 분쟁이 폭주할 수 있으므로 부당하다는 주장은 받아들일 수 없으며, 통행로의 노폭을 2m로 결정함으로서 피고가 기왕에 설치한 대문 및 담장을 철거해야 하고, 대문을 다시 내기 위하여는 실외 계단을 철거해야 하며 정원의 상당 부분을 상실하는 등으로 유형적·무형적 손해를 입게 된다고 하더라도 이러한 피고의 손해는 수인의무의 한도 내에 포함되는 것으로 볼 수 있다."라고 판시하여(대판 1996.5.14. 96다10171), 신규 건축을 위한 주위토지통행권에는 주위토지상의 기존 건물 또는 시설의 일부에 대한 철거권도 포함된다고 하고 있다. ③ 한편 판례는 "위요된 토지의 소유자가 그 토지 위에 건축물을 건축하기 위하여 주위토지소유자에 대하여 건축법규상의 규제에 적합한 통로의 개설 내지 확장을 요구하는 경우 주위토지통행권의 범위를 정함에 있어 이와 같은 법령상의 규제를 적극적으로 고려할 필요가 있는지의 여부가 문제되는데, 건축법 제44조 제1항, 제11조의 각 규정에 의하면 도시계획구역 내에서 건축을 하고자 하는 경우 방재 및 통행의 안전을 위하여 건축물의 주위에 넓은 공지가 있는 등 특별히 안전성에 지장이 없는 경우를 제외하고는 건축물의 대지는 2미터 이상을 도로에 접해야

81) 건축법 제44조(대지와 도로의 관계) "① 건축물의 대지는 2미터 이상이 도로(자동차만의 통행에 사용되는 도로는 제외한다)에 접해야 한다. 다만, 다음 각 호의 어느 하나에 해당하면 그러하지 아니하다.

1. 해당 건축물의 출입에 지장이 없다고 인정되는 경우
2. 건축물의 주변에 대통령령으로 정하는 공지가 있는 경우
3. 「농지법」 제2조 제1호 나목에 따른 농막을 건축하는 경우

② 건축물의 대지가 접하는 도로의 너비, 대지가 도로에 접하는 부분의 길이, 그밖에 대지와 도로의 관계에 관하여 필요한 사항은 대통령령으로 정하는바에 따른다."

하며, 이에 적합하지 않는 경우에는 건축허가를 받을 수 없도록 규제하고 있다. 물론 이러한 규정은 건물의 신축이나 증·개축 허가시 그와 같은 범위의 도로가 필요하다는 행정법규에 불과한 것이고, 위 규정 자체만으로 당연히 포위된 토지소유자에게 그 반사적 이익으로서 건축법에 정하는 도로의 폭이나 면적 등과 일치하는 주위토지통행권이 바로 생긴다고 단정할 수는 없을 것이지만(대판 1991.6.11. 90다12007, 1991.5.28. 91다9961·9978), 위요된 토지가 특히 도시계획구역 내의 일반주거지역에 위치하고 현재 나대지인 상태로 되어 있어 이를 일정한 건축물의 건축부지로 이용하고자 하는 경우에 있어서는, 만일 위와 같은 건축법규상의 규제에 적합한 통로의 개설이 허용되지 않는다고 하면 이는 그 토지소유자로 하여금 건축물의 신축행위를 할 수 없게 하여 해당 토지의 용도에 따른 이용상에 중대한 지장을 주게 되는 매우 불합리한 결과가 생기게 되는바, 따라서 이러한 경우 위와 같이 건축법규상의 규제사항의 존재의 점만으로 당연히 그 규제에 적합한 내용의 주위토지통행권을 인정할 것은 아니라고 하더라도, 공익상의 견지에서 토지의 이용관계를 합리적으로 조정하기 위하여는 마땅히 위와 같은 법령상의 규제내용도 그 참작요소로 삼아 위요된 토지소유자의 건축물 건축을 위한 통행로의 필요도와 위요지 소유자가 입게 되는 손해의 정도를 비교형량하여 주위토지통행권의 적정한 범위를 결정하는 것이 상당하다고 할 것이다."라고 판시하고 있다(대판 1992.4.24. 91다32251).

(나) 건축관계 법규상의 허가요건을 완화·적용하는 경우

다음으로 건축관계 법규상의 허가요건이 주위토지통행권의 노폭을 결정할 때 작용하지 않거나 감안해서는 안된다는 판례가 있다. 즉, ① 건축법에 건축과 관련하여 도로에 관한 폭 등의 제한규정이 있다 하더라도 이는 건물 신축이나 증·개축 허가시 그와 같은 범위의 도로가 필요하다는 행정법규에 불과할 뿐, 위 규정만으로 당연히 포위된 토지소유자에게 그 반사적 이익으로서 건축법에서 정하는 도로의 폭이나 면적 등과 일치하는 주위토지통행권이 바로 생긴다고 할 수도 없는 것인 바(대판 1991.6.11. 90다12007), "이 사건 택지는 취득당시부터 도로에 접하지 않는 이른바 맹지(위요지)로서 건축법상 건축허가를 받을 수 없는 토지로서 건축법에 의하여 건축이 금지된 나대지에 해당되며, 민법상의 주위토지통행권을 취득하여 건축할 수 있는데도 주위토지통행권에 의한 통로개설을 위한 아무런 노력을 기울이지 않고 그대로 방치하여 왔으므로 이를 건축이 금지된 나대지에 해당하지 않는다는 주장은 받아들일 수 없다"라고 판시하고 있다(대판 1994.2.25. 93누20498). 또한 ② 원래의 도로폭 3미터를 1.5미터로 좁혀 통행에 필요한 최소한도의 통행권만을 인정함으로써 골목 안의 대지소유자가 주택의 증·개축은 물론 기타 대수리를 할 수 없게 되는 것은 피포위지 소유자

의 통행권 내지 생활이익권(인격권)을 침해하여 결국 강행법규인 건축법의 법리를 그르친 판단이라는 주장은 받아들일 수 없는 것인바, "주위토지통행권은 상린관계에 기하여 피통행지 소유자의 손해를 무릅쓰고 포위된 토지소유자의 공로로의 통행을 위하여 특별히 인정하려는 것이므로 그 통행로의 폭이나 위치 등을 정함에 있어서는 포위된 토지소유자가 건축법상 증·개축을 하지 못하게 될 염려가 있다는 등의 사정보다는 오히려 피통행지 소유자에게 가장 손해가 적게 되는 방법이 더 고려되어야 할 것이고, 건축법에 건축과 관련하여 도로에 관한 폭 등의 제한 규정이 있다고 하더라도 이는 건물신축이나 증·개축 허가시 그와 같은 범위의 도로가 필요하다는 행정법규에 불과할 뿐 위 규정만으로 당연히 원고에게 그 반사적 이익으로서 건축법에서 정하는 도로의 폭이나 면적 등과 일치하는 주위토지통행권이 바로 생긴다거나 주위토지의 특정승계인에게 위 행정법규의 제한을 수인해야 할 사법상의 의무를 승계한다고 할 수는 없다."라고 판시하고 있다(대판 1991.6.11. 90다12007). 그리고 ③ 주위토지통행권은 현재의 토지의 용법에 따른 이용의 범위에서 인정되는 것이지 나아가 장차의 이용상황까지 미리 대비하여 통행로를 정할 것은 아니므로, "사람이 출입하고, 일상생활을 영위할 가재도구 등의 운반이 가능한 폭 2m 정도로 정함이 상당할 뿐 더 나아가 위 통행로의 폭이 자동차의 출입이 가능하고 노후된 주택의 재건축시 건축법상의 규정에 맞는 폭 6m 정도로 인정되어야 한다는 피포위지 소유자의 주장은 받아들일 수 없다."라고 판시하여(대판 1996.11.29. 96다33433·33440), 피포위지 소유자에게 장래 그 토지에 건축할 것에 대비하여 건축허가에 필요한 폭의 통행로를 미리 보장하고 이를 주위토지소유자로 하여금 수인하도록 하는 것까지 그 내용으로 하는 것은 아니라고 하고 있다.

(3) 결 론

앞서 본 바와 같이 판례는 주위토지통행권의 노폭을 정함에 있어서 건축법규상의 규정을 하나의 참작사유로 하되, 이를 절대적인 기준으로 삼고 있지 않는바, 어떤 경우에 참작할 수 있는지에 관하여는 일의적으로 판단하고 있지 않다. 다만 구체적 사례에서 판단한 판례를 분석해보면 몇 가지 유형으로 구분할 수 있지 않나 싶다.

즉 현재 건물의 신축이나 증·개축을 위하여 건축관계 법규상의 허가를 득할 목적으로 하는 경우에는 위 건축관계 법규에서 요구하는 노폭까지 주위토지통행권이 인정될 수 있을 것이로되, 현재가 아닌 장래의 건물의 신축이나 증·개축을 위하여 필요한 경우라든가 건물신축이나 증·개축을 위한 허가가 목적이 아니라 이미 건축된 건물에 대한 통로가 현행의 건축관계 법규에 맞지 않는 관계로 이를 일치시키기 위한 노폭확장은 인정되지 않는 것으로 요약될 수 있다.

또한 이미 피포위지에 대한 통로가 개설되어 있는 경우라면 그 통로만으로 건축허가가 불가능하다는 이유를 들어 별도로 다른 통로의 개설을 위한 주위토지통행권은 인정할 수 없을 것이며(대판 1977.6.7. 76다808),[82] 이는 기존의 건물을 부수고 재건축을 하려고 함에 있어서도 마찬가지라고 보인다.[83] 물론 이 경우에 있어서도 다른 통로를 개설하려는 것이 아니고 이미 개설되어 있는 다른 통로를 이용하는 내용의 주위토지통행권은 보다 쉽게 인정될 수 있을 것으로 보인다.

그리고 처음부터 전혀 통로가 없는 맹지(위요지)에 대하여는 그러한 사정을 알고 토지를 거래했을 것이므로 새로운 통로 개설을 위한 주위토지통행권의 인정이 어려울 것으로 보이지만, 토지의 일부양도나 공유물분할로 인하여 생긴 맹지(위요지)에 대해서는 보다 쉽게 건축관계 법규상의 허가를 위한 노폭까지 통로 개설을 위한 주위토지통행권이 인정될 수 있다고 보인다.[84]

마) 이익형량

주위토지통행권은 어느 토지와 공로 사이에 그 용도에 필요한 통로가 없는 토지의 이용이라는 공익목적을 위하여 피통행지 소유자의 손해를 무릅쓰고 특별히 인정되는 것이므로, 그 통행로의 폭이나 위치 등을 정함에 있어서는 피통행지의 소유자에게 가장 손해가 적게 되는 방법이 고려되어야 할 것이고, 이때 피포위지의 통행의 필요성과 주위토지소유자의 경제적 손해 사이의 이익형량이 고려되어야 한다(대판 1996.5.14. 96다10171).

그리고 통행로의 범위는 현재의 토지의 용법에 따른 이용의 범위에서 인정할 수 있을 뿐으로 장래의 이용상황까지 미리 고려해서 인정되는 것은 아니라고 할 것이다.[85]

2) 구체적인 통행로의 노폭과 면적

가) 원칙적인 기준

주위토지통행권에 의하여 인정되는 통행로의 폭과 면적은 앞서 본 바와 같이 피포위지

---

82) 원고 소유 대지 동쪽에는 넓이 약 1.5m의 골목길이 이 사건 대지와 접하여 나란히 있고 서쪽의 철도용지는 역구내이며 북서쪽에는 넓이 약 1.3m의 통로가 있어 이 통로로 넓이 약 4.5m의 통로에 출입할 수 있으며 이 통로는 그 서쪽으로 철도건널목과 연결되어 공로에 이를 수 있다면 이 사건 대지는 그와 공로 사이에 그 대지의 용도에 필요한 통로가 있다고 할 것이므로 건축허가가 불가능하다는 등의 이유로 따로 피고 소유의 담장부분을 헐고 그 부분으로 역구내인 철도용지를 통행할 수 있는 권리가 있다고는 할 수 없다(대판 1977.6.7. 76다808).

83) 한국사법행정학회, 2011 주석 민법(물권 1), 605p.

84) 한국사법행정학회, 2011 주석 민법(물권 1), 606p.

85) 대판 2006.10.26. 2005다30993, 1991.5.28. 91다9961·9978, 1992.12.12. 92다30528, 1995.2.3. 94다50656, 2001.6.1. 2001다15156.

의 용도, 기존 통로의 폭, 쌍방토지의 지형적·위치적 형상 및 이용관계, 건축법 등 각종 행정법규에서 정한 기준, 부근의 지리상황, 상린지 이용자의 이해득실 등 제반사정을 종합적으로 고려하여 객관적으로 정해질 것으로 보이지만(대판 2002.5.31. 2002다9202, 2006.6.2. 2005다70144), 그중 가장 중요한 요소는 피포위지의 용도일 것이다. 따라서 예컨대, 피포위지가 주택지의 경우에는 도보 통행 및 일상의 생활을 영위할 수 있을 정도의 통로가 인정될 수 있을 것이다. 아울러 승용차를 운행할 수 있을 정도의 통행로도 인정될 수 있을 것이다. 피포위지가 농지인 경우에는 자전거나 손수레 나아가 경운기가 운행될 수 있을 정도의 통행로가 인정될 수 있을 것이다. 피포위자가 공장 또는 영업소인 경우에는 공사차량 또는 영업용 차량이 운행될 수 있을 정도의 통행로가 인정될 수 있을 것이다.

판례에 의하면, 건물이 있는 토지에서 공로로 나가는 통로 부분의 폭 1.3m~1.5m 정도는 토지의 이용을 위하여 필요한 범위 내의 것이라고 판시한 것이 있고(대판 1992.3.31. 92다1025), 통행로의 노폭이 건축허가에 필요한 요건을 충족하느냐의 여부가 주위토지통행권의 범위를 결정하는데 있어 중요한 참작 요소로 보아 통행로의 노폭을 2m로 판시한 것도 있다(대판 1996.5.14. 96다10171).

나) 주거의 자유와 평온을 침해하는 통행권 부정

주거는 사람의 사적인 생활공간이자 평온한 휴식처로서 인간생활에서 가장 중요한 장소라고 할 수 있어 헌법에서도 주거의 자유를 보장하고 있으므로 주위토지통행권을 행사함에 있어서는 이러한 주거의 자유와 평온 및 안전을 침해해서는 안된다. 따라서 종전에 인접토지의 일부를 통행로로 이용해왔다고 하더라도 그 토지 위에 연립주택이 건축된 경우에는 그 기존의 통행로는 연립주택 주민들 전체의 주거공간에 해당하므로 공로로 통할 수 있는 다른 인접 토지가 있다면 설령 별도의 통행로를 개설하는 비용이 들더라도 그 다른 인접토지를 통하여 공로로 나아가도록 하는 것이 연립주택 단지 내를 가로지름으로써 생길 수 있는 주거의 평온과 안전에 대한 침해를 최소화할 수 있는 수단이 되는 것이므로 기존 통행로에 대한 주위토지통행권은 인정되지 않는다고 할 것이다(대판 2009.6.11. 2008다75300·75317·75324, 1962.6.2. 62아3, 1977.9.13. 75다1958).

요컨대, 주위토지통행권에 의한 통행로는 고정불변이 아니며, 종전에 아스팔트로 포장된 통행로로 사용해오고 있었더라도,[86] 연립주택의 건설 등과 같이 사정이 변경되어 주위토지

86) 통행지소유자가 종전의 통행로로 주민들이 통행해온 사실에 대하여 이의를 제기하지 않았던 것은 통행지소유자가 그리 해주고 싶어서가 아니라 그동안은 통행지로의 통행이 수인한도 내에 들어가 어쩔 수 없이 묵인해왔을 뿐이고, 이제 통행지상에 연립주택의 건설이라는 새로운 사정변경이 생겨 더 이상은 묵인할 수 없는 수인의 한도를 초과하기에 이르렀다고 볼 수 있기 때문에 종전의 통행로로

소유자의 주거의 자유와 평온 또는 안전을 본질적으로 침해할 경우에는 설령 다른 통행로를 개설함으로써 별도의 비용이 들더라도 종전의 통행로로의 통행권이 제한되거나 부정될 수 있고, 그 대신 새로운 곳으로의 통행로의 개설이 허용되고 이에 따른 담장의 철거도 가능할 것이로되, 주위토지소유자에게 가장 손해가 적은 장소로 해야 하고, 그 비용은 주위토지통행권이 통행지소유자의 희생하에 위요지 소유자에게 인정되는 권리인 관계상 공평의 견지에서 원칙적으로 맹지소유자가 부담해야 한다는 것이다.

다) 자동차의 통행권 인정 여부

자동차가 보편화되기 전에는 통행로의 범위를 정하는 주된 기준은 보행이었다. 그러나 갈수록 자동차가 주요 생활수단이 되었고, 이제는 1인 자동차 시대가 되었으므로 이에 발맞추어 통행로의 폭과 넓이도 승용자동차가 통행할 수 있는 정도로 보장이 되어야 하지 않는가 하는 문제가 제기될 수 있다.

승용자동차 외에도 쓰레기청소차나 긴급자동차, 소방차, 구급차 등의 통행 확보도 필요할 것이다. 자동차의 통행권의 문제는 자동차의 통행 자체를 허용할 것인지의 문제와 자동차의 통행이 가능한 범위까지 통로개설 또는 통로확장이 허용될 것인지의 문제를 포함한다. 즉, 기존 통로의 폭으로는 자동차의 통행이 불가하여 자동차의 통행이 가능할 수 있도록 통로의 확장을 청구하는 것이 가능한지 여부의 문제와 기존 통로의 폭으로도 자동차의 통행이 가능하지만 보행 이외에 새로이 자동차에 대한 통행청구가 허용될 것인지의 문제를 포함하는 것이다.

통행로의 폭이나 면적이 크게 보장될수록 주위토지소유자에게는 경제적 손해를 크게 입힐 수 있고, 자동차의 통행권 보장으로 인한 교통사고 위험이나 환경오염 등의 피해까지를 생각해보면 보행권 보장과는 비교가 되지 않을 정도로 주위토지소유자에게 큰 부담이 될 수 있다. 따라서 주위토지통행권의 권능 속에 자동차의 통행권이 당연히 포함된다고 할 수 없을 것이다.[87] 결국 자동차의 통행권 보장 여부는 일의적으로 판단할 수 없고 구체적인 사안에 따라 쌍방 토지의 용도, 부근의 지리적 상황, 종래의 통행 상황, 차량통행의 필요성과 중요성, 쌍방의 이해득실, 교통상의 위험, 소음·먼지·배기가스의 환경피해 등 여러가지 사정을 종합적으로 고려하여 판단되어야 할 것으로 보인다. 즉 이 문제는 구체적인 사례에서 판례에 의하여 결정될 사안이어서 판례 위주로 살펴볼 필요가 있을 것이다.

① 주위토지통행권의 범위는 통행권을 가진 자에게 필요할 뿐 아니라 이로 인한 주위토

의 통행권을 인정하지 않더라도 그것이 정당화될 수 있다는 측면도 있을 것이다.

87) 한국사법행정학회, 2011 주석 민법(물권 1), 600p.

지소유자의 손해가 가장 적은 장소와 방법의 범위 내에서 인정되는 것이므로 사람이 주택에 출입하여 다소의 물건을 공로로 운반하는 등의 일상생활을 영위하는 데 필요한 범위의 노폭까지 인정되고, 토지의 이용방법에 따라서는 자동차 등이 통과할 수 있는 통로의 개설도 허용되지만, 단지 생활상의 편의를 위해 다소 필요한 상태라고 여겨지는 정도에 그치는 경우까지 자동차의 통행을 허용할 것은 아니다(대판 1994.10.21. 94다16076).[88]

② 자동차가 보편화되기 이전의 판례에 의하면, 기존의 통로로는 자동차의 통행이 불가능 또는 곤란하여 자동차의 통행이 가능하도록 확장청구를 하거나, 농로가 이미 개설되어 있는 경우에 화물자동차의 운행이 가능하도록 통로의 확장청구를 하는 것은 받아들여지지 않는다고 했다(대판 1967.10.31. 67다1641). 또한 종래 자동차로 통행하고 있던 통로를 대형트럭이 운행될 수 있도록 4m의 폭까지 확장청구하는 것은 받아들여지지 않는다는 사례도 있었다. 자동차가 통행하고 있는 기존 통로에 대하여는 원칙적으로 이를 차단할 수 없지만, 소수의 자동차가 통행하는 초기와 달리 통행 자동차의 수가 급증하여 유아나 노인 등의 보행에 위험이 뒤따르거나 소음·먼지 등의 피해가 가중된 때에는 자동차의 통행을 전면적으로 금지할 수 있다는 사례도 있었다.[89] 그러나 이는 자동차가 보편화되기 이전의 사례로서 자동차가 보편화된 현 시점에서는 이와 달리 판단될 수 있을 것이다.

③ 기존에 노폭이 3미터로서 자동차가 다닐 수 있는 통로라도 필요시 노폭을 좁혀 도보로 출입하는데 필요한 범위 내에서만 주위토지통행권을 인정할 수 있고, 그 결과 자동차의 통행이 불가하게 되었다고 하더라도 무방하다(대판 2006.6.2. 2005다70144).

라) 통행로의 노폭과 면적의 확정 방법

주위토지통행권의 인정 여부나 이에 기한 통행로의 노폭이나 면적과 관련하여 인접지 소유자간에 다툼이 발생한 경우에는 결국 통행권확인청구의 소에 의하여 확정할 수밖에 없

---

88) 같은 취지의 다른 판례를 살펴보면, "원고가 차량을 이용한 통행의 필요성이 있다고 주장하면서 통행권의 확인을 구하는 통로 부분은 피고 소유 토지의 남쪽 경계선에 설치된 담장을 따라 약 3m의 일정한 폭으로 특정한 것으로서, 원고 소유의 토지에서 공로에 이르는 최단거리의 통로이고, 본래 1필지이던 원고 소유의 토지와 피고 소유의 토지가 분할된 후 피고가 그 토지를 취득하기 전부터 원고가 통로로 사용하여 왔던 부분일 뿐만 아니라, 피고로서도 토지 매수 당시 그러한 원고의 통행사실을 알고 있었음을 알 수 있다. 그렇다면 비록 원고에게 차량을 이용하여 피고 소유의 토지를 통행할 권리는 없고 다만 도보로 통행할 권리만이 인정되고, 그 통행으로 인한 손해가 가장 적은 장소는 원고가 확인을 구하는 통로 부분 중의 일부에 해당하는 것이므로 원심으로서는 원고가 확인을 구하는 특정의 통로 부분 전부가 민법 제219조 소정의 요건을 충족하는 것은 아니라는 이유로 기각할 것이 아니라, 원고에게 도보 통행에 필요한 부분에 대해서만 통행권의 확인을 구할 의사가 있는지 여부, 나아가 도보로 통행하는데 필요한 통로의 폭 및 통로 부분의 면적을 심리한 다음, 원고의 청구를 일부 인용하였어야 할 것이다(대판 2006.6.2. 2005다70144)."라고 판시한 것이 있다.

89) 한국사법행정학회, 2011 주석 민법(물권 1), 601p.

을 것이다. 다만 이와 같은 소송은 통행지소유자에 대하여 통행의 수인을 청구하는데 그치는 소극적인 권리의 확인에 지나지 않을 뿐 주위토지소유자에게 그의 점유를 배제할 권능까지 인정되는 것은 아니므로 주위토지통행권에 기하여 토지인도까지 청구할 수 있는 권능은 없다고 할 것이다.

| 사례 3 | 타인의 토지에 설치된 조상묘에 관하여 분묘기지권이 인정되는 경우, 그 분묘에 성묘나 벌초를 위하여도 주위토지통행권이 인정되는지 여부(제한적 인정)

주위통지통행권은 공로와 사이에 그 토지의 용도에 필요한 통로가 없는 경우에 피통행지 소유자의 손해를 무릅쓰고 특별히 인정하는 것이므로, 통행로의 폭이나 위치, 통행방법 등은 피통행지 소유자에게 손해가 가장 적게 되도록 해야 하고, 이는 구체적 사안에서 쌍방 토지의 지형적·위치적 형상과 이용관계, 부근의 지리 상황, 인접 토지 이용자의 이해관계 기타 관련 사정을 두루 살펴 사회통념에 따라 판단해야 한다(대판 2009.6.11. 2008다75300). 그리고 주위토지통행권이 인정된다고 하더라도 그 통로를 상시적으로 개방하여 제한 없이 이용할 수 있도록 하거나 피통행지 소유자의 관리권이 배제되어야만 하는 것은 아니므로, 쌍방 토지의 용도 및 이용 상황, 통행로 이용의 목적 등에 비추어 그 토지의 용도에 적합한 범위에서 통행 시기나 횟수, 통행방법 등을 제한하여 인정할 수도 있다고 할 것이다. 또한 주위토지통행권의 확인을 구하기 위해서는 통행의 장소와 방법을 특정하여 청구취지로써 이를 명시해야 하고, 민법 제219조에 정한 요건을 주장·증명해야 한다. 그러므로 주위토지통행권이 있음을 주장하여 확인을 구하는 특정의 통로 부분이 민법 제219조에 정한 요건을 충족하지 못할 경우에는 다른 토지 부분에 주위토지통행권이 인정된다고 할지라도 원칙적으로 그 청구를 기각할 수밖에 없다. 다만 이와 달리 통행권의 확인을 구하는 특정의 통로 부분 중 일부분이 민법 제219조에 정한 요건을 충족하거나 특정의 통로 부분에 대하여 일정한 시기나 횟수를 제한하여 주위토지통행권을 인정하는 것이 가능한 경우라면, 그와 같이 한정된 범위에서만 통행권의 확인을 구할 의사는 없음이 명백한 경우가 아닌 한 그 청구를 전부 기각할 것이 아니라, 그렇게 제한된 범위에서 청구를 인용함이 상당하다(대판 2006.6.2. 2005다70144). 본건의 기초사실은 아래와 같다. 즉, 원고는 경남 합천군 (주소 1 생략) 임야(이하 '제1 임야'라고 한다)의 공유 지분권자이고, (주소 2 생략) 임야(이하 '제2 임야'라고 한다)는 원고의 조부인 망 소외 1 명의로 소유권보존등기가 마쳐져 있으며, ② 피고는 제1, 2 임야와 인접한 위와 (주소 3 생략) 임야(이하 '제3 임야'라고 한다)의 소유자로서, 제3 임야에서 유기농 농법으로 약초 등을 재배하고 있고, ③ 제1 임야에는 원고의 부모 분묘 2기가, 제2 임야에는 원고와 일부 선정자들의 선대 분묘 3기(이하 위 분묘들을 통틀어 '이 사건 각 분묘'라고 한다)가 각 설치되어 있는데, 원고가, 공로로부터 제1, 2 임야에 있는 이 사건 각 분묘에 이르기 위하여 피고를 상대로 제3 임야 중 원심판결 별지 도면 표시 1 내지 21, 1의 각 점을 차례로 연결한 선내 부분(이하 '확인대상토지'라고 한다)에 관하여 주위토지통행권 확인, 통행방해행위 금지, 확인대상토지 중 선내 문A, 문B, 문C 부분 각 철조망과 쇠문의 철거를 구한 것이다. 이에 관하여 판단하건대, 제1 임야는 맹지이고, 제1 임야와 제2 임야 사이에는 소외 2 소유의 경남 합천군 ○○○ 소재 임야가 위치하고 있다. 제2 임야는 그 일부가 공로와 근접해 있기는 하나, 공로로부터 제2 임야에 진입하는 것이 가능하다고 하더라도 제2 임야의 면적은 22,215㎡에 이르는 데다가 공로와 근접한 곳에서부터 원고 등의 선대 분묘가 있는 곳까지는 상당한 거리의 산길을 이동해야 접근이 가능한 것으로 보인다. 위와 같이 공로로부터 제2 임야에 진입하여 원고 등의 선대 분묘에 이르렀다고 하더라도 다시 제1 임야에 있는 원고의 부모 분묘에 이르기 위해서는 위 소외 2 소유의 위 (주소 4 생략) 임야를 통과해야 한다. 제2 임야에서 제1 임야까지는 문B에서 문C에 이르는 이 사건 일부 통로 부분을 이용하지 않는 한 위 (주소 4 생략) 임야를 통해야 하는데, 마찬가지로 기록상 이동이 용이한 산길이 존재하는지 여부는 불분명하다. 한편 원고는 제1 임야와 제2 임야에 있는 이 사건 각 분묘에서 성묘와 벌초 등을 하기 위하여 확인대상토지에 관하여 주위토지통행권의 확인 등을 구하고 있다. 원고가 확인대상토지를 이용하면 공로로부터 이 사건 각 분묘에 쉽게 접근할 수 있다. 이와 같은 사실관계에 의하면, 원고가 공로로부터 제1, 2 임야에 이르기 위해서는 산에 길을 내거나 제3자 소유의 토지를 통과해야 하는 등 확인대상토지를 통하지 않고는 공로에 출입할 수 없거나 일부 통로가 있더라도 실제 통로로서 충분한 기능을 하지 못하고 있는 경우 또는 공로에 통하려면 과다한 비용을 요하는 경우라고 볼 여지가 많다. 나아가 앞에서 본 법리에 비추어 살펴보면, 원고가 확인대상토지를 공로에 출입하는 통행로로 이용하는 것이 유기농 농법으로 약초 등을 재배하며 농장을 경영하는 피고에게 수인하기 어려운 방해가 된다고 하더라도 원고와 피고 사이의 이해관계는 피고에게 손해가 가장 적게 되는 방법을 선택함으로써 조절할 수 있을 것으로 보인다. 즉, 원고는 제1 임야와 제2 임야에 있는 이 사건 각 분묘에서 성묘와 벌초 등을 하기 위하여 확인대상토지를 통행하려는 것이므로 특별한 사정이 없는 한 확인대상토지의 전면적 상시통행을 허용하지 않더라도 그 목적을 충분히 달성할 수 있는 경우라고 봄이 상당하다. 따라서 이 사건은 그 통행의 시기와 횟수 등을 한정하는 방법을 선택함으로써 원고의 통행으로 인한 피고의 손해를 가장 적게 하는 것이 가능해 보이므로, 원고의 청구가 민법 제219조에 정한 요건을 충족하여 주위토지통행권이 인정되는지 여부는 물론 그 통행으로 인한 손해가 가장 적은 방법이 무엇인지 살펴, 원고가 위와 같이 한정된 범위에서만 통행권의 확인을 구할 의사가 있는지, 그 통행의 시기와 횟수 등을 제한하는 방법 등에 관하여 파악한 후, 원고가 그와 같이 한정된 범위에서만 통행권의 확인을 구할 의사는 없음이 명백한 경우가 아닌 한, 그 청구를 전부 기각할 것이 아니라, 그렇게 제한된 범위에서 청구를 인용함이 상당하다고 할 것이다(대판 2006.6.2. 2005다70144, 2017.1.12. 2016다39422).

| 사례 4 | 주위토지통행권의 행사를 이유로 주거의 자유와 안전을 해할 수 있는지(소극)

민법에서 규정한 주위토지통행권은 포위된 토지와 공로와의 사이에 포위된 토지의 용도에 필요한 통로가 없을 경우에 포위된 토지소유자가 공로에 이르기까지 그 주위의 토지를 통행할 수 있는 권리를 말하는 것으로서, 이와 같은 권리를 인정한 취지는 포위된 토지소유자의 개인적 이익을 위해서라기보다는 그 포위된 토지 자체의 이용가치를 높이기 위한 것이다. 즉 토지는 동산과 달라서 자유로 움직일 수 없고 서로 접근하고 고정되어 있는 관계로, 상접된 토지소유자가 서로 경계선 내에서 절대적으로 토지를 지배하고 양보를 하지 않는다고 하면 오히려 서로 소유권을 유효하고도 원만히 행사할 수 없게 되므로, 그 완전한 이용을 위하여 서로 토지이용에 있어서의 장소적 조절을 할 필요가 있기 때문인바, 그 결과로서 일방은 자기의 소유권을 초과하여 행사하게 되는 반면, 타방은 소유권의 침해를 당하게 되는 결과가 되므로 이와 같은 침해와 희생은 최소한도 내에서 끝내도록 주위의 토지소유자를 위하여 가장 손해가 적은 장소와 방법을 선택해야 할 것이며, 주거는 사람으로서의 사적 생활과 평온한 휴식처로서 인간생활에 있어서의 가장 중요한 장소가 아니라고 할 수 없으므로 우리 헌법은 주거의 자유를 보장하고 형법 기타 법률로써 가사 정당한 권원에 의한 주거가 아니라고 하더라도 그 주거로서의 안전을 보호하고 있다. 그러므로 민법에서 인정하는 주위토지통행권을 행사함에 있어서도 위와 같은 기본적 인권의 하나인 주거의 자유와 안전은 통행권 행사의 이유로서도 침해할 수는 없다고 할 것이며, 만일 위와 같은 주거의 안전을 침해하지 않고서는 통행권을 적법하게 행사할 수 없는 경우라면 차라리 통행권 방해에 의한 건물의 철거 기타 장애물의 제거를 요구함은 별문제로 하더라도, 주거를 그대로 인정하면서 통행권 행사를 이유로 주거의 자유와 안전을 해할 수는 없다고 할 것이다. 이에 본건을 살펴보건대, 첨부 도면상 ㉮, ㉯ 선의 북쪽에 피고 소유의 주택이 남면하여 있고, ㉰, ㉱선의 남쪽에 피고 소유의 채전이 있으며, ㉮, ㉯선과 ㉰, ㉱선과의 넓이가 불과 1.5미터로서 대단히 협소하고, ㉮, ㉯선은 피고 거주 가옥의 처마선으로서 피고 거실의 바로 문전이며, 위의 채전의 남단을 우회 통과함으로써 원고들 소유의 밭인 쌍교리 16번지의 7호, 16번지의 4호, 16번지의 3호, 16번지의 2호 토지로부터 남원 전매서에서 남쪽 요천 제방으로 가는 공로에 이를 수 있는 지형이라는 사실을 엿볼 수 있어(위의 채전 동쪽 우물 옆에 피고 소유의 판자 울타리가 있으나 만일 위의 장소가 피고를 위하여 가장 손해가 적은 장소라고 가정하면 원고들은 위의 지점의 통과를 위하여 필요로 하는 범위의 판자 울타리의 제거를 요구할 수 있을 것이다), 원고들은 자기 소유인 위의 밭을 이용하기 위하여서 ㉮, ㉯선과 ㉰, ㉱선과의 사이를 통할 수 있는 통행권을 주장하고 있다. 그러나 원고들의 위와 같은 ㉮, ㉯선과 ㉰, ㉱선과의 사이에 통행은 피고의 거실 바로 문전을 통하게 될 뿐 아니라, 농경에 필요로 하는 비료들을 운반하게 됨으로써 피고의 주거의 안전을 해하게 되고, 따라서 주위토지소유자로서의 피고를 위하여 가장 손해가 적은 장소와 방법을 선택한 조처라고는 할 수 없으므로, 원고들이 선택한 장소에의 통행권 주장은 부당하다 할 것이며, 가사 원고들이 10여 년 간 위 장소를 통행한 사실이 있다고 하더라도 그것만으로서 위와 같은 피고 주거의 안전과 자유를 침해하는 통행을 적법화할 수는 없다고 할 것이다(대판 1962.6.2. 62아3).

| 사례 5 |　주위토지통행권의 범위를 생활상의 편의를 위한 자동차의 통행이 가능한 노폭까지 인정해야 하는지 여부(소극)

원고 소유의 경기 고양군 소재 토지는 맹지여서 원고 가족은 피고의 집 마당을 거쳐 공로로 통행하여 왔고 피고도 그동안 별다른 제지를 하지 않은 사실, 그런데 원고는 1987. 5. 19. 종전 가옥을 헐고 큰 가옥을 신축하면서 인근 임야로 돌아가는 길을 도로현황으로 표시하여 건축허가를 받고 실제 그 곳에 폭 3미터의 길을 내어 레미콘 트럭 등 건축자재 운반용 차량이 통행하였는데, 건물이 완공되자 상당 부분 이를 되메우고 다시 피고의 집 마당을 통행하면서 자가용 승용차까지 운행하고 차길을 고른다며 피고의 집 울타리의 나무가지를 치고 배수로를 메워 버린 사실, 피고는 원고의 승용차가 마당 부분을 수시로 통과하면서 경적을 울리는 경우 일일이 마당에 보관중인 경운기, 트랙터 등의 농기구를 치워 주어야 하는 등 갖가지 생활상의 불편이 있자 이 사건 통로를 폐쇄하였다가 통행방해배제 가처분결정이 나자 기존 창고에 잇대어 벽을 쌓아 창고를 만들어 버림으로써 마당통로의 폭을 2미터로 줄어들게 하여 사실상 자동차의 통과를 불가능하게 한 사실, 이에 원고는 건축공사시 내었던 곳에 다시 길을 내어 그 길로 통행하고 있는 사실을 인정한 다음, 주위토지통행권의 범위는 통행권을 가진 자에게 필요할 뿐 아니라 이로 인한 주위토지소유자의 손해가 가장 적은 장소와 방법의 범위내에서 인정되는 것이므로 사람이 주택에 출입하여 다소의 물건을 공로로 운반하는 등의 일상생활을 영위하는데 필요한 범위의 노폭까지 인정되고, 토지의 이용방법에 따라서는 자동차 등이 통과할 수 있는 통로의 개설도 허용되지만 단지 생활상의 편의를 위해 다소 필요한 상태라고 여겨지는 정도에 그치는 경우까지 자동차의 통행을 허용할 것은 아닌바, 이 사건 통로 중 피고 창고 옆의 노폭은 2미터로서 원고 가족이 별다른 방해나 지장을 받지 않고 통행하기에 충분한 범위이고, 원고 소유의 토지는 그 지상에 가옥 소유 이외에 다른 목적은 없어 자동차 통행이 피고에게 미치는 영향이 심대한 데 비추어 그것이 허용되지 않는 경우의 원고의 불편의 정도는 그리 크지 않으므로 피고가 원고 차량의 통행까지 용인할 의무는 없다고 판단된다(대판 1994.10.21. 94다16076).

04

건축법상 건축시 확보가 필요한 도로와 그 폭

1. 도로의 의의

가. 도로의 의미

1) 건축법상의 도로

건축법상 도로란 보행과 자동차 통행이 가능한 너비 4미터 이상의 도로(지형적으로 자동차 통행이 불가능한 경우와 막다른 도로의 경우에는 대통령령으로 정하는 구조와 너비의 도로)로서, ①「국토의 계획 및 이용에 관한 법률」, 도로법, 사도법, 그밖의 관계 법령에 따라 신설 또는 변경에 관한 고시가 된 도로 또는 그 예정도로나, ② 건축허가 또는 신고시에 시·도지사 또는 시·군·구청장이 위치를 지정하여 공고한 도로 또는 그 예정도로를 말한다(건축법 제2조 제11호). 건축을 하기 위한 대지는 배수에 지장이 없거나 건축물의 용도상 방습의 필요가 없는 경우를 제외하고는 인접한 도로면보다 낮아서는 안된다(건축법 제40조 제1항).

2) 농어촌도로와 사도(私道)

가) 농어촌도로

농어촌도로란 도로법에 규정되지 않은 도로(읍·면 지역의 도로만 해당)로서, 농어촌지역 주민의 교통 편익과 생산·유통활동 등에 공용되는 공로 중 면도(面道), 이도(里道) 및 농도(農道)나 도농복합형태시의 시도(市道), 특별자치시의 시도(市道) 및 행정시의 시도(市道)·군도(郡道)로 고시된 도로를 말한다(농어촌도로정비법 제2조 제항, 제4조, 제6조). 농어촌도로도 건축법이 적용되는 도로에 해당된다(건축법 제2조 제11호). 이러한 농어촌 도로의 지정은 군수가 하고, 그 정비도 특별한 규정이 없는 한 군수가 하며, 군수 외의 자가 도로를 정비하려면 군수의 허가를 받아야 한다(농어촌도로정비법 제9조 제1항, 제5조 제1항, 제2항). 군수는 노선이 지정된 농어촌도로의 전부 또는 일부를 폐지하거나 변경할 수 있고, 폐지되거나 변경된 도로에 관한 사항은 공보에 고시해야 한다(농어촌도로정비법 제10조). 군수 또는 도로정비의 허가를 받은 자는 도로의 정비공사를 시행하기 위하여 필요하면 노선이 지정된 도로의 구역에 있는 토지·건축물 또는 그 토지에 정착된 물건의 소유권이나 소유권 외의 권리를 수용하거나 사용할 수 있다(농어촌도로정비법 제13조 제1항).

나) 사도(私道)

사도란 도로법에 따른 도로나 도로법의 준용을 받는 도로, 농어촌도로정비법에 따른 농어촌도로, 농어촌정비법에 따라 설치된 도로를 제외한 도로로서 위 도로들에 연결되는 길을 말한다(사도법 제2조 본문). 다만 다른 법률에 따라 설치하는 도로나 공원·광구·공장·주택단지·그밖에 동일한 시설 안에 설치하는 도로는 사도법의 적용을 받는 사도에서 제외된다(사도법 제3조). 사도도 건축법이 적용되는 도로에 해당된다(건축법 제2조 제11호).

사도를 개설·개축·증축 또는 변경하려는 자는 시·도지사 또는 시·군·구청장의 허가를 받아야 하며, 이를 허가한 때에는 지체 없이 그 내용을 공보에 고시하고, 사도 관리대장에 그 내용을 기록하고 보관해야 한다(사도법 제4조 제1항, 제4항). 사도의 폭 등의 구조는 농어촌도로정비법에 따른 면도(面道) 또는 이도(里道)의 기준에 따르되, 통행에 지장을 주지 않는 범위에서 국토교통부령으로 정하는 바에 따라 그 기준을 완화할 수 있다(사도법 제5조). 이러한 사도는 그 개설자가 관리하지만, 특별한 사유가 없는 한 사도개설자라도 그 사도에서 일반인의 통행을 제한하거나 금지할 수 없다(사도법 제7조, 제9조 제1항). 또한 시·도지사 또는 시장·군수·구청장은 사도가 그 폭 등 사도의 기준에 맞지 않는 경우에는 사도개설자에게 보수 또는 보완을 명할 수 있고, 이때 통행상의 위험 방지 등을 위하여 필요하면 통행제한, 통행금지, 그밖에 필요한 조치를 함께 명할 수 있다(사도법 제12조 제1항). 사도개설자는 미리 시·도지사 또는 시·군·구청장의 허가를 받은 후 그 사도를 이용하는 자로부터 사용료를 받을 수 있다(사도법 제10조).

사도개설자는 사도의 효용을 높이기 위하여 필요한 경우에는 시·도지사 또는 시장·군수·구청장에게 해당 사도와 공도(公道)가 연결되는 접속구간을 개수(改修)하여 줄 것을 요구할 수 있다(사도법 제8조 제1항).

나. 도로의 지정·폐지·변경

도로의 위치를 지정·공고하려면 국토교통부령으로 정하는 바에 따라 그 도로에 대한 이해관계인의 동의를 받아야 한다. 다만 이해관계인이 해외에 거주하는 등의 사유로 이해관계인의 동의를 받기가 곤란하다고 인정하는 경우나 주민이 오랫동안 통행로로 이용하고 있는 사실상의 통로인 경우에는 이해관계인의 동의 없이 건축위원회의 심의를 거쳐 도로로 지정할 수 있다(건축법 제45조 제1항). 또한 도로를 폐지하거나 변경하려는 경우에도 그 도로에 대한 이해관계인의 동의를 받아야 하며, 이는 도로의 폐지·변경을 토지소유자나 건축주 등이 신청하는 경우에도 마찬가지이다(건축법 제45조 제2항).

2. 건축을 위한 도로의 확보

가. 건축물의 건축과 도로의 확보

1) 건축물의 용도 구분과 용도별 세부 건축물의 종류

건축법에서는 건축물의 용도 구분과 각 용도별 건축물의 세부 종류에 관하여 규정하고 있다(건축법 제2조 제2항, 시행령 제3조의5「별표 1」). 이에 관하여는 별도로 살펴보기로 한다.

2) 건축물의 건축을 위한 도로의 확보

건축물을 건축하기 위해서는 건축법에서 정한 여러 요건들을 갖추어 허가를 받아야 할 것인데, 건축법에서는 일정한 건축물의 건축을 위해서는 필수적으로 도로의 확보를 전제로 하고 있으므로 건축법에서 요구하는 도로를 확보하지 못하면 건축물을 건축할 수 없게 된다. 따라서 건축법에서 요구하는 도로의 조건을 알아둘 필요가 있을 것이다.

나. 건축물의 건축을 위한 도로의 요건

1) 건축물 대지와 도로의 관계

건축물의 대지는 원칙적으로 2미터 이상이 도로(자동차전용도로는 제외)에 접해야 한다(제44조 제1항 본문). 다만 예외적으로 해당 건축물의 출입에 지장이 없다고 인정되는 경우, 건축물의 주변에 광장, 공원, 유원지, 그밖에 관계 법령에 따라 건축이 금지되고 공중의 통행에 지장이 없는 공지로서 허가권자가 인정한 공지가 있는 경우, 농지법상 농막을 건축하는 경우에는 도로에 접할 의무가 없다(건축법 제44조 제1항 단서, 건축법 시행령 제28조 제1항). 그리고 연면적의 합계가 2,000제곱미터(공장인 경우에는 3,000제곱미터) 이상인 건축물(단, 축사, 작물 재배사, 그밖에 이와 비슷한 건축물로서 건축조례로 정하는 규모의 건축물은 제외)의 대지는 너비 6미터 이상의 도로에 4미터 이상 접해야 한다(건축법 제44조 제2항, 건축법 시행령 제28조 제2항). 자동차전용도로(예, 고속도로)는 건축법상의 도로라고 할 수 없으므로 자동차전용도로에만 접한 경우에는 건축이 불가하다.

3. 건축법상 건축물과 대지에 관한 규제

건축물이 있는 대지는 일정한 면적 미만으로 분할할 수 없도록 하고 있다. 즉 주거지역은 60제곱미터 미만, 상업지역은 150제곱미터 미만, 공업지역은 150제곱미터 미만, 녹지지역은 200제곱미터 미만, 그밖의 지역은 60제곱미터 미만의 면적으로 분할할 수 없는 것이다(건축법 제57조 제1항, 시행령 제80조). 또한 건축법상 건폐율 규정, 용적률 규정, 대지와 도로의 관계 규정, 대지안의 공지 규정, 건축물의 높이 제한 규정, 일조 등의 확보를 위한 건축물의 높이 제한 규정에서 정한 기준에 미달하게 건축물 있는 대지를 분할할 수 없다(건축법 제57조, 제44조, 제55조, 제56조, 제58조, 제60조, 제61조).

[표 1] 건축법상 건축물의 용도 구분과 각 용도별 건축물의 종류(건축법시행령 제3조의5 「별표 1」)

1. **단독주택**[단독주택의 형태를 갖춘 가정어린이집·공동생활가정·지역아동센터 및 노인복지시설(노인복지주택은 제외한다)을 포함한다]
   가. 단독주택
   나. 다중주택: 다음의 요건을 모두 갖춘 주택을 말한다.
      1) 학생 또는 직장인 등 여러 사람이 장기간 거주할 수 있는 구조로 되어 있는 것
      2) 독립된 주거의 형태를 갖추지 아니한 것(각 실별로 욕실은 설치할 수 있으나, 취사시설은 설치하지 아니한 것을 말한다. 이하 같다)
      3) 1개 동의 주택으로 쓰이는 바닥면적의 합계가 330제곱미터 이하이고 주택으로 쓰는 층수(지하층은 제외한다)가 3개 층 이하일 것
   다. 다가구주택: 다음의 요건을 모두 갖춘 주택으로서 공동주택에 해당하지 않는 것을 말한다.
      1) 주택으로 쓰는 층수(지하층은 제외한다)가 3개 층 이하일 것. 다만, 1층의 전부 또는 일부를 필로티 구조로 하여 주차장으로 사용하고 나머지 부분을 주택 외의 용도로 쓰는 경우에는 해당 층을 주택의 층수에서 제외한다.
      2) 1개 동의 주택으로 쓰이는 바닥면적(부설 주차장 면적은 제외한다. 이하 같다)의 합계가 660제곱미터 이하일 것
      3) 19세대(대지 내 동별 세대수를 합한 세대를 말한다) 이하가 거주할 수 있을 것
   라. 공관(公館)

2. **공동주택**[공동주택의 형태를 갖춘 가정어린이집·공동생활가정·지역아동센터·노인복지시설(노인복지주택은 제외한다) 및 「주택법 시행령」 제10조 제1항 제1호에 따른 원룸형 주택을 포함한다]. 다만, 가목이나 나목에서 층수를 산정할 때 1층 전부를 필로티 구조로 하여 주차장으로 사용하는 경우에는 필로티 부분을 층수에서 제외하고, 다목에서 층수를 산정할 때 1층의 전부 또는 일부를 필로티 구조로 하여 주차장으로 사용하고 나머지 부분을 주택 외의 용도로 쓰는 경우에는 해당 층을 주택의 층수에서 제외하며, 가목부터 라목까지의 규정에서 층수를 산정할 때 지하층을 주택의 층수에서 제외한다.
   가. 아파트: 주택으로 쓰는 층수가 5개 층 이상인 주택
   나. 연립주택: 주택으로 쓰는 1개 동의 바닥면적(2개 이상의 동을 지하주차장으로 연결하는 경우에는 각각의 동으로 본다) 합계가 660제곱미터를 초과하고, 층수가 4개 층 이하인

주택

다. 다세대주택: 주택으로 쓰는 1개 동의 바닥면적 합계가 660제곱미터 이하이고, 층수가 4개 층 이하인 주택(2개 이상의 동을 지하주차장으로 연결하는 경우에는 각각의 동으로 본다)

라. 기숙사: 학교 또는 공장 등의 학생 또는 종업원 등을 위하여 쓰는 것으로서 1개 동의 공동취사시설 이용 세대 수가 전체의 50퍼센트 이상인 것(「교육기본법」 제27조 제2항에 따른 학생복지주택을 포함한다)

3. 제1종 근린생활시설

가. 식품·잡화·의류·완구·서적·건축자재·의약품·의료기기 등 일용품을 판매하는 소매점으로서 같은 건축물(하나의 대지에 두 동 이상의 건축물이 있는 경우에는 이를 같은 건축물로 본다. 이하 같다)에 해당 용도로 쓰는 바닥면적의 합계가 1천 제곱미터 미만인 것

나. 휴게음식점, 제과점 등 음료·차(茶)·음식·빵·떡·과자 등을 조리하거나 제조하여 판매하는 시설(제4호 너목 또는 제17호에 해당하는 것은 제외한다)로서 같은 건축물에 해당 용도로 쓰는 바닥면적의 합계가 300제곱미터 미만인 것

다. 이용원, 미용원, 목욕장, 세탁소 등 사람의 위생관리나 의류 등을 세탁·수선하는 시설(세탁소의 경우 공장에 부설되는 것과 「대기환경보전법」, 「수질 및 수생태계 보전에 관한 법률」 또는 「소음·진동관리법」에 따른 배출시설의 설치 허가 또는 신고의 대상인 것은 제외한다)

라. 의원, 치과의원, 한의원, 침술원, 접골원(接骨院), 조산원, 안마원, 산후조리원 등 주민의 진료·치료 등을 위한 시설

마. 탁구장, 체육도장으로서 같은 건축물에 해당 용도로 쓰는 바닥면적의 합계가 500제곱미터 미만인 것

바. 지역자치센터, 파출소, 지구대, 소방서, 우체국, 방송국, 보건소, 공공도서관, 건강보험공단 사무소 등 주민의 편의를 위하여 공공업무를 수행하는 시설로서 같은 건축물에 해당 용도로 쓰는 바닥면적의 합계가 1천 제곱미터 미만인 것

사. 마을회관, 마을공동작업소, 마을공동구판장, 공중화장실, 대피소, 지역아동센터(단독주택과 공동주택에 해당하는 것은 제외한다) 등 주민이 공동으로 이용하는 시설

아. 변전소, 도시가스배관시설, 통신용 시설(해당 용도로 쓰는 바닥면적의 합계가 1천제곱미터 미만인 것에 한정한다), 정수장, 양수장 등 주민의 생활에 필요한 에너지공급·통신서비스제공이나 급수·배수와 관련된 시설

자. 금융업소, 사무소, 부동산중개사무소, 결혼상담소 등 소개업소, 출판사 등 일반업무시설로서 같은 건축물에 해당 용도로 쓰는 바닥면적의 합계가 30제곱미터 미만인 것

4. 제2종 근린생활시설

가. 공연장(극장, 영화관, 연예장, 음악당, 서커스장, 비디오물감상실, 비디오물소극장, 그밖

에 이와 비슷한 것을 말한다. 이하 같다)으로서 같은 건축물에 해당 용도로 쓰는 바닥면적의 합계가 500제곱미터 미만인 것

나. 종교집회장[교회, 성당, 사찰, 기도원, 수도원, 수녀원, 제실(祭室), 사당, 그밖에 이와 비슷한 것을 말한다. 이하 같다]으로서 같은 건축물에 해당 용도로 쓰는 바닥면적의 합계가 500제곱미터 미만인 것

다. 자동차영업소로서 같은 건축물에 해당 용도로 쓰는 바닥면적의 합계가 1천제곱미터 미만인 것

라. 서점(제1종 근린생활시설에 해당하지 않는 것)

마. 총포판매소

바. 사진관, 표구점

사. 청소년게임제공업소, 복합유통게임제공업소, 인터넷컴퓨터게임시설제공업소, 그밖에 이와 비슷한 게임 관련 시설로서 같은 건축물에 해당 용도로 쓰는 바닥면적의 합계가 500제곱미터 미만인 것

아. 휴게음식점, 제과점 등 음료·차(茶)·음식·빵·떡·과자 등을 조리하거나 제조하여 판매하는 시설(너목 또는 제17호에 해당하는 것은 제외한다)로서 같은 건축물에 해당 용도로 쓰는 바닥면적의 합계가 300제곱미터 이상인 것

자. 일반음식점

차. 장의사, 동물병원, 동물미용실, 그밖에 이와 유사한 것

카. 학원(자동차학원·무도학원 및 정보통신기술을 활용하여 원격으로 교습하는 것은 제외한다), 교습소(자동차교습·무도교습 및 정보통신기술을 활용하여 원격으로 교습하는 것은 제외한다), 직업훈련소(운전·정비 관련 직업훈련소는 제외한다)로서 같은 건축물에 해당 용도로 쓰는 바닥면적의 합계가 500제곱미터 미만인 것

타. 독서실, 기원

파. 테니스장, 체력단련장, 에어로빅장, 볼링장, 당구장, 실내낚시터, 골프연습장, 놀이형시설(「관광진흥법」에 따른 기타유원시설업의 시설을 말한다. 이하 같다) 등 주민의 체육 활동을 위한 시설(제3호 마목의 시설은 제외한다)로서 같은 건축물에 해당 용도로 쓰는 바닥면적의 합계가 500제곱미터 미만인 것

하. 금융업소, 사무소, 부동산중개사무소, 결혼상담소 등 소개업소, 출판사 등 일반업무시설로서 같은 건축물에 해당 용도로 쓰는 바닥면적의 합계가 500제곱미터 미만인 것(제1종 근린생활시설에 해당하는 것은 제외한다)

거. 다중생활시설(「다중이용업소의 안전관리에 관한 특별법」에 따른 다중이용업 중 고시원업의 시설로서 국토교통부장관이 고시하는 기준에 적합한 것을 말한다. 이하 같다)로서 같은 건축물에 해당 용도로 쓰는 바닥면적의 합계가 500제곱미터 미만인 것

너. 제조업소, 수리점 등 물품의 제조·가공·수리 등을 위한 시설로서 같은 건축물에 해당 용도로 쓰는 바닥면적의 합계가 500제곱미터 미만이고, 다음 요건 중 어느 하나에 해당하는 것

1) 「대기환경보전법」, 「수질 및 수생태계 보전에 관한 법률」 또는 「소음·진동관리법」에

따른 배출시설의 설치 허가 또는 신고의 대상이 아닌 것

2) 「대기환경보전법」, 「수질 및 수생태계 보전에 관한 법률」 또는 「소음·진동관리법」에 따른 배출시설의 설치 허가 또는 신고의 대상 시설이나 귀금속·장신구 및 관련 제품 제조시설로서 발생되는 폐수를 전량 위탁처리하는 것

더. 단란주점으로서 같은 건축물에 해당 용도로 쓰는 바닥면적의 합계가 150제곱미터 미만인 것

러. 안마시술소, 노래연습장

5. 문화 및 집회시설

가. 공연장으로서 제2종 근린생활시설에 해당하지 않는 것

나. 집회장[예식장, 공회당, 회의장, 마권(馬券) 장외 발매소, 마권 전화투표소, 그밖에 이와 비슷한 것을 말한다]으로서 제2종 근린생활시설에 해당하지 않는 것

다. 관람장(경마장, 경륜장, 경정장, 자동차 경기장, 그밖에 이와 비슷한 것과 체육관 및 운동장으로서 관람석의 바닥면적의 합계가 1천 제곱미터 이상인 것을 말한다)

라. 전시장(박물관, 미술관, 과학관, 문화관, 체험관, 기념관, 산업전시장, 박람회장, 그밖에 이와 비슷한 것을 말한다)

마. 동·식물원(동물원, 식물원, 수족관, 그밖에 이와 비슷한 것을 말한다)

6. 종교시설

가. 종교집회장으로서 제2종 근린생활시설에 해당하지 않는 것

나. 종교집회장(제2종 근린생활시설에 해당하지 않는 것을 말한다)에 설치하는 봉안당(奉安堂)

7. 판매시설

가. 도매시장(「농수산물유통 및 가격안정에 관한 법률」에 따른 농수산물도매시장, 농수산물공판장, 그밖에 이와 비슷한 것을 말하며, 그 안에 있는 근린생활시설을 포함한다)

나. 소매시장(「유통산업발전법」 제2조 제3호에 따른 대규모 점포, 그밖에 이와 비슷한 것을 말하며, 그 안에 있는 근린생활시설을 포함한다)

다. 상점(그 안에 있는 근린생활시설을 포함한다)으로서 다음의 요건 중 어느 하나에 해당하는 것

1) 제3호 가목에 해당하는 용도(서점은 제외한다)로서 제1종 근린생활시설에 해당하지 않는 것

2) 「게임산업진흥에 관한 법률」 제2조 제6호의2 가목에 따른 청소년게임제공업의 시설, 같은 호 나목에 따른 일반게임제공업의 시설, 같은 조 제7호에 따른 인터넷컴퓨터게임시설제공업의 시설 및 같은 조 제8호에 따른 복합유통게임제공업의 시설로서 제2종 근린생활시설에 해당하지 않는 것

8. **운수시설**
   가. 여객자동차터미널
   나. 철도시설
   다. 공항시설
   라. 항만시설
   마. 그밖에 가목부터 라목까지의 규정에 따른 시설과 비슷한 시설

9. **의료시설**
   가. 병원(종합병원, 병원, 치과병원, 한방병원, 정신병원 및 요양병원을 말한다)
   나. 격리병원(전염병원, 마약진료소, 그밖에 이와 비슷한 것을 말한다)

10. **교육연구시설**(제2종 근린생활시설에 해당하는 것은 제외한다)
   가. 학교(유치원, 초등학교, 중학교, 고등학교, 전문대학, 대학, 대학교, 그밖에 이에 준하는 각종 학교를 말한다)
   나. 교육원(연수원, 그밖에 이와 비슷한 것을 포함한다)
   다. 직업훈련소(운전 및 정비 관련 직업훈련소는 제외한다)
   라. 학원(자동차학원·무도학원 및 정보통신기술을 활용하여 원격으로 교습하는 것은 제외한다)
   마. 연구소(연구소에 준하는 시험소와 계측계량소를 포함한다)
   바. 도서관

11. **노유자시설**
   가. 아동 관련 시설(어린이집, 아동복지시설, 그밖에 이와 비슷한 것으로서 단독주택, 공동주택 및 제1종 근린생활시설에 해당하지 않는 것을 말한다)
   나. 노인복지시설(단독주택과 공동주택에 해당하지 않는 것을 말한다)
   다. 그밖에 다른 용도로 분류되지 아니한 사회복지시설 및 근로복지시설

12. **수련시설**
   가. 생활권 수련시설(「청소년활동진흥법」에 따른 청소년수련관, 청소년문화의집, 청소년특화시설, 그밖에 이와 비슷한 것을 말한다)
   나. 자연권 수련시설(「청소년활동진흥법」에 따른 청소년수련원, 청소년야영장, 그밖에 이와 비슷한 것을 말한다)
   다. 「청소년활동진흥법」에 따른 유스호스텔
   라. 「관광진흥법」에 따른 야영장 시설로서 제29호에 해당하지 않는 시설

13. **운동시설**
   가. 탁구장, 체육도장, 테니스장, 체력단련장, 에어로빅장, 볼링장, 당구장, 실내낚시터, 골프

연습장, 놀이형시설, 그밖에 이와 비슷한 것으로서 제1종 근린생활시설 및 제2종 근린생활시설에 해당하지 않는 것

나. 체육관으로서 관람석이 없거나 관람석의 바닥면적이 1천제곱미터 미만인 것

다. 운동장(육상장, 구기장, 볼링장, 수영장, 스케이트장, 롤러스케이트장, 승마장, 사격장, 궁도장, 골프장 등과 이에 딸린 건축물을 말한다)으로서 관람석이 없거나 관람석의 바닥면적이 1천 제곱미터 미만인 것

14. 업무시설

가. 공공업무시설: 국가 또는 지방자치단체의 청사와 외국공관의 건축물로서 제1종 근린생활시설에 해당하지 않는 것

나. 일반업무시설: 다음 요건을 갖춘 업무시설을 말한다.

1) 금융업소, 사무소, 결혼상담소 등 소개업소, 출판사, 신문사, 그밖에 이와 비슷한 것으로서 제1종 근린생활시설 및 제2종 근린생활시설에 해당하지 않는 것

2) 오피스텔(업무를 주로 하며, 분양하거나 임대하는 구획 중 일부 구획에서 숙식을 할 수 있도록 한 건축물로서 국토교통부장관이 고시하는 기준에 적합한 것을 말한다)

15. 숙박시설

가. 일반숙박시설 및 생활숙박시설

나. 관광숙박시설(관광호텔, 수상관광호텔, 한국전통호텔, 가족호텔, 호스텔, 소형호텔, 의료관광호텔 및 휴양 콘도미니엄)

다. 다중생활시설(제2종 근린생활시설에 해당하지 않는 것을 말한다)

라. 그밖에 가목부터 다목까지의 시설과 비슷한 것

16. 위락시설

가. 단란주점으로서 제2종 근린생활시설에 해당하지 않는 것

나. 유흥주점이나 그밖에 이와 비슷한 것

다. 「관광진흥법」에 따른 유원시설업의 시설, 그밖에 이와 비슷한 시설(제2종 근린생활시설과 운동시설에 해당하는 것은 제외한다)

라. 삭제 〈2010.2.18〉

마. 무도장, 무도학원

바. 카지노영업소

17. 공 장

물품의 제조·가공[염색·도장(塗裝)·표백·재봉·건조·인쇄 등을 포함한다] 또는 수리에 계속적으로 이용되는 건축물로서 제1종 근린생활시설, 제2종 근린생활시설, 위험물저장 및 처리시설, 자동차 관련 시설, 자원순환 관련 시설 등으로 따로 분류되지 아니한 것

18. **창고시설**(위험물 저장 및 처리 시설 또는 그 부속용도에 해당하는 것은 제외한다)
   가. 창고(물품저장시설로서 「물류정책기본법」에 따른 일반창고와 냉장 및 냉동 창고를 포함한다)
   나. 하역장
   다. 「물류시설의 개발 및 운영에 관한 법률」에 따른 물류터미널
   라. 집배송 시설

19. **위험물 저장 및 처리 시설**
   「위험물안전관리법」, 「석유 및 석유대체연료 사업법」, 「도시가스사업법」, 「고압가스 안전관리법」, 「액화석유가스의 안전관리 및 사업법」, 「총포·도검·화약류 등 단속법」, 「화학물질 관리법」 등에 따라 설치 또는 영업의 허가를 받아야 하는 건축물로서 다음 각 목의 어느 하나에 해당하는 것. 다만, 자가난방, 자가발전, 그밖에 이와 비슷한 목적으로 쓰는 저장시설은 제외한다.
   가. 주유소(기계식 세차설비를 포함한다) 및 석유 판매소
   나. 액화석유가스 충전소·판매소·저장소(기계식 세차설비를 포함한다)
   다. 위험물 제조소·저장소·취급소
   라. 액화가스 취급소·판매소
   마. 유독물 보관·저장·판매시설
   바. 고압가스 충전소·판매소·저장소
   사. 도료류 판매소
   아. 도시가스 제조시설
   자. 화약류 저장소
   차. 그밖에 가목부터 자목까지의 시설과 비슷한 것

20. **자동차 관련 시설**(건설기계 관련 시설을 포함한다)
   가. 주차장
   나. 세차장
   다. 폐차장
   라. 검사장
   마. 매매장
   바. 정비공장
   사. 운전학원 및 정비학원(운전 및 정비 관련 직업훈련시설을 포함한다)
   아. 「여객자동차 운수사업법」, 「화물자동차 운수사업법」 및 「건설기계관리법」에 따른 차고 및 주기장(駐機場)

21. **동물 및 식물 관련 시설**
   가. 축사(양잠·양봉·양어·양돈·양계·곤충사육 시설 및 부화장 등을 포함한다)

나. 가축시설[가축용 운동시설, 인공수정센터, 관리사(管理舍), 가축용 창고, 가축시장, 동물검역소, 실험동물 사육시설, 그밖에 이와 비슷한 것을 말한다]
다. 도축장
라. 도계장
마. 작물 재배사
바. 종묘배양시설
사. 화초 및 분재 등의 온실
아. 동물 또는 식물과 관련된 가목부터 사목까지의 시설과 비슷한 것(동·식물원은 제외한다)

22. 자원순환 관련 시설
가. 하수 등 처리시설
나. 고물상
다. 폐기물재활용시설
라. 폐기물 처분시설
마. 폐기물감량화시설

23. 교정 및 군사 시설(제1종 근린생활시설에 해당하는 것은 제외한다)
가. 교정시설(보호감호소, 구치소 및 교도소를 말한다)
나. 갱생보호시설, 그밖에 범죄자의 갱생·보육·교육·보건 등의 용도로 쓰는 시설
다. 소년원 및 소년분류심사원
라. 국방·군사시설

24. 방송통신시설(제1종 근린생활시설에 해당하는 것은 제외한다)
가. 방송국(방송프로그램 제작시설 및 송신·수신·중계시설을 포함한다)
나. 전신전화국
다. 촬영소
라. 통신용 시설
마. 데이터센터
바. 그밖에 가목부터 마목까지의 시설과 비슷한 것

25. 발전시설
발전소(집단에너지 공급시설을 포함한다)로 사용되는 건축물로서 제1종 근린생활시설에 해당하지 않는 것

26. 묘지 관련 시설
가. 화장시설

나. 봉안당(종교시설에 해당하는 것은 제외한다)
다. 묘지와 자연장지에 부수되는 건축물
라. 동물화장시설, 동물건조장(乾燥葬)시설 및 동물 전용의 납골시설

27. 관광 휴게시설
가. 야외음악당
나. 야외극장
다. 어린이회관
라. 관망탑
마. 휴게소
바. 공원·유원지 또는 관광지에 부수되는 시설

28. 장례시설
가. 장례식장[의료시설의 부수시설(「의료법」 제36조 제1호에 따른 의료기관의 종류에 따른 시설을 말한다)에 해당하는 것은 제외한다]
나. 동물 전용의 장례식장

29. 야영장 시설
「관광진흥법」에 따른 야영장 시설로서 관리동, 화장실, 샤워실, 대피소, 취사시설 등의 용도로 쓰는 바닥면적의 합계가 300제곱미터 미만인 것

주) ① 제3호 및 제4호에서 "해당 용도로 쓰는 바닥면적"이란 부설 주차장 면적을 제외한 실(實) 사용면적에 공용부분 면적(복도, 계단, 화장실 등의 면적을 말한다)을 비례 배분한 면적을 합한 면적을 말한다.
② 비고 제1호에 따라 "해당 용도로 쓰는 바닥면적"을 산정할 때 건축물의 내부를 여러 개의 부분으로 구분하여 독립한 건축물로 사용하는 경우에는 그 구분된 면적 단위로 바닥면적을 산정한다. 다만, 다음 각 목에 해당하는 경우에는 각 목에서 정한 기준에 따른다.
가. 제4호 더목에 해당하는 건축물의 경우에는 내부가 여러 개의 부분으로 구분되어 있더라도 해당 용도로 쓰는 바닥면적을 모두 합산하여 산정한다.
나. 동일인이 둘 이상의 구분된 건축물을 같은 세부 용도로 사용하는 경우에는 연접되어 있지 않더라도 이를 모두 합산하여 산정한다.
다. 구분소유자(임차인을 포함한다)가 다른 경우에도 구분된 건축물을 같은 세부 용도로 연계하여 함께 사용하는 경우(통로, 창고 등을 공동으로 활용하는 경우 또는 명칭의 일부를 동일하게 사용하여 홍보하거나 관리하는 경우 등을 말한다)에는 연접되어 있지 않더라도 연계하여 함께 사용하는 바닥면적을 모두 합산하여 산정한다.
③ 「청소년 보호법」 제2조 제5호 가목 8) 및 9)에 따라 여성가족부장관이 고시하는 청소년 출입·고용금지업의 영업을 위한 시설은 제1종 근린생활시설 및 제2종 근린생활시설에서 제외하되, 위 표에 따른 다른 용도의 시설로 분류되지 않는 경우에는 제16호에 따른 위락시설로 분류한다.
④ 국토교통부장관은 별표 1 각 호의 용도별 건축물의 종류에 관한 구체적인 범위를 정하여 고시할 수 있다.

05

통로개설비용과 손해보상

1. 통로개설비용부담

주위토지통행권자가 그 행사의 일환으로 통로를 개설한 때에는 통행지소유자는 원칙적으로 통행권자의 통행을 수인할 소극적 의무를 부담할 뿐 통로개설 등 적극적인 작위의무를 부담하는 것은 아니므로 통행권자가 설치비용을 부담해야 하고, 그 유지비용도 통행권자가 부담해야 할 것으로 보인다(대판 2006.6.2. 2005다70144). 통행지소유자가 주위토지통행권에 기한 통행에 방해가 되는 담장 등 축조물을 설치한 경우에는 주위토지통행권의 본래적 기능발휘를 위하여 통행지소유자가 그 담장 등에 대한 철거의무를 부담하게 되고(대판 2006.6.2. 2005다70144), 이는 그 담장 등이 비록 당초에는 적법하게 설치되었던 것이라고 하더라도 마찬가지라고 할 것이나(대판 1990.11.13. 90다5238·90다카27761), 그에 따른 통행지소유자의 손해는 통행권자가 부담해야 할 것으로 보인다.

또한 주위토지통행권이 인정되는 때에도 통로개설로 인한 통행지소유자의 손해가 가장 적은 장소와 방법을 선택해야 하는 것이므로 배수로의 철거를 명하기 위해서는 먼저 그 배수로가 과연 철거를 명할 정도로 통행에 방해를 줄 것인지 여부를 심리해야 할 것이고, 나아가 통행에 방해가 된다고 인정된다고 하더라도 배수로의 원래의 기능이 무엇이며 이를 철거하는 경우에 통행지소유자가 받는 불이익이 무엇인지도 심리·교량한 다음, 그 배수로를 철거하지 않고 교량을 설치하든가 이를 복개하는 방법으로 통행장애를 극복할 방법이 있다면 그러한 방법을 택함이 합리적일 것이며, 이 경우 그에 필요한 비용은 통로의 개설에 필요한 비용으로서 통행권자가 부담할 성질이라 할 것이다(대판 2003.8.19. 2002다53469). 또한 궁극적으로 배수로를 철거하지 않으면 통행을 하기 어렵다고 판단되는 경우에도 이를 철거하는 비용을 과연 통행지소유자로 하여금 부담하게 할 것인지 여부도 매우 의문이며, 가령 배수로를 철거하는 방법으로 단지 흙 등으로 매립하는 것만으로 충분하다면 이는 전체적으로 통로개설에 필요한 비용으로서 통행권자가 부담할 것으로 못 볼 바는 아니라고 할 것이다(대판 2006.10.26. 2005다30993).

2. 통행지소유자에 대한 보상

가. 의 의

주위토지통행권자가 그 권리의 행사로 통행지소유자에게 손해가 발생한 때에는 그 손해를 배상해야 한다(민법 제219조 제2항). 통행지소유자는 통행권자의 통행으로 손해를 입는 것이므로 통행권자로 하여금 보상토록 하는 것이 공평의 취지에 부합하기 때문이다. 다만 보상의무는 주위토지통행권의 성립요건이 아니므로 보상의무를 이행하지 않았다고 해서 일단 생긴 주위토지통행권이 소멸되는 것은 아니다.

나. 보상청구의 대상

주위토지통행권의 내용은 기존 통로의 이용과 통로의 개설이 포함되고, 그에 상응하는 보상이 이루어져야 할 것이다. 단순한 이용이라면 통행료 및 지가하락에 따른 보상이 이루어지면 될 것이지만, 통로를 개설해야 하는 경우에는 통행지소유자의 건물 또는 시설물의 철거·제거가 따를 수 있고 그로 인하여 생긴 손실도 보상해줘야 할 것이다. 그러나 경우에 따라서는 보상청구가 인정되지 않는 경우도 있다. 즉 토지소유자가 토지를 매수할 때 통로부분은 주위의 토지소유자들을 위해 무상으로 통행에 제공된 사실을 용인하고 그 상태에서 이를 매수한 것이라고 보는 것이 상당한 경우라면 통로의 주위대지를 매수한 이래 줄곧 통로부분을 무상으로 통행해 온 주위대지 소유자에 대하여 단지 통로의 소유자라는 이유로 통행료를 청구하는 것은 신의칙에 위배되어 허용될 수 없는 것이다((대판 1992.2.11. 91다40399).

한편 보상청구의 상대방은 통행권자라고 할 것이며, 주위토지통행권을 취득한 자의 허락을 얻고 사실상 통행하고 있는 자에게는 보상의무가 주어져있지 않다(대판 1991.9.10. 91다19623). 그리고 보상금 지급의무는 주위토지의 통행과 필연적으로 결부되어 있으므로 피포위지에 대한 매매가 이루어지는 경우에는 그 소유권에 수반하여 보상금 지급의무도 이전된다고 본다.[90)]

다. 보상의 기준 및 정도

주위토지통행권자가 통행지소유자에게 보상해야 할 손해액이라는 것은 통상적으로는 통행료 상당액일 것이고, 통행료 상당액은 통행로에 대한 임료를 기준으로 산정할 것인데, 주위토지통행권에 있어서 통행권자가 통행지소유자에게 발생한 손해의 산정에 있어서는 주위토지통행권이라는 정당한 권리에 의하여 통행하는 특성상 도로를 사용하는 경우와는

90) 한국사법행정학회, 2011 주석 민법(물권 1), 611p.

다소 다르다.

즉 무조건 통행지를 '도로'로 평가하여 산정한 임료 상당액[91]의 전액을 손해액으로 보상해야 하는 것이 아니고, 주위토지통행권이 인정될 당시의 현실적 토지이용 상태에 따른 통행지의 임료 상당액을 기준으로 하되, 구체적인 사안에서 사회통념에 따라 쌍방 토지의 토지소유권 취득 시기와 가격, 통행지에 부과되는 재산세, 토지 본래의 용도에의 사용 가능성, 통행지를 공동으로 이용하는 사람이 있는지를 비롯하여 통행 횟수 및 방법 등의 이용태양, 쌍방 토지의 지형적·위치적 형상과 이용관계, 부근의 환경, 상린지 이용자의 이해득실 기타 제반 사정을 고려하여 일정 부분을 감경한 금액이 손해액이라고 보고, 그 감경한 금액을 지급하면 되는 것이다(대판 2014.12.24. 2013다11669).

보상금의 지급은 일시금으로 지급할 수도 있고 월 또는 연단위로 정기적으로 이루어질 수 있다. 일시금으로 지급할 때에는 지역권을 설정할 때에 수수하는 금액을 기준으로 적절히 감액한 금액이 기준으로 될 것이고, 정기적으로 지급할 때에는 임대료액을 기준으로 역시 적절히 감액한 금액이 기준이 될 것이다.

즉 주위토지통행권의 행사로 통행지소유자에게 발생한 통상의 손해는 타인 소유의 토지를 법률상 권원 없이 점유함으로 인하여 토지소유자가 입게 되는 손해로서 특별한 사정이 없는 한 그 점유토지의 임료 상당액이라고 할 것이지만(대판 1994.6.28. 93다51539), 주위토지통행권자가 단지 공로에 이르는 통로로서 통행지를 통행함에 그치고 통행지소유자의 점유를 배제할 정도의 배타적인 점유를 하고 있지 않다면 통행지소유자가 통행지를 그 본래의 목적대로 사용·수익할 수 없게 되는 경우의 손해액이라 할 수 있는 임료 상당액 전부가 통행지소유자의 손해액이 된다고 볼 수는 없다고 할 것이다(대판 2010.7.15. 2010다22927·22934).

따라서 주위토지통행권자가 통행지소유자에게 보상해야 할 손해액은 주위토지통행권이 인정되는 당시의 현실적 이용상태에 따른 통행지의 임료 상당액을 기준으로 하여, 구체적인 사안에서 사회통념에 따라 쌍방 토지의 토지소유권 취득시기와 가격, 통행지에 부과되

---

91) 시(市)가 권원 없이 사유지를 도로로 점유하고 있는 경우 그 반환할 부당이득액은 일반적으로 개발이익을 공제한 임료 상당액으로서 이는 당해 토지의 기초가격에 임료율(기대이율)을 곱하는 방법에 의하여 산정할 수 있을 것인바, 토지의 임료를 산정하기 위한 임료율(기대이율)은 국공채이율, 은행의 장기대출금리, 일반시중의 금리, 정상적인 부동산거래이윤율, 국유재산법과 지방재정법 등이 정하는 대부료율 등을 고려하여 결정하면 되고, 공공사업에 필요한 토지 등을 협의에 의하여 취득하거나 사용할 경우에만 적용되는 공공용지의 취득 및 손실보상에 관한 특례법 시행규칙 제6조의2에서 규정한 사도(私道) 등과 같이 보아 인근토지의 5분의 1 내지 3분의 1 이내에서 추정거래가격을 구하여 이를 기준으로 하여 그 임료 상당의 손해액을 산정해야 하는 것은 아니다(대판 1994.6.14. 93다62515, 1991.3.12. 90다카19251, 1993.8.24. 92다19804).

는 재산세, 본래 용도에의 사용 가능성, 통행지를 공동으로 이용하는 사람이 있는지를 비롯하여 통행 횟수·방법 등의 이용태양, 쌍방 토지의 지형적·위치적 형상과 이용관계, 부근의 환경, 상린지 이용자의 이해득실 기타 제반 사정을 고려하여 이를 감경할 수 있다고 해야 한다(대판 2014.12.24. 2013다11669).[92)]

라. 보상의 미실시와 주위토지통행권의 소멸 여부

주위토지통행권자가 통행지소유자가 입은 손해를 보상하지 않았다고 하더라도 주위토지통행권이 소멸되는 것은 아니라고 할 것이다.[93)]

92) 민법 제219조 제2항 소정의 주위토지통행권자가 통행지 소유자에게 보상해야 할 손해의 수액을 정함에 있어서는 통행지 소유자가 이미 조성된 도로임을 알면서 시가보다 저렴한 가격으로 취득한 사실 및 사도로서의 이용상황을 함께 고려할 수 있을 것이다(대판 2014.12.24. 2013다11669).

93) 지원림, 제14판 민법강의, 549p.

06

토지분할 또는 일부양도로 인한 무상통행권

1. 의 의

가. 통행지의 제한

본래는 피포위지가 아니었지만 토지분할이나 토지의 일부양도로 인하여 공로에 통하지 못하는 토지가 있는 때에는 그 토지소유자는 공로에 출입하기 위하여 다른 분할자의 토지나 양도·양수인의 토지를 무상으로 통행할 수 있다(민법 제220조 제1항, 제2항, 이하 민법은 '조문만 표시'). 이 경우 분할자나 일부양도·양수자는 분할자 또는 양도·양수인 외의 제3자의 토지에 대하여는 주위토지통행권이 인정되지 않는다. 일부양도로 인하여 발생한 피포위지가 양도인의 잔여토지가 되었건 양수인 소유의 토지가 되었건 불문하고 모두 주위토지통행권이 인정된다.[94)]

나. 통행권 제한의 취지

토지분할 또는 토지의 일부양도로 피포위지가 생긴 경우에는 잔여지에 대해서만 주위토지통행권이 인정되는데, 이는 당사자의 임의적 행위로 피포위지가 발생한 경우에는 분할지 내부 또는 양도·양수지 내부에서 통로의 문제를 해결해야 하고, 제3자 소유의 인접토지에 대해서는 누를 끼쳐서는 안된다는 취지에 주된 이유가 있다.

만약 그렇지 않고 이러한 경우에까지 제3자 소유의 인접토지에 대하여 주위토지통행권(제219조)을 인정하게 된다면 그 제3자 소유의 토지를 통행로로 이용하거나 통행로를 개설할 목적으로 임의적으로 토지를 분할하거나 토지를 일부양도하는 행태를 조장할 수 있을 것이다.

또한 토지를 분할하거나 일부를 양도할 때에는 미리 통행로를 고려해서 분할하거나 양도하는 것이 일반적이어서 피포위지를 생기게 만든 당사자 사이에서 내부적으로 해결토록 하는 것이 합리적이라고 할 것이고, 가사 이를 감안하지 않고 분할 또는 양도한 경우에도 분할지 또는 양수지를 통행로로 사용할 것이 예정되어 있다고 볼 수 있으며, 그렇지 않다고 하더라도 그러한 부주의 또는 태만은 분할자 또는 양도·양수인의 책임으로 돌려야 하는 것이지 이를 두고 피포위지 형성과 무관한 제3자 소유의 인접지에 피해를 줘서는 안될 것

---

94) 한국사법행정학회, 2011 주석 민법(물권 1), 616p.

이기 때문이다.

만약 피포위지의 소유자가 분할지 또는 양도·양수지에 대하여 통행권을 확보하지 못해 맹지(위요지)로 남게 되는 문제는 결국 분할자 또는 양도·양수인이 부담하지 않으면 안되는 것이며, 그들 사이에서 민법 제219조(주위토지통행권)에 따라 해결되어야 할 문제일 것이다. 요컨대, 토지분할 또는 토지의 일부양도로 피포위지가 생긴 경우에까지 피포위지의 형성에 관여하지 않은 제3자에 대하여 그 소유의 토지에 대하여 통행로로 이용 또는 통로개설을 수인토록 하는 것은 불합리하기 때문인 것이다.

2. 통행료의 무상성

가. 임의분할 또는 임의적 일부양도를 전제로 한 무상성

토지분할 또는 토지의 일부양도로 피포위지가 생긴 경우에 분할지 또는 양도·양수지를 통한 공로에의 통행권은 무상으로 한다(제220조 제1항 후단). 이는 토지의 분할 또는 일부양도에 있어서 피포위지에 대한 통행로의 문제는 그 위치나 손실보상에 관하여 이미 당사자간에 합의가 이루어졌을 것을 감안하여 무상성을 규정한 것으로 보인다. 따라서 설령 당사자자간에 피포위지에 대한 통행로 문제에 관하여 합의가 없었다고 하더라도 통행료의 무상성에는 변함이 없으며, 남는 과제는 당사자 간의 내부문제로서 담보책임 등의 문제로 해결되어야 할 것이다.

나. 임의분할 또는 임의적 일부양도 외의 사유로 인한 분할·일부양도시

토지분할 또는 일부양도시의 잔여지에 대한 통행의 무상성은 임의분할 또는 임의양도의 경우를 예상한 것이므로 토지분할 또는 일부양도가 토지수용이나 구획정리사업 또는 공도폐지와 같이 당사자의 행위에 의하지 않는 분할 또는 일부양도로 피포위지가 생긴 경우에는 토지분할 또는 일부양도시의 주위토지통행권(제220조)의 문제가 아니라 일반 주위토지통행권(제219조)의 문제로 해결되어야 할 것이다.[95)]

그런데 임의경매나 강제경매 또는 국세징수법에 의한 공매, 국유지불하에 따른 일부양도의 경우에도 임의적 양도가 아니므로 토지분할 또는 일부양도에 따른 주위토지통행권에 관한 민법 규정(제220조)이 적용되지 않는지 문제된다. 이들의 경우에는 비록 당사자 간의 임의양도는 아니지만 경매가액이나 공매가액 또는 불하가액을 정할 때 이미 통행권 문제를 감안하여 정했을 것이기 때문에 임의적 양도에 포함시켜 토지분할 또는 일부양도에 따른

95) 한국사법행정학회, 2011 주석 민법(물권 1), 615p.

주위토지통행권에 관한 민법 규정(제220조)을 적용하는 것이 타당하다고 보인다.[96]

또한 일부양도로 인하여 외관상 피포위지로 보일지라도 양도인 또는 양수인이 인접지를 소유하고 있어서 그 인접지를 통행로로 사용할 수 있는 경우에는 그 토지는 피포위지라고 할 수 없을 것이다.

그리고 여기에서 무상의 주위토지통행권이 발생하는 토지의 일부양도란 1필지의 토지의 일부가 양도된 경우뿐만 아니라 일단으로 되어 있던 동일인 소유의 수필지의 토지 중 일부가 양도된 경우에도 포함된다고 할 것이므로, 일단의 토지를 형성하고 있던 동일인 소유의 수필지의 토지 중 일부가 양도된 경우에도 일부양도 전의 양도인 소유의 종전 토지에 대하여만 무상의 주위토지통행권이 인정될 뿐이며, 제3자 소유의 토지에 대하여는 주위토지통행권(제219조)이 인정되지 않는다고 할 것이다(대판 2005.3.10. 2004다65589·65596).[97]

3. 무상의 주위토지통행권의 구체적 내용

가. 요 건

1) 토지분할·일부양도로 인한 피포위지의 발생

토지분할 또는 일부양도로 인한 주위토지통행권은 토지분할 또는 토지의 일부양도로 피포위지가 발생한 경우이어야 한다. 따라서 토지분할 또는 일부양도가 있더라도 모든 분할지 또는 양도·양수지에 대하여 공로로의 통로가 있는 경우에는 주위토지통행권의 문제는 발생하지 않는다.

또한 무상의 주위토지통행권은 토지분할 또는 일부양도와 동시에 피포위지가 발생한 경우만을 전제로 하므로 분할 또는 일부양도시에는 피포위지가 아니었던 토지가 후에 공도폐지 등으로 피포위지가 되는 경우에는 해당되지 않으며, 이는 일반의 주위토지통행권(제219조)의 문제로써 해결될 문제일 것이다.

여기에서 토지분할은 당사자 간의 협의에 의한 분할 외에 재판상 분할도 포함되는지 문제된다. 토지분할로 인한 주위토지통행권의 무상성은 당사자 간의 임의행위에 의한 분할과 그에 대한 실질적 보상협의가 있었음을 전제로 한다고 보이므로 재판상 분할은 포함되지 않는다고 보인다.[98]

---

96) 한국사법행정학회, 2011 주석 민법(물권 1), 616p.

97) 대판 1985.2.8. 84다카921·922, 1970.5.12. 70다337, 1993.12.14. 93다22906, 1995.2.10. 94다45869 등도 같은 취지이다.

98) 한국사법행정학회, 2011 주석 민법(물권 1), 616p.

2) 토지분할·일부양도로 인한 소유권변동

토지분할로 인한 주위토지통행권은 그 성질상 분할된 양토지의 소유자가 달라지게 된 경우를 전제로 하므로 분필만 이루어진 단계에서는 주위토지통행권의 문제는 발생하지 않는다. 이는 토지의 일부양도의 경우에도 마찬가지로서 일부양도를 위한 전제로 분필만 한 상태에서는 아직 피포위지가 발생한 것이 아니므로 주위토지통행권의 문제는 발생하지 않는다,

나. 효 과

1) 다른 분할지 또는 양도·양수지에 대해서만 통행권 인정

동일인 소유의 토지가 분할되거나 일부가 양도되어 공로에 통하지 못하는 토지가 생긴 경우에 포위된 토지를 위한 주위토지통행권은 분할지 또는 일부양도 전의 양도·양수인 소유의 종전 토지에 대하여만 생기고 제3자 소유의 토지에 대하여는 인정되지 않는다(대판 2005.3.10. 2004다65589· 65596).

2) 무상통행권

토지분할이나 일부양도로 인하여 생긴 피포위지를 위한 주위토지통행권은 무상으로 분할지 또는 양도·양수지에 대한 통행권을 내용으로 한다(제220조 제1항 후단). 이는 양당사자 사이에 분할 또는 일부양도시 실질적으로 보상문제가 협의되었을 것이기 때문이다. 이때의 보상은 주로 일시불로 처리된 경우가 많을 것이다.

다. 관련 문제

1) 분필된 수필지 전부를 동시에 양도한 경우

일부양도로 인한 무상의 주위토지통행권은 원래 1필지의 토지를 분필하여 그 일부만 양도함으로써 피포위지가 생긴 경우를 전제로 하는데, 1필지의 토지를 여러 필지로 분필하여 그 분필된 토지 전부를 수인에게 동시에 또는 동일한 기회에 양도함으로써 피포위지가 생긴 경우에도 무상의 주위토지통행권이 인정되는지 문제된다.

이에 관하여는 무상의 주위토지통행권(제220조)을 인정해야 한다는 견해와 유상의 주위토지통행권(제219조)에 의해야 한다는 견해가 있는데, 이러한 경우에도 분필과 동시에 또는 동일한 기회에 분필된 토지 전부가 양도된 경우여서 1필지의 분필된 일부를 양도한 경우에 있어서의 무상의 주위토지통행권을 인정하는 취지와 유사하다고 할 수 있고, 분필된 토지의 매수인도 통행로는 고려해서 매수가격을 정할 것임이 일반적이라고 볼 때, 무상의 주위

토지통행권 규정(제220조)을 적용하여 각 양수인은 양도된 토지 내부관계에서 민법 제219조에 따라 통행로의 문제를 해결해야 할 것으로 보이고, 양도된 토지 외의 제3자 소유의 토지에 대하여는 주위토지통행권을 인정하지 않는 것이 합리적이라고 본다.[99]

더 나아가 1필지의 토지를 분필함으로써 피포위지가 생긴 이상 양도의 시기를 불문하고 무상의 주위토지통행권을 인정하여 양도된 토지 내부에서 민법 제219조에 따라 통행로의 문제를 해결하도록 하고, 제3자 소유의 토지에 대해서는 주위토지통행권은 인정하지 않는 것이 타당하지 않는가 싶다.[100]

2) 특별승계인이 있는 경우의 승계 여부

통행지소유자가 통행의 수인의무를 부담하고 있는 경우에는 그 통행지의 상속인도 수인의무를 승계하고 피포위지의 상속인은 여전히 주위토지통행권을 가지게 된다.

문제는 토지분할 또는 일부양도에 의하여 생긴 피포위지에 무상의 주위토지통행권이 성립하고 있는 상태에서 피포위지 또는 잔여지가 매각 등으로 다시 타인에게 양도가 이루어진 때에 양수인이 무상의 주위토지통행권을 승계하는지 또는 통행지의 소유자는 여전히 그 무상의 주위토지통행의 수인의무를 승계하는지 여부일 것이다.

이에 관하여는 견해가 나누어지는데, ① 토지분할 또는 일부양도로 무상의 주위토지통행권을 가지거나 부담하는 토지가 특정승계인에게 양도된 여부를 불문하고 여전히 무상의 주위토지통행권의 규정(제220조)에 의하여 규율되어야 한다는 견해, ② 토지분할 또는 일부양도로 무상의 주위토지통행권을 가지거나 부담하는 토지가 특정승계인에게 양도되면 무상의 주위토지통행권(제220조)의 관계는 소멸되고 통행로에 관한 문제는 일반 원칙에 따라 일반의 주위토지통행권 규정(민법 제219조)에 의하여 규율되어야 한다는 견해, ③ 토지분할 또는 일부양도로 무상의 주위토지통행권을 가지거나 부담하는 토지에 대한 특정승계인이 무상의 주위토지통행권의 관계를 알고 토지가액을 정했을 때에만 무상의 주위토지통행권의 규정(제220조)에 의하여 규율되어야 하고, 그밖의 경우에는 일반의 주위토지통행권의 규정(제219조)에 의하여 규율되어야 한다는 견해 등이 있다.

판례는 제②설을 취하여 무상의 주위통행권에 관한 규정(제220조)은 토지의 직접 분할자 또는 일부 양도의 당사자 사이에만 적용되고, 포위된 토지 또는 피통행지의 특정승계인에게는 적용되지 않으며, 이들 사이에서는 일반 유상의 주위토지통행권의 규정(제219조)이 적용되어야 한다고 판시하고 있다(대판 2009.8.20. 2009다38247·38254).[101]

---

99) 한국사법행정학회, 2011 주석 민법(물권 1), 618p.

100) 한국사법행정학회, 2011 주석 민법(물권 1), 618p.

101) 같은 취지의 판례로는 대판 2002.5.31. 2002다9202, 1965.12.28. 65다950, 1971.10.19. 69다2277,

이러한 판례를 따를 경우 토지분할 또는 일부양도로 생긴 주위토지(통행지)의 소유자가 양도 등으로 변경된 때에는 피포위지의 소유자는 무상의 주위토지통행권을 상실하게 된다는 것이 되고, 피포위지의 소유자가 양도 등으로 변경된 때에는 주위토지(통행지)의 소유자는 무상의 주위토지통행권을 승계받지 않음으로써 유상의 주위토지통행권을 부담하는 이득을 취할 수 있게 될 것이다. 그러면서 판례는 위와 같이 종래의 무상통행권이 유상통행권으로 바뀌는 것이 불합리하다고 판단되는 구체적인 사안에 있어서는 신의칙에 따라 종전과 같이 여전히 무상통행권을 인정하도록 하는 조정을 도모하고 있기도 한다(대판 1987.10.13. 86다카731).[102] 그런데, 이러한 판례의 견해는 주위토지 또는 피포위지에 대한 당사자 사이의 임의적 양도행위 여부에 따라 이해관계가 달라지게 되어 현실적으로는 불합리하다고 보인다.

따라서 생각건대, 이러한 경우에는 무상의 주위토지통행권이 행사되고 있는 현상 그대로를 승계한다고 보아 매매당시 무상의 주위토지통행권이 현실적으로 행사되고 있는 경우에는 그 특정승계인도 그 무상의 주위토지통행권을 승계한다고 보아야 할 것이고, 그밖의 토지에 관하여는 특정승계인이 무상의 주위토지통행권이나 그 부담이 있는지를 알고 있었느냐에 따라 알고 있었던 특정승계인에게만 무상의 주위토지통행관계가 승계된다고 보는 것이 타당하다고 본다.

그러나 한편 토지의 원소유자가 토지를 분할·매각함에 있어서 토지의 일부를 분할된 다른 토지의 통행로로 제공하여 독점적·배타적인 사용수익권을 포기하고 그에 따라 다른 분할토지의 소유자들이 그 토지를 무상으로 통행하게 된 후에 그 통행로 부분에 사용수익의 제한이라는 부담이 있다는 사정을 알면서 그 토지의 소유권을 승계취득한 자는, 다른 특별한 사정이 없는 한, 원칙적으로 그 토지에 대한 독점적·배타적 사용수익을 주장할 만한 정당한 이익을 갖지 않는다고 할 것이어서 원소유자와 마찬가지로 분할토지의 소유자들의 무상통행을 수인해야 할 의무를 지게 될 것이다(대판 1998.3.100. 97다47118).

1985.2.8. 84다카921·922, 1990.8.28. 90다카10091·10107, 1991.6.11. 90다12007, 1991.7.23. 90다12670·12678, 1992.4.28. 91다37324, 1994.12.2. 93다45268, 2005.3.10. 2004다65589·65596 등이 있다.

102) 丙으로부터 땅을 분할매수했던 乙 등 14세대의 주민들이 그들 소유의 각 토지로부터 甲 소유의 토지부분을 지나서 공로로 통할 수 있는 도로를 확보하기 위하여 丁으로부터 甲 소유의 위 토지부분에 바로 인접한 토지 일부를 매수하여 공로로 통하는 도로로 제공하였으며 甲 자신도 이 땅을 지나지 않고서는 공로로 통할 수 없고 또 이 도로 토지 부분외에 공로로 출입할 수 있는 다른 도로를 개설할 수 없는 상황이라면 甲이 비록 자기 소유의 토지 부분에 대한 무상통행권을 乙 등에게 용인하여 주기로 한 바가 없다고 하여도 당사자들이 공로에 이르기 위하여서는 甲 소유의 위 토지부분과 위 도로토지부분을 지나가야만 하는 현재의 사정이 존속하는 한 관계 토지의 권리자들은 지적에 관계없이 서로가 댓가적으로 위 각 토지를 무상통행하는 것이 공평에 적합하고 따라서 서로가 지료를 청구하지 않아야 할 신의칙상의 의무를 지고 있다고 할 것이다(대판 1987.10.13. 86다카731).

07

주위토지통행권의 소멸

1. 의 의

주위토지통행권은 피포위지가 공로와의 사이에 그 용도에 필요한 통로가 없는 경우에 공익목적을 위하여 피통행지 소유자의 손해를 무릅쓰고 특별히 인정되는 것으로서 법정의 요건이 충족되면 당연히 성립하는 반면, 그 요건이 없어지게 되면 당연히 소멸하게 된다(대판 1999.12.7. 97누12556).[103]

따라서 인접지 소유자간의 합의에 의하여 주위토지통행권이 생긴다거나 통행권 폐지에 관한 합의만으로는, 피포위지의 포위 상태가 해소되지 않는 한, 통행권이 소멸되지 않는다. 마찬가지로 피포위지 소유자의 주위토지통행권에 대한 포기만으로써는 주위토지통행권이 소멸하지 않는다고 할 것이다.[104]

그런데 법정의 요건이 충족되어 주위토지통행권이 소멸된 경우라고 하더라도 통로의 외형이 어떻게 제거될 수 있는지 문제되는데, 통행권자가 다른 통로로 통행할 수 있게 되었거나 새로운 통로를 개설하여 사실상 통행을 하지 않게 됨으로써 소멸되는 경우도 있고, 통행지소유자가 주위토지통행권의 요건이 소멸되었음을 입증하여 통로를 폐쇄함으로써 소멸되는 경우가 있을 수 있다.

---

103) 갑이 을 소유의 도로를 공로에 이르는 유일한 통로로 이용하였으나, 갑 소유의 대지에 연접하여 새로운 공로가 개설되어 그 쪽으로 출입문을 내어 바로 새로운 공로에 이를 수 있게 된 경우, 을의 신청에 따라 관할 행정청이 을 소유의 도로에 대하여 한 도로폐지허가처분으로 인하여 을 소유의 도로가 건축법상 도로에 해당하지 않게 되었다고 하더라도 주위토지소유자인 갑의 대지 및 그 지상의 주택은 새로 개설된 도로에 접하고 있으므로 여전히 건축법상 접도의무가 충족된다고 할 것이고, 도로폐지허가처분 이전에 을 소유의 도로에 대하여 갑이 갖고 있던 통행의 이익이 도로폐지허가처분에 의하여 상실되었다고 하더라도 이러한 갑의 폐지된 도로에 대한 통행의 이익은 건축법에 의한 공익보호의 결과로 국민 일반이 공통적으로 가지는 추상적, 평균적, 일반적 이익과 같이 간접적이거나 사실적, 경제적 이익에 불과하고 이를 법에 의하여 보호되는 직접적이고 구체적인 이익에 해당한다고 보기도 어렵고, 또한 갑이 종전에 갖고 있던 폐지된 도로에 대한 주위토지통행권은 새로운 도로가 개설됨으로써 도로폐지허가처분 당시에는 이미 소멸하였을 뿐만 아니라, 도로폐지허가처분 당시에는 폐지된 도로의 소유자인 을에게 폐지된 도로에 대한 독점적·배타적 사용수익권이 있다고 할 것이어서 그 제한을 전제로 한 갑의 폐지된 도로에 대한 무상통행권도 인정되지 않는다고 할 것이므로, 도로폐지허가처분으로 인하여 갑이 폐지된 도로에 대한 사법상의 통행권을 침해받았다고 볼 수도 없다 할 것이어서 갑에게는 도로폐지허가처분의 취소를 구할 법률상 이익이 없다(대판 1999.12.7. 97누12556).

104) 한국사법행정학회, 2011 주석 민법(물권 1), 613p.

2. 통행권이 소멸되는 경우

주위토지통행권은 어느 토지와 공로 사이에 그 토지의 용도에 필요한 통로가 없어서 주위의 토지를 통행하거나 통로를 개설하지 않고서는 공로에 출입할 수 없는 경우 또는 통로가 있더라도 해당 토지의 이용에 부적합하여 실제로 통로로서의 충분한 기능을 하지 못하는 경우에 인정되는 것이므로, 일단 주위토지통행권이 발생하였다고 하더라도 나중에 포위된 토지가 사정변경에 의하여 공로에 접하게 되거나, 포위된 토지의 소유자가 주위의 토지를 취득함으로써 주위토지통행권을 인정할 필요성이 없어지게 된 경우에는 그 통행권은 소멸하게 될 것이다(대판 2014.12.24. 2013다11669, 1998.3.10. 97다47118).

따라서 통행지상의 도로가 공로에 이르는 유일한 통로로써 이용되었으나 피포위지 소유자의 대지에 연접하여 새로운 공로가 개설되었고 그 쪽으로 출입문을 내면 바로 새로운 공로에 이를 수 있게 된 경우에는 통행지상의 도로에 대하여는 도로폐지허가처분의 신청이 가능할 것이다(대판 1999.12.7. 97누12556).

3. 통행권이 소멸되지 않는 경우

주위토지통행권은 어느 토지와 공로 사이에 그 토지의 용도에 필요한 통로가 없어서 주위의 토지를 통행하거나 통로를 개설하지 않고서는 공로에 출입할 수 없는 경우에 인정되는 것이므로 다른 통로가 개설되었다면 소멸되는 것이 원칙이지만, 새로 개설된 통로가 해당 토지의 이용에 부적합하여 실제로 통로로서의 충분한 기능을 하지 못하는 경우에는 기존 통로에 대한 주위토지통행권이 소멸되지는 않는다(대판 1998.3.10. 97다47118).[105]

105) 한국사법행정학회, 2011 주석 민법(물권 1), 613p.

08

주위토지통행권의 침해에 대한 구제

1. 의 의

주위토지통행권을 가진 자는 통행권의 범위 내에서 통행지소유자의 승낙 없이 그 토지를 사용할 수 있고, 필요한 경우에는 통행지상에 통로를 개설할 수 있으며, 이를 위하여 모래를 깔거나, 돌계단을 조성하거나, 장해가 되는 나무를 제거할 수 있고, 통행지소유자의 이익을 해하지 않는다면 통로를 포장하는 것이 허용된다(대판 2003.8.19. 2002다53469). 물론 주위토지통행권이 언제나 공로에 이르는 가장 짧은 곳으로의 통행로를 이용해야 한다거나 개설을 요구할 수는 없다고 본다.

그런데 생활현장에서는 주위토지통행권에 의하여 통행권이 인정된 통행자에 대하여 통행지소유자의 통행방해 행위가 빈번히 이루어지고 있다. 즉 통행로의 현장에서는 통행지소유자가 그 통행지가 자신의 사유지라고 주장하면서 또는 다른 용도로 사용해야 한다고 하면서 통행로를 폐쇄하거나 통행로에 돌이나 구조물을 설치하는 등으로 통행권자의 통행을 방해하는 경우가 비일비재하다. 어떤 토지가 그 개설경위를 불문하고 일반 공중의 통행에 공용되는 도로, 즉 공로가 되면 그 부지의 소유권 행사는 제약을 받게 되며, 이는 소유자가 수인해야만 하는 재산권의 사회적 제약에 해당한다. 따라서 공로 부지의 소유자가 이를 점유·관리하는 지방자치단체를 상대로 공로로 제공된 도로의 철거, 점유이전 또는 통행금지를 청구하는 것은 원칙적으로 허용될 수 없는 권리남용에 해당된다(대판 2021.10.14. 2021다242154). 또한 제3자가 특정인에 대해서만 그 도로의 통행을 방해함으로써 일상생활에 지장을 받게 하는 등의 방법으로 그 특정인의 통행 자유를 침해하였다면 민법상 불법행위에 해당하고, 그 침해를 받은 자로서는 그 방해의 배제나 장래에 생길 방해를 예방하기 위해 통행방해행위의 금지를 소구할 수 있다(대판 2021.3.11. 2020다229239).

이러한 경우에 통행권자가 어떠한 조치를 취하여 통행로를 확보할 수 있는지 그 방법에 관하여 알아둘 필요가 있을 것이다.

2. 통행권이 침해되는 경우의 구제방법

가. 통행권방해에 대한 방해배제청구

주위토지통행권은 공로에 이르기까지 주위토지를 통행할 수 있는 권리이기 때문에 그 통행이 방해된다면 피포위지 자체의 물권적 청구권의 효력에 의하여 방해배제청구권을 행사할 수 있다. 피포위지에 대한 지상권자나 전세권자 등 용익권자는 그 용익권의 효력에 의하여 역시 방해배제청구권을 행사할 수 있을 것이다.

방해배제청구권 행사의 상대방은 현재 통행을 방해하고 있는 모든 자일 것이다. 통상적으로는 주위토지통행권에 관한 분쟁은 통행권자와 피통행지의 소유자 사이에 발생할 것이지만, 피통행지의 소유자 외의 제3자가 일정한 지위나 이해관계에서 통행권을 부인하고 그 행사를 방해할 때에는 그 제3자를 상대로 통행권의 확인 및 방해금지청구를 하는 것도 가능할 것이다(대판 2005.7.14. 2003다18661).

방해배제청권의 내용에는 방해물의 제거도 포함된다. 통행권자는 이러한 방해배제청권구권 외에 방해로 인하여 손해가 발생한 것이 있으면 손해배상도 아울러 청구할 수 있다. 예컨대, 통행방해로 인하여 피포위지를 제3자에게 매각할 수 없었고, 이러한 사실을 방해자가 예견할 수 있었던 경우에는 토지매각의 차익금도 손해배상으로 청구할 수 있을 것이다.[106]

나. 통행지소유자 외의 제3자로부터 통행권이 침해되는 경우

통상 주위토지통행권에 관한 분쟁은 통행권자와 피통행지의 소유자 사이에서 발생하나, 피통행지의 소유자 외의 제3자가 일정한 지위나 이해관계에서 통행권을 부인하고 그 행사를 방해할 때에는 그 제3자를 상대로 통행권의 확인 및 방해금지청구를 하는 것이 통행권자의 지위나 권리를 보전하는 데 유효·적절한 수단이 될 수 있다(대판 2005.7.14. 2003다18661).[107]

다. 통행로상의 통행방해물에 대한 임의적 제거 여부

통행지소유자가 주위토지통행권이 인정된 통행로상에 돌이나 구조물 등의 장애물이나 통로입구에 철망 내지 철조망을 설치하여 통행을 하지 못하게 방해한 경우에 통행권자가

106) 한국사법행정학회, 2011 주석 민법(물권 1), 613p.

107) 예컨대, 피고는 서초한양아파트의 입주자와 사용자들이 단지 내 아파트 및 부대시설을 관리할 목적으로 동별 세대수에 비례하여 선출한 대표자들로 구성된 입주자대표회의로서 비법인사단에 해당하고, 그 동안 피고가 관리사무소 직원들을 동원하여 원고들이 위 대지 및 인근 삼호가든 3차아파트 부지인 토지에 의하여 포위된 이 사건 대지의 주위 경계에 담장을 쌓기 위하여 아파트 단지 내 주통행로로 통행하려는 것을 막는 등 원고들 주장의 주위토지통행권을 부인하고 그 행사를 방해하여 왔을 경우, 원고들이 이와 같은 피고를 상대로 주위토지통행권의 확인 및 방해금지를 청구하는 것은 자신들의 지위나 권리를 보전하는데 유효·적절한 수단이 될 수 있어 소의 이익이 있다고 할 수 있는 것이다(대판 2005.7.14. 2003다18661).

이를 임의로 제거하거나 철거해도 되는지 문제된다. 이와 관련되어 발생할 수 있는 문제는 재물손괴죄 및 이에 따른 손해배상책임일 것이다.

그러나 통행방해물의 적치나 설치 행위는 불법행위에 속할 수 있고 따라서 그 방해물에 대한 임의적 제거행위는 정당행위 내지 자구행위로서 형사처벌의 대상에서 제외될 수 있으며, 정당행위 또는 자구행위로 인한 행위로 상대방에게 손해를 끼쳤다고 하더라도 불법행위가 성립되지 않음으로써 손해배상책임이 면해질 수 있다고 본다(형법 제20조, 제23조 제1항, 민법 제761조 제1항).

요컨대, 통행지소유자가 통행권자의 통행을 방해할 목적으로 통행로에 불법적으로 놓아둔 돌이나 장애물 또는 무단으로 통행로 입구에 설치해 놓은 철조망이나 차단기 등을 판결 등을 통하여 주위토지통행권이 인정된 통행권자가 이를 임의로 제거하거나 철거한다고 해서 큰 문제가 생기지 않을 수 있다는 것이다.

라. 통행방해에 대한 형사고소

통로에 담을 쌓거나 구조물 등을 설치하여 통행을 방해한 경우에는 통로의 종류에 따라 그것이 일반공중의 사용에 제공된 통로인 경우에는 교통방해죄로 고소할 수 있고, 영업장소와 관련된 통로인 경우에는 업무방해죄로 형사고소할 수 있을 것이다. 이에 관하여는 별도로 항을 바꾸어 살펴보기로 한다.

09

통행방해시 형사처벌 관계

1. 의 의

통로를 막거나 구조물을 설치하는 등으로 통행을 방해한 경우에는 형사처벌이 따를 수 있다. 특히 해당 통로가 사유지인 경우 그 소유자가 통로에 문을 만들어 놓는다든가 담을 쌓거나 통로에 돌 또는 흙 등을 쌓아 통행을 방해하는 경우가 일상생활에서 빈번히 이루어지고 있다.

이러한 경우에 통행권자 취할 수 있는 방법으로는 주위토지통행권을 주장하여 민사소송을 통하여 해결하는 방법도 있지만 민사절차라는 것이 시간도 많이 걸리고 소송비용도 무시할 수 없는 것이어서 통상적으로 형사고소를 검토하는 경우가 많다. 우선 생각할 수 있는 죄로는 교통방해죄(통행방해죄)나 업무방해죄 등이 거론될 수 있을 것이다.

2. 교통방해죄

어떤 도로가 일반 공중의 통행에 제공된 도로, 즉 공로에 해당하는 경우에는 일반 공중의 교통안전 등 그 자유로운 통행이 형법상 일반 교통방해죄의 보호법익으로 보장된다(대판 2021.3.11. 2020다229239). 따라서 육로, 수로 또는 교량을 손괴 또는 불통하게 하거나 기타 방법으로 교통을 방해한 자는 10년 이하의 징역 또는 1천 500만원 이하의 벌금에 처해지고, 이로 인하여 사람이 상해를 입은 때에는 무기 또는 3년 이상의 징역에, 나아가 사망을 하게 한 때에는 무기 또는 5년 이상의 징역에 처해진다(형법 제185조, 제188조). 이는 일반 도로뿐만 아니라 사도(私道)의 경우에도 마찬가지이다.

여기에서 육로란 일반 공중의 왕래에 제공된 장소, 즉 특정인에 한하지 않고 불특정 다수인 또는 차마가 자유롭게 통행할 수 있는 공공성을 지닌 장소를 말하며, 통행로를 이용하는 사람이 적은 경우에도 여기에서 말하는 육로에 해당할 수 있다(대판 2017.4.7. 2016도12563). 즉, 육로란 사실상 일반공중의 왕래에 공용되는 육상의 통로이기만 하면 그 부지의 소유관계나 통행권리관계 또는 통행인의 많고 적음 등을 가리지 않으며, 신도로가 개설되었어도 구도로가 여전히 도로로서의 기능을 하고 있다면 여기의 육로에 해당하며(대판 1999.7.27. 99도1651), 반드시 도로법의 적용을 받는 도로일 필요가 없다. 골목길이라도 육로에 해당되며 따라서 여기에 담장을 설치함으로써 주민들의 통행을 현저히 곤란하게 하였다면 이러한 행위는 일반교통방해죄를 구성한다 할 것이다(대판 1994.11.4. 94도2112).[108]

불특정 다수인의 통행로로 이용되어 오던 도로 토지 일부의 소유자라고 하더라도 그 도로의 중간에 바위를 놓아두거나 이를 파헤침으로써 차량의 통행을 못하게 한 행위는 교통방해죄 및 업무방해죄에 해당할 수 있다(대판 2002.4.26. 2001도6903). 도로가 농가의 영농을 위한 경운기나 리어카 등의 통행을 위한 농로로 개설되었다 하더라도 그 도로가 사실상 일반 공중의 왕래에 공용되는 도로로 된 이상 경운기나 리어카 등만 통행할 수 있는 것이 아니고 다른 차량도 통행할 수 있는 것이므로 이러한 차량의 통행을 방해한다면 이는 교통방해죄에 해당할 것이다(대판 1995.9.15. 95도1475).[109]

다만 토지소유자가 자신의 토지의 한쪽 부분을 일시 공터로 두었을 때 인근주민들이 위 토지의 동서쪽에 있는 도로에 이르는 지름길로 일시 이용한 적이 있다 하여도 이를 일반공중의 내왕에 공용되는 도로하고 할 수 없으므로 육로라고 할 수 없을 것이다(대판 1984.11.13.

---

108) 피고인 소유의 광주시 웅봉동 대지 및 이에 인접한 공소외인의 집 사이에 존재하던 폭 2m의 이 사건 골목길은 주민들에 의하여 공로로 통하는 유일한 통행로로 오랫동안 이용되어 온 사실, 피고인이 위 대지 상에 건축물을 재축하면서 그 부지가 피고인의 소유라는 이유로 폭 50 내지 75㎝ 가량만 남겨두고 담장을 설치하여 인근 7세대 주민들의 통행을 현저히 곤란하게 한 사실이 있는바, 형법 제185조(일반교통방해) 소정의 육로라 함은 사실상 일반공중의 왕래에 공용되는 육상의 통로를 널리 일컫는 것으로서 그 부지의 소유관계나 통행권리관계 또는 통행인의 많고 적음 등은 가리지 않는 것이므로(대판 1991.12.10. 91도2550, 1988.4.25. 88도18), 이 사건 골목길은 위 법조 소정의 육로에 해당한다 할 것이고, 나아가 피고인이 원심인정과 같이 담장을 설치함으로써 주민들의 통행을 현저히 곤란하게 하였다면 이러한 행위는 일반교통방해죄를 구성한다 할 것이다(대판 1994.11.4. 94도2112).

109) 형법 제185조의 일반교통방해죄는 일반 공중의 교통안전을 그 보호법익으로 하는 범죄로서 육로 등을 손괴 또는 불통케 하거나 기타의 방법으로 교통을 방해하여 통행을 불가능하게 하거나 현저하게 곤란하게 하는 일체의 행위를 처벌하는 것을 그 목적으로 하고 있는데, 이 사건 도로가 농가의 영농을 위한 경운기나 리어카 등의 통행을 위한 농로로 개설되었다 하더라도 그 도로가 사실상 일반 공중의 왕래에 공용되는 도로로 된 이상 경운기나 리어카 등만 통행할 수 있는 것이 아니고 다른 차량도 통행할 수 있는 것이므로 이러한 차량의 통행을 방해한다면 이는 일반교통방해죄에 해당한다 할 것인바, 이 사건 도로는 처음에는 사람만 다닐 수 있는 도로였으나 15년전 그 마을주민들이 상의하여 경운기가 지나갈 수 있을 정도로 폭을 넓혔고, 그 후 1톤 포터 트럭과 작은 포크레인 정도가 다닐 수 있을 정도로 형성된 사실, 평소 마을 사람들은 이 사건 도로를 이용하여 그 인근 임야에 있는 산소에 가면서 필요할 때는 1톤 포터 트럭과 포크레인 등을 운전하여 갔고 더욱이 위 도로는 그 끝부분에 공소외인의 주거가 있는 관계로 가스를 배달하는 차량이 왕래한 사실, 그런데 피고인이 위 공소사실과 같이 말뚝 등을 박음으로써 차폭이 제한되어 경운기나 리어카 외에는 일체의 다른 차량이 통행할 수 없게 된 사실을 엿볼 수 있으므로, 위 도로에는 평소 1톤 포터 트럭이나 적은 포크레인 및 가스를 배달하는 차가 왕래하였던 것임을 알 수 있어, 피고인이 위 도로에 공소사실과 같이 말뚝을 박고 그 말뚝에 철조망까지 쳐서 노폭을 현저하게 제한함으로써 경운기 이외의 다른 차량 등의 통행을 불가능하게 하였다면 피고인의 이러한 행위는 일반교통방해죄를 구성한다 할 것이다(대판 1995.9.15. 95도1475).

84도2192). 또한 공로로 출입할 수 있는 다른 도로가 있는 상태에서 토지소유자로부터 일시적인 사용승낙을 받아 통행하거나 토지소유자가 개인적으로 사용하면서 부수적으로 타인의 통행을 묵인한 장소에 불과한 도로는 위 규정에서 말하는 육로에 해당하지 않을 것이다(대판 2017.4.7. 2016도12563).

육로란 그 성질상 공중의 왕래에 사용되는 도로를 말하므로 공중인 한 소수인만 통행한 경우에도 육로라고 할 수 있고 통로의 폭도 문제되지 않으며 그 도로로의 통행을 방해한 행위는 교통방해죄가 성립될 수 있을 것이지만 특정인만 통행하는 통로인 경우에는 이를 공중의 왕래에 사용되는 도로라고 할 수 없을 것이므로 교통방해죄는 성립하지 않을 것이다.

따라서 이러한 문제는 민사상 통행권 확인이나 통행방해금지가처분 등의 절차를 통하여 구제를 받는 수밖에 없을 것이다. 그럼에도 불구하고 주위토지통행권에 의하여 공로로 통행하는 사람이 그 통행지소유자의 통행로 손괴 또는 방해물의 설치 등으로 통행을 방해받게 된다면 일반통행방해죄(형법 제185조) 내지 업무방해죄(형법 제314조 제1항)로 형사고소를 하는 것을 검토해 볼 수 있을 것이다. 특정인만 통행로로 사용하는 경우로 보이는 경우에도 정황에 따라서는 소수의 공중이 통행하는 육로로 인정될 수도 있기 때문이다.

교통방해의 수단은 육로 등의 손괴 등과 같은 물질적 훼손은 물론 장애물을 사용한 왕래방해 등의 수단으로 불통하게 하는 일체의 행위를 포함한다. 따라서 도로를 침범한 상태로 트랙터나 승용차를 세워두거나 철책 펜스를 설치하여 노폭을 현저하게 제한함으로써 종전에는 통행이 가능하였던 차량의 통행을 불가능하게 한 행위는 일반교통방해죄를 구성한다(대판 2009.1.30. 2008도10560, 2005.9.30. 2005도4688).

또한 통행방해를 금지하는 표지를 세우는 행위도 표지의 형태나 내용에 따라 교통방해에 해당될 수 있다. 인근 상가의 통행로로 이용되고 있는 토지의 사실상 지배권자가 위 토지에 철주와 철망을 설치하고 포장된 아스팔트를 걷어냄으로써 통행로로 이용하지 못하게 한 경우에도 일반교통방해죄를 구성한다(대판 2007.12.28. 2007도7717).

3. 업무방해죄

위계 또는 위력으로써 사람의 업무를 방해한 자는 5년 이하의 징역 또는 1천 500만원 이하의 벌금에 처해진다(제314조 제1항). 여기에서 업무란 직업 또는 계속적으로 종사하는 사무나 사업을 말하는 것으로서 타인의 위법한 행위에 의한 침해로부터 보호할 가치가 있는 것이면 되고, 그 업무의 기초가 된 계약 또는 행정행위 등이 반드시 적법해야 하는 것은 아니며(대판 1996.11.12. 96도2214, 2002.8.23. 2001도5592), 업무방해의 수단으로서 위계란 상대방의 착오 또는 부지를 이용하는 일체의 행위를 말하고, 위력이란 사람의 의사를 제압 또는 혼란케하는 유형·무형의 일체의 세력을 말한다. 출입문을 폐쇄하거나 공장정문에 바리케이트를 치는 행위 또는 통행로에의 통행을 방해한 행위도 위력에 해당된다(대판 1962.4.12. 62도17, 1991.6.11. 91도753, 1992.2.11. 91도1834).

이에 불특정 다수인의 통행로로 이용되어 오던 도로 토지 일부의 소유자라 하더라도 그 도로의 중간에 바위를 놓아두거나 이를 파헤침으로써 차량의 통행을 못하게 한 행위는 일반교통방해죄 및 업무방해죄에 해당하며(대판 2002.4.26. 2001도6903), 통로의 일부가 자신의 소유라고 해서 건축공사 차량을 통행하지 못하도록 자신의 승용차를 통로에 장기간 주차시켜 놓는 행위는 업무방해죄를 구성할 수 있다(전주지법 2005.6.17. 2005노317).

❐ 주위토지통행권 관련 핵심 판례 및 사례

| 판례 15 | 토지의 일부양도로 인한 무상의 주위토지통행권

【판시사항】

[1] 토지의 일부 양도로 인한 주위토지통행권의 적용범위

[2] 양도인이 무상의 주위토지통행을 허용하지 않음으로써 주위의 다른 토지의 소유자와 사용료를 지급하기로 하고 그 다른 토지 일부를 통로로 사용하였다면, 포위된 토지의 소유자는 무상의 주위토지통행권을 취득할 수 없게 되는지 여부

[3] 주위토지통행권의 범위의 판단기준

【판결요지】

[1] 동일인 소유 토지의 일부가 양도되어 공로에 통하지 못하는 토지가 생긴 경우에 포위된 토지를 위한 주위토지통행권은 일부 양도 전의 양도인 소유의 종전 토지에 대하여만 생기고 다른 사람 소유의 토지에 대하여는 인정되지 며, 또 무상의 주위토지통행권이 발생하는 토지의 일부 양도라 함은 1필의 토지의 일부가 양도된 경우뿐만 아니라 일단으로 되어 있던 동일인 소유의 수필지의 토지 중의 일부가 양도된 경우도 포함된다(대판 1995.2.10. 94다45869·45876, 1993.12.14. 93다22906).

[2] 양도인이 포위된 토지의 소유자에 대하여 '가'항과 같은 무상의 주위토지통행을 허용하지 않음으로써 포위된 토지의 소유자가 할 수 없이 주위의 다른 토지의 소유자와 일정 기간 동안 사용료를 지급하기로 하고 그 다른 토지의 일부를 공로로 통하는 통로로 사용하였다고 하더라도 포위된 토지의 소유자가 민법 제220조 소정의 무상의 주위토지통행권을 취득할 수 없게 된다고 할 수 없다(대판 1995.2.10. 94다45869·45876).

[3] 주위토지통행권은 주위토지소유자의 토지에 대한 독점적인 사용권을 제한하는 권리로서

인접한 토지소유자 간의 이해를 조정하는 데 목적이 있으므로, 통행에 지장을 주지 않는 범위 내에서 주위토지소유자의 손해가 가장 적은 장소와 방법을 선택해야 하며, 통로의 위치나 범위는 일률적으로 정할 수 없고, 당해 토지의 지목과 그에 따른 이용의 필요성 등 구체적 사정에 따라 달라지는 것이다(대판 1995.2.10. 94다45869·45876).

| 판례 16 | 주위토지통행권에서의 통행로의 폭·위치·통행방법 등의 판단 기준

【판시사항】

[1] 주위토지통행권이 인정되는 경우, 통행로의 폭이나 위치, 통행방법 등을 판단하는 기준 / 토지의 용도에 적합한 범위에서 통행 시기나 횟수, 통행방법 등을 제한하여 인정할 수 있는지 여부(적극)

[2] 주위토지통행권의 확인을 구하는 특정의 통로 부분이 민법 제219조에 정한 요건을 충족하지 못할 경우, 청구를 기각해야 하는지 여부(원칙적 적극) / 주위토지통행권의 확인을 구하는 특정의 통로 부분 중 일부분이 민법 제219조에 정한 요건을 충족하거나 특정의 통로 부분에 대하여 시기나 횟수를 제한하여 주위토지통행권을 인정하는 것이 가능한 경우, 제한된 범위에서 청구를 인용해야 하는지 여부(원칙적 적극)

【판결요지】

[1] 주위토지통행권은 공로와 사이에 토지의 용도에 필요한 통로가 없는 경우에 피통행지 소유자의 손해를 무릅쓰고 특별히 인정하는 것이므로, 통행로의 폭이나 위치, 통행방법 등은 피통행지 소유자에게 손해가 가장 적게 되도록 해야 하고, 이는 구체적 사안에서 쌍방 토지의 지형적·위치적 형상과 이용관계, 부근의 지리 상황, 인접 토지 이용자의 이해관계 기타 관련 사정을 두루 살펴 사회통념에 따라 판단해야 한다. 그리고 주위토지통행권이 인정된다고 하더라도 통로를 상시적으로 개방하여 제한 없이 이용할 수 있도록 하거나 피통행지 소유자의 관리권이 배제되어야만 하는 것은 아니므로, 쌍방 토지의 용도 및 이용상황, 통행로 이용의 목적 등에 비추어 토지의 용도에 적합한 범위에서 통행 시기나 횟수, 통행방법 등을 제한하여 인정할 수도 있다(대판 2017.1.12. 2016다39422).

[2] 주위토지통행권의 확인을 구하기 위해서는 통행의 장소와 방법을 특정하여 청구취지로써 이를 명시해야 하고, 민법 제219조에 정한 요건을 주장·증명해야 한다. 그러므로 주위토지통행권이 있음을 주장하여 확인을 구하는 특정의 통로 부분이 민법 제219조에 정한 요건을 충족하지 못할 경우에는 다른 토지 부분에 주위토지통행권이 인정된다고 할지라도 원칙적으로 청구를 기각할 수밖에 없다. 다만 이와 달리 통행권의 확인을 구하는 특정의 통로 부분 중 일부분이 민법 제219조에 정한 요건을 충족하거나 특정의 통로 부분에 대하여 일정한 시기나 횟수를 제한하여 주위토지통행권을 인정하는 것이 가능한 경우라면, 그와 같이 한정된 범위에서만 통행권의 확인을 구할 의사는 없음이 명백한 경우가 아닌 한

청구를 전부 기각할 것이 아니라, 그렇게 제한된 범위에서 청구를 인용함이 타당하다(대판 2017.1.12. 2016다39422).

| 판례 17 | 채권계약에 의한 주위토지통행권의 효력과 주위토지통행권의 판단기준

【판시사항】

[1] 채권계약에 의한 통행권의 효력 및 위 통행권에 관한 확정판결의 변론종결 후에 당해 토지를 특정승계취득한 자가 민사소송법 제204조 제1항의 변론종결 후의 승계인에 해당하는지 여부(소극)

[2] 주위토지통행권의 범위와 판단기준

[3] 주위토지통행권확인청구의 확정대상

[4] 주위토지통행권을 인정함에 있어 장차의 이용상황까지 미리 대비하여 통행로를 정할 수 있는지 여부(소극)

【판결요지】

[1] 채권계약에 터잡은 통행권은 지역권과 같이 물권적 효력이 있는 것이 아니고 채권적 효력만 갖는 것이므로, 계약을 체결한 상대방에 대해서만 통행권을 주장 청구할 수 있고 토지자체를 지배하는 효력이 없을 뿐만 아니라 당사자가 변경되면 승계인에 대하여 통행권을 주장할 수 없는 것이 원칙이고, 따라서 채권계약에 터잡은 통행권에 관한 확정판결의 변론종결 후에 당해 토지를 특정승계취득한 자는 민사소송법 제204조 제1항의 변론종결 후의 승계인에 해당하지 않아 판결의 기판력이 미치지 않는다(대판 1992.12.22. 92다30528).

[2] 통행의 장소, 방법 등 통행권의 범위는, 약정통행권의 경우에는 당사자 사이의 구체적인 약정의 내용에 의하여 정하여지고, 법정통행권의 경우는 민법 제219조 제1항에 의하여 통행권을 가진 자에게 필요할 뿐만 아니라 이로 인한 주위토지소유자의 손해가 가장 적은 장소와 방법의 범위 내에서 인정되어야 하며, 그 범위는 결국 사회통념에 비추어 쌍방토지의 지목과 지형적, 위치적 형상 및 그에 따른 이용관계, 부근의 지리상황, 상인지 이용자의 이해득실 기타 제반 사정을 참작한 구체적 사정에 따라 합목적적으로 판단해야 한다(대판 1992.12.22. 92다30528).

[3] 이미 공로로 통하는 기존의 통행로가 있어 토지소유자와 주위토지소유자 간에 별다른 분쟁이 없이 이용되어 오고 있는 경우에는 이를 일응 위 "[2]"항과 같은 요건을 갖춘 통행로라고 보아도 무방하나, 주위토지통행권은 통행을 위한 지역권과는 달리 통행로가 항상 특정한 장소로 고정되어 있는 것은 아니고, 주위토지소유자가 용법에 따라 토지의 사용방법을 바꾸었을 때에는 주위토지통행권자는 주위토지소유자를 위하여 보다 손해가 적은 다른 장소로 옮겨 통행할 수밖에 없는 경우도 있을 것이므로, 주위토지통행권확인청구는 변론종결시에 있어서의 민법 제219조 소정의 요건에 해당하는 토지는 어느 토지인가를 확정해

야 한다(대판 1992.12.22. 92다30528).

[4] 주위토지통행권은 주위토지소유자의 토지에 대한 독점적 사용권을 제한하는 권리로서 인접한 토지소유자간의 이해를 조정하는 데 목적이 있으므로 사람이 출입하고 다소의 물건을 공로로 운반할 정도의 폭만 확보할 수 있다면 주위토지소유자의 손해가 가장 적은 장소와 방법을 선택해야 하고, 또 현재의 토지의 용법에 따른 이용의 범위에서 인정되는 것이지 더 나아가 장차의 이용상황까지를 미리 대비하여 통행로를 정할 것은 아니다(대판 1992.12.22. 92다30528).

| 판례 18 | 주위토지통행권 확인청구 등

【판시사항】

[1] 주위토지통행권의 범위와 그 판단기준

[2] 주위토지통행권 확인청구와 그 판단의 기준시

【판결요지】

[1] 민법 제219조 소정의 주위토지통행권은 공로와의 사이에 그 용도에 필요한 통로가 없는 토지의 이용을 위하여 주위토지의 이용을 제한하는 것이므로 통행권을 가진 자에게 필요할 뿐만 아니라 이로 인한 주위토지소유자의 손해가 가장 적은 장소와 방법의 범위내에서 인정되어야 하며 이와 같은 범위는 결국 사회통념에 비추어 쌍방토지의 지형적, 위치적 형상 및 이용관계, 부근의 지리상황, 상린지 이용자의 이해득실 기타 제반사정을 참작한 뒤 구체적 사례에 응하여 판단해야 한다(대판 1989.5.23. 88다카10739,10746).

[2] 이미 공로로 통하는 기존의 통행로가 있어 대지소유자와 그 주위토지소유자간에 별다른 분쟁이 없이 이용되어 오고 있는 경우에는 이를 일응 전항의 요건을 갖춘 통행로라고 보아도 무방하나 주위토지 통행권은 통행을 위한 지역권과는 달리 그 통행로가 항상 특정한 장소로 고정되어 있는 것은 아니고 주위토지소유자가 그 용법에 따라 기존 통행로로 이용되던 토지 사용방법을 바꾸었을 때(예컨대, 그 지상에 건축물의 축조 등)에는 대지소유자는 그 주위토지소유자를 위하여 보다 손해가 적은 다른 장소로 옮겨 통행할 수 밖에 없는 경우도 있을 것이므로 주위토지통행권확인청구는 변론종결시에 있어서의 민법 제219조 소정의 요건에 해당하는 토지는 어느 토지인가를 확정하는 것이다(대판 1989.5.23. 88다카10739·10746).

| 판례 19 | 주위토지통행권의 인정범위에 대한 판단기준과 그 범위결정 방법

【판시사항】

[1] 주위토지통행권의 인정범위에 대한 판단기준과 그 범위결정에 있어 반드시 주위토지소유

자의 손해를 감정해야 하는지 여부(소극)

[2] 주위토지통행권의 확인을 구하는 특정의 통로부분이 민법 제219조 소정의 요건을 충족하지 않고 다른 토지부분에 주위토지통행권이 인정되는 경우 그 청구의 인용 여부(소극)

【판결요지】

[1] 주위토지통행권을 인정함에 있어 그 범위는 주위토지소유자의 손해가 가장 적은 장소와 방법의 범위 내에서 인정해야 하는바, 주위토지소유자의 손해가 가장 적은 장소인지 여부는 결국 사회통념에 비추어 쌍방 토지의 지형적, 위치적 형상 및 이용관계, 부근의 지리상황, 상린지 이용자의 이해득실 기타 제반 사정을 참작한 뒤 구체적 사례에 응하여 판단하는 것으로 족하고, 반드시 주위토지소유자의 손해를 감정해야 하는 것은 아니다(대판 1992.7.24. 91다47086·47093).

[2] 주위토지통행권의 확인을 구하기 위하여서는 통행의 장소와 방법을 특정하여 청구취지로써 이를 명시해야 하고, 또한 민법 제219조 소정의 요건을 주장 입증해야 하며, 따라서 주위토지통행권이 있음을 주장하여 확인을 구하는 특정의 통로부분이 민법 제219조 소정의 요건을 충족한다고 인정되지 아니할 경우에는 다른 토지부분에 주위토지통행권이 인정된다고 할지라도 원칙적으로 그 청구를 기각할 수밖에 없다(대판 1992.7.24. 91다47086·47093).

| 판례 20 | 기존의 확정판결 등이 인정한 통행장소와 다른 곳을 통행로로 삼아 다시 통행권확인 등의 소를 제기하는 것이 가능한지(적극)

【판시사항】

주위토지의 현황이나 구체적 이용상황에 변동이 생긴 경우, 기존의 확정판결 등이 인정한 통행장소와 다른 곳을 통행로로 삼아 다시 통행권확인 등의 소를 제기하는 것이 위 확정판결 등의 기판력에 저촉된다고 할 것인지 여부(소극)

【판결요지】

주위토지통행권은 통행을 위한 지역권과는 달리 통행로가 항상 특정한 장소로 고정되어 있는 것은 아니고, 주위토지의 현황이나 사용방법이 달라졌을 때에는 주위토지 통행권자는 주위토지소유자를 위하여 보다 손해가 적은 다른 장소로 옮겨 통행할 수밖에 없는 경우도 있으므로, 일단 확정판결이나 화해조서 등에 의하여 특정의 구체적 구역이 위 요건에 맞는 통행로로 인정되었더라도 그 이후 그 전제가 되는 포위된 토지나 주위토지 등의 현황이나 구체적 이용상황에 변동이 생긴 경우에는 민법 제219조의 입법 취지나 신의성실의 원칙 등에 비추어 구체적 상황에 맞게 통행로를 변경할 수 있는 것이고, 그 과정에서 포위된 토지와 주위토지의 각 소유자 간에 원만한 합의가 이루어지지 않는 경우 일방이 상대방에 대하여 기존의 확정판결이나 화해조서 등이 인정한 통행장소와 다른 곳을 통행로로 삼아 주위토지통행권의 확인이나 통행방해의 배제·예방 또는 통행 금지 등을 소로써 구하더라도 그 청구가 위 확정판결이나 화해조서 등의 기판력에 저촉된다고 볼 수 없다(대판 2004.5.13. 2004다10268).

| 판례 21 | 주위토지통행권이 인정되는 경우 통행로의 폭과 위치를 정하는 기준 및 주위토지통행권 행사의 한계

【판시사항】

[1] 주위토지통행권확인청구의 확정 대상과 그 판단의 기준시(=변론종결시)

[2] 주위토지통행권이 인정되는 경우 그 통행로의 폭과 위치를 정하는 기준 및 주위토지통행권 행사의 한계

[3] 인접 토지의 일부를 통행로로 이용하던 중 그 토지 위에 연립주택이 건축된 사안에서, 공로로 통할 수 있는 다른 인접 토지에 별도의 통행로를 개설하는 것이 연립주택 단지 내의 주거의 평온과 안전에 대한 침해를 최소화할 수 있는 경우 기존 통행로에 대한 주위토지통행권을 인정할 수 있는지(소극)

【판결요지】

[1] 주위토지통행권은 통행을 위한 지역권과는 달리 그 통행로가 항상 특정한 장소로 고정되어 있는 것은 아니고, 주위토지통행권확인청구는 변론종결시에 있어서의 민법 제219조에 정해진 요건에 해당하는 토지가 어느 토지인가를 확정하는 것이므로, 주위토지소유자가 그 용법에 따라 기존 통행로로 이용되던 토지의 사용방법을 바꾸었을 때에는 대지 소유자는 그 주위토지소유자를 위하여 보다 손해가 적은 다른 장소로 옮겨 통행할 수밖에 없는 경우도 있다(대판 2009.6.11. 2008다75300·75317·75324).

[2] 주위토지통행권은 공로와의 사이에 그 용도에 필요한 통로가 없는 토지의 이용이라는 공익목적을 위하여 피통행지 소유자의 손해를 무릅쓰고 특별히 인정되는 것이므로, 그 통행로의 폭이나 위치 등을 정함에 있어서는 피통행지의 소유자에게 가장 손해가 적게 되는 방법이 고려되어야 하고, 어느 정도를 필요한 범위로 볼 것인가는 구체적인 사안에서 사회통념에 따라 쌍방 토지의 지형적·위치적 형상과 이용관계, 부근의 지리상황, 상린지 이용자의 이해득실 기타 제반 사정을 기초로 판단해야 한다. 한편, 주거는 사람의 사적인 생활공간이자 평온한 휴식처로서 인간생활에서 가장 중요한 장소라고 아니할 수 없어 우리 헌법도 주거의 자유를 보장하고 있는바, 주위토지통행권을 행사함에 있어서도 이러한 주거의 자유와 평온 및 안전을 침해하여서는 안된다(대판 2009.6.11. 2008다75300·75317·75324).

[3] 인접 토지의 일부를 통행로로 이용하던 중 그 토지 위에 연립주택이 건축된 사안에서, 연립주택 단지 내 기존 통행로는 연립주택 주민들 전체의 주거공간이므로, 공로로 통할 수 있는 다른 인접 토지가 있다면 별도의 통행로를 개설하는 비용이 들더라도 그 인접 토지

를 통하여 공로로 나가는 것이 연립주택 단지 내의 주거의 평온과 안전에 대한 침해를 최소화할 수 있으므로 기존 통행로에 대한 주위토지통행권은 인정되지 않는다(대판 2009.6.11. 2008다75300·75317·75324).

| 판례 22 | 토지의 일부 양도로 인한 주위토지통행권의 적용범위

【판시사항】

[1] 토지의 일부 양도로 인한 주위토지통행권의 적용범위

[3] 양도인이 무상의 주위토지통행을 허용하지 않음으로써 주위의 다른 토지의 소유자와 사용료를 지급하기로 하고 그 다른 토지 일부를 통로로 사용하였다면, 포위된 토지의 소유자는 무상의 주위토지통행권을 취득할 수 없게 되는지 여부

[3] 주위토지통행권의 범위의 판단기준

【판결요지】

[1] 동일인 소유 토지의 일부가 양도되어 공로에 통하지 못하는 토지가 생긴 경우에 포위된 토지를 위한 주위토지통행권은 일부 양도 전의 양도인 소유의 종전 토지에 대하여만 생기고 다른 사람 소유의 토지에 대하여는 인정되지 않으며, 또 무상의 주위토지통행권이 발생하는 토지의 일부 양도라 함은 1필의 토지의 일부가 양도된 경우뿐만 아니라 일단으로 되어 있던 동일인 소유의 수필지의 토지 중의 일부가 양도된 경우도 포함된다.

[2] 양도인이 포위된 토지의 소유자에 대하여 '가'항과 같은 무상의 주위토지통행을 허용하지 않음으로써 포위된 토지의 소유자가 할 수 없이 주위의 다른 토지의 소유자와 일정 기간 동안 사용료를 지급하기로 하고 그 다른 토지의 일부를 공로로 통하는 통로로 사용하였다고 하더라도 포위된 토지의 소유자가 민법 제220조 소정의 무상의 주위토지통행권을 취득할 수 없게 된다고 할 수 없다.

[3] 주위토지통행권은 주위토지소유자의 토지에 대한 독점적인 사용권을 제한하는 권리로서 인접한 토지소유자간의 이해를 조정하는 데 목적이 있으므로, 통행에 지장을 주지 않는 범위 내에서 주위토지소유자의 손해가 가장 적은 장소와 방법을 선택해야 하며, 통로의 위치나 범위는 일률적으로 정할 수 없고, 당해 토지의 지목과 그에 따른 이용의 필요성 등 구체적 사정에 따라 달라지는 것이다(대판 1995.2.10. 94다45869·45876).

| 판례 23 | 주위토지통행권의 범위를 정할 때 피포위지의 장래 이용상황까지 대비해야 하는지 여부 및 통로개설·유지비용의 부담자

【판시사항】

[1] 도로 폭에 관한 건축 관련 법령 규정과 주위토지통행권의 범위의 관계 및 그 통행권의

범위를 정할 때에 피포위지의 장래 이용상황까지 대비해야 하는지 여부(소극)

[2] 주위토지통행권자가 민법 제219조 제1항 본문에 따라 통로를 개설하는 경우, 통행지소유자가 부담하는 의무의 내용 및 그 통로개설·유지비용과 통행지소유자의 손해의 부담자(=주위토지통행권자)

[3] 주위토지통행권을 인정하면서 통행지소유자에게 통행지에 설치된 배수로의 철거의무까지 있다고 판단한 것을 주위토지통행권의 효력에 관한 법리오해 등을 한 것으로 파기되어야 한다.

【판결요지】

[1] 건축 관련 법령에 정한 도로 폭에 관한 규정만으로 당연히 피포위지 소유자에게 반사적 이익으로서 건축 관련 법령에 정하는 도로의 폭이나 면적 등과 일치하는 주위토지통행권이 생기지는 않고, 다만 법령의 규제내용도 참작사유로 삼아 피포위지 소유자의 건축물 건축을 위한 통행로의 필요도와 그 주위토지소유자가 입게 되는 손해의 정도를 비교형량하여 주위토지통행권의 적정한 범위를 결정해야 한다. 그리고 그 통행권의 범위는 현재의 토지의 용법에 따른 이용의 범위에서 인정할 수 있을 뿐, 장래의 이용상황까지 미리 대비하여 정할 것은 아니다(대판 2006.10.26. 2005다30993).

[2] 주위토지통행권자가 민법 제219조 제1항 본문에 따라 통로를 개설하는 경우 통행지소유자는 원칙적으로 통행권자의 통행을 수인할 소극적 의무를 부담할 뿐 통로개설 등 적극적인 작위의무를 부담하는 것은 아니고, 다만 통행지소유자가 주위토지통행권에 기한 통행에 방해가 되는 담장 등 축조물을 설치한 경우에는 주위토지통행권의 본래적 기능발휘를 위하여 통행지소유자가 그 철거의무를 부담한다. 그리고 주위토지통행권자는 주위토지통행권이 인정되는 때에도 그 통로개설이나 유지비용을 부담해야 하고, 민법 제219조 제1항 후문 및 제2항에 따라 그 통로개설로 인한 손해가 가장 적은 장소와 방법을 선택해야 하며, 통행지소유자의 손해를 보상해야 한다(대판 2006.10.26. 2005다30993).

[3] 원심판결이 주위토지통행권을 인정하면서 통행지소유자에게 통행지에 설치된 배수로의 철거의무까지 있다고 판단한 것을 주위토지통행권의 효력에 관한 법리오해 등을 한 것이므로 파기되어야 한다(대판 2006.10.26. 2005다30993).

| 판례 24 | 주위토지통행권이 인정되는 경우 토지의 용도에 적합한 범위에서 통행 시기나 횟수, 통행방법 등을 제한하여 인정할 수 있는지 여부(적극)

【판시사항】

[1] 주위토지통행권이 인정되는 경우, 통행로의 폭이나 위치, 통행방법 등을 판단하는 기준 / 토지의 용도에 적합한 범위에서 통행 시기나 횟수, 통행방법 등을 제한하여 인정할 수 있는지 여부(적극)

[2] 주위토지통행권의 확인을 구하는 특정의 통로 부분이 민법 제219조에 정한 요건을 충족하지 못할 경우, 청구를 기각해야 하는지 여부(원칙적 적극) / 주위토지통행권의 확인을 구하는 특정의 통로 부분 중 일부분이 민법 제219조에 정한 요건을 충족하거나 특정의 통로 부분에 대하여 시기나 횟수를 제한하여 주위토지통행권을 인정하는 것이 가능한 경우, 제한된 범위에서 청구를 인용해야 하는지 여부(원칙적 적극)

【판결요지】

[1] 주위토지통행권은 공로와 사이에 토지의 용도에 필요한 통로가 없는 경우에 피통행지 소유자의 손해를 무릅쓰고 특별히 인정하는 것이므로, 통행로의 폭이나 위치, 통행방법 등은 피통행지 소유자에게 손해가 가장 적게 되도록 해야 하고, 이는 구체적 사안에서 쌍방 토지의 지형적·위치적 형상과 이용관계, 부근의 지리 상황, 인접 토지 이용자의 이해관계 기타 관련 사정을 두루 살펴 사회통념에 따라 판단해야 한다. 그리고 주위토지통행권이 인정된다고 하더라도 통로를 상시적으로 개방하여 제한 없이 이용할 수 있도록 하거나 피통행지 소유자의 관리권이 배제되어야만 하는 것은 아니므로, 쌍방 토지의 용도 및 이용상황, 통행로 이용의 목적 등에 비추어 토지의 용도에 적합한 범위에서 통행 시기나 횟수, 통행방법 등을 제한하여 인정할 수도 있다(대판 2017.1.12. 2016다39422).

[2] 주위토지통행권의 확인을 구하기 위해서는 통행의 장소와 방법을 특정하여 청구취지로써 이를 명시해야 하고, 민법 제219조에 정한 요건을 주장·증명해야 한다. 그러므로 주위토지통행권이 있음을 주장하여 확인을 구하는 특정의 통로 부분이 민법 제219조에 정한 요건을 충족하지 못할 경우에는 다른 토지 부분에 주위토지통행권이 인정된다고 할지라도 원칙적으로 청구를 기각할 수밖에 없다. 다만 이와 달리 통행권의 확인을 구하는 특정의 통로 부분 중 일부분이 민법 제219조에 정한 요건을 충족하거나 특정의 통로 부분에 대하여 일정한 시기나 횟수를 제한하여 주위토지통행권을 인정하는 것이 가능한 경우라면, 그와 같이 한정된 범위에서만 통행권의 확인을 구할 의사는 없음이 명백한 경우가 아닌 한 청구를 전부 기각할 것이 아니라, 그렇게 제한된 범위에서 청구를 인용함이 타당하다(대판 2017.1.12. 2016다39422).

| 판례 25 | 건축법규와 주위토지통행권의 관계

【판시사항】

[1] 주위토지통행권의 범위와 그 판단기준

[2] 건축법 제33조 제1항, 제8조의 각 규정만으로 당연히 포위된 토지소유자에게 건축법에서 정하는 도로의 폭이나 면적 등과 일치하는 주위토지통행권이 생기는지 여부(소극)

[3] 위요된 토지가 도시계획구역 내의 일반주거지역에 위치하고 나대지인 상태로 되어 있어 이를 일정한 건축물의 건축부지로 이용하고자 하는 경우 주위토지통행권의 범위를 정함에

있어 건축법규상의 규제내용을 참작요소로 삼아야 하는지 여부(적극)

【판결요지】

[1] 민법 제219조에 규정된 주위토지통행권은 공로와의 사이에 그 용도에 필요한 통로가 없는 토지의 이용을 위하여 주위토지의 이용을 제한하는 것이므로 그 통행권의 범위는 통행권을 가진 자에게 필요할 뿐만 아니라 이로 인한 주위토지소유자의 손해가 가장 적은 장소와 방법의 범위 내에서 인정되어야 하며, 이와 같은 범위는 결국 사회통념에 비추어 쌍방토지의 지형적, 위치적 형상 및 이용관계, 부근의 지리상황, 상린지 이용자의 이해득실 기타 제반 사정을 참작한 뒤 구체적 사례에 응하여 판단해야 한다(대판 1992.4.24. 91다32251).

[2] 건축법 제33조 제1항, 제8조의 각 규정에 의하면 도시계획구역 내에서 건축을 하고자 하는 경우 방재 및 통행의 안전을 위하여 건축물의 주위에 넓은 공지가 있는 등 특별히 안전성에 지장이 없는 경우를 제외하고는 건축물의 대지는 2미터 이상을 도로에 접해야 하며, 이에 적합하지 아니할 경우에는 건축허가를 받을 수 없도록 규제하고 있는바, 이러한 규정은 건물의 신축이나 증·개축 허가시 그와 같은 범위의 도로가 필요하다는 행정법규에 불과한 것이고, 위 규정 자체만으로 당연히 포위된 토지소유자에게 그 반사적 이익으로서 건축법에서 정하는 도로의 폭이나 면적 등과 일치하는 주위토지통행권이 바로 생긴다고 단정할 수는 없다(대판 1992.4.24. 91다32251).

[3] 위요된 토지가 도시계획구역 내의 일반주거지역에 위치하고 현재 나대지인 상태로 되어 있어 이를 일정한 건축물의 건축부지로 이용하고자 하는 경우에 있어서는, 만일 건축법규상의 규제에 적합한 통로의 개설이 허용되지 않는다고 하면 이는 그 토지소유자로 하여금 건축물의 신축행위를 할 수 없게 하여 당해 토지의 용도에 따른 이용상에 중대한 지장을 주게 되는 매우 불합리한 결과가 생기게 되는바, 따라서 이러한 경우 건축법규상의 규제사항의 존재의 점만으로 당연히 그 규제에 적합한 내용의 주위토지통행권을 인정할 것은 아니라고 하더라도, 공익상의 견지에서 토지의 이용관계를 합리적으로 조정하기 위하여는 마땅히 건축법규상의 규제내용도 그 참작요소로 삼아, 위요된 토지의 소유자의 건축물 건축을 위한 통행로의 필요도와 위요지 소유자가 입게 되는 손해의 정도를 비교형량하여 주위토지통행권의 적정한 범위를 결정해야 옳다(대판 1992.4.24. 91다32251).

| 판례 26 | 주위토지통행권이 자동차의 통행이 가능한 범위까지 허용될 것인지(소극) 및 통행에 방해되는 축조물의 철거 청구도 가능한지 여부(적극)

【판시사항】

[1] 민법 제219조에 규정된 주위토지통행권이 인정되는 경우, 그 통행로의 폭과 위치를 정하는 기준 및 주위토지통행권을 자동차의 통행이 가능한 범위까지 허용할 것인지 여부

[2] 주위토지통행권의 확인을 구하는 특정의 통로 부분 중 일부분이 주위토지통행권에 관한

규정인 민법 제219조에 정한 요건을 충족하는 경우, 법원이 취해야 할 조치

[3] 주위토지통행권의 행사에 의하여 그 통행에 방해되는 축조물의 철거를 청구할 수 있는지 여부(적극)

【판결요지】

[1] 민법 제219조에 규정된 주위토지통행권은 공로와의 사이에 그 용도에 필요한 통로가 없는 토지의 이용이라는 공익목적을 위하여 피통행지 소유자의 손해를 무릅쓰고 특별히 인정되는 것이므로, 그 통행로의 폭이나 위치 등을 정함에 있어서는 피통행지의 소유자에게 가장 손해가 적게 되는 방법이 고려되어야 할 것이고, 어느 정도를 필요한 범위로 볼 것인가는 구체적인 사안에서 사회통념에 따라 쌍방 토지의 지형적·위치적 형상 및 이용관계, 부근의 지리상황, 상린지 이용자의 이해득실 기타 제반 사정을 기초로 판단해야 하며, 토지의 이용방법에 따라서는 자동차 등이 통과할 수 있는 통로의 개설도 허용되지만 단지 토지이용의 편의를 위해 다소 필요한 상태라고 여겨지는 정도에 그치는 경우까지 자동차의 통행을 허용할 것은 아니다(대판 2006.6.2. 2005다70144).

[2] 주위토지통행권의 확인을 구하기 위해서는 통행의 장소와 방법을 특정하여 청구취지로써 이를 명시해야 하고, 또한 민법 제219조에 정한 요건을 주장·입증해야 하며, 따라서 주위토지통행권이 있음을 주장하여 확인을 구하는 특정의 통로 부분이 민법 제219조에 정한 요건을 충족한다고 인정되지 아니할 경우에는 다른 토지 부분에 주위토지통행권이 인정된다고 할지라도 원칙적으로 그 청구를 기각할 수밖에 없으나, 이와 달리 통행권의 확인을 구하는 특정의 통로 부분 중 일부분이 민법 제219조에 정한 요건을 충족하여 주위토지통행권이 인정된다면, 그 일부분에 대해서만 통행권의 확인을 구할 의사는 없음이 명백한 경우가 아닌 한 그 청구를 전부 기각할 것이 아니라, 그 부분에 한정하여 청구를 인용함이 상당하다(대판 2006.6.2. 2005다70144).

[3] 주위토지통행권의 본래적 기능발휘를 위해서는 그 통행에 방해가 되는 담장과 같은 축조물도 위 통행권의 행사에 의하여 철거되어야 한다(대판 2006.6.2. 2005다70144).

| 판례 27 | 주위토지통행권이 인정되는 경우 및 그 범위의 판단 방법

【판시사항】

[1] 민법 제219조 소정의 주위토지통행권이 인정되는 경우

[2] 주위토지통행권이 인정되는 범위의 판단 방법

【판결요지】

[1] 민법 제219조의 주위토지통행권은 어느 토지와 공로 사이에 그 토지의 용도에 필요한 통로가 없는 경우에, 그 토지소유자가 주위의 토지를 통행 또는 통로로 하지 않으면 공로에

전혀 출입할 수 없는 경우뿐 아니라 과다한 비용을 요하는 때에도 인정될 수 있다.

[2] 민법 제219조에 규정된 주위토지통행권은 공로와의 사이에 그 용도에 필요한 통로가 없는 토지의 이용을 위하여 주위토지의 이용을 제한하는 것이므로 그 통행권의 범위는 통행권을 가진 자에게 필요할 뿐만 아니라 이로 인한 주위토지소유자의 손해가 가장 적은 장소와 방법의 범위 내에서 인정되어야 하며, 그 범위는 결국 사회통념에 비추어 쌍방 토지의 지형적, 위치적 형상 및 이용관계, 부근의 지리상황, 상린지 이용자의 이해득실 기타 제반 사정을 참작한 뒤 구체적 사례에 따라 판단해야 한다.

【판결요지】

[1] 민법 제219조에서 규정하고 있는 주위토지통행권은 공로와의 사이에 그 용도에 필요한 통로가 없는 토지의 이용을 위하여 주위토지의 이용을 제한하는 것이므로 그 통행권의 범위는 통행권을 가진 자에게 필요할 뿐만 아니라 이로 인한 주위토지소유자의 손해가 가장 적은 장소와 방법의 범위 내에서 인정되어야 하며 , 이와 같은 범위는 결국 사회통념에 비추어 쌍방토지의 지형적, 위치적 현상 및 이용관계 부근의 지리상황, 상린지이용자의 이행득실, 현재의 통로 또는 통행의 실정, 기타 제반사정을 고려하여 구체적 사례에 따라 개별적, 객관적으로 판단되어야 한다(대판 1995.9.29. 94다43580).

[2] 위 요지의 소유자는 그 토지의 가치를 유지하고 또한 언제라도 그 토지에 대하여 상당한 이용을 개시할 수 있는 상태에 둘 권리를 갖고 있으므로 반드시 이를 현실적으로 이용하고 있는지의 여부에 관계없이 주위토지에 대하여 상당한 범위 내에서 장래의 이용에 필요한 통행권이 인정되어야 한다(대판 1995.9.29. 94다43580).

| 판례 28 | 무상의 주위토지통행권과 주위토지통행권을 정함에 있어 장래의 이용상황까지 고려해야 하는지 여부(소극)

【판시사항】

[1] 무상 주위토지통행권에 관한 민법 제220조의 적용 범위

[2] 주위토지통행권 범위의 결정 기준 및 이를 정함에 있어 장래의 이용상황까지 고려해야 하는지 여부(소극)

【판결요지】

[1] 분할 또는 토지의 일부 양도로 인하여 공로에 통하지 못하는 토지가 생긴 경우에 분할 또는 일부 양도 전의 종전 토지소유자가 그 포위된 토지를 위하여 인정한 통행사용권은 직접 분할자, 일부 양도의 당사자 사이에만 적용되므로, 포위된 토지 또는 피통행지의 특정승계인의 경우에는 주위토지통행권에 관한 일반원칙으로 돌아가 그 통행권의 범위를 따로 정해야 한다(대판 1996.11.29. 96다33433·33440).

[2] 주위토지통행권의 범위는 통행권을 가진 자에게 필요할 뿐 아니라 이로 인한 주위토지소

유자의 손해가 가장 적은 장소와 방법의 범위 내에서 인정되어야 하며, 그 범위는 결국 사회통념에 비추어 쌍방 토지의 지형적, 위치적 형상 및 이용관계, 부근의 지리상황, 상린지 이용자의 이해득실 기타 제반 사정을 참작한 뒤 구체적 사례에 응하여 판단해야 하는 것인바, 통상적으로는 사람이 주택에 출입하여 다소의 물건을 공로로 운반하는 등의 일상생활을 영위하는 데 필요한 범위의 노폭까지 인정되고, 또 현재의 토지의 용법에 따른 이용의 범위에서 인정되는 것이지 더 나아가 장차의 이용상황까지 미리 대비하여 통행로를 정할 것은 아니다(대판 1996.11.29. 96다33433·33440).

| 판례 29 | 공로에 통하는 기존 통로가 있는 경우 주위토지통행권의 인정 여부(한정 적극) 및 통행지소유자의 통로 부분의 인도 청구나 시설물의 철거 청구 가능 여부(한정 소극)

【판시사항】

[1] 공로에 통하는 기존 통로가 있는 경우 주위토지통행권의 인정 여부(한정 적극)

[2] 주위토지통행권의 통행지소유자가 주위토지통행권자에 대하여 그 통행권이 미치는 범위 내의 통로 부분의 인도를 구하거나 그 통로에 설치된 시설물의 철거를 구할 수 있는지 여부(한정 소극)

[3] 통행지소유자가 민법 제218조 소정의 시설의 철거를 청구할 수 있는지 여부(소극)

【판결요지】

[1] 주위토지통행권은 어느 토지가 타인 소유의 토지에 둘러싸여 공로에 통할 수 없는 경우뿐만 아니라, 이미 기존의 통로가 있더라도 그것이 당해 토지의 이용에 부적합하여 실제로 통로로서의 충분한 기능을 하지 못하고 있는 경우에도 인정된다(대판 2003.8.19. 2002다53469).

[2] 다른 사람의 소유토지에 대하여 상린관계로 인한 통행권을 가지고 있는 사람은 그 통행권의 범위 내에서 그 토지를 사용할 수 있을 뿐이고 그 통행지에 대한 통행지소유자의 점유를 배제할 권능까지 있는 것은 아니므로 그 통행지소유자는 그 통행지를 전적으로 점유하고 있는 주위토지통행권자에 대하여 그 통행지의 인도를 구할 수 있다고 할 것이나, 주위토지통행권자는 필요한 경우에는 통행지상에 통로를 개설할 수 있으므로, 모래를 깔거나, 돌계단을 조성하거나, 장해가 되는 나무를 제거하는 등의 방법으로 통로를 개설할 수 있으며 통행지소유자의 이익을 해하지 않는다면 통로를 포장하는 것도 허용된다고 할 것이고, 주위토지통행권자가 통로를 개설하였다고 하더라도 그 통로에 대하여 통행지소유자의 점유를 배제할 정도의 배타적인 점유를 하고 있지 않다면 통행지소유자가 주위토지통행권자에 대하여 주위토지통행권이 미치는 범위 내의 통로 부분의 인도를 구하거나 그 통로에 설치된 시설물의 철거를 구할 수 없다(대판 2003.8.19. 2002다53469).

[3] 토지소유자는 타인의 토지를 통과하지 않으면 필요한 수도, 유수관, 가스관, 전선 등을 시

설할 수 없거나 과다한 비용을 요하는 경우에는 타인의 토지를 통과하여 이를 시설할 수 있다고 할 것이므로 통행지 소유자는 위와 같은 요건이 갖추어진 수도 등 시설에 대하여 그 철거를 구할 수 없다(대판 2003.8.19. 2002다53469).

| 판례 30 | 주위토지통행권의 소멸과 주위토지통행권자가 통행지 소유자에게 보상해야 할 손해액의 산정 방법

【판시사항】

[1] 포위된 토지가 공로에 접하게 되는 등으로 주위토지통행권을 인정할 필요성이 없어진 경우, 통행권이 소멸하는지 여부(적극)

[2] 주위토지통행권자가 통행지 소유자에게 보상해야 할 손해액의 산정 방법 및 주위토지통행권이 인정되어 통행하고 있다는 사정만으로 통행지를 '도로'로 평가하여 산정한 임료 상당액을 통행지 소유자의 손해액이라고 볼 수 있는지 여부(소극)

【판결요지】

[1] 주위토지통행권은 법정의 요건을 충족하면 당연히 성립하고 요건이 없어지게 되면 당연히 소멸한다. 따라서 포위된 토지가 사정변경에 의하여 공로에 접하게 되거나 포위된 토지의 소유자가 주위의 토지를 취득함으로써 주위토지통행권을 인정할 필요성이 없어지게 된 경우에는 통행권은 소멸한다(대판 2014.12.24. 2013다11669).

[2] 주위토지통행권자가 통행지 소유자에게 보상해야 할 손해액은 주위토지통행권이 인정되는 당시의 현실적 이용 상태에 따른 통행지의 임료 상당액을 기준으로 하여, 구체적인 사안에서 사회통념에 따라 쌍방 토지의 토지소유권 취득 시기와 가격, 통행지에 부과되는 재산세, 본래 용도에의 사용 가능성, 통행지를 공동으로 이용하는 사람이 있는지를 비롯하여 통행 횟수·방법 등의 이용태양, 쌍방 토지의 지형적·위치적 형상과 이용관계, 부근의 환경, 상린지 이용자의 이해득실 기타 제반 사정을 고려하여 이를 감경할 수 있고, 단지 주위토지통행권이 인정되어 통행하고 있다는 사정만으로 통행지를 '도로'로 평가하여 산정한 임료 상당액이 통행지 소유자의 손해액이 된다고 볼 수 없다(대판 2014.12.24. 2013다11669).

| 판례 31 | 토지의 일부양도와 제3자 소유의 토지에 대한 주위토지통행권의 인정 여부(소극)

【판시사항】

[1] 토지의 일부 양도에 있어 주위토지통행권에 관한 민법 제220조의 적용 범위

[2] 일단의 토지를 형성하고 있던 동일인 소유의 수필의 토지 중 일부가 양도된 경우, 일부

양도 전의 양도인 소유의 종전 토지에 대하여 무상의 주위토지통행권이 인정되는 경우에도 제3자 소유의 토지에 대하여 민법 제219조에 따른 주위토지통행권을 주장할 수 있는지(소극)

【판결요지】

[1] 동일인 소유의 토지의 일부가 양도되어 공로에 통하지 못하는 토지가 생긴 경우에 포위된 토지를 위한 주위토지통행권은 일부 양도 전의 양도인 소유의 종전 토지에 대하여만 생기고 다른 사람 소유의 토지에 대하여는 인정되지 않으며, 또 무상의 주위토지통행권이 발생하는 토지의 일부 양도라 함은 1필의 토지의 일부가 양도된 경우뿐만 아니라 일단으로 되어 있던 동일인 소유의 수필의 토지 중 일부가 양도된 경우도 포함된다(대판 2005.3.10. 2004다65589·65596).

[2] 일단의 토지를 형성하고 있던 동일인 소유의 수필의 토지 중 일부가 양도된 경우, 일부 양도 전의 양도인 소유의 종전 토지에 대하여 무상의 주위토지통행권이 인정되는 이상 제3자 소유의 토지에 대하여는 민법 제219조에 따른 주위토지통행권을 주장할 수 없다(대판 2005.3.10. 2004다65589·65596).

| 판례 32 | 원소유자에 의하여 사용수익권이 포기된 통행로 부분을 승계취득한 자의 무상통행에 대한 수인의무 등

【판시사항】

[1] 주위토지통행권 발생 후 당해 토지에 접하는 공로가 개설된 경우, 주위토지통행권의 소멸 여부(적극)

[2] 원소유자에 의하여 사용수익권이 포기된 통행로 부분을 승계취득한 자의 수인의무

[3] 원소유자에 의하여 사용수익권이 포기된 통행로를 매수하면서 주위토지통행권이 없는 주택을 제외하고 그 통행로를 필요로 하는 인근 주택을 모두 매수한 경우, 사용수익권의 제한 여부(소극)

【판결요지】

[1] 주위토지통행권은 어느 토지와 공로 사이에 그 토지의 용도에 필요한 통로가 없어서 주위의 토지를 통행하거나 통로를 개설하지 않고서는 공로에 출입할 수 없는 경우 또는 통로가 있더라도 당해 토지의 이용에 부적합하여 실제로 통로로서의 충분한 기능을 하지 못하는 경우에 인정되는 것이므로, 일단 주위토지통행권이 발생하였다고 하더라도 나중에 그 토지에 접하는 공로가 개설됨으로써 주위토지통행권을 인정할 필요성이 없어진 때에는 그 통행권은 소멸한다(대판 1998.3.10. 97다47118).

[2] 토지의 원소유자가 토지를 분할·매각함에 있어서 토지의 일부를 분할된 다른 토지의 통행

로로 제공하여 독점적·배타적인 사용수익권을 포기하고 그에 따라 다른 분할토지의 소유자들이 그 토지를 무상으로 통행하게 된 후에 그 통행로 부분에 사용수익의 제한이라는 부담이 있다는 사정을 알면서 그 토지의 소유권을 승계취득한 자는, 다른 특별한 사정이 없는 한 원칙적으로 그 토지에 대한 독점적·배타적 사용수익을 주장할 만한 정당한 이익을 갖지 않는다 할 것이어서 원소유자와 마찬가지로 분할토지의 소유자들의 무상통행을 수인해야 할 의무를 진다(대판 1998.3.10. 97다47118).

[3] 원소유자에 의하여 독점적·배타적 사용수익권이 포기된 통행로 부분의 승계인이 자신의 정당한 목적을 위하여 그 통행로와 함께 통행로를 필요로 하는 인근 주민들의 주택을 모두 매수하려 하였다가 그 중 1인의 주택만을 매수하지 못하였으나, 매수하지 못한 나머지 1인의 주택은 반대쪽의 공로에 접하여 있어서 승계인이 취득한 통행로에 대하여 주위토지통행권을 갖지 못하고, 따라서 그 통행로가 없더라도 나머지 1인의 주택이 갖추어야 할 건축법 제33조 제1항의 접도의무가 충족되는 사정이 인정되는 경우, 그 통행로에 대하여 유일하게 이해관계를 갖는 나머지 주택 소유자가 그 통행로를 이용하지 못하게 될 경우 어느 정도의 불이익을 입게 된다는 사정만으로는, 건물 신축을 위하여 인근 주택들을 모두 매수하고 건축허가까지 받아 통행로의 새로운 소유자가 된 승계인의 통행로에 대한 독점적·배타적인 사용수익권은 제한되지 않는다(대판 1998.3.10. 97다47118).

| 판례 33 | 주위토지통행권을 주장할 수 있는 자의 범위

【판시사항】

[1] 주위토지통행권을 주장할 수 있는 자의 범위

[2] 토지의 명의신탁자는 토지에 관하여 개발행위허가를 받았다거나 전소유자가 주위토지의 전소유자로부터 통행로에 해당하는 부분에 대한 사용승낙을 받은 적이 있다는 등의 사정만으로 주위토지의 현소유자에게 대항할 수 있는지 여부(소극)

【판결요지】

[1] 민법 제219조에 정한 주위토지통행권은 인접한 토지의 상호이용의 조절에 기한 권리로서 토지의 소유자 또는 지상권자, 전세권자 등 토지사용권을 가진 자에게 인정되는 권리이다. 따라서 명의신탁자에게는 주위토지통행권이 인정되지 않는다(대판 2008.5.8. 2007다22767).

[2] 토지의 명의신탁자는 토지에 관하여 개발행위허가를 받았다거나 전소유자가 주위토지의 전소유자로부터 통행로에 해당하는 부분에 대한 사용승낙을 받은 적이 있다는 등의 사정으로는 주위토지의 현소유자에게 대항할 수 없다(대판 2008.5.8. 2007다22767).

| 판례 34 | 주위토지통행권을 취득한 자의 허락을 얻어 사실상 통행하고 있는 자에 대한 손해보상 청구 여부(소극)

【판시사항】

[1] 민법 제219조 소정의 주위토지통행권을 취득한 자의 허락을 얻어 사실상 통행하고 있는 자에 대하여 주위토지소유자가 손해의 보상을 청구할 수 있는지 여부(소극)

[2] 민법 제219조 제2항 소정의 보상해야 할 손해의 수액을 정함에 있어 시가보다 저렴한 가격에 통행지를 취득한 사실 및 사도로서의 이용상황을 함께 고려한 조치의 정당성(긍정)

【판결요지】

[1] 민법 제219조는 어느 토지와 공로 사이에 그 토지의 용도에 필요한 통로가 없는 경우에 그 토지소유자에게 그 주위의 토지통행권을 인정하면서 그 통행권자로 하여금 통행지 소유자의 손해를 보상하도록 규정하고 있는 것이므로 통행권자의 허락을 얻어 사실상 통행하고 있는 자에게는 그 손해의 보상을 청구할 수 없다(대판 1991.9.10. 91다19623).

[2] 민법 제219조 제2항 소정의 주위토지통행권자가 통행지 소유자에게 보상해야 할 손해의 수액을 정함에 있어 통행지 소유자가 이미 조성된 도로임을 알면서 시가보다 저렴한 가격으로 취득한 사실 및 사도로서의 이용상황을 함께 고려한 조치는 정당하다(대판 1991.9. 10. 91다19623).

| 판례 35 | 장차의 이용상황까지 고려하여 자동차의 통행이 가능한 범위까지 주위토지통행권이 인정되는지 여부(소극)

【판시사항】

[1] 주위토지통행권이 인정되는 경우, 통행로의 폭이나 위치, 통행방법 등을 판단하는 기준 / 주위토지통행권의 범위를 정할 때 장차의 이용상황까지 미리 대비해야 하는지 여부(소극) 및 주위토지통행권을 자동차의 통행이 가능한 범위까지 허용할 것인지 여부(소극)

[2] 甲 등이 乙을 상대로 乙 소유의 토지 일부에 대하여 자동차 통행을 위한 주위토지통행권의 확인을 구한 경우에, 甲 등이 공로로 통행하기 위하여 사용하고 있는 통행로인 현존하는 우회통로가 甲 등의 소유 토지 이용에 부적합하여 통로로서의 충분한 기능을 하지 못한다고 볼 수 없는 경우에도 甲 등의 주위토지통행권이 인정되는지 여부(소극)

【판결요지】

[1] 민법 제219조에 규정된 주위토지통행권은 공로와의 사이에 그 용도에 필요한 통로가 없는 토지의 이용이라는 공익목적을 위하여 피통행지 소유자의 손해를 무릅쓰고 특별히 인정되는 것이다. 따라서 주위토지통행권이 인정된다고 하더라도 그 통행로의 폭이나 위치, 통행방법 등은 피통행지의 소유자에게 손해가 가장 적게 되도록 해야 하고, 이는 구체적 사안

에서 쌍방 토지의 지형적·위치적 형상과 이용관계, 부근의 지리 상황, 상린지 이용자의 이해득실, 인접 토지 이용자의 이해관계 기타 관련 사정을 두루 살펴 사회통념에 따라 판단해야 한다(대판 2006.6.2. 2005다70144, 2017.9.12. 2014다236304).

[2] 주위토지통행권의 범위는 현재의 토지의 용법에 따른 이용의 범위에서 인정되는 것이지 더 나아가 장차의 이용상황까지 미리 대비하여 통행로를 정할 것은 아니다(대판 2006.10.26. 2005다30993 등 참조). 또한 토지의 이용방법에 따라서는 자동차 등이 통과할 수 있는 통로의 개설도 허용되지만, 단지 토지이용의 편의를 위해 다소 필요한 상태라고 여겨지는 정도에 그치는 경우까지 자동차의 통행을 허용할 것은 아니다(대판 2006.6.2. 2005다70144, 2017.9.12. 2014다236304).

| 판례 36 | 주위토지통행권이 인정되는 경우에 통행로의 폭과 위치를 정함에 있어 고려할 사항

【판시사항】

[1] 주위토지통행권자가 피통행지의 소유자 이외의 제3자를 상대로 통행권의 확인 및 방해금지 청구를 할 수 있는 경우

[2] 민법 제219조에 정한 주위토지통행권이 인정되는 경우, 그 통행로의 폭과 위치를 정함에 있어 고려할 사항

[3] 아파트 단지 내 기존 통행로는 아스팔트가 포장되어 있어 차량 통행로로 사용되고 있기는 하지만 아파트 주민들의 전체 주거공간이므로, 공로로 통할 수 있는 인접한 녹지가 있는 이상 통행로 개설 비용이 들더라도 인접 녹지를 통하여 공로로 나가는 것이 아파트 단지 내의 주거의 평온과 안전에 대한 침해를 최소화하는 경우에도 위 기존 통행로에 대한 주위토지통행권을 인정할 수 있는지 여부(소극)

【판결요지】

[1] 통상 주위토지통행권에 관한 분쟁은 통행권자와 피통행지의 소유자 사이에 발생하나, 피통행지의 소유자 이외의 제3자가 일정한 지위나 이해관계에서 통행권을 부인하고 그 행사를 방해할 때에는 그 제3자를 상대로 통행권의 확인 및 방해금지 청구를 하는 것이 통행권자의 지위나 권리를 보전하는 데에 유효·적절한 수단이 될 수 있다(대판 2005.7.14. 2003다18661).

[2] 민법 제219조에 규정된 주위토지통행권은 공로와의 사이에 그 용도에 필요한 통로가 없는 토지의 이용이라는 공익목적을 위하여 피통행지 소유자의 손해를 무릅쓰고 특별히 인정되는 것이므로, 그 통행로의 폭이나 위치 등을 정함에 있어서는 피통행지의 소유자에게 가장 손해가 적게 되는 방법이 고려되어야 할 것이고, 어느 정도를 필요한 범위로 볼 것인가는 구체적인 사안에서 사회통념에 따라 쌍방 토지의 지형적·위치적 형상 및 이용관계, 부근의 지리상황, 상린지 이용자의 이해득실 기타 제반 사정을 기초로 판단해야 한다(대판

2005.7.14. 2003다18661).

[3] 아파트 단지 내 기존 통행로는 아스팔트가 포장되어 있어 차량 통행로로 사용되고 있기는 하지만 아파트 주민들의 전체 주거공간이므로, 공로로 통할 수 있는 인접한 녹지가 있는 이상 통행로 개설 비용이 들더라도 인접 녹지를 통하여 공로로 나가는 것이 아파트 단지 내의 주거의 평온과 안전에 대한 침해를 최소화화는 경우에는 위 기존 통행로에 대한 주위토지통행권이 인정되지 않는다(대판 2005.7.14. 2003다18661).

| 판례 37 | 주위토지통행권이 건축허가에 필요한 노폭까지 보장되어야 하는지 여부(소극)

【판시사항】

주위토지통행권이 장래 건축허가에 필요한 범위의 노폭까지 보장되어야 하는지 여부(소극)

【판결요지】

주위토지통행권은 주위토지소유자의 그 토지에 대한 독점적 사용권을 제한하는 권리로서 인접한 토지소유자간의 이해를 조정하는데 목적이 있으므로, 사람이 출입하고 다소의 물건을 공로로 운반할 정도의 폭만 확보할 수만 있다면 주위토지소유자의 손해가 가장 적은 장소와 방법을 선택해야 하는 것이고,이에 더 나아가 위요지소유자에게 장래 그 토지에 건축을 할 것에 대비하여 건축허가에 필요한 폭의 통행로를 미리 보장하고 주위토지소유자로 하여금 이를 수인하도록 하는 것까지를 그 내용으로 하는 것은 아니다(대판 1991.5.28. 91다9961,9978).

| 판례 38 | 주위토지통행권의 범위

【판시사항】

[1] 민법 제219조 제1항 소정의 주위토지통행권의 범위

[2] 토지의 현황경계에 관한 착오로서 법률행위의 중요 부분에 관한 착오라고 본 사례

【판결요지】

[1] 민법 제219조 제1항 소정의 주위토지통행권은 주위토지소유자에게 가장 손해가 적은 범위내에서 허용되는 것이지만 적어도 통행권자가 그 소유토지 및 지상주택에서 일상생활을 영위하기 위하여 출입을 하고 물건을 운반하기에 필요한 범위는 허용되어야 하며, 어느 정도를 필요한 범위로 볼 것인가는 통행권자의 소유토지와 주위토지의 각 지리적 상황 및 이용관계 등 제반사정을 참작하여 정해야 한다.

[2] 주위토지통행권자가 인접대지위의 담장이 그 대지의 경계선과 일치하는 것으로 잘못 알고 이 담장을 기준으로 통로폭을 정하여 주위토지소유자의 담장설치에 합의하였다면 이러한 합의는 토지의 현황경계에 관한 착오에 기인한 것으로서 그 착오는 법률행위의 중요부분

에 관한 착오라고 볼 수 있다(대판 1989.7.25. 88다카9364).

| 판례 39 | 건축허가 요건 충족을 위한 2m 도로 확보 규정을 참작하여 통행로의 노폭을 인정할 수 있는지(적극)

【판시사항】

[1] 주위토지통행권이 인정되는 경우, 그 통행로의 폭과 위치를 정함에 있어 고려할 사항

[2] 주위토지통행권의 범위를 결정함에 있어, 건축허가 요건 충족을 위한 2m 도로 확보 규정 등을 참작하여 통행로의 노폭을 2m로 인정할 수 있는지(적극)

【판결요지】

[1] 민법 제219조에 규정된 주위토지통행권은 공로와의 사이에 그 용도에 필요한 통로가 없는 토지의 이용이라는 공익목적을 위하여 피통행지 소유자의 손해를 무릅쓰고 특별히 인정되는 것이므로, 그 통행로의 폭이나 위치 등을 정함에 있어서는 피통행지의 소유자에게 가장 손해가 적게 되는 방법이 고려되어야 할 것이나, 최소한 통행권자가 그 소유 토지를 이용하는 데 필요한 범위는 허용되어야 하며, 어느 정도를 필요한 범위로 볼 것인가는 구체적인 사안에서 사회통념에 따라 쌍방 토지의 지형적, 위치적 형상 및 이용관계, 부근의 지리상황, 상린지 이용자의 이해득실 기타 제반 사정을 기초로 판단해야 한다(대판 1996.5.14. 96다10171).

[2] 주위토지통행권의 범위를 결정함에 있어, 건축허가 요건 충족을 위한 2m 도로 확보 규정 등을 참작하여 통행로의 노폭을 2m로 인정할 수 있다(대판 1996.5.14. 96다10171).

| 판례 40 | 행정재산인 토지에 대하여 주위토지통행권을 인정할 수 있는지 여부

【판시사항】

[1] 공로에 통하는 기존 통로가 있는 경우 주위토지통행권의 인정 여부(적극)

[2] 행정재산인 토지에 대하여 주위토지통행권을 인정할 수 있는지 여부(적극)

【판결요지】

[1] 주위토지통행권은 어느 토지가 타인 소유의 토지에 둘러싸여 공로에 통할 수 없는 경우뿐만 아니라, 이미 기존의 통로가 있더라도 그것이 당해 토지의 이용에 부적합하여 실제로 통로로서의 충분한 기능을 하지 못하고 있는 경우에도 인정된다(대판 1994.6.24. 94다14193).

[2] 지방재정법 제74조 제1항, 제82조 제1항에 의하면 공유재산은 지방자치단체의 장의 허가 없이 사용 또는 수익을 하지 못하고, 또 그중 행정재산에 관하여는 사권을 설정할 수 없게

되어 있음은 물론이나, 민법상의 상린관계의 규정은 인접하는 토지 상호간의 이용관계를 조정하기 위하여 인지소유자에게 소극적인 수인의무를 부담시키는 데 불과하므로, 그중의 하나인 민법 제219조 소정의 주위토지통행권이 위에서 말하는 사권의 설정에 해당한다고 볼 수 없고, 또 그러한 법정의 통행권을 인정받기 위하여 특별히 행정당국의 허가를 받아야 하는 것이라고도 할 수 없다(대판 1994.6.24. 94다14193).

| 판례 41 | 주위토지 등을 통행하기 위한 시설 등의 기준

【판시사항】

주위토지 등을 통행하기 위한 시설 등을 하는 경우에 있어서 손해가 가장 적은 장소와 방법의 선택기준

【판결요지】

주위토지를 통행하기 위한 시설이나 타인의 토지를 통과하는 수도 등 시설을 하는 경우, 그로 인한 손해가 가장 적은 장소와 방법을 선택해야 하는 것인바, 손해가 가장 적은 장소와 방법이 선택된 것인지의 여부는 사회통념에 비추어 부근의 지리상황, 상린지 이용자의 이해득실 기타 제반사정을 참작한 뒤 구체적 사례에 응하여 판단해야 한다(대판 1985.10.22. 85다카129).

| 판례 42 | 주위토지통행권의 인정에 있어서 장차의 이용상황까지 미리 대비하여 통행로를 정할 것을 청구할 수 있는지 여부(소극)

【판시사항】

주위토지통행권 범위의 판단기준

【판결요지】

민법 제219조에 규정된 주위토지통행권은 공로와의 사이에 그 용도에 필요한 통로가 없는 토지의 이용을 위하여 주위토지의 이용을 제한하는 것이므로 그 통행권의 범위는 통행권을 가진 자에게 필요할 뿐만 아니라 이로 인한 주위토지소유자의 손해가 가장 적은 장소와 방법의 범위 내에서 인정되어야 하며, 그 범위는 결국 사회통념에 비추어 쌍방 토지의 지형적, 위치적 형상 및 이용관계, 부근의 지리상황, 상린지 이용자의 이해득실 기타 제반 사정을 참작한 뒤 구체적 사례에 응하여 판단해야 하고, 또 현재의 토지의 용법에 따른 이용의 범위에서 인정되는 것이지 더 나아가 장차의 이용상황까지 미리 대비하여 통행로를 정할 것은 아니다(대판 1995.2.3. 94다50656).

| 판례 43 | 무상주위통행권의 주장 대상자의 범위

【판시사항】

[1] 무상주위통행권에 관한 민법 제220조의 적용범위

[2] 민법 제219조에 정한 주위토지통행권의 범위

[3] 불법점유임을 전제로 한 손해배상만을 구하고 있는 경우에 있어 민법 제219조에 의한 손해보상청구 여부에 대한 석명권를 행사하지 아니한 조처의 적부(적극)

【판결요지】

[1] 분할 또는 토지의 일부 양도로 인하여 공로에 통하지 못하는 토지가 생긴 경우에 그 포위된 토지를 위한 통행권은 분할 또는 일부 양도 전의 종전토지에만 있고, 그 경우 통행에 대한 보상의 의무가 없다고 하는 민법 제220조의 규정은 직접 분할자, 일부 양도의 당사자 사이에만 적용되고 포위된 토지 또는 피통행지의 특정승계인의 경우에는 주위토지통행권에 관한 민법 제219조의 일반원칙으로 돌아가 통행권의 유무를 가려야 한다(대판 1991.7.23. 90다12670·90다12678).

[2] 민법 제219조에 정한 주위토지통행권의 범위는 사람이 겨우 통행할 수 있는 정도로 제한되는 것이 아니고 통행자가 주택에 출입하여 일상생활을 영위하는데 필요한 범위의 노폭까지는 인정되어야 한다(대판 1991.7.23. 90다12670·90다12678).

[3] 민법 제219조에 의한 손해보상을 명할 것인지의 여부와 그 범위는 당사자의 청구와 입증에 의하여 결정해야 하므로, 토지의 점유가 불법점유임을 전제로 그에 대한 손해배상을 구하고 있을 뿐 위 법규정에 의한 손해보상을 구하지 않고 있다면 법원이 그에 대한 청구를 권유하고 입증을 촉구하는 등의 석명권을 행사하지 아니한 조처에 심리미진의 위법이 있다할 수 없다(대판 1991.7.23. 90다12670·90다12678).

| 판례 44 | 건축법과 주위토지통행권의 관계

【판시사항】

[1] 무상주위통행권에 관한 민법 제220조의 적용범위

[2] 포위된 토지소유자의 주위토지통행권에 기한 통행로의 폭이나 위치 등을 정함에 있어 고려할 사항과 건축법이 건축과 관련하여 도로에 관한 폭 등의 제한규정을 두고 있다 하여 포위된 토지소유자에게 같은 법이 정하는 도로의 폭 등과 일치하는 주위토지통행권이 생기는지 여부(소극)

【판결요지】

[1] 무상주위통행권에 관한 민법 제220조의 규정은 토지의 직접 분할자 또는 일부 양도의 당사자 사이에만 적용되고 포위된 토지 또는 피통행지의 특정승계인에게는 적용되지 않는다

(대판 1991.6.11. 90다12007).

[2] 민법 제219조, 제220조에 규정된 주위토지통행권은 상린관계에 기하여 피통행지 소유자의 손해를 무릅쓰고 포위된 토지소유자의 공로로의 통행을 위하여 특별히 인정하려는 것이므로 그 통행로의 폭이나 위치 등을 정함에 있어서는 포위된 토지소유자가 건축법상 증·개축을 하지 못하게 될 염려가 있다는 등의 사정보다는 오히려 피통행지 소유자에게 가장 손해가 적게 되는 방법이 더 고려되어야 하며, 건축법에 건축과 관련하여 도로에 관한 폭 등의 제한규정이 있다 하더라도 이는 건물 신축이나 증·개축허가시 그와 같은 범위의 도로가 필요하다는 행정법규에 불과할 뿐 위 규정만으로 당연히 포위된 토지소유자에게 그 반사적 이익으로서 건축법에서 정하는 도로의 폭이나 면적 등과 일치하는 주위토지통행권이 바로 생긴다고 할 수 없다(대판 1991.6.11. 90다12007).

| 판례 45 | 작은 통로가 있는 경우에도 주위토지통행권이 인정되는지 여부(적극)

【판시사항】

작은 통로가 있는 경우의 주위토지통행권

【판결요지】

사람하나가 겨우 다닐 수 있는 정도의 넓이밖에 없는 작은 통로로서 일상생활상 통로로 하기에 불편한 정도라면 상린관계의 이용조절을 위한 위요지 관념에 비추어 달리 주위 토지통행권을 인정할 것이다(대판 1977.9.13. 77다792).

| 판례 46 | 자동차의 통행이 가능한 노폭까지 통행권이 인정되는 경우와 그 예외

【판시사항】

주위토지통행권의 범위를 자동차의 통행이 가능한 노폭까지 인정해야 하는지 여부

【판결요지】

주위토지통행권의 범위는 통행권을 가진 자에게 필요할 뿐 아니라 이로 인한 주위토지소유자의 손해가 가장 적은 장소와 방법의 범위 내에서 인정되는 것이므로 사람이 주택에 출입하여 다소의 물건을 공로로 운반하는 등의 일상생활을 영위하는 데 필요한 범위의 노폭까지 인정되고, 토지의 이용방법에 따라서는 자동차 등이 통과할 수 있는 통로의 개설도 허용되지만 단지 생활상의 편의를 위해 다소 필요한 상태라고 여겨지는 정도에 그치는 경우까지 자동차의 통행을 허용할 것은 아니다(대판 1994.10.21. 94다16076).

| 판례 47 | 무상의 주위토지통행권이 포위된 토지 또는 피통행지의 특정승계인에게는 적용되는지 여부(소극)

【판시사항】

[1] 토지의 분할 또는 일부양도로 인한 무상주위통행권에 관한 민법 제220조가 포위된 토지 또는 피통행지의 특정승계인에게 적용되는지 여부(소극)

[2] 공로와의 통로가 없는 토지 내에 건물이 대지의 공로쪽 경계로부터 상당한 간격을 두고 건립되어 있는 경우 주위토지통행권의 인정범위

【판결요지】

[1] 분할 또는 토지의 일부 양도로 인하여 공로에 통하지 못하는 토지가 생긴 경우의 무상주위통행권에 관한 민법 제220조의 규정은 직접 분할자 또는 일부 양도의 당사자 사이에만 적용되고 포위된 토지 또는 피통행지의 특정승계인에게는 적용되지 않는다(대판 1990.8.28. 90다카10091·10107).

[2] 민법 제219조에 규정된 주위토지통행권은 공로와의 사이에 통로가 없는 토지의 이용을 위하여 주위토지의 이용을 제한하는 것이므로 그 통행권의 범위는 통행에 필요한 범위 내에서 인정하되 이로 인한 주위토지소유자의 손해가 가장 적은 장소와 방법의 범위 내에서만 허용되는 것이므로, 포위된 토지 내에 건물이 대지의 공로에 가까운 동쪽 경계로부터 3미터 이상의 상당한 간격을 두고 건립되어 있어 이 대지 경계에 면하여 위 건물의 남단과 북단에 각각 설치된 양쪽 출입문 사이의 통행은 인접지를 통행하지 않더라도 그 토지의 경계 내에서 가능한 경우에는 그토지로부터 공로로 통행하기 위한 통로로서는 그 토지의 북단 부근에서부터 공로에 이르는 부분만이 필요하다고 보아야 할 것이다(대판 1990.8.28. 90다카10091·10107).

| 판례 48 | 주위토지통행권에서의 통행로의 폭과 위치를 정함에 있어 고려할 사항 및 무상의 주위토지통행권의 승계 여부

【판시사항】

[1] 민법 제219조 소정의 주위토지통행권이 인정되는 경우, 그 통행로의 폭과 위치를 정함에 있어 고려할 사항

[2] 무상주위통행권에 관한 민법 제220조의 규정이 분할자 또는 일부 양도의 당사자가 무상주위통행권에 기하여 이미 통로를 개설해 놓은 후의 포위된 토지 또는 피통행지의 특정승계인에게도 적용되는지 여부(소극)

[3] 구 건축법 제2조 제11호 (나)목에 의한 도로로 지정된 경우 건축허가 등을 받은 사람이나 그 도로의 통행자에게 사법상 통행권이 인정되는지 여부(소극)

【판결요지】

[1] 민법 제219조에 규정된 주위토지통행권은 공로와의 사이에 그 용도에 필요한 통로가 없는 토지의 이용이라는 공익목적을 위하여 피통행지 소유자의 손해를 무릅쓰고 특별히 인정되는 것이므로, 그 통행로의 폭이나 위치 등을 정함에 있어서는 피통행지의 소유자에게 가장 손해가 적게 되는 방법이 고려되어야 할 것이나, 최소한 통행권자가 그 소유 토지를 이용하는 데 필요한 범위는 허용되어야 하며, 어느 정도를 필요한 범위로 볼 것인가는 구체적인 사안에서 사회통념에 따라 쌍방 토지의 지형적, 위치적 형상 및 이용관계, 부근의 지리상황, 상린지 이용자의 이해득실 기타 제반 사정을 기초로 판단해야 한다(대판 2002.5.31. 2002다9202).

[2] 무상주위통행권에 관한 민법 제220조의 규정은 토지의 직접 분할자 또는 일부 양도의 당사자 사이에만 적용되고 포위된 토지 또는 피통행지의 특정승계인에게는 적용되지 않는바, 이러한 법리는 분할자 또는 일부 양도의 당사자가 무상주위통행권에 기하여 이미 통로를 개설해 놓은 다음 특정승계가 이루어진 경우라 하더라도 마찬가지라 할 것이다(대판 2002.5.31. 2002다9202).

[3] 구 건축법 제2조 제11호 (나)목의 도로, 즉 '건축허가 또는 신고시 시장, 군수, 구청장(자치구의 구청장에 한한다)이 위치를 지정한 도로'로 지정되었다고 해서 건축허가 등을 받은 사람이나 그 도로를 통행하여 온 사람에게 그 도로를 자유로 통행할 수 있는 사법상의 권리가 부여되는 것은 아니다(대판 2002.5.31. 2002다9202).

| 판례 49 | 기존의 통로보다 편리하다는 이유만으로 주위토지통행권이 인정될 수 있는지 여부 (소극)

【판시사항】

[1] 기존의 통로보다 더 편리하다는 이유만으로 주위토지통행권을 인정할 수 있는지 여부

[2] 통행지역권의 시효취득요건

【판결요지】

[1] 주위토지통행권은 그 소유 토지와 공로 사이에 그 토지의 용도에 필요한 통로가 없는 경우에 한하여 인정되는 것이므로, 이미 그 소유 토지의 용도에 필요한 통로가 있는 경우에는 그 통로를 사용하는 것보다 더 편리하다는 이유만으로 다른 장소로 통행할 권리를 인정할 수 없다(대판 1995.6.13. 95다1088·95다1095).

[2] 지역권은 계속되고 표현된 것에 한하여 민법 제245조의 규정을 준용하도록 되어 있으므로, 통행지역권은 요역지의 소유자가 승역지 위에 도로를 설치하여 승역지를 사용하는 객관적 상태가 민법 제245조에 규정된 기간 계속된 경우에 한하여 그 시효취득을 인정할 수 있다(대판 1995.6.13. 95다1088·95다1095).

| 판례 50 | 다른 통로로의 이용·개설에 과다한 비용을 요하는 경우의 주위토지통행권 인정 여부(적극)

【판시사항】

민법 제219조 소정의 주위토지통행권이 인정되는 경우

【판결요지】

민법 제219조 소정의 주위토지통행권은 어느 토지와 공로 사이에 토지의 용도에 필요한 통로가 없는 경우에, 토지소유자가 주위의 토지를 통행 또는 통로로 하지 않으면 공로에 전혀 출입할 수 없는 경우뿐 아니라 과다한 비용을 요하는 때에도 인정할 수 있다(대판 1992.12.22. 92다36311).

| 판례 51 | 주위토지통행권에 기한 통행에 방해가 되는 경우 담장에 대한 철거청구도 가능한지 여부(적극)

【판시사항】

당초 적법하게 설치된 담장이 주위토지통행권에 기한 통행에 방해가 되는 경우 담장에 대한 철거의무 유무(적극)

【판결요지】

주위토지통행권의 본래적 기능발휘를 위하여는 그 통행에 방해가 되는 담장과 같은 축조물도 위 통행권의 행사에 의하여 철거되어야 하는 것이고, 그 담장이 비록 당초에는 적법하게 설치되었던 것이라 하더라도 그 철거의 의무에는 영향이 없다(대판 1990.11.13. 90다5238·90다카27761).

| 판례 52 | 주위토지통행권의 범위로서 폭 1.3미터 내지 1.5미터 정도의 통로가 인정될 수 있는지 여부(적극)

【판시사항】

[1] 어느 토지에 이미 통로가 있더라도 그것이 좁아서 그 토지의 용도에 적당하지 아니한 경우 주위토지통행권의 인정 여부(적극)

[2] 폭 1.3미터 내지 1.5미터 정도의 통로가 위요지의 이용을 위하여 필요한 범위 내의 것인지 여부(적극)

【판결요지】

[1] 주위토지통행권은 어느 토지가 타인 소유의 토지에 둘러싸여 공로에 통할 수 없는 경우뿐

만 아니라, 이미 통로가 있더라도 그것이 좁아서 그 토지의 용도에 부적당한 경우에도 인정된다(대판 1992.3.31. 92다1025).

[2] 폭 1.3미터 내지 1.5미터 정도의 통로가 위요지의 이용을 위하여 필요한 범위 내의 것으로 인정될 수 있다(대판 1992.3.31. 92다1025).

| 판례 53 | 기존 통로가 당해 토지의 이용에 부적합한 경우의 주위토지통행권의 인정 여부(적극)

【판시사항】

공로에 통하는 기존 통로가 당해 토지의 이용에 부적합하여 실제로 통로로서의 기능을 하지 못하고 있는 경우, 주위토지통행권의 인정 여부(적극)

【판결요지】

주위토지통행권은 어느 토지가 타인 소유의 토지에 둘러싸여 공로에 통할 수 없는 경우뿐만 아니라, 어떤 통로가 이미 있다고 하더라도 그 통로가 당해 토지의 이용에 부적합하여 실제로 통로로서의 충분한 기능을 하지 못하고 있는 경우에도 인정될 수 있다(대판 1994. 6. 24. 94다14193, 2005.12.9. 2004다63521).

| 판례 54 | 일단으로 되어 있던 동일인 소유의 수필의 토지 중 일부가 양도된 경우에 무상의 주위토지통행권이 인정되는지 여부(적극)

【판시사항】

주위토지통행권에 관한 민법 제220조의 적용범위

【판결요지】

동일인 소유의 토지의 일부가 양도되어 공로에 통하지 못하는 토지가 생긴 경우에 포위된 토지를 위한 주위토지통행권은 일부 양도 전의 양도인 소유의 종전토지에 대하여만 생기고 다른 사람 소유의 토지에 대하여는 인정되지 않으며, 또 무상의 주위토지통행권이 발생하는 토지의 일부 양도라 함은 1필의 토지의 일부가 양도된 경우뿐만 아니라 일단으로 되어 있던 동일인 소유의 수필의 토지 중 일부가 양도된 경우도 포함된다(대판 1993.12.14. 93다22906).

| 판례 55 | 무상의 주위토지통행권자에 대한 통행료 청구가 허용되는지 여부(소극)

【판시사항】

무상으로 통행해 온 주위토지통행권자에 대한 통행료 청구가 신의칙에 위배되어 허용될 수

없는 경우

【판결요지】

토지소유자가 토지를 매수할 때 통로 부분은 주위의 토지소유자들을 위해 무상으로 통행에 제공된 사실을 용인하고 그 상태에서 이를 매수한 것이라고 봄이 상당한 경우라면 통로 주위대지를 매수한 이래 줄곧 통로 부분을 무상으로 통행해 온 주위대지 소유자에 대하여 단지 통로의 소유자라는 이유만으로 통행료를 청구하는 것은 신의칙에 위배되어 허용될 수 없다(대판 1992. 2.11. 91다40399).

| 판례 56 | 통행을 방해하는 사람에 대한 통행방해의 배제나 방해행위의 금지를 구하는 것이 허용될 수 있는 요건

【판시사항】

[1] 일반 공중의 통행에 제공된 토지를 통행하려는 사람이 통행을 방해하는 사람에게 통행방해의 배제나 방해행위의 금지를 구하는 것이 허용될 수 있는 경우

[2] 별도의 진입로가 있는 토지의 이용에 관하여 주위토지통행권이 인정되기 위한 요건

【판결요지】

[1] 어떠한 토지가 일반 공중의 통행에 제공되는 상태에 있다는 사유만으로 이를 통행하고자 하는 사람이 그 통행을 방해하는 사람에 대하여 당연히 지장물의 제거 등을 포함하여 방해의 배제를 구할 수 있는 사법상 권리를 갖게 되는 것은 아니다. 다만 통행의 방해가 특정인에 대하여만 이루어지고 그로 인하여 일상생활에 지장을 초래하는 때와 같이 통행방해 행위가 특정인의 통행의 자유에 대한 위법한 침해로서 민법상 불법행위를 구성한다고 평가될 정도에 이른 경우에는 그 금지를 구하는 것이 허용될 수도 있다(대판 1995.11.7. 95다2203, 2011.10.13. 2010다63720). 채권자에게 계쟁 토지에 대한 통행방해의 배제나 방해 행위의 금지를 구할 사법상의 권리가 인정되려면, 위 토지가 일반 공중의 통행에 제공된 도로라는 사정만으로는 부족하고, 채무자가 채권자에 대하여만 그 도로에서의 통행을 방해하여 일상생활에 지장을 받게 하는 등으로 채권자의 통행의 자유를 위법하게 침해하였다고 볼 만한 특별한 사정이 인정되어야 한다.

[2] 계쟁 토지가 일반 공중의 통행에 제공된 도로에 해당하지 않는다고 하더라도, 공장부지와 공로를 연결하는 통로로 계쟁 토지 외에도 별도의 진입로가 있으나 그 진입로는 채무자가 약 3년 전에 이 사건 공장부지에 식재된 조경수를 옮기는 작업을 위해서 임시로 개설한 것으로 지반이 정비되어 있지 않아 자동차가 통행하기 어려우므로, 채권자는 민법 제219조에 근거하여 이 사건 공장부지로부터 공로에 출입하기 위하여 계쟁 토지를 통행할 권리가 있는지 문제된다. 어느 토지가 타인 소유의 토지에 둘러싸여 공로에 통할 수 없는 경우

뿐만 아니라, 별도의 진입로가 이미 있다고 하더라도 그 진입로가 당해 토지의 이용에 부적합하여 실제로 통로로서의 충분한 기능을 하지 못하거나 통로를 개설하는 데 과다한 비용을 요하는 때에는 민법 제219조에 의한 주위토지통행권이 인정될 수 있다(대판 1992.12.22. 92다36311, 2003.8.19. 2002다53469). 그러므로 계쟁 토지 이외에도 별도의 진입로가 있는 공장부지의 이용과 관련하여 주위토지통행권이 인정되기 위해서는 그 진입로가 통로로서 충분한 기능을 하지 못하거나 통로를 개설하는 데 과다한 비용을 요하는 때에 해당해야 할 것인데, 위 진입로의 폭은 공사용 차량 및 건설기계의 통행이 가능한 정도이고 그 노면도 공사용 차량 및 건설기계의 통행이 가능할 정도로 정비되어 있는 사정을 알 수 있어, 별도의 진입로가 통로로서 충분한 기능을 하지 못하거나 통로를 개설하는 데 과다한 비용을 요한다고 단정할 수는 없는 것이다(대결 2013.2.14. 2012마1417).

| 판례 57 | 주위토지통행권에서 통행할 장소의 선택 기준

【판시사항】

주위토지통행권이 인정되는 경우에 통행할 장소나 방법의 선택 기준

【판결요지】

어떤 토지가 다른 토지에 둘러싸여 있어서 공로에 출입할 수 없을 때에는 그 토지소유권자는 공로에 나가기 위하여 주위토지를 통행할 수 있다 할지라도 그 통행할 장소나 방법은 통행권을 가진 자에게 필요할 뿐만 아니라 주위토지에 대하여도 가장 손해가 적은 것을 선택해야 한다(대판 1971.10.22. 71다1920).

| 판례 58 | 주거지역에서 공로에 이르는 길로 폭 2미터의 우회도로가 있는 경우에도 다른 통로로의 통행권 주장 여부(소극)

【판시사항】

[1] 통행지역권설정계약의 묵시적 성립을 부인한 사례

[2] 통행지역권의 시효취득요건

[3] 기존의 통로보다 편리하다는 이유만으로 주위지통행권을 주장할 수 있는지 여부(소극)

【판결요지】

[1] 분양택지들을 매각하면서 토지 중 일부를 분양택지들을 위한 도로로 제공한 것이 아니라 다만 토지의 매수인으로서 그 부분에 대한 다른 택지소유자들의 통행을 묵인한 것에 불과하다면 묵시적인 지역권설정계약이 성립되었다고 볼 여지가 없다.

[2] 민법 제294조는 지역권은 계속되고 표현된 것에 한하여 민법 제245조의 규정을 준용한다

고 규정하고 있으므로, 요역지의 소유자가 승역지에 통로를 개설하여 그 통로를 사용하는 상태가 민법 제245조에 규정된 기간 계속된 경우에 한하여 통행지역권의 시효취득을 인정할 수 있다.

[3] 주거지역에서 공로에 이르는 길로 폭 2미터의 우회도로가 있다면 주위토지를 이용하여 공로에 이르는 것이 보다 편리하다는 이유만으로 주위지통행권을 주장할 수 없다(대판 1991.4.23. 선고 90다15167).

| 판례 59 | 토지의 특정승계인에 대한 무상의 주위토지통행권의 승계 여부(소극)

【판시사항】

무상 주위토지통행권에 관한 민법 제220조의 적용범위

【판결요지】

분할 또는 토지의 일부 양도로 인하여 공로에 통하지 못하는 토지가 생긴 경우에 그 포위된 토지를 위한 통행권은 분할 또는 일부 양도 전의 종전 토지에만 있고 그 경우 통행에 대한 보상의 의무가 없다고 하는 민법 제220조의 규정은 직접분할자 또는 일부 양도의 당사자 사이에만 적용되고 포위된 토지 또는 피통행지의 특정승계인에게는 적용되지 않는다(대판 1994.12.2. 93다45268).

| 판례 60 | 구상금 등

【판시사항】

토지소유자 자신이 토지와 공로사이에 공로를 막는 건물을 축조한 경우에도 타인소유의 주위의 토지를 통행할 권리가 생긴다고 할 수 있는지 여부(소극)

【판결요지】

토지소유자 자신이 그 토지와 공로사이의 통로를 막는 건물을 축조한 경우에는 타인소유의 주위토지를 통행할 권리가 생긴다고 할 수 없다(대판 1972.1.31. 71다2113).

| 판례 61 | 주위토지통행권의 한계

【판시사항】

민법 219조 소정 주위토지통행권의 한계

【판결요지】

토지소유자는 민법 219조에 의하여 그 토지의 용도에 필요한 통로가 없는 경우에만 그 주위토지를 통행 또는 필요에 따라서 통로를 개설할 수 있을 뿐이므로 위의 필요한 도로가 있는 경우에 그 통로를 사용하지 않고 더 편리하다는 이유만으로 타 장소를 통행한다든가 또는 통행권이 있어서 통행을 하는 경우에도 가장 손해가 적은 장소와 방법을 가려 통행할 수 있을 뿐 그에 제공되는 장소를 점유하고 그 소유자의 명도를 거부할 권리까지는 없는 것이다(대판 1976.5.11. 75다2338).

| 판례 62 | 건축법상의 규정된 노폭대로 주위토지통행권이 인정되는지 여부(소극)

【판시사항】

건축법상 건축과 관련한 노폭 등의 제한규정과 주위토지통행권

【판결요지】

건축법에 건축과 관련하여 도로에 관한 폭 등의 제한규정이 있다 하더라도 이는 건물 신축이나 증 개축 허가시 그와 같은 범위의 도로가 필요하다는 행정법규에 불과할 뿐 위 규정만으로 당연히 포위된 토지소유자에게 그 반사적 이익으로서 건축법에서 정하는 도로의 폭이나 면적 등과 일치하는 주위토지통행권이 바로 생긴다고 할 수 없다(대판 1994.2.25. 93누20498).

| 판례 63 | 주거의 자유 및 안전과 주위토지통행권

【판시사항】

주위토지통행권의 행사를 이유로 주거의 자유와 안전을 해할 수 없는 경우

【판결요지】

기본적 인권의 하나인 주거의 자유와 안전은 민법에서 인정하는 주위토지통행권 행사의 이유로써 침해할 수 없으며, 만일 헌법상의 주거의 안전을 침해하지 않고서는 통행권을 적법히 행사할 수 없는 경우라면 차라리 통행권방해에 의한 건물의 철거 기타 장애물의 제거를 요구함은 별문제로 하더라도 주거를 그대로 인정하면서 통행권 행사를 이유로 주거의 자유와 안전을 해할 수는 없다. 주거는 사람으로서의 사적생활과 평온한 휴식처로서 인간생활에 있어서의 가장 중요한 장소라 아니할 수 없으므로 우리 헌법은 주거의 자유를 보전을 보호하였으므로 민법에서 인정하는 주위토지통행권을 행사함에 있어서도 위와 같은 기본적 인권의 하나인 주거의 자유와 안전은 통행권행사의 이유로서도 침해할 수 없다 할 것이며 만일 위와 같은 주거의 안전을 침해하지 않고서는 통행권을 적법하게 행사할 수 없는 경우라면 차라리 통행권시해에 의한 건물의

철거 기타 자애물의 제거를 요청함은 별문제로 하더라도 주거를 그대로 인정하면서 통행권행사를 이유로 주거의 자유와 안전을 해할 수는 없다 할 것이다(대판 1962.6.2. 62아3).

| 판례 64 | 인근주민의 주위토지통행권이 침해되는 경우 건축허가의 취소 가부(소극)

【판시사항】

사실상의 도로위의 건물신축으로 인근주민의 주위토지통행권이 침해되는 경우 건축허가의 취소 가부(소극)

【판결요지】

사실상의 도로 위에 건축을 신축할 경우 인근주민이 노폭 1미터 정도의 협소한 우회도로를 사용할 수 밖에 없게 되어 주위토지통행권을 보장한 민법 제219조에 위반된다고 하더라도 이것은 위 도로소유자와 주민들 간에 민사절차에 의하여 해결되어야 할 문제이지 이를 이유로 일단 적법하게 행하여진 건축허가를 취소할 수는 없다고 할 것이다(대판 1990.2.27. 89누7016).

| 판례 65 | 통행로의 노폭 인정 범위

【판시사항】

주위토지통행권의 통행범위

【판결요지】

민법 제219조가 규정하는 주위토지통행권은 사람이 겨우 통행할 수 있는 범위로 제한된다는 것이 아니고 통행자가 주택에 출입하여 일상생활을 영위하는데 필요한 범위의 노폭까지는 인정되어야 한다(대판 1988.11.8. 87다카2127·2128).

| 판례 66 | 기존 통로보다 편리함을 이유로 한 주위토지통행권의 인정 여부(소극)

【판시사항】

기존의 통로보다 더 편리하다는 이유만으로 다른 곳으로 주위 통행할 수 있는지 여부(소극)

【판결요지】

주위토지통행권은 그 소유토지와 공로사이에 그 토지의 용도에 필요한 통로가 없는 경우에 한하여 인정되는 것이므로 이미 그 소유토지의 용도에 필요한 통로가 있는 경우에는 이 통로를 사용하는 것보다 더 편리하다는 이유만으로 다른 장소로 통행할 권리를 인정할 수는 없다(대판

1982.6.22. 82다카102).

| 판례 67 | 통행권 침해의 배제를 위한 완공 가설건축물의 건축허가처분의 취소 여부(소극)

【판시사항】

통로개설 등 통행권 침해의 배제를 구함에 있어 원심변론종결 전에 완공된 가설건축물에 대한 건축허가처분의 취소를 구할 소익의 유무

【판결요지】

甲이 도시계획상 도로예정지로 고시되어 있는 자기소유의 토지위에 가설건축물허가를 받아 원심변론종결전에 그 허가내용대로 가설건축물을 완공하였다면 위 토지에 이미 사실상의 도로가 개설되어 乙 경영의 기숙사로 출입하는 유일한 통행로로 이용되고 있어서 위 건축허가처분이 결과적으로 위 토지에 대한 乙의 주위토지통행권을 침해하는 위법한 처분이라고 하더라도 乙이 위 건축허가처분의 취소를 받아 위 가설건축물의 건립을 저지할 수 있는 단계는 이미 지났을 뿐만 아니라 乙이 민사소송으로서 甲을 상대로 통로개설등 통행권침해의 배제를 구함에 있어 위 가설건축물 건축허가처분의 취소를 명하는 판결이 반드시 필요한 것도 아니므로 乙로서는 위 가설건축물 건축허가처분의 취소를 소구할 법률상의 이익이 있다고는 할 수 없다(대판 1987.9.8. 86누375).

| 판례 68 | 공로가 없는 토지에 대한 불사용에 정당한 사유가 인정되기 위한 요건

【판시사항】

공로로 통하는 통로가 없는 토지의 불사용과 정당한 사유

【판결요지】

공로로 통하는 통로가 없는 토지의 소유권을 취득한 자가 주위토지통행권에 의한 통로개설을 위한 어떤 시도도 하지 않은 채 공로에 통하는 통로가 없다는 이유만으로 그 토지를 사용하지 않고 방치하고 있는 것은 그 소유자가 이를 사용하지 못한 데에 정당한 사유가 있는 것이라고 볼 수 없다(대판 1984.7.10. 83누648).

| 판례 69 | 주위토지통행권자가 통행지 소유자의 점유까지 배제할 권능이 있는지 여부(소극)

【판시사항】

상린관계로 인한 통행권과 통행지 소유자의 사용권

【판결요지】

어느 토지와 공로 사이에 통로가 없어 그 토지소유자가 공로에 출입하기 위하여 주위의 토지를 통행하거나 통로를 개설할 수 있다고 하여 그 통행지에 대한 통행지 소유자의 점유를 배제할 권능까지 있는 것은 아니며 통행지 소유자는 이를 전적으로 점유하고 있는 통행권자에 대하여 그 인도를 청구할 수 있다(대판 1980.4.8. 79다1460).

| 판례 70 | 통행지 소유자가 통행지를 전적으로 점유하고 있는 통행권자에 대한 인도 청구 여부(적극)

【판시사항】

통행지 소유자가 그 통행지를 전적으로 점유하고 있는 통행권자에 대하여 그 인도를 구할 수 있는지 여부(적극)

【판결요지】

다른 사람의 소유토지에 대하여 상린관계로 인한 통행권을 가지고 있는 사람은 그 통행권의 범위내에서 그 토지를 사용할 수 있을 뿐이고 그 통행지에 대한 통행지소유자의 점유를 배제할 권능까지 있는 것은 아니라고 할 것이므로 통행지를 전적으로 점유하고 있는 사람에 대하여 위 토지의 인도를 구하는 청구는 인용되어야 한다(대판 1977.4.26. 76다2823).

| 판례 71 | 무상주위토지통행권의 승계 여부(소극)

【판시사항】

무상주위통행권에 관한 민법 제220조의 규정이 포위된 토지 또는 피통행지의 특정승계인에게 적용되는지 여부(소극)

【판결요지】

무상주위통행권에 관한 민법 제220조의 규정은 토지의 직접 분할자 또는 일부 양도의 당사자 사이에만 적용되고 포위된 토지 또는 피통행지의 특정승계인에게는 적용되지 않는다(대판 2002.5.31. 2002다9202, 2009.8.20. 2009다38247·38254).

| 판례 72 | 건축허가신청을 위한 토지사용승낙에 대한 의사표시의 청구에 도로개설을 위한 이해관계인의 동의에 대한 청구가 포함되는지 여부(적극)

【판시사항】

통행로에 대한 사용승낙의무가 있는 토지소유자를 상대로 '건축허가신청을 위한 토지사용승낙의 의사표시'를 구한 경우, 그 취지는 '건축법상 건축허가에 필요한 도로를 개설하기 위한 범위 내에서 이해관계인의 동의'를 구하는 것이라고 볼 수 있는지 여부(적극)

【판결요지】

토지 매수인이 매수 토지의 통로로 이용되는 매도인 소유 토지 중 일부 지분을 직접 매수하면서 그 토지 전체를 통로로 사용할 것을 합의한 후 건축허가신청을 하면서 그 토지에 관한 매도인의 소유 지분에 대하여 건축허가신청을 위한 토지사용승낙의 의사표시를 구한 경우, 그 청구취지는 건축법상 건축허가에 필요한 도로를 개설하기 위한 범위 내에서 이해관계자의 동의를 구하는 것으로 보아야 하고, 이에 매도인에게 토지사용승낙의 의사표시를 이행할 의무가 있다고 할 수 있다(대판 1998.3.10. 97다50121).

| 판례 73 | 통행지를 배타적으로 점유하고 있는 통행권자에 대한 통행지소유자의 인도 청구 가부(적극)

【판시사항】

상린관계로 인한 통행권을 가지는 자가 통행지를 배타적으로 점유하는 경우 통행지 소유자가 그 인도를 청구할 수 있는지 여부(적극)

【판결요지】

다른 사람의 토지에 대하여 상린관계로 인한 통행권을 가지는 사람은 그 통행권의 범위 내에서(가장 손해가 적은 장소와 방법을 가려) 그 토지를 사용할 수 있고, 토지소유자는 이를 수인할 의무가 있으나, 이 경우 통행지에 대한 소유자의 점유까지 배제되는 것은 아니므로, 통행권자가 통행지를 통행함에 그치지 않고 이를 배타적으로 점유하고 있다면, 통행지 소유자는 통행권자에 대하여 그 인도를 청구할 수 있다(대판 1993.8.24. 93다25479).

| 판례 74 | 토지의 분할과 인접 토지에 대한 주위토지통행권 인정 여부(소극)

【판시사항】

일필의 토지가 분할되고 그로 인하여 공로에 통할 수 없는 토지가 생긴 경우에 그 토지를 위한 통행을 위하여 그에 인접된 타인소유의 토지에 대하여 통행권이 인정될 수 있는지(소극)

【판결요지】

1필의 토지가 분할되고 그로 인하여 공로에 통할 수 없는 토지가 생긴 경우에 그 토지를 위한 통행은 종전의 동 1필지에 속하였던 토지에 한하고 그에 인접된 타인소유의 토지에 대하여 통행권이 생기는 것은 아니다(대판 1970.5.12. 70다337).

| 판례 75 | 주위토지통행권에 대한 확인판결과 건축법상 '이해관계를 가진 자의 동의'와의 관계

【판시사항】

타인 소유의 토지부분에 대하여 주위토지통행권이 있음을 확인한다는 내용의 확정판결로써 건축법시행령 제64조 제1항 소정의 '이해관계를 가진 자의 동의'에 갈음할 수 있는지 여부(부정)

【판결요지】

주위토지통행권은 토지소유자가 타인 소유의 주위토지를 통행할 수 있고 필요한 경우에는 통로를 개설할 수 있는 권리에 불과하므로, 타인 소유의 토지부분에 대하여 주위토지통행권이 있음을 확인한다는 내용의 확정판결로써 시장, 군수가 그 토지부분을 도로로 지정하는 데 필요한 건축법시행령 제64조 제1항 소정의 "이해관계를 가진 자의 동의"에 갈음할 수 없다(대판 2009.8.20. 2009다38247·38254).

| 판례 76 | 토지의 불법점유자도 위요지통행권이나 통행지역권의 시효취득이 가능한지 여부(소극)

【판시사항】

토지의 불법점유자가 그 토지상에 소유건물을 가졌다고 하여 위요지통행권이나 통행지역권의 시효취득 주장을 할 수 있는지 여부

【판결요지】

위요지 통행권이나 통행지역권은 모두 인접한 토지의 상호이용의 조절에 기한 권리로서 토지의 소유자 또는 지상권자 전세권자 등 토지사용권을 가진자에게 인정되는 권리라 할 것이므로 위와 같은 권리자가 아닌 토지의 불법점유자는 토지소유권의 상린관계로서 위요지 통행권의 주장이나 통행지역권의 시효취득 주장을 할 수 없다(대판 1976.10.29. 76다1694).

| 판례 77 | 경계로부터 법정거리를 두지 않고 세워진 건물의 철거청구를 소제기가 아닌 건축허가처분에 대한 이의로써도 가능한지 여부(적극)

【판시사항】

[1] 경계로부터 법정거리를 두지 않고 세워진 건물의 철거청구는 건축허가처분에 대한 이의로써도 가능한지 여부

[2] 법정거리안에 세워진 건물 부분의 철거청구가 권리남용에 해당하는 경우

[3] 사회통념상 인용범위내의 일조권 침해로 인한 정신적 고통에 대한 위자료청구권 유무

【판결요지】

[1] 경계로부터 민법 제242조, 제244조에 따른 법정거리를 두지 않고 세워진 건물의 철거 등

을 구하는 소에 관하여 그 소가 건물이 완성된 후에 제기된 것이므로 부적법하다는 항변에 관하여는, 소제기자가 법정제척기간 내에 소제기의 방법이 아닌 건축허가처분에 대한 이의를 한 경우에는 배척될 수 있다(대판 1982.9.14. 80다2859).

[2] 이 사건 건물은 민법 제242조 소정의 확보거리 0.5 미터를 다 두지 못하고 원고소유 대지로 부터 30센치미터를 두고 세워져 있어 동 건물의 각층마다 1.2평씩만이 법정거리내에 들어 있는바 동 건물이 건물이 건축된지 수년이 지난 지금 법정거리안에 있는 건물부분을 철거하는 것은 원고에게는 거의 어떠한 이익도 가져오지 못하고 오히려 사회, 경제적으로 보나 상린관계의 취지에서 보나 이를 철거한다는 것은 적절하지 않으므로 원고의 위 건물부분의 철거청구는 권리의 사회성에 비추어 권리남용에 해당한다(대판 1982.9.14. 80다2859).

[3] 이웃토지상의 건물로 인하여 직사광선이 차단되는 불이익을 받는 경우에 그것이 사회통념상 일반적으로 인용할 정도를 넘지 않는 한 이를 감수할 것이므로 이로 인하여 입는 정도의 고통은 감내해야 한다(대판 1982.9.14. 80다2859).

| 판례 78 | 통행지를 전적으로 점유하고 있는 통행권자에 대한 통행지 소유자의 인도청구 가부(적극)

【판시사항】

상린관계로 인한 통행권과 통행지 소유자의 사용권

【판결요지】

어느 토지와 공로 사이에 통로가 없어 그 토지소유자가 공로에 출입하기 위하여 주위의 토지를 통행하거나 통로를 개설할 수 있다고 하여 그 통행지에 대한 통행지 소유자의 점유를 배제할 권능까지 있는 것은 아니며 통행지 소유자는 이를 전적으로 점유하고 있는 통행권자에 대하여 그 인도를 청구할 수 있다(대판 1980.4.8. 79다1460).

| 판례 79 | 법정거리안에 있는 건물에 대한 철거청구가 권리남용에 해당하는 경우

【판시사항】

법정거리안에 세워진 건물 부분의 철거청구가 권리남용에 해당하는 경우

【판결요지】

본건 건물은 민법 제242조 소정의 확보거리 0.5 미터를 다 두지 못하고 원고 소유 대지로부터 30센치미터를 두고 세워져 있어 동 건물의 각층마다 1.2평씩만이 법정거리 내에 들어 있는 바, 동 건물이 건물이 건축된지 수년이 지난 지금 법정거리 안에 있는 건물부분을 철거하는 것은

원고에게는 거의 어떠한 이익도 가져오지 못하고, 오히려 사회, 경제적으로 보나 상린관계의 취지에서 보나 이를 철거한다는 것은 적절하지 않으므로 원고의 위 건물 부분의 철거청구는 권리의 사회성에 비추어 권리남용에 해당한다(대판 1982.9.14. 80다2859).

| 사례 6 | 공로에 통하는 기존 통로가 있는 경우에도 주위토지통행권이 인정되는지 여부(한정 적극)

비록 본건 토지에서 공로에 이르는 기존의 소로가 있으나, 그 통로는 지게를 지고 한 사람이 겨우 다닐 수 있는 오솔길에 불과하여 그 기존의 통로는 공장용지로 사용되고 있는 본건 토지의 용도에 적당하지 않다고 할 것이고, 위 토지의 전전소유자였던 ○○○외 3인이 본건 ○○리 375번지 등 토지의 일부를 통행로로 사용한 이래 위 통행로를 이용하여 경운기, 차량 등이 통행하여 왔고, 위 통행로에 연결되어 377번지, 378번지 상에 개설된 도로를 통과하지 않으면 본건 토지뿐만 아니라 원고 소유의 본건 ○○리 375 등 토지에서도 공로에 이를 수 있는 통로로서 자동차가 통행할 수 있는 통행로가 없는 점 등에 비추어 보면, 피고가 본건 ○○리 375번지 등 토지의 일부 상에 주위토지통행권을 가진다고 봄이 상당하다. 따라서 본건 ○○리 375번지 등 토지상에 피고의 주위토지통행권이 미치는 위치와 범위, 피고가 본건 ○○리 375번지 등 토지를 통과하지 않으면 필요한 맨홀 및 하수관로를 설치할 수 없는지 여부를 확정한 다음 아스팔트포장, 옹벽, 맨홀 및 하수관로 등에 대한 철거의 필요성 여부 및 범위, 토지인도의 필요성 여부 및 범위, 손해보상금 또는 부당이득금의 존부 및 범위에 관하여 더 나아가 판단했어야 할 것인데도 본건 375 등 토지상에 피고의 주위토지통행권 또는 수도 등 시설권이 인정되지 않음을 전제로 피고의 주장을 모두 배척하고, 원고의 청구를 일부 인용한 것에는 주위토지통행권, 수도 등 시설권 등에 관한 법리오해의 위법이 있다고 할 것이다(대판 2003.8.19. 2002다53469).

| 사례 7 | 일단의 토지를 형성하고 있던 동일인 소유의 수필의 토지 중 일부가 양도된 경우, 양도인 소유의 종전 토지에 대하여 무상의 주위토지통행권이 인정되는 경우에도 제3자 소유의 토지에 대하여 주위토지통행권을 주장할 수 있는지 여부(소극)

동일인 소유의 토지의 일부가 양도되어 공로에 통하지 못하는 토지가 생긴 경우에 포위된 토지를 위한 주위토지통행권은 일부 양도 전의 양도인 소유의 종전 토지에 대하여만 생기고 다른 사람 소유의 토지에 대하여는 인정되지 않으며, 또 무상의 주위토지통행권이 발생하는 토지의 일부 양도라 함은 1필의 토지의 일부가 양도된 경우뿐만 아니라 일단으로 되어 있던 동일인 소유의 수필의 토지 중 일부가 양도된 경우도 포함된다 할 것이다(대판 1993.12.14. 93다22906, 1995.2.10 94다45869·45876). 그런데 춘성군은 1992. 2. 1. 춘천군으로 명칭이 변경되었다가 「도농복합형태의 시설치에 따른 행정특례 등에 관한 법률」(법률 제4796호)에 의하여 1995. 1. 1.

자로 춘천시로 통합된 사실, 춘성군 소유이던 △△리 227-5 잡종지 16,621㎡가 1984. 10. 29. △△리 227-67 잡종지 614㎡를 비롯한 여러 필지로 분할되었다가, 위 227-67 잡종지 614㎡가 1994. 11. 21. 다시 227-67 대 399㎡와 227-82 잡종지 215㎡로 분할되었는데, 원고는 1994. 12. 16. 춘천군으로부터 위 227-67 대 399㎡를 매수하여 1996. 2. 10. 소유권이전등기를 마쳤고 위 227-82 토지는 춘천시 소유로 남아 있는 사실, 한편 위 △△리 227-73 잡종지 2,935㎡가 1984. 10. 29. 위 △△리 227-5 잡종지 16,621㎡로부터 위 227-67 잡종지 614㎡ 등과 함께 분할되었다가 1985. 3. 30. 다시 위 227-79 잡종지 1,056㎡ 및 227-80 잡종지 702㎡ 등으로 분할되었는데, 위 227-79 및 227-80 토지는 여전히 춘천시 소유인 사실, 위 227-79 토지는 227-67 토지의 동쪽면에, 위 227-80 토지는 위 227-79 토지의 동쪽면에 각 연접하고 있는 사실, 위 227-67 토지를 비롯한 위 227-79, 227-80 및 227-82 토지는 춘천군이 원고에게 227-67 토지를 매도할 당시인 1994. 12. 16.경 일단의 토지를 형성하고 있었던 사실, 위 227-80 토지의 일부분이 춘천시 △△역과 ○○면을 잇는 대로와 접하고 있는 사실을 알 수 있다. 사실관계가 이와 같다면, 원고로서는 춘천군으로부터 위 227-67 대 399㎡를 매수할 당시인 1994. 12. 16.경 위 227-67 토지와 함께 일단의 토지를 형성하고 있었고, 현재도 춘천군을 통합한 춘천시 소유인 227-79 토지 및 227-80 토지에 대하여만 무상의 주위토지통행권이 생길 뿐이므로 제3자인 피고 소유의 위 227-83 토지에 대하여는 민법 제219조에 따른 주위토지통행권을 주장할 수 없다 할 것이다. 그럼에도 불구하고, 원심에서 원고에게 위 227-79 및 227-80 토지에 대한 무상의 주위토지통행권이 인정되는 이상 위 227-83 토지에 대한 주위토지통행권은 인정되어서는 안된다는 피고의 주장을 배척한 것은 무상의 주위토지통행권에 관한 법리를 오해하였다고 할 것이다(대판 2005.3.10. 2004다65589·65596).

| 사례 8 | 주위토지통행권 발생한 후 해당 토지에 접하는 공로가 개설된 경우에는 주위토지통행권이 소멸되는지 여부(적극)

주위토지통행권은 어느 토지와 공로 사이에 그 토지의 용도에 필요한 통로가 없어 주위의 토지를 통행하거나 통로를 개설하지 않고서는 공로에 출입할 수 없는 경우 또는 통로가 있더라도 해당 토지의 이용에 부적합하여 실제로 통로로서의 충분한 기능을 하지 못하는 경우에 인정되는 것이므로(대판 1992.3.31. 92다1025, 1994.6.24. 94다14193, 1995.9.29. 94다43580), 일단 주위토지통행권이 발생하였다고 하더라도 나중에 그 토지에 접하는 공로가 개설됨으로써 주위토지통행권을 인정할 필요성이 없어진 때에는 그 통행권은 소멸하는 것이다. 이에 피신청인이 그 소유의 본건 주택을 매수할 때에는 (가) 부분이 그 주택에서 공로로 나갈 수 있는 유일한 통로였으나, 1992. 시행된 하천복개공사로 새로운 공로가 개설되어 그 이후부터는 피신청인 주택 대지의 한 쪽 면 전부가 새로운 공로에 접하게 된 사실, 피신청인의 대지와 새로운 공로 사이에 통행을 심히 불편하게 할 만한 단층이나 옹벽 등은 존재하지 않으며, 실제로 피신청인이 대문을 설치하여 새로운 공로로 통행하고 있고, 다만 피신청인 주택의 구조로 보아 새로운 공로로 직접 나가는 것이 다소 불편한 정도인 사실 등이 인정되므로, 피신청인이 위 (가) 부분에 대하여 가지고 있던 기존의 주위토지통행권은 새로운 공로의 개설과 동시에 당연히 소멸되었다고 보아야 할 것이다. 그러므로 피신청인이 위 (가) 부분에 대하여 주위토지통행권을 갖지 않는다고 본 판단은 정당하고 주위토지통행권에 관한 법리오해의 위법이 있다고 볼 수 없다(대판 1998.3.10. 97다47118).

| 사례 9 | 주위토지통행권을 취득한 자의 허락을 얻어 사실상 통행하고 있는 자에 대하여 주위토지소유자가 손해보상을 청구할 수 있는지 여부(소극)

민법 제219조는 어느 토지와 공로 사이에 그 토지의 용도에 필요한 통로가 없는 경우에 그 토지소유자에게 그 주위의 토지통행권을 인정하면서 그 통행권자로 하여금 통행지소유자의 손해를 보상하도록 규정하고 있는 것이므로 통행권자의 허락을 얻어 사실상 통행하고 있는 자에게는 그 손해의 보상을 청구할 수 없다고 할 것이다. 같은 취지에서 본건 토지의 통행권자가 피고 국제상사임을 확정하여 같은 피고로부터 허락을 받아 그 지상의 건물을 점유하고 있는 피고 ○○○에 대한 원고의 보상청구를 받아들이지 않는 것은 정당하다고 할 것이다. 또한 본건 토지의 통행권자인 피고 국제상사가 원고에게 보상해야 할 손해의 수액을 정함에 있어서도 원고가 본건 토지가 이미 조성된 도로임을 알면서 시가보다 저렴한 가격으로 취득한 사실 및 사도(私道)로서의 이용상황을 다른 사정들과 함께 고려하였는데, 이러한 조치는 타당하다고 할 것이다(대판 1991.9.10. 91다19623).

| 사례 10 | 아파트 단지 내 기존 통행로가 아스팔트로 포장되어 있어 차량 통행로로 사용되고 있기는 하지만 아파트 주민들의 전체 주거공간이고, 공로로 통할 수 있는 인접한 녹지가 있는 경우이도 기존 통행로에 대한 주위토지통행권을 인정하는 것이 타당한지 여부(소극)

민법 제219조에 규정된 주위토지통행권은 공로와의 사이에 그 용도에 필요한 통로가 없는 토지의 이용이라는 공익목적을 위하여 피통행지 소유자의 손해를 무릅쓰고 특별히 인정되는 것이므로, 그 통행로의 폭이나 위치 등을 정함에 있어서는 피통행지의 소유자에게 가장 손해가 적게 되는 방법이 고려되어야 할 것이고, 어느 정도를 필요한 범위로 볼 것인가는 구체적인 사안에서 사회통념에 따라 쌍방 토지의 지형적·위치적 형상 및 이용관계, 부근의 지리상황, 상린지 이용자의 이해득실 기타 제반 사정을 기초로 판단해야 하며(대판 2002.5.31. 2002다9202 등 참조), 한편 주거는 사람의 사적인 생활공간이자 평온한 휴식처로서 인간생활에 있어서 가장 중요한 장소가 아니라고 할 수 없어 우리 헌법도 주거의 자유를 보장하고 있는바, 주위토지통행권을 행사함에 있어 이러한 주거의 자유와 평온 및 안전을 침해하여서는 안된다고 하고 있다(대판

1962.6.2. 62아3). 그런데 본건 통행로는 아스팔트가 포장되어 있어 차량 통행로로 사용되고 있기는 하지만 어디까지나 서초한양아파트 단지 내의 대지로서 외부와는 분리된 아파트 주민들의 전체 주거공간이라고 할 것이므로, 서초한양아파트 주민들은 본건 통행로를 포함한 아파트 단지 내에서 주거로서의 평온과 안전을 누릴 권리가 있다고 할 것이고, 특히 본건 통행로는 길이가 261m로서 위 아파트 단지 내를 'ㄷ'자 형태로 가로지르고 있는 점에 비추어, 본건 통행로가 현재 차량의 통행로로 사용되고 있다는 사정만으로 원고들이 본건 통행로를 통하여 공로로 나가는 것이 토지소유자인 아파트 주민들에게 손해가 가장 적은 장소와 방법이라고 쉽게 단정해서는 안된다 할 것이며, 나아가 본건 대지는 ㅇㅇ아파트 단지의 남서쪽 끝에 위치하고 있고 공로(우면로)로부터 직선거리로는 30m 남짓 떨어져 있으며, 그 중간 부분의 토지는 현재 녹지공간으로 사용되고 있을 뿐 별도의 시설이 존재하지 않으므로, 만일 본건 대지로부터 서쪽 부분의 토지를 통하여 공로로 나아간다면 원고들로서는 별도의 통행로를 개설하는데 비용이 들고 아파트 주민들로서는 녹지로 조성되어 있던 부분이 통행로로 사용되는 것을 수인해야 하는 점은 있겠으나, 아파트 단지 내의 주거의 평온과 안전에 대한 침해가 최소화될 수 있다고 볼 여지가 있다. 따라서 원심에서는 아파트 주민들의 주거의 평온과 안전을 염두에 두면서 본건 대지로부터 서쪽 부분의 토지를 통하여 공로로 통행하는 것이 가능한지 여부와 그 소요 비용액 및 ㅇㅇ아파트 입주자들이 입게 될 부담의 정도 등을 살펴본 후 나머지 사정들까지 모두 종합하여 주위토지통행권 인정 여부를 판단하였어야 할 것인데도 불구하고, 이를 심리·확정하지 않은 채 이미 개설된 본건 통행로를 통행하는 것이 원고들과 아파트 주민들에게 손해가 가장 적은 방법이라고 판단하여 본건 통행로에 대한 주위토지통행권을 인정하고 방해금지를 명하는 것은 주위토지통행권에 관한 법리를 오해한 위법이 있다고 할 것이다(대판 2005.7.14. 2003다18661).

| 사례 11 | 주위토지통행권자가 피통행지의 소유자 외의 제3자를 상대로 한 통행권의 확인 및 방해금지청구가 가능한 경우

통상 주위토지통행권에 관한 분쟁은 통행권자와 피통행지의 소유자 사이에 발생하나, 피통행지의 소유자 이외의 제3자가 일정한 지위나 이해관계에서 통행권을 부인하고 그 행사를 방해할 때에는 그 제3자를 상대로 통행권의 확인 및 방해금지 청구를 하는 것이 통행권자의 지위나 권리를 보전하는 데에 유효·적절한 수단이 될 수 있다. 피고는 ㅇㅇ아파트의 입주자와 사용자들이 단지 내 아파트 및 부대시설을 관리할 목적으로 동별 세대수에 비례하여 선출한 대표자들로 구성된 구 주택건설촉진법 제38조 제1항 및 구 공동주택관리령 제10조 제1항에 의하여 설립된 입주자대표회의로서 비법인사단에 해당하고, 그 동안 피고가 관리사무소 직원들을 동원하여 원고들이 위 대지 및 인근 ㅇㅇ가든 3차아파트 부지인 토지에 의하여 포위된 본건 대지의 주위 경계에 담장을 쌓기 위하여 아파트 단지 내 주통행로로 통행하려는 것을 막는 등 원고들 주장의 주위토지통행권을 부인하고 그 행사를 방해하여 왔음을 알 수 있는 바, 원고들로서는 이와 같은 피고를 상대로 주위토지통행권의 확인 및 방해금지를 청구하는 것이 자신들의 지위나 권리를 보전하는 데 유효·적절한 수단이 될 수 있어 소의 이익이 있다 할 것이다(대판 2005.7.14. 2003다18661).

| 사례 12 | 주위토지통행권의 범위를 어느 정도 허용해주어야 하는지 여부와 고려 사항

원심은 본건 토지에 대한 원고의 통행권을 인정하면서도 현재 통로로 사용되고 있는 첨부도면 표시 (가)부분의 폭은 골목입구가 113센티미터, 골목중간은 154센티미터, 대문입구쪽은 259센티미터로서 리어카가 통과할 수 없고 건축법상 규정된 노폭을 확보하지 못한 통로로서 일상생활에 다소 불편이 있음은 인정되나, 막다른 골목까지의 길이가 10미터 35센티로서 비교적 짧은 골목이고 대문입구쪽은 골목입구쪽 보다 현저히 넓어 생활에 필요한 가재도구 등을 충분히 반입할 수 있으므로 공로에의 통행이 전혀 불가능한 것이 아니라고 판단하여 원고의 본건 담장철거청구를 배척하였다. 그러나 민법 제219조 제1항 소정의 주위토지통행권은 주위토지소유자에게 가장 손해가 적은 범위 내에서 허용되는 것이지만 적어도 통행권자가 그 소유토지 및 그 지상주택에서 일상생활을 영위하기 위하여 출입을 하고 물건을 운반하기에 필요한 범위는 허용되어야 하며, 어느 정도를 필요한 범위로 볼 것인가는 통행권자의 소유토지와 주위토지의 각 지리적 상황 및 이용관계등 제반사정을 참작하여 정해야 할 것이다. 본건에서 현장검증결과를 보면 원래 여천동 46의3 대 220.8평은 소외 ○○○의 소유였는데 동인은 1975년경 위 토지를 같은동 46의3 대 44.6평, 46의4애 35.2평, 46의5 대 12평, 46의6 대 30평, 46의7 대 30.7평, 46의8 대 68.2평으로 분할한 후, 본건 토지인 46의5 대 12평은 위 분할로 공로에 접할 수 없게 된 46의4 및 46의7등 대지를 위하여 공로에 통하는 도로로 사용하고자 토지대장상 지목을 도로로 변경한 사실, 그후 1977. 2. 8. 위 각 토지 중 46의4 대 35.2평을 원고에게 매도하여 원고가 그 지상에 철근콘크리트조 슬라브즙 2층 주택 건평 1층 16.5평, 2층 13.6평을 건축하여 거주하면서 본건 토지를 공로에 통하는 도로로 사용해 왔으며, 나머지 토지들은 1978. 2. 20. 낙찰허가결정으로 피고에게 소유권이전이 된 후 이중 46의3 대 44.6평이 1978.5.29. 소외 ◇◇◇에게 다시 소유권이전이 된 사실, 피고는 그 나머지 토지인 46의6, 47의7, 46의8 등 3필지를 46의6, 1필지로 합병함으로써 본건 토지는 오로지 원고 소유 대지를 위한 통행로만 남게 되었는데, 피고는 도로인 본건 토지에 원심판결 첨부도면과 같이 담장을 설치함으로써 원고가 사용하던 통행로가 좁아지게 되어 현재 위 통행로의 입구쪽은 폭이 113센티미터에 불과하여 사람이 우산을 펴고 드나들 수 없을 뿐 아니라 리어카도 출입할 수 없을 정도인 사실이 엿보인다. 이와 같이 본건 토지는 원래의 토지소유자가 원고소유 대지 등을 위한 통로로 사용하고자 분할하여 지목까지도 도로로 변경한 토지인 사정과 원고와 피고의 각 소유대지 및 지상건물의 규모와 이용상황 등 제반사정에 비추어 보면, 현재 우산을 펴고 드나들 수 없고 리어카도 출입할 수 없을 정도인 통로입구쪽의 폭 113센티미터는 원고소유 대지 및 건물에서 일상생활을 영위하기 위하여 사람이 출입하고 물건을 운반하기에 너무 협소하다고 하지 않을 수 없다(통로안쪽의 폭이 비교적 넓다고 하여도 통로입구쪽의 폭이 협소하다면 그 통로의 사용은 전체적으로 지장을 받을 수 밖에 없으므로 통로입구의 폭도 최소한 통로중간 폭인 150센티미터 내외 정도의 노폭은 허용되어야 할 것이다). 결국 원심판결이 통로안쪽의 폭이 입구쪽보다는 넓고 통로의 길이가 짧아 공로에의 통행이 전혀 불가능한 것은 아니라는 이유로 원고의 청구를 배척한 것은 주위토지통행권의 범위에 관한 법리를 오해한 위법이 있다고 할 것이다(대판 1989.7.25. 88다카9364).

| 사례 13 | 주위토지통행권의 범위를 결정함에 있어, 건축허가 요건 충족을 위한 2m 도로 확보 규정 등을 참작하여 통행로의 노폭을 2m로 인정한 판단이 타당한지 여부(적극)

본건에서 원심에 의하면 원고는 본건 토지를 건축물의 부지로 사용하려 한다는 것이고, 이 경우 건축법 제33조 제1항 및 제8조의 규정에 의하면 본건 토지가 2m 이상 도로에 접해야 건축허가를 받을 수 있으므로, 원고로서는 노폭 2m의 통행로를 확보해야 할 필요성이 절실하다 할 것이고, 피고도 장차 원고가 본건 토지 상에 건물을 신축할 것에 대비하여 노폭 2m의 통행로를 남겨두고 건축허가를 받은 것으로 보이므로, 통행로의 노폭이 건축허가에 필요한 요건을 충족하느냐의 여부는 원고의 주위토지통행권의 범위를 결정함에 있어 중요한 참작 요소가 된다 할 것이고, 여기에 원·피고 소유 토지 및 통행로의 위치와 면적, 현재의 토지이용 상황을 덧붙여 보면 본건 토지에 필요한 통행로의 노폭을 2m로 보았는바, 이러한 원심의 판단은 타당하다고 볼 수 있다. 이에 반하여 피고는 통행로의 노폭이 건축허가에 필요한 노폭에 다소 미달하더라도 이는 행정상 허용되는 오차의 범위에 포함된다거나 피고가 건축허가의 내용과는 달리 준공검사를 받은 이상 원고가 건축허가를 받음에 있어서도 행정상 신뢰보호의 원칙에 의하여 구제될 수 있다고 주장하고 있으나, 이는 독자적인 견해에 불과하여 채택할 수 없고, 이미 건물이 들어서 있는 경우 일반적으로 노폭이 1.5m 정도이면 사람의 통행에 지장이 없으며, 피고는 또한 나대지라는 이유로 그 보다 넓은 범위의 주위토지통행권을 인정함은 모순이라거나 건축허가의 요건 충족 여부를 통행권의 범위를 결정하는 기준으로 허용한다면 기존건물의 증·개축시에도 같은 문제가 발생하게 되어 이를 둘러싼 분쟁이 폭주할 것이라고 주장하고 있으나 이는 본건에 적절치 않는 것으로서, 모두 받아들일 수 없다고 할 것이다. 한편 피고는 통행로의 노폭이 2m로 결정될 경우 피고가 기왕에 설치한 대문 및 담장을 철거해야 하고, 대문을 다시 내기 위하여는 실외 계단을 철거해야 하며 정원의 상당 부분을 상실하는 등으로 유형적, 무형적 손해를 입게 된다고 주장하고 있으나 피고가 입게 될 손해는 수인의무의 한도 내에 포함되는 것으로 볼 수 있으므로, 원심의 판단은 정당하다고 볼 것이다(대판 1996.5.14. 96다10171).

| 사례 14 | 포위된 토지소유자의 주위토지통행권에 기한 통행로의 폭이나 위치 등을 정함에 있어 고려할 사항 및 건축법상의 도로폭 등의 제한규정과 일치하는 주위토지통행권이 생기는지 여부(소극)

본건 토지는 소외 ○○○이 1975. 경 ○○동 46의3 대 220.8평을 각 분할하면서 그 분할로 인하여 공로에 접할 수 없게 된 대지상의 주택 소유자들을 위하여 공로로 통하는 도로에 제공하고자 당시 시행되던 건축법에 따라 공로에 접한 도로폭을 3미터로 정하여 분할한 것으로서 원고는 본건 토지를 강행법규인 건축법에 따라 막다른 골목 안의 건축물의 방화 및 방재와 주민의 안전을 위하여 개설되었던 도로인 관계로 이를 통행할 반사적 이익 내지 관행통행권이 있다고 할 것인데, 원고가 주장한 바는 만일 피고가 본건 토지의 원래의 도로폭 3미터를 1.5미터로 좁히게 된다면 골목 안의 대지소유자인 원고가 주택의 증·개축은 물론 기타 대수리도 할 수 없게 될 것인데도 원심에서는 만연히 원고에게 통행에 필요한 최소한도의 통행권이 있을 뿐이라고 판단함으로써 원고의 통행권 내지 생활이익권(인격권)을 침해하여 강행법규인 건축법의 법리를 그르친 판단이라고 하고 있다. 그런데 민법 제219조, 제220조에 규정된 주위토지통행권은 상린관계에 기하여 피통행지 소유자의 손해를 무릅쓰고 포위된 토지소유자의 공로로의 통행을 위하여 특별히 인정하려는 것이므로 그 통행로의 폭이나 위치 등을 정함에 있어서는 포위된 토지소유자가 건축법상 증·개축을 하지 못하게 될 염려가 있다는 등의 사정보다는 오히려 피통행지소유자에게 가장 손해가 적게 되는 방법이 더 고려되어야 할 것이다. 또한 원고의 주장과 같이 건축법에 건축과 관련하여 도로에 관한 폭 등의 제한규정이 있다 하더라도 이는 건물신축이나 증·개축허가시 그와 같은 범위의 도로가 필요하다는 행정법규에 불과할 뿐 위 규정만으로 당연히 원고에게 그 반사적 이익으로서 건축법에서 정하는 도로의 폭이나 면적 등과 일치하는 주위토지통행권이 바로 생긴다거나 주위토지의 특정승계인인 피고에게 위 행정법규의 제한을 수인해야 할 사법상의 의무를 승계한다고 할 수는 없을 것이다. 원심이 본건 주위통행로의 폭을 정함에 있어 구체적으로 건축법 등과 관련하여 설시하지는 않았으나 이러한 견해에 입각하여 원고 소유의 대지 및 건물에서 일상생활을 영위하기 위하여 사람이 출입하고 물건을 운반하는 등의 통행을 위해서는 통로입구의 폭을 통로의 중간폭인 1.5미터 정도 유지하면 된다고 판시한 것이어서 이는 주위토지통행권의 성질에 비추어 정당하고, 거기에 건축법의 법리오해나 판단유탈의 위법이 있다고 할 수 없을 것이다(대판 1991.6.11. 90다12007).

| 사례 15 | 사람하나 겨우 다닐 수 있는 정도의 넓이밖에 없는 작은 통로로서 일상생활상 통로로 하기에 불편한 정도에 이른 경우 이를 위요지라고 보아 주위토지통행권을 인정할 수 있는지 여부(적극)

원고의 집 북편 출입구라는 것은 원고의 집 모퉁이와 그 이웃집 담벽사이의 넓이 약 50센치미터 가량의 공간을 거쳐 남의 집뒤와 남의 담벽사이를 통해 골목길로 통할 수 있는 넓이 약 23인치 높이 약 66인치의 조그만 문이 달려 있는 곳으로서 남의 집 뒤이고 그 남의 집의 부지인 토지도 남의 것이라서 원고가 임의로 더 넓혀 사용할 수도 없는 상태에 있어 현상태로서는 사람하나가 겨우 다닐 수 있는 정도의 넓이밖에 안되는 것인바, 사실관계가 그렇다면 위 출입구 정도로서는 그것을 원고의 일상생활상 통로로 하기에 불편하고 애로가 많을 것이 예상된다고 할 수 있을 것이고, 피고의 집은 약 40년 전에 소외 ◇◇◇이 주위 상황을 고려하여 인근주민의 통행을 위하여 최소한 필요한 길을 이사건 통로로서 남겨두고 집을 지은 것이라는 사실을 알 수 있음을 고려하면 원고의 집 북편에 위와 같은 정도의 통로가 있다 하여 그것만으로서 본건에 있어서의 원고의 소유 토지를 위 요지로 보지 않는 것은 상린관계의 이용조절을 위한 위요지 관념에 부합하지 않으므로 본건 문제의 통로는 원고에게 통행권이 있다고 할 것이다(대판 1977.9.13. 77다792).

| 사례 16 | 주위토지통행권의 범위를 자동차의 통행이 가능한 노폭까지 인정해야 하는지 여부(소극)

원고 소유의 경기 ○○군 소재 토지는 맹지여서 원고 가족은 피고의 집 마당을 거쳐 공로로 통행하여 왔고, 피고도 그동안 별다른 제지를 하지 않았던 점, 그런데 원고는 19○○. 5. 19. 종전 가옥을 헐고 큰 가옥을 신축하면서 인근 임야로 돌아가는 길을 도로 현황으로 표시하여 건축허가를 받고 실제 그 곳에 폭 3미터의 길을 내어 레미콘 트럭 등 건축자재 운반용 차량이 통행하였는데, 건물이 완공되자 상당 부분 이를 되메우고 다시 피고의 집 마당을 통행하면서 자가용 승용차까지 운행하고 찻길을 고른다며 피고의 집 울타리의 나무가지를 베고 배수로를 메워 버린 점, 피고는 원고의 승용차가 마당 부분을 수시로 통과하면서 경적을 울리는 경우 일일이 마당에 보관 중인 경운기, 트랙터 등의 농기구를 치워 주어야 하는 등 갖가지 생활상의 불편이 있음에 본건 통로를 폐쇄하였다가 통행방해배제 가처분결정이 나오자 기존 창고에 잇대어 벽을 쌓아 창고를 만들어 버림으로써 마당통로의 폭을 2미터로 줄어들게 하여 사실상 자동차의 통과를 불가능하게 하였던 점, 그러자 원고는 건축공사시 내었던 곳에 다시 길을 내어 그 길로 통행하고 있으면서, 피고의 마당 통로 2미터를 자동차 통행까지 가능하도록 하는 내용의 주위통행권을 주장하고 있는 것이 본건에서의 사실관계이다. 이에 대하여 원심에서는 주위토지통행권의 범위는 통행권을 가진 자에게 필요할 뿐 아니라 이로 인한 주위토지소유자의 손해가 가장 적은 장소와 방법의 범위 내에서 인정되는 것이므로 사람이 주택에 출입하여 다소의 물건을 공로로 운반하는 등의 일상생활을 영위하는데 필요한 범위의 노폭까지 인정되고, 토지의 이용방법에 따라서는 자동차 등이 통과할 수 있는 통로의 개설도 허용될 것이지만, 단지 생활상의 편의를 위해 다소 필요한 상태라고 여겨지는 정도에 그치는 경우까지 자동차의 통행을 허용할 것은 아니라고 판단하면서, 본건 통로 중 피고 창고 옆의 별지 도면표시 ㉮부분 옆의 노폭은 2미터로서 원고 가족이 별다른 방해나 지장을 받지 않고 통행하기에 충분한 범위이고, 원고 소유의 토지는 그 지상에 가옥 소유 외에 다른 목적은 없어 자동차 통행이 피고에게 미치는 영향이 심대한데 비추어 그것이 허용되지 않는 경우의 원고의 불편 정도는 그리 크지 않는 점에 비추어 피고가 원고 차량의 통행까지 용인할 의무는 없다고 판단하였는데, 이러한 판단은 사실오인이나 주위토지통행권에 관한 법리오해의 위법이 있다고 할 수 없을 것이다(대판 1994.10.21. 94다16076).

| 사례 17 | 토지의 분할 또는 일부양도로 인한 무상주위통행권이 그 포위된 토지 또는 피통행지의 특정승계인에게까지 적용되는지 여부(소극)

분할 또는 토지의 일부 양도로 인하여 공로에 통하지 못하는 토지가 생긴 경우의 주위통행권에 관한 민법 제220조의 규정은 직접 분할자 또는 일부 양도의 당사자 사이에만 적용되고, 포위된 토지 또는 피통행지의 특정승계인에게는 적용되지 않는다고 할 것이다(대판 1971.10.19. 69다2277, 1985.2.8. 84다카921·922). 이에 원고들이 피통행지라고 주장하는 ㅇㅇ리 296의 53 토지는 원래 분할자인 소외 국(國)의 소유였으나 그후 1988. 1. 6. 소외 한국담배인삼공사에게 현물출자로 그 소유권이 이전되었다는 것이므로, 포위된 토지소유자인 피고는 위 피통행지의 특정승계인으로서 현재의 소유자인 소외 한국담배인삼공사에 대하여 민법 제220조의 규정에 의한 주위통행권을 주장할 수 없음이 명백하다고 할 것이다(대판 1990.8.28. 90다카10091·10107).

| 사례 18 | 공로와의 통로가 없는 토지 내에 건물이 대지의 공로쪽 경계로부터 상당한 간격을 두고 건립되어 있는 경우에도 주위토지통행권이 인정되는지 여부(소극)

민법 제219조에 규정된 주위토지통행권은 공로와의 사이에 통로가 없는 토지의 이용을 위하여 주위토지의 이용을 제한하는 것이므로 그 통행권의 범위는 통행권에 필요한 범위 내에서 인정하되, 이로 인한 주위토지소유자의 손해가 가장 적은 장소와 방법의 범위 내에서만 허용되는 것이다. 이에 원고 소유인 ㅇㅇ리 296의8 대지는 위요지이고, 그 지상건물은 지하 1층 지상 4층 연면적 364.09평방미터의 철근콘크리트조 복합상가 건물로서 대중음식점, 사무실, 주거용부분 등으로 이용되고 있고, 위 위요지로부터 공로인 42번 국도까지는 약 27미터의 거리인 점, 원고들 소유의 본건 대지인 같은 리 296의2 대지 및 같은 리 50대지는 피고 외에도 위 상가건물에 출입하는 사람들과 인근주민들이 통로로서 이용하고 있는 점, 위 건물의 용도 및 본건 대지의 통행상황, 위 토지의 통행사용에 관한 원·피고들간의 이해관계, 막다른 도로의 길이가 10미터이상 35미터미만인 경우의 도로폭은 3미터 이상이어야 한다는 건축법 시행령 제62조 규정의 취지 등 제반사정을 종합해보면, 위 피고 소유의 위요지에서 공로인 위 국도에 이르는 통로는 노폭 3미터로 함이 적당하므로 피고에게 본건 대지 중 별지 제2도면 표시 ㄱ, ㅌ, ㅎ, ㅋ, ㄱ의 각 점을 순차로 연결한 선내 (가), (라)부분 대 90평방미터에 대하여 주위토지통행권을 인정하는 것이 타당하다고 할 것이다. 그런데 본건 대지의 남쪽경계는 담장으로 막혀 막다른 골목을 이루고 있어 피고 소유의 대지 및 건물에 출입하는 사람들만의 통로 및 주차장 등으로 사용되고 있고, 인근주민들의 통로로 사용되고 있지는 않는 사정이 엿보이는바, 감정인의 1989. 4. 8.자 측량감정 결과를 합쳐보면 위 피고 소유 대지 위에 건립된 건물은 원고 소유의 본건 대지의 경계로부터 대략 3미터 이상의 상당한 간격을 두고 건립되어 있어서 이 대지경계에 면하여 위 건물의 남단과 북단에 각각 설치된 양쪽 출입문 사이의 통행은 원고 소유의 본건 대지를 통행하지 않더라도 피고 소유 대지 경계 내에서 가능하다고 보인다. 사실관계가 이렇다면 위 피고 소유 토지로부터 공로로 통행하기 위한 통로로서 본건 대지 중 (라)부분 전부가 필요하다고 볼 수 없고, 이중 피고 소유 토지의 북단부근에서부터 공로에 이르는 부분만이 필요하다고 보아야 할 것이며, 또한 이 것이 주위토지소유자인 원고에게 가장 손해가 적은 범위 내에서 통행을 허용하는 것이 될 것이다. 따라서 원심이 이러한 것을 고려하지 않지 않은 채 만연히 원고 소유의 본건 대지 중 (라)부분 전부에 대하여 피고의 통행권을 인정한 것은 주위토지통행권의 범위에 관한 법리오해의 위법이 있다고 하지 않을 수 없을 것이다(대판 1990.8.28. 90다카10091·10107).

| 사례 19 | 기존의 통로보다 더 편리하다는 이유만으로 주위토지통행권을 인정할 수 있는지 여부(소극)

주위토지통행권은 그 소유 토지와 공로사이에 그 토지의 용도에 필요한 통로가 없는 경우에 한하여 인정되는 것이므로, 이미 그 소유 토지의 용도에 필요한 통로가 있는 경우에는 그 통로를 사용하는 것보다 더 편리하다는 이유만으로 다른 장소로 통행할 권리를 인정할 수는 없다고 할 것이다(대판 1977.6.7. 76다808, 1982.6.22. 82다카102, 1991.4.23. 90다15167). 이에 본건을 보건데, 원심은 왕복 4차선의 공로에 접하여 있는 원고 소유의 본건 대지의 한쪽 면이 길이 약 29미터, 폭 4.1 내지 2.1미터의 골목길(이하 동쪽통로라 한다)의 일부를 이루고 있고, 위 동쪽 통로의 서쪽 끝부분은, 길이 약 75미터, 폭 3.0 내지 1.0미터의 골목길(이하 남쪽통로라 한다)의 북쪽 끝부분과 직각으로 연결되어 있는데, 피고들(반소원고)은 위 길이 약 75미터의 남쪽 통로에 접하여 있는 토지의 소유자들로서 위 남쪽 통로의 남쪽 방향으로 가다가 그 통로 끝부분에서 우측으로 약 45미터 돌아나간 다음 다시 168미터 정도 더 진행해야 가장 가까운 버스정류장을 이용할 수 있음에 반하여, 위 남쪽 통로의 북쪽 방향으로 가다가 그 통로 끝부분과 연결된 위 동쪽 통로를 이용하게 되면 곧바로 공로에 연결되고 버스정류장도 동쪽 통로 끝으로부터 19.7미터 밖에 떨어져 있지 않는 점, 본건 토지는 소외인이 1974. 11.경 토지 일부를 남겨두고 주택을 건축함으로써 그 토지의 한쪽 면 일부가 현재와 같이 동쪽 통로의 일부를 이루게 되었고, 원고는 1982. 10. 20.경 본건 대지와 위 주택을 매수한 이래 인근 주민들이 위 부분을 통행로로 이용하는 것을 묵인하여 온 점은 인정되지만, 이러한 사실만으로는 피고들이 위 동쪽 통로의 부지에 대하여 주위토지통행권을 갖는다거나 원고가 피고들의 통행을 금지하고 위 동쪽 통로 부분에 담장을 설치하는 것이 권리의 남용이나 신의에 반하는 권리행사라고 볼 수 없다고 판단하였는데, 이러한 판단은 정당하다고 할 것이다(대판 1993.9.28. 93다 26076, 1995.6.13. 95다1088·1095).

| 사례 20 | 어느 토지와 공로 사이에 토지의 용도에 필요한 통로가 없는 경우의 주위토지통행권

민법 제219조 소정의 주위토지통행권은 어느 토지와 공로 사이에 토지의 용도에 필요한 통로가 없는 경우에, 토지소유자가 주위의 토지를 통행 또는 통로로 하지 않으면 공로에 전혀 출입할 수 없는 경우뿐 아니라 과다한 비용을 요하는 때에도 인정할 수 있다(대판 1992.12.22. 92다36311). 또한 주위토지통행권은 어느 토지와 공로 사이에 그 토지의 용도에 필요한 통로가 없는 경우에, 그 토지소유자가 주위의 토지를 통행 또는 통로로 하지 않으면 공로에 전혀 출입할 수 없는 경우뿐 아니라 과다한 비용을 요하는 때에도 인정할 수 있는 것인바, 별지도면에 의하면 피고 소유의 토지는 별지도면 ㅂ-ㅌ부분이 도로에 접한 것으로 되어 있기는 하나 그 길이는 1.5m 정도에 지나지 아니한 것으로 보이고, 그것도 공로보다 2m 이상 높은 곳에 위치하고 있어 그 부분에 도로에 통행할 수 있는 통로를 개설하려면 계단을 설치해야 하는데, 현재 그 도로에는 그 앞 대지의 소유자가 계단과 담장을 설치하여 점유하고 있기 때문에 그 구조물을 철거하지 않고는 피고가 그 소유의 가옥에 출입할 수 있을 정도의 폭과 안전성을 갖춘 계단을 설치하기가 거의 불가능하고, 현재 피고가 통로로 이용하고 있는 (가)부분은 원고 소유의 본건 토지 중 담장 밖의 부분으로 그 폭이 1.3m 정도이고 그 침범평수도 4㎡에 불과하다는 것인바, 사정이 그렇다면 위 ㅂ-ㅌ의 점을 연결한 선상의 부분은 피고 소유의 토지에서 공로에 이르는 통행로로 사용하기에 부적당한 곳이라 할 것이고, 또한 그 부분만 가지고서는 피고 소유의 가옥이 서 있는 토지의 용도에 필요한 통로를 확보하기에 부족한 것으로 보이며, 더욱이 피고 소유의 토지는 도로보다 2m 이상 높은 곳에 있어 피고 소유 토지의 용도에 필요한 통로를 개설하는 것은 거의 불가능하거나 과다한 비용을 요하고, 피고가 통로로 이용하고 있는 원고 소유의 (가)부분 토지 이외에는 피고가 달리 공로에 개설할 수 없으며, 위 (가)부분의 토지는 피고 소유의 토지의 이용을 위하여 필요한 범위 내의 통로라고 볼 것이므로, 본건에서 원심이 원고 소유의 본건 토지 중 별지도면 (가)부분 4㎡의 토지가 원고에게 가장 손해가 적은 장소와 방법이라고 보아 피고에게 그 부분에 대한 주위토지통행권이 있다고 판단한 것은 정당하고, 거기에 주위토지통행권의 법리를 오해한 위법이 있다고 할 수 없다(대판 1992.12.22. 92다36311).

| 사례 21 | 당초 적법하게 설치된 담장이 주위토지통행권에 기한 통행에 방해가 되는 경우 담장에 대한 철거의무도 있는지 여부(적극)

원심은 본건 주위토지통행권을 인정함에 있어 별지 제1도면 표시 3, 1, 7, 8, 6, 3의 각 점을 순차로 연결하는 선내부분만을 그 범위로 한정하고, 원고 주장의 같은 도면 1,3,4,1의 각 점을 연결한 선내 (다)부분은 주위통행권의 범위에서 배제하였는바, 본건 통행로가 위치한 지형적 형상, 부근의 지리상황, 상린지 이용자의 이해득실 기타 제반사정을 참작하여 볼 때, 타당하고 거기에 주위토지통행권의 범위에 관한 법리오해가 있다고 할 수 없을 것이다. 또한 주위토지통행권의 본래적 기능발휘를 위하여는 그 통행에 방해가 되는 본건 피고 소유의 담장과 같은 축조물도 위 통행권의 행사에 의하여 철거되어야 하는 것이고, 그 담장이 비록 당초에는 적법하게 설치되었던 것이라 하더라도 그 철거의무에는 영향이 없는 것이다(대판 1990.11.13. 90다5238·27761).

| 사례 22 | 폭 1.3미터 내지 1.5미터 정도의 통로가 위요지의 이용을 위하여 필요한 통행로의 범위에 속하는 것인지 여부(적극)

주위토지통행권은 어느 토지가 타인 소유의 토지에 둘러싸여 공로에 통할 수 없는 경우뿐만 아니라, 이미 통로가 있더라도 그것이 좁아서 그 토지의 용도에 적당하지 아니한 경우에도 인정된다 할 것인바, 사실관계가 이와 같다면 제방을 따라 난 길은 피고 소유 토지에서 공로에 이르는 통로로는 적당하지 않다고 할 것이므로 피고는 원고 소유의 본건 토지에 대하여 주위토지통행권이 있다고 할 것이다. 또한 피고가 통행하는 본건 통로 부분은 그 폭이 1.3내지 1.5미터 정도임을 엿볼 수 있으므로 이 정도의 통로는 피고 소유 토지의 이용을 위하여 필요한 범위 내의 통로라고 할 수 있을 것이다(대판 1992.3.31. 92다1025).

| 사례 23 | 공로에 통하는 기존 통로가 해당 토지의 이용에 부적합하여 실제로 통로로서의 기능을 하지 못하고 있는 경우에도 주위토지통행권이 인정되는지 여부(적극)

주위토지통행권은 어느 토지가 타인 소유의 토지에 둘러싸여 공로에 통할 수 없는 경우뿐만 아니라, 어떤 통로가 이미 있다고 하더라도 그 통로가 해당 토지의 이용에 부적합하여 실제로 통로로서의 충분한 기능을 하지 못하고 있는 경우에도 인정될 수 있다(대판 1994.6.24. 94다14193). 이에 피고가 본건 토지 아닌 별도의 통행로로서 주장하는 이른바 '중말도로'는 여러 필지의 임야나 대지, 밭 등으로 구성되어 있고, 그 부지 소유자들도 각기 다른 데다가 그 위치와 경사도, 굴곡도, 주변 현황 등에 비추어 중말도로에 원고가 통로를 개설하는 데는 과다한 비용이 소요될 것으로 보이고, 또한 원고가 ㅇㅇ리 산 226 임야에 통로를 개설하는 것도 과다한 비용이 들거나 설령 개설된다고 하더라도 원고 토지의 이용에 부적합하여 통로로서의 충분한 기능을 하지 못할 것이라고 보여, 원고에게 피고 소유의 본건 토지의 가장자리 부분에 대하여 주위토지통행권이 있다고 인정하는 것은 정당하다고 할 것이다(대판 2005.12.9. 2004다63521).

| 사례 24 | 동일인 소유의 토지의 일부가 양도되어 공로에 통하지 못하는 토지가 생긴 경우에 포위된 토지를 위한 주위토지통행권은 일부 양도 전의 양도인 소유의 종전 토지에 대하여만 생기고 다른 사람 소유의 토지에 대하여는 인정되지 않는지 여부(적극)

본건 토지부분은 토지구획정리사업법에 의한 19ㅇㅇ. 8. 31. 환지처분에 의하여 그 지목이 도로로 되었으나 그 전후에 걸쳐 현실적으로 도로로 개설되지 않아 일반공중의 통행에 한 번도 제공된 적이 없었던 비 도로인바, 사실관계가 이와 같다면 본건 토지부분에 대한 원고의 자유통행권이 인정되지 않는다고 할 것이다. 이에 원고를 포함한 일반공중이 본건 토지부분에 관하여 누릴 수 있는 통행의 자유권 내지 이익이 현실적, 구체적으로 침해되었다고 볼 수 없다고 한 판단은 정당하고 거기에 환지처분권이나 도로 내지 그 사용권에 관한 법리를 오해한 잘못이 없다고 할 것이다. 또한 본건 토지부분이 일반공중의 통행에 제공된 적이 없는 현황상 비 도로이고 원고가 제주시 소재 토지를 취득하기 이전부터 피고가 이를 점유하였으므로 본건 토지부분을 원고 소유의 위 토지에 대하여 공로로서의 기능을 하는 도로가 아니므로 피고의 본건 토지부분에 대한 점유가 원고 소유의 위 토지에 대하여 현실적이고 구체적인 방해를 주는 것은 아니라고 판단한 것은 정당하며, 거기에 방해배제청구권에 관한 법리를 오해한 잘못이 없다고 할 것이다. 그리고 동일인 소유의 토지의 일부가 양도되어 공로에 통하지 못하는 토지가 생긴 경우에 포위된 토지를 위한 주위토지통행권은 일부 양도 전의 양도인 소유의 종전토지에 대하여만 생기고 다른 사람 소유의 토지에 대하여는 인정되지 않으며, 또 무상의 주위토지통행권이 발생하는 토지의 일부 양도라 함은 1필의 토지의 일부가 양도된 경우뿐만 아니라 일단으로 되어있던 동일인 소유의 수필의 토지 중 일부가 양도된 경우도 포함된다고 할 것이다(대판 1985.2.8. 84다카921·922, 1970.5.12. 70다337, 1993.12.14. 93다22906).

| 사례 25 | 무상으로 통행해 온 주위토지통행권자에 대한 통행료 청구가 신의칙에 위배되어 허용될 수 없는 경우

무상주위통행권에 관한 민법 제220조의 규정은 피통행지의 특정승계인에게는 적용되지 않으므로 위 통로의 특정승계인인 원고들과의 사이에는 위 규정이 적용되지 않고 주위토지통행권에 대한 일반원칙인 민법 제219조가 적용됨은 당연하다고 할 것이다. 그러나 아무리 그렇다고 하더라도 원고들이 토지를 매수할 때 그 통로 부분은 피고를 위시한 주위의 토지소유자들을 위해 무상으로 통행에 제공된 사실을 용인하고 그 상태에서 이를 매수한 것이라고 보는 것이 상당하고, 피고들이 1970년경부터 통로 주위대지를 매수한 이래 줄곧 본건 통로 부분을 무상으로 통행해온 사실이 있다면 피고들에 대하여 원고들이 단지 위 통로의 소유자라는 이유만으로 통행료를 청구하는 것은 신의칙에 위배된다고 할 것이다(대판 1992.2.11. 91다40399).

| 사례 26 | 인접한 타인의 토지를 통과하지 않고도 전선 등 시설을 하고 물을 소통할 수 있는 경우인데도 그와 같은 시설을 하는 것이 타인의 토지 등을 이용하는 것보다 비용이 더 드는 경우에도 상린관계에 관한 민법, 하수도법 등의 규정을 유추적용하여 토지소유자가 타인의 토지나 타인이 시설한 전선 등에 대한 사용권을 가질 수 있는지 여부(소극)

인접하는 토지 상호간의 이용의 조절을 위한 상린관계에 관한 민법 등의 규정은 인접지 소유자에게 그 소유권에 대한 제한을 수인할 의무를 부담하게 하는 것이므로 그 적용요건을 함부로 완화하거나 유추하여 적용할 수는 없고, 상린관계 규정에 의한 수인의무의 범위를 넘는 토지이용관계의 조정은 사적자치의 원칙에 맡겨야 한다. 그러므로 어느 토지소유자가 타인의 토지를 통과하지 않으면 필요한 전선 등을 시설할 수 없거나 과다한 비용을 요하는 경우에는 그 타인은 자기 토지를 통과하여 시설을 하는데 대하여 수인할 의무가 있고(민법 제218조), 또한 그 소유지의 물을 소통하기 위하여 이웃토지 소유자가 시설한 공작물을 사용할 수 있지만(민법 제227조), 이는 타인의 토지를 통과하지 않고는 전선 등 불가피한 시설을 할 수가 없거나 타인의 토지를 통하지 않으면 물을 소통할 수 없는 합리적 사정이 있어야만 인정되는 것이다. 인접한 타인의 토지를 통과하지 않고도 시설을 하고 물을 소통할 수 있는 경우에는 스스로 그와 같은 시설을 하는 것이 타인의 토지 등을 이용하는 것보다 비용이 더 든다는 등의 사정이 있다는 이유만으로 이웃토지 소유자에게 그 토지의 사용 또는 그가 설치·보유한 시설의 공동사용을 수인하라고 요구할 수 있는 권리는 인정될 수 없다고 할 것이다. 따라서 주위토지통행권에 관한 민법 제219조나 유수용 공작물의 사용권에 관한 민법 제227조 또는 타인의 토지 또는 배수설비의 사용에 관하여 규정한 하수도법 제29조 등 상린관계에 관한 규정의 유추적용에 의하여, 타인의 토지나 타인이 시설한 전선 등에 대한 사용권을 갖게 된다고 볼 여지는 없는 것이다. 이에 원고가 원고 공장의 변전소에 전기를 공급받기 위하여 새로 송전선을 설치하려면 많은 비용 등이 소요되는 반면, 그 인근의 피고 ㅁㅁㅁ케미칼의 공장부지 등에 이미 설치되어 있는 본건 송전선을 이용하면 비용 등이 발생하지 않고 본건 송전선의 소유자인 피고 ㅁㅁㅁ케미칼도 사용료를 수령할 수 있어 이익이므로, 피고 ㅁㅁㅁ케미칼은 민법 제219조, 제227조, 하수도법 제29조의 유추적용에 의하여 원고가 본건 송전선을 이용하는 것을 수인할 의무가 있다는 원고의 주장은 받아들일 수 없는 것이다(대판 2012.12.27. 2010다103086).

| 사례 27 | 공로에 이르는 통로로 사용되는 토지 위에 인근 상가의 출입구를 봉쇄하는 형태로 블록담장을 설치한 행위가 권리남용에 해당하는지 여부(적극)

甲 소유의 대지 지상에 다가구주택이 건축되어 있고 그 잔여 토지가 공로에 이르는 통로로 사용되고 있었는데, 乙이 그 인근 대지에 구 건물을 철거하고 상가를 신축하면서 위 통로 쪽으로 출입구를 설치하였으나, 위 상가 신축 과정에서 乙과 갈등을 빚게 된 甲이 위 상가의 출입구 현관문 앞에 블록담장을 설치한 경우가 문제된다. 이에 관하여는 상가 출입구를 봉쇄하는 형태로 축조되어 있는 위 블록담장에 그 외의 다른 용도가 없는 점, 위 상가와 블록담장 사이의 간격은 50㎝ 정도에 불과하여 통행에 매우 불편한 상태인 점, 인근 주민들은 모두 위 통로를 이용하고 있는 점, 블록담장 설치로 인하여 갑이 얻는 이익이 거의 없고 위 잔여 토지 부분이 통로 이외의 다른 용도로 사용될 가능성도 없는 점 등에 비추어 보면, 甲이 위 블록담장을 설치한 행위는 외형상은 권리의 행사로 보이나 실질적으로는 그 부지가 자신의 소유임을 기화로 乙 소유의 위 상가의 사용·수익을 방해하고 나아가 乙에게 고통이나 손해를 줄 목적으로 행한 것이라고 볼

수밖에 없으므로, 甲의 위 블록담장 설치행위는 권리행사의 한계를 벗어난 것으로서 권리남용에 해당한다고 볼 수 있다(대판 2010.12.9. 2010다59783).

| 사례 28 | 분할 또는 토지의 일부 양도로 인하여 공로에 통하지 못하는 토지가 생긴 경우에 그 포위된 토지를 위한 통행권은 분할 또는 일부 양도 전의 종전 토지에만 있고 그 경우 통행에 대한 보상의 의무가 없다고 하는 민법 제220조의 규정이 직접분할자 또는 일부 양도의 당사자 사이 외에 포위된 토지 또는 피통행지의 특정승계인에게도 적용되는지 여부(소극)

분할 또는 토지의 일부 양도로 인하여 공로에 통하지 못하는 토지가 생긴 경우에 그 포위된 토지를 위한 통행권은 분할 또는 일부 양도 전의 종전 토지에만 있고 그 경우 통행에 대한 보상의 의무가 없다고 하는 민법 제220조의 규정은 직접분할자 또는 일부 양도의 당사자 사이에만 적용되고 포위된 토지 또는 피통행지의 특정승계인에게는 적용되지 않는 것이 원칙이다(대판 1991.7.23. 90다12670·12678, 1992.4.28. 91다37324). 나아가 본건에서는 피고가 소외 ◇◇공업주식회사와 소외 학교법인 □□학숙의 원고들에 대한 통행지역권 설정특약상의 의무를 승계하였다는 원고들의 주장 역시 받아들여질 수 없으며, 따라서 원고들은 기존통로에 대하여 통행할 권리가 있다고 볼 수 없을 것이다(대판 1994.12.2. 93다45268).

| 사례 29 | 주위토지통행권의 내용으로서 사람만 겨우 통행할 수 있는 범위로 제한되는 것인지 아니면 통행자가 주택에 출입하여 일상생활을 영위하는데 필요한 범위의 노폭까지 인정되는지 여부

원고가 피고 소유의 토지를 사용하지 않고서는 불과 폭 75cm밖에 안되는 공간을 통하여서만 공로에 출입할 수밖에 없게 됨으로서 일상생활에 많은 불편과 애로를 느끼게 된 경우에 어느 정도로 통행로의 폭을 인정해줘야 할지 문제된다. 이에 관하여 물론 75cm의 공간으로 사람이 통행할 수는 있을 것이지만 민법 제219조가 규정하는 주위토지통행권은 사람이 겨우 통행할 수 있는 범위로 제한된다고 할 수 없고, 원고가 주택에 출입하여 일상생활을 영위하는데 필요한 범위의 노폭까지는 인정되어야 하는 것이다(대판 1988.11.8. 87다카2127·2128).

| 사례 30 | 원고 소유 대지 동쪽에는 넓이 약 1.5m의 골목길이 본건 대지와 접하여 나란히 있고 서쪽의 철도용지는 역구내이며, 북서쪽에는 넓이 약 1.3m의 통로가 있어 이 통로로 넓이 약 4.5m의 통로에 출입할 수 있는 경우에도 건축허가가 불가능하다는 이유로 피고 소유의 담장부분을 헐고 그 부분으로 역구내인 철도용지를 통행할 권리가 인정될

수 있는지 여부(소극)

원고 소유의 본건 대지는 원고가 1971. 11. 25 매수하여 그 소유권이전등기를 마친 공지로서 그 동쪽은 본건 대지보다 약 90㎝ 가량 낮은 넓이 약 1m 50㎝의 골목길이 본건 대지와 접하여 나란히 있고, 서쪽의 철도용지는 ㅇㅇ역 구내이며, 북서쪽에는 넓이 약 1m 30㎝의 통로가 있어 이 통로로 넓이 약 4m 50㎝의 통로에 출입할 수 있고, 이 통로는 그 서쪽으로 철도건널목과 연결되어 공로에 이를 수 있는 경우에는 원고 소유의 본건 대지는 그와 공로 사이에 그 대지의 용도에 필요한 통로가 있다고 할 것이므로 소외 ㅇㅇ통운주식회사가 트럭 등으로 화물을 운반함에 있어 원고 소유의 본건 대지 서쪽담장과 철로 사이에 있는 철도용지를 이용하고 있다던가 또는 원고가 그 소유인 본건 대지상에 건축허가 신청을 하였으나 도로가 없다는 이유로 반려되었고 피고 산하 부산철도 국장이 원고에게 통로개설을 위하여 적극 노력하겠다는 회신이 있었다는 등의 사실이 있었다고 해서 이와 같은 통로를 두고 따로 피고 소유의 담장부분을 헐고 그 부분으로 역구내인 철도용지를 통행할 수 있는 권리가 있다고 할 수 없을 것이다(대판 1977.6.7. 76다808).

| 사례 31 | 어느 토지와 공로 사이에 통로가 없어 그 토지소유자가 공로에 출입하기 위하여 주위의 토지를 통행하거나 통로를 개설할 수 있는 외에 통행지소유자의 점유를 배제할 권능까지 있는지 여부(소극)

어느 토지와 공로 사이에 통로가 없어 그 토지소유자가 공로에 출입하기 위하여 주위의 토지를 통행하거나 통로로 개설할 수 있다고 하여 그 통행지에 대한 통행지 소유자의 점유를 배제할 권능까지 있는 것은 아니라고 할 것이니 통행지의 소유자는 특단의 사정이 없는 한 그 소유토지(통행지)를 사용 수익할 수 있고, 따라서 이를 사실상 지배하는 점유권을 가지고 있다고 할 것이며, 다른 사람의 소유 토지에 대하여 상린관계로 인한 통행권을 가지고 있는 사람은 그 통행권의 범위 내에서 그 토지를 사용할 수 있을 뿐이라고 할 것이다. 그렇다면 원고는 별지도면 표시 (2) 부분 토지 12평에 대한 피고의 통행권(민법 제219조 소정의 주위토지통행권)으로 인하여 피고의 동 토지에 대한 통행을 수인할 의무가 있어 피고가 동 토지를 통행함을 거부할 수는 없는 것이나 피고는 동인이 동 토지를 통행할 권리가 있다고 하여 동 토지에 대한 원고의 점유권을 배제할 수는 없는 것이라고 할 것이고, 따라서 위 토지를 전적으로 점유하고 있는 피고에 대하여 동 토지의 인도를 구하는 원고의 청구는 인용되어야 할 것이다. 물론 그렇다고 하더라도 원고의 인도청구가 인용된다고 하여 동 토지에 대한 피고의 주위토지통행권이 없어지는 것은 아니라고 할 것이다(대판 1977.4.26. 76다2823, 1980.4.8. 79다1460).

| 사례 32 | 집추녀가 타인소유의 대지 위에 걸터있는 경우, 그 집 소유자는 해당 추녀 부분을 절단함으로써 집이 손괴된다고 하더라도 이를 절단하여 그 밑 대지를 대지소유자에게 인도해주어야 하는지 여부(적극)

원고들 각자 소유의 집추녀 부분이 피고 소유 대지 위에 걸터있는바, 사실관계가 이와 같다면 토지의 소유권은 그 토지의 상하에 미치는 것이 원칙이므로 별다른 사유 없이 원고들 각자의 집추녀가 피고 소유대지 위에 걸터있는 이상 원고들은 각 그 걸터있는 해당 추녀 밑 피고 소유대지를 각각 울타리 없이 불법점거하고 있다고 할 것이므로 원고들은 각자 그 해당추녀 부분을 절단하고 그 밑 대지를 피고에게 인도해야 하는 것이 이치이다. 따라서 각 그 해당 침범 추녀 부분의 절단과 동시에 각 그 절단할 때까지의 대지 임대료에 상당한 손해배상을 인정한 조처는 정당하며, 그 추녀를 절단하면 집을 버린다고 하여 그것이 권리남용이 된다거나 공서양속에 위반된다 할 수 없다(대판 1970.2.24. 69다1158·1159).

| 사례 33 | 무상주위통행권이 포위된 토지 또는 피통행지의 특정승계인에게 적용되는지 여부(소극)

본건에서 원심에서는 원고는 피고 소유인 본건 'ㄴ' 부분을 원고 주택으로 출입하기 위한 통로로 사용해왔는데, 19○○. 8. 27. ○○리 763 대 992㎡(이하 '분할 전 토지'라 한다)가 위 'ㄴ' 부분이 위치한 같은 리 763 대 708㎡(이하 '피고 토지'라 한다)와 현재 원고의 주택이 위치한 같은 리 763-1 대 284㎡(이하 '원고 토지'라 한다)로 분할되었고, 위 분할로 인하여 원고 토지에서는 위 'ㄴ' 부분을 통하지 않고는 공로에 출입할 수 없게 되었는바, 원고는 민법 제220조의 규정에 따라 원고 토지와 연결된 본건 'ㄴ' 부분에 관한 주위토지통행권을 취득하여 직접 분할자인 피고에 대한 관계에서 통행으로 인한 보상의무를 부담하지 않으므로, 피고는 원고에 대하여 위 'ㄴ' 부분에 관한 임료 상당의 부당이득을 청구할 수 없고, 결국 피고의 위 'ㄴ' 부분에 관한 부당이득반환청구의 배척하였는데, 그것이 옳은 판단인지 문제된다. 그런데, 무상주위통행권에 관한 민법 제220조의 규정은 토지의 직접 분할자 또는 일부 양도의 당사자 사이에만 적용되고, 포위된 토지 또는 피통행지의 특정승계인에게는 적용되지 않는 것인데(대판 2002.5.31. 2002다9202), 분할 전 토지는 원래 소외 1의 소유이었고, 19○○. 8. 27.에 이르러 구 「부동산소유권이전등기에 관한 특별조치법」(법률 제3094호)에 의하여 분할 전 토지가 피고 토지 및 원고 토지로 분할되고, 같은 날 각 피고 및 소외 2 명의로 소유권이전등기가 경료되었으며, 위 분할로 인하여 원고 토지에서는 피고 소유인 본건 'ㄴ' 부분을 통하지 않고는 공로에 출입할 수 없게 되었고, 위 소외 2는 19○○. 6. 13. 사망하였으며, 원고는 19○○. 5. 24. 원고 토지에 관하여 19○○. 10. 5. 증여를 원인으로 하여 소유권이전등기를 경료받았고, 위 소외 2 사망 당시 그 상속인으로 처인 원고 외에도 딸 1명, 아들 1명이 있었던 사실이 있는바, 사실관계과 그와 같다면 원고가 상속재산분할협의 등으로 위 소외 2로부터 원고 토지를 포괄승계하였다는 자료를 찾아볼 수 없는 본건에서, 위 소외 2 사망 전의 증여를 원인으로 하여 소유권이전등기를 경료받은 원고는 다른 특별한 사정이 없는 한 분할 전 토지의 분할 등의 직접 당사자가 아닌 특정승계인이라 할 것이고, 그렇다면 여기에는 무상주위통행권에 관한 민법 제220조가 적용되지 않는다고 보아야 할 것이며, 따라서 원고가 분필되어 포위된 원고 토지의 특정승계인인지 여부를 따지지 않은 채 분필된 토지라는 이유만으로 민법 제220조를 적용하여 원고가 직접 분할자인 피고에 대한 관계에서 통행으로 인한 보상의무를 부담하지 않는다고 판단한 원심은 결국 무상주위통행권에 관한 법리를 오해한 위법이 있다고 할 것이다(대판 2009.8.20. 2009다38247·38254).

| 사례 34 | 일필의 토지가 분할되고 그로 인하여 공로에 통할 수 없는 토지가 생긴 경우에 그 토지를 위한 통행은 종전의 동 일필지에 속하였던 토지 외에도 그에 인접된 타인소유의 토지에 대하여도 통행권이 생기는지 여부(소극)

주위토지통행권은 어느 토지와 공로사이에 그 토지의 용도에 필요한 통로가 없는 경우에만 인정되는 것이라 할 것이며, 일필의 토지가 분필이나 분할로 인하여 지목과 필지를 달리한 경우에 그로 인하여 공로에 통할 수 없는 토지가 생긴다 하더라도 그 토지를 위한 통행은 종전의 동 일필지에 속한 토지에 한하여 할 수 있는 것이라고 할 것이고, 한사람의 소유 토지가 분필이나 분할에 의하여 그 일부토지에 공로까지 이르는 통로가 없게 되었다고 하여 다른 부분의 자기소유 토지를 통행하지 않고 주위에 있는 다른 사람 소유 토지를 통행할 수 있는 권리가 생긴다고 할 수는 없는 것이라고 보아야 한다. 그런데도 원심은 본건 ㅇㅇ동 5의1 대지 39평과 같은 동 산12의1 임야 1정 3반 4묘보가 원고 한사람의 소유이고, 위 산12의1 임야에 대하여는 공로에 이르는 통로가 있으니 주위통행권이 없다고 하여 원고의 이 부분에 대한 본건 청구를 배척하면서 위 산 12의1 임야 내에 있는 본건 대지 39평에서 공로에 이르기 위하여는 위 산 12의1 임야 동북단의 통로를 이용해야 하고 이 통로까지 위 임야상에 통로를 개설하려면 과다한 비용이 소요된다는 이유에서 피고 소유의 같은 동 5의2 대지를 통행할 수 있고, 원고의 위 통행권 행사를 위하여 피고에게 동 대지상의 피고소유 건물과 철문 설주를 철거할 의무가 있다고 판단하였다. 그러나 위 산12의1 임야와 대지 39평이 같은 원고 소유이고 이 대지는 위 임야에서 분할된 것이라고 피고가 주장하고 있는 본건에 있어서 원심은 위 산12의1 임야에서 위 대지가 분할된 토지인지의 여부와 분할될 때에 통행할 수 있는 통로가 있었는지의 여부에 대한 심리를 다하지 않고 이에 대한 판단을 않았거나 아니면 주위통행권에 관한 법리를 오해한 위법이 있어 파기를 면치 못할 것이다(대판 1970.5.12. 70다337).

제2장 일 조 권

01

일조권의 의미와 성질

1. 일조권의 의의

일조권이란 일반적으로 정상적인 주거생활을 하기 위하여 햇빛을 확보하고 향유할 수 있는 권리라고 말하기도 하고, 건강하고 쾌적한 환경에서 주거생활을 하는데 필요한 최소한도의 햇빛의 직사광선을 쬐고 방해받지 않을 권리 내지 태양광선의 차단을 제거할 수 있는 권리라고도 한다. 이는 헌법상 건강하고 쾌적한 환경에서 생활할 권리(헌법 제35조 제1항)에 근거하여 민법(제214조, 제217조) 뿐만 아니라 건축법 등 각종 행정법규에서 일조권의 확보를 위한 건축물의 높이제한이나 건물간의 거리제한 등으로 구현되고 있다. 일조권은 생활환경권의 일종이라고 할 수 있고(대판 1997.7.22. 56153),[110] 행복한 주거권의 보장이라는 측면도 가지고 있다고 보이는데, 햇빛으로부터 나오는 열이나 빛, 자외선 등의 에너지는 곰팡이 제거나 습기방지, 밝은 분위기 확보, 유익한 자외선의 방사 등 생활환경 개선의 중

110) 환경정책기본법에 의하면, 대기, 물, 토양, 폐기물, 소음·진동, 악취, 일조(日照), 인공조명 등 사람의 일상생활과 관계되는 환경을 생활환경이라고 하며, 사업활동 및 그밖의 사람의 활동에 의하여 발생하는 대기오염, 수질오염, 토양오염, 해양오염, 방사능오염, 소음·진동, 악취, 일조 방해, 인공조명에 의한 빛 공해 등으로서 사람의 건강이나 환경에 피해를 주는 상태를 환경오염이라고 정의하고 있고(환경정책기본법 제3조 제3호, 제4호), 정부는 환경보전을 위하여 대기오염·수질오염·토양오염 또는 해양오염의 원인이 되는 물질의 배출, 소음·진동·악취의 발생, 폐기물의 처리, 일조의 침해 및 자연환경의 훼손에 대하여 필요한 규제를 하도록 하고 있으며(환경정책기본법 제30조 제1항), 환경오염 또는 환경훼손으로 피해가 발생한 경우에는 해당 환경오염 또는 환경훼손의 원인자가 그 피해를 배상하도록 하되, 원인자가 둘 이상인 경우에 어느 원인자에 의하여 피해가 발생한 것인지를 알 수 없을 때에는 각 원인자가 연대하여 배상하도록 함으로써 환경오염의 피해에 대한 무과실책임을 지우고 있다(환경정책기본법 제44조). 한편 환경분쟁조정법에서는 사업활동, 그밖에 사람의 활동에 의하여 발생하였거나 발생이 예상되는 대기오염, 수질오염, 토양오염, 해양오염, 소음·진동, 악취, 자연생태계 파괴, 일조 방해, 통풍 방해, 조망 저해, 인공조명에 의한 빛공해, 지하수 수위 또는 이동경로의 변화, 그밖에 대통령령으로 정하는 원인으로 인한 건강상·재산상·정신상의 피해를 환경피해라고 정의하고(환경분쟁조정법 제2조 제1호), 분쟁조정의 대상으로 삼고 있다.

요한 요소로 작용하여 인체의 발육이나 육체적·정신적·심리적 건강의 유지·향상에 필수적인 기능을 함으로써 삶의 질을 향상시키며, 한편으로는 일조권이 확보되는지 여부에 따라 거주지의 분양가격 차별, 난방비·조명비·건조비 절감 등에 따른 비용절감의 효과 등의 측면에서 재산적 가치 평가의 중요한 요소로도 작용하고 있다.

2. 일조권의 성질

일조권의 성질에 관하여는 환경권설, 인격권설, 불법행위설, 상린관계설(생활이익향수권설), 일조권설, 물권적 청구권설 등의 견해가 있으나, 일조권은 어느 일면의 성질만으로 개념 짓기보다는 복합적이고 다의적인 성질을 가지는 것이라고 보아야 한다.

3. 환경권 내지 건강권으로서 일조권의 중시 경향

일조권의 문제는 현대에 있어서 거주지 주위로 고층아파트나 고층건물의 신축 또는 건축물의 밀집화·과밀화의 부산물로서 대두하게 된 것인데, 고층의 신축건물이나 대형 구조물의 등장에 따라 햇볕을 받지 못하게 됨으로써 쾌적한 환경에서 살 수 있는 권리 내지 햇볕을 받고 건강한 삶을 살 수 있는 권리가 방해를 받는 것에 대하여 거주자를 구제하기 위한 방편으로 일조권의 보호 문제가 중요시되고 있다.

일조권의 침해는 고가도로나 고가철로, 아파트 단지 내의 옹벽이나 지하주차장 돌출벽 등의 설치에 의해서도 분쟁이 자주 발생한다. 이러한 일조권 침해 문제는 주로 주거지와 관련하여 문제가 많을 것이나 상가건물이나 공장건물에서도 주거지 못지 않게 중요시되고 있는데, 전자의 경우에는 거주자의 건강 측면에서 중요시되고 있는데 반하여 후자의 경우에는 영업주나 고객 또는 종업원의 건강 측면보다도 일조권이 확보되느냐의 여부에 따른 상가건물이나 공장건물의 재산적 가치의 측면에서 중요시되고 있다고 보인다.

02
일조권의 침해의 기준

1. 일조권 보호의 근거

일조권의 침해 여부는 우선 건축법 등 공법에서 규정한 일조방해에 관한 직접적인 단속 법규가 있다면 그에 위반된 건축행위는 모두 일조권 침해라고 할 수 있을 것이다. 나아가 이러한 건축법 등 공법규정에 적합하게 건축했다고 하더라도 이를 감안하여 판단한 수인한도가 거주자의 인용한도를 초과한 경우에는 일조권이 침해된 것이라고 할 수 있을 것이다.

따라서 일조권 침해의 피해를 입었다고 보는 피해자로서는 우선 건축법상의 일조권 확보를 위한 건축 높이 규정을 준수하고 건축이 이루어졌는지 여부를 따져 볼 것이고, 설령 이러한 건축상의 일조권 확보를 위한 규정이 준수되었다고 하더라도 자신의 주거지가 단독주택이냐 공동주택이냐, 주거지의 위치가 주거·상업·공업·녹지지역 등 용도지역별 어느 곳에 위치하고 있는지 등을 종합적으로 고려하여 수인한도를 초과하는 일조권의 침해가 있었는지를 파악한 후 구제신청 여부를 판단해야 할 것으로 보인다.

2. 일조권 침해의 판단 기준

가. 건축법상 일조권 확보 위한 건물 높이 및 이격거리

1) 전용주거지역과 일반주거지역

가) 원 칙

전용주거지역과 일반주지역 안에서 건축하는 건축물의 높이는 일조 등의 확보를 위하여 정북방향의 인접 대지경계선[111]으로부터 높이 9미터 이하인 부분은 1.5미터 이상을, 높이

---

111) 인접 경계선과 관련하여, 건축물을 건축하려는 대지와 다른 대지 사이에 공원, 도로, 철도, 하천, 광장, 공공용지, 녹지, 유수지, 자동차전용도로, 유원지가 있거나 대지로서 너비(대지경계선에서 가장 가까운 거리) 2미터 이하인 대지 또는 면적이 주거·상업·공업·녹지 지역별 대지의 분할제한 기준 이하인 대지, 그밖에 이들 외에는 건축이 허용되지 않는 공지가 있는 경우에는 그 반대편의 대지경계선(공동주택은 인접 대지경계선과 그 반대편 대지경계선의 중심선)을 인접 대지경계선으로 해야 하는데(건축법 시행령 제86조 제6항), 이때 공동주택을 건축하려는 하나의 대지 사이에 이들의 시설 또는 부지가 있는 경우에는 지방건축위원회의 심의를 거쳐 이들의 시설 또는 부지를 기준으로 마주하고 있는 해당 대지의 경계선의 중심선을 인접 대지경계선으로 할 수도 있다(건축법 시행령 제86조 제6항).

9미터를 초과하는 부분은 해당 건축물 각 부분 높이의 1/2 이상의 범위에서 건축조례로 정하는 거리 이상을 띄어서 건축해야 한다(건축법 제61조 제1항, 시행령 제86조 제1항).

인허가 신청 후 그 처분 전에 관계 법령이 개정·시행된 경우 개정된 법령의 부칙에서 그 시행 전에 이미 인허가 신청이 있는 때에는 종전의 규정에 의한다는 취지의 경과규정을 특별히 두지 않는 이상 행정처분은 그 처분 당시 시행 중인 법령과 허가기준에 의하여 하는 것이 원칙이다(대판 2020.10.15. 2020두41504). 따라서 관할 행정청이 인허가 신청을 수리하고도 정당한 이유 없이 처리를 늦추어 그 사이에 관계 법령 및 허가기준이 변경된 것이 아닌 한, 변경된 법령 및 허가기준에 따라서 한 불허가처분을 위법하다고 할 수 없다. 다만 개정 전 허가기준의 존속에 관한 국민의 신뢰가 개정된 허가기준의 적용에 관한 공익상의 요구보다 더 보호가치가 있다고 인정되는 경우에는 그러한 국민의 신뢰를 보호하기 위하여 개정된 허가기준의 적용을 제한할 여지가 있을 뿐이다(대판 2020.10.15. 2020두41504).

한편 인접 토지에 외벽이 유리로 된 건물 등이 건축되어 과도한 태양반사광이 발생하고 이러한 태양반사광이 인접 주거지에 유입되어 거주자가 이로 인한 시야방해 등 생활에 고통을 받고 있음을 이유로 손해배상을 청구하려면, 건축행위로 인한 생활방해의 정도가 사회통념상 일반적으로 참아내야 할 정도를 넘는 것이어야 한다(대판 2021.6.3. 2016다33202·33219).

건축된 건물 등에서 발생한 태양반사광으로 인한 생활방해의 정도가 사회통념상 참을 한도를 넘는지는 태양반사광이 피해 건물에 유입되는 강도와 각도, 유입되는 시기와 시간, 피해 건물의 창과 거실 등의 위치 등에 따른 피해의 성질과 정도, 피해이익의 내용, 가해 건물 건축의 경위 및 공공성, 피해 건물과 가해 건물 사이의 이격거리, 건축법령상의 제한 규정 등 공법상 규제의 위반 여부, 건물이 위치한 지역의 용도와 이용현황, 피해를 줄일 수 있는 방지조치와 손해 회피의 가능성, 토지 이용의 선후 관계, 교섭 경과 등 모든 사정을 종합적으로 고려하여 판단해야 한다(대판 2021.6.3. 2016다33202·33219).

나) 예 외

건축이 높이 제한이나 이격거리 확보의 제한을 받지 않는 예외도 있다. 즉, ① 지구단위구역, 경관지구, 중점경관관리구역, 특별가로구역, 도시미관구역 안의 대지 상호간에 건축하는 건축물로서 해당 대지가 너비 20미터 이상의 도로에 접한 경우, ② 건축협정구역 안에서 대지 상호간에 건축하는 건축물(단, 건축협정에 일정 거리 이상을 띄어 건축하는 내용이 포함된 경우만 해당)의 경우, ③ 건축물의 정북 방향의 인접 대지가 전용주거지역이나 일반주거지역이 아닌 용도지역에 해당하는 경우에는 일조권 확보를 위한 건축 높이나 이격거리 확보의 제한 없이 건축이 가능한 것이다(건축법 제86조 제2항).

2) 공동주택

가) 통상적인 공동주택

(1) 원 칙

공동주택 중 인접 대지경계선 등의 방향으로 채광을 위한 창문 등을 두거나 하나의 대지에 두개 동 이상을 건축하는 경우에는 채광(採光) 등의 확보를 위하여 일정한 높이 이하로 건축하거나 이격거리를 두고 건축해야 한다(건축법 제61조 제1항, 제2항).

즉, ① 건축물(기숙사 제외)의 각 부분의 높이는 그 부분으로부터 채광을 위한 창문 등이 있는 벽면에서 직각 방향으로 인접 대지경계선까지의 수평거리의 2배(단, 근린상업지역 또는 준주거지역의 건축물은 4배) 이하로 건축해야 하며, ② 같은 대지에서 두개 동(棟) 이상의 건축물이 서로 마주보고 있는 경우[112] 건축물 각 부분 사이의 거리는 일정한 거리를 띄거나 대지의 모든 세대가 동지(冬至)를 기준으로 9시부터~15시 사이에 2시간 이상을 계속하여 일조를 확보할 수 있는 거리 이상으로 건축해야 하는 것이다(건축법 시행령 제86조 제3항 제1호, 제2호). 여기에서 거리를 띄어야 하는 일정한 거리는 다음과 같다. 즉, ⓐ 채광을 위한 창문 등이 있는 벽면으로부터 직각방향으로 건축물 각 부분 높이의 0.5배(도시형 생활주택의 경우에는 0.25배) 이상의 범위에서 건축조례로 정하는 거리 이상을 띄도록 하되, ⓑ 서로 마주보는 건축물 중 남쪽 방향(마주보는 두 동의 축이 남동에서 남서 방향인 경우만 해당)의 건축물 높이가 낮고, 주된 개구부[113]의 방향이 남쪽을 향하는 경우에는 높은 건축물 각 부분의 높이의 0.4배(도시형 생활주택의 경우에는 0.2배) 이상의 범위에서 건축조례로 정하는 거리 이상이고 낮은 건축물 각 부분의 높이의 0.5배(도시형 생활주택의 경우에는 0.25배) 이상의 범위에서 건축조례로 정하는 거리 이상을 띄어야 하고, 건축물과 부대시설 또는 복리시설이 서로 마주보고 있는 경우에는 부대시설 또는 복리시설 각 부분 높이의 1배 이상을 띄어야 하며, 다만 주택법상 주택단지에 두개 동 이상의 건축물이 건축법상의 도로를 사이에 두고 서로 마주보고 있는 경우에는 해당 도로의 중심선을 인접 대지경계선으로 보고 채광을 위한 창문 등이 있는 벽면으로부터 직각방향으로 건축물 각 부분 높이의 0.5배(도시형 생활주택의 경우에는 0.25배) 이상의 범위에서 건축조례로 정하는 거리 이상을 띄면 된다(건축법 시행령 제86조 제3항 제1호, 제2호 가·나·다호).

---

112) 여기에는 한개 동의 건축물 각 부분이 서로 마주보고 있는 경우도 포함된다(건축법 시행령 제86조 제3항 제2호).

113) 여기의 개구부란 거실과 주된 침실이 있는 부분의 개구부를 말한다(건축법 시행령 제86조 제3항 제2호 나목).

그리고 ⓒ 창넓이가 0.5제곱미터 이상인 채광창이 없는 벽면과 측벽이 마주보는 경우에는 8미터 이상을 띄어야 하며, ⓓ 측벽과 측벽이 마주보는 경우에 있어서 마주보는 측벽 중 하나의 측벽에 채광을 위한 창문 등이 설치되어 있지 않은 바닥면적 3제곱미터 이하의 발코니나 출입을 위한 개구부를 설치하는 경우에는 4미터 이상을 띄어야 하는 것이다(건축법 시행령 제86조 제3항 제2호 라·마호).

(2) 예 외

공동주택이라도 일반상업지역이나 중심상업지역에 건축하는 공동주택은 일조권 확보를 위한 높이 제한이 적용되지 않으며(건축법 제61조 제2항), 채광을 위한 창문 등이 있는 벽면에서 직각 방향으로 인접 대지경계선까지의 수평거리가 1미터 이상으로서 건축조례로 정하는 거리 이상인 다세대주택도 마찬가지로 일조권 확보를 위한 높이 제한이나 이격거리 확보의 제한을 받지 않는다(건축법 시행령 제86조 제3항 단서).

이는 상업지역의 경우에는 상업시설의 용도상 밀집되어 있고 고가의 대지를 경제적으로 활용하도록 하기 위하여 부득이 일조권을 확보하기 위한 높이 제한이나 이격거리 확보에 대한 예외를 규정한 것이 아닌가 싶다. 그러나 그렇다고 하더라도 아래에서 보는 바와 같은 상업지역에 위치한 상가건물의 입주자들에 대한 일조권의 침해의 정도가 수인한도를 초과하게 되는 경우에는 수인한도론에 근거하여 구제조치를 취할 수 있을 것으로 보인다(대판 2002.12.10. 2000다722130,[114] 2007.6.14. 2005다72058[115])).

나) 특수지역의 공동주택

택지개발지구, 대지조성사업지구, 지역개발사업구역, 국가산업단지, 일반산업단지, 도시첨단산업단지 및 농공단지, 도시개발구역, 정비구역 내에 공동주택을 건축하는 경우나 정북방향으로 도로·공원·하천 등 건축이 금지된 공지에 접하는 대지가 있는 공동주택 또는 정북방향으로 접하고 있는 대지의 소유자와 합의한 경우, 그밖에 대통령령으로 정하는 경우 공동주택을 건축하려는 경우에는 건축물의 높이를 정남(正南)방향의 인접 대지경계선으로부터의 거리에 따라 일정한 높이 이하로 건축할 수 있다(건축법 제61조 제3항). 여기에서

114) 도시계획법상 일반상업지역 내에서의 주상복합아파트의 건축으로 인하여 발생한 인접한 다른 주상복합아파트에 대한 일조권 등의 침해가 제반 사정에 비추어 수인한도 내에 있는 경우에는 일조권 등을 침해하는 것이 아니라고 할 것이다(대판 2002.12.10. 2000다72213).

115) 오피스텔 신축으로 인한 일조권 침해의 손해배상청구 사건에서, 해당 지역이 일반상업지역이고, 오피스텔 신축 당시 건축관계 법령에 상업지역 건축물의 경우 다른 대지상의 건축물을 위하여 보장되어야 할 일조시간의 제한규정이 없으며 건축관계 법령상의 각종 기준에 위반한 사실이 없다고 하여 일조방해가 사회통념상 수인한도 내라고 단정할 수는 없다(대판 2007.6.14. 2005다72058).

일정한 높이란 정북방향의 인접 대지경계선으로부터 높이 9미터 이하인 부분은 1.5미터 이상, 높이 9미터를 초과하는 부분은 해당 건축물 각 부분 높이의 2분의 1 이상의 범위 범위에서 특별자치시장·특별자치도지사 또는 시장·군수·구청장이 정하여 고시하는 높이를 말한다(건축법 시행령 제86조 제4항).

3) 2층 이하 및 높이 8미터 이하인 건축물

2층 이하로서 높이가 8미터 이하인 건축물의 경우에는 해당 지역의 지방자치단체의 조례로 정하는 바에 따라 일조권의 확보를 위한 건축물의 높이 제한이나 이격거리의 확보 규정은 적용하지 않을 수 있다(건축법 제61조 제4항).

■ 건축법 제61조 (일조 등의 확보를 위한 건축물의 높이 제한)

① 전용주거지역과 일반주거지역 안에서 건축하는 건축물의 높이는 일조(日照) 등의 확보를 위하여 정북방향(正北方向)의 인접 대지경계선으로부터의 거리에 따라 대통령령으로 정하는 높이 이하로 해야 한다.

② 다음 각 호의 어느 하나에 해당하는 공동주택(일반상업지역과 중심상업지역에 건축하는 것은 제외한다)은 채광(採光) 등의 확보를 위하여 대통령령으로 정하는 높이 이하로 해야 한다.

1. 인접 대지경계선 등의 방향으로 채광을 위한 창문 등을 두는 경우
2. 하나의 대지에 두 동(棟) 이상을 건축하는 경우

③ 다음 각 호의 어느 하나에 해당하면 제1항에도 불구하고 건축물의 높이를 정남(正南)방향의 인접 대지경계선으로부터의 거리에 따라 대통령령으로 정하는 높이 이하로 할 수 있다.

1. 「택지개발촉진법」 제3조에 따른 택지개발지구인 경우
2. 「주택법」 제15조에 따른 대지조성사업지구인 경우
3. 「지역 개발 및 지원에 관한 법률」 제11조에 따른 지역개발사업구역인 경우
4. 「산업입지 및 개발에 관한 법률」 제6조, 제7조, 제7조의2 및 제8조에 따른 국가산업단지, 일반산업단지, 도시첨단산업단지 및 농공단지인 경우
5. 「도시개발법」 제2조 제1항 제1호에 따른 도시개발구역인 경우
6. 「도시 및 주거환경정비법」 제8조에 따른 정비구역인 경우
7. 정북방향으로 도로, 공원, 하천 등 건축이 금지된 공지에 접하는 대지인 경우
8. 정북방향으로 접하고 있는 대지의 소유자와 합의한 경우나 그밖에 대통령령으로 정하는 경우

③ 2층 이하로서 높이가 8미터 이하인 건축물에는 해당 지방자치단체의 조례로 정하는 바에 따라 제1항부터 제3항까지의 규정을 적용하지 아니할 수 있다.

■ 건축법 시행령 제86조 (일조 등의 확보를 위한 건축물의 높이 제한)

① 전용주거지역이나 일반주거지역에서 건축물을 건축하는 경우에는 법 제61조 제1항에 따라 건축물의 각 부분을 정북(正北) 방향으로의 인접 대지경계선으로부터 다음 각 호의 범위에서 건축조례로 정하는 거리 이상을 띄어 건축해야 한다.

1. 높이 9미터 이하인 부분: 인접 대지경계선으로부터 1.5미터 이상
2. 높이 9미터를 초과하는 부분: 인접 대지경계선으로부터 해당 건축물 각 부분 높이의 2분의 1 이상

② 다음 각 호의 어느 하나에 해당하는 경우에는 제1항을 적용하지 아니한다.

1. 다음 각 목의 어느 하나에 해당하는 구역 안의 대지 상호간에 건축하는 건축물로서 해당 대지가 너비 20미터 이상의 도로(자동차·보행자·자전거 전용도로를 포함하며, 도로에 공공공지, 녹지, 광장, 그밖에 건축미관에 지장이 없는 도시·군계획시설이 접한 경우 해당 시설을 포함한다)에 접한 경우
   가. 「국토의 계획 및 이용에 관한 법률」 제51조에 따른 지구단위계획구역, 같은 법 제37조 제1항 제1호에 따른 경관지구
   나. 「경관법」 제9조 제1항 제4호에 따른 중점경관관리구역
   다. 법 제77조의2 제1항에 따른 특별가로구역
   라. 도시미관 향상을 위하여 허가권자가 지정·공고하는 구역
2. 건축협정구역 안에서 대지 상호간에 건축하는 건축물(법 제77조의4 제1항에 따른 건축협정에 일정 거리 이상을 띄어 건축하는 내용이 포함된 경우만 해당한다)의 경우
3. 건축물의 정북 방향의 인접 대지가 전용주거지역이나 일반주거지역이 아닌 용도지역에 해당하는 경우

③ 법 제61조 제2항에 따라 공동주택은 다음 각 호의 기준에 적합해야 한다. 다만, 채광을 위한 창문 등이 있는 벽면에서 직각 방향으로 인접 대지경계선까지의 수평거리가 1미터 이상으로서 건축조례로 정하는 거리 이상인 다세대주택은 제1호를 적용하지 아니한다.

1. 건축물(기숙사는 제외한다)의 각 부분의 높이는 그 부분으로부터 채광을 위한 창문 등이 있는 벽면에서 직각 방향으로 인접 대지경계선까지의 수평거리의 2배(근린상업지역 또는 준주거지역의 건축물은 4배) 이하로 할 것
2. 같은 대지에서 두 동(棟) 이상의 건축물이 서로 마주보고 있는 경우(한 동의 건축물 각 부분이 서로 마주보고 있는 경우를 포함한다)에 건축물 각 부분 사이의 거리는 다음 각 목의 거리 이상을 띄어 건축할 것. 다만, 그 대지의 모든 세대가 동지(冬至)를 기준으로 9시에서 15시 사이에 2시간 이상을 계속하여 일조(日照)를 확보할 수 있는 거리 이상으로 할 수 있다.
   가. 채광을 위한 창문 등이 있는 벽면으로부터 직각방향으로 건축물 각 부분 높이의 0.5배(도시형 생활주택의 경우에는 0.25배) 이상의 범위에서 건축조례로 정하는 거리 이상
   나. 가목에도 불구하고 서로 마주보는 건축물 중 남쪽 방향(마주보는 두 동의 축이 남동에서 남서 방향인 경우만 해당한다)의 건축물 높이가 낮고, 주된 개구부(거실과 주된

침실이 있는 부분의 개구부를 말한다)의 방향이 남쪽을 향하는 경우에는 높은 건축물 각 부분의 높이의 0.4배(도시형 생활주택의 경우에는 0.2배) 이상의 범위에서 건축조례로 정하는 거리 이상이고 낮은 건축물 각 부분의 높이의 0.5배(도시형 생활주택의 경우에는 0.25배) 이상의 범위에서 건축조례로 정하는 거리 이상

다. 가목에도 불구하고 건축물과 부대시설 또는 복리시설이 서로 마주보고 있는 경우에는 부대시설 또는 복리시설 각 부분 높이의 1배 이상

라. 채광창(창넓이가 0.5제곱미터 이상인 창을 말한다)이 없는 벽면과 측벽이 마주보는 경우에는 8미터 이상

마. 측벽과 측벽이 마주보는 경우[마주보는 측벽 중 하나의 측벽에 채광을 위한 창문 등이 설치되어 있지 아니한 바닥면적 3제곱미터 이하의 발코니(출입을 위한 개구부를 포함한다)를 설치하는 경우를 포함한다]에는 4미터 이상

3. 제3조 제1항 제4호에 따른 주택단지에 두 동 이상의 건축물이 법 제2조 제1항 제11호에 따른 도로를 사이에 두고 서로 마주보고 있는 경우에는 제2호 가목부터 다목까지의 규정을 적용하지 아니하되, 해당 도로의 중심선을 인접 대지경계선으로 보아 제1호를 적용한다.

④ 법 제61조 제3항 각호 외의 부분에서 "대통령령으로 정하는 높이"란 제1항에 따른 높이의 범위에서 특별자치시장·특별자치도지사 또는 시장·군수·구청장이 정하여 고시하는 높이를 말한다.

⑤ 특별자치시장·특별자치도지사 또는 시장·군수·구청장은 제4항에 따라 건축물의 높이를 고시하려면 국토교통부령으로 정하는 바에 따라 미리 해당 지역주민의 의견을 들어야 한다. 다만, 법 제61조 제3항 제1호부터 제6호까지의 어느 하나에 해당하는 지역인 경우로서 건축위원회의 심의를 거친 경우에는 그러하지 아니하다.

⑥ 제1항부터 제5항까지를 적용할 때 건축물을 건축하려는 대지와 다른 대지 사이에 다음 각 호의 시설 또는 부지가 있는 경우에는 그 반대편의 대지경계선(공동주택은 인접 대지경계선과 그 반대편 대지경계선의 중심선)을 인접 대지경계선으로 한다.

1. 공원(「도시공원 및 녹지 등에 관한 법률」 제2조 제3호에 따른 도시공원 중 지방건축위원회의 심의를 거쳐 허가권자가 공원의 일조 등을 확보할 필요가 있다고 인정하는 공원은 제외한다), 도로, 철도, 하천, 광장, 공공공지, 녹지, 유수지, 자동차 전용도로, 유원지
2. 다음 각 목에 해당하는 대지
   가. 너비(대지경계선에서 가장 가까운 거리를 말한다)가 2미터 이하인 대지
   나. 면적이 제80조 각 호에 따른 분할제한 기준 이하인 대지
3. 제1호 및 제2호 외에 건축이 허용되지 않는 공지

⑦ 제1항부터 제5항까지의 규정을 적용할 때 건축물(공동주택으로 한정한다)을 건축하려는 하나의 대지 사이에 제6항 각 호의 시설 또는 부지가 있는 경우에는 지방건축위원회의 심의를 거쳐 제6항 각 호의 시설 또는 부지를 기준으로 마주하고 있는 해당 대지의 경계선의 중심선을 인접 대지경계선으로 할 수 있다.[116]

나. 수인한도론의 적용

1) 수인한도의 판단기준

햇빛이 다소 차단된다고 해서 무조건 일조권이 침해되는 것이 아니고, 일조방해의 정도가 사회통념상 일반적으로 공동생활에서 용인될 수 있는 수인한도를 초과하여 도저히 참고 살거나 인내하면서 살 수 없을 정도에 이르러야 일조권의 침해가 되는 것이다. 즉, 건물의 신축으로 인하여 그 이웃토지 위의 거주자가 직사광선이 차단되는 불이익을 받은 경우에 그 신축행위가 정당한 권리행사로서의 범위를 벗어나 사법상 위법한 가해행위로 평가되기 위해서는 그 일조방해의 정도가 사회통념상 일반적으로 인용하는 수인한도를 넘어야 한다(대판 1999.1.26. 98다23850, 2004.9.13. 2003다64602, 2008.4.17. 2006다35865).

이때 사회통념상 수인한도를 넘었는지 여부는 피해의 정도, 피해이익의 성질 및 그에 대한 사회적 평가, 가해 건물의 용도, 지역성, 토지이용의 선후관계, 가해방지 및 피해회피의 가능성, 공법적 규제의 위반 여부, 교섭 경과 등 모든 사정을 종합적으로 고려하여 판단해야 하고, 건축 후에 신설된 일조권에 관한 새로운 공법적 규제 역시 이러한 위법성의 평가에 있어서 중요한 자료가 될 수 있다(대판 1999.1.26. 98다23850, 2004.9.13. 2003다64602). 일조권의 침해가 수인한도를 초과하게 되면 방해자의 고의·과실이나 위법성이 추정되어 이에 관한 구체적인 입증절차 없이 구제조치를 취할 수 있다고 보아야 한다(대판 1999.1.26. 98다23850).

2) 건축법 등 공법규정의 준수와 수인한도 판단에의 영향

수인한도의 초과여부를 판단할 때에는 건축법 등 관계 법령에 일조방해에 관한 직접적인 단속법규가 있다면 위 법규에 적합한지 여부가 사법상 위법성을 판단함에 있어서 중요한 판단자료가 될 것이다.

이에 건축법에서 정한 일조권의 확보를 위한 건축물의 높이와 건축물 사이의 거리를 기준에 부합하게 건축한 경우에는 해당 건축물은 동지(冬至)의 연속 일조시간에 관계없이 건축법의 기준에 적합하게 건축된 것이라고 할 수 있고, 분양 아파트가 건축법을 포함한 건축

---

116) 종전에는 공동주택의 대지와 다른 대지 사이에 공원 등 건축이 금지된 시설·부지가 있는 경우 마주보는 대지 경계선의 중심선을 인접 대지경계선으로 보아 건축물의 높이제한을 완화하고 있으나 공동주택의 대지 사이에 건축이 금지된 시설·부지가 있는 경우에는 일조 등의 조건이 동일함에도 불구하고 건축물의 높이 제한을 완화할 수 없었는데, 2019. 3. 5.부터는 공동주택의 대지 사이에 건축이 금지된 시설·부지가 있는 경우에도 지방건축위원회의 심의를 거쳐 마주보는 대지 경계선의 중심선을 인접 대지경계선으로 보아 건축물의 높이제한을 완화할 수 있도록 한 것이다(건축법 시행령 제86조 제7항 신설).

관계 법령 등에 적합하고, 분양계약 체결 당시 수분양자에게 알려진 기본적인 건축 계획대로 건축된 경우에는 일조방해 등을 이유로 분양계약상의 채무불이행책임 내지 하자담보책임을 지지 않는다고 할 것이다(대판 2010.4.29. 2007다9139).[117)]

그러나 이는 건축법에 적합하게 건축한 건축물로서 행정청이나 수분양자에게 일조 방해 등과 관련하여 행정책임 내지 계약상의 책임을 지지 않는다는 것이지 수분양자 등 건물의 소유자가 그 후에 다시 새로운 고층아파트 등 건축물을 지으려는 자가 건축법 등 건축관련 법령에 적합하게 건축을 한 자에 대하여 일조권의 침해를 주장할 수 없다는 것은 아니다.

즉 건축법 등 공법적 규제에 의하여 확보하고자 하는 일조는 원래 사법상 보호되는 일조권을 공법적인 면에서도 가능한 한 보증하려는 것으로서, 특별한 사정이 없는 한, 일조권 보호를 위한 최소한도의 기준으로 보는 것이 상당하고, 구체적인 경우에 있어서는 어떠한 건물 신축이 건축 당시의 공법적 규제에 형식적으로 적합하다고 하더라도 현실적인 일조방해의 정도가 현저하게 커서 사회통념상 수인한도를 넘은 경우에는 위법행위로 평가될 수 있는 것이다(대판 1999.1.26. 98다23850, 2004.9.13. 2003다64602, 2002.12.10. 2000다72213).

---

117) 구 건축법 시행령(1999. 4. 30. 대통령령 제16284호로 개정되기 전의 것) 제86조 제2호 (나)목은, 공동주택의 일조 등의 확보를 위한 건축물의 높이 제한에 관하여 '동일 대지 안에서 2동 이상의 건축물이 서로 마주보고 있는 경우에는 건축물의 각 부분의 높이는 각각 서로 마주보는 외벽의 각 부분으로부터 다른 쪽의 외벽의 각 부분까지의 거리의 1.25배 이하 또는 당해 대지 안의 모든 세대가 동지일을 기준으로 9시에서 15시 사이에 건축조례가 정하는 시간 이상을 연속하여 일조를 확보할 수 있는 높이 이하'로 규정하였는바, 건축물의 높이와 건축물 사이의 거리가 위 조항의 전단에서 정하는 기준에 부합하는 경우에는 해당 건축물은 동지일의 연속 일조시간에 관계없이 위 조항에 적합하게 건축된 것이라고 해석해야 한다. 분양계약을 체결하는 과정에서 일조나 조망, 사생활의 노출 차단 등에 관한 상황에 대하여 일정한 기준에 이르도록 하기로 약정이 이루어졌다거나, 수분양자가 일조나 조망, 사생활의 노출 차단 등이 일정한 기준에 미치지 않는 사정을 알았더라면 그 분양계약을 체결하지 않았을 것임이 경험칙상 명백하여 분양자가 신의성실의 원칙상 사전에 수분양자에게 그와 같은 사정을 설명하거나 고지할 의무가 있음에도 이를 설명·고지하지 아니함에 따라 일조나 조망, 사생활의 노출 차단 등이 일정한 기준에 이를 것이라는 신뢰를 부여하였다고 인정할 만한 특별한 사정이 없는 한, 아파트 각 동·세대의 배치 및 구조, 아파트의 층수, 아파트 각 동·세대 사이의 거리 등에 관한 기본적인 계획(이하 '기본적인 건축 계획'이라 한다)에 의하여 결정되는 일조나 조망, 사생활의 노출 등에 관한 상황에 대하여 수분양자가 이를 예상하고 받아들여 분양계약에 이르렀다고 봄이 상당하다. 따라서 분양된 아파트가 건축관계법령 및 주택법상의 주택건설기준 등에 적합할 뿐만 아니라, 분양계약 체결 당시 수분양자에게 알려진 기본적인 건축 계획대로 건축된 경우에는 아파트 각 동·세대의 방위나 높이, 구조 또는 다른 동과의 인접 거리 등으로 인하여 일정 시간 이상의 일조가 확보되지 않고 조망이 가려지며 사생활이 노출된다고 하더라도, 위에서 본 바와 같은 특별한 사정이 있지 않는 한, 이를 가지고 위 아파트가 그 분양계약 당시 수분양자에게 제공된 기본적인 건축 계획에 관한 정보에 의하여 예상할 수 있었던 범위를 벗어나 분양계약의 목적물로서 거래상 통상 갖추어야 하거나 당사자의 특약에 의하여 보유해야 할 품질이나 성질을 갖추지 못한 경우에 해당된다고 할 수 없다(대판 2010.4.29. 2007다9139).

3) 실무상 수인한도의 판단 방법

실무상 일조권을 침해하여 수인한도를 초과하는 여부는 통상적으로 건축법상의 기준인 동지(冬至)를 기준으로 9시부터~15시 사이의 6시간 중 2시간 이상 연속적·계속적으로 일조가 확보되지 않고 있고(건축법 시행령 제86조 제3항 제2호 단서), 아울러 위 연속적·계속적 2시간을 포함하여 동지(冬至)를 기준으로 8시부터~16시 사이의 8시간 중 통틀어서 합계 4시간 이상[118]의 일조시간이 확보되지 못한 경우에는 일조권이 침해되는 것으로 보고 있는 듯하다(대판 2000.5.16. 98다56997,[119] 서울고법 2007.6.8. 2004나33102[120]). 일조시간의 측정은 한국감정원 등 감정전문기관이 법원의 명령에 따라 하는데, 통상적으로는 가해 건물과 피해 건물의 도면 등을 근거로 두 건물의 구조·배치, 높이 및 이격거리, 태양의 고도·방위각, 각 건물의 방위각, 건물 그림자의 수직거리 등을 토대로 일조시간을 시뮬레이션(Simulation)하여 산출하고 있는 것으로 보인다.[121]

다. 그밖의 고려 요소

1) 건물의 위치 및 용도

가해건축물과 피해건축물의 위치가 각각 주거지역인지 상업지역인지 여부나 또는 상업용 건물인지 주거용 건물인지 여부는 일조권의 수인한도를 정함에 있어서 중요한 요소로 작용한다. 일조권의 침해 여부에 대한 판단 기준은 상업지역보다 주거지역에서 가해 건축

118) 즉, 아침 9시부터~오후 3시까지 6시간 중에 연속적계속적으로 2시간 미만의 일조시간이 기록되고, 아울러 아침 8시부터~오후 4시까지 8시간 중에 총 일조시간의 합계가 4시간 미만으로 기록될 때 일조권이 침해되는 것으로 보는 것이다. 만약 위 2시간 미만, 4시간 미만의 요건 둘 중 어느 하나라도 해당되지 않는다면 일조권이 침해되지 않는 것으로 보는 것이다.

119) 원고들이 구분소유하고 있는 연립주택의 남측에 인접한 지상에 피고가 건축한 23층 내지 26층 규모의 아파트 A동, B동, C동, D동의 완성으로 인하여 원고들의 각 연립주택에 동지(冬至)를 기준으로 진태양시 08:00～16:00 사이의 일조시간이 2분～150분에 불과하게 되는 일조 침해가 있었고 그 정도가 수인한도를 넘게 되었으므로 불법행위 책임이 인정되며, 이에 따라 원고들이 입은 정신적 고통에 대한 위자료 지급을 명하는바, 피고는 위 아파트의 높이가 건축 관련 법규에 위배되지 않았으므로 위법성이 없다고 주장하지만, 건축 관련 법규에서는 일조권을 보호하기 위해 건축물의 높이만을 규제하고 있을 뿐, 확보되어야 할 일조시간에 관하여는 아무런 기준이 없으므로 공법상 규제 위반 여부는 일조권 침해의 정도를 참작할 요소일 뿐 이를 들어 불법행위의 성립을 부정할 수는 없을 것이다(대판 2000.5.16. 98다56997).

120) 경인지역의 일반적 주거형태 등을 종합적으로 고려하면, 동짓날을 기준으로 9시부터 15시까지 사이의 6시간 중 일조시간이 연속하여 2시간 이상 확보되거나, 8시부터 16시까지 사이의 8시간 중 일조시간이 통틀어서 최소한 4시간 이상 확보되는 경우의 일조방해는 이를 수인해야 하고, 위 두가지 중 어느 것에도 속하지 않는 일조방해만이 수인한도를 넘는다고 봄이 상당하다(서울고등법원 2007.6.8. 2004나33102).

121) 장가익, "일조권 침해 분쟁 해결방안 연구-상업지역을 중심으로-", 광운대학교 건설법무대학원 석사학위논문, 2015.

물을 건축시에 보다 더 엄격한 기준이 적용될 것으로 보이고, 피해 건축물이 상업용인 경우보다는 주거용인 경우에 보다 더 강화된 기준이 적용될 것으로 보인다(대판 2002.12.10. 2000다72213).[122)]

건축법에서도 일반상업지역이나 중심상업지역에서 가해 건축물을 건축하는 경우에 있어서는 일조권의 확보를 위한 높이 제한이나 이격거리의 확보 규정을 적용하지 않고 있다(건축법 제61조 제2항). 물론 앞서 본 바와 같이, 구체적인 경우에 있어서 어떠한 건물 신축이 건축 당시의 공법적 규제에 형식적으로 적합하다고 하더라도 현실적인 일조방해의 정도가 현저하게 커서 사회통념상 수인한도를 넘는 경우에는 위법행위로 평가될 수 있을 것이지만(대판 2002.12.10. 2000다72213), 그 수인한도를 초과하는지 여부를 판단함에 있어서는 건물의 위치나 용도가 감안이 되는 것이다.

또한 건축지역이 대도시 지역인지 여부도 중요한 요소로 작용할 수 있다. 즉 주택에 있어서 일조나 조망 등의 확보는 쾌적하고 건강한 주거생활을 영위하기 위한 필요 불가결의 요소라 할 것이지만, 대도시 인구의 과밀화 및 토지의 효율적 이용을 위한 건물의 고층화 경향 등을 고려할 때 아파트와 같은 공동주택의 경우에는 사회공동생활상 일조권 등의 침해를 어느 정도 참아주는 것이 불가피한 것이라고 생각되는 한도, 즉 수인한도가 있다 할 것이므로 일조권 등의 침해가 사회통념상 일반적으로 인정되는 수인한도를 초과하는 경우에 한하여 불법행위의 책임이 성립할 수 있는 것이다(서울고법 1996.3.29. 94나11806).

일조 침해의 판단 기준이 되는 일조시간을 측정함에 있어 각 실의 개구부인 베란다 창문을 기준으로 할 것인지, 아니면 베란다 내측 거실 창문을 기준으로 할 것인지 여부는 법령의 해석에 관한 문제로서 권리의 발생·변경·소멸이라는 법률효과의 판단에 직접 필요한 사실에 관한 문제라고 할 수 없으므로, 베란다 내측 거실 창문을 기준으로 일조 침해 여부를 판단해야 하는 것이 아니라 거실에 접한 베란다 창문에 비치는 일조 여부를 기준으로 일조 침해 여부를 판단해야 할 것이다(대판 2006.1.26. 2005다47014·47021·47038).

2) 건축의 시간적 선후 관계

일조권의 침해 여부에 관한 결정 요소인 수인한도의 초과 여부를 판단할 때에는 실무상 기득권이 인정되어 기존에 건축된 고층아파트나 높은 건축물이 있는 상태에서 나중에 새로운 건축물을 신축하는 경우에 있어서는, 그 반대의 경우에 비하여, 일조권의 침해로 인한 수인한도의 기준이 훨씬 높아 수인한도를 초과하기가 곤란하게 되거나 수인한도가 없다고

---

122) 구체적인 경우에 있어서는 어떠한 건물 신축이 건축 당시의 공법적 규제에 형식적으로 적합하다고 하더라도 현실적인 일조방해의 정도가 현저하게 커 사회통념상 수인한도를 넘은 경우에는 위법행위로 평가될 수 있다(대판 2002.12.10. 2000다72213).

보는 경향이 일반적이어서 나중에 신축된 건물로서는 기존에 건축된 건축물로 인하여 일조권의 침해를 받는다고 주장하는 것이 곤란하게 되거나 일조권의 침해를 주장할 수 없는 지위에 있다고 보는 것이 통상적인 판단인 듯하다(대판 2010.6.24. 2008다23729).[123)]

이는 기존에 건축물이 존재한 상태에서 나중에 피해 건물을 건축하려고 할 때에는 건축할 당시부터 이미 일조권의 침해를 예상할 수 있어 이를 감수하고 건축을 하는 경우에 해당될 것이기 때문으로 보이고, 기존에 건축물이 존재한 상태에서 인근에 토지를 매수한 사람은 일조가 방해되는 상황을 가격에 반영하고 매수를 할 것이기 때문이라고 보인다. 이러한 원리는 기존에 건축물이 존재한 경우뿐만 아니라 이미 건축계획이나 도시계획 등이 세워져 있는 경우에도 마찬가지로서 이러한 경우에도 이를 감안해서 토지나 건물을 매수할 것이고, 새로이 건물을 신축할 것이기 때문에 높은 수인한도의 기준이 적용될 것이다.

3) 두 가해 건물의 일조침해가 합해져서 비로소 피해 건물에게 수인한도를 초과하는 일조권의 침해가 발생한 경우

가) 가해 건물들의 건축 사이에 상당한 기간의 간격이 있는 경우

피해 건물이 이미 다른 기존 건물에 의하여 일조방해를 받고 있는 상태에서 그로부터

---

123) 가해 건물의 신축으로 인하여 일조피해를 받게 되는 건물이 이미 다른 기존 건물에 의하여 일조방해를 받고 있는 경우나 피해 건물의 구조 자체가 충분한 일조를 확보하기 어렵게 되어 있는 경우에는, 가해 건물 신축 결과 피해 건물이 동짓날 08시부터 16시 사이에 합계 4시간 이상 그리고 동짓날 09시부터 15시 사이에 연속하여 2시간 이상의 일조를 확보하지 못하게 되더라도 언제나 수인한도를 초과하는 일조피해가 있다고 단정할 수는 없고, 가해 건물이 신축되기 전부터 있었던 일조방해의 정도, 신축건물에 의하여 발생하는 일조방해의 정도, 가해 건물 신축 후 위 두 개의 원인이 결합하여 피해 건물에 끼치는 전체 일조방해의 정도, 종전의 원인에 의한 일조방해와 신축건물에 의한 일조방해가 겹치는 정도, 신축건물에 의하여 발생하는 일조방해시간이 전체 일조방해시간 중 차지하는 비율, 종전의 원인만으로 발생하는 일조방해시간과 신축건물만에 의하여 발생하는 일조방해시간 중 어느 것이 더 긴 것인지 등을 종합적으로 고려하여 신축건물에 의한 일조방해가 수인한도를 넘었는지 여부를 판단해야 한다. 따라서 기존 건물의 건립으로 인하여 피해 건물에 발생한 일조방해의 정도가 수인한도를 넘지 않고 있었는데 그로부터 상당한 기간이 경과한 후 타인 소유의 인접건물이 신축되고 그 기존 건물과 인접건물로 인하여 생긴 일영이 결합하여 피해 건물에 수인한도를 넘는 일조방해가 발생한 때에는, 피해 건물의 소유자 등은 인접건물의 신축 전에 기존 건물로 인하여 발생한 일조방해의 정도가 수인한도를 넘지 않아 기존 건물로 인한 일조방해를 수인할 의무가 있었으므로, 특별한 사정이 없는 한 기존 건물 소유자와 무관하게 신축된 인접건물로 인하여 수인한도를 넘게 된 일조방해의 결과에 대하여는 인접건물의 소유자를 상대로 불법행위책임을 물을 수 있는지는 별론으로 하고, 기존 건물의 소유자를 상대로 불법행위책임을 물을 수 없다. 그리고 이와 같은 상황에서 기존 건물의 소유자가 낙후된 기존 건물을 철거하고 그 지상에 가해 건물을 신축함으로써 이미 기존 건물과 인접건물로 인하여 생긴 일조방해의 정도가 더욱 심화되는 결과가 발생하였다 하더라도, 위와 같이 당초 기존 건물로 인하여 생긴 일조방해에 대하여는 피해 건물의 소유자 등이 수인할 의무가 있었던 이상, 신축 가해 건물로 생긴 일조방해 중 기존 건물로 인하여 당초 발생하였던 일조방해의 범위 내에서는 불법행위책임을 물을 수 없다(대판 2010.6.24. 2008다23729).

상당한 기간이 경과한 후에 가해 건물의 신축으로 인하여 일조피해를 받게 되는 건물라든가 피해 건물의 구조 자체가 충분한 일조를 확보하기 어렵게 되어 있는 경우에는, 가해 건물 신축 결과 피해 건물이 동짓날 08시부터 16시 사이에 합계 4시간 이상 그리고 동짓날 09시부터 15시 사이에 연속하여 2시간 이상의 일조를 확보하지 못하게 되더라도 언제나 수인한도를 초과하는 일조피해가 있다고 단정할 수는 없고, 가해 건물이 신축되기 전부터 있었던 일조방해의 정도, 신축건물에 의하여 발생하는 일조방해의 정도, 가해 건물 신축 후 위 두 개의 원인이 결합하여 피해 건물에 끼치는 전체 일조방해의 정도, 종전의 원인에 의한 일조방해와 신축건물에 의한 일조방해가 겹치는 정도, 신축건물에 의하여 발생하는 일조방해시간이 전체 일조방해시간 중 차지하는 비율, 종전의 원인만으로 발생하는 일조방해시간과 신축건물만에 의하여 발생하는 일조방해시간 중 어느 것이 더 긴 것인지 등을 종합적으로 고려하여 신축건물에 의한 일조방해가 수인한도를 넘었는지 여부를 판단해야 할 것이다(대판 2010.6.24. 2008다23729).

다만 이와 같은 사정들을 고려하더라도 나중에 신축된 가해 건물로 인하여 수인한도가 초과하게 되었다고 판단되는 경우에는 가해 건물의 소유자는 그로 인하여 피해자에 대하여 불법행위로 인한 재산상 손해배상책임을 부담한다고 할 것이지만, 그렇다고 해서 가해 건물의 소유자가 피해자에게 생긴 손해의 전부를 전적으로 책임져야 하는 것은 아니고, 자신의 기여 부분만 책임을 지면 될 것이다.

즉 수인한도를 초과하는 것이 전적으로 신축건물 때문만이 아니라 다른 기존 건물의 일조 침해와 신축건물의 일조 침해가 합해져서 이루어지는 것이므로 수인한도를 초과하는데 대한 책임을 오로지 신축건물의 소유자에게 전부 부담시키는 것은 신축건물의 소유자가 이미 건립되어 있던 기존 건물로 인한 일조방해를 자신의 전적인 책임으로 인수하는 것으로 되어 불합리하다. 이러한 경우에는 상린관계에 있는 이웃 간의 토지이용의 합리적인 조정이라는 요청과 손해부담의 공평이라는 손해배상제도의 이념에 비추어, 특별한 사정이 없는 한, 신축건물의 소유자와 피해 건물의 소유자 사이에서 합리적이고 공평한 분담이 될 수 있도록 정해야 할 것이다. 이를 위해서는 특히 가해 건물이 신축되기 전부터 있었던 기존 건물로 인한 일조방해의 정도, 신축건물에 의하여 발생하는 일조방해의 정도, 가해 건물 신축 후 위 두 개의 원인이 결합하여 피해 건물에 끼치는 전체 일조방해의 정도, 기존 건물로 인한 일조방해와 신축건물에 의한 일조방해가 겹치는 정도, 신축건물에 의하여 발생하는 일조방해시간이 전체 일조방해시간 중 차지하는 비율 등이 고려되어야 한다(대판 2010.6.24. 2008다23729).

나) 가해 건물들의 건축이 동시 또는 거의 같은 시기에 이루어진 경우

수인이 공동하여 타인에게 손해를 가하는 공동불법행위(제750조)에 있어서는 행위자 상호간의 공모는 물론 공동의 인식을 필요로 하지 않는다. 다만 객관적으로 그 공동행위가 관련 공동되어 있으면 족하며, 그 관련 공동성 있는 행위에 의하여 손해가 발생함으로써 이의 배상책임을 지는 공동불법행위가 성립하는 것이므로(대판 1982.6.8. 81다카1130, 2000.4.11. 99다41749), 동시에 또는 거의 같은 시기에 건축된 가해 건물들이 피해 건물에 대하여 전체적으로 수인한도를 초과하는 일조 침해의 결과를 야기하였고, 각 가해 건물들이 함께 피해 건물의 소유자 등이 종래 향유하던 일조를 침해하게 된다는 점을 예견할 수 있었다면, 특별한 사정이 없는 한, 각 가해 건물의 건축자 등은 공동불법행위책임을 지게 되어 일조 침해로 피해 건물의 소유자 등이 입은 손해 전부에 대하여 이를 배상할 책임을 부담하게 될 것이다(대판 2006.1.26. 2005다47014·47021·47038).

이때 두 가해 건물 사이의 손해배상책임의 분담 관계가 어떻게 되는지 문제된다. 일조 침해가 수인한도를 넘지 않는 경우에는 그로 인하여 재산상 손해가 있다고 하더라도 이를 청구할 수 없으나, 일조 침해가 수인한도를 넘어 불법행위가 성립하는 경우에는, 그 재산상 손해 중 수인한도를 넘지 않았더라면 청구할 수 없었던 부분에 대하여도 손해배상을 청구할 수 있다고 보아야 한다. 또한 일조 침해로 인한 재산상 손해가 그 침해시간에 비례한다고 단정할 수도 없으므로, 가해 건물들의 건축이 동시 또는 거의 같은 시기에 이루어진 경우에 있어서는, 나중에 신축된 건물의 소유자가 일조 침해로 인한 피해 건물의 재산적 가치 하락액 중 수인한도를 넘는 부분에 해당하는 가치 하락액만 책임이 있을 뿐, 수인한도 범위 내에 속하는 먼저 신축된 다른 건물로 인한 해당 가치의 하락액 부분에 대하여는 책임을 질 수 없다는 주장은 받아들여지지 않을 것이다(대판 2006.1.26. 2005다47014·47021·47038).

03

일조권의 침해에 대한 구제

1. 청구권자

토지의 소유자 등이 종전부터 향유하던 일조이익이 객관적인 생활이익으로서 가치가 있다고 인정되면 법적인 보호의 대상이 될 수 있다. 따라서 인근에서 건물이나 구조물 등이 신축됨으로 인하여 햇빛이 차단되어 생기는 그늘, 즉 일영(日影)이 증가함으로써 해당 토지에서 종래 향유하던 일조량이 감소하는 일조방해가 발생한 경우, 그 일조방해의 정도, 피해이익의 법적 성질, 가해 건물의 용도, 지역성, 토지이용의 선후관계, 가해 방지 및 피해 회피의 가능성, 공법적 규제의 위반 여부, 교섭 경과 등 모든 사정을 종합적으로 고려하여 사회통념상 일반적으로 해당 토지소유자의 수인한도를 넘게 되면 그 건축행위는 정당한 권리행사의 범위를 벗어나 사법상 위법한 가해행위로 평가될 것이다(대판 2008.4.17. 2006다35865(전)).

여기에서 객관적인 생활이익으로서 일조이익을 향유하는 '토지의 소유자 등'이란 토지소유자, 건물소유자, 지상권자, 전세권자 또는 임차인 등의 거주자를 말하므로(대판 2008.12.24. 2008다41499), 이들 각자가 일조권의 방해를 받고 있는 경우 그에 대한 구제를 청구할 수 있다.

다만 해당 토지·건물을 일시적으로 이용하는 것에 불과한 사람은 이러한 일조이익을 향유하는 주체가 될 수 없을 것이므로 초등학교 학생들은 공공시설인 학교시설을 방학기간이나 휴일을 제외한 개학기간 중, 그것도 학교에 머무르는 시간 동안 일시적으로 이용하는 지위에 있을 뿐이고, 학교를 점유하면서 지속적으로 거주하고 있다고 할 수 없어 생활이익으로서의 일조권을 법적으로 보호받을 수 있는 지위에 있지 않다고 본다(대판 2008.12. 24. 2008다41499).

한편 일조권의 침해는 민법상 상린관계에 관한 규정(제217조 제1항)상 '매연, 열기체, 액체, 음향, 진동 기타 이에 유사한 것'에 포함되어 소유자뿐만 아니라 그밖의 피해자도 구제가 가능하다고 보아야 한다. 여기에 예시된 생활이익의 침해와 관련하여 이를 공중에 방산된 매개체에 한정된다는 견해가 있으나, 이는 민법 제정 당시 문제가 된 생활이익의 침해 유형만을 예시한 것으로서 일조권 등 다른 유형의 생활이익이 중시되는 현대에 있어서는 공중을 통하여 적극적으로 방산하는 것뿐만 아니라 햇볕차단 등 소극적으로 공중으로부터의 유익한 매개체의 차단도 여기에 포함시켜 보호의 대상으로 삼는 것이 타당하다고 본다.[124]

2. 상 대 방

일조권 침해를 이유로 한 손해배상청구는 일종의 불법행위로 인한 손해배상으로서, 그 상대방은 통상적으로 건물 또는 건축물의 소유자가 될 것이다. 만약 소유자가 변경된 때에는, 방해배제청권 내지 유지청구와 달리, 그 취득시를 기준으로 그 전과 후의 각각의 소유자가 책임을 분할하고 있다고 보는 것이 타당할 것이다. 가해 건축물에 대한 건축계획을 수립하고 시행한 재건축조합이나 주택조합도 공사도급인으로서 일조권 침해의 책임을 질 수 있을 것이다.

그러나 건물 건축공사의 수급인은 도급계약에 기한 의무이행으로서 건물을 건축하는 것이므로 원칙적으로 일조방해에 대하여 손해배상책임이 없다. 다만 수급인이 스스로 또는 도급인과 서로 의사를 같이하여 타인이 향수하는 일조를 방해하려는 목적으로 건물을 건축한 경우, 해당 건물이 건축법규에 위반되었고 그로 인하여 타인이 향수하는 일조를 방해하게 된다는 것을 알거나 알 수 있었는데도 과실로 이를 모른 채 건물을 건축한 경우, 도급인과 사실상 공동 사업주체로서 이해관계를 같이하면서 건물을 건축한 경우 등 특별한 사정이 있는 때에는 수급인도 일조방해에 대하여 손해배상책임을 지게 될 것이다(대판 2005.3.24. 2004다38792).

3. 구제방법

가. 방해제거·방해예방청구권과 손해배상청구

일조권이 침해된 경우 그 구제수단으로서 판례는 소유권에 기한 물권적 청구권을 들고 있다(대판 1995.9.15. 95다23378). 소유권에 기한 물권적 청구권에는 차단시설의 제거나 건축물의 철거 등 방해제거청구권과 공사나 건축의 중지·중단 등 방해예방청구권이 포함될 것이고(대판 1995.9.15. 95다23378),[125] 그것이 불법행위로 인한 손해배상청구권의 요건[126]도 갖추

124) 한국사법행정학회, 2011 주석 민법(물권 1), 567-568p.

125) 인접 대지 위에 건축 중인 아파트가 24층까지 완공되는 경우, 대학교 구내의 첨단과학관에서의 교육 및 연구 활동에 커다란 지장이 초래되고 첨단과학관 옥상에 설치된 자동기상관측장비 등의 본래의 기능 및 활용성이 극도로 저하되며 대학교로서의 경관·조망이 훼손되고 조용하고 쾌적한 교육환경이 저해되며 소음의 증가 등으로 교육 및 연구 활동이 방해받게 된다면, 그 부지 및 건물을 교육 및 연구시설로서 활용하는 것을 방해받게 되는 대학교측으로서는 그 방해가 사회통념상 일반적으로 수인할 정도를 넘어선다고 인정되는 한 그것이 민법 제217조 제1항 소정의 매연, 열기체, 액체, 음향, 진동 기타 이에 유사한 것에 해당하는지 여부를 떠나 그 소유권에 기하여 그 방해의 제거나 예방을 청구할 수 있고, 이 경우 그 침해가 사회통념상 일반적으로 수인할 정도를 넘어서는지 여부는 피해의 성질 및 정도, 피해이익의 공공성과 사회적 가치, 가해행위의 태양, 가해행위의 공공성과 사회적

어져 있는 경우에는 손해배상도 포함될 것이다. 경계선 부근의 건축거리의 제한 규정(제242조)도 일조권과 연관된 것이므로 하나의 구제수단이 될 수 있을 것이다.

한편 건축허가가 건축법령에 위배되어 허가가 이루어졌고, 그로 인하여 일조방해가 수인한도를 초과하게 될 경우에는 건축허가의 취소를 구할 수 있을 것이다. 가해 건물에 대한 사용승인이 이루어진 후에 일조방해를 이유로 한 준공처분의 무효확인이나 취소를 구하는 것은 받아들여지지 않을 것으로 보이며(대판 1993.11.9. 93누13988),[127] 따라서 이는 손해배상청구의 문제로 구제를 받아야 할 것으로 보인다.

나. 일조권 침해에 대한 손해배상액의 산정 방법

1) 원　칙

일조방해 등과 같은 생활이익에 대한 침해가 사회통념상의 수인한도를 초과하여 위법한지를 판단하고 그에 따른 재산상 손해를 산정함에 있어서는, 생활이익을 구성하는 요소들

가치, 방지조치 또는 손해회피의 가능성, 공법적 규제 및 인·허가 관계, 지역성, 토지이용의 선후관계 등 모든 사정을 종합적으로 고려하여 판단해야 한다(대판 1995.9.15. 95다23378). 그밖에 건축공사가처분을 인용한 하급심 판결로는 울산지방법원 2006.9.22. 2006카합702, 광주지법 2004.10.14. 2004가합2290 등이 있다.

126) 여기에서 손해배상청구권의 요건이란 일반 불법행위의 요건을 말하는데, 가해자의 고의·과실, 위법성, 손해의 발생과의 인과관계 등이 해당될 것이다. 다만 일반 사건에서와 달리 조망권 등의 생활이익의 침해와 관련해서는 그에 대한 입증이 힘들기 때문에 실무에서는 입증책임을 완화하는 방향으로 적용을 하고 있다. 즉 고의·과실에 있어서는 무과실책임 내제 위험책임으로, 위법성은 수인한도론으로, 인과관계에 대하여는 인과관계의 추정으로 피해자의 구제를 두텁게 구제하려고 하고 있다. 다만 수인한도론과 관련하여 침해의 위법성이 인정된다고 할 때 방해배제청구를 인용해야 하는지 아니면 손해배상청구만으로 족한 것인지에 따라 위법성의 정도를 달리 판단하여 손해배상만으로 족한 경우에는 방해배제청구권 내지 유지청구는 인용하지 않고 있는 것으로 보인다.

127) 처분의 무효 등 확인소송이나 취소소송은 처분의 무효 등 확인이나 취소를 구할 법률상 이익이 있는 자만이 제기할 수 있다고 할 것인바, 건축관련법규는 준공처분과 관련하여 인접주택소유자의 권리에 대하여 특별한 규정을 두고 있지 않고, 건물의 준공처분은 건축허가를 받아 건축된 건물이 건축허가사항대로 건축행정목적에 적합한가의 여부를 확인하고 준공검사필증을 교부하여 줌으로써 허가받은 자로 하여금 건축한 건물을 사용, 수익할 수 있게 하는 법률효과를 발생시키는 것에 불과하며(대판 1992.4.10. 91누5358), 건축한 건물이 인접주택 소유자의 권리를 침해하는 경우 준공처분이 그러한 침해까지 정당화하는 것은 아닐 뿐만 아니라, 인접주택 소유자가 입는 생활환경상의 이익침해는 실제로 위 건물의 전부 또는 일부가 철거됨으로써 회복되거나 보호받을 수 있는 것인데, 위 건물에 대한 준공처분의 무효확인이나 취소를 받는다 하여도 그로 인하여 건축주는 위 건물을 적법하게 사용할 수 없게 되어 위 건물은 준공 이전의 상태로 돌아가게 되는 것에 그칠 뿐 위반건물에 대한 시정명령을 할 것인지 여부, 그 시기 및 명령의 내용 등은 행정청의 합리적 판단에 의하여 결정되어야 할 자유재량에 맡겨져 있는 점 등에 비추어 보면, 신축 건물이 무단증평, 이격거리위반, 베란다돌출, 무단구조변경 등 건축법에 위반하여 시공됨으로써 인접주택 소유자인 피해자들에게 사생활과 일조권을 침해하고 있다고 하더라도, 위 준공처분의 무효확인이나 취소를 구할 법률상 이익이 없다고 할 것이다(대판 1993.11.9. 93누13988).

을 종합적으로 참작하여 수인한도를 판단해야만 형평을 기할 수 있는 특별한 사정이 없다면, 원칙적으로 개별적인 생활이익별로 침해의 정도를 고려하여 수인한도 초과 여부를 판단한 후 수인한도를 초과하는 생활이익들에 기초하여 손해배상액을 산정해야 하며, 수인한도를 초과하지 않는 생활이익에 대한 침해를 다른 생활이익 침해로 인한 수인한도 초과 여부 판단이나 손해배상액 산정에 있어서 직접적인 근거 사유로 삼을 수는 없을 것이다(대판 2007.6.28. 2004다54282).

일조권 침해 등과 같은 생활이익의 침해로 인한 손해에는 정신적 고통에 대한 위자료(대판 2006.1.26. 2005다47014·47021·47038)[128]와 재산적 가치의 하락, 영업수입의 하락, 광열비의 증가 등이 해당될 것이다. 이때 재산적 손해의 항목 중 토지·가옥의 가격저하에 의한 손해를 산정함에 있어서는 광열비·건조비 등의 지출 증대와는 별도로 일조장해 등과 상당인과관계가 있는 정상가격의 감소액을 부동산감정 등의 방법으로 평가해야 할 것이며, 분양된 아파트가 일조피해를 입고 있는 경우 그 아파트의 시세가 분양대금에 물가상승률이나 예금금리를 감안한 금액보다 높게 유지된다고 해서 그 소유자에게 해당 아파트의 가격저하로 인한 손해가 발생하지 않았다고 볼 수는 없을 것이다(대판 1999.1.26. 98다23850).

실무상 일조침해로 인한 손해배상액은 수인한도를 초과하는 부분에 대해서만 인정해주는 경향이 있는 것으로 보이며, 시세가치의 하락률에 대한 감정평가시 일조량 및 전망 모두 확보되지 않는 경우에는 11%, 일조량만 확보되지 않는 경우에는 8% 정도의 하락이 있는 것으로 보고 있는 듯하며, 법원에서도 이러한 감정결과를 반영하고 있는 것으로 보인다(서울중앙지법 2008.12.17. 2007가합96794).

일조방해로 인하여 인근 공작물 등 토지상에 정착한 물건을 더 이상 본래의 용법대로 사용할 수 없게 되었다면, 공작물 등 소유자로서는 공작물 등 이전이 불가능하거나, 이전으로 인하여 공작물 등을 종래 용법대로 사용할 수 없게 되거나, 공작물 등 이전비용이 공작물 등의 교환가치를 넘는다는 등 특별한 사정이 없는 한, 이전비용 상당액을 통상의 손해로서 청구할 수 있고, 이전 과정에서 불가피하게 발생한 손해 역시 통상의 손해로서 청구할 수 있으며, 위와 같은 특별한 사정이 있는 경우에는 공작물 등의 교환가치 상당액을 통상의 손해로서 청구할 수 있을 것이다. 이와 같이 이전비용 등을 통상의 손해로서 청구하는 경우

128) 불법행위로 입은 정신적 고통에 대한 위자료 액수에 관하여는 사실심 법원이 제반 사정을 참작하여 그 직권에 속하는 재량에 의하여 이를 확정할 수 있다고 할 것인 바(대판 1999.4.23. 98다41377, 2002.11.26. 2002다43165), 이러한 법리에 비추어 보면, 8:00부터 16:00까지 사이에 100분 미만의 총 일조시간이 확보되는 원고들에 대하여는 각 100만원을, 그 이상의 총 일조시간이 확보되는 원고들에 대하여는 각 80만원을 위자료 수액으로 확정한 조치는 정당하다(대판 2006.1.26. 2005다47014·47021·47038).

장래 공작물 등을 사용·수익하여 얻을 수 있었을 이익은 이전비용 등에 포함되어 있어 이를 따로 청구할 수 없다고 본다(대판 2011.4.28. 2009다98652). 또한 고층아파트 신축으로 비닐하우스에 일조방해가 발생하여 더 이상 정상적인 난(蘭) 재배를 하기 어렵게 된 경우에는, 특별한 사정이 없는 한 비닐하우스와 그 안에서 재배되는 난들에 대한 이전비용과 이전 과정에서 불가피하게 발생하는 손해를 통상의 손해로서 청구할 수 있고, 만약 비닐하우스 등을 이전하는 것이 불가능하다는 등 특별한 사정이 있다면, 그 교환가치 상당액을 통상의 손해로서 청구할 수 있다고 할 것이다(대판 2011.4.28. 2009다98652).

2) 손익상계의 인정 여부

손해배상액의 산정에 있어 손익상계가 허용되는지 문제되는데, 손익상계가 허용되기 위해서는 손해배상책임의 원인이 되는 행위로 인하여 피해자가 새로운 이득을 얻었을 뿐만 아니라 그 이득은 배상의무자가 배상해야 할 손해의 범위에 대응하는 것이어야 할 것이다(대판 2007.11.16. 2005다3229, 2008.9.25. 2006다18228).

고층아파트의 건축으로 인하여 피해 토지의 지가가 상승하였다고 하더라도 그것은 손해배상책임의 원인이 되는 일조방해와는 아무런 관계가 없는 이익으로서 손익상계에 의하여 공제해야 할 이익으로 볼 수 없을 것이다(대판 2011.4.28. 2009다98652). 다만 인근에 가해 건물이 신축됨으로써 일조권이 침해되는 피해가 있는 반면, 가해 건물로 인하여 주변 환경이 좋아지거나 상권이 형성되는 등으로 피해 건물의 가격이 상승하는 경우가 있을 수 있는데, 이와 같이 가해 건물의 신축으로 인하여 피해 건물에 대한 일조권 침해의 불이익과 객관적인 가격상승이라는 이익이 동시에 일어난다면 피해 건물의 일조감소로 인한 가치하락분을 산정할 때 피해 건물의 가격상승 부분에 대한 일부를 감안하는 것이 공평의 견지에서 타당하다고 본다(대판 1999.1.26. 98다23850).[129)]

3) 소유자와 임차인 등 실제거주자 간의 분배

피해 건물에 그 소유자로부터 정당하게 임차한 임차인이 일조의 침해 당시 실제로 거주하고 있는 경우가 있는데, 이 경우 소유자와 임차인 사이의 손해배상액의 분배가 문제된다. 일조이익의 원칙적인 근거는 피해대상 건물에 대한 소유권에서 찾아야 한다. 일조방해로

---

129) 건물의 신축으로 인한 일조침해 등을 고려하여 그 침해 전후의 통상적인 아파트 가격의 차이에 관한 감정 결과에 터잡아 피해자들의 각 아파트가 그 정상가격에 비하여 각 세대별로 금 14,260,000원 내지 금 21,700,000원의 가격하락분이 발생한 것으로 인정할 수 있는 한편, 가해 건물 소유자의 각 아파트 건축행위에 법규 위반이 없는 점 및 피해자들 측의 수분양자로서의 수인한도와 관련된 감액사유 등을 종합적으로 고려하면 가해 건물의 소유자 등이 배상해야 할 손해액은 위 각 세대별 가격하락분의 50%로 봄이 상당하다(대판 1999.1.26. 98다23850).

인한 손해배상이 생활이익의 침해에서 비롯되는 것이기는 하지만 생활이익 역시 소유권 또는 그 소유권에서 파생되는 정당한 생활을 누릴 수 있는 권리를 바탕으로 해야 하는 것이며, 따라서 가령 생활이익이 불법점유에서 비롯된 것이라면 그에 바탕을 두고 손해배상을 청구할 수 없다고 할 것이나, 피해 건물의 소유자 외에도 그로부터 정당하게 임차권 등을 취득하여 일조방해행위 당시 실제로 거주한 자는 위 손해배상을 청구할 수 있는 것이다.

다만 한 건물(일반주택이라면 주택 1동 전체, 아파트라면 아파트 1채)에 대하여 인정할 수 있는 손해배상액은 소유자와 실제 거주자가 달라진다고 하더라도 소유자와 실제 거주자가 같은 경우와 원칙상 동일한 금액이어야 하며, 그 인정할 수 있는 손해배상액은 소유자와 실제 거주자 사이에 적절한 방법으로 분배함이 마땅하다.

나아가 특별한 사정이 없는 한, 한 건물에 거주하는 사람의 수에 따라 그 손해액이 달라진다고 보기 어려우므로, 그 손해액은 건물 단위로 산정해야 하며, 그 손해액의 배상을 실제 거주자 전원이 나누어 청구할 수도 있고, 그 대표자 1인이 전액의 배상을 청구할 수도 있다고 할 것이다.

이로 볼 때 주택별로 산정한 일조이익의 방해로 인한 손해액 중 소유권자에게 소유권을 근거로 하여 귀속되어야 할 부분(소유권 부분)을 90%, 임차인 등 점유자에게 생활이익 등을 근거로 하여 귀속되어야 할 부분(비소유권 부분)을 10%로 보고, 10%의 비소유권 부분은 가해 건물의 골조완성 당시 피해 건물의 임차인 등 점유자들에게 귀속시켜야 하며, 그 당시 소유자가 피해 건물의 일부를 점유하고 있었다면, 그 부분은 소유자에게 귀속시켜야 할 것이다(서울중앙지법 2008.12.17. 2007가합96794·89571).

4. 일조권 침해로 인한 손해배상청구권의 소멸시효

일조권 침해로 인한 손해배상청구의 소멸시효와 관련하여 판례는 일반 불법행위의 경우(대판 1999.3.23. 98다30285, 2008.4.17. 2006다35865)와는 달리 판시하고 있다. 즉 일반적으로 위법한 건축행위에 의하여 건물 등이 준공되거나 외부골조공사가 완료되면 그 건축행위에 따른 일영(日影)의 증가는 더 이상 발생하지 않게 되고, 해당 토지의 소유자는 그 시점에 이러한 일조방해행위로 인하여 현재 또는 장래에 발생 가능한 재산상 손해나 정신적 손해 등을 예견할 수 있다고 할 것이다. 이러한 손해배상청구권에 관한 민법 소정의 소멸시효(제766조 제1항)는 원칙적으로 그때부터 진행한다고 할 수 있을 것이로되, 다만 위와 같은 일조방해로 인하여 건물 등의 소유자 내지 실질적 처분권자가 피해자에 대하여 건물 등의 전부 또는 일부에 대한 철거의무를 부담하는 경우가 있다면, 이러한 철거의무를 계속적으로 이행하지 않는 부작위는 새로운 불법행위가 되고, 그 손해는 날마다 새로운 불법행위에 기하여 발생하는 것이므로 피해자가 그 각 손해를 안 때로부터 각별로 소멸시효가 진행한다고 하고 있는 것이다(대판 2008.4.17. 2006다35865(전)).[130)]

❐ 일조권 관련 핵심 판례 및 사례

| 판례 80 | 가해건물의 신축으로 인한 일조방해가 사회통념상 수인한도를 넘었는지 여부의 판단 기준과 수인한도를 넘는 경우의 손해배상액

【판시사항】

[1] 이미 다른 기존 건물에 의하여 일조방해를 받고 있거나 피해건물의 구조 자체가 충분한 일조를 확보하기 어려운 경우, 가해건물의 신축으로 인한 일조방해가 사회통념상 수인한도를 넘었는지 여부의 판단 기준

[2] 수인한도를 넘지 않는 기존 건물의 일영과 신축된 인접건물의 일영이 결합하여 피해건물에 수인한도를 넘는 일조방해가 발생한 경우, 기존 건물의 소유자를 상대로 불법행위책임을 물을 수 있는지 여부(소극) 및 이러한 상황에서 위 기존 건물을 철거하고 그 지상에 가해건물을 신축함으로써 일조방해의 정도가 더욱 심화된 경우, 신축 가해건물로 생긴 일조방해 중 기존 건물로 인하여 당초 발생하였던 일조방해의 범위 내에서도 불법행위책임을 물을 수 있는지 여부(소극)

[3] 피해건물이 다른 기존 건물에 의하여 일조방해를 받고 있는 상황에서 가해건물이 신축됨으로써 피해건물에 수인한도를 넘는 일조방해의 피해가 발생하고 그로 인하여 피해건물의 재산적 가치가 하락한 경우, 신축건물 소유자가 부담하는 손해배상액의 산정 방법

【판결요지】

[1] 가해건물의 신축으로 인하여 일조피해를 받게 되는 건물이 이미 다른 기존 건물에 의하여 일조방해를 받고 있는 경우나 피해건물의 구조 자체가 충분한 일조를 확보하기 어렵게 되어 있는 경우에는, 가해건물 신축 결과 피해건물이 동짓날 08시부터 16시 사이에 합계 4

---

130) 한편 본 판례에서 일부 소수의견에 의하면 "일조방해란 태양의 직사광선이 차단되는 불이익을 말하는 것이고, 그 일조방해의 정도가 사회통념상 일반적으로 인용하는 수인한도를 넘게 되면 사법상 위법한 가해행위로 평가된다. 헌법 제35조 제1항에 비추어 볼 때, 위법한 일조방해는 단순한 재산권의 침해에 그치는 것이 아니라 건강하고 쾌적한 환경에서 생활할 개인의 인격권을 침해하는 성격도 지니고 있다. 위법한 일조방해행위로 인한 피해 부동산의 시세 하락 등 재산상의 손해는 특별한 사정이 없는 한 가해 건물이 완성될 때 일회적으로 발생한다고 볼 수 있으나, 위법한 일조방해로 직사광선이 차단되는 등 생활환경이 악화됨으로써 피해 건물의 거주자가 입게 되는 정신적 손해는 가해 건물이 존속하는 한 날마다 계속적으로 발생한다고 보아야 하므로, 그 위자료 청구권의 소멸시효는 가해 건물이 피해 부동산의 일조를 방해하는 상태로 존속하는 한 날마다 개별적으로 진행한다."라는 의견을 제시하고 있다.

시간 이상 그리고 동짓날 09시부터 15시 사이에 연속하여 2시간 이상의 일조를 확보하지 못하게 되더라도 언제나 수인한도를 초과하는 일조피해가 있다고 단정할 수는 없고, 가해건물이 신축되기 전부터 있었던 일조방해의 정도, 신축건물에 의하여 발생하는 일조방해의 정도, 가해건물 신축 후 위 두 개의 원인이 결합하여 피해건물에 끼치는 전체 일조방해의 정도, 종전의 원인에 의한 일조방해와 신축건물에 의한 일조방해가 겹치는 정도, 신축건물에 의하여 발생하는 일조방해시간이 전체 일조방해시간 중 차지하는 비율, 종전의 원인만으로 발생하는 일조방해시간과 신축건물만에 의하여 발생하는 일조방해시간 중 어느 것이 더 긴 것인지 등을 종합적으로 고려하여 신축건물에 의한 일조방해가 수인한도를 넘었는지 여부를 판단해야 한다(대판 2010.6.24. 2008다23729).

[2] 기존 건물의 건립으로 인하여 피해건물에 발생한 일조방해의 정도가 수인한도를 넘지 않고 있었는데 그로부터 상당한 기간이 경과한 후 타인 소유의 인접건물이 신축되고 그 기존 건물과 인접건물로 인하여 생긴 일영이 결합하여 피해건물에 수인한도를 넘는 일조방해가 발생한 때에는, 피해건물의 소유자 등은 인접건물의 신축 전에 기존 건물로 인하여 발생한 일조방해의 정도가 수인한도를 넘지 않아 기존 건물로 인한 일조방해를 수인할 의무가 있었으므로, 특별한 사정이 없는 한 기존 건물 소유자와 무관하게 신축된 인접건물로 인하여 수인한도를 넘게 된 일조방해의 결과에 대하여는 인접건물의 소유자를 상대로 불법행위책임을 물을 수 있는지는 별론으로 하고 기존 건물의 소유자를 상대로 불법행위책임을 물을 수 없다. 그리고 이와 같은 상황에서 기존 건물의 소유자가 낙후된 기존 건물을 철거하고 그 지상에 가해건물을 신축함으로써 이미 기존 건물과 인접건물로 인하여 생긴 일조방해의 정도가 더욱 심화되는 결과가 발생하였다 하더라도, 위와 같이 당초 기존 건물로 인하여 생긴 일조방해에 대하여는 피해건물의 소유자 등이 수인할 의무가 있었던 이상, 신축 가해건물로 생긴 일조방해 중 기존 건물로 인하여 당초 발생하였던 일조방해의 범위 내에서는 불법행위책임을 물을 수 없다(대판 2010.6.24. 2008다23729).

[3] 피해건물이 이미 타인 소유의 다른 기존 건물에 의하여 일조방해를 받고 있는 상황에서 가해건물이 신축됨으로써 일조방해의 정도가 심화되어 피해건물에 수인한도를 넘는 일조방해의 피해가 발생하고 그로 인하여 피해건물의 재산적 가치가 하락된 경우 신축건물 소유자는 피해건물 소유자에 대하여 불법행위로 인한 재산상 손해배상책임을 부담한다. 그런데 이때 다른 기존 건물의 일조방해가 위와 같이 수인한도를 넘는 데 기여한 부분에 대한 책임을 신축건물의 소유자에게 전부 부담시킨다면 신축건물의 소유자는 이미 건립되어 있던 기존 건물로 인한 일조방해를 자신의 전적인 책임으로 인수하는 것이 되어 불합리하고, 반대로 기존 건물의 일조방해가 수인한도를 넘는 데 기여한 부분에 대한 책임을 피해건물의 소유자에게 전부 부담시킨다면, 실제로 기존 건물과 신축건물에 의하여 생긴 일영이 결합하여 피해건물에 수인한도를 넘는 일조방해의 피해가 발생하였는데도 피해자가 아무런 구제를 받을 수 없게 될 수 있으므로 이 역시 불합리하다. 따라서 이러한 경우에는 상린관계에 있는 이웃 간의 토지이용의 합리적인 조정이라는 요청과 손해부담의 공

평이라는 손해배상제도의 이념에 비추어, 특별한 사정이 없는 한 기존 건물의 일조방해가 수인한도를 넘는 데 기여함으로써 피해건물의 소유자가 입게 된 재산적 손해가 신축건물의 소유자와 피해 건물의 소유자 사이에서 합리적이고 공평하게 분담될 수 있도록 정해야 하고, 이를 위해서는 특히 가해건물이 신축되기 전부터 있었던 기존 건물로 인한 일조방해의 정도, 신축건물에 의하여 발생하는 일조방해의 정도, 가해건물 신축 후 위 두 개의 원인이 결합하여 피해건물에 끼치는 전체 일조방해의 정도, 기존 건물로 인한 일조방해와 신축건물에 의한 일조방해가 겹치는 정도, 신축건물에 의하여 발생하는 일조방해시간이 전체 일조방해시간 중 차지하는 비율 등을 고려해야 한다(대판 2010.6.24. 2008다23729).

| 판례 81 | 건물 신축으로 인한 일조방해행위가 위법한 가해행위로 평가되기 위한 요건

【판시사항】

[1] 건물 신축으로 인한 일조방해행위가 사법상 위법한 가해행위로 평가되는 경우 및 일조방해행위가 사회통념상 수인한도를 넘었는지 여부의 판단 기준

[2] 건물 신축으로 인한 일조방해행위가 사법상 위법한 가해행위로 평가되는 경우 및 일조방해행위가 사회통념상 수인한도를 넘었는지 여부의 판단 기준

[3] 이미 다른 기존 건물에 의하여 일조방해를 받고 있거나 건물 구조 자체가 충분한 일조를 확보하기 어려운 경우, 가해건물의 신축으로 인한 일조방해가 사회통념상 수인한도를 넘었는지 여부의 판단 기준

[4] 가해건물 신축 후 피해건물의 일조시간이 감소하였으나 그 피해건물이 서향인데다가 종전부터 다른 기존 건물로 인하여 일조를 방해받고 있고, 가해건물 신축으로 인하여 추가된 일조방해시간이 전체 일조방해시간의 1/4에 미달하며, 종전부터 있던 일조방해시간의 1/3에 미달하는 경우에도 가해건물의 신축으로 인한 일조 침해의 정도가 수인한도를 초과한다고 볼 수 있는지 여부(소극)

[5] 일조방해, 사생활 침해, 조망 침해 등의 생활이익에 대한 침해의 위법 여부의 판단 및 재산상 손해의 산정 방법

【판결요지】

[1] 건물의 신축으로 인하여 그 이웃토지상의 거주자가 직사광선이 차단되는 불이익을 받은 경우에 그 신축 행위가 정당한 권리행사로서의 범위를 벗어나 사법상 위법한 가해행위로 평가되기 위해서는 그 일조방해의 정도가 사회통념상 일반적으로 인용하는 수인한도를 넘어야 하고, 일조방해행위가 사회통념상 수인한도를 넘었는지 여부는 피해의 정도, 피해이익의 성질 및 그에 대한 사회적 평가, 가해건물의 용도, 지역성, 토지이용의 선후관계, 가해 방지 및 피해 회피의 가능성, 공법적 규제의 위반 여부, 교섭 경과 등 모든 사정을 종합적으로 고려하여 판단해야 한다(대판 2007.6.28. 2004다54282).

[2] 가해건물의 신축으로 인하여 일조피해를 받게 되는 건물이 이미 다른 기존 건물에 의하여 일조방해를 받고 있는 경우 또는 피해건물이 남향이 아니거나 처마가 돌출되어 있는 등 그 구조 자체가 충분한 일조를 확보하기 어렵게 되어 있는 경우에는, 가해건물 신축 결과 피해건물이 동짓날 08시부터 16시 사이에 합계 4시간 이상 그리고 동짓날 09시부터 15시 사이에 연속하여 2시간 이상의 일조를 확보하지 못하게 되더라도 언제나 수인한도를 초과하는 일조피해가 있다고 단정할 수는 없고(한편, 피해건물이 종전부터 위와 같은 정도의 일조를 확보하지 못하고 있었던 경우라도 그 일조의 이익이 항상 보호의 대상에서 제외되는 것은 아니다), 가해건물이 신축되기 전부터 있었던 일조방해의 정도, 신축 건물에 의하여 발생하는 일조방해의 정도, 가해건물 신축 후 위 두 개의 원인이 결합하여 피해건물에 끼치는 전체 일조방해의 정도, 종전의 원인에 의한 일조방해와 신축 건물에 의한 일조방해가 겹치는 정도, 신축 건물에 의하여 발생하는 일조방해시간이 전체 일조방해시간 중 차지하는 비율, 종전의 원인만으로 발생하는 일조방해시간과 신축 건물만에 의하여 발생하는 일조방해시간 중 어느 것이 더 긴 것인지 등을 종합적으로 고려하여 신축 건물에 의한 일조방해가 수인한도를 넘었는지 여부를 판단해야 한다(대판 2007.6.28. 2004다54282).

[3] 가해건물 신축 후 피해건물의 일조시간이 감소하였으나 그 피해건물이 서향인데다가 종전부터 다른 기존 건물로 인하여 일조를 방해받고 있고, 가해건물 신축으로 인하여 추가된 일조방해시간이 전체 일조방해시간의 1/4에 미달하며, 종전부터 있던 일조방해시간의 1/3에 미달하는 경우에는 가해건물의 신축으로 인한 일조 침해의 정도가 수인한도를 초과한다고 보기 어렵다고 할 것이다(대판 2007.6.28. 2004다54282).

[4] 일조방해, 사생활 침해, 조망 침해, 시야 차단으로 인한 압박감, 소음, 분진, 진동 등과 같은 생활이익에 대한 침해가 사회통념상의 수인한도를 초과하여 위법한지를 판단하고 그에 따른 재산상 손해를 산정함에 있어서는, 생활이익을 구성하는 요소들을 종합적으로 참작하여 수인한도를 판단해야만 형평을 기할 수 있는 특별한 사정이 없다면, 원칙적으로 개별적인 생활이익별로 침해의 정도를 고려하여 수인한도 초과 여부를 판단한 후 수인한도를 초과하는 생활이익들에 기초하여 손해배상액을 산정해야 하며, 수인한도를 초과하지 않는 생활이익에 대한 침해를 다른 생활이익 침해로 인한 수인한도 초과 여부 판단이나 손해배상액 산정에 있어서 직접적인 근거 사유로 삼을 수는 없다(대판 2007.6.28. 2004다54282).

| 판례 82 | 일조방해행위가 수인한도를 넘었는지 여부를 판단하기 위한 결정 기준 및 판단 요소

【판시사항】

[1] 건물 신축으로 인한 일조방해행위가 사법상 위법한 가해행위로 평가되는 경우 및 일조방해행위가 사회통념상 수인한도를 넘었는지 여부에 관한 판단 기준

[2] 일조방해행위가 수인한도를 넘었는지 여부를 판단하기 위한 지역성의 결정 기준 및 그 판단에 포함되는 요소
[3] 이미 다른 기존의 건물에 의하여 일조방해를 받고 있는 경우, 신축 건물에 의한 일조방해가 수인한도를 넘었는지 여부를 판단함에 있어서 고려해야 할 사항
[4] 건물이 들어선 곳의 지역성과 다른 기존의 건물에 의하여 일조방해를 받을 가능성 등이 있다는 사정을 고려하지 않은 채 신축 건물로 인한 일조방해의 정도가 수인한도를 넘어 위법하다고 판단한 것은 파기되어야 한다.

【판결요지】

[1] 건물의 신축으로 인하여 그 이웃토지상의 거주자가 직사광선이 차단되는 불이익을 받은 경우에 그 신축 행위가 정당한 권리행사로서의 범위를 벗어나 사법상 위법한 가해행위로 평가되기 위해서는 그 일조방해의 정도가 사회통념상 일반적으로 인용하는 수인한도를 넘어야 하고, 일조방해행위가 사회통념상 수인한도를 넘었는지 여부는 피해의 정도, 피해이익의 성질 및 그에 대한 사회적 평가, 가해 건물의 용도, 지역성, 토지이용의 선후관계, 가해 방지 및 피해 회피의 가능성, 공법적 규제의 위반 여부, 교섭 경과 등 모든 사정을 종합적으로 고려하여 판단해야 한다(대판 2004.10.28. 2002다63565).
[2] 쾌적하고 건강한 생활에 필요한 생활이익으로서 법적 보호의 대상이 되는 주거의 일조는 현재 살고 있는 지역주민을 보호하기 위한 것이므로 일조방해행위가 수인한도를 넘었는지 여부를 판단하기 위한 지역성은 그 지역의 토지이용 현황과 실태를 바탕으로 지역의 변화 가능성과 변화의 속도 그리고 지역주민들의 의식 등을 감안하여 결정해야 할 것이고, 바람직한 지역 정비로 토지의 경제적·효율적 이용과 공공의 복리증진을 도모하기 위한 도시계획법 등 공법에 의한 지역의 지정은 그 변화 가능성 등을 예측하는 지역성 판단의 요소가 된다(대판 2004.10.28. 2002다63565).
[3] 구체적인 수인한도를 판단하기 위하여는 일조피해를 받는 건물이 이미 다른 기존 건물에 의하여 일조방해를 받고 있는 경우에는 그 일조방해의 정도와 신축 건물에 의한 일조방해와의 관련성 등도 고려하여 신축 건물에 의한 일조방해가 수인한도를 넘었는지 여부를 판단해야 한다(대판 2004.10.28. 2002다63565).
[4] 건물이 들어선 곳의 지역성과 다른 기존의 건물에 의하여 일조방해를 받을 가능성 등이 있다는 사정을 고려하지 않은 채 신축 건물로 인한 일조방해의 정도가 수인한도를 넘어 위법하다고 판단한 것은 파기되어야 한다(대판 2004.10.28. 2002다63565).

| 판례 83 | 사회통념상 인용범위 내의 일조권 침해로 인한 위자료청구권 유무(소극)

【판시사항】

사회통념상 인용범위 내의 일조권 침해로 인한 정신적 고통에 대한 위자료청구권 유무

【판결요지】

이웃토지상의 건물로 인하여 직사광선이 차단되는 불이익을 받는 경우에 그것이 사회통념상 일반적으로 인용할 정도를 넘지않는 한 이를 감수할 것이므로 이로 인하여 입는 정도의 고통은 감내해야 할 것이므로 위자료의 청구는 인정되지 않는다(대판 1982.9.14. 80다2859).

| 판례 84 | 일조방해가 발생한 경우 손해배상청구권의 소멸시효 기산점

【판시사항】

일조방해의 개념 및 위법한 건축행위로 일조방해가 발생한 경우 손해배상청구권의 소멸시효 기산점

【판결요지】

토지의 소유자 등이 종전부터 향유하던 일조이익(일조이익)이 객관적인 생활이익으로서 가치가 있다고 인정되면 법적인 보호의 대상이 될 수 있는데, 그 인근에서 건물이나 구조물 등이 신축됨으로 인하여 햇빛이 차단되어 생기는 그늘, 즉 일영(일영)이 증가함으로써 해당 토지에서 종래 향유하던 일조량이 감소하는 일조방해가 발생한 경우, 그 일조방해의 정도, 피해이익의 법적 성질, 가해 건물의 용도, 지역성, 토지이용의 선후관계, 가해 방지 및 피해 회피의 가능성, 공법적 규제의 위반 여부, 교섭 경과 등 모든 사정을 종합적으로 고려하여 사회통념상 일반적으로 해당 토지소유자의 수인한도를 넘게 되면 그 건축행위는 정당한 권리행사의 범위를 벗어나 사법상 위법한 가해행위로 평가된다. 일반적으로 위법한 건축행위에 의하여 건물 등이 준공되거나 외부골조공사가 완료되면 그 건축행위에 따른 일영의 증가는 더 이상 발생하지 않게 되고 해당 토지의 소유자는 그 시점에 이러한 일조방해행위로 인하여 현재 또는 장래에 발생 가능한 재산상 손해나 정신적 손해 등을 예견할 수 있다고 할 것이므로, 이러한 손해배상청구권에 관한 민법 제766조 제1항 소정의 소멸시효는 원칙적으로 그 때부터 진행한다. 다만, 위와 같은 일조방해로 인하여 건물 등의 소유자 내지 실질적 처분권자가 피해자에 대하여 건물 등의 전부 또는 일부에 대한 철거의무를 부담하는 경우가 있다면, 이러한 철거의무를 계속적으로 이행하지 않는 부작위는 새로운 불법행위가 되고 그 손해는 날마다 새로운 불법행위에 기하여 발생하는 것이므로 피해자가 그 각 손해를 안 때로부터 각별로 소멸시효가 진행한다(대판 2008.4.17. 2006다35865(전)).

| 판례 85 | 건축 당시의 공법적 규제에 형식적으로 적합하다고 하더라도 일조방해의 정도가 사회통념상 수인한도를 넘는 경우, 위법행위로 평가될 수 있는지 여부(적극)

【판시사항】

[1] 일조방해행위가 사법상 위법한 가해행위로 평가되기 위한 요건

[2] 일조방해에 대한 공법적 규제의 사법적 의미 및 건물 신축이 건축 당시의 공법적 규제에 형식적으로 적합하다고 하더라도 현실적인 일조방해의 정도가 현저하게 커서 사회통념상 수인한도를 넘는 경우, 위법행위로 평가되는지 여부(적극)

[3] 일조방해행위가 사회통념상 수인한도를 넘었는지 여부에 관한 판단 기준

[4] 고층 아파트의 건축으로 인접 주택에 동지를 기준으로 진태양시(진태양시) 08:00~16:00 사이의 일조시간이 2분~150분에 불과하게 되는 일조 침해가 있는 경우, 그 정도가 수인한도를 넘었다는 이유로 아파트 높이가 건축 관련 법규에 위반되지 않았음에도 불구하고 불법행위가 성립될 수 있는지 여부(적극)

【판결요지】

[1] 건물의 신축으로 인하여 그 이웃토지상의 거주자가 직사광선이 차단되는 불이익을 받은 경우에 그 신축행위가 정당한 권리행사로서의 범위를 벗어나 사법상 위법한 가해행위로 평가되기 위해서는 그 일조방해의 정도가 사회통념상 일반적으로 인용하는 수인한도를 넘어야 한다(대판 2000.5.16. 98다56997).

[2] 건축법 등 관계 법령에 일조방해에 관한 직접적인 단속법규가 있다면 그 법규에 적합한지 여부가 사법상 위법성을 판단함에 있어서 중요한 판단자료가 될 것이지만, 이러한 공법적 규제에 의하여 확보하고자 하는 일조는 원래 사법상 보호되는 일조권을 공법적인 면에서도 가능한 한 보증하려는 것으로서 특별한 사정이 없는 한 일조권 보호를 위한 최소한도의 기준으로 봄이 상당하고, 구체적인 경우에 있어서는 어떠한 건물 신축이 건축 당시의 공법적 규제에 형식적으로 적합하다고 하더라도 현실적인 일조방해의 정도가 현저하게 커 사회통념상 수인한도를 넘은 경우에는 위법행위로 평가될 수 있다(대판 2000.5.16. 98다56997).

[3] 일조방해 행위가 사회통념상 수인한도를 넘었는지 여부는 피해의 정도, 피해이익의 성질 및 그에 대한 사회적 평가, 가해 건물의 용도, 지역성, 토지이용의 선후관계, 가해 방지 및 피해 회피의 가능성, 공법적 규제의 위반 여부, 교섭 경과 등 모든 사정을 종합적으로 고려하여 판단해야 한다(대판 2000.5.16. 98다56997).

[4] 고층 아파트의 건축으로 인접 주택에 동지를 기준으로 진태양시(진태양시) 08:00~16:00 사이의 일조시간이 2분~150분에 불과하게 되는 일조 침해가 있는 경우, 그 정도가 수인한도를 넘었다는 이유로 아파트 높이가 건축 관련 법규에 위반되지 않았음에도 불구하고 불법행위가 성립될 수 있다(대판 2000.5.16. 98다56997).

| 판례 86 | 건축관계법령상 적합하고, 분양계약 체결 당시 수분양자에게 알려진 기본적인 건축 계획대로 건축된 경우, 일조방해 등을 이유로 분양계약상의 채무불이행책임 내지 하자담보책임을 지는지 여부(원칙적 소극)

【판시사항】

[1] 건축물의 높이와 건축물 사이의 거리가 구 건축법 시행령 제86조 제2호 (나)목 전단에서 규정하는 기준에 부합하는 경우, 해당 건축물은 동지일의 연속 일조시간에 관계없이 위 조항에 적합하게 건축된 것인지 여부(적극)

[2] 분양 아파트가 건축관계법령 및 주택법상의 주택건설기준 등에 적합하고, 분양계약 체결 당시 수분양자에게 알려진 기본적인 건축 계획대로 건축된 경우, 일조방해 등을 이유로 분양계약상의 채무불이행책임 내지 하자담보책임을 물을 수 있는지 여부(원칙적 소극)

【판결요지】

[1] 구 건축법 시행령(1999. 4. 30. 대통령령 제16284호로 개정되기 전의 것) 제86조 제2호 (나)목은, 공동주택의 일조 등의 확보를 위한 건축물의 높이 제한에 관하여 '동일 대지 안에서 2동 이상의 건축물이 서로 마주보고 있는 경우에는 건축물의 각 부분의 높이는 각각 서로 마주보는 외벽의 각 부분으로부터 다른 쪽의 외벽의 각 부분까지의 거리의 1.25배 이하 또는 당해 대지 안의 모든 세대가 동지일을 기준으로 9시에서 15시 사이에 건축조례가 정하는 시간 이상을 연속하여 일조를 확보할 수 있는 높이 이하'로 규정하였는바, 건축물의 높이와 건축물 사이의 거리가 위 조항의 전단에서 정하는 기준에 부합하는 경우에는 해당 건축물은 동지일의 연속 일조시간에 관계없이 위 조항에 적합하게 건축된 것이라고 해석해야 한다(대판 2010.4.29. 2007다9139).

[2] 분양계약을 체결하는 과정에서 일조나 조망, 사생활의 노출 차단 등에 관한 상황에 대하여 일정한 기준에 이르도록 하기로 약정이 이루어졌다거나, 수분양자가 일조나 조망, 사생활의 노출 차단 등이 일정한 기준에 미치지 않는 사정을 알았더라면 그 분양계약을 체결하지 않았을 것임이 경험칙상 명백하여 분양자가 신의성실의 원칙상 사전에 수분양자에게 그와 같은 사정을 설명하거나 고지할 의무가 있음에도 이를 설명·고지하지 아니함에 따라 일조나 조망, 사생활의 노출 차단 등이 일정한 기준에 이를 것이라는 신뢰를 부여하였다고 인정할 만한 특별한 사정이 없는 한, 아파트 각 동·세대의 배치 및 구조, 아파트의 층수, 아파트 각 동·세대 사이의 거리 등에 관한 기본적인 계획(이하 '기본적인 건축 계획'이라 한다)에 의하여 결정되는 일조나 조망, 사생활의 노출 등에 관한 상황에 대하여 수분양자가 이를 예상하고 받아들여 분양계약에 이르렀다고 봄이 상당하다. 따라서 분양된 아파트가 건축관계법령 및 주택법상의 주택건설기준 등에 적합할 뿐만 아니라, 분양계약 체결 당시 수분양자에게 알려진 기본적인 건축 계획대로 건축된 경우에는 아파트 각 동·세대의 방위나 높이, 구조 또는 다른 동과의 인접 거리 등으로 인하여 일정 시간 이상의 일조가 확보되지 않고 조망이 가려지며 사생활이 노출된다고 하더라도, 위에서 본 바와 같은 특별한

사정이 있지 않는 한, 이를 가지고 위 아파트가 그 분양계약 당시 수분양자에게 제공된 기본적인 건축 계획에 관한 정보에 의하여 예상할 수 있었던 범위를 벗어나 분양계약의 목적물로서 거래상 통상 갖추어야 하거나 당사자의 특약에 의하여 보유해야 할 품질이나 성질을 갖추지 못한 경우에 해당된다고 할 수 없다(대판 2010.4.29. 2007다9139).

| 판례 87 | 일조권 침해로 인한 토지·가옥의 가격저하에 대한 손해의 산정방법

【판시사항】

[1] 일조방해행위가 사법상 위법한 가해행위로 평가되기 위한 요건

[2] 일조방해에 대한 공법적 규제의 사법적 의미 및 신축 건물이 건축 당시의 공법적 규제에 형식적으로 적합하다고 하더라도 현실적인 일조방해의 정도가 현저하게 커 사회통념상 수인한도를 넘는 경우, 위법행위로 평가되는지 여부(적극)

[3] 일조방해행위가 사회통념상 수인한도를 넘었는지 여부에 관한 판단 기준

[4] 일조장해, 사생활 침해, 시야차단으로 인한 압박감, 소음, 분진, 진동 등과 같은 생활이익의 침해로 인하여 발생한 재산상 손해 항목 중 토지·가옥의 가격저하에 의한 손해의 산정방법

【판결요지】

[1] 건물의 신축으로 인하여 그 이웃토지상의 거주자가 직사광선이 차단되는 불이익을 받은 경우에 그 신축행위가 정당한 권리행사로서의 범위를 벗어나 사법상 위법한 가해행위로 평가되기 위하여는 그 일조방해의 정도가 사회통념상 일반적으로 인용하는 수인한도를 넘어야 한다.

[2] 건축법 등 관계 법령에 일조방해에 관한 직접적인 단속법규가 있다면 동 법규에 적합한지 여부가 사법상 위법성을 판단함에 있어서 중요한 판단자료가 될 것이지만, 이러한 공법적 규제에 의하여 확보하고자 하는 일조는 원래 사법상 보호되는 일조권을 공법적인 면에서도 가능한 한 보증하려는 것으로서 특별한 사정이 없는 한 일조권 보호를 위한 최소한도의 기준으로 봄이 상당하고, 구체적인 경우에 있어서는 어떠한 건물신축이 건축 당시의 공법적 규제에 형식적으로 적합하다고 하더라도 현실적인 일조방해의 정도가 현저하게 커 사회통념상 수인한도를 넘은 경우에는 위법행위로 평가될 수 있다.

[3] 사회통념상 수인한도를 넘었는지 여부는 피해의 정도, 피해이익의 성질 및 그에 대한 사회적 평가, 가해 건물의 용도, 지역성, 토지이용의 선후관계, 가해방지 및 피해회피의 가능성, 공법적 규제의 위반 여부, 교섭 경과 등 모든 사정을 종합적으로 고려하여 판단해야 하고, 건축 후에 신설된 일조권에 관한 새로운 공법적 규제 역시 이러한 위법성의 평가에 있어서 중요한 자료가 될 수 있다

[4] 일조장해, 사생활 침해, 시야차단으로 인한 압박감, 소음, 분진, 진동 등과 같은 생활이익

의 침해로 인하여 발생한 재산적 손해의 항목 중 토지·가옥의 가격저하에 의한 손해를 산정함에 있어서는 광열비·건조비 등의 지출 증대와는 별도로 일조장해 등과 상당인과관계가 있는 정상가격의 감소액을 부동산감정 등의 방법으로 평가해야 할 것이고, 분양된 아파트가 일조피해를 입고 있는 경우 그 아파트의 시세가 분양대금에 물가상승률이나 예금금리를 감안한 금액보다 높게 유지된다고 하여 그 소유자에게 당해 아파트의 가격저하로 인한 손해가 발생하지 않았다고 볼 수 없다(대판 1999.1.26. 98다23850).

| 판례 88 | 일조방해로 인한 불법행위가 성립되는 경우 및 수분양자에 대한 불법행위책임 여부(소극)

【판시사항】

[1] 일조방해로 인한 불법행위가 성립되는 경우

[2] 아파트의 수분양자가 분양회사를 상대로 일조방해를 원인으로 한 불법행위책임을 물을 수 있는지 여부(소극)

【판결요지】

[1] 주거의 일조는 쾌적하고 건강한 생활에 필요한 생활이익으로서 법적 보호의 대상이 되는 것이며, 어떤 토지의 거주자가 인접한 타인의 토지 위를 거쳐서 태양의 직사광선을 받고 있는데, 그 인접 토지의 사용권자가 건물 등을 건축함으로써 직사광선이 차단되는 불이익을 입게 되고, 그 일조방해의 정도가 사회통념상 일반적으로 인용하는 수인한도를 넘어서는 경우에는 그 건축행위는 정당한 권리행사로서의 범위를 벗어나거나 권리남용에 이르는 행위로서 위법한 가해행위로 평가되어 일조방해로 인한 불법행위가 성립한다(대판 2001.6.26. 2000다44928·44935).

[2] 분양회사가 신축한 아파트를 분양받은 자는 분양된 아파트에서 일정한 일조시간을 확보할 수 없다고 하더라도, 이를 가지고 위 아파트가 매매목적물로서 거래상 통상 갖추어야 하거나 당사자의 특약에 의하여 보유해야 할 품질이나 성질을 갖추지 못한 것이라거나, 또는 분양회사가 수분양자에게 분양하는 아파트의 일조 상황 등에 관하여 정확한 정보를 제공할 신의칙상 의무를 게을리하였다고 볼 여지가 있을지는 몰라도, 분양회사가 신축한 아파트로 인하여 수분양자가 직사광선이 차단되는 불이익을 입게 되었다고 볼 수는 없으므로 분양회사에게 일조방해를 원인으로 하는 불법행위책임을 물을 수는 없다(대판 2001.6.26. 2000다44928·44935).

| 판례 89 | 일조방해행위가 사회통념상 수인한도를 넘었는지 여부에 관한 판단 기준

【판시사항】

[1] 건물 신축으로 인한 일조방해행위가 사법상 위법한 가해행위로 평가되는 경우

[2] 일조방해에 대한 공법적 규제의 사법적 의미 및 건물 신축이 건축 당시의 공법적 규제에 형식적으로 적합하다고 하더라도 현실적인 일조방해의 정도가 현저하게 커 사회통념상 수인한도를 넘는 경우, 위법행위로 평가되는지 여부(적극)

[3] 일조방해행위가 사회통념상 수인한도를 넘었는지 여부에 관한 판단 기준

【판결요지】

[1] 건물의 신축으로 인하여 그 이웃토지상의 거주자가 직사광선이 차단되는 불이익을 받은 경우에 그 신축행위가 정당한 권리행사로서의 범위를 벗어나 사법상 위법한 가해행위로 평가되기 위해서는 그 일조방해의 정도가 사회통념상 일반적으로 인용하는 수인한도를 넘어야 한다(대판 2004.9.13. 2003다64602).

[2] 건축법 등 관계 법령에 일조방해에 관한 직접적인 단속법규가 있다면 그 법규에 적합한지 여부가 사법상 위법성을 판단함에 있어서 중요한 판단자료가 될 것이지만, 이러한 공법적 규제에 의하여 확보하고자 하는 일조는 원래 사법상 보호되는 일조권을 공법적인 면에서도 가능한 한 보장하려는 것으로서 특별한 사정이 없는 한 일조권 보호를 위한 최소한도의 기준으로 봄이 상당하고, 구체적인 경우에 있어서는 어떠한 건물 신축이 건축 당시의 공법적 규제에 형식적으로 적합하다고 하더라도 현실적인 일조방해의 정도가 현저하게 커 사회통념상 수인한도를 넘은 경우에는 위법행위로 평가될 수 있다(대판 2004.9.13. 2003다64602).

[3] 일조방해행위가 사회통념상 수인한도를 넘었는지 여부는 피해의 정도, 피해이익의 성질 및 그에 대한 사회적 평가, 가해 건물의 용도, 지역성, 토지이용의 선후관계, 가해 방지 및 피해 회피의 가능성, 공법적 규제의 위반 여부, 교섭 경과 등 모든 사정을 종합적으로 고려하여 판단해야 하고, 건축 후에 신설된 일조권에 관한 새로운 공법적 규제 역시 이러한 위법성의 평가에 있어서 중요한 자료가 될 수 있다(대판 2004.9.13. 2003다64602).

| 판례 90 | 도시계획법상 일반상업지역 내에서의 주상복합아파트의 건축으로 인하여 발생한 인접한 다른 주상복합아파트에 대한 일조권 등의 침해가 수인한도 내에 있는지 여부(적극)

【판시사항】

[1] 일조방해행위가 사법상 위법한 가해행위로 평가되기 위한 요건

[2] 일조방해에 대한 공법적 규제의 사법적 의미 및 건물 신축이 건축 당시의 공법적 규제에 형식적으로 적합하다고 하더라도 현실적인 일조방해의 정도가 현저하게 커 사회통념상 수

인한도를 넘는 경우, 위법행위로 평가되는지 여부(적극)
[3] 일조방해행위가 사회통념상 수인한도를 넘었는지 여부에 관한 판단 기준
[4] 도시계획법상 일반상업지역 내에서의 주상복합아파트의 건축으로 인하여 발생한 인접한 다른 주상복합아파트에 대한 일조권 등의 침해가 제반 사정에 비추어 수인한도 내에 있다고 본 사례

【판결요지】

[1] 건물의 신축으로 인하여 그 이웃토지상의 거주자가 직사광선이 차단되는 불이익을 받은 경우에 그 신축행위가 정당한 권리행사로서의 범위를 벗어나 사법상 위법한 가해행위로 평가되기 위해서는 그 일조방해의 정도가 사회통념상 일반적으로 인용하는 수인한도를 넘어야 한다(대판 2002.12.10. 2000다72213).
[2] 건축법 등 관계 법령에 일조방해에 관한 직접적인 단속법규가 있다면 그 법규에 적합한지 여부가 사법상 위법성을 판단함에 있어서 중요한 판단자료가 될 것이지만, 이러한 공법적 규제에 의하여 확보하고자 하는 일조는 원래 사법상 보호되는 일조권을 공법적인 면에서도 가능한 한 보증하려는 것으로서 특별한 사정이 없는 한 일조권 보호를 위한 최소한도의 기준으로 봄이 상당하고, 구체적인 경우에 있어서는 어떠한 건물 신축이 건축 당시의 공법적 규제에 형식적으로 적합하다고 하더라도 현실적인 일조방해의 정도가 현저하게 커 사회통념상 수인한도를 넘은 경우에는 위법행위로 평가될 수 있다(대판 2002.12.10. 2000다72213).
[3] 일조방해 행위가 사회통념상 수인한도를 넘었는지 여부는 피해의 정도, 피해이익의 성질 및 그에 대한 사회적 평가, 가해 건물의 용도, 지역성, 토지이용의 선후관계, 가해 방지 및 피해 회피의 가능성, 공법적 규제의 위반 여부, 교섭 경과 등 모든 사정을 종합적으로 고려하여 판단해야 하고, 건축 후에 신설된 일조권에 관한 새로운 공법적 규제 역시 이러한 위법성의 평가에 있어서 중요한 자료가 될 수 있다(대판 2002.12.10. 2000다72213).
[4] 도시계획법상 일반상업지역 내에서의 주상복합아파트의 건축으로 인하여 발생한 인접한 다른 주상복합아파트에 대한 일조권 등의 침해가 제반 사정에 비추어 수인한도 내에 있다고 볼 수 있다(대판 2002.12.10. 2000다72213).

| 판례 91 | 고층 아파트 신축으로 비닐하우스에 일조방해가 발생하여 정상적인 난 재배가 어려운 경우에, 비닐하우스와 그 안에서 재배되는 난들에 대한 이전비용 및 이전 과정에서 불가피하게 발생하는 손해를 통상의 손해로서 청구할 수 있는지 여부(적극)

【판시사항】

[1] 건물 신축으로 인한 일조방해행위를 사법상 위법한 가해행위로 평가하기 위한 요건
[2] 일조방해로 인하여 인근 공작물 등 토지상에 정착한 물건을 더 이상 본래의 용법대로 사용

할 수 없게 된 경우, 공작물 등 소유자가 청구할 수 있는 통상 손해의 범위

[3] 손해배상액 산정에서 손익상계가 허용되기 위한 요건

[4] 고층 아파트 신축으로 비닐하우스에 일조방해가 발생하여 더 이상 정상적인 난 재배를 하기 어렵게 된 경우에, 비닐하우스와 그 안에서 재배되는 난들에 대한 이전비용과 이전 과정에서 불가피하게 발생하는 손해를 통상의 손해로서 청구할 수 있는지 여부(적극)

【판결요지】

[1] 토지의 소유자 등이 종전부터 향유하던 일조이익이 객관적인 생활이익으로서 가치가 있다고 인정되면 법적인 보호의 대상이 될 수 있는데, 그 인근에서 건물이나 구조물 등이 신축됨으로 인하여 햇빛이 차단되어 생기는 그늘, 즉 일영(일영)이 증가함으로써 해당 토지에서 종래 향유하던 일조량이 감소하는 일조방해가 발생한 경우, 일조방해의 정도, 피해이익의 법적 성질, 가해 건물의 용도, 지역성, 토지이용의 선후관계, 가해 방지 및 피해 회피의 가능성, 공법적 규제의 위반 여부, 교섭 경과 등 모든 사정을 종합적으로 고려하여 사회통념상 일반적으로 해당 토지 소유자의 수인한도를 넘게 되면 그 건축행위는 정당한 권리행사의 범위를 벗어나 사법상 위법한 가해행위로 평가된다(대판 2011.4.28. 2009다98652).

[2] 일조방해로 인하여 인근 공작물 등 토지상에 정착한 물건을 더 이상 본래의 용법대로 사용할 수 없게 되었다면, 공작물 등 소유자로서는 공작물 등 이전이 불가능하거나, 이전으로 인하여 공작물 등을 종래 용법대로 사용할 수 없게 되거나, 공작물 등 이전비용이 공작물 등의 교환가치를 넘는다는 등 특별한 사정이 없는 한, 이전비용 상당액을 통상의 손해로서 청구할 수 있고, 이전 과정에서 불가피하게 발생한 손해 역시 통상의 손해로서 청구할 수 있으며, 위와 같은 특별한 사정이 있는 경우에는 공작물 등의 교환가치 상당액을 통상의 손해로서 청구할 수 있다. 한편 이와 같이 이전비용 등을 통상의 손해로서 청구하는 경우 장래 공작물 등을 사용·수익하여 얻을 수 있었을 이익은 이전비용 등에 포함되어 있어 이를 따로 청구할 수 없다(대판 2011.4.28. 2009다98652).

[3] 손해배상액 산정에서 손익상계가 허용되기 위해서는 손해배상책임의 원인이 되는 행위로 인하여 피해자가 새로운 이득을 얻었을 뿐만 아니라 그 이득은 배상의무자가 배상해야 할 손해의 범위에 대응하는 것이어야 한다(대판 2011.4.28. 2009다98652).

[4] 고층 아파트 신축으로 비닐하우스에 일조방해가 발생하여 더 이상 정상적인 난 재배를 하기 어렵게 된 사안에서, 특별한 사정이 없는 한 비닐하우스와 그 안에서 재배되는 난들에 대한 이전비용과 이전 과정에서 불가피하게 발생하는 손해를 통상의 손해로서 청구할 수 있고, 만약 비닐하우스 등을 이전하는 것이 불가능하다는 등 특별한 사정이 있다면 그 교환가치 상당액을 통상의 손해로서 청구할 수 있다고 할 것이다(대판 2011.4.28. 2009다98652).

| 판례 92 | 동시 또는 거의 같은 시기에 건축된 복수의 가해 건물들에 의하여 일조권이 침해된 경우의 공동불법행위책임 여부(한정 적극)

【판시사항】

[1] 공동불법행위의 성립 요건

[2] 동시에 또는 거의 같은 시기에 건축된 복수의 가해 건물들에 의하여 일조권이 침해된 경우, 위 각 가해 건물의 건축자 등이 공동불법행위책임을 부담하는지 여부(한정 적극)

[3] 불법행위로 입은 정신적 고통에 대한 위자료 액수 결정이 사실심 법원의 직권에 속하는 재량 사항인지 여부(적극)

【판결요지】

[1] 수인이 공동하여 타인에게 손해를 가하는 민법 제760조의 공동불법행위에 있어서는 행위자 상호간의 공모는 물론 공동의 인식을 필요로 하지 않고, 다만 객관적으로 그 공동행위가 관련 공동되어 있으면 족하며 그 관련 공동성 있는 행위에 의하여 손해가 발생함으로써 이의 배상책임을 지는 공동불법행위가 성립한다.

[2] 동시에 또는 거의 같은 시기에 건축된 가해 건물들이 피해 건물에 대하여 전체적으로 수인한도를 초과하는 일조 침해의 결과를 야기한 경우, 각 가해 건물들이 함께 피해 건물의 소유자 등이 종래 향유하던 일조를 침해하게 된다는 점을 예견할 수 있었다면 특별한 사정이 없는 한 각 가해 건물의 건축자 등은 일조 침해로 피해 건물의 소유자 등이 입은 손해 전부에 대하여 공동불법행위자로서의 책임을 부담한다.

[3] 불법행위로 입은 정신적 고통에 대한 위자료 액수에 관하여는 사실심 법원이 제반 사정을 참작하여 그 직권에 속하는 재량에 의하여 이를 확정할 수 있다(대판 2006.1.26. 2005다47014·47021·47038).

| 판례 93 | 건물 건축공사의 수급인이 일조방해에 대하여 손해배상책임을 지는 경우

【판시사항】

[1] 건물 건축공사의 수급인이 일조방해에 대하여 손해배상책임을 지는 경우

[2] 공사도급계약의 내용 등에 비추어 볼 때, 아파트 신축공사의 수급인인 건설회사가 단순한 수급인이 아닌 사실상 공동 사업주체로서 도급인인 주택재개발조합과 이해관계를 같이하면서 아파트를 건축하였다고 볼 여지가 많고, 이와 달리 사실상 공동 사업주체의 지위에 있는 것으로 보기 어려운 경우에 일조방해에 대한 수급인의 손해배상책임이 인정되는지 여부(적극)

【판결요지】

[1] 건물 건축공사의 수급인은 도급계약에 기한 의무이행으로서 건물을 건축하는 것이므로 원

칙적으로 일조방해에 대하여 손해배상책임이 없다고 할 것이지만, 수급인이 스스로 또는 도급인과 서로 의사를 같이하여 타인이 향수하는 일조를 방해하려는 목적으로 건물을 건축한 경우, 당해 건물이 건축법규에 위반되었고 그로 인하여 타인이 향수하는 일조를 방해하게 된다는 것을 알거나 알 수 있었는데도 과실로 이를 모른 채 건물을 건축한 경우, 도급인과 사실상 공동 사업주체로서 이해관계를 같이하면서 건물을 건축한 경우 등 특별한 사정이 있는 때에는 수급인도 일조방해에 대하여 손해배상책임을 진다(대판 2005.3.24. 2004다38792).

[2] 공사도급계약의 내용 등에 비추어 볼 때, 아파트 신축공사의 수급인인 건설회사가 단순한 수급인이 아닌 사실상 공동 사업주체로서 도급인인 주택재개발조합과 이해관계를 같이하면서 아파트를 건축하였다고 볼 여지가 많고, 이와 달리 사실상 공동 사업주체의 지위에 있는 것으로 보기 어려운 경우에는 일조방해에 대한 수급인의 손해배상책임을 부정하기 어려울 것이다(대판 2005.3.24. 2004다38792).

| 판례 94 | 분양대행계약을 체결한 회사의 분양담당 직원이 분양계약 체결 당시 수분양자에게 '대지면적 등의 문제로 인해 인접 토지에 5층 이상 건물이 들어서기는 어려울 것'이라는 취지의 말을 한 경우에 동기의 착오를 이유로 그 법률행위를 취소할 수 있는지 여부(소극)

【판시사항】

[1] 상품의 허위·과장 광고가 기망행위에 해당하기 위한 요건

[2] 분양자와 분양대행계약을 체결한 회사의 분양담당 직원이 분양계약 체결 당시 수분양자에게 '대지면적 등의 문제로 인해 인접 토지에 5층 이상 건물이 들어서기는 어려울 것이다'라는 취지의 말을 한 것이 위 직원의 주관적 예상이나 희망의 진술에 불과한 것으로 보아, 이를 가리켜 분양자가 거래의 중요한 사항에 관한 구체적 사실을 신의성실의 의무에 비추어 비난받을 정도의 방법으로 허위로 고지한 경우에 해당하여 분양계약자를 기망한 것이라고 볼 수 있는지 여부(소극)

[3] 동기의 착오를 이유로 법률행위를 취소하기 위한 요건

[4] 주거용 주상복합건물의 수분양자가 일정한 조망·일조가 확보되리라는 동기의 착오를 이유로 분양계약을 취소하기 위한 요건 및 의사표시의 해석상 조망·일조의 확보가 분양계약의 내용으로 되어 있는지 여부의 판단 기준

[5] 주거용 주상복합건물의 부지와 그 인접 토지가 모두 일반상업지구에 속해 건축법상 일조 등의 확보를 위한 건축물의 높이 제한이 없고, 그 인접 토지가 제3자 소유로 그 지상의 건물 건축으로 인한 조망·일조 저해가 분양자의 통제가능한 영역 밖에 있는 경우에 위 주상복합건물의 수분양자가 일정한 조망·일조의 확보를 분양계약의 내용으로 삼을 것을 분양자에게 표시하고 의사표시의 해석상 그러한 내용이 분양계약의 내용으로 되었다고 인

정할 수 있는지 여부(소극)

【판결요지】

[1] 동기의 착오가 법률행위의 내용의 중요부분의 착오에 해당함을 이유로 표의자가 법률행위를 취소하려면 그 동기를 당해 의사표시의 내용으로 삼을 것을 상대방에게 표시하고 의사표시의 해석상 법률행위의 내용으로 되어 있다고 인정되면 충분하고 당사자들 사이에 별도로 그 동기를 의사표시의 내용으로 삼기로 하는 합의까지 이루어질 필요는 없다(대판 2000.5.12. 2000다12259). 이러한 법리에 비추어 볼 때 주거용 주상복합건물을 분양받은 자가 일정한 조망)·일조가 확보되리라는 동기의 착오를 이유로 분양계약을 취소하려면 조망·일조의 확보를 분양계약의 내용으로 삼기로 하는 합의가 있었거나, 수분양자가 조망·일조의 확보를 분양계약의 내용으로 삼을 것을 분양자에게 표시하고 의사표시의 해석상 분양계약의 내용으로 되어 있다고 인정되어야 할 것인데, 이때 의사표시의 해석상 조망·일조의 확보가 분양계약의 내용으로 되어 있는지는, 같은 층 내에서의 위치에 따른 분양가 차이, 층간 분양가 차이, 전체 분양가에서 이러한 분양가 차액이 차지하는 비율, 사회통념상 독자적 이익으로 승인되는 정도의 중요한 조망이 실재하는지 등의 요소를 고려하여 볼 때 조망·일조에 대한 평가가 상당한 정도로 분양가에 포함되거나 분양가 형성에 영향을 주었다고 볼 수 있는지 여부, 조망·일조의 확보가 분양자의 통제가능한 영역에 놓여 있었는지, 이 점에 대한 계약 당사자 상호간의 인식은 어떠하였는지 여부, 분양자가 조망·일조가 확보되어 있다고 선전·광고하였는지 및 그 구체성의 정도, 분양계약 체결 과정에서 분양자의 언행 및 그 언행이 수분양자의 관념에 어느 정도 영향을 미쳤는지 여부 등을 종합하여 법률행위 해석의 일반원칙에 따라 판단해야 한다(대판 2010.4.29. 2009다97864).

[2] 본 건에서 같은 층 내의 위치에 따른 분양가에 거의 차이가 없고, 전체 분양가 대비 분양가 차액이 차지하는 비율이 높지 않은 점, 주상복합건물 부지와 그 인접토지는 모두 일반상업지구에 속하기 때문에 건축법상 일조 등의 확보를 위한 건축물의 높이 제한이 없으며, 그 인접토지는 제3자 소유로 그 지상 건물 건축으로 인한 이 사건 주상복합건물의 조망·일조 저해는 피고의 통제가능한 영역 밖에 있는 점, 분양광고지와 팜플렛에 기재된 조망에 관한 문구는 특정 방향의 호실을 염두에 둔 문구가 아니라 주상복합건물 전체를 놓고 한 추상적 표현으로 보이는 점, 피고의 분양담당직원이 원고에게 "대지면적 등의 문제로 인해 이 사건 인접토지에 5층 이상 건물이 들어서기는 어려울 것이다"라는 취지로 말을 하였더라도 이는 주관적 예상을 토대로 개연성을 언급한 것에 지나지 않는 점, 그밖에 분양계약서 표지에 "본 계약서에 기술되지 않은 사항의 구두약정은 무효"라고 기재되어 있고, 그 아래에 원고의 자필로 서명 날인한 점이 있는 점 등의 사정에 비추어 보면, 원고가 일정한 조망·일조의 확보를 분양계약의 내용으로 삼을 것을 피고에게 표시하고 의사표시의 해석상 그러한 내용이 분양계약의 내용으로 되어 있다고 인정하기 어렵다고 할 것이다(대판 2010.4.29. 2009다97864).

| 판례 95 | 인접 토지에 건물 등이 건축되어 발생하는 시야차단으로 인한 폐쇄감이나 압박감 등 생활이익의 침해가 사회통념상 수인한도를 넘어 위법한지 판단하는 기준

【판시사항】

[1] 일조방해행위가 사회통념상 수인한도를 넘었는지 판단하는 기준 및 건물 신축이 건축 당시의 공법적 규제에 형식적으로 적합하더라도 현실적인 일조방해의 정도가 현저하게 커서 사회통념상 수인한도를 넘는 경우, 위법행위로 평가되는지 여부(적극)

[2] 인접 토지에 건물 등이 건축되어 발생하는 시야차단으로 인한 폐쇄감이나 압박감 등 생활이익의 침해가 사회통념상 수인한도를 넘어 위법한지 판단하는 기준

[3] 甲 아파트의 일부 세대 소유자들인 乙 등이 인접 토지에 신축된 丙 아파트의 시행사인 丁 주식회사를 상대로 조망침해(개방감 상실)에 따른 손해배상을 구한 사안에서, 이른바 조망침해율의 증가만을 이유로 丁 회사의 丙 아파트 신축으로 乙 등에게 수인한도를 초과한 시야차단으로 폐쇄감이나 압박감이 발생하였다고 볼 수 있는지 여부(소극)

【판결요지】

[1] 일조방해행위가 사회통념상 수인한도를 넘었는지 여부는 피해의 정도, 피해이익의 성질 및 그에 대한 사회적 평가, 가해 건물의 용도, 지역성, 토지이용의 선후관계, 가해 방지 및 피해 회피의 가능성, 공법적 규제의 위반 여부, 교섭 경과 등 모든 사정을 종합적으로 고려하여 판단해야 하고, 건축 후에 신설된 일조권에 관한 새로운 공법적 규제 역시 이러한 위법성의 평가에 있어서 의미 있는 자료가 될 수 있다. 그리고 건축법 등 관계 법령에 일조방해에 관한 직접적인 단속법규가 있다면 그 법규에 적합한지 여부가 사법상 위법성을 판단함에 있어서 중요한 판단자료가 될 것이지만, 이러한 공법적 규제에 의하여 확보하고자 하는 일조는 원래 사법상 보호되는 일조권을 공법적인 면에서도 가능한 한 보장하려는 것으로서 특별한 사정이 없는 한 일조권 보호를 위한 최소한도의 기준으로 봄이 상당하고, 구체적인 경우에 있어서는 어떠한 건물 신축이 건축 당시의 공법적 규제에 형식적으로 적합하다고 하더라도 현실적인 일조방해의 정도가 현저하게 커서 사회통념상 수인한도를 넘은 경우에는 위법행위로 평가될 수 있다(대판 2014.2.27. 2009다40462).

[2] 인접 토지에 건물 등이 건축되어 발생하는 시야 차단으로 인한 폐쇄감이나 압박감 등의 생활이익의 침해를 이유로 하는 소송에서 침해가 사회통념상 일반적으로 수인할 정도를 넘어서서 위법하다고 할 것인지 여부는, 피해 건물의 거실이나 창문의 안쪽으로 일정 거리 떨어져서 거실 등의 창문을 통하여 외부를 보았을 때 창문의 전체 면적 중 가해 건물 외에 하늘이 보이는 면적비율을 나타내는 이른바 천공률이나 그중 가해 건물이 외부 조망을 차단하는 면적비율을 나타내는 이른바 조망침해율뿐만 아니라, 피해건물과 가해건물 사이의 이격거리와 가해 건물의 높이 및 이격거리와 높이 사이의 비율 등으로 나타나는 침해의 정도와 성질, 창과 거실 등의 위치와 크기 및 방향 등 건물 개구부 현황을 포함한 피해 건물의 전반적인 구조, 건축법령상의 이격거리 제한 규정 등 공법상 규제의 위반 여부,

나아가 피해 건물이 입지하고 있는 지역에 있어서 건조물의 전체적 상황 등의 사정을 포함한 넓은 의미의 지역성, 가해건물 건축의 경위 및 공공성, 가해자의 방지조치와 손해회피의 가능성, 가해자 측이 해의를 가졌는지 유무 및 토지 이용의 선후관계 등 모든 사정을 종합적으로 고려하여 판단해야 한다(대판 2014.2.27. 2009다40462).

[3] 甲 아파트의 일부 세대 소유자들인 乙 등이 인접 토지에 신축된 丙 아파트의 시행사인 丁 주식회사를 상대로 조망침해(개방감 상실)에 따른 손해배상을 구한 경우, 炳 아파트와 甲 아파트 각 피해 세대 사이의 이격거리와 丙 아파트의 높이 및 이격거리와 높이의 비율 등 가해 건물과 피해 건물 사이의 배치관계가 그 지역에서 이례적인 것으로 보기 어려운데도, 이른바 조망침해율의 증가만을 이유로 丁 회사의 丙 아파트 신축으로 乙 등에게 수인한도를 초과한 시야차단으로 폐쇄감이나 압박감이 발생하였다고 보는 것은 시야차단으로 인한 폐쇄감이나 압박감의 수인한도에 관한 법리오해 등 위법이 있다고 할 것이다(대판 2014.2.27. 2009다40462).

| 판례 96 | 이미 다른 기존 건물에 의하여 일조방해를 받고 있는 경우, 신축 건물에 의한 일조방해가 수인한도를 넘었는지 여부를 판단함에 있어서 고려해야 할 사항

【판시사항】

[1] 건물 신축으로 인한 일조방해행위가 사법상 위법한 가해행위로 평가되는 경우 및 일조방해행위가 사회통념상 수인한도를 넘었는지 여부의 판단 기준

[2] 일조방해행위가 수인한도를 넘었는지 여부를 판단하기 위한 지역성의 결정 기준 및 그 판단에 포함되는 요소

[3] 오피스텔 신축으로 인한 일조권 침해의 경우에, 해당 지역이 일반상업지역이고, 오피스텔 신축 당시 건축관계 법령에 상업지역 건축물의 경우 다른 대지상의 건축물을 위하여 보장되어야 할 일조시간의 제한규정이 없으며, 건축관계 법령상의 각종 기준에 위반한 사실이 없는 경우에는 일조방해가 사회통념상 수인한도 내라고 단정할 수 있는지 여부(소극)

[4] 이미 다른 기존 건물에 의하여 일조방해를 받고 있는 경우, 신축 건물에 의한 일조방해가 수인한도를 넘었는지 여부를 판단함에 있어서 고려해야 할 사항

【판결요지】

[1] 건물의 신축으로 인하여 그 이웃토지상의 거주자가 직사광선이 차단되는 불이익을 받은 경우에 그 신축행위가 정당한 권리행사로서의 범위를 벗어나 사법상 위법한 가해행위로 평가되기 위해서는 그 일조방해의 정도가 사회통념상 일반적으로 인용하는 수인한도를 넘어야 하고, 건축법 등 관계 법령에 일조방해에 관한 직접적인 단속법규가 있다면 그 법규에 적합한지 여부가 사법상 위법성을 판단함에 있어서 중요한 판단자료가 될 것이지만, 이러한 공법적 규제에 의하여 확보하고자 하는 일조는 원래 사법상 보호되는 일조권을 공

법적인 면에서도 가능한 한 보장하려는 것으로서 특별한 사정이 없는 한 일조권 보호를 위한 최소한도의 기준으로 봄이 상당하고, 구체적인 경우에 있어서는 어떠한 건물 신축이 건축 당시의 공법적 규제에 형식적으로 적합하다고 하더라도 현실적인 일조방해의 정도가 현저하게 커 사회통념상 수인한도를 넘은 경우에는 위법행위로 평가될 수 있으며, 일조방해행위가 사회통념상 수인한도를 넘었는지 여부는 피해의 정도, 피해이익의 성질 및 그에 대한 사회적 평가, 가해 건물의 용도, 지역성, 토지이용의 선후관계, 가해 방지 및 피해 회피의 가능성, 공법적 규제의 위반 여부, 교섭 경과 등 모든 사정을 종합적으로 고려하여 판단해야 한다(대판 2004.9.13. 2003다64602, 2011.2.24. 2010다13107).

[2] 그리고 쾌적하고 건강한 생활에 필요한 생활이익으로서 법적 보호의 대상이 되는 주거의 일조는 현재 살고 있는 지역주민을 보호하기 위한 것이므로 일조방해행위가 수인한도를 넘었는지 여부를 판단하기 위한 지역성은 그 지역의 토지이용 현황과 실태를 바탕으로 지역의 변화 가능성과 변화의 속도 그리고 지역주민들의 의식 등을 감안하여 결정해야 할 것이고, 바람직한 지역 정비로 토지의 경제적·효율적 이용과 공공의 복리증진을 도모하기 위한 국토의 계획 및 이용에 관한 법률 등 공법에 의한 지역의 지정은 그 변화 가능성 등을 예측하는 지역성 판단의 요소가 된다고 할 것이다(대판 2004.10.28. 2002다63565, 2007.6.14. 2005다72058, 2011.2.24. 2010다13107).

[3] 구체적인 수인한도를 판단하기 위하여는 일조피해를 받는 건물이 이미 다른 기존 건물에 의하여 일조방해를 받고 있는 경우에는 그 일조방해의 정도와 신축 건물에 의한 일조방해와의 관련성 등도 고려하여 신축 건물에 의한 일조방해가 수인한도를 넘었는지 여부를 판단해야 할 것이다(대판 2004.10.28. 2002다63565). 그런데 기록에 의하면, 원고의 주택은 피고의 오피스텔이 신축되기 이전에 이미 다른 건물에 의하여 일조방해를 받고 있었음을 알 수 있는바, 원심으로서는 피고의 오피스텔에 의한 일조방해가 수인한도를 넘었는지 여부를 판단함에 있어 기존 건물로 인한 일조방해의 정도와 피고의 오피스텔에 의한 일조방해와의 관련성 등도 고려해야 함을 밝혀둔다(대판 2011.2.24. 2010다13107).

| 판례 97 | 건물 신축으로 인한 일조방해행위를 사법상 위법한 가해행위로 평가하기 위한 요건

【판시사항】

[1] 건물 신축으로 인한 일조방해행위를 사법상 위법한 가해행위로 평가하기 위한 요건

[2] 일조방해행위가 수인한도를 넘었는지 여부를 판단하기 위한 지역성 결정 기준 및 그 판단에 포함되는 요소

[3] 甲 등이 신축한 건물로 인하여 乙 학교시설에 수인한도를 초과한 일조방해가 발생하였는지 여부와 관련하여, 건물이 신축된 지역의 토지이용 현황과 실태, 지역의 변화 가능성과 변화의 속도 및 지역주민들의 의식 등을 바탕으로 당해 학교에 발생한 일조시간의 감소가

사회통념상 수인한도를 넘었는지 여부를 판단하였어야 할 것이고, 건물이 위치한 지역이 중심상업지역으로 지정되어 있고 건축 관계 법령상의 각종 기준에 위반한 사실이 없다는 사정 등이 있다고 하여 달리 볼 것은 아니라고 할 것이다.

【판결요지】

[1] 토지의 소유자 등이 종전부터 향유하던 일조이익이 객관적인 생활이익으로서 가치가 있다고 인정되면 법적인 보호의 대상이 될 수 있는데, 그 인근에서 건물이나 구조물 등이 신축됨으로 인하여 햇빛이 차단되어 생기는 그늘, 즉 일영이 증가함으로써 해당 토지에서 종래 향유하던 일조량이 감소하는 일조방해가 발생한 경우, 그 일조방해의 정도, 피해이익의 법적 성질, 가해 건물의 용도, 지역성, 토지이용의 선후관계, 가해 방지 및 피해 회피의 가능성, 공법적 규제의 위반 여부, 교섭 경과 등 모든 사정을 종합적으로 고려하여 사회통념상 일반적으로 해당 토지 소유자의 수인한도를 넘게 되면 그 건축행위는 정당한 권리행사의 범위를 벗어나 사법상 위법한 가해행위로 평가된다(대판 2008.4.17. 2006다35865(전), 2008.12.24. 2008다41499, 2011.2.24. 2010다13107).

[2] 그리고 일조방해행위가 수인한도를 넘었는지 여부를 판단하기 위한 지역성은 그 지역의 토지이용 현황과 실태를 바탕으로 지역의 변화 가능성과 변화의 속도 그리고 지역주민들의 의식 등을 감안하여 결정해야 할 것이고, 바람직한 지역 정비로 토지의 경제적·효율적 이용과 공공의 복리증진을 도모하기 위한 '국토의 계획 및 이용에 관한 법률' 등 공법에 의한 지역의 지정은 그 변화 가능성 등을 예측하는 지역성 판단의 요소가 된다고 할 것이다(대판 2004.10.28. 2002다63565, 2007.6.14. 2005다72058, 2011.2.24. 2010다13107).

| 판례 98 | 토지·건물을 일시적으로 이용하는 경우에도 일조이익을 향유하는 주체가 될 수 있는지 여부(소극)

【판시사항】

[1] 토지·건물을 일시적으로 이용하는 것에 불과한 사람들이 일조이익을 향유하는 주체가 될 수 있는지 여부(소극)

[2] 초등학교 학생들이 학교 건물에 관하여 생활이익으로서의 일조권을 법적으로 보호받을 수 있는 지위에 있는지 여부(소극)

【판결요지】

[1] 일조권 침해에 있어 객관적인 생활이익으로서 일조이익을 향유하는 '토지의 소유자 등'은 토지소유자, 건물소유자, 지상권자, 전세권자 또는 임차인 등의 거주자를 말하는 것으로서, 당해 토지·건물을 일시적으로 이용하는 것에 불과한 사람은 이러한 일조이익을 향유하는 주체가 될 수 없다(대판 2008.12.24. 2008다41499).

[2] 초등학교 학생들은 공공시설인 학교시설을 방학기간이나 휴일을 제외한 개학기간 중, 그 것도 학교에 머무르는 시간 동안 일시적으로 이용하는 지위에 있을 뿐이고, 학교를 점유하면서 지속적으로 거주하고 있다고 할 수 없어서 생활이익으로서의 일조권을 법적으로 보호받을 수 있는 지위에 있지 않다(대판 2008.12.24. 2008다41499).

| 판례 99 | 일조방해행위가 사회통념상 수인한도를 넘었는지 여부의 판단 기준

【판시사항】

[1] 건물 신축으로 인한 일조방해행위가 사법상 위법한 가해행위로 평가되는 경우 및 일조방해행위가 사회통념상 수인한도를 넘었는지 여부의 판단 기준

[2] 일조장해, 시야차단으로 인한 압박감 등과 같은 생활이익의 침해로 인하여 발생한 재산적 손해의 항목 중 토지·가옥의 가격 저하에 의한 손해의 산정 방법

【판결요지】

[1] 건물의 신축으로 인하여 그 이웃토지상의 거주자가 직사광선이 차단되는 불이익을 받은 경우에 그 신축행위가 정당한 권리행사로서의 범위를 벗어나 사법상 위법한 가해행위로 평가되기 위해서는 그 일조방해의 정도가 사회통념상 일반적으로 인용하는 수인한도를 넘어야 하고, 일조방해행위가 사회통념상 수인한도를 넘었는지 여부는 피해의 정도, 피해이익의 성질 및 그에 대한 사회적 평가, 가해 건물의 용도, 지역성, 토지이용의 선후관계, 가해 방지 및 피해 회피의 가능성, 공법적 규제의 위반 여부, 교섭 경과 등 모든 사정을 종합적으로 고려하여 판단해야 한다(대판 2004.9.13. 2003다64602, 2007.9.7. 2005다72485).

[2] 건물의 신축으로 인하여 그 이웃토지상의 주택이나 아파트 소유자가 수인한도를 넘어서는 일조장해를 받고 있음은 물론 시야차단으로 인한 압박감(개방감의 상실) 등도 그 수인한도를 넘어서는 경우에는, 일조장해, 시야차단으로 인한 압박감 등과 같은 생활이익의 침해로 인하여 발생한 재산적 손해의 항목 중 토지·가옥의 가격 저하에 의한 손해를 부동산감정 등의 방법으로 산정함에 있어서 일조장해 뿐만 아니라 개방감의 상실 등과 상당인과관계가 있는 정상가격의 감소액도 아울러 평가해야 할 것이다(대판 1999.1.26. 98다23850, 2007.9.7. 2005다72485).

| 판례 100 | 일조권의 성립 요건

【판시사항】

[1] 일조방해가 위법성을 가지는 경우

[2] 일조방해가 수인한도를 넘었는지 여부를 판단하기 위한 요건

【판결요지】

[1] 토지의 소유자 등이 종전부터 향유하던 일조이익이 객관적인 생활이익으로서 가치가 있다고 인정되면 법적인 보호의 대상이 될 수 있는데, 그 인근에서 건물이나 구조물 등이 신축됨으로 인하여 햇빛이 차단되어 생기는 그늘, 즉 일영이 증가함으로써 해당 토지에서 종래 향유하던 일조량이 감소하는 일조방해가 발생한 경우, 그 일조방해의 정도, 피해이익의 법적 성질, 가해 건물의 용도, 지역성, 토지이용의 선후관계, 가해 방지 및 피해 회피의 가능성, 공법적 규제의 위반 여부, 교섭 경과 등 모든 사정을 종합적으로 고려하여 사회통념상 일반적으로 해당 토지 소유자의 수인한도를 넘게 되면 그 건축행위는 정당한 권리행사의 범위를 벗어나 사법상 위법한 가해행위로 평가된다(대판 2008. 4. 17. 2006다35865(전), 대판 2008.12.24. 2008다41499, 2011.2.24. 2010다13107).

[2] 일조방해행위가 수인한도를 넘었는지 여부를 판단하기 위한 지역성은 그 지역의 토지이용 현황과 실태를 바탕으로 지역의 변화 가능성과 변화의 속도 그리고 지역주민들의 의식 등을 감안하여 결정해야 할 것이고, 바람직한 지역 정비로 토지의 경제적·효율적 이용과 공공의 복리증진을 도모하기 위한 '국토의 계획 및 이용에 관한 법률' 등 공법에 의한 지역의 지정은 그 변화 가능성 등을 예측하는 지역성 판단의 요소가 된다고 할 것이다(대판 2004.10.28. 2002다63565, 대판 2007.6.14. 2005다72058 참조, 2011.2.24. 2010다13107).

| 사례 35 | 도시계획법상 일반상업지역 내에서의 주상복합아파트의 건축으로 인하여 발생한 인접한 다른 주상복합아파트에 대한 일조권 등의 침해가 수인한도를 초과하는지 여부(소극)

원고들의 주상복합아파트와 피고가 건축한 ○○아파트는 모두 일반상업지역 내에 있는데, 일반상업지역은 도시계획법에 의하여 일반적인 상업 및 업무기능을 담당하게 하기 위하여 마련된 지역으로서 원칙적으로는 주거를 위한 지역이 아닌 점, 이 사건 당시 건축관계 법령의 규정에 의하면, 상업지역에서의 건축물의 경우 다른 대지상의 건축물을 위하여 보장되어야 할 일조시간에 관하여는 규정이 없고, 공동주택에 한하여 일조권 확보를 위한 건축물 사이의 이격거리에 관한 규제가 있었으나, 피고가 건축한 위 ○○아파트는 위 건축 당시의 건축 관계 법령이 정하는 용적률, 건폐율, 건축물 간의 이격거리 등 간접적으로 다른 인접 건축물의 일조권 등 확보에 도움을 줄 수 있는 각종 기준에 위반된 사실이 없는 점, 이 사건 각 주상복합아파트의 건축이 이루어지고 난 후 상업지역에서의 공동주택 건축의 경우 다른 인접 건축물의 일조권 확보를 위한 간접적인 규제마저 관계 법령의 개정으로 삭제된 점, 피고는 원고들 주상복합아파트의 사업계획 승인이 난 직후에 ○○강남타운의 건축심의신청서를 제출하여 사업계획 승인을 받았고, 원고들이 이 사건 아파트들을 분양받은 시기는 위 피고의 사업계획승인 시점을 전후한 시점으로서 이

사건 각 주상복합아파트들의 부지가 일반상업지역으로서 고층건물의 건축이 예상되던 곳이었으므로, 이 사건 원고들은 자신들의 이 사건 주상복합아파트를 분양받을 당시나 소유권이전등기를 경료할 당시 인접 대지에 들어서는 건축물로 인하여 일조권 등의 침해가 있을 것이라는 것을 어느 정도 예상한 것으로 보이는 점 등 제반 사정을 종합하면, 다른 특별한 사정이 없는 한 이 사건에 있어 피고의 ○○아파트 건축으로 인하여 원고들에게 발생한 일조권 등의 침해는 수인한도 내에 있다고 보는 것이 타당하다고 할 것이다(대판 2002.12.10. 2000다72213).

| 사례 36 | 두 건물의 일조 방해가 합해져서 공동주택의 소유자에게 일조권의 침해를 일으키는 경우 두 건물 소유자 모두를 상대로 불법행위로 인한 손해배상을 청구할 수 있는지(소극)

기존 건물의 건립으로 인하여 피해 건물에 발생한 일조방해의 정도가 수인한도를 넘지 않고 있었는데, 그로부터 상당한 기간이 경과한 후 타인 소유의 인접건물이 신축되고 그 기존 건물과 인접건물로 인하여 생긴 일영이 결합하여 피해 건물에 수인한도를 넘는 일조방해가 발생한 때에는, 피해 건물의 소유자 등은 인접건물의 신축 전에 기존 건물로 인하여 발생한 일조방해의 정도가 수인한도를 넘지 않아 기존 건물로 인한 일조방해를 수인할 의무가 있었으므로, 특별한 사정이 없는 한, 기존 건물 소유자와 무관하게 신축된 인접건물로 인하여 수인한도를 넘게 된 일조방해의 결과에 대하여는 인접건물의 소유자를 상대로 불법행위책임을 물을 수 있는지는 별론으로 하고, 기존 건물의 소유자를 상대로 불법행위책임을 물을 수 없다고 할 것이다. 그리고 이와 같은 상황에서 기존 건물의 소유자가 낙후된 기존 건물을 철거하고 그 지상에 가해 건물을 신축함으로써 이미 기존 건물과 인접건물로 인하여 생긴 일조방해의 정도가 더욱 심화되는 결과가 발생하였다고 하더라도, 위와 같이 당초 기존 건물로 인하여 생긴 일조방해에 대하여는 피해 건물의 소유자 등이 수인할 의무가 있었던 이상, 신축 가해 건물로 생긴 일조방해 중 기존 건물로 인하여 당초 발생하였던 일조방해의 범위 내에서는 불법행위의 책임을 물을 수 없다고 할 것이다(대판 2010.6.24. 2008다23729). 즉 두 건물 각자만으로는 일조권 침해의 수인한도 내에 있었으나 두 건물의 일조 침해를 합하면 수인한도를 초과하는 경우에는 먼저 건축한 건물 소유자에 대하여는 일조권 침해의 책임을 물을 수 없고, 나중에 신축한 건물 소유자에 대하여만 별도로 불법행위가 성립하는지 여부를 따져 불법행위가 성립한다고 할 때 손해배상책임을 물을 수 있을 것이다(대판 2010.6.24. 2008다23729).

| 사례 37 | 주거용 주상복합건물의 수분양자가 일정한 조망·일조가 확보되리라는 동기의 착오를 이유로 분양계약을 취소할 수 있는지 여부(소극)

동기의 착오가 법률행위의 내용의 중요부분의 착오에 해당함을 이유로 표의자가 법률행위를 취소하려면 그 동기를 당해 의사표시의 내용으로 삼을 것을 상대방에게 표시하고 의사표시의 해석상 법률행위의 내용으로 되어 있다고 인정되면 충분하고 당사자들 사이에 별도로 그 동기를 의사표시의 내용으로 삼기로 하는 합의까지 이루어질 필요는 없다(대판 2000.5.12. 2000다12259). 이러한 이치로 볼 때 주거용 주상복합건물을 분양받은 자가 일정한 조망·일조가 확보되리라는 동기의 착오를 이유로 분양계약을 취소하려면 조망·일조의 확보를 분양계약의 내용으로 삼기로 하는 합의가 있었거나, 수분양자가 조망·일조의 확보를 분양계약의 내용으로 삼을 것을 분양자에게 표시하고 의사표시의 해석상 분양계약의 내용으로 되어 있다고 인정되어야 할 것인데, 이때 의사표시의 해석상 조망·일조의 확보가 분양계약의 내용으로 되어 있는지는, 같은 층 내에서의 위치에 따른 분양가 차이, 층간 분양가 차이, 전체 분양가에서 이러한 분양가 차액이 차지하는 비율, 사회통념상 독자적 이익으로 승인되는 정도의 중요한 조망이 실재하는지 등의 요소를 고려하여 볼 때 조망·일조에 대한 평가가 상당한 정도로 분양가에 포함되거나 분양가 형성에 영향을 주었다고 볼 수 있는지 여부, 조망·일조의 확보가 분양자의 통제가능한 영역에 놓여 있었는지, 이 점에 대한 계약 당사자 상호간의 인식은 어떠하였는지 여부, 분양자가 조망·일조가 확보되어 있다고 선전·광고하였는지 및 그 구체성의 정도, 분양계약 체결 과정에서 분양자의 언행 및 그 언행이 수분양자의 관념에 어느 정도 영향을 미쳤는지 여부 등을 종합하여 법률행위 해석의 일반원칙에 따라 판단해야 한다. 이에 본건을 살펴보건대, 본건에서 원고는 조망권 등 확보의 동기착오로 인하여 계약해제를 주장하는 자이고, 피고는 분양회사인바, 같은 층 내의 위치에 따른 분양가에 거의 차이가 없고 전체 분양가 대비 분양가 차액이 차지하는 비율이 높지 않는 점, 본건 주상복합건물 부지와 본건 인접토지는 모두 일반상업지구에 속하기 때문에 건축법상 일조 등의 확보를 위한 건축물의 높이 제한이 없으며, 본건 인접토지는 제3자 소유로서 그 지상 건물의 건축으로 인한 본건 주상복합건물의 조망·일조 저해는 피고의 통제가능한 영역 밖에 있는 점, 본건 분양광고지와 팜플렛에 기재된 조망에 관한 문구는 특정 방향의 호실을 염두에 둔 문구가 아니라 본건 주상복합건물 전체를 놓고 한 추상적 표현으로 보이는 점, 피고의 분양담당직원이 원고에게 "대지면적 등의 문제로 인해 이 사건 인접토지에 5층 이상 건물이 들어서기는 어려울 것이다"라는 취지로 말을 하였더라도 이는 주관적 예상을 토대로 개연성을 언급한 것에 지나지 않는 점, 그밖에 분양계약서 표지에 "본 계약서에 기술되지 아니한 사항의 구두약정은 무효"라고 기재되어 있고 원고가 그 아래에 자필로 서명 날인한 점을 알 수 있는바, 이러한 사정에 비추어 보면, 원고가 일정한 조망·일조의 확보를 분양계약의 내용으로 삼을 것을 피고에게 표시하고 의사표시의 해석상 그러한 내용이 분양계약의 내용으로 되어 있다고 인정하기 어렵다고 할 것이다(대판 2010.4.29. 2009다97864).

| 사례 38 | **甲 아파트의 일부 세대 소유자들인 乙 등이 인접 토지에 신축된 丙 아파트의 시행사인 丁 주식회사를 상대로 조망침해(개방감 상실)에 따른 손해배상을 구한 경우에, 이른바 조망침해율의 증가만을 이유로 수인한도를 초과한 시야차단으로 폐쇄감이나 압박감이**

발생하였다고 보아 손해배상책임을 인정할 수 있는지 여부(소극)

인접 토지에 건물 등이 건축되어 발생하는 시야 차단으로 인한 폐쇄감이나 압박감 등의 생활이익의 침해를 이유로 하는 소송에서 그 침해가 사회통념상 일반적으로 수인할 정도를 넘어서서 위법하다고 할 것인지 여부는, 피해 건물의 거실이나 창문의 안쪽으로 일정 거리 떨어져서 그 거실 등의 창문을 통하여 외부를 보았을 때 창문의 전체 면적 중 가해 건물 외에 하늘이 보이는 면적비율을 나타내는 이른바 천공율이나 그 중 가해 건물이 외부 조망을 차단하는 면적비율을 나타내는 이른바 조망침해율뿐만 아니라, 피해건물과 가해건물 사이의 이격거리와 가해 건물의 높이 및 그 이격거리와 높이 사이의 비율 등으로 나타나는 침해의 정도와 성질, 창과 거실 등의 위치와 크기 및 방향 등 건물 개구부 현황을 포함한 피해 건물의 전반적인 구조, 건축법령상의 이격거리 제한 규정 등 공법상 규제의 위반 여부, 나아가 피해 건물이 입지하고 있는 지역에 있어서 건조물의 전체적 상황 등의 사정을 포함한 넓은 의미의 지역성, 가해건물 건축의 경위 및 공공성, 가해자의 방지조치와 손해회피의 가능성, 가해자 측이 해의를 가졌는지 유무 및 토지 이용의 선후관계 등 모든 사정을 종합적으로 고려하여 판단해야 한다. 이에 일조가 침해된 세대에서의 조망침해율이 별지 제2의 '조망침해증감율' 기재와 같이 55.39% 내지 91.66% 증가한 경우에 피고는 본건 신축아파트를 건축함으로써 원고들의 조망이익(개방감 상실)을 사회통념상 수인한도를 초과하여 침해하였다고 볼 수 있는지 문제된다. 그러나 다음과 같은 사정들에 비추어 이러한 주장에 동의할 수 없다고 본다. 즉 ① 이른바 조망침해율은 피해건물의 거실이나 창문의 안쪽으로 일정 거리 떨어져서 그 거실 등의 창문을 통하여 외부를 보았을 때 창문의 전체 면적 중 가해건물이 외부 조망을 차단하는 면적비율을 나타내는 수치로서, 가해건물과 피해건물 사이의 이격거리와 가해건물의 높이 및 가해건물의 피해건물 방향의 전면 면적 상호간의 비율이 일정한 경우에는 그 이격거리와 상관없이 조망침해율 수치가 항상 동일하게 유지되지만, 이때에도 사회통념상 가해건물이 피해건물에 보다 가까울수록 시야차단으로 인한 폐쇄감이나 압박감의 정도는 커진다고 볼 수 있는 것이므로, 조망침해율 수치가 피해건물에서 느끼는 가해건물에 의한 시야차단으로 인한 폐쇄감이나 압박감의 정도를 항상 정확하게 반영하는 것으로 볼 수 없다. ② 본건 ㅇㅇ아파트 부지와 이 사건 신축아파트 부지는 모두 용도지역이 제2종 일반주거지역으로서, 피고는 위 신축아파트를 건축함에 있어서 인접한 토지의 경계선으로부터 일정 거리를 유지하도록 하는 건축법령의 관련 규정 등 제반 공법상 규정을 준수하였다. ③ 그 결과 본건 신축아파트와 본건 각 피해세대 사이의 이격거리는 최소 33.34m, 최대 46.29m, 위 신축아파트의 높이는 약 40.7m에 이르게 되었는데, 위 각 피해세대가 속한 이 사건 ㅇㅇ아파트 105동과 그 북쪽 방향에 있는 위 ㅇㅇ아파트 103동 사이의 이격거리는 54m이면서 위 105동의 높이는 54.3m이고, 위 103동과 그 북쪽 방향에 있는 이 사건 ㅇㅇ아파트 101동 사이의 이격거리는 58.8m이면서 위 103동의 높이는 54.3m이다. 또한 이 사건 신축아파트 103동과 그 남쪽 방향에 있는 위 신축아파트 104동 사이의 이격거리는 28.43m 또는 30.15m이면서 위 104동의 높이는 27.45m 또는 30.1m이고, 이 사건 신축아파트 105동과 그 남쪽 방향에 있는 위 신축아파트 106동 사이의 이격거리는 40.8m이면서 위 106동의 높이는 40.7m이다. 이와 같이 이 사건 각 피해세대가 속한 지역의 건물들 사이의 이격거리와 건물 높이 및 그 이격거리와 높이 사이의 비율 현황 등에 비추어 볼 때, 이 사건 신축아파트와 이 사건 각 피해세대 사이의 이격거리와 위 신축아파트의 높이 및 그 이격거리와 높이의 비율 등 가해건물과 피해건물 사이의 배치관계가 그 지역에서 이례적인 것으로 보기 어렵다. 따라서 이른바 조망침해율의 증가만을 이유로 피고의 본건 신축아파트 신축으로 인하여 원고에게 수인한도를 초과한 시야차단으로 인한 폐쇄감이나 압박감이 발생하였다고 보는 것은 시야 차단으로 인한 폐쇄감이나 압박감의 수인한도에 관한 법리를 오해한 위법이 있다고 할 것이다(대판 2014.2.27. 2009다40462).

| 사례 39 | 오피스텔 신축으로 인한 일조권 침해와 관련하여, 해당 지역이 일반상업지역이고, 오피스텔 신축 당시 건축관계 법령에 상업지역 건축물의 경우 다른 대지상의 건축물을 위하여 보장되어야 할 일조시간의 제한규정이 없으며, 건축관계 법령상의 각종 기준에 위반한 사실이 없는 경우에는 일조방해행위가 수인한도를 넘지 않는다고 볼 수 있는지 여부(소극)

건물의 신축으로 인하여 그 이웃토지상의 거주자가 직사광선이 차단되는 불이익을 받은 경우에 그 신축행위가 정당한 권리행사로서의 범위를 벗어나 사법상 위법한 가해행위로 평가되기 위해서는 그 일조방해의 정도가 사회통념상 일반적으로 인용하는 수인한도를 넘어야 하고, 건축법 등 관계 법령에 일조방해에 관한 직접적인 단속법규가 있다면 그 법규에 적합한지 여부가 사법상 위법성을 판단함에 있어서 중요한 판단자료가 될 것이지만, 이러한 공법적 규제에 의하여 확보하고자 하는 일조는 원래 사법상 보호되는 일조권을 공법적인 면에서도 가능한 한 보장하려는 것으로서 특별한 사정이 없는 한 일조권 보호를 위한 최소한도의 기준으로 봄이 상당하고, 구체적인 경우에 있어서는 어떠한 건물 신축이 건축 당시의 공법적 규제에 형식적으로 적합하다고 하더라도 현실적인 일조방해의 정도가 현저하게 커 사회통념상 수인한도를 넘은 경우에는 위법행위로 평가될 수 있으며, 일조방해행위가 사회통념상 수인한도를 넘었는지 여부는 피해의 정도, 피해이익의 성질 및 그에 대한 사회적 평가, 가해 건물의 용도, 지역성, 토지이용의 선후관계, 가해 방지 및 피해 회피의 가능성, 공법적 규제의 위반 여부, 교섭 경과 등 모든 사정을 종합적으로 고려하여 판단해야 한다(대판 2004.9.13. 2003다64602 등 참조).

그리고 쾌적하고 건강한 생활에 필요한 생활이익으로서 법적 보호의 대상이 되는 주거의 일조는 현재 살고 있는 지역주민을 보호하기 위한 것이므로 일조방해행위가 수인한도를 넘었는지 여부를 판단하기 위한 지역성은 그 지역의 토지이용 현황과 실태를 바탕으로 지역의 변화 가능성과 변화의 속도 그리고 지역주민들의 의식 등을 감안하여 결정해야 할 것이고, 바람직한 지역정비로 토지의 경제적·효율적 이용과 공공의 복리증진을 도모하기 위한 국토의 계획 및 이용에 관한 법률 등 공법에 의한 지역의 지정은 그 변화 가능성 등을 예측하는 지역성 판단의 요소가 된다고 할 것이다(대판 2004.10.28. 2002다63565 등 참조).

그런데 본건에서 원심은, 피고의 오피스텔 신축으로 인하여, 동지일 진태양시를 기준으로 08:00부터 16:00까지 8시간 중 원고의 주택 전면 개구부의 면적을 기준으로 직사광선만을 고려하여 평가한 일조시간은 '6시간 44분'에서 '1시간 33분'으로 감소되었고, 09:00부터 15:00까지 6시간 중 50% 이상의 일조를 기준으로 평가한 최장 연속일조시간은 '4시간 30분'에서 '0'으로 감소된 사실, 원고의 주택과 피고의 오피스텔이 위치한 지역은 일반상업지역으로 지정되어 있는 점, 일반상업지역은 일반적인 상업 및 업무기능을 담당하게 하기 위하여 마련된 지역으로서 원칙적으로는 주거를 위한 지역이 아니고 고층건물의 신축이 항상 예상되는 지역인 점, 피고의 오피스텔 신축 당시 건축관계 법령의 규정에 의하면 전용주거지역이나 일반주거지역과는 달리 상업지역에서의 건축물의 경우 다른 대지상의 건축물을 위하여 보장되어야 할 일조시간에 관하여 아무런 제한규정을 두고 있지 않는 점, 피고의 오피스텔은 그 신축 당시의 건축관계 법령이 정하는 용적률, 건폐율, 건축물 간의 이격거리 등 간접적으로 다른 인접 건축물의 일조권 등 확보에 도움을 줄 수 있는 각종 기준에 위반된 사실이 없는 점 등을 들어 이와 같은 정도의 일조방해는 사회통념상 일반적으로 용인되는 수인한도 내라고 판단하고 있다. 그러나 본건에서 원고는 원고의 주택과 피고의 오피스텔이 위치한 지역이 비록 일반상업지역으로 지정되어 있지만 주로 일반주택이 건립되어 있어 사실상 주거지역에 해당한다고 주장하고 있으므로, 이러한 경우 위 각 건물이 들어선 지역의 토지이용 현황과 실태를 살펴보고, 지역의 변화 가능성과 변화의 속도 그리고 지역주민들의 의식 등에 관하여 판단한 다음, 이것을 바탕으로 원고가 피고의 오피스텔로 인하여 받은 일조방해가 사회통념상 수인한도를 넘었는지 여부를 판단했어야 할 것인바, 피고의 오피스텔 신축 당시 건축관계 법령이 상업지역에서의 건축물의 경우 다른 대지상의 건축물을 위하여 보장되어야 할 일조시간에 관한 아무런 제한규정을 두고 있지 않았다거나 피고가 오피스텔을 신축함에 있어 건축관계법령상의 각종 기준에 위반한 사실이 없다고 하여 달리 볼 것은 아니라고 할 것이다. 그럼에도 불구하고 원심이 그와 같이 처리하지 않고 원고의 청구를 기각한 것은 일조방해로 인한 불법행위에 관한 법리를 오해하는 위법이 있다고 할 것이다. 그리고 구체적인 수인한도를 판단하기 위하여는 일조피해를 받는 건물이 이미 다른 기존 건물에 의하여 일조방해를 받고 있는 경우에는 그 일조방해의 정도와 신축 건물에 의한 일조방해와의 관련성 등도 고려하여 신축 건물에 의한 일조방해가 수인한도를 넘었는지 여부를 판단해야 할 것으로서(대판 2004.10.28. 2002다63565), 원고의 주택은 피고의 오피스텔이 신축되기 이전에 이미 다른 건물에 의하여 일조방해를 받고 있었음을 알 수 있는바, 원심으로서는 피고의 오피스텔에 의한 일조방해가 수인한도를 넘었는지 여부를 판단함에 있어 기존 건물로 인한 일조방해의 정도와 피고의 오피스텔에 의한 일조방해와의 관련성 등도 고려했어야 할 것이다(대판 2007.6.14. 2005다72058).

| 사례 40 | 甲 등이 신축한 건물로 인하여 乙 학교시설에 수인한도를 초과한 일조방해가 발생했는지 여부에 있어서, 건물이 위치한 지역이 중심상업지역으로 지정되어 있고, 건축관계 법령상의 각종 기준에 위반한 사실이 없는 경우에는 수인한도의 판단에 있어서 다른 기준이 적용되어야 하는지 여부(소극)

토지의 소유자 등이 종전부터 향유하던 일조이익이 객관적인 생활이익으로서 가치가 있다고 인정되면 법적인 보호의 대상이 될 수 있는데, 그 인근에서 건물이나 구조물 등이 신축됨으로 인하여 햇빛이 차단되어 생기는 그늘, 즉 일영이 증가함으로써 해당 토지에서 종래 향유하던 일조량이 감소하는 일조방해가 발생한 경우, 그 일조방해의 정도, 피해이익의 법적 성질, 가해 건물의 용도, 지역성, 토지이용의 선후관계, 가해 방지 및 피해 회피의 가능성, 공법적 규제의 위반 여부, 교섭 경과 등 모든 사정을 종합적으로 고려하여 사회통념상 일반적으로 해당 토지 소유자의 수인한도를 넘게 되면 그 건축행위는 정당한 권리행사의 범위를 벗어나 사법상 위법한 가해행위로 평가된다(대판 2008.4.17. 2006다35865(전), 2008.12.24. 2008다41499). 그리고 일조방해행위가 수인한도를 넘었는지 여부를 판단하기 위한 지역성은 그 지역의 토지이용 현황과 실태를 바탕으로 지역의 변화 가능성과 변화의 속도 그리고 지역주민들의 의식 등을 감안하여 결정해야 할 것이고, 바람직한 지역 정비로 토지의 경제적·효율적 이용과 공공의 복리증진을 도모하기 위한 '국토의 계획 및 이용에 관한 법률' 등 공법에 의한 지역의 지정은 그 변화 가능성 등을 예측하는 지역성 판단의 요소가 된다고 할 것이다(대판 2004.10.28. 2002다63565, 2007.6.14. 2005다72058). 이에 본건에 대한 원심에서는, 피고들의 26층 내지 43층 높이의 아파트 7개동 및 20층 높이의 오피스텔 1개동(이하 '피고 건물')의 신축으로 인하여, 원고 소유인 본건 학교 교실과 운동장에 대한 동지일 기준으로 8시부터 16시까지 8시간 중 총 일조시간이 4시간 미만으로 감소된 교실 등이 다수일 뿐만 아니라 그 일부는 총 일조시간이 1시간 미만에 불과하게 되었고, 중심상업지역은 일반적인 상업 및 업무기능을 담당하게 하기 위하여 마련된 지역으로서 고층건물의 신축이 항상 예상되는 지역인 점, 이 사건 학교는 동지일 이후에 겨울방학을 하게 되고 학기 중에도 정규수업 시간 이후에는 건물을 사용하는 범위가 줄어드는 점, 피고들은 관계 법령에 기하여 적법한 건축허가를 받아 피고 건물을 신축하였고, 관계 법령이 정하는 각종 기준을 위반한 사실이 없는 점, 피고들은 원고가 피고들을 상대로 제기한 건축공사금지가처분 사건에서 확정된 조정에 갈음하는 결정의 이행을 위하여 본건 학교에 방음시설 보완공사와 새로운 담장 등을 설치하여 준 점 등에 비추어 보면, 피고 건물의 신축으로 인한 일조방해는 사회통념상 일반적으로 용인되는 수인한도 내에 있다는 이유를 들어 불법행위가 성립되지 않는다고 판단하였다. 그러나 피고 건물의 신축으로 인하여 동지일 뿐만 아니라 3월 내지 6월과 8월 내지 11월의 각 21일 기준으로도 이 사건 학교의 교실 대다수의 총 일조시간이 4시간 미만으로 감소하였고, 본건 학교와 피고 건물이 위치한 지역은 원래 주거지역으로 지정되어 있었으나 1987. 5. 2. 상업지역으로 변경된 후 1993. 9. 17. 다시 중심상업지역으로 변경되었는데, 이 사건 학교는 위와 같이 상업지역으로 변경되기 이전부터 건립되어 있었고, 한편 원고는 피고 건물이 신축된 곳에는 원래 건물 높이가 4층인 상업고등학교 시설이 존재하였고, 본건 학교 주변에 있는 건물들도 대부분 그 높이가 4층 이하의 낮은 건물이거나 이 사건 학교와 상당한 거리에 떨어져 있다고 주장하고 있음에 비추어볼 때, 원심으로서는 피고 건물이 신축된 지역의 토지이용 현황과 실태, 지역의 변화 가능성과 변화의 속도 및 지역주민들의 의식 등에 관하여 심리한 다음, 이것을 바탕으로 피고 건물의 신축으로 인하여 이 사건 학교에 발생한 그 판시와 같은 일조시간의 감소가 사회통념상 수인한도를 넘었는지 여부를 판단했어야 할 것이고, 피고 건물이 위치한 지역이 중심상업지역으로 지정되어 있고, 피고들이 피고 건물을 신축함에 있어 건축 관계 법령상의 각종 기준에 위반한 사실이 없다는 사정 등이 있다고 하여 달리 볼 것은 아니라고 할 것이다. 그럼에도 불구하고 원심은 피고 건물의 신축으로 인한 일조방해를 원인으로 한 원고의 손해배상청구를 배척하고 말았으니, 이는 일조방해를 원인으로 한 불법행위의 성립에 관한 법리를 오해한 위법이 있다고 할 것이다(대판 2011.2.24. 2010다13107).

| 사례 41 | 일조침해로 겨울철에 상추 재배가 불가능하다는 사정을 알면서도 국유재산대부계약을 체결하여 이를 경작해온 경우에도 일조침해로 인한 손해배상을 청구할 수 있는지 여부(소극)

원고는, 피고가 관리하는 강동대교 남단 진입램프 때문에 서울 강동구 소재 전 2,902㎡(이하 '이 사건 토지')의 일조가 침해되었고, 그로 인하여 원고가 본건 토지에 설치한 비닐하우스에서 겨울철 동안에 상추를 재배하지 못하는 손해를 입은 것은 사회생활상 통상의 수인한도를 넘은 것으로 위법하므로, 강동대교가 완공된 19○○. 12.경부터 원고가 구하는 20○○. 12.경까지 기간 동안의 경작 수익 감소를 원고가 입은 손해로서 배상해야 한다고 주장하고 있다. 이에 관하여 살펴보건대, 19○○. 2. 17. 이전에 본건 일조방해로 인하여 원고가 입은 손해는 사회생활상 통상의 수인한도를 넘은 것으로 불법행위가 성립함은 정당하다고 할 수 있으나, 그 후에도 불법행위가 성립하는 것은 인정할 수 없다고 할 수 있다. 즉, 본건 강동대교는 19○○. 2.경 공사를 시작하여 19○○. 12.경 완공되었는데, 원고는 이 사건 토지를 소유자로부터 19○○.경부터 임차하여 경작하다가 19○○. 2. 17. 본건 토지의 소유자가 국가로 바뀌자 국유재산대부계약을 체결한 이후 매년 대부계약을 갱신하면서 본건 토지에서 비닐하우스를 설치하고 채소를 재배하여 왔다는 것이다. 그렇다면 원고가 본건 토지에 관하여 국유재산대부계약을 체결한 때는 이미 강동대교가 완공되어 일조침해가 시작된 이후인 19○○. 2. 17.로 원고로서는 본건 토지에서 겨울철 동안에 상추재배가 불가능하다는 사정을 알면서 국유재산대부계약을 체결하였다고 할 것이고, 원고의 본건 토지 사용권은 매년 국유재산대부계약이 갱신됨으로써 계속되어 왔으나, 사용권의 존속이 당연히 보장되어 있다고 볼 수 없는 사정 등을 종합적으로 고려하면, 원고가 국유재산대부계약 이전에 가지던 본건 토지의 사용권과 달리 국유재산대부계약에 의하여 취득한 사용권은 이미 강동대교로 인한 일조방해로 겨울철 동안에 비닐하우스에서 상추를 재배할 수 없는 토지에 대한 사용권이므로 특별한 사정이 없는 한, 19○○. 2. 17. 이후에는 본건 일조방해로 원고의 본건 토지에 대한 사용권이 침해되어 겨울철 동안 상추를 재배할 수 없는 손해가 발생하였다고 보기 어렵다고 할 것이다(대판 2004.11.26. 2004다2366).

| 사례 42 | 사찰로부터 6m의 이격거리를 둔 채 높이 87.5m의 19층 고층빌딩을 건축 중인 자에 대하여 사찰의 환경이익 침해를 이유로 전체 건물 중 16층부터 19층까지의 공사를 금지시킬 수 있는지 여부(적극)

어느 토지나 건물의 소유자가 종전부터 향유하고 있던 경관이나 조망, 조용하고 쾌적한 종교적 환경 등이 그에게 하나의 생활이익으로서의 가치를 가지고 있다고 객관적으로 인정된다면 법적인 보호의 대상이 될 수 있는 것이라 할 것이므로, 인접 대지에 건물을 신축함으로써 그와 같은 생활이익이 침해되고 그 침해가 사회통념상 일반적으로 수인할 정도를 넘어선다고 인정되는 경우에는 토지 등의 소유자는 소유권에 기하여 방해의 제거나 예방을 위하여 필요한 청구를 할 수 있고, 이와 같은 청구를 하기 위한 요건으로서 반드시 건물이 문화재보호법이나 건축법 등의 관계 규정에 위반하여 건축되거나 또는 그 건축으로 인하여 소유자의 토지 안에 있는 문화재 등에 대하여 직접적인 침해가 있거나 그 우려가 있을 것을 요하는 것은 아니다. 환경권은 명문의 법률규정이나 관계 법령의 규정 취지 및 조리에 비추어 권리의 주체, 대상, 내용, 행사 방법 등이 구체적으로 정립될 수 있어야만 인정되는 것이므로(대결 1995.5.23. 94마2218), 사법상의 권리로서의 환경권을 인정하는 명문의 규정이 없는데도 환경권에 기하여 직접 방해배제청구권을 인정할 수는 없을 것이다. 그러나 어느 토지나 건물의 소유자가 종전부터 향유하고 있던 경관이나 조망, 조용하고 쾌적한 종교적 환경 등이 그에게 하나의 생활이익으로서의 가치를 가지고 있다고 객관적으로 인정된다면 법적인 보호의 대상이 될 수 있는 것이라 할 것이므로, 인접 대지에 어떤 건물을 신축함으로써 그와 같은 생활이익이 침해되고 그 침해가 사회통념상 일반적으로 수인할 정도를 넘어선다고 인정되는 경우에는 위 토지 등의 소유자는 그 소유권에 기하여 그 방해의 제거나 예방을 위하여 필요한 청구를 할 수 있다고 할 것이고(대판 1995.9.15. 95다23378), 위와 같은 청구를 하기 위한 요건으로서 반드시 위 건물이 문화재보호법이나 건축법 등의 관계 규정에 위반하여 건축되거나 또는 그 건축으로 인하여 그 토지 안에 있는 문화재 등에 대하여 직접적인 침해가 있거나 그 우려가 있을 것을 요하는 것은 아니라고 할 것이다. 이에 원심에서 ○○빌딩이 당초의 예정에 따라 신청인 사찰과 불과 6m의 거리를 둔 채 신청인 사찰 경내 전체를 내려다볼 수 있도록 높이 87.5m의 고층으로 신축하게 되면 신청인 사찰의 일조가 침해되는 외에도 위 건물이 신청인 사찰의 전체 경관과 조화되지 않아 신청인 사찰의 경관이 훼손되는 결과로 될 뿐만 아니라 사찰 경내의 시계 차단으로 조망이 침해되고, 그 한편으로 위 사찰에서 수행하는 승려나 불공 등을 위하여 출입하는 신도들에게도 그들의 일상생활이나 종교활동 등이 감시되는 듯한 불쾌감과 위압감을 불러일으킴으로써 결국 신청인 사찰이 종래 유지하여 온 조용하고 쾌적한 종교적 환경이 크게 침해될 우려가 있고, 그 침해의 정도가 사회통념상 일반적으로 수인할 정도를 넘어선다고 할 것이므로, 신청인이 위 ○○빌딩에 관하여 피신청인에 대하여 신청인 사찰의 사찰로서의 환경 침해를 방지하기 위하여 필요한 한도 내에서 그 건축공사의 금지를 청구할 수 있다고 판단한 조처는 정당하다고 할 것이다(대판 1997.7.22. 96다56153).

| 사례 43 | 주택재개발사업으로 신축하는 아파트의 1세대씩을 일반분양 받았으나 일조방해, 조망방해, 사생활침해 및 시야차단 등으로 인한 생활이익 침해가 수인한도를 넘은 사유로 채무불이행으로 인한 분양계약을 해제한 경우의 손해배상의 범위

원고들은 19○○. 12.경 피고로부터 피고가 주택재개발사업으로 신축하는 아파트의 1세대씩을 일반분양 받았으나, 피고가 건축한 아파트의 일조방해, 조망방해, 사생활침해 및 시야차단 등으로 인한 생활이익 침해가 수인한도를 넘은 것이어서 피고의 채무불이행을 원인으로 하여 분양계약을 해제하였는데, 이때 원고들이 본건 아파트를 분양받기 위하여 국민주택채권을 매입하였다가 액면금액의 34%에 매각함으로써 액면가액의 66%에 상당하는 손해를 입었다고 주장하면서 그 차액 상당의 손해배상을 청구함에 대하여 이것이 통상손해냐 아니면 특별한 사정으로 인한 손해로서 피고가 그 사정을 알았거나 알 수 있었을 경우에만 청구가 가능한지 문제되었다. 그런데 채무불이행을 이유로 계약해제와 아울러 손해배상을 청구하는 경우에 그 계약이행으로 인하여 채권자가 얻을 이익, 즉 이행이익의 배상을 구하는 것이 원칙이지만, 그에 갈음하여 그 계약이 이행되리라고 믿고 채권자가 지출한 비용 즉 신뢰이익의 배상을 구할 수도 있다고 할 것이고, 그 신뢰이익 중 계약의 체결과 이행을 위하여 통상적으로 지출되는 비용은 통상의 손해로서 상대방이 알았거나 알 수 있었는지의 여부와는 관계없이 그 배상을 구할 수 있으며, 이를 초과하여 지출되는 비용은 특별한 사정으로 인한 손해로서 상대방이 이를 알았거나 알 수 있었던 경우에 한하여 그 배상을 구할 수 있다고 할 것이고, 다만 그 신뢰이익은 과잉배상금지의 원칙에 비추어 이행이익의 범위를 초과할 수 없다고 할 것이다. 본건 분양계약 당시 시행되던 주택공급에 관한 규칙 제15조는 사업주체가 투기과열지구에서 민영주택을 분양하는 경우에 일정 규모를 초과하는 주택에 대하여는 제2종 국민주택채권 매입예정액이 많은 자를 우선하여 입주자로 선정하고, 공급계약을 체결하는 경우에는 제2종 국민주택채권의 매입예정액과 매입액을 확인한 후 매입필증을 제출받도록 규정하고 있었으므로 채권입찰제 분양아파트를 당첨취득한 경우, 그 주택채권의 매입비용은 아파트를 당첨받는데 있어 필수적으로 필요한 부대비용이라고 보아야 할 것이다. 따라서 원고들이 본건 아파트를 채권입찰제의 방식으로 분양받아 그 매입예정 주택채권을 액면가로 매입하였다가 그 액면가에 미달하는 금액으로 매각한 후 피고의 채무불이행으로 인하여 아파트분양계약이 해제된 이상, 원고들로서는 주택채권의 매입가와 그 시세에 상당하는 매각대금의 차액을 신뢰이익으로서의 통상의 손해로서 그 배상을 청구할 수 있다고 할 것이다(대판 2002.6.11. 2002다2539).

| 사례 44 | 토지나 건물 소유자가 인접 토지의 건물 신축으로 인하여 입는 환경 등 생활이익의 침해를 이유로 건축공사의 금지를 청구하는 경우, 그 침해가 사회통념상 일반적으로 수인할 정도를 넘는 것인지 여부의 판단 기준

환경권은 명문의 법률규정이나 관계 법령의 규정 취지 및 조리에 비추어 권리의 주체, 대상, 내용, 행사 방법 등이 구체적으로 정립될 수 있어야만 인정되는 것이므로(대결 1995.5.23. 94마2218), 사법상의 권리로서의 환경권을 인정하는 명문의 규정이 없는데도 환경권에 기하여 직접 방해배제청구권을 인정할 수는 없다고 할 것이다. 그러나 어느 토지나 건물의 소유자가 종전부터 향유하고 있던 경관이나 조망, 조용하고 쾌적한 종교적 환경 등이 그에게 하나의 생활이익으로서의 가치를 가지고 있다고 객관적으로 인정된다면 법적인 보호의 대상이 될 수 있는 것이므로, 인접 대지 위에 건물의 건축 등으로 그와 같은 생활이익이 침해되고 그 침해가 사회통념상 일반적으로 수인할 정도를 넘어선다고 인정되는 경우에는 위 토지 등의 소유자는 그 소유권에 기하여 건물의 건축 금지 등 방해의 제거나 예방을 위하여 필요한 청구를 할 수 있다고 할 것이고(대판 1995.9.15. 95다23378), 위와 같은 청구를 하기 위한 요건으로서 반드시 위 건물이 문화재보호법이나 건축법 등의 관계 규정에 위반하여 건축되거나 또는 그 건축으로 인하여 그 토지 안에 있는 문화재 등에 대하여 직접적인 침해가 있거나 그 우려가 있을 것을 요하는 것은 아니라고 할 것이다. 이때 인접 대지에 건물이 건축됨으로 인하여 입는 환경 등 생활이익의 침해를 이유로 건축공사의 금지를 청구하는 경우에 그 침해가 사회통념상 일반적으로 수인할 정도를 넘어서는지의 여부는 피해의 성질 및 정도, 피해이익의 공공성, 가해행위의 태양, 가해행위의 공공성, 가해자의 방지조치 또는 손해 회피의 가능성, 인·허가 관계 등 공법상 기준에의 적합 여부, 지역성, 토지 이용의 선후관계 등 모든 사정을 종합적으로 고려하여 판단해야 할 것이다(대판 1995.9.15. 95다23378). 본건에서 원고 사찰의 역사와 현황, 그 안의 문화재, 주변상황, 피고들의 건물부지와 신청인 사찰과의 거리와 건물의 완성 후 예상되는 원고 사찰에 대한 영향, 피고들 건물의 건축 목적 및 경위 등을 감안할 때 원고 사찰의 사찰로서의 환경침해를 방지하기 위하여 필요한 한도에 해당하는 공사금지의 범위에 관하여, 위 '△△빌딩'의 신축으로 인하여 원고가 입게 될 환경침해의 정도와 그 수인한도, 건축주인 피고 2, 피고 3, 피고 4 및 공사수급인인 피고 주식회사 신성의 위 '△△빌딩'에 대한 권리와 그 제한으로 인하여 입게 될 손해, 위 '△△빌딩'의 층고를 낮춤으로 인한 건축미 및 경제성의 저하, 위 '△△빌딩'과 원고 사찰의 전체 경관과의 조화 및 기타 제반 사정을 고려하면, 지상 19층으로 건축될 예정인 위 '△△빌딩' 건물 중 16층부터 19층까지 부분에 대한 공사를 금지시키는 것이 원고의 환경이익 보호와 피고들의 재산권에 대한 보호 사이에 조화를 꾀할 수 있어, 신축예정인 위 '△△빌딩' 건물 중 지상 15층(옥탑 2층 제외), 높이 72.3m를 초과하는 부분에 대한 일체의 공사를 금지시키는 것은 정당하다고 할 것이다(대판 1999.7.27. 98다47528).

| 사례 45 | 사회통념상 인용범위내의 일조권 침해로 인한 정신적 고통에 대한 위자료청구권 유무

원심은, 원고가 원고 소유의 대지 경계선부근에 건축된 피고 ○○○ 소유의 본건 건물에 대하여 민법 제242조 및 제244조 소정의 경계선 부근의 건물 및 지하시설 등에 관한 제한 규정에 위반된다는 이유로 위 법정거리를 두지 않은 지하실 부분과 지상층 부분의 철거 등을 구하는 청구에 관하여 피고 ○○○ 소유의 본건 건물의 지하실 부분 별지 (나)부분 3.8평이 원고 소유의 대지를 불법 침범하였으므로 그 침범부분에 관하여는 이를 철거하고 그 부분을 매몰할 것을 명하고, 그외 정화조 등 지하시설물 및 지하실공사에 관하여는 건축법 제53조의2 제2항에 의하여 민법 제244조 제1항 규정의 적용이 배제된다는 이유로 위 법정거리 내에 있는 나머지 지하실부분에 관한 철거청구를 배척하였는바, 원심의 이러한 조치는 정당하고 거기에 건축법과 민법상 상린관계에 관한 법리오해의 위법을 발견할 수 없으며, 또한 본건 건물은 원고 소유의 대지에 인접하고 있는 피고 ○○○ 소유의 ○○동 90의6 대지 위에 같은 19○○. 9. 착공하여 19○○. 9.경 완공된 것으로서, 그중 지상건물부분은 철근콘크리트조 연건평 594.42평방미터의 4층 건물로서 현재 병원으로 사용 중이고, 그 건물의 축조 상황은 원고의 대지를 침범하고 있지는 않으며, 다만 민법 제242조 소정의 확보거리 0.5미터를 다 두지 못하고 원고 소유 대지로부터 30센치미터를 두고 세워져 있어 지상 1,2,3,4층 각 층마다 1.2평씩만이 법정거리 내에 들어 있는바, 본건 지상건물은 원고 소유 아닌 피고측 소유 대지에 세워져 있고 건축된지 수년이 지난 지금 법정거리 안에 있는 부분을 철거하는 것은 원고에게는 거의 어떠한 이익도 가져오지 못하고 오히려 사회경제적으로 보나 상린관계의 취지에서 보나 이를 철거한다는 것은 적절치 않으므로 원고의 위 부분의 철거청구는 권리의 사회성에 비추어 권리남용에 해당된다고 판단한바, 그러한 판단은 정당하다고 할 것이다. 한편 본건 건물의 정화조로부터 악취가 발산되고 또 같은 건물의 축조로 인하여 원고는 일조통풍이 저해됨으로써 정신적 고통을 입었다는 원고의 주장에 대하여도 원심은 이웃토지의 건물로 인하여 다소간의 악취 발생과 직사광선이 차단되는 불이익을 받는 경우에도 그것이 사회통념상 일반적으로 인용할 정도를 넘지 않는 한 이를 감수할 것인바, 본건 건물로 인하여 원고가 입은 정도의 고통은 감내해야 할 것이라는 취지의 판단을 하였는바, 이러한 판단도 정당하다고 할 것이다(대판 1982.9.14. 80다2859).

| 사례 46 | 일조방해행위가 어떤 경우에 사회통념상 수인한도를 넘는다고 보아 위법행위로 평가될 수 있는지 여부

건물의 신축으로 인하여 그 이웃토지상의 거주자가 직사광선이 차단되는 불이익을 받은 경우에 그 신축행위가 정당한 권리행사로서의 범위를 벗어나 사법상 위법한 가해행위로 평가되기 위하여는 그 일조방해의 정도가 사회통념상 일반적으로 인용하는 수인한도를 넘어야 하고(대판 1982.9.14. 80다2859), 건축법 등 관계 법령에 일조방해에 관한 직접적인 단속법규가 있다면 동 법규에 적합한지 여부가 사법상 위법성을 판단함에 있어서 중요한 판단자료가 될 것이지만, 이러한 공법적 규제에 의하여 확보하고자 하는 일조는 원래 사법상 보호되는 일조권을 공법적인 면에서도 가능한 한 보증하려는 것으로서 특별한 사정이 없는 한 일조권 보호를 위한 최소한도의 기준으로 봄이 상당하고, 구체적인 경우에 있어서는 어떠한 건물신축이 건축 당시의 공법적 규제에 형식적으로 적합하다고 하더라도 현실적인 일조방해의 정도가 현저하게 커 사회통념상 수인한도를 넘은 경우에는 위법행위로 평가될 수 있고, 사회통념상 수인한도를 넘었는지 여부는 피해의 정도, 피해이익의 성질 및 그에 대한 사회적 평가, 가해 건물의 용도, 지역성, 토지이용의 선후관계, 가해방지 및 피해회피의 가능성, 공법적 규제의 위반 여부, 교섭 경과 등 모든 사정을 종합적으로 고려하여 판단해야 하고, 건축 후에 신설된 일조권에 관한 새로운 공법적 규제 역시 이러한 위법성의 평가에 있어서 중요한 자료가 될 수 있다. 이에 본건을 보건대, 피고는 19○○. 7. 20.경 일반주거지역 내에 있는 본건 토지 위에 288세대의 12층 아파트 3동을 신축하는 주택건설사업승인을 받아 같은 해 9. 11. 착공하였다가 같은 해 10. 18.경 사업을 변경하여 같은 토지 위에 대지 면적을 넓혀서 3동 430세대 16층 내지 20층 규모로 ○○아파트를 신축하여 19○○. 10. 7. 사용검사필증을 교부받았고, 한편 공동피고 ○○건설 주식회사는 19○○. 7. 31.경 본건 토지의 북쪽 방향으로 인접하여 10m 가량 낮은 토지 위에 4동 390세대의 15층 규모로 아파트를 신축하는 주택건설사업승인을 받아 19○○. 8. 21. 착공하여 19○○. 5. 27. 사용검사필증을 교부받았으며, 원고들은 위 □□아파트 3동 또는 5동에 속하는 아파트 1채씩을 분양받아 그 소유권을 취득하였으며, 본건 토지의 서쪽으로는 ○○아파트의 101동과 □□아파트의 3동이, 그 동쪽으로 ○○아파트 102동과 □□아파트의 5동이 서로 마주하고 있고, 그 경계지점에 ○○아파트의 보일러실·전기실·관리실·상가정화조·진입로·주차장 등의 부속시설이 설치되어 있으며, 위 □□아파트의 4개동 배치는 네모 형태로서 그 중 원고들이 분양받은 3동 및 5동의 일부는 일직선으로 모두 남향으로 배치되어 있으며, ○○아파트의 101동의 배치는 설계변경 전후에 걸쳐 변동이 없고, 102동의 경우 설계변경 전에는 □□아파트 5동과 엇비스듬히 위치하게 되어 있었으나, 설계변경 후에는 101동과 일직선상으로 놓이게 됨으로써 □□아파트 5동과 나란히 마주하게 되었으며, 전기실 및 지하저수조도 당초에는 ○○아파트의 남쪽 방향에 위치하고 있었으나 설계변경으로 ○○아파트의 북쪽 방향(□□아파트 방향)에 놓이게 되었고, 피고와 □□건설이 위와 같이 주택건설사업승인을 받을 당시 시행되던 구 건축법(1991. 5. 31. 법률 제4381호로 개정되기 전의 것, 이하 같다) 제41조 제4항, 같은법 시행령(1989. 11. 20. 대통령령 제12845호로 개정되기 전의 것) 제90조 제1호, 제3호 (가)목, 제101조 제1항 제5호 (나)목에 의하면 일반주거지역 안에서 건축물을 건축하는 경우에는 건축물의 각 부분으로부터 정북 방향으로의 인접 대지 경계선까지의 수평거리의 2배 이하의 높이로 제한받고, 본 사건 아파트와 같은 공동주택의 경우 그 건축물의 높이는 그 부분으로부터 채광을 위하여 필요한 개구부가 향하는 방향으로의 인접 대지 경계선까지의 수평거리의 2배를 넘지 못하도록 제한받으며, 이 경우 건축물의 높이는 지표면으로부터 해당 건축물의 상단까지의 높이로 하고, 건축물의 대지의 지표면과 인접 대지의 지표면간의 고저차가 있는 경우에는 그 지표면의 평균 수평면을 지표면으로 본다고 규정되어 있었는바, 위 양 아파트의 높이는 □□아파트의 3동과 5동이 각 41.45m이고, 16층인 ○○아파트 101동은

45.55m, 20층인 102동은 56.8m이며, 그 대지의 고저차는 ㅁㅁ아파트 3동과 ㅇㅇ아파트 101동 사이는 10.393m, ㅁㅁ아파트 5동과 ㅇㅇ아파트 102동 사이는 10.672m로서 ㅁㅁ아파트의 4층 내지 5층의 높이가 ㅇㅇ아파트 1층의 높이와 비슷한 정도이고, 각 아파트와 그 대지경계선과의 거리는 ㅁㅁ아파트 3동의 경우에는 21.7m, 5동의 경우는 20.6m, ㅇㅇ아파트 101동은 27.4m, 102동은 33.7m이어서 피고가 건축한 위 ㅇㅇ아파트 101동 및 102동은 그 높이가 모두 일조권의 확보를 위한 건축물의 높이 제한에 관한 위 건축법규에 위반되지 않았으나 ㅇㅇ아파트 101동과 102동의 건축으로 인하여 원고들이 거주하고 있는 ㅁㅁ아파트 3동 및 5동의 각 1 내지 3층, 5동의 4층은 위치에 따라 다소간의 차이는 있지만 춘분에서 동지를 거쳐 춘분에 이르기까지의 기간 동안 세대에 따라서는 대낮에도 전등을 켜 놓아야 할 정도의 일조침해를 받게 되었는데, 그 구체적인 양태는 반 플란덴 앤드 풀키넨법(Van Flandern and Pulkkinnen 법 : 전세계 기상대에서 사용하는 태양궤적도를 의미, ㅁㅁ아파트 1층 바닥면을 기준으로 함)에 의하면, 춘분에서 동지를 거쳐 춘분에 이르기까지의 기간 동안 ㅁㅁ아파트 5동의 좌측단부(104호, 204호, 304호 부근)는 하루 종일 차폐 또는 9시간(이하 13시간 기준)의 차폐, 같은 동 중앙부 및 우측단부(101호, 201호, 301호 부근)는 각 종일 차폐 또는 5시간의, 같은 아파트 3동 좌측단부(101호, 201호, 301호, 401호 부근)는 종일 차폐 또는 8시간의, 중앙부는 7시간 또는 9시간의, 우측단부(106호, 206호, 306호, 406호 부근)는 4시간 또는 9시간의 차폐현상이 일어나고, 동지를 기준으로 한 일조차폐에 따른 일사차단비율(공조학회 및 대한주택공사가 10년간의 기상자료를 시간별로 측정한 BIN 기후자료를 기초로 하여 추정한 것)은 하루가조일사량의 50% 내지 70%에 이르는 일조침해를 받고 있으며, 그밖에도 원고들이 입주하고 있는 ㅁㅁ아파트는 ㅇㅇ아파트 및 그 부속시설로 인하여 상당한 정도의 조망침해 및 압박감을 받고 있을 뿐만 아니라 거실 및 방안이 들여다보이고 소음·분진·매연 등으로 통풍 및 환기가 방해받고 있어 상당한 정도의 프라이버시가 침해되고 있고, ① 구 건축법시행령(1990. 7. 16. 대통령령 제13055호로 개정되었다가 1992. 5. 30. 대통령령 제13655호로 전문 개정되기 전의 것) 제90조 제3호 (나)목 (7)에 의하면, 아파트와 같은 공동주택에 대하여 동일 대지 안에서 2동 이상의 건축물이 서로 마주보고 있는 경우 동지일을 기준으로 해당 대지 내의 모든 세대가 9시에서 15시 사이에 2시간 이상 연속하여 일조를 확보할 수 있다고 인정되는 높이 이하인 경우에는 높이제한의 규정을 적용받지 않는다고 규정하고 있었고, ② 위 각 아파트 완성 무렵부터 시행되는 현행 건축법 시행령(1993. 8. 6. 대통령령 제13953호로 개정된 것) 제86조 제2호 (나)목에 의하면, 공동주택에 관하여 서로 마주보는 건축물의 각 부분의 높이는 각각 서로 마주보는 외벽의 각 부분으로부터 다른 쪽의 외벽의 각 부분까지의 거리의 1.25배 이하 또는 당해 대지 안의 모든 세대가 동지일을 기준으로 9시에서 15시 사이에 건축조례가 정하는 시간 이상을 연속하여 일조를 확보할 수 있는 높이 이하를 유지하도록 규정하여, 연속하여 일조를 확보해야 하는 시간을 건축조례에 위임하고 있는 점 등에 비추어 볼 때, 본 사건 각 아파트의 경우에는 동지일을 기준으로 오전 9시부터 오후 3시까지 사이의 6시간 중 일조시간이 연속하여 2시간 이상 확보되지 않는 일조방해의 경우에는 수인한도를 넘는다고 봄이 상당하고, 한편 피고와 ㅁㅁ건설은 서로 비슷한 시기에 주택건설사업승인을 받고 아파트를 착공

하여 주택건설사업승인을 받을 당시부터 입주자들의 일조권 등의 침해정도를 충분히 예상할 수 있었으므로 각 아파트를 설계·시공함에 있어서 이러한 사정들을 충분히 고려하여 아파트 및 그 부속건물의 배치, 건물의 높이 등의 점에 있어서 입주자들의 일조권 등의 침해 여부를 우선적으로 고려했어야 함에도 불구하고, 피고는 그 층수를 높이는 설계변경을 하였을 뿐만 아니라 102동과 ㅁㅁ아파트 5동 사이에 아파트 높이 4층 정도의 옹벽을 설치하고, 전기실 등 부속건물을 ㅁㅁ아파트 쪽으로 변경함으로써 원고들이 입주하고 있는 ㅁㅁ아파트의 경우에는 모두 수인한도를 넘어서 일조장해를 받고 있음은 물론 조망 및 압박감의 저해, 프라이버시의 침해 정도도 그 수인한도를 넘는다고 보아 피고 및 ㅁㅁ건설의 위 각 아파트의 건축행위가 비록 건축관계 법령에 위반된 점이 없다 하더라도 그 소유자 겸 입주자들인 원고들에게 쾌적하고 건강한 주거생활을 영위할 생활권을 침해한 불법행위를 구성한다고 보는 것이 상당하다고 할 것이다(대판 1999. 1.26. 98다23850).

제3장 소음과 층간소음의 규제

01

소음의 의미와 소음 피해

1. 소음의 의미

소음이란 불쾌하고 시끄러운 소리를 말하는데, 소음·진동관리법(이하 '해당 조문'만 표시)에서는 기계·기구·시설, 그밖의 물체의 사용 또는 공동주택 등 환경부령으로 정하는 장소에서 사람의 활동으로 인하여 발생하는 강한 소리를 소음으로 정의함으로써(제2조 제1호), '강한 소리'에 방점을 찍고 있다. 소음은 사람의 감각기관을 통하여 인지되는 것이므로 개인의 소음에 대한 민감도나 반응정도에 따라 또는 거주하는 지역에 따라 받아들이는 정도에 차이가 많이 발생하므로 다분히 주관적인 가치판단이 중요하게 작용하는 속성을 가지고 있다.

예컨대, 어떤 사람에게는 노래소리나 피아노 등 악기연주소리가 아름답고 달콤하게 느껴져 아무리 큰 소리로 부르거나 연주해도 즐겁기만 할 것이지만 다른 사람한테는 듣기 싫고 스트레스를 받는 소음에 지나지 않는 것이다.

그렇다고 해서 소음을 천차만별의 개개인의 주관적인 기준에 따라 규율할 수는 없으므로 일반적이고 객관적인 평가기준에 의거하여 위법성을 판단해서 규율할 수밖에 없을 것이다.

2. 소음의 특성

소음은 생활환경을 파괴하는 일종의 공해요소라고 할 수 있다. 그러나 다른 공해요소와 달리 그 발생원인이 다양하고, 각종 오염과 같이 육안으로 보이는 누적현상을 측정하기가 곤란하며, 소음을 받아들이는 바가 개인의 성향이나 취향에 따라 천차만별이어서 그 대책이나 피해 저감방안을 모색하는데 어려움이 있는 특성이 있다.

또한 그동안은 먹고 사는 문제에 집중하다보니 소음의 중요성을 외면하다가 갈수록 삶의 질을 중요시함에 따라 소음 피해의 중요성이 대두되었고, 최근에는 아파트의 층간소음 문제가 큰 사회문제로 대두되어 소음에 대한 대책이 다각도로 모색되고 있는 상황이다. 이에 국가와 지방자치단체에 대해서는 국민의 쾌적하고 건강한 생활환경을 조성하기 위하여 소음·진동으로 인한 피해를 예방·관리할 수 있는 시책을 수립·추진할 의무가 부여되어 있다(제2조의2).

3. 소음 피해와 소음 규제의 필요성

소음은 그 피해를 당한 사람에게 직·간접적으로 육체적·정신적 건강에 악영향을 미치게 된다. 시끄러운 큰 소리는 직접적으로는 난청 또는 두통의 원인이 될 수 있고, 휴면이나 휴식을 방해하게 되어 육체적인 건강에 영향을 미치게 되며, 간접적으로는 불쾌감에 따른 정신적 고통, 스트레스의 누적, 정신집중의 방해 등 정신적 건강에도 영향을 미치고 이로 인한 연구나 공부 또는 업무능률에 지장을 초래하게 된다.

이러한 소음은 인체에만 영향을 미치는 것이 아니다. 농장 등에서 사육하는 소나, 돼지, 염소, 닭, 오리 등에도 생리적인 영향을 끼쳐 성장이 저해되고, 번식이 되지 않으며, 심지어는 폐사하는 경우도 많아 막대한 재산적 손해도 발생시킬 수 있다. 경우에 따라서는 소음이 많이 발생하는 곳은 그렇지 않는 곳에 비하여 토지나 건물 등 부동산 가격에도 영향을 끼쳐 재산적 손실도 가져올 수 있을 것이다.

이와 같이 소음은 인체에 대한 육체적·정신적 건강과 소음피해자에게 재산적 손해를 끼치는 영향 등도 커서 악영향을 미치는 것이므로 이에 대한 규제가 중요한 것이다. 그러나 그렇다고 해서 사회공동생활에 있어서 어떠한 소음도 내지 말고 살아라고 할 수 없으므로 일반인이 객관적으로 수인할 수 있는 한도를 정하여 그 한도를 초과하는 경우에만 규제하는 사회적 공감과 조화 내지 조절이 필요할 것이다.

02

소음의 측정방법

1. 소음 측정 기준의 필요성

깊은 산속에서 혼자 산다면 몰라도 사회공동생활을 함에 있어서는 아무런 소리도 내지 않고 살 수 없다. 그렇다고 해서 주위에 큰 피해를 일으키는 소음을 내서 다른 사람의 건강에 악영향을 미치고 그에게 재산적 피해를 주는 것조차 규제하지 않는 것은 사회적 갈등을 방치해서 결국은 건전한 공동생활을 하는데 지장을 초래할 것이다. 또한 소음을 느끼는 감도나 반응은 각 개인별 또는 각 지역별로 다르기 때문에 어떤 객관적인 기준이 필요할 것이다. 여기에 수인의 한도 내에 속하는 소음과 이를 초과하는 소음을 구별하는 객관적인 기준이 필요한 이유가 있는 것이다.

2. dB(데시빌)와 가중데시빌

소음의 측정단위는 dB(데시빌)로서 그 크기를 기준으로 소음의 정도를 판단한다. dB란 소리의 크기를 측정하는데 사용되는 단위로서 데시빌을 말하는데, 10의 배수를 의미하는 deci와 전화기를 발명한 Bell의 합성어(벨이 전화기를 설계할 때 사용함)로 ㏈로 표시한다. 사람이 들을 수 있는 가장 작은 소리를 0dB로 정하고, 이보다 10배 강한 소리가 10㏈, 100배 강한 소리가 20㏈, 1,000배 강한 소리가 30㏈이다. 에너지량만을 생각하여 소리의 세기를 나타내려면 기준이 필요한데, 사람이 겨우 들을 수 있는 소리 세기(10-12W/m2)를 기준으로 한 소리의 세기의 비의 대수값을 취하여 데시벨을 나타낸다. 다만 dB는 고막을 울리는 공기의 압력을 수치화하여 이를 음의 세기로 하고 있는데, 고막에 전달되는 압력만으로는 인간이 감지하는 소리의 세기를 정확히 반영하기 곤란한 문제가 있어서 여기에 주파수의 특성을 보완하여 가중치를 둔 것이 가중데시빌인 dB(A), dB(B) dB(C)이다.[131)]

131) 가중데시빌(가중 dB)이란 사람의 귀로 들을 수 있는 음의 크기를 주파수에 대한 가중치 필터를 적용하여 상대적 단위(dB)로 나타낸 값을 말한다. 가중치 필터로는 A형, B형, C형이 있으며 각각, dB(A), dB(B), dB(C)라고 표기한다. 사람의 귀는 주파수 1000Hz 이하의 조용한 소리에서는 주파수가 낮아질수록 덜 민감하게 느끼기 때문에 실제로는 시끄러워도 주파수가 낮으면 조용하게 느끼는데 이러한 특성을 반영한 것이 dB(A)인데, 컴퓨터 냉각용 팬의 소음 크기를 나타내는 등 여러 방면에서 널리 사용되고 있다. 큰 소리는 주파수에 따라 느끼는 정도가 거의 평탄하기 때문에 이러한 특성을 표현한 것이 dB(C)이다. dB(A)형과 dB(C)형의 중간에 dB(B)형이 있으나 거의 사용되지 않는

3. 적용 방법

소리의 크기를 측정하는 단위에는 dB과 가중데시빌인 dB(A), dB(B) dB(C)가 있다고 보았는데, 현재는 dB를 사용하는 경우도 있으나, 주로는 가중데시빌 중 평가데시빌이라고 불리우는 dB(A)를 사용하고 있는 경우가 많다. 각종 규제 법률에서도 마찬가지이다. 그렇다면 어느 정도의 dB의 크기나 dB(A)의 크기가 수인한도 내에 속한다고 보아야 하는지 기준 설정이 문제된다.

이에 관하여는 사회공동생활을 함에 있어서 소음에 대한 위법성의 판단 기준과도 관련되는데, 수인한도를 초과하는지 여부는 사람의 주관적인 가치판단, 소음의 물리적인 양과 질, 소음발생의 지역적 특성 또는 사회·경제적 상황 등이 종합적으로 고려되어야 할 것이다.

이에 따라 소음·진동관리법 등 각종 소음에 관한 규제 법률에서는 이를 고려하여 적정하다고 판단되는 dB의 크기나 dB(A)의 크기를 규정하여 소음을 규제하고 있다.

다. 이 중 주로 사용하는 dB(A)는 평가데시벨(deciBellAdjusted)이라고도 한다.

03

소음의 규제 법령과 피해자의 구제

1. 소음·진동관리법

가. 일반소음의 규제

소음·진동관리법(이하 '.조문만 표시')에서는 소음뿐만 아니라 진동[132]도 규제하고 있는데, 환경부장관으로 하여금 전국적인 소음·진동의 실태를 파악하기 위하여 측정망을 설치하고 상시 측정하도록 하고 있고, 시·도지사로 하여금 해당 관할 구역의 소음·진동 실태를 파악하기 위하여 측정망을 설치하여 그 측정한 자료를 환경부장관에게 보고하도록 하고 있으며(제3조 제1항, 제2항), 필요한 경우에는 일정 지역의 소음의 분포 등을 표시한 소음지도를 작성하여 인터넷 홈페이지 등을 통하여 공개할 수 있도록 하고 있다(제4조의2 제1항, 제2항).

소음·진동관리법에서는 공장에서 나오는 소음·진동의 배출허용기준을 마련하고 있고(제7조 제1항), 「생활소음·진동의 규제대상 및 규제기준」을 마련하고 있으며(제21조 제2항), 층간소음의 범위와 기준도 정하고 있고(제21조의2 제3항), 교통기관에서 발생하는 소음·진동의 관리기준도 정하고 있으며(제26조 제1항), 소음발생건설기계에서 발생하는 소음의 관리기준도 정하고 있다(제44조 제2항).

시·군·구청장은 교통소음·진동 관리지역에서 자동차전용도로, 고속도로 및 철도로부터 발생하는 소음·진동이나 학교·공동주택, 그밖에 환경부령으로 정하는 시설의 주변 도로로부터 발생하는 소음·진동이 교통소음·진동 관리기준을 초과하여 주민의 조용하고 평온한 생활환경이 침해된다고 인정하면 스스로 방음·방진시설을 설치하거나 해당 시설관리기관의 장에게 방음·방진시설의 설치 등 필요한 조치를 할 것을 요청할 수 있고, 이 경우 해당 시설관리기관의 장은 특별한 사유가 없으면 그 요청에 따라야 한다(제29조 제1항, 제2항).

자동차소유자도 자동차에서 배출되는 소음이 운행차 소음허용기준에 적합하게 운행해야 하며, 소음기 또는 소음덮개를 떼어 버리거나 경음기를 추가로 붙여서는 안되며(제35조), 이에 대한 개선명령에 응하지 않으면 6개월 이하의 징역 또는 500만원 이하의 벌금에 처해진다(제38조 제1항, 제58조 제6호).

---

132) 진동이란 기계·기구·시설, 그밖의 물체의 사용으로 인하여 발생하는 강한 흔들림을 말한다(소음·진동관리법 제2조 제2호).

생활소음·진동이 규제기준을 초과하면 소음·진동을 발생시키는 자에게 작업시간의 조정, 소음·진동 발생 행위의 분산·중지, 방음·방진시설의 설치, 환경부령으로 정하는 소음이 적게 발생하는 건설기계의 사용 등 필요한 조치를 명할 수 있고(제23조 제1항), 이러한 조치명령을 이행하지 않거나 이행하였더라도 규제기준을 초과한 경우에는 해당 규제대상의 사용금지, 해당 공사의 중지 또는 폐쇄를 명할 수 있으며(제23조 제4항), 그 명령에 위반한 자는 1년 이하의 징역 또는 1천만원 이하의 벌금에 처해진다(제57조 제4호).

[표 2] 생활소음·진동의 규제기준(소음·진동관리법 규칙 제20조 제3항 별표 8)

1. **생활소음 규제기준**

[단위 : dB(A)]

<table>
<tr><th>대상 지역</th><th colspan="2">시간대별 / 소음원</th><th>아침, 저녁
(05:00 ~ 07:00, 18:00 ~ 22:00)</th><th>주간
(07:00 ~ 18:00)</th><th>야간
(22:00 ~ 05:00)</th></tr>
<tr><td rowspan="7">가. 주거지역, 녹지지역, 관리지역 중 취락지구·주거개발진흥지구 및 관광·휴양개발진흥지구, 자연환경보전지역, 그밖의 지역에 있는 학교·종합병원·공공도서관</td><td rowspan="2">확성기</td><td>옥외설치</td><td>60이하</td><td>65 이하</td><td>60 이하</td></tr>
<tr><td>옥내에서 옥외로 소음이 나오는 경우</td><td>50 이하</td><td>55 이하</td><td>45 이하</td></tr>
<tr><td colspan="2">공장</td><td>50 이하</td><td>55 이하</td><td>45 이하</td></tr>
<tr><td rowspan="2">사업장</td><td>동일 건물</td><td>45 이하</td><td>50 이하</td><td>40 이하</td></tr>
<tr><td>기타</td><td>50 이하</td><td>55 이하</td><td>45 이하</td></tr>
<tr><td colspan="2">공사장</td><td>60 이하</td><td>65 이하</td><td>50 이하</td></tr>
<tr><td colspan="5"></td></tr>
<tr><td rowspan="6">나. 그밖의 지역</td><td rowspan="2">확성기</td><td>옥외설치</td><td>65 이하</td><td>70 이하</td><td>60 이하</td></tr>
<tr><td>옥내에서 옥외로 소음이 나오는 경우</td><td>60 이하</td><td>65 이하</td><td>55 이하</td></tr>
<tr><td colspan="2">공장</td><td>60 이하</td><td>65 이하</td><td>55 이하</td></tr>
<tr><td rowspan="2">사업장</td><td>동일 건물</td><td>50 이하</td><td>55 이하</td><td>45 이하</td></tr>
<tr><td>기타</td><td>60 이하</td><td>65 이하</td><td>55 이하</td></tr>
<tr><td colspan="2">공사장</td><td>65 이하</td><td>70 이하</td><td>50 이하</td></tr>
</table>

주) ① 소음의 측정 및 평가기준은 「환경분야 시험·검사 등에 관한 법률」 제6조 제1항 제2호에 해당하는 분야에 따른 환경오염공정시험기준에서 정하는 바에 따른다.

② 대상 지역의 구분은 「국토의 계획 및 이용에 관한 법률」에 따른다.

③ 규제기준치는 생활소음의 영향이 미치는 대상 지역을 기준으로 하여 적용한다.

④ 공사장 소음규제기준은 주간의 경우 특정공사 사전신고 대상 기계·장비를 사용하는 작업시간이 1일 3시간 이하일 때는 +10dB을, 3시간 초과 6시간 이하일 때는 +5dB을 규제기준치에 보정한다.

⑤ 발파소음의 경우 주간에만 규제기준치(광산의 경우 사업장 규제기준)에 +10dB을 보정한다.

⑥ 공사장의 규제기준 중 다음 지역은 공휴일에만 −5dB을 규제기준치에 보정한다.

가. 주거지역
나. 의료법에 따른 종합병원, 초·중등교육법 및 고등교육법에 따른 학교, 도서관법에 따른 공공도서관의 부지경계로부터 직선거리 50m 이내의 지역

⑦ "동일 건물"이란 건축법 제2조에 따른 건축물로서 지붕과 기둥 또는 벽이 일체로 되어 있는 건물을 말하며, 동일 건물에 대한 생활소음 규제기준은 다음 각 목에 해당하는 영업을 행하는 사업장에만 적용한다.
가. 체육시설의 설치·이용에 관한 법률 제10조 제1항 제2호에 따른 체력단련장업, 체육도장업, 무도학원업, 무도장업, 골프연습장업 및 야구장업
나. 학원의 설립·운영 및 과외교습에 관한 법률 제2조에 따른 학원 및 교습소 중 음악교습을 위한 학원 및 교습소
다. 식품위생법 시행령 제21조 제8호 다목 및 라목에 따른 단란주점영업 및 유흥주점영업
라. 음악산업진흥에 관한 법률 제2조 제13호에 따른 노래연습장업
마. 다중이용업소 안전관리에 관한 특별법 시행규칙 제2조 제3호에 따른 콜라텍업

2. 생활진동 규제기준

[단위 : dB(V)]

시간대별 / 대상 지역	주간 (06:00 ~ 22:00)	심야 (22:00 ~ 06:00)
가. 주거지역, 녹지지역, 관리지역 중 취락지구·주거개발진흥지구 및 관광·휴양개발진흥지구, 자연환경보전지역, 그밖의 지역에 소재한 학교·종합병원·공공도서관	65 이하	60 이하
나. 그밖의 지역	70 이하	65 이하

주) ① 진동의 측정 및 평가기준은 환경분야 시험·검사 등에 관한 법률 제6조 제1항 제2호에 해당하는 분야에 대한 환경오염공정시험기준에서 정하는 바에 따른다.
② 대상 지역의 구분은 국토의 계획 및 이용에 관한 법률에 따른다.
③ 규제기준치는 생활진동의 영향이 미치는 대상 지역을 기준으로 하여 적용한다.
④ 공사장의 진동 규제기준은 주간의 경우 특정공사 사전신고 대상 기계·장비를 사용하는 작업시간이 1일 2시간 이하일 때는 +10dB을, 2시간 초과 4시간 이하일 때는 +5dB을 규제기준치에 보정한다.
⑤ 발파진동의 경우 주간에만 규제기준치에 +10dB을 보정한다.

[표 3] 공장소음·진동의 배출허용기준(소음·진동관리법 규칙 제8조 별표 5)

1. 공장소음 배출허용기준

[단위 : dB(A)]

대상지역	시간대별		
	낮 (06:00 ~ 18:00)	저녁 (18:00 ~ 24:00)	밤 (24:00 ~ 06:00)
가. 도시지역 중 전용주거지역 및 녹지지역(취락지구·주거개발진흥지구 및 관광·휴양개발진흥지구만 해당한다), 관리지역 중 취락지구·주거개발진흥지구 및 관광·휴양개발진흥지구, 자연환경보전지역 중 수산자원보호구역 외의 지역	50 이하	45 이하	40 이하
나. 도시지역 중 일반주거지역 및 준주거지역, 도시지역 중 녹지지역(취락지구·주거개발진흥지구 및 관광·휴양개발진흥지구는 제외한다)	55 이하	50 이하	45 이하
다. 농림지역, 자연환경보전지역 중 수산자원보호구역, 관리지역 중 가목과 라목을 제외한 그밖의 지역	60 이하	55 이하	50 이하
라. 도시지역 중 상업지역·준공업지역, 관리지역 중 산업개발진흥지구	65 이하	60 이하	55 이하
마. 도시지역 중 일반공업지역 및 전용공업지역	70 이하	65 이하	60 이하

주) ① 소음의 측정 및 평가기준은 「환경분야 시험·검사 등에 관한 법률」 제6조 제1항 제2호에 해당하는 분야에 대한 환경오염공정시험기준에서 정하는 바에 따른다.

② 대상 지역의 구분은 「국토의 계획 및 이용에 관한 법률」에 따른다.

③ 허용 기준치는 해당 공장이 입지한 대상 지역을 기준으로 하여 적용한다. 다만, 도시지역 중 녹지지역(취락지구·주거개발진흥지구 및 관광·휴양개발진흥지구는 제외한다)에 위치한 공장으로서 해당 공장 200m 이내에 위 표 가목의 대상지역이 위치한 경우에는 가목의 허용 기준치를 적용한다.

④ 충격음 성분이 있는 경우 허용 기준치에 -5dB을 보정한다.

⑤ 관련시간대(낮은 8시간, 저녁은 4시간, 밤은 2시간)에 대한 측정소음발생시간의 백분율이 12.5% 미만인 경우 +15dB, 12.5% 이상 25% 미만인 경우 +10dB, 25% 이상 50% 미만인 경우 +5dB, 50% 이상 75% 미만인 경우 +3dB을 허용 기준치에 보정한다.

⑥ 위 표의 지역별 기준에도 불구하고 다음 사항에 해당하는 경우에는 배출허용기준을 다음과 같이 적용한다.

가. 「산업입지 및 개발에 관한 법률」에 따른 산업단지에 대하여는 마목의 허용 기준치를 적용한다.

나. 의료법에 따른 종합병원, 초·중등교육법 및 고등교육법에 따른 학교, 도서관법에 따른 공공도서관, 의료법 제3조 제2항 제3호 라목에 따른 요양병원 중 100개 이상의 병상을 갖춘 노인을 대상으로 하는 요양병원 및 「영유아보육법」에 따른 보육시설 중 입소규모 100명 이상인 보육시설(이하 '정온

시설')의 부지경계선으로부터 50미터 이내의 지역에 대하여는 해당 정온시설의의 부지경계선에서 측정한 소음도를 기준으로 가목의 허용 기준치를 적용한다.

다. 가목에 따른 산업단지와 나목에 따른 정온시설의 부지경계선으로부터 50미터 이내의 지역이 중복되는 경우에는 특별자치도지사 또는 시장·군수·구청장이 해당 지역에 한정하여 적용되는 배출허용기준을 공장소음 배출허용기준 범위에서 정할 수 있다.

2. 공장진동 배출허용기준

[단위 : dB(V)]

대상 지역	시간대별	
	낮 (06:00 ~ 22:00)	밤 (22:00 ~ 06:00)
가. 도시지역 중 전용주거지역·녹지지역, 관리지역 중 취락지구·주거개발진흥지구 및 관광·휴양개발진흥지구, 자연환경보전지역 중 수산자원보호구역 외의 지역	60 이하	55 이하
나. 도시지역 중 일반주거지역·준주거지역, 농림지역, 자연환경보전지역 중 수산자원보호구역, 관리지역 중 가목과 다목을 제외한 그밖의 지역	65 이하	60 이하
다. 도시지역 중 상업지역·준공업지역, 관리지역 중 산업개발진흥지구	70 이하	65 이하
라. 도시지역 중 일반공업지역 및 전용공업지역	75 이하	70 이하

주) ① 소음의 측정 및 평가기준은 환경분야 시험·검사 등에 관한 법률 제6조 제1항 제2호에 해당하는 분야에 대한 환경오염공정시험기준에서 정하는 바에 따른다.

② 대상 지역의 구분은 「국토의 계획 및 이용에 관한 법률」에 따른다.

③ 허용 기준치는 해당 공장이 입지한 대상 지역을 기준으로 하여 적용한다.

④ 관련시간대(낮은 8시간, 밤은 3시간)에 대한 측정진동발생시간의 백분율이 25% 미만인 경우 +10dB, 25% 이상 50% 미만인 경우 +5dB을 허용 기준치에 보정한다.

⑤ 위 표의 지역별 기준에도 불구하고 다음 사항에 해당하는 경우에는 배출허용기준을 다음과 같이 적용한다.

가. 「산업입지 및 개발에 관한 법률」에 따른 산업단지에 대하여는 라목의 허용 기준치를 적용한다.

나. 정온시설의 부지경계선으로부터 50미터 이내의 지역에 대하여는 해당 정온시설의 부지경계선에서 측정한 진동레벨을 기준으로 가목의 허용 기준치를 적용한다.

다. 가목에 따른 산업단지와 나목에 따른 정온시설의부지경계선으로부터 50미터 이내의 지역이 중복되는 경우에는 특별자치도지사 또는 시장·군수·구청장이 해당 지역에 한정하여 적용되는 배출허용기준을 공장진동 배출허용기준 범위에서 정할 수 있다.

[표 4] 교통소음·진동의 관리기준(소음·진동관리법 규칙 제25조 별표 11)

1. 도 로

대상지역	구분	한도	
		주간 (06:00 ~ 22:00)	야간 (22:00 ~ 06:00)
가. 주거지역, 녹지지역, 보전관리지역, 관리지역 중 취락지구 ·주거개발진흥지구 및 관광·휴양개발진흥지구, 자연환경보전지역, 학교·병원·공공도서관 및 입소규모 100명 이상의 노인의료복지시설·영유아보육시설의 부지 경계선으로부터 50미터 이내 지역	소음 (LeqdB(A))	68	58
	진동 (dB(V))	65	60
나. 상업지역, 공업지역, 농림지역, 관리지역 중 산업·유통개발진흥지구 및 관리지역 중 가목에 포함되지 않는 그밖의 지역, 미고시지역	소음 (LeqdB(A))	73	63
	진동 (dB(V))	70	65

주) ① 대상 지역의 구분은 「국토의 계획 및 이용에 관한 법률」에 따른다.
② 대상 지역은 교통소음·진동의 영향을 받는 지역을 말한다.

2. 철 도

대상지역	구분	한도	
		주간 (06:00 ~ 22:00)	야간 (22:00 ~ 06:00)
가. 주거지역, 녹지지역, 보전관리지역, 관리지역 중 취락지구 ·주거개발진흥지구 및 관광·휴양개발진흥지구, 자연환경보전지역, 학교·병원·공공도서관 및 입소규모 100명 이상의 노인의료복지시설·영유아보육시설의 부지 경계선으로부터 50미터 이내 지역	소음 (LeqdB(A)	70	60
	진동 (dB(V))	65	60
나. 상업지역, 공업지역, 농림지역, 관리지역 중 산업·유통개발진흥지구 및 관리지역 중 가목에 포함되지 않는 그밖의 지역, 미고시지역	소음 (LeqdB(A))	75	65
	진동 (dB(V))	70	65

주) ① 대상 지역의 구분은 「국토의 계획 및 이용에 관한 법률」에 따른다.
② 대상 지역은 교통소음·진동의 영향을 받는 지역을 말한다.
③ 정거장은 적용하지 않는다.

나. 층간소음의 규제

환경부장관과 국토교통부장관은 공동으로 공동주택에서 발생되는 층간소음(인접한 세대간 소음 포함)으로 인한 입주자 및 사용자의 피해를 최소화하고 발생된 피해에 관한 분쟁을 해결하기 위하여 층간소음기준을 정해야 한다(제21조의2 제1항). 층간소음기준은 앞서 본 생활소음진동의 규제기준에 따른다(시행규칙 제20조 제3항 별표 8).

이러한 층간소음의 피해 예방 및 분쟁 해결을 위하여 필요한 경우 환경부장관은 대통령령으로 정하는 바에 따라 전문기관으로 하여금 층간소음의 측정, 피해사례의 조사·상담 및 피해조정지원을 실시하도록 할 수 있다(제21조의2 제2항). 환경부장관은 환경관리공단이나 층간소음의 피해 예방 및 분쟁 해결에 관한 전문기관으로 인정하는 기관으로 하여금 층간소음의 측정, 피해사례의 조사·상담 및 피해조정지원을 실시하도록 할 수 있다(시행령 제3조 제1항).

2. 공동주택관리법

가. 입주자 등의 층간소음 금지의무

공동주택의 입주자와 사용자(이하 '입주자 등')는 공동주택에서 뛰거나 걷는 동작에서 발생하는 소음이나 음향기기를 사용하는 등의 활동에서 발생하는 소음과 같은 층간소음이나 벽간소음 그밖에 인접한 세대간의 소음이나 대각선에 위치한 세대간의 소음으로 인하여 다른 입주자나 사용자에게 피해를 주지 않도록 노력해야 한다(공동주택관리법 제20조 제1항).[133]

나. 층간소음의 기준

공동주택 층간소음의 범위와 기준은 국토교통부와 환경부의 공동부령으로 정하도록 하고 있고(공동주택관리법 제20조 제5항), 이에 관하여는 「공동주택 층간소음의 범위와 기준에 관

133) 공동주택의 입주자 등은 층간소음 금지의무 외에도 다른 입주자 등에게 간접흡연의 피해를 주지 않을 의무도 있다. 즉 공동주택 입주자 등은 발코니, 화장실 등 세대 내에서의 흡연으로 인하여 다른 입주자등에게 피해를 주지 않도록 노력해야 하고, 간접흡연으로 피해를 입은 입주자 등은 관리주체에게 간접흡연 발생 사실을 알리게 되면 관리주체는 간접흡연 피해를 끼친 해당 입주자등에게 일정한 장소에서 흡연을 중단하도록 권고할 것을 요청할 수 있으며, 이 경우 관리주체는 사실관계 확인을 위하여 세대 내 확인 등 필요한 조사를 할 수 있고, 간접흡연 피해를 끼친 입주자 등은 이러한 관리주체의 권고에 협조해야 한다. 또한 관리주체는 필요한 경우 입주자 등을 대상으로 간접흡연의 예방, 분쟁의 조정 등을 위한 교육을 실시할 수 있고, 입주자 등은 필요한 경우 간접흡연에 따른 분쟁의 예방, 조정, 교육 등을 위하여 자치적인 조직을 구성하여 운영할 수 있다(공동주택관리법 제20조의2).

한 규칙」 제3조 별표에서 규정하고 있는데, 이에 관한 자세한 내용은 항을 바꾸어 살펴보기로 하고, 여기에서는 층간소음 기준에 관해서만 간단히 알아보면 아래 표와 같다.

다. 층간소음의 구제방법

1) 관리주체에 대한 고지 및 관리주체의 소음중단과 차음조치 요청

층간소음으로 피해를 입은 입주자 등이 관리주체에게 층간소음 발생 사실을 알리면 관리주체는 층간소음 피해를 끼친 해당 입주자 등에게 층간소음 발생을 중단하거나 차음조치를 권고하도록 요청할 수 있다. 이 경우 관리주체는 사실관계의 확인을 위하여 세대 내 확인 등 필요한 조사를 할 수 있고, 이때 층간소음 피해를 끼친 입주자 등은 관리주체의 조치 및 권고에 협조해야 한다(공동주택관리법 제20조 제2항, 제3항).

2) 공동주택관리분쟁조정위원회 또는 환경분쟁조정위원회에 대한 조정신청

이와 같은 관리주체의 조치에도 불구하고 층간소음 발생이 계속될 경우에는 층간소음 피해를 입은 입주자 등은 공동주택관리분쟁조정위원회나 환경분쟁조정위원회에 조정을 신청할 수 있다(공동주택관리법 제20조 제4항). 공동주택관리분쟁조정위원회는 국토교통부에 중앙공동주택관리분쟁조정위원회를, 시·군·구에 지방 공동주택관리분쟁조정위원회를 두고 있다(공동주택관리법 제71조 제1항).

3) 관리주체의 층간소음 예방 및 분쟁조정 교육 및 자치조직 운용

관리주체는 필요한 경우 입주자 등을 대상으로 층간소음의 예방, 분쟁의 조정 등을 위한 교육을 실시할 수 있고, 입주자 등은 필요한 경우 층간소음에 따른 분쟁의 예방, 조정, 교육 등을 위하여 자치적인 조직을 구성하여 운영할 수 있다(공동주택관리법 제20조 제6항, 제7항).

4) 관리규약준칙 또는 관리규약에 의한 층간소음 사항 규정

관리규약준칙이나 관리규약에는 공동주택의 층간소음에 관한 사항을 규정하도록 하고 있고, 국토교통부장관은 공동주택관리지원기구를 지정하여 층간소음의 방지 등에 대하여 필요한 조사나 상담을 지원할 수 있도록 하고 있다(공동주택관리법 시행령 제19조 제1항 제22호, 제92조 제2호).

3. 공동주택 층간소음의 범위와 기준에 관한 규칙(층간소음)

가. 층간소음의 규제 및 소음기준

공동주택 층간소음이란 입주자 또는 사용자의 활동으로 인하여 발생하는 소음으로서 다른 입주자 또는 사용자에게 피해를 주는 직접충격소음과 공기전달소음을 말하되, 욕실, 화장실 및 다용도실 등에서 급수·배수로 인하여 발생하는 소음은 제외된다.[134] 여기에서 직접충격소음이란 뛰거나 걷는 동작 등으로 인하여 발생하는 소음을 말하고, 공기전달소음이란 텔레비전, 음향기기 등의 사용으로 인하여 발생하는 소음을 말한다.

나. 층간소음의 기준 및 준수의무

공동주택의 입주자 및 사용자는, 앞서 본바와 같이 공동주택에서 발생하는 층간소음이 「공동주택 층간소음의 범위와 기준에 관한 규칙」에서 정한 층간소음기준 이하가 되도록 노력해야 한다.[135]

[표 5] 공동주택의 층간소음 기준(공동주택 층간소음의 범위와 기준에 관한 규칙 제3조 별표)

층간소음의 구분		층간소음의 기준 [단위 : dB(A)]	
		주간 (06:00 ~ 22:00)	야간 (22:00 ~ 06:00)
1. 직접충격소음	1분간 등가소음도 (Leq)	43	38
	최고소음도 (Lmax)	57	52
2. 공기전달소음	5분간 등가소음도 (Leq)	45	40

주) ① 직접충격소음은 1분간 등가소음도(Leq) 및 최고소음도(Lmax)로 평가하고, 공기전달소음은 5분간 등가소음도(Leq)로 평가한다.

② 위 표의 기준에도 불구하고 「주택법」 제2조 제2호에 따른 공동주택으로서 「건축법」 제11조에 따라 건축허가를 받은 공동주택과 2005년 6월 30일 이전에 「주택법」 제16조에 따라 사업승인을 받은 공동주택의 직접충격소음 기준에 대해서는 위 표 제1호에 따른 기준에 5dB(A)을 더한 값을 적용한다.

③ 층간소음의 측정방법은 「환경분야 시험·검사 등에 관한 법률」 제6조 제1항 제2호에 따라 환경부장관이 정하여 고시하는 소음·진동 관련 공정시험기준 중 동일 건물 내에서 사업장 소음을 측정하는 방법을 따르되, 1개 지점 이상에서 1시간 이상 측정해야 한다.

④ 1분간 등가소음도(Leq) 및 5분간 등가소음도(Leq)는 비고 제3호에 따라 측정한 값 중 가장 높은 값으로 한다.

⑤ 최고소음도(Lmax)는 1시간에 3회 이상 초과할 경우 그 기준을 초과한 것으로 본다.

---

134) 공동주택 층간소음의 범위와 기준에 관한 규칙 제2조.

135) 공동주택 층간소음의 범위와 기준에 관한 규칙 제3조.

4. 주택법 및 「주택건설기준 등에 관한 규정」

가. 공동주택 건축시의 소음 규제

사업계획승인권자는 주택의 건설에 따른 소음의 피해를 방지하고 주택건설 지역 주민의 평온한 생활을 유지하기 위하여 주택건설사업을 시행하려는 사업주체에게 소음방지대책을 수립하도록 하고 있고 (주택법 제42조 제1항), 이에 따라 소음방지대책 수립에 필요한 실외소음도와 실외소음도를 측정하는 기준, 실외소음도 측정기관의 지정 요건 및 측정에 소요되는 수수료 등 실외소음도 측정에 필요한 사항은 「주택건설기준 등에 관한 규정」(이하 '주택건설기준규정')에서 정하고 있다(주택법 시행령 제45조 제12호).

나. 공동주택 건축시의 소음기준

사업주체는 공동주택을 건설하는 지점의 소음도(이하 '실외소음도')가 65dB 미만이 되도록 하되, 65dB 이상인 경우에는 방음벽·수림대 등의 방음시설을 설치하여 해당 공동주택의 건설지점의 소음도가 65dB 미만이 되도록 소음방지대책을 수립해야 한다(주택건설기준규정 제9조 제1항 본문). 다만, 공동주택이 「국토의 계획 및 이용에 관한 법률」에 따른 도시지역(주택단지 면적이 30만제곱미터 미만인 경우로 한정) 또는 소음·진동관리법에 따라 지정된 지역에 건축되는 경우로서 일정한 요건을 모두 충족하는 경우 그 공동주택의 6층 이상인 부분에 대하여는 예외적으로 위 소음기준을 적용하지 않아도 된다.

즉 세대 안에 설치된 모든 창호(窓戶)를 닫은 상태에서 거실에서 측정한 소음도(이하 '실내소음도')가 45dB 이하이고, 동시에 공동주택의 세대 안에 건축법 시행령에 따라 정하는 기준에 적합한 환기설비를 갖춘 경우에는 위 소음기준을 준수하지 않아도 되는 것이다(주택건설기준규정 제9조 제1항 단서).

그리고 사업계획승인권자는 '대통령령으로 정하는 주택건설 지역이 도로와 인접한 경우'에는 해당 도로의 관리청과 소음방지대책을 미리 협의해야 하는데(주택건설기준규정 제42조 제2항 전단), 여기에서 '대통령령으로 정하는 주택건설지역이 도로와 인접한 경우'란 ① 도로법에 따른 고속국도로의 경계선(보도가 설치된 경우에는 도로와 보도와의 경계선)으로부터 가장 가까운 공동주택의 외벽면까지의 거리를 기준으로 300미터 이내에 주택건설지역이 있는 경우나, ② 도로법에 따른 일반국도(자동차 전용도로 또는 왕복 6차로 이상인 도로만 해당)와 특별시도·광역시도로(자동차 전용도로만 해당)의 경계선(보도가 설치된 경우에는 도로와 보도와의 경계선)으로부터 가장 가까운 공동주택의 외벽면까지의 거리를 기준으로 150미터 이내에 주택건설지역이 있는 경우를 말하되, 주택건설지역이 「환경영향평가법 시행령」에 다른 환경영향평가를 통하여 소음저감대책을 수립한 후 해당 도로의 관리청과 협의를 완료하고 개발사업의 실시계획을 수립한 경우를 제외한 경우를 말한다(주택건설기준규정 제9조 제5항).

5. 공항소음 방지 및 소음대책지역 지원에 관한 법률

가. 공항소음의 규제

공항에 이륙·착륙하는 항공기로부터 발생하는 공항소음을 방지하고 소음대책지역의 공항소음대책사업 및 주민지원사업을 효율적으로 추진하기 위하여 제정된 법이 「공항소음 방지 및 소음대책지역 지원에 관한 법률」(이하 '공항소음방지법')인데, 국토교통부장관은 장래의 항공수요를 감안한 예상 소음영향도(WECPNL)를 기준으로 공항주변의 소음대책지역을 제1종 구역, 제2종 구역 및 제3종 구역으로 지정·고시하도록 하고 있다(공항소음방지법 제5조 제1항).[136] 공항시설관리자 또는 사업시행자는 중기계획에 따라 방음시설 설치 등 연차별 공항소음대책사업계획을 수립·시행해야 한다(공항소음방지법 제8조 제1항).

나. 공항소음에 대한 구제 대책

소음대책지역의 지정·고시 당시 제1종 구역, 제2종 구역 또는 제3종 구역에 있던 건축물이나 토지소유자가 해당 건축물이나 토지의 정착물을 철거하는 경우에는 공항시설관리자 또는 사업시행자에게 그 철거에 따른 손실보상을 청구할 수 있고, 제3종 구역 밖의 지역으로 이전하는 경우에는 이전에 따른 손실보상을 청구할 수 있으며(공항소음방지법 제11조 제1항, 제2항), 해당 토지 또는 집합건물의 구분소유권에 대한 매수를 청구하면, 공항시설관리자 또는 사업시행자는 매수청구를 받은 날부터 2개월 이내에 해당 토지가 매수대상토지인지 여부 및 매수예상가격 등을 매수청구인에게 통보해야 하고, 이를 통보한 때에는 3년 이내에 해당 매수대상토지를 매수해야 한다(공항소음방지법 제12조, 제13조 제1항, 제15조의2).

6. 소음피해에 대한 구제

가. 민사적인 구제

소음 또는 진동으로 인하여 피해를 받는 자는 그 소음·진동의 정도가 각종 소음 규제

---

136) 소음영향도에 따른 구역 기준은 제1종 구역은 소음영향도(WECPNL) 95 이상, 제2종 구역은 소음영향도(WECPNL) 90 이상 95 미만, 제3종 구역은 소음영향도(WECPNL) 75 이상 90 미만인 구역을 말한다(공항소음방지법 시행령 제2조 제1항). 제3종 구역은 다시 가 지구는 소음영향도(WECPNL) 85 이상 90 미만, 나 지구는 소음영향도(WECPNL) 80 이상 85 미만, 다 지구는 소음영향도(WECPNL) 75 이상 80 미만의 지구로 세분할 수 있다(공항소음방지법 시행규칙 제3조).

법령의 기준을 위반하여 위법성이 인정되는 때에는 소유권 기타 물권에 기한 물권적 청구권을 행사하여 소음 또는 진동의 방해제거 또는 방해예방 등의 청구권을 행사하거나 불법행위책임을 물어 손해배상청구권을 행사함으로써 구제를 받을 수 있을 것이다(대판 1995.9.15. 95다23378,[137] 1997.7.22. 96다56153, 1999.7.27. 98다47528,[138] 2007.6.15. 2004다37904·37911[139])).

또한 소음이나 진동은 생활방해의 매개체에 해당되므로 소음 또는 진동의 정도가 소음·진동 관련 규제 법령의 기준을 위반하지 않는다고 하더라도 그 정도가 사회공동생활에 있어서 일반적인 수인한도를 초과한 경우에는 소음·진동을 일으키거나 그 원인을 제공한 토지소유자에 대하여 적당한 조처를 취할 것을 청구할 수 있을 것이다(민법 제217조 제1항, 제2항). 여기에서 '적당한 조처'란 생활방해를 막는데 적당한 모든 조치를 말하며, 방해제거, 방

137) 인접 대지 위에 건축 중인 아파트가 24층까지 완공되는 경우, 대학교 구내의 첨단과학관에서의 교육 및 연구 활동에 커다란 지장이 초래되고 첨단과학관 옥상에 설치된 자동기상관측장비 등의 본래의 기능 및 활용성이 극도로 저하되며 대학교로서의 경관·조망이 훼손되고 조용하고 쾌적한 교육환경이 저해되며 소음의 증가 등으로 교육 및 연구 활동이 방해받게 된다면, 그 부지 및 건물을 교육 및 연구시설로서 활용하는 것을 방해받게 되는 대학교측으로서는 그 방해가 사회통념상 일반적으로 수인할 정도를 넘어선다고 인정되는 한 그것이 민법 제217조 제1항 소정의 매연, 열기체, 액체, 음향, 진동 기타 이에 유사한 것에 해당하는지 여부를 떠나 그 소유권에 기하여 그 방해의 제거나 예방을 청구할 수 있고, 이 경우 그 침해가 사회통념상 일반적으로 수인할 정도를 넘어서는지 여부는 피해의 성질 및 정도, 피해이익의 공공성과 사회적 가치, 가해행위의 태양, 가해행위의 공공성과 사회적 가치, 방지조치 또는 손해회피의 가능성, 공법적 규제 및 인·허가 관계, 지역성, 토지이용의 선후관계 등 모든 사정을 종합적으로 고려하여 판단해야 한다(대판 1995.9.15. 95다23378).

138) 어느 토지나 건물의 소유자가 종전부터 향유하고 있던 경관이나 조망, 조용하고 쾌적한 종교적 환경 등이 그에게 하나의 생활이익으로서의 가치를 가지고 있다고 객관적으로 인정된다면 법적인 보호의 대상이 될 수 있는 것이므로, 인접 대지 위에 건물의 건축 등으로 그와 같은 생활이익이 침해되고 그 침해가 사회통념상 일반적으로 수인할 정도를 넘어선다고 인정되는 경우에는 위 토지 등의 소유자는 그 소유권에 기하여 건물의 건축 금지 등 방해의 제거나 예방을 위하여 필요한 청구를 할 수 있다고 할 것이고(대판 1995.9.15. 95다23378), 위와 같은 청구를 하기 위한 요건으로서 반드시 위 건물이 문화재보호법이나 건축법 등의 관계 규정에 위반하여 건축되거나 또는 그 건축으로 인하여 그 토지 안에 있는 문화재 등에 대하여 직접적인 침해가 있거나 그 우려가 있을 것을 요하는 것은 아니라고 할 것이다(대판 1999.7.27. 98다47528).

139) 건물의 소유자 또는 점유자가 인근의 소음으로 인하여 정온하고 쾌적한 일상생활을 영유할 수 있는 생활이익이 침해되고 그 침해가 사회통념상 수인한도를 넘어서는 경우에 건물의 소유자 또는 점유자는 그 소유권 또는 점유권에 기하여 소음피해의 제거나 예방을 위한 유지청구를 할 수 있다(대판 1999.7.27. 98다47528). 이와 같은 취지에서 이 사건 명보빌라, 현대빌라, 창조빌라(이하 '이 사건 빌라'라 한다)의 소유자 또는 점유자인 피고 주민들이 소유권 또는 점유권에 기한 물권적 청구권의 행사로 원고를 상대로 이 사건 고속도로로부터 발생하는 소음이 일정 한도를 초과하여 유입되지 않도록 하라는 취지의 유지청구를 할 수 있다고 판단한 것은 적법하고, 거기에 환경침해로 인한 유지청구의 청구권원과 관련한 법리오해의 위법이 있다고 할 수 없다(대판 2007.6.15. 2004다37904·37911).

해중지, 방해방지, 방해예방, 차단시설 등을 모두 포함한다고 보며, 이는 구체적인 사안에서 토지이용상황, 토지사용방해 또는 생활방해의 정도, 기술수준, 방지조치의 경제성 등을 종합적으로 고려하여 법원이 적당한 방법을 결정할 것으로 보인다.

그밖에 소음과 같은 부대체적 작위채무(다른 사람이 대신하여 할 수 없는 채무)나 부작위채무(소음을 내지 말라는 채무)에 대하여는 작위채무나 급부채무와 같이 직접적으로 강제하는 수단이 없으므로 채무불이행에 대한 금전적인 제재를 고지함으로써 채무를 이행하도록 간접적으로 강제하는 간접강제의 방법으로 집행을 해야 할 것이다.

나. 형사적인 제재

악기·라디오·텔레비전·전축·종·확성기·전동기 등의 소리를 지나치게 크게 낸 사람, 큰 소리로 떠들거나 노래를 불러 이웃을 시끄럽게 한 사람, 공회당·극장·음식점 등 여러 사람이 모이거나 다니는 곳 또는 여러 사람이 타는 기차·자동차·배 등에서 몹시 거친 말이나 행동으로 주위를 시끄럽게 하거나 술에 취하여 이유 없이 다른 사람에게 주정한 사람은 인근소란 등 죄나 음주소란죄로 10만원 이하의 벌금, 구류 또는 과료에 처해진다(경범죄처벌법 제3조 제1항 제21호, 제20호).

또한 고의로 큰 소리를 치거나 고함을 질러 사람의 신체에 대하여 폭행을 가한 자는 2년 이하의 징역, 500만원 이하의 벌금, 구류 또는 과료에 처해진다(형법 제260조 제1항). 따라서 이와 같이 인근소란 행위나 음주소란 행위를 한 경우 이로 인하여 신체적인 피해를 입은 사람은 이러한 행위자에 대하여 형사고소를 함으로서 일정한 제재를 받을 수 있도록 할 수 있을 것이다. 다만 이들의 소음으로 인한 형사처벌은 모두 고의를 요건으로 하는 데다, 그밖의 형사처벌 규정도 미비한 상태여서 소음 유발자에 대한 형사적인 대응에는 일정한 한계가 있다.

7. 지나친 층간소음 항의에 대한 구제로서 접근금지가처분신청과 간접강제

층간소음 분쟁은 대부분 층간소음의 피해자인 아파트나 빌라·원룸 등 아래층 거주자의 고통에 대한 구제가 주류를 이루고 있지만, 경우에 따라서는 지나치게 예민한 아래층 거주자의 층간소음에 대한 잦은 항의로 위층 거주자가 고통을 받는 경우의 구제방안도 최근 이루어지고 있다. 예컨대 공동주택의 아래층에 사는 거주자가 층간소음을 낸다는 불만으로 위층 거주자에게 약 1~2분 간격으로 수십 차례 전화를 걸고 비방이나 조롱 내용의 수십 통의 문자메시지를 보낸 경우 또는 아래층 천장을 두드리거나 확성기 소음장치를 천장에 설치한 경우가 그것이다. 이와 같이 아래층 거주자의 층간소음에 대한 항의가 지나쳐 사회통념상 수인한도를 초과한다고 평가된 경우 위층 거주자는 침해행위의 정지·방지 등 부작위의무를 명하는 금지청구권을 피보전권리로 하여 접근금지가처분신청을 할 수 있을 것이다. 나아가 접근금지가처분결정이 이루어진 후에도 여전히 위 가처분결정에서 명한 금지사항을 반복할 개연성이 있다고 인정되는 경우에는 그 실효성 확보를 위해 접근금지가처분신청을 하면서 동시에 위반행위 1회당 소정의 금원(예, 30만원)씩의 지급을 명하는 간접강제도 신청할 수 있을 것이다(대판 2021.9.30. 2020마7677, 2021.7.22. 2020다248124(전)).

04

소음금지에 대한 간접강제방법

1. 간접강제는 어떠한 경우에 신청하는지

간접강제란 부대체적 작위채무(다른 사람이 대신하여 할 수 없는 채무)나 소음금지와 같은 부작위채무와 같이 대체집행이 어려운 경우에, 채무불이행에 대한 금전적인 제재를 고지함으로써 채무를 이행하도록 간접적으로 강제하는 집행방법을 말한다.

소음금지의무 외에 흡연금지의무도 간접강제의 대상이 되는 채무이다.

2. 간접강제 신청절차

① 간접강제를 신청하기 위해서는, 먼저 간접강제신청의 근거가 되는 부대체적 작위채무나 부작위채무를 명하는 판결 등 집행력 있는 집행권원이 필요하다.

② 간접강제신청서를 작성한다.

신청서에는 채무자가 해야 할 작위를 구체적으로 명시해야 한다. 배상금 등의 액수는 구체적으로 기재해야 하는 것은 아니며, 기재하더라도 법원은 이에 구속되지 않는다. 다만, 법원의 판단에 참고가 되도록 기재하는 것이 바람직할 것이다.

③ 간접강제신청서는 판결 등 집행권원을 받은 제1심 법원(판결을 받은 제1심법원)에 제출해야 한다(민사집행법 제261조).

3. 간접강제의 결정

간접강제의 신청에 대하여 그 타당성이 인정되면, 법원은 간접강제를 명하는 결정을 하게 된다. 이러한 결정에는 판결 등 집행권원에서 명하여진 부대체적 작위채무가 무엇이고, 이를 언제까지 이행해야 하며, 채무자가 그 기간 내에 이행하지 않으면 그 늦어진 기간에 따라 일정한 금액을 배상해야 한다는 내용이 포함된다(민사집행법 제261조).

4. 간접강제결정의 집행

간접강제의 결정을 받으면 그 자체가 독립된 집행권원이 되며, 따라서 여기에 집행문을 부여받아 강제집행을 실시할 수 있다.

[서식 1] 간접강제신청서

간접강제신청서

채 권 자　　문 춘 향(670431-2455519)
　　　　　　○○시 ○○로 ○○길 ○○

채 무 자　　이 한 심(780431-1813614)
　　　　　　○○시 ○○로 ○○길 ○○

신 청 취 지

1. 채무자는 65dB 이상의 피아노 소음행위를 5분 이상 하지 마라.
2. 만약 채무자가 위 채무를 이행하지 않으면, 피아노 소음행위 1회당 금 500,000원의 비율에 의한 금원을 지급하라.

라는 재판을 구합니다.

신 청 원 인

1. 채권자는 채무자에 대하여 귀원 20○○가단 제71658호 소음방해 등의 금지 사건의 집행력 있는 판결정본을 받은 사실이 있습니다.
2. 이에 채무자는 위 판결에 따라 65dB 이상의 피아노 소음행위를 5분 이상 해서는 안되는 부작위채무를 부담하고 있는데, 채무자가 이를 계속 이행하지 않고 있으므로 본건 신청에 이른 것입니다.

첨 부 서 류

1. 집행력 있는 확정판결 정본　　1통
1. 송달증명원　　1통
1. 송달료납부서　　1통

20○○. ○. ○.

위 채권자 문 춘 향 (인)

○○지방법원 귀중

❐ 소음 관련 핵심 판례 및 사례

| 판례 101 | 공동주택의 소음이 '참을 한도'를 넘는 생활방해를 받고 있는지는 거실에서 소음원에 면한 방향의 모든 창호를 개방한 상태로 측정한 소음도가 환경정책기본법상 소음환경기준 등을 넘는지에 따라 판단해야 하는지 여부(원칙적 적극)

【판시사항】

[1] 소음이 민법 제217조에서 정하는 생활방해에 해당하는지 여부(적극) 및 소음이 이웃토지의 통상의 용도에 적당한 것인 경우, 이웃 거주자는 같은 조 제2항에 따라 이를 인용할 의무가 있는지 여부(적극)

[2] 도로소음에 따른 생활방해의 정도가 '참을 한도'를 넘는지 판단하는 기준과 고려할 사항

[3] 도로변 지역의 소음에 관한 환경정책기본법의 소음환경기준을 초과하는 도로소음이 있다고 하여 '참을 한도'를 넘는 위법한 침해행위가 있다고 단정할 수 있는지 여부(소극) / 도로소음에 따른 생활방해를 원인으로 제기된 사건에서 공동주택에 거주하는 사람들이 '참을 한도'를 넘는 생활방해를 받고 있는지는 거실에서 소음원에 면한 방향의 모든 창호를 개방한 상태로 측정한 소음도가 환경정책기본법상 소음환경기준 등을 넘는지에 따라 판단해야 하는지 여부(원칙적 적극)

【판결요지】

[1] 민법 제217조는 제1항에서 "토지소유자는 매연, 열기체, 액체, 음향, 진동 기타 이에 유사한 것으로 이웃토지의 사용을 방해하거나 이웃 거주자의 생활에 고통을 주지 않도록 적당한 조처를 할 의무가 있다."라고 정하고, 제2항에서 "이웃 거주자는 전항의 사태가 이웃토지의 통상의 용도에 적당한 것인 때에는 이를 인용할 의무가 있다."라고 정하고 있다. 소음은 이 규정에서 정하는 생활방해에 해당하므로, 제2항에 따라 이웃 거주자는 소음이 이웃토지의 통상의 용도에 적당한 것인 때에는 이를 인용할 의무가 있다(대판 2016.11. 25. 2014다57846).

[2] 도로에서 발생하는 소음으로 말미암아 생활에 고통을 받는 경우에 이웃 거주자에게 인용의무가 있는지는 일반적으로 사회통념에 비추어 도로소음이 참아내야 할 정도(이하 '참을 한도'라고 한다)를 넘는지에 따라 결정해야 한다. 이는 구체적으로 소음으로 인한 피해의 성질과 정도, 피해이익의 공공성, 가해행위의 종류와 태양, 가해행위의 공공성, 가해자의 방지조치 또는 손해 회피의 가능성, 공법상 규제기준의 위반 여부, 지역성, 토지이용의 선후관계 등 모든 사정을 종합적으로 고려하여 판단해야 한다. 그리고 도로가 현대생활에서 필수불가결한 시설로서 지역 간 교통, 균형개발과 국가의 산업경제활동에 큰 편익을 제공하는 것이고, 도시개발사업도 주변의 정비된 도로망 건설을 필수적인 요소로 하여 이루어지고 있는 점, 자동차 교통이 교통의 많은 부분을 차지하고 있고, 도시화·산업화에 따라 주거의 과밀화가 진행되고 있는 현실에서 일정한 정도의 도로소음의 발생과 증가는 사회발전에 따라 피할 수 없는 변화에 속하는 점 등도 충분히 고려되어야 한다(대판 2016.11.

25. 2014다57846).

[3] 도로소음을 규제하는 행정법규는 인근 주민을 소음으로부터 보호하는 데 주요한 목적이 있기 때문에 도로소음이 이 기준을 넘는지는 일반적으로 사회통념에 비추어 참아내야 할 정도(이하 '참을 한도'라고 한다)를 정하는 데 중요하게 고려해야 한다. 그러나 도로변 지역의 소음에 관한 환경정책기본법의 소음환경기준을 넘는 도로소음이 있다고 하여 바로 참을 한도를 넘는 위법한 침해행위가 있어 민사책임이 성립한다고 단정할 수 없다. 도로소음으로 인한 생활방해를 원인으로 제기된 사건에서 공동주택에 거주하는 사람들이 참을 한도를 넘는 생활방해를 받고 있는지는 특별한 사정이 없는 한 소음피해지점에서 소음원 방향으로 창문·출입문 또는 건물벽 밖의 0.5~1m 떨어진 지점에서 측정된 실외소음도가 아니라, 일상생활이 주로 이루어지는 장소인 거실에서 도로 등 해당 소음원에 면한 방향의 모든 창호를 개방한 상태로 측정한 소음도가 환경정책기본법상 소음환경기준 등을 넘는지 여부에 따라 판단하는 것이 타당하다(대판 2016.11.25. 2014다57846).

| 판례 102 | 도로소음에 따른 생활방해의 정도가 '참을 한도'를 넘는지 판단하는 기준

【판시사항】

[1] 도로소음에 따른 생활방해의 정도가 '참을 한도'를 넘는지 판단하는 기준과 고려할 사항 / 이미 운영 중인 또는 운영이 예정된 고속국도에 근접하여 주거를 시작한 경우, '참을 한도'를 넘는지는 보다 엄격히 판단해야 하는지 여부(적극)

[2] 도로변 지역의 소음에 관한 환경정책기본법의 소음환경기준을 초과하는 도로소음이 있다고 하여 민사상 '참을 한도'를 넘는 위법한 침해행위가 있다고 단정할 수 있는지 여부(소극) / 도로소음에 따른 생활방해를 원인으로 제기된 사건에서 공동주택에 거주하는 사람들이 '참을 한도'를 넘는 생활방해를 받고 있는지는 거실에서 소음원에 면한 방향의 모든 창호를 개방한 상태로 측정한 소음도가 환경정책기본법상 소음환경기준 등을 초과하는지에 따라 판단해야 하는지 여부(원칙적 적극)

[3] 도로소음에 따른 생활방해를 원인으로 소음의 예방 또는 배제를 구하는 방지청구의 당부를 판단하는 경우, 방지청구의 허용으로 방지청구를 구하는 당사자가 받게 될 이익과 상대방 및 제3자가 받게 될 불이익 등을 비교·교량해야 하는지 여부(적극)

【판결요지】

[1] 도로에서 발생하는 소음으로 말미암아 생활에 고통을 받는(이하 '생활방해'라 한다) 정도가 사회통념상 일반적으로 참아내야 할 정도(이하 '참을 한도'라 한다)를 넘는지는 피해의 성질과 정도, 피해이익의 공공성, 가해행위의 태양, 가해행위의 공공성, 가해자의 방지조치 또는 손해 회피의 가능성, 공법상 규제기준의 위반 여부, 지역성, 토지이용의 선후관계 등 모든 사정을 종합적으로 고려하여 판단해야 한다. 그리고 도로가 현대생활에서 필수불

가결한 시설로서 지역 간 교통과 균형개발 및 국가의 산업경제활동에 큰 편익을 제공하는 것이고, 도시개발사업도 주변의 정비된 도로망 건설을 필수적인 요소로 하여 이루어지고 있는 점, 자동차 교통이 교통의 많은 부분을 차지하고 있고, 도시화·산업화에 따른 주거의 과밀화가 진행되고 있는 현실에서 일정한 정도의 도로소음의 발생과 증가는 사회발전에 따른 피치 못할 변화에 속하는 점 등도 충분히 고려되어야 한다. 특히 고속국도는 자동차 전용의 고속교통에 공용되는 도로로서 도로소음의 정도가 일반 도로보다 높은 반면, 자동차 교통망의 중요한 축을 이루고 있고, 지역경제뿐 아니라 국민경제 전반의 기반을 공고히 하며 전체 국민 생활의 질을 향상시키는 데 중요한 역할을 담당하고 있는 점 등을 더하여 보면, 이미 운영 중인 또는 운영이 예정된 고속국도에 근접하여 주거를 시작한 경우의 '참을 한도' 초과 여부는 보다 엄격히 판단해야 한다(대판 2015.9.24. 2011다91784).

[2] 공법상 기준으로서 환경정책기본법의 환경기준은 국민의 건강을 보호하고 쾌적한 환경을 조성하기 위하여 유지되는 것이 바람직한 기준, 즉 환경행정에서 정책목표로 설정된 기준인 점, 위 환경기준은 도로법이나 도로교통법에 규정된 도로의 종류와 등급, 차로의 수, 도로와 주거의 선후관계를 고려하지 아니한 채 오로지 적용 대상지역에 따라 일정한 기준을 정하고 있을 뿐이어서 모든 상황의 도로에 구체적인 규제의 기준으로 적용될 수 있는 것으로 보기 어려운 점, 2층 이상의 건물에 미치는 도로교통소음이 환경정책기본법의 환경기준을 준수하였는지는 소음·진동공정시험기준(환경부고시 제2010-142호)에 규정된 측정방법에 따라 소음피해지점에서 소음원 방향으로 창문·출입문 또는 건물벽 밖의 0.5~1m 떨어진 지점에서 측정된 실외소음에 의해 판정하도록 되어 있으나, 공동주택에 거주하는 사람들에 대하여는 일상생활이 실제 이루어지는 실내에서 측정된 소음도에 따라 '참을 한도' 초과 여부를 판단함이 타당한 점 등을 고려하면, 도로변 지역의 소음에 관한 환경정책기본법의 소음환경기준을 초과하는 도로소음이 있다고 하여 바로 민사상 '참을 한도'를 넘는 위법한 침해행위가 있다고 단정할 수 없다. 이른바 도로소음으로 인한 생활방해를 원인으로 제기된 사건에서 공동주택에 거주하는 사람들이 참을 한도를 넘는 생활방해를 받고 있는지는 특별한 사정이 없는 한 일상생활이 실제 주로 이루어지는 장소인 거실에서 도로 등 소음원에 면한 방향의 모든 창호를 개방한 상태로 측정한 소음도가 환경정책기본법상 소음환경기준 등을 초과하는지에 따라 판단하는 것이 타당하다(대판 2015.9.24. 2011다91784).

[3] 도로소음으로 인한 생활방해를 원인으로 소음의 예방 또는 배제를 구하는 방지청구는 금전배상을 구하는 손해배상청구와는 내용과 요건을 서로 달리하는 것이어서 같은 사정이라도 청구의 내용에 따라 고려요소의 중요도에 차이가 생길 수 있고, 방지청구는 그것이 허용될 경우 소송당사자뿐 아니라 제3자의 이해관계에도 중대한 영향을 미칠 수 있어, 방지청구의 당부를 판단하는 법원으로서는 청구가 허용될 경우에 방지청구를 구하는 당사자가 받게 될 이익과 상대방 및 제3자가 받게 될 불이익 등을 비교·교량해야 한다(대판 2015.9.24. 2011다91784).

| 판례 103 | 비행장 소음과 수인한도

【판시사항】

[1] 선서 또는 촉탁 감정인이 제출한 항공기소음에 관한 감정결과의 증명력

[2] 소음 등을 포함한 공해 등의 위험지역으로 이주하여 거주하는 것이 피해자가 위험의 존재를 인식하고 그로 인한 피해를 용인하면서 접근한 것이라고 볼 수 있는 경우 가해자의 면책이 인정되는지 여부(원칙적 적극) 및 위와 같이 접근한 것이라고 볼 수 없는 경우 이를 손해배상액 감액사유로 고려해야 하는지 여부(적극)

[3] 국가배상법 제5조 제1항에 정한 '영조물 설치 또는 관리의 하자'의 의미 및 영조물의 이용으로 인한 피해의 수인한도 결정 방법

[4] 대구비행장 주변 지역의 소음 피해가 소음도 85WECPNL 이상인 경우 사회생활상 통상의 수인한도를 넘어 위법하다고 보는 것이 정당한지 여부(적극)

【판결요지】

[1] 항공기소음의 측정은 전문적인 학식이나 경험이 있는 자의 감정에 의할 수밖에 없고, 또한 항공기소음은 그 영향 범위가 넓고 지속적이기 때문에 실측만으로 이를 평가하는 것은 사실상 어려우므로, 감정대상 지역 중 대표적인 지점을 선정하여 일정 기간 항공기소음을 실측한 값과 공인된 프로그램에 의하여 예측한 소음 값을 비교하여 그 예측 값이 일정한 오차의 허용 범위 내에 들면 그 지역의 신빙성 있는 항공기소음도로 인정하는 것이 일반적이다. 따라서 법정의 절차에 따라 선서하였거나 법원의 촉탁에 의한 감정인이 전문적인 학식과 경험을 바탕으로 위와 같은 과정을 거쳐 제출한 감정결과는 그 소음 실측이나 예측 과정에서 상당히 중한 오류가 있었다거나 상대방이 그 신빙성을 탄핵할 만한 객관적인 자료를 제출하지 않는다면 실측 과정 등에서 있을 수 있는 사소한 오류의 가능성을 지적하는 것만으로 이를 쉽게 배척할 수는 없다(대판 2010.11.25. 2007다74560).

[2] 소음 등을 포함한 공해 등의 위험지역으로 이주하여 들어가서 거주하는 경우와 같이 위험의 존재를 인식하면서 그로 인한 피해를 용인하며 접근한 것으로 볼 수 있는 경우에, 그 피해가 직접 생명이나 신체에 관련된 것이 아니라 정신적 고통이나 생활방해의 정도에 그치고 그 침해행위에 고도의 공공성이 인정되는 때에는, 위험에 접근한 후 실제로 입은 피해 정도가 위험에 접근할 당시에 인식하고 있었던 위험의 정도를 초과하는 것이거나 위험에 접근한 후에 그 위험이 특별히 증대하였다는 등의 특별한 사정이 없는 한 가해자의 면책을 인정해야 하는 경우도 있다. 특히 소음 등의 공해로 인한 법적 쟁송이 제기되거나 그 피해에 대한 보상이 실시되는 등 피해지역임이 구체적으로 드러나고 또한 이러한 사실이 그 지역에 널리 알려진 이후에 이주하여 오는 경우에는 위와 같은 위험에의 접근에 따른 가해자의 면책 여부를 보다 적극적으로 인정할 여지가 있다. 다만 일반인이 공해 등의 위험지역으로 이주하여 거주하는 경우라고 하더라도 위험에 접근할 당시에 그러한 위험이 존재하는 사실을 정확하게 알 수 없는 경우가 많고, 그밖에 위험에 접근하게 된 경위

와 동기 등의 여러 가지 사정을 종합하여 그와 같은 위험의 존재를 인식하면서도 위험으로 인한 피해를 용인하면서 접근하였다고 볼 수 없는 경우에는 손해배상액의 산정에 있어 형평의 원칙상 과실상계에 준하여 감액사유로 고려해야 한다(대판 2010.11.25. 2007다74560).

[3] 국가배상법 제5조 제1항에 정하여진 '영조물의 설치 또는 관리의 하자'라 함은 공공의 목적에 공여된 영조물이 그 용도에 따라 갖추어야 할 안전성을 갖추지 못한 상태에 있음을 말하고, 여기서 안전성을 갖추지 못한 상태, 즉 타인에게 위해를 끼칠 위험성이 있는 상태라 함은 당해 영조물을 구성하는 물적 시설 그 자체에 있는 물리적·외형적 흠결이나 불비로 인하여 그 이용자에게 위해를 끼칠 위험성이 있는 경우뿐만 아니라, 그 영조물이 공공의 목적에 이용됨에 있어 그 이용 상태 및 정도가 일정한 한도를 초과하여 제3자에게 사회통념상 수인할 것이 기대되는 한도를 넘는 피해를 입히는 경우까지 포함된다고 보아야 한다. 그리고 수인한도의 기준을 결정함에 있어서는 일반적으로 침해되는 권리나 이익의 성질과 침해의 정도뿐만 아니라 침해행위가 갖는 공공성의 내용과 정도, 그 지역 환경의 특수성, 공법적인 규제에 의하여 확보하려는 환경기준, 침해를 방지 또는 경감시키거나 손해를 회피할 방안의 유무 및 그 난이 정도 등 여러 사정을 종합적으로 고려하여 구체적 사건에 따라 개별적으로 결정해야 한다(대판 2010.11.25. 2007다74560).

[4] 대구비행장 주변 지역의 항공기소음으로 인한 피해의 내용 및 정도, 그 비행장 및 군용항공기의 운항이 가지는 공공성과 아울러 그 비행장이 개설 당시와 달리 점차 주거지 및 도시화되어 인구가 밀집되는 등으로 비도시지역에 위치한 국내의 다른 비행장과 확연히 구별되는 지역적, 환경적 특성을 갖는 점 등 여러 사정을 종합적으로 고려하여, 대구비행장 주변 지역의 소음 피해가 소음도 85WECPNL 이상인 경우 사회생활상 통상의 수인한도를 넘어 위법하다고 보는 것이 정당하다(대판 2010.11.25. 2007다74560).

| 판례 104 | 도로소음과 수인한도의 판단 기준

【판시사항】

[1] 도로에서 유입되는 소음 때문에 인근 주택 거주자에게 사회통념상 수인한도를 넘는 침해가 있는지 여부를 판단하는 경우, 주택법상 주택건설기준보다 환경정책기본법상 환경기준을 우선 고려해야 하는지 여부(적극)

[2] 도로에서 유입되는 소음 때문에 인근 주택의 거주자가 사회통념상 수인한도를 넘는 생활이익의 침해를 당한 경우, 그 주택의 분양회사에게 소음으로 인한 불법행위책임을 물을 수 있는지 여부(소극) 및 분양회사가 위 소음과 관련하여 수분양자에게 책임을 부담하는 경우

【판결요지】

[1] 차량이 통행하는 도로에서 유입되는 소음 때문에 인근 주택의 거주자에게 사회통념상 일

반적으로 수인할 정도를 넘어서는 침해가 있는지 여부는, 주택법 등에서 제시하는 주택건설기준보다는 환경정책기본법 등에서 설정하고 있는 환경기준을 우선적으로 고려하여 판단해야 한다(대판 2008.8.21. 2008다9358,9365).

[2] 도로에서 유입되는 소음 때문에 인근 주택의 거주자에게 사회통념상 수인한도를 넘는 생활이익의 침해가 발생하였다고 하더라도, 그 주택을 건축하여 분양한 분양회사는 도로의 설치·관리자가 아니고 그 주택의 건축으로 인하여 소음이 발생하였다고 볼 수도 없으므로, 주택의 거주자들이 분양회사를 상대로 소음 때문에 발생한 생활이익의 침해를 원인으로 하는 불법행위책임을 물을 수는 없다. 다만 분양회사는 주택의 공급 당시에 주택법상의 주택건설기준 등 그 주택이 거래상 통상 소음 방지를 위하여 갖추어야 할 시설이나 품질을 갖추지 못한 경우에 집합건물의 소유 및 관리에 관한 법률 제9조 또는 민법 제580조의 담보책임을 부담하거나, 수분양자와의 분양계약에서 소음 방지 시설이나 조치에 관하여 특약이 있는 경우에 그에 따른 책임을 부담하거나, 또는 분양회사가 수분양자에게 분양하는 주택의 소음 상황 등에 관한 정보를 은폐하거나 부정확한 정보를 제공하는 등 신의칙상의 부수의무를 게을리한 경우에 그 책임을 부담할 뿐이다(대판 2008.8.21. 2008다9358·9365).

| 판례 105 | 철도소음·진동과 수인한도 판단 기준

【판시사항】

[1] 구 환경정책기본법 제31조 제1항에서 정한 '사업자'의 의미와 환경정책기본법 제44조 제1항에서 정한 '원인자'의 의미 및 환경오염이 발생한 사업장의 사업자가 일반적으로 원인자에 포함되는지 여부(적극) / 사업장 등에서 발생하는 소음·진동으로 피해가 발생한 경우, 사업자나 원인자가 귀책사유가 없더라도 피해를 배상해야 하는지 여부(원칙적 적극)

[2] 철도를 설치하고 보존·관리하는 자가 설치 또는 보존·관리의 하자로 인하여 피해가 발생한 경우, 민법 제758조 제1항에 따라 이를 배상할 의무가 있는지 여부(적극) 및 '공작물의 설치 또는 보존의 하자'의 의미 / 공작물을 본래의 목적 등으로 이용하는 과정에서 일정한 한도를 초과하여 제3자에게 사회통념상 일반적으로 참아내야 할 정도를 넘는 피해가 발생하였는지 판단하는 기준

[3] 철도소음·진동을 규제하는 행정법규에서 정하는 기준을 넘는 철도소음·진동이 있다고 하여 참을 한도를 넘는 위법한 침해행위가 있다고 단정할 수 있는지 여부(소극) / 철도소음·진동이 행정법규에서 정하는 기준을 넘는지를 참을 한도를 정하는 데 고려해야 하는지 여부(적극)

【판결요지】

[1] 환경오염의 피해에 대한 책임에 관하여 구 환경정책기본법(2011. 7. 21. 법률 제10893호

로 전부 개정되기 전의 것) 제31조 제1항은 "사업장 등에서 발생되는 환경오염 또는 환경훼손으로 인하여 피해가 발생한 때에는 당해 사업자는 그 피해를 배상해야 한다."라고 정하고, 2011. 7. 21. 법률 제10893호로 개정된 환경정책기본법 제44조 제1항은 "환경오염 또는 환경훼손으로 피해가 발생한 경우에는 해당 환경오염 또는 환경훼손의 원인자가 그 피해를 배상해야 한다."라고 정하고 있다. 위와 같이 환경정책기본법의 개정에 따라 환경오염 또는 환경훼손(이하 '환경오염'이라고 한다)으로 인한 책임이 인정되는 경우가 사업장 등에서 발생하는 것에 한정되지 않고 모든 환경오염으로 확대되었으며, 환경오염으로 인한 책임의 주체가 '사업자'에서 '원인자'로 바뀌었다. 여기에서 '사업자'는 피해의 원인인 오염물질을 배출할 당시 사업장 등을 운영하기 위하여 비용을 조달하고 이에 관한 의사결정을 하는 등으로 사업장 등을 사실상·경제상 지배하는 자를 의미하고, '원인자'는 자기의 행위 또는 사업활동을 위하여 자기의 영향을 받는 사람의 행위나 물건으로 환경오염을 야기한 자를 의미한다. 따라서 환경오염이 발생한 사업장의 사업자는 일반적으로 원인자에 포함된다. 사업장 등에서 발생하는 환경오염으로 피해가 발생한 때에는 사업자나 원인자는 환경정책기본법의 위 규정에 따라 귀책사유가 없더라도 피해를 배상해야 한다. 이때 환경오염에는 소음·진동으로 사람의 건강이나 재산, 환경에 피해를 주는 것도 포함되므로 피해자의 손해에 대하여 사업자나 원인자는 귀책사유가 없더라도 특별한 사정이 없는 한 이를 배상할 의무가 있다(대판 2017.2.15. 2015다23321).

[2] 철도를 설치하고 보존·관리하는 자는 설치 또는 보존·관리의 하자로 인하여 피해가 발생한 경우 민법 제758조 제1항에 따라 이를 배상할 의무가 있다. 공작물의 설치 또는 보존의 하자는 해당 공작물이 용도에 따라 갖추어야 할 안전성을 갖추지 못한 상태에 있다는 것을 의미한다. 여기에서 안전성을 갖추지 못한 상태, 즉 타인에게 위해를 끼칠 위험성이 있는 상태라 함은 해당 공작물을 구성하는 물적 시설 자체에 물리적·외형적 결함이 있거나 필요한 물적 시설이 갖추어져 있지 않아 이용자에게 위해를 끼칠 위험성이 있는 경우뿐만 아니라, 공작물을 본래의 목적 등으로 이용하는 과정에서 일정한 한도를 초과하여 제3자에게 사회통념상 일반적으로 참아내야 할 정도(이하 '참을 한도'라고 한다)를 넘는 피해를 입히는 경우까지 포함된다. 이 경우 참을 한도를 넘는 피해가 발생하였는지는 구체적으로 피해의 성질과 정도, 피해이익의 공공성, 가해행위의 종류와 태양, 가해행위의 공공성, 가해자의 방지조치 또는 손해 회피의 가능성, 공법상 규제기준의 위반 여부, 토지가 있는 지역의 특성과 용도, 토지이용의 선후 관계 등 모든 사정을 종합적으로 고려하여 판단해야 한다(대판 2017.2.15. 2015다23321).

[3] 철도소음·진동을 규제하는 행정법규에서 정하는 기준을 넘는 철도소음·진동이 있다고 하여 바로 사회통념상 일반적으로 참아내야 할 정도(이하 '참을 한도'라고 한다)를 넘는 위법한 침해행위가 있어 민사책임이 성립한다고 단정할 수 없다. 그러나 위와 같은 행정법규는 인근 주민의 건강이나 재산, 환경을 소음·진동으로부터 보호하는 데 주요한 목적이 있기 때문에 철도소음·진동이 위 기준을 넘는지는 참을 한도를 정하는 데 중요하게 고려해야

한다(대판 2017.2.15. 2015다23321).

| 판례 106 | 소음 등을 포함한 공해 등의 위험지역으로 이주하는 경우, 이를 손해배상액의 산정에 있어 감경 또는 면제사유로 고려해야 하는지 여부(적극)

【판시사항】

[1] '수인한도의 기준' 결정 방법

[2] 소음 등을 포함한 공해 등의 위험지역으로 이주하여 거주하는 경우, 이를 손해배상액의 산정에 있어 감경 또는 면제사유로 고려해야 하는지 여부(적극)

[3] 공군사격장 주변지역에서 발생하는 소음 등으로 피해를 입은 주민들이 국가를 상대로 손해배상을 청구한 사안에서, 사격장의 소음피해를 인식하거나 과실로 인식하지 못하고 이주한 일부 주민들의 경우, 국가의 손해배상책임을 완전히 면제할 수는 없다고 하더라도, 손해배상액을 산정함에 있어 그와 같은 사정을 전혀 참작하지 않아 감경조차 않는 것은 현저히 불합리하고, 불법행위로 인한 손해배상액의 산정에 관한 법리를 오해한 잘못이 있다는 볼 수 있는지 여부(적극)

【판결요지】

[1] 사회통념상 참을 수 있는 피해인지 여부에 관한 기준(수인한도의 기준)을 결정함에 있어서는 일반적으로 침해되는 권리나 이익의 성질과 침해의 정도뿐만 아니라 침해행위가 갖는 공공성의 내용과 정도, 그 지역환경의 특수성, 공법적인 규제에 의하여 확보하려는 환경기준, 침해를 방지 또는 경감시키거나 손해를 회피할 방안의 유무 및 그 난이 정도 등 여러 사정을 종합적으로 고려하여 구체적 사건에 따라 개별적으로 결정해야 한다(대판 2010.11.11. 2008다57975).

[2] 소음 등을 포함한 공해 등의 위험지역으로 이주하여 들어가 거주하는 경우와 같이 위험의 존재를 인식하거나 과실로 인식하지 못하고 이주한 경우에는 손해배상액의 산정에 있어 형평의 원칙상 과실상계에 준하여 감경 또는 면제사유로 고려해야 한다(대판 2010.11.11. 2008다57975).

[3] 공군사격장 주변지역에서 발생하는 소음 등으로 피해를 입은 주민들이 국가를 상대로 손해배상을 청구한 사안에서, 사격장의 소음피해를 인식하거나 과실로 인식하지 못하고 이주한 일부 주민들의 경우, 비록 소음으로 인한 피해를 용인하고 이용하기 위하여 이주하였다는 등의 사정이 인정되지 않아 국가의 손해배상책임을 완전히 면제할 수는 없다고 하더라도, 손해배상액을 산정함에 있어 그와 같은 사정을 전혀 참작하지 않아 감경조차 아니한 것은 형평의 원칙에 비추어 현저히 불합리하고, 불법행위로 인한 손해배상액의 산정에 관한 법리를 오해한 잘못이 있다고 할 수 있다(대판 2010.11.11. 2008다57975).

| 판례 107 | 고속도로에서 유입되는 소음과 수인한도 판단 기준

【판시사항】

[1] 고속도로로부터 발생하는 소음이 피해 주민들 주택을 기준으로 일정 한도를 초과하여 유입되지 않도록 하라는 취지의 유지청구가 적법한지 여부(적극)

[2] 건물의 소유자나 점유자가 인근의 소음으로 인하여 생활이익이 침해되고 그 침해가 사회통념상 수인한도를 넘어서는 경우에 그 소유권 또는 점유권에 기하여 소음피해의 제거나 예방을 위한 유지청구를 할 수 있는지 여부(적극)

[3] 구 주택건설기준 등에 관한 규정에 따라 방음벽 등의 방음시설을 설치하여 그 건설지점의 소음도가 65㏈ 미만이 되도록 조치해야 하는 공동주택의 범위

[4] 인근 고속도로에서 유입되는 소음으로 인하여 입은 환경 등 생활이익의 침해가 사회통념상 일반적으로 수인할 정도를 넘어서는지 여부의 판단 기준

[5] 민법 제758조에 정한 '공작물의 설치 또는 보존의 하자'의 의미 및 공작물의 이용에 따른 피해가 제3자의 수인한도를 넘는지 여부의 판단 기준

【판결요지】

[1] 고속도로로부터 발생하는 소음이 피해 주민들 주택을 기준으로 일정 한도를 초과하여 유입되지 않도록 하라는 취지의 유지청구는 소음발생원을 특정하여 일정한 종류의 생활방해를 일정 한도 이상 미치게 하는 것을 금지하는 것으로 청구가 특정되지 않은 것이라고 할 수 없고, 이러한 내용의 판결이 확정될 경우 민사집행법 제261조 제1항에 따라 간접강제의 방법으로 집행을 할 수 있으므로, 이러한 청구가 내용이 특정되지 않거나 강제집행이 불가능하여 부적법하다고 볼 수는 없다(대판 2007.6.15. 2004다37904·37911).

[2] 건물의 소유자 또는 점유자가 인근의 소음으로 인하여 정온하고 쾌적한 일상생활을 영유할 수 있는 생활이익이 침해되고 그 침해가 사회통념상 수인한도를 넘어서는 경우에 건물의 소유자 또는 점유자는 그 소유권 또는 점유권에 기하여 소음피해의 제거나 예방을 위한 유지청구를 할 수 있다(대판 2007.6.15. 2004다37904·37911).

[3] 구 주택건설기준 등에 관한 규정 제9조 제1항, 제3조, 구 주택건설촉진법 제3조 제5호, 제6조 제1항, 제33조 제1항, 구 주택건설촉진법 시행령 제9조 제1항, 제32조 제1항 등 관계 규정을 살펴보면, 구 주택건설기준 등에 관한 규정 제9조 제1항에 따라 주택건설사업계획 승인을 얻어 공동주택을 건설하기 위하여, 방음벽 등의 방음시설을 설치하여 공동주택 건설지점의 소음도가 65㏈ 미만이 되도록 조치해야 하는 공동주택은 20세대 이상으로서 건설부장관의 사업계획승인을 얻어 건설한 공동주택을 의미한다(대판 2007.6.15. 2004다37904·37911).

[4] 인근 고속도로에서 유입되는 소음으로 인하여 입은 환경 등 생활이익의 침해를 이유로 일정 한도를 초과하는 소음이 유입되지 않도록 하라는 내용의 유지청구 소송에서 그 침해가 사회통념상 일반적으로 수인할 정도를 넘어서는지의 여부는 피해의 성질 및 정도, 피해이익

의 공공성, 가해행위의 태양, 가해행위의 공공성, 가해자의 방지조치 또는 손해회피의 가능성, 인·허가 관계 등 공법상 기준에의 적합 여부, 지역성, 토지이용의 선후관계 등 모든 사정을 종합적으로 고려하여 판단해야 한다(대판 2007.6.15. 2004다37904·37911).

[5] 민법 제758조에 정한 '공작물의 설치 또는 보존의 하자'라 함은 공작물이 그 용도에 따라 갖추어야 할 안전성을 갖추지 못한 상태에 있음을 말하고, 안전성을 갖추지 못한 상태, 즉 타인에게 위해를 끼칠 위험성이 있는 상태라 함은 당해 공작물을 구성하는 물적 시설 그 자체에 있는 물리적·외형적 흠결이나 불비로 인하여 그 이용자에게 위해를 끼칠 위험성이 있는 경우뿐만 아니라, 그 공작물이 이용됨에 있어 그 이용상태 및 정도가 일정한 한도를 초과하여 제3자에게 사회통념상 수인할 것이 기대되는 한도를 넘는 피해를 입히는 경우까지 포함된다고 보아야 하고, 이 경우 제3자의 수인한도의 기준을 결정함에 있어서는 일반적으로 침해되는 권리나 이익의 성질과 침해의 정도뿐만 아니라 침해행위가 갖는 공공성의 내용과 정도, 그 지역환경의 특수성, 공법적인 규제에 의하여 확보하려는 환경기준, 침해를 방지 또는 경감시키거나 손해를 회피할 방안의 유무 및 그 난이 정도 등 여러 사정을 종합적으로 고려하여 구체적 사건에 따라 개별적으로 결정해야 한다(대판 2007.6.15. 2004다37904·37911).

| 판례 108 | 고속도로의 확장공사로 인한 양돈업 폐업과 손해배상 기준

【판시사항】

[1] 고속도로 확장공사 및 차량통행에 따른 소음·진동으로 인하여 종전 사업장에서 더 이상 양돈업을 할 수 없게 된 경우 소극적 손해의 범위

[2] 고속도로 확장공사 및 차량통행에 따른 소음·진동으로 인하여 종전 사업장에서 더 이상 양돈업을 할 수 없게 된 경우의 소극적 손해의 범위를 산정함에 있어 그 손해기간에 종전 양돈장과 유사한 정도의 시설물 건설 및 양돈상태 조성에 드는 기간 외에 양돈장 폐업일 다음날부터 원심 변론종결일까지의 기간을 포함시킨 원심을 파기한 사례

【판결요지】

[1] 고속도로 확장공사 및 차량통행에 따른 소음·진동으로 인하여 종전 사업장에서 더 이상 양돈업을 할 수 없게 된 경우, 양돈업자들이 입은 소극적 손해는 그 곳에서의 양돈장을 폐업, 이전함으로 인하여 상실하게 된 수입이라고 할 것인바, 그 손해기간은 차량통행으로 인한 소음·진동으로 양돈장의 정상적인 영업이 불가능하여 이를 폐업한 때부터 위 양돈장과 유사한 정도의 시설물 건설 및 양돈상태 조성에 드는 기간에 정상적인 노력으로 위 양돈장을 위한 대체지와 양돈 영업시설을 확보하는 데 소요되는 통상의 기간을 더한 기간이다(대판 2003.9.5. 2001다68358).

[2] 고속도로 확장공사 및 차량통행에 따른 소음·진동으로 인하여 종전 사업장에서 더 이상

양돈업을 할 수 없게 된 경우의 소극적 손해의 범위를 산정함에 있어 그 손해기간에 종전 양돈장과 유사한 정도의 시설물 건설 및 양돈 상태 조성에 드는 기간 외에 양돈장 폐업일 다음날부터 위 양돈장을 위한 대체지와 양돈 영업시설을 확보하는 데 소요되는 통상의 기간을 더한 기간까지의 기간만 포함시켜야 하는 것이지, 원심 변론종결일까지의 기간을 포함시킨 것은 타당하지 않다(대판 2003.9.5. 2001다68358).

| 판례 109 | 주택건설촉진법 소정의 사업주체가 준수해야 할 공동주택을 건설하는 지점의 소음도 측정기준(65데시벨 미만)

【판시사항】

[1] 주택건설촉진법 제31조에 의하여 주택의 건설기준, 대지조성기준 등을 규정함을 목적으로 하는 주택건설기준 등에 관한 규정 제9조 제1항에 의하여 주택건설촉진법 소정의 사업주체가 준수해야 할 공동주택을 건설하는 지점의 소음도 측정기준

[2] 한국토지공사가 건설회사에게 고속도로변에 위치한 공동주택용지를 공급하면서 그 택지에 건설될 공동주택의 소음피해 방지를 위하여 건설회사와 협의를 하여 고속도로변에 방음벽을 설치하기로 한 경우, 주택건설촉진법, 주택건설기준 등에 관한 규정 및 공동주택의 소음측정기준 등의 각 법령이 정하는 소음측정기준에 따른 공동주택 건설지점의 법정기준 소음도를 유지하는데 유용한 방음벽을 설치하기로 한 것이라고 봄이 상당한지 여부(적극)

【판결요지】

[1] 주택건설촉진법 제31조 제1항은 사업주체가 건설·공급하는 주택의 건설기준, 대지조성기준 등은 대통령령으로 정함을, 제2항은 사업주체는 제1항에 의한 주택건설기준 등에 따라 주택건설사업 또는 대지조성사업을 시행해야 함을, 같은 법 제51조 제2호의2는 제31조에 의한 주택건설기준 등에 위반하여 사업을 시행한 자는 처벌함을 각 규정하고, 같은 법 제31조 등의 규정에 의하여 주택의 건설기준, 대지조성기준 등을 규정함을 목적으로 하는 주택건설기준 등에 관한 규정 제9조 제1항은 공동주택을 건설하는 지점의 소음도가 건설부장관이 환경처장관과 협의하여 고시하는 소음측정기준에 의하여 65데시벨 이상인 경우에는 공동주택을 철도·고속도로 등 소음발생 시설로부터 50m 이상 떨어진 곳에 배치하거나 방음벽·수림대 등의 방음시설을 설치하여 당해 공동주택의 건설지점의 소음도가 65데시벨 미만이 되도록 해야 한다고 규정하며, 한편, 위 주택건설기준 등에 관한 규정 제9조 제1항에 의한 공동주택의 소음측정기준(1986. 10. 15. 건설부고시 제463호)에 의하면, 5층 이상의 공동주택인 경우에는 1층 외벽에서 1.2m 내지 1.5m 높이에서 측정한 1층의 실측 소음도와 5층의 예측 소음도를 합하여 평균한 소음도를 측정 소음도로 해야 한다고 규정하고 있으므로, 주택건설촉진법이 정하는 사업주체는 택지에 건설될 공동주택의 소음도가 위 건설부고시가 정하는 바에 따른 측정 소음도를 기준으로 하여 65데시벨 미만이

되도록 해야 할 의무를 부담한다(대판 2000.9.8. 98다26859).

[2] 한국토지공사가 건설회사에게 고속도로변에 위치한 공동주택용지를 공급하면서 그 택지에 건설될 공동주택의 소음피해 방지를 위하여 건설회사와 협의를 하여 고속도로변에 방음벽을 설치하기로 한 경우, 주택건설촉진법, 주택건설기준등에관한규정 및 공동주택의 소음측정기준(1986. 10. 15. 건설부고시 제463호) 등의 각 법령이 정하는 소음측정기준에 따른 공동주택 건설지점의 법정기준 소음도를 유지하는 데 유용한 방음벽을 설치하기로 한 것이라고 봄이 상당하다(대판 2000.9.8. 98다26859).

| 판례 110 | 주택건설사업자를 적용대상으로 한 소음 등 주택건설 기준이 대지조성사업자에게도 적용되는지 여부(소극)

【판시사항】

구 주택건설기준 등에 관한 규정 제9조 제1항이 대지조성사업자에게 적용되는지 여부(원칙적 소극)

【판결요지】

구 주택건설촉진법(2003. 5. 29. 법률 제6916호 주택법으로 전부 개정되기 전의 것) 제3조 제5호가 '사업주체'를 주택건설사업자와 대지조성사업자로 구별하고 있고, 구 주택건설기준 등에 관한 규정(2007. 7. 24. 대통령령 제20189호로 개정되기 전의 것, 이하 '구 주택건설기준'이라 한다) 제1조, 제3조도 주택건설사업계획의 승인대상인 주택, 부대시설 및 복리시설의 설치기준과 대지조성사업계획의 승인대상인 대지의 조성기준을 구별하고 있는 점, 구 주택건설기준은 주택·부대시설·복리시설의 설치기준에 관하여는 제2장 내지 제5장(제9조 내지 제55조)에서, 대지의 조성기준에 관하여는 제6장(제56조, 제57조)에서 나누어 규정하고 있는데, 공동주택 건설지점의 소음 기준에 관한 제9조 제1항은 제2장에 속해 있고 내용도 소음발생시설로부터 50m 이상 떨어진 곳에 공동주택의 건설지점을 두거나(공동주택을 배치하거나) 방음시설을 설치하여 공동주택을 건설하는 지점의 소음도가 65dB(A) 미만이 되도록 하라는 것이므로, 이는 공동주택을 건설하는 자의 의무를 규정한 것임이 문언상 명백한 점, 2007. 7. 24 대통령령 제20189호로 개정된 주택건설기준 제9조 제1항은 환기설비와 방음창을 갖추어 실내소음도가 45dB(A) 이하인 공동주택을 건설하는 경우에는 위 기준의 적용을 받지 않도록 단서규정을 신설하였는데, 이는 구 주택건설기준 제9조 제1항이 주택건설사업자에 대한 의무를 규정한 조항임을 당연한 전제로 주택건설사업자가 도로에 근접해서도 공동주택을 건설할 수 있게 해주기 위한 것인 점, 대지를 조성하여 주택건설사업자에게 매각하였으나 대지의 어느 부분에 언제 어떠한 형태와 구조로 공동주택이 건설될 것인지를 알 수 없는 대지조성사업자에게 구 주택건설기준 제9조 제1항에 따라 장래 대지 지상에 건설될 수 있는 공동주택의 전 세대에 대해 소음도가 65dB(A) 미만이 되도록 할 소음방지의무를 부담시키는 것은 대지조성사업자에게 과도하고 불합리한 부담을 지우는 점,

한편 구 주택건설기준 제56조 제2항에 의해 준용되는 구 건축법(2008. 3. 21. 법률 제8974호로 전부 개정되기 전의 것) 제30조, 제31조는 대지의 조성 및 토지굴착시의 의무들을 상세히 규정하고 있는데, 그중 장래 대지 지상에 건설될 건물 또는 거주자에 관한 의무는 포함되어 있지 않은 점 등을 종합하면, 구 주택건설기준 제9조 제1항은 주택건설사업자를 적용대상으로 한 규정으로서 특별한 사정이 없는 한 대지조성사업자에게는 적용되지 않는다(대판 2015.10.29. 2008다47558).

| 판례 111 | 공군비행장 주변과 수인한도의 판단 기준

【판시사항】

[1] 국가배상법 제5조 제1항에 정한 '영조물의 설치나 관리의 하자'의 의미 및 영조물의 이용으로 인한 피해의 수인한도 결정 방법

[2] 광주공군비행장 주변에 입주한 군인, 군무원 및 가족들이 국가를 상대로 항공기 소음 피해에 대한 손해배상을 구한 사안에서, 광주공군비행장 주변의 소음피해가 소음도 80웨클(WECPNL) 이상인 경우 사회생활상 통상의 수인한도를 넘어 위법하다고 보는 것이 정당한지 여부(소극)

[3] 소음 등 공해의 위험지역으로 이주하였을 때 위험의 존재를 인식하고 피해를 용인하면서 접근한 것으로 볼 수 있는 경우, 가해자의 면책을 인정할 수 있는지 여부(원칙적 적극) 및 위험의 존재를 인식하고 피해를 용인하면서 접근한 것이라고 볼 수 없는 경우, 손해배상액 감액사유로 고려해야 하는지 여부(적극) / 일반인에 비하여 항공기 소음 피해에 관하여 잘 인식하거나 인식할 수 있는 공군에 속한 군인이나 군무원의 경우, 가해자의 면책이나 손해배상액의 감액에 있어 달리 볼 수 있는지 여부(소극)

[4] 과실상계 사유에 관한 사실인정이나 비율을 정하는 것이 사실심의 전권사항인지 여부(원칙적 적극) 및 손해배상액 감액사유에 관한 고려에 있어서도 마찬가지인지 여부(적극)

【판결요지】

[1] 국가배상법 제5조 제1항에 정한 '영조물의 설치나 관리의 하자'란 공공의 목적에 공여된 영조물이 그 용도에 따라 갖추어야 할 안전성을 갖추지 못한 상태에 있음을 말하고, 여기서 안전성을 갖추지 못한 상태, 즉 타인에게 위해를 끼칠 위험성이 있는 상태란 그 영조물을 구성하는 물적 시설 자체에 있는 물리적·외형적 흠결이나 불비로 인하여 그 이용자에게 위해를 끼칠 위험성이 있는 경우뿐만 아니라 그 영조물이 공공의 목적에 이용됨에 있어 그 이용상태 및 정도가 일정한 한도를 초과하여 제3자에게 사회통념상 수인할 것이 기대되는 한도를 넘는 피해를 입히는 경우까지 포함한다고 보아야 할 것이다. 그리고 수인한도의 기준을 결정함에 있어서는 일반적으로 침해되는 권리나 이익의 성질과 침해의 정도뿐만 아니라 침해행위가 갖는 공공성의 내용과 정도, 그 지역환경의 특수성, 공법적인

규제에 의하여 확보하려는 환경기준, 침해를 방지 또는 경감시키거나 손해를 회피할 방안의 유무 및 그 난이 정도 등 여러 사정을 종합적으로 고려하여 구체적 사건에 따라 개별적으로 결정해야 할 것이다(대판 2005.1.27. 2003다49566, 2010.11.25. 2007다74560, 2015.10.15. 2013다23914, 2015.10.15. 2013다23914).

[2] 소음 등 공해의 위험지역으로 이주하였을 때 그 위험의 존재를 인식하고 그로 인한 피해를 용인하면서 접근한 것으로 볼 수 있다면, 그 피해가 직접 생명이나 신체에 관련된 것이 아니라 정신적 고통이나 생활방해의 정도에 그치고 침해행위에 고도의 공공성이 인정되는 경우에는, 위험에 접근한 후 실제로 입은 피해 정도가 위험에 접근할 당시 인식하고 있었던 위험의 정도를 초과하는 것이거나 위험에 접근한 후 그 위험이 특별히 증대하였다는 등의 특별한 사정이 없는 한 가해자의 면책을 인정할 수도 있을 것이다(대판 2004.3.12. 2002다14242, 2015.10.15. 2013다23914).

[3] 그러나 소음 등 공해의 위험지역으로 이주하였더라도 그 위험에 접근할 당시 위험이 존재하는 사실을 정확하게 알 수 없는 경우가 많고 근무지나 가족관계 등의 사정에 따라 불가피하게 위험지역으로 이주할 수도 있는 것이므로, 위험지역에 이주하게 된 경위와 동기 등 여러 사정에 비추어 위험의 존재를 인식하고 그로 인한 피해를 용인하면서 접근한 것으로 볼 수 없는 경우에는 가해자의 면책을 인정할 수 없고 손해배상액의 산정에 있어 형평의 원칙상 이와 같은 사정을 과실상계에 준하여 감액사유로 고려할 수 있을 뿐이다(대판 2005.1.27. 2003다49566, 2010.11.25. 2007다74560, 2015.10.15. 2013다23914). 그리고 공군비행장 주변의 항공기 소음 피해로 인한 손해배상 사건에서 공군에 속한 군인이나 군무원의 경우 일반인에 비하여 그 피해에 관하여 잘 인식하거나 인식할 수 있는 지위에 있다는 이유만으로 가해자의 면책이나 손해배상액의 감액에 있어 달리 볼 수는 없다(대판 2015.10.15. 2013다23914).

[4] 나아가 불법행위로 인한 손해배상 사건에서 과실상계 사유에 관한 사실인정이나 그 비율을 정하는 것은 그것이 형평의 원칙에 비추어 현저히 불합리하다고 인정되지 않는 한 사실심의 전권사항에 속하고(대판 2002.11.26. 2002다43165 등 참조), 이는 위와 같은 손해배상액의 감액사유에 관한 고려에 있어서도 마찬가지라고 할 것이다(대판 2015.10.15. 2013다23914).

| 판례 112 | 사격장 소음과 수인한도 판단 기준

【판시사항】

[1] 국가배상법 제5조 제1항 소정의 '영조물의 설치·관리상의 하자'의 의미 및 하자로 볼 수 있는 경우

[2] 매향리 사격장에서 발생하는 소음 등으로 지역 주민들이 입은 피해는 사회통념상 참을

수 있는 정도를 넘는 것으로서 사격장의 설치 또는 관리에 하자가 있었다고 볼 수 있는지 여부(적극)

[3] 소음 등을 포함한 공해 등의 위험지역으로 이주하여 거주하는 경우, 가해자의 면책 여부에 대한 판단 기준

【판결요지】

[1] 국가배상법 제5조 제1항에 정하여진 '영조물의 설치 또는 관리의 하자'라 함은 공공의 목적에 공여된 영조물이 그 용도에 따라 갖추어야 할 안전성을 갖추지 못한 상태에 있음을 말하고, 여기서 안전성을 갖추지 못한 상태, 즉 타인에게 위해를 끼칠 위험성이 있는 상태라 함은 당해 영조물을 구성하는 물적 시설 그 자체에 있는 물리적·외형적 흠결이나 불비로 인하여 그 이용자에게 위해를 끼칠 위험성이 있는 경우뿐만 아니라 그 영조물이 공공의 목적에 이용됨에 있어 그 이용상태 및 정도가 일정한 한도를 초과하여 제3자에게 사회통념상 참을 수 없는 피해를 입히는 경우까지 포함된다고 보아야 할 것이고, 사회통념상 참을 수 있는 피해인지의 여부는 그 영조물의 공공성, 피해의 내용과 정도, 이를 방지하기 위하여 노력한 정도 등을 종합적으로 고려하여 판단해야 한다(대판 2004.3.12. 2002다14242).

[2] 매향리 사격장에서 발생하는 소음 등으로 지역 주민들이 입은 피해는 사회통념상 참을 수 있는 정도를 넘는 것으로서 사격장의 설치 또는 관리에 하자가 있었다고 볼 수 있다(대판 2004.3.12. 2002다14242).

[3] 소음 등을 포함한 공해 등의 위험지역으로 이주하여 들어가서 거주하는 경우와 같이 위험의 존재를 인식하면서 그로 인한 피해를 용인하며 접근한 것으로 볼 수 있는 경우에 그 피해가 직접 생명이나 신체에 관련된 것이 아니라 정신적 고통이나 생활방해의 정도에 그치고, 그 침해행위에 상당한 고도의 공공성이 인정되는 때에는 위험에 접근한 후 실제로 입은 피해 정도가 위험에 접근할 당시에 인식하고 있었던 위험의 정도를 초과하는 것이거나 위험에 접근한 후에 그 위험이 특별히 증대하였다는 등의 특별한 사정이 없는 한 가해자의 면책을 인정해야 하는 경우도 있을 수 있을 것이나, 일반인이 공해 등의 위험지역으로 이주하여 거주하는 경우라고 하더라도 위험에 접근할 당시에 그러한 위험이 문제가 되고 있지 않았고, 그러한 위험이 존재하는 사실을 정확하게 알 수 없었으며, 그밖에 위험에 접근하게 된 경위와 동기 등의 여러 가지 사정을 종합하여 그와 같은 위험의 존재를 인식하면서 굳이 위험으로 인한 피해를 용인하였다고 볼 수 없는 경우에는 그 책임이 감면되지 아니한다고 봄이 상당하다(대판 2004.3.12. 2002다14242).

|판례 113| 공항소음과 수인한도 판단 기준

【판시사항】

[1] 국가배상법 제5조 제1항에 정한 '영조물 설치 또는 관리의 하자'의 의미 및 하자로 볼 수 있는 경우

[2] '영조물 설치 또는 하자'에 관한 제3자의 수인한도의 판단 기준

[3] 소음 등을 포함한 공해 등의 위험지역으로 이주하여 거주하는 경우, 가해자의 면책 여부 및 손해배상액 감액에 대한 판단 기준

[4] 김포공항에서 발생하는 소음 등으로 인근 주민들이 입은 피해는 사회통념상 수인한도를 넘는 것으로서 김포공항의 설치·관리에 하자가 있다고 볼 수 있는지 여부(적극)

【판결요지】

[1] 국가배상법 제5조 제1항에 정하여진 '영조물의 설치 또는 관리의 하자'라 함은 공공의 목적에 공여된 영조물이 그 용도에 따라 갖추어야 할 안전성을 갖추지 못한 상태에 있음을 말하고, 안전성을 갖추지 못한 상태, 즉 타인에게 위해를 끼칠 위험성이 있는 상태라 함은 당해 영조물을 구성하는 물적 시설 그 자체에 있는 물리적·외형적 흠결이나 불비로 인하여 그 이용자에게 위해를 끼칠 위험성이 있는 경우뿐만 아니라, 그 영조물이 공공의 목적에 이용됨에 있어 그 이용상태 및 정도가 일정한 한도를 초과하여 제3자에게 사회통념상 수인할 것이 기대되는 한도를 넘는 피해를 입히는 경우까지 포함된다고 보아야 한다(대판 2005.1.27. 2003다49566).

[2] '영조물 설치 또는 하자'에 관한 제3자의 수인한도의 기준을 결정함에 있어서는 일반적으로 침해되는 권리나 이익의 성질과 침해의 정도뿐만 아니라 침해행위가 갖는 공공성의 내용과 정도, 그 지역환경의 특수성, 공법적인 규제에 의하여 확보하려는 환경기준, 침해를 방지 또는 경감시키거나 손해를 회피할 방안의 유무 및 그 난이 정도 등 여러 사정을 종합적으로 고려하여 구체적 사건에 따라 개별적으로 결정해야 한다(대판 2005.1.27. 2003다49566).

[3] 소음 등을 포함한 공해 등의 위험지역으로 이주하여 들어가서 거주하는 경우와 같이 위험의 존재를 인식하면서 그로 인한 피해를 용인하며 접근한 것으로 볼 수 있는 경우에, 그 피해가 직접 생명이나 신체에 관련된 것이 아니라 정신적 고통이나 생활방해의 정도에 그치고 그 침해행위에 고도의 공공성이 인정되는 때에는, 위험에 접근한 후 실제로 입은 피해 정도가 위험에 접근할 당시에 인식하고 있었던 위험의 정도를 초과하는 것이거나 위험에 접근한 후에 그 위험이 특별히 중대하였다는 등의 특별한 사정이 없는 한 가해자의 면책을 인정해야 하는 경우도 있을 수 있을 것이나, 일반인이 공해 등의 위험지역으로 이주하여 거주하는 경우라고 하더라도 위험에 접근할 당시에 그러한 위험이 존재하는 사실을 정확하게 알 수 없는 경우가 많고, 그밖에 위험에 접근하게 된 경위와 동기 등의 여러 가지 사정을 종합하여 그와 같은 위험의 존재를 인식하면서 굳이 위험으로 인한 피해를

용인하였다고 볼 수 없는 경우에는 손해배상액의 산정에 있어 형평의 원칙상 과실상계에 준하여 감액사유로 고려하는 것이 상당하다.

[4] 김포공항에서 발생하는 소음 등으로 인근 주민들이 입은 피해는 사회통념상 수인한도를 넘는 것으로서 김포공항의 설치·관리에 하자가 있다고 볼 수 있다(대판 2005.1.27. 2003다49566).

| 판례 114 | 도로소음에 따른 생활방해를 원인으로 소음의 예방 또는 배제를 구하는 방지청구의 당부를 판단하는 경우 방지청구를 구하는 당사자가 받게 될 이익과 상대방 및 제3자가 받게 될 불이익 등을 비교·교량해야 하는지 여부(적극)

【판시사항】

[1] 도로소음에 따른 생활방해의 정도가 '참을 한도'를 넘는지 판단하는 기준과 고려할 사항 / 이미 운영 중인 또는 운영이 예정된 고속국도에 근접하여 주거를 시작한 경우, '참을 한도'를 넘는지는 보다 엄격히 판단해야 하는지 여부(적극)

[2] 도로변 지역의 소음에 관한 환경정책기본법의 소음환경기준을 초과하는 도로소음이 있다고 하여 민사상 '참을 한도'를 넘는 위법한 침해행위가 있다고 단정할 수 있는지 여부(소극) / 도로소음에 따른 생활방해를 원인으로 제기된 사건에서 공동주택에 거주하는 사람들이 '참을 한도'를 넘는 생활방해를 받고 있는지는 거실에서 소음원에 면한 방향의 모든 창호를 개방한 상태로 측정한 소음도가 환경정책기본법상 소음환경기준 등을 초과하는지에 따라 판단해야 하는지 여부(적극)

[3] 도로소음에 따른 생활방해를 원인으로 소음의 예방 또는 배제를 구하는 방지청구의 당부를 판단하는 경우, 방지청구의 허용으로 방지청구를 구하는 당사자가 받게 될 이익과 상대방 및 제3자가 받게 될 불이익 등을 비교·교량해야 하는지 여부(적극)

【판결요지】

[1] 도로에서 발생하는 소음으로 말미암아 생활에 고통을 받는(이하 '생활방해'라 한다) 정도가 사회통념상 일반적으로 참아내야 할 정도(이하 '참을 한도'라 한다)를 넘는지는 피해의 성질과 정도, 피해이익의 공공성, 가해행위의 태양, 가해행위의 공공성, 가해자의 방지조치 또는 손해 회피의 가능성, 공법상 규제기준의 위반 여부, 지역성, 토지이용의 선후관계 등 모든 사정을 종합적으로 고려하여 판단해야 한다(대판 1999.7.27. 98다47528, 2007.6.15. 2004다37904·37911). 그리고 도로는 현대생활에서 필수불가결한 시설로서 지역 간 교통과 균형개발 및 국가의 산업경제활동에 큰 편익을 제공하고, 도시개발사업도 주변의 정비된 도로망 건설을 필수적인 요소로 하여 이루어지고 있는 점, 자동차 교통이 교통의 많은 부분을 차지하고 있고, 도시화·산업화에 따른 주거의 과밀화가 진행되고 있는 현실에서 일정한 정도의 도로소음의 발생과 증가는 사회발전에 따른 필연적인 변화에

속하는 점, 국가를 대신하여 고속국도를 관리하는 주체는 동등한 피해상황에 있는 국민 전체를 기준으로 도로소음 방지조치의 내용을 결정할 수밖에 없고, 따라서 그 방지조치도 기술적·경제적으로 한계를 지닐 수밖에 없는 점 등도 충분히 고려해야 한다. 특히 고속국도는 자동차 전용의 고속교통에 공용되는 도로로서 도로소음의 정도가 일반 도로보다 높은 반면 자동차 교통망의 중요한 축을 이루고 있고, 당해 지역경제뿐 아니라 국민경제 전반의 기반을 공고히 하며 전체 국민 생활의 질을 향상시키는 데 중요한 역할을 담당하고 있으므로, 이미 운영 중이거나 운영이 예정된 고속국도에 근접하여 주거를 시작한 경우의 '참을 한도' 초과 여부는 보다 엄격히 판단해야 할 것이다(대판 2015.10.15. 2013다89433·89440·89457).

[2] 한편 공법상 기준으로서 환경정책기본법의 환경기준은 국민의 건강을 보호하고 쾌적한 환경을 조성하기 위하여 유지되는 것이 바람직한 기준 즉 환경행정에서 정책목표로 설정된 기준인 점(대판 2010.11.25. 2008다49868), 이러한 환경기준은 도로법이나 도로교통법에 규정된 도로의 종류와 등급, 차로의 수, 도로와 주거의 선후관계를 고려하지 아니한 채 오로지 적용 대상지역에 따라 일정한 기준을 정하고 있을 뿐이어서 모든 상황의 도로에 구체적인 규제의 기준으로 적용될 수 있는 것으로 보기 어려운 점, 2층 이상의 건물에 미치는 도로교통소음이 환경정책기본법의 환경기준을 준수하였는지는 '소음·진동 환경오염공정시험기준'(환경부고시 제2008-22호)이나 '소음·진동공정시험기준'(환경부고시 제2010-142호)에 규정된 측정방법에 따라 소음피해지점에서 소음원 방향으로 창문·출입문 또는 건물벽 밖의 0.5~1m 떨어진 지점에서 측정된 실외소음에 의하여 판정하도록 되어 있으나, 공동주택에 거주하는 사람들에 대하여는 일상생활이 실제 이루어지는 실내에서 측정된 소음도에 따라 '참을 한도' 초과 여부를 판단함이 타당한 점 등을 고려하면, 도로변 지역의 소음에 관한 환경정책기본법의 소음환경기준을 위반하는 도로소음이 있다고 하여 바로 민사상 '참을 한도'를 넘는 위법한 침해행위가 있다고 단정할 수 없다(대판 2015.10.15. 2013다89433·89440·89457).

[3] 따라서 도로소음으로 인한 생활방해를 원인으로 제기된 사건에서 공동주택에 거주하는 사람들이 생활방해를 받고 있는지는 일상생활이 실제 주로 이루어지는 장소인 거실에서 도로 등 해당 소음원에 면한 방향의 모든 창호를 개방한 상태로 측정한 소음도를 기준으로 환경정책기본법상 소음환경기준 등을 초과하였는지에 따라 판단하는 것이 타당하다(대판 2015.10.15. 2013다89433·89440·89457).

[4] 나아가 도로소음으로 인한 생활방해를 원인으로 소음의 예방 또는 배제를 구하는 방지청구는 금전배상을 구하는 손해배상청구와는 내용과 요건을 서로 달리하는 것이어서 같은 사정이라도 청구의 내용에 따라 고려요소의 중요도에 차이가 생길 수 있고, 방지청구는 그것이 인용될 경우 소송당사자뿐 아니라 제3자의 이해관계에도 중대한 영향을 미칠 수 있으므로, 방지청구의 당부를 판단하는 법원으로서는 해당 청구가 인용될 경우에 방지청구를 구하는 당사자가 받게 될 이익과 상대방 및 제3자가 받게 될 불이익 등을 비교·교량

해야 한다(대판 2015.10.15. 2013다89433·89440·89457).

| 판례 115 | 옥외집회에서 고성능 확성기 등을 사용한 소음발생 행위가 상인 및 사무실 종사자에게 업무방해죄를 구성하는지 여부(적극)

【판시사항】

[1] 집회나 시위에서 소음을 발생시키는 행위가 정당행위에 해당하지 않는 경우

[2] 신고한 옥외집회에서 고성능 확성기 등을 사용하여 소음을 발생시킨 행위가 인근 상인 및 사무실 종사자들에 대한 업무방해죄를 구성하는지 여부(적극)

【판결요지】

[1] 집회나 시위는 다수인이 공동목적으로 회합하고 공공장소를 행진하거나 위력 또는 기세를 보여 불특정 다수인의 의견에 영향을 주거나 제압을 가하는 행위로서 그 회합에 참가한 다수인이나 참가하지 아니한 불특정 다수인에게 의견을 전달하기 위하여 어느 정도의 소음이 발생할 수밖에 없는 것은 부득이한 것이므로 집회나 시위에 참가하지 아니한 일반 국민도 이를 수인할 의무가 있다고 할 수 있으며, 합리적인 범위에서는 확성기 등 소리를 증폭하는 장치를 사용할 수 있고 확성기 등을 사용한 행위 자체를 위법하다고 할 수는 없으나, 그 집회나 시위의 장소, 태양, 내용과 소음 발생의 수단, 방법 및 그 결과 등에 비추어, 집회나 시위의 목적 달성의 범위를 넘어 사회통념상 용인될 수 없는 정도로 타인에게 심각한 피해를 주는 소음을 발생시킨 경우에는 위법한 위력의 행사로서 정당행위라고는 할 수 없다(대판 2004.10.15. 2004도4467).

[2] 신고한 옥외집회에서 고성능 확성기 등을 사용하여 발생된 소음이 82.9dB 내지 100.1dB에 이르고, 사무실 내에서의 전화통화, 대화 등이 어려웠으며, 밖에서는 부근을 통행하기조차 곤란하였고, 인근 상인들도 소음으로 인한 고통을 호소하는 정도에 이르렀다면 이는 위력으로 인근 상인 및 사무실 종사자들의 업무를 방해한 업무방해죄를 구성할 것이다(대판 2004.10.15. 2004도4467).

| 판례 116 | 공군 전투기 비행훈련장의 소음과 양돈장의 모돈 유산시 손해배상책임 여부(적극)

【판시사항】

국가가 공군 전투기 비행훈련장으로 설치·사용하고 있는 공군기지의 활주로 북쪽 끝으로부터 4.5km 떨어진 곳에 위치한 양돈장에서 모돈이 유산하는 손해가 발생한 경우, 그 손해는 공군기지에서 발생한 소음으로 인한 것으로, 당시의 소음배출행위와 그 결과가 양돈업자의 수인한도를 넘는 위법행위라고 할 수 있는지 여부(적극)

【판결요지】

국가가 공군 전투기 비행훈련장으로 설치·사용하고 있는 공군기지의 활주로 북쪽 끝으로부터 4.5km 떨어진 곳에 위치한 양돈장에서 모돈(모돈)이 유산하는 손해가 발생한 사안에서, 위 공군기지에서 발생하는 소음의 순간 최대치가 양돈장 근처에서 모돈에 20~30% 정도의 유산을 일으킬 가능성이 있는 수치인 84 내지 94dB로 측정된 점, 역학조사 결과 모돈의 유산 원인은 질병이 아닌 환경요인에서 오는 스트레스로 추정되는데 위 소음 외에 양돈장에서 모돈에 스트레스를 줄 만한 다른 요인이 확인되지 않는 점 등에 비추어 위 손해는 공군기지에서 발생한 소음으로 인한 것으로, 당시의 소음배출행위와 그 결과가 양돈업자의 수인한도를 넘는 위법행위라고 할 수 있다(대판 2010.7.15. 2006다84126).

| 판례 117 | 소음·진동규제법상 '법인의 사용인'에 정식 근무자뿐만 아니라 그 법인의 업무를 직접 또는 간접으로 수행하면서 법인의 통제·감독하에 있는 자도 포함되는지 여부(적극)

【판시사항】

[1] 소음·진동규제법 제26조 제1항의 규정에 의한 작업시간조정명령을 받은 자가 임의로 판단하여 그 작업시간을 변경할 수 있는지 여부(소극)

[2] 소음·진동규제법 제62조 소정의 '법인의 사용인'에 그 법인의 업무를 직접 또는 간접으로 수행하면서 법인의 통제, 감독하에 있는 자도 포함되는지 여부(적극)

【판결요지】

[1] 소음·진동규제법 제26조 제1항은 "시·도지사는 생활소음·진동이 제23조 제2항의 규정에 의한 규제기준을 초과하는 경우에는 소음·진동을 발생하는 자에 대하여 작업시간의 조정 … 등 필요한 조치를 명할 수 있다."고 규정하고, 위 법 제59조는 "법 제26조 제1항의 규정에 의한 작업시간의 조정 등의 명령을 위반한 자는 6월 이하의 징역 또는 200만원 이하의 벌금에 처한다."고 규정하고 있으며, 한편 피고인 1은 이 사건 고소음장비를 사용한 토류판설치공사로 인하여 위 법 소정의 규제기준을 초과하는 소음을 야기시켜 관할관청으로부터 위 고소음장비를 사용하는 작업에 대하여 20ㅇㅇ. 6. 28.부터 그 소음이 규제기준 이내로 될 때까지 작업시간을 08:00~10:00까지로 제한해야 하는 작업시간조정명령을 받은 사실을 인정할 수 있는바, 위 법규정과 위 작업시간조정명령의 구체적인 내용을 종합하여 보면, 위 명령은 위 고소음장비를 사용하는 작업 자체를 위 조정명령상의 작업시간 이내로 제한한 것이며, 위 명령을 받은 자가 임의로 위 고소음장비의 사용으로 발생하는 소음이 위 법 소정의 규제기준 이내가 되었다고 판단하여 그 작업시간을 변경할 수 없는 것이다. 따라서 위 작업시간조정명령에 위반하여 위 고소음장비를 사용하여 작업을 한 피고인의 행위에 대하여 위 법 제59조, 제26조 제1항 위반죄로 처단한 판단은 정당하다고 할 것이

다(대판 2004.3.12. 2002도2298).

[2] 소음·진동규제법 제62조 소정의 '법인의 사용인'에는 법인과 정식 고용계약이 체결되어 근무하는 자뿐만 아니라 그 법인의 업무를 직접 또는 간접으로 수행하면서 법인의 통제, 감독하에 있는 자도 포함된다(대판 2004.3.12. 2002도2298).

|판례 118| 전차포 사격장 주변 지역의 소음과 수인한도의 판단 기준

【판시사항】

[1] 국가배상법 제5조 제1항에서 정한 '영조물의 설치 및 관리의 하자'의 의미 및 영조물의 이용으로 인한 피해의 수인한도 결정 방법

[2] 전차포 사격장 주변 지역의 소음 피해가 사격 시의 1시간 등가소음도 69㏈ 이상이고 최고소음도 100㏈ 이상인 경우 사회통념상 수인한도를 초과한 것으로 위법성을 띤다고 보는 것이 정당한지 여부(적극)

[3] 재산적 손해액의 확정이 가능한데도 위자료의 명목으로 사실상 재산적 손해의 전보를 꾀하는 것이 허용되는지 여부(소극)

[4] 전차포 사격장에서 발생하는 소음으로 인하여 그 인근에서 사육하는 소, 돼지 등 가축에 피해가 발생한 사안에서, 그 피해로 인한 재산상 손해액을 확정하는 것이 불가능하다고 보이지 않으므로 재산상 손해액에 관한 주장·증명이 없이 위자료의 명목 아래 사실상 그 재산상 손해액의 전보를 꾀하는 것이 허용되는지 여부(소극)

【판결요지】

[1] 국가배상법 제5조 제1항에 정하여진 '영조물의 설치 또는 관리의 하자'라 함은 공공의 목적에 공여된 영조물이 그 용도에 따라 갖추어야 할 안전성을 갖추지 못한 상태에 있음을 말하고, 여기서 안전성을 갖추지 못한 상태, 즉 타인에게 위해를 끼칠 위험성이 있는 상태라 함은 당해 영조물을 구성하는 물적 시설 그 자체에 있는 물리적·외형적 흠결이나 불비로 인하여 그 이용자에게 위해를 끼칠 위험성이 있는 경우뿐만 아니라, 그 영조물이 공공의 목적에 이용됨에 있어 그 이용상태 및 정도가 일정한 한도를 초과하여 제3자에게 사회통념상 수인할 것이 기대되는 한도를 넘는 피해를 입히는 경우까지 포함된다고 보아야 할 것이다. 그리고 수인한도의 기준을 결정함에 있어서는 일반적으로 침해되는 권리나 이익의 성질과 침해의 정도뿐만 아니라 침해행위가 갖는 공공성의 내용과 정도, 그 지역환경의 특수성, 공법적인 규제에 의하여 확보하려는 환경기준, 침해를 방지 또는 경감시키거나 손해를 회피할 방안의 유무 및 그 난이 정도 등 여러 사정을 종합적으로 고려하여 구체적 사건에 따라 개별적으로 결정해야 할 것이다(대판 2004.3.12. 2002다14242, 2005.1.27. 2003다49566, 2010.12.9. 2007다42907).

[2] 법원은 위자료액을 산정함에 있어서 피해자 측과 가해자 측의 여러 사정을 참작하여 그

금액을 정해야 하므로 피해자가 가해자로부터 당해 사고로 입은 재산상 손해에 대하여 배상을 받을 수 있는지의 여부 및 그 배상액의 다과 등과 같은 사유도 위자료액 산정의 참작 사유가 되는 것은 물론이며 특히 재산상 손해의 발생이 인정되는데도 증명곤란 등의 이유로 그 손해액의 확정이 불가능하여 그 배상을 받을 수 없는 경우에 이러한 사정을 위자료의 증액사유로 참작할 수 있다고 할 것이나, 이러한 위자료의 보완적 기능은 재산상 손해의 발생이 인정되는데도 손해액의 확정이 불가능하여 그 손해 전보를 받을 수 없게 됨으로써 피해회복이 충분히 이루어지지 않는 경우에 이를 참작하여 위자료액을 증액함으로써 손해전보의 불균형을 어느 정도 보완하고자 하는 것이므로 함부로 그 보완적 기능을 확장하여 그 재산상 손해액의 확정이 가능함에도 불구하고 편의한 방법으로 위자료의 명목 아래 사실상 손해의 전보를 꾀하는 것과 같은 일은 허용되어서는 안된다(대판 1984.11.13. 84다카722, 2004.11.12. 2002다53865, 2010.12.9. 2007다42907).

| 판례 119 | 공기 소음피해 예상지역과 수인한도의 초과 추정 여부(소극)

【판시사항】

[1] 항공기 소음으로 인하여 재산상 손해를 입었고 그 주거지가 항공법 시행규칙상 소음피해 예상지역에 해당된다는 이유만으로는 그 피해자들에게 수인한도를 넘는 정신적 피해가 발생하였다고 추정할 수 있는지 여부(소극)

[2] 국가배상법 제5조 제1항에 정한 '영조물의 설치 및 관리의 하자'의 의미 및 영조물의 이용으로 인한 피해의 수인한도 결정 방법

[3] 공군 비행장 인근 주민들의 거주지역이 농촌지역인 점 등을 감안하여 그 주민들 거주지역 소음 피해가 소음도 80WECPNL 이상인 경우 사회생활상 통상의 수인한도를 넘어 위법하다고 볼 수 있는지 여부(적극)

【판결요지】

[1] 국가배상법 제5조 제1항에 정하여진 '영조물의 설치 또는 관리의 하자'라 함은 공공의 목적에 공여된 영조물이 그 용도에 따라 갖추어야 할 안전성을 갖추지 못한 상태에 있음을 말하고, 여기서 안전성을 갖추지 못한 상태, 즉 타인에게 위해를 끼칠 위험성이 있는 상태라 함은 당해 영조물을 구성하는 물적 시설 그 자체에 있는 물리적·외형적 흠결이나 불비로 인하여 그 이용자에게 위해를 끼칠 위험성이 있는 경우뿐만 아니라, 그 영조물이 공공의 목적에 이용됨에 있어 그 이용상태 및 정도가 일정한 한도를 초과하여 제3자에게 사회통념상 수인할 것이 기대되는 한도를 넘는 피해를 입히는 경우까지 포함된다고 보아야 할 것이다. 그리고 수인한도의 기준을 결정함에 있어서는 일반적으로 침해되는 권리나 이익의 성질과 침해의 정도뿐만 아니라 침해행위가 갖는 공공성의 내용과 정도, 그 지역환경의 특수성, 공법적인 규제에 의하여 확보하려는 환경기준, 침해를 방지 또는 경감시키거나 손

해를 회피할 방안의 유무 및 그 난이 정도 등 여러 사정을 종합적으로 고려하여 구체적 사건에 따라 개별적으로 결정해야 할 것이다(대판 2005.1.27. 2003다49566, 2010.11.25. 2007다20112).

| 판례 120 | 소음 등을 포함한 공해 위험지역으로 이주한 경우의 손해배상액 감액 산정 여부(적극)

【판시사항】

[1] 소음 등을 포함한 공해 위험지역으로 이주하여 거주하는 것이 위험의 존재를 인식하고 피해를 용인하면서 접근한 것이라고 볼 수 있는 경우 가해자의 면책을 인정할 여지가 있는지 여부(적극) 및 위험의 존재는 인식하였으나 위험으로 인한 피해를 용인하며 접근한 것이라고 볼 수 없는 경우, 이를 손해배상액 산정에 고려하는 방법

[2] 대구비행장 인근 주민들이 국가를 상대로 항공기 소음 피해에 대한 손해배상을 구한 경우에, 다른 주민들이 제기한 종전 소송에서 국가의 배상책임을 인정한 대법원판결 내용이 언론보도 등을 통하여 널리 알려졌다고 보이는 2011. 1. 1. 이후 전입한 주민들에 대하여 손해액을 50% 감액한 판단이 정당한지 여부(적극)

【판결요지】

[1] 소음 등을 포함한 공해 등의 위험지역으로 이주하여 들어가서 거주하는 경우와 같이 위험의 존재를 인식하면서 그로 인한 피해를 용인하며 접근한 것으로 볼 수 있는 경우에, 그 피해가 직접 생명이나 신체에 관련된 것이 아니라 정신적 고통이나 생활방해의 정도에 그치고 그 침해행위에 고도의 공공성이 인정되는 때에는, 위험에 접근한 후 실제로 입은 피해 정도가 위험에 접근할 당시에 인식하고 있었던 위험의 정도를 초과하는 것이거나 위험에 접근한 후에 그 위험이 특별히 증대하였다는 등의 특별한 사정이 없는 한 가해자의 면책을 인정해야 하는 경우도 있을 수 있다(대판 2004.3.12. 2002다14242). 특히 소음 등의 공해로 인한 법적 쟁송이 제기되거나 그 피해에 대한 보상이 실시되는 등 피해지역임이 구체적으로 드러나고 또한 이러한 사실이 그 지역에 널리 알려진 이후에 이주하여 오는 경우에는 위와 같은 위험에의 접근에 따른 가해자의 면책 여부를 보다 적극적으로 인정할 여지가 있을 것이다(대판 2012.6.14. 2012다13569).

[2] 다만 일반인이 공해 등의 위험지역으로 이주하여 거주하는 경우라고 하더라도 위험에 접근할 당시에 그러한 위험이 존재하는 사실을 정확하게 알 수 없는 경우가 많고, 그밖에 위험에 접근하게 된 경위와 동기 등의 여러 가지 사정을 종합하여 그와 같은 위험의 존재를 인식하면서도 위험으로 인한 피해를 용인하면서 접근하였다고 볼 수 없는 경우에는 손해배상액의 산정에 있어 형평의 원칙상 과실상계에 준하여 감액사유로 고려하는 것이 상당하다(대판 2005.1.27. 2003다49566, 2010.11.25. 2007다74560, 2012.6.14. 2012다13569).

|판례 121| 소음 등 사업자의 귀책사유 여부와 손해배상

【판시사항】

사업장 등에서 발생되는 소음·진동으로 인하여 피해가 발생한 경우, 당해 사업자는 귀책사유가 없더라도 그 피해를 배상해야 하는지 여부(적극)

【판결요지】

환경정책기본법 제31조 제1항 및 제3조 제1호, 제3호, 제4호에 의하면, 사업장 등에서 발생되는 환경오염으로 인하여 피해가 발생한 경우에는 당해 사업자는 귀책사유가 없더라도 그 피해를 배상해야 하고, 위 환경오염에는 소음·진동으로 사람의 건강이나 환경에 피해를 주는 것도 포함된다(대판 2001.2.9. 99다55434, 2008.9.11. 2006다50338).

|판례 122| 집회나 시위에서 소음 또는 통행의 불편 발생과 정당행위 여부

【판시사항】

집회나 시위에서 소음이나 통행의 불편을 발생시키는 행위가 정당행위에 해당하는 경우

【판결요지】

집회나 시위는 다수인이 공동 목적으로 회합하고 공공장소를 행진하거나 위력 또는 기세를 보여 불특정 다수인의 의견에 영향을 주거나 제압을 가하는 행위로서, 그 회합에 참가한 다수인이나 참가하지 아니한 불특정 다수인에게 의견을 전달하기 위하여 어느 정도의 소음이나 통행의 불편 등이 발생할 수밖에 없는 것은 부득이한 것이므로 집회나 시위에 참가하지 아니한 일반 국민도 이를 수인할 의무가 있다. 따라서 그 집회나 시위의 장소, 태양, 내용, 방법 및 그 결과 등에 비추어, 집회나 시위의 목적 달성에 필요한 합리적인 범위에서 사회통념상 용인될 수 있는 다소간의 피해를 발생시킨 경우에 불과하다면, 정당행위로서 위법성이 조각될 수 있다(대판 2009.7.23. 2009도840).

|판례 123| 소음 등을 포함한 공해 등의 위험지역으로 이주와 가해자의 손해배상책임

【판시사항】

소음 등을 포함한 공해 등의 위험지역으로 이주하여 거주하는 경우, 가해자의 면책 여부에 관한 판단 기준

【판결요지】

[1] 소음 등을 포함한 공해 등의 위험지역으로 이주하여 들어가서 거주하는 경우와 같이 위험의 존재를 인식하면서 그로 인한 피해를 용인하며 접근한 것으로 볼 수 있는 경우에 그

피해가 직접 생명이나 신체에 관련된 것이 아니라 정신적 고통이나 생활방해의 정도에 그치고 그 침해행위에 고도의 공공성이 인정되는 때에는, 위험에 접근한 후 실제로 입은 피해 정도가 위험에 접근할 당시에 인식하고 있었던 위험의 정도를 초과하는 것이거나 위험에 접근한 후에 그 위험이 특별히 증대하였다는 등의 특별한 사정이 없는 한 가해자가 면책되는 경우도 있을 수 있고(대판 2004.3.12. 2002다14242), 특히 소음 등의 공해로 인한 법적 쟁송이 제기되거나 그 피해에 대한 보상이 실시되는 등 피해지역임이 구체적으로 드러나고 또한 이러한 사실이 그 지역에 널리 알려진 이후에 이주하여 오는 경우에는 위와 같은 위험에의 접근에 따른 가해자의 면책 여부를 보다 적극적으로 인정할 여지가 있을 것이다(대판 2010.12.23. 2009다10928·10935·10942·10959).

[2] 다만 일반인이 공해 등의 위험지역으로 이주하여 거주하는 경우라고 하더라도 위험에 접근할 당시에 그러한 위험이 존재하는 사실을 정확하게 알 수 없는 경우가 많고, 그밖에 위험에 접근하게 된 경위와 동기 등의 여러 가지 사정을 종합하여 그와 같은 위험의 존재를 인식하면서 굳이 위험으로 인한 피해를 용인하였다고 볼 수 없는 경우에는 손해배상액의 산정에 있어 형평의 원칙상 과실상계에 준하여 감액사유로 고려하는 것이 상당하고(대판 2005.1.27. 2003다49566), 이러한 과실상계 사유에 관한 사실인정이나 그 비율을 정하는 것은 그것이 형평의 원칙에 비추어 현저히 불합리하다고 인정되지 않는 한 사실심의 전권에 속한다(대판 2002.11.26. 2002다43165, 2010.12.23. 2009다10928·10935·10942·10959).

| 판례 124 | 도로의 신설로 소음 등 생활불편이 생긴 경우 도로수익자 부담금의 징수대상 토지가 아니라고 할 수 있는지 여부(소극)

【판시사항】

지방자치단체가 준공한 도로에 인접한 토지가 그 도로와 직접 연결되지 않고 도로의 신설로 소음 등 생활의 불편이 생겼다는 사정만으로 도로수익자 부담금의 징수대상 토지가 아니라고 할 수 있는지 여부(소극)

【판결요지】

광주직할시가 도로개설공사를 하여 준공한 도로의 경계선 바깥쪽으로부터 5미터 거리에 위치한 1등급지의 토지가 위 도로와 직접 연결되지 않는다든지 위 도로의 신설로 인하여 생긴 소음과 먼지 등으로 생활의 불편이 생겼다는 사정만으로 도로수익자부담금의 징수대상이 되는 광주직할시 도로수익자부담금징수조례 소정의 현저한 이익을 받은 토지가 아니라고 할 수 없다(대판 1990.9.25. 89누6266).

| 판례 125 | 집회·시위 과정에서 음향을 발생시킨 행위가 공무집행방해죄에서의 폭행에 해당하는지 여부 및 판단 기준

【판시사항】

공무원의 직무 수행에 대한 비판이나 시정 등을 요구하는 집회·시위 과정에서 음향을 발생시킨 행위가 공무집행방해죄에서의 폭행에 해당하는지 여부(한정 적극) 및 그 판단 기준

【판결요지】

민주사회에서 공무원의 직무수행에 대한 시민들의 건전한 비판과 감시는 가능한 한 널리 허용되어야 한다는 점에서 볼 때, 공무원의 직무 수행에 대한 비판이나 시정 등을 요구하는 집회·시위 과정에서 일시적으로 상당한 소음이 발생하였다는 사정만으로는 이를 공무집행방해죄에서의 음향으로 인한 폭행이 있었다고 할 수는 없다. 그러나 의사전달수단으로서 합리적 범위를 넘어서 상대방에게 고통을 줄 의도로 음향을 이용하였다면 이를 폭행으로 인정할 수 있을 것인바, 구체적인 상황에서 공무집행방해죄에서의 음향으로 인한 폭행에 해당하는지 여부는 음량의 크기나 음의 높이, 음향의 지속시간, 종류, 음향발생 행위자의 의도, 음향발생원과 직무를 집행 중인 공무원과의 거리, 음향발생 당시의 주변 상황을 종합적으로 고려하여 판단해야 한다(대판 2009.10.29. 2007도3584).

| 판례 126 | 집회나 시위에서의 소음발생 행위가 정당행위에 해당하기 위한 요건

【판시사항】

집회나 시위에서 소음을 발생시키는 행위가 정당행위에 해당하기 위한 요건

【판결요지】

공공장소를 행진하거나 위력 또는 기세를 보여 불특정 다수인의 의견에 영향을 주거나 제압을 가하는 행위로서 그 회합에 참가한 다수인이나 참가하지 아니한 불특정 다수인에게 의견을 전달하는 과정에서 어느 정도의 소음이 발생하는 것은 부득이하므로 집회나 시위에 참가하지 아니한 일반 국민도 이를 수인할 의무가 있고, 그 집회나 시위의 장소, 태양, 내용과 소음 발생의 수단, 방법 및 그 결과 등에 비추어, 집회나 시위의 목적 달성의 범위를 넘어 사회통념상 용인될 수 없는 정도로 타인에게 심각한 피해를 주는 소음을 발생시킨 경우에는 위법한 위력의 행사로서 정당행위라고는 할 수 없으나 합리적인 범위에서는 확성기 등 소리를 증폭하는 장치를 사용할 수 있고 확성기 등을 사용한 행위 자체를 위법하다고 할 수 없다(대판 2004.10.15. 2004도4467, 2008.9.11. 2004도746).

| 판례 127 | 국가유공자 등급 결정을 위한 청력검사 기준

【판시사항】

구 「국가유공자 등 예우 및 지원에 관한 법률 시행규칙」 제8조의3 [별표 3] 신체부위별 상이등급결정 2. 가.(1)(나)항 규정의 취지

【판결요지】

구 「국가유공자 등 예우 및 지원에 관한 법률 시행규칙」(2002. 3. 30. 총리령 제731호로 개정되기 전의 것) 제8조의3 [별표 3] 신체부위별 상이등급결정 2. 가.(1)(나)항 규정의 취지는 3회 이상 순음청력검사를 실시하되 매회의 순음청력검사시마다 24시간 이상 소음작업을 중단한 후 청력역치를 측정해야 한다는 취지가 아니라, 최초의 순음청력검사 당시 24시간 이상 소음작업에 종사하지 않은 상태에서 청력역치를 측정하였다면 동일한 기회에 3회 이상의 순음청력검사를 실시하면 족하고, 그 검사 결과 사이에 유의차가 없으면 그 중 최소가청력치를 청력장애로 인정한다는 취지이다(대판 2003.12.26. 2003두10817).

| 판례 128 | 소음방지용 벽돌담장 등 철거 및 이전청구가 권리남용에 해당하는 경우

【판시사항】

공장건물과 기계 및 벽돌담장을 철거이전청구가 권리남용에 해당하는 경우

【판결요지】

원고가 계쟁 대지부분(5평)에 이미 판자로 된 담장이 설치되어 있는 대지 162평을 매수한 이래 수년 동안 이웃 대지에 직조공장을 가지고 있는 피고와의 경계문제에 관하여 아무 이의가 없었고, 소음방지를 위한 원고의 요청으로 위 판자울타리를 뜯고 그 자리에 세면벽돌담장을 축조하였으며, 그 후 원고가 경계측량을 하여 그 소유임을 확인하자 비로소 본소 제기에 이르렀고, 원고의 위 계쟁대지부분에 대한 매도의사 표명이 있어 피고가 시가의 4~5배에 상당하는 금원에 매도할 것을 요구하여도 원고는 그 이상의 가격을 주장할뿐더러 자기대지전부와 그 지상가옥까지를 전부 매수하라고 하면서 위 계쟁대지상의 공정건물을 철거하라는 본소청구를 고집하고 있으며, 위 계쟁토지의 시가는 12,500원 상당인데 그 지상 공장건물과 기계 및 벽돌담장을 철거이전하려면 230,000여원의 비용이 소요되는 사정이라면 원고의 본건 청구는 권리남용에 해당한다(대판 1965.12.21. 65다1910).

| 판례 129 | 근로자가 입은 소음성난청의 산업재해에 대한 사용자의 불법행위책임과 근로자의 과실 인정

【판시사항】

[1] 근로자가 입은 소음성난청의 산업재해에 대하여 사용자의 불법행위 책임을 인정한 사례

[2] 청력장해와 관련하여 귀마개를 안한 광부의 과실(60%)

【판결요지】

[1] 근로자로 하여금 인체에 유해한 강렬한 소음이 발생하는 착암기 등을 사용하여 밀폐된 굴진막장에서 작업하게 하는 사업주로서는 근로자의 생명 및 건강 등을 업무상 질병 등 산업재해의 위험으로부터 안전하게 보호해야 할 주의의무를 부담하는바, 소음성난청은 업무상 질병의 하나로 법정되어 있고 실제로도 그 발병율이 높았던 점에 비추어 굴진광부들이 청력손실의 인신장해를 입을 위험의 개연성이 상당히 높았다면 사업주로서는 이러한 위험발생의 예견가능성이 있었고, 산업안전보건법령 소정의 조치를 취함으로써 그 위험의 회피가능성도 있었다 할 것이므로 그와 같은 산업재해예방을 위하여 필요한 주의의무를 다하지 못한 사용자는 근로자의 질환에 대하여 근로기준법이나 산업재해보상보험법 등에 의하여 보상을 받을 수 있음은 별론으로 하고 사업주로서의 불법행위 법상의 책임을 면할 수 없다(대판 1989.8.8. 88다카33190).

[2] 굴진광부인 원고가 자신의 안전과 건강을 위하여 피고 회사에 안전한 귀마개 등의 보호구의 지급을 요구하여 착용에 만전을 기하고 지급이 없을 때에는 스스로 대용품을 마련해서라도 착용해야 하며, 신체에 이상이 있을 때에는 정밀검사를 받아보는 등의 방법으로 이를 확인하고 피고 회사에 작업의 전환이나 작업시간의 단축을 요구하는 등의 조치를 취하지 아니한 잘못을 인정하고 이에 터잡아 원고의 과실정도를 60%로 본 판단은 정당하다(대판 1989.8.8. 88다카33190).

| 판례 130 | 항공기가 토지의 상공을 통과하여 비행하는 등으로 토지의 사용·수익에 대한 방해가 있을 때 비행 금지 등 방해의 제거 및 예방을 청구하거나 손해배상을 청구하기 위한 요건

【판시사항】

[1] 항공기가 토지의 상공을 통과하여 비행하는 등으로 토지의 사용·수익에 대한 방해가 있음을 이유로 비행 금지 등 방해의 제거 및 예방을 청구하거나 손해배상을 청구하기 위한 요건 및 이때 방해가 참을 한도를 넘는지 판단하는 기준 / 항공기의 비행으로 토지 소유자의 정당한 이익이 침해된다는 이유로 토지 상공을 통과하는 비행의 금지 등을 구하는 방지청구에서 방해의 위법 여부를 판단하는 방법

[2] 항공기가 토지의 상공을 통과하여 비행하는 등으로 토지의 사용·수익에 방해가 되어 손해배상책임이 인정되는 경우, 토지 소유자가 청구할 수 있는 손해배상의 범위

【판결요지】

[1] 토지의 소유권은 정당한 이익이 있는 범위 내에서 토지의 상하에 미치고(민법 제212조), 토지의 상공으로 어느 정도까지 정당한 이익이 있는지는 구체적 사안에서 거래관념에 따라 판단해야 한다. 항공기가 토지의 상공을 통과하여 비행하는 등으로 토지의 사용·수익에 대한 방해가 있음을 이유로 비행 금지 등 방해의 제거 및 예방을 청구하거나 손해배상을 청구하려면, 토지소유권이 미치는 범위 내의 상공에서 방해가 있어야 할 뿐 아니라 방해가 사회통념상 일반적으로 참을 한도를 넘는 것이어야 한다. 이때 방해가 참을 한도를 넘는지는 피해의 성질 및 정도, 피해이익의 내용, 항공기 운항의 공공성과 사회적 가치, 항공기의 비행고도와 비행시간 및 비행빈도 등 비행의 태양, 그 토지 상공을 피해서 비행하거나 피해를 줄일 수 있는 방지조치의 가능성, 공법적 규제기준의 위반 여부, 토지가 위치한 지역의 용도 및 이용 상황 등 관련 사정을 종합적으로 고려하여 판단해야 한다. 한편 항공기의 비행으로 토지 소유자의 정당한 이익이 침해된다는 이유로 토지 상공을 통과하는 비행의 금지 등을 구하는 방지청구와 금전배상을 구하는 손해배상청구는 내용과 요건이 다르므로, 참을 한도를 판단하는 데 고려할 요소와 중요도에도 차이가 있을 수 있다. 그중 특히 방지청구는 그것이 허용될 경우 소송당사자뿐 아니라 제3자의 이해관계에도 중대한 영향을 미칠 수 있으므로, 방해의 위법 여부를 판단할 때는 청구가 허용될 경우 토지 소유자가 받을 이익과 상대방 및 제3자가 받게 될 불이익 등을 비교·형량해 보아야 한다(대판 2016.11.10. 2013다71098).

[2] 항공기가 토지의 상공을 통과하여 비행하는 등으로 토지의 사용·수익에 방해가 되어 손해배상책임이 인정되면, 소유자는 항공기의 비행 등으로 토지를 더 이상 본래의 용법대로 사용할 수 없게 됨으로 인하여 발생하게 된 재산적 손해와 공중 부분의 사용료 상당 손해의 배상을 청구할 수 있다(대판 2016.11.10. 2013다71098).

| 사례 47 | 고속도로의 확장공사와 방음벽 설치 등 방음대책 이행 책임 여부

고속도로 일부 구간에 확장공사가 시행되어 완료되기 전에 아파트 부지에 관한 택지개발사업이 준공되어 신축공사가 시작되었으나 완공과 입주는 확장공사 완료 후 이루어진 인근 아파트의 입주민들이 소음 피해를 주장하면서, 확장공사를 시행한 한국도로공사를 상대로 방음벽 추가 설치 등 방음대책의 이행을 요구하자, 한국도로공사가 채무부존재확인을 구한 사안에서, 아파트 소음과 관련하여 65dB을 초과하는 소음이 발생하는 것은 통상의 수인한도를 넘어 위법하므로, 한국도로공사는 고속도로에서 유입되는 소음을 수인한도 내로 저감시킬 방음대책을 이행할 의무가 있는지 여부가 문제된다. 고속도로 일부 구간에 확장공사가 시행되어 완료되기 전에 아파트

부지에 관한 택지개발사업이 준공되어 신축공사가 시작되었으나 완공과 입주는 확장공사 완료 후 이루어진 인근 아파트의 입주민들이 소음 피해를 주장하면서, 확장공사를 시행한 다음 고속도로를 관리하고 있는 한국도로공사를 상대로 방음벽 추가 설치 등 방음대책의 이행을 요구하자, 한국도로공사가 채무부존재확인을 구한 사안에서, 고속도로의 공공성이나 아파트 입주 전에 고속도로가 완료된 점을 고려하더라도, 아파트 소음과 관련하여 65dB을 초과하는 소음이 발생하는 것은 통상의 수인한도를 넘어 위법하므로, 위 고속도로는 입주민들의 수인한도를 초과하는 소음을 유발하는 설치·관리상의 하자가 존재한다고 할 것이어서, 그 설치·관리자인 한국도로공사는 입주민들에 대해 고속도로에서 유입하는 소음을 수인한도 내로 저감시킬 방음대책을 이행할 의무가 있다고 할 것이다(대구고등법원 2011.9.21. 2010나4845).

| 사례 48 | 가수의 공연장에서는 상당한 정도의 소음이라도 수인한도 내에 있는지 여부와 가수의 공연장에 참석한 관객이 비정상적인 음향으로 청력이 손상되었다고 주장하며 공연담당자 등을 상대로 손해배상을 청구할 수 있는지 여부(소극)

가수의 공연장은 상당한 정도의 소음 발생이 충분히 예견되는 장소이고, 이러한 공연에 참석하는 관객으로서는 당연히 그러한 정도의 소음을 예상하고 감내하겠다는 의사를 가지는 것이므로, 통상의 공연장에서의 소음과는 차별화될 정도의 큰 소음으로, 일반인이 예상하기 힘든 고도의 음향이 돌발적으로 발생한 것이 아닌 이상 어느 정도의 소음은 수인한도 내에 포함된다. 따라서 가수의 공연장에 참석한 관객이 비정상적인 음향으로 청력이 손상되었다고 주장하며 공연담당자 등을 상대로 손해배상을 청구하더라도 이는 수인한도를 벗어난 소음이라고 볼 수 없어 인정되지 않을 것으로 본다(서울고등법원 2008.5.22. 2007나78588).

| 사례 49 | 불특정·다수인의 통행로로 이용되어 오던 기존통로의 일부 소유자인 乙의 사용승낙을 받지 않은 채 통로를 활용해서 공사차량을 통행한 甲에 대하여 乙이 공사차량을 통행하지 못하도록 자신 소유의 승용차를 통로에 주차시켜 놓은 행위가 사회상규에 위배되지 않는 행위로서 정당행위에 해당하는지 여부(소극)

공사차량의 통행자인 甲은 본건 다세대주택에 대한 건축허가를 받아 그 공사를 개시하여 약 1달 정도 진행하고 있었고, 그 소유의 전북 소재 613-7 토지 부분에 별도의 출입로를 확보하지 않은 채 공사를 진행하기는 했으나, 그것이 건축허가조건에 위배되는 것도 아니었고, 위 甲이 당초 불특정·다수인의 통행로로 이용되어 오던 본건 통로에 대하여 그 일부분의 소유자들인 乙 등으로부터 사전에 사용승낙을 받지 못하였거나 그 공사차량 통행으로 인하여 乙의 영업에 다소 피해를 주었다고 하더라도, 그러한 사정들만으로 위 甲의 건축공사업무가 그 위법의 정도가 중하여 사회생활상 도저히 용인할 수 없는 정도로 반사회성을 띤다거나 그와 동등한 것으로 평가할 정도에 이르렀다고는 할 수 없으므로, 위 甲의 건축공사업무가 업무방해죄에 의하여 보호받아야 할 대상이 되는 업무라고 하지 않을 수 없어 乙을 업무방해죄로 처벌하는 것은 정당하다고 할 것이다. 즉 형법 제20조 소정의 '사회상규에 위배되지 않는 행위'라 함은 법질서 전체의 정신이나 그 배후에 놓여 있는 사회윤리 내지 사회통념에 비추어 용인될 수 있는 행위를 말하고, 어떠한 행위가 사회상규에 위배되지 않는 정당한 행위로서 위법성이 조각되는 것인지는 구체적인 사정 아래서 합목적적, 합리적으로 고찰하여 개별적으로 판단되어야 하므로, 이와 같은 정당행위를 인정하려면 첫째 그 행위의 동기나 목적의 정당성, 둘째 행위의 수단이나 방법의 상당성, 셋째 보호이익과 침해이익과의 법익균형성, 넷째 긴급성, 다섯째 그 행위 외에 다른 수단이나 방법이 없다는 보충성 등의 요건을 갖추어야 할 것인데(대판 1986.10.28. 86도1764, 2003.9.26. 2003도3000, 2004.5.28. 2004도1497), 본건에서 甲이 乙 등 같은 리 613-6 토지의 소유자들로부터 사용승낙을 받지 않은 채 본건 통로를 이용하여 공사차량을 통행하게 함으로써 乙이 운영하는 휴게실에 소음, 먼지 등이 발생하였고, 이로 인하여 乙과 위 甲 사이에 분쟁이 발생하자, 乙이 약 4개월 동안 위 공사차량을 통행하지 못하도록 그 소유의 엑센트 승용차량을 본건 통로 중 乙 등 소유 토지의 같은 리 613-6 토지 부분뿐만 아니라, 위 甲 소유의 같은 리 613-7 토지 부분까지에 걸쳐 오전 10시경부터 자정 무렵까지 주차시켜 놓았고, 이로 인하여 본건 건축공사 현장으로 차량은 물론 손수레의 출입마저 불가능하여 건축인부들이 손으로 자재를 운반하기도 하였으며, 아침 일찍 들어갔던 차량들이 빠져나오지 못한 적도 있었고, 정면에서 바라볼 때 乙의 휴게실의 출입문은 본건 통로와 반대쪽에 설치되어 있는 것으로 보아, 乙의 위와 같은 행위가 그 수단과 방법에 있어서 상당하다거나, 긴급·불가피한 수단이었다고 볼 수 없으므로, 이를 가리켜 사회상규에 위배되지 않는 정당한 행위에 해당한다고 할 수는 없는 것이다(대판 2005.9.30. 2005도4688).

| 사례 50 | 관할행정청으로부터 도시공원법상의 근린공원 내의 개인 소유 토지상에 골프연습장을 설치할 수 있다는 인가처분을 받은데 하자가 있는 경우에 그 근린공원 인근 주민들에게 토지소유자에 대하여 골프연습장 건설의 금지를 구할 사법상의 권리가 생기는 것인지 여부(소극)

헌법 제35조 제1항은 "모든 국민은 건강하고 쾌적한 환경에서 생활할 권리를 가지며, 국가와 국민은 환경 보전을 위하여 노력해야 한다"고 규정하여 환경권을 국민의 기본권의 하나로 승인하고 있으므로, 사법의 해석과 적용에 있어서도 이러한 기본권이 충분히 보장되도록 배려해야 할 것임은 당연하다고 할 것이나, 헌법상의 기본권으로서의 환경권에 관한 위 규정만으로서는 그 보호대상인 환경의 내용과 범위, 권리의 주체가 되는 권리자의 범위 등이 명확하지 못하여 이 규정이 개개의 국민에게 직접으로 구체적인 사법상의 권리를 부여한 것이라고 보기는 어렵고, 또 사법적 권리인 환경권을 인정하면 그 상대방의 활동의 자유와 권리를 불가피하게 제약할 수밖에 없는 것이므로, 사법상의 권리로서의 환경권이 인정되려면 그에 관한 명문의 법률규정이 있거나 관계법령의 규정취지나 조리에 비추어 권리의 주체, 대상, 내용, 행사방법 등이 구체적으로 정립될 수 있어야 할 것이다. 그것은 환경의 보전이라는 이념과 산업개발 등을 위한 개인활동의 자유와 권리의 보호라는 상호 대립하는 법익 중에서 어느 것을 우선시킬 것이며 이를 어떻게 조정 조화시킬 것인가 하는 점은 기본적으로 국민을 대표하는 국회에서 법률에 의하여 결정해야 할 성질의 것이라고 보아야 할 것이기 때문이다. 헌법 제35조 제2항에서 "환경권의 내용과 행사에 관하여는 법률로 정한다"고 규정하고 있는 것도 이러한 고려에 근거한 것이라고 여겨진다. 그러므로 신청인들이 주장하는 환경권의 취지가 현행의 사법체계 아래서 인정되는 생활이익 내지 상린관계에 터잡은 사법적 구제를 초과하는 의미에서의 권리의 주장이라면 그러한 권리의 주장으로서는 직접 국가가 아닌 사인인 피신청인에 대하여 사법적 구제수단인 본건 골프연습장의 설치를 금지하는 가처분을 구할 수 없다고 하는 것에 환경권에 관한 법리오해의 위법이 있다고 할 수 없다. 또한 피신청인이 ○○구청장으로부터 도시공원법상의 근린공원인 ○○공원 내의 피신청인 소유 토지상에 본건 골프연습장을 설치할 수 있다는 인가처분을 받은데 가사 다소간의 하자가 있다고 하더라도, 그러한 하자가 있다는 점만으로 바로 위 ○○공원 인근 주민들인 신청인들에게 피신청인에 대하여 위 골프연습장 건설의 금지를 구할 사법상의 권리가 생기는 것이라고는 할 수 없으므로(다만, 위 인가처분의 효력을 다투는 행정소송에서 이러한 하자가 있음을 주장할 수 있는 점은 별개의 문제이다) 신청인들과 피신청인 사이의 본건 가처분 신청 사건에서 위 인가처분의 하자 유무를 따져볼 필요는 없다고 할 것이며, 따라서 위 인가처분의 하자가 있음을 이유로 하여 본건 가처분이 허용되어야 한다는 신청인들의 주장은 배척될 수밖에 없을 것이다. 그리고 피신청인이 본건 골프연습장을 설치 운영함으로 인하여 위 골프연습장에 출입하는 차량에 의한 교통체증과 소음, 골프연습장에서의 골프공 타격 소리와 연습장 내 조명 등으로 인근 주민들인 신청인들의 생활환경을 침해하게 된다는 신청인들의 주장에 대하여 살펴보면, 피신청인이 ○○구청장으로부터 위 골프연습장설치 인가처분을 받음에 있어 위 골프연습장에 대한 주차장의 충분한 확보, 완벽한 방음시설, 건물 전면에 소로 개설, 주택가로의 조명 차단, 그린(Green)에 인조잔디를 입힐 것 및 최소한의 녹지훼손 등을 인가조건으로 하여 인가처분을 받았는데, 그 인가조건의 내용에 비추어 보아 앞으로 본건 골프연습장을 위 인가조건에 충족하도록 건립하는 경우에는 위 골프연습장의 운영으로 말미암아 그 인근 주민인 신청인들이 입게 되는 생활환경 침해는 그것이 인근 주민들이 사회 통념상 수인할 수 있는 정도의 범위 내라고 봄이 상당하다 할 것이고, 달리 피신청인이 골프연습장 건립에 있어 위 인가조건을 준수하지 않을 것으로 보인다거나 위 골프연습장의 운영으로 인하여 신청인들에게 수인할 수 없을 정도의 생활환경 침해 결과가 발생한다고 단정할 만한 자료가 없으므로 민법상의 상린관계 내지 신청인들의 생활이익을 피보전권리로 한 가처분 주장 역시 이유 없다고 할 것이다. 한편 위 ○○공원이 도시공원법상 근린공원으로 지정됨으로 인하여 신청인들과 같은 일반 주민들은 다른 사람의 공동사용을 방해하지 않는 한 자유로이 본건 ○○공원을 이용할 수 있다고 할 것이지만, 그러한 사정만으로 신청인들이 누구에게나 주장할 수 있는 이른바 공원이용권이라는 배타적인 권리를 취득하였다고는 할 수 없고, 위 골프연습장설치인가처분에 하자가 있다는 이유만으로는 피신청인의 본건 골프연습장 설치가 신청인들에 대한 불법행위가 된다고 할 수도 없으므로 신청인들 주장의 공원이용권에 기한 가처분신청 또한 이유 없다고 할 것이다(대결 1995.5.23. 94마2218).

| 사례 51 | 학교환경위생정화구역 내의 일반 유흥음식점이 학교 보건위생에 악영향을 끼치는 시설이라고 보아 학교보건법에 의하여 그 시설의 철거 외에 영업허가도 취소할 수 있는지 여부(소극)

학교보건법 제6조의 규정을 살펴보면 학교 환경위생정화구역에서는 소음·진동·악취등의 발생으로 학생의 학습에 지장이 있다고 인정되는 행위와 학교 보건위생에 영향을 끼치는 비위생적인 시설이나 행위를 방지하는데 필요한 조치를 해야 하고 필요한 경우에는 그 시설의 철거를 명할 수 있다고만 되어 있어 동 구역 내의 일반 유흥음식점 같은 시설에 대하여 그 철거를 명할 수 있을 뿐 그 음식점 영업허가 자체를 취소할 수 있는 근거는 되지 못한다고 할 것이므로, 원고의 일반 유흥음식점이 학교 보건위생에 나쁜 영향을 끼치는 시설이라고 하더라도 도지사가 그 시설의 철거를 명할 수 있다고 할 것일 뿐 원고의 일반 유흥음식점의 영업허가를 취소할 수 있다고는 인정되지 않는다고 할 것이다. 한편 원고에 대한 일반 유흥음식점의 장소 변경허가를 함에 있어서 위조된 해제승인서가 첨부되었는데도 유효한 해제승인서인 것으로 잘못 알고 접수 허가한 것인 점에서 착오로 허가해주었다고 볼 것이지만, 이는 행정행위의 절차에 하자있는 것으로는 볼 수 없다고 할 것이므로 이와 같이 착오로 허가해 주었다고 하여 그것만을 이유로 그 허가처분을 취소할 수는 없다고 할 것이다. 또한 위조된 해제승인서인 사정을 알고 이를 첨부하여 행정청을 기망하여 영업장소 변경허가를 받게 된 것이라 함을 인정할 만한 증거자료가 없고, 원고 경영의 본건 일반유흥음식점은 학교 보건위생에 나쁜 영향을 끼치는 시설이 아니고 또 학교환경정화위원회에서 해제승인하기로 심의 의결되어 ㅇㅇ시 교육장에게 해제승인 통지를 한 사실이 인정되므로 원고의 위 영업허가를 취소할 공익상의 필요가 없다고 할 것이다. 그러나 영업의 장소 변경허가는 영업허가 내용 중 장소만의 변경을 허가 한 것으로 볼 것이지 새로운 영업허가를 한 것은 아니라고 함이 상당한바, 원고가 경영하던 일반 유흥음식점의 장소를 학교 환경위생정화구역 내로 변경함으로 인하여 학교 보건위생에 나쁜 영향을 끼치는 시설이 되었다고 하더라도 이러한 경우에는 위 장소 변경허가만을 취소할 수 있을 뿐 원고가 그전의 장소에서도 위 영업을 할 수 없도록 영업허가 그 자체를 취소할 수는 없을 것이다(대판 1979.6.26. 79누43).

제4장 생활환경의 상린관계

01
조망권·관망권·경관권

1. 의 의

조망권이란 토지나 건물의 소유자가 그 특정된 장소에서 먼 곳이나 먼 곳의 경치를 바라볼 수 있는 권리를 말하는 것으로서, 멀리 탁 트인 아름다운 자연적 환경이나 역사적·문화적 풍물을 조망하여 정신적 휴식 및 미적 만족감을 향유할 수 있는 조망적 이익 내지 경관적 이익을 말한다. 조망권은 다른 측면에서 본다면 일종의 관망권 내지 경관권[140]이라고 표현할 수 있을 것이다.

이와 같이 조망권에는 통상적으로 멀리 바라볼 수 있는 조망이익과 아름다운 자연 풍광 등을 관망할 수 있는 경관이익이 포함될 것이다.[141] 이는 아름다운 조망이나 경관 등이 이웃토지 위에 신축되거나 신축될 예정인 고층아파트나 주상복합아파트 또는 고층 건물 등으로 인하여 기존에 누리고 있던 조망권이 방해를 받게 되는 경우에 이를 법적으로 보호를 받을 수 있느냐의 문제로 논의되고 있는 문제이다.

조망권의 침해는 환경침해와 유사한 듯 보이지만 이는 경관이나 신선한 공기 또는 통풍 등이 확보되지 못함으로 인한 인격적 이익의 침해와 아울러 조망권이 확보되지 못함으로 인한 부동산 가치의 하락 등 재산적 이익의 침해라고 할 수 있을 것이다. 조망권은 삶의 질을 중시하는 현대에 있어서는 멀리 시야가 트이고 확보되는 산이나 강에 대한 전망이 중시되고 있고, 아울러 이는 사람의 감정과 건강과도 관련되는 것이어서 소유권과 별개로

---

140) 경관이란 자연, 인공 요소 및 주민의 생활상 등으로 이루어진 일단의 지역환경적 특징을 나타내는 것을 말한다(경관법 제2조 제1호).

141) 이와 같이 조망권·관망권에는 경관권 내지 경과이익도 포함된다고 보지만, 이를 조망이익으로부터 분리·구별함으로써 조망권은 개인의 사적 영역에서의 개별적·구체적인 보호 문제로 보고, 경관이익은 지역주민들의 공적 영역에서 공공적 이익의 보호 문제로 귀착시켜 경관권 내지 경관이익을 독자적으로 보호 가능한 법적 권리로서 인정할 수 있다는 견해도 있다(이상욱·배성호, "경관이익의 법적 보호에 관한 연구", 2005.

독자적인 법적 보호의 대상이 되고 있다고 본다.

2. 내 용

가. 법적인 보호대상로서의 조망권

일반적으로 조망은 풍물을 바라보는 자에게 미적 만족감과 정신적 편안함을 부여하는 점에 있어서 생활상 적지 않은 가치를 가지고 있고, 어느 토지나 건물의 소유자가 종전부터 향유하고 있던 조망, 조용하고 쾌적한 환경 등이 그에게 있어 하나의 생활이익으로서 가치를 지닌다고 객관적으로 인정된다면 법적 보호의 대상이 될 수 있는 것이다(대판 1999.7.27. 98다47528). 따라서 조망권은 우연히 자신의 주택 앞에 다른 건축물이 존재하지 않음에 따른 반사적 이익에 불과한 것이 아니고 법령상 권리로까지 인정될 수 있는 권리인 것이다(대판 2004.9.13. 2004다24212).

나. 수인한도를 넘는 조망권의 침해

어느 토지나 건물의 소유자가 종전부터 향유하고 있던 경관이나 조망이 그에게 하나의 생활이익으로서 가치를 가지고 있다고 객관적으로 인정된다면 법적인 보호의 대상이 될 수 있다(대판 2004.9.13. 2003다64602). 이와 같은 조망이익은 원칙적으로 특정의 장소가 그 장소로부터 외부를 조망함에 있어 특별한 가치를 가지고 있고, 그와 같은 조망이익의 향유를 하나의 중요한 목적으로 하여 그 장소에 건물이 건축된 경우와 같이 해당 건물의 소유자나 점유자가 그 건물로부터 향유하는 조망이익이 사회통념상 독자적 이익으로 승인되어야 할 정도로 중요성을 갖는다고 인정되는 경우에 비로소 법적인 보호의 대상이 되는 것이라고 할 것이고, 그와 같은 정도에 이르지 못하는 조망이익의 경우에는 특별한 사정이 없는 한 법적인 보호의 대상이 될 수 없는 것이다(대판 2004.9.13. 2003다64602).[142]

조망이익이 법적인 보호의 대상이 되는 경우에 이를 침해하는 행위가 사법상 위법한 가해행위로 평가되기 위해서는 조망이익의 침해 정도가 사회통념상 일반적으로 인용하는 수인한도를 넘어야 한다. 이때 수인한도를 넘었는지 여부는 조망의 대상이 되는 경관의 내용과 피해 건물이 입지하고 있는 지역에 있어서 건조물의 전체적 상황 등의 사정을 포함한 넓은 의미에서의 지역성, 피해 건물의 위치 및 구조와 조망상황, 특히 조망과의 관계에서의 건물의 건축·사용목적 등 피해 건물의 상황, 주관적 성격이 강한 것인지 여부와

142) 그밖에 조망권을 인정하지 않는 판례로는 대판 2004.9.13. 2003다64602, 2007.6.28. 2004다54282, 2007.9.7. 2005다72485 등이 있다.

여관·식당 등의 영업과 같이 경제적 이익과 밀접하게 결부되어 있는지 여부 등 해당 조망이익의 내용, 가해 건물의 위치 및 구조와 조망방해의 상황 및 건축·사용목적 등 가해 건물의 상황, 가해 건물 건축의 경위, 조망방해를 회피할 수 있는 가능성의 유무, 조망방해에 관하여 가해자측이 해의(害意)를 가졌는지의 유무, 조망이익이 피해이익으로서 보호가 필요한 정도 등 모든 사정을 종합적으로 고려하여 판단해야 한다(대판 2004.9.13. 2003다64602, 1999.1.26. 98다23850).[143)]

따라서 조망의 대상과 그에 대한 조망의 이익을 누리는 건물 사이에 타인 소유의 토지가 있지만 그 토지 위에 건물이 건축되어 있지 않거나 저층의 건물만이 건축되어 있어 그 결과 타인의 토지를 통한 조망의 향수가 가능하였던 경우, 그 타인은 자신의 토지에 대한 소유권을 자유롭게 행사하여 그 토지 위에 건물을 건축할 수 있고, 그 건물 신축이 「국토의 계획 및 이용에 관한 법률」에 의하여 정해진 지역의 용도에 부합하고 건물의 높이나 이격거리에 관한 건축관계 법규에 어긋나지 않으며 조망 향수자가 누리던 조망의 이익을 부당하게 침해하려는 해의(害意)에 의한 것으로서 권리의 남용에 이를 정도가 아닌 한 인접한 토지에서 조망의 이익을 누리던 자라도 이를 함부로 막을 수 없으며, 따라서 조망의 이익은 주변에 있는 객관적 상황의 변화에 의하여 저절로 변용 내지 제약을 받을 수밖에 없고, 그 이익의 향수자가 이러한 변화를 당연히 제약할 수 있는 것도 아니다(대판 2007.6.28. 2004다54282).

또한 5층짜리 아파트의 뒤에 그보다 높은 10층짜리 건물을 세움으로써 종전에 조망되던 경관이 침해된 경우와 같이 인공적인 특별한 시설의 존재 여부에 좌우되어 누릴 수 있게 된 종전의 조망의 이익은 법적으로 보호받을 수 없다고 할 것이다(대판 2007.6.28. 2004다54282).

나. 조망권 침해의 효과

조망권이 침해된 경우에 그 구제수단으로서 판례는 소유권에 기한 물권적 청구권을 들고 있다. 소유권에 기한 물권적 청구권에는 차단시설의 제거나 건축물의 철거 등 방해제거청구권과 공사나 건축의 중지·중단 등 방해예방청구권이 포함될 것이고, 그것이 불법행위로 인한 손해배상청구권의 요건[144)]도 갖추어져 있는 경우에는 손해배상도 포함될 것이다.

---

143) 사회통념상 수인한도를 넘었는지 여부는 피해의 정도, 피해이익의 성질 및 그에 대한 사회적 평가, 가해 건물의 용도, 지역성, 토지이용의 선후관계, 가해방지 및 피해회피의 가능성, 공법적 규제의 위반 여부, 교섭 경과 등 모든 사정을 종합적으로 고려하여 판단해야 하고, 건축 후에 신설된 일조권에 관한 새로운 공법적 규제 역시 이러한 위법성의 평가에 있어서 중요한 자료가 될 수 있다(대판 1999.1.26. 98다23850).

144) 여기에서 손해배상청구권의 요건이란 일반 불법행위의 요건을 말하는데, 가해자의 고의·과실, 위법성, 손해의 발생과의 인과관계 등이 해당될 것이다. 다만 일반 사건에서와 달리 조망권 등의 생활이

예컨대, 인접 대지 위에 건축 중인 아파트가 24층까지 완공되는 경우 대학교 구내의 첨단과학관에서의 교육 및 연구 활동에 커다란 지장이 초래되고, 첨단과학관 옥상에 설치된 자동기상관측장비 등의 본래의 기능 및 활용성이 극도로 저하되며, 대학교로서의 경관·조망이 훼손되고 조용하고 쾌적한 교육환경이 저해되며, 소음의 증가 등으로 교육 및 연구 활동이 방해받게 된다면, 그 부지 및 건물을 교육 및 연구시설로서 활용하는 것을 방해받게 되는 대학교측으로서는, 그 방해가 사회통념상 일반적으로 수인할 정도를 넘어선다고 인정되는 한, 그것이 상린관계에 의한 구제(제217조 제1항) 여부를 떠나 소유권에 기하여 그 방해의 제거나 예방을 청구할 수 있는 것이다(대판 1995.9.15. 95다23378).

또한 어느 토지나 건물의 소유자가 종전부터 향유하고 있던 경관이나 조망, 조용하고 쾌적한 종교적 환경 등이 그에게 하나의 생활이익으로서 가치를 가지고 있다고 객관적으로 인정된다면 법적인 보호의 대상이 될 수 있는 것이라 할 것이므로, 인접 대지에 건물을 신축함으로써 그와 같은 생활이익이 침해되고 그 침해가 사회통념상 일반적으로 수인할 정도를 넘어선다고 인정되는 경우에는 토지 등의 소유자는 소유권에 기하여 방해의 제거나 예방을 위하여 필요한 청구를 할 수 있는데, 이러한 청구를 하기 위한 요건으로는 반드시 건물이 문화재보호법이나 건축법 등의 관계 규정에 위반하여 건축되거나 또는 그 건축으로 인하여 소유자의 토지 안에 있는 문화재 등에 대하여 직접적인 침해가 있거나 그 우려가 있을 것을 요하는 것은 아니므로, 사찰로부터 6m의 이격거리를 둔 채 높이 87.5m의 19층 고층빌딩을 건축 중인 경우에는 사찰의 환경이익 침해를 이유로 전체 건물 중 16층부터 19층까지의 공사를 금지시킬 수 있다고 할 것이다(대판 1997.7.22. 96다56153).

그러나 한편 조망권의 침해는 민법상 상린관계에 관한 규정(제217조 제1항)상 '매연, 열기체, 액체, 음향, 진동 기타 이에 유사한 것'에 포함되어 피해 부동산의 소유자뿐만 아니라 그밖의 피해자는 구제가 가능하다고 보아야 한다. 여기에 예시된 생활이익의 침해와 관련하여 이를 공중에 방산된 매개체에 한정된다는 견해가 있으나, 이는 민법 제정 당시 문제가 된 생활이익의 침해 유형만을 예시한 것으로서 조망이나 일조권 등 다른 유형의 생활이익이 중시되는 현대에 있어서는 공중을 통하여 적극적으로 방산하는 것뿐만 아니라 시야차단 등으로 인한 압박감과 같이 소극적으로 공중으로의 통과를 차단하는 것도 여기에 포함시켜

익의 침해와 관련해서는 그에 대한 입증이 힘들기 때문에 실무에서는 입증책임을 완화하는 방향으로 적용을 하고 있다. 즉 고의·과실에 있어서는 무과실책임 내제 위험책임으로, 위법성은 수인한도론으로, 인과관계에 대하여는 인과관계의 추정으로 피해자의 구제를 두텁게 구제하려고 하고 있다. 다만 수인한도론과 관련하여 침해의 위법성이 인정된다고 할 때 방해배제청구를 인용해야 하는지 아니면 손해배상청구만으로 족한 것인지에 따라 위법성의 정도를 달리 판단하여 손해배상만으로 족한 경우에는 방해배제청구권 내지 유지청구는 인용하지 않고 있는 것으로 보인다.

보호의 대상으로 삼는 것이 타당하다고 본다.[145)]

조망권 침해로 인한 손해배상은 정신적 고통에 대한 위자료의 배상과 토지 또는 건물의 시가 하락으로 인한 재산적 손해의 배상이 포함될 것이다. 이때 시야차단으로 인한 압박감 등과 같은 생활이익의 침해로 인하여 발생한 재산적 손해의 항목 중 토지·가옥의 가격저하에 의한 손해를 산정함에 있어서는 광열비·건조비 등의 지출 증대와는 별도로 일조장해 등과 상당인과관계가 있는 정상가격의 감소액을 부동산감정 등의 방법으로 평가해야 할 것이다. 분양된 아파트가 조망권 피해를 입고 있는 경우 그 아파트의 시세가 분양대금에 물가상승률이나 예금금리를 감안한 금액보다 높게 유지된다고 해서 그 소유자에게 해당 아파트의 가격저하로 인한 손해가 발생하지 않았다고 볼 수는 없을 것이다(대판 1999.1.26. 98다23850).

❐ 생활환경 관련 핵심 판례 및 사례

|판례 131| 조망권의 보호 요건

【판시사항】

조망이익이 법적인 보호의 대상이 되기 위한 요건

【판결요지】

[1] 건축법 등 관계 법령에 일조방해에 관한 직접적인 단속법규가 있다면 그 법규에 적합한지 여부가 사법상 위법성을 판단함에 있어서 중요한 판단자료가 될 것이지만, 이러한 공법적 규제에 의하여 확보하고자 하는 일조는 원래 사법상 보호되는 일조권을 공법적인 면에서도 가능한 한 보증하려는 것으로서 특별한 사정이 없는 한 일조권 보호를 위한 최소한도의 기준으로 봄이 상당하고, 구체적 경우에 있어서는 어떠한 신축건물이 건축 당시의 공법적 규제에 형식적으로 적합하더라도 현실적인 일조방해의 정도가 커서 사회통념상 수인한도를 넘은 경우에는 위법행위로 평가될 수 있다(대판 2000.5.16. 98다56997, 2004.9.13. 2004다24212).

[2] 일반적으로 조망은 풍물을 바라보는 자에게 미적 만족감과 정신적 편안함을 부여하는 점에 있어서 생활상 적지 않은 가치를 가지고 있고, 어느 토지나 건물의 소유자가 종전부터 향유하고 있던 조망, 조용하고 쾌적한 환경 등이 그에게 있어 하나의 생활이익으로서의 가치를 지닌다고 객관적으로 인정된다면 법적 보호의 대상이 될 수 있는 것이므로(대판 1999.7.27. 98다47528), 조망권은 우연히 자신의 주택 앞에 다른 건축물이 존재하지 않음에 따른 반사적 이익에 불과하여 법령상 권리로까지 인정할 수 없다는 피고 관악구의 상

145) 한국사법행정학회, 2011 주석 민법(물권 1), 567-568p.

고이유 주장은 받아들일 수 없다(대판 2004.9.13. 2004다24212).

| 판례 132 | 건물신축으로 인한 조망 등 생활이익 침해에 대한 수인 한도의 인정 기준

【판시사항】

[1] 인접 대지의 건물신축으로 인한 환경 등 생활이익 침해의 수인 한도 인정기준

[2] 환경권의 법적 성질

[3] 환경이익의 침해를 이유로 침해의 배제를 청구할 수 있는지 여부(적극)와 그 요건

【판결요지】

[1] 인접 대지에 건물이 건축됨으로 인하여 입는 환경 등 생활이익의 침해를 이유로 건축공사의 금지를 청구하는 경우, 그 침해가 사회통념상 일반적으로 수인할 정도를 넘어서는지의 여부는 피해의 성질 및 정도, 피해이익의 공공성, 가해행위의 태양, 가해행위의 공공성, 가해자의 방지조치 또는 손해회피의 가능성, 인·허가관계 등 공법상 기준에의 적합 여부, 지역성, 토지이용의 선후관계 등 모든 사정을 종합적으로 고려하여 판단해야 한다.

[2] 환경권은 명문의 법률규정이나 관계 법령의 규정 취지 및 조리에 비추어 권리의 주체, 대상, 내용, 행사 방법 등이 구체적으로 정립될 수 있어야만 인정되는 것이므로, 사법상의 권리로서의 환경권을 인정하는 명문의 규정이 없는데도 환경권에 기하여 직접 방해배제청구권을 인정할 수 없다.

[3] 어느 토지나 건물의 소유자가 종전부터 향유하고 있던 경관이나 조망, 조용하고 쾌적한 종교적 환경 등이 그에게 하나의 생활이익으로서의 가치를 가지고 있다고 객관적으로 인정된다면 법적인 보호의 대상이 될 수 있는 것이라 할 것이므로, 인접 대지에 건물을 신축함으로써 그와 같은 생활이익이 침해되고 그 침해가 사회통념상 일반적으로 수인할 정도를 넘어선다고 인정되는 경우에는 토지 등의 소유자는 소유권에 기하여 방해의 제거나 예방을 위하여 필요한 청구를 할 수 있고, 이와 같은 청구를 하기 위한 요건으로서 반드시 건물이 문화재보호법이나 건축법 등의 관계 규정에 위반하여 건축되거나 또는 그 건축으로 인하여 소유자의 토지 안에 있는 문화재 등에 대하여 직접적인 침해가 있거나 그 우려가 있을 것을 요하는 것은 아니다. 다라서 사찰로부터 6m의 이격거리를 둔 채 높이 87.5m의 19층 고층빌딩을 건축 중인 자에 대하여 사찰의 환경이익 침해를 이유로 전체 건물 중 16층부터 19층까지의 공사를 금지시키는 것은 정당하다고 할 것이다(대판 1997.7.22. 96다56153).

| 판례 133 | 일조 등의 방해로 인한 통상의 손해

【판시사항】

신축 아파트의 일반분양을 받은 자가 일조방해, 조망방해, 사생활침해 및 시야차단 등으로 인한 생활이익 침해가 수인한도를 넘는다는 사유를 들어 분양계약을 해제시 주택채권의 매입가와 그 시세에 상당하는 매각대금의 차액을 통상의 손해로서 그 배상을 청구할 수 있는지(적극)

【판결요지】

채무불이행을 이유로 계약해제와 아울러 손해배상을 청구하는 경우에 그 계약이행으로 인하여 채권자가 얻을 이익 즉 이행이익의 배상을 구하는 것이 원칙이지만, 그에 갈음하여 그 계약이 이행되리라고 믿고 채권자가 지출한 비용 즉 신뢰이익의 배상을 구할 수도 있다고 할 것이고, 그 신뢰이익 중 계약의 체결과 이행을 위하여 통상적으로 지출되는 비용은 통상의 손해로서 상대방이 알았거나 알 수 있었는지의 여부와는 관계없이 그 배상을 구할 수 있고, 이를 초과하여 지출되는 비용은 특별한 사정으로 인한 손해로서 상대방이 이를 알았거나 알 수 있었던 경우에 한하여 그 배상을 구할 수 있다고 할 것이고, 다만 그 신뢰이익은 과잉배상금지의 원칙에 비추어 이행이익의 범위를 초과할 수 없다고 할 것이다. 그런데 분양아파트의 경우 일정 규모를 초과하는 주택에 대하여는 제2종 국민주택채권 매입예정액이 많은 자를 우선하여 입주자로 선정하고, 공급계약을 체결하는 경우에는 제2종 국민주택채권의 매입예정액과 매입액을 확인한 후 매입필증을 제출받도록 규정하고 있으므로 채권입찰제 분양아파트를 당첨취득한 경우 그 주택채권의 매입비용은 아파트를 당첨받는데 있어 필수적으로 필요한 부대비용이라고 보아야 할 것이고, 따라서 분양아파트를 채권입찰제의 방식으로 분양받아 그 매입예정 주택채권을 액면가로 매입하였다가 그 액면가에 미달하는 금액으로 매각한 후 피고의 채무불이행으로 인하여 아파트분양계약이 해제된 이상, 주택채권의 매입가와 그 시세에 상당하는 매각대금의 차액을 신뢰이익으로서의 통상의 손해로서 그 배상을 청구할 수 있다고 할 것이다(대판 2002.6.11. 2002다2539).

| 판례 134 | 건물 신축으로 조망 침해 등 사회통념상 일반적인 수인의 한도를 넘는 경우에 소유권에 기한 건물의 건축 금지 등 방해제거 및 예방청구가 가능한지 여부(적극)

【판시사항】

[1] 사법상의 권리로서의 환경권을 인정하는 명문의 규정이 없는 경우, 환경권에 기하여 직접 방해배제청구권을 인정할 수 있는지 여부(소극)

[2] 인접 대지 위의 건물의 건축 등으로 토지나 건물 소유자의 객관적으로 인정된 생활이익이 침해되고 그 침해가 사회통념상 일반적인 수인의 한도를 넘는 경우, 소유권에 기하여 건물의 건축 금지 등 방해제거 및 예방을 위한 청구를 할 수 있는지 여부(적극) 및 그 요건

[3] 토지나 건물 소유자가 인접 토지의 건물 신축으로 인하여 입는 환경 등 생활이익의 침해를

이유로 건축공사의 금지를 청구하는 경우, 그 침해가 사회통념상 일반적으로 수인할 정도를 넘는 것인지 여부의 판단 기준

【판결요지】

[1] 환경권은 명문의 법률규정이나 관계 법령의 규정 취지 및 조리에 비추어 권리의 주체, 대상, 내용, 행사 방법 등이 구체적으로 정립될 수 있어야만 인정되는 것이므로, 사법상의 권리로서의 환경권을 인정하는 명문의 규정이 없는데도 환경권에 기하여 직접 방해배제청구권을 인정할 수는 없다

[2] 어느 토지나 건물의 소유자가 종전부터 향유하고 있던 경관이나 조망, 조용하고 쾌적한 종교적 환경 등이 그에게 하나의 생활이익으로서의 가치를 가지고 있다고 객관적으로 인정된다면 법적인 보호의 대상이 될 수 있는 것이므로, 인접 대지 위에 건물의 건축 등으로 그와 같은 생활이익이 침해되고 그 침해가 사회통념상 일반적으로 수인할 정도를 넘어선다고 인정되는 경우에는 위 토지 등의 소유자는 그 소유권에 기하여 건물의 건축 금지 등 방해의 제거나 예방을 위하여 필요한 청구를 할 수 있고, 위와 같은 청구를 하기 위한 요건으로서 반드시 위 건물이 문화재보호법이나 건축법 등의 관계 규정에 위반하여 건축되거나 또는 그 건축으로 인하여 그 토지 안에 있는 문화재 등에 대하여 직접적인 침해가 있거나 그 우려가 있을 것을 요하는 것은 아니다.

[3] 인접 대지에 건물이 건축됨으로 인하여 입는 환경 등 생활이익의 침해를 이유로 건축공사의 금지를 청구하는 경우에 그 침해가 사회통념상 일반적으로 수인할 정도를 넘어서는지 여부는 피해의 성질 및 정도, 피해이익의 공공성, 가해행위의 태양, 가해행위의 공공성, 가해자의 방지조치 또는 손해 회피의 가능성, 인·허가 관계 등 공법상 기준에의 적합 여부, 지역성, 토지 이용의 선후관계 등 모든 사정을 종합적으로 고려하여 판단해야 한다(대판 1999.7.27. 98다47528).

| 판례 135 | 조망이익의 침해행위가 사회통념상 수인한도를 넘었는지 여부에 관한 판단 기준

【판시사항】

[1] 조망이익이 법적인 보호의 대상이 되기 위한 요건

[2] 조망이익의 침해행위가 사법상 위법한 가해행위로 평가되는 경우 및 그 침해행위가 사회통념상 수인한도를 넘었는지 여부에 관한 판단 기준

【판결요지】

[1] 어느 토지나 건물의 소유자가 종전부터 향유하고 있던 경관이나 조망이 그에게 하나의 생활이익으로서의 가치를 가지고 있다고 객관적으로 인정된다면 법적인 보호의 대상이 될 수 있는 것인바, 이와 같은 조망이익은 원칙적으로 특정의 장소가 그 장소로부터 외부를

조망함에 있어 특별한 가치를 가지고 있고, 그와 같은 조망이익의 향유를 하나의 중요한 목적으로 하여 그 장소에 건물이 건축된 경우와 같이 당해 건물의 소유자나 점유자가 그 건물로부터 향유하는 조망이익이 사회통념상 독자의 이익으로 승인되어야 할 정도로 중요성을 갖는다고 인정되는 경우에 비로소 법적인 보호의 대상이 되는 것이라고 할 것이고, 그와 같은 정도에 이르지 못하는 조망이익의 경우에는 특별한 사정이 없는 한 법적인 보호의 대상이 될 수 없다(대판 2004.9.13. 2003다64602).

[2] 조망이익이 법적인 보호의 대상이 되는 경우에 이를 침해하는 행위가 사법상 위법한 가해행위로 평가되기 위해서는 조망이익의 침해 정도가 사회통념상 일반적으로 인용하는 수인한도를 넘어야 하고, 그 수인한도를 넘었는지 여부는 조망의 대상이 되는 경관의 내용과 피해건물이 입지하고 있는 지역에 있어서 건조물의 전체적 상황 등의 사정을 포함한 넓은 의미에서의 지역성, 피해건물의 위치 및 구조와 조망상황, 특히 조망과의 관계에서의 건물의 건축·사용목적 등 피해건물의 상황, 주관적 성격이 강한 것인지 여부와 여관·식당 등의 영업과 같이 경제적 이익과 밀접하게 결부되어 있는지 여부 등 당해 조망이익의 내용, 가해건물의 위치 및 구조와 조망방해의 상황 및 건축·사용목적 등 가해건물의 상황, 가해건물 건축의 경위, 조망방해를 회피할 수 있는 가능성의 유무, 조망방해에 관하여 가해자 측이 해의(害意)를 가졌는지의 유무, 조망이익이 피해이익으로서 보호가 필요한 정도 등 모든 사정을 종합적으로 고려하여 판단해야 한다(대판 2004.9.13. 2003다64602).

| 판례 136 | 건물 신축으로 인한 조망이익의 침해 인정 기준

【판시사항】

[1] 조망이익이 법적인 보호의 대상이 되기 위한 요건

[2] 조망이익의 침해행위가 사법상 위법한 가해행위로 평가되기 위한 요건 및 그 판단 기준

[3] 조망의 대상과 그에 대한 조망의 이익을 누리는 건물 사이에 있는 타인 소유의 토지에 건물이 건축되어 있지 않거나 저층의 건물만이 건축되어 있어 그 타인의 토지를 통한 조망의 향수가 가능하였던 경우, 그 토지상의 건물 신축으로 인한 조망이익의 침해가 인정되는지 여부(원칙적 소극)

[4] 5층짜리 아파트의 뒤에 그보다 높은 10층짜리 건물을 세움으로써 한강 조망을 확보한 경우와 같이 보통의 지역에 인공적으로 특별한 시설을 갖춤으로써 누릴 수 있게 된 조망의 이익이 법적으로 보호받을 수 있는지 여부(소극)

【판결요지】

[1] 어느 토지나 건물의 소유자가 종전부터 향유하고 있던 경관이나 조망이 그에게 하나의 생활이익으로서의 가치를 가지고 있다고 객관적으로 인정된다면 법적인 보호의 대상이 될 수 있는 것인바, 이와 같은 조망이익은 원칙적으로 특정의 장소가 그 장소로부터 외부를

조망함에 있어 특별한 가치를 가지고 있고, 그와 같은 조망이익의 향유를 하나의 중요한 목적으로 하여 그 장소에 건물이 건축된 경우와 같이 당해 건물의 소유자나 점유자가 그 건물로부터 향유하는 조망이익이 사회통념상 독자의 이익으로 승인되어야 할 정도로 중요성을 갖는다고 인정되는 경우에 비로소 법적인 보호의 대상이 되는 것이고, 그와 같은 정도에 이르지 못하는 조망이익의 경우에는 특별한 사정이 없는 한 법적인 보호의 대상이 될 수 없다(대판 2007.6.28. 2004다54282).

[2] 조망이익이 법적인 보호의 대상이 되는 경우에 이를 침해하는 행위가 사법상 위법한 가해행위로 평가되기 위해서는 조망이익의 침해 정도가 사회통념상 일반적으로 인용되는 수인한도를 넘어야 하고, 그 수인한도를 넘었는지 여부는 조망의 대상이 되는 경관의 내용과 피해건물이 입지하고 있는 지역에 있어서 건조물의 전체적 상황 등의 사정을 포함한 넓은 의미에서의 지역성, 피해건물의 위치 및 구조와 조망상황, 특히 조망과의 관계에서의 건물의 건축·사용목적 등 피해건물의 상황, 주관적 성격이 강한 것인지 여부와 여관·식당 등의 영업과 같이 경제적 이익과 밀접하게 결부되어 있는지 여부 등 당해 조망이익의 내용, 가해건물의 위치 및 구조와 조망방해의 상황 및 건축·사용목적 등 가해건물의 상황, 가해건물 건축의 경위, 조망방해를 회피할 수 있는 가능성의 유무, 조망방해에 관하여 가해자 측이 해의를 가졌는지의 유무, 조망이익이 피해이익으로서 보호가 필요한 정도 등 모든 사정을 종합적으로 고려하여 판단해야 한다(대판 2007.6.28. 2004다54282).

[3] 조망의 대상과 그에 대한 조망의 이익을 누리는 건물 사이에 타인 소유의 토지가 있지만 그 토지 위에 건물이 건축되어 있지 않거나 저층의 건물만이 건축되어 있어 그 결과 타인의 토지를 통한 조망의 향수가 가능하였던 경우, 그 타인은 자신의 토지에 대한 소유권을 자유롭게 행사하여 그 토지 위에 건물을 건축할 수 있고, 그 건물 신축이 국토의 계획 및 이용에 관한 법률에 의하여 정해진 지역의 용도에 부합하고 건물의 높이나 이격거리에 관한 건축관계법규에 어긋나지 않으며 조망 향수자가 누리던 조망의 이익을 부당하게 침해하려는 해의(해의)에 의한 것으로서 권리의 남용에 이를 정도가 아닌 한 인접한 토지에서 조망의 이익을 누리던 자라도 이를 함부로 막을 수는 없으며, 따라서 조망의 이익은 주변에 있는 객관적 상황의 변화에 의하여 저절로 변용 내지 제약을 받을 수밖에 없고, 그 이익의 향수자가 이러한 변화를 당연히 제약할 수 있는 것도 아니다(대판 2007.6.28. 2004다54282).

[4] 5층짜리 아파트의 뒤에 그보다 높은 10층짜리 건물을 세움으로써 한강 조망을 확보한 경우와 같이 보통의 지역에 인공적으로 특별한 시설을 갖춤으로써 누릴 수 있게 된 조망의 이익은 법적으로 보호를 받을 수 없다(대판 2007.6.28. 2004다54282).

[5] 조망 침해, 시야 차단으로 인한 압박감, 소음, 분진, 진동 등과 같은 생활이익에 대한 침해가 사회통념상의 수인한도를 초과하여 위법한지를 판단하고 그에 따른 재산상 손해를 산정함에 있어서는, 생활이익을 구성하는 요소들을 종합적으로 참작하여 수인한도를 판단해야만 형평을 기할 수 있는 특별한 사정이 없다면, 원칙적으로 개별적인 생활이익별로 침해

의 정도를 고려하여 수인한도 초과 여부를 판단한 후 수인한도를 초과하는 생활이익들에 기초하여 손해배상액을 산정해야 하며, 수인한도를 초과하지 않는 생활이익에 대한 침해를 다른 생활이익 침해로 인한 수인한도 초과 여부 판단이나 손해배상액 산정에 있어서 직접적인 근거 사유로 삼을 수는 없다(대판 2007.6.28. 2004다54282).

| 판례 137 | 구상금 등

【판시사항】

[1] 조망이익이 법적인 보호의 대상이 되기 위한 요건

[2] 조망이익의 침해행위가 사법상 위법한 가해행위로 평가되는 경우 및 그 침해행위가 사회통념상 수인한도를 넘었는지 여부에 관한 판단 기준

【판결요지】

[1] 어느 토지나 건물의 소유자가 종전부터 향유하고 있던 경관이나 조망이 그에게 하나의 생활이익으로서의 가치를 가지고 있다고 객관적으로 인정된다면 법적인 보호의 대상이 될 수 있는 것인바, 이와 같은 조망이익은 원칙적으로 특정의 장소가 그 장소로부터 외부를 조망함에 있어 특별한 가치를 가지고 있고, 그와 같은 조망이익의 향유를 하나의 중요한 목적으로 하여 그 장소에 건물이 건축된 경우와 같이 당해 건물의 소유자나 점유자가 그 건물로부터 향유하는 조망이익이 사회통념상 독자의 이익으로 승인되어야 할 정도로 중요성을 갖는다고 인정되는 경우에 비로소 법적인 보호의 대상이 되는 것이라고 할 것이고, 그와 같은 정도에 이르지 못하는 조망이익의 경우에는 특별한 사정이 없는 한 법적인 보호의 대상이 될 수 없다(대판 2004.9.13. 2003다64602).

[2] 조망이익이 법적인 보호의 대상이 되는 경우에 이를 침해하는 행위가 사법상 위법한 가해행위로 평가되기 위해서는 조망이익의 침해 정도가 사회통념상 일반적으로 인용하는 수인한도를 넘어야 하고, 그 수인한도를 넘었는지 여부는 조망의 대상이 되는 경관의 내용과 피해건물이 입지하고 있는 지역에 있어서 건조물의 전체적 상황 등의 사정을 포함한 넓은 의미에서의 지역성, 피해건물의 위치 및 구조와 조망상황, 특히 조망과의 관계에서의 건물의 건축·사용목적 등 피해건물의 상황, 주관적 성격이 강한 것인지 여부와 여관·식당 등의 영업과 같이 경제적 이익과 밀접하게 결부되어 있는지 여부 등 당해 조망이익의 내용, 가해건물의 위치 및 구조와 조망방해의 상황 및 건축·사용목적 등 가해건물의 상황, 가해건물 건축의 경위, 조망방해를 회피할 수 있는 가능성의 유무, 조망방해에 관하여 가해자 측이 해의를 가졌는지의 유무, 조망이익이 피해이익으로서 보호가 필요한 정도 등 모든 사정을 종합적으로 고려하여 판단해야 한다(대판 2004.9.13. 2003다64602).

| 판례 138 | 조망이 확보되리라는 동기의 착오를 이유로 분양계약을 취소하기 위한 요건

【판시사항】

[1] 주거용 주상복합건물의 수분양자가 일정한 조망·일조가 확보되리라는 동기의 착오를 이유로 분양계약을 취소하기 위한 요건 및 의사표시의 해석상 조망·일조의 확보가 분양계약의 내용으로 되어 있는지 여부의 판단 기준

[2] 주거용 주상복합건물의 부지와 그 인접 토지가 모두 일반상업지구에 속해 건축법상 일조 등의 확보를 위한 건축물의 높이 제한이 없는 점, 그 인접 토지가 제3자 소유로 그 지상의 건물 건축으로 인한 조망·일조 저해가 분양자의 통제가능한 영역 밖에 있는 점 등 여러 사정에 비추어 위 주상복합건물의 수분양자가 일정한 조망·일조의 확보를 분양계약의 내용으로 삼을 것을 분양자에게 표시하고 의사표시의 해석상 그러한 내용이 분양계약의 내용으로 되었다고 인정하기 어렵다고 한 사례

【판결요지】

[1] 동기의 착오가 법률행위의 내용의 중요부분의 착오에 해당함을 이유로 표의자가 법률행위를 취소하려면 그 동기를 당해 의사표시의 내용으로 삼을 것을 상대방에게 표시하고 의사표시의 해석상 법률행위의 내용으로 되어 있다고 인정되면 충분하고 당사자들 사이에 별도로 그 동기를 의사표시의 내용으로 삼기로 하는 합의까지 이루어질 필요는 없다(대판 2000.5.12. 2000다12259, 2010.4.29. 2009다97864).

[2] 이러한 법리에 비추어 볼 때 주거용 주상복합건물을 분양받은 자가 일정한 조망·일조가 확보되리라는 동기의 착오를 이유로 분양계약을 취소하려면 조망·일조의 확보를 분양계약의 내용으로 삼기로 하는 합의가 있었거나, 수분양자가 조망·일조의 확보를 분양계약의 내용으로 삼을 것을 분양자에게 표시하고 의사표시의 해석상 분양계약의 내용으로 되어 있다고 인정되어야 할 것인데, 이때 의사표시의 해석상 조망·일조의 확보가 분양계약의 내용으로 되어 있는지는, 같은 층 내에서의 위치에 따른 분양가 차이, 층간 분양가 차이, 전체 분양가에서 이러한 분양가 차액이 차지하는 비율, 사회통념상 독자적 이익으로 승인되는 정도의 중요한 조망이 실재하는지 등의 요소를 고려하여 볼 때 조망·일조에 대한 평가가 상당한 정도로 분양가에 포함되거나 분양가 형성에 영향을 주었다고 볼 수 있는지 여부, 조망·일조의 확보가 분양자의 통제가능한 영역에 놓여 있었는지, 이 점에 대한 계약당사자 상호간의 인식은 어떠하였는지 여부, 분양자가 조망·일조가 확보되어 있다고 선전·광고하였는지 및 그 구체성의 정도, 분양계약 체결 과정에서 분양자의 언행 및 그 언행이 수분양자의 관념에 어느 정도 영향을 미쳤는지 여부 등을 종합하여 법률행위 해석의 일반원칙에 따라 판단해야 한다(대판 2010.4.29. 2009다97864).

| 판례 139 | 건물의 건축 등으로 조망 침해 등의 생활이익의 침해가 사회통념상 일반적인 수인의 한도를 넘는 경우 소유권에 기하여 건물의 건축 금지 등 방해제거 및 예방을 위한 청구를 할 수 있는지 여부(적극)

【판시사항】

[1] 인접 대지 위의 건물의 건축 등으로 토지나 건물 소유자의 객관적으로 인정된 생활이익이 침해되고 그 침해가 사회통념상 일반적인 수인의 한도를 넘는 경우, 소유권에 기하여 건물의 건축 금지 등 방해제거 및 예방을 위한 청구를 할 수 있는지 여부(적극) 및 그 요건

[2] 토지나 건물 소유자가 인접 토지의 건물 신축으로 인하여 입는 환경 등 생활이익의 침해를 이유로 건축공사의 금지를 청구하는 경우, 그 침해가 사회통념상 일반적으로 수인할 정도를 넘는 것인지 여부의 판단 기준

【판결요지】

[1] 어느 토지나 건물의 소유자가 종전부터 향유하고 있던 경관이나 조망, 조용하고 쾌적한 종교적 환경 등이 그에게 하나의 생활이익으로서의 가치를 가지고 있다고 객관적으로 인정된다면 법적인 보호의 대상이 될 수 있는 것이므로, 인접 대지 위에 건물의 건축 등으로 그와 같은 생활이익이 침해되고 그 침해가 사회통념상 일반적으로 수인할 정도를 넘어선다고 인정되는 경우에는 위 토지 등의 소유자는 그 소유권에 기하여 건물의 건축 금지 등 방해의 제거나 예방을 위하여 필요한 청구를 할 수 있고, 위와 같은 청구를 하기 위한 요건으로서 반드시 위 건물이 문화재보호법이나 건축법 등의 관계 규정에 위반하여 건축되거나 또는 그 건축으로 인하여 그 토지 안에 있는 문화재 등에 대하여 직접적인 침해가 있거나 그 우려가 있을 것을 요하는 것은 아니다(대판 1999.7.27. 98다47528).

[2] 인접 대지에 건물이 건축됨으로 인하여 입는 환경 등 생활이익의 침해를 이유로 건축공사의 금지를 청구하는 경우에 그 침해가 사회통념상 일반적으로 수인할 정도를 넘어서는지 여부는 피해의 성질 및 정도, 피해이익의 공공성, 가해행위의 태양, 가해행위의 공공성, 가해자의 방지조치 또는 손해 회피의 가능성, 인·허가 관계 등 공법상 기준에의 적합 여부, 지역성, 토지 이용의 선후관계 등 모든 사정을 종합적으로 고려하여 판단해야 한다(대판 1999.7.27. 98다47528).

| 판례 140 | 조망권 침해를 이유로 소유권에 기한 방해제거 또는 방해예방청구의 요건

【판시사항】

조망 침해 등 생활이익이 침해되고 그 침해가 사회통념상 일반적으로 수인할 정도를 넘어선다고 인정되는 경우에 토지 등의 소유자가 소유권에 기하여 방해의 제거나 예방을 청구할 수 있는지 여부(적극)

【판결요지】

어느 토지나 건물의 소유자가 종전부터 향유하고 있던 경관이나 조망, 조용하고 쾌적한 종교적 환경 등이 그에게 하나의 생활이익으로서의 가치를 가지고 있다고 객관적으로 인정된다면 법적인 보호의 대상이 될 수 있는 것이라 할 것이므로, 인접 대지에 건물을 신축함으로써 그와 같은 생활이익이 침해되고 그 침해가 사회통념상 일반적으로 수인할 정도를 넘어선다고 인정되는 경우에는 토지 등의 소유자는 소유권에 기하여 방해의 제거나 예방을 위하여 필요한 청구를 할 수 있고, 이와 같은 청구를 하기 위한 요건으로서 반드시 건물이 문화재보호법이나 건축법 등의 관계 규정에 위반하여 건축되거나 또는 그 건축으로 인하여 소유자의 토지 안에 있는 문화재 등에 대하여 직접적인 침해가 있거나 그 우려가 있을 것을 요하는 것은 아니다. 따라서 사찰로부터 6m의 이격거리를 둔 채 높이 87.5m의 19층 고층빌딩을 건축 중인 자에 대하여 사찰의 환경이익 침해를 이유로 전체 건물 중 16층부터 19층까지의 공사를 금지시킨 r서은 정당하다고 할 것이다(대판 1997.7.22. 96다56153).

|판례 141| 대학교의 교육환경 저해 등을 이유로 하여 24층 아파트의 건축공사에 대한 금지를 청구할 수 있는지 여부(적극)

【판시사항】

[1] 헌법 제35조의 환경권의 법적 성질

[2] 대학교의 교육환경 저해 등을 이유로 그 인접 대지 위의 24층 아파트 건축공사 금지 청구를 인용할 수 있는지 여부(적극)

【판결요지】

[1] 환경권에 관한 헌법 제35조의 규정이 개개의 국민에게 직접으로 구체적인 사법상의 권리를 부여한 것이라고 보기는 어렵고, 사법상의 권리로서의 환경권이 인정되려면 그에 관한 명문의 법률규정이 있거나 관계법령의 규정취지 및 조리에 비추어 권리의 주체, 대상, 내용, 행사방법 등이 구체적으로 정립될 수 있어야 한다.

[2] 인접 대지 위에 건축중인 아파트가 24층까지 완공되는 경우, 대학교 구내의 첨단과학관에서의 교육 및 연구 활동에 커다란 지장이 초래되고 첨단과학관 옥상에 설치된 자동기상관측장비 등의 본래의 기능 및 활용성이 극도로 저하되며 대학교로서의 경관·조망이 훼손되고 조용하고 쾌적한 교육환경이 저해되며 소음의 증가 등으로 교육 및 연구 활동이 방해받게 된다면, 그 부지 및 건물을 교육 및 연구시설로서 활용하는 것을 방해받게 되는 대학교 측으로서는 그 방해가 사회통념상 일반적으로 수인할 정도를 넘어선다고 인정되는 한 그것이 민법 제217조 제1항 소정의 매연, 열기체, 액체, 음향, 진동 기타 이에 유사한 것에 해당하는지 여부를 떠나 그 소유권에 기하여 그 방해의 제거나 예방을 청구할 수 있고,

이 경우 그 침해가 사회통념상 일반적으로 수인할 정도를 넘어서는지 여부는 피해의 성질 및 정도, 피해이익의 공공성과 사회적 가치, 가해행위의 태양, 가해행위의 공공성과 사회적 가치, 방지조치 또는 손해회피의 가능성, 공법적 규제 및 인·허가 관계, 지역성, 토지이용의 선후 관계 등 모든 사정을 종합적으로 고려하여 판단해야 한다(대판 1995.9.15. 95다23378).

| 판례 142 | 조망이익의 보호 요건

【판시사항】

조망이익이 법적인 보호의 대상이 되기 위한 요건

【판결요지】

어느 토지나 건물의 소유자가 종전부터 향유하고 있던 경관이나 조망이 그에게 하나의 생활이익으로서의 가치를 가지고 있다고 객관적으로 인정된다면 법적인 보호의 대상이 될 수 있는 것인바, 이와 같은 조망이익은 원칙적으로 특정의 장소가 그 장소로부터 외부를 조망함에 있어 특별한 가치를 가지고 있고, 그와 같은 조망이익의 향유를 하나의 중요한 목적으로 하여 그 장소에 건물이 건축된 경우와 같이 당해 건물의 소유자나 점유자가 그 건물로부터 향유하는 조망이익이 사회통념상 독자의 이익으로 승인되어야 할 정도로 중요성을 갖는다고 인정되는 경우에 비로소 법적인 보호의 대상이 되는 것이라고 할 것이고, 그와 같은 정도에 이르지 못하는 조망이익의 경우에는 특별한 사정이 없는 한 법적인 보호의 대상이 될 수 없다(대판 2004.9.13. 2003다64602, 2007.6.14. 2005다72058).

| 판례 143 | 조망권의 보호 요건

【판시사항】

조망이익이 법적인 보호의 대상이 되기 위한 요건

【판결요지】

어느 토지나 건물의 소유자가 종전부터 향유하고 있던 경관이나 조망이 그에게 하나의 생활이익으로서의 가치를 가지고 있다고 객관적으로 인정된다면 법적인 보호의 대상이 될 수 있는 것인바, 이와 같은 조망이익은 원칙적으로 특정의 장소가 그 장소로부터 외부를 조망함에 있어 특별한 가치를 가지고 있고, 그와 같은 조망이익의 향유를 하나의 중요한 목적으로 하여 그 장소에 건물이 건축된 경우와 같이 당해 건물의 소유자나 점유자가 그 건물로부터 향유하는 조망이익이 사회통념상 독자의 이익으로 승인되어야 할 정도로 중요성을 갖는다고 인정되는 경우에 비로소 법적인 보호의 대상이 되는 것이라고 할 것이고, 그와 같은 정도에 이르지 못하는 조망이익의 경우에는 특별한 사정이 없는 한 법적인 보호의 대상이 될 수 없다(대판 2004.9.13. 2003다64602, 2007.6.14. 2005다72058).

| 판례 144 | 구상금 등

【판시사항】

조망이익이 법적인 보호의 대상이 되기 위한 요건

【판결요지】

어느 토지나 건물의 소유자가 종전부터 향유하고 있던 경관이나 조망이 그에게 하나의 생활이익으로서의 가치를 가지고 있다고 객관적으로 인정된다면 법적인 보호의 대상이 될 수 있는 것인바, 이와 같은 조망이익은 원칙적으로 특정의 장소가 그 장소로부터 외부를 조망함에 있어 특별한 가치를 가지고 있고, 그와 같은 조망이익의 향유를 하나의 중요한 목적으로 하여 그 장소에 건물이 건축된 경우와 같이 당해 건물의 소유자나 점유자가 그 건물로부터 향유하는 조망이익이 사회통념상 독자의 이익으로 승인되어야 할 정도로 중요성을 갖는다고 인정되는 경우에 비로소 법적인 보호의 대상이 되는 것이고, 그와 같은 정도에 이르지 못하는 조망이익의 경우에는 특별한 사정이 없는 한 법적인 보호의 대상이 될 수 없다(대판 2004.9.13. 2003다64602, 2007.6.28. 2004다54282, 2007.9.7. 2005다72485).

| 판례 145 | 조망이익의 보호 요건

【판시사항】

조망이익이 법적인 보호의 대상이 되기 위한 요건

【판결요지】

일반적으로 조망은 풍물을 바라보는 자에게 미적 만족감과 정신적 편안함을 부여하는 점에 있어서 생활상 적지 않은 가치를 가지고 있고, 어느 토지나 건물의 소유자가 종전부터 향유하고 있던 조망, 조용하고 쾌적한 환경 등이 그에게 있어 하나의 생활이익으로서의 가치를 지닌다고 객관적으로 인정된다면 법적 보호의 대상이 될 수 있는 것이므로(대판 1999.7.27. 98다47528), 조망권은 우연히 자신의 주택 앞에 다른 건축물이 존재하지 않음에 따른 반사적 이익에 불과하여 법령상 권리로까지 인정할 수 없다는 피고 관악구의 상고이유 주장은 받아들일 수 없다(대판 2004.9.13. 2004다24212).

| 판례 146 | 조망이익이 법적인 보호의 대상이 되기 위한 요건 등

【판시사항】

[1] 조망이익이 법적인 보호의 대상이 되기 위한 요건

[2] 조망이익의 침해행위가 사법상 위법한 가해행위로 평가되기 위한 요건 및 그 판단 기준

[3] 조망의 대상과 그에 대한 조망의 이익을 누리는 건물 사이에 있는 타인 소유의 토지에 건물이 건축되어 있지 않거나 저층의 건물만이 건축되어 있어 그 타인의 토지를 통한 조망의 향수가 가능하였던 경우, 그 토지상의 건물 신축으로 인한 조망이익의 침해가 인정되는지 여부(원칙적 소극)

[4] 5층짜리 아파트의 뒤에 그보다 높은 10층짜리 건물을 세움으로써 한강 조망을 확보한 경우와 같이 보통의 지역에 인공적으로 특별한 시설을 갖춤으로써 누릴 수 있게 된 조망의 이익이 법적으로 보호받을 수 있는지 여부(소극)

【판결요지】

[1] 어느 토지나 건물의 소유자가 종전부터 향유하고 있던 경관이나 조망이 그에게 하나의 생활이익으로서의 가치를 가지고 있다고 객관적으로 인정된다면 법적인 보호의 대상이 될 수 있는 것인바, 이와 같은 조망이익은 원칙적으로 특정의 장소가 그 장소로부터 외부를 조망함에 있어 특별한 가치를 가지고 있고, 그와 같은 조망이익의 향유를 하나의 중요한 목적으로 하여 그 장소에 건물이 건축된 경우와 같이 당해 건물의 소유자나 점유자가 그 건물로부터 향유하는 조망이익이 사회통념상 독자의 이익으로 승인되어야 할 정도로 중요성을 갖는다고 인정되는 경우에 비로소 법적인 보호의 대상이 되는 것이고, 그와 같은 정도에 이르지 못하는 조망이익의 경우에는 특별한 사정이 없는 한 법적인 보호의 대상이 될 수 없다(대판 2007.6.28. 2004다54282).

[2] 조망이익이 법적인 보호의 대상이 되는 경우에 이를 침해하는 행위가 사법상 위법한 가해행위로 평가되기 위해서는 조망이익의 침해 정도가 사회통념상 일반적으로 인용되는 수인한도를 넘어야 하고, 그 수인한도를 넘었는지 여부는 조망의 대상이 되는 경관의 내용과 피해건물이 입지하고 있는 지역에 있어서 건조물의 전체적 상황 등의 사정을 포함한 넓은 의미에서의 지역성, 피해건물의 위치 및 구조와 조망상황, 특히 조망과의 관계에서의 건물의 건축·사용목적 등 피해건물의 상황, 주관적 성격이 강한 것인지 여부와 여관·식당 등의 영업과 같이 경제적 이익과 밀접하게 결부되어 있는지 여부 등 당해 조망이익의 내용, 가해건물의 위치 및 구조와 조망방해의 상황 및 건축·사용목적 등 가해건물의 상황, 가해건물 건축의 경위, 조망방해를 회피할 수 있는 가능성의 유무, 조망방해에 관하여 가해자 측이 해의(해의)를 가졌는지의 유무, 조망이익이 피해이익으로서 보호가 필요한 정도 등 모든 사정을 종합적으로 고려하여 판단해야 한다(대판 2007.6.28. 2004다54282).

[3] 조망의 대상과 그에 대한 조망의 이익을 누리는 건물 사이에 타인 소유의 토지가 있지만 그 토지 위에 건물이 건축되어 있지 않거나 저층의 건물만이 건축되어 있어 그 결과 타인

의 토지를 통한 조망의 향수가 가능하였던 경우, 그 타인은 자신의 토지에 대한 소유권을 자유롭게 행사하여 그 토지 위에 건물을 건축할 수 있고, 그 건물 신축이 국토의 계획 및 이용에 관한 법률에 의하여 정해진 지역의 용도에 부합하고 건물의 높이나 이격거리에 관한 건축관계법규에 어긋나지 않으며 조망 향수자가 누리던 조망의 이익을 부당하게 침해하려는 해의(해의)에 의한 것으로서 권리의 남용에 이를 정도가 아닌 한 인접한 토지에서 조망의 이익을 누리던 자라도 이를 함부로 막을 수는 없으며, 따라서 조망의 이익은 주변에 있는 객관적 상황의 변화에 의하여 저절로 변용 내지 제약을 받을 수밖에 없고, 그 이익의 향수자가 이러한 변화를 당연히 제약할 수 있는 것도 아니다(대판 2007.6.28. 2004다54282).

[4] 5층짜리 아파트의 뒤에 그보다 높은 10층짜리 건물을 세움으로써 한강 조망을 확보한 경우와 같이 보통의 지역에 인공적으로 특별한 시설을 갖춤으로써 누릴 수 있게 된 조망의 이익은 법적으로 보호받을 수 없다(대판 2007.6.28. 2004다54282).

[5] 건물의 신축으로 인하여 그 이웃토지상의 거주자가 직사광선이 차단되는 불이익을 받은 경우에 그 신축 행위가 정당한 권리행사로서의 범위를 벗어나 사법상 위법한 가해행위로 평가되기 위해서는 그 일조방해의 정도가 사회통념상 일반적으로 인용하는 수인한도를 넘어야 하고, 일조방해행위가 사회통념상 수인한도를 넘었는지 여부는 피해의 정도, 피해이익의 성질 및 그에 대한 사회적 평가, 가해건물의 용도, 지역성, 토지이용의 선후관계, 가해 방지 및 피해 회피의 가능성, 공법적 규제의 위반 여부, 교섭 경과 등 모든 사정을 종합적으로 고려하여 판단해야 한다(대판 2007.6.28. 2004다54282).

[6] 조망 침해, 시야 차단으로 인한 압박감 등과 같은 생활이익에 대한 침해가 사회통념상의 수인한도를 초과하여 위법한지를 판단하고 그에 따른 재산상 손해를 산정함에 있어서는, 생활이익을 구성하는 요소들을 종합적으로 참작하여 수인한도를 판단해야만 형평을 기할 수 있는 특별한 사정이 없다면, 원칙적으로 개별적인 생활이익별로 침해의 정도를 고려하여 수인한도 초과 여부를 판단한 후 수인한도를 초과하는 생활이익들에 기초하여 손해배상액을 산정해야 하며, 수인한도를 초과하지 않는 생활이익에 대한 침해를 다른 생활이익 침해로 인한 수인한도 초과 여부 판단이나 손해배상액 산정에 있어서 직접적인 근거 사유로 삼을 수는 없다(대판 2007.6.28. 2004다54282).

| 판례 147 | 조망이익의 보호 요건

【판시사항】

조망이익이 법적인 보호의 대상이 되기 위한 요건

【판결요지】

어느 토지나 건물의 소유자가 종전부터 향유하고 있던 경관이나 조망이 그에게 하나의 생활이익으로서의 가치를 가지고 있다고 객관적으로 인정된다면 법적인 보호의 대상이 될 수 있는 것인바, 이와 같은 조망이익은 원칙적으로 특정의 장소가 그 장소로부터 외부를 조망함에 있어 특별한 가치를 가지고 있고, 그와 같은 조망이익의 향유를 하나의 중요한 목적으로 하여 그 장소에 건물이 건축된 경우와 같이 당해 건물의 소유자나 점유자가 그 건물로부터 향유하는 조망이익이 사회통념상 독자의 이익으로 승인되어야 할 정도로 중요성을 갖는다고 인정되는 경우에 비로소 법적인 보호의 대상이 되는 것이고, 그와 같은 정도에 이르지 못하는 조망이익의 경우에는 특별한 사정이 없는 한 법적인 보호의 대상이 될 수 없다(대판 2004.9.13. 2003다64602, 2007.6.28. 2004다54282, 2007.9.7. 2005다72485).

| 사례 52 | 조망이익이 법적인 보호의 대상이 되기 위한 요건

[1] 어느 토지나 건물의 소유자가 종전부터 향유하고 있던 경관이나 조망이 그에게 하나의 생활이익으로서의 가치를 가지고 있다고 객관적으로 인정된다면 법적인 보호의 대상이 될 수 있는 것인바, 이와 같은 조망이익은 원칙적으로 특정의 장소가 그 장소로부터 외부를 조망함에 있어 특별한 가치를 가지고 있고, 그와 같은 조망이익의 향유를 하나의 중요한 목적으로 하여 그 장소에 건물이 건축된 경우와 같이 당해 건물의 소유자나 점유자가 그 건물로부터 향유하는 조망이익이 사회통념상 독자의 이익으로 승인되어야 할 정도로 중요성을 갖는다고 인정되는 경우에 비로소 법적인 보호의 대상이 되는 것이라고 할 것이고, 그와 같은 정도에 이르지 못하는 조망이익의 경우에는 특별한 사정이 없는 한 법적인 보호의 대상이 될 수 없다고 할 것이다(대판 2004.9.13. 2003다64602).

[2] 그런데 원고가 피고의 오피스텔이 건축되기 이전에 원고의 주택 전면에 위치한 야산이나 남산공원에 대한 조망이익을 누리고 있었음을 알 수 있으나, 위 야산이나 남산공원에 대한 조망권이 그 자체로 자연적, 문화적으로 중요한 가치를 지니고 있다고 보기 어려울 뿐 아니라, 설령 위 야산이나 남산공원에 대한 조망권이 그러한 가치를 지니고 있다고 할지라도, 원고의 주택은 주거용일 뿐 경승지나 휴양지에 위치한 영업용 건물이나 휴양시설과 같이 특별히 조망이익의 향유를 목적으로 건축되고 그 경관이나 조망이 객관적으로 중요한 의미를 지니고 있는 등의 장소적 특수성을 가지고 있음을 인정할 수 없으므로, 원고의 주택이 위 야산이나 남산공원에 대한 조망이라는 관점에서 특별히 독립된 가치를 갖고 있다거나 원고에 의한 조망이익의 향수가 사회통념상 독자의 이익으로 승인되어야 할 정도로 중요성을 갖는다고 객관적으로 인정하기는 어렵다고 할 것이다. 따라서 원고가 종전에 향유하던 조망이익은 특별히 법적인 보호의 가치가 있는 것이라고 할 수 없다고 보는 것이 타당할 것이다(대판 2007.6.14. 2005다72058).

| 사례 53 | 거주 아파트에서 한강이 내려다보였는데, 나중에 아파트와 한강 사이에 고층아파트를 건축하여 한강이 조망되지 않는 경우에 조망권의 침해를 주장할 수 있는지(소극)

원고들이 구분소유자로서 거주하는 리바뷰아파트와 한강 사이에는 강북강변도로와 엘지한강빌리지 아파트의 부지인 토지가 있고, 피고가 엘지한강빌리지 아파트를 건축하기 전에 그 토지 위에는 리바뷰아파트보다 먼저 건축된 외인아파트 18개 동이 있었음에도 원고들이 그동안 한강 조망을 누릴 수 있었던 것은 철거된 위 외인아파트가 5층인 반면 나중에 건축된 리바뷰아파트는 그보다 높은 10층이었기 때문인데, 리바뷰아파트와 엘지한강빌리지 아파트가 있는 이촌동 일대는 고층아파트의 건축이 허용되는 지역이고, 엘지한강빌리지 아파트 부지에 있던 외인아파트는 이미 건축된 지 30년 정도 경과하여 그 자리에 재건축이 이루어지는 경우 고층아파트가 건축되리라는 점은 쉽게 예상할 수 있었다고 보아야 할 것이다. 따라서 원고들이 한강 조망의 이익을 누리던 리바뷰아파트가 언제나 한강 조망에 있어 특별한 가치를 가진다고 볼 수는 없고, 나아가 철거된 5층짜리 외인아파트의 뒤에 그보다 높은 10층짜리 건물을 세움으로써 리바뷰아파트의 한강 조망이 침해되는 것처럼, 보통의 지역에 고층아파트 등 인공적으로 특별한 시설을 갖춤으로써 조망의 이익이 침해되는 경우에는 법적으로 보호받을 수 없다고 해야 할 것이다. 만일 이러한 경우까지 법적으로 보호받는 조망의 이익이라고 인정한다면 그 건물과 조망의 대상 사이에 있는 토지에는 그 누구도 고층 건물을 건축할 수 없다는 결론이 되어 부당하기 때문이다. 결국 원고들이 구분소유하는 리바뷰아파트는 그 장소로부터 한강을 조망함에 있어 특별한 가치를 가지고 있어 그 조망의 이익이 사회통념상 독자의 이익으로 승인되어야 할 정도로 중요성을 갖는다고 인정하기 어렵다고 할 것이다. 나아가 원고들이 누리던 한강 조망의 이익의 중요성 및 그에 대한 보호의 필요성과 피고들의 엘지한강빌리지 아파트 건설의 필요성 및 상당성을 비교해보더라도, 피고들의 고층 아파트 건축으로 인한 원고들의 한강 조망의 이익 침해 정도가 사회통념상 일반적으로 인용하는 수인한도를 넘는다고 보기 어렵다고 할 것이다. 리바뷰아파트와 엘지한강빌리지 아파트가 있는 지역은 고층아파트의 건설이 가능한 지역이므로 엘지한강빌리지 아파트 부지의 소유자인 피고 1이나 그로부터 아파트 건축공사를 수급한 피고 2가 19층 내지 25층짜리 엘지한강빌리지 아파트를 건축하는 것은 토지의 소유권에 기초한 것으로서 특별한 사정이 없는 한 정당한 권리행사범위 내에 있다고 보아야 하고, 리바뷰아파트는 엘지한강빌리지 아파트 단지의 북동쪽 모서리에 자리잡고 있으므로 그 앞에 고층아파트가 건축되는 경우 리바뷰아파트에서의 한강 조망이 제한되는 것은 당연하다고 할 것이다. 다만 피고들로서는 가능한 한 리바뷰아파트 거주자들의 한강 조망이 가장 적게 침해되는 방법으로 아파트를 건축함으로써 리바뷰아파트 거주자들을 배려해야 하고 만일 리바뷰아파트 거주자들이 종전에 누리던 한강 조망의 이익 침해를 최소화할 방법이 있다면 이를 외면하여 다른 방법을 선택해서는 안된다고 할 것이다. 그런데 엘지한강빌리지 아파트의 동수 및 각 동의 층수, 즉 가장 낮은 19층짜리가 한 동, 24층짜리가 다섯 동, 25층짜리가 네 동인 엘지한강빌리지 아파트의 배치 상황을 고려해보면, 건축 당시 아파트의 방향이나 높이를 원고들의 조망에 유리하도록 배려할 여지가 전혀 없었다고는 할 수 없겠지만, 단지 자체의 규모, 단지 배치의 합리성, 각 동 사이에 확보되어야 할 공간 등에 비추어 보면 그 배치를 달리 하더라도 원고들의 조망이 그리 크게 개선될 것으로 보이지 않는다. 따라서 조망이익에 대한 침해의 정도가 그 수인한도를 벗어난 것이라고 보기 어려울 것이므로 원고들의 조망권 침해 주장은 받아들여지기 어렵다고 할 것이다(대판 2007.6.28. 2004다54282).

| 사례 54 | 건축물을 건축시 조경이 필요한 경우

면적이 200제곱미터 이상인 대지에 건축을 하는 건축주는 용도지역 및 건축물의 규모에 따라 해당 지방자치단체의 조례로 정하는 기준에 따라 대지에 조경이나 그밖에 필요한 조치를 해야 한다(건축법 제42조 제1항 본문). 이때 건축물의 옥상에 조경이나 그밖에 필요한 조치를 하는 경우에는 옥상부분 조경면적의 2/3에 해당하는 면적을 조경면적으로 인정할 수 있으되, 확보가 필요한 조경면적의 50/100을 초과해서 인정할 수는 없다(건축법 시행령 제27조 제3항). 한편 대통령령으로 정하는 건축물에 대하여는 조경 등의 조치를 하지 않을 수 있는데(건축법 제42조 제1항 단서), 다음과 같은 경우에는 조경이 필요하지 않는다. 즉, ① 녹지지역에 건축하는 건축물, ② 면적 5,000제곱미터 미만인 대지에 건축하는 공장, ③ 연면적의 합계가 1,500제곱미터 미만인 공장, ④ 산업단지의 공장, ⑤ 대지에 염분이 함유되어 있는 경우 또는 건축물 용도의 특성상 조경 등의 조치를 하기가 곤란하거나 조경 등의 조치를 하는 것이 불합리한 경우로서 건축조례로 정하는 건축물, ⑥ 축사, ⑦ 가설건축물, ⑧ 연면적의 합계가 1,500제곱미터 미만인 물류시설(주거지역 또는 상업지역에 건축하는 것은 제외)로서 국토교통부령으로 정하는 것, ⑨ 「국토의 계획 및 이용에 관한 법률」에 따라 지정된 자연환경보전지역·농림지역 또는 관리지역(지구단위계획구역으로 지정된 지역은 제외)의 건축물, ⑩ 관광시설, 전문휴양업의 시설 또는 종합휴양업의 시설, 관광·휴양형 지구단위계획구역에 설치하는 관광시설, 골프장의 건축물 중 건축조례로 정하는 건축물은 조경을 할 필요가 없는 것이다(건축법 시행령 제27조 제1항).

02

매연·열기체·액체·진동 등의 금지

1. 의 의

생활현장에서는 매연, 열기체, 액체, 악취, 음향, 진동 등으로 토지소유자가 이웃토지의 사용자에게 그 사용을 방해하거나 이웃거주자에게 피해를 주는 경우가 많다. 이러한 매개체에 의한 토지사용의 방해 내지 거주자에 대한 피해를 생활방해 또는 임밋시온[146]이라고 하는데, 민법(이하 '조문만 표시')에서는 상린관계의 측면에서 이웃토지간의 생활방해 내지 안온방해의 금지의무를 부과함으로써 이웃에게 생활고통을 주지 않도록 적당한 조처를 취할 것을 의무화하고 있다(제217조 제1항).[147]

상린관계의 측면에서 생활방해의 금지는 수인한도를 초과하는지 여부를 기준으로 하여 토지에 대한 통상적인 용도의 이용이 수인한도의 범위 내라면 이를 수인하도록 하는 한편 그 수인한도를 초과하게 되는 경우에는 이를 금지시키도록 함으로써 이웃토지간의 이용관계를 조절하고 있다. 이때 수인한도를 초과하는 생활방해에 대하여는 물권적 청구권을 행사하여 방해배제 내지 방해예방을 청구할 수 있을 것이다.

2. 생활방해의 요건과 공법적 규제와의 관계

가. 생활방해의 규제 입법

오늘날과 같이 산업화·공업화·도시화가 가속될수록 그 부산물로서 대기오염이나 수질오염, 토질오염 등과 같은 환경오염이나 생명·신체에 영향을 미치는 소음 또는 진동공해 등의 생활공해가 심각해질 수밖에 없다. 다만 이러한 환경문제들은 개인적 영역뿐만 아니라 공익과도 밀접하게 관련되어 있기 때문에 이를 규제하기 위하여 토양환경보전법, 대기환경보전법, 물환경보전법, 자연환경보전법, 해양환경관리법, 소음·진동관리법, 공동주택 층간소음의 범위와 기준에 관한 규칙, 유해화학물질관리법, 환경정책기본법, 환경분쟁조정법, 환경영향평가법 등 각종 특별법을 제정하여 규제해오고 있다.

---

146) 곽윤직, 1992 신정판 물권법, 309p.

147) 이웃토지소유자나 거주자에 대한 생활방해의 금지를 독일에서는 임밋시온(Immissiom) 금지, 영미에서는 생활방해(nuisance) 금지, 프랑스에서는 근린폐해(troubles de voisinage) 금지, 일본에서는 공해금지라고 한다.

따라서 민법의 생활방해에 관한 규정(제217조)은 이러한 특별법이 적용되지 않는 개인적인 생활방해에 대하여 물권적 방해배제 내지 방해예방청구권과 생활방해로 인한 손해배상청구를 도모하는 등 생활방해에 대한 사법적 구제를 뒷받침하는 규정이라고 할 수 있을 것이다.

나. 민법상 생활방해 규제의 성질

1) 생활방해 규정의 성격

민법의 생활방해에 관한 규정(제217조)의 성격에 관하여는 견해가 나누어지는데, 소유권의 내용(제211조)에 따른 토지소유권의 적극적 이용권능의 한계와 이웃토지소유자의 물권적 청구권(제214조)에 의한 소극적 방어권능 행사의 한계를 규정한 것이라는 견해와 토지의 사용이익과 구별되는 독자적인 생활이익 내지 환경이익을 인정하는 것이라는 견해가 그것이다.

과거와 달리 현재는 조용하고 쾌적한 환경권,[148] 경관·조망권,[149] 일조권,[150] 소음·먼지·진동 등의 피해를 입지 않을 권리 등이 하나의 독자적인 이익으로서 중요시되고 있고, '기타 이와 유사한 것'으로부터의 생활방해도 금지하고 있는 것으로 볼 때 미래에 발생할 수 있는 다양한 형태의 생활방해도 금지하려는 취지로 보아 생활방해의 금지를 독자적인 이익으로 인정하려는 것으로 보는 것이 타당하다고 본다. 그런데 생활방해에 대하여는 생활방해의 금지에 관한 규정(제217조) 외에도 물권적 청구권의 행사에 관한 규정(제214조)에 의해서도 구제를 받을 수 있는데, 두 규정 간의 규율관계가 문제된다. 생각건대, 후자의 물권적 청구권의 행사에 의한 구제(제214조)는 소유권자 등 물권자에게만 인정되는 것이어서 임차인 등 물권자 외의 이웃토지이용자로서는 전자의 생활방해의 금지에 관한 규정(제217조)에 의해서만 구제를 받을 수 있을 것이고, 후자의 수단으로는 방해배제·방해예방 또는 손해담보제공청구(제214조)이지만, 전자의 수단은 적당한 조처로써 포괄적이어서 그밖에도 방해의 제한이나 억제 등의 부분적 제거를 포함한 유연한 대처방법도 포함될 수 있는 것이며, 후자는 생활방해의 위법성을 피해자인 이웃토지이용자가 적극적으로 입증해야 하는데 반하여, 전자의 경우에는 가해자인 생활방해자 스스로 생활방해에 대하여 통상적인 용도에

148) 대판 1995.9.15. 95다23378.

149) 대판 2004.9.13. 2003다64602.

150) 대판 2010.6.24. 2008다23729, 2008.12.24. 2008다41499, 2008.4.17. 2006다35865(전), 2007.9.7. 2005다72485, 2007.6.28. 2004다54282, 2007.6.14. 2005다72058, 2005.3.24. 2004다38792, 2004.11.26. 2004다2366, 2004.10.28. 2002다63565, 2004.9.13. 2003다64602, 2000.5.16. 98다56997, 1999.1.26. 98다23850, 1989.5.9. 88다카4697, 1982.9.14. 80다2859.

적당한 토지이용으로 인한 것으로서 이웃토지이용자가 수인해야 할 정도의 범위 내에 속한다는 것을 입증해야 한다는 데에 차이가 있다고 본다. 따라서 두 규정은 모두 독립적인 기능을 하는 것으로서 별개의 독자적인 존재 의의가 있다고 본다.[151]

2) 생활방해 규정과 소유권 규정의 관계

매연 등에 의한 생활방해가 동시에 소유권의 방해에도 해당되는 경우가 있다. 여기에서 소유권의 방해가 어떤 내용을 담고 있는지는 사회통념의 기준에 의할 것이다(대판 1995.9.15. 95다23378). 따라서 이와 같은 경우 생활방해의 피해자는 상린관계의 규정(제217조)에 의한 구제 청구와 소유권에 기한 방해배제청구권의 규정(제214조)에 의한 구제 중 어느 하나의 방법을 통하여 구제를 받을 수 있을 것이다.

이에 생활방해에 대한 소유권에 기한 방해배제청구권의 행사가 가능한 상린관계의 의한 구제는 독자적인 존재 의의가 없다는 견해가 있지만,[152] 둘 사이에는 상린관계에 의한 청구가 그 요건 면에서 완화되어 있는 등 청구요건이 다르고, 구제의 방법 면에서도 적당한 조처로 가능한 상린관계에 의한 청구에 있어서 다양하며, 상린관계에 의한 청구는, 소유권자 등 물권자만 청구가 가능한 소유권에 기한 방해배제청구권과 달리, 임차인 등 거주자도 청구가 가능하는 등 청구자의 범위도 다르기 때문에 상린관계는 여전히 독자적인 존재 의의를 가지고 있다고 본다.

다. 생활방해 규제의 요건

1) 매연·소음 등 일정 매개체에 의한 방해

생활방해에 대하여 이의를 제기하려면 매연이나 열기체, 액체, 음향, 진동, 기타 이와 유사한 것에 의하여 발생한 방해이어야 한다(제217조 제1항). 여기에서 '이와 유사한 것'의 범위가 문제되는데, 이는 앞서 열거한 방해매체의 특성처럼 대기나 공중에 방산 또는 전파되는 것이거나 이와 유사한 것 등 그 범주에 속하는 것은 당연히 포함될 것이어서 먼지, 분진, 재, 가스, 증기, 악취, 전류, 소음, 방사선, 반사광선 등이 포함될 것이고, 경우에 따라서는 향기나 고기굽는 냄새, 노랫소리 등도 개인적인 취향에 따라서는 고통이나 불편의 대상이 될 수 있기 때문에 여기에 포함될 것이다.

또한 시야차단으로 인한 조망·경관의 침해, 일조권 침해, 조용하고 쾌적한 환경의 침해 등과 같이 공중을 통한 생활이익의 침해도 여기에 포함된다고 본다. 다만 '액체'를 통한 피

---

151) 곽용섭, "민법 제217조 제1항의 「적당한 조처」", 사법논집(2004), 447p 이하.
152) 김준호, 제20판 민법강의, 637p.

해도 여기에 포함되는지 문제되는데, 지표나 지하로 흘러오는 오·폐수 등 액체는 통제가 용이하고 피해의 범위가 크므로 상린관계에서의 적당한 조처만으로는 해결이 미흡할 수 있으므로 물권적 청구권의 행사에 의하여 구제를 받도록 하는 것이 타당하다고 보인다. 따라서 여기에서는 공중에 방산되는 미세한 '액체'만을 말한다고 보는 것이 바람직하다고 보인다.[153] 마찬가지의 원리로 유해물질이 관이나 파이프 또는 도랑 등 특별한 시설을 통하여 유입되는 경우에도 여기에 해당되지 않는다고 본다.

생활방해의 방법은 적극적으로 방산하는 행위뿐만 아니라 분진소음장치의 방치나 차폐시설 또는 시야차단 물건의 방치 등 소극적 행위로 인한 생활방해도 포함된다고 보며,[154] 생활방해의 모습도 물리적·화학적 방법에 의한 방해 외에 정신적·관념적 방법에 의한 방해도 모두 포함된다고 본다.[155]

2) 토지사용의 방해 또는 생활고통의 발생

토지사유자로부터의 매연이나 소음 등 각종 공중으로 방산되는 매개체로 인하여 이웃토지[156]의 사용이 방해되거나 이웃거주자에게 생활고통을 주는 경우이어야 한다. 여기에 해당되는 여부는 결국 사회적 평균인의 감각과 이웃토지의 객관적 상태 등을 종합적으로 고려해서 구체적으로 판단되어야 할 것이다. 이웃토지의 사용을 방해한다는 것은 그 토지의 용도에 다른 사용, 즉 논밭의 경작이나 목축·양계 등을 방해하는 것을 말하며, 토지 자체에 대한 방해뿐만 아니라 그 토지의 용도에 적당한 토지에서 기르는 가축 등에 대한 방해도 포함될 것이다(대판 1974.11.12. 74다1321). 이웃거주자에게 생활고통을 준다는 것은 토지소유자뿐만 아니라 임차인 등 이웃에 거주하는 자라도 그의 생활이익이 침해되면 여기에 해당될 수 있을 것이다.

3) 수인한도를 초과한 생활방해

매연이나 열기체, 액체, 음향, 진동 등의 생활방해가 있더라도 그것이 토지소유자의 통상적인 용도에 적합한 토지이용에 의한 것이라면 이웃토지소유자나 이웃거주자는 수인 내지 인용할 의무가 있다(제217조 제2항).

---

153) 한국사법행정학회, 2011 주석 민법(물권 1), 571p.

154) 한국사법행정학회, 2011 주석 민법(물권 1), 572p; 반대 견해로는 지원림, 제14판 민법강의, 545p 등이 있다.

155) 한국사법행정학회, 2011 주석 민법(물권 1), 572p; 반대 견해로는 지원림, 제14판 민법강의, 545p 등이 있다.

156) 여기에서 이웃토지란 반드시 인접해 있을 필요는 없으며, 방산되는 유해물질로부터 피해를 입을 수 있는 범위 내이면 해당된다고 본다.

그렇다면 어느 정도가 가해 토지의 통상적인 용도에 따른 토지이용인지 문제되는데, 이는 피해자의 주관적 사정이 아니라 가해 토지의 장소적 조건 등을 고려하여 사회관념에 따라 객관적으로 판단해야 할 것이며, 사회통념상 일반적으로 수인한도를 초과하는지 여부는 피해의 성질 및 정도, 피해 이익의 공공성, 가해행위의 태양, 가해행위의 공공성, 가해자의 방지조치 또는 손해회피의 가능성, 인·허가관계 등 공법상 기준에의 적합 여부, 지역성, 토지이용의 선후관계 등 모든 사정을 종합적으로 고려하여 객관적으로 판단해야 할 것이다(대판 1997.7.22. 96다56153, 2015.9.24. 2011다91784). 생활방해가 수인한도를 초과하면 위법성을 띠게 되어 불법행위가 성립할 수 있을 것이다. 생활방해의 정도가 수인한도 내라면 위법성이 없을 것이지만 이에 관한 입증책임은 생활방해의 가해자에게 있다고 본다.[157)]

예컨대, 건물의 신축으로 인하여 그 이웃토지상의 거주자가 직사광선이 차단되는 불이익을 받은 경우에 그 신축행위가 정당한 권리행사로서의 범위를 벗어나 사법상 위법한 가해행위로 평가되기 위하여는 그 일조방해의 정도가 사회통념상 일반적으로 인용하는 수인한도를 넘어야 하는 것이다(대판 1999.1.26. 98다23850).

수인의무의 범위를 판단할 때에는 원칙적으로 가해지의 사정을 고려하여 판단하는 것이 원칙이지만 구체적인 사안에 따라서는 상린관계의 특성상 양쪽 토지 모두의 사정을 고려하여 판단해야 할 때도 있다고 본다. 예컨대 피해지가 공터인 경우냐 주거지인 경우냐에 있어서 차이가 있을 수 있기 때문에 그러한 특별한 사정이 없는 일반적인 경우와 차별을 둘 수밖에 없을 것이므로 특별한 경우에는 피해지의 사정도 고려해야 판단해야 할 것으로 보인다.

따라서 주관적으로는 개인 간의 성향이나 감도 등에 있어서 차이가 있기 때문에 주관적으로 생활방해가 통상적인 정도를 초과했다고 느끼더라도 객관적으로 보아 통상적인 범위 내라고 판단되면 수인해야 하는 것이다. 또한 공장지역이나 상업지역의 경우에는 주택지역에 비하여 수인한도의 기준이 높을 것이다.

라. 생활방해에 관한 공법적 규제와의 관계

민법상 매연 등에 의한 생활방해의 금지는 생활방해에 대한 사법적 규제라고 할 수 있는데, 이러한 생활방해에 관하여는 건축법 등에서 여러 공법적 규제도 하고 있다. 이에 생활방해에 관한 공법적 규제와 사법적 규제의 관계가 문제된다. 생각건대 생활방해에 관한 공법적 규제에 적합하다고 해서 사법적 규제의 대상에서 제외되는 것은 아니라고 본다. 다만 공법적 규제에 적합 여부는 생활방해금지에 관한 사법적 판단에서 중요한 판단자료는 될

157) 지원림, 제14판 민법강의, 545p.

수 있을 것이다.

따라서 건축법 등 관계 법령에 일조방해에 관한 직접적인 단속법규가 있다면 그 법규에 적합한지 여부가 사법상 위법성을 판단함에 있어서 중요한 판단자료가 될 것이지만, 이러한 공법적 규제에 의하여 확보하고자 하는 일조는 원래 사법상 보호되는 일조권을 공법적인 면에서도 가능한 한 보증하려는 것으로서 특별한 사정이 없는 한 일조권 보호를 위한 최소한도의 기준으로 봄이 상당하고, 구체적인 경우에 있어서는 어떠한 건물신축이 건축 당시의 공법적 규제에 형식적으로 적합하다고 하더라도 현실적인 일조방해의 정도가 현저하게 커서 사회통념상 수인한도를 넘는 경우에는 위법행위로 평가될 수 있는 것이다(대판 1999.1.26. 98다23850).

3. 생활방해의 구체적 형태

① 국립공원 집단시설지구개발사업으로 인하여 직접적이고 중대한 환경피해를 입으리라고 예상되는 환경영향평가대상지역 안의 주민에게 환경영향평가대상사업에 관한 변경승인 및 허가처분의 취소를 구할 원고적격이 인정된다(대판 1998.4.24. 97누3286).

② 전원(전원)개발사업실시계획승인처분의 근거 법률인 전원개발에관한특례법령, 구 환경보전법령, 구 환경정책기본법령 및 환경영향평가법령 등의 규정 취지는 환경영향평가대상사업에 해당하는 발전소건설사업이 환경을 해치지 않는 방법으로 시행되도록 함으로써 해당 사업과 관련된 환경공익을 보호하려는 데 그치는 것이 아니라 해당 사업으로 인하여 직접적이고 중대한 환경피해를 입으리라고 예상되는 환경영향평가대상지역 안의 주민들이 전과 비교하여 수인한도를 넘는 환경침해를 받지 않고 쾌적한 환경에서 생활할 수 있는 개별적 이익까지도 이를 보호하려는 데에 있다. 따라서 주민들이 위 승인처분과 관련하여 갖고 있는 위와 같은 환경상 이익은 단순히 환경공익 보호의 결과로서 국민일반이 공통적으로 갖게 되는 추상적·평균적·일반적 이익에 그치지 않고 환경영향평가대상지역 안의 주민 개개인에 대하여 개별적으로 보호되는 직접적·구체적 이익이라고 보아야 한다. 그러므로 위 사업으로 인하여 직접적이고 중대한 환경침해를 받게 되리라고 예상되는 환경영향평가대상지역 안의 주민에게는 위 승인처분의 취소를 구할 원고적격이 있다고 할 것이다(대판 1998.9.22. 97누19571).

③ 공유수면매립면허처분과 농지개량사업 시행인가처분의 근거 법규 또는 관련 법규가 되는 구 공유수면매립법, 구 농촌근대화촉진법, 구 환경보전법, 구 환경보전법 시행령, 구 환경정책기본법, 구 환경정책기본법 시행령의 각 관련 규정의 취지는, 공유수면매립과 농

지개량사업시행으로 인하여 직접적이고 중대한 환경피해를 입으리라고 예상되는 환경영향평가 대상지역 안의 주민들이 전과 비교하여 수인한도를 넘는 환경침해를 받지 않고 쾌적한 환경에서 생활할 수 있는 개별적 이익까지도 이를 보호하려는 데에 있다. 따라서 위 주민들이 공유수면매립면허처분 등과 관련하여 갖고 있는 위와 같은 환경상의 이익은 주민 개개인에 대하여 개별적으로 보호되는 직접적·구체적 이익으로서 그들에 대하여는 특단의 사정이 없는 한 환경상의 이익에 대한 침해 또는 침해우려가 있는 것으로 사실상 추정되어 공유수면매립면허처분 등의 무효확인을 구할 원고적격이 인정된다. 한편, 환경영향평가 대상지역 밖의 주민이라 할지라도 공유수면매립면허처분 등으로 인하여 그 처분 전과 비교하여 수인한도를 넘는 환경피해를 받거나 받을 우려가 있는 경우에는, 공유수면매립면허처분 등으로 인하여 환경상 이익에 대한 침해 또는 침해우려가 있다는 것을 입증함으로써 그 처분 등의 무효확인을 구할 원고적격을 인정받을 수 있다고 할 것이다(대판 2006.3.16. 2006두330(전)).

④ 산업집적활성화 및 공장설립에 관한 법률 제8조 제4호에 의하면, 산업통상부장관은 관계 중앙행정기관의 장과 협의하여 환경오염을 일으킬 수 있는 공장의 입지제한에 관한 사항 등을 정하여 이를 고시해야 한다. 이에 따른 관련 고시에 의하면, 공장을 설치함으로써 인근 주민 또는 농경지, 기타 해당 지역의 생활 및 자연환경을 현저히 해하게 된다고 판단하는 경우 시장·군수·구청장은 공장의 입지를 제한할 수 있도록 하고 있으며, 이는 법규명령으로서의 효력을 가지는 것이므로(대판 2003.9.26. 2003두2274), 환경오염을 일으킬 수 있는 공장 설치와 관련한 인근 주민의 생활환경상 이익은 본건 승인처분의 근거 법규에 의해 보호되는 이익으로 볼 수 있다. 나아가 본건에서 승인받아 행하고자 하는 행위는 자동차부품제조공장으로 이용되다 폐업 및 제조시설 멸실로 공장등록이 취소된 기존 공장건축물 및 그 부지를 인수하여 기존 공장건축물을 철거하고 그곳에 레미콘공장을 신설하고자 하는 것이고, 원고들은 위 부지에 바로 연접된 토지의 지상에서 생업에 종사하는 등 생활하고 있다는 것인바, 여기에 레미콘공장의 경우 그 특성상 시설·설비 등의 여하에 따라서는 공장의 가동과 레미콘 운송차량의 통행으로 소음, 분진, 진동이 발생하고 오폐수의 배출과 그로 인한 지하수의 오염 및 레미콘 운송시의 교통혼잡 등을 야기하는 등 환경오염을 일으킬 개연성이 높은 공장일 수 있다는 점을 아울러 고려하면, 본건 공장 부지와 바로 연접된 지역에서 생활하고 있는 원고들의 생활환경상 이익은 본건 공장의 신설로 인해 침해될 우려가 있다고 봄이 상당하고, 따라서 원고들에게는 본건 승인처분의 취소를 구할 원고적격이 있다고 할 것이다(대판 2007.6.1. 2005두11500).

⑤ 관광지조성사업시행 허가처분에 오수처리시설의 설치 등을 조건으로 하였으나 그 시

설이 설치되더라도 효능이 불확실하여 오수가 확실하게 정화처리될 수 없어 인접 하천 등의 수질이 오염됨으로써 인근 주민들의 식수 등도 오염되어 주민들의 환경이익 등이 침해되거나 침해될 우려가 있다. 그러한 환경이익의 침해는 관광지의 개발 전과 비교하여 사회통념상 수인한도를 넘는다고 보이며, 주민들의 환경상의 이익은 관광지조성사업시행 허가처분으로 인하여 사업자나 행락객들이 가지는 영업상의 이익 또는 여가생활의 향유라는 이익보다 훨씬 우월하다고 할 수 있으므로 그 환경적 위해 발생을 고려하지 않은 관광지조성사업시행 허가처분은 사실오인 등에 기초하여 재량권을 일탈·남용한 것으로서 위법하다고 해야 한다(대판 2001.7.27. 99두8589).

4. 생활방해에 대한 구제방법

가. 생활방해방지를 위한 '적당한 조처'의 청구

1) '적당한 조처'의 의미

생활방해를 받는 자가 수인한도를 초과하여 방해를 받는 때에는 매연 등 매개체를 통하여 생활방해를 하는 토지소유자에 대하여 적당한 조처를 취할 것을 청구할 수 있다(제217조 제1항, 제2항). 여기에서 '적당한 조처'란 생활방해를 막는데 적당한 모든 조치를 말하며, 방해제거, 방해중지, 방해방지, 방해예방, 차단시설 등을 모두 포함한다고 보며, 이는 구체적인 사안에서 토지이용상황, 토지사용방해 또는 생활방방해의 정도, 기술수준, 방지조치의 경제성 등을 종합적으로 고려하여 법원이 적당한 방법을 결정할 것으로 본다. 물론 이러한 방해배제청구 등은 소유권 기타 물권에 기한 물권적 청구권의 행사에 의해서도 달성할 수 있는 경우가 있으나(대판 1995.9.15. 95다23378,[158] 1997.7.22. 96다56153, 1999.7.27. 98다47528,[159])

---

158) 인접 대지 위에 건축 중인 아파트가 24층까지 완공되는 경우, 대학교 구내의 첨단과학관에서의 교육 및 연구 활동에 커다란 지장이 초래되고 첨단과학관 옥상에 설치된 자동기상관측장비 등의 본래의 기능 및 활용성이 극도로 저하되며 대학교로서의 경관·조망이 훼손되고 조용하고 쾌적한 교육환경이 저해되며 소음의 증가 등으로 교육 및 연구 활동이 방해받게 된다면, 그 부지 및 건물을 교육 및 연구시설로서 활용하는 것을 방해받게 되는 대학교측으로서는 그 방해가 사회통념상 일반적으로 수인할 정도를 넘어선다고 인정되는 한 그것이 민법 제217조 제1항 소정의 매연, 열기체, 액체, 음향, 진동 기타 이에 유사한 것에 해당하는지 여부를 떠나 그 소유권에 기하여 그 방해의 제거나 예방을 청구할 수 있고, 이 경우 그 침해가 사회통념상 일반적으로 수인할 정도를 넘어서는지 여부는 피해의 성질 및 정도, 피해이익의 공공성과 사회적 가치, 가해행위의 태양, 가해행위의 공공성과 사회적 가치, 방지조치 또는 손해회피의 가능성, 공법적 규제 및 인·허가 관계, 지역성, 토지이용의 선후관계 등 모든 사정을 종합적으로 고려하여 판단해야 한다(대판 1995.9.15. 95다23378).

159) 어느 토지나 건물의 소유자가 종전부터 향유하고 있던 경관이나 조망, 조용하고 쾌적한 종교적 환경 등이 그에게 하나의 생활이익으로서의 가치를 가지고 있다고 객관적으로 인정된다면 법적인 보호의 대상이 될 수 있는 것이므로, 인접 대지 위에 건물의 건축 등으로 그와 같은 생활이익이 침해되고

2007.6.15. 2004다37904·37911[160]), 민법상 생활방해의 금지 규정(제217조)도 독자적인 존재의의를 가지면서 규율할 수 있는 것이다.

2) '적당한 조처'에 의해서도 생활방해가 방지되지 않는 경우

토지소유자가 매연 등 생활방해에 관하여 사회통념상 기술적으로 가능한 모든 조처의무를 다하였음에도 불구하고 수인한도를 넘는 생활방해가 개선되지 않는 경우에 피해자가 수인해야 하는지 아니면 가해지의 이용자체를 중지시킬 수 있는지에 관하여는 견해가 나누어진다. 즉 더 이상 생활방해를 방지하는 조치가 경제적·기술적으로 불가능한 경우에는 피해자는 방해배제 등의 적당한 조처나 손해배상을 청구할 수 없고 단지 손실보상만 청구할 수 있다는 견해와 피해자로 하여금 수인한도를 초과하는 방해를 수인하도록 하는 것은 문제이므로 가해자의 이용자체를 중지시킬 수 있다는 견해가 그것이다. 그러나 피해자보다 생활방해를 일으키는 가해자를 보다 더 보호하는 것은 타당하지 않으므로 적당한 조처의 이행에도 불구하고 수인한도를 초과하는 방해가 계속 발생하는 때에는 생활방해 자체의 중지를 청구할 수 있다고 보는 것이 타당할 것이다.[161] 판례도 마찬가지의 입장을 보이고 있다(대판 1973.10.10. 73다1253).[162]

나. 손해배상청구

토지소유자의 생활방해로 손해를 입은 피해자는 토지소유자에 대하여 손해배상을 청구할 수 있는데, 그 근거에 대하여는 민법상 생활방해의 금지 규정(제217조)에 규정되어 있지

그 침해가 사회통념상 일반적으로 수인할 정도를 넘어선다고 인정되는 경우에는 위 토지 등의 소유자는 그 소유권에 기하여 건물의 건축 금지 등 방해의 제거나 예방을 위하여 필요한 청구를 할 수 있다고 할 것이고(대판 1995.9.15. 95다23378), 위와 같은 청구를 하기 위한 요건으로서 반드시 위 건물이 문화재보호법이나 건축법 등의 관계 규정에 위반하여 건축되거나 또는 그 건축으로 인하여 그 토지 안에 있는 문화재 등에 대하여 직접적인 침해가 있거나 그 우려가 있을 것을 요하는 것은 아니라고 할 것이다(대판 1999.7.27. 98다47528).

160) 건물의 소유자 또는 점유자가 인근의 소음으로 인하여 정온하고 쾌적한 일상생활을 영유할 수 있는 생활이익이 침해되고 그 침해가 사회통념상 수인한도를 넘어서는 경우에 건물의 소유자 또는 점유자는 그 소유권 또는 점유권에 기하여 소음피해의 제거나 예방을 위한 유지청구를 할 수 있다(대판 1999.7.27. 98다47528). 이와 같은 취지에서 이 사건 명보빌라, 현대빌라, 창조빌라(이하 '이 사건 빌라'라 한다)의 소유자 또는 점유자인 피고 주민들이 소유권 또는 점유권에 기한 물권적 청구권의 행사로 원고를 상대로 이 사건 고속도로로부터 발생하는 소음이 일정 한도를 초과하여 유입되지 않도록 하라는 취지의 유지청구를 할 수 있다고 판단한 것은 적법하고, 거기에 환경침해로 인한 유지청구의 청구권원과 관련한 법리오해의 위법이 있다고 할 수 없다(대판 2007.6.15. 2004다37904·37911).

161) 한국사법행정학회, 2011 주석 민법(물권 1), 578p.

162) 공장설립 당시나 그 가동에 있어서 현대과학이 가능한 모든 방법을 취하여 손해를 방지하는 시설을 갖추고 있다고 하여 불법행위에 과실이 없다고 말할 수는 없다(대판 1973.10.10. 73다1253).

않는 관계로 불법행위로 인한 손해배상청구권(제750)에 의하여 청구해야 할 것이다.

다만 이때 가해자에게 무과실의 손해배상책임을 물을 수 있느냐가 문제되는데, 법률에 특별한 규정(환경정책기본법 제44조)[163]이 없는 한, 손해배상의 일반원칙에 따라 가해자의 고의·과실이나 인과관계 등에 대한 입증이 요구된다고 보되, 생활방해의 특성상 공해소송이나 환경침해 등과 같은 현대형 소송의 원리에 따라 그 입증의 곤란성으로 인하여 피해자의 입증책임이 완화 내지 경감된다고 보아야 할 것이다(대판 2009.10.29. 2009다42666).[164]

❒ 매연 등 공해 관련 핵심 판례 및 사례

| 판례 148 | 적법시설이나 공용시설로부터 발생한 유해배출물로 인한 손해에 대한 위법성 판단 기준

【판시사항】

[1] 적법시설이나 공용시설로부터 발생하는 유해배출물로 인하여 손해가 발생한 경우, 그 위법성의 판단 기준

[2] 사업장 등에서 발생되는 환경오염으로 인하여 피해가 발생한 경우, 당해 사업자는 귀책사유가 없는 때에도 피해를 배상해야 하는지 여부(적극)

【판결요지】

[1] 불법행위 성립요건으로서의 위법성은 관련 행위 전체를 일체로만 판단하여 결정해야 하는 것은 아니고, 문제가 되는 행위마다 개별적·상대적으로 판단해야 할 것이므로 어느 시설을 적법하게 가동하거나 공용에 제공하는 경우에도 그로부터 발생하는 유해배출물로 인하여 제3자가 손해를 입은 경우에는 그 위법성을 별도로 판단해야 하고, 이러한 경우의 판단기준은 그 유해의 정도가 사회생활상 통상의 수인한도를 넘는 것인지 여부라고 할 것이다(대판 2001.2.9. 99다55434).

[2] 환경정책기본법 제31조 제1항 및 제3조 제1호, 제3호, 제4호에 의하면, 사업장 등에서 발생되는 환경오염으로 인하여 피해가 발생한 경우에는 당해 사업자는 귀책사유가 없더라도 그 피해를 배상해야 하고, 위 환경오염에는 소음·진동으로 사람의 건강이나 환경에 피해를 주는 것도 포함되므로, 피해자들의 손해에 대하여 사업자는 그 귀책사유가 없더라도 특별한 사정이 없는 한 이를 배상할 의무가 있다(대판 2001.2.9. 99다55434).

---

163) 환경정책기본법 제44조(환경오염의 피해에 대한 무과실책임) "① 환경오염 또는 환경훼손으로 피해가 발생한 경우에는 해당 환경오염 또는 환경훼손의 원인자가 그 피해를 배상해야 한다. ② 환경오염 또는 환경훼손의 원인자가 둘 이상인 경우에 어느 원인자에 의하여 제1항에 따른 피해가 발생한 것인지를 알 수 없을 때에는 각 원인자가 연대하여 배상해야 한다."

164) 같은 취지의 판례로는, 대판 2004.11.26. 2003다2123, 2002.10.22. 2000다65666·65673, 1997.6.27. 95다2692, 1991.7.23. 89다카1275, 1984.6.12. 81다558, 1974.12.10. 72다1774 등이 있다.

| 판례 149 | 적법하게 가동하거나 공용에 제공한 시설로부터 발생하는 유해배출물로 인하여 제3자가 손해를 입은 경우의 위법성의 판단 기준

【판시사항】

적법하게 가동하거나 공용에 제공한 시설로부터 발생하는 유해배출물로 인하여 제3자가 손해를 입은 경우, 그 위법성의 판단 기준

【판결요지】

불법행위 성립요건으로서의 위법성은 관련 행위 전체를 일체로만 판단하여 결정해야 하는 것은 아니고, 문제가 되는 행위마다 개별적·상대적으로 판단해야 할 것이므로 어느 시설을 적법하게 가동하거나 공용에 제공하는 경우에도 그로부터 발생하는 유해배출물로 인하여 제3자가 손해를 입은 경우에는 그 위법성을 별도로 판단해야 하며, 이러한 경우의 판단 기준은 그 유해의 정도가 사회생활상 통상의 수인한도를 넘는 것인지 여부인데, 그 수인한도의 기준을 결정함에 있어서는 일반적으로 침해되는 권리나 이익의 성질과 침해의 정도뿐만 아니라 침해행위가 갖는 공공성의 내용과 정도, 그 지역환경의 특수성, 공법적인 규제에 의하여 확보하려는 환경기준, 침해를 방지 또는 경감시키거나 손해를 회피할 방안의 유무 및 그 난이 정도 등 여러 사정을 종합적으로 고려하여 구체적 사건에 따라 개별적으로 결정해야 한다(대판 2010.7.15. 2006다84126).

| 판례 150 | 소주공장으로부터의 매연·소음·악취로 인한 부동산의 시가의 하락과 손해배상책임 여부(소극)

【판시사항】

소주공장에서 나는 매연, 소음, 악취로 인하여 부동산의 시가가 저락하였다는 사실만으로 손해배상청구를 할 수 있는지의 여부(소극)

【판결요지】

소주 공장에서 나는 매연, 소음 및 악취둥으로 인하여 그 인접 부동산의싯가가 저락하였다는 사실만으로는 그 소유자에게, 육체적, 정신적 손해는 별론, 그만큼의 손해가 발생하였다고 단정할 수는 없다(대판 1968.11.19. 68다1522).

| 판례 151 | 고층아파트 공사중지가처분

【판시사항】

[1] 헌법 제35조의 환경권의 법적 성질

[2] 대학교의 교육환경 저해 등을 이유로 그 인접 대지 위의 24층 아파트 건축공사 금지 청구

를 인용한 사례 및 그 인정 기준

【판결요지】

[1] 환경권에 관한 헌법 제35조의 규정이 개개의 국민에게 직접으로 구체적인 사법상의 권리를 부여한 것이라고 보기는 어렵고, 사법상의 권리로서의 환경권이 인정되려면 그에 관한 명문의 법률규정이 있거나 관계법령의 규정취지 및 조리에 비추어 권리의 주체, 대상, 내용, 행사방법 등이 구체적으로 정립될 수 있어야 한다.

[2] 인접 대지 위에 건축 중인 아파트가 24층까지 완공되는 경우, 대학교 구내의 첨단과학관에서의 교육 및 연구 활동에 커다란 지장이 초래되고 첨단과학관 옥상에 설치된 자동기상관측장비 등의 본래의 기능 및 활용성이 극도로 저하되며 대학교로서의 경관·조망이 훼손되고 조용하고 쾌적한 교육환경이 저해되며 소음의 증가 등으로 교육 및 연구 활동이 방해받게 된다면, 그 부지 및 건물을 교육 및 연구시설로서 활용하는 것을 방해받게 되는 대학교 측으로서는 그 방해가 사회통념상 일반적으로 수인할 정도를 넘어선다고 인정되는 한 그것이 민법 제217조 제1항 소정의 매연, 열기체, 액체, 음향, 진동 기타 이에 유사한 것에 해당하는지 여부를 떠나 그 소유권에 기하여 그 방해의 제거나 예방을 청구할 수 있고, 이 경우 그 침해가 사회통념상 일반적으로 수인할 정도를 넘어서는지 여부는 피해의 성질 및 정도, 피해이익의 공공성과 사회적 가치, 가해행위의 태양, 가해행위의 공공성과 사회적 가치, 방지조치 또는 손해회피의 가능성, 공법적 규제 및 인·허가 관계, 지역성, 토지이용의 선후 관계 등 모든 사정을 종합적으로 고려하여 판단해야 한다(대판 1995.9.15. 95다23378).

| 판례 152 | 안온방해행위에 있어서 수인의 한계

【판시사항】

이웃토지의 통상의 용도에 적당한 것이라 할 수 있는지 여부

【판결요지】

토지소유자가 경계선에서 한치의 거리도 두지 않고 건축한 교사의 2층에서 6층까지의 각 난간 끝부분이 이웃토지를 약간 침범하여 동 난간에서 떨어지는 빗물과 학교에서 버리는 각종 오물이 이웃 지붕과 마당에 떨어져 기와와 장독대가 깨어지기도 하고 학생들이 지붕위에 올라가며 주택을 내려다 보고 부녀자를 희롱하는 일이 허다하고 심지어는 불이 붙은 담배꽁초를 집어던지는 등 계속적인 소유물방해와 소음 및 불안상태를 조성한다면 이는 이웃토지의 통상의 용도에 적당한 것이라 할 수 없으므로 이웃거주자는 이를 인용할 의무가 없다(대판 1974.6.11. 73다1691).

| 판례 153 | 공해소송에서의 입증책임의 전환 여부

【판시사항】

일반적으로 불법행위로 인한 손해배상청구사건에 있어서 가해행위와 손해발생 간의 인과관계의 입증책임은 청구자인 피해자가 부담하나, 대기오염이나 수질오염에 의한 공해로 인한 손해배상을 청구하는 소송에 있어서는 기업이 배출한 원인물질이 물을 매체로 하여 간접적으로 손해를 끼치는 수가 많고 공해문제에 관하여는 현재의 과학수준으로도 해명할 수 없는 분야가 있기 때문에 가해자측에서 그것이 무해하다는 것을 입증하지 못하는 한 책임을 면할 수 없다고 보는 것이 사회형평의 관념에 적합한지 여부(적극)

【판결요지】

일반적으로 불법행위로 인한 손해배상청구사건에 있어서 가해행위와 손해발생 간의 인과관계의 입증책임은 청구자인 피해자가 부담하나, 대기오염이나 수질오염에 의한 공해로 인한 손해배상을 청구하는 소송에 있어서는 기업이 배출한 원인물질이 물을 매체로 하여 간접적으로 손해를 끼치는 수가 많고 공해문제에 관하여는 현재의 과학수준으로도 해명할 수 없는 분야가 있기 때문에 가해행위와 손해의 발생 사이의 인과관계를 구성하는 하나 하나의 고리를 자연과학적으로 증명한다는 것은 극히 곤란하거나 불가능한 경우가 대부분이므로, 이러한 공해소송에 있어서 피해자에게 사실적인 인과관계의 존재에 관하여 과학적으로 엄밀한 증명을 요구한다는 것은 공해로 인한 사법적 구제를 사실상 거부하는 결과가 될 우려가 있는 반면에 가해기업은 기술적, 경제적으로 피해자보다 훨씬 원인조사가 용이한 경우가 많을 뿐만 아니라, 그 원인을 은폐할 염려가 있고 가해기업이 어떠한 유해한 원인물질을 배출하고 그것이 피해물건에 도달하여 손해가 발생하였다면 가해자측에서 그것이 무해하다는 것을 입증하지 못하는 한 책임을 면할 수 없다고 보는 것이 사회형평의 관념에 적합하다(대판 1984.6.12. 81다558, 1991.7.23. 89다카1275, 1997.6.27. 95다2692). 같은 취지에서 본건 발전소의 온배수 배출과 피고들이 양식하는 김수확량이 감소됨으로써 입은 손해 사이의 인과관계가 증명되었다고 판단한 원심의 조치는 정당하고, 거기에 공해소송에서의 인과관계에 관한 채증법칙 위반으로 인한 사실오인 및 법리오해의 위법이 있다고 할 수 없다고 할 것이다(대판 2002.10.22. 2000다65666, 65673).

| 사례 55 | 소주공장에서 나는 매연 등으로 인하여 부동산의 시가가 하락 부분에도 손해배상책임을 지게 되는지 여부(소극)

피고 경영의 소주공장에서 나오는 매연, 소음 및 악취 등은 이에 인접한 원고가 이를 참을 수 있는 정도를 넘어 견딜 수 없는 사생활의 침해를 받게 되는 것이 아니라고 할 수 없는데, 다만 피고로서는 불법행위자로서 원고가 이로 인하여 입은 부동산 시가의 하락 부분인 금 35만원도 배상할 책임이 있는지 문제된다. 그러나, 피고 경영의 소주공장에 인접하여 있는 원고소유의 대지와 건물의 시가가 하락하였다 하여도, 특별한 사정이 없는 이상, 그것이 반드시 원고가 입은 현실적인 손해라고는 볼 수 없는 것이고, 피고 경영의 소주공장에서 나는 매연, 소음, 악취로 인하여 원고가 생활의 방해를 입어 이로 인하여 육체적, 정신적 손해가 발생하였다면 이는 피고의 불법행위를 원인으로 하는 손해로 보아 그 배상을 청구함은 별문제로 할 것이나 원고 소유의 부동산의 시가가 저락하였다는 사실만 가지고 원고에게 손해가 발생하였다고 단정하여 피고에게 그 배상을 명한 것은 잘못이라 할 것이다(대판 1968.11.19. 68다1522).

| 사례 56 | 토지소유자가 경계선에서 한치의 거리도 두지 않고 건축한 학교가 이웃토지를 약간 침범하여 동 난간에서 떨어지는 빗물과 학교에서 버리는 각종 오물이 이웃지붕과 마당에 떨어져 기와와 장독대가 깨어지기도 하고 학생들이 지붕위에 올라가며 주택을 내려다보고 부녀자를 희롱하는 일이 허다하며 심지어는 불이 붙은 담배꽁초를 집어던지는 등 계속적인 소유물방해와 소음 및 불안상태를 조성한 경우에도 이웃거주자로서는 그대로 수인해야 하는지(소극)

학교법인인 피고는 19○○. 8월경 그 소유인 교사를 건축함에 있어서 원고들 소유의 각 대지의 경계선과는 한치의 거리도 두지 않고 더우기 같은 교사의 2층에서 6층까지의 각 난간의 끝부분은 원고 유광년의 대지 0.3평과 원고 오정현의 대지 2평을 각각 침범하여 건축한데다가, 그 난간의 끝부분에 높이 1미터 7센티미터 정도의 콘크리트 막이만을 설치함으로써 난간에서 떨어지는 빗물과 학교에서 버리는 휴지, 칠판지우개, 잉크병, 유리조각, 나무토막 기타 청소시에 생기는 각종 오물이 원고들의 각 지붕과 마당에 떨어지게 되어 지붕의 기와와 장독대가 깨어지는 일이 일어나고, 이와 같이 떨어진 오물들이 언제나 지붕위에 지저분하게 널려 있을 뿐 아니라, 학생들이 원고들의 각 지붕에도 올라가고 원고들의 주택을 내려다보면서 부녀자들에게 야유와 회롱을 하는 일이 허다하고, 심지어는 불이 붙은 담배꽁초를 집어던지는 일까지 있으며, 이와 같은 일은 피고가 경영하는 위 학교가 야간학교를 겸하고 있는지라 낮부터 밤 9시까지 계속됨으로써 원고들은 밤낮 없이 소음과 불면 불안 속에서 생활하고 있는 사실이 있다.

원고들 소유의 부동산에 대한 방해의 정도가 위와 같다면 이것은 이웃토지의 통상의 용도에 적당한 것이었다 할 수 없으므로 피고측의 계속되는 소유물방해와 소음 및 불안상태의 조성은 이른바 수인의 한도를 넘는 불법이라고 할 수 있고 안온방해행위에 있어서의 수인의 한계에 넘는 위법이 있다고 할 수 있을 것이다. 사람이 그의 독점적 지배하에 있는 주택내부에서 사생활을 함에 있어서 외부로부터 차단되어 공개되지 않고 자유로이 기거, 처신할 수 있음은 인간의 자유권에 속하는 침해되지 않을 하나의 법익이라고 할 것이다. 이러한 사실관계에 의하면 이는 피고가 원고들 소유의 토지사용을 방해하여 재산권을 침해한 경우에 해당함은 물론, 동시에 또는 이미 그 이전에 이와 같은 원고의 법익을 침해하는 것으로 되고 이는 민법 751조 소정의 타인의 자유를 해하는 경우에 해당한다고 해석되며, 재산 이외의 손해에 대하여서도 그 배상책임을 면할 수 없다고 할 것이다. 이에 원고들에 대한 피고측의 계속되는 소유물방해와 소음 및 불안상태의 조성으로 인하여 원고들이 정신적 고통을 입었음은 경험칙상 쉽게 알 수 있으므로 이 사건에 나타난 여러 정상을 참작하여 피고는 원고들에게 그 위자료로서 각 금 3,000,000원씩을 지급함이 상당하다고 본다(대판 1974.6.11. 73다1691).

| 사례 57 | 인근에 고층아파트가 신축됨으로써 기존 아파트입주자에게 시야차단으로 인한 압박감, 소음, 분진, 진동 등과 같은 생활이익의 침해를 발생시킨 경우에 재산상 손해의 항목 중 토지·가옥의 가격저하에 따른 손해를 어떻게 산정해야 하는지

아파트소유자가 인근에 초고층 아파트가 신축됨으로서 일조장해, 사생활 침해, 시야차단으로 인한 압박감, 소음, 분진, 진동 등과 같은 생활이익의 침해로 인하여 발생한 재산적 손해의 항목 중 토지·가옥의 가격저하에 의한 손해를 산정함에 있어서는 광열비·건조비 등의 지출 증대와는 별도로 일조장해 등과 상당인과관계가 있는 정상가격의 감소액을 부동산감정 등의 방법으로 평가해야 할 것이고, 분양된 아파트가 일조피해를 입고 있는 경우 그 아파트의 시세가 분양대금에 물가상승률이나 예금금리를 감안한 금액보다 높게 유지된다고 하여 그 소유자에게 당해 아파트의 가격저하로 인한 손해가 발생하지 않았다고 볼 수 없는바, 일조침해와 조망·프라이버시·통풍침해 등을 아울러 고려하여 그 침해 전후의 통상적인 아파트 가격의 차이에 관한 감정 결과에 터잡아 원고들의 각 아파트가 일조침해 등으로 말미암아 그 정상가격에 비하여 각 세대별로 금 14,260,000원 내지 금 21,700,000원의 가격하락분이 발생한 것으로 인정하는 한편, 피고나 롯데건설의 각 아파트 건축행위에 법규 위반이 없는 점 및 원고들 측의 수분양자로서의 수인한도와 관련된 감액사유 등을 종합적으로 고려하여 피고가 배상해야 할 손해액을 위 각 세대별 가격하락분의 50%로 봄이 상당하다고 볼 것이다(대판 1999.1.26. 98다23850).

| 사례 58 | 공해소송에서의 입증책임의 소재(인과관계에 관한 증명책임의 분배)

일반적으로 불법행위로 인한 손해배상청구사건에 있어서 가해행위와 손해발생 간의 인과관계의 입증책임은 청구자인 피해자가 부담하나, 대기오염이나 수질오염에 의한 공해로 인한 손해배상을 청구하는 소송에 있어서는 기업이 배출한 원인물질이 대기나 물을 매체로 하여 간접적으로 손해를 끼치는 수가 많고, 공해문제에 관하여는 현재의 과학수준으로도 해명할 수 없는 분야가 있기 때문에 가해행위와 손해의 발생 사이의 인과관계를 구성하는 하나 하나의 고리를 자연과학적으로 증명한다는 것이 매우 곤란하거나 불가능한 경우가 많으므로, 이러한 공해소송에 있어서 피해자에게 사실적인 인과관계의 존재에 관하여 과학적으로 엄밀한 증명을 요구한다는 것은 공해로 인한 사법적 구제를 사실상 거부하는 결과가 될 우려가 있는 반면에, 가해기업은 기술적·경제적으로 피해자보다 훨씬 원인조사가 용이한 경우가 많을 뿐만 아니라, 그 원인을 은폐할 염려가 있기 때문에, 가해기업이 어떠한 유해한 원인물질을 배출하고 그것이 피해물건에 도달하여 손해가 발생하였다면 가해자측에서 그것이 무해하다는 것을 입증하지 못하는 한 책임을 면할 수 없다고 보는 것이 사회형평의 관념에 적합하다고 볼 것이다(대판 2002.10.22. 2000다65666·65673). 따라서 본 사건을 보건대, ① 녹사평역 부근의 지하수 흐름이 주한미군 영내에서 녹사평역 방향인 점, ② 주한미군 영내에서 검출된 등유와 녹사평역 부지에서 검출된 등유가 주한미군만이 사용하는 JP-8로 동일한 점, ③ 주한미군이 2001. 2.과 같은 해 8. 누수시험을 통과하지 못하였다는 이유로 지하저장탱크를 제거하였는데, 이들 지하저장탱크에는 JP-8이 보관되어 있었던 점, ④ 휘발유와 JP-8이 혼합되어 유출된 경우 휘발유가 JP-8에 비해 생물막에 의한 분해, 공기 중으로 휘발, 물에 용해되는 현상이 잘 일어나 하류로 갈수록 전체 유류에서 휘발유가 차지하는 비율이 점점 낮아지는 점, ⑤ 주한미군 영내에 있는 것을 제외한 녹사평역 인근에 있는 유류저장시설에서는 유류누출 현상이 발견되지 않은 점 등에 비추어, 주한미군이 관리하는 유류저장시설에서 휘발유와 등유(JP-8)가 유출되어 원고 소유의 토지를 오염시켰다고 볼 수 있을 것이다(대판 2009.10.29. 2009다42666). 즉 이러한 공해소송에 있어서 피해자에게 사실적인 인과관계의 존재에 관하여 과학적으로 엄밀한 증명을 요구한다는 것은 공해로 인한 사법적 구제를 사실상 거부하는 결과가 될 우려가 있기 때문에 가해기업이 어떠한 유해한 원인물질을 배출하고 그것이 피해물건에 도달하여 손해가 발생하였다면 가해자측에서 그것이 무해하다는 것을 입증하지 못하는 한 책임을 면할 수 없다고 보는 것이 사회형평의 관념에 적합하다고 할 것이다.

| 사례 59 | 헌법상 보장된 환경권에 기하여 직접 방해배청구권을 행사하여 골프연습장의 설치를 금지시킬 수 있는지(소극)

헌법 제35조 제1항은 "모든 국민은 건강하고 쾌적한 환경에서 생활할 권리를 가지며, 국가와 국민은 환경 보전을 위하여 노력해야 한다"라고 규정하여 환경권을 국민의 기본권의 하나로 승인하고 있으므로, 사법의 해석과 적용에 있어서도 이러한 기본권이 충분히 보장되도록 배려해야 할 것임은 당연하다고 할 것이나, 헌법상의 기본권으로서의 환경권에 관한 규정만으로써는 그 보호대상인 환경의 내용과 범위, 권리의 주체가 되는 권리자의 범위 등이 명확하지 못하여 이 규정이 개개의 국민에게 직접으로 구체적인 사법상의 권리를 부여한 것이라고 보기는 어렵고, 또 사법적 권리인 환경권을 인정하면 그 상대방의 활동의 자유와 권리를 불가피하게 제약할 수 밖에 없는 것이므로, 사법상의 권리로서의 환경권이 인정되려면 그에 관한 명문의 법률규정이 있거나 관계법령의 규정취지나 조리에 비추어 권리의 주체, 대상, 내용, 행사방법 등이 구체적으로 정립될 수 있어야 할 것이다. 그것은 환경의 보전이라는 이념과 산업개발 등을 위한 개인활동의 자유와 권리의 보호라는 상호 대립하는 법익 중에서 어느 것을 우선시킬 것이며 이를 어떻게 조정 조화시킬 것인가 하는 점은 기본적으로 국민을 대표하는 국회에서 법률에 의하여 결정해야 할 성질의 것이라고 보아야 할 것이기 때문이다. 헌법 제35조 제2항에서 "환경권의 내용과 행사에 관하여는 법률로 정한다"라고 규정하고 있는 것도 이러한 고려에 근거한 것이라고 여겨진다. 그러므로 신청인들이 주장하는 환경권의 취지가 현행의 사법체계 아래서 인정되는 생활이익 내지 상린관계에 터잡은 사법적 구제를 초과하는 의미에서의 권리의 주장이라면 그러한 권리의 주장으로서는 직접 국가가 아닌 사인인 피신청인에 대하여 사법적 구제수단인 이 사건 골프연습장의 설치를 금지하는 가처분을 구할 수는 없다고 할 것이다. 또한 피신청인이 서울특별시 강남구청장으로부터 도시공원법상의 근린공원인 ㅇㅇ공원 내의 피신청인 소유 토지상에 이 사건 골프연습장을 설치할 수 있다는 인가처분을 받는데 가사 일정한 하자가 있다고 하더라도, 그러한 하자가 있다는 점만으로 바로 위 ㅇㅇ공원 인근 주민들인 신청인들에게 피신청인에 대하여 위 골프연습장 건설의 금지를 구할 사법상의 권리가 생기는 것이라고는 할 수 없으므로(다만 위 인가처분의 효력을 다투는 행정소송에서 이러한 하자가 있음을 주장할 수 있는 문제는 별개의 문제) 신청인들과 피신청인 사이의 이 사건 가처분 신청 사건에서 위 인가처분의 하자 유무를 따져볼 필요는 없다고 할 것이며, 따라서 위 인가처분의 하자가 있음을 이유로 하여 이 사건 가처분이 허용되어야 한다는 신청인들의 주장 또한 배척될 수밖에 없을 것이다(대결 1995.5.23. 94마2218).

| 사례 60 | 환경이익의 침해를 이유로 침해의 배제를 청구하여 사찰 인근에 고층 빌딩을 신축하려는 것을 막을 수 있는지 여부(적극)

환경권은 명문의 법률규정이나 관계 법령의 규정 취지 및 조리에 비추어 권리의 주체, 대상, 내용, 행사 방법 등이 구체적으로 정립될 수 있어야만 인정되는 것이므로(대결 1995.5.23. 94마2218), 사법상의 권리로서의 환경권을 인정하는 명문의 규정이 없는데도 환경권에 기하여 직접 방해배제청구권을 인정할 수 없을 것이다. 그러나 어느 토지나 건물의 소유자가 종전부터 향유하고 있던 경관이나 조망, 조용하고 쾌적한 종교적 환경 등이 그에게 하나의 생활이익으로서의 가치를 가지고 있다고 객관적으로 인정된다면 법적인 보호의 대상이 될 수 있는 것이라 할 것이므로, 인접 대지에 어떤 건물을 신축함으로써 그와 같은 생활이익이 침해되고 그 침해가 사회통념상 일반적으로 수인할 정도를 넘어선다고 인정되는 경우에는 위 토지 등의 소유자는 그 소유권에 기하여 그 방해의 제거나 예방을 위하여 필요한 청구를 할 수 있다고 할 것이고(대판 1995.9.15. 95다23378), 위와 같은 청구를 하기 위한 요건으로서 반드시 위 건물이 문화재보호법이나 건축법 등의 관계 규정에 위반하여 건축되거나 또는 그 건축으로 인하여 그 토지 안에 있는 문화재 등에 대하여 직접적인 침해가 있거나 그 우려가 있을 것을 요하는 것은 아니라고 할 것이다. 따라서 ㅇㅇ빌딩이 당초의 예정에 따라 신청인 사찰과 불과 6m의 거리를 둔 채 신청인 사찰 경내 전체를 내려볼 수 있도록 높이 87.5m의 고층으로 신축하게 되면 신청인 사찰의 일조가 침해되는 외에도 위 건물이 신청인 사찰의 전체 경관과 조화되지 않아 신청인 사찰의 경관이 훼손되는 결과로 될 뿐만 아니라 사찰 경내의 시계 차단으로 조망이 침해되고, 그 한편으로 위 사찰에서 수행하는 승려나 불공 등을 위하여 출입하는 신도들에게도 그들의 일상생활이나 종교활동 등이 감시되는 듯한 불쾌감과 위압감을 불러일으킴으로써 결국 신청인 사찰이 종래 유지하여 온 조용하고 쾌적한 종교적 환경이 크게 침해될 우려가 있고, 그 침해의 정도가 사회통념상 일반적으로 수인할 정도를 넘어선다고 할 것이므로, 신청인이 위 ○○빌딩에 관하여 피신청인에 대하여 신청인 사찰의 사찰로서의 환경 침해를 방지하기 위하여 필요한 한도 내에서 그 건축공사의 금지를 청구할 수 있다고 할 것이다(대판 1997.7.22. 96다56153).

제5장 토지의 상린관계

01

인지사용청구권

1. 의 의

토지소유자는 경계나 그 근방에서 담이나 건물을 축조하거나 수선하기 위해서는 건축자재를 반입하거나 작업받침대를 설치하는 등의 목적으로 부득이 이웃토지를 사용해야 하는 경우가 있는데, 이러한 경우에 민법(이하 '조문만 표시')에서는 그 이웃토지가 주거가 아닌 한 필요한 범위 내에서 이웃토지의 사용을 청구할 수 있도록 하고 있다(제216조 제1항 본문). 이를 인지사용청구권 내지 이웃토지사용권이라고 한다(제216).

이는 토지소유권의 내용으로서 이웃간의 토지이용의 조절을 위하여 인정된 권리라고 할 수 있다. 그러나 그 이웃토지가 주거에 속한 경우에는 이웃주거자의 승낙 없이는 그 주거에 속한 이웃토지에 들어갈 수 없다(제216조 제1항 단서).

2. 내 용

가. 인지사용에 대한 청구권

담 또는 건물의 축조·수선을 위하여 이웃토지를 사용할 수 있는 권리는 당연한 사용권이 아니고 이웃토지사용에 대한 청구권이라고 할 수 있다. 따라서 주거에 속한 토지가 아닌데도 이웃토지소유자가 승낙해주지 않는다면 승낙에 갈음하는 재판(제389조 제2항)을 청구하여 그 판결에 따라 이웃토지를 사용해야 할 것이다. 여기에서 담 또는 건축의 축조·수선의 목적 외에 전기·가스·상하수도나 전화·인터넷 등의 배관시설이나 배선·전선을 위한 목적으로 이웃토지를 사용할 수 있는지 문제된다.

인지사용청구권의 목적으로서 민법의 규정에서 들고 있는 담 또는 건물의 축조·수선은 한정적 열거사항이 아니라 예시적인 것으로 보는 것이 타당하므로 담 또는 건물 외의 공작

물의 설치나 수목의 식재 등을 위하여 필요한 경우에도 인정된다고 본다.[165]

또한 이웃토지사용권은 그 성질상 일시적인 사용에 한할 것이며, 필요한 최소한도의 범위와 시간만 허용되어야 한다고 본다. 따라서 자신의 토지 내에서 공사가 가능한데도 다소 편하다는 사유나 비용이 다소 절감된다는 사유를 들어 이웃토지의 사용을 청구하는 것은 받아들여지지 않을 것이다. 결국 이는 공사의 종류나 긴급성, 공사의 기간 및 방법, 이웃토지의 이용상황, 이웃토지에 발생하는 손해, 다른 수단의 가능성 등을 종합적으로 고려하여 청구자의 이익과 이웃토지소유자의 손해를 비교형량하여 결정할 사안이라고 보인다.

나. 청구권자와 상대방

이웃토지사용권은 이웃토지와의 경계선 부근에서 담이나 건물을 건축하기 위한 것으로서 토지소유자에게 인정되는 권리이다. 따라서 토지소유자 아닌 건물이나 주택 또는 공작물의 소유자나 그 임차인에게는 인정되지 않을 것이다. 이는 이웃하는 토지소유자간의 이용조절을 도모하기 위한 것이기 때문이다. 그러나 그 상대방은 그 토지사용을 일시적으로 수인하기만 하는 것이므로 실제로 그 이웃토지를 이용하고 있는 토지소유자나 지상권자, 전세권자 또는 임차권자 등이 모두 해당될 것이다.

다. 청구의 내용

인지사용청구권은 담 또는 건물의 축조·수선을 위하여 주거 아닌 이웃토지에 대하여 그 사용을 청구하는 것인데, 여기의 사용에는 이웃토지에 들어가는 것 외에도 자재·공구의 보관과 토지의 경미한 형상의 변경 등도 포함된다고 본다. 그러나 이웃토지가 주거에 속하는 경우에는 어떤 식으로든 그 주거자인 주택의 소유자나 전세권자 또는 임차권자의 승낙이 있어야만 그 토지를 사용할 수 있으며, 특별한 사정이 없는 한 그 승낙이 없다고 해서 승낙에 갈음하는 판결을 얻어 그 주거에 출입할 수는 없을 것이다(제216조 제1항 단서).

주거는 개인의 사생활에 속하는 장소로서 프라이버시 등 개인의 인격적 이익과 관련되기 때문이다. 만약 굳이 주거에 들어가고자 한다면 주거에 들어갈 필요성이 현저히 큰데 반하여 출입장소 내지 공사장소의 현상으로 보아 개인의 프라이버시권이 침해될 소지가 없다는 등 주거권자의 승낙거절이 권리남용에 해당됨을 입증하여 승낙에 갈음하는 판결을 구해야 할 것으로 보인다.

한편 인지사용청구권에 의하여 이웃토지를 사용함으로 인하여 이웃토지의 이용자에게

---

165) 한국사법행정학회, 2011 주석 민법(물권 1), 563p.

손해가 생긴 때에는 그 손해를 보상해야 한다(제216조 제2항). 이는 이웃토지의 적법한 사용을 수인하는 대가로서 공평의 견지에서 인정되는 것이다. 여기에서 보상의 내용은 이웃토지사용자가 직접 입게 되는 피해와 이웃토지에 대한 사용대가로서의 이득상환이 포함될 것이다.

02 수도·유수관·가스관·전선 등의 시설권

1. 의 의

가. 수도 등 시설을 위한 상린관계

물이나 전기 또는 가스를 운반하기 위한 수도나 유수관, 가스관, 전선 등은 그 성질상 장거리를 거쳐서 필요한 주택이나 논밭, 상가 또는 공장 등에 공급하는 것이기 때문에 그 과정에서 필수적으로 여러 토지를 경유하는 경우가 많다. 따라서 수도나 유수관, 가스관, 전선 등의 시설을 위해서는 부득이 타인의 토지를 경우하지 않으면 안되는 것이기 때문에 민법(이하 '조문만 표시')에서는 상린관계의 측면에서 수도 등 시설권을 규정하고 있다(제218조).

나. 특별법의 제정과 민법상 상린관계의 적용관계

수도나 전기 가스는 공익적 성격을 띄는 것이기 때문에 수도법이나 전기사업법 또는 「공익사업을 위한 토지 등의 취득 및 보상에 관한 법률」 등의 특별법을 제정해서 규율하고 있고, 따라서 이 법이 적용되는 한도에서는 민법의 상린관계에 관한 규정이 적용되는 경우는 없을 것이다. 따라서 민법상 상린관계의 규정에 의하여 규율되는 것은 이러한 특별법이 적용되지 않는 개인적 이익을 위하여 설치되는 사설 수도관이나 가스관 또는 자가용 전기시설을 위한 전선 설치 등이 해당될 것이다.

2. 내 용

가. 타인의 토지의 통과

토지소유자가 타인의 토지를 통과하지 않으면 필요한 수도, 유수관, 가스관, 전선 등을 설치할 수 없거나 과다한 비용이 소요되는 경우에는 타인의 토지를 통과하여 이를 설치할 수 있다(제218조 제1항 본문). 즉 타인의 토지를 통과하여 수도나 유수관, 가스관 또는 전선 등을 시설하려면 타인의 토지를 통과하지 않으면 그 시설이 불가능하거나 다른 토지를 통과하여 설치하려면 과다한 비용이 든 경우라야 한다.

민법에서는 수도관, 유수관, 가수관, 전선 등의 시설만을 들고 있으나 이는 예시적인 것으로서 그밖에 물질이나 에너지의 이동을 위한 시설은 모두 포함된다고 본다. 다만 여기의 시설은 수도관 등과 같은 관을 설치하여 물 등을 이동시키는 것에 한하는 것이므로 가령 이웃토지에 고랑을 만들어 이동시키려는 경우와 같이 이웃토지의 면적을 감소시키는 형태는 수인한도를 넘는 것으로서 허용되지 않을 것이다.

수도, 유수관, 가스관, 전선 등을 설치하려는 목적과 관련해서는 수도나 가스 또는 전기 없이는 토지의 사용목적을 달성하기가 불가능하거나 곤란한 경우에 한하는 것이 아니고, 그러한 설치를 하려고 의도하는 것으로써 족하다고 본다. 그리고 타인의 토지를 통과하는 방법에는 지하이든 지표상이든 공중이든 불문한다. 다른 토지를 통과하려는 경우에는 과다한 비용이 소요되는 경우에도 수도 등 시설권이 인정된다. 여기에서 과다한 비용이 소요된다는 것은 타인의 토지 아닌 다른 토지로 우회하여 설치할 경우에 증가되는 비용과 타인의 토지를 통과함으로써 타인이 입게 될 손해액의 차이가 대단히 커서 그 타인의 수인이 객관적으로 보아 사회관념상 합리적이라고 판단되는 경우를 말할 것이다.

수도 등 시설은 원거리에 걸쳐 시설하는 것이므로 시설통과지가 인접해 있을 필요는 없을 것이지만 상린관계로 인하여 인정되는 시설권의 특성상 시설필요지와 시설통과지가 객관적으로 보아 합리적인 범위를 벗어나 너무 멀리 떨어져 있는 경우에는 시설권이 인정되지 않을 수 있을 것이다.

나. 통과지소유자의 수인의무

수도 등 시설권자는 통과지소유자의 토지를 통과하여 시설을 설치할 수 있고, 이때 그 통과지의 소유자는 이를 수인해야 한다. 통과지소유자가 수인해야 하는 것은 통과지에 대한 출입과 통과지 내에 수도 등의 관을 설치하는 것을 포함한다.

다. 통과지의 손해의 최소화와 보상

수도 등 시설권자는 통과지소유자의 손해가 최소화되는 장소와 방법을 선택해서 수도관 등을 설치해야 하며(제218조 제1항 단서), 이로 인하여 통과지소유자에게 손해가 생긴 경우에는 손해보상을 해줘야 한다. 손해의 최소화는 수도관 등을 시설할 때 뿐만 아니라 그 유지 및 사용에 있어서도 마찬가지이다.

여기에서 손해가 가장 적은 장소와 방법이 선택된 것인지의 여부는 사회통념에 비추어 부근의 지리상황, 상린지 이용자의 이해득실 기타 제반사정을 참작한 뒤 구체적 사례에 응하여 판단해야 할 것이다(대판 1985.10.22. 85다카129).[166] 손해보상금의 지급시기는 당사자간

166) 어느 토지와 공로 사이에 그 토지의 용도에 필요한 통로가 없는 경우에 그 토지소유자는 주위의 토지를 통행 또는 통로로 하지 않으면 공로에 출입할 수 없거나 과다한 비용을 요하는 때에는 그

에 합의가 우선할 것이지만, 합의가 이루어지지 않는다면 그 보상은 시설통과지소유자의 희생에 대한 댓가의 성질을 가지므로 언제나 정기금 또는 일시금 형태로 선지급해야 한다고 본다.[167)]

3. 사정변경에 따른 변경청구

토지소유자의 수도 등 시설권에 의하여 설치된 수도관 등은 비교적 장기간에 걸쳐 이용되는 것이기 때문에 사정변경의 사유가 발생할 수 있다. 따라서 수도관 등의 시설이 설치된 후에 사정이 변경된 때에는 통과지소유자는 토지소유자의 비용으로 그 시설의 변경을 청구할 수 있다(제218조 제2항).

사정의 변경이란 시설의 설치 당시와 달리 설치장소나 이용방법이 통과지소유자에게 수인의 한도를 넘을 정도로 손해가 발생하게 된 객관적 사유가 생기는 경우일 것이다. 가령 통과지소유자가 공터였던 토지상에 건물을 건축하려는 경우라든가 기존 건물의 증축 또는 토지의 용도를 변경함으로서 수도관 등의 시설을 변경할 필요가 있는 경우가 여기에 해당될 것이다.

여기의 시설의 변경청구에는 다른 위치로 옮기라는 경우가 대부분일 것이지만 추가적인 보완을 요구하는 경우도 있을 수 있고 요건이 갖추어진 제3의 토지로 이전 설치하도록 하는 것도 포함될 것이지만, 특별한 사정이 없는 한 시설에 대한 철거청구권은 허용되지 않을 것으로 보인다(대판 2003.8.19. 2002다53469).[168)] 그런데 시설변경시 그 비용부담에 관하여는 민법의 규정에는 토지소유자라고만 되어 있을 뿐이어서 그 토지소유자가 시설통과권자를

주위의 토지를 통행할 수 있고 필요한 경우에는 통로를 개설할 수 있으며(민법 제219조 제1항 본문), 토지소유자는 타인의 토지를 통과하지 않으면 필요한 수도, 소수관, 까스관, 전선등을 시설할 수 없거나 과다한 비용을 요하는 경우에는 타인의 토지를 통과하여 이를 시설할 수 있다(민법 제218조 제1항 본문). 다만 위와 같이 통행이나 수도 등 시설을 하는 경우라도 그로 인한 손해가 가장 적은 장소와 방법을 선택해야 하는 것이나(민법 제218조와 제219조의 각 제1항 단서), 손해가 가장 적은 장소와 방법이 선택된 것인지의 여부는 사회통념에 비추어 부근의 지리상황, 상린지 이용자의 이해득실 기타 제반사정을 참작한 뒤 구체적 사례에 응하여 판단해야 할 것이므로, 이때에는 의당 구체적인 증거에 의하여 주위토지통행권 및 수도 등 시설권이 인정되는지의 여부와 그것이 인정되는 경우 그로 인한 손해가 가장 적은 장소와 방법이 어떠한 것인지를 가려 보았어야 할 것이다(대판 1985.10.22. 85다카129).

167) 한국사법행정학회, 2011 주석 민법(물권 1), 587p.

168) 토지소유자는 타인의 토지를 통과하지 않으면 필요한 수도, 유수관, 가스관, 전선 등을 시설할 수 없거나 과다한 비용을 요하는 경우에는 타인의 토지를 통과하여 이를 시설할 수 있다고 할 것이므로 통행지 소유자는 위와 같은 요건이 갖추어진 수도 등 시설에 대하여 그 철거를 구할 수 없다(대판 2003.8.19. 2002다53469).

말하는지 통과지소유자를 말하는지 문제가 된다. 이에 관하여는 시설통과권자라는 견해와 통과지소유자라는 견해로 나누어진다. 전자는 수도관 등의 시설은 통과지소유자의 희생하에 시설통과권자에게 인정되는 권리인 관계로 가급적 통과지소유자에게 피해를 최소화시켜야 하는 것이므로 시설통과권자가 부담해야 한다는 견해이고,[169][170] 후자는 이미 적법하게 설치된 수도관 등 시설을 통과지소유자의 사정에 따라 변경하는 것이므로 시설의 변경을 원하는 통과지소유자가 부담해야 한다는 견해이다. 그런데 시설통과권자는 수도관 등 시설을 처음 설치시 통과지소유자에게 보상을 해주었을 것이고 시설의 변경은 사후적으로 귀책사유 있는 통과지소유자의 사정에 기인한 것이므로 통과지소유자가 부담하는 것이 타당하다고 본다.

❐ 토지의 상린관계 관련 핵심 판례 및 사례

| 판례 154 | 인접한 타인의 토지를 통과하지 않고도 전선 등 시설을 하고 물을 소통할 수 있는 경우, 비용이 더 든다는 등의 이유만으로 타인의 토지나 타인이 시설한 전선 등에 대한 사용권을 가질 수 있는지 여부(소극)

【판시사항】

인접한 타인의 토지를 통과하지 않고도 전선 등 시설을 하고 물을 소통할 수 있는 경우, 스스로 그와 같은 시설을 하는 것이 타인의 토지 등을 이용하는 것보다 비용이 더 든다는 등의 이유만으로 상린관계에 관한 민법, 하수도법 등의 규정을 유추적용하여 토지소유자가 타인의 토지나 타인이 시설한 전선 등에 대한 사용권을 갖는다고 볼 수 있는지 여부(소극)

【판결요지】

인접하는 토지 상호간의 이용의 조절을 위한 상린관계에 관한 민법 등의 규정은 인접지 소유자에게 소유권에 대한 제한을 수인할 의무를 부담하게 하는 것이므로 적용 요건을 함부로 완화하거나 유추하여 적용할 수는 없고, 상린관계 규정에 의한 수인의무의 범위를 넘는 토지이용관계의 조정은 사적자치의 원칙에 맡겨야 한다. 그러므로 어느 토지소유자가 타인의 토지를 통과하지 않으면 필요한 전선 등을 시설할 수 없거나 과다한 비용을 요하는 경우에는 타인은 자기 토지를 통과하여 시설을 하는 데 대하여 수인할 의무가 있고(민법 제218조 참조), 또한 소유지의 물을 소통하기 위하여 이웃토지 소유자가 시설한 공작물을 사용할 수 있지만(민법 제227조), 이

169) 한국사법행정학회, 2011 주석 민법(물권 1), 589p; 양형우, 제5판 민법의 세계, 497p.

170) 수도 등 시설변경청구는 당초에는 적법한 권원에 의하여 시설된 소수관 등을 사후에 발생한 시설통과지 소유자의 사정 변경때문에 '시설통과권자의 비용'으로 변경 시설토록 하는 것이므로 위 법조 소정의 사정변경은 시설통과지 소유자의 주관적인 의사에 따라 결정할 것이 아니고, 객관적으로 시설을 변경하는 것이 타당한지의 여부에 의하여 결정해야 할 것이다(대판 1982.5.25. 81다1·2·3).

는 타인의 토지를 통과하지 않고는 전선 등 불가피한 시설을 할 수가 없거나 타인의 토지를 통하지 않으면 물을 소통할 수 없는 합리적 사정이 있어야만 인정되는 것이다. 인접한 타인의 토지를 통과하지 않고도 시설을 하고 물을 소통할 수 있는 경우에는 스스로 그와 같은 시설을 하는 것이 타인의 토지 등을 이용하는 것보다 비용이 더 든다는 등의 사정이 있다는 이유만으로 이웃토지 소유자에게 그 토지의 사용 또는 그가 설치·보유한 시설의 공동사용을 수인하라고 요구할 수 있는 권리는 인정될 수 없다. 따라서 위와 같은 경우에는 주위토지통행권에 관한 민법 제219조나 유수용공작물(유수용공작물)의 사용권에 관한 민법 제227조 또는 타인의 토지 또는 배수설비의 사용에 관하여 규정한 하수도법 제29조 등 상린관계에 관한 규정의 유추적용에 의하여 타인의 토지나 타인이 시설한 전선 등에 대한 사용권을 갖게 된다고 볼 여지는 없다(대판 2012.12. 27. 2010다103086).

| 판례 155 | 자가용 전기공작물을 설치하여 자신의 용도에 사용할 뿐인 자가 민법상의 상린관계의 규정이 아닌 전기사업법에 의하여 설치가 가능한지 여부(소극)

【판시사항】

구 전기사업법 제64조 제1항의 전선로 시설주체인 전기사업자의 의미

【판결요지】

구 전기사업법(1990. 1. 13. 법률 제4214호로 전문 개정되기 전의 것) 제64조 제1항에 의하면 전기사업자는 사업의 수행을 위하여 필요한 경우에 타인의 토지 등의 공간에도 그 토지 소유자와의 협의를 거쳐 전선로를 시설할 수 있으나, 같은 법 제3조 제2 내지 7호 및 제10호의 규정에 의하면 이 때 전기사업자라 함은 일반의 수요에 응하여 전기를 공급하는 일반전기사업자와 그에게 일반전기사업용 전기를 공급함을 주된 목적으로 하는 특정전기사업자를 가리키고, 자가용 전기공작물을 설치하여 자신의 용도에 사용할 뿐인 자는 전기사업자에 해당하지 않으므로, 그러한 자는 민법상의 상린관계가 아닌 같은 법 제64조 제1항을 근거로 해서는 타인 소유 토지상의 공간에 전선로 등을 설치할 수가 없다(대판 1998.9.11. 98다19035).

| 판례 156 | 상린관계에 의한 수도 등 시설권에 근거하여 시설공사를 시행하는 경우, 수도 등이 통과하는 토지소유자의 동의나 승낙을 받아야 하는지 여부(소극)

【판시사항】

[1] 민법 제218조 제1항에서 정한 수도 등 시설권에 근거하여 시설공사를 시행하는 경우, 수도 등이 통과하는 토지소유자의 동의나 승낙을 받아야 하는지 여부(소극) 및 위 동의나 승낙이 수도 등 시설권의 성립이나 효력 등에 영향을 미치는 법률행위나 준법률행위인지

여부(소극)

[2] '성남시 수도급수 조례'에서 급수공사 신청시 필요하다고 판단될 경우 이해관계인의 동의서를 제출하게 할 수 있다고 정한 취지

[3] 甲이 자신의 토지 위에 신축한 건물의 급수공사를 위하여 관할 지방자치단체에 급수공사 시행을 신청하였는데, 지방자치단체가 수도급수 조례 등에 근거하여 급수공사 시 경유해야 하는 乙 소유 토지의 사용승낙서 제출을 요구하며 신청을 반려하자, 甲이 민법 제218조의 수도 등 시설권을 근거로 乙을 상대로 '乙 소유 토지 중 수도 등 시설공사에 필요한 토지 사용을 승낙한다'는 진술을 구하는 소를 제기한 경우, 위 소가 민법 제389조 제2항에서 정한 '채무가 법률행위를 목적으로 한 때에 채무자의 의사표시에 갈음할 재판을 청구하는 경우'에 해당한다고 볼 수 있는지 여부(부정)

【판결요지】

[1] 민법 제218조 제1항 본문은 "토지소유자는 타인의 토지를 통과하지 않으면 필요한 수도, 소수(소수)관, 까스관, 전선 등을 시설할 수 없거나 과다한 비용을 요하는 경우에는 타인의 토지를 통과하여 이를 시설할 수 있다."라고 규정하고 있는데, 이와 같은 수도 등 시설권은 법정의 요건을 갖추면 당연히 인정되는 것이고, 시설권에 근거하여 수도 등 시설공사를 시행하기 위해 따로 수도 등이 통과하는 토지소유자의 동의나 승낙을 받아야 하는 것이 아니다. 따라서 토지소유자의 동의나 승낙은 민법 제218조에 기초한 수도 등 시설권의 성립이나 효력 등에 어떠한 영향을 미치는 법률행위나 준법률행위라고 볼 수 없다.

[2] 'ㅇㅇ시 수도급수 조례'에서 급수공사 신청시 필요하다고 판단될 경우 이해관계인의 동의서를 제출하게 할 수 있다고 한 것은, 급수공사 신청인이 아닌 타인 소유 토지에 급수공사를 시행할 경우에 발생할 수 있는 분쟁을 사전에 예방하고 ㅇㅇ시가 신청인의 사용권한에 근거하여 타인 소유 토지에 급수공사를 원활하게 시행하고자 하는 목적에서 신청인에게 토지에 대한 사용권한이 있는지를 확인하기 위하여 증명자료의 하나로서 토지소유자의 급수공사에 대한 동의 내지 승낙의 뜻이 표시된 서류의 제출을 요구할 수 있다는 취지이고, 급수공사 신청인이 다른 자료에 의하여 토지의 사용권한이 있음을 증명하였음에도 급수공사를 승인하기 위해서는 예외 없이 토지사용승낙서의 제출이 필요한 것이라고 볼 수는 없다.

[3] 甲이 자신 소유의 토지에 신축한 건물의 급수공사를 위하여 관할 지방자치단체에 급수공사 시행을 신청하였는데, 지방자치단체가 수도급수 조례 등에 근거하여 급수공사 시 경유해야 하는 乙 소유 토지의 사용승낙서 제출을 요구하며 신청을 반려하자, 甲이 민법 제218조의 수도 등 시설권을 근거로 을을 상대로 '乙 소유 토지 중 수도 등 시설공사에 필요한 토지 사용을 승낙한다'는 진술을 구하는 소를 제기한 경우, 위 소는 시설공사를 하는데 필요한 증명자료를 소로써 구하는 것에 불과하고, 민법 제389조 제2항에서 정한 '채무가 법률행위를 목적으로 한 때에 채무자의 의사표시에 갈음할 재판을 청구하는 경우'에 해당

한다고 볼 수 없으므로 권리보호의 이익을 인정할 수 없어 부적법하고, 이 경우 甲은 자신에게 乙 소유 토지 중 수도 등 시설공사에 필요한 부분에 관하여 민법 제218조의 수도 등 시설권이 있다는 확인을 구하는 소 등을 제기하여 승소판결을 받은 다음, 이를 甲의 사용권한을 증명하는 자료로 제출하여 지방자치단체에 급수공사의 시행을 신청하면 될 것이다(대판 2016.12.15. 2015다247325).

| 판례 157 | 병원시체실에 인접한 거주자의 인용의무의 한계

【판시사항】

병원시체실에 인접한 거주자가 수인해야 할 정도와 그 한계

【판결요지】

병원시체실의 설치로 그 인접지 거주자가 받을 피해와 고통이 사회관념상 일반적으로 수인해야 할 정도의 것일 때에는 거주자가 이를 수인해야 하나, 그 정도를 초과할 때에는 수인의무가 없고 오히려 방해사유의 제거 내지 예방조치를 청구할 수 있다(대판 1974.12.24. 68다1489).

제6장 건물의 상린관계

01
건물의 구분소유

1. 의 의

민법(이하'조문만 표시')에서는 1동의 구분소유자 상호간의 상린관계를 규율하기 위하여 구분소유권의 개념을 도입하였다. 즉 수인이 한 채의 건물을 구분하여 각각 그 일부분을 소유한 때에는 건물과 그 부속물중 공용하는 부분은 그의 공유로 추정하도록 하고 있고(제215조 제1항), 복도, 계단, 엘리베이터, 지하주차장, 기계실 등 공용부분의 보존에 관한 비용 기타의 부담은 각자의 소유부분의 가액에 비례하여 분담하도록 하고 있는 것이다(제215조 제2항). 원래 1동의 건물은 일물일권주의의 원칙상 1개의 물건으로 취급해야 할 것이지만, 건물의 일부가 사회관념상 또는 경제적 효용관계상 독립된 건물로 다루어지고 있는 경우에는 건물의 일부라도 독립된 건물로 인정해주고 있는 것이다.

2. 내 용

가. 구분건물의 구분(전용부분과 공용부분)

아파트나 연립주택 또는 다세대주택과 같이 1동의 건물을 구분한 구분건물의 경우에는 그 특성상 구분소유자간에 상하층 또는 옆집과 옆집으로 인접해 있을 수밖에 없기 때문에 민법에서는 구분소유자들 상호간의 관계를 상린관계의 한 형태로 규율하고 있다. 구분건물은 구분소유자 각자가 독점적으로 점유하는 전용부분 및 그 부속물과 구분소유자 공동으로 소유하는 공용부분 및 그 부속물로 구분할 수 있는데, 전용부분은 구분소유자 각자의 단독소유에 속하고, 공용부분 즉, 복도, 계단, 기계실 등과 공용 부속물 즉, 엘리베이터, 차고, 우물 등은 구분소유자의 공유에 속한다. 구분건물에 있어서 상린관계의 반영은 공용부분에 있어서이다.

나. 공용부분의 소유와 관리

1) 공용부분의 공유추정

구분건물 중 전용부분과 전용부속물은 구분소유자의 단독소유에 속할 것이지만, 공용부분과 공용부속물은 구분소유자간의 공유로 추정된다(제215조 제1항). 따라서 공유의 일반원칙에 의하여 공유물에 관한 처분행위는 공유자 전원의 합의로써만 가능하므로 각 공유자인 구분소유자는 단독으로 분할청구를 하지 못하고, 구분건물의 특성상 다른 공유관계와 달리 공유물에 대한 개별적 권한은 더욱 제한적일 수밖에 없게 된다.

2) 공용부분의 보존비용

공용부분의 수선·수리비와 같은 보존비용과 각종 세금·공과금과 같은 부담비용은 각자의 소유 부분의 가액에 비례하여 분담해야 한다(제215조 제1항, 제2항). 다만 민법에서는 위와 같이 소유부분의 가액에 비례하여 부담하도록 하고 있지만 실무상으로는 가액 계산의 곤란 때문에 각 구분소유자의 전용부분의 면적에 비례하여 부담하고 있는 것으로 보인다.

3. 집합건물법의 제정

구분건물의 관계를 민법에 규정된 단 한 개의 조문만으로 모두 규율하기에는 부족하므로 구분건물의 상린관계를 포괄적이고 구체적으로 규율하는 「집합건물의 소유 및 관리에 관한 법률」(일명'집합건물법')이 1984. 4. 10. 제정되어 구분건물과 관련된 특수한 법률관계를 규율하게 되었고, 이에 따라 민법상 구분소유에 관한 규정은 거의 유명무실하게 되었다고 본다.

| 판례 158 | 구분건물과 공용부분

【판시사항】

[1] 구분건물에 있어서 민법 215조(건물의 구분소유) 소정 공유로 추정하는 공용부분에 대하여 등기능력을 인정할 수 있는지 여부

[2] 건물의 구분소유부분(전용부분)의 처분과 등기능력 없는 공용부분의 지분소유권의 귀속

【판결요지】

[1] 민법은 물권변동에 관하여 형식주의에 의하고 법률행위로 인한 부동산에 관한 물권의 득실변경에는 등기를 요하도록 하고 있으며 부동산등기법은 104조 내지 107조에서 수인이 한채의 건물을 구분하여 각각 그 일부를 소유하는 경우에 그 구분소유에 대한 등기에 관해서만 고려를 하고 있을 뿐 공용부분에 관해서는 하등 고려한바 없으므로 구분된 전용부

분 또는 구분소유자의 특약에 의해서 공유로 된 구분건물부분을 제외하고는 건물의 구조상 구분소유자의 공용으로 되어 있는 건물부분에 대하여는 현행법상 등기가 불가능한 것이라고 아니할 수 없어서 이와 같은 건물부분에 대하여는 등기능력을 인정할 수 없다고 해야 할 것 인데 민법 215조에 의하면 이와 같은 공용부분에 대하여 공유를 추정하고 있다.

[2] 위와 같은 공용부분에 대하여 민법 215조가 공유를 추정하고 있는 것은 결국 그와 같은 공용부분에 대하여는 관계구분(전용부분)소유자들이 그를 공유할 수 있다는 것을 전제로 하고 있다고 할 것이므로 그와 같은 공용부분에 대하여는 관계구분소유자들에게 지분권을 인정하는 것이라고 해야 할 것인데 그렇다면 민법은 그 자신이 부동산등기법이 등기능력을 인정하지 않고 있는 건물부분에 대하여 공유를 인정하고 따라서 그에 대한 지분권도 인정하고 있다고 아니할 수 없다.

[3] 그런데 민법 215조는 구분소유에 있어서 구분소유부분(전용부분)에 대하여 그 처분에 관해서 하등의 제한 없이 그 공용부분을 공유로 추정하고 있으며(민법의 이와 같은 조치는 당연하다고 할 것이다) 한편 공용부분에 관한 위 규정은 보통의 경우를 상정한데 연유한 것이라고는 하겠으나 그보다 구분소유의 실익을 확보하기 위한 소유권의 상린관계에 관한 법리를 근원하는 것이라고도 봄이 상당하다고 할 것인데 공유로 추정되는 공용부분에 대한 지분은 관계 구분소유의 처분과 불가분리의 관계에서 그에 따르게 된다고 해야 할 것이므로 결국 그 지분은 전용부분과 분리해서 그것만을 처분의 대상으로 할 수는 없겠으나 전용부분이 처분되면 특별한 사정이 없는 한 그에 따라서 같이 처분의 대상이 될 수 있다고 해야 할 것이고 전용부분이 이전되면 공용부분에 대한 지분은 그와 불가분리적 관계에서 그에 수반해서 당연히 같이 이전된다고 해야 할 것이다.

[4] 이상과 같이 민법은 물권변동에 있어서 형식주의에 의하고 있으면서 그 성질상 전용부분에 부수해서 그와 같이 전전 이전될 수는 있으나 그 자체에 대하여는 독립해서 등기능력이 인정되지 않는 공용부분에 대하여 공유(물권)를 인정하고 있으므로 결국 민법은 그 자신이 적어도 건물의 구조상 외관적으로 명확히 공용부분으로 되어 있는 건물부분에 대하여는 물권변동에 관한 형식주의에 예외를 인정하고 그에 대한 관계 구분소유자들의 공유를 인정하고 있다고 해야 할 것이다. 그러므로 처분에 있어서 전용부분과 불가불리적 관계에 있는 공용부분에 대한 지분은 전용부분이 이전되면 (즉, 이 부분에 대한 등기가 되면) 이에 부수해서 당연히(등기없이) 이전된다고 함이 상당하다고 할 것이다. (이 경우에 이에 대한 공시관계는 관계구분 소유에 대한 등기와 공유부분에 대한 건물구조상의 외관적인 명확성이 보충적으로 그의 기능을 맡게 된다) 물론 이와 같은 법리는 한채의 건물을 구분해서 그 일부를 타인에게 양도하는 경우에 있어서 그 구조상의 공용부분에 대하여 공유의 약정이 있다고 할 수 있는 경우에도 마땅히 적용되어야 할 것이고(그렇지 않으면 불가불 경우에 따라서 법정지상권의 법리나 혹은 소유권의 상린관계에 관한 법리를 유추해서 통행에 관한 처리를 할 수 밖에 없게 될 것이다) 또 이런 경우에 각 구분된 건물부분을 공부상으로는 형식상 별개의 건물로 별동으로 등재가 되었다고 해서 달리 취급할 필요도 없다고 할 것이다(대판 1976.4.27. 74다1244).

02

층간누수에 대한 구제수단

1. 구제절차 개요

건물이나 아파트의 위층에서 누수가 발생한 경우 아래층의 소유자나 임차인 등 점유자가 대응하는 통상적인 절차 단계를 살펴보면, 먼저 위층으로 올라가서 누수가 발생하니 방수공사를 해주고 누수로 손상된 천장이나 장판, 벽지, 가구 등 아래층에서 발생한 손해를 배상해 달라는 등으로 협조 내지 합의를 유도해보고, 그것이 여의치 않을 경우에는 누수 부위나 손상된 천장 등의 사진과 함께 수리견적서 등을 첨부하여 내용증명을 보낸 후 이를 입증자료로 삼아 누수하자보수공사 및 손해배상을 청구하는 민사소송절차를 밟게 될 것이다.

그럼에도 위층 소유자가 응하지 않는다면 부득이 다른 방법을 강구해야 할 것인데, 만약 아래층에서도 누수의 수리가 가능하다면 몇 군데의 방수전문업체로부터 견적서를 받고 누수보수공사를 한 후 그 견적업체의 평균치 수리비용과 누수로 발생한 그밖의 손해배상액을 합하여 민사소송을 제기할 것이다. 문제는 누수 부위로 보아 아래층에서는 수리가 불가하고 부득이 누수의 발생 지점인 위층에서만 수리가 가능할 경우인데, 위층의 소유자나 점유자가 문을 열어주지 않으면서 알아서 하라고 버티는 경우일 것이다. 이러한 경우에는 위층의 문을 강제로 따고 들어가서 수리를 해야 할 것인데, 이러한 절차가 대체집행절차인 것이다. 대체집행은 그 성질상 채무자를 대신하여 다른 사람이 대체하여 수행할 수 있는 대체적 작위채무 분야만 가능하다. 누수하자보수공사나 방수공사도 대체집행이 가능한 분야이다. 다만 누수하자보수공사 등의 이행을 명하는 이행판결을 받은 경우라고 하더라도 위층 거주자의 동의 없이 문을 따고 들어가는 것은 주거침입죄 등 형사문제와 엮일 수 있어 만만치 않는 과정일 수 있다.

이와 같이 외형상 대체집행이 가능한 대체적 작위채무라고 할지라도 위층 소유자 내지 거주자의 수인의무의 불이행 등으로 대체집행이 불가하여 실질적으로는 부대체적 작위채무와 같은 성질을 가지는 경우에는 간접강제의 방법을 동원하여 이행의무의 지연일정별 일정한 금전적 부담을 가함으로써 이행의무의 지체에 따른 금전적 손해를 부담시켜 간접적으로 압박을 가하는 절차를 검토해보아야 할 것이다.

2. 이행소송

가. 누수 원인 파악절차

층간누수가 발생한 경우에는 먼저 원인파악이 선행되어야 한다. 실무현장에서 위층 소유자나 임차인과 아래층 누수 피해자 사이에 누수원인을 두고 가장 많이 분란이 일어나는 부분이다. 단독주택이나 1인 소유의 다가구주택 또는 1인 소유의 일반 건물 등 공용부분이 존재하지 않는 주택이나 건물에서는 소유자가 동일하므로 그리 큰 문제가 되지 않으나 아파트나 다세대주택 또는 연립주택과 같은 공동주택의 경우에는 공용부분이 따로 존재하기 때문에 원인의 존재 지점과 관련하여 분란이 많은 것이다. 층간누수의 원인은 주로 보일러 배관이 터지거나 화장실 또는 목욕실의 배관이 터지는 경우도 있을 수 있고 수도배관이나 온수보일러 배관이 터져 발생한 경우 또는 옥상이나 외벽 등을 타고 누수가 발생한 경우가 많다. 경우에 따라서는 베란다 내지 테라스에서 누수가 발생한 경우도 있다. 따라서 누수원인에 대한 정확한 파악이 선행되어야 다음 단계로 나아갈 수 있는 것이다. 누수원인의 파악은 방수공사업자나 누수탐지전문업체 몇 군데에 의뢰하면 개략적인 원인 파악이 가능할 것이다. 누수원인 등에 대한 다툼이 있어 소송절차의 단계로까지 나아간 후에는 법원이 선임한 누수전문감정인의 감정에 의해 누수원인이 규명될 것이다.

나. 손해배상과 이행청구의 상대방

1) 일반 원칙

위층의 거주자가 소유자이냐 임차인이냐 따라 누구를 이행청구의 상대방으로 해야 하는지 문제된다. 또한 공동주택의 경우에는 전유부분과 공용부분 중 어느 부위에서 누수가 발생하는지에 따라 이행청구의 상대방이 달라질 수 있다. 위층의 거주자가 소유자인 경우에는 당연히 그 소유자가 배상책임을 부담할 것이므로 큰 문제가 되지 않는다. 위층 거주자가 임차인인 경우에는 임차인의 고의 또는 과실로 누수원인이 발생하였는지 여부에 따라 이행청구의 상대방이 결정될 것이나, 피해자로서는 임대인에게 귀책사유가 있는지 임차인에게 과실이 있는지 여부의 구분이 쉽지 않기 때문에 아래층 거주자인 피해자로서는 어느 일방만을 피고로 삼을 것이 아니라 위층의 소유자와 위층 거주자인 임차인을 공동피고로 하거나 주위적·예비적 청구의 형태로 소송을 제기하는 것이 위험부담을 줄이는 방법일 것이다.

아파트 등 공동주택에서 층간누수가 발생한 경우에는 주의해야 한다. 실무상 주로 문제되는 경우는 위층 거주자가 임차인인 경우가 많을 것이므로 이에 관하여 조금 더 자세히 살펴볼 필요가 있다. 공작물의 점유자·소유자의 책임에 관하여 민법 제758조 제1항에 의하면 "공작물의 설치 또는 보존의 하자로 인하여 타인에게 손해를 가한 때에는 공작물점유자가 손해를 배상할 책임이 있다. 그러나 점유자가 손해의 방지에 필요한 주의를 해태하지 아니한 때에는 그 소유자가 손해를 배상할 책임이 있다."라고 규정하는 한편, 같은 법 제623조에서는 "임대차계약에 있어서 임대인은 목적물을 임차인에게 인도하고 계약존속 중 그 사용, 수익에 필요한 상태를 유지하게 할 의무를 부담한다."라고 규정하여 임대인의 수선의무에 관하여 규정하고 있다. 임대인의 수선의무와 관련하여 판례는 "목적물에 파손 또는 장해가 생긴 경우 그것이 임차인이 별 비용을 들이지 아니하고도 손쉽게 고칠 수 있을 정도의 사소한 것이어서 임차인의 사용·수익을 방해할 정도의 것이 아니라면 임대인은 수선의무를 부담하지 않지만, 그것을 수선하지 아니하면 임차인이 계약에 의하여 정하여진 목적에 따라 사용·수익할 수 없는 상태로 될 정도의 것이라면 임대인은 그 수선의무를 부담한다."라고 판시하고 있다(대판 1994.12.9. 94다34692·34708, 2000.3.23. 98두18053). 따라서 공작물의 설치·보존상의 하자가 발생한 경우에 있어 1차적으로 손해배상책임을 부담하는 점유자(임차인)가 손해방지에 필요한 주의를 게을리 하지 않은 때에는 소유자만이 책임을 진다고 할 것인데, 아래층의 누수가 위층 바닥에 매설된 수도배관의 이상 때문으로 임차인이 쉽게 고칠 수 있을 정도의 사소한 것이 아니라 임대인이 임대차계약상 지고 있는 수선의무에 따라 그 수리책임을 부담해야 할 정도의 임대목적물의 파손에 해당될 경우이고 임차인이 누수사실을 알게 된 즉시 임대인에게 수리를 요청했었으며, 임차인으로서는 바닥내부의 숨은 하자로 인한 손해발생을 미리 예견하여 방지하기가 불가능했던 경우라면 임차인에게 손해배상책임이 있다고 할 수 없을 것이다. 따라서 통상적으로는 층간누수로 인한 아래층 거주자의 피해에 대해서는 원칙적으로 임대인 겸 소유자가 부담할 것으로 보인다. 다만 누수발생의 원인이 임차인의 실내인테리어 작업이나 실내 배관 추가 작업 등으로 발생한 경우라든가 보일러나 씽크대 등의 누수사실을 발견하고도 즉시 임시조치를 취하지 않거나 임대인에게 수리요청 등의 조치를 취하지 않고 방치한 경우 또는 임차인의 장기 부재 중의 동파로 인한 누수 등 임차인의 귀책사유로 인하여 발생한 경우에는 임차인이 손해배상책임을 지거나 증가된 손해 부분에 대해 책임을 부담할 것으로 보인다.

2) 아파트 등 공동주택의 경우

집합건물 등 공동주택은 구분소유자의 구분소유권의 목적이 되는 전유부분과 구분소유자 전원 또는 일부 구분소유자들의 공유에 속하는 공용부분으로 나눌 수 있는데, 공용부분은 규약에 달리 정한 바가 없으면 각 공유자가 그 지분비율에 따라 공용부분의 관리비용과 그밖의 의무를 부담하게 된다(집합건물의 소유 및 관리에 관한 법률 제17조). 그러므로 누수되는 위층 배관이 위층 소유자의 전유부분인지 아니면 공용부분인지에 따라 보수의무자나 비용부담의무자가 다르게 될 것인데, 건물의 어느 부분이 구분소유자의 전원 또는 일부의 공용에 제공되는지는 소유자들 사이에 특단의 합의가 없는 한 건물의 구조에 따른 객관적 용도에 따라 결정될 것이다. 구분건물에 관하여 구분소유가 성립될 당시 객관적인 용도가 공용부분인 건물부분을 나중에 임의로 개조하는 등으로 이용상황을 변경하거나 이를 집합건축물대장에 전유부분으로 등록하고 소유권보존등기를 하였더라도 그로써 공용부분이 전유부분이 되어 어느 구분소유자의 전속적인 소유권의 객체가 되지는 않는다(대판 2016.5.27. 2015다77212).

일반적으로 옥상, 외벽, 복도, 계단 등은 공용부분으로 될 것이고, 각종 배관 중 급수배관·가스배관 등의 간선(幹線)부분은 공용부분이라고 할 수 있을 것이지만, 지선(支線)부분은 전유부분이라고 해야 할 것이다. 전유부분에서 하자가 발생하여 누수가 발생한 경우에는 그 전유부분의 소유자에 대해 청구하면 된다. 아파트 등의 베란다 부분이 전유부분에 해당되는지 공용부분에 해당되는지 문제되는데, 판례는 정립되어 있지 않는 듯하다. 하급심판결 중에는 베란다를 전용부분이라고 보아야 한다는 판결(서울행정법원 2014.10.17. 2014구합7435)과, 공용부분으로 보아야 한다는 판결(수원지법 2010.5.27. 2009구합3355)이 동시에 존재하고 있다. 따라서 베란다나 발코니라고 불리우는 부분을 일괄적으로 전유부분이라고 하든가 공용부분으로 하는 판단은 곤란하다고 보이며, 구체적인 개별 사안에서 건물 구조에 따라 결론이 달라질 것으로 보인다. 다만 베란다를 오로지 위층을 통해서만 접근할 수 있고, 구조상 오로지 위층 소유자의 편의를 위해 제공된 것으로 볼 수 있다면 베란다 부분은 위층의 전유부분에 해당하는 것으로 보는 것이 타당할 것이다.

요컨대 아파트 등 공동주택의 경우 전유부분인 위층에서 하자가 발생하여 누수가 발생한 경우에는 전유부분의 소유자에게 청구하면 될 것이로되, 공용부분에서 하자가 발생하여 누수가 발생한 경우에는 관리단이나 입주자대표회의 또는 공유자인 수인의 구분소유자들에 대해 청구하면 될 것이다.

3) 아파트 등 건물을 매수한 직후 천장 등에서 누수가 발생한 경우

민법 제580조 제1항, 제575조 제1항에 의하면 매매목적물에 하자가 있고 그 하자로 인하여 매매계약의 목적을 달성할 수 없다고 인정되는 경우에는 매수인은 계약을 해제할 수 있고, 기타의 경우에는 손해배상만 청구할 수 있도록 하고 있다. 이러한 하자담보책임은 매도인에게 하자발생에 대한 귀책사유가 없더라도 물을 수 있는 무과실책임이므로 분양회사의 수선공사 이후에도 계속 존재하는 하자로 인하여 발생한 손해에 대해서는 매도인에게 하자 발생에 관한 귀책사유가 있는지 여부와 관계없이 매수인은 매도인을 상대로 하자보수공사 비용 상당의 손해배상을 청구할 수 있다. 이때 매도인에게 일정한 귀책사유도 있는 경우에는 불완전이행으로서 채무불이행으로 인한 손해배상청구를 할 수 있으며 민법 제580조의 하자담보책임과 불완전이행으로서 채무불이행으로 인한 손해배상책임은 경합적으로 인정된다(대판 2004.7.22. 2002다51586).

나. 손해배상청구

1) 재산적 손해

누수로 인한 재산적 피해는 크게 보수공사나 곰팡이 제거 등 원상복구에 소요되는 비용에 대한 청구 부분과 누수로 인해 손상·파손된 가구, 침구류, 의류, 생활필수품 등에 대한 배상 부분으로 구분할 수 있다. 후자의 손상·파손된 부분에 대한 배상 부분은 일반적인 손해배상청구에서의 원리와 마찬가지로 수선비용 내지 해당 연식에 따라 감가상각을 반영한 시세에 따라 산정하면 될 것이므로 큰 문제는 없을 것이고, 주로 논란이 되는 부분은 원상복구와 관련하여 천장이나 벽지도배, 장판 등의 경우 어느 부분까지 원상복구를 해주어야 하는지 여부이다. 새 것으로 복구해주어야 하는지 같은 연식 상당의 재료로 복귀해주면 되는지 여부 또는 일부분만 손상된 경우 천장이나 벽지 또는 장판 전체를 교체해주어야 하는지 여부와 관련하여 분란이 많다. 일부분만 손상된 경우 완벽히 표시나지 않게 복구해주기가 곤란하기 때문이다. 피해자의 입장에서야 전체를 교환해주기를 바랄 것이고 가해자의 입장에서는 부분 수선으로 족하다고 주장할 것이기 때문에 분란이 있는 것이고 특히 아파트의 경우 벽지나 장판이 고급재료로 이루어진 경우가 대부분이어서 전체를 갈아줄 경우 그 비용도 만만치 않기 때문에 섣불리 판단하기 어려운 문제가 있는 것이다. 이는 손상 부분이나 그 정도, 연식, 비용 등을 종합적으로 고려하여 사회통념상 객관적으로 판단해야 할 것이나, 원칙적으로 부분 수선만으로 족하다고 해야 할 것이지만 부분 수선만으로는 객관적·외형상 원상복구에 이르지 못한다는 판단에 합리성이 인정된다면 전체 수선이 필요하다고 해야 할 것이다. 결국 개별 사안에 따라 당사자 간에 합의가 이루어지지 않는다면 그 구체적인 판단은 판사의 손에 맡겨져 있다고 보아야 한다.

2) 위자료 청구 여부

일반적으로 계약상 채무불이행으로 인하여 재산적 손해가 발생한 경우, 그로 인하여 계약당사자가 받은 정신적인 고통은 재산적 손해에 대한 배상이 이루어짐으로써 회복된다고 보아야 할 것이므로 위자료는 재산적 손해의 배상만으로 회복할 수 없는 정신적 고통을 입었다는 특별한 사정(예, 중환자의 존재, 지나친 트집과 장기간의 이행지체로 인한 수인한도 초과의 고통 등)이 있고 상대방이 위와 같은 사정을 알았거나 알 수 있었을 경우에 한하여 정신적 고통에 대한 위자료의 청구가 인정될 수 있을 것이다(대판 2004.11.12. 2002다53865). 따라서 재산적 손해에 대해서는 위자료 청구가 인정되지 않는 경향이 있지만 재산적 손해의 배상만으로는 회복할 수 없는 정신적 고통을 입었다는 특별한 사정과 이러한 특별한 사정에 대해 상대방이 알았거나 알 수 있었다는 점이 입증된다면 위자료의 청구도 가능할 것이다. 이는 불법행위로 인한 재산적 손해의 경우에도 마찬가지이다.

다. 하자보수이행청구

1) 청구의 근거

소유자가 그 소유권에 대해 방해를 받는 때에는 방해자에 대해 방해제거를 청구할 수 있고, 방해를 할 염려가 있는 자에 대하여는 그 예방이나 손해배상의 담보를 청구할 수 있다며(민법 제214조). 나아가 강제이행에 관하여, 그 성질상 강제이행을 하지 못할 것인 때가 아닌 한, 방해자가 임의로 채무를 이행하지 않는 때에는 피해자가 강제이행을 법원에 청구할 수 있고, 가해자의 일신에 전속하지 않는 작위(作爲)를 목적으로 한 때에는 가해자의 비용으로 제3자에게 이를 하게 할 것을 법원에 청구할 수 있다(민법 제389조). 층간누수로 인한 아래층 소유자의 위층 소유자에 대한 하자보수이행청구나 누수방지공사이행청구는 위 소유물방해제거 또는 방해예방청구권에 관한 민법 제214조에 근거하여 청구하면 될 것이다. 임차인의 임대인에 대한 하자보수이행청구 등은 임대인의 수선의무에 관한 민법 제623조에 근거하여 청구하면 된다. 아래층 거주자가 임차인인 경우에는 임대인에 대해 민법 제623조에 근거하여 하자보수이행 등을 청구해야 할 것이고, 위층 소유자 또는 거주자에 대해서는 불법행위로 인한 손해배상청구에 관한 민법 제750조나 공작물의 점유자·소유자책임에 관한 민법 제758조에 근거하여 손해배상청구의 문제로 해결해야 할 것이다.

2) 이행소송방법

누수하자에 대한 보수공사를 이행하지 않거나 하자보수공사에도 불구하고 여전히 누수발생의 우려가 있는 때에는 누수공사를 강제하기 위하여 하자보수공사 또는 누수방지공사의 이행을 청구해야 할 것이다. 이때 이행청구 소장의 청구취지로는 "피고는 서울 서초구 서초대로 219 서초아파트 101동 505호의 거실바닥을 철거한 후 1, 2차 방수처리를 시행하고, 시멘트를 재시공하는 방법으로 누수방지공사를 이행하라."와 같이 기재하면 될 것이다. 한편 누수 하자보수공사에 대한 대체집행시 이를 방해하지 말 것을 청구하는 형태의 소송도 가능할 것이다.

이와 같이 층간누수가 발생한 경우 위층 소유자가 하자보수공사의무 등을 이행하지 않는 경우에는 아래층 소유자는 소유권에 기한 방해제거청구권을 행사하여 하자보수공사 등에 대한 이행청구로써 이행판결을 받고 그럼에도 불구하고 여전히 위층 소유자가 임의로 이행하지 않는 때에는 나아가 대체집행결정을 받아 집행관으로 하여금 보수공사를 하게 한 후 그 비용을 위층 소유자에게 부담시키는 절차로 해결해야 할 것이다. 다만 하자보수공사 청구 등을 하여 집행권원을 확보하고 대체집행결정까지 받아 두었다고 하더라도 위층 소유자나 거주자의 협조가 없다면 어느 부분에서 누수가 발생하였는지 파악하기도 어렵고 문을 열어주지 않을 경우에는 주거침입 등과 관련하여 현실적으로 대체집행이 불가한 어려운 점이 발생할 수 있다. 이때 간접강제의 방법을 검토해야 할 것이다.

3. 대체집행

가. 대체집행의 의미

대체집행이란 '하는 채무' 중 대체적 작위채무(방수공사, 건물철거, 프랑카드철거 등 다른 사람이 대신할 수 있는 채무)에 대하여, 채무자가 이를 임의로 이행하지 않는 경우에 채권자가 법원에 신청하여 채무자 이외의 사람으로 하여금 그 행위를 하도록 하고, 그 비용을 채무자로부터 강제로 추심하는 절차를 말한다(민사집행법 제260조). 쉽게 말하면, 채무자의 손이 들어가지 않더라도 다른 사람이 대신할 수 있는 채무에 대하여, 우선 다른 사람을 시켜서 그 일을 처리하게 하고, 대신 그 처리비용을 채무자로부터 청구하는 제도를 말한다.

통행방해금지의무나 출입금지의무 등 부작위채무 자체는 대체성이 없으므로, 부작위채무 자체의 이행을 강제할 목적으로는 대체집행을 실시할 수 없다(따라서 간접강제에 의하는 것이 원칙). 다만 통행방해물의 제거 등 부작위의무의 위반으로 발생한 결과물을 제거하거나, 반복된 위반행위를 방지하기 위하여 적당한 처분(예, 담을 쌓는 것)을 하는 것은, 대체성이 있는 것이므로, 예외적으로 대체집행이 가능할 것이다(민사집행법 제260조 제1항).

나. 대체집행의 절차

1) 대체집행의 단계

대체집행을 실시하려면 2단계를 거쳐야 하는데, 즉 ① 우선 채권자가 법원으로부터 대체집행의 권한을 부여받는 수권결정의 단계와, ② 이와 같이 받은 수권결정에 의하여 채권자가 실제로 집행하는 단계가 그것이다.

2) 수권결정을 얻는 단계

가) 수권결정(대체집행)의 신청

(1) 판결문 등 집행권원의 존재 필요

대체집행을 실시하려면, 먼저 이행의무를 이행하지 않는 자를 상대로 하여 누수하자보수공사나 누수방지공사, 건물철거, 수목제거 등 대체적 작위채무를 명하는 집행력 있는 판결 등 집행권원을 얻어야 한다. 따라서 위층 누수에 대하여 위층소유자 등이 하자보수공사나 누수방지공사를 해주지 않는 경우에는 먼저 민사소송을 제기하여 하자보수공사 등 의무절차를 이행하라는 이행판결을 먼저 얻은 후 수권결정신청(대체집행신청)을 해야 할 것이다.

(2) 수권결정신청서(대체집행신청서)의 작성

수권결정신청서에는 집행당사자의 표시, 대체집행실시의 허가를 구하는 신청취지와 신청이유, 연월일, 법원의 표시를 하고, 신청인의 성명을 기재한 후 기명날인하면 된다. 신청서에는 2,000원의 인지를 붙인다.

(3) 수권결정신청서의 제출

수권결정신청서는 이행판결 등 집행권원을 받은 제1심법원이 관할하므로 집행권원을 받은 제1심법원에 제출해야 한다.

(4) 대체집행자의 지정

수권결정신청인은 대체집행(작위)을 실시할 자를 지정해도 되고, 지정하지 않아도 되지만, 지정을 한 경우에는 반드시 지정된 자로 하여금 대체집행을 실시하도록 해야 한다. 실무상 집행관을 지정하는 것이 가장 좋을 것이다. 지정을 하지 않은 경우에는, 수권결정신청인이 스스로 대체집행을 실시하거나, 제3자를 지정하여 실시하게 할 수도 있다.

나) 법원의 수권결정

대체집행을 하고자 하는 수권신청인의 수권결정신청이 있게 되면, 법원은 수권결정 전에 채무자를 심문하게 되지만(민사집행법 제262조), 반드시 변론을 열어 심문할 필요는 없고, 서면 또는 구두로 의견진술의 기회만 주면 된다. 수권결정의 신청이 타당하다고 인정되면 법원은 수권결정을 인용하는 결정을 할 것이고, 그 결정정본을 수권결정신청인과 이행의무자인 피신청인에게 송부하여 고지하게 된다. 법원에서 수권결정이 내려지면 그 수권결정에는 즉시 집행력이 발생하므로 별도의 집행문을 부여받을 필요가 없다. 수권결정의 신청에 대한 재판에 대하여는 당사자가 즉시항고할 수 있으나(민사집행법 제260조 제3항), 즉시항고에는 집행정지의 효력이 인정되지 않는다.

다) 수권결정을 근거로 한 대체집행의 실시 단계

수권결정에서 대체집행자가 지정되어 있으면, 수권결정신청인은 그 지정된 자로 하여금 대체집행을 실시하게 해야 한다. 집행관이 실시자로 지정되어 있으면 수권결정신청인은 대체집행을 실시할 장소를 관할하는 지방법원의 집행관에게 그 실시를 위임하면 된다. 만약 그 지정이 없으면 수권결정신청인이 직접 대체집행을 실시해도 되고, 제3자와 도급계약을 체결한 후 그로 하여금 실시하게 해도 된다.

다. 대체집행비용 선지급 신청

채권자는 채무자로 하여금 대체집행비용을 미리 채권자에게 지급하라는 결정을 하여 달라고 법원에 신청할 수 있다(민사집행법 제260조). 보통 위 신청은 수권결정신청과 동시에 신청하는 것이 보통이지만, 그 신청 후에도 대체집행완료 전까지는 언제든지 신청할 수 있다. 신청서에는 1,000원의 인지를 붙이고, 수권결정을 관할하는 법원에 제출하면 된다. 신청서에는 청구금액을 기재할 필요는 없으며 법원도 이에 구속되지 않는다. 다만 법원이 지급할 비용을 결정하는데 필요한 견적서 등은 제출해야 한다. 비용선지급결정은 그 자체로서 집행권원이 되며(민사집행법 제56조 제1항), 따라서 집행문을 부여받아 강제집행을 실시할 수도 있다. 비용선지급결정에 의하여 추심한 돈과 실제로 들어간 돈이 차이가 나는 경우에는 채권자는 그 부족한 돈을 추가로 청구할 수 있으되, 남는 경우에는 이를 채무자에게 반환해야 한다.

4. 간접강제

가. 간접강제가 필요한 경우

간접강제는 부대체적 작위채무를 대상으로 하는 것이지만 외형상 대체집행이 가능한 대체적 작위채무라도 위층 소유자 내지 거주자의 수인의무의 불이행 등으로 인하여 대체집행이 불가하여 실질적으로는 부대체적 작위채무의 성질을 가지고 있는 경우에는 간접강제의 방법을 검토하여 작위채무의 이행지연 기일의 일정 주기마다 소정의 금전적 부담을 가함으로써 간접적으로 압박을 가하는 절차를 이용해야 할 것이다.

나. 간접강제의 시기와 그 예외

간접강제는 원칙적으로 이행판결절차에서 먼저 집행권원이 성립한 후에 채무자가 임의 이행을 하지 않는 경우에 채권자가 별도로 간접강제신청을 하고 채무자에 대해 필요적 심문절차를 거쳐 민사집행법 제261조에 따라 채무불이행시 일정한 배상을 명하도록 하는 과정으로 이루어진다.

그러나 작위채무에 관하여 언제나 집행권원이 성립한 후에 비로소 간접강제결정을 할 수 있다고 하면, 집행권원의 성립과 강제집행 사이에 시간적 간격이 큰 경우 손해배상 등 사후적 구제수단만으로는 채권자에게 충분한 손해전보가 되지 않아 실질적으로 집행제도의 공백을 초래할 우려가 있다. 그러므로 작위채무를 명하는 판결의 실효성 있는 집행을 보장하기 위하여 판결절차의 변론종결 당시로 보아 집행권원이 성립하더라도 채무자가 그 채무를 임의로 이행할 가능성이 없음이 명백하고, 그 판결절차에서 채무자에게 간접강제결정의 당부에 관하여 충분히 변론할 기회가 부여되었으며, 민사집행법 제261조에 의하여 명할 적정한 배상액을 산정할 수 있는 경우에는 그 판결절차에서도 민사집행법 제261조에 따라 채무자가 장차 그 채무를 불이행할 경우에 일정한 배상을 하도록 명하는 간접강제결정을 할 수 있다고 할 것이다(대판 2013.11.28. 2013다50367).

[서식 2] 손해배상청구의 소 – 아파트 층간누수로 인한 피해

소 장

원 고 ○ ○ ○(123456-1234567)
○○시 ○○구 ○○대로 ○○-○

피 고 ○ ○ ○(123456-2345678)
○○시 ○○구 ○○대로 ○○

손해배상(기)

청 구 취 지

1. 피고는 원고에게 14,120,000원 및 이에 대하여 20○○. 10. 9.부터 이 사건 소장 부본 송달일까지는 연 5%의, 그 다음날부터 다 갚는 날까지는 연 12%의 각 비율로 계산한 돈을 지급하라.
2. 소송비용은 피고의 부담으로 한다.
3. 제1항은 가집행할 수 있다.

라는 판결을 구합니다.

청 구 원 인

1. 기초 사실

가. 원고는 20○○. 4. 30. 피고로부터 ○○시 ○○아파트 103동 503호(이하 '이 사건 아파트'라고 합니다)를 매매대금 2억 2,750만원에 매수하였고, 20○○. 5. 15. 이 사건 아파트에 관해 매매를 원인으로 한 원고 명의의 소유권이전등기를 마쳤습니다.

나. 그 후 이 사건 아파트의 천장과 거실마룻바닥에서 누수가 발생하였고, 이 사건 아파트의 분양자인 ○○산업개발 주식회사(이하 '소외 회사'라고 합니다)는 20○○. 9.경 하자보수로 천장 도배와 거실마룻바닥 교체공사를 실시하였습니다.

다. 그럼에도 불구하고 그 후 다시 누수가 발생하여 이 사건 아파트의 천장에 얼룩 및 들뜸 현상과 거실마룻바닥에 변색 및 들뜸 현상이 나타났습니다.

라. 한편 원고의 이 사건 아파트에는 중증 장애인인 원고의 아들이 상시 거주하고 있으며, 호흡기 이상으로 청결이 매우 중요한 상황으로서 이 사건 누수로 인하여 곰팡이가 끼고 보수공사하는 동안 혹여나 먼지 등의 투입으로 건강상태가 나빠지지 않을까 노심초사한 상태로 몇 주는 보내게 되었습니다. 피고는 이러한 사정을 잘 알고 있었음에도 불구하고 자기의 책임을 회피하며 계속 하자보수의무를 이행하지 않았고 이

사건 아파트에서 상호 분쟁조정 과정에서도 언성을 높이는 등의 태도를 보여 원고의 아들에게 스트레스를 주었고 검증을 한답시고 수시로 들락거리면서 몇 주가 지나도록 생트집만 잡을 뿐 접점이 찾아지지 않아 원고로서는 아들의 건강이 염려되어 더 이상 시간을 끌 수 없어 20○○. 10. 9. 부득이 자비로 수리 등을 한 사실이 있습니다. 이로 인하여 그동안 원고와 원고 아들의 정신적 고통은 이루 헤아릴 수 없을 정도로 심했습니다.

2. 손해배상청구 내역

가. 손해발생금액

피고는 원고에게 이 사건 아파트의 누수라는 하자로 인한 손해배상으로 도배 및 거실 마룻바닥 교체 공사비용 412만원과 위자료 1,000만원을 합한 1,412만원이 발생했습니다.

나. 세부 청구 내역 및 근거

(1) 공사비용 412만원에 관하여

이 사건 아파트에는 누수라는 하자가 있으므로 민법 제580조 제1항 본문, 제575조 제1항에 따라 피고는 원고에게 하자담보책임으로서 손해배상책임이 있다고 할 것입니다. 피고는 위와 같은 하자의 발생에 관하여 피고에게 고의·과실이 없으므로 손해배상책임을 부담하지 않는다고 주장하나, 민법 제580조 제1항에 규정된 매도인의 하자담보책임은 무과실책임이므로 피고의 위 주장은 이유 없다고 할 것입니다. 또한 피고는 소외 회사가 20○○. 9.경 하자보수공사를 실시하였으므로 원고에게 손해가 없고 주장하나, 위 하자보수공사에도 불구하고 그 후 다시 누수가 발생한 것이므로 피고의 위 주장 또한 이유가 없다고 해야 할 것입니다.

(2) 위자료 1,000만원에 관하여

일반적으로 계약상 채무불이행으로 인하여 재산적 손해가 발생한 경우, 그로 인하여 계약당사자가 받은 정신적인 고통은 재산적 손해에 대한 배상이 이루어짐으로써 회복된다고 보아야 할 것이므로 위자료는 재산적 손해의 배상만으로는 회복할 수 없는 정신적 고통을 입었다는 특별한 사정이 있고 상대방이 위와 같은 사정을 알았거나 알 수 있었을 경우에 한하여 정신적 고통에 대한 위자료가 인정될 수 있을 것입니다(대판 2004.11.12. 2002다53865). 이에 살피건대 이 사건 아파트에 누수라는 하자가 있고 그 하자의 발생에 관하여 매도인인 피고에게 고의·과실이 있을 경우 피고는 이른바 불완전이행으로서 채무불이행으로 인한 손해배상책임을 부담하고 이는 하자 있는 아파트의 매매로 인한 민법 제580조 소정의 하자담보책임과 경합적으로 인정된다고 할 것이며(대판 2004.7.22. 2002다51586), 원래 피고의 불완전이행으로 인해 원고가 받은 정신적인 고통은 재산적 손해에 대한 배상이 이루어짐으로써 회복된다고 보아야 할 것이지만, 이 사건에서 원고는 앞서 본 바와 같이 재산적 손해의 배상만으로는 회복할 수 없는 정신적 고통을 입었다고 할 것이고, 이러한 사정에 대해 피고가 알았거나 알 수 있었다고 할 것이므로 피고는 원고에게 정신적 고통에 대한 위자료도 지급해야 할 것입니다.

3. **결 론**

이에 원고는 청구취지와 같이 피고에 대해 14,120,000원 및 이에 대하여 20○○. 10. 9.부터 이 사건 소장 부본 송달일까지는 연 5%의, 그 다음날부터 다 갚는 날까지는 소송촉진 등에 관한 특례법이 정한 연 12%의 비율로 계산한 돈의 지급을 구하고자 본건 소에 이르게 되었습니다.

입 증 방 법

1. 갑제1호증 누수현장 사진
1. 갑제2호증 견적서
1. 갑제3호증 진단서(아들 ○○○)
1. 갑제4호증 부동산등기부등본
1. 갑제5호증 공사내역서
1. 갑제6호증 ○○○○

그밖의 것은 변론시 수시 제출하겠습니다.

첨 부 서 류

1. 위 입증방법 2통
1. 납부서 1통
1. 소장부본 1통

20○○. ○. ○.

위 원고 ○ ○ ○ (인)

○○ 지방법원 귀중

[서식 3] 손해배상청구의 소 – 층간누수로 인한 아래층 영업 피해

소 장

원 고 ○ ○ ○(123456-1234567)
○○시 ○○구 ○○대로 ○○-○

피 고 ○ ○ ○(123456-2345678)
○○시 ○○구 ○○대로 ○○

손해배상(기)

청 구 취 지

1. 피고는 원고에게 32,760,587원 및 이에 대한 20○○. 10. 8.부터 이 사건 소장 부본 송달일까지는 연 5%의, 그 다음날부터 다 갚는 날까지는 연 12%의 각 비율에 의한 금원을 지급하라.
2. 피고는 서울 ○○구 ○○동 ○○ 근린생활시설 1층에 있는 '맛나' 음식점에 관하여 주방바닥을 철거한 후 1, 2차 방수처리를 시행하고, 타일을 재시공하는 방법으로 누수방지공사를 이행하라.
3. 피고가 이 사건 판결정본 송달일로부터 1개월 이내에 위 제2항의 의무를 이행하지 아니할 때에는 위 기간이 만료된 다음날부터 그 이행완료일까지 월 1,000,000원의 비율에 의한 금원을 지급하라
4. 소송비용은 피고의 부담으로 한다.
5. 제1항은 가집행할 수 있다.

라는 판결을 구합니다.

청 구 원 인

1. 기초사실

가. 원고는 서울 ○○구 ○○동 ○○에 있는 지하 1층, 지상 4층 규모의 근린생활시설 지하에서 '불금'이라는 상호로 유흥주점(이하 '이 사건 주점'이라 합니다)을 운영하는 사람입니다. 피고는 위 건물 1층에서 '맛나'라는 상호로 음식점(이하 '이 사건 음식점'이라 합니다)을 운영하는 사람입니다.

나. 피고는 이 사건 음식점에 주방설비를 갖춘 다음 20○○. 12. 21.경부터 음식점을 운영하였는데 20○○. 3.초경부터 이 사건 주점에 족발 냄새와 비슷한 악취가 나기 시작하였습니다. 그러던 중 20○○. 6. 25. 이 사건 음식점 주방의 바로 밑에 위치한

이 사건 주점 천장에 구멍이 나면서 누수가 쏟아지는 일이 발생하였습니다(이하 '이 사건 누수'라 합니다).

다. 이에 원고는 피고에게 즉시 누수방지공사를 시행할 것을 요구하였으나 피고가 누수원인에 대하여 다툼에 따라 20○○. 8. 16.경 방수공사업자 소외 ○○○의 참여하에 이 사건 음식점 주방에 유색의 물을 채우는 방법으로 누수실험을 실시하였습니다. 그 결과 20○○. 8. 21.경부터 이 사건 음식점 주방에 채운 것과 동일한 색깔의 물이 이 사건 누수 지점을 통해 흘러내리는 현상이 나타났습니다.

라. 그런데 피고는 누수원인에 대해 다투면서 수리를 해줄 생각을 하지 않고 오히려 화를 내면서 차일 피일 시간만 끌었고 그 과정에서 서비스업종으로서 무엇보다도 청결이 중요시되는 원고의 이 사건 주점의 영업에 막대한 영향을 주게 되었으며, 피고도 위와 같이 누수와 악취가 생기면 원고의 영업에 큰 지장이 있을 것이라는 사정을 알고 있었을 것으로 보입니다. 아마 피고로서는 자신이 운영하는 이 사건 음식점의 바닥을 뜯어 수리하려는 경우 대수선 공사로서 그 수리 기간 동안 자신의 영업에 지장이 초래될까봐 선뜻 원고의 수리요청에 대해 생트집을 잡으며 차일피일 수리를 미루지 아니하였는가 여겨집니다.

2. 손해배상청구에 관한 판단

가. 손해배상책임의 발생

위 방수공사업자 소외 ○○○의 하자 조사 결과 이 사건 음식점 주방 하단 트랜치 부근의 타일줄눈이 탈락되어 트랜치와 타일 사이에 물이 들어갔고, 트렌치와 연결되는 하수배관의 균열로 인하여 이 사건 주점 천장에 누수가 발생한 사실이 검증되었고, 따라서 피고는 원고에게 이 사건 주점의 누수 내지 악취로 인하여 원고가 입은 손해를 배상할 책임이 있다고 해야 할 것입니다.

나. 손해배상의 범위

1) 이 사건 주점의 누수 부분에 관한 하자보수비용

이 사건 주점의 누수로 인하여 발생한 하자를 제거하고 재시공하기 위한 벽체·천장·바닥 철거, 천장 백화부위 제거, 균열보수 및 인테리어 작업에 9,760,587원이 소요되었으므로, 이 부분 하자보수비용은 9,760,587원이 될 것입니다.

2) 이 사건 누수로 인한 영업손실액

이 사건 누수로 인한 영업손실액 상당의 손해액으로 이 사건 누수발생일 무렵인 20○○. 7.부터 피고가 임시 누수방지공사를 시행한 무렵인 20○○. 9.까지 3개월에 달하고 있습니다. 다만 불법행위로 인한 손해배상청구소송에 있어 재산적 손해의 발생사실은 인정되나 그 구체적인 손해액수를 입증하는 것이 사안의 성질상 곤란한 경우에는 법원이 증거조사의 결과와 당사자들 사이의 관계, 불법행위와 그로 인한 재산적 손해가 발생하게 된 경위, 손해의 성격, 손해가 발생한 이후의 제반정황 등의 관련된 모든 간접사실들을 종합하여 상당인과관계 있는 손해의 범위인 수액을 판단할 수 있다고 할 것입니다(대판 2004.6.24. 2002다6951·6968, 2009.8.20.

2008다19355). 이에 이 사건에 대하여 보건대, 원고는 20○○. 12. 3.경부터 이 사건 주점을 운영하여 왔는데, 이 사건 주점의 월별 카드사용 매출액은 20○○. 12. 9,358,000원, 2012. 1. 7,662,000원, 2012. 2. 6,937,000원, 2012. 3. 10,031,000원(현금영수증 85,000원 미포함), 2012. 4. 5,246,000원, 2012. 5. 5,458,000원, 20○○. 6. 6,041,000원, 20○○. 7. 3,013,000원, 20○○. 8. 2,910,000원, 20○○. 9. 1,681,000원, 20○○. 10. 4,779,000원인 사실이 있고, 이 사건에서 원고가 제출한 여러 증거를 종합하면 다음과 같은 사정들, 즉 이 사건 누수가 발생하기 전인 20○○. 12.경부터 20○○. 6.경까지 이 사건 주점의 카드사용 매출액은 월 평균 7,247,571원{= (9,358,000원 + 7,662,000원 + 6,937,000원 + 10,031,000원 + 5,246,000원 + 5,458,000원 + 6,041,000원)/7개월, 원 미만 버림}인데 반하여, 이 사건 누수 발생 이후인 20○○. 7.경부터 피고의 임시 누수방지공사가 시행된 무렵인 20○○. 9.까지의 카드사용 매출액은 월 평균 2,534,666원{= (3,013,000원 + 2,910,000원 + 1,681,000원)/3개월, 원 미만 버림}으로 월 4,712,905원(= 7,247,571원 - 2,534,666원)이 감소한 점, 위 매출액은 카드사용액만을 기준으로 한 것이어서 현금매출액까지 고려하면 전체 매출액의 감소폭은 더 클 것으로 보이는 점, 피고는 이 사건 음식점으로부터의 누수가 발생한지 1년 6개월이 다 되도록 비교적 간단한 누수방지공사를 시행하지 않고 있으면서 그동안 영업을 계속하여 상당한 영업이익을 거둔 것으로 보이는 점, 다만 원고의 손해는 매출액의 감소분이 아닌 원고가 얻을 수 있는 이익의 감소분으로서 위 매출액 감소분 전부를 원고의 손해로 볼 수는 없는 점, 매출액의 증감은 경기침체로 인한 소비심리의 위축 내지 계절적 요인으로부터도 영향을 받을 수 있고, 위 매출액의 감소가 전적으로 이 사건 누수 내지 악취로 인한 것이라고 단정하기도 어려운 점 등 제반 사정을 참작하면, 이 사건 누수로 인하여 원고가 20○○. 7.경부터 20○○. 9.경까지 3개월 동안 입은 영업손실액은 월 3,000,000원씩 합계 9,000,000원(= 3,000,000원 × 3개월)으로 산정된다고 사료됩니다.

3) 위자료

원고는 이 사건 누수로 인한 악취로 신체적 고통을 겪으면서 임시 누수방지공사가 이루어지기 전까지 누수를 퍼내야 하는 불편을 겪었던 반면, 피고는 원고의 정당한 보수요청에도 보험사에만 책임을 전가하면서 이 사건 음식점 영업을 계속함으로써 상당한 이윤을 거두고 있으며 원고가 위 임시 누수방지공사 시행 후로는 영업손실액을 산정하기도 어려워 별도로 이를 청구하지 않았는바, 따라서 피고는 이 사건 누수 발생일 이후인 20○○. 7.경부터 이 사건 소장 부본 송달일에 가까운 20○○. 9.경까지 월 1,000,000원의 비율로 계산한 15,000,000원(= 15개월 × 1,000,000원)의 범위 내에서 14,000,000원을 위자료로 지급할 의무가 있다고 해야 할 것입니다.

다. 소결론

따라서 피고는 원고에게 이 사건 누수로 인한 손해배상금 18,760,587원(= 9,760,587원 + 9,000,000원) 및 위자료 14,000,000원 등 합계 32,760,587원과 이에 대한 원고의 청구일인 20○○. 10. 8.부터 이 사건 소장 부본 송달일까지는 연 5%의, 그 다음날부터 다 갚는 날까지는 소송촉진 등에 관한 특례법이 정한 연 12%의 각 비율에 의한 지연손해금을 지급할 의무가 있다고 할 것입니다.

3. 누수방지공사 이행청구 등

가. 누수방지공사 이행청구

이 사건에 관하여 보건대 피고의 임시 누수방지공사에도 불구하고 여전히 이 사건 음식점 주방시설의 하자로 인하여 이 사건 주점에 누수 및 악취가 남아있으므로, 피고는 이를 제거하기 위하여 이 사건 음식점 주방바닥을 철거한 후 1, 2차 방수처리를 시행하고, 타일을 재시공하는 방법으로 누수방지공사(이하 '이 사건 누수방지공사'라 합니다)를 이행할 의무가 있다고 할 것입니다(그 구체적인 내용은 위 방수공사업자 소외 ○○○의 하자 조사결과에 의한 별지 내역서 기재와 같습니다).

나. 간접강제 청구

살피건대, 부대체적 작위채무에 대하여는 원칙적으로 통상 판결절차에서 먼저 집행권원이 성립한 후에 채권자의 별도 신청에 의해 채무자에 대한 필요적 심문을 거쳐 민사집행법 제261조에 따라 채무불이행시 일정한 배상을 하도록 명하는 간접강제결정을 할 수 있습니다. 그러나 부대체적 작위채무에 관하여 언제나 위와 같이 먼저 집행권원이 성립하여야만 비로소 간접강제결정을 할 수 있다고 한다면, 집행권원의 성립과 강제집행 사이에 시간적 간격이 있는 동안에 채무자가 부대체적 작위채무를 이행하지 아니할 경우 손해배상 등 사후적 구제수단만으로는 채권자에게 충분한 손해전보가 되지 아니하여 실질적으로는 집행제도의 공백을 초래할 우려가 있습니다. 그러므로 부대체적 작위채무를 명하는 판결의 실효성 있는 집행을 보장하기 위하여 판결절차의 변론종결 당시로 보아 집행권원이 성립하더라도 채무자가 그 채무를 임의로 이행할 가능성이 없음이 명백하고, 그 판결절차에서 채무자에게 간접강제결정의 당부에 관하여 충분히 변론할 기회가 부여되었으며, 민사집행법 제261조에 의하여 명할 적정한 배상액을 산정할 수 있는 경우에는 그 판결절차에서도 민사집행법 제261조에 따라 채무자가 장차 그 채무를 불이행할 경우에 일정한 배상을 하도록 명하는 간접강제결정을 할 수 있다고 할 것입니다(대판 2013.11.28. 2013다50367).

위 법리에 비추어 이 사건에 적용하여 보건대, 원고가 제출한 증거의 취지를 종합하면 인정되는 다음과 같은 사정들, 즉 피고는 이 사건 누수가 발생한 직후에는 원고에게 누수방지공사를 하겠다고 말하였으나 그 후 이를 번복하고 누수원인에 대하여 다투는 바람에 20○○. 8. 중순경 누수실험을 실시하였고, 위 누수실험 결과에도 불구하고 임시 누수방지공사만 시행하는 등 지속적으로 비교적 간단한 누수방지공사의 임의이행을 거부하였던 점, 피고는 여전히 이 사건 누수의 원인 등 누수방지공사 이행의무에 관하여 다투고 있고 피고의 이러한 태도는 이 사건 누수방지공사를 명하는 판결이 선고되더라도 변하지 않을 것으로 보이는 점, 피고는 간접강제결정의 당부에 관하여 충분히 변론할 기회를 가질 수 있는 점, 피고가 이 사건 누수방지공사를 시행하는데 5 내지 7일이 소요되는 반면, 피고의 하루 매출액은 약 2,300,000원으로서 이를 참작하여 배상액을 산정할 수 있는 점 등을 고려하면, 피고의 채무이행 준비 등을 위하여 상당한 이행기간으로서 이 사건 판결정본 송달일로부터 1개월 이내에 위 누수방지공사를 이행하지 아니할 때에는 위 기간이 만료된 다음날부터 그 이행완료일까지 매월 1,000,000원의 비율에 의한 배상금을 지급할 것을 명하는 것이 타당하다고 사료됩니다.

4. 결 론

이에 원고는 청구취지와 같은 판결을 구하고자 본건 소에 이르게 되었습니다.

입 증 방 법

1. 갑제1호증	누수현장 사진
1. 갑제2호증	방수업자의 조사보고서
1. 갑제3호증	견적서
1. 갑제4호증	지출영수증
1. 갑제5호증	건축물대장등본
1. 갑제6호증	○○○○

그밖의 것은 변론시 수시 제출하겠습니다.

첨 부 서 류

1. 위 입증방법	2통
1. 납부서	1통
1. 소장부본	1통

20○○. ○. ○.

위 원고 ○ ○ ○ (인)

○○ 지방법원 귀중

[서식 4] 부작위의무 대체집행신청서

부작위의무 대체집행신청서

채 권 자　　문 춘 향(670431-2455519)
　　　　　　논산시 ○○로 ○○길 ○○

채 무 자　　이 한 심(780431-1813614)
　　　　　　논산시 ○○로 ○○길 ○○

신 청 취 지

1. 채권자는 그가 위임하는 ○○지방법원 논산지원 소속 집행관으로 하여금 논산시 ○○로 ○○번길 2491-1 대 550㎡ 중 별지도면 ㉮ 부분(도면의 점 1, 2, 3, 4, 5, 1을 순차로 연결한 부분)에 위치한 철근콘크리트조 슬라브지붕 축사 1동 건평 270㎡를 채무자의 비용으로 철거하게 할 수 있다.
2. 채권자는 그가 위임하는 위 집행관으로 하여금 채무자의 비용으로 위 축사 1동을 철거한 부분의 주위에 시멘트 블록 담장 20m를 설치하게 할 수 있다.

라는 재판을 구합니다.

신 청 원 인

1. 채권자는 채무자에 대하여 귀원 20○○가단 제11855호 토지출입금지 및 축사축조금지청구 사건에서, 집행력 있는 판결정본에 기하여 위 표시 채권자 소유의 토지상에 채무자가 출입하여서는 아니되고, 또한 축사를 축조하여서는 아니된다는 청구채권을 가지고 있습니다.

2. 그런데 채무자는 위 판결이후에도 여전히 위 토지에 출입하고 있으며, 위 별지도면 표시 ㉮ 부분에 축사건축을 하고 있으므로, 그 철거 및 예방조치를 채무자 비용으로 할 수 있도록 하여 주시기 바랍니다.

첨 부 서 류

1. 집행력 있는 확정판결 정본　　1통
1. 송달증명원　　1통
1. 철거요구에 대한 내용증명우편　　1통
1. 송달료납부서　　1통
1. 신청서 부본　　1통

1. 별지 도면　　　　　　　　　　　　　　　　　1통

20○○. ○. ○.

위 채권자 문 춘 향 (인)

○○지방법원 논산지원 귀중

| 사례 61 | 아파트 위층에서 물이 새는데도 방치하고 있는 경우에 아래층 소유자의 소유권에 기한 방해배제청구

건축된 지 십여 년이 다 되어가는 아파트 3층에 거주하고 있는데, 화장실의 천정부근에서 물이 누수되고 있어 여름철에는 악취도 나고, 화장실에서 볼 일도 제대로 보지 못하고 있고, 이에 위층 소유자 겸 거주자인 甲에게 수차례에 걸쳐 그 수리를 요청하였으나, 별 반응이 없는 경우 어떻게 대응해야 할까? 소유자는 소유권을 방해하는 자에 대하여 방해의 제거를 청구할 수 있고(소유권에 기한 방해제거청구권), 소유권을 방해할 염려가 있는 행위를 하는 자에 대하여는 그 방해의 예방을 청구(소유권에 기한 방해예방청구권)할 수 있다(민법 214조). 위 사안의 경우에도 아파트 위층에서 생긴 누수로 인하여 소유권을 방해받고 있는 것이므로 법원에 소유권에 기한 방해의 제거를 청구할 수 있다. 그렇다면 구체적으로 어떠한 절차를 밟아야 하는지 문제된다. 일단 누수가 발생하고 있는 부위의 도면을 그려 누수부분을 특정한 다음, 위층 소유자 겸 점유자 甲을 상대로 하여 "당해 누수부분에 대한 하자보수의무를 이행하라."는 소송을 제기하여 이행판결을 받은 후, 이러한 이행판결을 기초로 하여 집행관에 대체집행신청을 하면 될 것이다. 대체집행절차는 대체집행의 권한을 부여받는 수권결정의 단계와, 실제로 집행을 하는 단계의 2단계 구조로 이루어져 있다. 수권결정의 신청은 확정된 이행판결정본을 첨부하여 제1심법원에 신청하면 된다. 수권결정을 신청할 때에는 채무자(위층소유자 겸 점유자 甲)에 갈음하여 작위를 실시할 자를 지정하여 신청할 수도 있고, 지정하지 않고 신청할 수도 있지만, 보통은 집행관을 실시자로 지정하는 것이 좋다. 또한 수권결정의 신청과 동시에 대체집행비용에 대한 선지급신청을 할 수도 있는데, 이 경우에는 수권결정과 동시에 대체집행비용선지급결정이 나오게 된다. 이러한 수권결정을 받은 경우에는, 별도로 집행문을 부여받을 필요없이, 집행관사무실(단, 집행관을 실시의무자로 지정한 경우에 한함)에 가서 대체집행신청을 하면 될 것이다. 대체집행비용의 회수와 관련하여 채권자가 대체집행비용선지급신청을 하지 않은 경우에는 대체집행이 모두 이루어진 후에 소송비용액확정결정신청을 통하여 대체집행비용을 청구하면 될 것이다.

| 사례 62 | 임차인이 거주하고 있는 위층에서 누수가 발생한 경우에, 위층의 소유자와 임차인 중 누구에게 손해배상책임을 물어야 하는지

아파트에 거주하는데, 위층에서 발생한 누수로 인하여 거실 안의 소파와 옷가지 등이 손상되었고 벽지도 물에 젖어 못쓰게 되었는데, 알고 보니 위층에도 임차인 甲이 살고 있고, 보일러배관이 깨져서 누수가 생긴 것 같다. 위층 임차인 甲은 자기 소유의 아파트가 아니니 아파트 소유자인 乙한테 말하라고 하는 경우, 위층의 임차인 甲과 위층 아파트의 소유자 乙 중 누구를 상대로 손해배상을 청구해야 할까? 아파트는 민법상 공작물에 해당하며, 임차인은 공작물의 점유자에 속하므로 귀하의 사건에서 위층의 임차인인 甲의 지위는 '공작물의 점유자'로서의 지위와 동시에 '임차인으로서의 지위'에 있는 것이며, 따라서 공작물의 점유자로서의 책임과 임차인으로서의 책임이 모두 인정되지 않아야 甲에게 누수에 대해 책임을 물을 수 없게 된다. 먼저 공작물의 점유자로서의 책임 부분이다. 이에 관하여 법에서는 "공작물의 설치 또는 보존의 하자로 인하여 타인에게 손해를 가한 때에는 공작물점유자가 손해를 배상할 책임이 있다(민법 제758조 제1항). 그러나 점유자가 손해의 방지에 필요한 주의를 해태하지 아니한 때에는 그 소유자가 손해를 배상할 책임이 있다."라고 규정하고 있고, 판례는 "공작물의 설치·보존상의 하자로 인한 사고는 공작물의 설치·보존상의 하자만이 손해발생의 원인이 되는 경우만을 말하는 것이 아니고, 공작물의 설치·보존상의 하자가 사고의 공동원인 중 하나가 되는 이상 사고로 인한 손해는 공작물의 설치·보존상의 하자로 생긴 것이라고 보아야 한다."라고 판시하고 있다(대판 2017.8.29. 2017다227103). 따라서 위층 점유자인 甲이 책임을 지지 않으려면 손해의 방지에 필요한 주의를 해태하지 않았어야 하고, 공작물 자체의 보존상 하자와 공동원인이 되는 다른 손해발생의 원인이 甲에게 존재하지 않아야 할 것이다. 여기에서 임대차 관계에 있어서 임차인에게 요구되는 손해의 방지에 필요한 주의란 ① 임차인이 손쉽게 고칠 수 있을 정도의 사소한 하자라면 임차인에게 수선의무가 있는 것이므로 발견 즉시 수선해야 하는 것이고, ② 임차인이 손쉽게 고칠 수 있을 사소한 정도를 벗어난 하자에 대해서는 그 사실을 알게 된 즉시 임대인에게 통지하여 수리를 요청하는 것이라고 보인다. 그밖에 임차주택 내부에 숨은 하자이어서 임차인이 쉽게 발견할 수 없는 관계로 미리 그 손해발생을 예견하여 방지한다는 것이 불가능한 경우에는 그 책임이 없다고 할 수 있고, 따라서 임차인은 점유자로서의 책임에서 벗어나게 되며 그 책임은 무과실의 손해배상책임을 지게 되는 임대인에게 귀속될 것이다. 다음으로 임차인으로서의 甲의 책임 부분입니다. 이와 관련하여 법에서는 "임대인은 목적물을 임차인에게 인도하고 계약존속 중 그 사용·수익에 필요한 상태를 유지하게 할 의무를 부담한다."라고 규정하고 있는데(민법 제623조), 여기에서 사용·수익에 필요한 상태를 유지할 의무가 무엇이냐에 관하여 판례는 임차인이 별 비용을 들이지 않고도 손쉽게 고칠 수 있을 정도의 사소한 것이어서 임차인의 사용·수익을 방해할 정도의 것이 아니라면 임대인은 수선의무를 부담하지 않지만, 그것을 수선하지 않으면 임차인이 계약에 의하여 정해진 목적에 따라 사용·수익할 수 없는 상태로 될 정도의 것이라면 임대인이 그 수선의무를 부담하되, 다만 이와 같은 임대인의 수선의무는 특약에 의해 이를 면제하거나 임차인의 부담으로 돌릴 수 있다고 판시하고 있다(대판 1994.12.9. 94다34692·34708, 2004.6.10. 2004다

2151). 즉 임대차 목적물에 하자가 생긴 경우에는, 그 하자의 정도에 따라, 그것이 임차인이 손쉽게 고칠 수 있을 정도의 사소한 것이라면 임차인에게 수선의무가 있을 것이고, 그 정도를 벗어난 하자에 대해서는 임대인에게 수선의무가 있다는 것이다. 이에 본건 보건대, 아파트 위층의 하자는 보일러 누수로 인한 것이고, 그러한 하자는 위층 임차인 甲이 쉽게 발견할 수 있는 하자가 아니라고 보이므로, 그 甲이 그러한 하자를 알았거나 알 수 있었음에도 불구하고 방치했다는 증명이 없는 한 甲에게는 책임이 없고, 결국 무과실의 손해배상책임을 지게 되는 위층 아파트의 소유자인 乙의 책임이라고 보이므로, 본건의 경우 위층 아파트의 소유자 乙을 상대로 손해배상을 청구하는 것이 타당할 것으로 보인다. 다만 그 입증이 곤란하거나 애매하다면 위층 임차인 甲과 위층 아파트의 소유자 乙 모두를 공동피고로 하여 연대책임을 묻거나, 주위적으로 점유자 甲, 예비적으로 소유자 乙을 피고로 해서 소송을 제기하면 큰 위험부담 없이 소송에서 이길 수 있을 것으로 보인다.

제7장 물의 상린관계

01 물의 상린관계 개요

1. 물의 종류와 이용

물은 일상생활에 있어서 음료수나 농·공업 용수 또는 어로나 수력발전 등을 위하여 인간의 생존에 없어서는 안될 중요한 자원이다. 물이 존재하는 모습은 수로를 따라 흐르는 유수(流水), 지하수로서 존재하는 원천(源泉), 수도관을 통하여 유출되는 수도(水道), 호수나 연못에 정지되어 있는 정수(靜水) 등의 형태로 존재하고 있다. 그중 유수는 농업이나 공업용으로써 많이 이용되고 있고 홍수예방이나 가뭄대비 등 치수를 위해서도 그 관리가 중요하므로 그에 대한 규율이 중요한데, 특별법으로 하천법이 있지만 이는 주로 큰 하천을 대상으로 한 공법적 규율을 하고 있으므로 물과 관련된 모든 문제를 커버하기에는 부족하고, 물과 관련된 문제는 사법적 규율도 중요하므로 이런 점에서 민법상 물에 관한 상린관계의 역할이 중요한 위치를 차지하고 있다고 할 수 있다. 이러한 민법의 규정도 부족할 수 있으므로 물에 관한 상린관계는 관습법이 보충법으로서 작용하는 경우가 많을 수 있다.

2. 물과 관련된 상린관계

물은 위쪽에서 아래쪽으로 또는 옆쪽에서 옆쪽으로 흐르기 때문에 이웃토지 간에 흐르는 물을 배수하거나 필요한 물을 끌어오는 인수와 관련된 분쟁이 많은데, 이를 물과 관련된 상린관계라고 한다. 특히 장마철에는 배수와 관련하여 이웃토지를 이용하여 배수처리를 해야 하는 문제가 있을 수 있고, 농지와 관련해서는 가뭄 때 논이나 밭에 물을 대기 위하여 이웃토지로부터 물을 끌어 써야 하는 문제가 있을 수 있다.

02

자연유수에 대한 저지소유자의 승수의무

1. 의 의

아래 토지나 옆 토지의 소유자는 윗 토지나 옆 토지 등 이웃토지로부터 자연히 흘러오는 물을 막지 못한다(민법 제221조 제1항). 이를 자연유수의 승수의무라고 한다. 이는 자연히 흐르는 물을 아래 토지나 옆 토지에서 막아 그 흐름을 막게 된다면 물이 고인 후 넘쳐흘러 이웃토지의 이용상 또는 붕괴 등 안전상 위험 상황이 초래될 수 있기 때문이다.

2. 승수의무의 내용

승소의무란 자연히 흘러오는 물을 막지 못한다는 것을 말하는데, 여기에서 자연히 흘러오는 물이란 지표상인지 지하인지를 불문하고 인공이 개입되지 않고 자연히 흐르는 빗물, 용수, 지하수, 온천 등을 말하고(대판 1995.10.13. 94다31488), 이러한 자연적 유수를 승수지의 소유자가 막아서는 안된다는 부작위의 소극적 의무를 승수의무라고 하는 것이다(대판 1977.11.22. 77다1588).

승수지의 소유자가 자연적 유수를 막는 방법에는 제한이 없으므로 원래는 낮은 곳의 토지로서 승수의무를 부담하는 토지이지만 그 토지소유자가 자신의 토지를 성토하여 지반고를 높이거나 제방을 쌓음으로써 높은 곳으로부터 자연히 흘러오는 유수의 흐름을 막는 것 또한 승수의무를 위반하는 것이 된다(대판 1995.10.13. 94다31488,[171] 2008.7.24. 2007다50663[172]).

---

171) 본래 이 사건 택지조성 전의 토지와 그 이웃토지인 이 사건 공장용지 조성 전의 토지는 홍수의 발생시 모두 침수되던 지역에 위치하여 있었는데, 원고가 30여년 전에 이 사건 택지의 지반고와 같거나 약간 높은 이 사건 공장용지 조성 전의 토지를 매수하여 그 지반고를 높이는 성토공사를 하여 그동안 홍수에도 침수되지 않았는데, 피고가 이 사건 택지조성 전의 토지의 지반고를 높이는 성토공사를 하면서 이 사건 공장용지의 배수시설보다 통수능력이 큰 전용 배수시설을 설치하여 주었다고 하더라도 홍수로 굴포천의 수위가 이 사건 공장용지의 지반고보다 높아져 이 사건 공장용지에 내리는 자체 우수의 배제가 곤란하여 내수침수가 예상되는 사정임을 알 수 있는바, 그렇다면, 피고가 위와 같이 이 사건 공장용지에 대한 택지조성을 위하여 성토하여 지반고를 높임으로써 홍수시 이 사건 공장용지로부터 밖으로 자연히 흘러나오는 우수의 흐름을 막은 셈이 되었다고 할 것이고, 이는 피고가 이 사건 택지를 성토한 것 때문에 생겨난 일이므로, 피고는 민법 제221조 제1항 소정의 승수의무를 위반한 것이라고 보아야 할 것이며, 이는 피고가 전용배수 시설 등을 설치하여 주었다 하여도 그 결론에 무슨 영향이 있다고 할 수 없을 것이며, 따라서 이와 달리 피고가 승수의무를 위반하지 않았다고 판단한 원심판결에는 위 승수의무에 관한 법리를 오해한 위법이 있다 할

승수의무자는 자연유수를 막지 않는 소극적 의무를 부담하는 것뿐이므로 자연적 유수를 잘 흘러가도록 조치를 취할 적극적인 의무는 없으며, 다만 자신의 비용으로 배수구를 설치하는 것은 무방할 것이다.

승수지의 소유자가 승수의무를 부담하는 것은 자연적 유수에 한하는 것이므로 옆의 토지소유자가 성토나 둑을 쌓는 등으로 땅을 높혔다거나 복토 등으로 자갈밭을 진흙 밭으로 형질을 변경하는 등 토지에 인공적 가공을 함으로서 비로소 흐르게 되는 물에 대하여는 승수의무가 없다고 할 것이다(대판 1962.4.12. 4294민상1129).

또한 자연유수라고 하더라도 저지소유자가 긴급피난(민법 제761조 제3항)의 일환으로 이를 막는 경우에는 불법이 되지 않는다고 본다.[173]

3. 승수의무 없는 토지소유자의 대응방법

고지소유자의 인공적 가공 행위 등으로 유수가 발생함으로써 저지소유자에게 승수의무가 없는 경우에 그 승수지의 소유자는 소유권에 기한 방해배제 또는 방해예방과 아울러 손해배상을 청구할 수 있다. 예컨대, 고지소유자가 여수를 승수시킬 장소가 본래 따로 있었는데 이를 이용하지 않고 굳이 둑을 설치하여 물을 흘려보내 저지가 침수되고 흙과 모래가 밀려 내려와 손해를 입었다면, 저지소유자는 그 소유권행사로서 둑의 제거를 청구할 수 있고(대판 1967.3.28. 67다169·170),[174] 이로 인하여 손해가 발생한 경우에는 손해배상도 청구할

것이다(대판 1995.10.13. 94다31488).

172) 민법 제221조 제1항 소정의 '자연히 흘러오는 물'이라 함은 인공에 의하여 지상에 떨어지거나 지상으로 분출되는 물이 아닌 우수도 여기에 포함되고, 낮은 곳의 토지 소유자가 자신의 토지에 성토하여 지반고를 높이거나 제방을 쌓았기 때문에 종전에 높은 곳으로부터 자연히 흘러오는 우수의 흐름을 막게 되었다면, 이는 민법 제221조 제1항 소정의 승수의무를 위반한 것이다(대판 1995.10.13. 94다31488, 2008.7.24. 2007다50663).

173) 한국사법행정학회, 2011 주석 민법(물권 1), 622p.

174) "피고의 논과 원고의 논은 서로 상접하여 있는데 피고의 논이 원고의 논보다 지대가 높기 때문에 물은 높은 피고의 논에서 낮은 원고의 논에 흐르게 되어 있다. 그렇기는 하나 본래 피고의 논에 흘러들어오던 물은 원고의 논을 통하지 않더라도 배수할 수 있는 장소가 있었음에도 불구하고, 피고는 자기 논에 고이는 물을(농사짓는데 필요한 정도를 지난 여수) 굳이 원고의 논으로 승수시키기 위하여 자기 논에다가 이 사건에서 문제되어 있는 둑을 쌓았기 때문에 피고의 논으로부터 물이 범람하여 원고의 논에 흘러 들어와서 원고의 논이 침수되고 또 흙과 모래가 밀려 내려와서 원고에게 손해를 입혔다는 것인데, 이러한 경우에는 원고는 그 소유권의 행사로서 그 소유권을 방해하는 피고에게 대하여 그 방해물인 둑을 제거하라고 청구할 수 있다고 보는 것이 상당하다. 이 사건에서는 피고 논에 고이는 물을 승수시킬 장소가 본래 따로 있었는데 피고가 이 장소를 이용하지 않으려는 생각에서 굳이 둑을 설치하여 원고를 괴롭히는 것이므로 이 사건에 있어서는 원고가 이웃토지로부터 자연히 자기 논에 흘러오는 물을 막으려는 것이라고는 말할 수 없다. 그리고 원고가 자기 논에 설치한 둑은 피고가 종전에 없었던 수로를 만들었기 때문에 여기에 고인물이 원고의 논에 범람하기

수 있는 것이다.

4. 분쟁의 포인트

자연유수에 대하여는 저지소유자가 고지소유자에게 자신의 토지로 물이 흘러들지 않도록 조치를 취해 달라는 권리가 없는 것이므로 장마나 홍수 등 고지로부터의 자연유수로 인하여 저지소유자의 땅이 무너지거나 토사가 유실된 경우 또는 땅이 패이는 등의 손해는 저지소유자가 고스란히 부담해야 하는 것이다. 다만 자연유수 외에 고지로부터 토사 등이 유실되어 저지소유자의 토지를 침범한 경우에는 유실된 토사 등에 대한 제거 등과 관련하여 소유권에 기한 방해배제 내지 방해예방과 아울러 손해가 생긴 경우에는 손해배상도 청구할 수 있을 것이다.

5. 자연유수에 대한 저지소유자의 이용권

고지로부터 흘러내리는 자연유수는 저지소유자에게는 자연히 흘러내도록 할 의무가 있는 반면, 그 물을 사용할 수 있는 권리도 있다. 따라서 고지소유자는 이웃 저지에 자연히 흘러내리는 물에 대하여 자기의 필요한 정당한 사용범위 내에서만 쓸 수 있을 뿐 이를 초과해서 이웃 저지에서 필요한 물을 막아서는 안된다. 즉 고지소유자는 자연유수에 대하여 자기가 정당하게 필요한 양만큼은 사용할 수 있으되, 그 정당한 범위를 벗어나 저지소유자가 쓰려는 물을 막거나 다른 수로를 만드는 방법으로 유수의 사용을 방해해서는 안되는 것이다(민법 제221조 제2항).

여기에서 어느 정도가 고지소유자가 쓸 수 있는 정당한 양의 물이냐는 그 물의 양과 사용용도 기타 관행에 따라 객관적으로 판단되어야 할 것이며, 당사자간에 원만한 합의가 이루어지지 않는다면 결국 재판으로까지 가서 판사가 구체적인 사안에 따라 판단할 것으로 보인다.

| 판례 159 | 자연유수의 승수의무

【판시사항】

민법 221조 1항 소정 자연유수의 승수의무의 범위

때문에 이로 말미암은 손해를 막기 위하여 설치한 것이지 이것 또한 본래부터 자연히 흘러내려오는 물을 받지 않기 위하여 둑을 설치한 것이 아님을 알 수 있다고 할 것이다(대판 1967.3.28. 67다169).

【판결요지】

민법 제221조 제1항 소정의 자연유수의 승수의무란 토지소유자는 다만 소극적으로 이웃토지로부터 자연히 흘러오는 물을 막지 못한다는 것 뿐이지 적극적으로 그 자연유수의 소통을 유지할 의무까지 토지소유자로 하여금 부담케 하려는 것은 아니다(대판 1977.11.22. 77다1588).

| 판례 160 | 자연유수의 의미와 승수의무

【판시사항】

[1] 민법 제221조 제1항 소정의 '자연히 흘러오는 물'의 의미

[2] 낮은 토지의 소유자가 지반고를 높이거나 제방을 쌓아 높은 토지로부터 자연히 흘러오는 우수의 흐름을 막은 경우, 승수의무 위반인지 여부

【판결요지】

[1] 민법 제221조 제1항 소정의 '자연히 흘러오는 물'이라 함은 인공(인공)에 의하여 지상에 떨어지거나 지상으로 분출되는 물이 아닌 우수도 여기에 포함된다(대판 1995.10.13. 94다31488).

[2] 낮은 곳의 토지 소유자가 자신의 토지에 성토하여 지반고를 높이거나 제방을 쌓았기 때문에 종전에 높은 곳으로부터 자연히 흘러오는 우수의 흐름을 막게 되었다면, 이는 민법 제221조 제1항 소정의 승수의무를 위반한 것이다(대판 1995.10.13. 94다31488).

| 판례 161 | 유수장애로 인한 손해배상책임

【판시사항】

[1] 땜건설공사로 인한 유수장애로 경작지가 침수되어 경작인에게 손해를 입힌 경우에 땜건설자의 손해배상책임

[2] 유수장애로 침수되어 멸실된 경작지내의 가을배추에 대한 손해액 산정기준

【판결요지】

[1] 땜 건설자는 유수소통을 위한 시설 기타 전답수침방지에 대한 모든 주의를 다해야 하고 홍수가 났을 때의 공사로 인한 유수장애로 경작지가 침수되어 경작인에게 손해를 입힌 경우에는 손해배상책임을 면할 수 없다(대판 1975.12.30. 75다1543),

[2] 유수장애 방지대책을 강구하지 않으므로 인하여 이 건 경작지에 식재 성장중이던 가을배추가 수침되어 전부 멸실된 경우 그 손해액은 동년 도산 일반 가을배추 평당 수입금을 기준으로 산정할 것이다(대판 1975.12.30. 75다1543).

03
자연유수에 대한 고지소유자의 소통공사권

1. 의 의

흐르는 물, 즉 자연유수에 대하여는 저지소유자가 이를 인위적으로 막을 수는 없으되, 그렇다고 그 자연유수를 잘 흐르도록 해주거나 자연적으로 막힌 부분을 뚫어 소통이 이루어지도록 해야 할 적극적인 의무는 없다.

즉 저지소유자는 자연유수가 자기 땅 부분에서 막히더라도, 그것이 자신에게 귀책사유가 없는 한, 자연상태 그대로 소극적으로 두기만 하면 되는 것이다. 이와 같이 자연유수가 저지소유자의 귀책사유 없이 막힘으로 인하여 고지소유자의 땅으로 역류되어 고지소유자가 피해를 볼 수 있는 상황이 올 수 있기 때문에 소통공사가 필요가 경우 고지소유자에게 소통공사권을 인정하게 된 것이다(민법 제222조).

2. 내 용

자연적으로 흐르는 물이 저지에서 폐색된 때에는 고지소유자는 자비로 소통에 필요한 공사를 할 수 있다(민법 제222조). 여기에서 자연적으로 흐르는 물이란 자연유수를 말하고 인공적으로 흐르는 물은 포함되지 않으며, 저지란 소통공사권의 성질상 바로 직접으로 인접한 토지 외에 떨어져 있더라도 소통공사의 필요성이 인정되면 고지소유자의 소통공사권이 인정된다고 볼 것이다.

이때 저지소유자는 고지소유자가 자신의 땅에 들어와서 소통에 필요한 공사를 하는 것을 수인해야 하기는 하지만, 그것뿐이며 저지소유자가 적극적으로 소통에 필요한 행위를 할 의무는 없다(대판 1977.11.22. 77다1588).[175] 또한 소통공사비용도 고지소유자가 부담해야 한다. 물론 이와 다른 관습이 있는 때에는 그에 따를 것이다(민법 제224조). 그런데 소통공사로 인하여 저지소유자에게 손해가 발생한 경우에는 이를 배상해줘야 하는지 문제된다. 소통공사권은 고지소유자의 권리이기 때문에 도랑을 만들거나 막힌 부분을 뚫는 경우 또는

175) 민법 제221조 제1항에 규정된 자연유수의 승수의무란 토지소유자는 다만 소극적으로 '이웃토지로부터 자연히 흘러오는 물을 막지 못한다'는 것 뿐이지 적극적으로 그 자연유수의 소통을 유지할 의무까지 토지소유자로 하여금 부담케 하려는 것은 아니라고 해석해야 할 것이다(대판 1977.11.22. 77다1588).

배수관을 설치하는 등으로 저지소유자에게 손해가 발생하더라도 손해배상의무가 발생하지 않는다고 보인다.[176]

한편 자연유수가 저지에서 막힌 이유가 저지소유자의 귀책사유로 인한 경우에는 소통공사비용이나 손해배상책임은 저지소유자가 부담해야 할 것이다. 또한 소통공사권은 고지소유자의 권리이지 의무는 아니므로 자연유수가 저지에서 막히더라도 저지소유자가 고지소유자에게 소통공사를 하도록 청구할 권리를 없을 것이다.

176) 한국사법행정학회, 2011 주석 민법(물권 1), 623p.

04

저수·배수·인수용 공작물에 대한 공사청구권

1. 의 의

자연유수에 대하여는 고지소유자에게 소통공사권이 인정되기 때문에 저지소유자의 토지상에 도랑을 만들거나 배수관을 설치할 수 있는 권리가 인정되지만 인공적 배수를 위해서는 고지소유자라고 하더라도 저지소유자의 토지상에 새로 도랑을 파거나 배수관을 신설할 수 없다.

그런데 토지소유자가 인공적 저수·배수·인수를 위하여 종전에 설치한 배수관 등 공작물이 있는데, 그 공작물이 오래되거나 파손 또는 노후·손상되어 물이 넘쳐흐르거나 역류하는 등으로 타인의 토지소유자에게 피해를 주거나 피해를 줄 염려가 있는 경우가 있다. 이러한 경우에 그 타인에게 인정된 권리가 저수·배수·인수를 위한 공작물에 대한 공사청구권이다(민법 제223조).

2. 내 용

토지소유자가 설치한 인공적 저수·배수·인수를 위한 공작물이 파손 또는 폐쇄되었고 그로 인하여 타인의 토지에 손해가 생기거나 손해가 생길 염려가 있는 경우에 공작물의 소유자로 하여금 그 보수나 폐색의 소통 또는 예방에 필요한 조치를 마련해 줄 것을 청구하는 것이 주된 내용이다. 여기에서 공작물이란 저수지, 하수도, 도랑이나 물받이통 등 저수·배수·인수용 구조물을 말하고, 지상물이든 지하물이든 불문한다.

공작물 등의 파손·폐색이 그 소유자의 귀책사유로 인한 경우에는 그밖에 불법행위로 인한 손해배상책임도 면치 못하게 될 것이다. 공작물의 보수 등의 책임은 원칙적으로 공작물의 소유자이고, 공작물의 소유자가 불명인 때에는 토지소유자가 부담한다고 보이며, 그에 소요되는 비용은 원칙적으로 그 소유자가 부담하게 될 것이지만, 이와 다른 관습이 있으면 그에 따르게 될 것이다(민법 제224조).

|판례 162| 배수로에 특수한 공작물을 설치하여 저장한 물의 재물성 여부

【판시사항】

토지개량조합의 배수로에 특수한 공작물을 설치하여 저장한 물이 절도죄의 객체가 되는가 여부

【판결요지】

자기 논에 물을 품어 넣기 위하여 토지개량조합의 배수로에 토지개량조합규칙에 위배되는 행위로서 특수한 공작물을 설치하여 자기 논에 물을 저수하였다 하여도 그 물이 물을 막은 사람의 사실상이나 법률상 지배하는 것이 되지 못한다고 인정되므로 그 물은 절도죄의 객체가 되지 못한다(대판 1964.6.23. 64도209).

05
처마물에 대한 시설의무

1. 의 의

처마(軒)란 서까래가 기둥 밖으로 빠져나온 부분을 통칭해서 부르는 말인데, 그러한 처마 끝에서 떨어진 물을 처마물이라고 한다. 자연유수에 관하여는 토지소유자의 토지를 거쳐 이웃토지에 흘러가더라도 인위적인 가공 행위가 없다면 그 책임을 지지 않으며 이웃토지의 소유자에게 수인의무가 주어져 있다.

그러나 토지소유자가 그 지상에 건축물이나 공작물 등의 인위적 가공물을 설치한 때에는 토지소유자로서는 그 인위적 가공물을 한번 경유한 빗물 등이 이웃토지에 직접 떨어지도록 해서는 안되며, 적당한 시설물을 설치함으로써 직접 낙하하지 않도록 해야 하는 것이다. 이를 처마물에 대한 시설의무라고 한다(민법 제225조).

2. 내 용

자연유수가 아니라 토지소유자가 그 지상에 축조·설치한 건물이나 공작물을 한번 거치게 된 빗물 등에 대하여는 빗물받이와 같은 적당한 시설을 설치하여 이웃토지에 직접 낙하하지 않도록 해야 한다(민법 제225조). 지붕이나 처마를 통하여 이웃토지에 빗물 등이 낙하하게 되면 이웃토지가 패인다든가 토사가 유실되는 등 이웃토지에 피해가 가기 때문에 이러한 처마물에 대한 시설의무를 규정하게 된 것이다. 눈의 경우에도 빗물에 준하여 본 규정(민법 제225조)이 유추적용된다고 본다.[177]

원래 건물을 축조할 때에는 특별한 관습이 없으면 경계로부터 반미터 이상의 거리를 두어야 하지만(민법 제242조), 그렇다고 해서 지붕이나 처마 끝을 흐르는 빗물이 경계를 넘어 이웃토지에 떨어지지 않는 것이 아니므로 경계선 부근의 건축거리에 대한 준수여부와 무관하게 처마물에 대한 시설의무를 두게 된 것이다. 처마물이 이웃토지에 직접 낙하하게 된 경우 이웃토지의 소유자는 해당 토지의 소유자에게 빗물받이 등 낙하방지시설이나 설비의 설치를 요구할 수 있고, 방해예방도 청구할 수 있을 것이며, 그로 인하여 손해가 생긴 때에는 손해배상도 청구할 수 있을 것이다. 나아가 공작물의 설치·보존상의 하자로 인하여 처

177) 한국사법행정학회, 2011 주석 민법(물권 1), 627p.

마물이 이웃토지에 직접 낙하하여 이웃토지의 소유자에게 피해가 생긴 때에는 공작물 등의 점유자·소유자의 책임 규정(민법 제758조)에 의하여 책임을 지게 될 것이다.

06

여수(餘水)소통권

1. 의 의

여수소통권은, 주위토지통행권과 같은 원리로, 고지소유자가 남는 물을 공로·공류나 하수도에 버리기 위하여 저지를 통과할 수 있도록 한 권리를 말한다(민법 제226조). 여기의 남는 물, 즉 여수란 주로 자연유수 외의 인위적인 물을 말하는 것이며, 자연유수에 관하여는 민법 제221조(자연유수의 승수의무와 권리)에 의하여 고지소유자에게는 저지에 대한 소통공사권이 있고 저지소유자에게는 승수의무가 있어 이에 의하여 규율될 것이다. 다만 자연적으로 흘러내리는 자연유수와 인위적인 물이 함께 배수관을 통하여 흘러내리는 경우에도 여수소통권이 인정될 것이다(대판 1976.7.13. 75다2193).[178]

물론 남는 물이 있다고 해서 무조건 저지를 통과하여 버릴 수 있는 것은 아니며, 불가피한 사유, 즉 침수지를 건조하기 위한 경우이거나 가용 또는 농·공업용의 여수를 배수하기 위해서만 저지에 대한 통과가 인정될 것이다(민법 제226조 제1항).

2. 내 용

고지소유자는 침수지를 건조하기 위하거나 가용 또는 농·공업용의 인위적인 여수를 배수하기 위하여 공로·공류 또는 하수도에 달하기까지 저지를 통과시킬 수 있다. 인위적인 여수인인 한 위에서 열거한 물에 한하지 않고 배수가 필요한 물은 모두 포함된다고 보이며, 고지와 저지 사이뿐만 아니라 평지와 평지 사이에도 배수를 위한 경우에는 적용된다고 본다.

여수소통권은 배수가 불가능한 경우뿐만 아니라 배수가 현저히 곤란한 경우 또는 다른 곳을 통한 배수에 과다한 비용이 소요되는 경우도 포함될 것이다. 예컨대, 양수기를 동원하

178) 민법 제221조 소정의 승수의무는 물이 자연히 높은 곳으로부터 낮은 곳으로 흐르는 때에 낮은 토지의 소유자가 그것을 인용해야 하는 의무이고 자연히 흘러내리는 물이 어떤 사정으로 낮은 곳에서 막힌 때에는 높은 토지의 소유자는 그 소통에 필요한 공사를 할 수 있는 소통공사권이 있는 것이나 자연적으로 흘러내리는 물과 인위적인 물이 함께 배수관을 통하여 흘러내리는 경우는 동법 226조 소정의 여수소통권의 경우로 보는 것이 타당하므로 소통권자는 낮은 땅을 위하여 손해가 가장 적은 장소 및 방법을 선택해야 하고 낮은 토지소유자의 손해가 인정될 경우에는 이를 보상해야 한다(대판 1976.7.13. 75다2193).

여 배수가 가능하더라도 전기료 등 비용이 과다하게 발생한 경우에는 여수소통권이 인정되는 것이다.

배수를 위하여 저지를 통과할 때에는 저지의 손해가 가장 적은 장소와 방법을 선택해야 하며, 저지소유자에게 생긴 손해도 보상해야 한다(제226조). 여기에서 저지의 손해가 가장 적은 장소와 방법이란 고지 및 저지의 이용목적과 이용상황, 주위환경, 하수도법의 적용여부 등을 종합적으로 고려하여 객관적으로 정해야 할 것으로 보이며, 일단 정해진 장소와 방법이라도 사정변경이 생기면 그에 대한 변경도 가능하다고 해야 할 것이다.

이와 같이 여수소통권에는 손해보상의무가 따른다고 볼 때 고지소유자가 여수소통을 위하여 저지소유자의 토지를 통과하여 사용할 것이 전제된다고 본다(대판 2003.4.11. 2000다11645). 여수를 저지로 통과시킬 때 저지에 새로이 배수관이나 하수구를 설치할 수 있으며, 다만 그 비용은 배수하려는 고지소유자가 부담해야 할 것이다. 한편 토지이용방법이나 주위의 객관적 사정 등으로 고지소유자에게 저지를 통과하여 배수할 필요성이 소멸된 때에는 이러한 여수소통권도 소멸될 것이고, 따라서 저지소유자는 저지에 설치된 배수관이나 하수구의 철거를 청구할 수 있을 것으로 보인다.

3. 유추적용

여수소통권은 주위토지통행권(민법 제219조)과 유수용공작물의 사용권(민법 제227조)과 함께 사회생활상 필요한 수도관이나 가스관, 전화선, 인터넷선, 전선 등의 시설을 자기 소유의 토지에 끌어오기 위하여 이웃토지를 통과할 필요성이 있는 경우에도 유추적용될 수 있을 것으로 보인다.[179]

| 판례 163 | 여수소통권의 내용

【판시사항】

민법 제221조 소정 승수의무의 취지와 민법 제226조 소정 여수소통권의 내용

【판결요지】

민법 제221조 소정의 승수의무는 물이 자연히 높은 곳으로부터 낮은 곳으로 흐르는 때에 낮은 토지의 소유자가 그것을 인용해야 하는 의무이고 자연히 흘러내리는 물이 어떤 사정으로 낮은 곳에서 막힌 때에는 높은 토지의 소유자는 그 소통에 필요한 공사를 할 수 있는 소통공사권이 있는 것이나 자연적으로 흘러내리는 물과 인위적인 물이 함께 배수관을 통하여 흘러내리는 경우

179) 한국사법행정학회, 2011 주석 민법(물권 1), 630p.

는 동법 226조 소정의 여수소통권의 경우로 보는 것이 타당하므로 소통권자는 낮은 땅을 위하여 손해가 가장 적은 장소 및 방법을 선택해야 하고 낮은 토지소유자의 손해가 인정될 경우에는 이를 보상해야 한다(대판 1976.7.13. 75다2193).

| 판례 164 | 여수소통권의 적용 요건

【판시사항】

[1] 민법 제226조 여수소통권의 적용 요건

[2] 민법 제227조 소정의 공작물의 시설자의 의미

【판결요지】

[1] 민법 제226조는 고지소유자에게 여수소통을 위하여 공로, 공류 또는 하수도에 달하기까지의 저지에 물을 소통할 권리를 인정하면서 동시에 고지소유자에게 그에 따른 저지소유자의 손해를 보상할 의무가 있음을 정하고 있는 규정이므로, 그 규정이 적용되기 위하여는 고지소유자가 여수소통을 위하여 저지소유자의 토지를 통과하여 사용할 것이 요구된다(대판 2003.4.11. 2000다11645).

[2] 민법 제227조는 토지소유자가 소유지 상의 물을 소통하기 위하여 이웃토지소유자 시설의 공작물을 사용할 수 있고 그 경우 토지소유자는 이웃토지소유자에 대하여 그 이익을 받는 비율로 공작물의 설치보존 비용을 분담해야 한다고 규정하고 있는바, 여기서 말하는 공작물의 시설자는 이웃토지소유자로 한정되지는 않으나 단순히 공작물을 시설한 것만으로는 부족하고 이에 대한 정당한 권리를 갖는 자를 의미한다(대판 2003.4.11. 2000다11645).

| 판례 165 | 여수소통권의 의미와 내용

【판시사항】

민법 제221조 소정 승수의무의 취지와 민법 제226조 소정 여수소통권의 내용

【판결요지】

민법 제221조 소정의 승수의무는 물이 자연히 높은 곳으로부터 낮은 곳으로 흐르는 때에 낮은 토지의 소유자가 그것을 인용해야 하는 의무이고 자연히 흘러내리는 물이 어떤 사정으로 낮은 곳에서 막힌 때에는 높은 토지의 소유자는 그 소통에 필요한 공사를 할 수 있는 소통공사권이 있는 것이나 자연적으로 흘러내리는 물과 인위적인 물이 함께 배수관을 통하여 흘러내리는 경우는 동법 제226조 소정의 여수소통권의 경우로 보는 것이 타당하므로 소통권자는 낮은 땅을 위하여 손해가 가장 적은 장소 및 방법을 선택해야 하고 낮은 토지소유자의 손해가 인정될 경우에는 이를 보상해야 한다(대판 1976.7.13. 75다2193).

07

유수용 공작물의 사용권

1. 의 의

고지소유자가 남는 인위적인 물인 여수(餘水)를 저지를 통과시켜 공로·공류나 하수도에 인공적 배수를 하는 방법에는 여수소통권(민법 제226조)을 행사하여 배수관이나 하수구를 새로 설치하여 배수하는 방법도 있지만 이미 저지에 배수를 위한 공작물이 설치되어 있는 때에는 그 공작물을 사용하여 배수할 수도 있다. 이를 유수용공작물의 사용권이라고 한다(민법 제227조).

그것이 새로 공작물을 설치하는 것보다 비용이 절감되고 저지소유자에게 피해가 덜 갈 수 있는 유용한 수단이 될 수 있기 때문에 인정되는 제도라고 본다. 이와 관련하여 공공하수도에 관한 배수설비 등의 사용에 관하여는 특별법인 하수도법에서 규율하고 있다.[180)]

2. 내 용

고지 또는 평지의 소유자는 그 소유지의 물을 소통하기 위하여 이웃토지소유자가 시설한 공작물을 사용할 수 있다. 여기에서 공작물이란 배수를 위한 배수관, 배수구, 하수구 등을 말하며 인접지에 설치된 것뿐만 아니라 인접지 외의 토지에 설치된 공작물도 포함된다. 공작물은 이웃토지소유자가 설치하여 소유하고 있거나 적어도 이에 대한 정당한 권한을 가지고 있어야 할 것이며, 그러한 자만 유수용공작물을 사용하는 자에 대하여 설치·보존비용에 대한 분담을 청구할 수 있을 것이다(대판 2003.4.11. 2000다11645).[181)]

---

180) 하수도법 제29조 "① 제27조(배수설비의 설치 등)의 규정에 따라 배수설비를 설치하거나 이를 관리하는 자가 타인의 토지 또는 배수설비를 사용하지 않고는 하수를 공공하수도에 유입시키기 곤란하거나 이를 관리할 수 없는 때에는 타인의 토지에 배수설비를 설치하거나 타인이 설치한 배수설비를 사용할 수 있다. ② 제1항의 규정에 따라 타인의 배수설비를 사용하는 자는 그 이익을 받는 비율에 따라 그 설치 또는 관리에 소요되는 비용을 분담해야 한다. ③ 제1항의 규정에 따라 타인의 토지를 사용하고자 하는 자는 당해 토지의 소유자나 이해관계인과 미리 협의해야 하며, 그 사용으로 인하여 발생하는 손실에 대하여는 상당한 보상을 해야 한다."

181) 민법 제227조(유수용공작물의 사용권)는 토지소유자가 소유지상의 물을 소통하기 위하여 이웃토지소유자 시설의 공작물을 사용할 수 있고 그 경우 토지소유자는 이웃토지소유자에 대하여 그 이익을 받는 비율로 공작물의 설치보존 비용을 분담해야 한다고 규정하고 있는바, 여기서 말하는 공작물의 시설자는 이웃토지소유자로 한정되지는 않으나 단순히 공작물을 시설한 것만으로는 부족하고 이에 대한 정당한 권리를 갖는 자를 의미한다고 할 것이다. 따라서 ○○○○○스틸 주식회사가 시설한

한편 유수용공작물을 사용하여 배수한 자는 그 이익을 받는 비율로 공작물에 대한 설치·보존비용을 분담해야 하는데(민법 제227조), 이익을 받는 비율이란 주로 배수량의 정도가 될 것이다. 만약 배수공작물을 사용하는 자가 비용부담을 거절한 때에는 배수공작물을 소유하거나 정당한 권한이 있는 토지소유자는 그 공작물에 대한 사용을 거절할 수 있다고 본다.

유수지 및 배수펌프는 매립면허준공인가와 동시에 인천직할시 소유로 귀속되었으므로 주식회사 ○○이 위 유수지 및 배수펌프를 이용하고 그 매립구간상의 물을 소통한다고 하더라도 소유자 아닌 ○○○○○스틸 주식회사가 민법 제227조에 의하여 주식회사 ○○에게 그 설치·보존비용의 분담을 청구할 수는 없다고 할 것이다(대판 2003.4.11. 2000다11645).

08
여수(餘水)급여청구권

1. 의 의

이웃토지에는 물이 넘쳐나는데, 자신의 토지에는 사용할 물이 부족한 경우가 많은데, 이러한 경우 그 토지소유자는 자신의 가용이나 토지이용에 필요한 물을 이웃토지소유자에게 청구할 수 있는 권리가 인정된다. 이를 여수급여청구권이라고 한다(민법 제228조).

그러나 이웃토지에 여수가 있다고 하더라도 과다한 비용이나 노력을 들이지 않고도 물을 조달할 수 있는 경우에는 이웃토지소유자에 대하여 이러한 여수급여청구권은 인정되지 않는다(민법 제228조).

2. 내 용

여수급여청구권은 물이 풍족한 사람과 물이 부족한 사람 간에 물의 적정한 이용조절을 도모하는 제도라고 할 수 있다. 이에 가정용이나 토지이용에 필요한 물이 부족한 토지소유자에게 이웃토지소유자가 사용하고 남는 물에 대하여 급여를 청구할 수 있는 권리를 인정한 것이다. 따라서 먹거나 세탁 등 가정용이나 논밭 등 토지이용 목적에 필요한 경우라야 하며, 그밖의 다른 용도를 위하여 필요한 경우에는 여수급여청구권이 인정되지 않는다.

또한 이웃토지소유자가 사용하고 남는 물이 있어야 하며, 자신이 쓰기에도 부족한 경우에는 여수급여청구권이 인정되지 않는다. 그리고 물을 필요로 하는 토지소유자가 다른 곳으로부터 물을 조달할 수 없거나 조달하기에 과다한 비용이나 노력을 들여야만 하는 경우에 인정되는 것이므로 물을 쉽게 조달할 수 있거나 큰 비용이나 노력을 들이지 않고도 물을 조달할 수 있는 경우에는 여수급여청구권이 인정되지 않는다.

이웃토지로부터 여수급여를 청구하려면 공평의 관념에서 상당한 보상을 지급해야 할 것이다(민법 제229조).

09

수류변경권의 제한

1. 의 의

유수는 농업용수나 공업용수를 위하여 필수적인 것이고 상류이용자나 하류이용자에게 상호 이해관계가 충돌할 수 있기 때문에 그들의 이해관계를 조절하기 위하여 수류의 변경(민법 第229조), 언(堰)의 설치·이용(민법 第315조), 공유하천용수권(민법 第231조) 등의 규정을 두고 있다.

여기에서 수류의 변경과 언(堰)의 설치·이용은 수류지의 소유자가 개인인 경우를 규정한 것이고, 공유하천용수권은 수류지의 소유권이 공유(公有)인 경우를 규정하고 있다고 보며, 그것이 법 문언에 충실한 해석이 아닌가 싶다. 수류변경권의 제한 규정(민법 第229조)은 수로 또는 수류나 그 폭은 양안의 토지소유자나 하류의 토지소유자에게 중요한 영향을 미치는 것이므로 구거나 수류지의 소유자라도 함부로 변경할 수 없도록 하자는데 그 취지가 있다고 본다.

2. 수류의 변경권과 그 제한

수로나 수류 또는 그 폭을 변경하는 것은 양안의 토지소유자나 하류의 토지소유자에게 중요한 영향을 미치게 되므로 구거(도랑)나 수류지의 소유자라고 하더라도 함부로 변경할 수 없다(민법 第229조 第1항). 따라서 수류지의 소유자와 한쪽 언덕의 토지소유자가 동일하다고 하더라도 대안(다른 쪽 언덕)의 토지소유자가 다른 경우에는 수로·수류를 변경하거나 그 폭을 변경할 수 없다. 만약 이를 허용한다면 수로나 수류에 변경이 와서 대안의 토지가 메마를 수 있고 수심에 변동이 와서 대안의 토지소유자가 유수를 이용하는데 지장을 초래할 수 있기 때문이다. 이러한 취지로 수류변경권을 제한하고 있는 것이므로 대안의 토지소유자가 동의하거나 승낙한 경우에는 수로·수류의 변경이나 그 폭에 대한 변경은 가능할 것이다.

다만 수류지소유자와 양안(양쪽 언덕)의 토지소유자가 모두 동일한 때에는 수로·수류나 그 폭을 변경할 수 있으되, 이 경우에도 하류는 자연의 수로와 일치하도록 해야 한다(민법 第229조 第2항). 여기에서 양안의 토지가 수류지 소유자의 소유인 경우 소유자가 수로와 수류의 폭을 변경할 수 있다는 의미는 대안(對岸)의 수류지 소유자와 관계에서 수류이용권을 규정한 것으로서, 이는 위와 같은 경우 수류지 소유자는 수로와 수류의 폭을 변경하여 물을 가용 또는 농·공업용 등에 이용할 권리가 있다는 것을 의미함에 그치고, 더 나아가 수로와 수류의 폭을 임의로 변경하여 범람을 일으킴으로써 인지(隣地) 소유자에게 손해를 발생시킨 경우에도 면책된다는 취지를 규정한 것이라고 볼 수 없으므로 가해자는 이를 근거로 과실 없음을 주장할 수 없을 것이다(대판 2012.4.13. 2010다9320).

물론 수류·수로나 그 폭의 변경에 관한 다른 관습이 있으면 그러한 관습이 가장 우선할 것이다(민법 제229조 제3항). 이러한 수류변경권의 제한에 위반하여 수류지소유자에 의하여 수로·수류의 변경이나 그 폭에 대한 변경이 이루어진 때에는 대안의 토지소유자나 하류연안지의 소유자는 종래의 수로·수류의 회복이나 그 폭의 회복을 청구할 수 있고, 손해가 생긴 때에는 그 배상도 청구가 가능할 것이다.

| 판례 166 | 수류의 임의적 변경과 손해배상책임

【판시사항】

[1] 甲 주식회사가 乙 주식회사 소유 매립장 부지에 폐기물 매립장을 설치하는 공사를 하던 중 인접 토지 소유자인 丙의 지시에 따라 丁 주식회사가 인접 토지에 있던 기존 배수로를 매립하고 현존 배수로를 새로 만들었는데, 현존 배수로가 기존 배수로보다 통수단면 면적이 감소한 탓에 수일간 내린 비로 월류가 발생하여 매립장이 침수되는 등 사고가 발생한 경우, 丙과 丁 회사의 위법행위가 사고발생의 원인이 되었다고 볼 수 있는지 여부(적극)

[2] 민법 제229조 제2항의 취지 및 수류지 소유자가 수로와 수류의 폭을 임의로 변경하여 범람을 일으킨 경우에도 위 규정에 따라 면책되는지 여부(소극)

【판결요지】

[1] 甲 주식회사가 乙 주식회사 소유 매립장 부지에 폐기물 매립장을 설치하는 공사를 하던 중, 인접 토지 소유자인 丙의 지시에 따라 丁 주식회사가 인접 토지에 자연적으로 흐르는 물이 유입되면서 형성되어 오랫동안 배수로 역할을 해온 기존 배수로를 매립하고 매립장 부지 경계 부근에 현존 배수로를 새로 만들었는데, 현존 배수로가 기존 배수로보다 통수단면 면적이 감소한 탓에 수일간 내린 비로 월류가 발생하여 매립장이 침수되는 1차 사고가 발생하였고, 그 후 甲 회사가 현존 배수로의 보수와 확장을 요청하였음에도 丙과 丁 회사가 이에 응하지 않아 다시 내린 비로 월류한 물이 매립장 안으로 유입되어 굴착사면이 붕괴하는 등 2차 사고가 발생한 사안에서, 기존 배수로를 매립하고 그보다 통수능력이 부족한 현존 배수로를 새로 설치함으로써 자연히 흘러오던 물의 일부를 막은 丙과 丁 회사의 행위는 민법 제221조 제1항을 위반한 것으로 위법하고, 1차 사고발생 후 후속사고 발

생이 예상되는 상황에서 현존 배수로의 보수와 확장 요청을 거부한 채 사고발생 위험을 계속 방치한 행위 역시 위법하며, 이러한 위법행위가 1, 2차 사고발생의 한 원인이 되었다고 할 것이다.

[2] 민법 제229조 제2항이 '양안의 토지가 수류지 소유자의 소유인 때에는 소유자는 수로와 수류의 폭을 변경할 수 있다'고 규정한 것은 대안의 수류지 소유자 관계에서 수류이용권을 규정한 것으로서, 이는 위와 같은 경우 수류지 소유자는 수로와 수류의 폭을 변경하여 물을 가용 또는 농·공업용 등에 이용할 권리가 있다는 것을 의미함에 그치고, 더 나아가 수로와 수류의 폭을 임의로 변경하여 범람을 일으킴으로써 인지(인지) 소유자에게 손해를 발생시킨 경우에도 면책된다는 취지를 규정한 것이라고 볼 수는 없다(대판 2012.4.13. 2010다9320).

10

언(堰)의 설치·이용권

1. 의 의

언(堰)이란 둑 내지 제방을 말하는데, 수류지소유자가 둑을 설치하려면 필연적으로 양쪽 언덕에 접촉할 수밖에 없을 것이어서 수류지소유자와 대안의 토지소유자와 이해관계가 엮일 수 있다. 언(堰)의 설치·이용권은 둑을 쌓는 것과 관련된 이해관계인간의 이해의 조절을 위한 것이라고 할 수 있다(민법 제230조).

둑은 하천이나 호수의 물 또는 바닷물의 범람을 막거나 저수·인수를 위하여 설치하는 흙 또는 콘크리트 따위로 만든 구축물을 말하는 것으로서 흔히 보를 만들거나 논밭을 보호할 목적으로 쌓은 언덕을 지칭한다.

2. 내 용

수류지소유자가 언(堰), 즉 둑을 설치할 필요가 있는 때에는 보상을 지급하고 대안, 즉 반대 쪽 언덕에 접촉할 수 있다(민법 제230조 제1항). 여기에서 둑을 쌓을 수 있는 수류지소유자는 수류지 및 한 쪽의 대안을 소유하고 있는 자를 말하며, 이러한 조건을 갖춘 자라면 대안의 소유자의 승낙을 받을 필요가 없이 대안을 접촉하여 둑을 쌓을 수 있다.

이때 대안의 소유자가 수류지의 일부를 소유하고 있는 때에는 그 이익을 받는 비율로 둑의 설치·보존비용을 분담하고 그 둑을 사용할 수 있다(민법 제230조 제2항). 따라서 수류지의 일부를 소유하지 않은 대안의 소유자는 수류지소유자가 둑을 쌓는 것에 대하여 수인할 의무가 있을 뿐 둑을 이용할 권리가 인정되지 않는다. 다만 대안의 소유자는 대안이 접촉되어 둑이 쌓아짐으로 인하여 입은 손해의 보상을 청구할 수 있고, 유수이용권(제221조 제2항)에 의하여 수류지소유자의 사용을 방해하지 않는 범위 내에서 자연유수를 사용할 수 있기 때문에 결과적으로는 둑을 사용할 수 있는 것으로 될 수 있다.

| 판례 167 | 하상에 생긴 웅덩이가 보의 설치보존상의 하자에 해당하는지 여부

【판시사항】

하상에 파여진 웅덩이와 보의 설치보존상의 하자 유무

【판결요지】

공작물의 설치·보존상의 하자라 함은 공작물이 그 용도에 따라 본래 갖추어야 할 안전성을 결여한 것을 말하는바, 이 사건 사고는 보 옆의 하상에 생긴 웅덩이에서 발생한 것이고 하천의 하상에 웅덩이를 없애고 평탄하게 유지하는 일은 위 보의 용도와는 관련이 없는 것이니 하상에 생긴 웅덩이는 보 자체의 설치 보존상의 하자로 볼 수 없다(대판 1982.4.27. 81다266).

| 판례 168 | 보를 시설함으로써 용수권이 침해된 경우의 손해배상책임

【판시사항】

토지개량조합이 행정관청의 인가를 얻어 하천에 조합 몽리답 인수용 "보"를 시설함으로써 타인의 종전 하천 용수권이 침해된 경우와 불법행위책임

【판결요지】

토지개한조합이 행정관청의 인가를 얻어 하천의 하상을 5, 6척이나 깊이 파고 시멘트 콩크리트로 새로운 보를 설치하여 조합원 소유의 농지로 인수하므로 인하여 타인이 종전에 인수사용하던 보가 폐쇄당하고 경작기에는 보의 물구멍을 열어두어 하천의 물이 위 조합 호리구역으로만 흘러들어가게 함으로써 지방 및 모래 사이를 통하여 새어 나오던 물도 종전보다 격감하여 타인들이 관개할 하상이 고갈되게 한 경우에는 특별한 사정이 없는 한 불법행위가 된다(대판 1965.7.6. 65다425).

11

공유하천용수권

1. 의 의

공유하천이란, 개인의 독점적·배타적 이용권이 인정되어도 공공의 이해에 영향이 끼치지 않는 사유하천을 제외한, 그밖의 하천을 말하는 것으로서 수류지소유권이 개인에게 속하는지 여부나 하천법의 적용을 받는지 여부와는 무관하게 개인에게 독점적·배타적 이용을 허용하게 되면 공공의 이해에 영향을 끼칠 수 있게 되는 하천을 말하는데, 이러한 공유하천의 연안에서 농·공업에 종사하는 자가 그에 필요한 물을 공유하천으로부터 인수하거나 인수를 위한 공작물을 설치할 수 있는 권리를 공유하천용수권이라고 한다(민법 제231조).

공유하천용수권의 성질에 관하여는 이를 소유권과 독립된 재산권 내지 물권으로 파악하는 견해도 있으나, 인접한 이웃 사이의 용수 조절을 목적으로 하는 상린권이라고 보는 것이 타당하다고 보이며,[182] 따라서 공유하천용수권을 토지와 독립·분리시켜 거래의 객체로 할 수는 없고 연안토지소유권의 처분에 따라 수반되는 것이라고 보아야 할 것이다.

2. 내 용

가. 공유하천으로부터 인수

공유하천의 연안에서 농업이나 공업을 경영하는 자는 이에 이용하기 위하여 타인의 용수를 방해하지 않는 범위 내에서 필요한 인수를 할 수 있고, 이를 위하여 필요한 경우에는 공작물도 설치할 수 있다(민법 제231조). 물론 이와 관련된 다른 관습이 있다면 그 다른 관습이 우선적으로 적용될 것이다(민법 제234조).

공유하천용수권은 연안토지의 소유자에 한하지 않고 연안에서 농업이나 공업을 하는 자이면 누구나 가질 수 있는 권리이다. 연안이란 수류 또는 둑과 인접한 토지 외에도 입법취지나 농·공업용수의 이용형태로 볼 때 하천의 유역 내이면 모두 포함된다고 보며, 농·공업용수를 위한 경우뿐만 아니라 음용을 위한 상수도의 설치와 관련된 경우도 해당된다고 본다. 공유하천용수권은 공유하천에 대해서만 성립되는 것이므로 사유하천에 대해서는 성립하지 않는다.[183] 또한 공유하천용수권이 성립하기 위해서는 상당기간 현실적으로 계속 인

182) 지원림, 제14판 민법강의, 553p.

수를 하고 있어야 할 것이다(대판 1977.11.8. 77다1064).[184]

공유하천용수권자라도 타인의 용수를 방해하지 않는 범위 내에서만 인수를 할 수 있는데, 용수권자가 수인이고 물이 부족할 경우에는 그들 사이의 협정이 가장 우선할 것이고, 협정이 없으면 용수권을 취득하는 선후가 그 순위를 결정하는 중요한 요소가 될 것이다. 따라서 선순위의 용수권자가 상류에 있는 경우에는 그 용수로 수원(水源)을 고갈시키더라도 후순위의 하류 용수권자는 이에 대한 유지(留止)를 청구할 수 없을 것이로되, 선순위의 용수권자가 하류에 있는 경우에는 물의 부족으로 자신의 용수권이 침해받는 경우에는 상류에 있는 후순위용수권자에 대하여 물의 사용에 대한 유지를 청구할 수 있는 것이다. 만약 용수권 취득의 선후가 불분명한 경우에는 물의 자연적 흐름에 의존할 수밖에 없을 것이므로 결과적으로 상류에 위치하고 있는 용수권자가 우선하게 될 것이다.

공유하천용수권에 의하여 공유하천으로부터 인수를 함에는 관개할 토지면적이나 용수의 이용목적에 따라 농·공업에 필요한 정도에 한정되어야 할 것이고 이를 초과하게 되면 다른 용수권자의 용수권을 침해하는 것으로 될 것인데, 농·공업에 필요한 정도란 용수권취득 당시 관개할 토지면적 등에 따른 용수량에 의해 결정될 것으로 보이며, 용수권취득 후의 관개면적의 증대시에는 그 증대 부분에 대하여는 다른 용수권자에 대하여 우선권이 인정되지 않을 것이다(대판 1968.1.23. 66다1995).[185]

---

183) 공유하천이 아닌 사유지소에 대한 몽리답소유자들의 용수권이 오랜 기간 그 지소(池沼)의 물을 관개용으로 사용하였거나 국가보조금으로 그 지소를 개수한 사실이 있었다는 사실만으로 용수권이 생긴다거나 관습으로 용수권이 생긴다고 할 수 없다(대판 1965.2.4. 64다1493). 가사 장구한 시간 동안(20년 이상) 평온, 공연하게 지소로부터 관개용의 물을 대어 써왔다고 할지라도 이 지소가 사유지에 속하여 있는 이상 그러한 사실만으로써는 곧 위 지소의 물을 사용할 수 있는 용수권(지역권)을 법률상 취득한다고는 볼 수 없고, 또 그러한 한국의 관습법도 없으며, 용수권을 시효로 인하여 취득할 수도 없다(대판 1967.5.30. 66다1382).

184) 철원군 동송면 중강리 1105의 1의 곳을 흐르는 하천은 공유하천으로 그곳에는 일정 때부터 속칭 외오리보가 설치되어 원고 소유의 같은 면 강산리 1509 답 5,610평을 포함한 주변 약 40,000평의 농토에 위 보로부터 농업용수를 인수 관개하여 왔으며 위 몽리답 일대가 북위 38도선 이북지역에 소재하여 6.25의 수복이후 군 당국으로부터 영농을 위한 민간인의 출입이 허용된 1969경부터는 농지소유자들이 전과 같이 위 외오리보에서 인수 관개하여 농사를 지어왔다는 사실을 수긍할 수 있고, 따라서 이들에게 농지의 관계에 필요한 한도 내에서 용수권이 있다고 하는 것은 정당하다고 할 수 있으며, 이러한 인수로 인하여 그 하류에 위치한 보를 사용하는 농토에의 관개용수에 부족이 생겼다 하여도 종전 관례에 따라 상류에서 인수하는 자가 하류에서의 인수하는 용수권을 침해하였다고 할 수 없을 것이다(대판 1965.11.9. 65다1736, 1977.11.8. 77다1064).

185) 공유하천의 유수는 법령으로 그 사용을 금지하거나, 제한하지 않는 이상 누구든지 타인의 권리를 침해하지 않는 한도에서 자유로이 사용할 수 있다고 할 것이므로, 종래 관개하여 옴으로써 관습상 취득한 전용 유수사용권은 관개의 필요를 충족하는 정도에 한정할 것이고, 이 정도를 초과하는 부분에는 그 전용권이 미치지 아니한다고 할 것이며, 그 관개의 정도는 관개하여온 몽리면적을 기준으로 해야 할 것이요, 전용권을 취득할 당시의 몽리면적을 전용권자가 임의로 확대할 경우 확대한 몽리면

나. 공유하천으로부터 인수를 위한 공작물 설치

공유하천용수권에는 공유하천으로부터 인수를 위하여 필요한 공작물의 설치를 포함한다(제231조 제2항). 여기에서 인수를 위한 공작물이란 보(洑)나 동(垌)막이 등을 말한다. 보란 하천에서 관개용수를 수로에 끌어들이려고 둑을 쌓아 만든 저수시설을 말하며, 이를 개인이 설치한 경우에는 개인소유로, 수리계가 조직되어 수리계가 설치한 경우에는 계원의 총유에 속하거나 계원의 합유에 속하게 될 것인데, 보가 설치된 경우에는 그 보의 소유권과 보수(洑水)공급의무 및 급수료징수권은 일체로 되어 하나의 법률적 지위가 형성되고, 그 일체로 된 권리와 보수(洑水)이용권은 별개의 권리가 된다.

이에 수리시설(水利施設)에 의하여 물을 공급받는 밭을 몽리답이라고 하는데, 몽리답 소유자들이 유지의 저수를 관개에 이용해온 사실이 있다고 해서 그 유지의 부지에 대한 소유권을 시효취득할 수 없으며, 유지의 부지에 대한 소유권과 유지에 대한 유수이용권은 별개의 권리로서, 유지의 부지에 대한 소유권의 양도행위가 없는 한 유지에 대한 유수이용권이 몽리답의 매매에 당연히 따른다고 볼 수는 없을 것이다(대판 1974.6.25. 73다1197).

그리고 공유하천에 보를 설치하여 그 지역의 경작자들이 보로부터 인수하여 답을 경작해온 관행이 있었다면 하천법에 의한 허가를 받지 않았다고 하더라도 그 농지의 소유자는 농지의 관개에 필요한 한도 내에서 관습에 의한 용수권을 취득하여 기득권이 인정된다고 할 것이다(대판 1977.7.12. 76다527). 또한 토지개량조합이 행정관청의 인가를 얻어 하천의 하상을 깊이 파고 시멘트 콘크리트로 새로운 보를 설치함으로써 타인이 종전에 인수사용하던 보가 폐쇄당하고 경작기에는 새로 설치한 보의 물구멍을 열어두어 하천의 물이 조합 호리구역으로만 흘러들어가게 함으로써 제방 밑 모래 사이를 통하여 새어 나오던 물도 종전보다 격감하여 타인들이 관개할 하상이 고갈되게 한 경우에는 특별한 사정이 없는 한 불법행위가 성립하게 될 것이다(대판 1965.7.6. 65다425).

한편 이러한 공유하천용수권으로부터 해수용수권을 인정할 수 있는지 문제된다. 해수용수권이란 해안에서 해수를 인수하여 염전의 조력발전 등의 목적을 위하여 이용하는 권리를 말하는데, 이에 관한 민법상 규정이 없기 때문에 논의되는 문제이다. 해수도 공유하천수와 같이 지표수에 해당되므로 공유하천용수권의 규정(민법 제231조)을 유추적용하는 것이 타당하다고 보며, 판례도 마찬가지이다.[186] 따라서 해수용수권도 그것이 성립된 시기의 선후에

적에 대하여는 확대한 때부터 다시 관계하는 관습으로 말미암아 새로운 전용권을 취득하였다고 보기 이전에는 그 확대한 부분에는 종래의 전용권을 주장할 수 없다고 봄이 상당하다고 할 것이다(대판 1968.1.23. 66다1995).

186) 기존의 염전에 인접하여 그 보다 낮은 지대에 새 염전을 개설하려는 자는 기존염전의 소유자 또는 경영자와의 사이에 약정 등 특별한 사정이 없는 한 기존염전의 염제조를 위한 기득의 해수용수권을

따라 우선권이 정해지게 되는 것이다.

3. 하류연안의 용수권 보호

공유하천용수권은 어느 특정인에게만 인정되는 것이 아니고 연안에서 농·공업에 종사하는 모든 자에게 인정되는 것이므로 공유하천용수권자라고 하여도 타인의 용수를 방해하지 않는 범위 내에서만 필요한 인수를 할 수 있다(제231조 제1항). 문제는 물이 부족한 경우일 것이다. 이러한 경우에는 공유하천용수권자들 사이에 우선권 여부에 따라 물의 사용이 결정된다. 즉 기득권이 있는 공유하천용수권자는 용수권의 범위 내에서 인수(引水)행위를 한 경우에는 정당한 권리의 행사로서 위법성이 있을 수 없고, 그 과정에서 비록 타인의 용수권을 침해하여 손해를 입히게 될 우려가 있다고 하더라도 이를 예방하는 일은 그 타인의 일일 뿐 아니라 설사 그 타인이 손해를 보았다고 하더라도 용수권자에게 손해배상을 청구할 수 없는 것이다(대판 1983.3.8. 80다2658). 또한 공유하천의 상류에서 인수(引水)하는 자가 종전의 관례에서 인정하는 범위를 벗어나지 않는 한도 내에서 공유하천의 유수를 필요한 만큼 인수하여 사용함으로써 하류에 위치한 논의 관개용수에 부족이 생겼다고 하더라도 하류에서 인수한 자의 용수권을 침해하였다고 할 수 없는 것이다. 그런데 기득권 내지 우선권 있는 용수권자라도 용수권의 범위를 벗어나거나 종전의 관례의 범위를 벗어나 용수를 하거나 용수를 위한 공작물의 설치로 인하여 하류연안의 용수권이 방해를 받는 때에는 하류연안의 용수권자는 방해의 제거 및 손해배상을 청구할 수 있고(민법 제232조), 경우에 따라서는 방해의 예방도 청구할 수 있을 것이다(대판 1965.1.12. 64다1167, 1965.11.30. 65다1901).

물론 이와 관련된 다른 관습이 있다면 그 다른 관습이 우선적으로 적용될 것이다(제234조). 따라서 공유하천으로부터 관습상의 용수권을 가지고 있는 자라도 상류에서 양수기 등을 설치하여 용수권의 범위를 벗어나 인수를 하여 하류용수권자의 용수를 방해한 때에는 그 시설의 철거를 청구할 수 있을 것이다(대판 1965.11.30. 65다1901). 또한 토지개량조합이 행정관청의 허가를 얻어 하천에 몽리답에 대한 인수를 위하여 보를 설치하여 조합소유농지에 인수함으로써 타인의 기득의 하천용수권을 침해한 때에는 특별한 사정이 없는 한 불법행위가 성립될 수 있어(대판 1965.7.6. 65다425), 방해배제 내지 방해예방을 청구할 수 있을 것이다.

침해하지 않는 방법으로 새 염전을 설치, 경영해야 하고, 기존염전의 소유자 또는 경영자가 종전의 방법으로 해수를 인수 또는 배수함으로써 새 염전에 침해를 주었다 하더라도 그것이 기존염전의 염제조에 필요한 통상적인 용수권의 행사로서 다년간 관행되어 온 종전의 방법과 범위를 초과하지 않는 것이라면 새 염전의 개설 경영자는 이를 수인할 의무가 있다(대판 1983.3.8. 80다2658).

4. 용수권의 승계

농·공업의 경영에 이용하는 수로 기타 공작물의 소유자나 몽리자의 특별승계인은 용수권과 이에 부수하는 의무 등 전 소유자나 몽리자의 권리의무를 포괄적으로 승계한다(민법 제233조). 이는 상속인 등 일반승계인에게도 당연히 적용될 것이다. 그러나 이와 다른 관습이 있다면 그 다른 관습이 우선적으로 적용될 것이다(제234조). 이러한 용수권의 승계는 공유하천용수권에만 적용되는 것이 아니고 계약 또는 약정에 의하여 설정된 용수권에도 적용된다(대판 1968.3.26. 67다2866·2867).[187]

| 판례 169 | 공유수면에 매립공사를 시행하여 주변이 매립지로 바뀌고 그 중 일부만 원래의 수면형태로 남아 있는 경우 공유수면성의 상실 여부(소극)

【판시사항】

[1] 공유수면에 매립공사를 시행하여 주변이 매립지로 바뀌었지만 그 중 일부가 원래의 수면형태로 남아 있는 경우 그 부분이 공유수면성을 상실하는지 여부(소극)

[2] 낚시터 등 유원지 부분이 매립공사시 설치한 방조제로 인하여 해수의 유입이 차단되고 인수, 배수시설로써 인위적인 인수, 배수가 가능하게끔 시설되어 있어도 공유수면으로서의 성질을 상실한 것으로 볼 수 있는지 여부(소극)

[3] 부관부 행정처분에 있어서의 부관의 적법요건

[4] 공유수면매립면허시 '매립준공 후 수면으로 되는 지역은 준공인가시 매립면적에서 제외한다'는 면허조건에 따라 면허관청이 그 준공인가시 유원지 부분을 국유로 유보한 조치가 위법한지 여부(소극)

【판결요지】

[1] 공유수면이라 함은 하천, 바다, 호수 기타 공공의 용에 사용되는 수류 또는 수면으로서 국가의 소유에 속하는 자연공물을 말하고, 매립이라 함은 공유수면에 토사, 토적 기타 물건을 인위적으로 투입하고 물을 제거하여 육지로 조성하는 행위를 말하는 것이므로, 공유수면에 매립공사를 시행하였으나 그 중 일부가 원래의 수면형태로 남아 있다면 그 부분은 주변이 매립지로 바뀌었다고 하여도 공유수면성을 상실하지 않는다고 할 것이다(대판

---

187) 민법 제233조(용수권의 승계)에 의하면, 농·공업의 경영에 이용하는 수로 기타 공작물의 소유자나 몽리자의 특별승계인은 그 용수에 관한 전 소유자나 몽리자의 권리의무를 승계한다고 규정하고 있고, 그 규정이 공유하천의 용수권에만 적용될 수 있는 것이라고는 볼 수 없다고 할 것인바, 원심이 소외 ○○○과 피고들 사이에 본건 유지로부터 관개용으로 용수할 수 있는 권리를 설정하는 계약이 성립되었음을 인정하면서 1965. 12. 4.자로 본건 유지의 소유권을 취득한 원고에게 대하여 피고들은 용수권을 주장할 수 없다고 판시한 것은 민법 제233조의 법리를 오해하여 판결에 영향을 미쳤다고 할 것이다(대판 1968.3.26. 67다2866·67다2867).

1992.4.28. 91누4300).

[2] 보트장, 낚시터, 저수지 등 유원지 부분이 공유수면매립공사시 설치한 방조제로 인하여 해수의 유입이 차단되고 인수, 배수시설로써 인위적인 인수, 배수가 가능하게끔 시설되어 있어도 그 수면적, 저수상태, 생성과정 등에 비추어 공유수면으로서의 성질을 상실한 것으로 볼 수 없다(대판 1992.4.28. 91누4300).

[3] 부관부 행정처분에 있어서 그 부관의 내용은 적법해야 하고 이행가능해야 하며 비례의 원칙 및 평등의 원칙에 적합하고 행정처분의 본질적 효력을 해하지 않는 한도의 것이어야 한다(대판 1992.4.28. 91누4300).

[4] 공유수면매립면허를 함에 있어 면허조건으로 '매립한 후 수면으로 되는 지역은 준공인가시 매립면적에서 제외한다'고 붙인 사정 등에 비추어 보면 면허관청은 매립면허 당초부터 위 '나'항의 유원지 부분이 매립공사 준공 이후에도 공유수면으로 계속 유지되어 공공의 용에 사용될 것을 전제로 이를 사권설정의 대상에서 제외하였을 뿐 아니라 면허권자도 이를 인식하고 그 전제 하에서 실시계획인가 설계도를 작성하여 매립공사를 진행하여 왔다 할 것이어서 면허관청이 위 면허조건에 따라 그 준공인가시 위 유원지 부분을 국유로 유보한 조치를 위법하다고 할 수 없다(대판 1992.4.28. 91누4300).

| 판례 170 | '만조수위선과 지적공부에 등록된 지역 사이의 토지'가 사실상 매립되어 대지화된 경우에도 '공유수면'에 해당하는지 여부(원칙적 적극)

【판시사항】

[1] 구 공유수면관리법의 적용 대상인 '만조수위선과 지적공부에 등록된 지역 사이의 토지'가 사실상 매립되어 대지화된 경우에도, 위 법상 '공유수면'에 해당하는지 여부(원칙적 적극)

[2] 공유수면을 허가 없이 점·사용하는 행위가 '계속범'인지 여부(적극)

[3] 공유수면 무단 점용으로 인한 구 공유수면관리법 위반죄가 상태범 내지 즉시범에 해당함을 전제로, 피고인의 최초 점용시를 공소시효의 기산점으로 보아 이미 공소시효가 완성되었다고 판단하여 면소를 선고한 원심판결에 법리오해의 위법이 있는지 여부(적극)

【판결요지】

[1] 구 공유수면관리법(2007. 12. 27. 법률 제8819호로 개정되기 전의 것)은 공유수면으로 바다, 하천·호소·구거 기타 공공용으로 사용되는 수면 또는 수류로서 국유인 것 외에 제2조 제1호 (가)목에서 '바닷가'를 열거한 다음, 제2조 제2호에서 "바닷가라 함은 만조수위선으로부터 지적공부에 등록된 지역까지의 사이를 말한다."고 규정하고 있으므로, 위 법의 적용 대상인 만조수위선과 지적공부에 등록된 지역 사이의 토지가 사실상 매립되어 대지화되었다 하더라도 지적공부에 등록되지 않은 이상 여전히 공유수면에 해당한다.

[2] 공유수면인 바닷가를 허가 없이 점·사용하는 행위는 그로 인하여 공유수면의 외부적 형상

이 변경되었는지 여부와 관계없이 그 공유수면을 무단으로 점·사용하는 한 가벌적인 위법 행위가 계속 반복되고 있는 계속범이라고 보아야 한다.

[3] 공유수면 무단 점용으로 인한 구 공유수면관리법(2007. 12. 27. 법률 제8819호로 개정되기 전의 것) 위반죄가 상태범 내지 즉시범에 해당함을 전제로, 피고인의 최초 점용시를 공소시효의 기산점으로 보아 이미 공소시효가 완성되었다고 판단하고, 위 법 위반의 공소사실에 대하여 면소를 선고한 원심판결에 법리오해의 위법이 있다고 할 것이다(대판 2010.9.30. 2008도7678).

| 판례 171 | 공유하천 연안 농지의 경작자들이 공유하천을 농업용수로 이용하고 있던 중 방조제가 축조되어 농업기반시설이 만들어진 경우, '공사관리지역'으로 지정되지 않은 농지의 경작자들이 용수사용을 하는 것에 대하여도 수인의무가 있는지 여부(적극)

【판시사항】

[1] 공유하천 연안 농지의 경작자들이 공유하천을 농업용수로 이용하고 있던 상태에서 공유하천 하류에 방조제 등이 축조되어 농업기반시설이 만들어진 경우, 농업기반시설의 관리자가 위 연안 농지 중 '공사관리지역'으로 지정되지 아니한 농지의 경작자들에 대해서도 용수사용을 수인할 의무가 있는지 여부(적극) 및 위 관리자의 과실로 농업용수의 기능이 상실되어 공사관리지역 외 농지의 경작자들이 손해를 입은 경우, 손해배상책임을 부담하는지 여부(적극)

[3] 공작물의 설치·보존상의 하자와 자연재해의 경합에 의하여 피해를 입은 농·어민이 농어업재해대책법에 따른 재해복구비를 지원받은 경우, 이를 공작물의 점유자 혹은 소유자가 부담해야 할 손해배상액에서 공제할 수 있는지 여부(소극)

【판결요지】

[1] 공유하천인 소포하천 연안 지역 농지의 경작자들이 소포방조제 및 배수갑문이 축조되기 이전부터 이미 소포하천을 농업용수로 이용해 오고 있었다면 위 경작자들은 민법상의 공유하천용수권이나 관습에 의한 용수권 또는 그와 유사한 용수권을 가지고 있었다고 봄이 타당하고, 그러한 상태에서 소포하천 하류에 방조제 등이 축조되어 이 사건 소포호 등 농업기반시설이 만들어졌다면, 이 사건 소포호의 관리자는 당초부터 존재해 오던 위 경작자들의 용수권을 방해할 수 없으므로, 소포호 연안 농지 가운데 '조합구역'으로 지정되지 아니한 농지의 경작자들에 대해서도 소포호로부터의 용수사용을 수인해야 할 의무가 있다고 할 것이고(ㅇㅇ농지개량조합이나 피고가 소포방조제 및 배수갑문 축조 이래 이 사건 염해가 발생한 이후에도 공사관리지역 외 농지 경작자들의 농업용수이용에 이의를 제기하거나 이를 금지한바 없는 점도 이를 뒷받침한다), 따라서 소포호의 관리자인 피고의 잘못으로 위 용수권의 대상이 되는 소포호의 담수가 농업용수로서의 기능이 상실됨으로써 이를 농

업용수로 사용한 공사관리지역 외 농지의 경작자들이 수확량 감소의 손해를 입게 되었다면, 피고는 그 손해를 배상할 책임이 있다고 할 것이다(대판 2009.6.11. 2006다13001).

[2] 구 농어업재해대책법(2001. 4. 7. 법률 제6568호) 제4조 및 관련 법령인 구 농어업재해대책법 시행규칙(2001. 10. 29. 해양수산부령 제1404호) 등에 근거하여 국가 및 지방자치단체의 재원으로 자연재해를 입은 농가 또는 어가에 대하여 지급되는 지원금은 국가 및 지방자치단체가 재해로부터 농·어민을 보호할 책무를 다하기 위하여 제한적 범위 내에서 재해복구비용을 지원하는 것으로서, 급여자의 대위권을 인정하거나 급여의무의 면제규정 등을 두고 있지 않다. 위와 같은 제도의 목적 및 법령의 취지에 비추어 볼 때 위 재해복구비 지원제도는 국가가 농업 및 어업생산에 대한 재해의 사후대책을 강구함으로써 농업 및 어업의 생산력을 증진하고 경영의 안정을 도모한다는 사회보상적 성격의 사회보장제도에 속하는 것으로서 손해를 배상하는 제도와는 그 취지나 목적을 달리하는 것이므로, 공작물의 설치·보존상의 하자와 자연재해의 경합에 의하여 피해를 입은 농·어민이 위 재해복구비를 지원받았다 하더라도 이를 위 공작물의 점유자 혹은 소유자가 부담해야 할 손해배상액에서 공제할 것은 아니다(대판 2005.4.29. 2004다66476, 2009.6.11. 2006다13001).

| 판례 172 | 종전 관례에 따라 공유하천 상류에서 인수하던 자의 인수로 인하여 하류에서 인수하는 자의 관개용수에 부족이 생긴 경우의 용수권 침해 여부(소극)

【판시사항】

공유하천의 상류에서의 인수자와 하류에서의 인수자의 용수권

【판결요지】

공유하천 상류에서 종전 관례에 따라 인수하던 자의 인수로 인하여 그 하류에서 인수하는 자의 관개용수에 부족이 생겼다 하더라도 하류인수자의 용수권을 침해하였다고 할 수 없다(대판 1977.11.8. 77다1064).

| 판례 173 | 관행상 용수권의 성립 여부

【판시사항】

관행에 의한 용수권과 인수범위

【판결요지】

공유하천에 보를 설치하여 그 지역의 경작자들이 위 보로부터 인수하여 답을 경작하여 온 관행이 있었다면 그 농지의 소유자는 농지의 관개에 필요한 한도 내에서 용수권이 있다 할 것이다(대판 1977.7.12. 76다527).

| 판례 174 | 용수권의 승계

【판시사항】

민법 제233조(용수권의 승계)의 법리를 오해한 위법이 있는 실례

【판결요지】

민법 제233조의 규정은 공유하천의 용수권에만 적용되는 것은 아니다. 즉, 원판결 이유에 의하면, 피고들은 원고 소유 본건 유지의 전 소유자인 소외 ○○○에게 1947. 7. 18 본건 유지로부터 피고들 소유농지의 관개용수의 급수료로서 일시에 금 10,000원을 지급하고, 그후 계속 용수하여 왔으므로, 민법 제233조에 의하여 위 ○○○의 일반승계인 뿐 아니라 특별승계인인 원고에게 대하여서도 위 ○○○과의 위 약정에 따른 용수권에 관한 권리의무를 주장할 수 있다고 주장하나, 민법 제233조는 위와 같은 계약에 의하여 설정되는 용수권에 적용될 규정이 아니라고 하여 이를 배척하고 있다. 그러나 민법 제233조에 의하면, 농공업의 경영에 이용하는 수로 기타 공작물의 소유자나 몽리자의 특별승계인은 그 용수에 관한 전 소유자나 몽리자의 권리의무를 승계한다고 규정하고 있고, 그 규정이 공유하천의 용수권에만 적용될 수 있는 것이라고는 볼 수 없다고 할 것인바, 원판결은 위에서 본 피고들 주장의 소외 ○○○과 피고들 사이에 본건 유지로부터 관개용으로 용수 할 수 있는 권리를 설정하는 계약이 성립되었음을 인정하면서 1965. 12. 4 자로 본건 유지의 소유권을 취득한 원고에게 대하여 피고들은 용수권을 주장 할 수 없다고 판시한 것은 민법 제233조의 법리를 오해하여 판결에 영향을 미쳤다 할 것이다(대판 1968.3.26. 67다2866·67다2867 제3부).

| 판례 175 | 공유수면매립면허 공동명의자의 권리의무의 성질

【판시사항】

[1] 공유수면매립면허 공동명의자의 권리의무의 귀속(=합유) 및 합유물에 관한 소송이 보존행위가 아닌 한 필요적 공동소송인지 여부(적극)

[2] 면허관청의 인가를 받지 않은 공유수면매립면허로 인한 권리의무양도약정의 효력 유무(소극)

[3] 공유수면매립면허의 공동명의자 甲이 다른 공동명의자 乙에게 면허로 인한 권리의무를 양도하기로 약정하였으나 이에 관한 인가를 받지 않은 상태에서 효력이 상실된 후, 위 면허의 효력을 공동명의로 소급하여 회복시키는 면허관청의 처분에 대하여 을 혼자서 제기한 그 취소나 무효확인을 청구하는 소의 적부(소극)

【판결요지】

[1] 공유수면매립법에 따라서 수인이 공동명의로 공유수면매립면허를 받은 경우에, 그들이 법 또는 법에 의하여 발하는 명령의 규정에 의하여 가지는 권리의무는 그들의 합유에 속하는

것으로서, 합유물에 관한 소송은 보존행위가 아닌 한 원칙적으로 소송의 목적이 합유자 전원에 대하여 합일적으로 확정되어야 하는 필요적공동소송이다(대판 1991.6.25. 90누5184).

[2] 공유수면매립법 제20조 제1항 및 같은법시행령 제29조 제1항 등 관계법령의 규정내용과 공유수면매립의 성질 등에 비추어 볼 때, 공유수면매립의 면허로 인한 권리의무의 양도·양수에 있어서의 면허관청의 인가는 효력요건으로서, 위 각 규정은 강행규정이라고 할 것인바, 위 면허의 공동명의자 사이의 면허로 인한 권리의무양도약정은 면허관청의 인가를 받지 않은 이상 법률상 아무런 효력도 발생할 수 없다(대판 1991.6.25. 90누5184).

[3] 공유수면매립면허의 공동명의자 갑이 다른 공동명의자 을에게 면허로 인한 권리의무를 양도하기로 약정하였으나 이에 관한 인가를 받지 않은 상태에서 면허의 효력이 상실된 후 면허관청이 공유수면매립면허의 효력을 공동명의로 소급하여 회복시키는 처분을 하자 을 혼자서 위 처분의 취소나 무효확인을 청구하는 소송을 제기한 경우, 위 양도약정은 법률상 효력이 없어 위 면허는 갑, 을의 합유에 속하는 것이고 그에 관한 권리에 대한 위의 제소는 보존행위라고는 볼 수 없으므로 위 소는 당사자적격에 흠결이 있는 부적법한 것이다(대판 1991.6.25. 90누5184).

12

공용수에 대한 상린자의 용수권

1. 의 의

공용수란 원천(源泉)으로부터 용출하는 물 또는 수도(水道)로부터 유출되는 물을 말하며, 이들 물을 사용할 수 있는 권리를 공용수의 용수권 내지 원천·수도용수권 또는 지하수용수권이라고 한다(민법 제235조). 원천이나 수도는 지하 또는 수도관을 통하여 광범위한 지역에 걸쳐 연결되어 있는 관계로 원천·수도 소재지의 토지소유자에게 독점적·배타적 이용을 허용하게 되면 다른 토지소유자나 물의 이용자 등 상린자에게 영향을 주지 않을 수 없게 되므로 공용수로 한 것이다. 이러한 원천 또는 수도와 같은 공용수의 이용관계에 대한 규정은 일종의 상린관계를 규정한 것이라고 할 수 있을 것이다.[188)]

여기에서 원천(原川)이란 자연히 또는 인공적인 작업으로 지하수가 용출하는 샘이나 우물을 말하고, 수도란 관을 통하여 물을 인도하는 시설 중 공공단체가 설치·운영하는 공영수도를 제외한 것을 말한다. 다만 온천물은 여기의 공용수에 해당되지 않는다(대판 1972.8.29. 72다1243).[189)]

2. 내 용

지하수나 수돗물이 풍부한 경우에는 용수권의 문제를 다룰 실익은 없을 것이다, 문제는

---

188) 원천·수도용수권의 성질에 관하여는 ① 토지소유권과는 별개의 독립된 권리라는 독립물권설로서 일종의 인역권(人役權)에 해당된다는 견해, ② 원천지·수도의 소유자에게는 소유권의 한 권능으로서의 용수권의 성격이 있고 상린자 및 격지자의 용수권에 관하여는 원천지·수도의 소유자에게 편익을 공여할 부담을 지는 일종의 인역권(人役權)에 해당된다는 2분설, ③ 원천·수도용수권의 독립된 물권성을 부인하고 상린관계의 한 범주로 파악하는 견해(지원림, 제14판 민법강의, 543p) 등이 있으나, 부족한 지하수나 수돗물에 대한 이웃간의 물의 분배의 문제와 관련되는 것이라고 보이므로 적어도 지하수 부분에 관하여는 일종의 상린관계로 파악하는 것이 타당하다고 본다.

189) 원고는 부산시 동래구 온천동 일대의 지하에서 용출하는 온천(세칭 '동래온천')은 원고가 물권의 일종인 관습상전용권을 갖고 있는 온천이었다는 사실을 전제로 하여 위 동래온천 소재의 각자 소유대지를 굴착하며 온천양탕설비를 하고 있는 피고들 각자에 대하여 그 설비의 제거 등을 소구하고 있음이 뚜렷한바, 온천에 관한 권리를 관습상의 물권 내지 준물권이었다고 할 수 없고, 또 원천을 굴착함으로써 지하에서 용출되는 온천수는 민법 제235조나 제236조에서 말하는 공용수 또는 생활상 필요한 용수에 해당되는 것이라고도 볼 수 없다는 것이 당원의 판례이다(대판 1970.5.26 69다1239, 1972.8.29. 72다1243).

지하수나 수돗물의 양이 부족해서 이를 이용하려는 모든 사람들에게 충분하지 않을 때 문제가 생기는 것이다. 지하수의 사용문제는 주로 우물을 파서 이용하는 경우와 같이 인공적으로 지하수를 용출시켜 다른 토지소유자의 지하수 이용에 지장을 주는 경우에 발생하는 것으로서, 자연히 용출하는 물은 그 용출지의 소유자가 독점적으로 사용할 수 있는 것이어서 용수권의 문제는 발생하지 않을 것이다. 다만 자연적으로 용출한 지하수라도 오랫동안 타인의 토지로 흘러들어가서 상린자가 관습법상의 용수권을 취득한 경우에는 자연적인 용출수에 대하여도 용수권의 문제가 생기게 될 것이다.

공용수 중 지하수는 주로 인접지 소유자간에 문제가 생기는 경우가 많을 것이지만 수도는 관을 통해서 원거리라고 물을 이용할 수 있는 것이므로 격지자간에도 문제가 생길 수 있는데, 둘 다 물이 부족함에도 원천지의 소유자가 인공적으로 우물을 파거나 자연적 용출수를 그 수요의 범위를 초과해서 사용함으로써 상린자의 용수권을 침해하거나 수도소유자 또는 상류의 수도이용자가 자신의 수요의 범위를 초과하여 수돗물을 사용함으로써 하류의 수도이용자가 용수권을 침해받을 때 문제가 생길 수 있다. 원천·수도용수권과 관련된 용수권의 문제는 상린자 또는 격지자들이 장기간 계속된 용수관행에 의하여 그 용수권이 생기는 경우가 있고, 원천·수도소재지의 토지소유자나 종래의 원천·수도용수권자와의 계약에 의하여 성립하기도 한다.

원천 또는 수도와 같은 공용수의 용수권자는 각자의 수요의 정도에 따라 타인의 용수를 방해하지 않는 범위 내에서 용수해야 하며, 일시에 대량의 물을 사용하거나 기타의 방법으로 다른 사람의 용수권을 방해해서는 안되고, 항상 타인의 용수에 관한 이익을 고려하여 조화되는 범위 내에서 용수를 해야 하는 것이다. 그리고 원천·수도에 대한 상린자의 용수권의 내용 속에는 원천·수도의 소재지에 출입하여 토지를 사용할 권한까지 포함된다고 할 수 있을 것이지만, 그렇다고 해서 그 토지에 대한 점유사용권까지 인정되는 것은 아니라고 보아야 한다(대판 1967.5.16. 67다435).[190)]

한편 토지소유자가 과다한 비용이나 노력을 들이지 않고는 가용이나 토지이용에 필요한 물을 얻을 수 없음으로 인하여 이웃토지의 원천수도에 대한 사용을 청구하는 권리는

---

190) 본건 우물이 소재한 계쟁대지 5평의 토지가 원고 소유 토지에 포함되어 있어 본건 우물은 원고의 소유임을 인정할 수 있는데, 비록 피고가 가정용수로 그 우물을 사용한 사실이 있다고 하더라도 당사자 사이에 지역권 설정행위 없이 용수지역권이 성립될 여지가 없을 것이고, 본건 우물이 민법 제235조(공용수의 용수권)에서 말하는 상린자의 공용에 속하는 원천이라 하여도 동조는 상린자의 용수권을 규정하였을 뿐이요, 원천 기지와 그 위요 토지의 점유사용권을 용수권자에게 인정한 취지는 아니므로 피고의 지역권의 주장 내지 공동 원천기지의 주장을 전제로 하는 항변은 받아들일 수 없다고 할 것이다(대판 1967.5.16. 67다435).

공용수의 용수권(제235조)의 문제가 아니라 급수급여청구권(민법 제228조)의 문제로 해결해야 할 것이다.

3. 원천·수도용수권 침해시의 손해배상과 원상회복청구권

상린자의 원천수도용수권이 침해된 때에는 상린자는 그에 대한 원상회복과 손해배상을 청구할 수 있다(민법 제236조). 즉, 필요한 용도나 수익이 있는 원천이나 수도가 타인의 건축 기타 공사로 인하여 단수, 감수(減水) 기타 용도에 장해가 생긴 때에는 원천·수도용수권자는 손해배상을 청구할 수 있고, 그러한 공사로 인하여 음료수 기타 생활상 필요한 용수에 장해가 있을 때에는 원상회복을 청구할 수 있다(민법 제236조 제1항, 제2항). 이는 원천이나 수도의 용도에 따라 그것이 음료수나 생활상 필요한 용수를 위한 용도인 경우에는 손해배상과 아울러 원상회복까지 청구할 수 있도록 하되, 그밖의 용도인 경우에는 손해배상만 청구할 수 있을 뿐 원상회복청구는 불가하도록 한 것이다.

따라서 음료수나 생활상 필요한 용도를 위한 우물이 타인이 새로 판 우물 때문에 물의 사용이 지장을 받는 때에는 그 용수권자는 새로 판 우물을 메꾸도록 청구할 수 있고, 그로 인하여 손해를 입은 때에는 손해배상도 청구할 수 있는 것이다(대판 1998.4.28. 97다48913).[191] 이때 토지소유자가 지하수 개발에 대하여 관할 행정청으로부터 허가를 받았다는 사유만으로는 생활방해가 정당화된다고 할 수 없다(대판 1982.10.26. 80다1034).

---

191) 토지의 소유권은 정당한 이익이 있는 범위 내에서 토지의 상하에 미치므로 토지 소유자는 법률의 제한 범위 내에서 그 소유 토지의 지표면 아래에 있는 지하수를 개발하여 이용할 수 있다 할 것이나, 소유권 방해제거·예방청구권에 관한 민법 제214조의 규정과 용수장해로 인한 용수권자의 손해배상청구권 및 원상회복청구권에 관한 민법 제236조의 규정을 종합하여 보면, 어느 토지 소유자가 새로이 지하수 개발공사를 시행하여 설치한 취수공 등을 통하여 지하수를 취수함으로 말미암아 그 이전부터 인근 토지 내의 원천에서 나오는 지하수를 이용하고 있는 인근 토지 소유자의 음료수 기타 생활상 필요한 용수에 장해가 생기거나 그 장해의 염려가 있는 때에는, 생활용수 방해를 정당화하는 사유가 없는 한 인근 토지 소유자는 그 생활용수 방해의 제거(원상회복)나 예방을 청구할 수 있다. 그리고 토지소유자의 새로운 원천의 개발 및 지하수 이용으로 인하여 기존의 원천에서 나오는 지하수를 이용하고 있던 인근 토지 소유자의 생활용수에 장해가 생긴다면, 그와 같은 생활방해가 사회통념상 일반적으로 수인할 정도를 넘어서지 않는다고 볼 만한 특별한 사정이 없는 한 그 생활방해는 위법하다고 할 것이고, 토지 소유자가 지하수 개발에 대하여 관할 행정청으로부터 먹는물관리법에 의한 허가를 받았다는 사유만으로는 생활방해가 정당화된다고 할 수 없다. 또한 지하수 개발공사 자체만으로는 인근 토지 소유자의 생활용수에 장해가 생기지 않는다고 하더라도, 인근 토지 소유자는 지하수의 대량취수에 의한 생활방해의 예방을 위하여 필요한 한도 내에서 대량취수를 위한 지하수 개발공사의 중지를 구할 수 있다(대판 1998.4.28. 97다48913).

4. 공용수의 공동행사

우물이나 수돗물을 마을주민들이 공동으로 이용하고 있는 경우 공용수의 용수권은 마을주민들의 준총유에 속한다고 할 것이다. 따라서 이러한 마을주민들의 공용수의 용수권에 관한 규율은 민법상 총유에 관한 규정(민법 제275조~제278조)이 준용될 것이다.

| 판례 176 | 용수권자의 원천기지와 그 위요토지에 대한 점유사용권 여부(소극)

【판시사항】

민법 제235조(공용수의 용수권)의 용수권자의 원천기지와 그 위요토지에 대한 점유사용권(소극)

【판결요지】

민법 제235조(공용수의 용수권)는 상린자의 용수권을 규정하였을 뿐이요 원천기지와 그 위요토지의 점유사용권을 용수권자에게 인정한 취지가 아니다. 즉, 원판결은 피고가 주장하는 본건 우물은 물론 피고가 점유하는 본건 계쟁대지 5평의 토지가 원고 소유토지에 포함되어 있는 사실을 적법히 인정하는 바이므로 본건 우물은 원고 소유임을 인정한 취지이며, 비록 피고가 그 주장과 같이 가정용수로 그 우물을 사용한 사실이 있다 하더라도 당사자 사이에 지역권 설정행위 없이 용수지역권이 성립될 여지가 없을 것이고, 본건 우물이 민법 제235조에서 말하는 상린자의 공용에 속하는 원천이라 하여도 동조는 상린자의 용수권을 규정하였을 뿐이요, 원천기지와 그 위요토지의 점유사용권을 용수권자에게 인정한 취지가 아니므로 원심이 피고의 지역권의 주장 내지 공동 원천기지의 주장을 전제로 하는 항변을 배척하였음은 정당하다고 할 것이다(대판 1967.5.16. 67다435).

| 판례 177 | 기득의 용수권의 범위 내에서의 인수행위의 정당성 여부

【판시사항】

[1] 인접한 신·구 염전의 해수용수권의 내용

[2] 공유수면관리법 제4조 제1항 제4호 소정의 관할관청 허가와 기득의 용수권 행사

[3] 기득 용수권의 범위 내의 인수로 인한 손해와 그 배상청구의 당부

【판결요지】

[1] 기존의 염전에 인접하여 그 보다 낮은 지대에 새 염전을 개설하려는 자는 기존염전의 소유자 또는 경영자와의 사이에 약정 등 특별한 사정이 없는 한 기존염전의 염제조를 위한 기득의 해수용수권을 침해하지 않는 방법으로 새 염전을 설치, 경영해야 하고, 기존염전의 소유자 또는 경영자가 종전의 방법으로 해수를 인수 또는 배수함으로써 새 염전에 침해를

주었다 하더라도 그것이 기존염전의 염제조에 필요한 통상적인 용수권의 행사로서 다년간 관행되어 온 종전의 방법과 범위를 초과하지 않는 것이라면 새 염전의 개설 경영자는 이를 수인할 의무가 있다(대판 1983.3.8. 80다2658).

[2] 공유수면에서의 인수 또는 주수에는 관할관청의 허가가 있어야 하지만 그것이 피고들의 기득의 용수권 행사를 수인할 위치에 있는 원고로서 국유의 갑문과 구거를 사용하여 인수하는 피고들의 행위를 금지할 권원이 될 수는 없다(대판 1983.3.8. 80다2658).

[3] 기득의 용수권의 범위내의 인수행위는 정당한 권리의 행사로서 위법성이 있을 수 없고, 그 과정에서 비록 타인이 손해를 받게 될 우려가 있다 하더라도 이를 예방하는 일은 그 타인의 일일뿐 아니라 설사 그 타인이 손해를 보았다 하더라도 용수권자에게 그 손해의 배상을 구할 수 없다(대판 1983.3.8. 80다2658).

| 판례 178 | 용수권을 시효로 취득할 수 있는지 여부(소극)

【판시사항】

용수권의 시효에 인한 취득 여부

【판결요지】

가사 장구한 시간 동안 평온, 공연하게 지소로부터 관개용의 물을 대어 써 왔다 할지라도 이 지소가 사유지에 속하여 있는 이상 그러한 사실만으로서는 곧 위의 지소의 물을 사용할 수 있는 용수권(지역권)을 법률상 취득한다고는 볼 수 없고 또 그러한 한국의 관습법도 없다(대판 1967.5.30. 66다1382).

| 판례 179 | 용수권자의 원천기지 및 그 위요토지에 대한 점유사용권 여부(소극)

【판시사항】

민법 제235조의 용수권자의 원천기지와 그 위요토지에 대한 점유사용권

【판결요지】

본조는 상린자의 용수권을 규정하였을 뿐이요 원천기지와 그 위요토지의 점유사용권을 용수권자에게 인정한 취지가 아니다(대판 1967.5.16. 67다435).

| 판례 180 | 용수권과 용수지역권의 관계

【판시사항】

용수권과 용익물권으로서의 용수지역권

【판결요지】

원고들이 인접 유지를 20년간 평온 공연 계속 표현되게 점용관리 하면서 간척답들을 위하여 무상으로 배수를 받아 온 것을 이유로 용수지역권 설정등기절차를 구하는 경우에 원고의 주장이 자기 농경지의 배수를 받아온 인접유지의 물자체를 사용할 권리로서의 용수권인지 또는 용익물권으로서 용수지역권인지를 가려 심리판단해야 할 것인바 원심은 막연히 유지의 물 자체를 사용할 권리를 지역권으로 주장할 수 없다고 판단하였음은 판단유탈 내지 심리 미진의 위법이 있다 할 것이다(대판 1977.5.24. 74다383).

| 판례 181 |

【판시사항】

관행에 의한 용수권과 인수범위

【판결요지】

공유하천에 보를 설치하여 그 지역의 경작자들이 위 보로부터 인수하여 답을 경작하여 온 관행이 있었다면 그 농지의 소유자는 농지의 관개에 필요한 한도 내에서 용수권이 있다 할 것이다 (대판 1977.7.12. 76다527).

| 판례 182 | 관행에 의한 용수권의 인수 범위

【판시사항】

[1] 새로운 지하수 개발 및 취수로 인하여 인근 토지 소유자의 기존 생활용수에 장해가 생기거나 장해의 염려가 있는 경우, 인근 토지 소유자의 생활용수 방해제거 및 예방청구권의 유무(적극)

[2] 새로운 지하수 개발에 대하여 행정청으로부터 허가를 받았다는 사유만으로 인근 토지 소유자에 대한 생활용수방해가 정당화되는지 여부(소극)

[3] 지하수의 대량취수에 의한 생활용수방해의 예방을 위하여 필요한 한도 내에서 지하수 개발공사의 중지를 청구할 수 있는지 여부(적극)

【판결요지】

[1] 토지의 소유권은 정당한 이익이 있는 범위 내에서 토지의 상하에 미치므로 토지 소유자는 법률의 제한 범위 내에서 그 소유 토지의 지표면 아래에 있는 지하수를 개발하여 이용할 수 있다 할 것이나, 소유권 방해제거·예방청구권에 관한 민법 제214조의 규정과 용수장해로 인한 용수권자의 손해배상청구권 및 원상회복청구권에 관한 민법 제236조의 규정을

종합하여 보면, 어느 토지 소유자가 새로이 지하수 개발공사를 시행하여 설치한 취수공 등을 통하여 지하수를 취수함으로 말미암아 그 이전부터 인근 토지 내의 원천에서 나오는 지하수를 이용하고 있는 인근 토지 소유자의 음료수 기타 생활상 필요한 용수에 장해가 생기거나 그 장해의 염려가 있는 때에는, 생활용수 방해를 정당화하는 사유가 없는 한 인근 토지 소유자는 그 생활용수 방해의 제거(원상회복)나 예방을 청구할 수 있다(대판 1998.4.28. 97다48913).

[2] 토지 소유자의 새로운 원천의 개발 및 지하수 이용으로 인하여 기존의 원천에서 나오는 지하수를 이용하고 있던 인근 토지 소유자의 생활용수에 장해가 생긴다면, 그와 같은 생활방해가 사회통념상 일반적으로 수인할 정도를 넘어서지 않는다고 볼 만한 특별한 사정이 없는 한 그 생활방해는 위법하다고 할 것이고, 토지 소유자가 지하수 개발에 대하여 관할 행정청으로부터 먹는물관리법에 의한 허가를 받았다는 사유만으로는 생활방해가 정당화된다고 할 수 없다(대판 1998.4.28. 97다48913).

[3] 지하수 개발공사 자체만으로는 인근 토지 소유자의 생활용수에 장해가 생기지 않는다고 하더라도, 인근 토지 소유자는 지하수의 대량취수에 의한 생활방해의 예방을 위하여 필요한 한도 내에서 대량취수를 위한 지하수 개발공사의 중지를 구할 수 있다(대판 1998.4.28. 97다48913).

| 판례 183 | 온천수가 공용수에 해당하는 지 여부(소극)

【판시사항】

온천에 관한 권리가 관습상의 물권이나 준물권에 해당하여 온천수가 공용수 또는 생활상 필요한 용수에 해당하는지 여부(소극)

【판결요지】

온천에 관한 권리는 관습상의 물권이나 준물권이라 할 수 없고 온천수는 공용수 또는 생활상 필요한 용수에 해당되지 않는다(대판 1972.8.29. 72다1243). 본건에서 원고는 부산시 동래구 온천동 일대의 지하에서 용출하는 온천(세칭 '동래온천')은 원고가 물권의 일종인 관습상전용권을 갖고 있는 온천이었다는 사실을 전제로 하여 위 온천동내 소재의 각자 소유대지를 굴착하며 온천양탕설비를 하고 있는 피고들 각자에 대하여 그 설비의 제거 등을 소구하고 있음이 뚜렷한바, 온천에 관한 권리를 관습상의 물권내지 준물권이었다고 할 수 없고, 또 원천을 굴착함으로써 지하에서 용출되는 온천수는 민법 제235조나 제236조에서 말하는 공용수 또는 생활상 필요한 용수에 해당되는 것이라고도 볼 수 없다는 것이 판례(대판 1970.5.26 69다1239)이니만큼 원고의 본건 온천에 대한 관습상 전용권의 주장을 배척한 조치는 정당하였다고 할 것이다(대판 1972.8.29. 72다1243).

제8장 그밖의 상린관계

01

경계표와 담의 설치

1. 의 의

가. 경계표·담의 의미

경계표나 담은 토지와 토지 사이의 경계를 표시하는 물건을 말하며, 그 재질은 사회통념에 따라 통상적인 것으로 한다. 돌담, 수목, 도랑, 연못 등도 경계표에 해당될 수 있다. 경계표나 담은 경계를 명확히 하여 토지소유권 등의 권리가 미치는 범위를 명확히 하고 분쟁의 발생을 미연에 방지하기 위한 것이지만, 경계표나 담이 설치되었다고 해서 그 경계선대로 경계가 확정되는 것은 아니며, 경계에 관한 다툼이 있는 경우에는 당사자간의 협의나 경계확인의 소에 의하여 확정해야 할 것이다.

즉 경계표나 담의 설치는 권리추정적 증거로서의 기능은 있으나 권리설정적 효력은 없는 것이다. 경계에 관한 착오는 동기의 착오이나 그 착오가 상대방의 강력한 주장에 기인한 착오로서 이에 기하여 그동안 상대방의 토지를 더 사용한 것에 대한 보상금의 지급을 약정한 경우라면 이는 법률행위의 중요부분에 관한 착오에 해당되는 것으로서 그 약정을 취소할 수 있을 것이다(대판 1997.8.26. 97다6063).[192)]

192) 경계를 침범하였다는 상대방의 강력한 주장에 의하여 착오로 그간의 경계 침범에 대한 보상금 내지 위로금 명목으로 금원을 지급한 경우, 진정한 경계에 관한 착오는 위의 금원 지급 약정을 하게 된 동기의 착오이지만 그와 같은 동기의 착오는 상대방의 강력한 주장에 의하여 생긴 것으로서 표의자가 그 동기를 의사표시의 내용으로 표시하였다고 보아야 하고, 또한 표의자로서는 그와 같은 착오가 없었더라면 그 의사표시를 하지 않았으리라고 생각될 정도로 중요한 것이고 보통 일반인도 표의자의 처지에 섰더라면 그러한 의사표시를 하지 않았으리라고 생각될 정도로 중요한 것이라고 볼 수 있으므로, 위 금원 지급 의사표시는 그 내용의 중요 부분에 착오가 있는 것이 되어 이를 취소할 수 있다고 볼 것이다(대판 1997.8.26. 97다6063).

나. 경계확정의 방법

토지는 인위적으로 구획된 일정범위의 지면에 사회관념상 정당한 이익이 있는 범위 내에서 상하를 포함하는 것으로서, 토지의 갯수는 지적법에 의한 지적공부상의 필수, 분계선에 의하여 결정되는 것이고, 어떤 토지가 지적공부상 1필지의 토지로 등록되면 그 지적공부상의 경계가 현실의 경계와 다르다 하더라도 다른 특별한 사정이 없는 한 그 경계는 지적공부상의 등록, 즉 지적도상의 경계에 의하여 특정되는 것이므로 이러한 의미에서 토지의 경계는 공적으로 설정 인증된 것이고, 단순히 사적관계에 있어서의 소유권의 한계선과는 그 본질을 달리하는 것으로서, 경계확정소송의 대상이 되는 경계란 공적으로 설정 인증된 지번과 지번과의 경계선을 가리키는 것이고, 사적인 소유권의 경계선을 가리키는 것은 아니다(대판 1997.7.8. 96다36517).

그리고 서로 인접한 토지의 경계선에 관하여 다툼이 있어서 토지 경계확정의 소가 제기되면 법원은 당사자 쌍방이 주장하는 경계선에 구속되지 않고 스스로 진실하다고 인정되는 바에 따라 경계를 확정해야 하고, 소송 도중에 당사자 쌍방이 경계에 관하여 합의를 도출해 냈다고 하더라도 원고가 그 소를 취하하지 않고 법원의 판결에 의하여 경계를 확정할 의사를 유지하고 있는 한, 법원은 그 합의에 구속되지 않고 진실한 경계를 확정해야 하는 것이므로, 소송 도중 진실한 경계에 관하여 당사자의 주장이 일치하게 되었다고 해서 경계확정의 소가 권리보호의 이익이 없어 부적법하다고 할 수 없을 것이다(대판 1996.4.23. 95다54761).

즉 토지경계확정의 소에서 특별한 사정이 없는 한 원고가 주장하는 경계가 인정되지 않더라도 원고 청구의 전부 또는 일부를 기각해서는 안되고, 어떤 형식으로든 법원 스스로 진실하다고 인정되는 판단에 따라 경계를 확정해주어야 한다(대판 2021.8.19. 2018다207830).

2. 경계표·담의 설치방법

인접하여 토지를 소유한 자는 통상의 경계표나 담을 설치할 수 있다(민법 제237조 제1항). 경계표나 담은 상린자 간에 그 설치에 관한 합의 외에 높이나 재료에 관하여 다른 협의가 없었다면 통상적인 높이와 통상적인 재료를 사용하여 설치하는 것이 원칙이다.

경계표나 담의 설치는 권리추정적 증거로서의 기능만 할 뿐 권리설정적 효력은 없을 것이지만, 이웃 간의 경계를 확정하는 의미도 있고 사적 공간의 이용 범위를 확정하기 위하여도 필요할 수 있다. 경계표나 담을 신규로 설치할 때에는 먼저 지적도에 따른 측량을 실시하여 경계를 확인한 후 이웃 당사자간의 협의에 따라 공동으로 설치해야 할 것이로되, 상대방이 설치청구에 응하지 않는 때에는 그 협력을 소구하여 설치해야 한다. 판례도 마찬가지로서 토지의 경계에 경계표나 담이 설치되어 있지 않다면 특별한 사정이 없는 한 어느 한쪽 토지의 소유자는 인접한 토지의 소유자에 대하여 공동비용으로 통상의 경계표나 담을 설치하는 데에 협력할 것을 요구할 수 있고, 인접토지소유자는 그에 협력할 의무가 있다고 보아야 하므로, 한쪽 토지소유자의 요구에 대하여 인접 토지소유자가 응하지 않는 경우에는 한쪽 토지소유자는 민사소송으로 인접 토지소유자에 대하여 그 협력의무의 이행을 구할 수 있으며, 법원은 해당 토지들의 이용 상황, 그 소재지역의 일반적인 관행, 설치비용 등을 고려하여 새로 설치할 경계표나 담장의 위치,[193] 재질, 모양, 크기 등 필요한 사항을 심리하여 인접 토지소유자에 대하여 협력의무의 이행을 명할 수 있다고 판시하고 있다(대판 1997.8.26. 97다6063).

따라서 상대방이 협력하지 않는다고 해서 단독으로 설치한 후 그 비용을 분담하라고 청구하는 것은 받아들여지지 않을 수 있다. 이러한 경우에는 결국 설치자가 단독으로 비용을 부담하게 되는 결과가 될 수 있다.[194] 경계표나 담의 설치가 그다지 긴급성을 요하는 것은 아니기 때문이다.

3. 경계표·담의 설치비용

경계표나 담은 양 토지의 중간에 설치하고 공통의 이익을 가져오는 것이므로 설치비용이나 보존비용은 상린한 토지소유자 쌍방이 절반씩 부담해야 한다(민법 제237조 제2항 전단). 이는 쌍방 토지의 면적과 무관하다. 그러나 이와 같이 상린자 쌍방간에 절반씩 부담하는 원칙은 상린자 상호간에 협의가 이루어졌거나 경계표나 담을 설치하려는 자가 먼저 상대방과 협의를 거친 경우에 한하는 것이며, 이러한 협의절차 없이 단독으로 경계표나 담을 설치한 때에는 그 비용은 설치자가 부담해야 할 것이다. 만약 협의하는 과정에서 상대방이 협력해주지 않는 경우에는 결국 경계표·담의 설치에 대한 협력을 소구하여 법원의 결정에 따라 설치해야만 그 분담을 청구할 수 있는 것이다.

그런데 경계표나 담을 설치하기 위한 전제로서 경계를 명확히 할 필요가 있어 현황측량 내지 경계측량을 실시해야 하는 경우가 있다. 이러한 경우에 있어서의 측량비용은 민법(이하 '조문만 표시')상 쌍방 토지의 면적에 비례하여 부담하게 된다(민법 제237조 제2항 후단). 다만 경계선의 현황을 확인하기 위한 것이 아니고 경계선 자체에 관하여 다툼이 있는 경우에는

193) 담장의 위치는 특별한 사정이 없는 한 원칙적으로 새로 설치할 경계표나 담장의 중심 또는 중심선이 양 토지의 경계선상에 위치하도록 해야 할 것이다(대판 1997.8.26. 97다6063).

194) 한국사법행정학회, 2011 주석 민법(물권 1), 657p.

측량의 문제가 아니라 경계확인의 소에 의하여 해결해야 할 것이다. 물론 경계표나 담의 설치비용 또는 측량비용에 관하여 다른 관습이 있는 때에는 그 다른 관습이 가장 우선적으로 적용될 것이다(제237조 제3항).

4. 경계표·담 등의 소유권

가. 원칙적으로 공유추정

경계에 설치된 경계표나 담, 구거(도랑), 나무 등은, 당사자 사이의 계약이나 약정 등이 없는 한, 상린자의 공유로 추정한다(제239조 본문). 경계표 등은 상린자 상호간의 이익을 위한 것이고, 대부분 공동으로 설치했을 것이며, 설치 후 장기간의 경과로 그 소유관계도 불분명하기 때문에 일단 상린자의 공유로 추정한 것으로 보인다(대판 1979.3.27. 78다2529).[195] 따라서 경계표 등을 처분함에는 공유자 전원의 동의가 필요할 것이로되(제264조), 보존이나 수선행위는 각자 단독으로 할 수 있을 것이다(제265조 단서). 다만 공유로 추정한다고 하더라도, 특별한 경우가 아닌 한, 경계표 등의 분할청구는 그 성질상 불가하다고 보인다(민법 제268조 제3항).

나. 예외적으로 단독소유 인정

경계표, 담, 구거 등이 상린자 일방의 단독비용으로 설치된 경우에는 그 설치자의 단독소유로 된다(민법 제239조 단서). 또한 담이 건물의 일부인 경우에는 그 담은 건물소유자의 소유로 될 것이다(민법 제239조 단서).

5. 통상보다 특수한 담을 설치하려는 특수시설권

담은 통상적인 높이와 통상적인 재료를 사용하여 설치하는 것이 원칙이다. 그런데 경우에 따라서는 담의 높이도 통상적인 경우보다 높이고 재료도 통상적인 재료보다 고급스런 재료를 사용하여 설치하고 싶을 때가 있을 것이다. 이와 같이 특수한 담을 설치하고자 하는 인지소유자는 자신이 비용을 들여 담의 재료를 통상보다 양호한 것으로 할 수 있고, 그 높이를 통상보다 높게 할 수 있으며, 방화벽 기타 특수시설을 할 수 있다(민법 제238조). 이를

---

195) 토지경계선상에 성장하는 나무의 벌목과 소유권의 침해와 관련하여 원·피고 소유 토지의 경계선상에 그 중심부를 두고 성장하는 나무는 특단의 사정이 없는 원·피고간 동일한 비율로 공유하는 것이라고 봄이 상당하고, 피고가 함부로 이를 벌목하였다면 원고의 위 나무에 대한 2분지 1의 소유권을 침해하였다고 할 것이다(대판 1979.3.27. 78다2529).

담의 특수시설권이라고 한다.

특수시설의 비용부담은 설치할 때뿐만 아니라 보존이나 수선비용에 있어서도 마찬가지로 시설자가 부담해야 할 것이다. 특수시설의 담은 시설자가 단독으로 비용을 부담한 것이므로 그 담의 소유권은 원칙적으로 시설자의 단독소유로 된다고 본다.[196] 다만 담의 높이만 통상보다 높인 경우에는 통상적인 높이 부분까지는 상린자의 공동소유에 속한다고 볼 것이고, 통상적인 높이 부분을 초과한 부분에 대해서만 시설자의 단독소유로 보는 것이 타당할 것이다.

물론 특수시설의 담이 파손되거나 오래되어 낡아서 새로 보통의 담으로 바꾸고자 할 때에는 일반 원칙에 따라 상린자가 공동으로 설치비용 및 보존비용을 부담해야 할 것이다. 담의 특수시설권은 시설자의 단독 비용으로 설치하는 것이므로 이웃토지소유자의 승낙을 요하지 않을 것이지만, 담의 높이를 지나치게 높게 하여 이웃토지소유자에게 일조나 조망 또는 통풍 등에 있어 피해를 주고 그것이 수인한도를 초과하는 경우에는 이웃토지소유자로서는 시설자에 대하여 방해배제 등의 청구를 할 수 있을 것이다.

6. 경계표·담의 변경·제거방법

기존의 경계표나 담장에 대하여 어느 쪽 토지소유자도 일방적으로 처분할 권한을 가지고 있지 않다면 한쪽 토지소유자가 인접 토지소유자의 동의 없이 기존의 경계표나 담장을 제거하는 것은 허용되지 않고, 한쪽 토지소유자의 의사만으로 새로운 경계표나 담장을 설치하도록 강제할 수는 없으나, 기존의 경계표나 담장에 대하여 한쪽 토지소유자가 처분권한을 가지고 있으면서 기존의 경계표나 담장을 제거할 의사를 분명하게 나타내고 있는 경우라면 한쪽 토지소유자는 인접토지소유자에 대하여 새로운 경계표나 담장의 설치에 협력할 것을 소구할 수 있을 것이다(대판 1997.8.26. 97다6063).

❐ 경계 관련 핵심 판례 및 사례

| 판례 184 | 경계확정의 소의 판결의 기판력이 토지소유권의 범위에 관하여도 미치는지 여부(적극)

【판시사항】

경계확정의 소의 판결은 경계선을 확정시키는 외에 토지소유권의 범위에 관하여도 기판력이 미치는지 여부(적극)

196) 한국사법행정학회, 2011 주석 민법(물권 1), 658p.

【판결요지】

종전의 판결이 단순히 상린된 토지의 경계를 형성하여 달라는 것이 아니고 소유권에 기하여 상린지간의 경계의 확정을 형성하여 달라고 함과 동시에 그 경계선 내의 토지소유권의 범위를 확정하여 달라는 소송이었다면 그 종전의 확정판결의 기판력은 소유권의 범위에까지 미친다고 할 것이다(대판 1970.6.30. 70다579).

| 판례 185 | 상린관계에 있는 토지소유자 일방의 경계표 또는 담장 설치 요구에 인접 토지소유자가 응하지 않는 경우에 협력 의무의 이행을 소구할 수 있는지 여부(적극)

【판시사항】

[1] 상린관계에 있는 토지소유자 일방의 경계표 또는 담장 설치 요구에 인접 토지소유자가 응하지 않는 경우, 그 협력 의무의 이행을 소구할 수 있는지 여부(적극) 및 이 때 법원이 명할 협력 의무의 내용

[2] 상린관계에 있는 토지소유자 일방이 기존의 담장을 철거하고 새로운 담장의 설치를 요구하는 경우에도 인접 토지소유자에게 이에 협력할 의무가 있는지 여부(한정 적극)

[3] 상대방의 경계선 침범 주장에 따라 착오로 보상금을 지급한 경우, 경계선의 착오는 동기의 착오이나 그 착오가 상대방으로부터 연유한 것으로서 법률행위의 중요 부분의 착오임을 인정하여 보상금 지급 약정을 취소할 수 있다고 본 사례

【판결요지】

[1] 토지의 경계에 경계표나 담이 설치되어 있지 않는다면 특별한 사정이 없는 한 어느 한쪽 토지의 소유자는 인접한 토지의 소유자에 대하여 공동비용으로 통상의 경계표나 담을 설치하는 데에 협력할 것을 요구할 수 있고, 인접 토지소유자는 그에 협력할 의무가 있다고 보아야 하므로, 한쪽 토지소유자의 요구에 대하여 인접 토지소유자가 응하지 않는 경우에는 한쪽 토지소유자는 민사소송으로 인접 토지소유자에 대하여 그 협력 의무의 이행을 구할 수 있으며, 법원은 당해 토지들의 이용 상황, 그 소재 지역의 일반적인 관행, 설치 비용 등을 고려하여 새로 설치할 경계표나 담장의 위치(특별한 사정이 없는 한 원칙적으로 새로 설치할 경계표나 담장의 중심 또는 중심선이 양 토지의 경계선 상에 위치하도록 해야 한다), 재질, 모양, 크기 등 필요한 사항을 심리하여 인접 토지소유자에 대하여 협력 의무의 이행을 명할 수 있다(대판 1997.8.26. 97다6063).

[2] 기존의 경계표나 담장에 대하여 어느 쪽 토지소유자도 일방적으로 처분할 권한을 가지고 있지 않는다면 한쪽 토지소유자가 인접 토지소유자의 동의 없이 기존의 경계표나 담장을 제거하는 것은 허용되지 않고, 그와 같은 경우라면 한쪽 토지소유자의 의사만으로 새로운 경계표나 담장을 설치하도록 강제할 수는 없으나, 기존의 경계표나 담장에 대하여 한쪽 토지소유자가 처분권한을 가지고 있으면서 기존의 경계표나 담장을 제거할 의사를 분명하

게 나타내고 있는 경우라면 한쪽 토지소유자는 인접 토지소유자에 대하여 새로운 경계표나 담장의 설치에 협력할 것을 소구할 수 있다(대판 1997.8.26. 97다6063).

[3] 경계선을 침범하였다는 상대방의 강력한 주장에 의하여 착오로 그간의 경계 침범에 대한 보상금 내지 위로금 명목으로 금원을 지급한 경우, 진정한 경계선에 관한 착오는 위의 금원 지급 약정을 하게 된 동기의 착오이지만 그와 같은 동기의 착오는 상대방의 강력한 주장에 의하여 생긴 것으로서 표의자가 그 동기를 의사표시의 내용으로 표시하였다고 보아야 하고, 또한 표의자로서는 그와 같은 착오가 없었더라면 그 의사표시를 하지 않았으리라고 생각될 정도로 중요한 것이고 보통 일반인도 표의자의 처지에 섰더라면 그러한 의사표시를 하지 않았으리라고 생각될 정도로 중요한 것이라고 볼 수 있으므로, 위 금원 지급 의사표시는 그 내용의 중요 부분에 착오가 있는 것이 되어 이를 취소할 수 있다고 보는 것이 상당하다(대판 1997.8.26. 97다6063).

| 판례 186 | 민법 제237조(경계표·담의 설치권)가 상린자의 지반에 손해를 끼칠 염려 없는 매축 또는 균지공사에도 유추 적용할 수 있는지 여부(소극)

【판시사항】

민법 제237조(경계표·담의 설치권)의 적용범위

【판결요지】

민법 제237조는 상린자간의 굴지공사에 관한 제한규정이므로 상린자의 지반에 손해를 끼칠 염려 없는 매축 또는 균지공사에는 이를 유추 적용할 수 없는 것이다(대판 1956.9.13. 4289민상164).

| 판례 187 | 기존의 담장을 철거하고 새로운 담장의 설치를 요구하는 경우에도 인접 토지소유자에게 이에 협력할 의무가 있는지 여부(한정 적극)

【판시사항】

[1] 상린관계에 있는 토지소유자 일방의 경계표 또는 담장 설치 요구에 인접 토지소유자가 응하지 않는 경우, 그 협력 의무의 이행을 소구할 수 있는지 여부(적극) 및 이 때 법원이 명할 협력 의무의 내용

[2] 상린관계에 있는 토지소유자 일방이 기존의 담장을 철거하고 새로운 담장의 설치를 요구하는 경우에도 인접 토지소유자에게 이에 협력할 의무가 있는지 여부(한정 적극)

[3] 상대방의 경계선 침범 주장에 따라 착오로 보상금을 지급한 경우, 경계선의 착오가 동기의 착오이나 그 착오가 상대방으로부터 연유한 것으로서 법률행위의 중요 부분의 착오에 해

당되어 이를 이유로 보상금 지급 약정을 취소할 수 있는지 여부(적극)

【판결요지】

[1] 토지의 경계에 경계표나 담이 설치되어 있지 않는다면 특별한 사정이 없는 한 어느 한쪽 토지의 소유자는 인접한 토지의 소유자에 대하여 공동비용으로 통상의 경계표나 담을 설치하는 데에 협력할 것을 요구할 수 있고, 인접 토지소유자는 그에 협력할 의무가 있다고 보아야 하므로, 한쪽 토지소유자의 요구에 대하여 인접 토지소유자가 응하지 않는 경우에는 한쪽 토지소유자는 민사소송으로 인접 토지소유자에 대하여 그 협력 의무의 이행을 구할 수 있으며, 법원은 당해 토지들의 이용 상황, 그 소재 지역의 일반적인 관행, 설치 비용 등을 고려하여 새로 설치할 경계표나 담장의 위치(특별한 사정이 없는 한 원칙적으로 새로 설치할 경계표나 담장의 중심 또는 중심선이 양 토지의 경계선 상에 위치하도록 해야 한다), 재질, 모양, 크기 등 필요한 사항을 심리하여 인접 토지소유자에 대하여 협력 의무의 이행을 명할 수 있다(대판 1997.8.26. 97다6063).

[2] 기존의 경계표나 담장에 대하여 어느 쪽 토지소유자도 일방적으로 처분할 권한을 가지고 있지 않는다면 한쪽 토지소유자가 인접 토지소유자의 동의 없이 기존의 경계표나 담장을 제거하는 것은 허용되지 않고, 그와 같은 경우라면 한쪽 토지소유자의 의사만으로 새로운 경계표나 담장을 설치하도록 강제할 수는 없으나, 기존의 경계표나 담장에 대하여 한쪽 토지소유자가 처분권한을 가지고 있으면서 기존의 경계표나 담장을 제거할 의사를 분명하게 나타내고 있는 경우라면 한쪽 토지소유자는 인접 토지소유자에 대하여 새로운 경계표나 담장의 설치에 협력할 것을 소구할 수 있다(대판 1997.8.26. 97다6063).

[3] 경계선을 침범하였다는 상대방의 강력한 주장에 의하여 착오로 그간의 경계 침범에 대한 보상금 내지 위로금 명목으로 금원을 지급한 경우, 진정한 경계선에 관한 착오는 위의 금원 지급 약정을 하게 된 동기의 착오이지만 그와 같은 동기의 착오는 상대방의 강력한 주장에 의하여 생긴 것으로서 표의자가 그 동기를 의사표시의 내용으로 표시하였다고 보아야 하고, 또한 표의자로서는 그와 같은 착오가 없었더라면 그 의사표시를 하지 않았으리라고 생각될 정도로 중요한 것이고 보통 일반인도 표의자의 처지에 섰더라면 그러한 의사표시를 하지 않았으리라고 생각될 정도로 중요한 것이라고 볼 수 있으므로, 위 금원 지급 의사표시는 그 내용의 중요 부분에 착오가 있는 것이 되어 이를 취소할 수 있다고 할 것이다(대판 1997.8.26. 97다6063).

| 판례 188 | 실제상의 경계선에 부합되지는 않지만 종전부터 일반적으로 승인되어 온 경계표가 형법상 계표에 해당되는지 여부(적극)

【판시사항】

[1] 실제상의 경계선에 부합되지는 않으나 종전부터 일반적으로 승인되어 온 경계표가 형법

제370조 소정의 계표에 해당되는지 여부(적극)

[2] 계표의 손괴 등의 행위가 있더라도 토지경계의 인식불능의 결과가 발생하지 않은 경우의 경계침범죄의 성립 여부(소극)

【판결요지】

[1] 비록 실제상의 경계선에 부합되지 않는 경계표라 할지라도 그것이 종전부터 일반적으로 승인되어 온 것이라면 그와 같은 경계표는 법 제370조 소정의 계표에 해당된다 할 것이다(대판 1991.9.10. 91도856).

[2] 형법 제370조의 경계침범죄는 단순히 계표를 손괴하는 것만으로는 부족하고 계표를 손괴, 이동 또는 제거하거나 기타 방법으로 토지의 경계를 인식불능하게 함으로써 비로소 성립되며 계표의 손괴, 이동 또는 제거 등은 토지의 경계를 인식불능케 하는 방법의 예시에 불과하여 이와 같은 행위의 결과로서 토지의 경계가 인식불능케 됨을 필요로 하고 동죄에 대하여는 미수죄에 관한 규정이 없으므로 계표의 손괴 등의 행위가 있더라도 토지경계의 인식불능의 결과가 발생하지 않은 한 본죄가 성립될 수 없다(대판 1991.9.10. 91도856).

| 판례 189 | 형법 제370조(경계침범)상의 계표의 의의와 경계침범죄

【판시사항】

형법 제370조(경계침범)에서 규정한 계표의 의의와 경계침범죄의 성립 관계

【판결요지】

형법 제370조(경계침범)[197]의 경계침범죄는 토지의 경계에 관한 권리관계의 안정을 확보하여 사권을 보호하고 사회질서를 유지하려는데 그 규정목적이 있으므로 비록 실체상의 경계선에 부합되지 않는 경계표라 할지라도 그것이 종전부터 일반적으로 승인되어 왔다거나 이해관계인들의 명시적 또는 묵시적 합의에 의하여 정하여진 것이라면 그와 같은 경계표는 위 법조 소정의 계표에 해당된다 할 것이고, 반대로 기존경계가 진실한 권리상태와 맞지 않는다는 이유로 당사자의 어느 한쪽이 기존경계를 무시하고 일방적으로 경계측량을 하여 이를 실체권리관계에 맞는 경계라고 주장하면서 그 위에 계표를 설치하더라도 이와 같은 경계표는 위 법조에서 말하는 계표에 해당되지 않는다(대판 1986.12.9. 86도1492).

197) 형법 제370조(경계침범) "경계표를 손괴, 이동 또는 제거하거나 기타 방법으로 토지의 경계를 인식불능하게 한 자는 3년 이하의 징역 또는 500만원 이하의 벌금에 처한다."

| 판례 190 | 일시적인 경계표도 경계침범죄의 객체에 해당하는지 여부(적극)

【판시사항】

[1] 경계침범죄에 있어서 경계의 의미

[2] 일시적인 경계표도 경계침범죄의 객체에 해당하는지 여부(적극)

【판결요지】

[1] 형법 제370조에서 말하는 경계는 반드시 법률상의 정당한 경계를 말하는 것이 아니고 비록 법률상의 정당한 경계에 부합되지 않는 경계라고 하더라도 이해관계인들의 명시적 또는 묵시적 합의에 의하여 정하여진 것이면 이는 이 법조에서 말하는 경계라고 할 것이다(대판 1999.4.9. 99도480).

[2] 형법 제370조에서 말하는 경계표는 그것이 어느 정도 객관적으로 통용되는 사실상의 경계를 표시하는 것이라면 영속적인 것이 아니고 일시적인 것이라도 이 죄의 객체에 해당한다(대판 1999.4.9. 99도480).

| 판례 191 | 수목·유수 등 자연물도 경계표가 될 수 있는지 여부(적극)

【판시사항】

[1] 형법 제370조 경계침범죄에서 '경계'의 의미 및 종래 통용되어 오던 사실상의 경계가 법률상 정당한 경계인지 다툼이 있을지라도 여전히 이에 해당하는지 여부(한정 적극)

[2] 수목·유수 등 자연물도 형법 제370조 경계침범죄의 '경계'를 이루는 경계표가 될 수 있는지 여부(적극)

[3] 토지의 경계에 관하여 다툼이 있던 중 경계선 부근의 조형소나무 등을 뽑아내고 그 부근을 굴착하여 경계를 불분명하게 한 행위가 형법 제370조의 경계침범행위에 해당한다고 할 수 있는지 여부(적극)

【판결요지】

형법 제370조의 경계침범죄에서 말하는 '경계'는 반드시 법률상의 정당한 경계를 가리키는 것은 아니고, 비록 법률상의 정당한 경계에 부합되지 않는 경계라 하더라도 그것이 종래부터 일반적으로 승인되어 왔거나 이해관계인들의 명시적 또는 묵시적 합의에 의하여 정해진 것으로서 객관적으로 경계로 통용되어 왔다면 이는 본조에서 말하는 경계라 할 것이고(대판 1976.5.25. 75도2564, 1986.12.9. 86도1492), 따라서 그와 같이 종래 통용되어 오던 사실상의 경계가 법률상의 정당한 경계인지 여부에 대하여 다툼이 있다고 하더라도, 그 사실상의 경계가 법률상 정당한 경계가 아니라는 점이 이미 판결로 확정되었다는 등 경계로서의 객관성을 상실하는 것으로 볼 만한 특단의 사정이 없는 한, 여전히 본조에서 말하는 경계에 해당되는 것이라고 보아야 할 것이다(대판 1992.12.8. 92도1682). 그리고 이러한 경계를 표시하는 경계표는 반드시 담장 등과 같이 인위적으로 설치된 구조물만을 의미하는 것으로 볼 것은 아니고, 수목이나 유수 등과 같이 종래부터 자연적으로 존재하던 것이라도 경계표지로 승인된 것이면 여기의 경계표에 해당한다고 할 것이다(대판 2007.12.28. 2007도9181). 따라서 피고인이 피고인 소유의 경기 가평군 청평면 상천리 362-1 토지와 피해자 소유의 같은 리 363-1 토지의 경계에 관하여 다툼이 있던 중에 그 경계선 부근에 심어져 있던 조형소나무 등을 뽑아내고 그 부근을 굴착함으로써 그 경계를 불분명하게 하였다면 경계침범죄가 성립될 수 있다(대판 2007.12.28. 2007도9181).

| 판례 192 | 경계침범죄의 객체

【판시사항】

형법 370조(경계침범) 소정의 경계 침해의 객체

【판결요지】

형법 제370조 소정 경계라 함은 소유권 등 권리의 장소적 한계를 나타내는 지표를 말함이니 실체상의 권리관계에 부합하지는 않더라도 관습으로 인정되었거나 일반적으로 승인되어 왔다거나 이해관계인의 명시 또는 묵시의 합의에 의하여 정하여 진 것이거나 또는 권한있는 당국에 의하여 확정된 것이어야 함도 아니고 사실상의 경계표로 되어 있다면 침해의 객체가 되는 것이다(대판 1976.5.25. 75도2564).

| 판례 193 | 경계침범죄에서 '경계'의 의미와 경계침범죄의 인정 기준

【판시사항】

[1] 경계침범죄에서 '경계'의 의미 및 법률상의 정당한 경계를 침범하는 행위가 있더라도 토지의 사실상의 경계에 대한 인식불능의 결과가 발생하지 않는 한 경계침범죄가 성립하지 않는지 여부(적극)

[2] 피고인이 피해자 소유의 인접한 토지를 침범하여 나무를 심고 도랑을 파내는 등의 행위를 함으로써 경계침범죄로 기소된 사안과 관련하여, 피고인과 피해자 소유의 토지는 이전부터 경계구분이 되어 있지 않았고, 피고인의 행위로 새삼스럽게 토지경계에 대한 인식불능의 결과를 초래하였다고 볼 수 없는 경우에도 경계침범죄가 성립되는지 여부(소극)

【판결요지】

형법 제370조의 경계침범죄는 토지의 경계에 관한 권리관계의 안정을 확보하여 사권을 보호하고 사회질서를 유지하려는 데 그 목적이 있는 것으로서, 단순히 경계표를 손괴, 이동 또는 제거하는 것만으로는 부족하고 위와 같은 행위나 기타 방법으로 토지의 경계를 인식불능하게 함으로써 비로소 성립된다 할 것인데, 여기에서 말하는 경계는 법률상의 정당한 경계인지 여부와는 상관없이 종래부터 경계로서 일반적으로 승인되어 왔거나 이해관계인들의 명시적 또는 묵시적 합의가 존재하는 등 어느 정도 객관적으로 통용되어 오던 사실상의 경계를 의미한다 할 것이므로, 설령 법률상의 정당한 경계를 침범하는 행위가 있었다 하더라도 그로 말미암아 위와 같은 토지의 사실상의 경계에 대한 인식불능의 결과가 발생하지 않는 한 경계침범죄가 성립하지 아니한다 할 것이다(대판 1991.9.10. 91도856, 1992.12.8. 92도1682, 2010.9.9. 2008도8973).

| 판례 194 | 타인소유 토지를 침범하여 점포를 건축한 경우에도 경계침범죄가 성립될 수 있는지 여부(적극)

【판시사항】

타인소유 토지를 침범하여 점포를 건축한 경우에도 경계침범죄가 성립하는지 여부(적극)

【판결요지】

피고인이 자기토지에 인접한 타인소유 토지 8평을 침범하여 점포를 건축함으로써 위 양 토지간의 경계를 인식불능케 하였다면 본조 소정의 경계침범죄가 성립한다(대판 1968.9.17. 68도967).

| 판례 195 | 현실의 경계와 지적공부상의 경계가 다른 경우 매매대상 토지

【판시사항】

토지매매시 현실의 경계와 지적공부상의 경계가 다른 경우 무엇을 경계로 삼아 매매다상 토지를 특정할 수 있는지 여부

【판결요지】

어떤 토지가 지적공부에 1필지의 토지로 등록되면 그 토지의 소재, 지번, 지적 및 경계는 다른 특별한 사정이 없는 한 이 등록으로써 특정되고 그 소유권의 범위는 현실의 경계와 관계없이 공부상의 경계에 의하여 확정되는 것이고, 이 토지에 대한 매매도 특별한 사정이 없는 한 현실의 경계와 관계없이 지적공부상의 경계와 지적에 의하여 확정된 토지를 매매의 대상으로 하는 것으로 보아야 할 것이며, 다만 지적도를 작성함에 있어서 그 기점을 잘못 선택하는 등 기술적인 착오로 말미암아 지적도상의 경계선이 진실한 경계선과 다르게 작성되었기 때문에 경계와 지적이 실제의 것과 일치하지 않게 되었고, 그 토지들이 전전매도되면서도 당사자들이 사실상의 경계대로의 토지를 매매할 의사를 가지고 거래를 한 경우 등과 같은 특별한 사정이 있는 경우에는 그 토지의 경계는 실제의 경계에 의해야 할 것이다(대판 1993.11.9. 93다22845).

| 판례 196 | 토지경계의 확정

【판시사항】

[1] 토지경계확정의 소의 의의 및 권리보호의 필요

[1] 토지경계확정의 소에 있어서 법원이 경계를 확정하는 방법

【판결요지】

[1] 토지경계확정의 소는 인접한 토지의 경계가 사실상 불분명하여 다툼이 있는 경우에 재판에 의하여 그 경계를 확정하여 줄 것을 구하는 소송으로서, 토지소유권의 범위의 확인을 목적으로 하는 소와는 달리, 인접한 토지의 경계가 불분명하여 그 소유자들 사이에 다툼이 있다는 것만으로 권리보호의 필요가 인정된다(대판 1993.11.23. 93다41792·41808).

[2] 토지경계확정의 소에 있어서 법원으로서는 원·피고 소유의 토지들 내의 일정한 지점을 기초점으로 선택하고 이를 기준으로 방향과 거리 등에 따라 위치를 특정하는 등의 방법으로 지적도상의 경계가 현실의 어느 부분에 해당하는지를 명확하게 표시할 필요가 있고, 당사자가 쌍방이 주장하는 경계선에 기속되지 않고 스스로 진실하다고 인정하는 바에 따라 경계를 확정해야 한다(대판 1993.11.23. 93다41792·41808).

02
나뭇가지 및 뿌리의 제거

1. 의 의

나무도 경계에 심으면 경계가 될 수 있다. 문제는 나무는 살아 있어 성장하는 식물이기 때문에 다른 재질의 경계와 달리 나뭇가지나 뿌리가 이웃의 토지에 침범할 수 있다. 그리고 건물은 경계로부터 반미터 이상을 띄어서 건축해야 하고(민법 제242조 제1항), 우물이나 오폐수를 위한 지하시설은 경계로부터 2미터 이상을, 저수지·구거(도랑)·지하실공사는 경계로부터 그 깊이의 반 이상을 띄어서 설치해야 하는 제한이 있지만, 나무는 이러한 거리제한이 없기 때문에 나뭇가지나 뿌리가 쉽게 이웃토지를 침범할 수 있을 것이다. 따라서 경계를 넘어 이웃토지를 침범한 나뭇가지와 뿌리에 대한 규제가 필요할 것이어서 민법에서는 수지·수근의 제거권을 규정하고 있다(민법 제240조). 다만 나뭇가지와 뿌리 사이에는 열매나 꽃을 맺느냐 여부 등과 관련하여 그 중요성에 있어서 차이가 있으므로 제거방법을 달리 규정하고 있다.

2. 나뭇가지가 경계를 넘어온 경우

가. 나뭇가지의 제거청구 및 임의제거권

이웃토지에 심은 나무의 가지가 경계를 침범한 때에는 토지소유자는 그 나뭇가지를 임의로 제거할 수는 없고 먼저 나무의 소유자에 대하여 나뭇가지의 제거를 청구할 수 있다(민법 제240조 제1항). 그러나 나뭇가지가 경계를 조금 침범했다고 해서 무조건 나뭇가지를 제거해달라고 청구할 수 있는 것은 아니며, 경계를 넘었다고 하더라도 토지소유자에게 아무런 손해가 생기지 않거나 극히 적은 경우 나아가 나뭇가지를 제거함으로써 토지소유자가 얻은 이익에 비하여 나뭇가지가 제거됨으로써 나무의 소유자가 입는 손해가 매우 커서 그에 대한 제거 청구가 권리남용으로 된 경우에는 나뭇가지의 제거를 청구할 수 없을 것으로 보인다. 예컨대, 나뭇가지가 넘어온 토지소유자의 토지는 공터이고 나뭇가지에는 많은 열매나 꽃을 맺었거나 계속 맺을 수 있는 경우가 여기에 해당될 것이다. 나뭇가지가 경계를 침범함으로 인하여 토지소유자가 손해를 입은 때에는 나무의 소유자에 대하여 손해배상청구도 할 수 있을 것이다. 예컨대, 경계를 넘는 울창한 나뭇가지로 인하여 그늘이 져서 나뭇가지 밑의 논밭 작물이 잘 자라지 못하여 수확이 떨어진 경우가 여기에 해당될 것이다.

이와 같이 나뭇가지가 경계를 넘어온 때에는 토지소유자라도 임의로 그 나뭇가지를 제거할 수 없고 먼저 나무의 소유자에게 이를 옮겨 심거나 나뭇가지의 제거를 청구하는 절차를 거쳐야 할 것이지만, 그럼에도 불구하고 나무의 소유자가 이에 응하지 않는 때에는 토지소유자가 임의로 나뭇가지를 제거할 수 있게 된다(민법 제240조 제2항). 그런데, 넘어온 나뭇가지가 나무의 주된 가지이거나 나무에서 차지하는 비중이 커서 이를 임의로 제거할 경우 나무 자체가 죽거나 나무로서의 기능을 할 수 없는 경우라면 임의로 제거할 수 없고 나무소유자로 하여금 나무를 옮겨 심거나 가지를 제거하도록 청구할 수 있는 권리만 있다고 보는 것이 타당할 것으로 보인다.

토지소유자가 임의로 나뭇가지를 제거한 경우에 있어서의 제거비용과 제거한 나뭇가지의 소유는 이를 제거한 토지소유자에게 속한다고 보는 것이 타당할 것이다.[198]

나. 이웃나무로부터 떨어진 과실의 소유권

경계를 넘어온 이웃나무로부터 과실이 토지소유자의 토지에 떨어진 경우에 그 과실의 소유권이 누구에게 귀속되는지 문제된다. 이에 관하여는 나무소유자에게 속한다는 견해와 과실이 떨어져 있는 토지소유자에게 속한다는 견해가 있으나, 상린관계상의 이해조절을 위해서는, 그것이 토지소유자의 행위가 개입되는 등 그의 귀책사유로 인한 것이 아닌 한, 낙하한 과실은 그 과실이 떨어져 있는 토지소유자에게 귀속한다고 보는 것이 타당하다고 본다.[199]

3. 나무뿌리가 경계를 넘어온 경우

이웃토지상의 나무뿌리가 경계를 넘은 때에는 토지소유자는 임의로 그 뿌리를 제거할 수 있다(민법 제240조 제3항). 나뭇가지에는 열매나 꽃이 맺어지거나 맺어질 수 있어 값어치가 나갈 수 있으므로 먼저 나무의 소유자에게 옮겨 심거나 그 제거를 청구한 후 이에 응하지 않을 때에만 임의로 제거할 수 있도록 한 반면, 나무뿌리는 이를 제거한다고 해서 나무의 소유자에게 어떤 손해가 간다고 할 수 없으므로 토지소유자가 임의로 제거할 수 있도록 한 것으로 보인다. 이러한 나무뿌리의 제거는 토지소유자의 노력과 비용으로 제거하는 것이 원칙일 것이므로 특별한 사정이 없는 한 나무뿌리의 제거비용과 제거한 나무뿌리의 소

198) 한국사법행정학회, 2011 주석 민법(물권 1), 667p.
199) 한국사법행정학회, 2011 주석 민법(물권 1), 662p.

유는 이를 제거한 토지소유자에게 속한다고 본다.[200]

한편 토지소유자가 경계를 넘어온 이웃나무의 뿌리를 임의로 제거할 권리가 있다고 하더라도 이는 수목의 생존이나 성장에 지장이 없는 뿌리에 대하여 해당되는 것이며, 주된 뿌리이거나 뿌리의 제거로 수목 자체의 생존과 성장에 영향을 미치는 뿌리라고 한다면 임의로 제거할 수는 없고 먼저 나무 소유자로 하여금 옮겨 심거나 제거하도록 하는 절차를 먼저 거쳐야 할 것으로 보인다. 이러한 절차 없이 토지소유자가 경계를 넘어온 뿌리를 제거함으로 인하여 나무가 죽거나 생장에 영향을 미치게 된다면 손해배상책임을 면치 못할 것으로 보인다.

200) 한국사법행정학회, 2011 주석 민법(물권 1), 667p.

03

토지의 심굴(深掘) 금지

1. 의 의

토지소유자라는 토지의 용도에 맞게 건물을 짓거나 지하시설을 만들기 위하여 자신의 토지를 굴착할 수 있다. 그러나 민법(이하 '조문만 표시')상 토지를 굴착하더라도 인접지의 지반이 붕괴할 정도로 심굴해서는 안된다(민법 제241조 본문). 다만 인접지의 지반이 붕괴되지 않도록 충분한 방어공사를 한 때에는 깊게 파더라도 인접지의 지반이 붕괴되지 않을 것이므로 심굴하는 것은 허용될 것이다(민법 제241조 단서). 특히 아파트나 연립주택 등 대형고층의 건축물을 축조할 때 이러한 문제가 빈번히 발생할 수 있는데, 공사기술이나 시공방법 등 고도의 기술을 동원해서 지반붕괴가 이루어지지 않도록 철저히 보완하면서 건축하도록 할 의무를 부여한 것이라고 본다.

2. 내용(토지심굴자의 지반붕괴방어조치 의무)

토지소유자가 토지를 깊게 굴착할 때 이웃토지의 지반붕괴가 우려된다면 충분한 방어공사를 한 후 심굴해야 한다(민법 제241조). 여기의 지반붕괴에는 토지를 심굴함으로써 이웃토지의 토사가 유출되거나 지하수가 용출되어 이웃토지의 지반이 내려가는 경우뿐만 아니라 이웃토지의 지반이 올라가는 경우도 포함된다고 본다.

만약 토지소유자가 자신의 토지를 심굴함으로서 이웃토지의 지반이 붕괴되거나 붕괴될 우려가 있는 때에는 이웃토지소유자는 물권적 청구권을 행사하여 방해의 제거 또는 방해의 예방 및 손해배상의 담보제공을 청구할 수 있고(민법 제214조), 나아가 손해가 생긴 때에는 불법행위로 인한 손해배상(민법 제750조) 내지 상린관계에 기한 손해보상(민법 제241조)도 청구할 수 있을 것이다.

방해의 제거 또는 예방을 청구할 때에는 먼저 지반붕괴의 방어공사가 가능하다면 방어공사를 청구할 것이고, 그것이 불가능하거나 실효성이 없을 때에만 공사의 중지를 청구할 수 있다고 본다(대판 1981.3.10. 80다2832). 지반붕괴에 대한 방어공사의 청구는 토지를 파기 전뿐만 아니라 토지를 파는 공사 중에도 청구할 수 있을 것이다. 통상적으로 토지를 심굴하는 공사는 토지소유자가 직접 시행하기보다는 건축업자에게 도급을 주어 시행하는 경우가 많은데, 건축업자가 심굴공사를 한 경우라도 상린관계의 특성상 지반붕괴나 붕괴우려에 대한 책임은 토지소유자도 함께 부담한다고 해야 할 것이다(대판 1981.3.10. 80다2832).

3. 다른 법령과의 관계

가. 우물 및 용수·하수·오염배출용 지하시설의 특칙

우물이나 용수·하수·오물 등 저치를 위한 지하시설공사를 할 때에도 이웃의 토사가 붕괴하거나 하수 또는 오액이 흐르지 않도록 적당한 조처를 취해야 할 의무가 있는데(민법 제244조 제2항), 이는 우물을 파거나 용수·하수·오물 등 저치의 지하시설을 할 때에 특별히 주의해야 할 것을 규정한 것일 뿐 토지를 심굴하는 모든 공사에 있어서 이웃토지의 지반이 붕괴되어서는 안되는 것이다. 따라서 지하시설 등에 대한 제한 규정(민법 제244조)은 토지의 심굴금지 규정(민법 제241조)에 대한 특별규정이라고 보는 것이 타당하다.

나. 광업권과의 관계

공법상의 상린관계를 규정한 광업법 제44조(채굴의 제한)[201]는 민법 제241조(토지의 심굴금지)의 특별규정이 아니라 광업권의 내용에 대한 공법상의 제한이므로 이러한 규정이 있다고 해서 관할관청이나 소유자 또는 이해관계인에게 광업권자에 대한 금지청구권이 발생하는 것으로 해석할 수 없고, 동굴을 관리하는 문화재관리단체라는 이유만으로 광업권자에 대하여 채굴행위의 금지를 소구할 정당한 당사자능력이나 권리를 보호할 이익 또는 필요가 있다고 할 수는 없을 것이다(대판 1976.11.23. 75다365).[202]

---

201) 광업법 제44조(채굴의 제한) "① 광업권자는 다음 각 호의 어느 하나의 장소에서는 관할 관청의 허가나 소유자 또는 이해관계인의 승낙이 없으면 광물을 채굴할 수 없다.
1. 철도·궤도·도로·수도·운하·항만·하천·호(湖)·소지(沼地)·관개(灌漑)시설·배수시설·묘우(廟宇)·교회·사찰의 경내지(境內地)·고적지(古蹟地)·건축물, 그밖의 영조물의 지표 지하 50미터 이내의 장소
2. 묘지의 지표 지하 30미터 이내의 장소
② 관할 관청, 소유자 또는 이해관계인은 정당한 이유 없이 허가 또는 승낙을 거부할 수 없다."

202) 광업법 제44조는 ① 관업권자는 철도·궤도(軌道)·도로·수도·운하·항만·하천·호(湖)·소지(沼地)·관개(灌漑)시설·배수시설·묘우(廟宇)·교회·사찰의 경내지(境內地)·고적지(古蹟地)·건축물, 그밖의 영조물의 지표 지하 50미터 이내의 장소, 묘지의 지표 지하 30미터 이내의 장소에는 각각 관할 관청의 허가나 소유자 또는 이해관계인의 승낙 없이는 광물을 채굴할 수 없다. ② 관할 관청, 소유자 또는 이해관계인은 정당한 이유 없이 허가 또는 승낙을 거부할 수 없다고 규정하고 있는데, 이는 광업의 실시에 의하여 공공의 영조물이나 건물 기타시설의 파괴됨을 미연에 방지하기 위하여 광업권에 대한 공법상의 제한을 가하는 것으로 강학상 공법상의 상린관계를 규정하는 것인바, 공법상의 상린관계는 행정작용에 의하여 규제 이행됨에 불과하고 그 위반에 대하여는 행정상의 제재 처벌함

| 판례 197 | 광업법상 채굴제한 규정과 상린관계

【판시사항】

구 광업법 제48조(채굴제한. 단, 현행 광업법 제44조[203]))의 규정취지와 이에 근거하여 이해관계인 등에게 사법상의 금지청구권이 발생하는지 여부(소극)

【판결요지】

광업법 제48조(채굴제한)는 광업의 실지에 있어서 공공의 영조물이나 건물 기타 시설이 파괴됨을 미연에 방지하기 위하여 광업권에 공법상의 제한을 가한 공법상의 상린관계를 규정한 것으로서 공법상의 상린관계는 행정작용에 의하여 규제이행되는 것이고 그 위반에 대하여는 동법 제115조에 의하여 처벌되는 것일뿐 민법상의 상린관계에 관한 규정이 아니므로 이 규정이 있다고 해서 같은 규정상의 영조물의 소할관청, 소유자 또는 이해관계인에게 광업권자에 대한 사법상의 금지청구권이 발생하는 것이 아니다(대판 1988.2.23. 86다카2919, 1981.9.8. 80다2904).

| 판례 198 | 천호동굴의 이해관계인에게 광업권자에 대한 금지청구권이 발생하는지 여부(소극)

【판시사항】

천호동굴의 이해관계인에게 광업법 제43조에 의한 광업권자에 대한 금지청구권이 발생하는지 여부와 위 동굴을 관리하는 문화재관리 단체가 채굴행위의 금지를 소구할 수 있는지 여부

【판결요지】

공법상의 상린관계를 규정한 광업법 제43조는 민법 제241조의 토지의 심굴금지의 특별규정

은 별론으로 할지라도 이는 결코 사법상의 소유권 등 물권 관계에서 오는 민법상의 상린관계가 아니므로 이에 터잡아 방해배제 등 청구권이 발생하는 것은 아니라고 할 것이다. 요컨대 광업법 제44조의 규정은 민법 제241조의 토지의 심굴금지의 특별규정이 아니고 광업권의 내용에 대한 공법상의 제한으로서 그 규정이 있다고 하여 관할관청이나 소유자 또는 이해관계인이 광업권자에 대한 금지청구권이 성립하는 것으로 해석되지 않는다. 한편 문화재보호법의 각 규정을 볼지라도 소위 지정된 관리단체는 지정된 문화재나 그 보호구역 내에서 문화재를 보호·관리할 권리의무가 있을 뿐 문화재보호법에 위반되는 행위를 한 자에 대하여 어떠한 청구권이 있다고도 해석되지도 않는다. 그렇다면 원고가 천호동굴의 소유자로서 민법상의 상린관계에 관한 요건사실을 주장 입증하여 청구를 함은 모르되 문화재관리단체라는 이유만으로 피고에 대하여 채굴행위의 금지를 구하는 소송을 제기할 정당한 당사자능력이나 권리를 보호할 이익 또는 필요가 있다고 할 수 없다고 할 것이다(대판 1976.11.23. 75다365).

203) 광업법 제44조(채굴의 제한) "① 광업권자는 다음 각 호의 어느 하나의 장소에서는 관할 관청의 허가나 소유자 또는 이해관계인의 승낙이 없으면 광물을 채굴할 수 없다.
1. 철도·궤도·도로·수도·운하·항만·하천·호(湖)·소지(沼地)·관개시설·배수시설·묘우(廟宇)·교회·사찰의 경내지·고적지·건축물, 그밖의 영조물의 지표 지하 50미터 이내의 장소
2. 묘지의 지표 지하 30미터 이내의 장소
② 관할 관청, 소유자 또는 이해관계인은 정당한 이유 없이 허가 또는 승낙을 거부할 수 없다."

이 아니고 광업권의 내용에 대한 공법상의 제한으로서 그 규정이 있다 하여 소할관청 소유자 또는 이해관계인이 광업권자에 대한 금지청구권이 발생하는 것으로 해석할 수 없고 천호동굴을 관리하는 문화재관리단체라는 이유만으로 광업권자에 대하여 채굴행위의 금지를 소구할 정당한 당사자능력이나 권리를 보호할 이익 또는 필요가 있다고 할 수 없다(대판 1976.11.23. 75다365).

| 사례 63 | 건물 축조를 위한 심굴굴착공사가 종료된 경우와 심굴굴착공사로 인한 토지의 침하 및 건물의 균열을 이유로 하는 공사중지가처분의 허용 여부(소극)

신청인은 인접지 및 그 지상건물의 소유자에 대하여 토지심굴 굴착금지 청구권과 소유물 방해제거 또는 소유물 방해예방청구권을 공사중지가처분의 피보전권리로 들고 있는바, 이러한 권리를 피보전권리로 하는 가처분신청의 상대방은 소유권의 내용의 실현을 방해하는 사정을 현실적으로 지배하는 지위에 있는 자이거나, 이러한 방해를 할 염려가 있는 자라야 할 것인데, 신청인은 신청인 소유의 토지의 침하 및 건물의 균열 등과 그러한 위험이 생기게 된 원인은 피신청인이 그 인접대지에 건물을 건축하기 위하여 토지를 심굴함에 있어서 충분한 방어공사를 하지 않은 채 굴착공사를 하였을 뿐만 아니라, 그후 건축공사를 계속함에 있어서도 인접하고 있는 신청인 소유의 토지와 건물에 대한 위험을 예방하기 위한 충분한 조치를 취하지 않는데에 있다는 점을 가처분신청의 이유로 하고 있는 바이고, 한편 위 건축공사는 건축주인 피신청인과 수급인 사이에 도급인인 피신청인이 제시하는 설계서 및 시방서대로 하고, 수급인은 항상 도급인인 피신청인의 감독관 및 감독원의 지시에 따라 공사를 하며, 시공상 도면 및 시방서에 불분명한 점이 있으면, 도급인의 지시에 따라 시공하도록 하고 있음이 분명하므로 신청인이 주장하는 바와 같은 그 소유의 토지 및 건물의 소유권의 내용의 실현을 방해하는 사정은 피신청인의 현실적인 지배 아래에 있다고 볼 것이니, 이 사건 가처분신청의 상대방을 건축주인 피신청인으로 한 것은 정당하다고 할 것이다(대판 1981.3.10. 80다2832). 그런데 피신청인이 충분한 예방공사를 하지 않은 채 토지의 심굴굴착공사를 함으로써, 신청인 소유인 인접대지의 일부 침하와 건물의 균열 등의 위험이 생긴 것은 사실이나 이 사건 건물의 건축공사는 이미 신청인 소유건물의 남쪽 부분은 원래의 지면보다 높게 완료되어 있고, 서쪽 부분은 지하 3층과 2층의 스라브공사까지 완료되어 있음이 분명하여, 남아 있는 건축공사의 대부분은 지상건물의 축조인바, 이와 같은 건축공사의 진척도에 비추어 볼 때 더 이상의 토지의 심굴굴착공사를 해야 할 필요성이 있다고는 보이지 않음은 물론 이러한 토지의 심굴굴착공사로 인하여 생긴다고 보이는 건물의 균열이 더 이상 확대된다고도 볼 아무런 사정도 엿보이지 않음에도 불구하고 지상건물의 축조 등 나머지 공사를 계속하는 경우에 있어서도 토지의 심굴을 계속할 필요가 있는지의 여부나, 신청인 소유의 대지의 침하나 건물에 더 이상의 균열이 생기게 할 위험이 있는지의 여부 등에 관하여는 살펴보지 않고 이 사건 가처분을 허용하는 것은 타당하다고 할 수 없을 것이다. 즉 피신청인이 이 사건 건물을 신축하기 위하여 토지를 심굴함에 있어서 충분한 방어공사를 하지 않은 채 굴착공사를 계속하였을 뿐만 아니라 신청인 소유의 대지의 상태와 그 지상건물의 구조체 등을 정확히 조사하지 않고 건축공사를 계속함으로써 인접한 신청인 소유의 토지 및 건물에 토지의 침하와 건물의 균열 등의 손해를 생기게 하였고, 공사를 계속한다면 이러한 손해는 계속 확대될 염려가 있으며, 그 지상건물이 도괴될지도 모르는 위험까지 예견되고, 이로 인한 현저한 손해를 피하기 위하여 신청인 소유의 건물 및 토지의 도괴 기타 침하에 영향을 주는 범위 안에서 토지의 심굴굴착 및 건축공사를 중지케해야 한다는 주장은 받아들일 수 없다고 할 것이다(대판 1981.3.10. 80다2832).

| 판례 199 | 건물 축조를 위한 심굴굴착공사가 종료된 경우의 토지의 침하 및 건물의 균열을 이유로 하는 공사중지가처분의 허용여부(소극)

【판시사항】

건물 축조를 위한 심굴굴착공사가 종료된 경우와 심굴굴착공사로 인한 토지의 침하 및 건물의 균열을 이유로 하는 공사중지가처분의 허용 여부(소극)

【판결요지】

토지의 소유자가 충분한 예방공사를 하지 않은 채 건물의 건축을 위한 심굴굴착공사를 함으로써 인접대지의 일부 침하와 건물 균열 등의 위험이 발생하였다고 하더라도 나머지 공사의 대부분이 지상건물의 축조이어서 더 이상의 심굴굴착공사의 필요성이 없다고 보여지고 침하와 균열이 더 이상 확대된다고 볼사정이 없다면 토지심굴굴착금지청구권과 소유물방해예방 또는 방해제거청구권에 기한 공사중지가처분을 허용해서는 안될 것이다(대판 1981.3.10. 80다2832).

| 판례 200 |

【판시사항】

우물중의 일부분만이 토지경계로부터 2미터 안에 설치되어 있는 경우의 법률관계

【판결요지】

피고 소유의 한개의 우물중 그 일부분은 경계에서 2미터 안에 시설되어 있고 그 나머지 부분은 2미터 밖에 설치되어 있다면 특별한 사정이 없는 한 피고는 경계로부터 2미터 밖의 우물부분은 매몰할 의무가 없다(대판 1980.10.27. 80다745).

04
경계선 부근의 건축 또는 시설거리의 제한

1. 의 의

경계선 부근에서 건축물을 축조하거나 우물 등의 지하시설을 설치할 때에는 필연적으로 토지를 깊게 파는 것이 전제될 것인데, 경계선에 바짝 붙여 공사를 하게 되면 이웃토지에 영향을 미칠 것이 명백하므로 이웃토지에 피해를 주는 사태를 미연에 방지하기 위해서는 경계선으로부터 일정 거리를 띄고 공사를 하도록 할 필요가 있을 것이다. 여기에 경계선 부근에서 공사를 하려는 축조물의 종류에 따라 일정한 거리를 두도록 하고 있는 것이다(민법 제242조, 제244조).

2. 건물의 건축시 경계선 부근으로부터 거리제한

가. 의 의

토지소유자는 자신의 토지 내에서는 경계선만 넘지 않는다면 원칙적으로 어느 위치에 건축을 하더라도 무관할 것이지만, 이웃토지에 너무 바짝 붙여 건축을 하게 되면 이웃에서 재건축이나 수선을 하는 경우 또는 이웃에서 건축을 하려는 경우에 불편함이 있고, 건물끼리 간격이 너무 좁게 되면 일조나 통풍 등에도 문제가 생겨 보건상으로도 문제가 생길 수 있으며, 또한 화재발생의 우려, 이웃에 번질 우려, 화재발생시 소화의 어려움 등 여러 문제가 생길 수 있다.

이에 민법에서는 이웃토지와의 경계선 부근에서 건물을 건축할 때에는 경계선으로부터 일정한 거리를 두도록 제한하고 있다(민법 제242조). 물론 거리제한의 규정은 민법 외에도 건축법이나 「국토의 계획 및 이용에 관한 법률」 등에서도 규율하고 있다. 여기에서 건물이란 사회통념상 독립한 건물이라고 볼 수 있는 형태와 구조를 갖추고 있다면 건물이라고 할 수 있는바, 최소한의 기둥과 지붕 그리고 주벽이 이루어지면 독립한 부동산으로서 건물의 요건을 갖춘 것이라고 보아야 할 것이다.[204)]

---

204) 대판 2005.7.15. 2005다19415, 2002.4.26. 2000다16350, 2001.1.16. 2000다51872, 1996.6.14. 94다53006, 1986.11.11. 86누173.

나. 건축법상의 규제

1) 건축선의 지정과 건축선에 따른 건축제한

건축선, 즉 도로와 접한 부분에 건축물을 건축할 수 있는 선은 대지와 도로의 경계선으로 하는 것을 원칙으로 한다(건축법 제46조 제1항 본문). 다만 그 도로의 너비가 4미터에 미달하는 경우에는 그 중심선으로부터 2미터의 수평거리만큼 물러난 선을 건축선으로 하되, 그 도로의 반대쪽에 경사지, 하천, 철도, 선로부지, 그밖에 이와 유사한 것이 있는 경우에는 그 경사지 등이 있는 쪽의 도로경계선에서 4미터에 해당하는 수평거리의 선을 건축선으로 하며, 너비 8미터 미만인 도로의 모퉁이에 위치한 대지의 도로모퉁이 부분의 건축선은 그 대지에 접한 도로경계선의 교차점으로부터 도로경계선에 따라 아래의 [표 6]에 따른 거리를 각각 후퇴한 두 점을 연결한 선을 건축선으로 한다(건축법 제46조 제1항 단서, 시행령 제31조 제1항).

[표 6] 너비 8미터 미만인 도로의 모퉁이에 위치한 대지의 건축선

도로의 교차각	해당 도로의 너비		교차되는 도로의 너비
	6m 이상 ~ 8m 미만	4m 이상 ~ 6m 미만	
90° 미만	4m	3m	6m 이상 ~ 8m 미만
	3m	2m	4m 이상 ~ 6m 미만
90° 이상~120° 미만	3m	2m	6m 이상 ~ 8m 미만
	2m	2m	4m 이상 ~ 6m 미만

그리고 시·도지사 또는 시·군·구청장은 시가지 안에서 건축물의 위치나 환경을 정비하기 위하여 필요하다고 인정한 경우 「국토의 계획 및 이용에 관한 법률」상의 도시지역에서는 위에서 정한 바와 달리 4미터 이하의 범위에서 건축선을 따로 지정할 수 있는데, 이를 위해서는 미리 그 내용을 해당 지방자치단체의 공보, 일간신문 또는 인터넷 홈페이지 등에 30일 이상 공고해야 하고, 공고한 내용에 대하여 의견이 있는 자에 대하여는 공고기간에 의견을 제출할 수 있도록 해야 한다(건축법 제46조 제2항, 시행령 제31조 제2항, 제3항).

한편 건축물과 담장은 건축선의 수직면을 넘어서는 안되며(단 지표 아래 부분은 제외), 도로면으로부터 높이 4.5미터 이하에 있는 출입구, 창문, 그밖에 이와 유사한 구조물은 열고 닫을 때 건축선의 수직면을 넘지 않는 구조로 해야 한다(건축법 제47조).

2) 건축선 및 인접대지경계선으로부터 띄어야 할 거리(대지의 공지 기준)

건축물을 건축하는 경우에는 「국토의 계획 및 이용에 관한 법률」에 따른 용도지역·용도지구, 건축물의 용도 및 규모 등에 따라 건축선 및 인접 대지경계선으로부터 6미터 이내의 범위에서 대통령령으로 정하는 바에 따라 해당 지방자치단체의 조례로 정하는 거리 이상을 띄어야 한다(건축법 제58조). 이러한 대지안의 공지규정은 피난도로의 확보, 채광 및 통풍, 공해 및 위해 방지 등 쾌적한 환경조성을 위한 것이다. 이에 따라 건축선 및 인접 대지경계선(대지와 대지 사이에 공원, 철도, 하천, 광장, 공공공지, 녹지, 그밖에 건축이 허용되지 않는 공지가 있는 경우에는 그 반대편의 경계선을 의미)으로부터 건축물의 각 부분까지 띄어야 하는 거리의 기준은 아래 [표 7]과 같다(건축법 시행령 제80조의2「별표 2」).

[표 7] 건축선 및 인접대지경계선으로부터 띄어야 하는 공지 기준 (건축법 시행령 제80조의2「별표 2」)

1. 건축선으로부터 건축물까지 띄어야 하는 거리

대상 건축물	건축조례에서 정하는 건축기준
가. 해당 용도로 쓰는 바닥면적의 합계가 500제곱미터 이상인 공장(전용공업지역, 일반공업지역 또는「산업입지 및 개발에 관한 법률」에 따른 산업단지에 건축하는 공장은 제외한다)으로서 건축조례로 정하는 건축물	·준공업지역 : 1.5미터 이상 6미터 이하 ·준공업지역 외의 지역 : 3미터 이상 6미터 이하
나. 해당 용도로 쓰는 바닥면적의 합계가 500제곱미터 이상인 창고(전용공업지역, 일반공업지역 또는「산업입지 및 개발에 관한 법률」에 따른 산업단지에 건축하는 창고는 제외한다)로서 건축조례로 정하는 건축물	·준공업지역 : 1.5미터 이상 6미터 이하 ·준공업지역 외의 지역 : 3미터 이상 6미터 이하
다. 해당 용도로 쓰는 바닥면적의 합계가 1,000제곱미터 이상인 판매시설, 숙박시설(일반숙박시설은 제외한다), 문화 및 집회시설(전시장 및 동·식물원은 제외한다) 및 종교시설	·3미터 이상 6미터 이하
라. 다중이 이용하는 건축물로서 건축조례로 정하는 건축물	·3미터 이상 6미터 이하
마. 공동주택	·아파트 : 2미터 이상 6미터 이하 ·연립주택 : 2미터 이상 5미터 이하 ·다세대주택 : 1미터 이상 4미터 이하
바. 그밖에 건축조례로 정하는 건축물	·1미터 이상 6미터 이하(한옥의 경우에는 처마선 2미터 이하, 외벽선 1미터 이상 2미터 이하)

2. 인접 대지경계선으로부터 건축물까지 띄어야 하는 거리

대상 건축물	건축조례에서 정하는 건축기준
가. 전용주거지역에 건축하는 건축물(공동주택은 제외한다)	·1미터 이상 6미터 이하(한옥의 경우에는 처마선 2미터 이하, 외벽선 1미터 이상 2미터 이하)
나. 해당 용도로 쓰는 바닥면적의 합계가 500제곱미터 이상인 공장(전용공업지역, 일반공업지역 또는 「산업입지 및 개발에 관한 법률」에 따른 산업단지에 건축하는 공장은 제외한다)으로서 건축조례로 정하는 건축물	·준공업지역 : 1미터 이상 6미터 이하 ·준공업지역 외의 지역 : 1.5미터 이상 6미터 이하
다. 상업지역이 아닌 지역에 건축하는 건축물로서 해당 용도로 쓰는 바닥면적의 합계가 1,000제곱미터 이상인 판매시설, 숙박시설(일반숙박시설은 제외한다), 문화 및 집회시설(전시장 및 동·식물원은 제외한다) 및 종교시설	·1.5미터 이상 6미터 이하
라. 다중이 이용하는 건축물(상업지역에 건축하는 건축물로서 스프링클러나 그밖에 이와 비슷한 자동식 소화설비를 설치한 건축물은 제외한다)로서 건축조례로 정하는 건축물	·1.5미터 이상 6미터 이하
마. 공동주택(상업지역에 건축하는 공동주택으로서 스프링클러나 그밖에 이와 비슷한 자동식 소화설비를 설치한 공동주택은 제외한다)	·아파트 : 2미터 이상 6미터 이하 ·연립주택 : 1.5미터 이상 5미터 이하 ·다세대주택 : 0.5미터 이상 4미터 이하
바. 그밖에 건축조례로 정하는 건축물	·0.5미터 이상 6미터 이하(한옥의 경우에는 처마선 2미터 이하, 외벽선 1미터 이상 2미터 이하)

주) ① 제1호 가목 및 제2호 나목에 해당하는 건축물 중 법 제11조에 따른 허가를 받거나 법 제14조에 따른 신고를 하고 2009년 7월 1일부터 2015년 6월 30일까지 및 2016년 7월 1일부터 2019년 6월 30일까지 법 제21조에 따른 착공신고를 하는 건축물에 대해서는 건축조례로 정하는 건축기준을 2분의 1로 완화하여 적용한다.

② 제1호에 해당하는 건축물(「별표」1 제1호, 제2호 및 제17호부터 제19호까지의 건축물은 제외한다)이 너비가 20미터 이상인 도로를 포함하여 2개 이상의 도로에 접한 경우로서 너비가 20미터 이상인 도로(도로와 접한 공공공지 및 녹지를 포함한다)면에 접한 건축물에 대해서는 건축선으로부터 건축물까지 띄어야 하는 거리를 적용하지 않는다.

③ 제1호에 따른 건축물의 부속용도에 해당하는 건축물에 대해서는 주된 용도에 적용되는 대지의 공지 기준 범위에서 건축조례로 정하는 바에 따라 완화하여 적용할 수 있다. 다만, 최소 0.5미터 이상은 띄어야 한다.

다. 민법상 상린관계에 의한 규제

건물을 축조할 때에는 특별한 관습이 없으면 이웃토지와의 경계선으로부터 반미터 이상의 거리를 두어야 한다(민법 제242조 제1항). 이격거리를 두어야 하는 건물에는 그 종류에 제한이 없다. 여기에서 반미터의 거리를 두어야 한다고 할 때 건물의 기초부분을 기준으로 하는지 아니면 지붕 등과 같이 건물의 가장 돌출한 부분을 기준으로 하는지 등 건물의 어느 부분을 기준으로 해야 하는지 문제된다. 건물의 구성은 건물의 크기나 구조는 건물의 가장 돌출된 부분을 기준으로 하는 것이 타당하므로 건물의 이격거리도 건물의 가장 돌출부분을 기준으로 한다고 본다. 물론 반미터 이상의 거리를 두도록 하는 규정은 임의규정이기 때문에 다른 관습이 있으면 관습이 우선할 것이고(대판 1961.10.19. 4293민상204),[205] 나아가 상린자간에 다른 합의가 있으면 그 합의가 가장 우선하여 적용될 것이다(대판 1962.11.1. 62다567).[206]

3. 우물 또는 용수·하수·오염배출용 지하시설공사시의 이격거리

가. 의 의

경계선 부근에서 우물을 파거나 지하시설을 할 때에는 필연적으로 토지를 깊게 파는 것이 전제될 것이어서 경계선에 바짝 붙여 공사를 하게 되면 이웃토지에 영향을 미칠 것이 명백하므로 이웃토지에 피해를 주는 사태를 미연에 방지하기 위해서는 경계선으로부터 일정 거리를 띄고 공사를 하도록 할 필요가 있을 것이다. 여기에 토지에 대한 모든 심굴작업시 이웃토지에 대한 지반붕괴방어용 공사를 하도록 하는 의무를 부과하는 것과 별도로 우물이나 용수·하수·오염배출용 지하시설을 설치할 때에는 경계선으로부터 일정 거리 이상을 띄어서 공사하도록 하는 것이 요구되는 것이다(민법 제244조).

---

205) 원래 각 1필의 대지 및 건물이 구분 불하된 관계로 피고 소유의 건물 중 1층 부분은 분할로 인한 경계선 인정 이전부터 현재 위치에 건립되어 있으며, 동 1층 건물이 분할로 인하여 설정된 경계선으로부터 1척 2촌 5분의 거리밖에 보유하지 못하고 있어 법정거리인 1척 5촌에 미달이라 하여도 이러한 경우에 특단의 사유가 없는 한 피고는 동 1층 건물을 현재의 위치에 그대로 종전과 같이 보유할 수 있으며 그후 기존 1층 건물상에 증축되는 2층 건물도 기존 1층 건물과 동일한 거리를 분할로 인한 경계선까지 보유하면 족하다는 것이 일반적 관습이라고 할 것이다(대판 1961.10.19. 4293민상204).

206) 민법 제242조의 규정은 서로 인접하여 있는 소유자의 합의에 의하여 법정거리를 두지 않게 하는 것을 금지한다고는 해석할 수 없고, 당사자간의 합의가 있었다면 그것이 명시 또는 묵시라 하더라도 인접지에 건물을 축조하는 자에게 대하여 법정거리를 두지 않았다고 하여 그 건축을 폐지시키거나 변경시킬 수 없다고 할 것이다(대판 1962.11.1. 62다567).

나. 내 용

우물을 파거나 용수·하수·오물 등 처리용 지하시설을 할 때에는 경계로부터 2미터 이상의 거리를 두어야 하고, 특히 저수지나 구거(도랑) 또는 지하실공사를 할 때에는 토사가 무너지거나 하수·오물이 흘러내릴 우려가 크므로 경계로부터 그 깊이의 반 이상의 거리를 두고 설치해야 한다(민법 제244조 제1항). 우물의 일부만이 토지경계에서 2미터 안에 시설되어 있고 나머지 부분은 2미터 밖에 있는 경우에는 2미터 거리 내의 우물 부분은 이를 매몰할 의무가 있다고는 할 수 있을 것이나 2미터 거리 밖의 우물 부분에 대하여는 이를 매몰할 의무가 있다고 할 수 없을 것이다(대판 1980.10.27. 80다745).[207]

다만 이러한 지하시설을 하는 경우에 있어서 경계로부터 두어야 할 거리에 관한 제한 사항은 강행규정이 아니므로 당사자 간에 이와 다른 특약을 하는 것은 유효하다(대판 1982.10.26. 80다1634). 그리고 건축법상의 건축물에 대한 건축 등을 위하여 지하를 굴착하는 때에는 본 규정(민법 제244조 제1항)을 적용하지 않되, 필요한 안전조치를 하여 위해를 방지하도록 하고 있다(건축법 제9조 제1항).

한편 우물이나 용수·하수·오물 등 처리용 지하시설을 할 때에는 이웃토지의 토사가 붕괴하거나 하수 또는 오액이 흐르지 않도록 적당한 조치를 취해야 한다(민법 제244조 제2항). 만약 심굴자가 이러한 조치를 취하지 않고 공사를 함으로써 토사붕괴나 하수·오물이 흘러내릴 염려가 있는 때에는 이웃토지의 소유자는 방해의 배제 내지 방해의 예방을 청구할 수 있고, 손해가 생기면 손해배상도 청구할 수 있을 것이다. 여기에서 방해의 배제 내지 예방의 조치 내용에는 공사의 정지 또는 변경이 포함되며, 건축물을 건축할 때와 같은 기간의 제한(민법 제242조 제2항 단서)[208] 없이 언제든지 청구할 수 있다고 할 것이다. 이와 같은 우물이나 용수·하수·오물 등 처리용 지하시설의 공사는 건물을 축조하는 경우와 달리

---

207) 민법 제244조 제1항에 의하면 우물을 파거나 용수, 하수 또는 오물 등을 처치할 지하시설을 하는 때에는 경계로부터 2미터 이상의 거리를 두어야 하며, 저수지, 구거 또는 지하실 공사에는 경계로부터 그 깊이의 반 이상의 거리를 두어야 하고, 위 공사를 함에는 토사가 붕괴하거나 하수 또는 오액이 이웃에 흐르지 않도록 적당한 조치를 해야 한다고 규정하고 있는바, 본건 피고의 우물은 토지경계와의 거리 그 우물의 모양, 크기 등이 원심설시와 같다면, 본건 우물의 일부만이 토지경계에서 2미터 안에 시설되어 있고(경계로부터 2미터 거리 내에 있는 부분은 이 사건 우물 7.3미터 중 2미터 부분만이다), 그 나머지 부분은(5.3미터 부분) 그 2미터 밖에 있음이 분명하다 할 것이므로 특별한 사정이 없는 이상 피고의 본건 우물 중 경계에서 2미터 거리 내의 우물 부분은 이를 매몰할 의무가 있다고는 할 수 있을 것이나, 경계에서 2미터 거리 밖의 우물 부분까지(5.3미터) 이를 매몰할 의무가 있다고는 할 수 없을 것이므로 경계에서 2미터의 거리 밖에 있는 우물 부분까지 포함해서 본건 우물 전부를 매몰할 의무가 있다고 판단한 조치는 불합리하다고 할 것이다(대판 1980.10.27. 80다745).

208) 건축물을 축조할 때에 경계로부터 반미터 이상을 두지 않는 경우에는 인접지소유자는 건물의 변경이나 철거를 청구할 수 있으되, 건축에 착수한 후 1년을 경과하거나 건물이 완성된 후에는 손해배상만을 청구할 수 있다(제242조 제2항).

언제든지 그 공사를 정지 또는 변경시킨다고 하더라도 공사자에게 큰 손해가 가지 않기 때문이다.

다. 토지의 심굴금지 규정(민법 제241조)과의 관계

우물이나 용수·하수·오물 등 저치를 위한 지하시설공사를 할 때에도 이웃의 토사가 붕괴하거나 하수 또는 오액이 흐르지 않도록 적당한 조치를 취해야 할 의무가 있는데(민법 제244조 제2항), 이는 우물을 파거나 용수·하수·오물 등 저치의 지하시설을 할 때에 특별히 주의해야 할 것을 규정한 것일 뿐 토지를 심굴하는 모든 공사에 있어서 이웃토지의 지반이 붕괴되어서는 안되는 것이다. 따라서 지하시설 등에 대한 제한 규정(제244조)은 토지의 심굴금지 규정(민법 제241조)에 대한 특별규정이라고 보는 것이 타당할 것이다.

4. 건축거리를 위반하여 건축한 경우의 대응

건물을 건축시 이웃토지와의 경계선으로부터 반미터 이상을 띄어 건축해야 한다는 규정을 위반하여 건축을 하려고 하거나 건축을 하고 있는 경우에는 이웃토지소유자는 건물의 변경이나 철거를 청구할 수 있다(민법 제242조 제2항 본문). 이웃토지가 공터로 남아 있는 상태여서 그 사용에 지장을 받지 않고 있더라도 마찬가지이다. 변경이나 철거의 청구는 반드시 재판상 행사할 것으로 요하지 않으므로 내용증명을 발송하거나 구두상으로 통지하는 등 재판 외에서 행사하더라도 무관하다(대판 1969.2.4. 68다2339).[209] 건물이 완성되기 전에 건축허가처분에 대한 이의를 제기하거나(대판 1982.9.14. 80다2859),[210] 공사중지가처분을 집행한 경우도 마찬가지이다(대판 1967.8.29. 67다1265).

그러나 건축에 착수한 후 1년을 경과하거나 건물이 완성된 후에는 건물의 변경이나 철거는 청구할 수 없고, 손해배상만을 청구할 수 있을 뿐이다(민법 제242조 제2항 단서). 건물을 착수하고도 아무런 이의를 제기하지 않고 있다가 1년이 경과한 후나 건물이 완성된 후에 비로소 그 변경이나 철거의 청구가 인정된다면 건축주의 손해가 너무 크고 사회경제적으로도 손실이 많기 때문이다. 따라서 건물이 민법 제242조 소정의 확보거리 반미터를 다 두지

---

209) 민법 제242조 제2항에 의한 건물의 변경이나 철거의 청구는 재판 외에서 하더라도 상관없는 것이다(대판 1969.2.4. 68다2339).

210) 경계로부터 민법 제242조, 제244조에 따른 법정거리를 두지 않고 세워진 건물의 철거 등을 구하는 이 사건 청구에 관하여 피고가 이 사건 소는 건물이 완성된 후에 제기된 것이므로 부적법하다는 항변을 하였는바, 원심이 원고가 법정제척기간 내에 소제기의 방법이 아닌 건축허가처분에 대한 이의를 함으로써 이 사건과 같은 주장을 한 사실을 확정하고 위 피고의 항변을 배척하였음은 정당하다(대판 1982.9.14. 80다2859).

못하고 이웃대지로부터 30센티미터를 두고 세워져 있어 동 건물의 각층마다 1.2평씩만이 법정거리 내에 들어 있는 경우라도 동 건물이 건축된지 수년이 지난 지금 법정거리 안에 있는 건물부분을 철거하는 것은 이웃대지소유자에게 어떠한 이익도 가져오지 못하고, 오히려 사회경제적으로 보나 상린관계의 취지에서 보더라도 이를 철거한다는 것은 적절치 않으므로 위 건물 부분에 대한 철거청구는 권리의 사회성에 비추어 권리남용에 해당한다고 할 것이다(대판 1982.9.14. 80다2859).

여기에서 건축에 착수했다는 것은 이웃토지소유자가 현실적으로 건축의 착수를 인식하지 못했더라도 객관적으로 건축의 착수를 인식할 수 있는 상태에 이르는 것으로 족할 것이지만, 설계도가 만들어졌다거나 건축도급계약이 체결되었다는 사실만으로는 건축에 착수했다고 볼 수 없을 것이다. 그리고 건축의 착수에는 기초공사의 착수나 증축공사의 착수도 포함될 것이다(대판 1966.3.15. 65다2329).[211] 그런데 건물의 건축에 착수한지 1년이 지나지 않는 시점에서 건물의 변경이나 철거청구를 했지만 상대방이 이를 무시하고 계속 공사를 진행하여 건물을 완성시켰을 때에는 어떻게 되는지 문제된다. 이러한 경우에는 이웃토지소유자의 변경 또는 철거청구권은 소멸하지 않는다고 보아야 할 것이다.[212] 건물의 완성이란 건축법상의 사용승인까지 받지 않았다고 하더라도 사회관념상 독립된 건물로 인정될 수 있는 정도도 건축되어 있으면 건물이 완성되었다고 볼 수 있을 것이다. 그러나 경계선을 침범하여 이웃토지상에 건축이 이루어진 경우에는 그 이웃소유자는 소유권에 기하여 건물의 철거와 점거토지의 반환을 동시에 청구할 수 있을 것이다(대판 1986.12.23. 86다카1751).[213]

5. 경계를 침범한 소위 월경건축·침계건축의 경우

건물을 건축할 때에는 이웃토지와의 경계로부터 반미터 이상을 띄고 건축해야 하는데, 어떤 때에는 건물 자체가 경계를 넘어 건축된 경우가 있다. 이에 관하여는 민법에 규정이 없기 때문에 견해가 나누어지고 있다. 즉 ① 소유권 또는 점유권에 기한 물권적 청구권을

211) 민법 제242조 제2항의 건축에 착수라 함은 기초공사의 착수도 포함하면서 증축에 따라 경계로부터의 거리가 처음보다 단축되는 때에는 그 증축의 착수도 포함된다고 보는 것이 그 입법취지로 보아 합당한 해석이다(대판 1966.3.15. 65다2329).

212) 한국사법행정학회, 2011 주석 민법(물권 1), 668p.

213) 건물철거는 그 소유권의 종국적 처분에 해당하는 사실행위이므로 원칙으로는 그 소유자(등기명의자)에게만 그 철거처분권이 있다고 할 것이나 그 건물을 매수하여 점유하고 있는 자는 등기부상 아직 소유자로서의 등기명의가 없다 하더라도 그 권리의 범위 내에서 그 점유중인 건물에 대하여 법률상 또는 사실상 처분을 할 수 있는 지위에 있고 그 건물이 건립되어 있어 불법으로 점유를 당하고 있는 토지소유자는 위와 같은 지위에 있는 건물점유자에게 그 철거를 구할 수 있다(대판 1986.12.23. 86다카1751).

행사하여 공사의 폐지·변경이나 건물의 철거를 청구할 수 있다는 견해, ② 건물축조자의 고의·중과실이 없는 한 토지매수나 손해배상만을 청구할 수 있을 뿐이라는 견해, ③ 건물축조자에게 고의·중과실이 있는 경우에는 아무런 제한 없이 건물의 철거를 청구할 수 있을 것이로되, 그렇지 않는 경우에는 민법 제242조 제2항을 유추하여 건물에 착수한지 1년 이내이고 건물이 완성되기 전이라면 그 변경이나 철거를 청구할 수 있지만, 그 후에는 손해배상만 청구할 수 있다는 견해가 그것이다.[214] 생각건대 민법에 아무런 규정이 없는 현행법의 해석으로는 일반원칙으로 돌아가 물권적 청구권의 원리에 따라 해결해야 할 것으로 보이며, 따라서 물권적 청구권에 기한 공사의 중지·폐지나 건물의 철거청구를 원칙적으로 인정하되,[215] 건물완공 후의 철거청구가 신의성실의 원칙이나 권리남용에 해당되는 경우에는 물권적 청구권의 행사가 제한된다고 보는 것이 타당하다고 본다. 물권적 청구권의 행사가 제한된 이웃토지소유자로서는 수인의무를 지게 된 반면 그 침범된 토지에 대한 지료 상당의 보상을 청구할 수 있을 것이다.

| 판례 201 | 건축법상 "맞벽은 방화벽으로 축조해야 한다."는 취지 및 이에 위반한 경우에 민법상 경계선부근의 건축금지의 규정(제242조)이 적용되는지 여부(소극)

【판시사항】

[1] 건축법 제50조의2 제1항 제1호 소정의 '맞벽으로 하여 건축하는 경우'의 의미

[2] 건축법 시행령 제81조 제3항의 "맞벽은 방화벽으로 축조해야 한다."는 규정의 취지 및 이에 위반한 경우 민법 제242조(경계선부근의 건축)가 적용되는지 여부(소극)

【판결요지】

[1] 건축법 제50조의2 제1항 제1호에서 말하는 '맞벽으로 하여 건축하는 경우'라 함은 서로 마주 보는 건축물의 벽이 존재하는 경우뿐만 아니라, 이 사건과 같이 상업지역에서 어느 일방 토지소유자가 나대지인 인접토지와의 경계선으로부터 50cm의 이격거리를 두지 않고 건축물을 건축하는 경우도 포함된다고 봄이 합목적적이라고 할 것이고, 토지소유자는 그 소유권이 미치는 토지 전부를 사용할 수 있음이 원칙이나 상린관계로 인하여 민법 제242조의 제한을 받게 된 것이므로 국민의 재산권 보장이라는 관점에서도 상업지역에서는 민법 제242조가 적용되지 아니한다고 해석함이 상당하다(대판 2001.10.23. 2001다45195).

[2] 건축법시행령 제81조 제3항에서 "맞벽은 방화벽으로 축조해야 한다"고 규정한 취지는 민법 제242조에 의한 이격거리의 제한을 폐지하는 대신 건축물의 유지·관리를 위한 방화목

214) 한국사법행정학회, 2011 주석 민법(물권 1), 669p.

215) 특히 건축주나 건축시행자가 고의 또는 중과실로 경계를 침범하여 건축한 경우에는 건물의 변경이나 철거청구가 쉽게 인정될 수 있을 것이다.

적을 고려하여 맞벽을 방화벽으로 건축하도록 제한을 가하고 있는 것으로 볼 것이어서 이에 위반한 경우 건축법에 따른 제재를 받는 것은 별론으로 하고 민법 제242조의 적용을 받게 되는 것은 아니다(대판 2001.10.23. 2001다45195).

| 판례 202 | 경계선 부근의 건축거리 제한 규정의 성질

【판시사항】

지하시설을 하는 경우에 있어서 경계로부터 두어야 할 거리에 관한 사항 등을 규정한 민법 제244조가 강행규정인지 여부(소극)

【판결요지】

지하시설을 하는 경우에 있어서 경계로부터 두어야 할 거리에 관한 사항 등을 규정한 민법 제244조는 강행규정이라고는 볼 수 없으므로 이와 다른 내용의 당사자 간의 특약을 무효라고 할 수 없다(대판 1982.10.26. 80다1634).

| 판례 203 | 법정거리안에 세워진 건물 부분의 철거청구가 권리남용으로 인정되는 경우

【판시사항】

[1] 경계로부터 법정거리를 두지 않고 세워진 건물의 철거청구는 건축허가처분에 대한 이의로써도 가능한지 여부

[2] 법정거리안에 세워진 건물 부분의 철거청구가 권리남용에 해당하는 경우

【판결요지】

[1] 경계로부터 민법 제242조, 제244조에 따른 법정거리를 두지 않고 세워진 건물의 철거 등을 구하는 본건 청구에 관하여 피고가 본건의 소는 건물이 완성된 후에 제기된 것이므로 부적법하다는 항변을 하였는바, 원심이 원고가 법정제척 기간 내에 소제기의 방법이 아닌 건축허가처분에 대한 이의를 함으로써 이 사건과 같은 주장을 한 사실을 확정하고 위 피고의 항변을 배척하였음은 정당하다(대판 1982.9.14. 80다2859).

[2] 본건 건물은 민법 제242조 소정의 확보거리 0.5 미터를 다 두지 못하고 원고소유 대지로부터 30센치미터를 두고 세워져 있어 동 건물의 각층마다 1.2평씩만이 법정거리 내에 들어 있는바 동 건물이 건물이 건축된지 수년이 지난 지금 법정거리안에 있는 건물부분을 철거하는 것은 원고에게는 거의 어떠한 이익도 가져오지 못하고 오히려 사회, 경제적으로 보나 상린관계의 취지에서 보나 이를 철거한다는 것은 적절하지 않으므로 원고의 위 건물부분의 철거청구는 권리의 사회성에 비추어 권리남용에 해당한다(대판 1982.9.14. 80다2859).

05

창·마루설치자의 차면시설의무

1. 의 의

건물은 지상에 건축한 관계로 비교적 높고 창문이나 마루를 통하여 이웃주택의 내부를 관망하여 사생활 내지 개인의 프라이버시를 침해할 수 있으므로 경계 부근에서 건물을 건축하여 그 창이나 마루를 설치할 때에는 적당한 차면시설이 필요할 것이다. 이에 경계로부터 2미터 이내의 거리에서 이웃주택의 내부를 들여다볼 수 있는 창문을 내거나 마루를 설치할 때에는 차면시설을 하도록 의무화하고 있다(민법 제243조). 원래 건물을 건축할 때에는 경계로부터 반 미터만 이격하면 되기 때문에 두 건물의 간격이 1미터만 떨어져 건축되어 있어도 법에 어긋나지 않으므로 특히 도시지역에서 경계선 부근에 상호 건물을 바짝 붙여 축조한 때에는 창문이나 마루를 통하여 이웃주택의 내부가 관망되는 것은 피할 수 없게 되어 차면시설의무가 문제되는 것이다. 차면시설의무는 민법뿐만 아니라 건축법 시행령에도 규정되어 있다(건축법 시행령 제56조).[216)]

2. 내 용

기존의 이웃주택이 경계선 부근에 건축되어 있는 상태에서 경계선에 바짝 붙여 새 건물을 축조하고 창문이나 마루를 설치할 때에는 이웃주택의 내부가 관망되지 않거나 경계로부터 2미터가 초과된 건물 부분에 이를 설치하는 것이 현명할 것이지만, 부득이 경계로부터 2미터 이내의 거리에서 이웃주택의 내부가 관망될 수 있는 창문이나 마루를 설치하고자 할 때에는 관망을 차단하기에 적당한 차면시설을 설치해야 할 의무가 있다(민법 제242조).

여기에서 경계로부터 2미터 이내란 인접 대지경계선으로부터 직선거리 2미터 이내를 말하며(건축법 시행령 제56조), 창문이나 마루란 관망 목적의 창문에 한하지 않으며 아파트의 베란다도 포함되고, 통풍이나 채광 등의 목적으로 설치된 창문이라도 이웃주택의 내부가 관망될 수 있는 것이라면 모두 포함된다고 보아야 한다.

기존 건물에 없던 창문이나 마루를 새로이 설치하고자 할 때에도 그 창문이나 마루가

---

216) 인접 대지경계선으로부터 직선거리 2미터 이내에 이웃 주택의 내부가 보이는 창문 등을 설치하는 경우에는 차면시설(遮面施設)을 설치해야 한다(건축법 시행령 제56조).

경계로부터 2미터 이내의 거리에 설치되어 있어서 이웃주택의 내부가 관망될 수 있는 때에는 마찬가지로 적당한 차면시설을 해야 하는 것이다. 이러한 차면시설의무는 이웃건물이 단독주택이나 아파트, 연립주택, 원룸 등 주택인 경우에 한하는 것이며, 주택 아닌 일반 건물인 경우에는 그 내부를 경계로부터 2미터 이내의 거리에 설치된 창문이나 마루로부터 관망된다고 하더라도 차면시설의 의무는 없다.

즉 관망되는 곳이 주택이 없는 나대지이거나 창고 또는 공장인 경우에는 차면시설의무가 없는 것이다. 그러나 관망되는 건물이 주택인 한 등기여부는 불문하며, 이웃한 두 주택이 동일한 소유자라고 할지라도 본인의 가족 외에 세입자가 거주한 때에는 역시 주택의 소유자에게 차면시설의무가 있다고 할 것이고, 동일 소유자의 두 주택이라도 소유자가 변경되어 각각 다른 소유자에 속하게 된 때에는 이러한 차면시설의 문제가 생기게 되는 것이다. 차면시설의무가 있는 건물의 소유자에는 주택에 한하지 않고, 주택 외의 건물이라도 이웃주택의 내부가 관망될 수 있는 창문이나 마루를 설치할 때에는 차면시설의무가 있다.

차면시설의무는 이웃주택의 거주자를 보호하기 위한 것이므로 그 청구자는 토지소유자가 아니라 주택의 소유자 또는 임차인 등 거주자라고 할 수 있고, 차면시설의무자는 건물의 축조자가 아니고 건물의 소유자라고 할 것이다.

그런데 창문이나 마루가 설치된 건물이 먼저 축조된 상태에서 이웃주택이 나중에 건축되었고 그로 인하여 먼저 축조된 건물의 창문이나 마루로부터 나중에 축조된 주택의 내부가 관망되는 경우에는 어떻게 되는지 문제된다. 물론 나중에 건축된 주택을 건축할 때에 기존 건물의 창문이나 마루로부터 주택의 내부가 관망되지 않도록 건축하면 큰 문제가 없을 것이지만 부득이하게 주택의 내부가 관망되도록 건축할 수밖에 없는 경우가 있을 수 있는데, 이러한 경우에 기존 건물의 소유자에게 기득권을 주어 차면시설의무가 없다고 해야 하는지 문제되는 것이다.

또한 양쪽 건물이 모두 주택이고 서로 이웃내부를 관망할 수 있는 경우에는 어느 쪽에서 차면시설의무를 부담한다고 해야 하는지도 문제된다. 이에 관하여는 일의적으로 판단할 수 없고, 구체적인 사안에 따라 기존 건물의 존재 여부, 개인의 사생활보호의 취지, 상린관계의 정신 등에 입각하여 합리적으로 판단되어야 할 것으로 보인다.[217] 생각건대 기존 건물이 주택이 아닌 경우에는 기존 건물의 소유자에게 차면시설의무를 부담시키되, 그 설치비용에 관하여는 나중에 건축된 이웃주택의 소유자에게 부담시키는 것이 타당하다고 보이며, 또한 기존 건물 및 나중 건물 모두 주택이고 어느 한 주택에만 차면시설을 하면 이웃주택의

217) 한국사법행정학회, 2011 주석 민법(물권 1), 680p.

내부가 관망되지 않는 경우에는 나중에 건축된 주택의 소유자에게 차면시설의무를 부담시키는 것이 타당하다고 본다.

3. 차면시설의무 불이행시의 대응

주택내부가 관망되지 않도록 적당한 차면시설을 해야 할 의무를 이행하지 않는 경우에는 주택의 소유자나 거주자 등 피해자는 차면시설의무자의 부담으로 제3자로 하여금 차면시설을 하도록 하는 것을 법원에 청구할 수 있고(제389조 제2항), 아울러 손해가 생긴 때에는 위자료 배상의 손해배상도 청구할 수 있을 것이다(대판 1997.10.28. 95다15599).[218)]

그러나 차면시설의무를 이행하지 않는 자에 대하여 창문이나 마루의 폐쇄까지 청구하는 것은 인정되지 않을 것이다. 물론 당사자 사이의 합의에 따라 차면시설의무를 면제할 수 있을 것이지만 이는 당사자 사이에서만 효력이 있을 뿐 주택의 양수인 등 새로운 소유자에 대해서는 그 합의의 효력을 주장할 수 없을 것으로 보인다.

---

218) 의료법인이 운영하는 종합병원의 부지와 인근 주민들이 거주하는 연립주택의 부지는 모두 도시계획법에 의하여 일반상업지역으로 지정된 지역 내에 위치하고 있기는 하지만, 그 지역의 현황은 상가 등 근린생활시설과 주택이 혼재하여 있고, 그 연립주택의 전면이 그 병원의 부지 쪽을 향하여 건축된 다음 상당한 기간이 지난 후에 그 병원이 건축되었으며 그 연립주택 부지와 병원 부지 사이의 경계로부터 그 병원의 3층 산부인과 입원실의 연립주택 쪽 창문까지의 직선거리는 차면시설의무가 있는 법정 거리인 2m에 미치지 못하는 경우, 비록 그 병원이 그 부지의 도시계획상 용도에 적합한 시설이고 그 병원과 같은 종합병원은 공익시설이며 이를 운영함에 있어서 응급실과 영안실의 설치가 필수적이라고 하더라도 그 병원 및 연립주택의 현황과 그 위치한 지역의 형태, 토지 이용의 선후관계, 의료법인으로서는 그 병원의 운영에 지장을 초래하지 않는 범위 내에서 인근 주민들의 생활방해를 방지하거나 감소시키기 위한 조치를 할 수 있었을 것으로 보이는 점 등 제반 사정에 비추어 볼 때, 의료법인이 그와 같은 조치를 하지 아니함으로써 발생한 생활방해는 인근 주민들에게 사회통념상 요구되는 수인의 한도를 넘은 것이라고 봄이 상당하다(대판 1997.10.28. 95다15599).

제 3 부 ● 상린관계 소장 작성실무

제1장 소장 및 가처분신청서 작성방법

01
상린관계 소장 작성방법

소장을 작성하는데 두려움을 가질 필요는 없다. 소장은 일정한 서식에 따라 6하 원칙에 따라 순서대로 기재한다고 생각하면 된다. 소장은 크게 표지부분, 소장부분, 별지부분으로 구성되는데, 표지부분은 인지를 첨부하기 위하여 관례적으로 붙이는 부분이고, 별지부분은 별지를 써야 할 경우에만 붙인다. 따라서 복잡하면 표지부분과 별지부분은 붙이지 않아도 된다.

소장부분에는 순서대로 ① 표제(소장), ② 원고·피고의 성명, 주소, 전화번호, ③ 법정대리인의 성명, 주소, 전화번호, ④ 소송의 제목, ⑤ 청구취지, ⑥ 청구원인, ⑦ 첨부서류, ⑧ 작성연월일, ⑨ 원고의 표시·날인, ⑩ 법원명을 기재하면 된다. 소장부분에 대한 작성방법에 대하여 좀 더 자세히 알아보자.

1. 「표제」란

먼저 소장의 제일 위 부분에 「소장」이라고 쓰면 된다. 간격을 적당히 벌리면 보기에 좋다. 이는 3,000만원 이하의 소액사건이든 이를 초과하는 단독사건이든 마찬가지이다. 물론 지급명령을 신청할 때에는 「지급명령신청서」라고 기재하면 된다.

2. 「원고·피고의 성명, 주소, 전화번호」란

원고·피고의 성명을 적고, 그 옆에 괄호로 주민등록번호를 적는다. 주민등록번호를 모르면 그 특정을 위하여 한자(漢字) 성명을 병기하는게 좋다. 원래 주민등록번호나 한자성명은 기재하지 않아도 소송을 제기할 수는 있으나, 강제집행시에 동일인의 증명을 위하여 필요하므로 가급적이면 기재하는 것이 현명하다. 주소는 성명의 아래 줄에 기재하는데, 원칙적으로 성명의 첫 번째 글자부터 시작하여 기재한다. 주소는 특별시, 광역시의 경우에는 서울, 부산, 광주 등으로 표시하면 되고, 시(市)를 표시할 때에는 도의 표시를 하지 않으며(예, 논산시), 읍·면에는 소속된 시·군을 표시한다(예, 전남 곡성군 곡성읍). 또한 번지에는 하이픈(-)을 사용한다(예, 955-9). 그리고 적당한 여백에 당사자의 전화번호나 이-메일주소 등 연락처를 기재하면 된다. 그리고 주소지와 송달받을 장소가 다른 경우에는 별도로 송달받을 장소를 기재해야 한다. 당사자에게 소송대리인이 있는 경우에는 그의 성명, 주소, 전화번호를 기재하여 주면 된다. 또한 원·피고 등 당사자가 무능력자인 경우에는 법정대리인을 표시해 주어야 한다. 당사자가 법인 또는 비법인 사단·재단인 경우에는 해당 법인 또는 비법인 사단·재단의 표시와 대표자의 성명 및 주소를 기재해 주면 된다. 이 경우 법인의 본점이나 사무소의 주소 또는 비법인 사단·재단의 주소는 반드시 기재해 주어야 하는 것은 아니지만 송달의 편의를 위하여 가급적 기재해 주는 것이 현명하다.

당사자가 국가 또는 지방자치단체인 경우에는 해당 국가 또는 지방자치단체의 표시 및 대표자의 성명만 표시하면 되고, 그들의 주소는 기재할 필요가 없다. 이 경우 대표자에 해당하는 자로는 국가의 경우에는 법무부장관이, 시·도·군·구의 경우에는 해당 시장·도지사·군수·구청장이 되지만, 교육·학예에 관한 소송의 경우에는 해당 지방자치단체의 교육감이 된다.

참고로 보이스피싱 손해 등의 경우처럼 피고의 인적사항이 정확히 파악이 되지 않은 상태에서 소송을 제기하려고 하는 경우에는 피고의 성명, 주소의 표시를 "미정"으로 기재해 놓고, 소장을 제출하면서 동시에 해당 피고의 인적 자료를 가지고 있는 은행 등 기관을 표시하여 법원에 문서송부촉탁 또는 사실조회촉탁을 한 후 나중에 보내 온 자료에 의하여 성명 및 주소를 보정하는 방법으로 소송을 진행하면 될 것이다.

3. 「소송의 제목」란

소송의 제목은 사건을 대표할 제목을 적으면 된다. 예컨대, 상린관계와 관련해서는 주위토지통행권확인의 소, 통행방해금지청구의 소, 건물철거청구의 소 등으로 표시하면 되고, 그로 인한 손해배상청구소송은 그 종류에 따라 건물철거 등 청구의 소, 손해배상(공), 손해배상(환), 손해배상(기)로 표시하면 될 것이다. 그리고 일조권 침해로 인한 건물철거와 손해배상을 함께 청구하는 경우와 같이 사건을 대표할 제목이 여러 개이면 「건물철거 등」이라고 표시하면 된다.

사건에 관하여 최초로 붙인 사건명은 잘못 기재되었다거나, 소가 변경된 경우라 하더라도 고칠 수는 없으며, 그 사건이 끝날 때까지 계속 따라 다니게 된다. 사건제목이 실제내용과 다르더라도 나중에 강제집행을 실시함에 있어서는 큰 지장이 없다.

4. 「청구취지」란

청구취지는 그 사건의 결론부분과, 금전청구에 있어 지연손해금을 지급하라는 내용, 소송비용의 부담을 피고로 한다는 내용, 가집행할 수 있다는 내용, 그리고 이러한 재판을 구한다는 내용을 순서대로 간략하게 기재하면 된다. 그런데 청구취지는 소장의 다른 부분들과는 달리, 재판의 핵심에 해당하는 중요한 부분이기 때문에 정형적으로 공식화되어 있는 방식에 따라 작성해야 한다.

또한 청구취지에 기재하는 지연손해배상금에 대하여는, 만약 당사자 간에 이자약정이 있고 그 약정이 연 12%보다 많을 경우에는 해당 이자약정을 기재하면 되고, 그 이외의 경우에는 연 12%로 기재하면 된다(소송촉진 등에 관한 특례법 제3조 제1항 본문).[219] 청구취지는 예컨대, "원고는 피고에게 금 50,000,000원 및 이에 대하여 2021. 1. 1.부터 이 소장 부본송달일까지 연 5%의, 그 다음날부터 완제일까지 연 12%의 비율에 의한 금원을 지급하라. 소송비용은 피고의 부담으로 한다. 제1항은 가집행할 수 있다. 라는 재판을 구합니다."와 같이 작성하면 된다.

5. 「청구원인」란

청구원인은 소송을 왜 제기하게 되었는지의 원인을 일목요연하게 적어 내려가면 된다. 특별한 서식은 필요하지 않으며, 들어갈 내용만 들어가 있으면 된다. 청구원인은 보통 길기 때문에 항목을 구분할 필요가 있는데, 이 경우에는 첫째 항은 1., 둘째 항은 가., 셋째 항은 (1), 넷째 항은 (가), 다섯째 항은 1), 여섯째 항은 가)의 순서대로 분류하면 된다. 그리고 청구원인에서는 원·피고의 당사자가 아닌 증인 등 제3자를 언급할 경우가 많은데, 이 경우에는 '소외 박길동'(신청사건의 경우에는 '신청외 박길동')과 같이 그 앞에 '소외' 또는 '신청외'라는

---

219) 소송촉진법상의 법정이율의 변동내역은 아래와 같다.
① 1981. 03. 01. ~ 2003. 05. 31. : 연 25%
② 2003. 06. 01. ~ 2015. 09. 30. : 연 20%
③ 2015. 10. 01. ~ 2019. 05. 31. : 연 15%
④ 2019. 06. 01. ~ 현재까지 : 연 12%(법무부공고 제1019-42호로 2019. 2. 20. 개정)

말을 기재하여 주도록 한다.

6. 「입증방법·첨부서류」란

소장에는 보통 해당 사건에서 원고의 주장을 뒷받침하여 주고, 피고에게 불리한 여러 가지의 증명자료(서증)들과 소송에 필요한 서류들을 첨부하게 되는데, 「입증방법」란에는 이러한 서증들을 첨부한 순서대로 기재하면 되고, 「첨부서류」란에는 서증들을 비롯하여 소장에 첨부한 서류들을 순서대로 기재하면 된다. 그리고 증명자료로 제출된 서증에 대하여는, 이를 누가 제출한 것인지 알아볼 수 있도록, 그 앞에 일정한 부호를 붙여주어야 하는데, 원고가 제출한 서증에는 '갑 제( )호증', 피고가 제출한 서증에는 '을 제( )호증', 당사자 참가인이 제출한 서증에는 '병 제( )호증'이라는 부호를 붙여주면 되고, 서증이 둘 이상인 경우에는 첨부한 순서대로 '갑 제1호증(매매계약서)', '갑 제2호증(토지등기부등본)', '갑 제3호증(건물등기부등본)' 등과 같이 기재하여 주면 된다.

또한 서증이 상호연관성이 있거나 공통성이 있는 경우 또는 하나의 서증이 여러 장으로 구성되어 있는 경우에는 가지번호를 붙여 구분하면 된다. 예컨대, 첨부할 서증이 동일한 거래처 발행의 여러 장의 영수증인 경우에는 '갑 제1의 1', '갑 제1의 2'와 같은 부호를 붙여 주면 되는 것이다. 또한 동일방향의 당사자가 수인인 경우, 예컨대, 원고가 둘 이상인 경우에는 한 명의 원고가 제출하는 서증에는 '갑 가 제1호증', 다른 원고가 제출하는 서증에는 '갑 나 제1호증'과 같은 부호를 붙여 구별하면 된다. 신청사건의 경우에는 소송사건의 서증 부호 앞에 '소명(증명보다 낮은 개연성)'을 의미하는 '소'자를 덧붙여 주면 된다(예, 신청인 제출서류 : 소갑 제1호증, 피신청인 제출서류 : 소을 제1호증).

7. 「원고의 표시날인」란

이 부분에는 '원고의 표시와 그 옆에 원고의 성명을 적고, 도장을 찍거나 서명하면 된다(예, 위 원고 장몽룡 (인)). 입증방법은 피고의 수에 1을 더한 만큼 첨부하고, 소장부본은 피고의 수만큼 첨부하면 된다.

8. 「작성연월일」란

작성연월일을 기재할 때에는 연, 월, 일이라는 글자는 생략하고, 온점(·)을 찍어 표시하면 된다. 본문에서 시간까지 표시할 필요가 있는 경우에도 시, 분의 글자는 생략하고, 쌍점(:)을 찍어 구분하도록 한다(예, 20○○. 1. 28. 14:00).

9. 「법원명」란

법원명은 소장의 가장 아래 부분에 소장을 제출할 법원명을 적으면 된다(예, 광주지방법원 귀중). 필요할 경우에는 법원명 옆에 부서명도 기재해 주면 좋다(예, 광주지방법원 민사 1부 귀중).

10. 인지첨부

소장에는 소정의 인지를 붙여야 하는데, 소장표지가 있는 경우에는 소장 표지의 빈 공간에 붙이면 되고, 소장표지가 없는 경우에는 소장의 맨 첫장의 뒷면에 붙이면 된다.

02

소장의 청구취지란 기재례

청구취지는 소송의 결론부분을 압축하여 쓰는 것이라고 생각하면 된다. 청구취지에는 보통, ㉠ 사건의 결론 부분, ㉡ 소송비용부담 부분, ㉢ 가집행선고에 관한 부분의 3가지를 기재한다.

그리고 2인 이상의 피고를 상대로 할 경우에는 청구취지를 기재함에 있어서, 그 채무가 분할채무이거나 독립한 채무 등 중첩관계가 없는 경우에는 각 피고별로 그 의무이행액을 명시하여 '각'[220] 지급하라고 표시하면 족하지만, 피고들 사이에 중첩관계가 있는 경우에는 반드시 '연대하여'(연대채무, 공동차주의 채무, 일상가사로 인한 부부의 공동채무 등), '각자'(불가분채무, 부진정연대채무 등), '합동하여'(다수의 어음·수표채무) 등의 표시로 피고들의 상호관계와 채무범위를 확정해 주어야 한다.[221]

각 분야별로 많이 사용되고 있는 대표적인 것만 몇 가지의 예를 들어보기로 하자.

1. 금전지급 청구

① 기본형(이자, 지연 손해금 없는 경우)[222]

[1. 피고는 원고에게 금 10,000,000원을 지급하라.
2. 소송비용은 피고의 부담으로 한다.
3. 제1항은 가집행할 수 있다.
라는 판결을 구합니다.]

[피고는 원고에게 미합중국통화 1,000달러를 지급하라.]

② 부대청구가 있는 경우(예, 이자청구 또는 지연손해금 청구)

[피고는 원고에게 금 10,000,000원 및 이에 대한 20○○. 2. 1.부터 완제일까지[223] 연 12%의 비율에 의한 금원을 지급하라.]

220) 피고들 사이에 중첩관계가 있는 경우에는 '각'이라는 표현을 사용해서는 안된다.
221) 피고가 다수인데, 청구취지에 아무런 부가없이 "피고들은 원고에게 금 10,000,000원을 지급하라"라고 기재한 경우에는 분할채무의 원칙에 따라 만약 피고가 2인이라면 "피고들은 원고에게 각 금 5,000,000원을 지급하라."와 같은 의미가 된다.
222) 소송비용과 가집행부분인 2, 3. 부분은 공통되므로 이하에서는 생략한다.
223) '완제일까지'는 '다 갚는 날까지'로 해도 된다.

[피고는 원고에게 금 10,000,000원 및 이 소장부본송달일 다음날부터 완제일까지 연 12%의 비율에 의한 금원을 지급하라.]

③ **부대청구의 이율이 기간별로 각각 다른 경우(예, 약정이자)**

[피고는 원고에게 금 10,000,000원 및 이에 대한 20○○. 7. 15.부터 20○○. 4. 23.까지는 연 10%의, 20○○. 4. 24.부터 20○○. 5. 31.까지는 연 12%의, 20○○. 6. 1.부터 완제일까지는 연 12%의 각 비율에 의한 금원을 지급하라.]

④ **수인의 원고가 1인의 피고에게 다른 금액의 지급을 구하는 경우**

[피고는 원고 甲에게 금 5,000,000원, 원고 乙에게 금 3,000,000원, 원고 丙, 丁에게 각 금 1,000,000원 및 위 각 금원에 대한 2001. 7. 15.부터 2003. 5. 31.까지는 연 25%의, 2003. 6. 1.부터 2015. 9. 30.까지는 연 20%의, 2015. 10. 1.부터 2019. 5. 31.까지는 연 15%의, 2019. 6. 1.부터 완제일까지는 연 12%의 각 비율에 의한 금원을 지급하라.][224)]

[피고는 원고(선정당사자)에게 금 5,000,000원, 선정자 乙에게 금 3,000,000원, 선정자 丙, 丁에게 각 금 1,000,000원을 각 지급하라.]

⑤ **1인의 원고가 수인의 피고에 대하여 청구하되, 이율 또는 기산일이 다른 경우**

[1. 원고에게,

가. 피고 甲은 금 5,000,000원 및 이에 대한 20○○. 9. 1.부터 이 소장부본송달일까지는 연 5%, 그 다음날부터 다 갚는 날까지는 연 12%의 비율에 의한 금원을,

나. 피고 乙은 10,000,000원 및 이에 대한 20○○. 10. 1.부터 다 갚는 날까지 연 12%의 비율에 의한 금원을,

각 지급하라.]

[피고들은 연대하여 원고에게 금 5,000,000원 및 이에 대하여 甲은 20○○. 1. 6.부터, 피고 乙은 20○○. 3. 2.부터, 피고 丙은 20○○. 5. 2.부터 이 소장부본송달일까지는 각 연 5%, 그 다음날부터 다 갚는 날까지 연 12%의 비율에 의한 금원을 각 지급하라.]

---

224) 「소송촉진 등에 관한 특례법」상의 이율은 그 동안 수차례 변동되어 왔는데, 1981. 3. 1.~2003. 5. 31.까지는 연 25%를, 2003. 6. 1.부터~2015. 9. 30.까지는 연 20%를, 2015. 10. 1.~ 2019. 5. 31.까지는 연 15%를, 2019. 6. 1.~ 현재까지는 연 12%를 적용하도록 하고 있다. 따라서 변제기 후 장기간이 지난 후에 소송을 제기할 경우에는 위와 같은 각 기간별 최고이율의 변동에 따른 최고이율을 기재해 주어야 한다. 최고이율을 초과해서 청구할 수는 없기 때문이다.

⑥ **수인의 피고들에 대한 청구**[225)]

[피고들은 원고에게 10,000,000원을 지급하라.]

로 표시할 경우, 피고가 2인이라면 분할채무의 원칙에 따라 원고는 피고 1인당 5,000,000원씩 10,000,000원을 청구할 수 있다는 의미이다.

[피고들은 원고에게 각 10,000,000원을 지급하라.]

로 표시할 경우, 피고가 2인이라면 원고는 피고 1인당 10,000,000원씩 20,000,000원 청구할 수 있다는 의미이다.

[피고들은 원고에게 각자 10,000,000원을 지급하라.]

로 표시할 경우, 피고가 2인이라면 피고들 중 어느 한사람이라도 10,000,000원을 지급해야 하지만, 원고는 합계 10,000,000원만을 받을 수 있다는 의미이다.

[원고에게, 피고 甲은 10,000,000원, 피고 乙은 5,000,000원, 피고 丙, 丁은 각 3,000,000원 및 위 각 금원에 대하여 이 소장부본송달일 다음날부터 연 12%의 비율에 의한 금원을 각 지급하라.][226)]

[피고들은 연대하여(또는 합동하여, 각자) 원고에게 10,000,000원을 지급하라.]

[원고에게, 피고들은 연대하여 금 5,000,000원을, 피고 甲은 금 1,000,000원을 각 지급하라.][227)]

[원고에게, 피고 甲, 乙은 각자 금 3,000,000원을, 피고 甲, 丙은 각자 금 1,000,000원을 각 지급하라.][228)]

[원고에게, 피고 甲, 乙은 각자 금 3,000,000원을, 피고 甲, 丙은 각자 금 1,000,000

---

225) 2인 이상의 피고에 대하여 청구할 경우에는 피고들 사이에 분할채무나 독립한 채무이어서 중첩관계가 없으면 '각' 또는 '각각'을, 중첩관계가 있으면 '각자', '연대하여', '합동하여' 등의 표시를 하여 피고들의 상호관계와 채무의 범위를 확정해 주어야 한다. 여기에서 '각자'는 수인의 피고들이 불가분채무관계이거나 피고들 각자 전액의 책임을 지게 되는 관계(주채무자와 신원보증인, 주채무자와 1인의 단순보증인 등), 부진정연대채무관계인 경우에 표시하고, '연대하여'는 수인의 피고들이 연대채무관계의 경우에 표시하며, '합동하여'는 수인의 피고들이 합동채무관계(수인의 어음·수표채무자)인 경우에 표시하게 된다. 만약 단순히 "피고들은 원고에게 금 1,000,000원을 지급하라."라는 청구취지를 기재한 경우에는 분할채무의 원칙이 적용되어 청구금액을 피고별로 균분하여 지급을 구하는 것으로 된다(대판 2002.9.27. 2002다15927).

226) 피고들이 수인이지만 피고들 사이에 중첩관계가 없는 경우의 기재례이다.

227) 금액이 피고별로 달라 중첩부분과 중첩되지 않는 부분이 있는 경우, 예컨대, 피고 甲이 차용금채무 5,000,000원과 물품대금 1,000,000원을 부담하고, 피고 乙이 차용금부분에만 연대보증을 한 경우의 기재례이다. 이 경우에는 「원고에게, 피고 甲은 6,000,000원을, 피고 乙은 피고 甲과 연대하여 위 금원 중 금 5,000,000원을 각 지급하라.」라고 표현할 수도 있다.

228) 피고 甲과 乙은 A라는 공동불법행위로 3,000,000원의 배상책임을 지고, 피고 甲, 丙은 B라는 공동불법행위로 1,000,000원의 배상책임을 각 지게 되어 있는 경우에, 하나의 소장에서 청구하는 경우의 기재례이다.

원을 각 지급하라.][229)]

[원고에게, 피고 甲은 10,000,000원을, 피고 乙, 丙은 각 피고 甲과 각자 위 금원 중 금 5,000,000원을 각 지급하라.][230)]

2. 특정물(토지·건물·동산·자동차)의 인도를 청구하는 경우[231)]

① 기 본 형

[피고는 원고에게 서울 강남구 ○○로 222 대 330㎡를 인도하라.(토지)[232)]]

[피고는 원고에게 서울 강남구 ○○로 222 지상 콘크리트조 슬래브지붕 3층 영업소 1층 100㎡, 2층 80, 3층 80㎡, 옥탑 10㎡를 인도하라.(건물)[233)]]

② 별지목록이 있는 경우

[피고는 원고에게 별지목록 기재 각 토지를 인도하라.

[목　록]

서울 서초구 남부순환로 111 대　330㎡]

③ 건물이 등기부상 표시와 현황이 다른 경우 괄호 안에 등기부상 표시를 병기

[피고는 원고에게 서울 강남구 ○○로 111 지상 목조 기와지붕 단층 점포 100㎡(등

---

229) 피고 甲과 乙은 A라는 공동불법행위로 3,000,000원의 배상책임을 지고, 피고 甲, 丙은 B라는 공동불법행위로 1,000,000원의 배상책임을 각 지게 되어 있는 경우에, 하나의 소장에서 청구하는 경우의 기재례이다.

230) 주채무자 甲이 있고, 이에 대하여 단순보증인 乙, 丙이 있는 경우의 기재례이다.

231) 인도란 물건에 대한 직접적 지배인 점유를 이전하는 것을 의미하며, 목적물이 동산이든, 토지, 건물이든 가리지 않고 사용할 수 있다. 구법에서는 건물내부 에 가재도구나 비품이 있을 경우, 이러한 가재도구나 비품을 반출한 후 건물에 대한 점유를 이전하라고 하는 경우에는 명도라는 용어를 사용하였으나, 민사집행법 제258조 제1항은 명도라는 개념을 따로 사용하지 않고 인도의 개념에 포괄시키고 있다. 인도와 구별되는 개념으로 퇴거가 있는데, 이는 주로 건물에 대한 임차인에 대하여 사용하며, 건물에 대한 점유자의 점유를 풀고 아울러 그 건물 내에 있는 점유자의 가재도구 등 물품을 반출하는 것을 의미하는 것으로 점유의 해제만으로 집행이 종료되고 점유의 이전으로까지 나아가지 않는다는 점에서 인도와 구별된다. 그리고 인도는 강제집행에 있어서 현상 그대로의 점유이전을 의미한다는 점에서 현상의 변경(예컨대, 지상건물 철거)을 수반하는 점유이전의 집행을 위해서는 반드시 그 점에 관한 별도의 집행권원을 요하며, 따라서 소송을 제기할 경우 현상의 변경을 명하는 청구취지를 반드시 기재해야 한다. 타인 소유의 토지에 자기 소유의 건물을 소유하고 있는 경우에는 건물의 철거와 그 대지부분의 인도를 구할 수 있을 뿐 건물에서의 퇴거는 청구할 수 없다(대판 1999.7.9. 98다57457·57464). 토지의 정착물에 대한 제거를 구하는 경우에는 정착물의 종류에 따라 철거(건물), 수거(수목, 입목), 취거(비정착물) 등의 용어를 사용한다.

232) 토지의 경우에는 지번, 지목, 면적을 표시해야 한다.

233) 건물의 경우에는 대지의 지번(지목 및 토지면적은 기재 불필요), 건물의 구조, 층수, 용도, 건축면적을 표시해야 한다.

기부상 표시 : 같은 번지 지상 목조 기와지붕 2층 점포 1층 100㎡ 2층 100㎡)를 인도하라.]

④ 건물이 양 지상에 걸쳐 있고 건물의 철거 및 대지의 일부의 인도를 구하는 경우

[피고는 원고에게 서울 강남구 ○○로 111-1 대 100㎡ 및 같은 동 111-2 대 100㎡ 양 지상 벽돌조 기와지붕 단층 100㎡를 철거하고 위 각 대지를 인도하라.]

⑤ 토지·건물의 일부분만을 청구하는 경우[234)]

[피고는 원고에게 서울 강남구 ○○로 79 대 200㎡ 중 별지도면 표시 1, 3, 7, 8, 10, 13, 18, 1의 각점을 차례로 연결한 선내부분 120㎡를 인도하라.]

[1. 원고에게, 별지 목록 기재 건물 중,

가. 피고 甲은 별지 도면 표시 1, 2, 3, 4, 1의 각 점을 차례로 연결한 선내 (가)부분 방 50㎡를,

나. 피고 乙은 같은 도면 표시 5, 6, 7, 8, 5의 각 점을 차례로 연결한 선내 (나)부분 창고 50㎡를 각 인도하라.]

⑥ 건물공유자 중 일부만을 상대로 한 철거청구

[원고에게, 피고 甲은 1/4지분에 관하여, 피고 乙은 1/5지분에 관하여, 피고 병, 정은 각 1/8지분에 관하여, 각 별지목록 (2) 기재 건물을 철거하고, 각 같은 목록 (1) 기재 대지를 인도하라.]

3. 확인청구[235)]

① 물권의 확인

[별지 목록 기재 토지에 관하여 철근콘크리트조 건물의 소유를 목적으로 하는 존속기간 20○○. 5. 1.부터 20년의 지상권이 원고에게 있음을 확인한다.]

---

234) 이 경우에는 축척과 방위가 표시된 측량도면을 별지로 첨부해야 하고, 도면에 표시된 목적부분의 외곽선의 꼭짓점 부호를 차례로 표시하고, 목적부분의 면적을 기재해야 한다.

235) 확인의 소는 다툼이 있는 권리 또는 법률관계에 관하여 법원에 대하여 그 존부의 확정 선언을 구하는 소이다. 확인의 소는 오로지 당사자 사이의 권리관계만이 확인의 대상이 되는 것이 아니고, 당사자 일방과 제3자 사이의 권리관계 또는 제3자 사이의 권리관계에 관해서도 그에 관하여 당사자 사이에 다툼이 있어 당사자 일방의 권리관계에 불안이나 위험이 초래되고 있고, 다른 일방에 대한 관계에서 그 법률관계를 확정시키는 것이 당사자의 권리관계에 대한 불안이나 위험을 제거할 수 있는 유효적절한 수단이 되는 경우에는 당사자 일방과 제3자 사이의 권리관계 또는 제3자 사이의 권리관계에 관해서도 확인의 이익이 있다.

② **경계확정의 소**[236]

[원고 소유의 광주 북구 동문대로 222번길 111-222 대 130㎡와 피고 소유의 같은 동 111-223 대 180㎡의 경계는 별지 도면 표시 1, 2, 3, 4, 5,의 각 점을 연결한 선으로 확정한다.]

③ **공유물분할청구의 소**

[별지 목록 기재 토지를, 별지 도면 표시 ㄱ, ㄴ, ㄷ, ㄹ, ㄱ의 각 점을 순차로 연결한 선내 ㉮부분 100㎡는 원고의 소유로, 같은 도면 표시 ㄴ, ㅁ, ㅂ, ㄷ, ㄴ의 각 점을 순차로 연결한 선내 ㉯부분 150㎡는 피고의 소유로 분할한다.]

[○○ 동구 동서대로 222-111 대 1,500㎡ 중 별지 도면 표시 1, 2, 5, 6, 1의 각 점을 순차 연결한 선내 ㉮부분 1,000㎡는 원고의 소유로, 같은 도면 표시 2, 3, 4, 5, 2의 각 점을 순차로 연결한 선내 ㉯부분 500㎡를 피고의 소유로 분할한다.]

[별지목록 기재 부동산에 대한 경매를 실행하여 그 대금에서 경매비용을 공제한 나머지 금액을 원고에게 7/10, 피고에게 3/10의 각 비율로 분할한다.][237]

---

236) 토지경계확정의 소에 있어서는 단순히 지적도만을 첨부하여 그 지적도상의 경계선을 경계로 확정한다는 내용이어서는 아니되고, 원, 피고 소유의 토지들 내의 일정한 지점을 기초점으로 선택하고 이를 기준으로 방향과 거리 등에 따라 위치를 특정하는 등의 방법으로 지적도상의 경계가 현실의 어느 부분에 해당하는지를 명확하게 표시할 필요가 있고, 당사자가 쌍방이 주장하는 경계선에 기속되지 않고 스스로 진실하다고 인정하는 바에 따라 경계를 확정해야 한다(대판 1993.11.23. 93다41792·41808).

237) 공유물분할청구의 소 중 경매에 의한 분할청구의 경우인바, 현물분할이 불가능하거나 그 가액이 현저하게 감소할 염려가 있는 경우의 기재례이다.

03

소장작성의 도움 팁(Tips)

소장을 작성하려고 막상 컴퓨터에 앉아보면 진도도 제대로 나가지 않고 막히는 경우가 많다. 법률용어도 생소하고 관례적으로 쓰는 용법을 잘 몰라서일 게다. 아래를 참조하면 다소나마 도움이 될 것이다.

① 청구취지에는 청구할 금액이 아무리 많더라도 '금 10억원'이라고 쓰지 말고, 아라비아 숫자로 전체를 기재한다(예, 금 1,000,000,000원).

② ㎡의 한글표기는 제곱미터라고 쓰며, 평방미터라고 쓰지 않는다.

③ 2000년 이후의 연도는 '2019'와 같이 네 자리를 모두 써야 하나, 1999년까지는 '99년'과 같이 두 자리만 쓰면 된다.

④ 선정당사자의 경우, 선정자명단에는 선정당사자도 포함시키는 것이 실무이다.

⑤ 친족관계소송에서 검사가 피고인 경우 피고란에는 '검사'라고 기재하며, 검사의 성명은 기재하지 않는다.

⑥ 당사자표시의 경우 성명과 별명만 알고 주민등록번호나 한자성명을 알지 못한 경우에는 '피고 박길동(일명 홍길동)'이라고 기재하면 동일인임을 입증하는데 도움이 된다.

⑦ 당사자가 지방자치단체인 '구'인 경우에는 '피고 서울특별시 은평구'라고 기재해야 하며, '피고 서울특별시 은평구청(또는 은평구청장)'이라고 기재하면 안된다.

⑧ 청구취지에서 '다 갚는 날까지'를 '완제일까지' 또는 '완제에 이르기까지'로 기재해도 되고, '금원'이라는 표현은 '돈'으로 표시해도 무방하다.

⑨ 청구취지에서 이율을 표기할 경우에는 '연 12%' 또는 '연 5%'라고 표현해도 되고, '연 1할 2푼' 또는 '연 5푼'이라고 표현해도 무방하다.

⑩ 피고들이 연대채무나 부진정연대채무(공동불법행위) 또는 불가분채무관계에 있어 다수인 경우, 그 다수에게 각자 전액의 책임을 물으려고 할 경우에는 청구취지에 '연대하여'(연대채무, 공동차주의 채무, 일상가사로 인한 부부의 공동채무 등), '각자'(불가분채무, 부진정연대채무 등) 또는 '합동하여'(다수의 어음·수표채무) 등의 표시로 피고들의 상호관계와 채무범위를 확정해 주어야 한다. 이와 같이 피고들이 다수이고 각자에게 전액 책임을 물으려고 할 경우에는 '각 지급하라'라는 표현을 사용해서는 안된다. 즉, '피고들은

각자(또는 연대하여) 원고에게 금 10,000,000원을 지급하라'라는 식으로 기재해야 한다. '각자'라는 표현은 중첩관계를 표현하지만, '각'이라는 단어는 독립적 관계를 표시하는 말이기 때문이다.

⑪ 구 민사소송법(민사집행분야도 규정)에서는 명도와 인도의 개념을 구별하여 따로 사용하였으나, 개정된 민사집행법 제258조 제1항은 명도라는 개념을 따로 인정하지 않고 인도의 개념에 포괄시키고 있으므로, 목적물이 동산이든, 건물 또는 토지이든, 모두 「인도」라는 개념으로 사용해야 한다. 참고로 종전에 명도라는 개념은 목적물 내에 있는 동산이나 점유하는 사람까지도 퇴거시켜 그 점유를 채권자에게 이전하는 것을 의미하였다.

⑫ 인도라는 의미는 현상 그대로의 점유이전만을 의미하므로, 현상의 변경을 수반하는 경우에는 그에 대한 별도의 집행권원이 필요하고, 따라서 청구취지를 기재할 경우에도 인도청구와 별도로 그러한 현상의 변경을 구하는 취지도 함께 기재해야 한다. 예컨대, 토지상에 건물이나 수목 또는 분묘가 존재한 경우에는 청구취지에 토지인도와 아울러 건물철거나 수목의 수거 또는 분묘굴이를 구하는 취지도 기재해야 하는 것이다.

⑬ 토지를 특정해야 할 경우에, 토지대장과 등기부등본상의 표시가 상이할 경우에는 토지대장을 기준으로 표시한다.

⑭ 환경오염이나 건물붕괴 등으로 다쳐 장해가 여러 군데 발생한 경우와 같이 중복장해가 발생한 경우의 총 노동능력상실률은 A% + [(100 – A) × B% ÷ 100](단, 큰 장해상실률 A%, 작은 장해상실률 B%)의 평가공식으로 산출한다. 3개 이상의 장해가 경합하는 경우에는 위 식에 의하여 2개씩 수회 계산하거나, [1 – {(1 – a) × (1 – b) × (1 – c) × (1 – d)}] × 100(단, a, b, c, d는 %를 소수점으로 환산한 것)의 평가공식으로 산출하면 된다.

04

처분금지가처분신청 절차

1. 가처분의 종류

가처분은 「금전채권 이외의」 권리 또는 법률관계에 관한 강제집행을 보전하기 위한 집행보전제도이다. 가처분에는 다음의 두 가지가 있다.

가. 계쟁물(다툼의 대상이 되는 특정물)에 관한 현상변경금지의 가처분

이는 채권자가 금전채권 이외의 특정물(계쟁물)에 대한 이행청구권을 가지고 있어 향후 민사소송을 제기하려고 하는 경우에, 그대로 방치하여 두면 당해 특정물이 처분되거나 멸실될 수도 있으므로, 이를 방지하기 위하여 하는 집행보전제도(현상변경의 금지)를 말한다. 예컨대, 공작물의 철거·부동산의 인도와 같은 작위의무, 부동산처분금지·점유이전금지 등의 부작위의무, 출입을 허용하는 의무와 같은 수인의무가 이에 해당된다. 계쟁물에 관한 가처분에는 일반적으로 처분행위를 금지하는 처분금지가처분과 점유이전행위를 금지하는 점유이전금지가처분이 있다.

나. 잠정적으로 임시의 지위를 정하기 위한 가처분

이는 당사자 간에 현재 다툼이 있는 권리 또는 법률관계가 존재한 경우에, 그에 대한 확정판결이 나올 때까지 잠정적으로 당해 권리 또는 법률관계에 관하여 임시의 지위를 정하는 보전처분을 말한다. 예컨대, 공사금지가처분, 직무집행정치가처분, 인도·철거·수거단행가처분, 업무방해금지가처분 등이 이에 해당된다.

다. 사해행위취소소송에서의 가처분

사해행위취소소송의 경우에는 사해행위의 목적물에 대한 처분을 금지할 필요가 있는 경우에 해당되므로 계쟁물에 관한 처분금지가처분을 신청해야 할 것이다. 따라서 이하에서는 계쟁물에 관한 처분금지가처분 절차 위주로 살펴보고자 한다.

2. 가처분신청의 관할법원

가. 본안소송의 관할법원

처분금지가처분은 본안소송의 관할법원에 신청할 수 있다. 즉, 가처분신청은 가처분신청 당시에 본안소송(통상의 소송절차, 독촉절차, 제소전화해절차, 조정절차 등)이 계속 중이라면 그 법원에 제출하면 되고, 아직 본안소송이 제기되기 전이라면 앞으로 본안소송을 제기할 수 있는 법원에 제출할 수 있다.

나. 다툼의 대상이 되는 특정물의 소재지 관할법원

처분금지가처분은 또한 다툼의 대상이 되는 특정물(계쟁물)이 소재하고 있는 곳을 관할하는 지방법원에도 신청할 수 있다. 예컨대 사해행위취소의 대상이 된 법률행위가 등기되어 있는 부동산의 소재지 관할법원에도 신청할 수 있는 것이다.

3. 가처분신청 방법

가. 가처분신청서 작성

① 가처분신청서에는, 일반 소장과 유사하게, 당사자의 표시, 신청취지, 목적물의 표시, 목적물의 가격, 피보전권리의 요지, 신청이유, 연월일의 표시, 소명방법의 표시, 법원의 표시를 하고, 당사자가 기명날인하면 된다. 당사자의 전화번호도 적당한 곳에 기재하도록 한다. 다만 소명방법의 표시방법은 일반 소장과 달리 서증부호 앞에 '소명(증명보다 낮은 개연성)'을 의미하는 '소'자를 덧붙여 표시해 주면 된다(예, 신청인 제출서류 : 소갑 제1호증, 피신청인 제출서류 : 소을 제1호증). 처분금지가처분신청서에는 가압류신청서와는 달리 진술서를 첨부할 필요가 없다.

② 가처분할 목적물의 표시는 주로 부동산일 것이므로 별지목록를 이용하는 것이 좋다.

나. 수수료 납부

① 수입인지 10,000원을 첨부한다.

② 송달료는 3회분(당사자 수×3회)을 납부한다. 송달료는 2인 기준으로 30,600원(5,100원×3회×2인)이다.

다. 신청비용 납부

① 부동산처분금지가처분을 신청하려면 채권자는 부동산소재지를 관할하는 시·구·군

청에 가서 등록세 및 교육세를 납부하고, 그 영수필증을 법원에 제출하여야 한다. 등록세는 가처분할 목적물가액의 2/1,000(0.2%)이고, 교육세는 등록세액의 20/ 100(20%)이다. 등록세액이 3,000원 미만인 경우에는 3,000원을 납부하여야 한다. 또한 부동산 1필지당 3,000원의 등기수입증지를 붙여야 한다. 그리고 인지는 10,000원, 송달료는 당사자 1인당 3회분을 납부하면 된다.

② 자동차·건설기계·선박처분금지가처분을 신청하려면, 채권자는 자동차·건설기계·선박등록원부상의 본거지를 관할하는 시·군·구청에 가서 등록세 및 교육세를 납부하고, 그 영수필증을 법원에 제출하여야 한다. 등록세 및 교육세는 선박의 경우에는 위 부동산의 경우와 같고, 자동차는 차량 1대당 18,000원, 건설기계는 기계 1대당 10,000원이다. 그리고 인지는 10,000원, 송달료는 당사자 1인당 3회분을 납부하면 된다.

라. 담보 제공

법원에서 가처분결정을 할 경우에는, 부당한 가처분으로 인하여 채무자가 손해를 입을 경우를 대비하여 담보를 그 조건으로 하는 경우가 대부분인데, 채권자는 그 조건에 따라 현금공탁 또는 공탁보증보험증권을 제출하여야 한다.

[표 8] 담보액산정 기준표

보전처분의 종류	산정기준	목적물별 산정률			
		부동산	자동차	유체동산	채 권
처분금지가처분	목적물가액	1/10	1/10	1/3	1/5
점유이전금지가처분	목적물가액	1/20	1/20	1/5	

주) ① 보증보험증권으로 담보를 제공하여야 할 경우에는 위 표의 산정률에 의하여 산출된 금액에 0.75%(0.0075)를 곱하여 나온 금액이 보증보험증권을 매입하는데 들어가는 현금이 된다. 예컨대, 부동산가압류의 담보를 보증보험증권으로 제공할 경우에는 "청구채권액 × 1/10 × 0.0075"로 산출된 현금만 있으면 가능하다.
② 부동산, 자동차, 채권가압류의 경우에는 현금 또는 보증보험증권으로 나오고, 유체동산가압류의 경우에는 현금공탁이 주로 나온다.
③ 급여채권·예금채권에 대한 가압류의 경우에는 청구금액의 1/5 이내의 현금공탁이, 유체동산가압류의 경우에는 청구금액의 2/5 이내의 현금공탁이 포함될 수 있다.
④ 담보제공 방법은 법원의 재량이며, 일부현금·일부 보증보험증권의 형태로도 나올 수 있다.

4. 가처분의 집행방법

부동산처분금지가처분의 집행은 가처분등기를 부동산등기부에 기입함으로써 실시한다.

사해행위취소소송의 경우에 하는 처분금지가처분이 여기에 해당된다. 자동차·건설기계·선박처분금지가처분의 경우에도 마찬가지이다.

5. 「피보전권리의 요지」란 기재방법

① 부동산처분금지가처분
"사해행위취소로 인한 소유권이전등기 말소 등 청구권"

② 전세권처분금지가처분
"전세권설정등기 말소등기청구권"

③ 가등기상의 권리처분금지가처분
"사해행위취소로 인한 가등기의 말소등기청구"

④ 근저당권 처분금지가처분신청
"사해행위취소로 인한 근저당권설정등기 말소등기 청구권"

제2장 상린관계 소장 작성례

1. 주위토지통행권

[서식 5] 주위토지통행권 등 청구의 소

소 장

원 고 ○ ○ ○(123456-1234567)
○○시 ○○구 ○○대로 ○○

피 고 ○ ○ ○(234567-2345678)
○○시 ○○구 ○○대로 ○○

주위토지통행권확인 등

청 구 취 지

1. 원고는 피고에 대하여 서울 ○○구 ○○동 ○○○ 대 219.2㎡ 중 별지 도면 표시 D, E, F, G, D의 각 점을 차례로 연결한 선내 부분 40㎡에 관하여 주위토지통행권이 있음을 확인한다.
2. 피고는 원고에게 서울 ○○구 ○○동 ○○○ 대 219.2㎡ 지상 별지 도면 표시 ⓐ지점상에 설치된 높이 약 182㎝, 길이 약 895㎝의 블록담장과, ⓑ지점상에 설치된 높이 129㎝, 길이 174㎝의 블록담장을 각 철거하라.
3. 피고는 원고가 서울 ○○구 ○○동 ○○○ 대 151.3㎡를 통행하는데 방해되는 담, 철책 등 일체의 공작물을 서울 ○○구 ○○동 ○○○ 대 219.2㎡ 지상 별지 도면 표시 D, E, F, G, D의 각 점을 차례로 연결한 선내 부분에 설치하여서는 아니된다.
4. 소송비용은 피고가 부담한다.
5. 제1항은 가집행할 수 있다.

라는 판결을 구합니다.

청 구 원 인

1. 기초사실

가. 원고는 20○○년 9월경 서울 ○○구 ○○동 ○○○ 대 151.3㎡(이하, '이 사건 제1대지'라 한다)와 그 지상건물을 매수하여, 2004년 12월경 위 대지에 '철근콘크리구조 콘크리트, 평스라브지붕 3층 제1종근린생활시설, 근생 및 주택 1층 87.74㎡, 2층 90.2㎡, 3층 86.8㎡, 옥탑 1층 11.04㎡'(이하, '이 사건 상가'라 한다)를 신축하였고, 이 사건 상가 3층에 거주하고 있습니다.

나. 피고는 20○○년 8월경 같은 동 ○○○ 대 219.2㎡(별지 도면 표시 A, B, C, D, E, F, G, H, I, A의 각 점을 차례로 연결한 선내 부분이다. 이하, '이 사건 제2대지'라 한다)와 그 지상건물을 매수하여, 20○○년 12월경 위 대지 중 별지 도면 표시 H, I, J, K, H의 각 점을 차례로 연결한 선내 부분에 다가구주택을 신축하고, 별지 도면 표시 B, C, D, E, F, G, H, B의 각 점을 차례로 연결한 선내 약 71㎡(이하, '이 사건 통로'라 한다)를 공로에 이르는 통로로 사용하고 있습니다.

다. 같은 동 ○○○ 구거 4395.5㎡는 구거였으나 복개되어 도로로 사용되고 있고, 현재 ○○시장이 형성되어 있으며, 별지 도면과 같이 ○○시장 방향으로 이 사건 상가 중 1층 전면 부분이 위치해 있습니다. 이 사건 제2대지 중 이 사건 통로 부분은 ○○시장과 연결되어 있고, 이 사건 제2대지 옆에 위치한 같은 동 ○○○ 대 224.9㎡와 같은 동 ○○○ 대 218.7㎡는 같은 동 798 도로 3413.9㎡(이하, '798 도로'라 한다)와 맞닿아 있습니다.

라. 이 사건 상가 중 2, 3층으로 연결되는 출입계단이 이 사건 통로를 향하여 위치해 있고, 이 사건 상가 신축 이전의 구 건물의 출입계단 역시 같은 장소에 있었습니다. 한편, 피고의 인근 주민들은 피고가 이 사건 제2대지의 소유권을 취득한 이래 약 30년간 이 사건 통로를 ○○○시장과 '798 도로' 사이를 연결하는 통로로 사용하였고, 특히 같은 동 ○○○ 대 지상의 6세대의 다가구주택 출입문도 이 사건 통로 쪽에 위치해 있습니다.

마. 피고는 이 사건 상가 건축 과정에서 원고와 갈등을 빚자, ① 20○○년경 이 사건 상가의 출입구 현관문 앞인 별지 도면 표시 ⓐ지점상에 높이 약 182㎝, 길이 약 895㎝, 폭 15㎝의 블록담장을, ② 20○○년 9월경 별지 도면 표시 ⓑ지점상에 높이 129㎝, 길이 174㎝, 폭 15㎝의 블록담장(이하, '이 사건 블록담장'이라 한다)을 각 설치하였고, 이로 인하여 이 사건 상가와 이 사건 블록담장의 간격은 약 50㎝에 불과하게 되었습니다. 이와 같이 이 사건 상가와 블록담장 사이의 간격이 너무 좁아 사람들의 통행이 매우 불편하고, 이로 인하여 이 사건 상가 2층에 대한 임대차계약이 4년 동안 이루어지지 못하고 있습니다.

바. 원고측에서는 이 사건 상가 신축 직후인 20○○년경 피고에게 이 사건 블록담장의 철거문제와 관련하여 협의를 요청하였는데, 당시 피고는 "30,000,000원을 주지 않으면 타협할 수 없다"라고 말하며 협의를 거부하였습니다.

사. 한편, 이 사건과 관련하여, ① 원고가 피고에게 이 사건 통로 중 이 사건 상가 출입에 필요한 약 2평 정도를 매수하겠다는 의사표시를 하였으나, 피고는 이를 거절하였고, ② 원고가 다시 이 사건 통로에 대한 사용료로 15,000,000원 내지 20,000,000원을 지급하겠다는 의사를 표시하였으나, 피고는 이 조차도 거절하였습니다. 이 사건 통로의 개별공시지가는 1평당 4,521,000원 상당입니다.

2. 원고의 주장 내역

가. 지역권의 시효취득 또는 주위토지통행권

이 사건 통로는 ○○시장과 '798 도로'가 연결되는 통로로 인근주민들에 의하여 35년 이상 사용되었으므로 이미 지역권을 시효취득하였다고 할 것이며, 또한 원고는 이 사건 통로를 이용하지 않고서는 공도에 도달하기 어려우므로 이 사건 통로에 대한 주위토지통행권이 있다고 할 것입니다.

나. 원고의 통행방해에 대한 피고 행위의 신의칙 위반 내지 권리남용 해당

가사 원고에게, 지역권이나 주위토지통행권이 인정되지 않는다고 하더라도, 이 사건 블록담장이 계속 존재하게 될 경우 원고가 공로로 통행하는 것이 매우 어렵고 이 사건 상가 2층의 임대가 사실상 불가능하여 원고에게 막대한 손해가 발생하는 반면, 피고가 이 사건 블록담장을 설치하여 얻는 이익이 없음에도 불구하고, 이 사건 블록담장을 설치함으로써 원고의 통행을 방해하는 것은 신의칙에 반하거나 권리남용에 해당한다고 할 것입니다. 권리의 행사가 주관적으로 오직 상대방에게 고통을 주고 손해를 입히려는 데 있을 뿐 이를 행사하는 사람에게는 아무런 이익이 없고, 객관적으로 사회질서에 위반된다고 볼 수 있으면, 그 권리의 행사는 권리남용으로서 허용되지 않고, 그 권리의 행사가 상대방에게 고통이나 손해를 주기 위한 것이라는 주관적 요건은 권리자의 정당한 이익을 결여한 권리행사로 보이는 객관적인 사정에 의하여 추인할 수 있으며, 어느 권리행사가 권리남용이 되는가의 여부는 개별적이고 구체적인 사안에 따라 판단되어야 할 것인데(대판 2003.11.27. 2003다40422), 비록 원고가 이 사건 상가 신축 당시, 이 사건 상가 2, 3층 부분의 출입계단을 ○○시장방향으로 설치할 수 있었음에도 불구하고 이 사건 제1대지의 효용을 극대화를 위해 이 사건 통로 쪽으로 설치한 점에 대해서는 어느 정도 논란이 될 수 있으나, 다음과 같은 여러 사정들, 즉, ① 이 사건 상가 신축 이전의 구 건물의 출입구 역시 같은 장소에 설치되어 있었던 점, ② 이 사건 상가와 이 사건 블록담장 사이의 간격이 50㎝에 불과하여 사람들이 통행하기에 매우 불편하고 이로 인하여 이 사건 상가의 3층에 거주하고 있는 원고와 원고의 가족들이 많은 어려움을 겪고 있을 뿐만 아니라, 이 사건 상가 2층에 대한 임대차계약이 4년 동안이나 이루어지지 못하고 있는 점, ③ 원고가 이 사건 제소 이전부터 계속하여 피고에게 이 사건 블록담장 철거에 관하여 합의를 시도하였고, 이 사건 소송 과정에서 이 사건 통로 중 일부에 관하여 매수의 의사를 표시하였으며, 나아가 적지 않은 사용료를 지급할 의사까지 표시하였으나 피고는 아무런 이유 없이 이를 거절한 점, ④ 같은 동 ○○○ 지상 다가구주택의

거주자들을 포함한 인근 주민들이 이 사건 통로를 자유롭게 통행하고 있고, 특히 위 다가구주택의 출입문도 이 사건 통로 쪽으로 설치되어 있어 이 사건 통로를 사용하지 않으면 출입이 불가능함에도 불구하고 피고가 위와 같은 출입문의 설치나 이 사건 통로의 이용에 대해서는 아무런 조치를 취하지 않은 점, ⑤ 이 사건 블록담장 설치로 인하여 피고가 얻는 이익이 전혀 없고, 이를 철거하더라도 피고가 이 사건 제2대지 또는 이 사건 통로를 이용함에 있어 별다른 지장이 없는 점, ⑥ 이 사건 제2대지 지상에 다가구주택이 건축되어 있고, 이 사건 통로의 면적이 넓지 않으며 그 형상 역시 직사각형 모양으로 길쭉하여 통로 이외의 다른 용도로 독립적으로 사용될 가능성의 희박한 점 등을 종합하여 볼 때, 원고는 이 사건 블록담장의 설치로 이 사건 상가의 이용에 막대한 지장을 받았고, 이 사건 블록담장이 철거되지 않고 그대로 유지된다면 앞으로도 계속적으로 많은 손해를 입게 될 것이 예상되는 반면, 피고는 이 사건 블록담장 설치로 인하여 어떠한 형태의 합리적인 이익을 얻은 바도 없고, 나아가 이 사건 블록담장이 철거되더라도 이 사건 ○○○ 대지 또는 이 사건 통로 이용에 별다른 지장을 받지 않는다는 것을 알 수 있을 것입니다. 따라서 피고의 이 사건 블록담장 설치행위는 정의 관념에 반하는 것으로써 사회질서에 위반되는 행위라 할 것이고, 피고는 오직 원고에게 고통을 주고 손해를 입힐 목적으로 이 사건 블록담장을 설치하였다 할 것이므로 권리남용에 해당한다고 보아야 할 것입니다.

3. **결 론**

따라서 피고는 원고에게 이 사건 블록담장을 철거하고, 이 사건 통로 부분에 원고의 이 사건 상가로의 통행에 방해가 되는 담, 철책 등 일체의 공작물을 설치하여서는 안될 것이어서, 원고는 부득이 청구취지와 같은 판결을 구하고자 본건 소에 이르게 되었습니다.

입 증 방 법

1. 갑제1호증	지적도
1. 갑제2호증	부동산등기부등본
1. 갑제3호증	경계측량도
1. 갑제4호증	현황사진
1. 갑제4호증	○○○○
1. 갑제5호증	○○○○

그밖의 것은 변론시 수시 제출하겠습니다.

첨 부 서 류

1. 위 입증방법	2통
1. 납부서	1통
1. 소장부본	1통

20○○. ○. ○.

위 원고 ○ ○ ○ (인)

○○ 지방법원 귀중

[별지] 별지도면

별지도면 생략

[서식 6] 담장철거 등 청구의 소

소　　　장

원　　고　　박 길 동(123456-1234567)
　　　　　　○○시 ○○구 ○○대로 ○○

피　　고　　학교법인 ○○학원
　　　　　　대표자 이사장 ○○○
　　　　　　○○시 ○○구 ○○대로 ○○

담장철거 등 청구의 소

청 구 취 지

1. 피고는 원고에게 서울 ○○구 ○○동 6의 7, 지상 별지 도면 표시 ㉮, ㉯, ㉰, ㉱, ㉮를 연결하는 높이 4미터, 두께 6치, 길이 2미터의 연와조 담장을 철거하라.
2. 피고는 같은 동 5의186 대지의 출입을 위하여 별지 도면 표시 ㉮, ㉯, ㉰, ㉱, ㉮ 사이의 원고의 통행을 방해해서는 아니된다.
3. 소송비용은 1, 2심 모두 피고의 부담으로 한다.
4. 제1항은 가집행할 수 있다.

라는 판결을 구합니다.

청 구 원 인

1. 주위토지통행권의 발생

(1) 서울 ○○구 ○○동 5의186 대 37평(별지 도면 표시 ㉮부분, 아래에서는 '이 사건 대지'라 줄여쓴다)은 현재 공지로 있는 원고 소유 대지인데, 그 주위가 피고 소유인 같은 동 6의7 잡종지 93평(별지 도면 표시 ㉲부분), 피고가 경영하는 ○○여자고등학교의 부지인 같은 동 6의5 대지, 소외 4 소유의 같은 동 5의154 전 50평(별지 도면 표시 ㉳부분), 소외 5 소유의 같은 동 5의10 대 102평(별지도면표시 ㉱부분), 등기부상은 원고 명의로 등재되어 있으나 사실은 아래에서 보는 바와 같이 소외 2가 매수한 그 사람 소유 대지인 같은 동 5의2 대 47평(별지도면 표시 ㉯부분)에 의하여 둘러싸여 있고, 같은 동 5의17 대지(별지도면 표시 ㉯부분)와 위 ㉯, ㉱ 부분 대지 남쪽으로 인접하여 동서쪽으로 가로질러 진행하는 도로가 있으며, 위 ㉲, ㉳부분 토지 중 이 사건 대지에 인접한 일부를 제외하고는 위 ○○여자고등학교의 정문으로 통하는 도

로로 되어 있고, 별지 도면표시 ㉮, ㉯, ㉰, ㉱, ㉮의 각 점을 연결한 선상에 피고가 높이 4미터, 두께 6치의 연와조 담장을 설치 소유하고 있는 사실이 있습니다. 위에서 본 바와 같이 이 사건 대지는 타인 소유의 토지에 둘러싸여 있어 공로에 이르는 통로가 없다고 할 것이므로 이 사건 대지의 소유자인 원고는 민법의 규정에 따라 공로에 출입하기 위한 주위의 토지 통행권이 있다고 할 것입니다.

(2) 이에 관하여 피고는, 이 사건 대지와 위 ㉯부분 대지는 모두 원고의 소유로서 위 ㉯부분 대지는 공로로 통하는 통로를 가지고 있으므로 원고는 이 통로만을 이용해야 하며, 가사 위 ㉯부분 토지가 다른 사람에게 양도된 것이라 하더라도 민법 제219조의 주위토지통행권은 법률상이나 실제상으로 주위 특정 토지를 통행하지 않으면 공로에 출입할 수 없는 부득이한 경우에만 인정되는 것이라고 주장하면서, 원래 이 사건 대지와 같은 동 5의2, 같은 동 5의8, 같은 동 5의10, 같은 동 5의17 동 대지는 모두 1필의 토지였다가 분할된 것이며, 특히 이 사건 대지는 최근 위 같은 동 5의2 대지에서 분할된 것이므로 위 분할로 인하여 이 사건 토지가 공로에 통하지 못하게 되었다고 할지라도 민법 제220조에 의하여 원고는 법률상 분할된 다른 토지를 통행할 수 있는 것이며, 또 실제상으로도 이들 토지를 통행하고 있으므로 민법 제219조에 기한 원고의 이 사건 청구는 부당하다고 주장하고 있으나, 민법 제220조에 의한 무상주위토지통행권은 분할이나 토지의 일부 양도로 인하여 비로소 공로에 통하지 못하는 토지가 생기는 경우에 발생되는 것이며, 또 이 권리는 직접 분할자 또는 일부 양도의 당사자 사이에만 적용되고 그 특정승계인에게는 적용되지 않는다고 보아야 할 것인데, 원래 ○○동 5의2, 전 531평은 국가소유였는데 20○○. 2. 10. 같은 동 5의2 전 65평, 같은 동 5의8, 전 40평, 같은 동 5의9, 전 49평, 같은 동 5의10, 전 377평으로 각 분할되고, 그 소유권도 위 5의2, 전 65평은 소외 7, 8, 같은 ◇◇개발주식회사를 거쳐 20○○. 4. 28. 원고에게, 위 5의8, 전 40평과 5의9전 49평은 소외인 여러 사람을 거쳐 마지막으로 소외 9에게, 위 5의 10전 377평 역시 여러 소외인들을 거쳐 20○○. 3. 3. 소외 5에게, 각 순차 양도된 사실 및 위 분할로 인하여 원고 소유의 위 5의2 대 65평은 공로에 이르는 통로가 없는 토지가 되었는데, 원고가 20○○. 4. 8경 그 중 28평을 특정하여 소외 2에게 매도하고, 위 소외인은 그 뒤 위 매수한 대지의 통로로 사용하기 위하여 소외 10으로부터 같은 동 5의184 대 12평과 같은 동 5의185 대 7평을 매수하였으나 등기절차의 편의와 전매할 경우의 세금관계 등은 고려하여 등기상으로는 원고 명의로 있는 위 대지 65평에 20○○. 11. 7. 위 같은 동 5의184대 12평과 같은 동 5의185 대 7평을 합병등기하고 같은 날 다시 위 대지 84평을 이 사건 대지와 위 같은 동 5의2, 대 47평으로 분할등기를 한 사실이 있었는바, 결국 이 사건 대지를 포함한 원고의 소유였던 위 같은 동 5의2, 대 65평은 처음부터 공로로 통하는 통로가 없었던 것으로서 이것이 다시 분할됨으로 인하여 비로소 이 사건 대지의 통로가 없어진 경우가 아니며, 이 사건 대지를 원고에게 양도한 자가 이 사건 대지에서 분할된 토지로서 이 사건 대지에 인접한 토지를 소유했거나 현재 소유하고 있는 것도

아니므로 이 사건 대지의 소유자인 원고에게 다른 분할된 토지에 대하여 민법 제220조에 의한 통행권이 생긴다고 할 수 없고, 또 같은 동 5의10, 대지가 현재에는 공지로 되어 있으나 타인 소유의 대지이며, 이 사건 대지와의 경계선상에는 시멘트블록 담장이 축조되어 있고, 위 같은 동 5의2 대지상에도 이 사건 대지에 인접한 쪽으로 소외 2가 건물을 건축 소유하고 있는 사실이 있으므로 이들 대지가 사실상 통로로 사용되고 있다고도 볼 수 없는 바이어서 피고의 주장은 받아들일 수 없는 것입니다.

2. 통로의 인정 및 담장의 철거 필요

원고의 주위토지통행권은 원고 소유 이 사건 대지의 용도에 필요한 범위 내에서 다른 대지에 손해를 가장 적게 입히는 장소와 방법에 따라 행사되어야 할 것인바, 앞서 본 이 사건 대지와 주위토지의 상태와 용도 및 이 사건 대지에서 공로(위 1항에서 본 도로는 모두 공중이 자유로 통행할 수 있는 도로로 민법 제219조의 소위 공로에 해당한다고 할 것이다)에 이르는 거리 등 제반사정을 살펴 볼 때 이 사건 대지에서 공로로 통하기 위한 통로의 개설에 있어서 손해가 가장 적은 장소와 방법으로는 피고 소유인 위 같은 동 6의7 토지 중 학교정문에서 가장 떨어진 남쪽끝 부분을 통하여 공로에 이르는 방법이라고 할 것입니다. 그리고 이 사건 대지는 주택용으로 사용될 것이 예상되는 토지이므로 그 통로는 사람은 물론 적어도 생활용품의 운반에 필요한 손수레 등의 통행에 지장을 주지 않을 정도인 2미터 폭은 되어야 할 것이므로 별지도면 표시 ㉮, ㉯, ㉰, ㉱, ㉮의 각 점을 연결하는 선내 부분을 이 사건 대지를 위한 통로로 사용케 함이 상당하다고 할 것입니다. 또한 피고는 그의 소유인 위 토지 중 위 통로로 통할 부분인 별지도면 표시 ㉮, ㉯, ㉰, ㉱, ㉮의 각 점을 연결하는 선상에 앞서 본 높이 4자 5치, 두께 6치의 연와조 담장을 설치 소유하고 있으므로 피고는 원고의 위 통행권을 방해하지 않기 위하여 이 부분 담장을 철거할 의무 있다고 할 것입니다.

3. 결 론

그렇다면, 피고는 원고에게 위 담장 부분을 철거하고, 원고가 ㉮, ㉯, ㉰, ㉱, ㉮ 사이를 출입함을 방해해서는 안될 의무가 있다고 할 것인바, 이에 원고로서는 부득이 청구취지와 같은 판결을 구하고자 본건 소에 이르게 되었습니다.

입 증 방 법

1. 갑제1호증 지적도
1. 갑제2호증 부동산등기부등본
1. 갑제3호증 경계측량도
1. 갑제2호증 현황사진

그밖의 것은 변론시 수시 제출하겠습니다.

첨 부 서 류

1. 위 입증방법 2통
1. 납부서 1통
1. 소장부본 1통

20○○. ○. ○.

위 원고 박 길 동 (인)

○○ 지방법원 귀중

[별지] 별지도면

별지도면 생략

[서식 7] 통행권 방해 구조물 등의 철거 청구의 소

소 장

원 고 ○ ○ ○(123456-1234567)
○○시 ○○구 ○○대로 ○○

피 고 ○ ○ ○(123456-2345678)
○○시 ○○구 ○○대로 ○○

철제 구조물 및 담장 철거

청 구 취 지

1. 피고는 원고에게, 경남 ○○군 ○○면 ○○○ 도로 133㎡, ○○○ 대 36㎡ 지상에 설치한 쇠파이프 등 철제 구조물을 모두 철거하라
2. 피고는 원고에게 서울 ○○구 ○○동 6의 7, 지상 별지 도면 표시 ㉮, ㉯, ㉰, ㉱, ㉮를 연결하는 높이 4미터, 두께 6치, 길이 2미터의 연와조 담장을 철거하라.
3. 소송비용은 피고의 부담으로 한다.
4. 제1항은 가집행할 수 있다.

라는 판결을 구합니다.

청 구 원 인

1. 기초사실
   가. 주식회사 ○○파라다이스(이하 '○○파라다이스'라 한다)는 별지 목록 기재 토지부분 및 건물부분(이하 위 토지부분과 건물부분을 합하여 '이 사건 콘도'라 한다)의 전 소유자로서 휴양콘도미니엄업 등을 운영하는 법인인데, 이 사건 콘도를 운영하면서 이 사건 토지를 이 사건 콘도의 출입구 쪽 도로 및 주차장으로 이용하였습니다.
   나. ○○파라다이스의 사내이사였던 소외인은 20○○. 8. 10. 그 명의로 이 사건 토지에 관하여 20○○. 2. 12. 매매를 원인으로 한 소유권이전등기를 마친 후, 같은 날 자신의 아들인 피고에게 같은 날짜 매매를 원인으로 한 소유권이전등기를 마쳐주었습니다.
   다. 원고는 20○○. 6. 9. ○○지방법원 ○○지원 20○○타경2977호 부동산임의경매절차에서 ○○파라다이스 소유의 이 사건 콘도의 대부분의 지분을 매수하였고, 현재 이 사건 콘도를 운영하고 있습니다.
   라. 피고는 원고가 이 사건 콘도를 매수한 이후인 20○○년 7월경부터 이 사건 콘도와

이 사건 토지의 경계 위에 쇠파이프 등 철제 구조물(이하 '이 사건 철제 구조물'이라 한다) 및 블록조 화분 등을 설치하였다가, 20○○년 2월경 이 사건 철제 구조물의 높이를 처음의 절반가량으로 줄였습니다.

2. 원고의 주장 내역

가. 주위적 주장

① 이 사건 콘도의 전 소유자였던 ○○파라다이스가 이 사건 토지에 대하여 통행을 위한 지역권을 보유하고 있었는데, 원고가 이 사건 콘도를 매수함으로써 위 지역권도 승계취득하였고, ② 또한 원고는 이 사건 토지를 이용하지 않으면 이 사건 콘도 운영에 필요한 버스 등 자동차의 출입이 현저히 곤란하여 이 사건 콘도 영업을 할 수 없으므로 이 사건 토지에 대하여 주위토지통행권을 가지는데, 피고의 이 사건 철제 구조물 설치행위는 원고의 위 권리를 방해할 뿐만 아니라, ③ 피고의 이 사건 철제 구조물 설치행위는 피고에게는 아무런 이익도 없는 반면 원고에게는 막대한 영업손해를 끼치는 점, 원고의 이 사건 토지에 대한 매수 제의를 피고가 거절한 점 등에 미루어 볼 때 권리남용에 해당하므로, 피고는 원고에게 이 사건 철제 구조물을 철거할 의무가 있다고 할 것입니다.

나. 예비적 주장

설령 이 사건 철제 구조물에 대한 철거청구가 모두 인정되지 않는다 하더라도, 특히 이 사건 토지 중 ○○○ 대 36㎡ 지상의 철제 구조물 설치행위는 소위 전형적인 '알박기'에 해당하므로, 피고는 원고에게 그 지상 철제 구조물을 철거할 의무가 있다고 할 것입니다.

3. 결 론

이에 원고로서는 피고에 대하여 청구취지와 같이 통행에 방해가 되는 쇠파이프 등 철제 구조물 및 연화조 담장의 철거를 구하고자 본건 소에 이르게 되었습니다.

입 증 방 법

1. 갑제1호증	지적도
1. 갑제2호증	부동산등기부등본
1. 갑제3호증	경계측량도
1. 갑제4호증	현황사진
1. 갑제5호증	토지대장
1. 갑제6호증	○○○○

그밖의 것은 변론시 수시 제출하겠습니다.

첨 부 서 류

1. 위 입증방법	2통
1. 납부서	1통
1. 소장부본	1통

20○○. ○. ○.

위 원고 ○ ○ ○ (인)

○○ 지방법원 귀중

[서식 8] 통행료 청구의 소

소 장

원 고 ○ ○ ○(123456-1234567)
○○시 ○○구 ○○대로 ○○

피 고 ○ ○ ○(123456-2345678)
○○시 ○○구 ○○대로 ○○

부당이득반환청구

청 구 취 지

1. 피고는 원고에게 67,488,200원 및 이에 대하여 20○○. 7. 1.부터 20○○. 11. 24.까지는 연 5%의, 그 다음날부터 다 갚는 날까지는 연 12%의 각 비율에 의한 금원을 지급하라.
2. 소송비용은 피고가 부담한다.
3. 제1항은 가집행할 수 있다.

청 구 원 인

1. 기초사실

가. 원고는 20○○. 9. 2. ○○시 ○○구 ○○동 ○○○ 대 2,108.2㎡(이하 '□□ 토지'라 한다)의 소유권을 취득하여 현재 위 토지에서 유료 주차장을 경영하고 있고, 피고는 20○○. 3. 29. 위 ○○동 ○○-○ 대 2,212.7㎡(이하 '◇◇ 토지'라 한다) 및 그 지상 6층 건물의 소유권을 취득하여 그 무렵부터 위 건물에서 호텔을 경영하며, 원고 소유인 □□ 토지의 일부인 별지 도면 표시 ㉮부분 토지(이하 '이 사건 토지'라 한다)를 자신이 운영하는 호텔 진출입을 위한 통행로로 사용해 왔습니다.

나. 원고는 20○○. 9.경 이후부터 수차례에 걸쳐 □□ 토지에서 운영 중인 주차장을 이 사건 토지에까지 확장·설치하기 위한 공사(이하 '이 사건 공사'라 한다)를 시도하였는데, 호텔이용이 불편해질 것을 우려한 피고는 원고가 시공한 아스팔트를 철거하거나, 차량을 이용하여 이 사건 토지를 점거하는 방법으로 위 공사를 방해하였고, 원고는 ○○지방법원 ○○지원 20○○카합118호로 공사방해금지가처분 신청을 하여, 20○○. 8. 26. 이를 인용하는 결정을 받았습니다.

다. 원고와 피고는 20○○. 10. 8. 이 사건 토지에 관한 임대차계약을 체결하고, 차임을 월 2,190,000원으로 정하였습니다. 원고는 20○○. 6. 15. 피고에게 내용증명을 보내,

위 임대차계약 체결 이전의 기간에 대한 차임 상당의 부당이득금과 피고가 공사를 방해함에 따른 손해배상금을 20○○. 6. 30.까지 지급해달라고 최고하였고, 그 무렵 위 내용증명이 피고에게 도달하였습니다.

2. 피고의 통행로 사용과 임료 상당의 부당이득

가. 피고의 주위토지통행권 인정

이 사건 토지는 피고가 운영하는 호텔에서 공로로 출입할 수 있는 거의 유일한 통로로서, 피고에게는 이 사건 토지에 대한 주위토지통행권이 인정되고, 피고가 정당한 권리행사로 이 사건 토지를 이용해 온 이상 원고에게 어떠한 손해가 있다고 할 수 없고, 원고가 이 사건 공사를 통해 피고의 권리행사를 방해함에 따라, 피고가 이 사건 공사를 저지한 것이므로, 피고는 원고에게 부당이득을 반환하거나 손해를 배상할 의무가 없다고 주장하고 있습니다. 그러나 피고에게 주위토지통행권이 인정된다고 하더라도, 민법 제219조 제2항에 따라, 피고는 통행지 소유자인 원고에게 그로 인한 임료 상당의 손해를 보상할 의무가 있으므로, 이 사건 토지의 사용에 따른 부당이득을 반환할 의무가 없다는 피고의 주장은 받아들일 수 없을 것입니다.

나. 원고의 배타적 사용·수익권 포기 주장 관련

피고는, ○○시 ○○구 ○○동 ○○○-○○ 대 2,016.2㎡(이하 '☆☆ 토지'라 한다)의 소유자들로서 그 지상에서 모텔을 운영하던 소외 1, 소외 2, 소외 3이 원고를 상대로 주위토지통행권을 주장하면서 ○○지방법원 99카합152호로 통행방해금지가처분 신청을 하여, 20○○. 12. 29. 이를 인용하는 결정(이하 '20○○. 12. 29.자 가처분결정'이라 한다)을 받았는데, 20○○. 5.경 위 ◇◇ 및 ☆☆ 각 토지의 남쪽으로 새로운 도로가 개설된 후, 원고는 20○○. 3. 19.에서야 ○○지방법원 20○○카합544호로 위 가처분결정을 취소한다는 결정을 받았는바, 원고는 그 무렵까지 이 사건 토지를 피고 등의 통행로로 제공하고, 토지의 소유자로서 배타적 사용·수익권을 포기한 것이므로, 피고에게 이 사건 토지의 점유로 인한 부당이득의 반환을 구할 수 없다고 주장하고 있지만, 원고가 이 사건 토지에 관한 독점적이고 배타적인 사용·수익권을 포기하고 피고 등 일반 공중에게 통행 권한을 부여하였다고 인정할 만한 증거가 없고, 오히려 소외 1 등이 20○○. 12. 29.자 가처분결정을 받자 원고는 같은 법원 20○○카합4호로 가처분 이의신청을 하는 등 다툰 사실, 20○○. 5.경 ◇◇ 및 ☆☆ 각 토지에 접하는 새로운 도로가 개설되자 원고는 20○○. 9.경부터 이 사건 토지에 주차장을 확장·설치하는 공사를 시작하였고, 20○○. 11. 17. ○○지방법원 20○○카합544호로 20○○. 12. 29.자 가처분결정의 취소를 신청한 사실이 인정되는바, 이에 비추어 보면 원고가 상당 기간 동안 이 사건 토지에 대한 피고 등의 통행을 방해하지 않았다고 하더라도, 이는 위 20○○. 12. 29.자 가처분결정에 따른 것에 불과한 것으로서, 원고가 이 사건 토지의 사용·수익권을 포기하였다는 피고의 위 주장은 받아들일 수 없을 것입니다.

3. 원고의 청구 내역

가. 피고는 20○○. 3. 29.부터 임대차계약 체결 이전인 20○○. 10. 7.까지 이 사건 토지를 법률상 원인 없이 자신이 운영하는 호텔 진출입로로 이용해 왔으므로, 원고에게 차임상당의 부당이득금 144,540,000원(= 월 2,190,000원×20○○. 3. 29.부터 20○○. 10. 7.까지 약 66개월)을 반환할 의무가 있다고 할 것입니다.

나. 또한 피고는 정당한 이유 없이 이 사건 공사를 방해하였으므로, 원고에게 불법행위에 의한 손해배상으로서, 원고가 지출한 공사비 6,646,200원을 지급해야 할 것입니다.

4. 결 론

이에 피고는 원고에게 부당이득금 및 손해배상금의 합계액 151,186,200원(= 144,540,000원 + 6,646,200원) 및 이에 대하여 20○○. 7. 1.부터 이 소장 부본송달일까지 민법이 정한 연 5%의, 그 다음날부터 다 갚는 날까지는 소송촉진 등에 관한 특례법이 정한 연 12%의 각 비율에 의한 지연손해금을 지급할 의무가 있다고 할 것입니다.

입 증 방 법

1. 갑제1호증 지적도
1. 갑제2호증 부동산등기부등본
1. 갑제3호증 경계측량도
1. 갑제2호증 현황사진

그밖의 것은 변론시 수시 제출하겠습니다.

첨 부 서 류

1. 위 입증방법 2통
1. 납부서 1통
1. 소장부본 1통

20○○. ○. ○.

위 원고 ○ ○ ○ (인)

○○ 지방법원 귀중

[서식 9] 주위토지통행권확인 청구의 소

소 장

원 고 ○○주택조합
조합장 ○○○
○○시 ○○구 ○○대로 ○○

피 고 대한주택보증 주식회사
대표이사 ○○○
○○시 ○○구 ○○대로 ○○

주위토지통행권확인 등

청 구 취 지

1. 피고는 ○○ 북구 임야 2,774㎡ 중 별지 도면 표시 16, 17, 18, 19,20, 21, 22, 23, 38, 16의 각 점을 순차로 연결한 선내 부분에 대하여 원고에게 주위토지통행권이 있음을 확인한다.
2. 피고는 원고에게 별지 도면 표시 41, 34, 33, 42, 41의 각 점을 순차로 연결한 선내 부㉣부분 3㎡지하 모터실을 굴이하고, 별지 도면 표시 29, 30, 31, 19, 20, 21, 32, 33, 34, 35, 36, 37, 22, 23, 38, 16의 각 점을 순차로 연결한 부분에 설치된 배수로(별지 도면 표시 ㉤부분 배수로 중 별지 도면 표시 29, 38, 39, 27, 28, 29의 각 점을 순차로 연결한 부분을 제외한 부분)를 철거하라.
3. 소송비용은 피고의 부담으로 한다.

라는 판결을 구합니다.

청 구 원 인

1. 기초사실

가. 원고는 무주택자 24명 이 ○○ 북구 및 에 ○○아파트를 건축하기 위해 20○○. 8. 24. 관할 북구청의 인가를 받아 설립하였다가 20○○. 8. 28. 인가취소된 주택조합이고(조합원 수가 20○○. 11. 24. 55명, 20○○. 4. 19. 54명, 20○○. 6. 29. 104명으로 각 변경되었다), 피고는 주택건설사업과 관련한 각종 보증 등을 행함으로써 주택분양 계약자 및 입주자를 보호하고 주택건설사업의 원활한 사업수행을 지원 하는 것을 목적으로 하여 주택건설촉진법에 의하여 설립된 법인입니다.

나. 원고는 주택조합 설립인가를 받기 전인 20○○. 2. 16. 아파트 건축을 위해 000외

3명으로부터 ○○ 북구 임야 6,186㎡ 임야 359㎡(이하 2필지를 합하여 이 사건 토지라 한다)를 매수하여 20○○. 5. 26. 원고 명의의 소유권이전등기를 마쳤습니다.

다. ○○○건설 주식회사(이하 ○○○건설이라 한다)는 20○○. 3. 8. 랜드피아이이천의 일유동화전문 유한회사로부터 이 사건 토지와 인접한 ○○ 북구 임야 2,774㎡ 외 3필지(이 중 ○○ 북구 임야 2,774㎡ 1필지만을 가리켜 이 사건 1주위토지라 한다)를 매수한 후 20○○. 6. 21. 위 매매를 원인으로 한 소유권이전등기 를 마쳤고, 20○○. 6. 12. ○○ 북구청으로부터 ○○○건설과 주식회사 ○○기공(이하 ○○기공이라 한다)을 사업주체로 하는 공동주택 11동 700세대 규모의 건설사업계획 승인을 받았다(그 후 20○○. 6. 21. 사업계획 면적이 당초 26,559㎡에서 26,780㎡로, 세대수가 700세대에서 705세대로 각 변경되었다). 한편 ○○○건설은 위 아파트건설사업의 시행을 위하여 20○○. 6. 24. 피고에게 이 사건 1주위토지에 관하여 신탁하고, 이를 원인으로 한 소유권이전등기를 마쳤습니다.

라. 이 사건 토지의 부근에 있는 공로로는 콘크리트 포장이 되어 있는 ○○ 북구 도로(이하 이 사건 도로라 한다)가 있는바, 이 사건 토지와 이 사건 도로 사이에는 피고 소유의 이 사건 주위토지와 ○○광역시 ○○초등학교 학교부지인 ○○ 북구 임야(이하 이 사건 2주위토지라 한다)가 위치하고 있어 이 사건 토지에서 이 사건 도로로 출입하기 위하여는 이 사건 1 내지 2주위토지를 통행해야만 합니다.

마. 한편 이 사건 1주위토지 중 별지 도면 표시 ㉰부분에는 철파이프 및 철망조 변전소 구조물, ㉱부분에는 지하 모터실, ㉲부분에는 폭 1.3m, 깊이 1m의 배수로, ㉳부분에는 콘크리트 옹벽, 별지 도면 표시 16, 38, 23의 각 점을 순차로 연결한 지점에는 14.2m, 높이 7m의 함석 울타리가 각 설치되어 있습니다.

바. 원고는 20○○. 8. 28. 관할 북구청으로부터 주택조합 설립인가를 취소받았는데, 그 후 10년 이상 위 아파트 설립사업을 제대로 진행하지 못하고 있고, 현재 이 사건 토지는 채소밭으로 이용되고 있다. 반면 ○○○건설과 ○○아파트 분양을 완료하고 현재 이 사건 1주위토지 ○○아파트를 건설하고 있는데, 현재 외부 골조공사가 거의 완성되었습니다.

2. 원고의 주위토지통행권 주장

(1) 주장요지

원고는, 피고 소유의 이 사건 1주위토지를 통행하지 않고서는 이 사건 토지에서 공로에 출입할 수 없으므로, 원고가 이 사건 ○○아파트 건축허가를 받기 위해 필요한 폭 6m 이상의 통로에 관한 통행권이 인정되어야 한다고 주장합니다.

(2) 주위토지통행권의 발생

이 사건 토지는 타인 소유인 이 사건 1, 2주위토지에 둘러싸여 있어 공로인 이 사건 도로에 이르는 통로가 없으므로, 이 사건 토지의 소유자 인 원고에게는 민법 제219조 제1항에 의하여 공로에 출입하기 위한 주위토지통행권이 인정된다고 할 것이다. 나아가 신탁법상의 신탁은 위탁자가 수탁자에게 특정의 재산권을 이전하거나 기타의 처분을 하여 수탁자로 하여금 신탁 목적을 위하여 그 재산권을 관리·처분하게 하는 것으로, 부동산의 신탁에 있어서 수탁자 앞으로 소유권이전등기를 마치게 되면 대내 의적으로 소유권이 수탁자에게 완전히 이전되므로, 원고는 이 사건 1주위토지의 수탁자인 피고를 상대로 주위토지통행권의 확인을 구할 수 있다고 할 것입니다.

(3) 주위토지통행권의 범위

(가) 민법 제219조에 규정된 주위토지통행권은 공로와의 사이에 그 용도에 필요한 통로가 없는 토지의 이용이라는 공익목적을 위하여 피통행지 소유자의 손해를 무릅쓰고 특별히 인정되는 것으로, 그 통행로의 폭이나 위치 등을 정함에 있어서 위요지 소유자의 건축물 건축을 위한 통행로의 필요성도 어느 정도 고려할 필요가 있으나, 그에 못지않게 피통행지 소유자에게 가장 손해가 적게 되는 방법 또한 고려해야 하는바, 이와 같은 관점에서 보면, 위요지 소유자에게 사람이 출입하고 다소의 물건을 공로로 운반할 정도의 폭은 확보해 주어야 하나, 여기에서 나아가 피통행지 소유자가 피통행지를 어떻게 이용하고 있는지 여부에 상관없이 무조건 위요지 소유자에게 장래 그 토지상에 건축을 할 것에 대비하여 건축허가에 필요한 폭의 통행로를 미리 보장하고, 피통행지 소유자로 하여금 이를 수인하도록 할 것은 아니라고 할 것입니다(대판 2002.5.31. 2002다9202, 대판 1996.5.14. 96다10171, 대판 1991.5.28. 91다9961·9978). 그리하여 원고도 이 사건 토지와 이 사건 제 1, 2주위토지의 지형적, 위치적 형상 및 이용관계, 이해득실 기타 제반 사정을 종합적으로 고려하여 원고가 주위토지통행권을 행사할 수 있는 범위를 정하였는바, 그 범위는 사람이 이 사건 토지에서 공로인 이 사건 도로로 출입할 수 있을 뿐 아니라 다소의 물건을 운반 할 정도의 폭이 확보되고, 피고로서도 건축 ○○아파트 내부의 사용을 방해받지 않는 범위, 즉 이 사건 1주위토지 중 콘크리트 옹벽 바깥 부분인 별지 도면 표시 16, 17, 18, 19, 20, 21, 22, 23, 38, 16의 각 점을 순차로 연결한 선내 부분으로 하였고, 이 부분의 통행을 보장하기 위해 피고에게 위 ㉣부분에 있는 지하 모터실을 굴이(掘移) 하고, 위 ㉤부분 배수로 중 별지 도면 표시 29, 30, 31, 19, 20, 21, 32, 33, 34, 35, 36, 37, 22, 23, 38, 16의 각 점을 순차로 연결한 부분, 즉 위 ㉤부분 배수로 중 별지 도면 표시 29, 38, 39, 27, 28, 29의 각 점을 순차로 연결한 부분을 제외한 나머지 부분을 철거해줄 것을 주장하는 바입니다.

(나) 참고로 주택건설촉진법 제33조 제1항, 같은 법 시행령 제32조 제1항, 주택건설기준 등에 관한 규정 제2조 제1호, 제25조 제1항의 규정을 종합하여 보면, 20세대 이상 300세대 미만의 공동주택을 건축하기 위하여는 노폭 6미터 이상의 진입도로가 확보되어야 하는바, 이에 비추어 보면 이 사건 토지상에 20세대 ○○아파트를 신축하려는 원고로서도 공로로 통하는 노폭 6미터 이상의 진입도로를 확보하지 못하는 경우 건축허가를 받을 수 없어 이 사건 토지를 적절히 이용할 수 없게 될 우려가 없는 것은 아니나, 원고가 향후 이 사건 ○○아파트를 신축할 계획을 갖고 있다는 사정만으로 당연히 이 사건 1주위토지상에 그 건축허가를

받기 위해 필요한 폭의 통행로를 보장하는 주위토지통행권이 인정되지 않는다는 점을 알고 있고, 원고가 진입로로 이용할 수 있는 토지는 이 사건 1주위토지 외에 이 사건 2주위토지도 있는바, 피고 소유인 이 사건 1주위토지에 대하여만 전적으로 폭 6미터의 주위토지통행권을 인정하는 것은 피고에게만 손해를 강요하는 셈이 되어 공평의 원칙에 반하므로, 그와 같은 경우에도 이 사건 1주위토지 상에는 위에서 주장한 부분에 한하여 주위토지통행권을 보장해주도록 주장하는 것입니다.

3. 결 론

이에 원고로서는 피고에 대하여 청구취지와 같이 주위토지통행권의 확인과 통행에 방해가 되는 행위의 금지를 구하고자 본건 소에 이르게 되었습니다.

입 증 방 법

1. 갑제1호증	지적도
1. 갑제2호증	부동산등기부등본
1. 갑제3호증	경계측량도
1. 갑제4호증	현황사진
1. 갑제5호증	○○○○
1. 갑제6호증	○○○○

그밖의 것은 변론시 수시 제출하겠습니다.

첨 부 서 류

1. 위 입증방법	2통
1. 납부서	1통
1. 소장부본	1통

20○○. ○. ○.

위 원고 ○ ○ ○ (인)

○○ 지방법원 귀중

[서식 10] 토지인도 등 청구의 소

소 장

원 고 ○○특수단조 주식회사
대표이사 ○○○
○○시 ○○구 ○○대로 ○○
소송대리인 변호사○○○
○○시 ○○구 ○○동 ○○번지
(전화번호 : ○○○-○○○○, 팩스번호 : ○○○-○○○○)

피 고 ○ ○ ○(123456-2345678)
○○시 ○○구 ○○대로 ○○

토지인도 등

청 구 취 지

1. 피고는 원고에게 가. 별지 기재 토지 중 별지 도면 표시 ㅍ, ㅎ의 각 점을 연결한 선 ② 부분 위에 설치된 가로 1.6m, 세로 1.7m의 철재 대문을 철거하고, 나. 금 5,240,620원 및 이에 대하여 20○○. 8. 8.부터 완제일까지 연 12%의 비율에 의한 돈을 지급하라.
2. 소송비용은 피고의 부담으로 한다.
3. 제1항은 가집행할 수 있다.

라는 판결을 구합니다.

토지인도 등 청구의 소

청 구 원 인

1. 기초사실

가. 별지 기재 토지(이하 '39-6 토지'라고 한다)는 원래 나정자, 나황순, 나상운 및 원고가 재산상속을 원인으로 20○○. 6. 9. 소유권이전등기를 마친 것인데, 원고가 같은 날 ○○○, □□□의 각 지분에 관하여, 20○○. 12. 23. ◇◇◇의 지분에 관하여 각 지분이전등기를 마침으로써 단독소유권을 취득하였습니다.

나. 피고는 20○○. 9. 3. 39-6 토지에 접한 같은 동 35-15 대 182㎡(이하 '35-15 토지'라고 한다) 및 그 지상의 주택에 관하여 매매를 원인으로 소유권이전등기를 마침으로써 그 소유권을 취득하였습니다.

다. 한편, 피고는 35-15 토지와 공로 사이에 그 소유의 통로가 없는 관계로, 39-6 토지 중 별지 도면 표시 ㅅ, ㅇ, ㄴ, ㄷ, ㅈ, ㅊ, ㅅ의 각 점을 차례로 연결한 선 내 나 부분 14㎡(이하 '이 사건 통행지'라고 한다)를 공로에 이르는 통로로 사용할 수밖에 없었고, 원고는 피고의 위와 같은 이 사건 통행지 사용을 묵인하였습니다.

라. 그런데 피고는 피고 소유의 위 주택의 대문을 설치함에 있어서 이를 35-15 토지 내에 설치하지 않고, 이 사건 통행지 내인 별지 도면 표시 ㅍ, ㅎ의 각 점을 연결한 선 ② 부분 위에 가로 1.6m, 세로 1.7m의 철재 대문(이하 '이 사건 대문'이라고 한다)을 설치하였습니다.

마. 현재 이 사건 통행지는 피고만이 통로로 이용하고 있고, 원고가 특별히 이를 통로등으로 사용 및 수익하고 있지는 않습니다.

바. 이 사건 통행지를 20○○. 1. 1.부터 20○○. 6. 30.까지 점유 및 사용한 데 따른 차임 상당액은 돈 5,240,620원(기대이율 연 3%)으로 산정됩니다.

2. 원고의 주장 내역

가. 원고는 피고가 정당한 권원 없이 원고 소유의 이 사건 통행지 내에 이 사건 대문을 설치하였으므로 이를 철거하여야 할 뿐 아니라, 가사 부득이 이 사건 통행지를 통로로 사용할 수밖에 없다고 하더라도 그로 인하여 원고가 입은 손해를 보상하여야 할 것입니다.

나. 또한 피고에게 주위토지통행권이 인정되는 때에도 통행권자는 통행지 소유자의 손해를 보상하여야 하는바, 이 사건 통행지를 피고만이 통행로로 사용하고 있고 원고는 특별히 이를 사용 및 수익하고 있지 않은 점 등 제반 사정에 비추어 보면, 피고가 보상할 액수는 사용기간 동안 이 사건 통행지의 차임상당액으로 정함이 타당하다고 할 것입니다.

3. 피고의 주장에 대한 반박

1) 피고의 주장 요지

피고는 이 사건 토지에 대한 주위토지통행권을 가지고 있고, 통행지역권을 시효취득하였으며, 원고가 이 사건 통행지에 대한 배타적 사용수익권을 포기하였으므로 원고의 청구에 응할 수 없다고 주장하고 있습니다.

2) 피고의 주장에 대한 반박

(1) 어느 토지와 공로 사이에 그 토지의 용도에 필요한 통로가 없는 경우에 그 토지소유자는 주위의 토지를 통행 또는 통로로 하지 않으면 공로에 출입할 수 없거나 다대한 비용을 요하는 때에는 그 주위의 토지를 통행할 수 있고 필요한 경우에는 통로를 개설할 수 있는 것으로서, 피고는 35-15 토지의 소유권을 취득할 무렵 이 사건 통행지를 통행할 수 있는 이른바 주위토지통행권을 취득하였다고 할 것이지만, 한편 주위토지통행권이 인정되는 경우에도 통행지 소유자의 점유권을 배제할 수는 없고 다만 통행하는 범위에서 그 토지를 사용할 수 있을 뿐이며,

통행지 소유자는 그 토지를 사용수익할 수 있고 다만 통행권자의 통행을 수인한 의무만을 부담할 뿐이므로, 통행권자가 통행지 소유자의 점유를 배제하거나 그러한 시설물을 통행지에 설치한 때에는, 통행지 소유자는 그 소유토지를 전적으로 점유하고 있는 통행권자에 대하여 그 토지의 인도 및 그러한 시설물의 철거를 구할 수 있다고 할 것이다(대판 1976.5.11. 75다1330). 그런데 피고가 설치한 이 사건 대문은 이 사건 통행지 중 안쪽 부분에 대한 원고의 점유를 전적으로 배제하고 있음이 분명하므로, 피고는 특별한 사정이 없는 한 이 사건 대문을 철거할 의무가 있다고 할 것입니다.

(2) 또한 피고는 통행지역권을 시효취득하였다고 주장하는데, 시효에 의하여 새로운 지역권을 취득하기 위하여는 민법 제294조에 의하여 계속되고 표현될 것을 요하는바, 통행지역권의 경우 요역지의 소유자가 승역지 위에 통로를 새로 설치하여 그 위를 다님으로서 승역지를 늘상 사용하는 객관적 상태가 민법 제245조에 규정된 기간 계속한 사실이 있어야 하고, 통로의 개설이 없이 단지 일정한 장소를 오랜 시일 통행한 사실이 있다거나 또는 토지의 소유자가 이웃하여 사는 교분으로 통행을 묵인하여 온 사실이 있다고 하더라도 그러한 사실만으로는 지역권을 시효취득할 수 없다고 할 것인데(대판 1966.9.6. 65다2305, 2306), 피고가 이 사건 통행지를 통로로 개설하였다는 아무런 증거가 없으므로 피고의 주장은 받아들일 수 없을 것입니다.

(3) 피고는 원고가 이 사건 통행지에 대한 배타적 사용수익권을 포기하였다고 주장하는데, 원고가 이웃하여 사는 교분으로 피고의 이 사건 통행지의 통행을 묵인하여 온 것만으로는 이 사건 통행지에 대한 사용 및 수익권을 포기하였다고 볼 수 없을 것입니다.

4. 결 론

그렇다면 피고는 원고에게 이 사건 대문을 철거하고, 20○○. 1. 1.부터 20○○. 6. 30.까지의 이 사건 통행지에 대한 차임 상당액인 돈 5,240,620원 및 이에 대하여 이 사건 20○○. 8. 8.부터 완제일까지 소송촉진 등에 관한 특례법 소정의 연 12%의 비율에 의한 지연손해금을 지급할 의무가 있다고 할 것이므로 원고로서는 피고에 대하여 청구취지와 같은 판결을 구하고자 본건 소에 이르게 되었습니다.

입 증 방 법

1. 갑제1호증	토지대장
1. 갑제2호증	부동산등기부등본
1. 갑제3호증	경계측량도
1. 갑제4호증	지적도
1. 갑제5호증	○○○○

그밖의 것은 변론시 수시 제출하겠습니다.

첨 부 서 류

1. 위 입증방법	2통
1. 납부서	1통
1. 소장부본	1통

20○○. ○. ○.

위 원고 ○ ○ ○
소송대리인 변호사 ○ ○ ○ (인)

○○ 지방법원 귀중

[서식 11] 통행방해금지 등 청구의 소

소 장

원 고 ○ ○ ○(123456-1234567)
○○시 ○○구 ○○대로 ○○

피 고 ○ ○ ○(123456-2345678)
○○시 ○○구 ○○대로 ○○

통행방해금지 등 청구

청 구 취 지

1. 피고는 ○○시 ○○구 ○○동 1254의18 대지의 출입을 위하여 같은 동 1254의14 도로 87평방미터 및 같은 동 1254의19 도로 9평방미터 2에 대한 원고의 통행을 방해하여서는 아니된다.
2. 피고는 위 각 도로상에 원고의 통행에 방해가 되는 일체의 장해물을 설치하여서는 아니된다. 피고는 원고에게 같은 동 1254의18 대 145평방미터 8 중 별지 제1도면 표시 1, 2, 3, 4, 1의 각 점을 순차연결한 선내(가)부분 5평방미터 8을 인도하라.
3. 소송비용은 피고의 부담으로 한다.
4. 제1항은 가집행할 수 있다.

라는 판결을 구합니다.

청 구 원 인

1. 주위토지통행권의 발생

가. 발생근거

○○시 ○○구 ○○동 1254의18 대 145평방미터 8(이하 '이 사건 대지'라고 줄여쓴다)에 관하여 20○○. 4. 28. 원고 앞으로 소유권이전등기가, 그 지상 시멘트벽돌조 슬래브지붕 2층 다세대주택 1층 59평방미터 36, 2층 47평방미터 2에 관하여 20○○. 9. 22. 원고 앞으로 소유권보존등기가, 같은 동 1254의14 도로 87평방미터 0에 관하여 20○○. 9. 13. 피고 앞으로 소유권이전등기가, 같은 동 1254의19 도로 9평방미터 2(이하 양 토지를 합쳐서 '이 사건 통로'라고 줄여쓴다)에 관하여 20○○. 4. 8. 피고 앞으로 소유권이전등기가 각 경료되어 위 각 부동산은 각 그 등기명의자의 소유로 추정된다 할 것이고, 이 사건 대지 주위는 피고 소유인 같은 동 1254의5 대 214평방미터 1, 이 사건 통로 중의 일부인 같은 번지의 19도로 9평방미터 2, 소외 ○○○ 소유

인 같은 번지의 12 대 166평방미터 9, 각 성명불상자들 소유인 같은 번지의 8, 같은 동 1257의 11, 12 각 면적미상의 대지에 의하여 둘러싸여져 있고, 위 각 대지 위에는 각 그 소유자들이 주택을 건축하고 시멘트벽돌 등의 담을 축조하여 그 경계를 구획하고 있으며, 이 사건 통로 및 같은 동 1254의 7, 8, 12 대지의 남쪽으로 붙어서 동서로 가로질러 진행하는 도로가 있고, 이 도로는 공중이 자유로이 통행할 수 있는 공로이므로, 이 사건 대지는 타인 소유의 토지에 둘러싸여 있어 공로에 이르는 통로가 없다고 할 것이므로 이 사건 대지의 소유자인 원고는 민법의 규정에 따라 공로에 출입하기 위한 주위토지통행권이 있다 할 것입니다.

그렇다면 이 사건 대지의 소유자인 원고에게 이 사건 통로를 피고와 함께 통로로 사용케 함이 상당하다고 인정되고 따라서 피고는 이 사건 대지의 출입을 위하여 원고의 이 사건 통로통행을 방해하여서는 안될 의무가 있다 할 것이며, 또한 이 사건 통로상에 원고의 통행에 방해가 되는 일체의 방해물을 설치하여서는 안될 의무도 있다고 할 것입니다.

2. 토지인도 청구.

이 사건 대지가 원고의 소유임을 앞서 본 바와 같고 감정인 ○○○의 측량감정결과(20○○. 1. 18.자)에 의하면 피고가 이 사건 대지 중 별지 제1도면 표시 1, 2, 3, 4, 1의 각 점을 순차연결한 선내 (가)부분 5평방미터 8을 자신의 마당 등으로 사용하면서 이를 점유하고 있는 사실을 인정할 수 있습니다. 피고는 피고가 20○○. 9. 14. 위 (가)부분을 시효취득하였으므로 원고의 청구에 응할 수 없다는 취지로 주장하고 있으나 전 소유자부터는 그 점유를 승계한다 하여도 아직 취득시효기간이 되지 않았음이 역수상 명백하므로 위 시효취득주장은 이유 없다 할 것입니다. 그렇다면 피고는 원고에게 위 (가)부분 5평방미터 8을 인도할 의무가 있다고 할 것이다.

3. 결 론

이에 원고로서는 피고에 대하여 청구취지와 같이 원고의 주위토지통행권에 의한 피고의 통행방해금지 및 피고의 통행에 방해가 되는 장해물의 설치 금지 등을 구하고자 본건 소에 이르게 되었습니다.

입 증 방 법

1. 갑제1호증	토지대장
1. 갑제2호증	부동산등기부등본
1. 갑제3호증	경계측량도
1. 갑제4호증	현황사진
1. 갑제5호증	지적도
1. 갑제6호증	○○○○

그밖의 것은 변론시 수시 제출하겠습니다.

첨 부 서 류

1. 위 입증방법　　　　2통
1. 납부서　　　　1통
1. 소장부본　　　　1통

20○○. ○. ○.

위 원고 ○ ○ ○ (인)

○○ 지방법원 귀중

[서식 12] 주위토지통행권 확인 및 철조망등 철거 청구의 소

소　　　장

원고(선정당사자)　○ ○ ○(123456-1234567)
　　　　　　　　　○○시 ○○구 ○○대로 ○○

피　　고　○ ○ ○(123456-2345678)
　　　　　○○시 ○○구 ○○대로 ○○

통행권 확인 등

청 구 취 지

1. 피고는, 원고(선정당사자, 이하 '원고'라고만 한다)와 선정자들에게 경남 합천군 ○○○ 임야 77,865㎡ 중 별지 도면 표시 1 내지 21, 1의 각 점을 차례로 연결한 선내 부분 2,010㎡(이하 '확인대상토지'라고 한다)에 대한 통행권이 있음을 확인하고, 피고는 원고 및 선정자들이 확인대상토지를 통행하는 것을 방해하는 일체의 행위를 하여서는 아니되며, 확인대상토지 중 선내 문 (A) 부분 가로 7.8m, 세로 1.6m 지상 철조망과 쇠문, 문 (B) 부분 가로 5.3m, 세로 2.1m 지상 철조망과 쇠문, 문 (C) 부분 가로 2m, 세로 1.5m 지상 철조망과 쇠문을 모두 철거하라.
2. 소송비용은 피고의 부담으로 한다.
3. 제1항은 가집행할 수 있다.

라는 판결을 구합니다.

청 구 원 인

1. 기초사실

가. (1) 원고는 경남 합천군 (주소 1 생략) 임야 39372㎡(이하 '제1 임야'라고 한다)의 공유 지분권자이고, 인접토지인 경남 합천군 (주소 2 생략) 임야 22215㎡(이하 '제2 임야'라고 한다)는 원고의 조부인 망 소외 1 명의로 소유권보전등기가 마쳐져 있습니다. (2) 제1 임야에는 원고의 부모 분묘 2기가 설치되어 있고, 제2 임야에는 원고와 선정자 소외 4, 소외 5, 소외 6, 소외 7, 소외 8, 소외 9, 소외 10, 소외 11, 소외 12의 선대 분묘 3기(이하 위 분묘들을 일컬어 '이 사건 각 분묘'라고 한다)가 설치되어 있습니다. (3) 그리고 원고에 대한 선정자들의 관계는 아래 표와 같습니다.

선정자 이름	원고와의 관계
소외 3	처(처)

소외 4, 소외 5, 소외 6, 소외 7, 소외 8	아들
소외 9, 소외 10, 소외 11, 소외 12	손주
소외 13, 소외 14, 소외 15	며느리

나. (1) 피고는 이 사건 각 임야와 인접한 경남 합천군 (주소 3 생략) 임야 77865㎡(이하 '제3 임야'라고 한다)의 소유자로 20○○년경부터 산림개발기금 융자를 받아 제3 임야 내를 관통하는 임도를 개설하기 시작하였고, 임도가 완성된 20○○년경부터 임도 입구에 말뚝을 박고 쇠사슬을 걸어 임도 내 차량출입을 제한하였으며, 20○○. 3월경부터는 제3 임야 경계 전체를 두르는 철조망과 전기울타리를 설치하고 임도 입구에는 철문과 철책을 설치하여 타인의 출입을 제한하고 있습니다(이하 위 임도를 '이 사건 임도'라고 한다). (2) 현재 피고는 제3 임야에서 유기농 농법으로 약초 등을 재배하고 있습니다.

다. 원고 및 선정자들이 이 사건 각 분묘에 자유롭게 출입하기 위해 주위토지통행확인을 구하고 있는 확인대상토지는 이 사건 임도의 일부분으로 확인대상토지와 제1 임야 경계 부분에 철문(별지 도면상 '문B, C'이다)이 설치되어 있고, 확인대상토지를 이용하는 경우 이 사건 각 분묘에 쉽게 접근할 수 있습니다.

라. (1) 피고가 제3 임야 경계 전체에 철조망과 전기울타리를 설치하고 임도 입구에도 철문과 철책을 설치하기 전에 원고 및 선정자들은 확인대상토지를 이용하여 이 사건 각 분묘에 출입하기도 하였는데, 피고가 철문을 설치하고 임도의 출입을 막자 원고는 피고를 일반교통방해죄로 고소하였습니다. (2) 고소 사건을 담당한 창원지방검찰청 거창지청은 인근 주민들을 조사한 후 20○○. 2. 3. "이 사건 임도는 20○○년경 피고가 농장경영을 위해 개설한 것으로 개설 이후 타인의 출입을 통제하여 왔기에 그 통로가 일반공중의 왕래에 공용된 통로라고 볼 수 없다."라는 이유로 피고에 대해 '혐의 없음' 결정을 하였습니다다. (3) 그 이후에도 원고는 "피고가 부당한 국고지원을 받아 공설임도를 사설임도(이 사건 임도를 의미한다)로 변경하여 전용하고 있다."라는 이유로 국민권익위원회 등에 민원을 제기하거나 피고를 고소하였는데, 위 민원에 대한 조사를 담당한 합천군은 20○○. 8. 20.경 원고에게 "이 사건 임도는 20○○년 최초 개설 당시 임야 소유자(피고)가 자력으로 개설한 것으로 원고가 위 도로가 공설임도에서 사설임도로 변경되었다고 알고 있는 것은 이를 오인한 것이다."라는 취지의 회신을 하기도 하였습니다.

2. 원고(선정당사자)의 주장 내역

원고와 선정자들은 맹지인 제1, 2 임야 내에 설치된 이 사건 각 분묘에 출입하기 위해 약 80년 동안 유일한 관습도로인 확인대상토지를 이용해왔습니다. 그런데 피고가 제3 임야 경계 전체에 철조망과 전기울타리를 설치하고 임도 입구에도 철문과 철책을 설치하여 원고 및 선정자들의 확인대상토지 이용을 방해하고 있습니다. 따라서 피고에 대해 원고 및 선정자들에게 확인대상토지에 관한 통행권이 있다는 확인을 구하고, 그 통행권에 기해 피고가 임의로 설치한 철조망과 쇠문 등의 철거 및 토지통행방해의 배제도 구하는 바입니다.

3. **결 론**

이에 원고로서는 피고에 대하여 청구취지와 같이 주위토지통행권의 확인과 통행에 방해가 되는 철조망 등의 철거를 구하고자 본건 소에 이르게 되었습니다.

입 증 방 법

1. 갑제1호증 토지대장
1. 갑제2호증 부동산등기부등본
1. 갑제3호증 경계측량도
1. 갑제4호증 현황사진
1. 갑제5호증 지적도
1. 갑제6호증 ○○○○

그밖의 것은 변론시 수시 제출하겠습니다.

첨 부 서 류

1. 위 입증방법 2통
1. 납부서 1통
1. 소장부본 1통

20○○. ○. ○.

위 원고 ○ ○ ○ (인)

○○ 지방법원 귀중

[서식 13] 통행권 확인 및 담장철거 청구의 소

소 장

원 고(선정당사자) ○ ○ ○(123456-1234567)
○○시 ○○구 ○○대로 ○○

피 고 서울 ○○구
대표자 구청장 ○○○
○○시 ○○구 ○○대로 ○○

통행권 확인 등

청 구 취 지

1. 원고(선정당사자)(아래에서는 '원고'라고만 한다)는 제주시 ○○동 513-1 임야 2287㎡에 출입하기 위하여, 같은 동 513 임야 1653.2㎡ 중 별지 도면 표시 ㄹ', ㅁ', ㄴ', ㅂ, ㅅ, ㅇ, ㅈ, ㅊ, ㅋ, ㅌ, ㅍ, ㅎ, ㄱ', ㅂ', ㅅ', ㅇ', ㄹ'의 각 점을 순차 연결한 선내 나, 바 부분 136㎡를 통행할 권리가 있음을 확인하고,
2. 피고는 별지 도면 표시 ㅋ, ㅊ의 점을 연결한 위치에 있는 담장 3.02㎡를 철거하라.
3. 소송비용은 피고의 부담으로 한다.
4. 제2항은 가집행할 수 있다.

라는 판결을 구합니다.

청 구 원 인

1. 기초사실

가. ○○○은 ○○○으로부터 제주시 ○○동 임야 3,940㎡(아래에서는 '이 사건 분할 전 토지'라고 한다)를 매수하고 소유권이전등기는 마치지 않은 상태에서 20○○. 10. 경 원고와 ○○○(원고의 동생)에게 위 임야 중 현재 제주시 ○○동 513-1 임야 2287㎡(아래에서는 '원고 소유 토지'라고 한다) 부분을 특정하여 매도하였습니다.

나. 이 사건 분할 전 토지 중 3940분의 1652.4 지분에 관하여는 20○○. 3. 15. 위 ○○○ 앞으로, 각 3940분의 1143.8 지분에 관하여는 20○○. 3. 22. 원고 및 ○○○ 앞으로 각 소유권이전등기가 마쳐졌습니다.

다. 원고, ○○○, ○○○은 20○○. 5. 30. 이 사건 분할 전 토지를 위 원고 소유 토지와 제주시 ○○동 513 임야 1653.2㎡(아래에서는 '피고 소유 토지'라고 한다)로 각 분할하고, 20○○. 12. 6. 공유물분할의 방법으로 위 원고 소유 토지는 원고 및 ○○○(2

분의 1 공유 지분) 앞으로, 위 피고 소유 토지는 ○○○ 앞으로 각 소유권이전등기를 마쳤습니다.

라. 원고는 위 원고 소유 토지를 매수하여 현재까지 선친들의 분묘 8기를 설치하여 가족묘지로 사용하고 있고, 추가로 다른 조상들의 분묘를 이장할 예정입니다.

마. 위 원고 소유 토지는 위 피고 소유 토지 등 타인 소유의 토지에 둘러싸여 있는데, 원고는 별지 도면 표시 ㅁ, ㅂ, ㅅ, ㅇ, ㅈ, ㅊ, ㅋ, ㅌ, ㅍ, ㅎ, ㄱ', ㄴ', ㄷ', ㅁ의 각 점을 순차 연결한 선내 나, 라 부분을 통로(공로에 이르는 가장 가까운 통로로서, 아래에서는 '이 사건 통로'라고 한다)로 사용하여 공로와 위 원고 소유 토지 사이를 출입하면서 분묘의 설치, 성묘, 벌초 등을 하였고, 위 ○○○은 이에 대하여 별다른 이의를 제기하지 않았습니다.

바. 그런데, 피고는 20○○. 11. 25. 위 ○○○으로부터 위 피고 소유 토지를 매수하여 피고 앞으로 소유권이전등기를 마친 후 위 피고 소유 토지의 경계를 따라 돌과 시멘트로 돌담을 설치하였고, 별지 도면 표시 ㅊ 부분 부근에는 길이 약 3m, 높이 약 1m인 철제 구조물 및 자물쇠(별지 도면 표시 ㉠ 구조물)를 각 설치하였으며, 별지 도면 표시 ㅁ, ㄷ'의 점을 연결한 부분(위 원고 소유 토지와 위 피고 소유 토지 사이에는 담장이 설치되어 있었으나, 이 부분에는 출입을 위하여 담장이 설치되지 아니한 채 개방되어 있었다)에는 길이 약 3m, 높이 약 1.2m인 돌담(별지 도면 표시 ㉡ 구조물)을 설치하였습니다.

사. 원고는 피고의 위와 같은 구조물 설치로 인하여 이 사건 통로를 통하여 위 원고 소유 토지에 출입하기 위하여 피고의 담을 넘어 다녀야 합니다.

아. 한편, 위 ○○○은 20○○. 12. 25. 사망하였고, 선정자 ○○○, ○○○, ○○○, ○○○, ○○○가 위 원고 소유 토지에 관한 ○○○의 공유지분을 공동으로 상속하였습니다.

2. 주위토지통행권 주장

가. 주위토지통행권의 성립

위 원고 소유 토지가 위 피고 소유 토지를 비롯하여 타인의 토지에 둘러싸여 있고, 위 원고 소유 토지로부터 공로에 이르는 가장 가까운 통로는 위 피고 소유 토지에 위치한 이 사건 통로인바, 이러한 사실에 의하면 위 원고 소유 토지는 공로와의 사이에 그 토지의 용도에 필요한 통로가 없어 그 토지소유자인 원고는 주위에 위치한 위 피고 소유의 토지를 통행 또는 통로로 이용하지 않으면 공로에 출입할 수 없는 경우라고 할 것이므로, 원고는 위 피고 소유 토지에 대하여 공로에 출입하기 위한 주위토지통행권이 있다고 할 것입니다. 이에 관하여 피고는, 가사 위 피고 소유 토지에 대하여 원고의 주위토지통행권이 인정된다고 하더라도, 원고는 피고가 설치한 담을 넘어서 위 피고 소유 토지를 통행하여 위 원고 소유토지로 통행할 수 있고 피고는 원고의 이러한 통행을 방해하고 있지 않으므로, 원고는 주위토지통행권의 확인을 구할 이익이 없다는 취지로 주장하고 있으나, 토지 경계에 설치된 담은 통행에 방해가 되는 장애물이지 그 자체가 통로라고는 할 수 없으므로, 피고의 이러한 주장은 받아들일 수 없을 것입니다.

나. 주위토지통행권의 범위에 관하여,
원고는 그 범위에 관하여 성묘, 벌초, 분묘의 설치 및 이장, 비석과 상석의 설치, 식목 조경, 벌초 후의 초목의 반출 등을 하기 위하여 차량의 출입이 필수적이므로 위 피고 소유 토지 중 폭 3m의 통로(별지 도면 표시 ㄹ', ㅁ', ㄴ', ㅂ, ㅅ, ㅇ, ㅈ, ㅊ, ㅋ, ㅌ, ㅍ, ㅎ, ㄱ', ㅂ', ㅅ', ㅇ', ㄹ'의 각 점을 순차 연결한 선내 나, 바 부분 136㎡)를 통행할 권리가 있다고 주장하는 바입니다.

3. 담장 철거 청구

원고는 청구취지 기재와 같은 폭 3m의 통로에 대하여 주위토지통행권이 있다고 보이므로, 피고는 원고의 통행에 방해되는 별지 도면 표시 ㅋ, ㅊ의 점을 연결할 위치에 있는 담장 3.02㎡을 철거해야 할 것입니다.

4. 결 론

이에 원고로서는 피고에 대하여 청구취지와 같이 통행권 확인 및 통행에 방해되는 담장의 철거를 구하고자 본건 소에 이르게 되었습니다.

입 증 방 법

1. 갑제1호증 지적도
1. 갑제2호증 부동산등기부등본
1. 갑제3호증 경계측량도
1. 갑제4호증 현황사진
1. 갑제5호증 ○○○○
1. 갑제6호증 ○○○○

그밖의 것은 변론시 수시 제출하겠습니다.

첨 부 서 류

1. 위 입증방법 2통
1. 납부서 1통
1. 소장부본 1통

20○○. ○. ○.

위 원고(선정당사자) ○ ○ ○ (인)

○○ 지방법원 귀중

[별지] 선정자목록

선 정 자 목 록

1. ○○○
   성남시 분당구 ○○로 ○○○

2. ○○○

3. ○○○

4. ○○○

5. ○○○

6. ○○○

위 2 내지 6 선정자들의 주소 : 서울 서대문구 ○○로 ○○○

[서식 14] 주위토지통행권 확인 및 통행방해금지 청구의 소

소 장

원 고 ○ ○ ○(123456-1234567)
○○시 ○○구 ○○대로 ○○

피 고 ○○○외 21(별지와 같음)
○○시 ○○구 ○○대로 ○○

주위토지통행권 등

청 구 취 지

1. 원고에게, 김포시 ○○동 ○○○ 1,150㎡ 중 별지 도면 표시 3, 4, 11, 12, 3의 각 점을 순차로 연결한 선내 '나'부분 25.08㎡에 대한 주위토지통행권이 있음을 확인한다.
2. 피고들은 각자 원고에게,
   가. 위 도면 표시 3, 4를 연결한 선상에 축조된 적벽돌 및 철파이프조 담장 3m를 철거하고,
   나. 위 '나'부분 토지에 대한 원고의 통행을 방해하는 일체의 행위를 하여서는 아니된다.
3. 소송비용은 피고들이 부담한다.
4. 제2.가.항은 가집행할 수 있다.

라는 판결을 구합니다.

청 구 원 인

1. 기초사실

가. 원고는 20○○. 10. 29. ○○시 ○○동 ○○○ 소재 토지(이하에서는 '이 사건 토지'라고 한다)의 소유권을 취득하였고, 별지 '피고들 소유관계' 기재와 같이 피고들 중 피고 1. 내지 7 및 18, 19, 21, 22.는 이 사건 토지에 인접한 ○○시 ○○동 ○○○-○(이하에서는 '이 사건 계쟁토지'라고 한다)에 건축된 ○○빌리지 에이동의 구분소유자들로서 이 사건 계쟁토지에 대해 소유권대지권을 소유하고 있는 자이고, 나머지 피고들은 이 사건 계쟁토지에 인접한 ○○시 ○○동 ○○○-○○ 지상에 건축된 ○○빌리지 비동의 구분소유자들입니다.

나. 이 사건 토지는 서쪽으로는 이 사건 계쟁토지, 남쪽으로는 이 사건 계쟁토지, 같은 동 19-12 소재 토지, 동쪽으로 같은 동 19-11 소재 토지, 북쪽으로는 같은 동 31-1, 같은 동 32 소재 토지로 각 둘러싸여 있는 이른바 '맹지'로서 그동안 원고 등이 밭으로

이용하였던 곳입니다.

2. 원고의 주위토지통행권 및 통행방해금지청구권

가. 민법 제219조에 규정된 주위토지통행권은 공로와의 사이에 그 용도에 필요한 통로가 없는 토지의 이용이라는 공익목적을 위하여 피통행지 소유자의 손해를 무릅쓰고 특별히 인정되는 것이므로, 그 통행로의 폭이나 위치 등을 정함에 있어서는 피통행지의 소유자에게 가장 손해가 적게 되는 방법이 고려되어야 할 것이고, 어느 정도를 필요한 범위로 볼 것인가는 구체적인 사안에서 사회통념에 따라 쌍방 토지의 지형적·위치적 형상 및 이용관계, 부근의 지리상황, 상린지 이용자의 이해득실 기타 제반 사정을 기초로 판단하여야 할 것인데(대판 2005.7.14. 2003다18661), 이 사건의 경우, 이 사건 토지는 맹지로서 주위토지를 통행 또는 통로로 하지 않으면 전혀 공로에 출입할 수 없으므로, 원고에게 주위토지통행권을 인정하여야 할 것입니다.

나. 한편, 이 사건 토지에서 공로에 이를 수 있는 통로 또는 통행의 방법으로는 별지 도면 기재와 같이 이 사건 계쟁토지 중 선내 '나'부분 토지, ○○시 ○○동 ○○○ 토지 중 선내 '라'부분 토지, 같은 동 19-11 토지 중 선내 '바'부분 토지를 각 이용하는 것을 생각할 수 있는데, ① 위 '나'부분 토지의 경우 별지 도면 표시 3, 4를 연결한 적벽돌 및 철파이프조 담장 3m만 철거하면 별다른 비용을 들이지 않고도 공로인 같은 동 30-7 소재 도로를 이용할 수 있지만, ② '라'부분 토지의 경우 내리막의 형태로서 별도로 도로를 개설해야 하고, 또한 위 같은동 31-1 소재 토지에는 가구공장이 들어서 있어서 위 공장을 가로질러야 공로에 이를 수 있으며, 나아가 위 공장을 가로지르는 길도 매우 협소하여 이용에 곤란한 사정이 있는 점, ③ '바'부분 토지의 경우, 그 용도가 임야인 장점은 있지만, 구릉의 형태로 되어 있어서 이용에 불편한 사정이 있을 뿐만 아니라 붕괴를 막기 위한 제반 조치까지 감안하면 도로를 개설하는데 과도한 비용이 소요될 것으로 예상되며, 나아가 도로를 개설해야 하는 면적(56.69㎡)도 위 '나'부분 토지(21.33㎡)에 비하면 매우 넓은 점을 고려하면, 원고에게 위 '나'부분 토지의 통행권을 인정하는 것이 타당한 것으로 보이며, 그 면적도 이 사건 토지의 용도 등을 감안하면 위 21.33㎡의 범위 내에서 인정함이 타당한 것으로 보입니다.

다. 또한, 별지 '피고별 소유관계' 기재에 의하면 피고 8 내지 17 및 20은 이 사건 계쟁토지의 소유자는 아니지만 이 사건 계쟁토지와 바로 인접한 ○○시 ○○○-○○ 지상에 건축된 ○○빌리지 연립주택의 각 구분건물의 소유자이자 위 담장의 공유자로서 여전히 원고의 위 '나'부분 토지의 통행을 방해하고 있으므로 원고의 위 통행을 수인하여야 할 의무가 있다고 할 것입니다.

3. 결 론

그렇다면, 원고에게는 이 사건 토지를 이용하기 위해 위 '나'부분 토지에 대한 주위토지통행권이 있고, 또한 피고들은 원고가 위 토지를 이용하는데 방해를 하여서는 안될 것이며, 주위토지통행권은 공로에 통하기까지 주위토지를 통행할 수 있는 권리이기 때문에 그 통행이 방해되면 포위된 토지 자체의 물권적 청구권에 의해서 방해배제청구권이 있다고 할 것이어서 피고들은 위 담장의 공유자로서 원고가 위 '나'부분 토지를 이용할 수 있도록 이를 철거할 의무가 있다고 할 것입니다. 그런데 피고들은 위 '나'부분 토지에 대한 원고의 주위토지통행권을 다투고 있는 이상 그 확인을 구할 이익이 있다고 할 것이고, 피고들은 각자 원고에게, 위 담장을 철거하며, 위 '나'부분 토지에 대한 원고의 통행을 방해하는 일체의 행위를 하여서는 안될 의무가 있다고 할 것입니다. 이에 원고는 피고들에 대하여 청구취지와 같은 판결을 구하고자 본건 소에 이르게 되었습니다.

입 증 방 법

1. 갑제1호증	토지대장
1. 갑제2호증	부동산등기부등본
1. 갑제3호증	경계측량도
1. 갑제4호증	현황사진
1. 갑제5호증	지적도
1. 갑제6호증	○○○○

그밖의 것은 변론시 수시 제출하겠습니다.

첨 부 서 류

1. 위 입증방법	2통
1. 납부서	1통
1. 소장부본	1통

20○○. ○. ○.

위 원고 ○ ○ ○ (인)

○○ 지방법원 귀중

[별지] 피고별 소유관계 및 감정도

1. 피고별 소유관계 : 생략
2. 감정도 : 생략

[서식 15] 토지인도 등

소 장

원 고 ○ ○ ○(123456-1234567)
○○시 ○○구 ○○대로 ○○
소송대리인 변호사 ○○○
○○시 ○○구 ○○대로 ○○-○

피 고 학교법인 ○○
○○시 ○○구 ○○대로 ○○

토지인도 등

청 구 취 지

1. 피고는 원고에게 ○○시 ○구 대 1,934평방미터 중 별지도면(Ⅰ)표시 가, 나, 다, 라, 마, 바, 사, 아, 자, 차. 카, 타의 각 점을 순차 연결한 선상에 설치된 석축을 철거하여 위 선내의 대지 311 평방미터를 인도하고, 위 도면(Ⅱ)표시 ㄴ, ㄷ, ㄹ, ㅁ, ㅂ, 나의 점을 순차 연결한 선과 ㅌ, ㅍ의 점을 연결한 선상에 매설된 수도관 및 전선배관을 철거하라
2. 소송비용은 피고의 부담으로 한다.
3. 제1항은 가집행할 수 있다.

라는 판결을 구합니다.

청 구 원 인

1. ○○시 ○구 ○○로 ○○ 대 1,934평방미터는 원고 소유인 사실, 피고는 19○○년도에 피고가 경영하는 중고등학교를 설립시, 공로로부터 위 학교에 들어가는 통로를 개설하면서 원고소유인 위 대지상에 별지도면(Ⅰ)표시 가, 나, 다, 라, 마, 바, 사, 아, 자, 차, 카, 타점을 순차 연결한 총 연장 93.7미터에 높이 0.1미터 내지 3미터의 석축을 쌓아 도로를 개설함으로써 위 대지 중 311평방미터(약 94평)가 위 통로에 편입된 사실, 또한 피고의 전선배관과 수도관이 위 대지상에 위 도면(Ⅱ)표시 ㄴ, ㄷ, ㄹ, ㅁ, ㅂ, 나의 각점을 순차 연결한 총 연장 29.15미터와 동 도면 ㅌ,ㅍ의 점을 연결한 3.4미터상에 매설되어 있는 사실을 알 수 있습니다.

2. 그런데 피고는 이건 통로는 소외 ○○○이 피고경영의 위 학교로부터 약 170미터정도 떨어진 ○○시 ○○구 ○○로 ○○의 지상에 별장과 건물을 건축하여 기거하면서 공로로부터 통행하기 위하여 약 60여년 전부터 논두렁을 따라 개설되어 있었고, 20○○년 무렵에는 차마가 통행할 수 있도록 노폭을 약 3.5미터정도로 확장하여 평온, 공연하게

통로로 사용하여 왔었는데 피고가 20○○년도에 이르러 위 ○○○으로부터 위 대지와 그 부근 10여 필지의 대지를 매수하여 위 학교 건물을 신축하면서 기존 통로의 동편의 임야를 소외 ○○○으로부터 매수하여 노폭을 6미터로 확장한 것이므로 요역지인 ○○시 ○○구 ○○로 ○○ 대지의 소유자인 위 ○○○이 19○○년도부터 평온, 공연하게 통로로 사용하여온 승역지인 이건 통로 부분에 관하여는 20년이 경과한 20○○. 1. 1.에 통행지역권을 시효취득하고, 피고는 그 후 요역지를 매수함으로써 이를 승계취득한 것이라고 주장하고 있으나, 살피건대, 이를 인정할만한 증거가 없으므로 피고의 위 주장은 이유 없다고 해야 할 것입니다.

3. 또한 피고는 피고가 경영하는 중고등학교의 학교용지와 공로 사이에는 이건 통로 외에는 그 용도에 필요한 통로가 없어 주위토지통행권에 의하여 이 통로 부분을 통행할 권리가 있다고 주장하나 피고는 원고의 이건 침범대지 311평방미터가 아니더라도 원고대지의 그 반대편 쪽으로 얼마든지 통로를 확장할 수 있고, 거기에 필요 이상의 과다한 비용이 든다고도 볼 수 없으므로 피고의 위 주장 역시 그 이유가 없다고 하겠습니다.

4. 그렇다면 그밖에 달리 피고가 이건 대지 중의 위 통로 부분과 시설 매설부분을 점유할 정당한 권원이 있다는 주장에 근거가 없는 이상 피고는 위 각 시설물을 철거하고 동 대지를 원고에게 인도할 의무가 있다고 할 것입니다.

입 증 방 법

1. 갑제1호증 ○○○○
1. 갑제2호증 부동산등기부등본
1. 갑제3호증 ○○○○
1. 갑제2호증 현황사진

그밖의 것은 변론시 수시 제출하겠습니다.

첨 부 서 류

1. 위 입증방법 2통
1. 납부서 1통
1. 소장부본 1통

20○○. ○. ○.

위 원고 ○ ○ ○
소송대리인 변호사 ○ ○ ○ (인)

○○ 지방법원 귀중

[서식 16] 주위토지통행권확인 등

소 장

원 고 ○ ○ ○(123456-1234567)
○○시 ○○구 ○○대로 ○○

피 고 ○ ○ ○(123456-2345678)
○○시 ○○구 ○○대로 ○○

주위토지통행권확인 등

청 구 취 지

1. 원고에게 ○○시 ○○구 ○○로 ○○ 대 5258평방미터 및 대 544평방미터중 별지 제1도면 표시 1,11,12,13,14,15. 64,65,66,3,2,1 의 각 점을 순차 연결한 선내 가,나 부분 231평방미터에 대한 주위토지통행권이 있음을 확인한다.
2. 소송비용은 피고의 부담으로 한다.

라는 판결을 구합니다.

청 구 원 인

1. ○○시 ○○구 ○○로 ○○ 479평방미터, ○○ 대 344평방미터, ○○ 대 387평방미터, ○○ 대 344평방미터는 원고 소유의 토지들이고, ○○ 대 5258평방미터, ○○ 대 544평방미터는 피고 소유의 토지들인 사실과 위 원고 소유의 토지들이 서로 접속되어 있으면서 그 모든 토지가 위 피고 소유의 토지의 가운데 위치하여 둘러싸여 있는 사실은 다툼이 없는바, 이에 원고는 피고 소유의 토지에 둘러싸여 있는 토지들의 소유자로서 공로에 출입하기 위하여 위 피고 소유의 토지를 통행할 권리가 있다고 할 것입니다.

2. 나아가 이와 같은 주위토지통행은 그 주위토지의 소유자에게 손해가 가장 작은 장소와 방법에 따른 범위 내에서 허용된다 할 것이므로 먼저 그 장소에 관하여 살펴보건대, 별지 제2도면 표시 102.94, 95, 96 97,98, 99,100 101.34 35 36, 37.38 69.39 40, 41 의 각 점을 순차 연결한 선상에는 높이 약5미터의 옹벽이 설치되어 있고, 같은 도면 표시 68,73.74,75 77,78.79,80,81.82,83,84, 85,86,87,88,89,90,91,92,93의 각 점을 순차로 연결한 선상에는 시멘트블록담장이 축조되어 있는 사실, 위 시멘트블록 담장이 축조되어 있는 부분 중 같은 도면 표시 80,81의 각 점을 연결하는 선상에는 철제문이 설치되어 있고 그 담장 밖으로는 주택가로 접하여 있으나 그 철제문은 사용되지 않고 있으며, 같은 도면 표시 88,89의 각

점을 연결하는 선상에는 철망문이 설치되어 있고 그 철망문을 통하여 외부로 나갈 수는 있으나 그밖으로는 노폭 1미터 내외의 좁은 경사진 골목길로 약7회 회전하면서 약 250미터 거리를 거쳐 공로에 통행할 수밖에 없는 사실, 위 옹벽과 담장으로 둘러싸인 부분의 토지상에는 아무런 축조물로 없어 주차장으로 사용되고 있으며, 같은 도면 표시 68,69의 각 점을 연결하는 선상에도 아무런 장해물이 없어 이곳을 통하여 위 옹벽과 담장으로 둘러싸인 부분의 토지와 공로 사이의 통행로로 사용되고 있는 사실 및 피고는 19○○년경 피고 소유의 위 2필지의 토지 중 같은 도면 표시 65, 66,67.63.69,39,40,41,42,7071,72, 43,44,65 의 각 점을 순차 연결한 선내 부분을 공로에 통행하는 통행로로 사용하여 오고 있는 사실을 알 수 있으며, 위 사실들에 의하면 원고가 그 소유의 토지도 함께 거쳐 먼 거리를 통하여 통행마저 불편한 같은 도면 표시 80,81의 각 점을 연결하는 선상의 철제문을 통하거나 같은 도면 표지 88,89의 각 점을 연결하는 선상의 철제문을 통하는 것보다 피고가 포장도로로 개설하여 높은 부분을 통하는 것이 상당하다고 할 것이어서 원고에게 이 부분의 피고 소유 토지를 통행할 권리가 있다고 할 것입니다.

3. 한편 그 통행권의 방법으로서의 범위에 관하여 살펴보건데, 위 사실들에 의하여 원, 피고들 소유의 위 토지들의 위치, 면적과 현상 및 장래 토지사용에 따른 대비와 소방 등 재해시의 문제점 그리고 그밖의 여러 사정을 종합하면, 피고가 이미 통행로로 개설하여 포장까지 마쳐 놓은 부분과 원고의 소유 토지들로부터 그 포장된 통행로까지 직선으로 연결하는 부분 중 원고는 구하는 별지 제1 도면 표시 1,11,12,13,14,15,64,65.66,3,2,1의 각 점을 순차 연결한 선내 가, 나 부분 231평방미터인 폭 3미터의 부분을 통행할 수 있다고 봄이 상당하다 할 것입니다.

4. 그렇다면, 위에 본 바와 같이 인정된 주위토지통행권의 확인을 구하는 원고의 이 사건 청구는 이유 있다 할 것이므로 이를 인용하여 주시기 바랍니다.

입 증 방 법

1. 갑제1호증　　　　지적도
1. 갑제2호증　　　　부동산등기부등본
1. 갑제3호증　　　　경계측량도
1. 갑제2호증　　　　현황사진

그밖의 것은 변론시 수시 제출하겠습니다.

첨 부 서 류

1. 위 입증방법　　　　2통
1. 납부서　　　　1통
1. 소장부본　　　　1통

20○○. ○. ○.

위 원고 ○ ○ ○ (인)

○○ 지방법원 귀중

[서식 17] 토지통행인용

소 장

원 고 ○ ○ ○(123456-1234567)
○○시 ○○구 ○○대로 ○○

피 고 1. ○○○(123456-2345678)
○○시 ○○구 ○○대로 ○○
2. ○○○(123456-2345678)
○○시 ○○구 ○○대로 ○○

토지통행인용

청 구 취 지

1. 피고들은 원고에 대하여, (1) ○○시 ○○구 ○○로 ○○ 전 829평방미터 중 별지 제1도면 표시 ㅋ, ㄴ의 각 점을 연결한 선 및 같은 도면 표시 ㄷ, ㅌ의 각 점을 연결한 선 위에 각 설치되어 있는 양철 울타리 길이 각 1.5미터를 각 철거하고, (2) ○○시 ○○구 ○○로 ○○ 대 132평방미터의 출입을 위하여 위 전 829평방미터 중 별지 제1도면 표시 ㅋ,ㄴ,ㄷ,ㅌ,ㅋ의 각 점을 순차로 연결한 선내인 (나) 부분 13평방미터에 대한 원고의 통행을 방해하여서는 아니된다.
2. 소송비용은 피고들이 부담한다.

라는 재판을 구합니다.

청 구 원 인

1. ○○시 ○○구 ○○로 ○○ 대 132평방미터(40평)는 원고의 소유이고, 그에 인접한 위 전 829평방미터는 피고들의 공동소유로서 현지 위 각 토지는 그 지상에 아무런 건축물도 없는 나대지들인 사실, 위 대 132평방미터(이하 '위 원고 소유 토지'라고만 합니다)의 북쪽으로는 동, 서 방향의, 서쪽으로는 남, 북 방향의 각 공로가 나 있으나 위 각 공로와 위 원고 소유 토지 사이에는 서쪽 및 북쪽 일부 방면으로 위 전 829평방미터(이하 '위 피고를 소유 토지'라고만 합니다)가, 나머지 북쪽 방면으로 위 대지가 각 위치하고 있고 위 대지상에는 3층 건물이 건립되어 있으며, 남쪽에는 주택가가, 동쪽에는 주차장이 각 들어서 있는 사실, 따라서 원고가 위 원고소유 토지로부터 위 북쪽 공로나 서쪽 공로로 나가기 위하여서는 위 토지나 위 피고를 소유 토지를 거치지 않을 수 없는 사실, 원고는 19○○. 5.초순 경 위 원고 소유 토지상에 주택을 신축하기 위하여 건축허가를 받는데 필요한

통로를 확보할 목적으로 원고와 같은 구에 거주하고 있는 피고와의 사이에 위 원고 소유 토지 중 5평과 위 피고 소유 토지 중 북쪽 공로로 통하는 부분 5평을 맞교환하는 문제를 협의하였으나 같은 피고의 거절로 합의가 이루어지지 않아 현재까지 그 공사에 착수하지 못하고 있는 사실, 한편 피고들은 다른 사람들이 위 피고들 소유 토지를 침범하여 행하지 못하도록 하기 위하여 현재 피고들 소유 토지의 경계선상에 양철 울타리를 설치하여 놓은 사실 등을 알 수 있을 것입니다.

2. 위 사실에 의하면, 현재 원고가 위 원고 소유 토지로부터 공로로 출입하기 위하여서는 부득이 주위토지를 통행하는 이외에는 달리 방법이 없고, 위에서 본 바와 같은 위 원고 소유 토지 및 그 주변 토지들의 위치, 면적 및 그 이용상황, 위 원고 소유 토지로부터 공로로 통하는 통로를 확보하기 위하여 원고와 인근 토지소유자 사이에 진행되었던 협의 내용 등 이 사건에 나타난 여러 가지 사정을 참작해 보면, 원고 토지는 위 주위토지들 중 현재 나대지 상태인 위 피고들 소유 토지일부를 그 통로로 이용함이 가장 적절하다 할 것이어서 결국 원고는 민법 제219조의 규정에 따라 위 피고들 소유 토지에 관하여 주위토지통행권이 있고, 피고들은 원고의 위 주위토지통행권을 용인하고 그 방해를 배제할 의무가 있다 할 것입니다.

3. 나아가 위 주위토지통행권의 구체적 범위 및 그에 따른 피고들의 의무에 관하여 원고는 청구취지 기재와 같은 내용의 방해배제 및 통행의 용인 등을 구하는바, 민법 제219조 소정의 주위토지통행권은 상린관계에 기하여 피통행지 소유자의 손해를 무릅쓰고 포위된 토지소유자의 공로로의 통행을 위하여 특별히 인정하려는 취지이므로 그 통행로의 폭이나 위치 등을 정함에 있어서는 포위된 토지소유자의 개인적인 사정보다는 오히려 피통행지 소유자에게 가장 손해가 적게 되는 방법이 더 고려되어야 할 것인바, 앞서 든 위 원고 소유 토지 및 그 주변 토지들의 위치, 면적 및 그 이용상황, 위 원고 소유 토지로부터 공로로 통하는 통보를 확보하기 위하여 원고와 인근토지소유자 사이에 진행되었던 협의 내용 등 이 사건에 나타난 여러 가지 사정에 비추어 볼 때, 원고는 위 원고 소유 토지로부터 공로로의 출입을 위하여 서쪽 공로 방향보다는 상대적으로 위 피고들 소유 토지를 적게 이용할 수 있는 북쪽 공로 방향으로서 사람이 충분히 통행할 수 있고 물건 등의 운반이 가능한 폭 1.5미터의 통로인 위 피고를 소유 토지중 별지 제1도면 표시 ㅋ,ㄴ,ㄷ,ㅌ,ㅋ의 각 점을 순차로 연결한 선내인 (나) 부분 13평방미터에 한하여 이를 통행할 권리가 있다고 봄이 상당하고, 따라서 피고들은 그들이 다른 사람들의 통행을 저지하기 위하여 설치하여 놓은 양철 울타리 중 원고의 위 통행을 위하여 같은 도면표시 ㅋ,ㄴ의 각 점을 연결한 선 및 같은 도면 표시 ㄷ,ㅌ의 각 점을 연결한 선 위에 각 설치되어 있는 양철 울타리 길이 각 1.5미터를 각 철거하고, 같은 도면 표시 ㅋ,ㄴ,ㄷ,ㅌ,ㅋ 의 각 점을 순차로 연결한 선내인 (나) 부분 13평방미터에 대한 원고의 통행을 방해하여서는 아니될 의무가 있다 할 것입니다. 그렇다면, 원고의 이 사건 청구는 위 범위 내에서 이유 있어 이를 인용하는 것이 타당하다고 할 것입니다.

입 증 방 법

1. 갑제1호증	지적도
1. 갑제2호증	부동산등기부등본
1. 갑제3호증	경계측량도
1. 갑제4호증	현황사진
1. 갑제5호증	○○○○

그밖의 것은 변론시 수시 제출하겠습니다.

첨 부 서 류

1. 위 입증방법	3통
1. 납부서	1통
1. 소장부본	2통

20○○. ○. ○.

위 원고 ○ ○ ○ (인)

○○ 지방법원 귀중

[서식 18] 통행권확인 등(주위적·예비적) 청구의 소

소 장

원 고 1. ○○○(123456-1234567)
2. ◇◇◇(123456-2345678)

피 고 □□□(123456-3456789)

통행권확인 등

청 구 취 지

1. 주위적 청구취지
   (1) 피고는 원고들에게 광주시 ○○로 ○○ D답 624㎡ 중 별지 도면 표시 1,2, 7,8,1의 각 점을 순차로 연결한 선내 'ㄴ'부분 33㎡ 및 E전 2,297㎡ 중 같은 도면 표시 2, 3, 4, 5,6, 7, 2의 각 점을 순차로 연결한 선내 'ㄹ'부분 184㎡와 'ㅁ'부분 132㎡에 관하여 각 통행권이 있음을 확인한다.
   (2) 피고는 위 'ㄴ', 'ㄹ', 'ㅁ'부분의 지상에 원고들의 통행에 방해가 되는 장애물을 설치하거나 기타 통행에 방해가 되는 일체의 행위를 하여서는 아니된다.
2. 예비적 청구취지
   (1) 피고는 원고들에게 광주시 E전 2,297㎡ 중 별지 도면 표시 3, 4, 5, 6, 3의 각 점을 순차로 연결한 선내 'ㅁ'부분 132㎡에 관하여 통행권이 있음을 확인한다.
   (2) 피고는 제(1)항 기재 토지 지상에 원고들의 통행에 방해가 되는 장애물을 설치하거나 기타 통행에 방해가 되는 일체의 행위를 하여서는 아니된다.
3. 소송비용은 피고의 부담으로 한다.
4. 제1항은 가집행할 수 있다.

라는 판결을 구합니다.

신 청 이 유

1. 기초사실

가. △△△는 광주시 ○○로 ○○ ○○도 ○○군 ○○읍 ○○로 ○○-1 임야(이하 'G임야'라고 한다) 1,924㎡(등기부등본에는 △△△과 ▽▽▽의 공유로 등기되어 있다. 이하 '이 사건 토지'라고 한다)와 ○○도 ○○군 ○○읍 ○○로 ○○-2 답(이하 'I답'이라고 한다) 624㎡(이후 지번이 ○○도 ○○군 ○○읍 ○○로 ○○-3로 변경되었으며 등기부등본에는 ◎◎◎의 소유로 등기되어 있다. 이하 'D토지'라고 한다), ○○

도 ○○군 ○○읍 ○○로 ○○-4(이하 'E토지'라고 한다) 2,297㎡를 소유하고 있었고, 소외 ▷▷▷은 ○○도 ○○군 ○○읍 ○○로 ○○-5 임야 1,137㎡(이하 'L토지'라고 한다)를 소유하고 있습니다.

나. △△△는 20○○경 이 사건 토지를 ◁◁◁에게 매도하려고 하였으나, 공로에 이르는 통행로가 존재하지 않아 매도에 어려움이 있자, 20○○.경 이 사건 토지의 바로 아래에 연접하고 있는 L토지의 소유자인 ▷▷▷ 및 그 매수자 ◁◁◁과 사이에 D토지 중 별지 도면 표시 1, 2, 7, 8, 1의 각 점을 순차로 연결한 선내 'ㄴ'부분 33㎡ 및 E토지 중 같은 도면 표시 2, 3, 4, 5, 6, 7, 2의 각 점을 순차로 연결한 선내 'ㄹ'부분 184㎡와 'ㅁ'부분 132㎡(이하 '이 사건 통행로'라고 한다)를 이 사건 토지와 L토지를 위한 통행로로 내어 주기로 합의(이하 '이 사건 합의'라고 한다)하였습니다.

다. 한편, ◁◁◁은 위 합의에 따라 20○○. 5.경 E토지의 소유자인 △△△로부터 그 중 316㎡에 대한 영구사용승낙서를, D토지 소유명의자인 ◎◎◎으로부터 그 중 33㎡에 대한 영구 사용승낙서를 작성받았습니다.

라. 이후 ◁◁◁은 위 다.항의 각 토지사용승낙서를 첨부해서 이 사건 통행로 부분을 도로로 만들고자 농지전용허가 신청을 하여 20○○. 6. 12. 광주군수로부터 농지전용허가를 받았으나, 이 사건 통행로에 도로를 개설하지 아니한 상태에서, ☆☆☆에게 이 사건 토지를 매도하여 20○○. 12. 17. ☆☆☆의 명의로 소유권이전등기가 경료되었습니다.

마. 한편, 피고 ㅁㅁㅁ는 2001. 3. 15. △△△로부터 E토지, D토지 및 광주시 ○○도 ○○군 ○○읍 ○○로 ○○-6 답 141㎡(이하 'O토지'라고 한다)를 매매대금 194,460,000원에 매수하는 계약을 체결하여 매매대금을 지급한 후, 20○○. 8. 9. E토지 중 1981/2297 지분에 관하여 소유권이전등기를 경료하였고(이후 20○○. 5. 3. 나머지 316/2297지분에 관하여도 소유권이전등기를 경료하였다), 20○○. 7. 2. D토지 중 591/624 지분에 관하여 소유권이전등기를 경료하였으며(이후 20○○. 11. 22. 나머지 33/624 지분에 관하여도 소유권이전등기를 경료하였다), 20○○. 8. 9. O토지에 관하여 소유권이전등기를 경료하였습니다.

바. 한편, 원고들은 20○○. 12. 6. ☆☆☆으로부터 이 사건 토지를 150,000,000원에 매수하는 계약을 체결하였으나(다만 원고 ○○○는 자신의 아버지인 ◈◈◈의 명의로 매매계약을 체결하였다), 원고들이나 ○○○의 명의로 소유권이전등기를 경료하지 아니한 채 지내던 중 원고 ○○○의 형수 ◇◇◇와 원고 ◇◇◇의 처 ◐◐◐이 20○○, 9. 30. 이 사건 토지에 관하여 20○○. 3. 23. 매매를 원인으로 한 각 1/2 지분 소유권이전등기를 경료하였습니다.

2. 원고의 주장

원고들은 ① 주위적으로 ◁◁◁은 △△△로부터 이 사건 토지를 매수함에 있어, 이 사건 토지로부터 공로에 이르는 통행로를 확보하기 위하여 △△△ 소유인 E토지와 D토지 중 일부인 이 사건 통행로에 대한 영구사용승낙을 받았고, 원고들은 ◁◁◁, ☆☆☆을 통하여 순차로 이 사건 토지를 매수하면서 위 영구통행권도 승계취득하였으며, 피고는 △△

△로부터 E토지와 D토지에 위와 같은 통행권의 부담이 있음을 인식하고 위 토지들을 매수하였는바, 원고들은 피고에게 위와 같은 약정에 따라 이 사건 통행로에 대한 통행권의 확인과 방해금지를 구하는 것이며, ② 예비적으로 원고들이 소유하는 이 사건 토지로부터 공로에 이르는 통행로가 존재하지 않으므로 원고들은 피고에게 민법 제219조의 주위토지통행권에 기하여 피고 소유의 E토지 중 별지 도면 표시 3, 4, 5, 6, 3의 각 점을 순차로 연결한 선내 'ㅁ'부분 132㎡에 관한 통행권의 확인과 방해금지를 구하는 것입니다. 요컨대, 원고들의 주위적 청구는 원고들이 이 사건 토지를 ☆☆☆으로부터 매수하면서 그에 수반하여 전소유자인 ◁◁◁과 ☆☆☆이 △△△ 및 피고에 대하여 가지는 이 사건 통행로에 대한 통행권을 승계취득하였다는 취지로서 통행권 및 통행방해금지를 청구하는 것이고, 원고의 예비적 청구인 민법 제219조에 규정된 주위토지통행권은 어느 토지와 공로 사이에 그 토지의 용도에 필요한 통로가 없는 경우에 그 토지소유자가 주위의 토지를 통행할 수 있는 권리로서 주장하는 것입니다.

3. 결 론

이에 원고들로서는 피고에 대하여 청구취지와 같이 통행권 확인 및 통행방해행위의 금지를 구하고자 본건 소에 이르게 되었습니다.

입 증 방 법

1. 갑제1호증	지적도
1. 갑제2호증	부동산등기부등본
1. 갑제3호증	경계측량도
1. 갑제4호증	현황사진
1. 갑제5호증	○○○○
1. 갑제6호증	○○○○

그밖의 것은 변론시 수시 제출하겠습니다.

첨 부 서 류

1. 위 입증방법	2통
1. 납부서	1통
1. 소장부본	1통

20○○. ○. ○.

위 원고 ○ ○ ○ (인)

○○ 지방법원 귀중

[서식 19] 통행금지 청구의 소

소 장

원 고 ○ ○ ○(123456-1234567)
○○시 ○○구 ○○대로 ○○

피 고 ○○○외 7
(별지와 같음)

통행금지청구

청 구 취 지

1. 피고들은 서울 ○○구 ○○동 (지번 생략) 대 812평방미터 중 별지도면 표시 ㉮, ㉯, ㉰, ㉮의 각 점을 차례로 이은 선 안의 (갑)부분 약 10평 및 같은 도면표시 ㉱, ㉲, ㉳, ㉴, ㉵, ㉶, ㉷, ㉱의 각 점을 차례로 이은 선 안의 (을) 부분 약 20평을 통행하여서는 아니된다.
2. 소송비용은 피고들의 부담으로 한다.

라는 판결을 구합니다.

청 구 원 인

1. 기초사실

(1) 피고들은 별지기재의 (갑), (을) 토지부분(이하 '본건 토지부분'이라 한다)을 통행하고 있고, 본건 토지부분이 원고의 소유입니다.

(2) 이 사건에서 원고는 피고들의 본건 토지부분의 통행금지를 청구하는 바인데, 피고들은 그들이 소유 또는 점유하고 있는 대지와 공로 사이에는 마땅한 통로가 없어 그들이 공로에 출입하기 위하여 본건 토지부분을 이용하는 것이 필요하므로 그들이 본건 토지부분에 관하여 통행권을 가지고 있다고 주장하고 있습니다.

2. 피고들의 통행권 부존재 및 통행금지 청구

피고들이 거주하고 있는 건물의 대지는 별지도면의 서울 ○○구 ○○동 산 60의 13, 14, 15등과 같은 동 산 8 일대로서 그곳에서 공로인 ○○대로(위 ○○동에서 ○○동으로 넘어가는 길) 또는 ○○동대로(제3한강교에서 ○○동에 이르는 길)에 출입하기 위하여는, 첫째, 본건 토지부분을 통과하여 약 300미터 떨어진 위 ○○대로에 이르는 방법(별지도면표시 제1로), 둘째, 피고 1의 집 뒤쪽에 있는 위 ○○동 산 8 지상의 산길을 이용하여 약 150미터 떨어진 위 ○○대로에 이르는 방법(같은 도면표시 제2로), 세째, ○○대학교 구내를 통하여 위 ○○대로에 이르는 방법(같은 도면표시 제3로)등 세가지 방법이 있으며, 위 제1로는 (이하 생략) 지상의 원고의 집 앞에 있는 소외인의 집 뒷담장과 원고의 집 앞 축대 사이에 개설된 폭 약 4미터, 경사 약 20도의 자연통로로서 차량통행이 가능하고, 위 제2로는 자연적으로 형성된 폭 약 1.5미터의 길로서 그 경사가 약 30도이고 차량통행은 불가능하나 주위가 공지로 방치되어 있어 도보통로로서는 아무런 지장이 없으며, 또한 위 제3로는 ○○대학교 구내를 이용하여야 하지만 담장이 설치되어 있지 않아 도보통행이 가능한바, 그렇다면 피고들 주거지역에서 공로에 이르는 길로서는 본건 토지부분이 그 일부를 이루고 있는 위 제1로 이외에도 그 통행에 지장이 없는 위 제2로와 제3로가 있어 피고들이 이들을 이용하여 공로에 출입할 수 있을 뿐더러, 특히 위 제2로는 피고들 주거지역과 바로 연결되고 공로에 이르는 거리도 위 제1로보다 짧아서 피고들이 공로에 이르는 방법 중 주위토지에 손해가 가장 적게 미치는 장소와 방법이라 할 것이므로, 위 제1로 이외에는 달리 필요한 통로가 없음을 전제로 하는 피고들의 본건 토지부분에 대한 주위토지통행권은 인정될 수 없다고 할 것입니다.

이에 관하여 피고들은 위 제2로는 비교적 경사가 급한 산길로서 굴곡이 심하고, 위 제3로는 ○○대학교의 구내를 통과하여야 한다는 점을 들어 위 제1로를 사용하여야 한다고 주장하지만, 피고들로서는 위 제1로를 이용하는 것이 가장 편리한 사실은 인정되나, 위 제2로나 위를 제3로를 이용하여도 그 통행이 가능한 사실은 앞서 본 바이므로, 차량통행이 가능하다든가 더 편리하다는 이유만으로는 피고들에게 위 제1로에 대한 통행권이 인정될 수 없다고 할 것입니다. 피고들은 또한, 본건 토지부분에 관한 지역권을 시효취득하였다는 취지로 주장하고 있지만, 지역권을 시효취득하려면 요역지의 소유자가 승역지상에 통로를 개설하여 승역지를 항상 사용하고 있는 상태가 20년간 계속되어야 하는데, 본건의 경우 피고들이 본건 토지부분에 통로를 개설하여 항상 사용하여 온 객관적인 상태가 20년간 계속되어 온 사실을 인정할 자료가 없으므로 피고들의 위 주장 역시 이유없다고 할 것입니다. 피고들은 나아가, 원고는 본건 토지부분에 인접되어 있는 ○○대학교측과 합의하여 본건 토지부분을 그 통로로 제공하였으면서도 유독 피고들에 대하여만 본건 토지부분의 통행을 금지하는 것은 권리남용이라고 주장하고 있지만, 원고가 ○○대학교측과의 사이에 위 주장과 같은 합의를 하였다는 사실이 없을 뿐만 아니라, 가사 원고가 ○○대학교측과의 사이에 위와 같은 합의를 하였다고 한들 그것만으로서는 피고들의 본건 토지부분의 통행을 금지하는 것이 권리남용에 해당된다고 할 수 없으므로 위 주장 역시 이유 없다고 해야 할 것입니다.

3. 결 론

그렇다면 피고들은 원고 소유의 본건 토지부분을 통행할 권리가 없다 할 것이어서 그 통행의 금지를 구하는 원고의 이 사건 청구는 마땅히 받아들여져야 할 이어서 원고는 청구취지와 같은 판결을 구하고자 본건 소에 이르게 되었습니다.

입 증 방 법

1. 갑제1호증 지적도

1. 갑제2호증 부동산등기부등본
1. 갑제3호증 경계측량도
1. 갑제4호증 현황사진
1. 갑제5호증 ○○○○
1. 갑제6호증 ○○○○

그밖의 것은 변론시 수시 제출하겠습니다.

첨 부 서 류

1. 위 입증방법 9통
1. 납부서 1통
1. 소장부본 8통

20○○. ○. ○.

위 원고 ○ ○ ○ (인)

○○ 지방법원 귀중

[서식 20] 주위토지통행권 확보 위한 건물등 철거

소 장

원 고 주식회사 ○○○○○○○
○○시 ○○구 ○○대로 ○○
대표이사 ○○○
소송대리인 ○○○
○○시 ○○구 ○○대로 ○○

피 고 ○ ○ ○(123456-2345678)
○○시 ○○구 ○○대로 ○○

건물등 철거

청 구 취 지

1. 피고는 원고에게, ○○남도 ○○군 ○○도로 133㎡, ○○ 대 36㎡ 지상에 설치한 쇠파이프 등 철제 구조물 및 블록조 화분 등을 모두 철거하고, 1억 5,000만원 및 이에 대하여 이 사건 소장 부본 송달일까지는 연 5%의, 그 다음날부터 다 갚는 날까지 연 12%의 각 비율로 계산한 돈을 지급하라.
2. 소송비용은 피고가 부담한다.
3. 제1항 중 금전지급 부분은 가집행할 수 있다.

라는 재판을 구합니다.

청 구 원 인

1. 기초사실

가. 주식회사 ㅁㅁ(이하 'ㅁㅁ"라 합니다)는 20○○. 4. 3. 설립되어 휴양콘도미니엄업 등을 하는 법인입니다.

나. ㅁㅁ의 사내이사였던 ○○○은 20○○. 8. 10. ○○남도 ○○군 ○○도로 133㎡ 및 ○○ 대 36㎡(이하 '이 사건 토지'라 합니다)의 소유자인 ○○○으로부터 이 사건 토지를 매수하여 그 명의로 소유권이전등기를 마친 후 같은 날 자신의 아들인 피고에게 이 사건 토지를 매도하고 피고 명의로 이 사건 토지에 관한 소유권이전등기를 마쳐 주었습니다.

다. ㅁㅁ는 20○○. 4. 18. 별지 목록 기재 토지 위의 별지 목록 기재 건물(이하 별지목록 기재 토지와 건물을 합하여 '이 사건 콘도'라 합니다)에 관하여 소유권보존등기를 마치고, 이 사건 콘도를 운영하면서 이 사건 토지를 이 사건 콘도의 출입구 쪽 도로 및 주차장으로 이용하였습니다.

라. 원고는 20○○. 6. 10. 이 사건 콘도에 관하여 ○○지방법원 ○○지원 20○○타경○○○호로 개시된 담보권 실행을 위한 경매절차에서 이 사건 콘도의 대부분의 지분을 매수하고, 20○○. 6. 9. 소유권이전등기를 마친 후 현재 이 사건 콘도를 운영하고 있습니다.

마. 피고는 원고가 이 사건 콘도를 매수한 이후인 20○○. 7.경부터 이 사건 콘도와 이 사건 토지의 경계 위에 쇠파이프 등 철제구조물 및 블록조 화분 등(이하 '이 사건 구조물'이라 합니다)을 설치하였습니다.

2. 원고의 주장 및 그 근거

가. 원고의 주장과 피고의 반론

1) 원고는 이 사건 콘도의 전부 또는 일부의 지분권자로서 이 사건 토지에 대하여 지역권 및 주위토지통행권을 가지는데, 피고의 이 사건 구조물 설치행위는 지역권 및 주위 토지통행권을 방해할 뿐만 아니라 권리남용에 해당하므로 피고는 원고에게 자신이 설치한 구조물을 철거하고 구조물 설치 행위로 인한 손해를 배상할 의무가 있다고 주장하는 바입니다.

2) 이에 대하여 피고는, 원고는 이 사건 토지에 대하여 지역권 및 주위토지통행권을 가지고 있지 않을 뿐만 아니라 피고의 이 사건 구조물 설치행위는 이 사건 토지의 소유자로서 정당한 권리행사라고 주장하고 있습니다.

다. 원고 주장의 정당성

1) 주위토지통행권의 성립

원고는, 이 사건 콘도를 운영하면서 이 사건 토지를 이용하지 못하면 이 사건 콘도 운영에 필요한 버스 등 자동차의 출입이 현저히 곤란하여 이 사건 콘도 영업을 할 수 없으므로 원고는 이 사건 토지에 대하여 주위토지통행권을 가지며, 피고의 이 사건 구조물 설치행위는 원고의 주위토지통행권을 방해하므로 피고는 원고에게 이 사건 토지위에 설치한 구조물을 철거할 의무가 있다고 주장하는 바입니다. 즉 ① 피고가 이 사건 토지에 구조물을 설치하기 전까지 이 사건 토지는 이 사건 콘도의 출입구쪽 도로 및 주차장으로 이용되고 있었던 점, ② 피고의 이 사건 구조물 설치행위로 인하여 원고가 이 사건 토지를 도로나 주차장으로 이용하지 못한 점, ③ 피고의 이 사건 구조물 설치행위로 인하여 도로에서 이 사건 콘도로 이르는 도로의 폭이 좁아지고, 이 사건 콘도의 일부 주차장도 그 기능을 상실한 점 등의 사정이 인정되며, 원고가 이 사건 토지를 이용하지 않으면 도로에서 이 사건 콘도로 진입할 수 없고 원고의 영업에 필요한 차량 등이 지나다닐 수 없으므로 원고는 이 사건 토지에 주위토지통행권을 가진다고 해야 할 것입니다.

2) 피고의 권리남용

피고의 이 사건 구조물 설치행위는 피고에게는 어떠한 이익도 없는 반면 원고에게는 막대한 손실이 발생하므로 권리남용에 해당하고, 원고의 이 사건 콘도에 관한 지분권, 점유권, 영업권을 방해하므로 피고는 원고에게 이 사건 구조물을 철거할 의무를 부담해야 할 것입니다.

3) 손해배상 청구

앞서 본 바와 같이 이 사건 구조물 설치행위가 위법하다고 할 수 있으므로 이 이 사건 구조물 설치행위가 위법함을 전제로 한 원고의 손해배상 청구는 인용되어야 할 것입니다.

3. 결 론

이에 원고는 청구취지와 같은 재판을 구하고자 본건 소에 이르게 되었으니, 신속히 정당한 판결을 내려주시기를 바라는 바입니다.

입 증 방 법

1. 갑제1호증	○○○○
1. 갑제2호증	부동산등기부등본
1. 갑제3호증	○○측량도
1. 갑제2호증	현황사진

그밖의 것은 변론시 수시 제출하겠습니다.

첨 부 서 류

1. 위 입증방법	2통
1. 납부서	1통
1. 소장부본	1통

20○○. ○. ○.

위 원고 ○ ○ ○

위 소송대리인 ○○○ (인)

○○ 지방법원 귀중

[서식 21] 대지상공 헬기 통과금지 등 청구의 소

소 장

원 고 ○ ○ ○(123456-1234567)
○ ○시 ○ ○구 ○ ○대로 ○ ○

피 고 대한민국
위 법률상 대표자 법무부장관 ○ ○ ○
(소관 : ○ ○지방검찰청장)

헬기통과 금지 등 청구

청 구 취 지

1. 피고는 ○ ○ 서구 ○ ○동 ○ ○ ○ 대 2,926㎡ 지상의 헬기장에 헬기를 이착륙함에 있어 같은 동 251-1 대 3,212㎡의 상공을 통과하여서는 아니된다.
2. 피고는 원고에게 202,579,630원 및 이에 대하여 이 사건 소장부본 송달일 다음날부터 다 갚는 날까지 연 12%의 비율에 의한 돈을 지급하고, 20○ ○. 9. 19.부터 제1항의 의무를 이행할 때까지 월 금 5,636,550원의 비율에 의한 돈을 지급하라.
3. 소송비용은 피고의 부담으로 한다.
4. 제1항은 가집행할 수 있다.

라는 판결을 구합니다.

청 구 원 인

1. 기초사실

가. 피고 소유의 ○ ○ 서구 ○ ○동 ○ ○ ○ 대 2,926㎡(이하 '피고 토지'라고 한다) 지상에는 20○ ○. 9. 16. 설치된 ○ ○지방경찰청 항공대가 위치하고 있으며, 위 항공대에는 헬기가 이·착륙하는 헬기장(이하 '이 사건 헬기장'이라고 한다)이 존재합니다.

나. 이 사건 헬기장은 남동쪽 한 면(좌측)이 ○ ○ 서구 ○ ○동 ○ ○ ○ 대 3,212㎡(이하 '이 사건 토지'라고 한다)에 접하고 있는데, 이 사건 토지는 이 사건 헬기장이 설치되기 전부터 ○ ○교통운수 주식회사(이하 '○ ○교통'이라고 한다)의 차고지로 사용되어 왔으며, 이 사건 토지상의 별지 목록 기재 건축물(이하 '이 사건 건축물'이라고 한다)은 20○ ○. 7. 10.경부터 ○ ○교통의 차고지 및 주유소, 정비소로 이용되어 왔습니다.

다. 원고는 20○ ○. 9. 17. ○ ○교통으로부터 이 사건 토지를 매수하여 같은 달 18. 소유권이전등기를 마친 사실이 있습니다.

2. 원고의 주장 내역

가. 이 사건 헬기장에 헬기가 이·착륙함에 있어서 이 사건 토지의 상공을 통과함에 따른 안전문제로 말미암아 이 사건 토지 지상에 건축물의 신축, 증축, 용도변경이 불허가 되는 등 이 사건 토지의 이용에 심각한 제한이 있습니다.

나. 따라서 원고는 소유권에 기한 방해배제청구권에 근거하여 피고가 이 사건 헬기장에 헬기가 이·착륙함에 있어 이 사건 토지의 상공을 통과하는 것의 금지를 구하는 것입니다.

다. 또한 피고는 이 사건 헬기장을 설치·관리함에 있어서 이 사건 토지에 손해를 주지 않는 방법을 선택하거나 원고에게 정당한 보상을 하였어야 함에도 불구하고 이를 위반하여 이 사건 토지의 이용에 제한을 가하였으므로 그로 인한 손해를 배상할 책임이 있는바, 피고가 배상해야 할 손해는 원고가 세 번의 건축허가신청과 한 번의 용도변경허가신청을 하면서 지출한 설계비 합계 6,350만원 및 이 사건 토지에 관한 20○○. 9. 10.부터 20○. 9. 18.까지의 임대료 상당의 손해배상금 139,079,630원, 그리고 20○○. 9. 19.부터 이 사건 헬기장에 이·착륙하는 헬기가 이 사건 토지의 상공을 통과하지 않게 될 때까지 매월 임대료 상당의 손해배상금 5,636,550원입니다.

3. 결 론

이에 원고로서는 피고에 대하여 청구취지와 같은 취지의 판결을 구하고자 본건 소에 이르게 되었습니다.

입 증 방 법

1. 갑제1호증	소음측정결과표
1. 갑제2호증	작물손상감정서
1. 갑제3호증	현장 사진
1. 갑제4호증	○○○○
1. 갑제5호증	○○○○

그밖의 것은 변론시 수시 제출하겠습니다.

첨 부 서 류

1. 위 입증방법	2통
1. 납부서	1통
1. 소장부본	1통

20○○. ○. ○.

위 원고 ○ ○ ○ (인)

○○ 지방법원 귀중

[서식 22] 통행권확인과 담장철거 및 통행방해금지 청구의 소

소 장

원 고 ○○○(123456-1234567)
○○시 ○○구 ○○대로 ○○

피 고 한국전력 주식회사
○○시 ○○구 ○○대로 ○○

통행권확인 등

청 구 취 지

1. 원고는 대구 북구 ○○로 ○○ 답 251평방미터 중 별지도면표시 1, 2, 6, 5, 1 의 각 점을 순차로 연결한 선내 (ㄱ)부분 29평방미터에 대한 통행권이 있음을 확인한다.
2. 피고는 원고에게 위 제1항의 29평방미터 중 별지도면 1,5의 점을 연결한 선위에 설치된 담장을 철거하라.
3. 피고는 대구 북구 ○○로 ○○ 답 602평방미터의 출입을 위하여 원고가 위 제1항의 29평방미터를 통행하는 것을 방해하여서는 아니된다.
4. 소송비용은 피고의 부담으로 한다.
5. 위 제2,3항은 가집행할 수 있다.

라는 판결을 구합니다.

청 구 원 인

1. 기초사실

대구 북구 ○○로 ○○ 답 602평방미터는 도시계획상 일반주거지역으로 지정되어 있고 현재는 공터인 원고의 소유인데 그 동쪽은 피고 소유인 같은 ○○로 409의5 답 251평방미터(이하 '이 사건 토지'라 한다)로, 그 북쪽은 시멘트 담장을 경계로 ◇◇건물과 주유기 등의 시설이 있는 소외 □□□ 소유의 같은 ○○로 409의3 답 886평방미터와 시멘벽돌조 기와지붕주택과 공장으로 사용 중인 천막시설이 있는 소외 □□□ 소유의 같은 ○○로 409의8 대 212평방미터로, 그 서쪽은 공장으로 사용 중인 가건물과 그 마당이 있는 소외 □□□ 소유의 같은 ○○로 409의9 답152평방미터로, 그 남쪽은 목재소로 사용 중인 시멘벽돌조 함석지붕 건물이 있는 소외 □□□ 소유의 같은 ○○로 409의7 답 2573평방미터로 각 둘러싸여 있고 인근에 있는 공로로는 동쪽의 대로와 북쪽의 소로가 있는데 이사건 토지를 통하여 동쪽 도로에 이르는 직선거리는 약9미터 20센티미터이며 위 409의

3이나 409의8 토지를 통하여 북쪽도로에 이르는 직선거리는 약 23미터 20센티미터이고 위 409의9 토지를 통하여 위회하여 북쪽도로에 이르는 거리는 그 이상이 되는 사실 및 이 사건 토지 중 별지도면 표시 3, 4, 5, 6, 3의 각 점을 순차로 연결한 선내부분에는 철근콘크리트조 슬래브지붕 3층 근린생활시설 및 주택이 건립되어 있으나 같은 도면표시 1, 2, 6, 5, 1의 각 점을 순차로 연결한 선내 (ㄱ)부분 29평방미터에는 그 지하에 위 건물에 딸린 정화조 공사가 진행 중일 무렵인 20○○. 10. 10. 당원이 원고의 20○○카10238 공사중지가처분신청에 대하여 그 지상에 건물의 축조공사를 하여서는 아니된다는 결정을 하였음에도 불구하고 그 후 피고가 그 정화조공사를 진행하여 완공하고 그 지표에는 3개의 뚜껑을 설치하였으며 같은 부분 중 같은 도면표시 1, 5의 점을 연결한 선상에는 시멘벽돌조담장을 축조한 사실이 있습니다.

2. 원고의 주위토지통행권

그렇다면 원고소유의 위 409의6 토지는 타인소유의 토지에 둘러싸여 공로에 이르는 통로가 없고 피고소유의 이 사건 토지 중 위(ㄱ)부분을 통하여 동쪽의 대로에 이르는 것이 피고를 비롯한 위 주위토지의 소유자들에게 가장 손해가 적은 장소와 방법이라 할 것이므로 원고가 이 사건 토지 중 위 (ㄱ)부분에 대한 통행권이 있음의 확인을 구함과 아울러 피고에게 위 (ㄱ)부분 중 같은 도면표시 1, 5의 점을 연결하는 선상에 설치된 담장의 철거를 구하고, 위 409의6 토지의 출입을 위한 원고의 위 (ㄱ)부분의 통행에 대한 피고의 방해의 배제를 구하는 바입니다.

3. 결 론

그렇다면 원고는 본건 토지부분을 통행할 권리가 있다고 할 것이어서 그 확인을 구함과 동시에 통행에 방해되는 담장의 철거 및 피고의 통행방해행위의 배제를 구하고자 본건 소에 이르게 되었습니다.

입 증 방 법

1. 갑제1호증 지적도
1. 갑제2호증 부동산등기부등본
1. 갑제3호증 경계측량도
1. 갑제4호증 현황사진
1. 갑제5호증 ○○○○
1. 갑제6호증 ○○○○

그밖의 것은 변론시 수시 제출하겠습니다.

첨 부 서 류

1. 위 입증방법 2통
1. 납부서 1통

1. 소장부본 1통

20○○. ○. ○.

위 원고 ○ ○ ○ (인)

○○ 지방법원 귀중

2. 일조권·조망권

[서식 23] 공사금지청구

소 장

원 고 ○○사
○○시 ○○구 ○○대로 ○○
대표자 주지 ○○○
소송대리인 변호사 ○○○
○○시 ○○구 ○○로 ○○-○○

피 고 1. 주식회사 ○○
○○시 ○○구 ○○대로 ○○
대표이사 ○○○
2. ○ ○ ○(123456-2345678)
○○시 ○○구 ○○대로 ○○
3. ○ ○ ○(123456-2345678)
○○시 ○○구 ○○대로 ○○

공사금지청구

청 구 취 지

1. 피고들은 별지 목록 기재 토지상에 지하 6층, 지상 19층, 옥탑 2층 건물(○○빌딩) 중 지상 15층(옥탑 2층 제외) 건축물 최고 높이 72.3m를 초과하는 건물부분에 대한 건축공사를 하여서는 아니된다.
2. 소송비용은 피고들이 부담한다.
3. 제1항은 가집행할 수 있다.

라는 재판을 구합니다.

청 구 원 인

1. 기초사실

가. 원고는 그 소유의 ○○시 ○○구 ○○로 ○○ 일대 토지상에 있는 사찰인데, 소외망 ○○○과 피고들이 그에 인접한 별지 목록 기재의 5필지 토지상에 ○○빌딩 및 ○○○○센터 건물을 신축하기 위하여 위 빌딩에 대하여는 20○○. 8. 26. 위 센터에

대하여는 같은 해 7. 30. 각 건축허가를 받은 후, 같은 해 11. 24. 건축회사인 피고 주식회사 ○○(이하 '피고 회사'라 합니다)과 위 각 건물의 신축공사 도급계약을 체결하였고, 이에 따라 피고 회사는 그 무렵 위 각 건물의 신축을 위하여 굴착공사 등에 착수하였으나 같은 해 12. 원고로부터 공사중지 요구를 받은 등으로 인하여 그 무렵부터 공사를 중단하고 있습니다.

나. 피고 회사가 위 공사도급계약에 따라 신축할 위 건물의 지상부분의 높이는 그 설계 및 건축허가상 위 빌딩이 87.5m(위에서 본 바와 같이 지상층은 모두 19층 및 옥탑 2층으로 되어 있는데, 그 층별 높이는 1층이 5.1m, 2·3층이 각 4.2m, 4·5층이 각 3.6m, 6층 내지 18층이 각 3.8m, 19층이 4.5m, 옥탑1층이 5m, 옥탑2층이 6.7m, 옥탑지붕이 1.2m로서 그 총 높이가 위와 같이 87.5m입니다)이고, 위 센터가 30.3m입니다.

2. 원고의 공사금지청구권

가. 건축허가상의 하자로 인한 공사금지청구권

원고 사찰 경내에는 ○○○ 등의 ○○시 지정 유형문화재 4점이 건립 혹은 보존되어 있는데, 피고들이 위 각 건물을 신축할 경우 위와 같은 문화재의 현상이 변경되거나 그 보존에 영향을 미칠 수 있으므로, 위 각 건물을 신축하기 위하여는 문화재보호법 제58조, 제20조의 규정에 의한 ○○시장의 허가를 얻어야 함에도 위 각 건물에 대한 위 각 건축허가는 그와 같은 허가가 없는 가운데 난 것 일뿐만 아니라, 위 각 건물의 신축공사 중 지하굴착공사에 대하여 인근 토지소유자인 원고의 동의가 없는 가운데 도시계획상 위 각 건물 부지와 신청인 사찰 사이에 개설하도록 확정되어 있는 폭 6m의 도로가 개설되지 아니한 상태에서 위 각 건축허가가 났으므로 위 각 건축허가는 위법하고, 이러한 위법한 건축허가에 의한 공사가 계속 진행될 경우 원고는 회복할 수 없는 손해를 입게 될 우려가 있으므로, 피고들에 대하여 위 각 건물 신축공사의 금지를 구하는 것입니다.

나. 일조권 침해로 인한 공사금지청구권

(1) 또한 고층건물인 위 각 건물이 신축될 경우 원고 사찰 경내에 일조가 현저히 침해될 것이므로 이와 같은 원고의 일조권 침해를 방지하기 위하여 위 각 건물신축공사외 금지를 구하는 것입니다.

(2) 일조는 어떤 토지상의 쾌적하고 건강한 생활에 반드시 필요한 생활이익으로서 법률상 보호대상이 된다 할 것이고, 그것이 비록 인접지를 가로 질러 오는 것이라고 하더라도 토지의 자연자원으로서 해당 토지의 소유자 혹은 점유자의 지배하에 있다 할 것이므로, 어느 토지의 일조가 현저히 침해될 경우 그 토지의 소유자는 그 토지소유권에 대한 침해로서 그와 같은 일조침해행위의 금지를 구할 수 있다 할 것이나, 다만 인접지의 통상의 용도에 의한 일조침해는 사회통념상 이를 수인하여야 할 의무가 있다 할 것이어서 이와 같은 사회통념상의 수인한도를 초과하는 일조침해행위에 대하여만 그 금지청구권이 인정된다 할 것이고, 인접

지에서의 건물신축으로 인한 일조침해행위가 수인한도를 초과하는지 여부는 그 건물신축으로 인한 일조피해의 정도, 자역성, 토지이용의 선후관계 및 피해의 회피가능성과 일조침해행위를 규제하는 행정법규의 내용 등을 모두 참작하여 결정하여야 할 것입니다.

(3) 이 사건에 있어, 원고가 그 사찰 경내 토지의 소유자이고, 그에 인접하여 신축될 예정인 위 각 건물은 그 지상높이가 30.3m 내지 87.5m인 고층건물임은 위에서 본 바와 같고, 따라서 원고는 그 사찰 경내 토지의 소유자로서 위 각 건물의 신축에 의하여 그 일조에 어느 정도 침해를 받게 될 것으로 보이므로 원고에게 위 각 건물 신축에 대한 금지청구권이 인정되는지 여부는 결국 위 각 건물의 신축으로 원고가 받게 될 일조해가 사회통념상 수인한도를 초과하는지 여부에 달려 있다 할 것입니다.

(4) 일조에 관한 행정법규를 보면, 건축법 제53조는 공동주택과 전용주거지역 및 일반주거지역 안에서 건축하는 건축물의 높이는 일조 등의 확보를 위하여 필요한 경우에는 대통령령이 정하는 바에 의하여 그 건축물로부터 동일 대지안의 다른 건축물까지의 거리에 따라 시·군·구의 조례로 정하는 높이를 초과할 수 없다고 규정하고 있고, 이에 따라 같은 법 시행령 제86조는 건축물의 각 부분이 정북방향으로의 인접대지경계선으로부터 이격하여야 할 거리를 건물 높이에 따라 전용주거지역 및 일반주거지역 혹은 공동주택인 여부에 의하여 구분하여 규정하고 있습니다.

(5) 피고 회사가 신축할 위 각 건물은 업무용 건물 혹은 체육시설 건물로서 원고 사찰의 경내 토지에서 보아 정북방향에 위치하고 있고, 그 부지인 별지 목록 기재 토지는 그 일부만이 상업지역에 위치하고 있으며, 위와 같은 위 각 건물의 용도 및 그 부지의 위치와 위 건물 부지의 일부만이 상업지역에 위치하는 점에 비추어 보면, 위 건물에 대하여는 앞서 본 공동주택 혹은 주거전용지역 및 일반주거지역에서의 정북방향으로의 이격거리에 의한 고도제한 규정인 위 건축법상의 규정이 적용된다고 해야 할 것입니다.

(6) 또한, 피고들이 신축할 위 각 건물에 의하여 원고 사찰의 경내 토지에 그림자가 드리워지는 시간은 일출시부터 오후 3시가량까지인 사실이 인정되므로 피고들이 신축할 위 각 건물에 의한 원고 사찰 경내 토지에 대한 일조침해 시간이 오후까지 이른다고 할 것입니다.

(7) 그러므로 위와 같이 일조에 관한 행정법규가 위 각 건물 부지에 적용되고 또한 위 각 건물에 의한 원고 사찰 경내 토지에 대한 일조침해 시간이 비교적 장시간에 걸친 점에 비추어 보면, 원고가 위 건물 신축으로 일조침해를 받는 정도가 사회통념상 수인한도를 초과한다고 할 수 있을 것이므로 원고에게 위 각 건물의 신축을 금지할 청구권이 발생한다고 볼 수 있을 것입니다.

다. 사찰로서의 환경 침해로 인한 공사금지청구권

(1) 위 각 건물이 당초 예정대로 신축될 경우 원고 사찰의 사찰로서의 경관이 침해될

뿐만 아니라, 사찰의 가장 기본적이고 중요한 여건인 정숙한 분위기가 침해되고, 조망이 저해되며, 위 각 건물이 원고 사찰에 인접한 탓으로 사찰 내부 전체를 가까이에서 내려다 볼 수 있어 사찰 생활의 은닉이 침해되는 등 원고 사찰의 사찰로서의 환경이 크게 침해될 것이므로, 그로 인한 원고의 환경이의 내지 환경권 침해를 방지하기 위하여 위 각 건물 신축공사의 금지를 청구하는 것입니다.

(2) 피고들의 위 각 건물 신축으로 인하여 원고 주장과 같이 원고 사찰의 사찰로서의 환경이 침해되고 그 침해정도가 사회통념상 일반적으로 수인할 정도를 넘어선다고 인정될 경우에는, 원고는 위 사찰 경내 토지에 대한 소유권에 기하여 그 침해배제 혹은 예방으로서의 위 각 건물 신축공사의 금지를 청구할 수 있고, 이 경우 그 침해가 사회통념상 일반적으로 수인할 정도를 넘어서는지 여부는 피해의 성질 및 정도, 피해이익의 공공성과 사회적 가치, 가해행위의 태양, 가해행위의 공공성과 사회적 가치, 방지조치 또는 손해회피의 가능성, 지역성, 토지이용의 선후관계 등 모든 사정을 종합적으로 고려하여 판단하여야 할 것입니다.

(3) 그러므로, 피고들의 위 각 건물 신축으로 인하여 원고 주장과 같이 원고 사찰의 사찰로서의 환경이익이 침해되고 그 침해정도가 사회통념상 일반적으로 수인할 정도를 넘어섬으로써 원고가 그 경내 토지에 대한 소유권에 기하여 위 각 건물에 대한 공사금지청구권을 가지는지 여부에 관하여 살펴보기로 하겠습니다.

① 원고 사찰은 794년에 창건된 이래 조선시대에는 선종 수사찰로서 승과를 실시하던 유서 깊은 사찰로서 20○○. 4. 14. 전통사찰보존법 제3조에 의한 전통사찰로 등록되어 있으며, 그 등록신도수는 현재 약 150,000명에 이르고, 매월 약 10,000명 정도의 신도들이 불공을 드리는 수행도량으로 이용하고 있습니다.

② 원고 사찰 경내에는 ○○○○ 등 많은 전통건물이 들어서 있는데, 그중 은 19○○년경에 지어진 전면 8칸, 측면 3칸, 단층 8작의 목조기와 지붕 건물로서 19○○. 12. 5. ○○시 유형문화재로 지정된 후, 20○○년 원고가 ○○시 및 ○○구청과 합동으로 총공사비 금 173,425,000원을 들여 그 보수공사를 시행하였고, ○○건물은 18○○년경 화엄경 소초 80권 등의 판본을 봉안하기 위하여 지어진 목조건물로서 그 편액은 한국서예사상 귀중한 자료로 평가되어 ○○시 유형문화재로 지정되어 있으며, ○○에 보관 중인 의 대장경 초판 3,175점은 18○○년 조성된 것으로 역시 ○○시 유형문화재로 지정되어 있고, 그밖에도 13○○년에 주조된 ○○ 불상도 ○○시 유형문화재로 지정되어 있는 등 많은 문화재가 소장되어 있습니다.

③ 또한 원고 사찰은 그 경내에서 전통문화행사가 자주 열려 외국관광객들이 자주 찾을 뿐만 아니라 그 일대가 도시공원법에 의한 공원으로 지정되어 ○○시 ○○지구에서는 달리 찾기 드문 자연녹지지구로서 일반시민들의 휴식처이기도 한데, 그 위치가 도심에 있고 또 주변에는 고층건물이 건립되어 있기는 하나, 위 고층건물들은 대부분 원고 사찰과 거리가 상당히 떨어진 곳에

위치하고 있고, 원고 사찰과 인접한 지역에는 6, 7층을 초과하는 고층건물이 없어 비교적 조용하고 안정된 환경 속에서 전통사찰, 관광명소 또는 근린공원으로서의 기능을 수행하여 왔습니다.

④ 피고들이 신축할 예정으로 있는 위 각 건물의 부지와 원고 사찰의 경계는 불과 6m 가량의 거리를 두고 바로 인접하여 있을 뿐만 아니라 그로부터 불과 20m 거리에는 승려들의 일상생활의 거처인 요사채 1동이 세워져 있어, 위 각 건물 중 높이 87.5m인 위 빌딩이 완공될 경우 그곳에서 원고 사찰의 내부 전체를 위에서 내려다 볼 수 있게 되어 있습니다.

⑤ 그런데 피고들은 위 각 건물의 신축공사 계획을 가지고 있으면서도 원고 사찰에 대하여 이를 알리고 양해를 구하지 않았을 뿐만 아니라 오히려 위 망 ○○○으로 하여금 원고 사찰을 기망하여 지하굴착공사에 필요한 원고 사찰 명의의 동의서를 받은 후 이를 이용하여 위 각 건물에 대한 건축허가를 받도록 하였습니다.

⑥ 위 각 건물의 건축에 대한 허가관청인 소외 ○○구청은 위 건축허가시에 원고 사찰의 동의가 있는 것으로 오인한 채, 위 각 건물이 원고 사찰 주변의 환경에 미치는 영향이나 주변 경관과의 조화 및 그 건축으로 인하여 원고 사찰이 보유하고 있는 문화재에 미치는 영향, 기타 원고 사찰이 입게 될 종교활동 및 일상생활의 침해 등을 고려함이 없이 위와 같이 위 각 건물의 건축을 허가하였습니다.

⑦ 한편, 원고도 그 사찰 부근의 일부 지상에 위 공원 시설의 하나로 실내체육관 건물을 건립할 계획으로 20○○. 3. 21. 그에 대한 건축허가까지 받았으나, 위 실내체육관은 사찰 경내와는 어느 정도 거리를 두고 그 서남쪽 외곽에 지상 3층의 21.5m 높이로 신축될 예정이어서 원고 사찰의 전체 경관이나 조망, 일조 등을 훼손하거나 저해 할 우려가 거의 없는 편입니다.

나. 위 사실에 의하면, 원고 사찰은 유서깊은 전통사찰로서 비록 도심에 위치하여 있기는 하나 종래 조용하고 쾌적한 환경을 유지하여 왔고 장래에도 이러한 종교적인 환경을 계속 유지할 필요가 있다 할 것인데, 피고들이 신축 예정으로 있는 위 각 건물 중 위 센터 건물은 약 30.3m 정도인 그 높이에 비추어 비록 위 건물이 건립되더라도 원고 사찰의 위와 같은 종교적인 환경에 미치는 영향이 그다지 크지 않다 하겠으나, 위 빌딩은 이를 당초의 예정에 따라 원고 사찰과 불과 6m의 거리를 둔 채 높이 87.5m의 고층으로 신축될 경우, 앞서 본 바와 같이 원고 사찰의 일조가 침해되는 외에도 원고 사찰의 전통 사찰 및 관광명소로서의 전체적인 경관이 훼손될 우려가 있을 뿐만 아니라, 사찰 경내의 시계 차단으로 조망이 저해되고, 한편으로 위 사찰에서 수행하는 승려나 불공 등을 위하여 출입하는 신도들에게도 그들의 일상생활이나 종교활동 등이 감시되는 듯한 불쾌감과 위압감을 불러일으킴으로써 결국 원고 사찰이 종래 유지하여 온 위와 같은 조용하고 쾌적한 종교적 환경이 크게 훼손될 우려가 있는 반면, 피고들은 위 빌딩 등의 건축허가에 있어 오히려 원고 사찰을 기망하였을 뿐만

아니라 그 건축허가관청인 위 ○○구청도 건축허가시 위와 같은 원고 사찰의 종교적 환경에 대한 영향 등을 전혀 고려하지 않았던 점 등에 비추어 보면, 비록 위 빌딩이 피고 주장과 장학재단의 기본재산이라고 하더라도 위 빌딩의 신축으로 인하여 원고 사찰의 사찰로서의 종교적인 환경이 침해되고 그 침해정도가 사회통념상 일반적으로 수인할 정도를 넘어선다고 할 것이므로, 원고는 위 빌딩에 관하여는 피고들에 대하여 원고 사찰의 사찰로서의 환경 침해를 방지하기 위하여 필요한 한도 내에서 그 건축공사의 금지를 청구할 수 있다 할 것이고, 비록 원고 사찰 스스로가 위와 같이 실내체육관을 건립 중에 있다 하더라도 위에서 본 바와 같이 그것이 원고 사찰의 위와 같은 종교적인 환경에 미치는 영향이 미미한 점을 감안하면 그러한 사정만으로 원고의 위 공사금지청구권이 부정될 수는 없다 할 것입니다.

다. 나아가 원고의 사찰로서의 환경 침해를 방지하기 위하여 필요한 한도에 해당하는 공사금지의 범위에 관하여 보면, 위 빌딩의 신축으로 인하여 원고가 입게 될 환경침해의 정도와 그 수인한도, 피고들의 위 빌딩'에 대한 권리와 그, 제한으로 인하여 입게 될 손해, 위 빌딩'의 층고를 낮춤으로 인한 건축미 및 경제성의 저하, 위 빌딩과 원고 사찰의 전체 경관과의 조화 및 기타 이 사건에 나타난 제반사정을 고려하면, 지상 19층으로 건축될 예정인 위 빌딩 건물 중 16층부터 19층까지 부분에 대한 공사를 금지시키는 것이 상당하다고 보이고, 이와 같이 함으로써 공사금지의 범위를 최소화하면서도 위 건물의 높이를 당초보다 약 15.2m(4개층 × 3.8m)정도 낮추는 효과를 얻을 수 있어 원고가 입게 되는 환경이익의 침해를 상당히 감소시킬 수 있고, 피고들에 대하여도 공사금지로 인하여 예견가능성을 넘는 정도의 피해를 입게 하지는 않을 것으로 보여져, 원고의 환경이익 보호와 피고들의 재산권에 대한 보호 사이에 조화를 피할 수 있을 것으로 보입니다.

4. 결 론

그렇다면, 원고의 이 사건 청구는 별지 목록 기재 토지상에 건축할 예정인 위 빌딩 건물 중 지상 15층(옥탑 2층 제외), 건축물 최고 높이 72.3m를 초과하는 부분에 대한 일체의 공사를 금지하는 범위 내에서 이유 있다 할 것이므로 이를 인용하는 재판을 하여주시기를 바라는 바입니다.

입 증 방 법

1. 갑제1호증	지적도
1. 갑제2호증	부동산등기부등본
1. 갑제3호증	○○○○
1. 갑제4호증	조감도
1. 갑제5호증	현황사진

그밖의 것은 변론시 수시 제출하겠습니다.

첨 부 서 류

1. 위 입증방법 4통
1. 납부서 1통
1. 소장부본 3통

20○○. ○. ○.

위 원고의 소송대리인
변호사 ○○○ (인)

○○ 지방법원 귀중

[별지] 부동산목록

부동산 목록

1. ○○시 ○○구 ○○로 ○○ 대 1623㎡
2. ○○시 ○○구 ○○로 ○○ 대 416㎡
3. ○○시 ○○구 ○○로 ○○ 대 532.6㎡
4. ○○시 ○○구 ○○로 ○○ 대 285.8㎡
5. ○○시 ○○구 ○○로 ○○ 대 169.1㎡. 끝

[서식 24] 손해배상청구의 소 – 일조권 침해

소 장

원 고 ○○○외 25(별지와 같음)
가 주소 별지 기재와 같음
소송대리인 변호사 ○○○
○○시 ○○구 ○○로 ○○-○○

피 고 ○○건설 주식회사
○○시 ○○구 ○○대로 ○○
대표이사 ○○○

일조권 침해로 인한 손해배상 청구

청 구 취 지

1. 피고는 원고 ○광수(1), ○상철(2), ○운상(5), ○화숙(6), ○진성(7), ○호섭(8), ○현숙(11), ○용은(12), ○재호(13), ○영희(16), ○영호(17), ○우열(18), ○효성(20), ○상갑(21), ○봉수(22), ○계옥(25), ○순득(26), ○순철(29), ○영숙(30), ○희순(34), ○형범(35), ○홍종(39), ○창림(40), ○은주(43), ○숙희(48), ○태만(52)에게 별지 4 손해배상내역의 추가인용금액란 기재 각 금원 및 위 각 금원에 대하여 20○○. 9. 24.부터 20○○. 10. 28.까지는 연 5%, 그 다음날부터 다 갚는 날까지는 연 12%의 각 비율에 따른 금원을 지급하라.
2. 소송비용은 피고의 부담으로 한다.
3. 제1항은 가집행할 수 있다.

라는 판결을 구합니다.

청 구 원 인

1. 기초사실

가. 원고들은 ○○○시 ○○읍 ○○리 554 지상에 위치한 ○○현대아파트(이하 '○○아파트'라 한다) 106동의 별지 3 일조침해율의 각 호수 기재란의 각 세대를 20○○. 9. 24. 당시 각 구분소유하고 있는 자들이고(같은 세대에 2명의 원고가 있는 경우는 각 1/2 지분씩 공유하고 있다.), 합병 전 ○○건설 주식회사(이하 '○○건설'이라 한다)는 ○○아파트와 인접한 ○○○시 ○○읍 ○○리 986-1 외 10필지 지상에 ○○힐스빌아파트(이하 '이 사건 아파트'라 한다)를 시공 중인 회사입니다.

나. ㅇㅇ무역 주식회사는 20ㅇㅇ. 11. 25. ㅇㅇㅇ시로부터 주택건설사업승인을 받아 현대아파트를 시공하여 20ㅇㅇ. 12. 23. 완공하였고, 피고 보조참가인인 ㅇㅇ신앙촌재건축조합(이하 '참가인 조합'이라 한다)과 ㅇㅇ건설은 20ㅇㅇ. 10. 15. ㅇㅇㅇ시로부터 이 사건 아파트에 관한 주택건설사업을 승인받은 후, 같은 해 12. 1. 굴착공사를 시작하여 20ㅇㅇ. 9. 24. 이 사건 아파트의 골조공사를 완료하였습니다.

다. ㅇㅇㅇ시는 ㅇㅇ아파트에 대한 주택건설사업승인 당시 위 아파트와 연접하여 한강변쪽으로 이어진 폭 8m, 연장 278m의 소로(이하 '이 사건 도로'라 한다)를 개설하는 내용의 도시계획결정을 하였으나, 그 후 이 사건 아파트에 관한 주택건설사업승인을 하면서 이를 변경하여 이 사건 도로의 연장을 154m로 축소하였는바, 축소되어 폐지된 부분은 이 사건 아파트 부지에 편입되어 현재 ㅇㅇ아파트와 이 사건 아파트는 이 사건 도로를 사이에 두고 마주 보고 있습니다.

2. 일조권의 침해와 책임 주체

가. 아파트 건축으로 인한 일조 침해 사실의 발생

(1) 원고들은 다음과 같은 사유로 피고 회사에게 원고들이 입게 된 별지 2 청구금액의 원고별 제1심 청구금액란 기재 각 금원을 청구하는 바입니다.

(가) ㅇㅇ건설의 이 사건 아파트 건축으로 말미암아 원고들에게 수인한도를 넘는 일조침해의 결과가 발생하였고, 특히 원고들 소유의 ㅇㅇ아파트는 한강 등 자연경관을 조망하기에 최적의 주거환경을 가지고 있었는데 ㅇㅇ건설의 이 사건 아파트의 건축으로 이와 같은 조망의 이익을 침해당하였으며, 이로 인하여 원고들 소유 ㅇㅇ아파트의 시가가 하락하는 등 재산상 손해를 입었을 뿐만 아니라 주거환경악화로 인한 정신적 손해를 입게 되었습니다.

(나) ㅇㅇ건설의 이 사건 아파트 공사 진행중 수인한도를 넘는 소음, 진동, 분진 등으로 주거생활의 안정을 침해받아 그로 인한 정신적 고통을 받았습니다.

(다) 또한, 원고들은 ㅇㅇ아파트 앞에 계획된 이 사건 도로를 평소 산책로 및 서울에 이르는 교통로로 이용하고 있었는데, ㅇㅇ건설이 이 사건 아파트 공사를 시행하면서 위 도로의 연장을 축소함으로써 원고들이 기존에 누리던 생활이익을 상실하는 손해를 입게 되었습니다.

나. 두산건설의 손해배상책임의 주체 인정 여부

(1) 건물 건축공사의 수급인은 도급계약에 기한 의무이행으로서 건물을 건축하는 것이므로 원칙적으로는 일조침해에 대하여 손해배상책임이 없다고 할 것이지만, 수급인이 스스로 또는 도급인과 서로 의사를 같이하여 타인이 향수하는 일조를 방해하려는 목적으로 건물을 건축한 경우, 당해 건물이 건축법규에 위반되었고 그로 인하여 타인이 향수하는 일조를 방해하게 된다는 것을 알거나 알 수 있었는데도 과실로 이를 모른 채 건물을 건축한 경우, 도급인과 사실상 공동사업주체로서 이해관계를 같이 하면서 건물을 건축한 경우 등 특별한 사정이 있는 때에는 수급인도 일조방해에 대하여 손해배상책임을 진다고 할 것입니다(대판 2004.9.

13. 2003다64602, 2005.3.24. 2004다38792).

(2) 이러한 법리에서 ○○건설은 ○○건설 소유의 ○○○시 ○○○읍 ○○리 985 소재 대지 등을 이 사건 아파트의 부지 중 일부로 제공하여 참가인 조합과 공동명의로 이 사건 아파트의 건축허가를 신청하였고, 참가인 조합과 공동사업주체로서 ○○○시장으로부터 이 사건 아파트에 관한 주택건설사업계획승인을 받았으며, 이 사건 아파트를 분양할 때에도 참가인 조합과 공동매도인으로서 분양계약을 체결한 사실을 인정할 수 있는바, ○○건설은 이 사건 공사의 단순한 수급인으로서 이를 시공한 것이 아니라 참가인 조합과 사실상 공동사업주체로서 이해관계를 같이 하면서 이 사건 아파트를 신축하였다고 할 것이므로, 이 사건 아파트 신축과 관련하여 원고들이 입은 손해를 배상할 책임이 있다고 할 것입니다.

3. 일조침해로 인한 손해배상청구

(1) 손해배상책임의 성립

(가) 건물의 신축으로 인하여 인근 건물의 소유자가 종전부터 향유하고 있던 일조 등에 대하여 침해를 받은 경우 그 신축행위가 정당한 권리행사로서의 범위를 벗어나 사법상 위법한 가해행위로 평가되기 위하여는 그 일조침해의 정도가 사회통념상 일반적으로 허용되는 수인한도를 넘어야 하는바, 대도시 인구의 과밀화 및 토지의 효율적 이용을 위한 건물의 고층화 경향 등을 고려할 때 아파트와 같은 공동주택의 경우 동지일을 기준으로 9시부터 15시까지 사이의 6시간 중 일조시간이 연속하여 2시간 이상 확보되는 경우 또는 동지일을 기준으로 8시에서 16시까지 사이의 8시간 중 일조시간이 통틀어서 최소한 4시간 이상 확보되는 경우에는 이를 수인하여야 할 것으로 봄이 사회통념상 상당합니다.

(나) 그러므로 살피건대, 제1심 감정인 ○영규의 감정 결과에 의하면, ○○건설이 이 사건 아파트를 건축하기 전에는 원고들 소유 ○○아파트 각 세대는, 주된 생활공간인 거실을 기준으로 할 때, 동지일을 기준으로 9시부터 15시까지 사이의 6시간 중 일조시간이 연속하여 2시간 이상 확보되었고 8시에서 16시까지 사이의 8시간 중 일조시간이 통틀어서 최소한 4시간 이상 확보되었는데, ○○건설이 이 사건 아파트를 건축함으로써 별지 3 일조침해율의 각 기재와 같이 일조침해를 받고 있는 사실을 인정할 수 있을 것입니다.

(다) 이에 따르면, 원고들의 각 세대 중 원고 ○광수(1), ○상철(2), ○운상(5), ○화숙(6), ○진성(7), ○호섭(8), ○현숙(11), ○용은(12), ○재호(13), ○영희(16), ○영호(17), ○우열(18), ○효성(20), ○상갑(21), ○봉수(22), ○계옥(25), ○순득(26), ○순철(29), ○영숙(30), ○희순(34), ○형범(35), ○홍종(39), ○창림(40), ○은주(43), ○숙희(48), ○태만(52)의 각 세대(이하 '이 사건 피해자인 원고들'이라 한다)는 이 사건 아파트 건축으로 말미암아 수인한도를 넘는 일조침해를 받고 있다 할 것이므로 피고 회사는 위 원고들에 대하여 위와 같은 일조침해로 인한 손해를 배상할 책임이 있다고 할 것입니다(물론 같은 아파트의 거주자라

하더라도 이 사건 피해자인 원고들을 제외한 나머지 거주자들은 이 사건 아파트 건축으로 인한 일조침해의 정도가 수인한도의 범위 안에 있으므로, 수인한도를 넘는 일조침해를 받았음을 전제로 하는 손해배상청구는 인정되지 않을 것입니다).

(라) 이에 대하여 피고는, 이 사건 아파트가 건축법 등 관계 법령에 따른 적법한 건축허가를 받아 높이제한 및 이격거리에 적합하게 건축되었으므로 불법행위가 성립되지 않는다고 다투고 있으나, ○○건설과 참가인 조합은 이 사건 아파트에 대한 주택건설사업승인을 받을 당시 시행되던 구 건축법 제53조, 같은 법 시행령 제86조의 일조 등의 확보를 위한 건축물의 높이제한규정{전용주거지역 또는 일반주거지역 안에서 건축물을 건축하는 경우에는 건축물의 각 부분을 정북방향으로의 인접대지 경계선으로부터 높이 4m 이하인 부분은 인접대지 경계선으로부터 1m 이상, 높이 8m 이하인 부분은 인접대지경계선으로부터 2m 이상, 높이 8m를 초과하는 부분은 인접대지경계선으로부터 당해 건축물 각 부분의 높이의 1/2 이상을 띄워 건축하여야 하고, 공동주택(일반상업지역과 중심상업지역에 건축하는 것을 제외한다.)의 건축물(다세대주택 및 기숙사를 제외한다.)의 각 부분의 높이는 그 부분으로부터 채광을 위한 창문이 있는 벽면으로부터 직각방향으로 인접대지 경계선까지의 수평거리의 4배 이하의 범위 안에서 건축조례가 정하는 높이 이하로 한다고 규정하고 있다.}에 따라, 이 사건 아파트 중 현대아파트와 가장 근접하여 있는 제109동의 경우에도 그 높이는 67.4m인데 현대아파트로부터의 이격거리는 약 40 ~ 60m의 거리를 두고 건축하여, 관계 건축법령에 위반하지 아니한 사실은 인정할 수 있으나, 관계 법령에 일조침해에 관한 직접적인 단속법규가 있다면 그 법규에 적합한지 여부가 사법상 위법성을 판단함에 있어서 중요한 판단자료가 될 것이지만, 이러한 공법적 규제에 의하여 확보하고자 하는 일조는 원래 사법상 보호되는 일조를 공법적인 면에서도 가능한 한 보증하려는 것으로서 특별한 사정이 없는 한 일조보호를 위한 최소한도의 기준으로 봄이 상당하고, 구체적인 경우에 있어서는 어떠한 건물의 신축이 건축 당시의 공법적 규제에 형식적으로 적합하다고 하더라도 현실적인 일조침해의 정도가 현저하게 커 사회통념상 수인한도를 넘은 경우에는 위법행위로 평가될 수 있다고 할 것이므로, 관계 건축법령에 적합하게 건축된 이상 불법행위가 성립하지 않는다는 피고의 위 주장은 받아들여서는 아니될 것입니다(대판 2002. 12.10. 2000다72213, 2004.9.13. 2004다64602).

(마) 다음으로 피고는, 이 사건 피해자인 원고들이 이 사건 아파트가 건축된다는 사정을 미리 알면서도 ○○아파트 각 세대를 분양받았으므로 이 사건 아파트 건축으로 인한 일조침해를 수인하였다고 주장하지만, 20○○년경부터 이 사건 아파트가 위치한 부지에 대하여 그곳에 거주하던 신앙촌 주민들을 중심으로 재건축조합 결성이 추진되었던 사실을 인정할 수는 있으나, 그것만으로 이 사건 피해자인 원고들이 이 사건 아파트가 건축된다는 사정을 알면서도 ○○아파트 각 세대를

분양받았다고 인정하기에는 부족할 뿐만 아니라, 설사 이 사건 피해자인 원고들이 이러한 사정을 알고 있었다고 할지라도 이 사건 피해자인 원고들로서는 실제로 이 사건 아파트의 골조공사가 완공되기 이전에는 자신들의 구체적인 일조침해의 정도가 수인한도를 넘는 것인지 여부를 알 수 없었을 것이므로, 피고의 위 주장은 어느 모로 보나 이유 없다고 할 것입니다.

(바) 또한 피고는, 원고 ○우열(18), ○형범(35)은 이 사건 소제기 이후에 자신들이 소유하고 있던 ○○아파트의 소유권을 제3자에게 이전하였으므로 ○○건설에 대하여 일조침해로 인한 손해배상을 구할 수 없다고 주장한바, 원고 ○우열, ○형범이 이 사건 아파트 골조공사 완료 당시에 ○○아파트 106동 403호와 802호를 소유하고 있었던 사실은 앞에서 본 바와 같고, 403호에 대하여는 20○○. 4. 27. ○경순 명의로, 위 802호에 대하여는 같은 해 8. 29. ○난수 명의로 각 소유권이전등기가 경료된 사실을 인정할 수 있으나 아파트 공사로 인하여 기존에 있던 아파트의 일조를 침해하는 경우에는 새로 건축되는 아파트의 골조공사 완료시에 불법행위가 성립한다고 할 것이고, 소유물에 대한 불법행위를 이유로 손해배상청구권을 취득한 자는 그 후에 소유권을 상실한다고 하더라도 이미 발생한 손해배상청구권을 새로운 소유자에게 양도하였다는 사정이 없는 한 이미 발생한 손해배상청구권을 상실하지 않는다 할 것인바(일조침해로 인한 정신적 고통에 대한 위자료의 경우 위와 같은 법리는 더욱 자명하고, 일조침해로 인한 재산상 손해에 있어서도 특별한 사정이 없는 한 새로운 매매계약에는 이미 일조침해로 인한 시가하락분이 반영되어 가격이 결정될 것이기 때문이다.), 위 인정사실만으로는 원고 ○우열, ○형범이 이미 발생한 ○○건설에 대한 손해배상청구권을 새로운 소유자에게 양도하였다고 보기에 부족하므로 피고의 위 주장도 받아들여서는 안될 것입니다.

(2) 손해배상의 범위

(가) 재산상 손해

① 일조침해로 인한 재산상 손해의 범위는 일조침해, 조망침해 및 개방감 상실 등으로 인한 당해 부동산의 시가하락분이라고 할 것인바, 제1심 감정인 유은철의 감정 결과에 의하면, 이 사건 피해자인 원고들 소유의 ○○아파트 각 세대는 이 사건 아파트 건축에 따른 일조침해로 말미암아 20○○. 9. 24.을 기준으로 할 때 그 정상가격에 비하여 각 세대별로 별지 4 손해배상내역의 시가하락분란 기재와 같은 시가하락이 발생한 사실을 인정할 수 있을 것입니다(여기에서 '조망침해 및 개방감 상실'이라 함은, 이 사건에서 원고들이 주장하는 한강 조망 등 특수한 자연경관이나 조망이익을 고려하지 않고, 단지 일반적으로 아파트나 주택의 거실창 면적에서 하늘이 보이는 면적비율을 의미하는 천공률 침해에 따른 압박감과 폐쇄감을 의미하는 것으로서, 이러한 조망침해 및 개방감 상실은 일조가 침해되면 당연히 그에 수반된다는 점에서 이로 인한 시가하락분은 이 사건 일조침해로 인한 통상손해의 범위에 속한다고 할

것입니다).

② 한편, 앞서 인정한 바와 같이 이 사건 아파트 건축 자체는 관계 법령에서 정한 높이제한 및 이격거리에 관한 규정을 모두 준수하여 이루어진 점, 이 사건 아파트가 위치한 부지는 도시계획상 그 용도지역이 주거지역으로서 현대아파트가 건축되기 이전부터 그곳에 거주하던 신앙촌 주민들을 중심으로 재건축 조합결성이 추진되고 있었던 점 등을 종합적으로 고려하면, 공평의 견지에서 볼 때 위 감정 결과에 따른 시가하락분을 적정한 정도로 감액하여 재산상 손해액을 정함이 상당하다 할 것인바, 위와 같은 제반 사정들을 참작하여 보면 피고 회사가 배상하여야 할 재산상 손해액은 위 각 세대별 시가하락분의 70% 정도로 봄이 상당하다고 봅니다.

(나) 정신적 손해

인격권 침해를 이유로 하는 위자료 청구에 관하여 보건대, 쾌적한 주거환경을 영위하는 데 있어서 일조의 확보가 갖는 중요성에 비추어 이 사건 피해자인 원고들 중 이 사건 아파트의 골조공사 완성시를 기준으로 일조침해가 수인한도를 넘는 세대에 계속 거주해 온 원고들{원고 ○운상(5), ○화숙(6), ○호섭(8), ○재호(13), ○영희(16), ○영호(17), ○효성(20), ○상갑(21), ○봉수(22), ○순득(26), ○순철(29), ○희순(34), ○홍종(39), ○창림(40), ○숙희(48)가 이에 해당한다.}은 그 시가하락으로 인한 재산상 손해와는 별도로 위와 같이 수인한도를 넘는 일조침해로 일상생활을 함에 있어서 상당한 정신적 고통을 겪게 되었다고 봄이 상당하다 할 것인바, 이는 재산상 손해의 전보만으로는 완전히 치유되기 어렵다고 할 것이므로, 피고 회사는 위 원고들에게 이 사건 일조침해로 말미암아 위 원고들이 입은 정신적 고통에 대한 위자료를 지급할 의무가 있다고 할 것입니다. 나아가 위 원고들이 현대아파트 각 세대에 거주해 온 기간 등 이 사건에 나타난 모든 사정을 종합하여 볼 때 그 위자료의 액수는 원고 ○호섭(8), ○재호(13), ○영희(16), ○영호(17), ○상갑(21), ○봉수(22), ○순득(26), ○순철(29), ○희순(34), ○홍종(39), ○숙희(48)에 대하여는 각 3,000,000원, 원고 ○효성(20), ○창림(40)에 대하여는 각 2,000,000원, 원고 ○운상(5), ○화숙(6)에 대하여는 각 1,000,000원으로 정함이 상당하다고 할 것입니다.

(3) 소 결

결국, 이 사건에서 피고 회사가 이 사건 피해자인 원고들에게 지급해야 할 손해배상액은 별지 4 손해배상내역의 인용금액합계란 기재와 같습니다.

3. 결 론

그렇다면 피고는 이 사건 피해자인 원고들에게 별지 4 손해배상내역의 청구금액합계란 기재 각 금원 및 위 각 금원에 대하여 이 사건 아파트의 골조완성시인 20○○. 9. 24.부터 이 소장 부본 송달일까지는 연 5%의, 그 다음날부터 다 갚는 날까지는 소송촉진 등에 관한 특례법이 정한 연 12%의 각 비율에 따른 지연손해금을 지급할 의무가 있다 할 것입니다.

입 증 방 법

1. 갑제1호증	지적도
1. 갑제2호증	부동산등기부등본
1. 갑제3호증	경계측량도
1. 갑제4호증	현황사진
1. 갑제5호증	○○○○
1. 갑제6호증	○○○○

그밖의 것은 변론시 수시 제출하겠습니다.

첨 부 서 류

1. 위 입증방법	2통
1. 납부서	1통
1. 소장부본	1통

20○○. ○. ○.

위 원고들의 소송대리인
변호사 ○ ○ ○ (인)

○○ 지방법원 귀중

[서식 25] 손해배상(기) - 일조권 침해

소 장

원고(선정당사자) ○ ○ ○(123456-1234567)
○○시 ○○구 ○○대로 ○○

피 고 1. ○○산업 주식회사
○○시 ○○구 ○○대로 ○○
대표이사 ○○○
2. 주식회사 ○○○
○○시 ○○구 ○○대로 ○○
대표이사 ○○○

손해배상(기)

청 구 취 지

1. 피고들은 각자 원고(선정당사자)들에 대하여, 선정자들에 대한 별지2. 목록 중 청구합계란 기재 각 금원 및 위 각 금원에 대하여 이 사건 소장 부본 송달일 다음날부터 다 갚는 날까지 연 12%의 비율에 의한 금원을 지급하라
2. 소송비용은 피고들이 부담한다.
3. 제1항은 가집행할 수 있다.

라는 재판을 구합니다.

청 구 원 인

1. 기초사실

가. 피고 주식회사 ○○○(이하, '피고 ○○○'이라 합니다)은 20○○. 6. 7. ○○구청장으로부터 ○○시 ○○구 ○○로 ○○외 34필지 74,188.34m 위에 19 내지 27층 아파트 27개동 2,298 세대의 신축공사(착공예정일 20○○. 6., 준공예정일 20○○. 12., 용적율 318.04%)에 대하여 주택건설촉진법상의 사업계획승인을 받은 사업주체입니다. 피고 ○○산업 주식회사(이하, '피고 ○○산업'이라 합니다)는 피고 ○○○으로부터 위 아파트 신축공사를 도급받은 시공자입니다. 피고들은 위 아파트 2,298세대를 2차례로 나누어 분양하였는데, 1차 1,056세대(이하, '1차 아파트'라 합니다)는 20○○. 6.말경부터 분양하기 시작하여 20○○. 8. 30.경부터 입주하였고, 나머지 2차 1,242세대(이하, '2차 아파트'라 합니다)는 20○○. 9. 1.부터 분양하여 20○○. 11. 30. 사용

승인을 받고 그때쯤 입주하였습니다.

나. 선정자 1, 4, 5, 9, 14, 18, 19, 21, 24, 26, 30, 32, 33, 37, 38, 42, 48, 49, 53, 54, 55, 59, 61, 66, 67, 73, 76, 77, 87, 90, 93, 94, 96, 99, 100, 101, 107, 111, 112, 118, 119, 121, 122, 126 내지 130, 133, 136, 137, 141, 142, 145, 146, 151, 157, 160, 161, 167, 168, 171, 172, 176, 177, 182, 183(1/2지분), 184(1/2지분), 186, 187, 188, 196, 197, 200, 201, 210, 211, 213, 219, 220, 224, 229, 234, 244, 237, 238, 247, 248, 257, 259, 262, 266, 269, 270, 273, 281, 286, 287, 291, 296, 297, 306은 1차 아파트 중 중 303동(이하, '이 사건 아파트'라 합니다)의 104세대 중의 한 세대씩을 피고들로부터 분양받았거나 수분양자명의변경을 통하여 최초로 자신의 명의로 소유권이전등기를 경료받은 선정자들이고, 선정자 21, 23, 25, 62, 75, 86, 91, 95, 105, 120, 138, 158, 181, 195, 203, 231, 242, 245, 256, 258, 277, 283은 당초의 수분양자들로부터 이 사건 아파트의 소유권을 전득한 선정자들이며, 그 외의 나머지 선정자들은 위 선정자들의 동거인 또는 세입자로서 그 아파트에 거주하였거나 거주하고 있는 사람들입니다.

다. 선정자들이 살고 있는 303동 아파트는 1층당 24평형 4세대씩 도합 104세대(건물의 전면 폭이 27.6m, 높이는 건물의 옥상 위로 지붕 형식으로 지어져 있는 소위 파라펫의 높이를 포함하여 72m이고, 파라펫의 높이는 2.8m 가량입니다)로서 동남향으로 건립되어 있는데 1차 아파트에 속하고, 303동의 전면 우측에 위 아파트와 ㄱ자 형태를 이루며 서남향으로 위치하고 있는 302동은 32평형의 27층 건물(전면 폭이 42.8m, 높이는 파라펫을 포함하여 76.3m입니다)이고, 303동의 전면에 동남향으로 위치하고 있는 301동은 32평형의 24층 건물(전면 폭이 67.9m, 높이도 파라펫을 포함하여 67.9m이고, 파라펫의 높이 2.8m를 빼면 65.1m입니다)로서, 위 301동과 302동은 2차 아파트에 속합니다. 결국 303동과 301, 302동은 ㄷ자 형태를 이루며 인접하여 있는데, 303동은 1차, 301동과 302동은 2차로 나누어서 분양하였고, 303동은 301동에 의하여 정면인 동남향이, 302동에 의하여 우측인 서남향이 막혀 있어 일조에 방해를 받고 있습니다. 303동과 302동의 가장 가까운 동간 거리는 7.6m이고, 303동과 302동 사이의 모서리에 가로, 세로 각 7.25m, 높이 54m의 물탱크 용도의 콘크리트 건물이 서 있으며, 물탱크 건물은 303동과 9.6m, 302동과 1.58m의 간격을 두고 있습니다. 303동과 그 정면에 있는 301동 사이의 동간 거리는 52.3m입니다.

라. 피고들은 1차 아파트를 분양할 당시 1차 아파트가 추후에 분양할 2차 아파트와 함께 전체적으로 하나의 단지를 이루고 있음을 알 수 있는 아파트 조경도, 단지배치도가 그려진 분양안내서를 분양신청인들에게 교부하였습니다. 그러나 위 아파트 조경도나 단지배치도에는 이 사건 저수조 물탱크 건물은 그려져 있지 아니합니다. 이 사건 아파트의 분양시 다른 동의 동일 평형 아파트와 분양가격에서 차등이 없었습니다.

마. 피고 ○○산업은 20○○. 6. 15.경부터 1차 아파트의 공사에 들어가, 20○○. 8.경 1차 아파트 공사를 완료하였으며, 한편 그때쯤에는 2차 아파트인 301동과 302동은 7층 내지 9층의 골조가 건축되어 있는 상태였고, 2차 아파트 건축은 20○○. 11.경

완료하였는데, 20○○. 11. 30. ○○구청으로부터 이들에 대한 사용승인을 받았습니다. 이 사건 아파트와 2차 아파트의 공사 현장은 5 내지 6m가량 떨어져 있었는데, 이 사건 아파트의 수분양자들은 20○○. 8. 30.경부터 이 사건 아파트에 입주하기 시작하였고, 20○○. 12. 30.경 수분양자 명의로의 소유권이전등기를 마쳤습니다.

바. 관련 법규정

피고 ○○산업이 이 사건 아파트를 건축할 당시 시행되던 건축법 시행령 (20○○.2.22. 대통령령 제14920호) 제86조 제2호 나목은, 공동주택의 경우 동일 대지 안에서 2동 이상의 건축물이 서로 마주보고 있는 경우에는 건축물의 각 부분의 높이는 각각 서로 마주보는 외벽의 각 부분으로부터 다른 쪽의 외벽의 각 부분까지의 거리의 1.25배 이하 또는 당해 대지 안의 모든 세대가 동지일을 기준으로 09:00에서 15:00까지 사이에 건축 조례가 정하는 시간 이상을 연속하여 일조를 확보할 수 있는 높이 이하를 유지하도록 규정하고 있는데, 위 규정에 따른 서울시 건축조례(20○○.1.16. 조례 제3166호) 제30조 제3항은, 동일 대지 안에서 2동 이상의 건축물이 서로 마주보고 있는 경우에는 건축물 의 각 부분의 높이는 각각 서로 마주보는 외벽의 각 부분으로부터 다른 편의 외벽의 각 부분까지 수평거리에 상당하는 높이 이하로 한다고 규정하고 있습니다. 한편 위 시행령 제86조 제2호 단서에서 '다만, 건축물의 층수, 방향 등에 따라 건축조례가 일조의 확보 등에 지장이 없다고 인정하여 특별히 정하는 경우에는 그러하지 아니하다.'라고 규정하고 있고, 이에 대하여 위 조례 제30조 제4항 가목의 (2)에서는 '6층 이상인 탑상형 건축물이 서로 마주보고 있는 경우로서 한 건축물의 외벽에서 다른 건축물의 외벽까지의 거리가 각각의 건축물의 높이의 0.8배 이상이고, 정남북 방향의 수평거리의 1배 이상인 경우'를 규정하고 있습니다.

사. 위에서 본 바와 같이 301동과 이 사건 아파트의 간격은 52.3m이고, 301동의 높이는 파라펫을 빼면 65.1m이고, 파라펫을 포함하면 67.9m입니다. 서로 마주보고 있는 6층 이상인 탑상형 건축물이 서로 마주보고 있는 경우 건축물간의 거리가 건축물의 높이의 0.8배 이상이어야 하는바, 우선 301동의 파라펫을 제외한 높이를 기준으로 하여 계산하면 이 사건 아파트와 301동의 각각의 외벽까지의 거리는 301동 건물 높이의 0.8034(=52.3m ÷ 65.1m)배로서 위 조례의 기준을 겨우 충족하고 있습니다. 그러나 파라펫을 포함한 실제 건축물의 높이를 기준으로 하면 0.770(52.3m ÷ 67.9m)배만큼 떨어져 있어 위 조례의 기준에 미달합니다.

아. 일조 침해

이 사건 아파트는 남동향임에도 불구하고, 그 남쪽과 남동쪽 및 동쪽에 있는 301동, 302동 및 물탱크로 인하여 일조가 방해되어, 동지를 기준으로 오전 9시부터 오후 3시까지 사이의 6시간 중 일조시간이 연속하여 2시간 이상 확보되는 경우 또는 동지를 기준으로 오전 8시부터 오후 4시까지 사이의 8시간 중 일조시간이 통틀어 4시간 이상 확보되는 경우는 이 사건 아파트 104세대 가운데 14세대(2001 내지 2601호, 2302 내지 2602호, 2503호, 2603호, 2604호)에 불과하고, 나머지 90세대(101 내지 1901호, 102 내지 2202호, 103 내지 2403호, 104 내지 2504호)는 이에 미치지 못하고 있습니다. 301동은 주로 08:00부터 11:00경까지, 302동은 주로 11:00 이후부터 15:00경까지 이 사건 아파트의 일조를 방해하며, 물탱크는 13:30부터 15:00경까지 사이에 그것도 이미 물탱크가 없는 상태에서조차 위 필요한 일조시간을 확보하지 못한 4호 라인의 104 내지 1904호에 대하여 최저 7분 내지 최고 60분의 일조를 추가적으로 방해하고 있습니다. 선정자들 가운데 선정자 53, 54, 55, 59, 60, 62, 67, 130, 133, 136, 137, 210, 211, 306은 위 14세대의 수분양 및 전득한 선정자들입니다.

자. 일조침해의 회피가능성 등

피고들은 이 사건 아파트를 분양하면서 이 사건 301동과 302동을 건축하게 되면 특별한 사정이 없는 한 이 사건 아파트에 사회통념상의 수인한도를 넘는 일조 침해가 발생한다는 사실을 예측할 수 있었을 터인데도 이 사건 아파트를 분양시에 수분양자들에게 그러한 사실을 고지하거나 설명한 바가 없었습니다. 오히려 분양안내서에 표시되어 있지 않았던 고가수조 물탱크를 이 사건 아파트의 남쪽 측면에 건축함으로써 일조피해를 가중시키고 심리적인 답답함을 유발함과 아울러 통풍에도 불리한 여건을 조성하였습니다. 그리고 이 사건 1, 2차 아파트 단지는 전체적으로 평지에 위치하고 있고, 이 사건 아파트를 제외한 다른 동에서는 일조권 침해의 문제가 발생하지 않는 점 등에 비추어 볼 때 피고들이 동간 거리를 늘리거나 또는 301동과 302동의 높이를 낮추거나 또는 동의 배치를 달리하는 등의 방법으로 위와 같은 심각한 일조침해를 회피할 수 있는 가능성이 있었다고 판단됩니다.

차. 이 사건 아파트에서 선정자들 각 세대의 가운데 전면에서 밖을 바라보았을 때 301동과 302동으로 가려지는 정도는, 최소 40%에서 최대 95%에 이르고 있습니다. 그리고 302동이 이 사건 아파트의 3, 4호 라인 세대들과는 불과 15m가량 떨어져 있고, 양 건물이 유지하고 있는 각도상 302동에서 이 사건 아파트를 직접 들여다보기는 쉽지 않다고 하더라도 거리가 가까워 이 사건 아파트의 3, 4호 세대 선정자들의 사생활은 제한적으로 침해되고 있습니다.

2. 원고들의 청구와 근거

가. 청구 내역

(1) 일조권, 조망권, 사생활권 등 침해

피고들은 1, 2차 아파트에 대한 사업계획승인을 받을 당시부터 1차 아파트인 303동의 거주자들인 선정자들의 일조권, 조망권 및 사생활권 등이 2차 아파트인 301동과 302동이 건축되면 선정자들이 수인할 수 있는 한도 이하로 침해될 수 있음을 충분히 알고 있었음에도 불구하고, 그러한 사정을 전혀 고려하지 아니한 채 이 사건 아파트를 건축하였고, 나아가 이 사건 아파트 분양시 그러한 사정을 수분양자들에게 구체적으로 고지하지도 않았습니다. 그러므로, 첫째 피고들의 위와 같은 침해행위는 선정자들에 대한 불법행위를 구성하므로, 피고들은 이로 인한 아파트 가격하락분 상당의 재산적 손해와 위자료액 상당의 정신적 손해를 배상하여야 할 의무가 있고, 둘째, 가사 불법행위가 성립하지 않는다고 하더라도, 피고들은 아파트 분양시 신의칙상 요구되는 수준의 품질을 갖추지 아니한 아파트를 공급함으로써 수분양자들에게 손해를 입혔으므로 그 손해를 배상할 의무가 있다고 할 것입니다.

(2) 2차 아파트의 건축으로 인한 소음·분진·진동 등 침해

선정자들은 이 사건 아파트에 입주한 이후 2년여 동안 피고들이 인근거리에서 301동과 302동의 건축공사를 하는 바람에 소음·분진·진동에 시달리는 피해를 입었으므로, 피고들은 이로 인하여 원고들이 입은 정신적 손해를 배상할 책임이 있다고 할 것입니다.

나. 일조권·조망권·사생활 침해 등의 근거

(1) 품질미달

(가) 일조미달

주거의 일조는 쾌적하고 건강한 생활에 필요한 생활이익으로서 법적 보호의 대상이 되는 것이며, 동지를 기준으로 오전 9시부터 오후 3시까지 사이의 6시간 중 일조시간이 연속하여 2시간 이상 확보되는 경우 또는 동지를 기준으로 오전 8시부터 오후 4시까지 사이의 8시간 중 일조시간이 통틀어 4시간 이상 확보되지 않는 일조방해의 경우에는 사회통념상 일반적으로 용인되는 수인한도를 넘는 경우라고 봄이 상당합니다. 위에서 본 사실에 의하면 피고들은 이 사건 아파트를 건축함에 있어서 건축관계 법령상 이 사건 아파트와 301동의 동간 거리를 301동의 높이의 0.8배 이상 확보하여야하는데, 301동의 파라펫의 높이를 제외하면 겨우 위 기준을 충족하고, 파라펫의 높이를 포함하면 위 기준에 미달하도록 건축함으로써 실질적으로는 위 법령상의 기준을 위반하고 있고, 그러한 상태에서 이 사건 아파트와 302동 사이에 분양안내 도면에는 없었던 물탱크를 설치하여 이 사건 아파트의 4호 라인의 아파트에 대하여 더욱 불리한 일조여건을 조성하였으며, 이로 인하여 이 사건 아파트 104세대 중 90세대가 일반적으로 용인되는 수인한도를 초과하는 일조만을 확보하게 되었고, 이는 아파트가 매매 매목적물로서 통상 갖추어야 할 품질을 갖추지 못하였다고 볼 것입니다.

(나) 사생활 침해에 관하여 앞서 인정한 사실에 의하면 이 사건 아파트의 3,4호 라인은 302동을 지나치게 인접하여 건축함으로 인하여 제한적으로 사생활의 침해를 받게 된 점이 인정된다고 할 것입니다.

(2) 손해배상책임의 발생

(가) 이 사건 아파트 각 세대의 분양대금이 일조 등의 방해가 없는 다른 동 아파트의 분양대금과 동일한 금액으로 정하여졌고, 분양시 피고들이 이 사건 아파트의 품질에 관하여 따로 고지한 사실이 없는 이상, 피고들은 분양하는 아파트에 관하여 명시적인 약정이 없었다 하더라도 신의칙상 적어도 사회통념상 용인되는 수인한도 내의 일조 등이 보장되는 아파트를 공급하여야 할 분양계약상의 의무가 있다 할 것이고, 피고들이 노력하였더라면 일조침해를 피할 수 있는 가능성도 있었다고 보이므로, 피고들은 그 분양계약상의 의무위반으로 인하여 원고들이 입은 손해를 배상하여야 할 책임이 있다고 해야 할 것입니다. 이에 대하여

피고들은, 이 사건 아파트의 각 세대에 대한 분양계약 당시 이미 이 사건 아파트의 설계상 이 사건 301동과 302동의 설치가 확정된 상태였고 조감도상 그 위치나 배치가 표시되어 제시되어 있었기 때문에 선정자들은 위와 같은 일조 등의 침해 가능성을 알고 있었다는 취지로 주장하나, 일반적으로 아파트 수분양자에게 아파트를 분양받으면서 분양안내서를 읽어보거나 모델하우스를 방문하는 외에 아파트의 설계도까지 살펴본 후 분양계약을 할 주의의무가 있다고 하기는 어렵고, 가사 위와 같은 주의의무가 인정된다고 하더라도 건축분야의 문외한인 일반인의 입장에서 조감도나 분양안내서만 살펴보고서 주변 건물로 인한 일조 침해의 정도나 심각성 등을 판단하기는 어렵다고 할 것이며, 더욱이 피고들이 제시한 분양안내서에는 303동과 301동 사이의 간격이 일조 침해가 그다지 심각하지는 아니할 것으로 판단될 정도로 표시되어 있다고 보이는데다가 물탱크는 표시되어 있지도 않았고, 피고들도 이에 관하여 원고들에게 설명해 준 적이 없었던 사실은 앞서 본바와 같으므로 피고들의 위 주장은 이유 없다고 할 것입니다. 다만 이 사건 아파트를 분양받음에 있어서 아파트에 흠결이 있는지 여부를 제대로 살피지 아니한 수분양자의 과실이 전혀 없다고는 볼 수 없으므로 뒤에서 손해배상의 범위를 정함에 있어 과실을 참작하면 될 것으로 보입니다.

(나) 이 사건 아파트 중 101호 내지 1901호, 102호 내지 2202호, 103호 내지 2403호, 104호 내지 2504호의 90세대는 통상적인 수인한도 내의 일조가 확보되지 않는 세대들인 사실은 앞서 본 바와 같고, 선정자들 중 수분양자로부터 전득한 자는 아파트의 수분양자가 아파트의 양도 당시 양도인이 피고들에 대한 손해배상청구권을 행사하기 위하여 유보하였다는 등의 특별한 사정이 없는 한 이 사건 손해배상청구권을 가진다고 할 것입니다. 따라서 피고들은 위 90세대의 수분양자 및 전득자(즉 현재의 소유자)인 선정자들에게 신의칙상 매매목적물로서 통상 요구되는 품질을 갖추지 못한 아파트를 공급함으로 인하여 입게 된 손해를 배상할 책임이 있다고 할 것입니다.

(3) 손해배상책임의 범위

위와 같은 일조의 침해로 인한 이 사건 아파트의 가치하락분은 일조 등의 침해가 없는 정상가격을 기준으로 할 때 별지 2. 목록 중 '일조권, 재산적 손해'란의 기재와 같은 금액인 사실을 알 수 있을 것입니다. 위 금액에는 일조침해 외에 조망 기타 사생활침해 등의 영향으로 인한 금액도 일부 포함되어 있고, 또한 수분양자들이 이 사건 아파트의 세부적인 부분까지 제대로 알아보지 않고 분양받은 과실 등을 참작하면 위 가치하락분의 80% 정도가 이 사건 아파트의 수분양자 및 전득자들이 입은 손해라고 봄이 상당하다고 할 것입니다. 따라서 그 손해액은 별지 2. 목록 중 '재산적 손해금액'란 기재의 금액이 될 것입니다.

3. 2차 아파트 신축공사로 인한 소음·분진 · 진동에 따른 위자료 청구에 관하여 위에서 본 바와 같이 이 사건 아파트와 2차로 신축한 301동, 302동, 물탱크와의 간격이 직선거리로

최소 7.6m에서 최대 52.3m밖에 되지 아니한 점, 301동, 302동, 물탱크는 그 높이가 최소 54m에서 최대 82.9m로 대단히 큰 건축물로서 2년여 기간 동안 공사가 이루어졌던 점에 비추어 보면, 피고들이 2차 아파트 신축공사를 하면서 바로 옆 건축물에 거주하고 있던 위 선정자들에게 그 수인한도를 초과하는 소음·분진·진동을 일으킨 사실은 경험칙상 이를 충분히 인정할 수 있을 것입니다. 그렇다면, 피고들은 공동불법행위자로서 각자 원고들에게 이로 인하여 위 선정자들이 입은 정신적 고통에 대한 위자료를 지급할 의무가 있다 할 것이고, 나아가 피고들이 배상하여야 할 구체적 위자료액에 관하여 보건대, 피해의 성질, 내용 및 정도, 선정 자들의 주거관계, 특히 선정자들의 주택과 이 사건 공사현장과의 인접도, 피해발생 및 확대의 방지에 관한 피고들의 태도 기타 모든 사정을 종합하여 볼 때 인정할 수 있는 금액의 범위 내라고 인정되는 선정자별로 별지2. 목록 중 '위자료(소음분진피해)'란 기재 각 금원으로 정함이 상당하다 할 것입니다.

4. **결 론**

따라서 피고들은 각자 원고(선정당사자)들에 대하여, 선정자들에 대한 별지2. 목록 중 청구합계란 기재 각 금원 및 위 각 금원에 대하여 이 사건 소장 부본 송달일 다음날부터 다 갚는 날까지 연 12%의 비율에 의한 금원을 지급할 의무가 있다고 할 것입니다.

입 증 방 법

1. 갑제1호증 ○○○○
1. 갑제2호증 부동산등기부등본
1. 갑제3호증 ○○○○
1. 갑제2호증 현황사진

그밖의 것은 변론시 수시 제출하겠습니다.

첨 부 서 류

1. 위 입증방법 3통
1. 납부서 1통
1. 소장부본 2통

20○○. 5. ○○.

위 원고 ○ ○ ○ (인)

○○ 지방법원 귀중

[서식 26] 일조권 등 침해 예방 청구의 소

소 장

원 고 ○○자 외 117인(별지와 같음)
각 주소 별지 기재와 같음
소송대리인 변호사 ○○○
○○시 ○○구 ○○로 ○○-○○

피 고 1. ○○산업개발 주식회사
○○시 ○○구 ○○대로 ○○
대표이사 ○○○
2. 주식회사 ○○종합건설
○○시 ○○구 ○○로 ○○-○○
대표이사 ○○○

일조권 등 침해예방 청구

청 구 취 지

1. 피고들은 ○○ ○○○구 우동 1432 대 6,700㎡, 같은 동 1432의 1 대 6,933.2㎡ 및 같은 동 1432의 2 대 6,668㎡ 지상에 20층 이상의 건물을 축조하거나 이를 위하여 위 토지들을 사용하여서는 아니된다.
2. 소송비용은 피고들의 부담으로 한다.
3. 제1항은 가집행할 수 있다.

라는 판결을 구합니다.

청 구 원 인

1. 기초사실

가. (1) 원고들은 20○○. 12.경 ○○ ○○○구 ○1동 1430 지상에 건립된 ○○마리나 2차 아파트 203동과 206동의 각 호(이하 이를 '피해 아파트'라 하고, 위 대지를 '피해 아파트 부지'라 한다)를 분양받아 20○○. 3.경 입주한 이래 현재까지 거주하는 자들이고, (2) 피해 아파트는, 각 동이 15층으로 그 높이가 45m 가량되며, 거의 동향(정동에서 20°가량 남쪽으로 기울어짐)인 반면, 별지 제1도면(건물현황도)에서 보는 바와 같이 같은 단지 내의 201, 202, 204, 205, 207동이나 그 서쪽에 있는 ○○마리나 1차·○○마리나 아파트 단지의 대부분의 아파트는 남향으로 건립되어 있고, (3) 피해 아

파트 부지는 별지 제2도면(도시계획지정현황)의 A 표시 부분으로 도시계획상 용도지역이 주거지역으로 지정되어 있습니다.

나. 피해 아파트 앞쪽 즉, 동쪽에 피해 아파트 부지 경계와 폭 15m의 도로를 사이에 두고 ○○광역시(이하 그냥 '○○시'라 한다) 소유의 신청취지 기재의 토지(별지 제2도면 표시 B 부분, 이하 '이 사건 토지'라 한다)가 있는데, 이 토지는 도시계획상 용도지역이 일반상업지역으로, 용도지구가 도시설계지구로 각 지정되어 있습니다.

다. 피고 ○○산업개발 주식회사(이하 '피고 ○○산업개발'이라 한다)는 토목, 건축공사업 및 주택사업 등을 목적으로 하는 회사이고, 피고 주식회사 ○○종합건설은 주택건설, 임대 및 분양업 등을 목적으로 하는 회사인바, 피고들은 20○○. 10. 22. ○○시로부터 대금을 분할지급하는 조건으로 대금 365억 5백만원에 이 사건 토지를 매수하고 그 대금의 일부를 지급한 후 ○○시의 사용승낙하에 그 지상에 별지 제1도면의 배치와 같이 아래 마.항 판시와 같은 규모, 용도 등의 6개동의 초고층의 주상복합(주상복합건물, 이들은 이 건물을 '현대다이너스티 21'이라고 부른다, 이하 '이 사건 건물'이라 한다)을 신축하기로 하였습니다.

라. 이에 따라 피고들은, (1) ○○시로부터, 20○○. 4. 18. 도시설계승인(○○시 건축위원회), 같은 해 5. 9. 에너지절약심의 통과(동 에너지분과위원회), 같은 해 6. 13. 구조심의 통과(동 구조분과위원회), 같은 달 30. 교통영향평가승인을 받는 등 관계 법령이 요구하는 제반 사전심의절차를 거치고, (2) 같은 해 10. 23. 관할 ○○○구청장으로부터 건축주를 피고들, 시공자를 피고 ○○산업개발로 한 아래 마.항 기재의 건물에 관한 건축허가를 얻고, 이어서 같은 해 12. 2. 신축공사 착공신고를 하였습니다.

마. 피고들이 신축하려고 하는 이 사건 건물의 규모, 용도 등은 다음과 같습니다.

(1) 지상의 건물 높이가 최소 67.5m, 최고 110.3m에 이르는 각기 독립한 탑상형의 6개동 건물들 즉, A동 32층, B-1동 36층, B-2동 37층, B-3동 25층, C동 28층, 오피스텔(O/T) 18층이 별지 제1도면과 같이 배치되고, 지하층은 전체가 하나로 연결된 5층입니다.

(2) 주용도는 공동주택, 판매시설, 업무시설, 운동시설인데, 지하층은 주로 주차장, 판매시설이, 1, 2층은 판매시설, 업무시설, 운동시설이, 지상 3층부터 오피스텔은 업무시설이, 공동주택은 50 내지 75평형 규모의 총 600세대의 대형 공동주택이 지어지도록 되어 있습니다(주상비율은 67.37% : 32.63%).

(3) 건폐율은 39.12%, 용적률은 627.94%, 건축면적은 7,941.655㎡, 연면적은 209,856.049㎡, 지하면적은 82,376.522㎡이고, 구조는 철근콘크리트 벽식구조, 철골철근콘크리트 구조입니다.

바. 피해 아파트 부지와 이 사건 토지는 모두 수영만 매립공사에 의하여 조성된 토지 중 일부인데, 수영만 매립공사는, ○○시가 요트경기장·국제적 위락단지건설, 택지난 해소 등을 위하여 19○○. 7. 27. 매립사업승인을 얻어 소외 주식회사 ○○로 하여금 매립공사를 시공토록 한 것으로, 20○○. 4. 23. 준공하였으며, 이 매립공사로 조성된 총면적 34만 평 중 상업지역은 160,665평(요트경기장 40,868평, 도시설계지구

119,797평), 주거지역은 179,335평이며, 위 도시설계지구 내의 상업지역에 대하여는, 개별적인 개발행위의 합리적 규제(예컨대, 도로변 건축한계선 지정, 공공 조경공간의 확보, 보행자 전용공간의 확보, 건폐율과 용적률 등의 제한 등) 등에 의하여 다른 상업지역보다 그 규제를 강화함으로써 효율적인 토지 이용, 쾌적한 도시환경조성과 해운대 자연경관과 조화되는 도시개발을 위하여 ○○시가 건설부장관의 승인을 얻어 수영만매립지 상업지역 도시설계 시행기준을 마련하여 시행하고 있고, 위 주거지역에는 대부분 아파트가 들어섰습니다.

사. 이 사건 토지는 ○○○해수욕장 길목의 요충지에 위치하고 있고, 이 사건 토지의 남북변을 동서로 진행하는 두 도로는 ○○시 내에서 ○○○해수욕장, ○○섬으로 들어가는 주요 진입로입니다.

아. ○○○해수욕장 일대는 관광진흥법 제2조에 의하여 관광지로 지정되어 있고, 20○○. 8. 31.에는 같은 법 제23조의2에 의하여 관광특구로 지정되었는데, 특히 솔밭유원지와 ○○섬은 도시공원법 제22조 제2호 소정의 근린공원으로도 지정되어 있습니다.

자. 피해 아파트의 입주민들은 이 사건 건물의 건립계획에 관한 정보를 알게 되자 20○○. 9.경부터 고층건물건립반대 대책위원회 등의 이름으로, 건축허가 관련 관청인 ○○시와 ○○○구청 및 건축 당사자인 피고들에게, 피해 아파트의 일조권·조망권·숙면권·사생활 침해, 소음·분진, 환경파괴 등을 들어 이 사건 건물과 같은 고층건물의 건립을 반대하며 그 시정을 촉구하는 등으로 이 사건 건물에 관한 건축허가를 저지하려다가 좌절되자, 같은 해 11. 10. ○○시장에게, "○○시의 환경을 무시한 조건 없는 매각행위에 대하여 우리 주민 모두는 수단과 방법을 가리지 않고서라도 해운대를 살리는 데 최선을 다할 것을 거듭 알려드립니다."라는 내용의 통고를 한 후 같은 해 12. 19. 이 사건 소를 제기하였습니다.

2. 원고들의 주장

가. 주장요지

(1) 원고들은, 이 사건 토지 위에 이 사건 건물과 같은 규모, 용도의 건물이 건립될 경우 아래 (2)(가)항 판시와 같은 이익 내지는 권리를 침해당하게 될 것이므로, 아래 (2)(나)항 판시와 같은 권리에 기하여 피고들의 이 사건 건물의 건축행위를 저지할 수 있다면서, 피고들을 상대로, 이 사건 건물의 신축공사 중 20층 이상의 건축행위에 대한 금지를 구하는 이 사건 소를 제기하였습니다.

(2) 즉, 원고들이 내세우는 이 사건 소의 근거에 관한 주장은, (가) 피침해이익에 관한 주장으로, ① 초고층의 이 사건 건물이 신축되면, 피해 아파트의 입주자인 원고들은 그들이 종래 누려오던 일조권(일조권)과 천혜의 경승지인 해운대해수욕장, 동백섬 및 푸른 바다에 대한 조망권(조망권) 등을 침해당하는 피해를 입게 되고, ② 공사기간 동안, 원고들은 그 과정에서 발생하는 소음, 진동, 분진 등 각종 공해에 시달리게 되고, 지하 5층까지 깊이 지하를 굴착할 경우 그로 인하여 피해 아파트의 안전도 위협받게 되며, ③ ㉮ 이 사건 건물의 완공 후에는 과다한 교통량이 유발되

어 그로 말미암아 그 일대가 극심한 교통체증, 소음, 매연 등에 노출될 것이고, ㉯ 이 사건 건물의 구조나 용도, 높이 등에 비추어 주변 건물과의 사이에 부조화가 생기고, 그 결과 도시미관을 해치게 되며, 여기다가 위 ㉮항 판시와 같은 환경 피해 등으로 인하여 종국적으로는 해운대해수욕장이 천혜의 경승지로서 갖는 가치 내지는 이 지역의 장기적인 환경가치나 이익이 심하게 훼손당하게 되는데, 이러한 피해들은 모두 금전배상만으로는 그 권리구제의 목적을 달성할 수 없을 정도로 수인(수인)의 한도를 넘는다는 취지이고, (나) 그밖의 주장으로, ① 원고들이 침해당하게 되는 위와 같은 각종 권리, 이익 등은, 원고들의 거주지에 대한 소유권의 한 내용이라고 볼 수 있고, ② 그렇지 않다고 하더라도 헌법 제35조 소정의 환경권의 한 내용으로서의 이른바 주거환경권 또는 헌법 제10조 소정의 인간으로서의 존엄과 가치 및 행복추구권에 근거한 인격권의 한 내용으로서 법적 보호의 대상이 된다는 취지입니다.

나. 근 거

(1) 일조권침해

일조의 확보는 인간의 복지향상 및 건강유지에 필수적인 생활이익으로서 법적 보호의 대상이 된다고 볼 것이고, 이 경우 법률상으로는 거주지 소유권으로부터 파생되는 권리 또는 일반적 인격권의 한 내용으로 볼 수 있으므로, 그 일조권이 제3자로부터 침해된 경우에는, 그 피해의 정도가 사회생활상 일반적으로 수인할 한도를 초과하고, 그것이 손해배상 등의 방법으로 사후적으로 회복되기 어렵다고 할 것입니다.

(1) 조망권 침해에 관하여

조망은 주거환경을 좌우하는 영향요소로서 기능하고, 해운대가 풍부한 자연환경자원이 분포되어 있는 지역임은 공지의 사실이며, 원심 법원의 현장검증 결과에 변론의 전취지를 종합하면, 이 사건 건물이 건립될 경우 원고들이 누리던 조망의 상당부분이 침해되리라는 것을 부정할 수는 없을 것입니다.

3. 결 론

이에 원고들은 청구취지와 같이 피고들이 ○○시 ○○○구 우동 1432 대 6,700㎡, 같은 동 1432의 1 대 6,933.2㎡ 및 같은 동 1432의 2 대 6,668㎡ 지상에 20층 이상의 건물을 축조하거나 이를 위하여 위 토지들을 사용하는 것을 막고자 본건 소에 이르게 되었습니다.

입 증 방 법

1. 갑제1호증	지적도
1. 갑제2호증	부동산등기부등본
1. 갑제3호증	경계측량도
1. 갑제4호증	현황사진

1. 갑제5호증　　　　　　　　　○○○○
1. 갑제6호증　　　　　　　　　○○○○
그밖의 것은 변론시 수시 제출하겠습니다.

첨 부 서 류

1. 위 입증방법　　　　　　　　　3통
1. 납부서　　　　　　　　　　　　1통
1. 소장부본　　　　　　　　　　　2통

20○○. ○. ○.

위 원고들(별지)
소송대리인 변호사 ○ ○ ○ (인)

○○ 지방법원 귀중

[서식 27] 손해배상청구의 소 – 일조권 침해로 인한 시가 하락

소　　　장

원　　고　　○ ○ ○(123456-1234567)
　　　　　　○○시 ○○구 ○○대로 ○○

피　　고　　재단법인 □ □ □ □
　　　　　　○○시 ○○구 ○○대로 ○○

손해배상(기)

청 구 취 지

1. 피고는 원고에게 금 8,748,000원을 지급하라.
2. 소송비용은 피고의 부담으로 한다.
3. 제1항은 가집행할 수 있다.

라는 판결을 구합니다.

청 구 원 인

1. 기초사실

원고는 20○○. 2. 10. 주거지역 내에 있는 서울 ○○구 ○○동 (지번 생략) 대 66평을, 20○○. 11. 21. 위 지상 벽돌조와즙 평가건 주택1동 건평 20평을 각 취득하여 거주하고 있던 중, 피고는 1978. 5. 1. ○○구청장으로부터 원고 대지 정남방에 인접한 피고소유의 서울 ○○구 ○○동 253의 2, 253의 3, 253의 14등 3필지 합계 602제곱미터(위 253의 3 및 253의 14 양필지는 20○○. 8. 22. 위 253의 2 토지에 합병되고 지목이 종교용지로 반환되었다)지상에 건축면적 296.133제곱미터, 연면적 819.447제곱미터(지층 227.181제곱미터 1, 2층 각 296.133제곱미터), 건폐율 49.4퍼센트, 최고 높이 7.9미터, 지하 1층 지상 2층인 철근콩크리트조 스라브즙 교회건물 1동의 건축허가를 받아 그 무렵 건축공사에 착수하였는데, 피고는 허가내용과는 달리 연면적 204.94제곱미터를 증평하여 건폐율이 초과하고 1층 층고를 위반하여 20○○. 5. 2. 용산구청으로부터 같은 달 10.까지 시정하라는 건축공사중지 및 시정지시를 받았으나 증평시공한 1층 건축면적의 일부인 6.7제곱미터만 감평한 채 그밖의 위반사항을 시정하지 않아 같은 해 5. 15. 나머지 위반사항을 같은 해 5. 31.까지 시정하도록 재차 촉구를 받고 이에 따르지 아니한 사실, 그뒤 피고가 설계변경을 하여 20○○. 6. 2. 소외로부터 그해 2. 25.자로 증여받은 인접토지 248제곱미터를 포함한 대지 847.095제곱미터 지상에 건축면적 322.533제곱미터, 연면적

1041.099제곱미터, 최고높이 7.9미터, 지층 1, 2층중 2층인 위 교회건물의 건축허가신청을 하였으나 신청서와 현장이 상이하다는 이유로 같은 해 6. 5. 신청서를 반려받았으나, 그럼에도 피고는 위 공사를 계속하면서 건물의 북쪽바깥 통로부분(별지도면사선표시부분)을 원고의 대지보다 0.64미터 높게 성토하고 20○○. 7. 9.경 위 건물을 사실상 완공하여 교회로 사용하였고, 위 건축결과 피고대지 성토표면으로부터 위 교회건물의 북쪽처마의 지점까지의 수직높이가 8.08미터인데, 위 성토로 원·피고 대지 지표면의 고저차가 0.64미터나 생겨서 건축법 시행령 제101조 제1항 제5호 나목에 따라 위 고저차의 1/2인 0.32미터를 위 수직높이에 가산하면 결국 위 교회건물의 높이는 8.4미터(8.08+0.32)나 되며, 한편 위 처마끝 부분으로부터 정북방향에 따른 인접 원고대지 경계선까지의 수평거리가 1.63미터인 사실, 원고가 거주하는 가옥은 원·피고 대지 경계선으로부터 북쪽으로 약 4.9미터 떨어져서 위 경계선과 평행으로 건축되어 있고 위 가옥 바로앞에는 보도부럭이 3장 깔린 넓이의 통로 겸 마당이 있으며 그 앞에서 담장밑에 이르기까지는 동쪽 일부에 장독대가, 그 나머지에는 정원이 꾸며져 있는 사실, 원고가 위 교회건축으로 인하여 태양남중고도 52도 40분인 추분경부터 29도 03분인 동지를 지나 52도인 춘분무렵에 이르기까지의 기간 동안 상당한 일조의 방해를 받아서 하루의 상당 기간동안 위 가옥의 남쪽지붕 절반가량에 햇볕이 들지 않으며, 한편 위 교회 1, 2, 3층의 각 예배실에서 원고주택의 마당과 안방이 들여다 보이는 사실이 있습니다.

2. 피고의 건축으로 인한 일조권 침해 등

원고로서는 먼저, 주거전용지역내에서 피고의 높이 제한 위반의 교회건축 때문에 일조에 상당한 방해를 받고 교회 각층의 예배실에서 원고의 가옥내부를 관망함으로써 생활의 정일을 침해당하며 또 교회주변 대지의 성토로 하수가 원고가옥으로 스며들어 음습등의 피해가 막심하므로, 그로인한 재산상, 정신상 손해의 배상을 구하는 바입니다. 이에 대하여 피고는 위 교회건축과정에 다소간의 법규위반이 있다 하더라도 건축법규정에 따라 당국으로부터 규제를 받는 것은 별문제이고 그 위법건축으로 인한 약간의 일조방해등은 피고의 정당한 소유권행사와 도시의 과밀화현상에 비추어볼 때 불가피하게 수인하여야 할 범위내의 것이므로 원고청구는 부당하다고 다투고 있습니다. 그런데, 사람은 쾌적한 일조, 전망, 통풍, 정온등의 외적환경 아래에서 또 그의 독점적 지배하에 있는 주택내부에서는 외부로부터 차단되어 공개되지 아니한 채 자유롭게 생활을 할 권리를 가지며, 이러한 권리를 조화 있게 향유하기 위하여 인접 토지소유자는 이를 사용수익함에 있어 피차 상당한 제한을 받는다 할 것이고 특히 건축물에 관하여는 건축법에서 건축에 관한 최소한의 기준을 정하고 있는바, 건축법 제41조 제4항 및 동시행령 제90조 제1항 제1호에 의하면 피고는 주거전용지역인 위 토지상에 교회를 건축함에 있어서 정북방향에 있는 원고대지의 경계선으로부터 위 교회건물 높이의 반인 4.2미터(8.4×1/2)의 수평거리를 확보하여야 함에도 앞에서 인정한 바와 같이 2.57미터나 부족한 1.63미터의 수평거리만을 두어 엄동설한에 원고가옥을 응달속에 묻히게 하고 한편 교회 1, 2, 3층에서 원고가옥 내실등을 관망할 수 있게 하였으니, 행정당국의 시정지시를 묵살한 피고의 건축강행으로 원고가 입게 된 쾌적한 생활환경의 침해는 피고의 소유권행사에 따른 반사적불이익으로서의 원고의 수인한도를 훨씬 넘는 것이어서 원고에 대하여 불법행위가 된다 할 것이므로 피고는 그로인한 원고의 손해를 배상할 의무가 있다 할 것입니다.

3. **손해배상액의 산정**

나아가 손해의 수액을 살피건대, 원고는 위와 같은 일조침해 등으로 인하여 우선 원고소유의 위 대지 및 가옥의 20○○. 5. 19. 현재 시가가 금 6,748,000원정도 하락하여 그 금액 상당의 재산상 손해를 입었다고 할 것입니다. 다음으로 위자료를 보건대, 위에 본 피침해이익의 내용, 원·피고대지의 지역적사정, 침해의 정도 및 현황, 피해회피의 가능성, 피고측의 손익등 제반사정을 참작하면 그 위자료는 금 2,000,000원으로 정함이 상당하다 할 것입니다.

4. **결 론**

그렇다면 피고는 원고에게 일조침해 등으로 인하여 원고 소유의 위 대지 및 가옥의 시가하락분 금 6,748,000원과 위자료 금 2,000,000원 등 합계 8,748,000원의 손해를 배상하여야 할 의무가 있다 할 것이므로 원고는 본건 소에 이르게 되었습니다.

입 증 방 법

1. 갑제1호증 지적도
1. 갑제2호증 부동산등기부등본
1. 갑제3호증 현장 사진
1. 갑제4호증 시가현황표
1. 갑제5호증 ○○○○
1. 갑제6호증 ○○○○

그밖의 것은 변론시 수시 제출하겠습니다.

첨 부 서 류

1. 위 입증방법 2통
1. 납부서 1통
1. 소장부본 1통

20○○. ○. ○.

위 원고 ○ ○ ○ (인)

○○ 지방법원 귀중

[서식 28] 손해배상청구의 소 – 조망이익의 침해

소 장

원 고 ○○○외 16인(별지와 같음)
○○시 ○○구 ○○대로 ○○

피 고 주식회사 ○○니얼
○○시 ○○구 ○○대로 ○○

손해배상(기)

청 구 취 지

1. 피고는 원고들에게 별지 제5 기재 각 돈 및 이에 대하여 20○○. 4. 30.부터 이 소장 부본 송달일까지는 연 5%, 그 다음날부터 다 갚는 날까지 연 12%의 각 비율에 의한 돈을 각 지급하라.
2. 소송비용은 피고의 부담으로 한다.
3. 제1항은 가집행할 수 있다.

라는 판결을 구합니다.

청 구 원 인

1. 손해배상책임의 발생

(1) 일조침해로 인한 손해배상청구

건물의 신축으로 인하여 그 이웃토지상의 거주자가 직사광선이 차단되는 불이익을 받은 경우에 그 신축행위가 정당한 권리행사로서의 범위를 벗어나 사법상 위법한 가해행위로 평가되기 위해서는 그 일조방해의 정도가 사회통념상 일반적으로 인용하는 수인한도를 넘어야 하고, 일조방해행위가 사회통념상 수인한도를 넘었는지 여부는 피해의 정도, 피해이익의 성질 및 그에 대한 사회적 평가, 가해 건물의 용도, 지역성, 토지이용의 선후관계, 가해 방지 및 피해 회피의 가능성, 공법적 규제의 위반 여부, 교섭 경과 등 모든 사정을 종합적으로 고려하여 판단하여야 할 것입니다(대판 2004.9.13. 2003다64602). 이에 비추어 본바, 이 사건과 관련된 용인 지역의 일반적 주거형태 등을 종합적으로 고려하면 이 사건 ○○아파트의 경우 동짓날을 기준으로 9시부터 15시까지 사이의 6시간 중 일조시간이 연속하여 2시간 이상 확보되거나, 8시부터 16시까지 사이의 8시간 중 일조시간이 통틀어서 최소한 4시간 이상 확보되는 경우의 일조방해는 이를 수인하여야 하고, 위 두 가지 중 어느 것에도 속하지 않는 일조방해 만이 수인한도를 넘는다고 봄이 상당합니다. 이 사건 가해아파트가 건축되기 전 이 사건 각 피해세대는 동지일 기준으로 08:00부터 16:00까지 사이의 8시간 모두가 일조시간이었으나, 이 사건 가해아파트가 건축된 후로 이 사건 각 피해세대 중 동지일 기준으로 09:00부터 15:00까지 사이의 6시간 중 일조시간이 연속하여 2시간 이상 확보되는 경우 또는 08:00부터 16:00까지 사이의 8시간 중 일조시간이 통틀어 4시간 이상 확보되는 경우는 한 세대도 없게 되었으므로, 피고는 이 사건 가해 아파트를 신축함으로써 사회통념상 수인한도를 초과하여 원고들의 일조에 관한 권리를 침해하였고, 이로 인하여 원고들이 입은 손해를 배상할 책임이 있다고 할 것입니다.

(2) 조망침해(개방감상실)로 인한 손해배상청구

건물의 신축으로 인하여 그 이웃토지상의 주택이나 아파트 소유자가 수인한도를 넘어서는 일조방해를 받고 있음은 물론 시야차단으로 인한 압박감(개방감의 상실) 등도 그 수인한도를 넘어서는 경우에는, 일조방해, 시야차단으로 인한 압박감 등과 같은 생활이익의 침해로 인하여 발생한 재산적 손해의 항목 중 토지·가옥의 가격 저하에 의한 손해를 부동산 감정 등의 방법으로 산정함에 있어서는 일조방해 뿐만 아니라 개방감의 상실 등과 상당인과관계가 있는 정상가격의 감소액도 아울러 평가하여야 할 것입니다(대판 1999.1.26. 98다23850). 이 사건에서 일조가 침해된 세대에서의 조망침해 증감율도 별지 제 2 조망침해증가율의 기재와 같이 55.39% 내지 91.66% 증가하였으므로, 피고는 이 사건 가해 아파트를 신축함으로써 사회통념상 수인한도를 초과하여 원고들의 조망이익(개방감상실)을 침해하였고, 이로 인하여 원고들이 입은 손해를 배상할 책임이 있다고 할 것입니다.

(3) 사생활침해로 인한 손해배상청구

(가) 원고들 소유 및 거주의 각 호수의 사생활침해의 정도는 별지 3 사생활침해 내역표 각 해당란 기재와 같이 4 내지 6등급인 사실을 인정할 수 있고, 사생활침해 등급은 1등급이 가장 침해가 심하며, 4등급은 26~34m에서 사람의 행위를 명확히 관찰할 수 있는 정도, 5등급은 34~42m에서 사람의 행위를 관찰할 수 있는 정도, 6등급은 42~50m에서 사람의 행위를 판단할 수 있는 정도의 침해등급인 사실을 각 인정할 수 있을 것입니다.

(나) 사생활 침해의 경우에도 그 방해행위가 사회통념상 수인한도를 넘었는지 여부는 피해의 정도, 피해이익의 성질 및 그에 대한 사회적 평가, 가해 건물의 용도, 지역성, 토지이용의 선후관계, 가해 방지 및 피해 회피의 가능성, 공법적 규제의 위반 여부, 교섭 경과 등 모든 사정을 종합적으로 고려하여 판단하여야 할 것인바, 앞서 살펴본 바와 같이 원고들의 사생활침해의 정도가 4 내지 6등급 정도로서 침해의 정도가 매우 심각하다고는 보이지 않는 점, 이 사건 ○○아파트와 이 사건 가해아파트와의 최단거리는 33.04m로서 이 사건 가해아파트가 건축관계 법령에 위반되지 않은 점에 이 사건 각 대지의 용도, 지역성, 이 사건 가해아파트의 신축 전후의 상황 및 관련법규 등 제반 사정을 종합하여 보면, 이 사건 가해아파트의 건축으로

인하여 원고들에게 발생한 사생활침해는 수인한도 내인지 불명하다고 할 수 있으므로 우선 별지 제5에서 기재된바 정도의 위자료만 청구하도록 하겠습니다.

(4) 피고의 주장에 대한 반박

피고는, 이 사건 가해아파트는 건축법상의 허가요건을 모두 충족하여 적법하게 그 건축허가를 받았고, 특히 일조권 침해와 관련하여 가해건물의 정북방향으로의 인접대지 경계선으로부터 건물 높이의 1/2 이상을 이격하도록 되어 있는 관련법령 상의 요건을 준수하여 이 사건 ○○아파트의 경계선과 거리를 두고 건축되었으므로 피고는 위 손해를 배상할 책임이 없다고 주장하고 있습니다. 그런데, 건축법 등 관계 법령에 일조방해에 관한 직접적인 단속법규가 있다면 그 법규에 적합한지 여부가 사법상 위법성을 판단함에 있어서 중요한 판단자료가 될 것이지만, 이러한 공법적 규제에 의하여 확보하고자 하는 일조는 원래 사법상 보호되는 일조권을 공법적인 면에서도 가능한 한 보증하려는 것으로서 특별한 사정이 없는 한 일조권 보호를 위한 최소한도의 기준으로 봄이 상당하고, 구체적인 경우에 있어서는 어떠한 건물 신축이 건축 당시의 공법적 규제에 형식적으로 적합하다고 하더라도 현실적인 일조방해의 정도가 현저하게 커 사회통념상 수인한도를 넘은 경우에는 위법행위로 평가될 수 있는 것인바(대판 1999.1.26. 98다23850), 위에서 본 바와 같이 이 사건 가해아파트의 신축으로 인하여 이 사건 각 피해세대들이 입은 일조 침해가 수인한도를 넘어 위법한 것으로 인정된 이상, 이 사건 가해아파트가 관련법규 상의 요건을 모두 충족하여 건축되었다는 사정만으로는 그 위법성이 조각된다고 할 수 없으므로, 피고의 위 주장은 받아들여져서는 아니될 것입니다. 또한 피고는 원고 1, 5, 7, 8, 11, 12는 이 사건 가해아파트의 신축공사 시점인 2004. 2. 28. 전후로 소유권을 취득한 경우로써 피고의 건축계획을 알고 일조권 등에 대한 침해가능성을 인식한 상태에서 이 사건 각 피해세대로 이주한 것이므로 위 원고들에 대하여는 손해를 배상할 책임이 없다고 주장하나, 위 원고들이 소유권을 취득한 후로부터 1년 이상이 경과한 후인 2006. 4. 30.경 이 사건 가해아파트의 골조공사가 완료된 점에 비추어 보면, 위 원고들이 일조침해의 정도를 안 상태에서 이 사건 피해세대를 구입하였다거나 일조침해를 용인하였다고 볼 수는 없으므로, 피고의 위 주장 역시 받아들여져서는 아니될 것입니다.

2. 손해배상의 범위

(1) 재산상 손해액

피고의 위 불법행위로 인하여 원고들이 입은 재산상 손해는 특별한 사정이 없는 한 이 사건 각 피해세대의 시가하락분 상당액이라고 봄이 상당합니다. 한국감정원의 손해액 감정결과 및 보완감정결과에 변론 전체의 취지를 종합하면, 이 사건 가해아파트의 신축으로 인한 일조, 조망침해(개방감상실)로 인하여 이 사건 각 피해세대의 교환가치가 별지 제4 '시가하락액'란 각 기재 금액만큼 감소된 사실, 위 시가하락액에는 일조 침해로 인한 광열비증가, 쾌적성 악화, 심리적 요인 등 모든 악화요인이 고려되어 있는 사실을 인정할 수 있습니다. 다만, 이 사건 가해아파트 건축에 있어 건축법 등 관계법령에 위반된 사실이 없는 점, 이 사건 각 피해세대들에 대하여 어느 정도 가격하락이 발생하였더라도 그 침해가 수인한도를 넘지 않으면 피고가 이를 배상할 책임이 없는 점 등 제반 사정을 참작하면, 피고에게 침해로 인한 손해액 전부를 부담시키는 것은 부당하고, 이를 원고들과 피고가 어느 정도 분담하는 것이 형평의 원칙에 부합한다고 할 것인바, 이 사건 ○○아파트의 일조시간, 조망침해 정도 등 이 사건에 나타난 여러 사정을 고려하면, 원고들에 대한 피고의 손해배상 책임은 손해액의 70% 정도로 함이 공평의 원칙상 타당하다고 봅니다. 따라서 원고들의 재산상 손해액은 원고들 소유 이 사건 각 피해세대의 시가하락액에 책임 비율을 적용하여 계산하면 별지 제4의 '재산상 손해액{=인용금액(원)}'란 기재 각 돈이 됩니다.

(2) 위 자 료

원고들은, 수인한도를 넘는 일조 등의 방해를 받고 있는 건물에 거주하고 있는 자는 경험칙상 그와 같은 주거환경의 악화로 말미암은 생활상의 불편은 물론 정신적인 고통을 받고 있다고 할 것이므로 재산상 손해에 대한 배상과 별도로 위자료의 지급을 구하는 바입니다. 주거공간에 대한 수인한도를 넘는 일조 등의 방해는 주거공간의 효용가치를 저하시킴으로써 주거공간 소유자의 재산상의 이익을 침해하는 면이 있는 반면, 그 주거공간에 거주하는 사람의 쾌적한 환경에서 거주할 인격적 이익을 침해하는 면도 있다할 것이나, 그러한 인격적 이익은 주거공간의 사용과 무관한 독립적 이익이 아니라 주거공간의 사용에 결부된 이익이므로, 보호가치가 있는 생활이익으로서의 일조 등의 이익 침해로 인한 손해액을 산정함에 있어서 편의상 피해 건물의 시가하락분이라는 가치측정방식에 의한다고 한다면, 그와 같이 측정된 손해액에는 주거공간의 효용가치의 하락으로 인한 재산상 손해뿐만 아니라 그 주거공간에 거주하거나 장래 거주할 사람의 인격적 이익을 포함한 생활이익의 침해로 인한 손해 전체가 평가된 것이라고 봄이 상당하고, 일조 등의 침해로 인하여 받은 정신적 고통이 위와 같이 평가된 생활이익에 대한 배상만으로는 전보될 수 없을 정도의 심대한 것이라고 볼만한 특별한 사정이 없는 한 위와 같이 평가된 생활이익에 대한 배상으로서 그 정신적 고통도 전보된다고 보아야 할 것입니다. 이 사건에서 보건대, 이 사건 가해아파트의 건축으로 인한 이 사건 ○○아파트에 대한 일조 등의 침해로 인하여, 원고들에게 심대한 정신적 고통과 아울러 사생활 침해로 인한 정신적 고통을 입었다고 할 것이므로 이에 대하여 별지 제5와 같이 위자료를 청구하는 바입니다.

3. 결 론

그렇다면, 피고는 원고들에게 별지 제6(별지 제4의 '재산상손해액' + 별지 제5의 '위자료')란 기재 각 돈 및 이에 대하여 불법행위일인 20○○. 4. 30.부터 이 소장 부본 송달일까지는 민법이 정한 연 5%의, 그 다음날부터 다 갚는 날까지는 소송촉진 등에 관한 특례법이 정한 연 12%의 각 비율에 의한 지연손해금을 지급할 의무가 있다고 할 것입니다.

입 증 방 법

1. 갑제1호증	지적도
1. 갑제2호증	부동산등기부등본
1. 갑제3호증	경계측량도
1. 갑제4호증	현황사진
1. 갑제5호증	○○○○
1. 갑제6호증	○○○○

그밖의 것은 변론시 수시 제출하겠습니다.

첨 부 서 류

1. 위 입증방법	2통
1. 납부서	1통
1. 소장부본	1통

20○○. ○. ○.

위 원고 ○○○외 16(별지와 같음) (인)

○○ 지방법원 귀중

[서식 29] 손해배상청구의 소 - 외부 반사빛으로 인한 침해

소 장

원고(선정당사자) ○○○
○○시 ○○구 ○○대로 ○○

피 고 ○○산업개발 주식회사
○○시 ○○구 ○○대로 ○○

손해배상(기)

청 구 취 지

1. 피고는 원고(선정당사자) 및 별지 1 선정자 목록 기재 각 선정자들에게 별지 2 인정 금액의 '합계'란 기재 각 돈 및 이에 대하여 20○○. 11. 12.부터 이 소장 부본 송달일까지는 연 5%의, 그 다음날부터 갚는 날까지는 연 12%의 각 비율로 계산한 돈을 지급하라.
2. 소송비용은 피고의 부담으로 한다.
3. 제1항은 가집행할 수 있다.

라는 판결을 구합니다.

청 구 원 인

1. 기초 사실

가. 원고들은 ○○시 ○○○구 우1동 (지번 1 생략) ○○○○○아파트(이하 '이 사건 아파트'라 한다) 중 별지 2 청구 내역의 동호수란 기재 각 아파트에 거주하는 사람들로서 아래 표 기재의 선정자들을 제외한 나머지 사람들은 해당 아파트의 소유자들이고, 아래 표 기재 선정자들 중 선정자 3, 19, 27, 40, 41은 해당 아파트의 공유자로서 가족관계에 있는 다른 공유자로부터, 선정자 2, 4, 17, 29는 가족관계에 있는 해당 아파트의 각 소유자로부터 아래 표 기재와 같이 이 사건 손해배상채권을 각 양수하였습니다.

선정자 순번	이름	동호수	채권양도인	관계	채권양도일
1	선정자 2	생략	소유자 소외 1	배우자	2013. 5. 10.
2	선정자 3		공유자 소외 2	배우자	2013. 5. 13.
3	선정자 4		소유자 소외 3	배우자	2013. 5. 14.
4	선정자 17		소유자 소외 4	부녀	2013. 5. 11.
5	선정자 19		공유자 소외 5	배우자	2013. 5. 11.

6	선정자 27	공유자 소외 6	배우자	2013. 5. 8.
7	선정자 29	소유자 소외 7	배우자	2013. 5. 10.
8	선정자 40	공유자 소외 8	모자	2013. 5. 9.
9	선정자 41	공유자 소외 9	배우자	2013. 5. 15.

나. 피고는 이 사건 아파트 인근의 ○○ ○○○구 ○동 (지번 2 생략) 외 2필지 36,918.80m^2 지상에 지하 6층 내지 지상 46층, 66층, 72층 규모의 공동주택 3개 동, 33층 규모의 호텔 1개 동, 9층 규모의 업무시설 1개 동, 3층 규모의 판매시설 1개 동으로 구성된 현대아이파크 건물(이하 '이 사건 각 건물'이라 한다)을 신축한 시행자 겸 시공자입니다.

다. 이 사건 각 건물은 이 사건 아파트의 남쪽 편으로 약 300m 정도 떨어져 있는데 저녁 무렵에 햇빛이 이 사건 각 건물의 외벽 유리에 반사되어 이 사건 아파트로 유입되고 있고, 한편 이 사건 각 건물은 도시관리계획상 일반상업지역 내에 위치하고 있습니다.

2. 경면반사 피해세대 원고들의 청구

가. 원고들의 주장 요지

위 원고들은 피고가 시공한 이 사건 건물의 외벽에서 반사되는 강한 햇살, 이른바 경면반사로 인하여 각 세대별 원고들이 너무 밝은 실내의 빛 때문에 심리적으로 불안정한 상태에 놓이게 되고, 그로 인하여 외부경관을 바라보기 힘들게 되었으며, 불능현휘 및 시각적 불쾌감을 느끼게 하는 등으로 주거생활권을 침해당하고 있습니다. 이러한 점들로 인하여 위 원고들 아파트의 가치가 하락하는 손해를 입게 되었을 뿐만 아니라 입사되는 일사량의 증가로 실내 온도가 증가하여 추가적인 냉방비를 부담하게 되는 손해를 입게 되었으므로, 피고는 위 원고들에게 그에 따른 재산상의 손해 및 위자료를 지급할 의무가 있다고 할 것입니다. 이에 대하여 피고는, 이 사건 각 건물의 신축으로 인하여 발생한 경면반사의 경우 일조권이 침해되는 사례와는 달리 적절한 수단을 통하여 피해를 방지할 수 있을 뿐만 아니라 그 침해의 정도가 상대적으로 경미하다고 할 것이어서 수인한도 초과 여부를 정함에 있어 태양광이 가장 강력한 하지를 기준으로 불능현휘의 지속시간이 최소한 1시간 30분을 초과하거나 전체 기간 일일 평균 1시간을 초과하는 경우에만 수인한도를 초과하는 것으로 봄이 상당하므로, 위 원고들에 대한 경면반사로 인한 침해는 수인한도를 넘지 않았다고 주장하고 있으나 이는 아래에서 보는 바와 같이 부당하다고 하지 아니할 수 없을 것입니다.

나. 손해배상책임의 발생

1) 일 반 론

빛은 쾌적하고 건강한 생활에 필요한 객관적인 생활이익으로서 인간생활에 있어서 반드시 필요한 것이기는 하나 과도한 휘도(눈부심의 정도)의 빛이 전달되는 경우에는 거주자가 누리는 주거의 평온에 침해가 발생하는바, 즉 자연적인 태양광이 아닌 인위적인 경면반사에 의한 입사광이 증가하면 거주자가 거실이나 방에서 휴식하는 시간에 창밖을 제대로 볼 수도 없고, 거실 내부를 비정상적으로 밝힐 뿐만 아니라 거실 내부까지 빛이 그대로 침입함으로써[침입광(Light trespass 주3)) : 원하지 않는 빛이 누군가의 영역에 들어갔을 때 또는 초과된 양의 불빛이 정상적인 시야의 방해를 일으키는 현상으로 이 사건과 같은 경면반사로 인한 눈부심 등을 말한다] 거실 벽면에 그림자까지 발생시키는 등 정상적인 실내 생활을 누릴 수 없고, 실내 온도를 상승시키기도 하여 거주자의 신체적, 정신적 건강에 영향을 미칠 수 있습니다. 특히 눈으로 입사되는 빛의 휘도가 주4) 25,000cd/㎡를 초과하게 되면, 인체는 포화효과(포화효과, Saturation effect)에 의하여 시각정보 지각이 불가능해지는 불능현휘(불능현휘, Disability glare) 상태에 놓이게 된다고 알려져 있고, 그와 같이 불능현휘를 발생시키는 과다한 휘도의 빛이 실내로 입사되는 경우에는 실내 밝기가 극대화되어 거주자는 심리적으로 불안감을 느끼게 되며 실내에서 외부 경관을 바라보기 어렵게 되는 등 주거생활에 불편을 느끼게 되고, 나아가 대상물과 주위배경 휘도 대비가 10:1 이상이 되면, 대비효과(대비효과, Contrast effect)에 의하여 인체의 시각효율이 감소되고, 불쾌감을 수반하게 된다고 합니다.

2) 수인한도 초과 여부

가) 법 리

건물의 신축으로 인하여 그 이웃토지상의 거주자가 경면반사로 인한 과도한 빛이 입사되는 불이익을 받은 경우에도 그 신축행위가 정당한 권리행사로서의 범위를 벗어나 사법상 위법한 가해행위로 평가되기 위해서는 그 침해의 정도가 사회통념상 일반적으로 인용하는 수인한도를 넘어야 한다. 이러한 침해행위가 사회통념상 수인한도를 넘었는지 여부는 일조의 침해와 마찬가지로 피해의 정도, 피해이익의 성질 및 그에 대한 사회적 평가, 가해 건물의 용도, 지역성, 토지이용의 선후관계, 가해 방지 및 피해 회피의 가능성, 공법적 규제의 위반 여부, 교섭 경과 등 모든 사정을 종합적으로 고려하여 판단하여야 할 것입니다(대판 2007.9.7. 2005다72485).

나) 인정 사실

이 사건에서 아래의 사실은 인정될 수 있을 것입니다.

(1) 피고는 이 사건 각 건물을 신축함에 있어 온열환경개선을 위하여 외장재로 로이 복층유리를 사용하였는데 위 로이 복층유리는 일반적인 복층유리(가시광선 반사율 16.8%, 전체적인 태양광선 반사율 13%)에 비해 가시광선 반사율이 29.6%, 자외선 및 적외선을 포함한 전체적인 태양광선 반사율이 37.8%에 이르는 높은 반사율을 보이고 있습니다.

(2) 이 사건 각 건물 중 북측 동의 북, 서측 유리면은 표면이 거울과 같고, 반사도가 높아 확산반사보다 경면반사를 훨씬 많이 하게 되며, 더욱이 이 사건 각 건물의 외관은 큰 타원형을 이루고 있고, 이에 따라 전체적으로 완만한 곡선으로 구성된 이 사건 각 건물의 북, 서측 유리면(단위 세대의 유리창은 평면임)은 저녁 무렵에 서쪽에서 들어오는 햇빛의 입사각과 반사각을 지속적으로 일치시켜 이

사건 각 건물의 북쪽에 위치한 원고들 아파트 일대에 불능현휘의 수준을 넘는 경면반사를 상당한 시간 지속시키는 현상을 보이고 있습니다.

(3) 그에 따라 불능현휘 현상이 나타난 위 원고들 세대 중 불능현휘가 가장 길게 나타난 (동호수 1 생략)의 경우에는 연간 187일간의 불능현휘 현상이 발생하였고, 연간 불능현휘 현상이 나타나는 총시간이 73시간에 달하며, 하지를 기준으로 1시간 동안 불능현휘 현상이 지속되었고, 불능현휘의 시작과 끝의 중간 시간대에는 휘도가 65,088,561cd/㎡에 이르러 불능현휘를 초래하는 최소 기준치(25,000cd/㎡)의 2,600배나 되며, 불능현휘 현상이 가장 짧게 나타난 (동호수 2 생략)의 경우에도 연간 31일간 불능현휘 현상이 발생하였고, 연간 불능현휘 현상이 나타나는 총시간이 1시간 21분에 달하며, 하지를 기준으로 7분 동안 불능현휘 현상이 지속되었고, 불능현휘의 시작과 끝의 중간 시간대에는 휘도가 69,831,354cd/㎡에 이르러 불능현휘 초래 기준치의 2,700배를 넘는 등 이 사건 각 건물의 경면반사로 인하여 위 원고들 세대에 대하여 별지 3 목록의 '불능현휘 연간일수 및 시간'란과 '하지 불능현휘 지속시간'란 기재와 같은 불능현휘 현상이 발생하였습니다.

(4) 불능현휘 현상이 나타난 이 사건 각 아파트의 주민들은 햇빛반사로 인하여 항상 눈부심의 피해를 입고 있고 외부 경관을 바라볼 수 없으며, 반사되는 햇빛이 강할 때에는 눈을 뜨기가 힘들고 이로 인하여 시력도 많이 나빠졌다는 등의 고통을 호소하고 있습니다.

다. 소결론

앞서 본 법리에 비추어 보면, 인접 건물의 외장재에서 반사되는 빛으로 불능현휘 현상이 발생하여 주거생활의 평온을 해친다고 하더라도 그 침해의 형태가 일시적인 현상에 불과하다면 일조의 침해와는 달리 피해의 정도 및 피해 회피의 가능성 등에 비추어 불능현휘 현상이 발생하였다는 사정만으로 일률적으로 수인한도를 넘었다고 평가할 수는 없다 할 것이고, 아직까지 우리나라에서 햇빛반사로 인한 생활침해에 관한 수인한도의 기준이 확립되어 있지는 않지만, 위 인정 사실에 의하여 알 수 있는 바와 같이 이 사건 각 건물의 경면반사로 인하여 불능현휘 현상이 발생한 위 원고들 아파트의 경우에는 연간 불능현휘 현상이 나타나는 일수가 적게는 31일에서 많게는 187일까지에 이르고, 연간 불능현휘 현상의 지속시간도 적게는 1시간 21분에서 많게는 83시간 12분까지에 이르며, 태양광이 가장 강력한 하지를 기준으로 한 불능현휘 지속시간도 적게는 7분에서 많게는 1시간 15분까지에 이르고, 유입되는 빛의 휘도도 높게는 불능현휘를 초래하는 최소 기준치의 2,800배까지에 이르며, 이로 인하여 원고들이 지속적으로 피해를 호소하고 있는 점 등 이 사건 변론에 나타난 위 원고들의 피해의 내용 및 정도에 관한 여러 사정들에 비추어 보면, 대도시 인구의 과밀화 및 토지의 효율적 이용을 위한 건물의 고층화 경향에 따른 건물 구조의 변화, 이 사건 각 건물이 도시관리계획상 일반상업지역에 위치한 점, 피해건물과 이 사건 각 건물의 이격 거리 및 그에 대한 규제의 위반 여부, 피해의 회피가능성 등 제반 사정을 고려하더라도 위 원고들 아파트의 경우에는 이 사건 각 건물의 외벽 유리에 반사되어 위 원고들 아파트로 유입되는 강한 햇빛으로 인하여 수인한도를 넘는 침해를 입고 있다고 봄이 상당할 것입니다. 따라서 이 사건 각 아파트의 소유자 겸 거주자들인 위 원고들 또는 앞서 본 바와 같이 원고들에게 손해배상채권을 양도한 그 가족들은 피고의 이 사건 각 건물 신축으로 인하여 수인한도를 넘는 경면반사로 인한 주거생활 침해를 입게 되었다고 할 것이어서, 피고는 이 사건 각 아파트의 소유자 겸 거주자 또는 그들로부터 손해배상채권을 양수한 위 원고들에게 그로 인한 손해를 배상할 책임이 있다고 할 것입니다.

3. 손해배상의 범위

가. 건물의 가치하락액

1) 건물의 신축으로 인하여 그 이웃토지상의 주택이나 아파트 소유자가 경면반사로 인한 불능현휘 현상으로 입는 주거생활의 피해 등이 그 수인한도를 넘는 경우에는 그로 인하여 부동산 가치의 하락이 있을 것으로 봄이 상당하므로, 피고는 위 원고들에게 부동산 가치의 하락에 상응하는 손해를 배상하여야 할 것입니다. 감정인은 경면반사로 인한 주거생활침해로 인한 손해로 하지의 불능현휘 발생 지속시간(하지의 불능현휘 발생 지속시간과 총 발생일수가 비율적으로 일치하는 것은 아니지만 태양의 연속적인 흐름에 비추어 보면 하지의 불능현휘 발생 지속시간과 전체 불능현휘 발생일수는 대체적으로 일치하는 것으로 보인다), 일조권 침해와 관련된 부동산 시가하락 폭, 부동산 전문가의 의견 등을 종합하여 하지 불능현휘 발생 1시간당 1%의 가치하락이 있는 것으로 보고, 별지 2 청구금액 목록의 '부동산 가치하락 추정치'란 기재와 같이 부동산 가치하락의 액수를 정한 사실이 인정되고, 달리 위 감정 결과가 현저하게 경험칙에 반한다거나 사회적 상당성을 결여하는 등으로 감정 결과에 신빙성이 부족하다고 볼 만한 아무런 증거가 없는 이상, 피고는 특별한 사정이 없는 한 위 원고들에게 각 부동산 가치하락 추정치 기재 손해를 배상할 의무가 있다고 할 것입니다.

2) 다만 피고가 이 사건 각 건물을 신축하면서 건축법 등에 의한 공법상 규제를 위반하였다고 볼 만한 자료는 없고, 건축 당시 이 사건 각 건물의 주변이 공부상으로는 일반상업지역으로서 일조시간에 관한 공법적 규제가 없었던 점, 경면반사로 인한 주거환경의 침해는 일조권의 침해와는 달리 그 침해의 정도가 상대적으로 경미한 점, 수인한도 내의 부동산 가치하락은 경면반사 등의 침해를 받는 주민이 감수하여야 할 부분이므로 수인한도를 넘는 침해만을 평가 요인으로 하여 부동산의 시가 하락분을 산정함이 마땅하지만 이러한 작업은 사실상 불가능한 것이므로, 이러한 수인한도 내에 있는 시가 하락분을 참작하여 피고가 위 원고들에게 배상하여야 할 건물가치 시가하락과 관련된 재산적 손해액을 위에서 인정한 별지 2 청구금액 목록의 '부동산 가치하락 추정치'란 기재 손해의 80%로 제한함이 상당하다고 할 것입니다.

3) 따라서 위 원고별 재산적 손해액을 계산하면 별지 3 인정 금액 목록의 '부동산 가치하락'란 기재와 같습니다.

나. 위 자 료

피고의 이 사건 각 건물의 신축에 따른 경면반사로 인하여 불능현휘 현상이 나타난 세대의 위 원고들이 생활상의 불편은 물론 심한 정신적 고통을 받았을 것임은 이를 넉넉히 인정할 수 있으므로, 피고는 금전으로 이를 위자할 의무가 있다 할 것인바, 앞에서 본 각 세대별 불능현휘 발생 연간 일수 및 지속시간 등 침해 및 피해의 정도를 고려하고, 여기에다가 위 원고들 세대에 냉방비 증가로 인한 피해가 어느 정도는 발생하였을 것으로 보이는 점 등 이 사건 변론에 나타난 여러 사정을 더하여 보면, 피고가 위 원고들에게 배상하여야 할 위자료는 별지 3 인정 금액 목록의 '인정 위자료'란 기재와 같이 정함이 상당할 것입니다.

4. **결 론**

따라서 피고는 위 원고들에게 별지 2 '합계'란 기재 각 돈 및 각 이에 대하여 이 사건 각 건물신축에 따른 경면반사로 인한 생활침해 발생일인 20○○. 11. 8.부터 이 소장 부본 송달일까지는 민법 소정의 연 5%의, 그 다음날부터 갚는 날까지는 소송촉진 등에 관한 특례법 소정의 연 12%의 각 비율로 계산한 지연손해금을 지급할 의무가 있다고 할 것입니다.

입 증 방 법

1. 갑제1호증 지적도
1. 갑제2호증 부동산등기부등본
1. 갑제3호증 경계측량도
1. 갑제4호증 현황사진
1. 갑제5호증 ○○○○
1. 갑제6호증 ○○○○

그밖의 것은 변론시 수시 제출하겠습니다.

첨 부 서 류

1. 위 입증방법 2통
1. 납부서 1통
1. 소장부본 1통

20○○. ○. ○.

위 원고(선정당사자) ○ ○ ○ (인)

○○ 지방법원 귀중

[서식 30] 손해배상청구의 소 – 아파트 건축으로 인한 일조권 침해

소 장

원 고 ○○○외 48(별지와 같음)
각 주소 별지 기재와 같음
소송대리인 변호사 ○○○
○○시 ○○구 ○○로 ○○-○○

피 고 1. ○○ 주식회사
○○시 ○○구 ○○대로 ○○
대표이사 ○○○
2. 주식회사 ○○건설
○○시 ○○구 ○○로 ○○-○○
대표이사 ○○○

손해배상(기)

청 구 취 지

1. 피고들은 각자 원고들에게 별지 '손해배상 계산표' 기재 각 돈과 각 이에 대한 20○○. 4. 24.부터 이 소장 부본 송달일까지는 연 5%, 그 다음날부터 다 갚는 날까지는 연 12%의 각 비율에 의한 돈을 각 지급하라.
2. 소송비용은 피고의 부담으로 한다.
3. 제1항은 가집행할 수 있다.

라는 판결을 구합니다.

청 구 원 인

1. 기초사실

가. 당사자들의 지위 및 아파트 신축경위

(1) 원고들은 ○○ ○○구 ○○대로 ○○ 소재 ○○○빌라(이하 '이 사건 빌라'라 한다) 102동과 103동의 일부인 103세대의 소유자들 또는 거주자들(임차인들 또는 소유자와 세대를 달리하는 소유자의 친족들)로서 별지 일조침해 판정표(이하 별지 판정표라 한다) '호수'란의 해당란 기재 각 아파트를 같은 표 '취득일자(소유자) 또는 입주일자(거주자)'란 기재 각 해당일자에 취득하거나(소유자의 경우), 같은 란 기재 각 해당일자에 각 아파트에 입주하였습니다(거주자의 경우).

(2) 피고 1은 20○○. 6. 7. 이 사건 빌라 남서쪽에 인접한 같은 동 16 외 47필지 지상에 ◇◇◇아파트(지상 25층 규모의 7개동으로 이루어져 있다. 이하 소외 1 아파트라 한다)의 신축공사에 착수하여 20○○. 12. 31.경 골조공사를 마치고, 20○○. 4. 24.경 그 사용승인을 받았고, 피고 2는 20○○. 12. 15.경 위 빌라 동남쪽에 인접한 같은 동 12-3 외 6필지 지상에 △△△아파트(지상 20층 규모의 1개동으로 이루어져 있다. 이하 소외 2 아파트라 한다)의 신축공사에 착수하여 20○○. 11. 22.경 위 아파트를 완공하여 그 사용승인을 받았습니다(위 두 아파트를 합하여 이 사건 각 가해 아파트라 한다).

(3) 한편, 소외 1 아파트의 골조공사가 완료된 20○○. 12. 31.경 원고들의 이 사건 빌라 소유 및 거주 여부는 별지 판정표 '소유/거주 여부'란 기재와 같습니다.

나. 일조침해의 발생

(1) 이 사건 빌라가 위치한 일대는 준공업지역 및 자연녹지지역이고, 이 사건 빌라 중 102동과 103동 일부 라인은 남서향이며, 소외 1 아파트 중 104동과 107동은 도로를 사이에 두고 이 사건 빌라와 남서쪽으로 나란히 배치되어 있고, 소외 2 아파트는 이 사건 빌라의 동남쪽 언덕 위에 위치하고 있습니다.

(2) 이 사건 빌라는 이 사건 각 가해 아파트가 건축되기 전에는 동지일을 기준으로 08:00부터 16:00까지의 8시간 중 총 일조시간이 별지 판정표 '이 사건 각 가해 아파트 건축 전 일조시간'란 기재와 같이 최소 270분에서 최대 480분에 이르고, 09:00부터 15:00까지 연속 일조시간이 2시간 이상에 이르는 등 일조환경이 양호하였는데, 이 사건 각 가해 아파트의 건축으로 인하여 아래에서 보는 것과 같은 일조침해를 받게 되었습니다.

2. 손해배상책임의 유무

가. 일조권 침해를 원인으로 한 손해배상청구

(1) 원고들의 주장 요지

위 원고들은, 피고들이 이 사건 각 가해 아파트를 신축함으로써 위 원고들이 소유 내지 거주하는 세대에 대하여 일조침해가 발생하였으므로, 피고들은 각자 원고들에게 이로 인한 모든 손해를 배상하여야 할 것입니다.

(2) 원고들의 주장 내용

(가) 건물의 신축으로 인하여 그 이웃토지상의 거주자가 직사광선이 차단되는 불이익을 받은 경우에 그 신축 행위가 정당한 권리행사로서의 범위를 벗어나 사법상 위법한 가해행위로 평가되기 위해서는 그 일조방해의 정도가 사회통념상 일반적으로 인용하는 수인한도를 넘어야 하고, 일조방해행위가 사회통념상 수인한도를 넘었는지 여부는 피해의 정도, 피해이익의 성질 및 그에 대한 사회적 평가, 가해 건물의 용도, 지역성, 토지이용의 선후관계, 가해 방지 및 피해 회피의 가능성, 공법적 규제의 위반 여부, 교섭 경과 등 모든 사정을 종합적으로 고려하여 판단하여야 할 것입니다(대판 2004.10.28. 2002다63565). 그러므로, 건축관계법

령에 규정된 일조권의 확보를 위한 건축물의 높이제한 및 이격거리 규정, 이 사건 빌라가 소재한 ○○과 같은 대도시지역의 일반적 주거생활형태, 이 사건 빌라 및 각 가해 아파트가 위치한 지역의 지역성 및 건축경위 등 이 사건 변론에 나타난 제반 사정을 종합적으로 고려하면, 이 사건 빌라와 같은 공동주택의 경우 동짓날을 기준으로 하여 9시부터 15시까지 사이의 6시간 중 일조시간이 연속하여 2시간 이상 확보되거나, 8시부터 16시까지 사이의 8시간 중 일조시간이 통틀어서 최소한 4시간 정도 확보되는 경우의 일조침해는 이를 수인하여야 하고, 위 두 가지 중 어느 것도 충족하지 못하는 경우의 일조침해만이 수인한도를 넘는다고 봄이 상당합니다.

(나) 이 사건 각 가해 아파트로 인하여 원고들이 소유 내지 거주하는 세대는 별지 판정표 '이 사건 각 가해 아파트 건축 후 일조시간'란 기재와 같이 각 실의 개구부인 베란다 창문에 50% 이상의 일조율이 확보되는 것을 일조시간으로 볼 때 동지일을 기준으로 09:00부터 15:00까지 사이의 6시간 중 일조시간이 연속하여 2시간 이상 확보되지 아니함과 동시에 동지일을 기준으로 08:00부터 16:00까지 사이의 8시간 중 일조시간이 통틀어 최소한 4시간 이상 확보되지도 않으나, 위 원고들을 제외한 나머지 원고들의 세대에 대하여는 별지 판정표 같은 란 기재와 같이 동지일을 기준으로 09:00부터 15:00까지 사이의 6시간 중 일조시간이 연속하여 2시간 이상 확보되는 사실을 확인할 수 있을 것입니다.

(3) 판 단

(가) 위 사실에 의하면, 원고들이 소유 내지 거주하는 세대에 대하여는 수인한도를 초과하는 일조침해가 발생하였다 할 것이나, 일조침해로 인하여 손해배상청구를 할 수 있는 자는 특별한 사정이 없는 한, 불법행위 성립 당시 즉, 일조침해 건물의 골조공사가 완료됨으로써 일조방해가 초래된 시점의 피해 건물의 소유자 내지 거주자에 한하고, 그 이후에 이 사건 빌라의 소유권을 취득하거나 그 곳에 거주하게 된 자들은 이 사건 빌라에 대한 일조권 침해 여부를 인식하고 그 침해를 용인한 상태에서 이를 취득하거나 그 곳에 거주하게 되었다고 볼 수 있으므로, 이러한 자들에 대하여는 일조침해를 원인으로 한 손해배상청구권이 인정되지 않는다고 할 것인데, 앞서 본 바에 의하면, 위 원고들은 이 사건 각 가해 아파트가 완공 내지 골조공사가 완료된 시점인 20○○. 12. 31.경 당시에 이 사건 빌라의 각 해당 세대를 소유하거나 그곳에 거주하고 있음을 알 수 있을 것입니다(위 빌라 거주자 중 그 이후에 이 사건 빌라의 각 해당 세대를 취득하여 거주하고 있는 자들은 본건 소송에 참여하지 않음).

(나) 따라서 피고들은 공동불법행위자로서 각자 원고들에게 일조권 침해로 인한 손해를 배상할 의무가 있다 할 것입니다. 이에 대하여 피고들은, 피고들이 원고들에게 위와 같이 공동불법행위책임을 지는 것은 부당하고, 각자의 기여도에 따른 개별책임만을 부담할 뿐이라고 주장하나, 위 원고들에 대하여 거의 같은 시기에 건축된 이 사건 각 가해아파트가 경합하여 수인한도를 초과하는 일조침해의 결

과가 초래된 점에 비추어 보면, 피고들로서는 그들이 신축한 이 사건 각 가해 아파트로 인하여 위와 같은 일조침해의 결과가 초래될 수 있음을 충분히 예견할 수 있었다고 보이고, 따라서 피고들의 위와 같은 일조침해행위는 위 원고들에 대하여 공동불법행위를 구성한다 할 것이므로, 피고들의 위 주장은 받아들일 수 없을 것입니다.

3. 일조침해로 인한 손해배상책임의 범위

가. 재산상 손해

(1) 산정 내역

감정인 한국감정원 부동산컨설팅사업단장의 재산적 가치 하락액 감정결과에 의하면, 원고들은 이 사건 각 가해아파트로 인한 일조권 침해로 그들 소유의 빌라에 관하여 별지 '손해배상 계산표' 중 '일조침해로 인한 재산상 손해'란 기재와 같이 재산적 가치가 하락하는 손해를 입은 사실을 인정할 수 있을 것입니다.

(2) 이에 관하여 피고 1은, 소외 1 아파트의 착공일인 20○○. 6. 7. 이후에 이 사건 빌라를 취득한 원고들은 그 취득 당시 소외 1 아파트의 건축으로 인한 이 사건 빌라의 일조량을 감안하여 이를 반영한 매매대금으로 이를 매수하였다고 할 것이고, 따라서 이들은 일반적으로 수인한도를 넘는 일조침해를 입더라도 이를 수인함이 상당하므로, 피고 1은 위 원고들에 대하여 일조침해를 원인으로 한 손해배상책임을 면한다는 취지로 주장하고 있는데, 원고들 중 일부 원고들이 소외 1 아파트가 착공된 이후에 이 사건 빌라를 취득한 사실 및 일조침해 건물의 골조공사가 완료됨으로써 일조방해가 초래된 이후에 피해 건물의 소유권을 취득하거나 그 곳에 거주하게 된 자들에 대해서는 일조침해를 원인으로 한 손해배상청구권이 인정되지 않는다 함은 앞서 본 바와 같으나, 일조침해 건물이 착공되어 건축 중이라는 사정만으로 일조침해 피해 건물을 취득하려는 자가 위 신축건물로 인하여 자신이 취득할 건물에 장차 수인한도가 넘는 일조침해가 발생하리라는 사실을 충분히 알고 이를 용인하였다고 할 수는 없고, 달리 이를 인정할 만한 증거도 없으므로, 피고 1의 위 면책주장은 받아들일 수 없을 것입니다. 또한 피고 2는, 위와 같은 이 사건 빌라의 시가하락분 중 수인한도를 넘는 부분에 해당하는 시가하락분만 위 피고에게 책임이 있고, 일조침해가 있더라도 수인한도 범위 내에 해당하는 부분에 대해서는 책임이 없다고 주장하고 있는데, 일조침해의 경우 수인한도를 넘는 경우에 불법행위가 성립한다 함은 앞서 본 바와 같고, 수인한도를 넘지 않는 경우에는 그로 인하여 재산상 손해가 있다 하더라도 이를 청구할 수는 없다 할 것이나, 그렇다고 하여 수인한도를 넘는 경우에 그 재산상 손해 중 수인한도를 넘지 않았더라면 청구할 수 없었던 부분만큼은 여전히 청구할 수 없다고 할 수는 없고, 또 일조침해로 인한 재산상 손해가 그 침해시간에 비례한다고 단정할 수도 없으므로(수인한도 범위 내라면 시가하락이 없을 것인데, 수인한도를 넘음으로써 비로소 시가하락이 있다고 볼 수 있는 경우도 있을 것이므로), 피고 2의 위 주장 역시 받아들일 수 없을

것입니다.

(3) 구체적 손해액의 산정

앞서 본 바와 같은 사정에다가 이 사건 각 가해 아파트의 건축에 있어 건축법 등 관계 법령에 위반된 사실이 없는 것으로 보이는 점, 이 사건 각 가해 아파트 건축 이전의 기존 자연 장애물(산 등)로 인한 일조방해가 다소 있었던 것으로 보이는 점, 피고 1이 소외 1 아파트를 이 사건 빌라의 남서쪽에 건축하면서 이 사건 빌라의 입구까지 대로에 이르는 진입도로를 확장함으로써 주변환경개선으로 인한 이 사건 빌라의 재산가치 상승효과가 있을 것으로 보이는 점 등을 종합적으로 고려하면, 공평의 원칙상 이 사건 각 가해 아파트의 건축으로 인하여 위 착공시기 이전에 소유권을 취득한 원고들에 대하여는 별지 '손해배상 계산표' 중 '일조침해로 인한 재산상 손해'란 기재 금액의 30%를 감액하여 산정한 계산표 '재산상 손해'란 기재 각 금원으로, 위 착공시기 이후에 소유권을 취득한 원고들에 대하여는 같은 계산표 중 '일조침해로 인한 재산상 손해'란 기재 금액의 50%를 감액하여 산정한 계산표의 '재산상 손해'란 기재 각 금원으로 봄이 상당하다고 할 것입니다.

나. 위자료

(1) 원고들은 위와 같은 일조침해로 인한 불법행위로 인하여 생활상의 불편은 물론 정신적 고통을 받았거나 현재 계속 고통을 받고 있음은 경험칙상 명백하므로, 피고들은 이를 금전으로나마 위자할 의무가 있다고 할 것인바, 앞서 본 일조권 침해의 정도 및 이 사건에 나타난 여러 사정을 참작하면, 각 세대에 관하여 08시부터 16시까지 사이에 100분 미만의 총일조시간이 확보되는 원고 1., 54. 내지 57., 59. 내지 66., 68. 내지 70., 91. 내지 97.에 대하여는 각 1,000,000원, 그 이상의 일조시간이 확보되는 원고 3., 4., 12., 30., 58. 72., 73., 75. 내지 84., 98., 99., 108.에 대하여는 각 800,000원으로 정함이 상당하다고 할 것입니다(위 원고별 위자료 액수는 별지 '손해배상 계산표' 중 '위자료'란 각 기재와 같습니다).

3. 결 론

따라서, 피고들은 각자 원고들에게 별지 손해배상 계산표 중 '손해액의 합계'란 기재 각 돈과 각 이에 대하여 이 사건 각 가해 아파트의 골조공사가 완료되어 위 원고들에게 일조침해가 발생한 20○○. 4. 19.부터 이 소장 부본 송달일까지는 민법이 정한 연 5%, 그 다음날부터 다 갚는 날까지는 소송촉진 등에 관한 특례법이 정한 연 12%의 각 비율에 의한 지연손해금을 각 지급할 의무가 있다고 할 것입니다.

입 증 방 법

1. 갑제1호증 지적도
1. 갑제2호증 부동산등기부등본
1. 갑제3호증 경계측량도

그밖의 것은 변론시 수시 제출하겠습니다.

첨 부 서 류

1. 위 입증방법 3통
1. 납부서 1통
1. 소장부본 2통

20○○. ○. ○.

위 원고들(별지)
소송대리인 변호사 ○ ○ ○ (인)

○○ 지방법원 귀중

[서식 31] 손해배상청구의 소 – 일조권 침해

소　　　장

원　　고　　○○○외 120(별지와 같음)
　　　　　　각 주소 별지 기재와 같음
　　　　　　소송대리인 변호사 ○○○
　　　　　　○○시 ○○구 ○○로 ○○-○○

피　　고　1. ○○건설산업 주식회사
　　　　　　○○시 ○○구 ○○대로 ○○
　　　　　　대표이사 ○○○
　　　　　2. 주식회사 ○○산업
　　　　　　○○시 ○○구 ○○로 ○○-○○
　　　　　　대표이사 ○○○

손해배상(기)

청 구 취 지

1. 피고들은 연대하여 원고들에게 별지 손해배상내역표 '⑤ 차액'란 기재 각 금액 및 위 각 금액에 대하여 20○○. 6. 4.부터 이 소장 부본 송달일까지 연 5%, 그 다음날부터 다 갚는 날까지 연 12%의 각 비율에 의한 돈을 지급하라.
2. 소송비용은 피고들의 부담으로 한다.
3. 제1항은 가집행할 수 있다.

라는 판결을 구합니다.

청 구 원 인

1. 기초사실

피고들은 ○○ 대덕구 ○○로 ○○ 지상에 ○○마을 4단지 아파트(이하, '이 사건 아파트'라 한다)를 건설하여 분양한 회사들입니다. 원고들은 피고들의 이 사건 아파트 입주자 모집공고에 분양신청을 하여 그 순위에 따라 추첨을 통하여 입주자로 선정 및 동·호수 배정을 받아 20○○. 3.경 피고들과 분양계약을 체결한 후 분양대금을 납입하고 20○○. 12.경 각 소유권이전등기를 마친 자들이거나, 20○○. 10. 중순 전까지 이 사건 아파트 각 해당 세대에 관하여 분양권을 전매하거나 또는 미분양 세대에 관하여 피고들과 분양계약을 체결하여 소유권을 취득한 자들로서 20○○. 10. 중순경부터 일반인들에게 출입이 허용된 이 사건 아파트에 20○○. 11.경부터 입주하기 시작하였습니다.

2. **피고들의 손해배상책임 발생**

가. 원고들의 주장 요지

원고들은, 원고들이 분양 받은 이 사건 아파트의 각 세대에는 수인한도를 넘는 일조권, 조망권의 침해가 있는바, 이는 피고들이 아파트 분양시 요구되는 통상 수준의 품질을 갖추지 아니한 아파트를 공급하면서 그에 대한 정확한 정보를 제공하지 않음으로써 원고들에게 손해를 입혔으므로, 피고들은 원고들에게 하자담보책임 내지 채무불이행 책임에 기하여 원고들이 입은 손해를 배상하여야 할 것입니다.

나. 주장 근거

(1) 원고들이 거주하는 이 사건 아파트는 18층(높이 48.3m), 19층(높이 51.1m)으로서 단지내 아파트는 동남향으로 배치되어 있고, 이 사건 아파트는 ㄷ 자 형태로 이루어져 있으며, 가장 가까운 동간 거리는 6.65m에서 9.37m이고 마주 보는 건물 사이는 51m에서 55m에 이른다. 단지 형태는 주출입구쪽(동남방향)에서 부출입구쪽(서북방향)으로 경사진 형태이고 그 고도차이는 11.5m이다. 구체적인 이 사건 아파트의 각 동의 배치, 동간 거리, 각 동의 높이는 별지 도면 표시와 같습니다.

(2) 피고들이 이 사건 아파트 분양당시 모델하우스에 이 사건 아파트에 관한 배치도 및 조감도를 비치하였고, 분양가격은 평수와 사양에 의하여만 결정되었습니다.

(3) 관련 법규정

피고들이 이 사건 아파트를 건축할 당시 시행되던 건축법 시행령(20○○. 2. 22. 대통령령 제14920호) 제86조 제2호 나목은, 일조 등의 확보를 위한 건축물의 높이 제한에 관하여 '당해 대지 안의 모든 세대가 동지일을 기준으로 9시에서 15시 사이에 건축조례가 정하는 시간 이상을 연속하여 일조를 확보할 수 있는 높이 이하'이면 높이 제한을 받지 않는다고 규정하고 있었음에도 당시 ○○광역시 건축조례 및 ○○광역시 대덕구 건축조례에서는 위와 같은 사항을 규정하지 않고 있었으나, 위 건축법 시행령으로 개정되기 전의 구 건축법 시행령(20○○. 11. 20. 대통령령 제12845호로 개정된 것) 제90조 제1호 나.목의 (7)에 의하면 '당해 대지 내의 모든 세대가 동지일을 기준으로 9시에서 15시 사이에 2시간 이상 연속하여 일조를 확보할 수 있다'고 인정되면 높이 제한을 받지 않는다고 규정하고 있었으며, 현재 시행되고 있는 건축법 시행령 제86조 제2항 제2호에 의하면 '동일한 대지 안에서 2동 이상의 건축물이 서로 마주보고 있는 경우(1동의 건축물의 각 부분이 서로 마주보고 있는 경우를 포함한다)의 건축물 각 부분 사이의 거리는 건축조례가 정하는 거리 이상'을 띄워야 하나, 다만, '당해 대지 안의 모든 세대가 동지일을 기준으로 9시에서 15시 사이에 2시간 이상을 계속하여 일조를 확보할 수 있는 거리 이상'이면 그 제한을 받지 않는 것으로 규정하고 있습니다.

(4) 이 사건 아파트 단지 내 서북방향에 위치한 원고들 소유 아파트는 ㄷ 자 형태로 인한 일조방해와 아울러 고도가 더 높은 동남향에 위치한 아파트들로 인하여 일조에 더 큰 방해를 받고 있다. 원고들이 소유하는 이 사건 아파트의 각 세대에 대한 동지일인 12. 21.의 각 일조시간은 별지 손해배상내역표 중 '① 일조시간'란 각 기

재와 같고, 원고들은 일조방해로 난방비와 전기료를 일조방해를 받지 않은 가구보다 초과하여 지출하고 있습니다.

(5) 일조침해의 회피가능성 등

피고들은 이 사건 아파트를 분양하면서 이 사건 아파트에 사회통념상의 수인한도를 넘는 일조 침해가 발생한다는 사실을 예측할 수 있었을 터인데도 이 사건 아파트를 분양시에 수분양자들에게 그러한 사실을 고지하거나 설명한 바가 없다. 그리고 피고들이 동간 거리를 늘리거나 또는 서북방향쪽 토지의 높이를 높이거나 또는 동의 배치를 달리하는 등의 방법으로 위와 같은 심각한 일조침해를 회피할 수 있는 가능성이 있었다고 판단됩니다.

(6) 이 사건 아파트에서 원고들 각 세대의 가운데 전면에서 밖을 바라보았을 때 다른 아파트에 의해 가려지는 정도는, 최소 75%에서 최대 100%에 이르고 있습니다.

다. 소 결 론

(1) 일조미달에 대하여

(가) 주거의 일조는 쾌적하고 건강한 생활에 필요한 생활이익으로서 법적 보호의 대상이 되는 것으로서, 피고들이 공급한 아파트에 수인한도 내의 일조량이 보장되지 않아 그로 인하여 재산적 가치의 하락을 초래하는 경우에는 아파트가 매매 매목적물로서 통상 갖추어야 할 품질을 갖추지 못하였다고 볼 것입니다. 또한 대단위 아파트를 분양 받는 일반인이라면 누구나 일조와 전망이 좋은 이른바 로얄층을 분양 받기를 원하고 있으나, 현실은 그렇지 못하여 같은 단지 내의 아파트라 하더라도 그 위치와 층수에 따라 일조량이 천차만별입니다. 그러므로 아파트를 특정하여 매수하지 않는 한 수분양자들은 자신이 원하는 곳의 아파트를 분양 받을 수 없는 결과가 항상 생길 수 밖에 없고, 분양신청자 또한 그러한 사정을 알고도 추첨을 통하여 분양을 받고 있는 것이 우리의 현실입니다. 따라서 아파트를 건설하는 회사로서는 아파트를 설계하고 시공함에 있어 일조 등이 침해되지 않도록 최대한의 배려를 하여야 할 것이고, 이를 위하여 위에서 본 바와 같이 건축법과 건축조례는 건물 상호간 최소한의 이격거리를 규정하고 있습니다. 결론적으로 피고들로서는 분양되는 아파트의 일조 등에 관하여 명시적인 약정이 없었다 하더라도 신의칙상 적어도 사회통념상 용인되는 수인한도 내의 일조량이 보장되는 아파트를 공급하여야 할 의무가 있다고 할 것입니다. 그리고 일조 등의 침해가 사회통념상 수인한도를 넘었는지 여부는 피해의 정도, 피해이익의 성질 및 그에 대한 사회적 평가, 가해 건물의 용도, 지역성, 토지이용의 선후관계, 가해 방지 및 피해 회피의 가능성, 공법적 규제의 위반 여부, 교섭 경과 등 모든 사정을 종합적으로 고려하여 판단하여야 하고, 건축 후에 신설된 일조권에 관한 새로운 공법적 규제 역시 이를 판단함에 있어서 중요한 자료가 될 수 있다 할 것인 바(대판 2002.12.10. 2000다72213), 위에서 본 바와 같이, 원고들이 일조량의 미달로 주거환경에서 건강상 위해뿐만 아니라 난방비, 전기료 등의 지출도 큰 점, 원고들이 분양 받은 이 사건 아파트 각 세대의 분양

가격은 그 평수와 사양에 따라 정하여져 있을 뿐 일조 등의 침해를 고려하여 정해지지 않았고, 원고들 중 상당수는 추첨에 의하여 분양 받았고 그렇지 않은 원고들도 대부분은 분양 받을 당시 이 사건 아파트가 완공되지 않는 등의 사정으로 분양 받은 세대에 대하여 위 일조권 침해 등을 고려하여 가격결정권을 행사하지 못한 점, 관련 법규정이 동지를 기준으로 일정한 일조량을 확보하여야 한다고 규정하고 있는 점, 피고들이 이 사건 아파트를 건축하면서 일조방해를 어느 정도 회피할 수 있었다고 보이는 점, 대도시 인구의 과밀화 및 토지의 효율적 이용을 위한 건물의 고층화 경향이 있는 점 등을 종합할 때 이 사건 아파트의 경우 동지일을 기준으로 9시부터 15시까지 사이의 6시간 중 일조시간이 연속하여 2시간 이상 확보되지 않는 일조방해의 경우에는 사회통념상 일반적으로 용인되는 수인한도를 넘는 경우라고 봄이 상당할 것입니다.

(나) 그런데 원고들이 소유하는 각 세대의 일조침해는 수인한도를 넘는다고 할 것이므로, 피고들은 특별한 사정이 없는 한 위 원고들에게 통상의 품질을 갖추지 못한 하자로 인한 재산적 가치하락분 상당의 손해를 배상할 책임이 있다고 할 것입니다.

라. 손해배상의 범위

(1) 재산상 손해

(가) 이 사건 아파트에 대한 일조권 등 침해에 따른 가치하락액 감정결과 등을 종합하여 계산하면, 별지 손해배상내역표 기재 원고들의 경우 수인한도를 넘는 일조침해로 인하여 각 세대별로 별지 손해배상내역표의 '시가하락분'란 기재와 같은 각 금액의 손해가 발생한 사실을 인정할 수 있는바, 일응 위 금액이 재산적 손해라고 할 수 있을 것입니다.

(나) 다만, 수분양자들이 이 사건 아파트의 세부적인 부분까지 제대로 알아보지 않고 분양받은 과실 등을 참작하면 위 가치하락분의 80% 정도가 이사건 아파트의 수분양자 및 전득자들이 입은 손해라고 봄이 상당할 것입니다.

3. 결 론

그렇다면, 피고들은 연대하여 별지 기재 원고들에게 별지 손해배상내역표 '⑤ 차액'란 기재 각 금액(② 시가하락분의 80%) 기재 각 금액 및 위 각 금액에 대하여 2002. 6. 4.부터 이 소장 부본 송달일까지는 연 5%, 각 그 다음날부터 다 갚는 날까지 연 12%의 각 비율에 의한 돈을 지급할 의무가 있다고 하여야 할 것입니다.

입 증 방 법

1. 갑제1호증 지적도
1. 갑제2호증 부동산등기부등본
1. 갑제3호증 경계측량도
1. 갑제4호증 현황사진

1. 갑제5호증 ○○○○
1. 갑제6호증 ○○○○
그밖의 것은 변론시 수시 제출하겠습니다.

첨 부 서 류

1. 위 입증방법 3통
1. 납부서 1통
1. 소장부본 2통

20○○. ○. ○.

위 원고들(별지)
소송대리인 변호사 ○ ○ ○ (인)

○○ 지방법원 귀중

[서식 32] 손해배상청구의 소 – 일조권 침해

소 장

원 고 ○○○외 16(별지와 같음)
각 주소 별지 기재와 같음
소송대리인 변호사 ○○○
○○시 ○○구 ○○로 ○○-○○

피 고 주식회사 부영
○○시 ○○구 ○○대로 ○○

손해배상(기)

청 구 취 지

1. 피고는 원고들에게 별지 제2 손해배상금내역 중 ③ '손해금의 항목별내역'란의 ⑥ 합계란 기재의 해당 각 금원 및 이에 대하여 20○○. 11. 20.부터 이 사건 소장 부본 이 송달된 날까지는 연 5%, 그 다음날부터 완제일까지는 연 12%의 각 비율에 의한 금원을 지급하라
2. 소송비용은 피고의 부담으로 한다.
3. 제1항은 가집행할 수 있다.

라는 판결을 구합니다.

청 구 원 인

1. 기초사실

가. 피고는 20○○. 10. 27. ○○시장으로부터 ○○시 ○○동 144 대 29,413㎡ 지상에 임대아파트인 부영아파트 7동 1,032세대(이하 '부영아파트'라 한다)를 건설하는 사업계획승인을 받은 다음 부영아파트 건축공사를 시행하여(이하 '이 사건 공사'라 한다) 20○○. 11. 18. 사용검사를 마쳤고, 20○○. 11. 20. 준공검사를 받았습니다.

나. 부영아파트와 약 40m 떨어진 곳에 건축된 ○○아파트(이하 '이 사건 아파트'라 한다)는 20○○. 3. 5. ○○시장으로부터 사업계획승인을 받고 위 아파트 건축공사를 진행하여 20○○. 2. 28.경부터 사용승인을 받았고, 원고들은 피고가 이 사건 공사를 완료한 시점인 20○○. 11. 20.을 기준으로 별지 제3 원고별 소유 및 점유의 변동내역 기재와 같이 그 이전에 이 사건 아파트를 분양받아 소유 및 점유·사용하고 있거나, 20○○. 11. 20. 이전에 분양받은 소유자로부터 이를 매수하여 그 이후에 이를 소유 및 점유·사용하고 있습니다.

다. 원고들은 모두 별지 제3 원고별 소유 및 점유의 변동내역의 소유권변경란의 기재와 같이 20○○. 11. 20. 당시의 각 소유자나 점유·사용자로부터 20○○. 11.경 부영아파트의 신축으로 인하여 이 사건 아파트의 일조권이 침해받음으로써 피고에 대하여 가지고 있는 재산상 손해배상청구권 및 위자료청구권을 각 양수하였고, 20○○. 12. 15. 피고에게 위 채권양도사실을 내용증명우편으로 각 통지하였으며, 위 각 통지는 그 무렵 각 도달하였습니다.

2. 손해배상책임의 발생

(1) 건물의 소유자가 종전부터 향유하고 있던 일조, 조망 등이 쾌적하고 건강한 생활에 필요한 생활이익으로서 가치를 가지고 있다고 객관적으로 인정될 경우 이는 법적으로 보호할 대상이 되는 것이므로, 타인에 의하여 위 권리들을 침해당한 자는 일응 그 침해행위가 수인한도 내의 정당한 권리행사의 범위를 벗어나 위법한 행위임을 원인으로 하여 그로 인하여 입은 손해의 배상을 청구할 수 있다고 할 것이고, 일반적으로 건물 신축으로 인하여 그 이웃토지상의 거주자가 직사광선이 차단되고, 조망·사생활이 침해되는 등 불이익을 받은 경우에 그 신축행위가 정당한 권리행사로서의 범위를 벗어나 사법상 위법한 가해행위로 평가되기 위해서는 그 일조 등의 방해 정도가 사회통념상 일반적으로 인용하는 수인한도를 넘어야 하고, 건축법 등 관계 법령에 일조방해에 관한 직접적인 단속법규가 있다면 동 법규에 적합한지 여부가 사법상 위법성을 판단함에 있어서 중요한 판단자료가 될 것이지만 이러한 공법적 규제에 의하여 확보하고자 하는 일조는 원래 사법상 보호되는 일조를 공법적인 면에서도 가능한 한 보증하려는 것으로서 특별한 사정이 없는 한 일조 보호를 위한 일응의 기준으로 봄이 상당하고, 구체적인 경우에 있어서 어떠한 건물신축이 건축 당시의 공법적 규제에 형식적으로 적합하다고 하더라도 현실적인 일조방해의 정도가 현저하게 커 사회통념상 수인한도를 넘은 경우에는 위법행위로 평가될 수 있고, 사회통념상 수인한도를 넘었는지 여부는 피해의 정도, 피해이익의 성질 및 그에 대한 사회적 평가, 가해 건물의 용도, 지역성, 토지이용의 선후관계, 가해방지 및 피해회피의 가능성, 공법적 규제의 위반 여부, 교섭 경과 등 모든 사정을 종합적으로 고려하여 판단하여야 할 것인 바(대판 1999.1.26. 98다23850, 2000.5.16. 98다56997), 특히 일조량은 인공적으로 증가시킬 수 없고, 토지의 효율적 이용을 위한 건물의 고층화경향 등을 고려할 때, 아파트와 같은 공동주택의 경우 동지일을 기준으로 9시부터 15시까지 사이의 6시간 중 일조시간이 연속하여 2시간 이상 확보되는 경우 또는 동지일을 기준으로 8시에서 16시까지 사이의 8시간 중 일조시간이 통틀어서 최소한 4시간 정도 확보되는 경우에는 이를 수인하여야 할 것이고, 위 두 가지 중 어느 것에도 속하지 않는 경우에는 일조권의 침해가 수인한도를 초과한다고 봄이 상당합니다.

(2) 돌이켜 이 사건에 관하여 보건대, 피고는 소외 ○○제지 주식회사 소유의 남원시 ○○동 144 대 29,413㎡를 매수하였는데, 그 곳에는 단층의 제사공장이 존재하였던 사실, 피고는 20○○. 10. 27. ○○시 ○○동 144 지상에 부영아파트 1차단지(7개동

1,032세대)에 대한 사업승인을 받아 20○○. 11. 18. 준공검사신청을 하여 20○○. 11. 20. 준공검사를 필한 사실, 피고의 부영아파트가 신축되기 이전에는 원고들 소유의 이 사건 아파트가 일조권침해를 전혀 받지 않고 있다가 피고가 신축한 부영아파트로 말미암아 별지 일조피해내역 기재와 같이 '동지일을 기준으로 9시에서 15시까지 사이의 6시간 중 일조시간이 연속하여 2시간이상 확보되는 경우(연속시간) 또는 동지일을 기준으로 8시에서 16시까지 사이의 8시간 중 일조시간이 통틀어서 최소한 4시간정도 확보되는 경우(총일조시간)'를 기준으로 일조시간을 일부 또는 전부 잃게 된 사실을 인정할 수 있는바, 사실관계가 이와 같다면 피고는 부영아파트를 신축함으로써 사회통념상의 수인한도를 초과하여 원고들의 일조권을 침해하였다고 할 것이어서, 이러한 불법행위로 인하여 원고들이 위 권리를 침해당함으로써 입게 된 재산상 손해 및 위자료를 배상할 의무가 있다고 할 것입니다.

3. 소멸시효

피고가 부영아파트의 준공검사를 받은 20○○. 11. 20.경에 원고들은 부영아파트의 건축으로 인한 일조권 등이 침해당하고 있다는 사정을 알게 되었으므로 그 무렵 그로 인한 손해 및 그 가해자를 알게 되었다 할 것이고, 이 사건 소는 그로부터 3년이 경과되기 전인 20○○. 8. 14.에야 비로소 제기되었으므로, 원고들의 이 사건 손해배상청구채권의 소멸시효는 완성되지 않았다고 할 것입니다.

4. 결 론

그렇다면 피고는 원고들에게 별지 제2 손해배상금내역 중 ③ '손해금의 항목별내역'란의 ⑥ 합계란 기재의 해당 각 금원 및 이에 대하여 20○○. 11. 20.부터 이 사건 소장 부본이 송달된 날까지는 연 5%, 그 다음날부터 완제일까지는 연 12%의 각 비율에 의한 금원을 지급하여야 할 책임이 있다고 할 것입니다.

입 증 방 법

1. 갑제1호증 지적도
1. 갑제2호증 부동산등기부등본
1. 갑제3호증 경계측량도
1. 갑제4호증 현황사진
1. 갑제5호증 ○○○○
1. 갑제6호증 ○○○○

그밖의 것은 변론시 수시 제출하겠습니다.

첨 부 서 류

1. 위 입증방법 2통
1. 납부서 1통

1. 소장부본 1통

20○○. ○. ○.

위 원고들(별지)
소송대리인 변호사 ○ ○ ○ (인)

○○ 지방법원 귀중

[서식 33] 손해배상청구의 소 – 농작물에 대한 일조침해

소 장

원 고 ○○○외 25(별지와 같음)
각 주소 별지 기재와 같음
소송대리인 변호사 ○○○
○○시 ○○구 ○○로 ○○-○○

피 고 대한주택공사
○○시 ○○구 ○○대로 ○○

손해배상(기)

청 구 취 지

1. 피고는 원고에게 164,600,620원 및 이에 대하여 20○○. 10. 12.부터 이 소장 부본 송달일까지는 연 5%의, 그 다음날부터 다 갚는 날까지는 연 12%의 각 비율에 의한 금원을 지급하라.
2. 소송비용은 피고의 부담으로 한다.
3. 제1항은 가집행할 수 있다.

라는 판결을 구합니다.

청 구 원 인

1. 핀고의 손해배상책임의 발생

가. 기본사실

(1) 원고는 20○○년경부터 고양시 ○○동구 ○○동 (지번 생략) 외 2필지(이하 '이 사건 토지'라고 한다)에서 재배면적 합계 약 1,300평 규모의 비닐하우스(A, B동, 이하 '이 사건 비닐하우스'라 한다)를 설치하여 서양란의 일종인 심비디움 등을 재배하여 왔는데, 피고는 20○○. 8.경부터 이 사건 토지 인근의 고양일산(2)택지개발지구 A2 블럭에서 18층 내지 20층 높이의 아파트(이하 '이 사건 아파트'라 한다)의 건축을 시작하여 20○○. 8.경 이를 완공하였습니다.

(2) 이 사건 토지 및 아파트 부지는 원래 지목이 전 또는 임야인데, 피고가 건축중인 이 사건 아파트 중 301동, 305동, 306동 건물의 그림자로 인하여 이 사건 비닐하우스에는 동지일을 기준으로 일출시부터 정오까지는 전혀 햇빛이 들지 않다가 A동의 비닐하우스는 13:50경부터 햇빛이 들기 시작하여 15:40경이 되어서야 비로소 이 사건 아파트 그림자에서 완전히 벗어나게 되고, B동의 비닐하우스는 12:00경부터

햇빛이 들기 시작하여 14:20경이 되어서야 비로소 아파트 그림자에서 완전히 벗어나게 되어 정상 대비 일조량 피해율이 각각 81.1%(A동), 62.9%(B동)에 이르며, 일조침해가 지속되는 기간은 A동 비닐하우스의 경우 10. 14.부터 136일간, B동 비닐하우스의 경우 11. 11.부터 84일간에 달한다.

(3) 심비디움을 비롯한 난 재배에 있어 일사량은 가장 중요한 환경요인인데, 광합성 작용에 필요한 효율적인 일조시간대가 오전이고, 특히 위 일조침해를 받는 동지 전후의 기간은 꽃눈 분화와 화기발육이 이루어지는 중요한 시기에 해당하여 위와 같은 조건에서는 난의 정상적인 재배가 어렵습니다.

(4) 이 사건 아파트 건축으로 인한 일조침해로 인하여 원고는 20○○.경부터 재배 중이던 대부분의 난이 고사하는 등 수확량이 크게 감소하였고, 20○○. 6.경 이후에는 재배를 포기하였습니다.

나. 주장 근거

(1) 건물이나 공작물의 건축 또는 유지·관리로 인하여 그 이웃토지의 거주자 또는 점유자가 일조를 침해받는 불이익을 받게 된 경우에, 그 건축 등의 행위가 정당한 권리행사로서의 범위를 벗어나 사법상 위법한 가해행위로 평가되기 위해서는 그 일조침해의 정도가 사회통념상 일반적으로 인용하는 수인한도를 넘어야 합니다.

(2) 위 사실에 의하면, 피고가 건설하는 이 사건 아파트에 의한 일조의 침해로 인하여 원고가 일조 침해가 시작된 후부터 이 사건 비닐하우스에서 대부분의 난이 고사하는 등으로 수확량이 급감하고 결국 난을 재배하지 못함으로써 그 기간 동안 얻을 수 있었던 소득을 얻지 못하는 손해를 입은 점, 원고의 피해 정도와 피해 이익의 성질, 위 아파트의 용도, 지역성, 토지이용의 선후관계, 피고의 침해 방지 및 피해 회피의 가능성 등 이 사건 기록에 나타난 모든 사정을 종합적으로 고려하여 볼 때, 원고가 위 일조를 침해받는 정도는 사회통념상 일반적으로 인용하는 수인한도를 넘었다고 할 것이므로(이 사건 아파트가 건축법 등 관계 법령에서 정한 건축물 높이제한 등의 규정을 준수하여 신축되었다 하여 달리 볼 것은 아니라 할 것입니다), 결국 피고의 아파트 건설 및 관리에 따른 일조 침해행위는 정당한 권리행사로서의 범위를 벗어난 것으로서 위법한 가해행위가 됩니다. 따라서 피고는 위 일조침해로 인하여 원고가 입은 손해를 배상할 책임이 있다고 할 것입니다.

2. 손해배상의 범위

가. 일조침해와 상당인과관계 있는 손해의 범위

(1) 이 사건 일조침해와 상당인과관계가 있는 원고의 손해는 일조침해로 인한 순소득의 감소액이라 할 것인데(원고는 이 사건 비닐하우스 이전비 상당액도 일조침해로 인한 손해액이라고 주장하나, 아래에서 보는 바와 같이 이 사건 토지에서 대체작물을 재배하는 것을 전제로 하여 손해액을 산정하는 이상 비닐하우스 이전비는 일조침해와 상당인과관계 있는 손해액에 포함될 수 없다), 순소득의 감소액은 구체적으로 아래와 같이 산정된다 할 것입니다.

(2) ① 피고의 일조침해가 시작된 후, 이 사건 비닐하우스에 경작 가능한 대체작물을 재배하여 수확할 수 있었을 때까지의 합리적인 기간 : 같은 기간 동안 일조침해가 없었더라면 난 재배로 올릴 수 있었던 순소득액 - 같은 기간 동안의 난 재배로 인한 원고의 실제 순소득액

② 대체작물을 재배하여 수확할 수 있었다고 인정되는 시점 이후 원고의 가동연한까지의 기간 : 같은 기간 동안 일조침해가 없었더라면 난 재배로 올릴 수 있는 순소득액 - 같은 기간 동안 대체작물 재배로 올릴 수 있는 순소득액

손해배상액 = ① + ②

나. 배상액의 산정

(1) 피고의 일조침해가 시작된 후, 이 사건 비닐하우스에 경작 가능한 대체작물을 재배하여 수확할 수 있었을 때까지의 합리적인 기간

(가) 이 사건 토지와 같은 일조환경에서 최대의 순소득을 얻을 수 있는 재배 가능한 대체작물은 동양란이고, 이를 재배하기 시작하여 수확하기까지는 2.5년에서 3년 정도의 기간이 소요된다는 것인바, 원고는 일조침해로 인한 피해가 구체적으로 나타나기 시작한 20○○. 이후로서 20○○.부터는 대체작물의 재배를 시작할 수 있었다고 보여지므로, 결국 그로부터 3년이 경과한 후인 20○○.경부터는 대체작물인 동양란을 수확하여 소득을 올릴 수 있다고 봄이 상당합니다. 따라서 20○○. 1. 1.부터 20○○. 12. 31.까지의 손해액은, 원고가 위 기간 동안 일조침해가 없었더라면 종전과 동일한 난 재배로 올릴 수 있었던 순소득액에서 같은 기간 동안의 원고의 실제 순소득액을 공제한 금액이라 할 것입니다.

(나) 20○○. 1. 1.부터 20○○. 12. 31.까지 일조침해가 없었더라면 종전과 동일한 난 재배로 인하여 올릴 수 있었던 연간 순소득액

원고는 재배한 난을 화훼농업협동조합을 통하여 판매하여 왔고, 갑9호증의 7의 기재에 의하면, 원고가 20○○. 화훼농업협동조합에 출하한 실적은 51,329,470원이므로, 일조침해가 없었을 경우 20○○. 이후의 재배실적도 일응 이와 동일할 것으로 추인됩니다. 그러므로 경기도 지역의 심비디움 재배 농가의 경우 총 판매가액 대비 순소득률은 20○○.에는 42.7%, 20○○.에는 37.5%로 조사된 사실이 인정되는바, 이에 의하면, 원고는 이 사건 아파트로 인한 일조침해가 없었더라면 20○○.에는 21,917,683원(51,329,470원× 42.7%, 원 미만은 버림. 이하 같다), 20○○.부터 20○○.까지는 매년 19,248,551원(51,329,470원 × 37.5%)의 순소득을 올릴 수 있었을 것으로 인정될 것입니다.

(다) 위 기간 동안 원고의 실제 순소득액

갑9호증의8의 기재에 의하면, 원고가 20○○.에 재배하여 위 조합에 판매한 난은 27,677,830원 상당인 사실이 인정되므로, 위에서 본 순소득률에 의하여 산정한 원고의 2006. 순소득은 11,818,433원(27,677,830원 × 42.7%)입니다. 한편 갑21호증의1의 기재에 의하면, 위 순소득률은 총수익에서 경영비와 자가노력비 등의 비용을 공제한 금액으로 산정한 것인데, 2006.의 경우 42.7%의 순소득률에

는 순소득 대비 51.8%의 광열동력비(10a당 광열동력비 7,787,428원/10a당 순소득 15,010,189원)가 반영되어 있는 사실을 인정할 수 있으므로, 원고의 위 2006. 순소득액에는 6,121,948원(11,818,433원 × 51.8%)의 광열동력비가 반영되어 있다 할 것입니다. 그런데 갑21호증의 1, 갑22호증의 각 기재에 의하면 온풍난방기 등 농기계에 사용되는 경유의 1리터당 가격은 564원(7,787,428원/13,797.9리터)이고, 원고는 피고의 일조침해로 인하여 2006.에 광열동력비로 경유 106,000리터를 구매하여 소비함으로써 59,784,000원(564원 × 106,000리터)의 광열동력비를 지출한 사실이 인정되는바, 결국 원고는 2006.에 난 재배를 통하여 41,843,619원{11,818,433원 – (59,784,000원 – 6,121,948원)}의 순손실을 입었다 할 것입니다.

(라) 계산(원고가 청구하는 지연손해금의 기산일인 20○○. 10. 12.을 기준으로 하여 그 이후에 발생한 손해에 관하여는 현가를 할인하고, 계산의 편의상 월 단위로 계산하며, 손해액의 현가 계산은 월 5/12%의 비율에 의한 중간이자를 공제하는 단리할인법에 따릅니다)

1) 20○○. 1. 1.부터 20○○. 10. 11.까지 : 20○○. 월평균 일실소득인 5,313,441원{(일조침해가 없었을 경우의 순소득 21,917,683원 + 실제 발생한 순손실 41,843,619원)/12} × (9 + 11/31) = 49,706,383원

2) 20○○. 10. 12.부터 20○○. 12. 31.까지 : 5,313,441원 × (11.6858 – 8.8173) = 15,241,605원

3) 20○○. 1. 1.부터 20○○. 12. 31.까지 : 2007. 월평균소득인 1,604,045원 (19,248,551원/12) × (43.6739 – 11.6858) = 51,310,351원

4) 합계 : 49,706,383원 + 15,241,605원 + 51,310,351원 = 116,258,339원

(2) 대체작물을 재배하여 수확할 수 있었다고 인정되는 20○○. 1. 1. 이후 원고의 가동연한까지의 기간

(가) 먼저 원고의 가동연한에 관하여 보건대, 갑23호증의1, 2, 갑24호증의1 내지 3의 각 기재에 의하면, 원고는 1953. 5. 21.생으로서 이 사건 일조침해가 시작된 20○○. 1.경 52세 남짓한 연령으로 기대여명이 25년 이상이며, 20○○.경부터 20○○.경까지 실제 농업노동에 종사하여 온 사실, 농촌노동인구의 고령화가 가속화된 결과 20○○. 현재 전국 농가 중 경영주가 60세 이상인 농가가 약 39%에 이르는 사실이 인정되는바, 위와 같은 사정들에 비추어 볼 때 원고의 농업종사자로서의 가동연한은 만 65세가 될 때까지로 봄이 상당합니다(대판 1997.4.22. 97다3637, 1997.12.23. 96다46491).

따라서 20○○. 1. 1.부터 원고가 65세가 되기 전날인 20○○. 5. 20.까지의 일실손해액은, 위 기간 동안 일조침해가 없었더라면 종전과 동일한 난 재배로 올릴 수 있는 순소득액에서 같은 기간 동안 대체작물인 동양란 재배로 올릴 수 있는 순소득액을 공제한 금액이라 할 것입니다.

(나) 20○○. 1. 1.부터 20○○. 5. 20.까지 일조침해가 없었더라면 종전과 동일한

난 재배로 인하여 올릴 수 있었던 연간 순소득액

원고는 이 사건 일조침해가 없었더라면 2010. 이후에도 특별한 사정이 없는 한 가동연한인 20○○. 5. 20.까지 매년 앞서 본 20○○. 순소득액과 동일한 19,248,551원의 순소득을 올릴 수 있을 것으로 인정됩니다.

(다) 같은 기간 동안 대체작물 재배로 올릴 수 있는 순소득액

위 기간 동안 원고가 이 사건 비닐하우스에서 대체작물인 동양란 재배로 올릴 수 있는 순소득에 관하여 살피건대, 20○○. 기준으로 심비디움의 연평균 가격은 11,545원이고 동양란은 11,311원이므로, 원고가 종전에 재배하던 심비디움과 동일한 수량의 동양란을 재배하고 일조침해가 없을 경우 원고는 위 20○○. 총소득에 동양란의 심비디움 대비 가격비율을 곱한 50,289,097원(51,329,470원 × 11,311원/11,545원)의 총소득을 올릴 수 있을 것으로 추인됩니다(동양란 재배시의 소득액은 심비디움 재배시의 추정 순소득액을 그대로 동양란 재배시의 총소득액으로 인용한 것에 불과하여 이를 동양란 재배시의 소득 산정 자료로는 쓸 수 없고, 달리 이 사건 비닐하우스에서의 동양란의 재배가능 수량이나 그로 인한 총소득을 산정할 만한 자료가 없으므로, 일응 동양란 재배량도 원고의 종전 심비디움 재배량과 동일한 것으로 추정하여 총소득을 산정할 수밖에 없을 것입니다). 한편 위 사실에 의하면 이 사건 일조침해로 인하여 동양란 재배로 인한 소득은 정상소득의 59% 정도로 감소할 것으로 인정되므로(위 사실조회에 인용된 일조침해로 인한 소득 33,652,217원/정상소득 56,967,604원 = 59%), 앞서 본 심비디움의 20○○. 순소득률 37.5%에 의하여(동양란의 경우 순소득률을 인정할 자료가 없으므로 위 순소득률을 그대로 적용할 수밖에 없다) 동양란 재배로 인한 연간 순소득액을 산정하면, 11,126,462원(50,289,097원 × 59% × 37.5%)이 됩니다.

(라) 계 산

20○○. 1. 1.부터 20○○. 5. 20.까지 연간 일실소득 = 19,248,551원 - 11,126,462원 = 8,122,089원(월평균 676,840원)

위 기간 동안 총 일실소득 = 676,840원 × (115.0974 - 43.6739) = 48,342,281원

3. 결 론

따라서 피고는 원고에게 이 사건 일조침해로 인한 손해배상으로 164,600,620원(116,258,339원 + 48,342,281원) 및 이에 대하여 이 사건 일조침해가 시작된 20○○. 10. 12.부터 이 소장 부본 송달일까지는 민법이 정한 연 5%의, 그 다음날부터 다 갚는 날까지는 소송촉진 등에 관한 특례법이 정한 연 12%의 각 비율에 의한 지연손해금을 지급할 의무가 있다고 할 것입니다.

입 증 방 법

1. 갑제1호증 지적도

1. 갑제2호증 부동산등기부등본
1. 갑제3호증 경계측량도
1. 갑제4호증 현황사진
1. 갑제5호증 ○○○○
1. 갑제6호증 ○○○○

그밖의 것은 변론시 수시 제출하겠습니다.

첨 부 서 류

1. 위 입증방법 2통
1. 납부서 1통
1. 소장부본 1통

20○○. ○. ○.

위 원고들(별지)
소송대리인 변호사 ○ ○ ○ (인)

○○ 지방법원 귀중

[서식 34] 손해배상청구의 소 – 조망 등 침해

소 장

원 고 ○○○외 17(별지와 같음)
각 주소 별지 기재와 같음
소송대리인 변호사 ○○○
○○시 ○○구 ○○로 ○○-○○

피 고 1. ○○ 주식회사
○○시 ○○구 ○○대로 ○○
대표이사 ○○○
2. ○○사업 주식회사
○○시 ○○구 ○○로 ○○-○○
대표이사 ○○○

손해배상(기)

청 구 취 지

1. 피고들은 각자 원고들에게 별지 1. 청구표 중 '청구금액'란 기재 각 금원 및 이에 대한 20○. 7. 26.부터 이 사건 소장 부본 송달일까지는 연 5%, 그 다음날부터 완제일까지는 연 12%의 각 비율에 의한 금원을 지급하라.
2. 소송비용은 피고들의 부담으로 한다.
3. 제1항은 가집행할 수 있다.

라는 판결을 구합니다.

청 구 원 인

1. 기초사실

가. 침해 발생의 경위

(1) 피고 1 주식회사는 서울 ○○구 ○○동 300-30 외 66필지 대 46,133.15㎡의 소유자로서, 위 토지 위에 건립되어 있던 지상 5층의 한강외인아파트 18개 동을 철거하고 지상 19층 내지 25층의 ○○한강빌리지 아파트 10개 동 총 656세대(이하 ○○아파트라 한다)를 신축하는 재건축사업을 시행할 목적으로 20○○. 3. 25. ○○구청장으로부터 주택건설사업승인을 받고, 20○○. 5. 16. 피고 2 주식회사와 사이에 ○○아파트의 신축공사에 관한 도급계약을 체결하였습니다.

(2) 20○○. 4.경 완공된 ○○아파트는 동마다 층수가 균일하지 아니한 탑상형의 건물로서 '∧' 또는 '⊤'의 모양으로 신축되었으며, ○○아파트 107동 내지 110동의 바깥쪽 즉, 남쪽에는 강변북로 및 고수부지에 이어서 한강이 위치하고 있습니다.

(3) 원고들은 서울 ○○구 ○○동 300-27에 있는 지하 1층, 지상 10층의 시장 및 공동주택건물 중 지상 4층 내지 10층에 위치한 ○○뷰아파트 59세대 가운데 별지 1. 청구표 중 '호수'란 기재 각 아파트의 구분소유자들입니다.

(4) ○○뷰아파트는 ○○아파트의 북동쪽에 인접하여 위치한 'ㄱ'자 형태의 건물로서, 'ㄱ'자의 바깥쪽 부분은 정남향에서 정서향으로 21° 가량 기운 상태로 남서쪽을 향하고 있으며, 'ㄱ'자의 안쪽 부분은 북동쪽을 향하고 있고, 4층부터 9층까지의 바깥쪽에는 왼쪽 끝에서 시작하여 오른쪽 끝까지 순서대로 1호부터 5호가 있으며(1, 2, 3호는 남향, 4, 5호는 서향), 4층부터 9층까지 층마다 복도를 사이에 두고 건너편에는 6호부터 9호가 있고, 원고 등의 세대는 모두 'ㄱ'자의 바깥쪽, 즉 남서쪽에 위치하고 있습니다.

나. 분쟁의 경과 및 보상사례

(1) ○○뷰아파트 중 원고들을 포함한 남서쪽 세대는 종전 저층의 외인아파트가 있을 당시 한강, 국립묘지 및 관악산이 보이는 뛰어난 전망을 가지고 있었습니다.

(2) ○○뷰아파트 입주민들은 ○○아파트의 신축으로 예상되는 조망, 일조 등의 침해와 공사 도중 발생하는 분진, 진동, 소음으로 인한 피해에 대하여 수차 피고들에 대하여 대책 마련을 요구하는 한편 관할 ○○구청에 민원을 제기하였다. 피고들은 이를 무마하기 위하여 ○○아파트의 신축에 맞추어 염가의 비용으로 ○○뷰아파트를 리모델링해 주겠다는 제안하였으나, 피고들에 의하여 구체적인 계획이 마련되지 못한 채 무산되었습니다.

(3) ○○뷰아파트 입주민들의 이의제기에도 불구하고 최단 16.5m의 가까운 거리에 ○○아파트 중에서도 가장 높은 24층 또는 25층의 4개 동이 배치되어 리바뷰아파트를 둘러싸게 된 반면, 그보다 상당히 먼 거리에 ○○아파트의 공원이 배치됨으로써 원고 등의 조망, 일조 침해가 가중되었습니다. 그에 반하여, 인근 동부 ○○동 302-55 지상에서 ○○아파트를 신축 중인 ○○건설 주식회사는 인근에 위치한 정우맨션 24세대 주민들의 반대에 부딪치자 그들의 조망, 일조를 확보해 주기 위하여 24세대를 빈 공간으로 설계를 변경하여 건축하고 있습니다.

(4) ○○뷰아파트와 도로를 사이에 두고 북서쪽으로 인접한 서울 ○○구 ○○동 405 소재 ○○○아파트의 입주민들이 ○○서부지방법원 20○○카합971호로 공사금지가처분을 신청하자, 피고들은 피해 보상조로 세대별로 500,000원에서 68,541,000원까지 공탁하였습니다.

다. 조망 등의 침해

(1) 조망 침해

(가) 쾌적한 주거환경을 선호하는 추세에 따라 자연경관이 양호하고 강, 공원, 녹지

등 조망이 우수한 곳의 주택가격이 높게 거래되고 있는 현재의 실정에서 서울과 수도권 아파트의 여러 가지 조망권 중 가장 각광받는 것은 한강변에 위치한 아파트의 한강 조망권으로서 한강 조망이 가능한 아파트의 경우 적게는 수천만원, 많게는 수억원의 조망권 프리미엄이 형성되고 있으며(한강 조망권의 경우 한강이 많이 보이고 작게 보이고의 양적인 문제보다 한강이 보이고 안 보이고의 조망 여부가 세대별 주택가치에 더 큰 영향을 미치는 것으로 조사되고 있다), ㅇㅇ 아파트 54평형의 경우를 보면 한강에 대한 조망의 유무에 따라 2억 원 이상 분양가에 차이를 두고 있습니다.

(나) ㅇㅇ아파트의 신축 후 뛰어났던 원고들 세대의 한강 조망비율은 별지 2 침해표의 기재와 같이 감소하였는데, 거실을 기준으로 604호, 704호, 705호, 804, 805호, 904호, 905호 등 4, 5호 라인은 전망이 완전히 소멸되었고, 그보다 한강 전망이 뛰어났던 1, 2, 3호 라인은 대폭 감소하였으며, 조망이 양적으로 감소한 외에도 ㅇㅇ아파트가 세워진 빈 틈 사이로 보게 됨으로써 질적인 조망 수준도 크게 저하되었다. 한편 아래와 같이 인접하고 있는 건물에 의한 전체적인 원거리 조망 방해를 의미하는 압박감이 증대함에 따라 한강 조망도 더욱 저해되었습니다.

(2) 압 박 감

(가) 인간의 시야는 원추체로서 일상생활에 작용하는 시야의 범위는 시선의 좌우측 및 상하 30°로서 60°가 한계이고, 마주보는 건물에서 조망, 압박감과 관련하여 수직시야의 범위는 외부공간을 감안할 때 위쪽 시야만이 고려의 대상으로 중요하며, 압박감의 대표 인자로서 거실창 면적에서 하늘이 보이는 면적비율을 의미하는 천공률은 지평선을 고려할 때 최고 50% 내외인바, 천공률에 따라 실제로 느낄 수 있는 압박감(폐쇄감)의 정도는 40% 이상이면 양호하고, 30% 이상 40% 미만이면 보통이며, 20% 이상 30% 미만이면 약간 심하고, 10% 이상 20% 미만이면 심하며, 10% 미만이면 매우 심한 정도가 됩니다.

(나) 별지 2. 침해표의 기재와 같이 ㅇㅇ아파트가 신축되기 전 원고 등 세대의 천공률은 29.9%에서 49.4%로 양호하거나 보통인 정도이던 것이 신축 후 2.7%에서 28.7%의 수준으로 최고 31.0%까지 대폭 감소하였으며, 그 중 405호, 504호, 604호, 704호, 705호, 804호, 805호, 904호, 905호 등 4, 5호 라인의 세대는 압박감이 매우 심한 정도인 천공률 10% 미만의 상태입니다.

(3) 일조 침해

(가) 동지를 기준으로 한 원고 등 세대의 일조시간은 ㅇㅇ아파트의 신축으로 별지 2. 침해표의 기재와 같이 57.6분 내지 205.5분의 범위에서 감소하였는데, 감소 후에도 1, 2, 3호 라인은 8시부터 16시까지의 8시간 중 일조시간이 통틀어 4시간 이상이거나 9시부터 15시까지의 6시간 중 연속 2시간의 일조시간이 확보되고, 이러한 일조시간에 미달하는 4, 5호 라인은 종전에도 그만큼의 일조시간을 갖고 있지 못하기는 하였습니다.

(나) 그러나 특히 4, 5호 라인의 일조시간은 127.5분에서 131.7분이던 것이 15.0분에

서 71.7분으로 감소하여 거의 하루 종일 햇볕을 볼 수 없는 세대가 발생하며, 그 감소비율은 45.6%에서 88.2%에 달합니다.

(4) 사생활 침해

○○아파트 102동과 ○○뷰아파트의 서쪽면 사이의 최단거리가 16.5m로, ○○아파트의 103동과 ○○뷰아파트의 남쪽면 사이의 최단거리가 38.8m로 건축되는 등으로 원고 등 세대의 사생활 침해가능성이 별지 2. 침해표의 기재와 같이 상당히 증가하였습니다.

(5) 소음, 진동, 분진

○○아파트가 신축 중이던 20○○. 7. 7. ○○뷰아파트에서 공사로 인한 소음을 측정한 결과 소음진동규제법 소정의 생활소음 규제기준인 70.0dB을 초과하는 70.2dB이 측정되었고, 원고 등은 공사장의 굉음으로 인한 고통으로 피고들에게 공사기간 중 이주시켜 줄 것을 요구할 정도였으며, 일부 ○○뷰아파트 입주민들은 병원을 찾기까지 하는 등 ○○아파트의 신축공사 중 소음, 진동, 분진으로 생활상 큰 불편을 겪었습니다.

2. 손해배상책임의 발생

가. 조망이익의 법적 보호

(1) 일반적으로 조망은 미적 만족감이나 정신적 안정을 주는 점에서 인간의 생활상 적지 않은 가치를 가지지만, 조망의 이익은 당해 장소의 소유 내지 점유와 밀접하게 결부된 이익이고, 그 장소의 독점적 점유자만이 사실상 향수하게 되는 결과 독점적으로 귀속하는 것에 지나지 않으며, 그 내용은 주변에 있어서 객관적 상황의 변화에 의해 저절로 변용되는 제약을 받지 않을 수 없는 것이어서 조망의 이익이 항상 법적 보호를 받을 가치가 있다고는 할 수 없습니다. 그러나 특정의 장소가 그 장소로부터의 조망의 점에서 특별한 가치를 가지고, 당해 건물의 소유자 내지 점유자에 의한 조망이익의 향수가 사회관념상 독자의 이익으로서 승인되어야 할 중요성을 가지고 있는 것이라고 인정되는 경우에는 법적으로 보호되어야 할 이익이 된다 할 것입니다.

(2) 주거용 건물에 그러한 이익이 존재하기 위해서는 조망 향수자가 단지 주관적으로 조망에 애착을 가지고 있다는 것만으로는 족하지 않고, 일반 통념에 비추어 그 경관을 조망하는 것에 의해 미적 만족감 등을 얻을 수 있는 조망가치가 있는 경관이 존재하며, 당해 장소의 장소적 가치가 그 경관을 조망할 수 있는 점에 크게 의존하고 있는 장소이고, 그 장소로부터의 조망을 보존, 유지하는 것이 주변 토지의 이용과 조화를 이룰 수 있을 것 등이 요구됩니다.

(3) ○○뷰아파트 등 한강변 아파트에서 바라보이는 한강과 그 주변의 경관은 미적, 정신적인 측면뿐 아니라 사회적, 문화적 나아가 경제적인 측면에서 그 조망가치가 매우 큰 것이며, 앞서 본 바와 같이 한강 조망의 가능 여부나 정도에 따라 수억원까지의 프리미엄이 형성되고 ○○아파트처럼 신규 분양한 아파트의 분양가도 수억

원의 차이를 두고 책정되었으며, ㅇㅇ아파트의 경우 한강 조망권 아파트라는 점에서 프리미엄이 더해져 국내 최고가 수준의 아파트로 손꼽히게 된 점 등을 볼 때, ㅇㅇ뷰아파트 등 한강변 아파트의 가치는 한강 조망에 크게 좌우되는 것이 분명하다 할 것이고, 이러한 한강 조망권의 특성이나 다른 건설회사의 사례에 비추어 기존에 한강 조망이익을 누리던 아파트 인근에 조망에 침해를 줄 신규 아파트를 건축하는 것이 불가피한 경우라도 그 침해를 최소화하여 기존 아파트의 조망을 보존, 유지할 수 있는 방법으로 건축함으로써, 한강변에 위치함으로써 얻을 수 있는 조망으로 인한 환경이익을 신규 아파트와 기존 아파트 사이에서 합리적으로 나누어 갖는 것이 타당하다 할 것이므로, 원고 등이 한강을 경관으로 누리던 조망이익은 법적으로 보호할 가치가 생활이익이라고 보아야 할 것입니다.

나. 침해의 위법성

(1) 조망의 이익도 주변의 객관적 상황의 변화에 의해 변용되는 등의 제약을 받지 않을 수 없는 것이기 때문에 다른 경합하는 이익과의 조화에서만 용인되어야 할 것이며, 따라서 조망이익에 대한 침해가 위법으로 되는 것은 침해행위가 구체적인 상황 아래에서 다른 이익과의 관계상 일반적으로 시인되는 정도를 넘는 경우, 다시 말해서 조망이익을 가진 자의 수인한도를 넘는 경우에 한한다고 해석해야 할 것입니다.

(2) 앞서 인정한 것처럼 완전히 소멸하거나 큰 폭으로 감소된 원고 등 세대의 한강 조망에 대한 침해 정도와 한강 조망을 포함한 전체적인 조망비율을 나타내는 천공률이 감소하여 조망의 피해가 가중되고, 이에 더하여 일조시간이 대폭 감소하고 사생활의 침해 가능성이 증대됨으로써 원고 등이 받는 고통이 확대된 점, 한강 주변 아파트의 지역적 특성, 피고들은 원고 등의 반대에도 불구하고 ㅇㅇ뷰아파트와의 경계에 가능한 근접하여 고층의 ㅇㅇ아파트를 배치하고 단지내 공원이나 낮은 층수의 동들은 먼 쪽으로 배치하여 ㅇㅇ아파트로서는 한강 조망을 최대한 누리게 된 반면 원고 등의 피해는 확대된 점, 리모델링 사업이나 보상을 제의하여 ㅇㅇ뷰아파트 입주민들을 무마하려 한 피고들의 협의 태도나 피고들이 인근 ㅇㅇㅇ아파트 등에 대하여 한 보상 사례, 피고들은 성공적으로 ㅇㅇ아파트를 분양하고 그 입주민들은 높은 프리미엄을 얻게 된 것과는 반대로 원고 등의 세대는 조망 침해 등으로 인하여 재산적 가치가 하락하게 된 점 등을 종합하여 보면, ㅇㅇ아파트의 신축으로 인하여 원고 등이 입게 된 한강 조망이익 등 환경이익의 침해는 수인한도를 넘어서 위법한 것이라고 할 것입니다.

다만 401호(원고 1), 502호(원고 4), 503호(원고 7)의 경우 ㅇㅇ아파트의 신축 후 한강 조망비율이 건물의 전부나 일부에서 개선되는 것으로 나타나고 있어, 위 원고들의 조망 침해 등을 이유로 한 손해배상청구는 하지 않았고 다만 소음, 진동, 분진으로 인한 손해배상청구만 하였습니다. 한편 한강 조망비율에 있어 비슷한 결과가 나온 405호(원고 16), 504호(원고 11)의 경우에는 개방감(천공률)이 수인한도라고 봄이 상당한 10% 미만인 2.7%, 3.4%로 감소하였으며, 일조시간의 감소비율이 72.6%, 88.2%에 달하는 등 다른 환경이익의 침해가 수인한도를 초과하는 것으로 보이므로, 피고들에 대하여 손해배상을 구할 수 있다 할 것입니다.

3. 손해배상책임의 범위

가. 조망이익 침해 등으로 인한 재산적 손해(원고 1, 4, 7 제외)

피고들은 ○○아파트를 신축함으로써 원고 등에게 조망이익의 저해 등 위법한 침해행위를 하였으므로, 공동불법행위자로서 각자 그로 인하여 원고 등이 입게 된 재산적 손해를 배상할 책임이 있다 할 것이며, 그 손해액은 특별한 사정이 없는 한 원고 등 세대의 주거환경의 악화에 따른 시가하락액 상당이라고 보는 것이 타당할 것인바, 원심감정인 소외인의 감정결과에 의하면, 그 세대별 액수는 별지 1. 청구표 중 '시가하락분'란 기재 각 금원이 됩니다.

나. 소음, 진동, 분진으로 인한 정신적 손해(원고 1, 4, 7 포함)

(1) 피고들이 ○○아파트를 신축하면서 그 공사 도중 법률이 허용하는 한도를 초과하는 소음을 배출한 것은 앞서 본 바와 같고, 원고 등이 입은 소음, 진동, 분진으로 인한 고통 정도가 현저하게 커 수인한도를 넘었다고 보이므로, 피고들은 각자 원고 등이 입은 정신적 손해를 배상할 의무가 있다 할 것입니다.

(2) 나아가 피고들이 배상할 구체적인 위자료 액수에 관하여 보건대, 피해의 성질, 내용 및 정도, 원고 등의 주거관계, 원고 등과 피고들의 분쟁 경과 기타 이 사건 변론에 나타난 모든 사정을 종합하여 볼 때 피고들이 지급할 위자료액은 별지 1. 청구표 중 '위자료'란 기재 각 금원으로 정함이 상당하다 할 것입니다.

다. 인용금액

따라서 피고들이 원고들에게 배상하여야 할 손해액은 위 가.항의 금액과 위 나.항의 금액을 합산한 금액으로 별지 1. 청구표 중 '인용금액'란 기재 각 금원이 된다고 할 것입니다.

4. 결 론

그렇다면, 피고들은 각자 원고들에게 별지 1. 청구표 중 '인용금액'란 기재 각 금원 및 이에 대하여 ○○아파트가 완공된 시점인 20○○. 7. 26.부터 이 소장 부본 송달일까지는 민법 소정의 연 5%, 그 다음날부터 완제일까지는 소송촉진 등에 관한 특례법 소정의 연 12%의 각 비율에 의한 지연손해금을 지급할 의무가 있다 할 것입니다.

입 증 방 법

1. 갑제1호증	지적도
1. 갑제2호증	부동산등기부등본
1. 갑제3호증	경계측량도
1. 갑제4호증	현황사진
1. 갑제5호증	○○○○
1. 갑제6호증	○○○○

그밖의 것은 변론시 수시 제출하겠습니다.

첨 부 서 류

1. 위 입증방법 3통
1. 납부서 1통
1. 소장부본 2통

20○○. ○. ○.

위 원고들(별지)
소송대리인 변호사 ○ ○ ○ (인)

○○ 지방법원 귀중

주) [별지」 청구표 및 침해표(각 생략)

[서식 35] 손해배상청구의 소 – 일조권 등 침해

소 장

원 고 ○○○ 외 12인(별지와 같음)
각 주소 별지 기재와 같음
소송대리인 변호사 ○○○
○○시 ○○구 ○○로 ○○-○○

피 고 1. ○○동지역주택조합
○○시 ○○구 ○○대로 ○○
2. ○○○
○○시 ○○구 ○○대로 ○○

손해배상(기)

청 구 취 지

1. 피고들은 각자 원고들에게 별지 손해배상금내역 청구금액 합계란 기재 각 금원 및 이에 대하여 20○○. 4. 1.부터 이 소장 부본 송달일까지는 연 5%, 그 다음날부터 다 갚는 날까지는 연 12%의 각 비율에 의한 금원을 지급하라.
2. 소송비용은 피고들의 부담으로 한다.
3. 제1항은 가집행할 수 있다.

라는 판결을 구합니다.

청 구 원 인

1. 기초사실

가. 피고들은 공동으로 20○○. 4. 1. ○○구로부터 서울 ○○구 ○○동 4가 1339 외 35필지 대지 합계 9,081.56㎡ 지상에 14층 내지 24층 높이로 합계 249세대의 아파트 3동(이하 '이 사건 아파트'라 한다)을 신축하는 공사(이하 '이 사건 공사'라 한다)의 사업계획을 승인받아 20○○. 4. 27. 착공하여 20○○. 4. 1. 위 아파트의 외부 골조를 완성하였습니다.

나. 원고 ○재원, ○석현, ○순례, ○미애를 제외한 나머지 원고들은 서울 ○○구 금호동 4가 별지 손해배상금내역 기재 해당 번지의 토지 및 건물(이하 아래의 원고 성재원이 소유하는, 원고 ○순례가 공유하는, 원고 ○미애가 매도한 각 토지 및 지상건물, 원고 ○석현이 신축한 지상건물 및 그 대지를 포함하여 '원고들 소유의 이 사건 주택들'이

라고 한다)을 소유하면서 이 사건 소장 제출 당시 현재 위 건물에 거주하고 있습니다.

다. 원고 ○석현은 이 사건 아파트의 외부 골조가 완성된 20○○. 4. 1. 당시 서울 ○○구 ○○동 4가 1408-2 토지 및 그 지상에 벽돌조 슬래브지붕 2층 주택을 소유하다가, 20○○. 12. 26. 위 건물을 철거하고 철근콘크리트조 철근콘크리트 평스라브지붕 3층 근린생활시설 및 다가구주택을 신축하였고, 원고 김순례는 같은 동 4가 1402-2 토지의 3/5지분, 그 지상건물의 1/2지분을 소유하면서, 각 이 사건 소장 제출 당시 현재 위 각 건물에 거주하고 있습니다.

라. 원고 ○재원은 같은 동 4가 1410 토지 및 지상건물을 소유하면서 거주하다가 이 사건 아파트의 외부 골조가 완공되기 전인 20○○. 12. 26. 위 건물을 소외 ○서영, ○인자, ○예지 등에게 임대하였고, 원고 ○미애는 이 사건 아파트의 외부 골조가 완성된 이후인 20○○. 9. 13. 소외 ○낙은에게 같은 동 4가 1461-1 토지 및 건물을 매도하여, 각 이 사건 소장 제출 당시 현재 위 건물에 거주하고 있지 않습니다.

2. 손해배상책임의 발생

가. 주택에 있어서 일조·조망·사생활의 보호 등은 쾌적하고 건강한 주거생활을 영위하기 위한 필요불가결의 요소로서 당연히 보호되어야 하는 환경권이라 할 것이나, 그 침해가 피해의 정도, 침해되는 이익의 성질 및 그에 대한 사회적 평가, 가해 건물의 용도, 지역성, 토지이용의 선후관계, 가해방지 및 피해 회피의 가능성, 공법적 규제의 위반 여부, 교섭경과 등 모든 사정을 종합적으로 고려할 때 사회통념상의 수인한도를 초과하지 않는 경우에는 위법성이 조각된다고 할 것인데, 특히 일조량은 인공적으로 이를 증가시킬 수 없는 것으로서 동지일을 기준으로 09:00부터 15:00까지 사이의 6시간 중 일조시간이 연속하여 2시간 이상 확보되는 경우 또는 동지일을 기준으로 08:00부터 16:00까지 사이의 8시간 중 일조시간이 통틀어 4시간 이상 확보되는 경우에는 일조권의 침해가 수인한도 내라고 할 것이고, 위 두 가지 중 어느 것에도 속하지 않는 경우에는 일조권의 침해가 수인한도를 초과한다고 봄이 상당합니다.

나. 앞서 본 사실에 의하면, 원고들 소유의 이 사건 주택들은 피고들이 공동으로 신축한 이 사건 아파트에 의하여 동지일을 기준으로 그 일부 또는 전부에서 일조가 침탈되어 별지 일조·조망·환경심리변화 목록 (1) 일조시간 기재와 같이 이 사건 아파트의 신축 전과는 달리 08:00부터 16:00까지 사이에 합계 4시간 이상, 09:00부터 15:00까지 사이에 연속하여 2시간 이상의 일조를 받을 수 없게 되었고, 위와 같은 일조침해가 발생한 건물 부분에서의 천공조망의 차폐율 같은 목록 (2) 차폐변화 기재와 같이 9% 내지 91% 증가하게 되었으며, 고층인 이 사건 아파트로 인한 사생활침해 여부, 개인공간의 확보 정도, 영역성 등을 고려하여 산정한 환경심리도 같은 목록 (3) 환경심리침해율 기재와 같이 56.69% 내지 62.14% 악화되는 사실을 인정할 수 있고, 갑12, 13호증의 각 기재, 갑8호증의 1 내지 갑10호증의 2의 각 영상만으로는 위에서 인정한 일조·조망·환경심리의 변화의 내역이 인접 지역의 건물 및 지형, 생활의 근거가 되는 주된 개구부를 적절하게 고려하여 산정한 내역과 상이하다고 보아 위 인정을 뒤집기에

부족하며, 달리 반증이 없으므로, 피고들은 공동으로 이 사건 아파트를 신축함으로써 사회통념상의 수인한도를 초과하여 원고들의 일조권, 조망권, 사생활보호에 관한 권리를 침해하였다고 할 것이어서, 이로 인하여 원고들이 사회통념상 수인한도를 넘어 위 권리를 침해당함으로써 입게 된 재산상 손해 및 위자료를 배상할 의무가 있다고 할 것입니다.

다. 이에 대하여, 피고들은 이 사건 아파트는 관련 법규상의 요건을 모두 충족하여 건축되었으므로 위 손해를 배상할 책임이 없다고 주장하나, 관계 법령에 적합한지 여부가 사법상 위법성을 판단함에 있어 중요한 자료라고 하더라도, 이러한 공법적 규제에 의하여 확보되는 일조·조망 등은 원래 사법상으로 보호되는 권리를 공법적인 면에서도 가능한 한 보증하려는 것으로서 특별한 사정이 없는 한 사법상 보호되는 권리를 위한 최소한의 기준으로 봄이 상당하고, 구체적인 경우에 있어 현실적인 침해의 정도가 현저하게 커 사회통념상 수인한도를 넘은 경우에는 위법행위로 평가될 수 있어, 이 사건 아파트가 관련 법규의 요건을 모두 충족하여 건축되었다는 사정만으로는 그 위법성이 조각된다고 할 수 없으므로, 피고들의 위 주장은 받아들여서는 아니될 것입니다.

3. 손해배상책임의 범위

가. 재산상 손해

(1) 주거환경으로 적합한 일조와 조망, 사생활의 보호를 필요로 하는 주거지역에 있는 주택 및 그 대지에 대하여 일조·조망 등의 침해가 발생하게 되면 그 시가가 하락하여 같은 금액 상당의 재산상 손해가 발생하게 되고, 가사 그와 같은 시가의 하락이 장기간에 걸쳐 서서히 이루어져 침해가 발생한 직후 시가가 하락한 사례를 발견하기 어려운 경우라고 하더라도, 당해 토지나 건물을 소유하고 있는 자로서는 침해가 발생하기 전의 정상적인 환경성능을 상실하게 됨은 물론, 주거지역으로서의 기능을 유지하게 하기 위하여 주로 난방비 및 조명비를 추가로 부담하게 될 것이어서 일정한 기간이 경과하면 상실된 환경성능의 금전적 가치와 추가로 부담하게 되는 난방비 및 조명비의 합계액 상당의 가격이 하락한 상태로 거래하게 될 것임이 경험칙상 명백하다. 따라서 일조·조망 등이 침해되었으나 아직까지 이를 반영한 거래가격이 형성되지 아니한 경우의 재산상 손해는 침해가 발생하기 전의 정상적인 주택의 가격에서 환경성능이 차지하는 비중과 침해된 환경성능상실률에 터 잡아 평가한 환경성능상실액과 추가 난방비 및 조명비의 합계액으로 봄이 상당합니다.

(2) 앞서 본 증거 등에 의하면, 피고들의 불법행위로 인하여 원고들 소유의 이 사건 주택들의 일조·조망 등이 침해되었으나 아직까지 이를 반영한 시가가 형성되지 아니한 사실, 정상적인 주택의 가격에서 환경성능이 차지하는 비중은 경제성장에 따른 소득수준의 향상으로 삶의 질에 대한 관심이 증대하면서 환경권이 중시되는 최근의 경향에 따라 20% 상당이라고 할 것이어서 피고들의 불법행위로 인하여 원고들 소유의 이 사건 주택에서 상실된 환경성능상실액은 별지 청구금액내역 (1)

환경성능상실액란 기재 각 금원과 같은 사실, 원고들 소유의 이 사건 주택들에서 쾌적하고 건강한 주거생활을 영위할 수 있도록 주거지역으로서의 기능을 유지하기 위하여 추가 지출될 난방비 및 조명비는 같은 목록 (2) 난방비란 및 같은 목록 (3) 기재 조명비란 기재 각 금액과 같은 사실을 인정할 수 있고, 반증이 없으므로, 피고들이 원고 ㅇ순례, ㅇ석현을 제외한 나머지 원고들에게 배상하여야 할 재산상 손해는 별지 청구금액내역 (1) 내지 (3) 기재 각 금원 합계액입니다.

(3) 다만, 원고 ㅇ순례는 서울 ㅇㅇ구 ㅇㅇ동 4가 1402-2 토지의 3/5지분만을 소유하고 있으므로, 피고들이 원고 ㅇ순례에게 배상하여야 할 재산상 손해는 별지 청구금액 내역 순번 6번의 (1) 내지 (3) 기재 금원의 합계 금 41,416,940원(= 환경성능상실액 35,387,000원 + 난방비 1,431,000원 + 조명비 4,598,940원)의 60%에 해당하는 금 24,850,164원(= 41,416,940원 × 0.6)입니다(원고 ㅇ순례는 위 지상건물에 대하여는 1/2지분을 소유하고 있으나, 위 손해액은 토지의 가격을 기준으로 산정한 액수이므로 토지의 지분을 기준으로 합니다).

(4) 한편, 원고 ㅇ석현이 이 사건 아파트의 외부 골조가 완성된 20ㅇㅇ. 4. 1. 이후에 기존의 2층 주택을 철거하고, 20ㅇㅇ. 12. 26. 3층 근린생활시설 및 다가구주택을 신축한 사실은 앞서 본 바와 같고, 원고 ㅇ재원 소유의 위 건물 중 1, 2층 부분은 이 사건 아파트가 신축되지 않았다고 하더라도 인접한 다른 건물들로 인하여 사회통념상 수인한도를 넘는 일조의 침탈이 있으며, 기존의 건물보다 더 높게 건축된 3층 부분에서 이 사건 아파트로 인하여 별지 일조·조망·환경심리변화 목록 순번 3번 기재와 같은 일조·조망 등의 침해를 발생하는 사실을 인정할 수 있을 것인바, 그렇다면 원고 ㅇ석현으로서는 자신 소유의 토지 위에 건축관련 법규상의 제한 범위 내의 건물을 신축하면서 이 사건 아파트로 인한 일조·조망 등의 침탈을 예방하여야 할 의무를 부담하는 것은 아니라고 하더라도, 주된 생활공간을 적절하게 배치하여 그 주된 개구부를 조정하는 등의 방법으로 이 사건 아파트로 인한 일조·조망 등의 침해를 줄일 수 있었고, 이미 이 사건 아파트의 외부 골조를 완성한 피고들로서는 원고 ㅇ석현 소유의 주택에 대한 일조·조망 등의 침해를 줄일 수 없었으므로, 이를 피고들이 배상하여야 할 손해액을 산정함에 있어 참작하기로 하되, 그 비율은 전체의 30%로 정하고, 피고들의 책임범위를 70%로 정함이 상당하므로, 피고들이 원고 ㅇ석현에게 배상하여야 할 재산상 손해액은 별지 청구금액 목록 순번 3번의 (1) 내지 (3) 기재 금원의 합계 금 16,160,940원(= 환경성능상실액 10,803,000원 + 난방비 759,000원 + 조명비 4,598,940원)의 70%에 해당하는 금 11,312,658원(= 16,160,940원 × 0.7)입니다.

나. 위자료

(1) 피고들의 위와 같은 불법행위로 인하여 원고 ㅇ재원을 제외한 나머지 원고들 및 그 가족들이 생활상의 불편은 물론 정신적 고통을 받게 된 점은 경험칙상 쉽게 인정되므로 피고들은 각자 이를 금전으로나마 배상할 의무가 있다고 할 것인바, 피고들의 불법행위 및 원고들에게 발생한 침해의 정도, 원고들이 침해가 발생한

이후 거주한 기간 등 이 사건에 나타난 손해배상금내역 청구금액 위자료란 기재와 같다고 봄이 상당합니다.

(2) 일조·조망 및 생활상의 불편으로 인한 위자료 청구는 침해받는 건물에 거주하고 있는 자만이 이를 청구할 수 있다고 할 것인데, 원고 ○재원은 이 사건 아파트의 외부 골조가 완공되기 전인 20○○. 12. 26. 이주하였으므로, 그 무렵 이미 사회통념상 수인한도를 넘는 일조·조망 및 생활상의 불편으로 인하여 원고 성재원 내지 그 가족들이 정신적 고통을 받고 있었다고 볼 수 없으므로 원고 ○재원은 위자료청구의 대상에서 제외하였습니다.

4. 결 론

그렇다면 피고들은 공동불법행위자로서 각자 원고들에게 이 사건 아파트를 신축함으로써 원고들이 입은 손해금인 별지 손해배상금내역 청구금액 합계란 기재 각 금원 및 이에 대하여 이 사건 아파트의 외부 골조가 완성되어 그 불법행위에 해당하는 침해가 확정된 20○○. 4. 1.부터 이 소장 부본 송달일까지는 민법이 정한 연 5%, 그 다음날부터 다 갚는 날까지는 소송촉진 등에 관한 특례법이 정한 연 12%의 각 비율에 의한 지연손해금을 지급할 의무가 있다고 할 것입니다.

입 증 방 법

1. 갑제1호증	지적도
1. 갑제2호증	부동산등기부등본
1. 갑제3호증	○○○○
1. 갑제4호증~제13호증	동영상

그밖의 것은 변론시 수시 제출하겠습니다.

첨 부 서 류

1. 위 입증방법	3통
1. 납부서	1통
1. 소장부본	2통

20○○. ○. ○.

위 원고들(별지)
소송대리인 변호사 ○ ○ ○ (인)

○○ 지방법원 귀중

[서식 36] 손해배상청구의 소 – 일조권 침해

소 장

원 고 ○○○외 5(붙임과 같음)
각 주소 별지 기재와 같음
소송대리인 변호사 ○○○
○○시 ○○구 ○○로 ○○-○○

피 고 ○○ 주식회사
○○시 ○○구 ○○대로 ○○
대표이사 ○○○

손해배상(기)

청 구 취 지

1. 피고는
   가. 원고 4, 6에게 별지 손해배상내역표 '원고별 손해액 합계'란 기재 각 금원 및 이에 대하여 20○○. 4. 1.부터 2이 소장 부본 송달일까지는 연 5%, 그 다음날부터 다 갚는 날까지는 연 12%의 각 비율에 의한 금원을,
   나. 원고 1, 2, 3, 5에게 별지 손해배상내역표 '손해액'란 기재 각 금원 및 위 각 금원에 대하여 20○○. 4. 1.부터 이 소장 부본 송달일까지는 연 5%, 그 다음날부터 다 갚는 날까지는 연 12%의 각 비율에 의한 금원을,
   각 지급하라.
2. 소송비용은 피고의 부담으로 한다.
3. 제1항은 가집행할 수 있다.

라는 판결을 구합니다.

청 구 원 인

1. 기초사실

가. 당사자들의 지위

(1) 원고들은 서울 ○○구 ○○동 2가 (지번 1 내지 6 생략) 각 지상 각 건물(이하 원고들 소유 각 건물을 통틀어 '원고들 주택'이라 하고, 각 건물은 '(지번 1 생략) 주택' 등의 방법으로 특정한다)의 소유자들입니다.

(2) 피고는 서울 ○○구 ○○동 2가 (지번 및 아파트 이름 생략)아파트(이하 '피고 아파

트'라 한다) 신축공사의 건축주 겸 시행사, 소외 1 주식회사는 위 신축공사의 시공사, 소외 2 주식회사는 소외 1 주식회사로부터 위 신축공사 중 토목공사를 하도급 받은 업체입니다.

나. 원고들 주택 및 피고 아파트

(1) 원고들 주택

원고들 주택의 각 현황, 구조 및 용도, 사용승인일, 층별 면적 및 이용상황 등은 별지 건물 현황 내역표 해당란 기재와 같습니다.

원고들 주택 부지의 용도 지역은 준공업지역입니다.

(2) 피고 아파트

피고 아파트는 지하 2층, 지상 18층 내지 29층의 5개 동으로 이루어져 있습니다.

(3) 원고들 주택과 피고 아파트의 관계

(가) 원고들 주택과 피고 아파트의 위치 관계는 아래 지도와 같은바, (지번 2 생략) 주택 남서쪽에 피고 아파트 101동(이격 거리 60.7m 내지 85.1m), (지번 1, 3, 4 생략) 주택 남쪽에 피고 아파트 105동(이격 거리 48.9m 내지 57.8m), (지번 5, 6 생략) 주택 남쪽에 피고 아파트 104동(이격 거리 65.2m 내지 68.9m)이 각 위치해 있습니다.

(나) 원고들 주택은 2층 내지 4층 높이이고, 피고 아파트는 18층 내지 29층(옥상바닥까지의 높이 53.8m 내지 88.3m, 최상층부까지의 높이는 85.4m 내지 99.3m)입니다.

(4) 피고의 공사 진행

피고는 20○○. 9. 15. ○○구청으로부터 주택건설사업계획승인을 받았고, 소외 1 주식회사는 20○○. 6. 29. 피고 아파트 신축 공사를 시작하여 20○○. 3. 21.경 골조 공사를 완료하였습니다.

다. 피고 아파트 신축 전후의 일조시간 변화

피고 아파트 신축 전후의 원고들 주택의 일조 시간 등의 변화는 별지 일조 내역표 각 해당란 기재와 같습니다.

2. 손해배상책임의 발생

가. 일조방해행위 또는 그 결과로 인한 손해배상의 요건

(1) 손해 및 이해교량의 필요성

우리나라 사람들은 일조에 대한 가치를 높게 평가하고 그 결과 주거지를 결정함에 있어 이를 중요시하며, 현실적으로 주거용 건물의 가치에 일조 상황이 반영되어 가격이 달라지기도 합니다. 그러나 어느 한 당사자의 일조이익을 인정하면, 그의 주변(주로 남쪽이 문제되며, 동쪽과 서쪽도 일조이익에 영향을 줄 수 있으나 상대적으로 그 비중이 낮다)에 위치한 토지소유자의 이익을 제한하는 것이 필연적인 일이 됩니다. 그런데 우리나라는 국토가 좁고 특히 도시지역에서는 제한된 공간에 많은 사람이 거주하여야 하는 상황이므로, 한 당사자에게 일조이익을 절대적으로

보장할 수는 없습니다. 일조이익은 어떤 사람이 특정 토지나 건물의 소유로 곧바로 취득하는 권리가 아니라, 피해자들이 피해건물에서 거주하기 시작한 이래 그 이익이 침해됨이 없이 상당한 시간이 경과되어 그로 인한 피해자들의 생활이익과 재산적 가치에 대한 기대가 피해자들 자신뿐 아니라 주변의 다른 토지의 소유자들을 비롯한 제3자들에 의하여 법적으로 보호될 만한 가치가 있는 것으로 수긍될 만한 수준에 이르러야 비로소 인정되는 상대적인 이익이라 하지 않을 수 없다. 그간 일조이익의 침해로 인한 손해를 건물의 가치하락으로 인한 재산상의 손해를 기준으로 하여 산정하여 온 경우도 있었는데, 그러한 경우에는 그것이 마치 피해건물의 소유권 침해의 한 가지 내용인 것처럼 보이기는 하나, 그 이익과 침해는 가해건물과 피해건물의 여러 사정이 상대적으로 연결되어야 비로소 인정될 수 있는 것이라는 면에서, 그 성질상 피해토지 또는 건물에 내재되어 있는 본질적인 권리를 침해하는 것이라 하기는 어렵습니다. 따라서 가해건물이 먼저 건축되었다면, 동 가해건물이 존재하지 아니한 경우에 비하여 존재한 경우에 피해건물이 받는 일조의 양이 감소된다 하더라도 가해건물의 건축이 위법한 것이라 할 수 없으며, 이 점은 그 감소의 정도가 극단적인 경우라 하더라도 마찬가지입니다. 이와 같이 일조이익의 내용과 그에 대한 침해 정도는 주변 토지 또는 건물과의 상대적인 위치에 따라 정해지는 것이라 하지 않을 수 없으므로 어느 한 당사자의 일조이익은 무한정 보장될 수 없고, 주변 사람들의 이익과 적절히 교량되어 제한되어야 합니다. 비록 일조권이 주거용 건물의 경제적 가치에 실제로 영향을 미치고 있다고 하나, 그렇다고 하여 그 이익이 반드시 법적으로 그대로 보호되어야 하는 것이라 할 수는 없다. 위와 같은 가치에의 영향도 실은 향후 다양한 형태로 일조이익이 침해될 수 있고, 경우에 따라서는 그로 인한 손해배상을 청구할 수 없게 될 수도 있는 가능성이 이미 반영된 것이라고 보아야 할 것입니다.

(2) 주장 근거

이상의 점을 고려할 때, 가해건물의 신축으로 피해건물의 일조량이 감소하였다는 사실만으로는 곧바로 일조이익의 침해를 이유로 한 손배배상청구가 인정된다고 단정하기에 부족하며, 일조량의 감소를 기본 전제로 하여 여러 요건을 고려하여 그것이 사회적으로 용인할 수 있는 수인한도를 초과하였다고 평가할 수 있어야 비로소 그와 같은 청구가 인정될 수 있습니다. 그러한 한도의 초과 여부는 이하에서 보는 여러 가지 사정을 종합하여 인정되어야 할 것입니다. 일조방해행위 또는 그 결과로 인하여 손해가 있음을 주장하려면 먼저 피해자에 관해서는 다음과 같은 각 요건이 충족되어야 합니다.

(가) 원칙적으로 피해건물은 주거지역(행정법규에 따라 지정된 용도 외에도 실제로도 주로 주거로 이용되고 있는 지역이어야 하며, 행정법규에 의하여 주거지역 외의 용도로 지정되어 있다고 하더라도 해당 주변지역이 장기간에 걸쳐 사실상 주거지역으로 이용되어 왔다면 주거지역에 해당된다고 볼 수 있다)에 위치해 있어야 하며, 주거용으로 건축되고 실제로도 주거용으로 사용되고 있어야 합니

다. 아파트 기타 집합 주택의 경우, 해당 주택의 대부분의 용도가 주거용이어야 합니다. 이 요건에 맞지 않는 경우에는, 그 침해의 태양에 있어 부당한 정도 및 침해의 정도가 매우 심하여 손해를 인정하지 않으면 안될 예외적인 경우에만 손해배상의 청구가 인정될 수 있습니다.

(나) 가해건물의 골조가 완성되기 전에 피해건물의 거주자가 상당한 기간 일조이익 등과 관련된 침해 없이 거주함으로써 그들에게 보호받을 만한 충분한 생활이익이 형성되었다고 인정할 수 있어야 합니다. 그러한 침해가 전혀 없는 것이 아니라 일부 지속된 상태가 유지되었다면, 그 상황대로의 생활이익이 형성되었다고 볼 수 있습니다. 한편, 피해자들이 피해건물 건축 이전에 동일한 장소에서 이미 철거된 건물에서 거주하였던 경우, 종전의 건물과 현재의 피해건물이 거의 동일한 형태를 갖추고 있고, 그 거주자들이 그 전후에 거의 유사한 위치에서 거주하고 있었던 경우에만 종전의 생활이익을 그대로 주장할 여지가 있습니다.

다음 가해자에 관해서는 다음의 각 요건이 충족되어야 합니다.

(다) 피해건물 및 가해건물의 인접지역의 상황에 비추어 가해건물에 건물의 형상과 이용방식 등 여러 면에서 상당한 정도의 이례성이 있어야 한다. 아울러 이러한 이례성은 피해건물과 가해건물 사이에서도 존재하여야 합니다. 토지소유자는 법규에 어긋나지 않는 한, 주변 사정에 비추어 이례적이지 않는 범위 내에서는 자유롭게 건축할 자유와 권리가 있는 것이며, 아울러 피해건물 측에서도 가해건물측에 최소한 자신들이 누리는 자유와 권리를 누릴 수 있도록 존중해주어야 할 의무가 있습니다.

(라) 가해건물이 피해건물로부터 피해건물의 거주자들에게 직접적인 압박감을 느낄 수 있는 정도의 상당한 거리 이내에 위치하고 있어야 합니다. 여기서 말하는 직접적인 압박감은 단순히 차폐율이 상당한 정도로 증가함을 의미하는 것이 아닙니다. 가해건물이 피해건물 거실의 주요 개구부로부터의 조망을 완전히 차단하는 것이라 하더라도, 가해건물과 피해건물 사이에 상당한 정도의 거리가 확보되어 있다면, 가해건물이 직접적인 압박감을 준다고 하기 어렵습니다. 따라서 위 요건에 대한 판단은 피해건물과 가해건물의 높이 및 건물 간의 거리 또는 그와 같은 높이와 거리의 상대적인 비율에만 의존하여 판단할 것이 아닙니다. 건물 간의 거리 자체가 상당하여 심리적 격리감과 개방감이 유지되고 아울러 피해건물의 채광에 지장을 초래하지 않는다면, 가해건물의 건축으로 어느 정도 일조량 감소가 있다 하더라도 그 점을 이유로 하여 손해배상을 청구할 수 없습니다. 따라서 각종 법규에 어긋남이 없이 건축된 가해건물이 위에서 본 ③에 해당하지 않거나 또는 ④에 해당하지 않는 경우, 특별한 사정이 없는 한 그에 대한 손해배상청구가 인정될 수 없습니다.

이상의 ① 내지 ④ 요건이 충족됨을 전제로 하여, 일조량에 관련된 평가가 이루어져야 합니다. 즉, ⑤ 일조량 감소로 인한 피해의 정도가 상당한 정도의 것이어야 한다. 그 구체적인 내용은 다음과 같은 것이어야 합니다.

첫째, 그 피해는 피해건물의 거실의 주요 개구부(거실과 거실에서 가까운 외부와 사이에 실내문, 베란다, 외부창이 순차로 있는 일반적인 아파트의 경우 그 외부창, 그 외부창에 일조가 비치는 거실이 복수인 경우에는 주된 거실의 외부창을 기준으로 한다)를 기준으로 평가되어야 하며, 따라서 피해건물의 주요 개구부의 일조에 영향을 주지 않는 가해건물의 건축과 관련하여서는 일조이익의 침해를 주장할 여지가 없습니다.

둘째, 상당한 정도의 피해라고 할 수 있으려면, 최소한 '동지일을 기준으로 9시부터 15시까지 사이의 6시간 중 일조시간이 연속하여(이하 '연속 일조시간'이라 한다) 2시간 이상 확보되지 않고, 8시에서 16시까지 사이의 8시간 중 일조시간이 통틀어서(이하 '총 일조시간'이라 한다) 4시간 정도 확보되지 않을 정도'가 되어야 합니다.

셋째, 위에서 본 동지일을 기준으로 한 조건이 충족된다고 하여 기계적으로 손해배상의 청구가 가능해진다고 할 수는 없습니다. 위 기준을 충족하되, (ⅰ) 가해건물의 신축으로 인하여 발생한 일조방해시간의 증가량 자체가 상당하여야 하고, (ⅱ) 8시부터 16시까지의 시간 중 신축 전후의 일조량을 비교하여 신축 전의 기존 전체 일조방해시간에 대한 위 증가량의 비율 및 신축 후의 전체일조방해시간에 대한 위 증가량의 비율이 모두 상당하여야 하며, (ⅲ) 침해 이후의 일조량이 매우 적게 되는 등 여러 면에서 모두 상당한 수준에 이르러야 합니다. 이상의 (ⅰ) 내지 (ⅲ)의 각 요건 중 하나 또는 복수의 결과에 따라 자동적으로 손해배상청구가 인정되는 것이 아니고, 각 요건 및 이 판단 기준에서 제시하는 제반 상황을 종합하여 판단하여야 합니다.

마지막으로, 이상과 같은 각 요건에 더하여, ⑥ 피해 이익의 성질 및 그에 대한 사회적 평가, 토지이용의 선후관계, 가해 방지 및 피해 회피의 가능성, 공법적 규제의 위반 여부, 교섭 경과, 가해건물이 주거지역에 위치하고 있는지 여부 등 모든 사정을 종합적으로 고려하여 판단하여야 합니다. 예를 들어, 피해건물 건축 이전에 가해건물의 건축이 이미 계획되어 있었던 경우나 가해건물이 비주거지역에 위치해 있는 경우에는 위 수인한도가 높아질 수 있고, 경우에 따라서는 가해자의 책임을 인정하기 어려운 경우도 있을 수 있습니다. 반면 가해건물의 건축이 법규에 위배하여 이루어진 것이라면, 위에서 본 ① 내지 ⑤ 요건에 따르면 손해배상청구가 인정되기 어려운 경우라 하더라도 그 수인한도가 그 위반의 정도에 따라 낮추어져 가해자의 책임이 인정될 수도 있다. 요컨대, 이러한 각 사정을 고려하여 가해자의 책임이 가감되거나 면제될 수 있는 것입니다.

나아가 조망 또는 그와 관련된 이익(압박감의 증대, 천공에 관한 사항 등 포함)이나 기타 생활이익에 관련된 침해에 관해서도 그 성질상 달리 보아야 하는 부분을 제외하고는 위와 동일한 기준이 적용되어야 합니다.

나. 피고에 대한 청구

(1) 일조침해

(가) ① 내지 ④ 요건 충족 여부에 관한 판단

위 사실에 따르면, ① 원고들 주택은 비록 준공업지역에 위치해 있고 일부 주택의 경우 근린생활시설 또는 공업시설로 사용되는 부분이 있기는 하나, 각 건물 중 원고들 또는 임차인들이 실제 거주하고 있는 부분(이하 '주거 부분'이라 한다)이 대부분이므로 이는 주거용 건물에 해당한다 할 것이고, ② 원고들 주택은 피고 2 주식회사의 사업계획승인일(20○○. 9. 15.) 내지 골조 완성일(20○○. 3. 21.)보다 훨씬 이전인 20○○.경부터 20○○.경 사이에 준공되었을 뿐만 아니라 피고 아파트 골조완성일 이전에 각 입주하여 거주함으로써 원고들의 각 주거, 생활상의 이익이 형성되었으며, ③ 피고 아파트는 지상 18층 내지 29층의 고층 건물로서 나대지이었던 기존 상황에 비해 이례적일 뿐만 아니라 원고들 주택 및 주위의 건축 상황에 비하여 이례적이고, ④ 한편, 이 법원의 현장검증 결과에 의하면 이 사건 피고 아파트는 원고들 주택에서 직접적인 압박감을 느낄 수 있는 정도의 상당한 거리 이내에 위치해 있다고 봄이 상당합니다.

(나) ⑤ 요건 충족 여부에 관한 판단

⑤ 요건의 판단 기준과 관련하여, 이 사건 감정서에 따르면, 별지 일조 내역표 기재와 같이 일조가 가능한 넓이 0.5㎡ 이상의 모든 창에 대하여 각 일조 시간을 분석한 다음 창 면적에 따른 가중치를 부여한 평균값을 주택 전체의 일조 시간으로 보는 방식(위 감정서에서는 '채광창'이라는 용어를 사용하고 있으나 분석한 '일조 시간'은 일조 사건에서 통상 사용되는 것과 같은 의미의 '일조 시간', 즉 태양의 직사광선의 가조 시간을 의미하는 것으로 판단된다)을 취하고 있으나, 위와 같은 계산 방식, 특히 다른 면의 창(남서쪽의 창과 남동쪽의 창)의 일조 시간을 하나의 평균값으로 나타내는 방식은 합리적인 근거가 있다고 보기 어려울 뿐만 아니라 그 평균값이 해당 건물의 일조 상황을 합리적으로 반영하고 있다고 보기도 어려우므로 위 평균값을 기준으로 일조 변화의 정도를 판단하는 것은 부적절하고, 앞에서 본 바와 같이 피해 건물의 일조 상황 및 이용 상황 등을 고려하여 주요 개구부를 결정한 다음, 주요 개구부의 일조 시간을 기준으로 판단하는 것이 적절합니다.

이 사건의 경우, 원고들 주택의 일조 상황 및 이용 상황 등을 고려할 때, (지번 1 생략) 주택은 '2층 거실', (지번 2 생략) 주택은 '3층 거실', (지번 3 생략) 주택은 '2층 거실', (지번 4 생략) 주택은 '2층 방 1', (지번 5 생략) 주택은 '3층 거실 2', (지번 6 생략) 주택은 '2층 거실'이 각 주택의 주요 개구부라고 판단됩니다(각 주택 주요 개구부의 일조 변화는 일조 내역표 음영 부분 참조). 각 주택 주요 개구부를 기준으로 한 일조 변화를 보면, (지번 1, 2, 3, 4, 6 생략) 주택의 경우에는, 피고 아파트의 신축으로 인하여 동지일을 기준으로 총 일조 4시간, 연속 일조 2시간 이상의 일조가 확보되지 않고 있고, 별지 일조 내역표 각 해당란 기재와 같이 (ⅰ) 피고 아파트 신축 전에 비하여 일조방해시간이 증가하였을 뿐만 아니라, (ⅱ) 기존 일조방해시간 및 신축 후 일조방해시간에 대한 위 증가량의 비율이 낮지 않으며, (iii) 피고 아파트 신축 이후의 잔존 일조량도 매우 적으므로, 피고 아파트 신축으로 인한 일조 피해가 상당하다고 할 수 있습니다.

(다) 소 결 론

여기에 ⑥ 기타 피해이익의 성질 및 그에 대한 사회적 평가, 토지이용의 선후관계, 가해 방지 및 피해 회피의 가능성, 공법적 규제의 위반 여부, 교섭 경과, 가해건물이 주거지역에 위치한 점 등을 모두 고려하여 볼 때, (지번 1, 2, 3, 4, 6 생략) 각 주택의 소유자인 원고들에게 피고 아파트의 신축으로 인하여 수인한도를 넘는 일조이익의 침해를 인정함이 상당합니다.

3. 손해배상의 범위

가. 원고 1, 2, 3, 4, 5, 6의 주장

위 원고들은 피고의 이 사건 일조방해로 인하여 위 원고들이 입은 손해로, 주거부분 및 상업, 공업 부분을 포함한 위 원고들 주택 시가(주거 부분과 그 외의 부분을 포함한 전체 주택의 시가)를 기준으로 일조 시간 감소로 인한 가치하락분에 해당하는 금액의 지급을 구하는 바입니다.

나. 일조방해를 원인으로 하여 발생하는 손해배상청구권의 내용

(1) 손해배상을 청구할 수 있는 자

일조이익의 원칙적인 근거는 피해자의 피해대상 건물에 대한 소유권에서 찾아야 할 것이다. 위 손해배상이 생활이익의 침해에서 비롯되는 것이기는 하나, 생활이익 역시 소유권 또는 그 소유권에서 파생되는 정당한 생활을 누릴 수 있는 권리를 바탕으로 하여야 한다. 따라서 가령 생활이익이 불법점유에서 비롯된 것이라면 그에 바탕을 두고 손해배상을 청구할 수 없습니다. 위와 같은 이유에서 피해 건물의 소유자 외에도 그로부터 정당하게 임차권 등을 취득하여 일조방해행위 당시 실제로 거주한 자도 위 손해배상을 청구할 수 있습니다. 다만, 한 건물(일반주택이라면 주택 1동(동) 전체, 아파트라면 아파트 1채)에 대해 인정될 수 있는 손해배상액은 소유자와 실제 거주자가 달라진다고 하더라도 다르지 아니한 경우와 원칙상 동일한 금액이어야 하며, 위와 같은 경우 인정될 수 있는 손해배상액은 소유자와 실제 거주자 사이에 적절한 방법으로 분배됨이 마땅합니다. 나아가 특별한 사정이 없는 한, 한 건물에 거주하는 사람의 수에 따라 그 손해액이 달라진다고 보기 어려우므로, 그 손해액은 건물 단위로 산정되어야 하며, 그 손해액의 배상을 실제 거주자 전원이 나누어 청구할 수도 있고, 그 대표자 1인이 전액의 배상을 청구할 수도 있다고 보아야 합니다.

(2) 손해배상청구권의 내용

(가) 청구의 의미

위에서 본 대로 일조방해로 인한 손해가 위법하게 되려면 피해자측에게 보호가치가 있는 생활이익이 형성되어야 하는 것이므로, 그로 인한 손해배상청구권은 단순히 소유권의 침해라고 할 수는 없고, 소유권 및 그에서 파생되는 정당한

생활을 누릴 수 있는 권리를 바탕으로 하되 그 위에 구체적인 생활이익의 침해라는 면이 내포되어 있다고 보아야 한다. 따라서 위 청구권은 위와 같은 성격에 의해 그 내용이 수정될 수 있습니다. 한편, 위법한 일조방해로 인하여 피해자들이 청구할 수 있는 청구권의 내용은 피해 건물의 가치하락이라는 요소, 생활이익의 침해라는 요소 나아가 그로 인하여 피해자들의 정신에 미치는 영향 등과 관련된 위자료적인 요소 등의 것들이 모두 포함될 수 있을 것이나, 그 특성상 이러한 요소들을 완전히 분리하여 주장하거나 손해배상액을 산정하기 곤란한 특징을 가지고 있습니다. 가치하락이 인정된다고 하더라도, 실제로는 그 가치하락 중 순수하게 일조방해로 인한 부분이 구체적으로 얼마인지 산정하는 것은 매우 곤란하며, 가령 광열비, 세탁비 등의 증가분을 생활이익의 침해로 인한 손해로 본다 하더라도 실질적으로 위 손해배상청구권은 피해자 각각이 청구할 수 있는 것이 아니라 독립된 생활단위별로 청구되어야 할 것이라는 점, 피해자(또는 생활단위)별로 소요되는 위 각 비용의 구체적인 금액 자체도 산정하기 어렵거니와 상당한 금액을 초과하는 부분은 그 배상청구가 인정되기 어려운 특별손해로 보아야 할 것이라는 점 등을 고려하지 않을 수 없습니다. 판단컨대 특별한 사정이 없는 한, 건물의 가치하락이 그 일조방해로 인하여 피해자가 입은 손해를 가장 잘 반영하고 있는 것이라 볼 수 있습니다. 여타의 손해액도 결국 당사자들의 판단에 따라 건물의 가치하락이라는 형태로 반영되는 것이라 볼 수 있기 때문입니다. 따라서 피해자들이 여타의 손해를 제외한 순수한 건물가치 하락분과 여타의 손해의 내용 및 그 액수를 엄밀히 구분하여 주장하는 것이 아니라면, 피해자들이 건물의 가치하락분만큼을 손해배상으로 청구함으로써 해당 일조방해로 인한 모든 손해배상을 청구하고 있는 것으로 봄이 상당합니다. 그러므로 정신적인 손해가 있다는 점 등의 이유를 들어 추후 별도의 손해배상을 청구할 수 없다는 점은 인지하고 있습니다.

(나) 손해배상청구권의 인정가능성

그런데 건물의 거래가격은 일조방해뿐 아니라 주변상황의 변화에 따른 각종의 기대가치(일조방해를 초래한 가해 건물이 신축됨으로써 피해 건물의 주거환경이 개선되어 피해 건물의 가치가 오히려 상승할 수도 있다), 사회적인 상황 등 객관적인 요인 외에도 거래자의 주관적인 사정과 같은 많은 변수가 종합되어 결정되는 것이므로, 가령 일조방해 이전에 비해 낮은 가격으로 거래된 실제 사례가 드러난다고 하더라도, 과연 그 가격하락이 일조방해로 인한 것인지, 그렇다고 하더라도 그 중 어느 정도가 일조방해로 인한 영향에 의한 것인지 단정하기 매우 곤란합니다. 그러나 가해 건물의 신축으로 피해 건물의 일조방해량이 늘어났다면, 그로 인하여 피해 건물의 가치가 하락하였다고 볼 것인지 또는 다른 사유로 인하여 상승하였다고 볼 것인지는 별론으로 하고, 최소한 피해자의 생활이익을 침해하여 그의 불편을 증가시키는 점만은 명백히 인정할 수 있다. 구체적인 경우에 가해 건물의 신축 이후에 피해 건물의 거래가격이 상승하였다고 하더라도 통상은 그 상승분이 가해 건물의 신축에서 비롯된 것이라고 단정하기가 매우 어려운 점, 그리고 가해 건물의 신축에서 영향을 받았다 하더라도 그것은 피해자들의 의사와 상관없이 이루어진 것으로 피해자들이 그만큼 이득을 취한 것이라 보기에 적절하지 아니한 면이 있는 점(가해자들이 피해자들에게 부당이득이라는 이유로 그 상승분의 지급을 구할 수는 없을 것입니다), 일조상황과 직접 관련이 없는 요인으로 인하여 피해 건물을 비롯한 주변 건물의 가치가 일반적으로 상승하였으나 피해 건물은 일조방해량의 증가로 인하여 그것이 증가되지 않은 건물에 비하여 그 가치상승분이 적을 수도 있는 것이라는 점 등을 고려하면, 일조방해와 관련하여 피해자들이 이득을 얻었거나 손해를 보지 않았음이 명백히 밝혀지지 않는 이상 피해자들이 손해를 보았다고 하지 않을 수 없을 것입니다.

(다) 수인한도의 법리에 따른 특수성

한편, 일조방해로 인한 손해에 따른 배상범위를 획정함에 있어서는 그 특수성도 충분히 고려되어야 합니다. 즉, 수인한도의 법리에 의하여 위법성이 인정되는 경우, 위법으로 평가되는 행위의 결과 전부를 배상범위로 보고 그에 상응하는 손해의 배상을 명할 것인지, 아니면 이와 판단을 달리하여 그 배상범위를 일정 부분으로 한정할 것인지 여부는 일률적으로 정할 것이 아니고, 각 청구권이 인정되는 경위와 손해의 특성, 사회적인 의미, 여타 관계자들과의 공평 등을 고려하여 정하여져야 합니다. 그런데 일조에 관한 생활이익은 위에서 본 바와 같이 매우 상대적인 것인 데 비하여 그에 대한 손해배상청구를 인정함으로써 가해자의 자유를 억압하는 면이 강하다는 점, 그 배상범위의 인정 여부에 따라 인용되어야 할 손해배상액의 크기, 여타 관계인들과의 공평 등 여러 사정을 고려하면, 수인한도를 초과하여 일조방해를 이유로 한 손해배상청구권이 인정된다고 하더라도 그 청구권을 적절한 정도로 제한함이 상당하며, 적어도 일조방해가 늘어남으로써 수인한도에 도달하기까지의 부분에 해당하는 만큼은 배상대상에서 제외하고, 수인한도를 넘는 부분에 대해서만 배상을 명함이 상당합니다.

(라) 청구 범위

일조방해로 인하여 피해자들이 입은 손해는 가해 건물의 골조완성시 확정된다고 보아야 할 것이며, 만일 전체로 보아 하나의 불법행위로 평가할 수 있는 일조방해와 관련하여 복수의 가해 건물이 존재하는 경우에는, 최후로 골조가 완성된 가해 건물의 골조완성시를 기준으로 하여야 합니다. 나아가 위에서 본 여러 점을 반영하여 적용하여야 할 기준에 대해 살펴보면, 일조방해의 수인한도는 복합적인 여러 기준에 의하여 정해지지만, 기본적으로 기준시간대 중 일조시간이 통틀어서 최소한 4시간이 확보되지 않을 것을 최소한의 요건으로 하고 있으므로, 일조방해로 인하여 기준시간대 내의 잔존 일조량이 감소하여 4시간에 이르는 범위까지는 배상대상에서 제외하고, 그 범위를 넘는 부분에 대해서만 배상을 명함이 상당하다. 위 4시간의 요건은 최소한의 것이며 실제로는 거기에 여러 요건이 추가로 인정되어야 비로소 위법성이 인정되는 것이지만, 그렇다고 하여 수인한도시간 자체가 4시간 이하로 축소된다고 단정할 수는 없습니다. 이상의 판단에 따르면, 배상되어야 할 손해액은 [가해 건물의 골조완성시 기준시간대에 총 4시간의 일조가 확보되어 있음을 전제로 한 피해 건물의 가치 — 가해 건물의 골조완성시에 실제로 일조방해를 받는 상태의 피해 건물의 가치]에 의하여 산정되어야 할 것이며, 가해 건물의 공사가 시작되기 전 피해 건물의 일조량이 4시간에 미달하였던 경우에는, [가해 건물의 골조완성시, 일조방해 발생 전의 상태를 전제로 한 피해 건물의 가치 - 가해 건물의 골조완성시에 실제로 일조방해를 받는 상태의 피해 건물의 가치]에 의하여 산정되어야 할 것입니다. 그리고 타인의 불법행위로 인하여 피해자가 재산적 손해 외에 정신적 고통을 겪었다고 하더라도 특별한 사정이 없는 한 재산적 손해의 배상에 의하여 정신적 고통도 회복된다고 보아야 할 것인바, 가해자의 일조방해로 인하여 피해자들이 정신적 고통을 받았다고 하더라도 그 정신적 고통이 재산적 손해의 배상에 의하여 회복될 수 없을 정도의 것이라고 보이지 않으므로, 일조방해로 인한 재산적인 손해에 대한 배상이 인정되는 한, 이와 별도로 정신적 고통에 터잡은 손해배상청구는 인정되지 아노을 것이기에 청구하지 않도록 하겠습니다.

(마) 산정되어야 할 내용

위에서 본 여러 내용에 의하면, 일조방해로 인하여 피해자들이 청구할 수 있는 손해액을 산정해내기 위해서는 가해 건물의 골조완성시를 기준으로 한 피해 건물의 여러 가지 내용의 가치에 의하여 산정되어야 할 것이나, 그 구체적인 산정은 극히 곤란합니다. 개별 건물들의 실제거래가격이 밝혀져 가격하락분이 드러난다고 하더라도 그것이 위에서 본 산정방식에 맞는 금액이라고 하기 어렵다. 한편, 아파트와 같은 집합건물의 경우 층별 선호도가 다르다는 점에서 오는 가치의 차이가 있는가 하면, 같은 층 내에서도 그 아파트의 구체적인 상황에 따라 가치에 차이가 날 수 있고, 그러다 보니 선호되는 층 중 저가의 것이 그보다는 덜 선호되는 층의 고가의 것에 비해 싼 경우도 적지 않습니다. 따라서 전문가의 감정에 의하여 피해 건물의 가치를 산출해 낸다고 하더라도 추상적으로 구획할 수 있는 범위 내에서의 차이만 반영할 수 있을 뿐, 개개의 구체적인 가치를 정확하게 산출해내는 것은 어려운 일입니다. 이상에서 살펴본 이유에 따라 이 사건에서 손해의 발생은 인정되나 그 구체적인 손해액을 엄밀히 밝혀내기 곤란하므로 결국 주어진 여러 사정을 반영하여 가장 합리적인 방법으로 그 손해액을 추산해내는 수밖에 없는데, 이에 따라 손해를 가능한 범위 안에서 최대한 현실을 반영하되 구체적으로 밝혀내기 어려운 사항에 대해서는 각 피해자들의 개별적인 사정은 고려대상에서 제외하고, 추상적으로 유형화하여 일률적으로 평가하여 산정하는 방법을 취함이 상당하며, 그 내용은 [피해 건물의 기준시간대의 일조량이 4시간인 경우에 비해 일조가 전혀 들지 않는 경우의 가치하락분]에 [수인한도시간에서 잔존일조량을 공제한 일조방해시간이 수인한도시간에서 차지하는 비율{(240 - 잔존일조량, 단위 : 분)/240}]을 곱한 금액이 되어야 한다. 일조방해 증가량과 건물의 가치하락분이 단순비례하는지 여부도 단정하기 어렵기는 하나, 그와 다른 합리적인 분배방식이나 가중치를 두는 방안 등이 제시됨이 없는 이 사건에서는, 위 두 값의 변동치가 단순비례한다고 봄이 공평의 원칙에 가장 부합하다고 할 것입니다.

(바) 산정 방식

이상과 같은 점을 고려하면, 일조방해로 인한 손해배상액은 다음과 같은 식에 의하여 산정할 수 있습니다.

* '피해 건물의 기준가'는 가해 건물 골조완성 시점에 기준시간대에 피해 건물에 일조방해가 없음을 전제로 하는 가치를 의미하며, 하나로 평가될 수 있는 일조방해와 관련된 가해 건물이 복수일 경우에는 최후에 완성된 가해 건물의 골조완성 시점을 기준으로 합니다.

** '가치하락률'이란 기준시간대 전체에 일조가 드는 경우의 피해 건물의 가치를 100이라고 할 경우, 기준시간대에 전혀 일조가 들지 않는 경우의 하락률을 의미합니다.

*** 일조방해 이전에 위 기준시간 내의 기존 일조량이 240분에 미달하는 경우에는 '240 — 잔존 일조량' 대신 '기존 일조량 - 잔존 일조량(각 단위 : 분)'의 값을 사용합니다.

일조방해로 인한 손해배상액을 산정하기 위한 방식으로는 위와 같은 방식을 기본으로 하되, 주어진 자료에 따라 별지 [일조방해로 인한 손해배상액 산정방식]기재와 같은 다양한 방법 중 하나를 택하여 산정할 수 있습니다.

(3) 이 사건에서의 손해배상액

일조방해로 인한 손해배상액의 산정은 합리적인 범위 안에서 어느 정도 일률적으로 행할 수밖에 없는데, 실제로는 가치하락분, 결국 기준가 및 가치하락률을 정확하게 산출해내는 것이 관건입니다.

(가) 기 준 가

① 각 피해 건물의 시가나 실제 거래가격은 구체적인 일조방해상황을 반영한 것이라 볼 수 있으므로, 이를 기준으로 하여 일조방해로 인한 손해배상액 산정을 할 수는 없고, 일조방해를 고려하지 않은 상태의 기준가를 결정하여야 합니다. 그런데 그 결정을 위해서는 위에서 본 이유에 따라 구체적인 차이는 고려하지 않고 적정가격을 정하여 이를 기본으로 하여 각 피해 건물의 기준가를 정하여야 하는데, 이와 같이 손해배상액 산정을 위하여 필요한 적정가격을 책정하는 방법 역시 아직은 언제든지 적용될 수 있는 확실한 방식이 존재한다고 하기 어려우므로, 주어진 상황에서 가장 합리적인 방식에 따르면 된다고 볼 수 있습니다. 감정인 유은철의 감정서는 원고들 주택의 건물 및 토지에 관하여 인근 부동산의 공시지가, 지가변동률, 건물의 구조, 이용상태, 마감재, 관리상태 및 현상 등을 고려하여 별지 손해배상내역표 '기준가(주거부분)'란 기재 각 해당

금액과 같이 20○○. 8. 12.를 기준으로 위 원고들 각 주택의 '주거부분 적정가치'를 결정하였는바, 위 감정서가 채택한 위 방식은 이 사건 피해 주택 주변지역의 사정 및 공평관념에도 비교적 부합하는 것으로 보여 그 타당성을 인정할 수 있습니다(골조완공일인 20○○. 3. 31. 전후의 '주거부분 적정가치'도 같다고 본다). 따라서 이 사건에서는 위 '주거부분 적정가치'를[각 피해 건물별 기준가, 즉, 기준시간대 내에 일조방해가 없는 경우의 피해 건물의 가치]로 인정할 수 있습니다.

② 한편, 위 원고들은 상업 부분 또는 공장 부분을 포함한 주택 전체의 가치를 기준으로 손해배상액이 산정하는 문제와 관련해서는, 일조이익은 원칙적으로 생활이익에 그 바탕을 둔 것으로, 앞서 본 바와 같이 피해 건물 소유자 내지 거주자의 주거, 생활상의 이익을 전제로 하며, 상업이나 공업 등 비주거활동을 영위하는 이익의 침해를 이유로 하려면 해당 일조방해로 인하여 그러한 이익이 실제로 침해되었음이 입증되어야 할 것인데, 일조량의 감소가 상업이나 공업활동 등 비주거활동에 미치는 영향은, 설령 그러한 영향이 존재한다고 하더라도 주거생활에 미치는 영향에 비해 훨씬 근소할 것이고 비정형적인 것이 될 것이며, 따라서 일조방해가 있다는 사실만으로 곧바로 이익의 침해가 있다고 단정하기 어려울 것이며, 따라서 비주거활동과 관련하여서는 일조방해가 생겨 피해건물의 이용자가 어느 정도 불편함이 발생한다고 하더라도 그러한 점만으로는 곧바로 위법성을 인정할 수 없고, 생활이익을 근거로 한 일조방해와 관련하여 위에서 제시된 각 요건 중 그 성질상 그대로 적용하기 어려운 것을 제외한 제반 요건을 갖추는 외에도, ① 피해자들이 특정한 일조량을 이용한 비주거활동을 펼쳐왔으며, ② 그 활동에 해당 일조상황이 본질적으로 필요하고도 중요한 것이었던 경우(그 활동이 반드시 피해건물에서의 피해자의 비주거활동 전체에 대해 필요불가결한 것이야 할 것을 요구하는 것은 아니다)에 비로소 그 위법성을 인정할 여지가 생기게 될 것이어서 이사건의 경우 비주거활동에 해당 일조상황이 본질적으로 필요하고도 중요한 것이라 입증하기가 곤란하여 청구하지 이 부분은 청구하지 않도록 하겠습니다.

(나) 일조방해로 인한 가치하락률

일조방해로 인한 가치하락률에 대한 감정인 ○○○의 감정서의 내용을 살펴보면, 위 감정인은 일조침해율이 0%인 부동산이 일조침해율이 100%일 때 일조침해율이 0%인 부동산의 가치가 얼마나 하락하는가와 관련하여, 서울지역의 유사사례를 분석하여 일조, 조망침해에 의한 '일조·조망 동시침해 가치하락률'을 11%로 결정한 후, 이 사건과 유사한 정도의 조망을 가지는 아파트들의 '조망침해 가치하락률' 3%를 공제하여 원고들 주택의 '일조 침해 가치하락률'을 8%로 산정하고 있는바, 반드시 위 감정인이 산정한 것과 같은 방법으로 가치하락률을 산정하여야 하는 것은 아니라고 할 것이나, 위 감정 결과가 어느 정도의 추세를 반영하고 있는 것으로 봄에는 부족함이 없는 점, 이 사건 이외에 이 법원에서 심리하였거나 심리 중인 유사한 사건에서 여러 감정인이 대개 위 하락률을 8% 내외로 잡고 있는 점, 일조이익의 특성 및 이 사건에서 드러난 그에 대한 사회적인 평가를 비롯한 여러 사정 등 여러 취지를 종합하면, 위 가치하락률을 8%로 봄이 상당할 것입니다. 한편, 위 하락률은 피해자별로 각각의 일조에 대한 주관적 평가에 따라 크게 차이 날 수 있으며 대개는 위 수치보다 훨씬 높은 하락률이 주장되고 있으나, 개인별 평가치를 손해배상액 산정에 그대로 반영할 수는 없는 것이며, 결국 사회적으로 용인될 수 있는 객관적 기준치를 인정할 수밖에 없을 것입니다.

(다) 주택별 손해액

이 사건에서는 제1방식에 따라 별지 손해배상내역표 '주택별 손해액(전체)'란 기재와 같이

$$\text{'기준가'란 기재 각 해당금액} \times \frac{4}{100} \times \frac{240 - \text{'잔존일조량'란 기재 각 해당 일조량}}{240}$$

에 해당하는 금액을 원고들 각 주택의 손해액으로 봄이 상당합니다(다만, 일조방해 이전의 기존 일조량이 240분에 미달하는 (지번 1, 3, 6 생략) 각 주택의 경우에는 '240 − 잔존일조량' 대신 '기존일조량 − 잔존일조량'을 기준으로 합니다).

(라) 원고별 손해액

① 소유권 부분과 비소유권 부분의 구분

위 원고들은, 주택별로 산정된 손해액 전체가 소유자인 위 원고들의 손해액이 되어야 한다는 취지로 주장하나, 일조이익은 소유권뿐만 아니라 소유권에서 파생되는 정당한 생활을 누릴 수 있는 권리에서도 그 근거를 찾을 수 있는 이상, 해당 건물의 소유자가 아닌 자로서 보호받을 만한 생활이익의 형성에 관여한 사람이 있는 경우, 그러한 사람에게 귀속되어야 할 이익 부분도 있다고 하지 않을 수 없습니다. 그런데 위에서 본 대로 소유자 이외의 관여자가 있다고 하여 그 이익이 전적으로 소유자에게 귀속되어야 하는 경우와 전체 손해액이 달라진다고 보기는 어려우므로, 결국 위에서 산정된 손해액을 소유자와 비소유자 사이에 적절한 방식에 따라 분배하여야 합니다. 이러한 이유에서 일조이익의 방해로 인한 손해액은 소유권자에게 소유권을 주된 근거로 하여 귀속되어야 할 부분(이하 '소유권 부분'이라 합니다)과 그 외의 점을 근거로 하여 해당자에게 귀속되어야 할 부분(이하 '비소유권 부분'이라 한다)으로 나누어 볼 수 있으며, 만일 단일 부동산에 관하여 비소유권 부분 이익이 귀속되어야 할 자(피해 건물의 점유자 전체가 아니라, 일조방해를 받는 자에 한한다)가 여럿 있는 경우, 해당 부분을 그 귀속자 사이에서 적절하게 분배하여야 합니다. 나아가 이러한 전체 손해액 중 비소유권 부분에 배분되어야 할 범위에 관하여 살피건대, 위 손해액이 주로 피해 건물의 가격을 기초로 하여 산정된다는 점에서 주로 피해 건물 자체의 가치에 연계되어 정해지는 점, 주

거용 건물의 제반 상황이 임차조건의 결정에 어느 정도 영향을 미치게 되어 임차인의 이익은 임차조건에 상당 부분 반영되어 있는 것으로 볼 수도 있는 점(만일, 임차계약과정에서 일조방해상황이 미리 예견되어 임차계약에 충분히 반영되었다면, 임차인은 일조와 관련하여 그에게 귀속되어야 할 이익을 임대인에게 유보시켰다고 볼 수도 있을 것입니다), 통상적인 임차기간 등 제반 사정을 고려할 때, 이 사건에서는 특별한 사정이 없는 한, 위 손해액 중 소유권 부분을 90%, 나머지 부분을 10%로 봄이 상당합니다. 따라서 전체 손해액 중 10%를 가해 건물의 골조완성시의 피해건물의 임차인 등 점유자들에게 귀속시켜야 하며, 당시 소유자도 피해 건물의 일부를 실제로 점유하고 있었다면, 그 부분에 관해 소유자에게도 귀속시켜야 할 것입니다.

② 위 원고들의 손해액 중 소유권 부분

위 원고들은 이 사건 각 주택의 각 소유자이므로, 피고 2 주식회사는 원고들에게 위 손해액 중 소유권 부분(위 손해액 × 0.9)을 지급할 의무가 있고, 그 액수는 별지 손해배상 내역표 '원고별 손해액(소유권 부분)'란 각 기재와 같습니다.

③ 위 원고들의 손해액 중 비소유권 부분

한 건물에 대한 손해액 중 생활이익 부분은 그 건물에서 일조와 관련하여 생활하는(당해 건물의 신축으로 인한 일조 변화와 무관한 자를 제외함을 의미한다) 자들 모두에게 귀속되는 것이라 할 것이므로, 소유자와 임차인들이 함께 거주하고 있는 경우 위 생활이익 부분 중 일정한 부분은 임차인들에게 귀속되어야 할 것이므로 이 사건과 같이 소유자만이 손해배상을 구하는 사건에서는 앞에서 산정한 손해액의 비소유권 부분 중 일정한 부분만이 원고들에게 귀속된다 할 것입니다.

한편, 손해액 중 비소유권 부분을 소유자와 기타의 점유자들에게 분배하는 방식으로는, ① 각 사건에 따라 각자의 거주 공간의 면적에 비례하여 차등 귀속시키는 방법, ② 각 점유공간의 바닥면 중 일조가 드는 방향의 폭의 크기에 비례하여 차등 귀속시키는 방법, ③ 각 점유공간의 일조가 드는 외측 창(해당 점유 공간에 관하여 일조시간을 측정할 경우 그 측정 대상이 되는 창을 의미한다. 다만, 하나의 소유권하의 다가구 건물 등에서는 여러 점유자의 점유 공간이 있더라도 건물 전체에서 가장 주요한 개구부에 대한 일조시간을 기준으로 손해배상 여부 및 범위 등이 결정되므로 위 각 창에 대해 모두 감정에 따라 일조 시간이 측정되어야 하는 것은 아니다)의 가로변(바닥면에 수평한 변, 직사각형 모양의 창이 아닐 경우 가상의 가로변의 최대치)의 길이에 비례하여 차등 귀속시키는 방법 등도 고려될 수 있을 것이나, 위에서 본 각 사실들을 종합하면, 이 사건 각 피해건물은 대부분 건축된 뒤 상당한 기간이 경료된 것들로서 각 점유자별 점유공간 사이에는 면적이나 위치, 방향 등에 다소간의 차이가 있기는 하나 그 차이가 의미있는 정도로 크다고 하기 어려운 점, 특정 부분이 다른 부분을 훨씬 초과하는 일조이익을 누리고 있다고 보기 어려운 점 등을 인정할 수 있는바, 이러한 경우에는, ④ 위 비소유권 귀속분을 가구수로 나누어 균등하게 귀속시키는 방법이 가장 타당할 것입니다. 이에 원고들 주택에 거주하는 가구의 수(원고들 포함)는 별지 건물 현황 내역표 '층별 면적 및 이용상황 가구수 합계'란 기재와 같고, 그 중 일조와 관련 있는 가구수(거주하는 방의 창이 북동 또는 북서향인 가구 제외)는 (지번 1 생략) 주택의 경우 7가구, (지번 2 생략) 주택의 경우 6가구, (지번 3 생략) 주택의 경우 6가구, (지번 6 생략) 주택의 경우 3가구임을 알 수 있는바, 피고 2 주식회사는 원고들에게 위 손해액 중 비소유권 부분(위 손해액 × 0.1 × 1 / 가구수)을 지급할 의무가 있고, 그 액수는 별지 손해배상 내역표 '원고별 손해액(비소유권 부분)'란 각 기재와 같습니다.

④ 소 결 론

피고 아파트의 신축으로 인한 위 원고들의 손해액은 별지 손해배상 내역표 '원고별 손해액(합계)'란 각 기재와 같습니다.

다. 소 결 론

따라서 피고는, 원고 4, 6에게 각 별지 손해배상내역표 '원고별 손해액 합계'란 기재 각 금원(별지 청구내역표 '요인별 가치하락액 일조'란 기재 금원) 및 위 각 금원에 대하여 피고 아파트 골조공사 완료일 다음날인 20○○. 4. 1.부터 이 사건 소장부본 송달일까지는 민법이 정한 연 5%, 그 다음날부터 다 갚는 날까지는 소송촉진 등에 관한 특례법이 정한 연 12%의 각 비율에 의한 지연손해금을, 원고 1, 2, 3, 5에게 별지 손해배상내역표 '손해액'란 기재 각 금원 및 위 각 금원에 대하여 위 20○○. 4. 1.부터 이 소장 부본 송달일까지는 민법이 정한 연 5%, 그 다음날부터 다 갚는 날까지는 소송촉진 등에 관한 특례법이 정한 연 12%의 각 비율에 의한 지연손해금을 각 지급할 의무가 있습니다.

4. 결 론

그렇다면 원고들은 청구취지와 같은 판결을 구하고자 본건 신청에 이르게 되었습니다.

입 증 방 법

1. 갑제1호증	지적도
1. 갑제2호증	부동산등기부등본
1. 갑제3호증	경계측량도
1. 갑제4호증	현황사진
1. 갑제5호증	○○○○
1. 갑제6호증	○○○○

그밖의 것은 변론시 수시 제출하겠습니다.

첨 부 서 류

1. 위 입증방법 1통
1. 납부서 1통
1. 소장부본 3통

20○○. ○. ○.

위 원고들(별지)
소송대리인 변호사 ○ ○ ○ (인)

○○ 지방법원 귀중

[서식 37] 손해배상청구의 소 - 일조권 침해

소 장

원 고 1. ○○○
○○시 ○○구 ○○대로 ○○-1
2. ◇◇◇
○○시 ○○구 ○○대로 ○○-2
3. □□□
○○시 ○○구 ○○대로 ○○-3

피 고 ○○7구역1지구 주택개량재개발조합
○○시 ○○구 ○○대로 ○○
대표자 조합장 ○○○

손해배상(기)

청 구 취 지

1. 피고는 원고 ○○○에게 금 32,400,000원, 원고 ◇◇◇, □□□에게 각 금 33,300,000원 및 각 이에 대하여 20○○. 12. 13.부터 이 소장 부본 송달일까지는 연 5%, 그 다음날부터 완제일까지 연 12%의 비율에 의한 돈을 지급하라.
2. 소송비용은 피고의 부담으로 한다.
3. 제1항은 가집행할 수 있다.

라는 판결을 구합니다.

청 구 원 인

1. 기초사실

가. 피고는 '○○7-1구역 주택재개발사업'의 시행자로서 사업시행기간을 20○○. 12. 27.부터 20○○. 9. 30.까지로 정하여 서울 ○○구 ○○동 산 81 외 40필지 74,837㎡ 지상에 10개 동, 총 2,314세대로 구성된 아파트(○○○○아파트, 이하 '이 사건 아파트'라고 한다)를 건축하는 한편, 위 아파트 중 체비시설로 지정된 381세대에 대하여 20○○. 11. 1. 관할 ○○구청장으로부터 입주자모집승인을 받아 조합원이 아닌 일반인에 대한 분양(일반분양)을 실시하였습니다.

나. 위와 같은 일반분양을 통하여 피고로부터, 원고 ○○○은 이 사건 아파트 104동 103호{143.29㎡(43.34평), 이하 같다}를, 원고 ◇◇◇는 같은 동 105호를, 원고 □□□은

같은 동 101호를 각 분양받고, 계약금 33,534,000원, 중도금 100,602,000원(=금 16,767,000원×6회) 등 합계 금 134,136,000원을 피고에게 각 지급하였습니다.

다. 이 사건 아파트 중 원고들이 분양받은 세대들의 현황

(1) 원고들이 분양받은 이 사건 아파트의 104동은 철근콘크리트조 슬래브지붕 28층 건물(1호 라인 : 21층, 2호 라인 : 27층, 3호 및 5호 라인 : 28층)로서 동향 건물 부분과 남향 건물 부분이 맞붙어 있는 'ㄱ'자 형태로 건축되어, 원고들이 분양받은 각 세대(이하 '이 사건 각 세대'라고 한다)는 모두 우측 남향 부분에 위치하고 있고, 이 사건 각 세대는 모두 44평형으로 방 4개, 화장실 겸 욕실 2개, 거실 1칸, 주방 1칸으로 구성되어 있습니다.

(2) 이 사건 각 세대의 베란다 창문쪽 전방에는 주차장 옹벽(이하 '이 사건 옹벽'이라고 합니다)이 설치되어 있는데, 이 사건 옹벽의 중심에서 아파트 끝선까지의 직선거리는 약 5m이고, 104동 1층 전면에서 옹벽 끝부분까지는 약 3.1m입니다.

(3) 이 사건 옹벽은 산비탈의 경사면에 설치된 커다란 직육면체 콘크리트 구조물로서 그 내부는 주차장으로 이용되고 있고, 그 위의 지상에는 어린이 놀이터가 설치되어 있습니다.

(4) 이 사건 놀이터에서 이 사건 아파트의 104동을 바라보면, 정면으로 2층이 마주 보이고, 아래쪽으로 이 사건 각 세대가 내려다보입니다.

(5) 이 사건 옹벽으로 인하여 햇볕이 가려지게 되어 이 사건 각 세대의 베란다쪽 내부는 지하방보다는 밝지만, 반지하방보다는 어두운 상태로서, 맑은 날에도 하루 종일 전등을 켜 놓지 않으면 일상생활이 현저히 곤란한 상태에 있습니다.

라. 이 사건 옹벽이 이 사건 각 세대에 미치는 영향

(1) 일조 문제

이 사건 각 세대의 경우, 이 사건 옹벽쪽인 남향 전면창에 80% 이상 일조가 이루어지는 경우를 일조시간으로 판단하여 1분 간격으로 일조시간을 산정한 결과, [별지 1] 일조 상태 기재와 같이 동지일을 기준으로 09:00부터 15:00까지 사이의 연속일조시간은 원고 ○○○의 103호는 0~43분 정도, 원고 ◇◇◇의 105호는 0~20분 정도, 원고 ㅁㅁㅁ의 101호는 0~32분 정도이고, 동지일을 기준으로 08:00부터 16:00까지 사이의 총일조시간은 원고 ○○○의 103호는 1시간 20분 정도, 원고 ◇◇◇의 105호는 57분 정도, 원고 ㅁㅁㅁ의 101호는 45분 정도에 불과합니다.

(2) 조망 문제

이 사건 각 세대에 대한 종전 천공률 및 현재 천공률은 [별지 2] 조망 침해율과 같아서, 이 사건 각 세대는 상당한 정도의 조망침해를 받고 있습니다(여기서 말하는 천공률은 조망면적 중 멀리까지 내다 보이는 부분이 차지하는 비율을 의미하고, 조망침해율은 이 사건 각 세대의 각 거실 중앙점에서 신장 170cm인 사람이 앉아서 연직방향으로 창밖을 바라보았을 때 베란다 앞 지하구조물이 없는 경우의 조망과 비교하여 지하구조물로 인하여 조망이 보이지 않는 정도를 비교하여 산정한 비율을 의미합니다).

(3) 프라이버시 문제

이 사건 각 세대의 경우, 이 사건 놀이터로부터 거실 및 방안이 들여다 보이고, 특히 야간의 경우에는 밖보다 실내가 밝기 때문에 그 정도가 더욱 심한 프라이버시의 침해가 있는바, 프라이버시의 침해가 없는 상태를 10등급으로, 프라이버시의 침해가 가장 큰 상태를 1등급으로 하여 이 사건 각 세대가 받는 침해 정도를 수치화하면 [별지 3] 프라이버시 침해율 기재와 같습니다.

마. 원고들이 피고와 아파트분양계약을 체결할 당시 피고가 제시한 안내서 등에는 평면적인 단지배치도만 표시되어 있을 뿐, 이 사건 옹벽의 구조나 형태에 관하여는 아무런 기재가 없었고, 피고도 이에 관하여 원고들에게 설명해 준 적이 없었으므로, 원고들은 각 분양계약 체결 당시에 위와 같은 피해에 대하여 전혀 알지 못하였고, 오히려 정면에 이 사건 놀이터가 위치하여 조망이 좋은 상태인 것으로 알았는데, 20○○. 12월 초경 아파트 입주자 사전점검을 위하여 이 사건 각 세대를 방문한 때에 비로소 위와 같은 사실을 알게 되었습니다.

2. 원고들의 주장과 그 근거

가. 원, 피고의 주장

원고들은, 피고가 원고들과 분양계약을 각 체결할 당시 원고들이 분양받을 각 세대에 치명적인 일조권 등의 침해가 있음을 알고 있었음에도 이를 고지하지 아니한 채 그러한 침해가 없는 다른 세대의 분양금액과 동일한 금액으로 분양계약을 체결함으로써 원고들에게 일조권 등의 침해로 인한 이 사건 각 세대의 가치하락분 상당의 재산상 손해가 발생하였으므로 그 배상을 구합니다. 이에 대하여 피고는, 원고들이 주장하는 바와 같은 일조권 등의 침해는 수분양자들인 원고들이 수인할 수 있는 범위 내에 있으므로 이를 이유로 손해배상을 구하는 원고들의 청구는 부당하다는 취지로 주장하고 있습니다.

나. 원고들 주장의 정당성

(1) 손해배상책임의 발생

(가) 원고들이 분양받은 이 사건 각 세대의 분양대금이 일조 등의 방해가 없는 다른 세대의 분양대금과 동일한 금액으로 정하여진 이상, 피고는 분양되는 아파트의 일조 등에 관하여 명시적인 약정이 없었다 하더라도 신의칙상 적어도 사회통념상 용인되는 수인한도 내의 일조 등이 보장되는 아파트를 공급하여야 할 분양계약상의 의무가 있다 할 것이고, 한편 일조침해의 정도가 사회통념상 일반적으로 용인되는 수인한도를 넘는지 여부는, 건축법 등 관계 법령에 일조방해에 관한 직접적인 단속법규가 있다면 동 법규에 적합한지 여부가 중요한 판단자료가 될 것이지만, 이러한 공법적 규제에 의하여 확보하고자 하는 일조는 원래 사법상 보호되는 일조권을 공법적인 면에서도 가능한 한 보증하려는 것으로서, 위와 같은 공법상 규제는 일조권 보호를 위한 일응의 기준으로 봄이 상당하므로, 구체적인 경우에 있어서 어떠한 건물신축이 건축 당시의 공법적 규제에 형식적으

로 적합하다고 하더라도 현실적인 일조방해의 정도가 현저하게 크다면 사회통념상 수인한도를 넘은 것으로 평가될 수 있다 할 것이어서, 결국 사회통념상 수인한도를 넘었는지 여부는 피해의 정도, 피해이익의 성질 및 그에 대한 사회적 평가, 당해 건물의 용도, 지역성, 토지이용의 선후관계, 가해방지 및 피해회피의 가능성, 공법적 규제의 위반 여부, 교섭 경과 등 모든 사정을 종합적으로 고려하여 판단하여야 할 것입니다.

(나) 그런데 일조 등의 확보를 위한 건축물의 높이 제한과 관련하여, 위 원고들이 이 사건 각 세대를 분양받을 당시 시행되던 구 건축법 시행령 제86조 제2호 (나)목에 의하면 "공동주택의 경우 동일 대지 안에서 2동 이상의 건축물이 서로 마주보고 있는 경우에는 건축물의 각 부분의 높이는 각각 서로 마주보는 외벽의 각 부분으로부터 다른 쪽의 외벽의 각 부분까지의 거리의 1.25배 이하 또는 당해 대지 안의 모든 세대가 동지일을 기준으로 9시에서 15시 사이에 건축조례가 정하는 시간 이상을 연속하여 일조를 확보할 수 있는 높이 이하일 것"을 요구하고 있었고, 현재 시행되고 있는 건축법 시행령 제86조 제2항 제2호에 의하면 "동일한 대지 안에서 2동 이상의 건축물이 서로 마주보고 있는 경우의 건축물 각 부분 사이의 거리는 채광을 위한 창문 등이 있는 벽면으로부터 직각방향으로 건축물 각 부분의 높이의 0.8배 이상, 채광창(창 넓이 0.5㎡ 이상의 창을 말한다)이 없는 벽면과 측벽이 마주보는 경우에는 8m 이상, 측벽과 측벽이 마주보는 경우{마주보는 측벽 중 1개의 측벽에 한하여 채광을 위한 창문 등이 설치되어 있지 아니한 바닥면적 3㎡ 이하의 발코니(출입을 위한 개구부를 포함한다)를 설치하는 경우를 포함한다.}에는 4m 이상으로서 건축조례가 정하는 거리이상을 띄어 건축하되, 다만 당해 대지 안의 모든 세대가 동지일을 기준으로 9시에서 15시 사이에 2시간 이상을 계속하여 일조를 확보할 수 있는 거리 이상으로 할 수 있다."라고 규정하고 있으며, 이에 따라 서울특별시건축조례 제29조에서는 일조 등의 확보를 위한 건축물의 높이제한에 관한 세부규정을 두고 있으나, 이 사건에서와 같이 동일한 대지 안에서 건축물과 옹벽이 마주보고 있는 경우의 일조 확보를 위한 이격거리에 관하여는 규정하고 있지 않으며, 단지 주택건설기준 등에 관한 규정 제30조 제1항에서는 "주택단지 안에 높이 2m 이상의 옹벽 또는 축대가 있거나 이를 설치하는 경우에 그 옹벽 등의 기초보다 그 기초가 낮은 건축물의 경우 옹벽 등으로부터 건축물 외곽 부분까지를 5m 이상 띄워야 한다."라고 규정하고 있을 뿐인바, 이에 비추어 보면 이 사건에서와 같이 동일한 주택단지 안에서 건축주가 건축물과 옹벽을 서로 마주보게 축조하는 경우에 있어서도 위 건축법시행령의 규정을 유추 적용하여 일응 동지일을 기준으로 09:00부터 15:00까지 사이의 6시간 중 일조시간이 연속하여 2시간 이상 확보되지 않는 경우에는 그 수인한도를 넘는 일조침해가 있는 것으로 볼 수 있다 할 것입니다.

(다) 위 기준에 비추어 볼 때 이 사건 각 세대에 대한 일조침해가 수인한도를 넘는 것인지에 대하여 살펴보면, 이 사건 각 세대의 동지일을 기준으로 한 09:00부터 15:00까지 사이의 연속일조시간은 원고 ○○○의 103호는 0~43분 정도, 원고 ◇◇◇의 105호는 0~20분 정도, 원고 □□□의 101호는 0~32분 정도이고, 동지일을 기준으로 08:00부터 16:00까지 사이의 총일조시간은 원고 ○○○의 103호는 1시간 20분 정도, 원고 ◇◇◇의 105호는 57분 정도, 원고 □□□의 101호는 45분 정도에 불과한 사실은 위에서 본 바와 같고, 위와 같은 기준에 의하면 이 사건 각 세대는 수인한도를 초과한 일조침해를 받고 있다고 할 것이고, 한편 이 사건 각 세대는 위와 같은 일조침해 이외에도 상당한 정도의 조망침해와 사생활침해 및 시야차단으로 인한 압박감 등 생활이익을 침해받고 있는 점, 원고들은 이 사건 각 세대를 분양받을 당시 위와 같은 생활이익의 침해 가능성을 전혀 예측하지 못하였던 점, 위와 같은 생활이익 침해의 원인이 되는 이 사건 옹벽의 구조나 형태를 변경하는 것은 현저히 곤란하다고 보이는 점 등을 종합하여 보면, 위와 같은 일조 등의 침해로 인한 생활이익의 침해는 원고들이 이 사건 각 세대를 분양받을 당시 예상할 수 있었던 사회통념상 용인되는 수인한도를 초과하는 정도에 이르렀다고 볼 것이고, 또한 피고는 위 분양계약 당시 이와 같은 생활이익의 침해를 예상할 수 있었으므로 수분양자들인 원고들에게 이 사건 각 세대의 일조 상황 등에 관하여 정확한 정보를 제공할 신의칙상 의무가 있었음에도 이를 위반하였다 할 것입니다(이에 대하여 피고는, 이 사건 각 세대에 대한 분양계약 당시 이미 이 사건 아파트의 설계상 이 사건 옹벽과 어린이 놀이터의 설치가 확정된 상태였기 때문에 원고들은 위 옹벽의 존재를 분양계약 당시에 알았거나, 알 수 있었으므로 위와 같은 일조 등의 침해 가능성을 알고 있었고, 가사 당시 이를 알지 못하였다고 하더라도 고도편차가 심한 지형조건 때문에 위와 같은 옹벽이 축조될 수 있음을 알 수 있었음에도 이를 확인하지 아니한 과실이 있으므로, 이를 참작하여야 한다는 취지로 주장하나, 일반적으로 아파트 수분양자에게 아파트를 분양받으면서 분양안내서를 읽어보거나 모델하우스를 방문하는 외에 아파트의 설계도까지 살펴본 후 분양계약을 할 주의의무가 있다고 하기는 어렵고, 가사 위와 같은 주의의무가 인정된다고 하더라도 건축분야의 문외한인 일반인의 입장에서 설계도만 보고서 옹벽의 존재 여부 및 그로 인한 일조침해의 위험성 등을 판단하기는 어렵다고 할 것이며, 오히려 피고가 제시한 안내서 등에는 이 사건 옹벽의 구조나 형태에 관하여는 아무런 기재가 없었고, 피고도 이에 관하여 원고들에게 설명해 준 적이 없었던 사실은 위에서 본 바와 같으므로 피고의 위 주장은 이유 없다고 할 것입니다).

(라) 따라서 분양자인 피고는 이 사건 각 분양계약에서 정하여진 품질의 아파트를 공급할 위 분양계약에 따른 신의칙상 채무를 이행하지 아니한 것에 대한 손해배상의 책임을 진다고 할 것이고, 그 손해배상액은 일응 위와 같은 일조 등의 침해

로 인하여 생긴 가치하락분 상당액이라 할 것입니다.

(2) 손해배상의 범위

(가) 위와 같은 일조, 조망, 프라이버시 등의 침해로 인한 가치하락분(준공시점인 20○○. 12. 13. 기준)은 일조 등의 침해가 없는 정상가격을 기준으로 할 때 원고 ○○○이 분양받은 103호는 금 36,000,000원, 원고 ◇◇◇, □□□이 분양받은 105호, 101호는 각 금 37,000,000원인 사실을 인정할 수 있을 것입니다.

(나) 한편, 피고의 이 사건 아파트 건축행위에 법규 위반의 사항이 없는 점, 위 원고들이 분양받은 각 세대에 어느 정도 일조 등의 침해가 초래되어 가격하락이 발생하였더라도 그것이 수인한도를 넘지 않는 것이었다면 피고가 이를 배상할 책임이 없다는 것을 감안하면 일조 등의 침해가 전혀 없는 경우를 상정하여 정상가격을 기준으로 산정한 가격하락분 전액을 피고에게 부담시키는 것은 부당한 점 등을 고려하면 피고가 배상하여야 할 손해액은 위 각 세대별 가치하락분의 90% 정도로 봄이 상당하다 할 것입니다.

3. **결 론**

그렇다면 피고는 각 손해배상금으로 원고 ○○○에 대하여는 금 32,400,000원(=금 36,000,000원×0.9), 원고 ◇◇◇, □□□에게 각 금 33,300,000원(=금 37,000,000원×0.9) 및 각 이에 대하여 이 사건 아파트의 준공시점인 20○○. 12. 13.부터 이 소장 부본 송달일까지는 민법 소정의 연 5%의 비율에 의한 지연손해금을, 그 다음날부터 다 갚는 날까지는 소송촉진 등에 관한 특례법상의 연 12%의 비율에 의한 지연손해금을 각 지급할 의무가 있다고 할 것입니다.

입 증 방 법

1. 갑제1호증 지적도
1. 갑제2호증 부동산등기부등본
1. 갑제3호증 경계측량도
1. 갑제4호증 현황사진
1. 갑제5호증 ○○○○
1. 갑제6호증 ○○○○

그밖의 것은 변론시 수시 제출하겠습니다.

첨 부 서 류

1. 위 입증방법 4통
1. 납부서 1통
1. 소장부본 3통

20○○. ○. ○.

위 원고 1. ○ ○ ○ (인)
2. ◇ ◇ ◇ (인)
3. □ □ □ (인)

○○ 지방법원 귀중

[서식 38] 손해배상청구의 소 – 일조권 침해

소 장

원 고 ○○○외 17(별지와 같음)
각 주소 별지 기재와 같음
소송대리인 변호사 ○○○
○○시 ○○구 ○○로 ○○-○○

피 고 ○○주택건설 주식회사
○○시 ○○구 ○○대로 ○○
대표이사 ○○○

손해배상(기)

청 구 취 지

1. 피고는 원고 ○원기, ○성섭, ○동우, ○남석, ○우영, ○은성, ○갑수, ○능제, ○영관에게 각 금 5,000,000원, 원고 ○상정, ○동완, ○용욱, ○영욱, ○상우, 한석우, 임일권에게 각 금 4,000,000원, 원고 ○정석에게 금 3,000,000원, 원고 ○배현에게 금 2,000,000원 및 각 이에 대하여 20○○. 12. 20.부터 이 소장 부본 송달일까지는 연 5%의, 그 다음날부터 다 갚는 날까지는 연 12%의 각 비율에 의한 돈을 지급하라.
2. 소송비용은 피고의 부담으로 한다.
3. 제1항은 가집행할 수 있다.

라는 판결을 구합니다.

청 구 원 인

1. 손해배상책임의 발생

(1) 기초사실

(가) 피고 ○○주택건설 주식회사(이하 피고 회사라 쓴다)는 소외 주시회사 ○○사남통동주택조합, ○○○사원직장주택조합과 공동으로 사업주체가 되어 20○○. 8. 4. 피고 구미시로부터 구미시 남통동 19의 2 대지 외 16필지 12,304m2 지상에 33평형 및 25평형 2동 445세대의 18층짜리 ○○그린두산맨션아파트(이하 '이 사건 아파트'라 합니다)를 신축하는 사업계획승인을 받은 후 피고 회사가 같은 해 9.경 공사를 착공하여 20○○. 3.경 아파트를 완공하였습니다.

(나) 이 사건 아파트는 2동으로서 101동은 "T"자형이고 102동은 "I"자형인데 원고들은

위 ○○사남통동주택조합의 조합원들로서 위 아파트 중 25평형을 분양받아 동·호수 추첨을 거쳐 20○○. 4. 6.경 위 "T"자형 아파트의 접점 부분인 101동 109호에서부터 1809호에 각 입주하였습니다.(원고들이 입주한 아파트 동·호수는 원고들의 주소에 설시된 바와 같습니다.)

(다) 피고 회사가 이 사건 아파트를 건축할 당시에 시행되던 구 건축법 제53조는 "공동주택과 전용주거지역 및 일반주거지역 안에서 건축하는 건축물의 높이는 일조 등의 확보를 위하여 필요한 경우에는 대통령령이 정하는 바에 의하여 그 건축물로부터 동일 대지 안의 다른 건축물까지의 거리와 인근 대지경계선까지의 거리에 따라 시·군·구의 조례로 정하는 높이를 초과할 수 없다."라고 규정하고 있고, 같은 법 시행령 제86조는 건축물의 높이, 동일 대지 안의 다른 건축물 및 인근 대지 경계선까지의 거리, 일조시간 등을 구체적으로 규정하고 있습니다.

(라) 원고들이 거주하는 아파트에 대한 일조시간 시뮬레이션(Simulation, 이는 건물배치, 태양고도 및 방위각, 건물방위각, 지면상 건물 그림자의 수직거리(인동거리) 등을 인자로 하여 컴퓨터로 산출한 일조시간을 뜻한다)을 살펴보면 동지때는 1층(109호)부터 17층(1709호)은 하루종일 일조가 전혀 없고, 단지 18층(1809호)만이 오후에 4시간 정도 일조가 있으며(별지 표1 참조), 춘추분에는 1층(109호)부터 16층(1609호)까지는 오전에는 일조가 전혀 없고, 오후에 1시간 내지 2시간(16층은 4시간) 정도 일조가 있으며, 17층(1709호), 18층(1809호)은 오전에 2시간 내지 4시간, 오후에 7시간 정도의 일조가 있고(별지 표2 참조), 하지때는 1층(109호)부터 9층(909호)까지는 오전에는 일조가 전혀 없고, 오후에는 5시간 내지 6시간의 일조가 있고, 10층(1009호)부터 15층(1509호)까지는 오전에는 1시간 내지 2시간, 오후에는 6시간 내지 7시간의 일조가 있으며, 16층(1609호)부터 18층(1809호)까지는 오전에는 4시간 내지 5시간, 오후에 7시간 내지 8시간의 일조가 있습니다(별지 표3 참조).

(마) 원고들이 거주하고 있는 아파트가 위치한 곳의 일출 및 일몰시간은 별지 표 4의 기재와 같으므로 일조시간은 동지 9시간 30분 정도, 춘추분이 12시간 10분 정도, 하지가 14시간 40분 정도입니다.

(바) 따라서 원고들의 일조권침해 시간이 동지에는 1층(109호)부터 17층(1709호)까지가 9시간 30분 정도, 18층(1809호)가 5시간 30분 정도이고, 춘추분에는 1층(109호)부터 16층(1609호)까지는 8시간 10분 내지 11시간 10분 정도, 17층(1709호)이 3시간 10분 정도, 18층(1809호)이 1시간 10분 정도이고, 하지에는 1층(109호)부터 9층(909호)까지는 8시간 40분 내지 9시간 40분 정도, 10층(1009호)부터 15층(1509호)까지는 5시간 40분 내지 7시간 40분 정도, 16층(1609호)부터 18층(1809호)까지는 1시간 40분 내지 3시간 40분 정도입니다.

(사) 위와 같이 원고들이 입주한 아파트에 일조시간이 부족한 탓으로(특히 여름을 제외한 나머지 계절에) 원고들은 대낮에도 전등을 켜야 할 정도로 어두운데 대표적으로 원고들이 사는 아파트 중 중간 높이인 10층에 위치한 101동 1009호(B type)와

인접한 102동 1209호(A type)의 조도를 비교하면 102동 제209호(A type)가 2.5배 내지 6배 더 밝습니다(별지 표 5 참조).

(아) 또한 일조시간이 부족한 탓으로 실내가 어둡고 습기가 많을 뿐 아니라 추워 원고들은 아파트의 광열비, 건조비, 난방비 등으로 인근 아파트 주민들보다 많이 지출할 뿐 아니라, 원고들이 입주하고 있는 '9호Line'(109호부터 1809호까지)은 연접해 있는 '8호Line'(108호부터 1808호까지)의 복도까지 거리가 불과 10m도 되지 않아 아파트의 거실내부를 환히 볼 수 있어 대낮에는 물론 밤에도 커튼을 치는 등 사생활이 많이 침해되고 있습니다.

(2) 권리로서 일조권 등의 침해와 불법행위

(가) 우리 헌법 제35조 제1항은 "모든 국민은 쾌적한 환경에서 생활할 권리를 가지며…"라고 규정하여 환경권을 국민의 기본적 권리로서 선언하고 있고, 환경정책기본법 제6조에도 위와 같은 취지의 규정을 두고 있으며, 건축법 제53조에 일조 등의 확보를 위한 건축물의 높이를 제한하고 있는바, 위와 같은 환경권의 내용으로서는 자연에 의하여 주어지는 일조, 전망, 통풍, 정온 등의 외부적 환경을 차단당하지 않고 쾌적하게 생활할 수 있는 권리도 당연히 포함된다고 할 것이므로, 이러한 일조권 등에 대한 침해는 피해자에 대한 불법행위를 구성하게 되어 침해자는 이를 금전적으로 배상할 의무가 있다 할 것입니다.

(나) 다만, 인접 토지의 소유자와의 관계에서 볼 때에는 권리의 충돌이 있을 수 있으므로 인접 토지의 소유자의 권리행사를 사회통념상 수인할 수 있는 범위 내에서 일조권 등 권리행사에 제한을 받게 되어 그 범위 내에서는 일조권 등 권리의 행사에 제한을 받게 되어 그 범위 내에서는 일조권침해의 위법성이 조각된다고 볼 것인바, 과연 피고 회사의 원고들에 대한 위 일조권침해가 원고들이 수인할 수 있는 범위 내의 것인가의 여부에 관하여 보건대, 피고 회사가 비록 건축법상 규정된 최소한의 제한규정을 지켜 이 사건 아파트를 건축하였다 하더라도 최소한 원고들은 1일 일조시간이 동지에는 5시간 내지 9시간, 춘추분에는 1시간 내지 11시간, 하지에는 1시간 내지 9시간의 일조침해를 받았을 뿐 아니라 광열비 등의 과다지출 및 사생활 침해의 손해도 입었다 할 것이므로, 피고 회사의 위와 같은 일조권 등의 침해행위가 원고들의 수인한도 범위 내의 것이라 할 수 없다 할 것입니다.

2. 손해배상책임의 범위

원고들이 위와 같은 피고 회사의 일조권침해행위 및 이로 인한 광열비, 난방비 등의 증가, 환기 및 통풍의 방해 그리고 사생활침해 등으로 인하여 심한 정신적 고통을 받았을 것임은 경험칙상 명백하므로, 피고 회사는 원고들에게 이를 금전적으로 배상할 의무가 있다 할 것인바, 앞서 본 일조권침해의 정도 및 현황, 아파트의 크기, 가격, 피해회피의 가능성, 피고 회사의 손익 등 이 사건 변론에 나타난 제반 사정을 참작하여 살펴보면 그 위자료 액수는, 원고 ㅇ원기(109호), ㅇ성섭(209호), ㅇ동우(309호), ㅇ남석(409호), ㅇ우영(509호), ㅇ은성(609호), ㅇ갑수(709호), ㅇ능제(809호), ㅇ영관(909호)에 대하여 각 금

5,000,000원, 원고 ○상정(1009호), ○동완(1109호), ○용욱(1209호), ○영욱(1309호), ○상우(1409호), ○석우(1509호), ○일권(1609호)에 대하여 각 금 4,000,000원, 원고 ○정석(1709호)에 대하여 금 3,000,000원, 원고 ○배현(1809호)에 대하여 금 2,000,000원으로 정함이 상당할 것입니다.

3. 결 론

그렇다면, 피고 회사는 원고 ○원기, ○성섭, ○동우, ○남석, ○우영, ○은성, ○갑수, ○능제, ○영관에게 각 금 5,000,000원, 원고 ○상정, ○동완, ○용욱, ○영욱, ○상우, ○석우, ○일권에게 각 금 4,000,000원, 원고 ○정석에게 금 3,000,000원, 원고 ○배현에게 금 2,000,000원 및 각 이에 대하여 20○○. 12. 20.부터 이 소장 부본 송달일까지는 민법에 정해진 연 5%, 그 다음날부터 다 갚는 날까지는 소송촉진 등에 관한 특례법에 정해진 연 12%의 각 비율에 의한 지연손해금을 지급할 의무가 있다 할 것입니다.

입 증 방 법

1. 갑제1호증 지적도
1. 갑제2호증 부동산등기부등본
1. 갑제3호증 경계측량도
1. 갑제4호증 현황사진
1. 갑제5호증 ○○○○
1. 갑제6호증 ○○○○

그밖의 것은 변론시 수시 제출하겠습니다.

첨 부 서 류

1. 위 입증방법 2통
1. 납부서 1통
1. 소장부본 1통

20○○. ○. ○.

위 원고들(별지)
소송대리인 변호사 ○ ○ ○ (인)

○○ 지방법원 귀중

[서식 39] 손해배상청구의 소 – 일조권 침해

소 장

원 고 ○○○외 16(별지와 같음)
각 주소 별지 기재와 같음
소송대리인 변호사 ○○○
○○시 ○○구 ○○로 ○○-○○

피 고 1. 주식회사 ○○니엘
○○시 ○○구 ○○대로 ○○
대표이사 ○○○
2. ○○건설산업 주식회사
○○시 ○○구 ○○대로 ○○-○
대표이사 ○○○

손해배상(기)

청 구 취 지

1. 피고들은 연대하여 원고 1에게 15,000,000원, 원고 2에게 15,360,000원, 원고 3에게 16,080,000원, 원고 4에게 15,720,000원, 원고 5에게 16,080,000원, 원고 6에게 16,080,000원, 원고 7에게 16,560,000원, 원고 8에게 16,920,000원, 원고 9에게 17,040,000원, 원고 10에게 17,400,000원, 원고 11에게 17,520,000원, 원고 12, 13에게 각 18,000,000원, 원고 14에게 19,080,000원, 원고 15에게 14,280,000원, 원고 16에게 18,720,000원, 원고 17에게 14,880,000원 및 위 각 돈에 대한 20○○. 4. 30.부터 이 소장 부본 송달일까지는 연 5%, 그 다음날부터 다 갚는 날까지는 연 12%의 각 비율에 의한 돈을 각 지급하라.
2. 소송비용은 피고들의 부담으로 한다.
3. 제1항은 가집행할 수 있다.

라는 판결을 구합니다.

청 구 원 인

1. 기초사실

가. 원고들은 용인시 처인구 (주소 1 생략)외 9필지 소재 ○○아파트(이하 '이 사건 ○○아파트'라고 한다) 105동 중 별지 제1의 '호수', '원고'란 각 기재와 같이 각 해당 세대(이하 '이 사건 각 피해세대'라고 한다)의 소유자이고, 피고 주식회사 ○○니엘(이하

'피고 ○○니엘'이라고 한다)은 ○○시장으로부터 이 사건 ○○아파트의 남쪽에 위치한 ○○시 ○○인구 (주소 2 생략) 외 15필지 지상에 8개동 441세대의 △△△△△ 아파트(이하 '이 사건 가해아파트'라고 한다) 신축공사에 대하여 사업계획승인을 받은 자이고, 피고 ○○건설산업 주식회사(이하 '피고 ○○건설'이라고 한다)는 피고 ○○니엘이 시행하는 이 사건 가해아파트 신축공사에서 아파트를 건축하는 시공사입니다.

나. 피고 ○○니엘은 20○○. 2. 11. 피고 ○○건설과 사이에 이 사건 가해아파트의 신축에 관한 공사도급계약을 체결하였고, 피고 ○○건설은 20○○. 2. 28.경 토목공사에 착수하여 20○○. 4. 30.경 이 사건 가해아파트의 골조공사를 완료하였습니다.

다. 이 사건 각 피해세대가 위치하고 있는 이 사건 ○○아파트 105동은 동서방향으로 길게 I자 모양으로 건축된 20층 건물이고, 이 사건 가해아파트 103동과 105동(각 15층)은 이 사건 각 피해세대의 남쪽에 동서방향으로 길게 I자 모양으로 이 사건 피해세대와 평행하게 위치하고 있으며, 이 사건 각 피해세대와 이 사건 가해아파트와의 이격거리는 최소 33.34㎡, 최대 46.29㎡입니다.

라. 이 사건 가해아파트는 건축법상의 허가요건을 모두 충족하여 적법하게 건축허가를 받아 건축되었고, 특히 일조권 침해와 관련하여 이 사건 가해아파트의 정북방향으로의 인접 대지 경계선으로부터 건물 높이의 1/2 이상을 이격하도록 되어 있는 관련법령 상의 요건을 준수하여 이 사건 각 피해세대의 경계선과 거리를 두고 건축되었습니다.

2. 원고의 주장 및 그 근거

가. 손해배상책임의 발생

(1) 주거용 건물에서 일조, 조망, 사생활 등의 확보는 쾌적하고 건강한 주거생활을 영위하기 위한 필요불가결의 요소이고, 따라서 이는 환경권의 내용으로서 당연히 보호되어야 하므로, 주거용 건물의 소유자는 종전부터 향유하고 있던 일조, 조망, 사생활에 대한 침해가 있는 경우 그 원인을 제공한 자에 대하여 불법행위에 따른 손해배상을 청구할 수 있는 것이나 대도시 인구의 과밀화 및 토지의 효율적 이용을 위한 건물의 고층화경향 등을 고려하여 보면, 주거용 건물의 소유자가 사회공동생활상 일조, 조망, 사생활 침해를 어느 정도 수인하는 것은 불가피하므로, 일조, 조망, 사생활 침해가 사회통념상 일반적으로 인정되는 수인한도를 초과하지 않는 경우에는 위법성이 조각된다고 할 것입니다. 한편 조망은 시야를 상하, 좌우로 이동함으로써, 사생활은 커텐 등으로 이를 차단함으로써 보다 나은 상태를 창출할 수 있음에 반하여 일조시간은 인공적으로 이를 증가할 수 없다는 점 등을 종합하여 고려하여 보면, 위 요소 중 일조시간의 확보가 보다 근본적이고 중요하다 할 것이므로, 일조 침해가 수인한도를 넘으면 조망권 및 사생활 침해가 수인한도 내에 있다 하더라도 전체적으로 수인한도를 초과하는 것으로 보아야 할 것입니다. 또한 일반적으로 건물 신축으로 인하여 이웃토지상의 거주자가 직사광선이 차단되는 불이익

을 받는 경우에 수인한도의 초과 여부는 일조 침해로 인한 피해의 정도, 피해이익의 성질 및 그에 대한 사회적 평가, 가해 건물의 용도, 지역성, 토지이용의 선후관계, 가해방지 및 피해의 회피가능성, 공법적 규제의 위반 여부, 교섭과정 등 모든 사정을 종합적으로 고려해 판단하여야 할 것입니다(대판 1999.1.26. 98다23850).

그런데 ① 건축법 제53조(일조 등의 확보를 위한 건축물의 높이 제한) 제2항, 건축법시행령 제86조(일조 등의 확보를 위한 건축물의 높이 제한) 제2항 제2호에 의하면, 아파트와 같은 공동주택에 대하여 동일한 대지 안에서 2개동 이상의 건축물이 서로 마주보고 있는 경우 동지일을 기준으로 당해 대지 안의 모든 세대가 9시에서 15시 사이에 '2시간 이상' 연속하여 일조를 확보할 수 있다고 인정되는 높이 이하인 경우에 높이 제한의 규정을 적용받지 않는다고 규정하고 있는 점, ② 이 사건 ○○아파트는 주거용 건물로 수도권 지역에 있는 점, ③ 이 사건 가해 아파트가 이 사건 ○○아파트보다 나중에 건축된 점 등을 종합하여 보면, 이 사건 ○○아파트 중 동지일을 기준으로 08:00부터 16:00까지 사이에 총 일조시간이 4시간 이상 확보되는 경우 또는 09:00부터 15:00까지 사이에 연속 일조시간이 2시간 이상 확보되는 경우에는 원고들은 이를 수인하여야 하고, 위 두 가지 중 어느 것에도 속하지 않는 일조 침해의 경우에만 수인한도를 넘는다고 봄이 상당할 것입니다.

(2) 갑6, 7호증의 각 사실등에 의하면, 이 사건 가해아파트가 건축되기 전 이 사건 각 피해세대는 동지일 기준으로 08:00부터 16:00까지 사이의 8시간 모두가 일조시간이었으나, 이 사건 가해아파트가 건축된 후로 이 사건 각 피해세대 중 동지일 기준으로 09:00부터 15:00까지 사이의 6시간 중 일조시간이 연속하여 2시간 이상 확보되는 경우 또는 08:00부터 16:00까지 사이의 8시간 중 일조시간이 통틀어 4시간 이상 확보되는 경우는 한 세대도 없게 되었고, 위와 같이 일조가 침해된 세대에서의 조망침해 증감율도 별지 제3의 기재와 같이 55.39% 내지 91.66% 증가하였으며, 이 사건 각 피해세대에 대한 사생활 침해도 별지 제4의 기재와 같이 악화된 사실을 인정할 수 있을 것입니다.

(3) 앞에서 본 법리와 위 사실에 비추어 보면 피고 ○○니엘은 이 사건 가해 아파트를 신축함으로써 사회통념상 수인한도를 초과하여 원고들의 일조권, 조망권, 사생활보호에 관한 권리를 침해하였고, 이로 인하여 원고들이 입은 손해를 배상할 책임이 있습니다.

(4) 다만, 이 사건 가해아파트 건축에 있어 건축법 등 관계법령에 위반된 사실이 없는 점, 이 사건 각 피해세대들에 대하여 어느 정도 가격하락이 발생하였더라도 그 침해가 수인한도를 넘지 않으면 피고 ○○니엘이 이를 배상할 책임이 없는 점 등 제반사정을 참작하면, 피고 ○○니엘에게 침해로 인한 손해액 전부를 부담시키는 것은 부당하고, 이를 원고들과 피고 ○○니엘이 어느 정도 분담하는 것이 형평의 원칙에 부합한다고 할 것인바, 이 사건 아파트의 일조시간, 조망, 사생활 침해 정도 등 이 사건 변론 과정에 나타난 여러 사정을 고려하면, 원고들에 대한 피고 ○○니엘의 손해배상 책임은 손해액의 70% 정도로 함이 공평의 원칙상 타당하다고 봅니다.

나. 손해배상의 범위

(1) 재산상 손해액

피고 ○○니엘의 위 불법행위로 인하여 원고들이 입은 재산상 손해는 특별한 사정이 없는 한 이 사건 각 피해세대의 시가하락분 상당액이라고 봄이 상당합니다. 한국감정원의 손해액 감정결과 및 보완감정결과에 변론 전체의 취지를 종합하면, 이 사건 가해아파트의 신축으로 인한 일조, 조망 및 사생활침해로 인하여 이 사건 각 피해세대의 교환가치가 별지 제5의 '시가하락액'란 각 기재 금액만큼 감소된 사실, 위 시가하락액에는 일조 침해로 인한 광열비증가, 쾌적성 악화, 심리적 요인 등 모든 악화요인이 고려되어 있는 사실을 인정할 수 있습니다. 따라서 원고들의 재산상 손해액을 원고들 소유 주택의 시가하락액에 따라 계산하면 별지 제5의 '재산상 손해액(원)'란 기개 각 돈이 될 것입니다.

(2) 위자료

① 원고 2, 4, 5, 6, 8, 9, 11, 16, 17에 대하여

피고 ○○니엘의 위와 같은 불법행위로 인하여 위 원고들 소유의 아파트에 위에서 인정한 바와 같은 일조권, 조망권 등의 침해가 발생하여 위 원고들이나 그 가족들이 생활상의 불편은 물론 정신적 고통을 받고 있는 점은 경험칙상 쉽게 인정되므로 피고 ○○니엘은 위 원고들에게 이를 금전적으로 배상할 의무가 있다 할 것인바, 피고 ○○니엘의 불법행위 및 위 원고들에게 발생한 침해의 정도 등 이 사건에 나타난 여러 사정을 종합하면, 피고 ○○니엘이 위 원고들에게 배상하여야 할 위자료의 액수는 별지 제1의 '인용금액(원) 위자료'란 각 기재와 같이 정함이 상당할 것입니다.

3. 결 론

이에 원고들은 청구취지와 같은 재판을 구하고자 본건 소에 이르게 되었습니다.

입 증 방 법

1. 갑제1호증 지적도
1. 갑제2호증 부동산등기부등본
1. 갑제3호증 ○○○○
1. 갑제4호증 ○○○○

그밖의 것은 변론시 수시 제출하겠습니다.

첨 부 서 류

1. 위 입증방법 3통
1. 납부서 1통
1. 소장부본 2통

20○○. ○. ○.

위 원고들(별지)
소송대리인 변호사 ○ ○ ○ (인)

○○ 지방법원 귀중

3. 소음피해

[서식 40] 손해배상청구의 소 – 아파트 층간소음으로 인한 피해

소 장

원 고 1. ○○○
2. ○○○
위 1, 2의 주소 ○○시 ○○구 ○○대로 ○○-○
원고들 소송대리인 변호사○○○
○○시 ○○구 ○○동 ○○번지
(전화번호 : ○○○-○○○○, 팩스번호 : ○○○-○○○○)

피 고 1. ○○○
2. ○○○
위 1, 2의 주소 ○○시 ○○구 ○○대로 ○○

손해배상(기)

청 구 취 지

1. 피고들은 공동하여 원고들에게 각 5,000,000원 및 이에 대하여 20○○. ○. ○.부터 20○○. ○○. ○○.까지는 연 5%의, 그 다음날부터 다 갚는 날까지 연 12%의 각 비율에 의한 금원을 지급하라.
2. 소송비용은 피고들의 부담으로 한다.
3. 제1항은 가집행할 수 있다.

라는 판결을 구합니다.

청 구 원 인

1. 당사자들의 관계

원고들은 부부로서 아들딸과 함께 ○○시 ○○구 ○○아파트 201호에서 거주하고 있고, 피고들 역시 부부로서 아들들과 함께 원고들 위층인 같은 아파트 301호에서 거주하고 있었고, 원고들과 층간소음 분쟁이 계속되던 중 20○○. 10. 4. 이사하였습니다.

2. 원고들과 피고들의 층간소음 분쟁

(1) 피고들은 원고들의 주거지 위층에 거주하면서 20○○. 5. 25.부터 20○○. 11. 24.까

지 사이에 매일 수회에 걸쳐 러닝머신기로 운동을 하기도 하고 야간에 아령을 굴리는 등의 방법으로 45dB에서 최고 72.8dB에 달하는 층간소음을 발생시킨 사실이 있습니다.

(2) 그러던 차에 원고들과 피고들은 20○○. 3.경 피고들의 아파트 세탁실에서 생긴 누수의 원인과 방수시기 등에 관한 다툼으로 감정이 더욱 악화되었고, 그 후 20○○. 5.경부터는 고의적으로 종전보다 더 큰 층간소음을 일으킨 일로 최악의 감정상태로 악화되었습니다.

(3) 원고들의 항의에도 불구하고 피고들의 층간소음이 계속되자 원고들은 부득이 여러 차례에 걸쳐 아파트 관리사무실과 입주자대표회의 등을 통해 피고들의 층간소음 자제를 요청했고 심지어 경찰에 층간소음 피해를 신고하기도 했으나, 층간소음 문제는 여전히 개선되지 않았습니다.

3. 피고들의 층간소음 내역과 손해배상책임

가. 층간소음 내역

(1) 원고들은 20○○. 5.경부터 계속하여 원고들의 소음측정장비(핸드폰)를 이용하여 층간소음을 계측하였는데, 20○○. 1. 26부터 20○○. 10. 4. 사이에 원고들 아파트에서 야간에 여러 차례에 걸쳐 51dB에서 최고 78.2dB의 층간소음이 계측된 사실이 있었습니다.

(2) 원고들은 도저히 참을 수 없어 본건 소를 제기하기 전인 20○○. 6. 5. 피고들을 상대로 가처분신청을 하여 "피고들은 피고들 아파트의 주거에서 1분 평균 40dB 이상, 야간 50dB 이상의 소음진동을 발생시켜서는 아니된다."는 내용의 가처분결정(○○고등법원 20○○. 6. 5.자 20○○라114 결정)까지 받아 놓은 상태입니다(피고들은 위 가처분결정에 대해이의제기를 하였으나, 위 법원에서는 20○○. 8. 5. 위 가처분결정을 인가한 사실이 있었음).

(3) 원고들의 핸드폰을 이용한 소음측정의 경우 소프트웨어, 핸드폰마이크의 상태, 측정방법 등에 따라 그 측정결과가 달라질 가능성이 큰 점은 인정되나 원고들은 오랜 기간 동안 같은 기기를 이용하여 동일한 방법으로 층간소음을 계측해왔고 그 후 전문소음측정기기를 사용하여 비교측정한 결과 유의미한 차이를 보이지 않았으므로 원고들의 소음계측 결과는 신뢰할만하다고 해야 할 것입니다.

나. 층간소음 줄이기 위한 노력의 부존재

피고들은 원고의 항의나 심지어 층간소음을 일으켜서는 안된다는 가처분결정을 받은 후에도 층간소음을 줄이기 위한 아무런 노력을 기울이지 않았습니다.

다. 손해발생 내역

(1) 피고들이 층간소음을 발생시킨 방법, 횟수 및 발생시각 등에 비추어 보면, 피고들의 소음발생 행위는 공동주택에서 생활하는 이웃사이에서 통상적으로 수인해야 하는 범위를 초과하여 원고들의 평온한 사생활을 방해할 정도에 이른다고 할 것이므로 불법행위가 성립한다고 해야 합니다.

(2) 이로 인하여 원고들은 20○○. 1. 26.부터 피고들이 이사한 20○○. 10. 4.까지 사이에 피고들의 수인한도를 넘는 층간소음으로 인하여 정신적인 고통을 받았다는 사실은 경험칙상 명백하다고 해야 할 것이며, 따라서 피고들은 위와 같은 불법행위로 인하여 원고들이 입은 손해를 배상할 의무가 있다고 할 것이고, 그 정신적 고통은 원고들 각자에게 5,000,000원 상당의 금원으로 환산된다고 보입니다.

4. 결 론

이에 피고들은 원고들에게 층간소음을 일으킨 시점인 20○○. 1. 26.부터 피고들이 이사한 시점인 20○○. 10. 4.까지 발생한 원고들의 정신적 고통을 금전으로 환산한 각 5,000,000원 및 이에 대하여 원고들이 피고들에게 내용증명으로 위 손해배상을 청구한 시점인 20○○. ○. ○.부터 이 사건 소장 부본 송달일까지는 연 5%의, 그 다음날부터 다 갚는 날까지 소송촉진 등에 관한 특례법이 정한 연 12%의 각 비율로 계산한 돈을 지급할 의무가 있다고 할 것입니다.

입 증 방 법

1. 갑제1호증	소음계측 결과
1. 갑제2호증	아파트 내부 구조도
1. 갑제3호증	부동산등기부등본
1. 갑제4호증	○○○○
1. 갑제5호증	○○○○
1. 갑제6호증	○○○○

그밖의 것은 변론시 수시 제출하겠습니다.

첨 부 서 류

1. 위 입증방법	3통
1. 납부서	1통
1. 소장부본	2통

20○○. ○. ○.

위 원고 ○ ○ ○ (인)

○○ 지방법원 귀중

[서식 41] 손해배상청구의 소 – 공연소음

소 장

원 고 ○ ○ ○(123456-1234567)
○○시 ○○구 ○○대로 ○○

피 고 1. 주식회사 ○○○○엔터테인먼트
○○시 ○○구 ○○대로 ○○
대표이사 ○○○
2. ○○기획 주식회사
○○시 ○○구 ○○대로 ○○-○
대표이사 ○○○

손해배상(기)

청 구 취 지

1. 피고들은 연대하여 원고에게 15,000,000원 및 이에 대하여 20○○. 2. 25.부터 이 소장부본 송달일까지 연 5%, 그 다음날부터 다 갚는 날까지는 연 12%의 각 비율에 의한 돈을 지급하라.
2. 소송비용은 피고들의 부담으로 한다.
3. 제1항은 가집행할 수 있다.

라는 판결을 구합니다.

청 구 원 인

1. 기초 사실

가. 원고는 20○○. 12. 25. 16:00경 서울 ○○구 ○○동 소재 센트럴시티 6층 밀레니엄홀에서 열린 가수 ○○○의 콘서트(이하 '이 사건 공연'이라 한다)를 관람하러 가서, 무대 중앙 왼쪽에 놓여져 있는 대형스피커로부터 약 10m 정도 떨어져 있는, 맨 앞줄에서부터 7번째 줄인 4구역 91번 좌석에 앉았습니다.

나. 이 사건 공연은 가수 ○○○와 피고 주식회사 ○○○○엔터테인먼트(이하 '피고 회사'라고 한다)가 20○○년 연말에 ○○○의 공연을 개최하기로 합의하였고, 피고 회사는 다시 이 사건 공연의 개최에 관한 모든 업무를 피고 2가 대표로 있는 공연기획사에게 위탁하여 공연을 하게 된 것입니다.

다. 원고는 이 사건 공연 다음날 귓속이 멍한 증세 등으로 이비인후과를 찾아갔는데,

서울대병원 이비인후과 전문의 안용휘로부터 우측 귀의 신경이 파손되는 '돌발성 감각신경성 난청상(이하 '이 사건 상해'라 한다)'을 입었다는 진단소견을 받고, 20○○. 12. 26.부터 20○○. 1. 3.까지 입원치료를 받은 후 퇴원하였으며, 그 이후 같은 해 2월 말까지 수차례에 걸쳐 통원치료까지 받았습니다.

라. 원고는 이 사건 상해를 입기 전 귀에 대한 질병으로 치료받은 적이 없었습니다.

2. 손해배상청구 내역

가. 피고의 손해배상책임의 발생

원고는 주위적으로, 이 사건 공연 시작시 울려 퍼진 팡파르 소리가 갑자기 크게 터져 나와 무대 주변에 앉아 있던 관객들이 모두 놀라 귀를 막고, 공연담당자도 순간적으로 소리를 줄이는 조치를 취할 정도이었는데, 원고는 그 소리에 오른쪽 귀 안쪽에서 무언가 '톡'하는 소리가 들린 후 그때부터 계속해서 '웅'하는 상태가 지속되어 결국 이 사건 상해를 입게 되었는바, 피고들은 이 사건 공연을 기획하고 개최한 자로서 특히 실내에서 개최되고 2,000명 이상의 관객이 입장한 이 사건 공연과 같은 경우에는 모든 관객이 공연을 즐기기 위하여는 음향고도가 높을 수밖에 없고, 그러한 경우 스피커에 가까이 위치한 관객의 청각에 손상을 가할 수 있으므로, 그러한 가능성에 대비하여 스피커와 객석의 거리 등 배치와 스피커의 음향고도의 조절을 적정히 함으로써 스피커의 음향으로 인하여 관객들이 청각에 손상을 입지 않도록 할 주의의무가 있고, 관객들에게 청력에 손상을 입을 수 있다는 위험을 미리 고지할 신의칙상의 고지의무가 있으며, 한편으로는 공연법 제11조, 제12조에 따라 재해대처계획을 신고하거나 공연장에 대한 설계검토나 검사를 받아야 할 의무가 있음에도 이러한 제반 의무를 이행하지 않아 원고가 이 사건 상해를 입었으니 이는 민법 제750조가 정한 불법행위에 해당한다고 봅니다. 그리고 예비적으로 이 사건 상해의 경위에 비추어 이 사건 공연에 제공되어 피고들이 점유하고 있던 공연장과 그 스피커는 통상 갖추어야 할 안전성을 결여하고 있다고 볼 수 있으므로 피고들은 민법 제758조가 정한 공작물 점유자로서의 손해배상책임이 있다고 보입니다.

나. 손해배상의 범위

원고는 위 사고로 인하여 치료비 금 5,000,000원과 정신적 고통으로 10,000,000원의 손해를 입었습니다.

3. 결 론

이에 원고로서는 피고들에 대하여 청구취지와 같은 손해의 배상을 받고자 본건 소에 이르게 되었습니다.

입 증 방 법

1. 갑제1호증 진단서
1. 갑제2호증 소음진동측정치

1. 갑제3호증 ○○○○
1. 갑제4호증 현장배치도
1. 갑제5호증 ○○○○
1. 갑제6호증 ○○○○

그밖의 것은 변론시 수시 제출하겠습니다.

첨 부 서 류

1. 위 입증방법 3통
1. 납부서 1통
1. 소장부본 2통

20○○. ○. ○.

위 원고 ○ ○ ○ (인)

○○ 지방법원 귀중

[서식 42] 손해배상청구의 소 – 사격장 소음

소 장

원 고 ○○○외 119
(별지 1과 같음)
소송대리인 변호사 ○○○
○○시 ○○구 ○○로 ○○-○○

피 고 대한민국
위 법률상대표자 법무부장관 ○○○
(소관 : ○○고등검찰청장)

손해배상(기)

청 구 취 지

1. 피고는 (1) 별지 1 원고들 목록의 순번 1 내지 100까지의 기재 원고들에게 별지 3 손해배상액 산정표의 손해배상액란 기재 각 금원과 이에 대하여 이 소장부본 송달일까지 연 5%, 그 다음날부터 다 갚는 날까지는 연 12%의 각 비율로 계산한 돈을 각 지급하고, (2) 별지 2 원고들 목록의 순번 101내지 120 기재 원고들에게 별지 4 원고별 손해배상액 산정표의 청구금액란 기재 각 금원과 이에 대하여 이 소장부본 송달일까지 연 5%, 그 다음날부터 다 갚는 날까지는 연 12%의 각 비율로 계산한 돈을 각 지급하라.
2. 소송비용은 피고의 부담으로 한다.
3. 제1항은 가집행할 수 있다.

라는 판결을 구합니다.

청 구 원 인

1. 기초사실

가. ○○사격장 설치

피고는 20○○. 12.경 ○○시 ○○읍 ○○리, ○○리, ○○리, ○○리 및 ○○면 ○○리, ○○리, ○○리, ○○리 일대, ○○도 일대에 지상사격장인 ○○사격장 및 해상사격장인 ○○도사격장으로 구성된 공군사격장(이하 '○○사격장'이라 한다)을 설치한 이래, 지상 및 해상 표적물에 대하여 대한민국 공군이 보유한 전 기종 전투기 등에 의한 폭탄투하 및 기총사격 훈련을 실시하고 있습니다.

나. ○○사격장의 훈련현황 및 소음측정결과

감정인이 20○○. 6. 20.부터 20○○. 6. 20.까지 ○○사격장 주변지역의 전투기 훈련으로 인한 소음도를 측정하기 위해 20○○. 7. 24.부터 20○○. 8. 3.까지, 20○○. 8. 12.부터 20○○. 8. 17.까지, 20○○. 10. 21.부터 20○○. 10. 25.까지, 20○○. 2. 20.부터 20○○. 2. 26.까지의 총 18일에 걸쳐 전투기 운항노선별, 단위부락별로 운항소음을 대표하는 17곳을 선택하여 그 각 지점에서 소음을 측정한 결과를 등가소음도(Leq, 일정 시간 내의 변동하는 소음의 평균값) 및 최대소음도(Lmax)에 의하여 평가한 것은 다음과 같습니다.

(1) ○○사격장의 훈련현황

(가) ○○사격장에서의 훈련은 전투기가 주산면 일대를 통과하여 ○○읍에 위치한 지상사격장인 ○○사격장에서 급하강·사격후 급출력·급상승하여 해상사격장인 황죽도사격장 부근을 통과하는 방법으로 행해지고 있는데, 주말과 공휴일을 제외하고 기상조건이 양호한 경우 1주일에 5일 정도, 한달 평균 15일 정도, 1일 평균 3시간 내지 5시간 정도 이루어지며, 훈련시간은 매우 불규칙적이었습니다.

(나) 훈련내용은 주야간 구분없이 연습폭탄 투하 및 연습기총 사격 훈련으로 이루어졌으며, 야간에는 주로 조명탄 투하훈련을 실시하였습니다.

다) 훈련시 1일 평균 사격·폭격 횟수는 15회로서 적게는 2회, 많게는 41회 정도로 매우 불규칙적이며, 1회 사격·폭격시 소요시간은 1분 이내로서 매우 짧은 시간에 이루어지고 간헐적으로 1분 내지 20분 정도 지속되었다. 또한, 사격 횟수는 10:00~17:00까지 및 19:00~21:00까지 사이에 각 시간대별로 1회 내지 15회 정도로 실시하였습니다.

(2) ○○사격장 주변지역의 소음측정결과

(가) 평균 등가소음도 및 평균 최대소음도

전투기의 비행 및 사격·폭격 훈련 등에 의해 발생하는 평균 등가소음도는 67.5dB(A)로서 측정지점에 따라 56.0~75.3dB(A)의 분포를 보이고, 평균 최대소음도는 74.8dB(A)로서 측정지점에 따라 66.7~83.2dB(A)의 분포를 보이는데, 각 측정지점별 구체적 소음수준은 별지 5 소음감정결과 기재와 같습니다(위 소음 측정지점에는 일부 원고들이 거주하는 지역인 주야 1, 2리가 포함되지 않았으나, 주야 1, 2리의 소음수준은 적어도 그에 인접한 주야 3리의 소음수준에 해당한다고 봄이 상당합니다).

(나) 훈련 종류별 소음도

전투기의 훈련비행(선회비행, 통과비행)시 평균 등가소음도는 67.0dB(A)로서 측정지점에 따라 55.8dB~74.2dB(A)의 분포를 보이고, 평균 최대소음도는 74.1dB(A)로서 측정지점에 따라 66.6~81.9dB(A)의 분포를 보이며, 사격·폭격시 평균 등가소음도는 72.9dB(A)로서 측정지점에 따라 61.8dB~81.8dB(A)의 분포를 보이고, 평균 최대소음도는 81.4dB(A)로서 측정지점별로 67.3~95.7dB(A)의 분포를 보이는데, 전투기의 사격·폭격시에 발생하는 소음도는 충격성이 매우 강하고 날카로운 느낌을 주는 경우가 많으며, 훈련비행시보다 평균 등가소음도의 경우 5.9dB(A), 평균 최대소음도의 경우 7.3dB(A) 만큼 더 크게 측정되었습니다.

(다) 고도별 소음도

전투기의 사격·폭격 훈련을 제외한 비행훈련 중 고공비행(전투기의 형태를 육안으로 구분하기 어려운 정도의 고도)시 평균 등가소음도는 65.0dB(A)로서 측정지점에 따라 55.8~73.3dB(A)의 분포를 보이고, 평균 최대소음도는 71.8dB(A)로서 측정지점에 따라 60.7~80.3dB(A)의 분포를 보이며, 하강후 상승(급하강/급상승)시 평균 등가소음도는 73.1dB(A)로서 측정지점에 따라 70.6~75.2dB(A)의 분포를 보이고, 평균 최대소음도는 80.9dB(A)로서 측정지점에 따라 71.5~85.7dB(A)의 분포를 보이며, 중고도 비행시 평균 등가소음도는 70.6dB(A)로서 측정지점에 따라 62.2~76.9dB(A)의 분포를 보이고, 평균 최대소음도는 78.6dB(A)로서 측정지점에 따라 70.3~87.0dB(A)의 분포를 보이며, 저공비행(전투기의 형태를 뚜렷하게 구분할 수 있는 정도의 고도)시 평균 등가소음도는 79.0dB(A)로서 측정지점에 따라 73.0~86.1dB(A)의 분포를 보이고, 평균 최대소음도는 85.8dB(A)로서 측정지점에 따라 77.9~91. 1dB(A)의 분포를 보입니다.

다. 원고들의 거주현황 등

(1) 원고들은 별지 1 원고들 목록 기재와 같이 ○○사격장 주변지역인 ○○ 1, 2, 3리, ○○ 1, 2, 3, 4리, ○○ 2리, ○○ 1, 2리, ○○ 1, 2리, ○○ 2리, ○○ 1, 2리, ○○리 등에 거주하였습니다.

(2) 원고들의 주민등록표상 20○○. 11. 8.부터 20○○. 1. 7.까지 주소지 변동내역은 별지 3 손해배상액 산정표의 '거주지/거주개시일/사유'란 기재와 같습니다(① 주민등록표상 출생등록일이 기재된 경우에는 출생등록일을 기준으로, 그 기재가 없는 경우에는 출생일을 기준으로 하였고, ② 20○○. 11. 8. 이후 ○○사격장 주변지역으로 전입한 경우 그 전입일부터 기재하였으며, ③ 20○○. 11. 8.부터 20○○. 1. 7.까지 사이에 ○○사격장 주변지역 이외의 장소로 전출한 이후 ○○사격장 주변지역으로 다시 전입하기 이전까지의 변동내역은 생략하였고, ④ 전입일자의 기재가 없는 주민등록표는 그 주민등록표상의 다른 기재 또는 변론의 전취지에 의해 그 전입일을 인정하였습니다).

(3) 일부 원고들의 병역의무이행기간은 별지 3 손해배상액 산정표의 '군입대기간'란 기재와 같습니다.

(4) 한편 일부 원고들은 이 사건 소송계속 중 사망하였고, 이에 따라 별지 2 소송수계인 목록의 소송수계인들이 상속인으로서 이 사건 소송을 수계하였습니다.

라. 소음으로 인한 피해

사람이 일정한 수준 이상의 소음에 장기간 노출된 경우 만성적인 불안감, 집중력 저하, 잦은 신경질 등의 정신적인 고통을 입게 되고, 회화방해, 전화통화방해, TV·라디오 시청장애, 독서방해나 사고중단, 수면방해 등 일상생활을 정상적으로 영위하는 데에 많은 지장이 있게 되며, 그 정도가 심한 경우 난청이나 이명 등 신체적인 이상이 나타날 가능성이 있으며, 사격장 주변의 어장에 어획량 감소 및 축산업 등의 피해가 발생할 가능성이 있습니다.

2. **손해배상청구의 근거 및 경위**

가. ○○사격장 주변지역의 소음측정방법의 적정성

감정인은 ○○사격장 주변지역의 소음을 측정하기 위해 전투기 운항노선별·단위 부락별로 운항소음을 대표하는 총 17개 지점을 측정지점으로 선정하여, 각 측정지점에서 최소한 3일 이상씩 최대한 훈련일수 만큼 총 18일간 소음측정을 실시하고, 전투기 운항패턴과 실측한 소음도 등을 비교·검토 및 보정하여 반영한 소음등고선을 작성하였는데, 이는 적절하다고 보입니다.

나. ○○사격장 주변지역의 소음평가방법의 적정성

(1) 구 소음·진동규제법 시행령 제10조의 2(항공기소음의 한도 등) 제1항은 " 법 제42조 제1항의 규정에 의한 항공기소음의 한도는 공항주변인근지역은 항공기소음영향도(WECPNL) 90으로 하고, 기타 지역은 80으로 한다."고 규정하고 있습니다.

(2) 구 항공법 시행규칙 제271조(공항소음피해지역 등의 지정)는 "지방항공청장은 법 제107호 제2항 및 영 제41조 제1항의 규정에 의하여 공항소음피해지역 또는 공항소음피해예상지역을 항공기소음영향도(단위 : WECPNL)에 따라 소음영향도 95이상의 경우 소음피해지역(제1종 구역)으로, 90이상 95미만의 경우 소음피해지역(제2종 구역)으로, 85이상 90미만의 경우 소음피해예상지역(제3종 구역) 가.지구로, 80이상 85미만의 경우 소음피해예상지역(제3종 구역) 나.지구로 지정·고시하여야 한다."고 규정하고 있습니다.

(3) 항공기소음영향도는 20○○년에 국제민간항공기구에 의하여 다수의 항공기에 의해 장기간 연속폭로된 소음척도로서 제안된 것으로, 국제적으로 사용되는 항공기 소음의 평가지표 중 하나인데, 이는 유효감각 소음레벨의 평균값에 소음발생시각 및 계절에 의한 보정을 가하고, 영향이 큰 밤에 운항하는 항공기에 대해 가중치를 부과한 것이 특징이며, 항공기 소음에 노출되는 주민의 반응을 객관적으로 나타낼 수 있어서 공항주변 소음평가에 적절하다는 장점이 있으나, 데시벨{dB(A)}·등가소음도(Leq) 등 비교적 단순한 개념에 비해 새롭고 복잡하며 일반인이 이해하기 곤란하고, 대부분의 공항이 도로 소음 및 각종 생활소음이 혼재하는 주거지에 둘러싸여 있기 때문에 항공기 소음을 다른 환경 소음과 분리하여 취급하는 것은 의미가 없기 때문에 이용을 외면받고 있다. 또한, 국내 연구문헌에 의하면 항공기소음영향도는 군용기가 함께 운용되고 있는 조건에서는 간략화된 항공기소음영향도의 평가척도가 잘 맞지 않았다고 합니다.

(4) 등가소음도는 시간에 따라 변화하는 소음을 하나의 지수로써 나타낼 수 있는 편리한 점이 있고, 소음의 변화폭에 관계 없이 주어진 시간 범위 내의 소음에너지를 평균한 값이기 때문에 물리적 양으로는 객관적이고 정확한 의미를 가진다. 그러나 소음에 대한 인체의 심리적 반응의 경우 소음의 전체적인 에너지뿐만 아니라 소음의 변화폭에 따라서도 달라질 수 있는데, 등가소음도는 소음의 객관적인 크기를

나타낼 수 있으나 시간에 따른 변화폭이 큰 경우에는 소음에 의한 피해를 모두 반영하기에 미흡하다. 따라서, 변동폭이 크지 않은 소음의 경우에는 등가소음도와 최대소음도가 큰 차이를 보이지 않아 문제가 되지 않으나, 충격성 소음과 같이 변동성이 큰 소음일 경우 등가소음도와 최대소음도가 상당한 차이를 나타내므로 최대소음도를 살펴보는 것이 반드시 필요합니다.

(5) 항공기소음영향도는 공항 주변의 항공기 소음만을 대상으로 평가할 때에는 가장 이상적이다. 그러나, ○○사격장과 같이 전투기의 급하강·급상승을 포함한 선회비행, 통과비행, 충격성의 사격·폭격 소음이 복합적으로 발생하는 경우에 등가소음도가 아닌 항공기소음영향도를 평가방법으로 사용하는 것은 전문가 이외에는 그 단위의 크기가 어느 정도인지를 쉽게 인식하기 어려운 면이 있습니다. 따라서, 감정인은 이 사건 감정시 ○○사격장 주변지역의 소음에 의한 영향정도의 평가를 주목적으로 하였기 때문에 등가소음도를 이용하여 평가하였으며 참고적으로 최대소음도를 함께 나타내었습니다.

(6) 이러한 사실로 볼 때, 감정인이 ○○사격장 주변지역의 소음을 항공기소음영향도가 아닌 등가소음도를 이용하여 평가하고 참고적으로 최대소음도를 나타내는 방법으로 평가한 것은 적절하다고 할 것입니다.

다. 원고들이 입은 구체적 소음피해 및 소음의 인체에 대한 영향 등

(1) ○○사격장 주변지역 주민 117명에 대해 소음에 의한 피해나 신체장애에 관한 설문조사를 실시한 결과, 전화통화, 대화, TV·라디오 시청장애, 집중력 방해, 수면 및 휴식방해와 같은 생활상의 방해(80~98%) 뿐만 아니라, 타지역으로 이주 고려, 주택 및 토지 매매시 불편, 가축 피해, 신체적 장애, 자녀가 놀람, 병원진료의 경험(49~88%)이 있는 것으로 응답하였습니다.

(2) 소음에 따른 인체의 반응으로, 사람이 60dB(A)의 소리에 노출되면 조용한 곳에 비해 수면시간이 2배 정도 증가하고, 70dB(A)의 소리에 노출되면 정신집중력이 저하되며, 80dB(A)의 소리에 노출되면 혈관수축반응이 나타나고, 90dB(A)의 소리에 일정기간 노출시 영구적 난청이 될 수 있습니다.

(3) 소음이 40dB(A)을 넘으면 인체에 영향을 미치기 시작하고, 60dB(A)을 넘으면 수면장애를 일으키며, 이 상태에서 10분간 노출되면 위운동이 10% 감소하며, 80dB(A)이면 위운동이 40% 감소하고 위수축강도도 약해진다. 일반적으로 60~70dB(A)에서 말초혈관 수축현상이 일어나며 90dB(A)에서는 모세혈관의 저항이 두배가 되어 심장박출에 부담이 될 뿐 아니라 청각세포의 파괴에 의한 소음성 난청이 발생합니다.

라. 수인한도 초과 여부

(1) 국가배상법 제5조 제1항에 정하여진 '영조물의 설치 또는 관리의 하자'라 함은 공공의 목적에 공여된 영조물이 그 용도에 따라 갖추어야 할 안전성을 갖추지 못한 상태에 있음을 말하고, 여기서 안전성을 갖추지 못한 상태, 즉 타인에게 위해를 끼칠 위험성이 있는 상태라 함은 당해 영조물을 구성하는 물적 시설 그 자체에 있는 물리적·외형적 흠결이나 불비로 인하여 그 이용자에게 위해를 끼칠 위험성이 있는 경우뿐만 아니라 그 영조물이 공공의 목적에 이용됨에 있어 그 이용상태 및

정도가 일정한 한도를 초과하여 제3자에게 사회통념상 참을 수 없는 피해를 입히는 경우까지 포함된다고 보아야 할 것이고, 사회통념상 참을 수 있는 피해인지의 여부는 그 영조물의 공공성, 피해의 내용과 정도, 이를 방지하기 위하여 노력한 정도 등을 종합적으로 고려하여 판단하여야 합니다(대판 2004.3.12. 2002다14242).

(2) 이 사건에서 보건대, 앞서 본 바와 같은, ① ○○사격장 주변지역에서 전투기 훈련으로 발생하는 소음(폭발음, 기총사격소음, 전폭기의 급하강·급상승 등의 소음)은, 공항의 경우와 달리, 매우 날카롭고 충격적인 폭발소음이기는 하나 하루동안 지속적으로 발생하는 것이 아니라 훈련이 행하여지는 시간동안 즉 1일 평균 3시간 내지 5시간 동안 간헐적으로 발생하는 점, ② 소음으로 인하여 원고들이 입은 정신적 고통·생활방해의 정도 및 신체적 피해의 위험성, ③ 원고들 거주지의 지역적 특성, ④ 피고의 소음방지 대책 실시 및 그 적정성, ⑤ ○○사격장의 공공성 및 사회적 가치, ⑥ 소음·진동규제법, 항공법 및 환경정책기본법상의 소음기준, ⑦ 군용기가 함께 운용되고 있는 조건에서는 간략화된 항공기소음영향도의 평가척도가 잘 맞지 않는 점 등 모든 사정을 종합적으로 고려하면, ○○사격장 주변지역의 소음 피해의 수인한도는 평균 등가소음도 70dB(A) 미만이라고 할 것이므로, 적어도 측정지점별 평균 등가소음도 70dB(A) 이상의 소음에 노출된 지역에 거주하는 원고들에 대하여는 수인한도를 초과한 것으로서 위법하다고 봄이 상당하다고 할 것입니다.

3. 결 론

가. 피고의 주장대로 군용사격장에서 실시하는 폭탄투하 및 사격훈련은 통치행위에 해당하고, 항공기의 운항으로 발생하는 소음은 군사작전상 필연적인 결과라 하더라도, 이러한 적법한 행위에 의해 일부 국민이 수인한도를 넘는 특별한 손해를 받고 있음에도 불구하고 국가가 손실보상의 법리에 의해 보상입법을 마련해 보상해 주지 않고 있다면, 수인한도를 넘는 특별한 손해를 입은 일부 국민으로서는 국가를 상대로 불법행위로 인한 손해배상청구를 할 수 있다고 할 것인바, 피고가 ○○사격장 주변지역 주민들의 소음피해에 대해 보상입법을 마련하여 보상해 주고 있다는 점을 인정할 만한 자료가 없는 이상, 원고들로서는 피고에 대해 불법행위로 인한 손해배상청구를 할 수 있다 할 것입니다.

나. 피고는 손해배상책임 면책 또는 감액을 주장하고 있으나, 소음 등을 포함한 공해 등의 위험지역으로 이주하여 들어가서 거주하는 경우와 같이 위험의 존재를 인식하면서 그로 인한 피해를 용인하며 접근한 것으로 볼 수 있는 경우에 그 피해가 직접 생명이나 신체에 관련된 것이 아니라 정신적 고통이나 생활방해의 정도에 그치고, 그 침해행위에 상당한 고도의 공공성이 인정되는 때에는 위험에 접근한 후 실제로 입은 피해 정도가 위험에 접근할 당시에 인식하고 있었던 위험의 정도를 초과하는 것이거나 위험에 접근한 후에 그 위험이 특별히 증대하였다는 등의 특별한 사정이 없는 한 가해자의 면책을 인정하여야 하는 경우도 있을 수 있을 것이나, 일반인이 공해 등의 위험지역으로 이주하여 거주하는 경우라고 하더라도 위험에 접근할 당시

에 그러한 위험이 문제가 되고 있지 않았고, 그러한 위험이 존재하는 사실을 정확하게 알 수 없었으며, 그밖에 위험에 접근하게 된 경위와 동기 등의 여러 가지 사정을 종합하여 그와 같은 위험의 존재를 인식하면서 굳이 위험으로 인한 피해를 용인하였다고 볼 수 없는 경우에는 그 책임이 감면되지 않는다고 봄이 상당하다(대판 2004.3.12. 2002다14242).

다. 손해배상액(위자료)의 산정

앞서 본 바와 같은, ① ○○사격장에서 발생하는 소음이 충격적인 폭발음이고 간헐적으로 발생한다는 특수성, ② ○○사격장 설치 이후 폭격훈련 과정에서 오폭·유탄 등의 사고 내지 폭발사고가 빈번하게 발생하였고, 전폭기 추락으로 인하여 일부 주민이 사망하고 가옥이 손상되는 피해가 산발적으로 발생하였던 점, ③ ○○리사격장 주변지역 주민들이 피고를 상대로 소음피해로 인한 손해배상을 청구한 사건에서 위자료는 월 150,000원 또는 월 170,000원으로 정해졌는데, ○○사격장의 경우 ○○리사격장보다 소음수치가 더 높고, 위 사건 이후 물가상승으로 인해 화폐가치가 하락한 점 등에 비추어, ○○리사격장 주변지역 주민들에 대한 위자료보다 적은 위자료를 인정하는 것은 인간으로서의 존엄과 가치권, 행복추구권(헌법 제10조), 환경권(헌법 제35조), 건강권(헌법 제36조, 제37조) 등을 침해하는 것인 점, ④ 피고가 감정인의 공군폭격장 출입을 불허하였을 뿐 아니라, 전폭기의 종류·폭탄 및 총탄의 종류·훈련상황자료·비행고도 및 항로 등 운항관련자료 등 제출을 거부하였고, 감정인의 소음측정기간 중 고의적으로 전폭기 출격횟수 감축·비행고도 상승·폭탄투하량 및 투하횟수 감축·전폭기 훈련중단 등을 통하여 소음측정수치를 저하시키는 등으로 증거방해를 하였던 점 등을 감안하여, 평균 등가소음도 75dB(A)이상의 소음에 노출된 지역에 거주하는 원고들에 대한 위자료는 월 100,000원, 70dB(A)이상 75dB(A)미만의 소음에 노출된 지역에 거주하는 원고들에 대한 위자료는 월 70,000원으로 정하는 것이 타당하다고 보입니다.

이에 피고는 (1) 별지 1 원고들 목록의 순번 1 내지 100까지의 기재 원고들에게 별지 3 손해배상액 산정표의 손해배상액란 기재 각 금원과 이에 대하여 이 소장부본 송달일까지 연 5%, 그 다음날부터 다 갚는 날까지는 연 12%의 각 비율로 계산한 돈을 각 지급하고, (2) 별지 2 원고들 목록의 순번 101내지 120 기재 원고들에게 별지 4 원고별 손해배상액 산정표의 청구금액란 기재 각 금원과 이에 대하여 이 소장부본 송달일까지 연 5%, 그 다음날부터 다 갚는 날까지는 연 12%의 각 비율로 계산한 돈을 각 지급할 의무가 있다고 할 것입니다.

입 증 방 법

1. 갑제1호증 지적도
1. 갑제2호증 ○○○○
1. 갑제3호증 ○○○○

그밖의 것은 변론시 수시 제출하겠습니다.

첨 부 서 류

1. 위 입증방법 2통
1. 납부서 1통
1. 소장부본 1통

20○○. ○. ○.

위 원고들(별지)
소송대리인 변호사 ○ ○ ○ (인)

○○ 지방법원 귀중

[서식 43] 손해배상청구의 소 – 철도소음으로 가축 사망

소 장

원 고 ○ ○ ○(123456-1234567)
○○시 ○○구 ○○대로 ○○

피 고 1. 한국철도시설공단
○○시 ○○구 ○○대로 ○○
대표자 이사장 ○○○
2. 한국철도공사
○○시 ○○구 ○○로 ○○-○○
대표자 사장 ○○○

손해배상(기)

청 구 취 지

1. 피고들은 각자 원고에게 86,782,277원 및 그 중 13,298,750원에 대하여는 20○○. 12. 31.부터, 73,483,527원에 대하여는 20○○. 10. 5.부터 각 이 소장 부본 송달일까지 연 5%의, 그 다음날부터 다 갚는 날까지 연 12%의 각 비율에 의한 돈을 지급하라.
2. 소송비용은 피고의 부담으로 한다.
3. 제1항은 가집행할 수 있다.

라는 판결을 구합니다.

청 구 원 인

1. 손해배상책임의 발생

가. 당사자의 지위

(1) 원고는 20○○년경 이전부터 별지 부동산 목록 기재 각 부동산에서 한우를 사육하는 농장(이하 '이 사건 농장'이라고 합니다)을 운영하여 왔습니다.

(2) 피고 한국철도시설공단(이하 '피고 공단'이라고 합니다)은 철도산업발전기본법 및 한국철도시설공단법에 의하여 철도시설의 건설 및 관리와 그밖에 이와 관련되는 사업을 효율적으로 시행함으로써 국민의 교통편의를 증진하고 국민경제의 건전한 발전에 이바지함을 목적으로 설립된 법인입니다.

(3) 피고 한국철도공사(이하 '피고 공사'라고 한다)는 한국철도공사법에 의하여 철도운영에 관한 사업의 전문성과 효율성을 높임으로써 철도산업과 국민경제의 발전에 이바지함을 목적으로 설립된 법인입니다.

나. 피고 공단의 철로개통 및 피고 공사의 열차운행

피고 공단이 건설한 ○○신항만 배후철로가 이 사건 농장에서 남서쪽으로 62.5m 떨어진 곳을 지나게 되었고(이 사건 농장 부근을 지나는 위 철로를 이하 '이 사건 철로'라고 한다), 이 사건 철로에서 20○○년 11월부터 열차의 시험 운행을 하고 20○○. 12. 13. 정식으로 개통한 후 1일 24회 정도 열차가 통행하고 있습니다.

다. 열차 운행으로 인한 소음 및 진동

이 사건 철로에서 열차가 운행함으로 인하여 아래와 같은 정도의 소음 및 진동이 발생하여 이 사건 농장에 전달되었습니다.

(1) 열차가 시험 운행 중이던 20○○. 11. 3. 열차의 통행으로 인한 소음을 이 사건 농장에서 측정한 결과는 최대소음도 78dB(A), 5분 등가소음도 67dB(A)였습니다.

(2) 그 후 제1심 감정인 소외 1이 20○○. 10. 10.부터 20○○. 10. 11.까지 24시간시간 동안 열차 통행으로 인한 소음과 진동을 이 사건 농장에서 측정한 결과는 별지 철도 소음·진동 측정 결과 표 기재와 같은데, 이에 따르면 최대소음도는 63.8~81.8dB(A), 5분 등가소음도는 51.0~67.7dB(A)였고, 최대진동도는 39.5~67. 2dB(V), 5분 등가진동도는 29.0~43.7dB(V)였습니다(열차의 통행으로 인하여 이 사건 농장에 발생한 위와 같은 소음·진동을 이하 '이 사건 소음·진동'이라고 합니다).

라. 가축피해 인정기준

소음·진동에 의한 가축피해에 관하여 환경부 산하 중앙환경분쟁조정위원회가 연구성과에 따라 적용하고 있는 '환경피해 평가방법 및 배상액 산정기준'(이하 '환경피해 산정기준'이라고 한다)에 의하면, 가축의 폐사, 유산, 사산, 압사, 부상 등 즉각적인 피해가 발생하는 경우는 Lmax(최대소음·진동도)로 평가하고, 성장지연, 수태율 저하, 산자수 감소, 생산성 저하 등 일정기간 경과 후 피해가 발생하는 경우에는 Leq, 5min(5분 등가소음·진동도)로 평가하는데, 가축피해 인정기준은 소음의 경우 60dB(A) 이상, 진동의 경우 57dB(V) 이상입니다.

마. 소음과 진동이 한우에 미치는 영향

가축이 과도한 소음과 진동에 노출되면 심장박동수와 호흡수가 변화하고 부신피질 호르몬의 분비가 많아지며 말초신경이 축소되어 배란횟수가 줄어들고, 심각한 경우 폐사하거나 조산, 유·사산, 기립부전 및 성장지연이 일어납니다. 그리고 한우는 주로 비육우인데, 비육우의 경우 소음·진동에 의하여 수태율 저하, 체중증가율 감소, 임신우의 유·사산 등이 일어날 수 있습니다.

바. 이 사건 농장의 피해 발생

20○○년 11월 이후 이 사건 농장에서 사육 중인 한우들에 유·사산, 성장지연, 수태율 저하 등의 피해가 발생하였고, 이로 인하여 원고는 20○○. 10. 5.부터는 한우를 모두 처분하고 이 사건 농장을 휴업한 상태입니다.

2. 손해배상청구 내역 및 범위

가. 피고의 손해배상책임의 발생

이 사건 철로에서 열차가 운행함으로써 소음·진동이 발생하였고, 이로 인하여 원고가 사회통념상 수인한도를 넘는 농장업 피해를 입었으므로, 피고 공단과 피고 공사는 공동불법행위자로서 연대하여 원고에게 구 환경정책기본법 제31조 제1항, 환경정책기본법 제44조 제1항 또는 민법 제758조 제1항 또는 민법 제750조에 따라 원고가 입은 손해를 배상할 책임이 있습니다.

나. 손해배상책임의 근거

(1) 관련 법리

구 환경정책기본법 제31조 제1항 및 제3조 제1, 3, 4호에 의하면, 사업장 등에서 발생되는 환경오염으로 인하여 피해가 발생한 때에는 당해 사업자는 귀책사유가 없더라도 그 피해를 배상하여야 하고, 위 환경오염에는 소음·진동으로 사람의 건강이나 환경에 피해를 주는 것도 포함되므로 피해자들의 손해에 대하여 사업자는 그 귀책사유가 없더라도 특별한 사정이 없는 한 이를 배상할 의무가 있다(대판 2001.2.9. 99다55434). 그리고 20○○. 7. 22.부터 시행된 개정 환경정책기본법은 제44조 제1항에서 환경오염 또는 환경훼손으로 피해가 발생한 경우에는 해당 환경오염 또는 환경훼손의 원인자가 그 피해를 배상하여야 한다고 규정하고 있습니다. 그런데 구 환경정책기본법 제31조 제1항과 환경정책기본법 제44조 제1항은 민법 제750조에 대한 특별규정으로서, 사업자 내지 원인자에게 불법행위로 인한 손해배상의무가 있다고 하려면 위법성, 인과관계의 존재 등 불법행위의 일반적인 요건을 갖추어야 할 것입니다. 그리고 위법성의 판단 기준은 그 유해의 정도가 사회생활상 통상의 수인한도를 넘는 것인지 여부인데, 이는 피해의 성질 및 정도, 피해이익의 공공성, 가해행위의 태양, 가해행위의 공공성, 가해자의 방지조치 또는 손해회피의 가능성, 인·허가 관계 등 공법상 기준에의 적합 여부, 지역성, 토지이용의 선후관계 등 모든 사정을 종합적으로 고려하여 판단하여야 합니다(대판 2007.6.15. 2004다37904·37911).

또한 민법 제758조 제1항 소정의 '공작물의 설치 또는 보존의 하자'라 함은 공작물이 그 용도에 따라 갖추어야 할 안전성을 갖추지 못한 상태에 있음을 말하고, 안전성을 갖추지 못한 상태, 즉 타인에게 위해를 끼칠 위험성이 있는 상태라 함은 당해 공작물을 구성하는 물적 시설 그 자체에 있는 물리적·외형적 흠결이나 불비로 인하여 그 이용자에게 위해를 끼칠 위험성이 있는 경우뿐만 아니라, 그 공작물이 이용됨에 있어 그 이용상태 및 정도가 일정한 한도를 초과하여 제3자에게 사회통념상 수인할 것이 기대되는 한도를 넘는 피해를 입히는 경우까지 포함된다고 보아야 하고, 이 경우 제3자의 수인한도의 기준을 결정함에 있어서는 일반적으로 침해되는 권리나 이익의 성질과 침해의 정도뿐만 아니라 침해행위가 갖는 공공성의 내용과 정도, 그 지역환경의 특수성, 공법적인 규제에 의하여 확보하려는 환경기준, 침해를 방지 또는 경감시키거나 손해를 회피할 방안의 유무 및 그 난이 정도 등 여러 사정을 종합적으로 고려하여 구체적 사건에 따라 개별적으로 결정하여야 합니다(위 대법원).

(2) 피고 공단의 손해배상책임 근거

피고 공단은 철도건설, 철도자산관리 등의 사업을 수행하는 법인으로서 이 사건 철로의 건설과 관리를 담당하고 있고, 피고 공사로부터 이용료를 받고 이 사건 철로를 이용하게 하고 있다. 비록 이 사건 소음·진동이 1차적으로는 열차로부터 발생하는 것이기는 하나, 열차의 운행에는 철로가 필수적이고 소음과 진동이 철로를 통하여도 발생하는데다가 철로의 건설과 관리를 모두 피고 공단이 담당하는 이상, 이 사건 철로에서 발생하는 이 사건 소음·진동이 원고에게 수인한도를 넘는 피해를 입히는 경우에는 구 환경정책기본법 제31조 제1항이 정하는 '사업자' 또는 환경정책기본법 제44조 제1항이 정하는 환경오염의 '원인자'로서 이 사건 소음·진동으로 인하여 발생한 원고의 손해를 배상할 책임이 있습니다.

또한 이 사건 철로의 설치·관리자인 피고 공단에게는 이 사건 철로 건설 후 계속적으로 열차 운행으로 인한 소음·진동이 원고에게 수인한도를 넘는 피해를 발생시키지 않도록 하여야 할 주의의무도 있습니다. 따라서 피고 공단은 이 사건 철로에서의 열차 운행으로 인한 소음·진동이 원고에게 수인한도를 넘는 피해를 입힌 경우라면 민법 제758조 제1항에 따라 원고가 입은 손해를 배상할 책임이 있습니다.

(3) 피고 공사의 손해배상책임 근거

피고 공사는 이 사건 철로에서 열차를 운행하면서 화물운송 사업을 영위하고 있고, 이 사건 소음·진동은 이 사건 철로를 열차가 통행하는 과정에서 직접 발생한 것이다. 그리고 비록 피고 공사의 입장에서는 피고 공단이 건설한 철로를 따라 열차를 운행할 수밖에 없지만, 이 사건 철로는 피고 공사의 화물운송 사업을 위하여 건설된 것이고 열차 운행과 관련된 사항에 대한 결정권은 피고 공사에게 있다. 따라서 이 사건 철로를 운행하는 열차에서 발생하는 소음·진동을 방지하는데 필요한 조치를 취할 의무가 철로를 관리하는 피고 공단에게만 있다고 볼 수는 없다. 따라서 이 사건 소음·진동이 원고에게 수인한도를 넘는 피해를 입힌 경우에는 피고 공사도 구 환경정책기본법 제31조 제1항이 정하는 '사업자'로서 또는 환경정책기본법 제44조 제1항이 정하는 환경오염의 '원인자'로서 원고가 입은 손해를 배상할 책임이 있다고 할 것입니다.

다. 소음·진동으로 인한 피해가 수인한도를 초과하는지 여부에 대한 판단

(1) 위 1. 가.항 인정사실 및 거기에 거시된 증거들을 종합하여 알 수 있는 다음과 같은 사정을 종합하여 보면, 이 사건 철로에서의 열차 통행에 따른 소음·진동으로 인한 원고의 농장업에 대한 침해는 그 정도가 사회통념상 일반적으로 수인할 정도를 넘어선 것이라고 볼 것입니다.

(가) 이 사건 농장이 위치한 지역이 항공기가 지나는 구역이므로 항공기 소음이 발생한다 하더라도, 이 사건 철로를 열차가 통행함에 따라 발생한 이 사건 소음·진동이 이 사건 농장의 한우들에게 보다 직접적인 영향을 미친 것으로 보입니다.

(나) 비록 이 사건 소음·진동이 소음·진동관리법이 정한 기준 내에 있다 하더라도 반드시 면책되는 것은 아니고, 소음·진동관리법은 가축에 대한 직접적 피해를

방지하기 위하여 둔 규정은 아니며, 가축에 대한 피해에 대하여는 환경피해 산정기준에서 정한 기준에 의함이 타당한데, 소음의 경우 60dB(A) 이상이고, 진동의 경우 57dB(V) 이상입니다. 그런데 20○○. 11. 3. 측정된 열차의 통행으로 인한 소음이 가축피해 인정기준인 60dB(A)을 초과하였고, 20○○. 10. 측정된 열차의 통행으로 인한 소음의 경우 최대소음도는 31회 모두 60dB(A)을 초과하였고 5분 등가소음도는 20회 중 7회 60dB(A)을 초과하였으며, 20○○. 10. 측정된 열차의 통행으로 인한 진동의 경우 최대진동도는 14회 중 7회 57dB(V)을 초과하였고 5분 등가진동도는 14회 모두 57dB(V)에 미달하였습니다. 따라서 이 사건 철로에서 열차가 운행된 20○○. 11. 이후부터의 열차의 통행으로 인하여 발생하는 소음과 진동이 환경피해 산정기준에서 정한 가축피해 인정기준을 지속적으로 초과하고 있다고 볼 수 있습니다.

(다) 이 사건 소음·진동으로 인하여 이 사건 농장의 한우의 유·사산 등의 피해가 발생하여 원고는 이 사건 농장을 더 이상 운영할 수 없어 휴업을 하였습니다.

(라) 이 사건 농장과 이 사건 철로의 직선거리가 62.5m에 불과함에도 피고들은 이 사건 소음·진동으로 인한 피해 경감을 위하여 아무런 조치를 취한 바가 없습니다.

(마) 이 사건 농장이 소재한 곳의 위치와 그 주변 일대의 토지이용관계.

(2) 따라서 피고들은 위에서 본 손해배상책임 근거에 따라 각자 원고에게 이 사건 소음·진동으로 인하여 원고가 입은 손해를 배상할 책임이 있고, 이 사건 철로에서의 열차 통행 자체가 공익적인 것으로서 열차 통행으로 인한 소음·진동이 불가피하다 하더라도 그 소음·진동의 정도가 사회통념상 수인한도를 넘어 원고에게 손해를 입힌다면 이와 달리 볼 것은 아닙니다.

라. 책임의 제한

앞서 본 사실에 의하면, 다음과 같은 사정, 즉 ① 이 사건 철로를 열차가 20○○. 11. 운행하기 전에 현대산업개발 주식회사가 이 사건 철로 건설 과정에서 발생시킨 소음·진동이 이 사건 농장의 한우들의 유·사산, 수태율 저하, 성장지연 등의 피해에 영향을 미쳤고, 이러한 피해의 결과가 철로가 완공된 이후에도 어느 정도 지속되었을 것으로 보이는 점, ② 이 사건 농장에서 측정한 항공기 소음이 포함된 배경소음도 적지 않은 것으로 보이는데, 항공기 소음도 이 사건 농장에 발생한 피해에 어느 정도 영향을 미쳤을 것으로 보이는 점 등 이 사건 변론에 나타난 제반 사정을 참작하여, 피고들의 책임을 전체 손해액의 90%로 제한함이 타당하다고 봅니다.

3. 손해배상의 범위

가. 이 사건 농장의 한우들에게 발생한 직접적인 손해

(1) 손해액 산정의 기준

원고가 구하는 바에 따라, 20○○. 11. 1. ~ 20○○. 12. 31.을 피해 발생기간으로 하고, 이 사건 농장의 한우 사육 두수는 제1심 감정인 소외 2의 현장조사일인 20○

○. 1. 4.을 기준으로 하여 포유우 2두, 포유송아지 2두, 임신우 3두, 비육우 9두(포유우, 임신우, 비육우 합계 14두의 씨암소를 이하 '종빈우'라 한다), 육성우(비거세) 4두, 육성우(거세) 3두, 송아지 2두 합계 25두로 본다(변론 전체의 취지에 의하면, 20○○. 1. 4. 당시는 그 이전보다 한우의 사육 두수가 줄어든 상태라고 보이므로 원고가 구하는 바에 따라 이와 같이 계산하더라도 불합리하지 않다). 피해액의 산정은 원칙적으로 환경피해 산정기준에 따릅니다.

(2) 한우의 유·사산으로 인한 손해액

종빈우 7두 × 자연유사산 공제율 93% × 송아지 가격 1,641,150원(20○○년 11월 ~ 20○○년 12월 농협 축산물 산지가격 통계자료에 따른 송아지 암수 평균 산지 가격, 이하 한우 가격은 위 통계자료를 적용한다) = 10,683,886원(원 미만 버림, 이하 같다)

(3) 육성우의 성장지연으로 인한 손해액

육성우 7두 × 육성우 가격 2,350,350원 × 성장지연율 8.6%(환경피해 산정기준에서 정하는 5분 등가소음도 67.7dB(A)에서의 피해 발생 예측율을 적용한다) × (피해기간 426일 + 휴유장애기간 30일 적용) ÷ 365일(1년) = 1,767,669원

(4) 수태율 저하로 인한 손해액

종빈우 14두 × 연간 송아지 생산 회전율 96% × 수태율 저하 8.6%(환경피해 산정기준에서 정하는 5분 등가소음도 67.7dB(A)에서의 피해 발생 예측율을 적용한다) × 송아지 가격 1,641,150원 × (피해기간 426일 + 후유장애기간 30일) ÷ 365일 = 2,369,834원

(5) 소 결 론

이 사건 농장의 한우들에게 발생한 직접적인 손해액은 14,776,389원(= 유·사산으로 인한 피해 10,638,886원 + 성장지연으로 인한 피해 1,767,669원 + 수태율 저하로 인한 피해 2,369,834원)입니다.

나. 한우농장 이전비 상당의 손해

(1) 농장의 입지조건 상실에 따른 이전비 배상책임의 발생

방음·방진시설의 설치 등 소음·진동을 저감할 수 있는 조치를 취하지 않는 이상 이 사건 철로를 열차가 운행함으로써 발생하는 소음·진동이 이 사건 농장에 계속 영향을 미치는데, 제1심의 소외 1에 대한 20○○. 12. 5.자 감정촉탁결과에 의할 때, 이 사건 소음·진동을 가축피해 인정기준 이내로 저감할 수 있는 방음·방진시설을 설치하는 데에는 방음벽 6,504,131,400원, 방진벽 220,347,140원, 합계 6,724,478,540원(부가가치세 별도)이라는 고액의 비용이 소요된다는 점을 고려하면, 이 사건 소음·진동으로 인하여 이 사건 농장은 한우 사육시설로서의 입지를 상실하였다고 봄이 상당하다. 따라서 원고로서는 피고들에게 이 사건 농장의 이전비용과 그 이전 과정에서 불가피하게 발생하는 손해를 통상의 손해로서 청구할 수 있다 할 것이고, 만약 이 사건 농장을 이전하는 것이 불가능하다는 등의 특별한 사정이 있다면 그 교환가치 상당액을 통상의 손해로서 청구할 수 있다 할 것이다.

그런데 이 사건 농장은 축사건물로서 물리적으로 이전이 불가능하므로, 이 사건 농장의 교환가치 상당액이 통상의 손해라고 할 것입니다(대판 2011.4.28. 2009다98652)

(2) 이 사건 농장의 교환가치

먼저 위 철골조 축사건물에 관하여 등기면적인 297㎡를 기준으로 당 건축단가 300,000원/㎡(건축물신축단가표와 건물의 구조, 재료 등을 고려하여 산정)를 적용하면 신축비용은 89,100,000원인데, 위 신축비용에서 위 건물의 사용승인일인 20○○. 5. 6.(갑6호증)로부터 휴업일인 20○○. 10. 5.까지 16년 5개월이 경과한 것으로 보고 감가상각비 36,553,275원[= 89,100,000원 × (16 + 5/12, 소수점 셋째 자리 이하 버림, 이하 같다) ÷ 내구연한 주1) 40년]을 빼면 축조비용은 52,546,725원이 됩니다.

다음으로 위 철파이프조 축사 및 창고건물에 관하여는 면적 120㎡에 건축단가 210,000원/㎡(건축물신축단가표와 건물의 구조, 재료 등을 고려하여 산정)를 적용하면 25,200,000원이고, 여기에서 위와 같이 16년 5개월이 경과한 것으로 본 감가상각비 10,338,300원[= 25,200,000원 × (16 + 5/12, 소수점 셋째 자리 이하 버림) ÷ 내구연한 40년]을 빼면 축조비용이 14,861,700원이 됩니다.

따라서 위 각 축조비용에 대한 합계액 67,408,425원(= 52,546,725원 + 14,861,700원)이 이 사건 농장의 교환가치 상당액이라 봄이 상당합니다.

다. 휴업손해

(1) 이 사건 소음·진동으로 인하여 원고가 이 사건 농장에서 더 이상 한우등을 사육할 수 없어 20○○. 10. 5. 휴업하게 되었으므로, 원고가 입은 일실수입은 20○○. 10. 5.부터 이 사건 농장을 다른 곳으로 이전하게 됨으로 인하여 상실하게 된 수입 상당이라고 할 것인바, 이는 이 사건 농장과 유사한 정도의 시설물을 건설하고 정상적인 한우상태를 조성하는 데 드는 기간과 정상적인 노력으로 이 사건 농장을 위한 대체지와 한우 농장시설을 확보하는 데 소요되는 통상의 기간 동안 원고가 상실한 추정 영업손실액의 합계라 할 것입니다.

(2) 먼저 휴업손해로 인정되는 휴업기간에 대하여 보건대, 통상적으로 인정할 수 있는 부지 및 시설의 물색에 걸리는 기간, 거래관행상 부동산 매매계약의 체결 및 이행에 걸리는 기간, 부지구입자금의 마련에 필요한 기간, 행정절차 이행 기간, 이 사건 농장 규모 건축물의 건축 기간, 한우 입식 후 적응에 소요되는 기간 및 이 사건 변론에 나타는 제반 사정을 종합하여 볼 때, 그 기간은 9개월로 정함이 상당합니다.

(3) 다음으로 월 일실이익액에 대하여 보건대, 위에서 본 이 사건 농장의 한우사육현황에 따른 종빈우 14두를 기준으로 월 일실이익액을 계산하면 다음과 같습니다.

(가) 연 매출액 : 14두 × 1년 × 임신기간과 임신주기, 유사산 공제율 등을 고려한 매출가능 비육우 두수 0.9 × 한우의 암수평균 산지가격 3,698,150원 = 46,596,690원

(나) 월 매출액 : 46,596,690원 ÷ 12월 = 3,883,000원(천 원 미만 버림)

(다) 연 비용 : 종빈우 14두 × 1년 × 연간 생산두수에 비육우의 성장기간을 고려하여

산출한 한우두수 1.8 × 두당 사육비 1,080,000원(원고의 두당 사료비 900,000원 + 위 사료비에 20%를 적용한 부대비용 180,000원) = 27,216,000원

(라) 월 비용 : 27,216,000원 ÷ 12월 = 2,268,000원(천 원 미만 버림)

(마) 월 일실이익액 : 3,883,000원 – 2,268,000원 = 1,615,000원

따라서 피고들이 원고에게 배상하여야 할 휴업손해액은 원고가 휴업 후 9개월간 상실된 추정 영업손실액을 휴업 당시의 현가로 환산한 14,239,939원[= 1,615,000원 × 8.8173(9개월의 호프만수치)]이 됩니다.

라. 책임의 제한

(1) 한우들에게 발생한 직접적인 손해 : 13,298,750원(= 14,776,389원 × 90%)

(2) 이전비용 손해 : 60,667,582원(= 67,408,425원 × 90%)

(3) 휴업손해 : 12,815,945원(= 14,239,939원 × 90%)

(4) 합계 : 86,782,277원(= 13,298,750원 + 60,667,582원 + 12,815,945원)

마. 소 결 론

그렇다면, 피고들은 각자 원고에게 손해배상액 합계 86,782,277원 및 그 중 직접적인 손해 13,298,750원에 대하여는 직접적 손해에 대한 불법행위가 종료된 20○○. 12. 31.부터, 73,483,527원(= 이전비용 손해 60,667,582원 + 휴업손해 12,815,945원)에 대하여는 원고의 휴업으로 인하여 불법행위가 종료된 20○○. 10. 5.부터 이 소장 부본 송달일까지 민법이 정한 연 5%의, 그 다음날부터 다 갚는 날까지 소송촉진 등에 관한 특례법이 정한 연 12%의 각 비율에 의한 지연손해금을 지급할 의무가 있다고 할 것입니다.

4. 결 론

이에 원고로서는 피고에 대하여 청구취지와 같은 판결을 구하고자 본건 소에 이르게 되었습니다.

입 증 방 법

1. 갑제1호증 소음측정결과표
1. 갑제2호증 한후가격내역표
1. 갑제3호증 ○○○○
1. 갑제4호증 ○○○○
1. 갑제5호증 ○○○○
1. 갑제6호증 ○○○○

그밖의 것은 변론시 수시 제출하겠습니다.

첨 부 서 류

1. 위 입증방법 3통

1. 납부서 1통
1. 소장부본 2통

20○○. ○. ○.

위 원고 ○ ○ ○ (인)

○○ 지방법원 귀중

[서식 44] 손해배상청구의 소 – 항공기 소음

소 장

원 고 ○○○ 외 2034명(별지 기재와 같음)
각 주소 별지 기재와 같음
소송대리인 변호사 ○○○
○○시 ○○구 ○○로 ○○-○○

피 고 대한민국
위 법률상 대표자 법무부장관 ○○○
(소관 : ○○지방검찰청장)

손해배상(기)

청 구 취 지

1. 피고는 원고들에게 [별지] 청구금액 계산표의 각 해당 배상액란 기재 금원 및 이에 대하여 20○○. 6. 6.부터 이 소장 부본 송달일까지는 연 5%의, 그 다음날부터 갚는 날까지는 연 12%의 각 비율로 계산한 돈을 지급하라.
2. 소송비용은 피고의 부담으로 한다.
3. 제1항은 가집행할 수 있다.

라는 판결을 구합니다.

청 구 원 인

1. 기초사실

가. ○○시 ○○면에 위치한 ○○비행장은 1945년 태평양전쟁이 끝나면서 미국이 일본의 전투비행기지를 접수한 이래 미국의 태평양 미공군사령부 산하 대한민국 주둔 제7공군 제8전투비행단 소속의 미공군비행장으로 설치되었는데, 그 면적은 약 2,200,000평이고, 그 안에 미군 800여명, 미군속과 그 가족 등 20,000여명이 상주하고 있으며, F16, F5 등 60대 이상의 전투기를 갖춘 규모의 2개의 F16 전투부대로 구성된 비행단이 구성되어 있고, 2개의 활주로 중 주활주로는 원고들 중 일부가 거주하는 하제마을부터 산동마을까지 약 2.75㎞ 정도 뻗어 있으며, 20○○. 12.경부터는 국내선 민간항공도 취항하였습니다.

나. 원고들은 ○○비행장이 위치한 ○○시 ○○면의 ○○리(산동, 중제, 하제, 신하제,

구난산, 신난산, 송촌, 장전, 신장원 마을)와 ○○리(○○○ 마을)에 거주하면서 주로 농업, 어업 등에 종사하고 있는데, 원고들의 전입일자는 [별지] 계산표 중 '거주시작시기'란의 기재와 같습니다(다만, 거주기간에 대하여는 주민등록표상의 최종전입일을 기준으로 하되, 현재의 주민등록표상 주소지에 전입하기 이전에 동일 소음구역 내에 거주하였던 사실이 인정되는 원고들에 대하여는 그 전 주소지의 전입일을 최종전입일로 보았습니다).

다. 항공기의 소음

(1) ○○비행장의 항공기 운항횟수

○○비행장에는 F16, F5, F117-A, B737 등과 같은 항공기가 운항하고 있으며, 그 일자별·시간대별 항공기 이륙 횟수는 표 1.과 같습니다.

(2) 항공기 운항 패턴

항공기 소음은 항공기가 운항하는 패턴에 따라 소음도의 변화가 많이 좌우되는 특성을 가지고 있으므로 운항 패턴 중 통과, 선회 및 T&G(TOUCH&GO, 급강하와 급상승) 횟수에 대한 조사결과는 표 2.와 같습니다.

(3) 항공기의 소음측정 단위

항공기 소음을 측정하는 단위로는 WECPNL(Weighted Equivalent Continuous Perceived Noise Level)이 사용되는데, 이는 항공기의 소음이 하루에도 시간대별로 달라지는 점, 같은 크기의 소음이라도 상황이나 시간에 따라 개인이 느끼는 강도가 다른 점 등을 감안하여 한 지역에서 1일 수회 그 소음도를 측정한 다음, 시간대에 따라 가중치를 부여하여 계산한 소음영향도의 단위로서, 구체적인 산정방법은 항공법시행규칙 제273조에 규정되어 있는바, 우리나라에서는 1991. 11. 5. 환경처(지금의 환경부)에서 고시한 '소음, 진동 공정시험방법'에 따라 이를 항공기 소음의 측정단위로 채택하였고, 일본이나 국제항공기구 역시 마찬가지입니다. 한편, 국가 또는 지방자치단체가 법령의 제정이나 행정계획의 수립 및 사업집행시 지켜야 할 환경기준을 정하고 있는 환경정책기본법은 환경소음기준에 관하여 전용주거지역은 주간 50dB, 야간 40dB, 일반주거지역은 주간 55dB, 야간 45dB, 상업지역은 주간 65dB, 야간 55dB, 공업지역은 주간 70dB, 야간 65dB로, 도로변 공업지역은 주간 75dB, 야간 70dB로 각 규정하고 있다(WECPNL값은 dB값에 대략 13을 더한 값과 같습니다).

(4) ○○비행장 주변의 소음 정도

이 사건 감정인 ○선태는 소음피해영향 감정을 하면서 ○○비행장의 항공기로 인한 원고들의 주거지에 대한 소음도를 측정하기 위하여 총 5회(14일)에 걸쳐 남수라를 비롯한 고정지점 3곳과, 28번 국도변을 비롯한 이동지점 32개 지점에서 자동소음측정장비를 사용하여 소음을 측정하였고, 이러한 소음실측결과와 비행 패턴에 대한 조사를 병행한 소음도 분석을 통해 INM(Integrated Noise Model) 모델을 운영하여 작성한 소음측정결과는 표 3.과 등음선도는 표 4.와 같습니다.

(5) 소음으로 인한 피해

사람이 일정한 수준 이상의 소음에 장기간 노출된 경우, 만성적인 불안감, 집중력 저하, 잦은 신경질 등의 정신적인 고통을 입게 되고, 회화방해, 전화통화방해, TV·라디오 시청장해, 독서방해나 사고중단, 수면방해 등 일상생활을 정상적으로 영위하는 데에 많은 지장이 있게 되며, 그 정도가 심한 경우 난청이나 이명 등 신체적인 이상이 나타날 가능성이 있습니다.

2. 손해배상책임의 발생

가. 원고들의 주장

원고들은, 미군이 점유·관리하고 있는 토지의 공작물과 시설인 ○○비행장의 설치·관리상의 하자로 말미암은 항공기의 소음으로 인하여 원고들에게 청력손실, 수면방해, 육아·교육환경의 방해 및 정신적인 고통을 당하는 손해가 발생하였으므로, 피고는 원고들에게 이러한 손해를 배상할 의무가 있다고 주장합니다.

나. 피고의 배상책임 인정근거

먼저, 피고인 대한민국이 미군이 점유·관리하고 있는 ○○비행장의 설치·관리상의 하자로 인한 손해를 배상할 의무가 있는지에 대하여 보면, '대한민국과 아메리카합중국간의 상호방위조약 제4조에 의한 시설과 구역 및 대한민국에서의 합중국군대의 지위에 관한 협정 제23조와 대한민국과 아메리카합중국간의 상호방위조약 제4조에 의한 시설과 구역 및 대한민국에서의 합중국군대의 지위에 관한 협정의 시행에 관한 민사특별법 제2조 제2항에 의하면, 미국군대 또는 한국증원군대가 점유·소유 또는 관리하는 토지의 공작물과 기타 시설 또는 물건의 설치나 관리의 하자로 인하여 대한민국정부 이외의 제3자에게 손해를 가한 때에는 국가가 국가배상법의 규정에 의하여 그 손해를 배상하도록 규정되어 있으므로, 피고는 미군이 점유·관리하는 토지의 공작물과 시설인 ○○비행장의 설치·관리상의 하자로 인한 손해가 발생한 경우 그 손해를 배상할 의무가 있습니다.

다. ○○비행장의 설치·관리상의 하자

다음으로 토지의 공작물과 시설의 설치·관리상의 하자의 개념에 관하여 보건대, 국가배상법 제5조 제1항 또는 민법 제758조 제1항에서 규정하고 있는 영조물(이하에서 영조물은 공작물을 포함하는 개념으로 본다) 설치·관리의 하자, 즉 영조물이 통상 가져야 할 안전성의 결여란, 해당 영조물을 구성한 물적 시설 자체에 존재하는 물리적, 외형적인 결함 또는 불비로 인하여 그 이용자 및 제3자에게 위해를 발생케 할 위험성이 있는 경우뿐만 아니라, 그 공작물이 공공의 목적 등에 이용됨에 있어 그 이용과 관련하여 이용자 및 제3자에게 사회통념상 참을 수 없는 위해를 발생케 할 위험성이 있는 경우도 포함합니다. 그렇다면 ○○비행장이 항공기 운항이라는 공공의 목적에 이용됨에 있어 그 이용과 관련하여 발생한 소음 등의 침해가 인근 주민인 원고들에게 사회통념상 참을 수 없는 위해를 가할 위험성이 있는지 여부에 따라, 피고에게 미군의 ○○비행장의 설치·관리상의 하자에 따른 책임이 있는지 결정될 것입니다.

라. 수인한도(위법성)

(1) 항공기 소음으로 인한 침해가 어느 정도에 이르러야 사회통념상 참을 수 없는 위해를 발생케 할 위험성이 있어 미군의 설치·관리상의 하자가 인정되고, 또한 그것이 원고들에게 위법한 권리침해가 되는지에 관하여 살피건대, 이를 판단함에 있어서는 침해행위의 상태와 침해의 정도, 피침해이익의 성질과 내용, 침해행위가 갖는 공공성의 내용과 정도, 침해행위의 개시와 그 후에 계속된 경과 및 상황과 그 사이에 피해의 방지 또는 경감을 위해 가해자가 강구한 조치의 내용·정도 등의 여러 가지 사정을 종합적으로 고려하여야 하고, 이것을 피해자인 원고들 쪽에서 보면, 이 사건과 같이 침해행위가 일상의 생활을 둘러싼 인격권에 대한 위해인 경우에는 사회생활상 일반적으로 수인하는 것이 상당하다고 인정되는 한도를 초과한 것인지의 여부에 따라 결정되어야 할 것입니다.

(2) 그러므로 구체적인 수인한도는 ① 항공기에 의하여 발생한 소음의 정도, ② 원고들이 입은 피해(정신적 고통의 성질 및 정도, 생활방해의 정도 및 신체적 피해의 위험성), ③ 원고들의 거주지역 및 소음구역의 설정 현황, ④ 항공법상의 소음방지 대책의 실시 및 적정성(미군비행장인 ○○비행장에는 이러한 항공법이 바로 적용되기는 곤란하나, 이는 수인한도를 판단하는 데 있어서 중요한 고려사항이 될 수 있다), ⑤ 침해행위의 공공성 및 사회적 가치(미군비행장의 경우 남과 북이 대립하고 있는 현재의 안보상황과 주한미군과 그 군사장비의 국내 주둔이 우리나라의 국방력에 미치는 영향력이 매우 크다는 점이 고려될 수 있다), ⑥ 원고들 거주지의 지역적 특수성(원고들의 거주지는 일제시대부터 존재하던 비행장의 주변지역이고, 미군이 1945. 이후 50여 년간 비행장으로 사용하고 있는 지역으로서 이러한 지역에서는 다른 일반 주거지역과 달리 토지 이용관계에 있어 특수성을 인정할 수 있다), ⑦ 항공기 소음 이외의 소음원의 존재 등의 요소에 의해 결정됩니다.

(3) 위와 같은 요소들을 종합적으로 고려하여 보면, 이 사건 ○○비행장 주변의 항공기 소음 피해는, 적어도 소음도 80WECPNL 이상의 소음에 노출된 지역{이는 앞서 살펴본 환경정책기본법상의 환경소음기준 중 공업지역의 주간 소음도인 70dB(≒83WECPNL)과 유사한 수치이다}에 거주하는 원고들에 대하여 수인한도를 초과한 것으로서 위법성을 띠는 것이라고 인정함이 상당합니다(환경정책기본법상 소음규제 기준치는 실체법상 일반 국민의 사법상 권리의무를 발생시키는 효력규정이 아닌 환경행정에 있어 정책과 규제 등을 위한 일종의 공법상 기준이라 할 것이므로, 그 기준의 위반 여부가 막바로 사법상의 위법 여부로 되지는 아니한다 할 것이나, 민사법상 위법 여부의 중요한 하나의 기준은 된다 할 것입니다).

마. 소결론

따라서 피고는 '대한민국과 아메리카합중국간의 상호방위조약 제4조에 의한 시설과 구역 및 대한민국에서의 합중국군대의 지위에 관한 협정' 제23조, '대한민국과 아메리카합중국간의 상호방위조약 제4조에 의한 시설과 구역 및 대한민국에서의 합중국군대의 지위에 관한 협정의 시행에 관한 민사특별법' 제2조 제2항 및 국가배상법

제5조 제1항에 의해 소음도 80WECPNL 이상의 소음구역에 거주하는 원고들에 대하여 항공기 운항으로 발생한 소음에 의하여 위 원고들이 입은 손해를 배상할 의무가 있다고 할 것입니다

3. 손해배상책임의 범위

가. 손해액의 산정방법

(1) 우선, 배상청구가 가능한 기간에 대해서 살펴보면, 원래 앞에서 인정한 기준을 초과하는 소음에 노출된 원고들의 거주기간 전부가 배상청구 가능기간이라 할 것인데, 원고들은 위 기간 중에서도 소멸시효를 고려하여 20○○. 6. 6.부터의 침해에 대해서만 손해배상액을 산정하기로 하였습니다(원고들이 거주한 기간을 계산할 때, 그 달의 1일부터 거주하지 않았거나, 그 달의 말일까지 거주하지 않았더라도 그 달 전부를 거주한 것으로 보았습니다).

(2) ○○비행장 주변 지역에서 항공기로 인한 소음의 정도가 수인한도를 초과한 지역은 소음도 80WECPNL 이상의 지역이라 할 것인데, 이에는 소음구역 중 제1종, 제2종, 제3종 "가", "나" 구역이 포함됨은 앞에서 살펴 본 바와 같고, 원고들이 거주하는 각 소음구역별 위자료 액수는, 항공기에 의하여 발생한 소음의 정도, 원고들이 입은 피해, 원고들의 거주지역 및 소음구역의 설정 현황 등을 고려하여, 제2종 구역에 거주하는 원고들에 대하여는 월 금 50,000원, 제3종 구역에 거주하는 원고들에 대하여는 월 금 30,000원으로 봄이 상당합니다.

(3) 한편, 원고들 중에서 ○○비행장에 민간항공이 취항한 20○○. 12. 이후에 자신들의 주거지에 전입한 원고들에 대하여는, 앞서 살펴본 바와 같이 항공기의 소음으로 인한 피해를 인식하거나 과실로 위 사실을 인식하지 못하고 입주하였다고 봄이 상당하므로, 이를 참작하여 20○○. 12. 이후에 전입한 원고들에 대해서는 위 손해액의 30%를 감액하기로 하되, 단 전입사유가 혼인이나, 출생의 경우에는 감액을 하지 않았습니다.

4. 결 론

따라서 원고들의 거주지역, 거주기간, 소음구역, 전입일자 등 구체적 손해배상액을 계산하기 위한 자료 및 그 산정방법은 별지 인용금액 계산표의 해당 기재와 같고, 그에 따른 원고별 구체적 손해배상액(1,000원 미만은 버림)은 〔별지 〕 청구금액 계산표의 각 해당 배상액란의 기재와 같으므로, 피고는 원고들에게 [별지] 청구금액 계산표의 각 해당 배상액란 기재 금원 및 이에 대하여 20○○. 6. 6.부터 이 소장 부본 송달일까지는 연 5%의, 그 다음날부터 갚는 날까지는 연 12%의 각 비율로 계산한 돈을 지급하여야 할 것입니다.

입 증 방 법

1. 갑제1호증　　　　소음측정표
1. 갑제2호증　　　　○○○○

1. 갑제3호증 거주현황도
1. 갑제4호증 현장사진
1. 갑제5호증 ○○○○
1. 갑제6호증 ○○○○

그밖의 것은 변론시 수시 제출하겠습니다.

첨 부 서 류

1. 위 입증방법 2통
1. 납부서 1통
1. 소장부본 1통

20○○. ○. ○.

위 원고들(별지)
소송대리인 변호사 ○ ○ ○ (인)

○○ 지방법원 귀중

[서식 45] 손해배상청구의 소 – 사격장 소음

소 장

원 고 ○○○ 외 20(별지 기재와 같음)
각 주소 별지 기재와 같음
소송대리인 변호사 ○○○
○○시 ○○구 ○○로 ○○-○○

피 고 대한민국
위 법률상대표자 법무부 장관 ○○○

손해배상(기)

청 구 취 지

1. 피고는 별지 1. 도표의 '원고별 각 청구금액' 및 이에 대하여 20○○. 7. 8.부터 이 소장 부본 송달일까지는 연 5%의, 그 다음날부터 다 갚는 날까지 연 12%의 비율에 의한 금원을 지급하라.
2. 소송비용은 피고의 부담으로 한다.
3. 제1항은 가집행할 수 있다.

라는 판결을 구합니다.

청 구 원 인

1. 기초사실

가. 원고들 거주지역에 인접한 사격장의 설치 및 당사자의 지위

(1) 피고는 20○○. 2. 10. 전남 ○○군 ○○면 ○리 85 일대에 상무대 산하 육군기계화학교 소속 전차사격 훈련장을 설치한 이후 현재까지 90㎜, 105㎜, 125㎜ 전차포 사격훈련과 기관총 사격훈련을 각 실시하고 있습니다(이하 '이 사건 전차포사격장'이라 합니다).

(2) 원고들은 이 사건 전차포사격장 주변 우측에 위치한 전남 ○○군 ○○면과 좌측에 위치한 전남 ○○군 ○○면에 현재 거주하는 주민들이거나 거주하다가 사망한 주민들의 상속인들이고(이하 원고들 중 상속인을 제외하고 현재 거주하는 원고들과 상속인인 원고들의 피상속인들을 합하여 '이 사건 주민들'이라 합니다), 이 사건 주민들의 대부분은 현 거주지역(자연녹지지역의 자연취락지구) 내에서 수십년간 농·축산업을 영위하며 생활해 왔으나, 이 사건 주민들 중 일부는 이 사건 전차포사격장이 설립된 이후 별지 1. 도표 중 거주개시일란 각 기재와 같이 최근에 현 거주

지역에 전입하였습니다.

(3) 한편, 이 사건 주민들 중 일부가 이 사건 소송 도중 별지 1. 도표 중 사망일란의 각 기재 일자에 사망하여, 별지표와 같이 그 소송수계인들이 상속하였습니다.

나. 이 사건 전차포사격장의 훈련현황

훈련은 주말과 공휴일을 제외하고 월요일부터 금요일까지 한 달 평균 약 18일 가량으로, 20○○년까지는 주간 및 야간사격을 함께 실시하고, 20○○년부터 20○○년까지는 주간 8시간 동안 아래 표에서 보는 바와 같이 각 사격을 실시하였는데, 20○○년 기준으로 병사들 4,544명이 사격진지 3개소에서 이동표적 4개소 중 2개소를 사용하고, 고정표적 22개소 중 3개소를 사용하여, 연간 266일에 걸쳐 전차포 15,289발, 기관총 290,663발을 각 사격할 예정이었으나, 인근 주민들의 민원과 피탄지 보강공사 등에 의해 아래 표에서 보는 바와 같이 그 사격일수 및 사격발수가 조금씩 감소하였고, 20○○년부터는 특별한 사정이 없는 한 야간사격을 실시하지 않고 주간에만 사격하였으며, 20○○년 현재 기준 각 탄별 사격비율은 105㎜탄 약 70%, 90㎜탄 약 25%, 120㎜탄 약 5%의 각 비율로 사격하였고, 20○○년부터는 오전에만 사격하고 있습니다.

구 분	사격일수	전차포(1일평균)	기관총
20○○년	211일	17,749발(약 84발)	14,789발
20○○년	214일	15,676발(약 73발)	315,466발
20○○년	165일	8,128발(약 49.2발)	217,749발
20○○년	190일	6,843발(약 36발)	187,832발
20○○년	203일	11,191발(약 55발)	243,645발
20○○년	217일	9,796발(약 45발)	251,038발
20○○년	113일	7,854발(약 69.50발)	210,234발

다. 이 사건 전차포사격장 주변의 소음의 정도

(1) 소음측정의 단위 및 영향

(가) 국가 또는 지방자치단체가 법령의 제정이나 행정계획의 수립 및 사업집행시 지켜야 할 환경기준을 정하고 있는 환경정책기본법(단위 : Leq, dB)은 환경소음기준에 관하여 전용주거지역은 주간 50dB, 야간 40dB, 일반주거지역은 주간 55dB, 야간 45dB, 상업지역은 주간 65dB, 야간 55dB, 공업지역은 주간 70dB, 야간 65dB로, 도로변 공업지역은 주간 75dB, 야간 70dB로 각 규정하고 있습니다.

(나) 미국립산업안전보건원이 발행한 자료에 의하면, 사람이 70dB의 소리에 장기간 노출되면 청력에 영향을 받기 시작하고, 80dB의 소리에 8시간 이상 지속적으로 노출되면 청력이 손상될 수 있고, 소음이 심해질수록 안전 노출시간이 줄어들어, 90dB의 소리에는 8시간 이내로 노출되어도 청력이 손상될 수 있고, 100dB의 소리에는 2시간 노출로도 위험하고, 여기에서 5dB이 증가할 때마다 안전 노출시간이 반으로 줄어들며, 120dB의 소리에는 즉각적인 반응이 나타난다고 합니다.

(2) 측정례

(가) ○○남도보건환경연구원이 이 사건 전차포사격장 인근지역의 소음 및 진동의 정도를 각 측정한 결과, 20○○. 9.기준 ① 90㎜ 전차포와 105㎜ 전차포를 각 발사하였을 경우의 소음의 정도는, ○○마을이 각 95Leq ㏈, ○○마을이 각 각 93Leq ㏈, 98Leq ㏈, 상림마을이 각각 78Leq ㏈, 82Leq ㏈로 각 측정되었고, ② 진동의 정도는, 진동 배출허용 기준(60Leq ㏈) 및 생활 진동 기준 범위(65Leq ㏈)를 충족하는 것으로 측정되었으며, ③ 사격장 주변의 민원을 최소화하기 위하여 피고가 구축한 방음진지의 효과를 보기 위해 측정한 20○○. 5. 7.기준의 소음도는 아래 표와 같습니다.

구 분	90㎜		105㎜	
	최저	최고	최저	최고
○○마을	77㏈	80㏈	77㏈	80㏈
○○마을	75㏈	80㏈	76㏈	79㏈
○○마을	70㏈	75㏈	70㏈	72㏈
○○마을	86㏈	93㏈	88㏈	103㏈
○○마을	71㏈	76㏈	74㏈	80㏈
○○마을	59㏈	65㏈	57㏈	63㏈

(나) 국민고충처리위원회는 20○○. 5. 8. 이 사건 전차포 사격의 소음 등으로 인하여 인근 주민들에게 피해가 발생하고 있다는 이유로 이 사건 전차포사격장을 이전하는 것이 바람직하다는 의견을 표명한바 있습니다.

(다) 피고가, 20○○. 2. 5. 자체 실시한 포효관에서 사격할 경우의 소음은 대탄과 연습탄으로 구별하여 ○○마을은 각 79㏈, ○○마을은 각 84㏈, ○○○초등학교는 각각 76㏈, 74㏈, ○○동은 각각 83㏈, 80㏈이었고, 2002.경 주식회사 디비엔지니어링에게 의뢰한 전차포훈련장 소음방지시설 정밀검증용역 결과에 의하면, 1) 105㎜ 전차포를 이 사건 전차포 사격장의 2사선에서 고정표적지에 사격할 경우의 소음도는 별지 표와 같습니다.

2) 105㎜ 전차포를 이 사건 전차포 사격장의 1사선에서 이동표적지에 사격할 경우의 평균 소음도는 ○○마을 최저 69.5㏈에서 최고 74.2㏈, ○○마을 최저 66㏈에서 최고 79.3㏈, ○○마을 최저 62.5㏈에서 최고 76.7㏈이고,

3) 전차포 사격시 측정된 평균 진동레벨은 ○○마을이 39.7㏈ 내지 41.7㏈, ○○마을 36.2㏈ 내지 38.5㏈, ○○마을이 32.3㏈ 내지 35.5㏈이었습니다.

(라) 위 나.항에서 본 이 사건 전차포 사격장의 훈련상황 중 2005년도 사격현황과 같은 상황으로 105㎜ 전차포 70발을 09:33부터 11:20까지 사이에 사격하였을 경우의 소음도를 측정한 결과(기관총 사격시 소음도는 산입되지 않았고, 이 사건 주민들을 별지 1. 도표 중 '측정분류 거주지'란의 각 기재와 같이 6개 지역(구체적인 위치는 별지 2. 측정장소 도면의 영상과 같다)으로 나누어 측정하였으며, 사격시 1시간 등가소음도(Leq : 일정시간 내의 변동하는 소음의 평균값, 괄호 앞부분은 09:32부터 10:32까지, 괄호 안의 부분은 10:33부터 11:33까지의 각

등가소음도를 나타내고, 괄호 안 부분의 등가소음도가 괄호 앞부분의 등가소음도와 비교하여 볼 때 그 수치가 작게 나타난 이유는 사격이 11:20에 종료되어 감소한 것이다.)임)에 의하면, 이 사건 전차포사격장 주변 인근마을의 각 등가소음도는 별지 표와 같고, 사격시 소음의 지속기간은 1발당 약 2분 정도 지속되는 것으로 나타났습니다.

라. 소음 등으로 인한 피해

(1) 사람이 일정한 수준 이상의 소음에 장기간 노출된 경우, 그것도 보통의 소음이 아닌 전차포와 기관총이 발사되면서 나는 매우 충격적인 소음에 노출되는 경우 만성적인 불안감, 집중력 저하, 잦은 신경질 등의 정신적인 고통을 입게 되고, 회화방해, 전화통화방해, TV·라디오 시청장해, 독서방해나 사고중단, 수면방해 등 일상생활을 정상적으로 영위하는 데에 많은 지장이 있게 되며, 그 정도가 심한 경우 난청이나 이명 등 신체적인 이상이 나타날 가능성이 있고, 사격장 주변에서 이 사건 주민들이 사육하고 있는 한우 등에게도 피해가 발생할 가능성이 있습니다.

(2) 이 사건 전차포사격장 설치 이후 현재까지 그 훈련과정에서 유탄, 도비탄 등으로 인하여 일부 주민들이 상해를 입거나 가옥이 손상되는 등 피해가 가끔 발생하였으며, 그 발생지점은 이 사건 전차포사격장 인근 지역에 산재되어 있어, 이 사건 주민들을 포함한 인근 주민들은 유탄 등에 의한 피해를 입지 않을까 불안감을 느끼고 있습니다.

마. 피고의 소음대책

피고는, 20○○. 12.경 이 사건 전차포사격장에 소음방벽 108m를 설치하였고, 20○○. 9.경부터는 야간사격을 21:00에 종료하도록 노력하였으며, 20○○. 8. 26.부터 20○○. 2. 28.까지 도비탄(유탄, 파편) 방지대책으로 피탄지 보강공사를 하였고, 도비방지용 신형탄 및 전차포 소음기 개발을 위한 계획을 수립하고 있습니다. 그러나 전차포 사격시 음의 회절 등으로 인하여 소음방벽의 실효성이 의문시되고, 낙탄에 대한 대책이 아직은 부족한 상태입니다.

2. 손해배상책임의 발생

가. 이 사건 전차포사격장의 설치·관리상의 하자

(1) 먼저 토지의 공작물과 시설의 설치·관리상의 하자의 개념에 관하여 보건대, 국가배상법 제5조 제1항 또는 민법 제758조 제1항에서 규정하고 있는 영조물(이하에서 영조물은 공작물을 포함하는 개념으로 본다.) 설치·관리의 하자, 즉 영조물이 통상 가져야 할 안전성의 결여란, 해당 영조물을 구성한 물적 시설 자체에 존재하는 물리적·외형적인 결함 또는 불비로 인하여 그 이용자 및 제3자에게 위해를 발생케 할 위험성이 있는 경우뿐만 아니라 그 공작물이 공공의 목적 등에 이용됨에 있어 그 이용과 관련하여 이용자 및 제3자에게 사회통념상 참을 수 없는 위해를 발생케 할 위험성이 있는 경우도 포함합니다. 그렇다면 이 사건 전차포사격장이 육군의 전차포 및 기관총 사격이라는 공공 목적의 이용과 관련하여 발생한 소음 등의 침해

가 인근 주민인 이 사건 주민들에게 사회통념상 참을 수 없는 위해를 가할 위험성이 있는지 여부에 따라 피고에게 이 사건 전차포사격장 설치·관리상의 하자가 있는지 결정될 것입니다.

(2) 수인한도(위법성)

(가) 이 사건 전차포사격장에서 이루어지는 전차포 사격 및 기관총 사격 훈련 등으로 인하여 발생한 소음이 어느 정도에 이르러야 사회통념상 참을 수 없는 위해를 발생케 할 위험성이 있어 피고에게 설치·관리상의 하자가 인정되고, 그것이 이 사건 주민들에게 위법한 권리침해가 되는지에 관하여 살피건대, 이를 판단함에 있어서는 침해행위의 상태와 침해의 정도, 피침해이익의 성질과 내용, 침해행위가 갖는 공공성의 내용과 정도, 침해행위의 개시와 그 후에 계속된 경과 및 상황과 그 사이에 피해의 방지 또는 경감을 위해 가해자가 강구한 조치의 내용·정도 등의 여러 가지 사정을 종합적으로 고려하여야 하고, 이것을 피해자인 이 사건 주민들 쪽에서 보면 이 사건과 같이 침해행위가 일상의 생활을 둘러싼 인격권에 대한 위해인 경우에는 사회생활상 일반적으로 수인하는 것이 상당하다고 인정되는 한도를 초과한 것인지의 여부에 따라 결정되어야 할 것입니다.

(나) 그러므로 구체적인 수인한도는 ① 이 사건 전차포사격장에서 이루어지는 훈련으로 인하여 이 사건 주민들의 각 거주지역에 발생하는 각 소음의 정도, ② 이 사건 주민들이 입은 피해(정신적 고통의 성질 및 정도, 생활방해의 정도 및 신체적 피해의 위험성), ③ 소음방지대책의 실시 및 적정성(피고가 위 1.의 마.항에서 본 바와 같이 어느 정도 대책마련을 위한 노력을 하였다고는 하나, 그 실효성에 의문이 있음은 앞서 본 바와 같습니다.), ④ 침해행위의 공공성 및 사회적 가치, ⑤ 이 사건 주민들 거주지의 지역적 특수성(이 사건 주민들이 이 사건 전차포사격장의 설치 당시 자연녹지지역으로 자연취락지구인 이 사건 전차포사격장 인근지역에서 이미 거주하였거나 또는 그 이후에 농·축산업에 종사하기 위해 전입함으로써 그 상주인구가 증가될 것임을 피고로서는 충분히 알 수 있었을 것임에도 충분한 완충지대를 갖추기 위한 노력을 하지 않았던 것으로 보입니다) 등의 요소에 의해 결정된다고 할 것입니다.

(다) 위와 같은 요소들과 이 사건 전차포 사격시 발생하는 소음은 매우 날카롭고 충격적인 소음이어서 그 소음의 정도에 따라 이 사건 전차포 사격장 인근주민들의 정신적 고통 및 생활방해의 정도가 적지 않아 보이는 점(특히, 전차포 사격이 이루어지는 순간의 순간 최고 소음에 의한 정신적 고통이 클 것으로 보이고, 유탄 등으로 인한 불안감도 적지 않아 보임), 그러한 충격적인 순간 소음이, 비록 하루 동안 지속적으로 발생하는 것은 아니라고 할지라도, 사격시 소음, 피탄시 소음, 반사소음으로 1회 사격시 3차례나 청각을 자극하고 그 지속기간이 약 2분에 이르며, 잠시 휴식시간을 갖은 후 하루 평균 약 70여 회에 걸쳐 반복적으로 발생하고, 주말과 공휴일을 제외한 평일에는 거의 매일 반복적으로 발생하였으며, 수십년간 지속되어 온 점, 이와 같은 사격시 소음의 특성과 사격시의 순간 최고 소음도를 등가소음도와 비교하여 보면 그 수치에 큰 차이를 보여,

사격소음을 일반 환경소음도를 나타내는 등가소음도만으로 평가하는 것은 다소 불합리하여 보이는 점, 앞에서 본 이 사건 각 전차포 사격시 소음 측정례는 기관총 사격시 소음도는 각 산입되어 있지 않는 점 등을 종합적으로 고려하여 보면, 적어도 위 1.의 다.의 (2)의 (라)항에서 본 이 법원의 최형일에 대한 감정촉탁 결과상의 사격시 1시간 등가소음도가 69㏈ 이상이고 순간 최고 소음도가 100㏈ 이상의 소음에 노출된 지역에 거주하는 이 사건 주민들에 대하여 수인한도를 초과한 것으로서 위법성을 띠는 것이라고 인정함이 상당합니다. 그리고 이 사건 전차포사격장에서 발생하는 소음이 20○○년까지는 주간 및 야간에 걸쳐, 20○○년과 20○○년에는 오전 및 오후에 걸쳐 각 사격훈련이 행하여지는 시간 동안 발생하였기 때문에 이 사건 전차포 사격시 1시간 등가소음도만을 비교할 경우는 20○○년 이전의 사격시 1시간 등가소음도가 20○○년의 사격시 1시간 등가소음도보다 다소 그 수치가 낮을 수 있다고 할지라도(등가소음도는 일정시간 동안 발생하는 소음의 평균값인바, 20○○년 이전의 사격은 20○○년의 사격과 비교할 때 동일한 사격발수를 보다 장시간에 걸쳐 사격을 하여, 1시간을 기준으로 할 때는 그 사격발수가 적어 소음의 발생빈도가 적을 것이고, 이에 따라 등가소음도가 낮게 나타난다.), 사격시 순간 소음도의 최고치는 20○○년 이전에도 20○○년의 그것과 같을 것이고, 그러한 충격적인 순간 소음의 반복으로 인하여 이 사건 주민들이 입은 정신적 고통의 정도는 20○○년 이전과 20○○년이 크게 다르지 않을 것입니다.

나. 소결론

앞서 본 사실들을 종합하면, 이 사건 전차포 사격시 1시간 등가소음도가 69㏈ 이상이고 순간 최고소음도가 100㏈ 이상인 소음에 노출된 지역인 ○○마을과 ○○·상림마을에 각 거주하는 주민들(별지 1. 도표의 주민들)이 이 사건 전차포사격장의 설치·관리상의 하자로 인하여 신체적·정신적 피해 및 생활방해를 받음으로써 상당한 정신적 고통을 겪었을 것임은 경험칙상 충분히 인정할 수 있으므로, 피고는 위 주민들에 대하여 위 주민들이 입게 된 위와 같은 손해를 금전으로나마 위자할 의무가 있다고 할 것입니다.

3. 손해배상책임의 범위

가. 손해액의 산정방법

(1) 우선, 배상기간에 관하여는 원고들은 소멸시효를 고려하여 20○○. 7. 8. 이후의 침해에 대해서만 손해배상액을 산정하기로 하며, 위 기간 중 위 ○○마을과 ○○·○○마을에 각 거주하는 주민들이 거주한 기간 동안의 침해에 대하여 월단위로 손해배상액을 정하기로 하였습니다(계산의 편의상 월 미만과 원 미만은 버립니다).

(2) 위 주민들에 대한 위자료 액수는 앞에서 본 소음피해의 수인한도를 판단함에 있어 고려한 제반 사정, 노출된 소음의 정도, 거주기간, 거주지역, 위 주민들이 입은 피해 등을 고려하여 월 40,000원으로 봄이 상당합니다.

나. 손해배상액

위 ○○마을과 ○○·○○마을에 각 거주하는 주민들의 거주기간 등 구체적 손해배상액을 산정하기 위한 자료 및 산정방법은 별지 1. 도표의 각 기재와 같고, 그에 따른 이 사건 주민들별 구체적인 손해배상액과 원고들(이 사건 주민들 중 사망한 주민들의 상속인으로서 소송수계인인 원고들 포함)의 구체적인 손해배상액은 같은 도표 기재의 각 청구금액과 같으므로 피고는 이를 지급하여야 할 책임이 있다고 할 것입니다.

4. 결 론

그렇다면 피고는 별지 1. 도표의 원고별 각 청구금액 및 이에 대하여 20○○. 7. 8.부터 이 소장 부분 송달일까지는 연 5%의, 그 다음날부터 갚는 날까지 '소송촉진 등에 관한 특례법'에 정해진 연 12%의 비율에 의한 지연손해금을 지급할 의무가 있다고 할 것입니다.

입 증 방 법

1. 갑제1호증 소음측정표
1. 갑제2호증 ○○○○
1. 갑제3호증 ○○○○
1. 갑제4호증 현황사진
1. 갑제5호증 ○○○○
1. 갑제6호증 ○○○○

그밖의 것은 변론시 수시 제출하겠습니다.

첨 부 서 류

1. 위 입증방법 2통
1. 납부서 1통
1. 소장부본 1통

20○○. ○. ○.

위 원고들 (별지)

소송대리인 변호사 ○ ○ ○ (인)

○○ 지방법원 귀중

[서식 46] 손해배상청구의 소 – 항공기 소음

소 장

원 고(선정당사자) ○○○(123456-1234567)
○○시 ○○구 ○○대로 ○○

피 고 대한민국
위 법률상대표자 법무부장관 ○○○

손해배상(기)

청 구 취 지

1. 피고는 원고(선정당사자) 및 선정자들에게 별지 손해배상내역표 청구금액란 기재 각 해당 금원 및 각 이에 대하여 20○○. 8. 1.부터 이 소장 부본 송달일까지는 연 5%, 그 다음날부터 다 갚는 날까지는 연 12%의 각 비율에 의한 금원을 지급하라.
2. 소송비용은 피고의 부담으로 한다.
3. 제1항은 가집행할 수 있다.

라는 판결을 구합니다.

청 구 원 인

1. 기초 사실

가. 원고 등의 거주지역

원고 등은 별지 손해배상내역표 각 거주지란 기재와 같이 충북 ○○군 ○○읍 ○○리 246-3 ○○○아파트(이하 '이 사건 아파트'라 한다)에 거주하는 자들입니다.

나. ○○공항의 연혁, 현황 및 이용상황

(1) 충북 ○○군 ○○면, ○○읍 일대에 위치한 ○○공항은 20○○. 9. 1. 피고에 의하여 공군 전투비행장으로 개항된 이후, 20○○. 4. 20. ○○ 신공항 건설계획이 결정됨에 따라 중부권 거점공항, 유사시 수도대체공항, 국제화물공항의 기능을 하는 국제공항으로서 20○○. 3. 6. 그 건설공사가 착공되었고 20○○. 12. 20. 준공되었으며, 19○○. 4. 28. 민간항공기의 운항이 개시됨에 따라 국제공항으로 이용되어 왔습니다.

(2) ○○공항은 김포국제공항으로부터 165km, 인천국제공항으로부터 250km, ○○공항공항으로부터 120km 떨어진 국토의 내륙 중심부에 위치하고 있으며, 경부선, 호남선 등 간선철도와 경부, 호남, 중부고속도로 및 주요국도가 분기되는 교통의

요충지에 위치하고 있다. 또한, ○○시내로부터 남쪽으로 6km, 기지 남쪽으로 5km 지점에는 대청댐이 위치하고 있고, 그 사이에 ○○시내를 관통하는 무심천이 남서에서 북으로 흐르며, 서쪽에는 오창산과 차령산이, 북동쪽으로는 두태산이 자리하고 있다. 원고 등이 거주하고 있는 내수읍 지역은 ○○공항으로부터 약 0.7 내지 6.5km 정도 떨어져 있고, 5개의 공동주택 단지와 함께 단독주택이 밀집되어 있는 지역입니다.

(3) ○○공항의 여객터미널 청사의 면적은 22,406㎡로 연간 299만 명을 처리하고 있고, 화물터미널 청사의 면적은 2,257㎡로 국내선 32,000t, 국제선 5,500t을 처리하고 있다. 또한, 이착륙시설로는 활주로의 면적이 2,744m×45m, 2,744m×60m로 연간 196,000회의 비행을 처리하고 있으며, 운항 중인 주요 기종은 F-4, F-5, F-16 전투기, 헬기, 수송기 등이고, 1997. 4. 28. 이후부터는 국내선 민간항공기도 취항하고 있으며 민항기로는 B-737 등이 운항 중입니다.

다. 항공기 운항패턴

○○공항의 항공기 운항패턴은 이륙, 착륙, T&G(Touch & Go), 통과, 선회 등이고, 이륙과 착륙은 주로 남서→북동 방향으로 이루어지고 있습니다.

라. 항공기소음

(1) 항공기소음의 특성

항공기소음은 금속성 고주파음으로 상공에서 다량으로 발생하는 충격음이므로 다른 소음원에 비하여 피해지역이 광범위합니다.

(2) 항공기소음의 기준

소음·진동규제법 제42조 제1항, 같은 법 시행령 제10조의2 제1항은 "환경부장관은 항공기소음이 항공기소음의 한도(공항주변 인근지역: 90WECPNL, 기타 지역: 75WECPNL)를 초과하여 공항주변의 생활환경이 매우 손상된다고 인정하는 경우에는 관계기관의 장에게 방음시설의 설치 기타 항공기 소음의 방지를 위하여 필요한 조치를 요청할 수 있다"고 규정하고 있고, 같은 법 시행령 제10조의2 제2항, 같은 법 시행규칙 제58조의2, 항공법 시행규칙 제271조는 공항주변 인근지역과 기타지역을 다음과 같이 구분하고 있습니다. 즉, 소음진동규제법령상 구분 및 항공법 시행규칙상 구분 구역 소음영향도(WECPNL)는 공항주변 인근지역 소음피해지역에서는 제1종은 95이상, 제2종은 90이상 95미만이며, 기타 지역 소음피해예상지역에서는 제3종 가지구는 85이상 90미만, 나지구는 80이상 85미만, 다지구는 75이상 80미만입니다.

마. 원고 등의 피해

(1) 소음정도

(가) ○○공항에서 운항하는 항공기로 인한 원고 등의 주거지에 대한 소음정도는 별지 손해배상내역표(이하 '표'라고 한다) 소음도란 기재와 같습니다.

(나) 피고는 이에 대하여, 감정인 소외 ○○○의 소음감정 결과는 그 소음측정지점이 환경부 소음측정망 설치지역과 인접하고 있음에도 불구하고, 그 소음실측값

이 환경부의 소음측정망에 의한 소음값과 -11WECPNL 내지 +9WECPNL의 편차를 보이고 있어 신빙성이 없다고 주장하나, 이러한 사정만으로는 위 소음감정 결과가 신빙성이 없다고 단정할 수 없다고 할 것입니다.

(다) 피고는 또한, 감정인 소외 ○○○의 소음감정 결과는 소음영향범위를 예측함에 있어 연속 4일간(실제비행일)의 소음측정자료에 따른 소음등고선과 7일간(휴일 및 정비의 날 포함)의 소음측정자료에 따른 소음등고선을 각각 제시하고 있는 바, 공군의 경우 작전요구도, 기상상태 등의 비행장 여건에 따라 비행계획을 수립하여 운항하기 때문에 비행시각 및 비행횟수 등이 불규칙적이어서 측정기간이 장기적이어야 하므로 연속 7일간의 소음측정자료에 따른 소음등고선에 기초하여 원고 등의 소음도를 정하여야 한다고 주장하므로 보건대, 환경부 고시 소음진동공정시험방법(고시 제2003-221호)에 의하면 소음측정기간을 원칙적으로 연속 7일로 규정하고 있으나, 위 고시에 의하더라도 예외적으로 '당해 지역을 통과하는 항공기의 종류, 비행횟수, 비행경로, 비행시각 등이 연간을 통하여 표준적인 조건일 경우 측정일수를 줄일 수 있다'고 규정하고 있고, 감정인 소외 1의 감정 결과에 의하면 등소음도를 작성함에 있어 민간기를 제외한 군용기의 피해 정도를 평가하는데 목적이 있으므로 최종 소음평가시 민간기는 반영하지 않았고, 이 사건의 경우 실제로 군용항공기에 의한 훈련을 실시하는 기간은 4일이며, 나머지 3일은 휴일 및 정비의 날로 군용항공기가 거의 운행되지 않는다는 점을 인정할 수 있는 바(감정평가서 제59면 및 제66면), 이에 의하면 4일간의 측정자료에 의한 등소음도에 따름이 상당하다고 할 것입니다.

(2) 소음으로 인한 피해

사람이 일정한 수준 이상의 소음에 장기간 노출된 경우, 만성적인 불안감, 집중력 저하, 잦은 신경질 등의 정신적인 고통을 입게 되고, 회화방해, 전화통화방해, TV·라디오 시청장해, 독서방해나 사고중단, 수면방해 등 일상생활을 정상적으로 영위하는 데에 많은 지장이 있게 되며, 그 정도가 심한 경우 난청이나 이명 등 신체적인 이상이 나타날 가능성이 있습니다.

바. 항공기소음대책

일반적인 항공기소음대책으로 크게는 소음발생원 대책, 공항주변 대책이 있고, 소음발생원 대책으로는 저소음 항공기의 도입, 이·착륙 방식 및 절차의 개선, 야간비행제한 등이, 공항주변 대책으로는 완충녹지 조성, 이주비 지원, 주택방음공사 보조, TV 수신장애대책 보조, 순회건○○단 등이 있습니다.

2. 손해배상책임의 발생

가. 설치·관리상의 하자

국가배상법 제5조 제1항 소정의 '영조물의 설치 또는 관리의 하자'라 함은 공공의 목적에 공여된 영조물이 그 용도에 따라 갖추어야 할 안전성을 갖추지 못한 상태에 있음을 말하고, 여기서 안전성을 갖추지 못한 상태, 즉 타인에게 위해를 끼칠 위험성이 있는 상태라 함은 당해 영조물을 구성하는 물적 시설 그 자체에 있는 물리적·외형적 흠결이나 불비로 인하여 그 이용자에게 위해를 끼칠 위험성이 있는 경우뿐만 아니라, 그 영조물이 공공의 목적에 이용됨에 있어 그 이용 상태 및 정도가 일정한 한도를 초과하여 제3자에게 사회통념상 수인할 것이 기대되는 한도를 넘는 피해를 입히는 경우까지 포함됩니다. 따라서 ○○공항이 공공의 목적에 이용됨에 있어 그로 인해 발생한 소음 등의 침해가 인근 주민인 원고 등의 수인한도를 초과하는지 여부에 따라, 위 비행장의 설치·관리상 하자가 있는지 여부가 결정된다고 할 것입니다.

나. 수인한도(위법성)

(1) 수인한도의 기준을 정함에 있어서는 일반적으로 침해되는 권리나 이익의 성질과 침해의 정도뿐만 아니라, 침해행위가 갖는 공공성의 내용과 정도, 그 지역 환경의 특수성, 공법적인 규제에 의하여 확보하려고 하는 환경기준, 침해를 방지 또는 경감시키거나 손해를 회피할 방안의 유무 및 그 난이정도 등 여러 사정을 종합적으로 고려하여 구체적인 사정에 따라 개별적으로 결정하여야 합니다.

(2) ○○공항의 경우 앞서 살펴본 항공기 운항으로 인하여 발생한 소음의 정도, 소음으로 인한 정신적 고통의 성질 및 정도, 생활방해의 정도, 원고 등의 거주지역 현황, 소음방지대책의 실시 및 적정성, 침해행위의 공공성 및 사회적 가치, 항공기 운항현황, 앞서 본 항공기소음규제기준 등을 감안하면, ○○공항 주변의 항공기소음피해가 적어도 소음도 80WECPNL 이상인 경우에 사회생활상 통상의 수인한도를 초과한다고 할 것입니다.

다. 소 결 론

그렇다면 피고는 소음도 80WECPNL 이상의 소음구역에 거주하는 원고 등에 대하여 ○○공항의 항공기 운항으로 발생한 소음에 의하여 위 원고 등이 입은 손해를 배상할 책임이 있습니다.

3. 손해배상책임의 범위

가. 위자료 금액

위자료 액수는 항공기소음의 특성, 소음정도, 비행횟수 및 주된 비행시간, 원고 등의 피해 및 거주지 등을 고려하여, 소음도가 80WECPNL 이상 90WECPNL 미만인 지역 거주자에 대하여는 월 금 30,000원, 소음도가 90WECPNL 이상 95WECPNL 미만인 지역 거주자에 대하여는 월 금 45,000원, 소음도가 95WECPNL 이상 100WECPNL 미만인 지역 거주자에 대하여는 월 금 60,000원으로 각 정하는 것이 타당하다고 봅니다.

나. 피해일수

(1) 원고 등이 배상을 청구하는 거주기간 내에서 실제로 거주한 기간을 피해일수로 하여 이를 월 단위로 환산하여 계산하되, ① 군에 입대한 기간은 제외하며, ② 대학에 재학하는 기간 중 수업기간(매년 3월부터 6월까지의 1학기 및 9월부터 12월까지의 2학기)을 제외합니다.

(2) 원고 등의 거주기간 및 제외기간은 별지 손해배상내역표 거주기간란 및 제외기간란 기재와 같은바, 위 산정기준에 따라 계산한 원고 등의 피해일수는 별지 손해배상내역표 인정개월란 기재와 같습니다.

다. 위험에의 접근 감액

○○공항에 민간항공기가 취항한 19○○. 4. 28. 이후에 자신들의 주거지에 전입한 원고 등의 경우에는 위 손해액의 30%를 감액하되, 전입사유가 혼인이나 미성년자인 경우에는 감액하지 않았습니다.

4. 결 론

위자료 및 기준에 따라 원고 등이 구하는 범위 내에서 계산한 원고 등의 구체적 손해배상액은 별지 손해배상내역표 인용금액란 기재와 같은바, 피고는 원고들에게 별지 손해배상내역표 청구금액란 기재 각 해당 금원 및 위 각 금원에 대하여 불법행위일인 20○○. 8. 1.부터 이 소장 부본 송달일까지는 민법이 정한 연 5%, 그 다음날부터 다 갚는 날까지는 소송촉진 등에 관한 특례법이 정한 연 12%의 각 비율에 의한 지연손해금을 지급할 의무가 있다고 할 것입니다.

입 증 방 법

1. 갑제1호증 소음감정표
1. 갑제2호증 ○○○○
1. 갑제3호증 ○○○○
1. 갑제4호증 현황사진
1. 갑제5호증 ○○○○
1. 갑제6호증 ○○○○

그밖의 것은 변론시 수시 제출하겠습니다.

첨 부 서 류

1. 위 입증방법 2통
1. 납부서 1통
1. 소장부본 1통

20○○. ○. ○.

위 원고(선정당사자) ○ ○ ○ (인)

○○ 지방법원 귀중

[서식 47] 손해배상청구의 소 – 헬기소음으로 인한 타조 폐사

소 장

원 고 ○ ○ ○
○○시 ○○구 ○○대로 ○○

피 고 대한민국
위 법률상대표자 법무부장관 ○○○

손해배상(기)

청 구 취 지

1. 피고는 원고에게 금 54,405,000원 및 그 중 금 7,425,000원에 대하여는 20○○. 3. 6.부터, 금 42,000,000원에 대하여는 20○○. 3. 5.부터, 금 4,980,000원에 대하여는 20○○. 2. 23.부터 각 20○○. 7. 4.까지는 연 5%, 그 다음날부터 다 갚는 날까지는 연 12%의 각 비율에 의한 금원을 지급하라.
2. 소송비용은 피고의 부담으로 한다.
3. 제1항은 가집행할 수 있다.

라는 판결을 구합니다.

청 구 원 인

1. 기초사실

(1) 주한미공군 ○○작전사령부 ○○○ 특수작전전대 ○○특수작전대대 소속 엠에이취53(MH-53)기종의 헬기가 20○○. 2. 1.과 같은 달 5. 저녁 8시경 원고가 경영하는 충남 (상세 주소 생략) 소재 타조농장 상공을 100피트 이하로 저공비행하였는데, 위 헬기의 소음정도는 61m 이격거리에서는 90dB(A) 이상, 152m 이격거리에서는 80dB(A) 이상에 이릅니다.

(2) 위 타조농장에 있던 타조들이 그 비행소음에 놀라 서로 부딪히는 등 열상 및 타박상을 입었는데, 원고는 ① 그 치료비로 20○○. 2. 5. ~ 같은 달 7. 각 금 730,000원, 같은 달 8~ 같은 달 14. 금 3,360,000원, 같은 해 3. 6. 금 1,275,000원, ② 검안서 등 비용으로 같은 해 3. 5. 금 600,000원 합계 금 7,425,000원을 지출하였습니다.

또한, 위 소음으로 인해 외상을 입은 타조 10마리(시가 합계 42,000,000원 = 6년생 타조 6마리 × 6,000,000원 + 1년생 타조 4마리 × 1,500,000원)가 20○○. 2. 14.부터 같은 해 3. 5.까지 별지 목록 기재와 같이 스트레스로 인한 식욕부진 등으로 인해

폐사하였습니다.

(3) 원고는 20○○. 2. 17.부터 같은 달 23.까지 타조들이 놀라 뛰는 바람에 파손된 농장 울타리 등을 수리하는 비용으로 합계 금 4,980,000원(= 철근비용 1,480,000원 + 인건비 3,500,000원)을 지출하였습니다.

(4) 타조의 특성상 신경이 날카롭기 때문에 평소에 느끼지 못한 소음을 접하게 되면, 놀라서 뛸 수 있고, 스트레스를 받아 폐사할 수 있으며, 그외 산란율 감소, 수정률 감소, 설사, 탈장, 외상 등의 피해가 발생할 수 있다. 한편, 원고의 위 타조농장 주위에는 별다른 소음원이 없습니다.

2. 손해배상청구 내역

위 인정 사실에 의하면, 주한미군이 야간에 헬기훈련을 함에 있어 소음으로 인하여 제3자가 피해를 입지 않도록 주의할 의무가 있음에도 불구하고 이를 위반하여 피해에 대한 아무런 예방조치 없이 야간에 타조농장이 있는 곳을 저공비행함으로써 원고로 하여금 위와 같이 타조폐사 등의 손해를 입게 하였는바, 피고는 '대한민국과 아메리카합중국 간의 상호방위조약 제4조에 의한 시설과 구역 및 대한민국에서의 합중국군대의 지위에 관한 협정(이하 '한미행정협정'이라 한다)' 및 제23조 및 '한미행정협정의 시행에 관한 민사특별법' 제2조 제1항과 국가배상법 제2조 제1항에 따라 주한미군 소속 헬기의 비행으로 인하여 원고가 입은 손해를 배상할 의무를 부담합니다.

3. 결 론

따라서 피고는 원고에게 손해배상금 54,405,000원(= 치료비 7,425,000원 + 폐사한 타조손해 42,000,000원 + 농장수리비 4,980,000원) 및 그 중 금 7,425,000원에 대하여는 20○○. 3. 6.부터, 금 42,000,000원에 대하여는 20○○. 3. 5.부터, 금 4,980,000원에 대하여는 20○○. 2. 23.부터 이 소장 부본 송달일까지는 민법이 정한 연 5%, 그 다음날부터 다 갚는 날까지는 소송촉진 등에 관한 특례법이 정한 연 12%의 각 비율에 의한 지연손해금을 지급할 의무가 있습니다.

입 증 방 법

1. 갑제1호증	소음감정표
1. 갑제2호증	타조현황표
1. 갑제3호증	○○○○
1. 갑제4호증	타조시가감정서
1. 갑제5호증	○○○○
1. 갑제6호증	○○○○

그밖의 것은 변론시 수시 제출하겠습니다.

첨 부 서 류

1. 위 입증방법	2통
1. 납부서	1통
1. 소장부본	1통

20○○. ○. ○.

위 원고 ○ ○ ○ (인)

○○ 지방법원 귀중

[서식 48] 손해배상청구의 소 – 공장작업 소음(이명피해)

소 장

원 고 1. ○ ○ ○
○○시 ○○구 ○○대로 ○○
2. ○ ○ ○
○○시 ○○구 ○○대로 ○○
3. ○ ○ ○
○○시 ○○구 ○○대로 ○○
4. ○ ○ ○
○○시 ○○구 ○○대로 ○○

피 고 주식회사 ○○레미컨
○○시 ○○구 ○○대로 ○○

손해배상(기)

청 구 취 지

1. 피고는 원고 1에게 금 7,591,884원, 원고 2에게 금 800,000원, 원고 3, 4에게 각 금 400,000원 및 각 이에 대한 20○○. 9. 1.부터 이 소장 부본 송달일까지는 연 5%의, 그 다음날부터 완제일까지는 연 12%의 각 비율에 의한 금원을 지급하라.
2. 소송비용은 피고의 부담으로 한다.
3. 제1항은 가집행할 수 있다.

라는 판결을 구합니다.

청 구 원 인

1. 기초사실

(1) 원고 1은 20○○. 3. 피고 회사에 입사하여 그 때부터 20○○. 2.경까지는 ○○시 ○○동 511의 1 소재 피고 회사 ○○사업소 내 ○○리공장에서, 그 후 20○○년경까지는 피고 회사 ○○동공장에서, 그 후 20○○. 11.경까지는 ○○시 ○○동 45의 1 소재 피고 회사 ○○사업소 내 ○○공장에서, 그 후 20○○. 5. 30.경까지는 다시 위 ○○리공장에서 판금공으로 레미콘차량의 믹서탱크브레이드철판보강작업 및 트럭적재함보강작업 등을 하여 왔는데, 20○○. 3.경부터 청각에 이명현상 등의 이상이

있어 오다가 20○○. 2. 23. 양측 귀에 이명 및 4,000KHz에서 우측 귀에 55데시벨, 좌측 귀에 65데시벨의 청력손실이 있는 소음난청이 있음이 밝혀졌습니다.

(2) 위 원고가 피고 회사에 입사할 당시 위 원고의 청력을 비롯한 건강상태는 정상이었습니다.

(2) 위 원고의 양측 귀의 이명 및 고음영역에서의 난청은 직업병의 일종으로서 일반적으로 소음노출에 의한 것이며, 그 소음노출의 형태로는 장기간에 걸쳐 작업장 등의 소음에 노출됨으로써 발생하며, 소음하에서의 작업시간이 길수록, 강렬한 소음에 노출될수록 고도의 난청증세를 보이고 일단 난청증세를 보인 후 계속하여 소음하에서 작업하면 그 증세가 더욱 진전되는 것으로 알려져 있습니다.

(4) 피고 회사에서 위 원고와 같은 판금공은 보통 1일 8시간을 기준으로 하여 근무하게 되어 있으나 실제로는 몇시간씩 연장근무나 야간근무를 하였고, 그 작업시간중 1/3정도는 판금작업을, 2/3정도는 용접작업을 하였으며, 그중 판금작업 내용은 일반적으로 작업자들이 망치로써 하는 레미콘의 범퍼 및 슈트판금, 철판절곡, 철판판금, 믹싱드럼 판금작업 등인데, 위 작업들은 모두 강렬한 소음이 발생하는 작업들이고, 특히 위 부천공장은 원고 회사에서 제일 큰 정비공장으로 작업량도 많고 그 작업내용도 규모가 큰 판금작업을 하였는데, 위 원고는 부천공장에서는 하루 11-12시간 정도 작업을 하였으므로 위 원고는 매일 평균 4시간 정도 위 소음에 노출되는 셈이 되고, 위 교문리공장은 예방정비부로서 비교적 가벼운 판금작업을 하였는데 위 원고는 그곳에서 매일 평균 2시간 남짓 위 소음에 노출되는 셈이 됩니다.

(5) 20○○. 12. 27. 위 ○○공장 판금작업장 내의 작업별소음도측정을 한 결과에 의하면, 레미콘차량의 찌그러진 철판(범퍼)을 펴는 판금작업시 발생되는 소음의 수준은 평균측정치 110데시벨, 순간최고측정치 115데시벨이고, 슛트판금시 발생하는 소음수준은 평균측정치 115데시벨, 순간최고측정치 120데시벨이며, 철판절곡작업시 발생하는 소음수준은 평균측정치 115데시벨, 순간최고측정치 125데시벨이고, 철판판금시 발생하는 소음수준은 평균측정치 120데시벨, 순간최고측정치 130데시벨이었으며, 한편 20○○. 10. 16. 위 ○○리공장 판금작업장 내의 작업별소음측정을 한 결과에 의하면, 마후라파이프산소절단작업시 발생하는 소음수준은 평균 90데시벨(87－93), 망치작업시 발생하는 소음수준은 평균 96데시벨(95－97), 미션탈착작업시 발생하는 소음수준은 평균 83데시벨(80－86), 에어복스작업시 발생하는 소음수준은 평균 97데시벨(94－100) 정도이었으므로 이에 비추어 볼 때 20○○. 3.경부터 20○○. 5.경까지 사이에 위 각 공장의 작업환경이 특별히 개선 또는 악화되었다고 볼 만한 자료가 없는 이상 위 원고가 위 부천공장에서 근무하였던 20○○년경부터 20○○. 11.경까지 사이에 있어도 앞서 본 정도의 소음이 발생하였고, 위 ○○리공장에서 근무하였던 20○○. 3. 5.부터 20○○. 2.경까지 및 20○○.11.경부터 20○○. 5.경까지 사이에 있어서도 앞서 본 정도의 소음이 발생하였을 것이 추정된다고 할 것입니다.

(6) 그런데 산업재해의 예방과 근로자의 안전 및 보건을 유지, 증진함을 목적으로 제정되

고 위 원고가 피고 회사의 위 각 공장에서 근무하던 기간 동안 시행되던 20○○. 1. 20.자 노동부 고시 1호 "작업환경측정방법"은 소음발생 작업장에서의 소음의 허용농도를 노출시간이 8시간일 때 90데시벨, 4시간일 때 95데시벨, 2시간일 때 100데시벨, 1시간일 때 105데시벨, 1/2시간일 때 110데시벨, 1/4시간일 때 115데시벨 등으로 제한하고, 그 허용농도의 개념을 근로자가 유해물질에 노출되는 경우 당해 유해물질의 공기 중의 농도가 기준치 이하를 유지할 때에는 거의 모든 근로자에게 신체상 악영향을 미치지 않는 농도를 말한다(위 고시 제15조)고 규정하고 있는바, 앞서 본 위 부천공장 판금작업장 내에서의 판금작업시 발생되는 소음수준은 그 노출시간과 소음정도에 비추어 위 노동부 고시에 의한 소음수준의 허용농도를 초과하는 것임은 수리상 명백하고, 따라서 그 소음은 위 원고에게 신체상 악영향을 미칠 위험이 있다고 할 것입니다.

(7) 그런데 소음성난청은 근로기준법시행령 제54조 제12호가 예시하는 바와 같이 직업병의 하나로서 장기간에 걸쳐 서서히 그 병세가 진전, 악화되는 것이라는 점과 근로관계의 특수성에 비추어 건강상 유해한 장소에서 근로자를 고용, 근로케 하는 사업주로서는 근로자의 안전과 건강을 위하여 근로자에 대하여 적어도 산업안전보건법 및 동법 시행규칙이 정하는 바와 같은 정도의 조치를 취함으로써 근로자들을 산업재해로부터 보호하여야 할 의무가 있다고 할 것이고, 따라서 피고 회사로서는 첫째로, 작업방법이나 기계기구의 개선을 통하여 소음발생원인을 제거하도록 노력하여야 하고(구 산업안전보건법시행규칙 제343조), 둘째로, 근로자에게 귀마개, 귀덮개 등의 보호구를 충분히 지급하고, 안전보건교육을 통하여 이의 착용을 독려, 감독함은 물론(구 산업안전보건법 제23조 제1항, 동법 시행규칙 제14조 제3항 , 제353조 제3항), 셋째로, 매년 정기적인 건○○단을 실시하여 근로자의 청각의 이상 유무를 면밀히 점검하고 그 결과를 근로자 본인에게 통보하여 근로자 스스로 자신의 건간상태를 확인할 수 있도록 하여야 하며(구 산업안전보건법 제32조 제1항 , 동법 시행규칙 제43조 제2항), 넷째로, 그럼에도 불구하고 소음에의 노출이 억제되지 않거나 근로자의 청각에 이상이 초래되었을 때에는 소음의 발생이 적은 작업과 그렇지 않은 작업을 순환근무케하는 등의 방법으로 작업장소의 변경, 작업자체의 전환을 도모하고 작업시간을 단축시키는 등으로 근로자가 소음에 장기간, 계속적, 반복적으로 노출되는 일이 없도록 조치를 취하였어야 할 것입니다. 그런데, 피고 회사는 위 원고의 근무기간을 통틀어 이를 게을리하여, ① 위 원고를 비롯한 판금반의 근로자들이 흔히 솜을 귀마개대용으로 사용해 왔음에도 불구하고 20○○년 이후에야 비로소 귀마개를 지급하기 시작했고, 귀마개를 지급하기는 하였으나 위 원고를 포함한 판금공들이 귀마개를 목에 걸고 다니다가 작업시 이를 착용하여야 하기 때문에 귀찮고 불편하다는 이유로 그 착용을 기피하고 있었음에도 그 착용을 독려, 감독한 바가 없으며, ② 그 소속의 위 원고를 포함한 판금반 근로자들에게 난청방지를 위한 아무런 안전교육을 시키지 않았고, ③ 위 원고로부터 이명현상 및 불면증상태에 대한 호소를 수차 받고도 몸이 약해서 그런

현상이 생기는 것 같으니 껌을 계속 씹어 보라는 등의 말로 그 호소들을 무시하였으며, 피고 회사 지정 산재병원에서 귀에 대한 특수진찰을 받아보도록 주선해 달라는 요구를 받고도 이를 주선해 주지 않았고, ④ 위 원고로부터 청각에 이상이 있다는 호소를 받았음에도 여건이 허락하지 않는다는 이유로 소음의 발생이 적은 작업과 그렇지 않은 작업을 순환근무케 하는 등의 방법으로 작업장소의 변경, 작업자체의 전환을 도모하고 작업시간을 단축시키는 등의 조치를 취하지 않았으며, ⑤ 위 원고로 하여금 매년 건○○단을 받도록 하였다거나 그 건○○단의 결과를 위 원고에게 알려 준 바도 없으며, ⑥ 그밖에 위 원고를 비롯한 판금반 근로자들이 소음으로 인한 이(귀)질환에 이환되는 것을 예방하기 위하여 기계기구의 개선을 한 바도 없습니다.

(8) 원고 1을 중심으로 원고 2는 그의 아내, 원고 1, 4는 그의 자녀들입니다.

2. 손해배상청구 내역

(1) 근 거

위 사실에 의하면, 원고 1은 피고 회사의 판금작업장에서 판금공으로 계속 근무하면서 위 노동부 고시에 정한 소음의 허용기준치를 초과하거나 이에 육박하는 판금작업시에 발생하는 강렬한 소음에 장기간에 걸쳐 반복적, 계속적으로 노출됨으로써 양측 감각신경성난청(이하 이 사건 재해라고 한다)에 이환되었다 할 것이고, 이는 피고 회사가 소음에 의한 재해발생방지를 위한 필요한 제반조치를 취하지 아니한 과실로 인하여 발생되었다 할 것이므로 피고 회사는 불법행위자로서 이 사건 재해로 인하여 위 원고 및 그의 처자들인 나머지 원고들이 입은 손해를 배상할 책임이 있습니다.

(2) 원고 1은 업무의 성질상 강렬한 소음이 발생하고 그로 인하여 재해발생의 위험이 존재하는 판금공으로 취업, 종사하게 되었으므로 스스로 그 자신의 신체의 안전과 건강을 지키기 위하여 피고 회사에게 귀마개 등의 보호구의 지급을 요구하여 이를 착용하였어야 하고, 그 지급이 없을 때에는 스스로 대용품을 마련하여서라도 이를 착용하였어야 마땅하며, 신체의 이상이 있을 때에는 정밀검사를 받아보는 등의 방법으로 이를 확인하여 스스로 그 치료를 함과 동시에 피고 회사에 작업의 전환이나 작업시간의 단축을 요구하는 등의 조치를 취하였어야 할 터인데도 이를 게을리하여 피고 회사에 귀마개 등의 보호구의 지급을 요구한 바도 없고, 그 대용품의 마련 및 착용에도 소홀하였으며, 20○○. 3.경부터 자신의 청각에 이상이 있음을 느끼면서도 정밀신체검사를 받는 등의 방법으로 그 원인과 정도, 상태를 확인해보거나 그러한 노력을 한바 없이 무리하게 1일 11-12시간씩 연장근무를 하여 이 사건 재해를 입기에 이른 사실을 인정할 수 있고, 이러한 위 원고의 잘못은 이 사건 재해발생에 있어 한 원인이 되었다 할 것이나 이는 피고 회사의 책임을 면하게 할 정도에는 이르지 않으므로 다만 피고 회사가 배상할 손해액을 산정함에 있어 이를 참작하기로 하되, 그 과실비율은 위 사실관계에 비추어 40% 정도로 봄이 상당하다고 봅니다.

3. 손해배상의 범위

가. 원고 1의 일실수입

원고 1이 이 사건 재해로 상실한 가동능력에 대한 금전적 총 평가액 상당의 일실수입은, ○○대학병원장의 신체감정결과에 따라 평가한 아래 (1)의 내용을 기초로 아래 (2)와 같이 월 5/12푼의 비율에 의한 중간이자를 공제하는 호프만식 계산법에 따라 20○○. 9. 1. 당시의 현가로 산정한 금 10,153,140원입니다.

(1) 사실 및 평가내용

(가) 성　　별 : 남 자

생년월일 : 19○○.11.24.

연　　령 : 재해 당시 33세 2월 남짓

기대여명 : 36.61년

(나) 직업 및 경력 : 20○○. 3. 5. 피고 회사에 입사하여 판금공으로 근무하여 왔습니다.

(다) 가동능력에 대한 금전적 평가

1) 이 사건 재해일인 20○○. 9. 1.부터 정년까지 : 위 원고의 근로기준법상 평균임금을 기초로 한 월 금 1,097,129원[= 금 36,070 × 365 ÷ 12, 다만 원 미만은 계산의 편의상 위 원고가 구하는 바에 따라 이하 모든 계산에서 버립니다. 20○○.7,8,9월 3개월 동안 위 원고가 피고 회사로부터 지급받은 월급여액의 합계 금 2,765,455원(= 금 899,915원 + 금 996,520원 + 금 869,020원)에다가 피고 회사의 상여금지급규정(피고 회사에서는 계속근무 1년 이상인 근로자에 대하여 년간 기본급의 500%를 상여금으로 지급)에 따른 3개월분의 상여금의 합계 금 553,000원(= 금 442,400원 × 5 ÷ 12 × 3)을 합한 금액을 위 3개월간의 일수인 92로 나눈 평균 임금 36,070원{= (금 2,765,455원 + 금 553,000원) ÷ 92}]

2) 그 다음날부터 가동연한까지 : 변론종결일에 가까운 20○○년도의 도시보통인부의 정부노임단가를 기초로 한 월 금 482,500원(=금 19,300원×25)

(라) 후유장해 및 가동능력상실비율

- 후유장해 및 가동능력상실비율 : 이 사건 재해로 인한 이명 및 고음영역에서의 난청은 뚜렷한 치료방법이 없고, 그것이 영구적인 후유장애로 남게 되었습니다.

국가배상법시행령 별표 2의 12급의 1/3에 해당

- 가동능력상실율

1) 위 재해일 이후로서 위 원고가 구하는 20○○. 9. 1.부터 정년까지 : 판금공으로서의 가동능력의 5%

2) 그 다음날부터 가동연한까지 : 도시보통인부로서의 가동능력의 5%

(마) 정년 및 가동연한

정　　년 : 55세가 되는 날(20○○. 11. 24.)

가동연한 : 60세가 되는 날(20○○. 11. 24.)

(2) 계 산(다만, 계산의 편의상 마지막 월 미만은 버리고, 중간의 월 미만은 일실소득액이 적은 다음 계산의 기간에 포함시킵니다)

(가) 이 사건 재해일 이후로서 위 원고가 구하는 20○○. 9. 1.부터 정년까지의 일실수입금 1,097,120원×172.9983×0.05 = 금 9,490,072원

(나) 그 다음날부터 가동연한까지의 일실수입

금 482,500×(200.4830-172.9983)×0.05 = 금 663.068원

(다) 합계 금 10,153,140원(= 9,490,072원+금 663,068원)

나. 과실상계

(1) 과실상계 비율 : 40%

(2) 계 산

금 10,153,140원×(1-40/100)=금 6,091,884원

다. 위 자 료

(1) 참작한 사유 : 재해의 경위, 상해 및 후유장해의 부위와 정도, 치료기간, 쌍방의 과실정도, 원고들의 나이·가족관계·재산 및 교육의 정도 등 이 사건에 나타난 모든 사정

(2) 청구 금액

원고 1 : 금 1,500,000원

원고 2 : 금 800,000원

원고 3, 4 : 각 금 400,000원

4. 결 론

그렇다면, 피고는 원고 1에게 금 7,591,884원(=금 6,091,884원+금 1,500,000원), 원고 2에게 금 800,000원, 원고 3, 4에게 각 금 400,000원 및 각 이에 대한 이 사건 재해일인 20○○. 9. 1.부터 이 소장 부본 송달일까지는 민법에 정해진 연 5%의, 그 다음날부터 완제일까지는 소송촉진 등에 관한 특례법에 정해진 연 12%의 각 비율에 의한 지연손해금을 지급할 의무가 있다 할 것입니다.

입 증 방 법

1. 갑제1호증 소음감정도
1. 갑제2호증 진단서
1. 갑제3호증 ○○○○
1. 갑제4호증 현황사진
1. 갑제5호증 ○○○○
1. 갑제6호증 ○○○○

그밖의 것은 변론시 수시 제출하겠습니다.

첨 부 서 류

1. 위 입증방법 2통
1. 납부서 1통
1. 소장부본 1통

20○○. ○. ○.

위 원고 1. ○ ○ ○ (인)
2. ○ ○ ○ (인)
3. ○ ○ ○ (인)
4. ○ ○ ○ (인)

○○ 지방법원 귀중

4. 공해·환경오염

[서식 49] 손해배상청구의 소 – 환경오염

소 장

원 고 ○ ○ ○(123456-1234567)
○○시 ○○구 ○○대로 ○○

피 고 ○○○건설 주식회사
○○시 ○○구 ○○대로 ○○

손해배상(기)

청 구 취 지

1. 피고는 원고에게 금 242,099,116원 및 이에 대하여 20○○. 7. 22.부터 이 소장 부본 송달일까지는 연 5%의, 그 다음날부터 다 갚는 날까지는 연 12%의 각 비율에 의한 금원을 지급하라.
2. 소송비용은 피고의 부담으로 한다.
3. 제1항은 가집행할 수 있다.

라는 판결을 구합니다.

청 구 원 인

1. 기초사실

가. 원고는 20○○. 4. 23.경부터 인천 ○구 ○○동 (지번 1 생략) 염전 46,347㎡(이하 '○○동 (지번 1 생략) 토지'라고 한다)를 소유하면서 위 토지에서 뱀장어를 양식하던 자이고, 피고는 한국도로공사로부터 인천경제자유구역 개발사업의 영종지구 내 인천대교 연결도로 중 영종인터체인지 구간의 공사(이하 '이 사건 공사'라고 한다)를 도급받은 시공자입니다.

나. 원고가 ○○동 (지번 1 생략) 토지의 소유권을 취득할 당시 위 염전 중 별지 도면 표시 5, 6, 9, 10, 5의 각 점을 순차로 연결한 선내 (가) 부분 21,138.7㎡와 6, 7, 8, 9, 6의 각 점을 연결한 선내 (나) 부분 17,210.8㎡는 염전으로 사용되고 있었고, 위 (가) 부분과 (나) 부분을 나누고 있는 별지 도면 표시 6, 9를 연결한 부분에는 제방이 설치되어 있었으며, 위 염전에 필요한 해수는 위 염전에 인접한 대한민국 소유의 인천 ○구 ○○동 (지번 2 생략) 유지 73,014㎡(이하 '이 사건 유수지'라고 한다)로부

터 공급받고 있었습니다.

다. 원고는 20○○.경부터 20○○.경까지 위 (가) 및 (나) 부분에 뱀장어를 양식하기 위해서 뱀장어를 입식하였는데{이하 위 (가) 및 (나) 부분을 합하여 '이 사건 양식장'이라고 하고, (가) 또는 (나) 부분을 개별적으로 지칭할 때에는 '이 사건 (가) 또는 (나) 부분 양식장'이라고 한다}, 이 사건 양식장에 서식하고 있는 뱀장어들에 대한 먹이는 새우 등 뱀장어의 먹이가 자생하고 있는 이 사건 유수지의 해수를 별지 도면 표시 B 및 C 부분에 설치된 유입구를 통하여 끌어들이고, 위와 같은 유입된 해수를 별지 도면 표시 D, E, F, G, H, I에 설치된 배수구를 통하여 방류하는 방법으로 공급하였고, 별도로 사료를 구입하여 이를 공급하지는 않았다. 한편, 원고가 이 사건 양식장을 운영하기 위하여 어업면허를 받거나, 내수면어업신고를 한 사실은 없습니다.

라. 한편, 원고 소유의 ○○동 (지번 1 생략) 토지가 인천대교 연결도로 건설공사의 부지에 편입됨에 따라, 원고는 20○○. 12.경 한국토지공사 및 인천광역시 도시개발공사와 사이에 원고가 위 토지를 매매대금 12,045,027,000원에 매도하기로 하는 내용의 매매계약을 체결하였는데, 당시 위 매수인들은 20○○. 3.경부터 4월 이내 위 매매대금의 지급을 완료하고, 원고는 위 매매대금을 지급받음과 동시에 위 토지를 인도하여 주기로 약정하였다. 그 후 20○. 12. 26. 위 토지 중 7/10 지분이 한국토지공사에게, 3/10 지분이 인천광역시 도시개발공사에게 이전되었고, 원고는 현재까지 위 매매대금을 모두 지급받았습니다.

마. 피고는 20○○. 5. 29.경부터 별지 도면 표시 도로 예정 구간에 도로를 건설하기 위한 사전 작업으로 이 사건 유수지의 매설 및 성토작업을 위하여 바다와 접해있는 위 유수지의 제방을 파괴하고 위 유수지 내의 해수를 바다로 방류하는 등 이 사건 공사를 시작하였다. 그에 따라 피고의 공사 현장과 약 40 ~ 50m 정도 밖에 떨어져 있지 않은 이 사건 양식장의 수중소음은 피고의 위 공사 과정에서 발생한 중장비 등의 사용으로 인하여 평소보다 약 20 ~ 35dB 정도 증가하여 약 140dB에 이르게 되었을 뿐 아니라, 진동 역시 평소보다 약 15.5 ~ 34.0dB 정도 증가하여 41.9 ~ 60.4dB에 이르게 되었고, 이 사건 양식장의 수질은 도로 공사 과정에서 흙, 모래, 기타 고형물이 파쇄되어 발생한 비산먼지의 유입으로 인하여 용존산소가 감소되었으며, 위 유수지를 통한 해수 유입 차단으로 인하여 먹이 공급이 차단되는 등으로 뱀장어 양식을 위한 환경은 악화되었습니다. 그 후 이 사건 양식장 내의 상당수 뱀장어가 폐사되었습니다.

바. 한편, 소음과 진동에 노출된 뱀장어는 아주 예민하게 반응하여, 외부적으로는 유영속도가 증가한다던지 급격하게 방향을 바꾸는 등의 반응을 보이고, 내부적으로는 진동에 의한 스트레스에 의해 내분비계통 특히 면역체계 등에 장애를 일으키며, 소음의 경우는 생장에 심각한 영향을 줍니다.

사. 원고는 20○○. 6. 13.경부터 이 사건 유수지의 해수 방류로 인하여 이 사건 양식장에 해수의 유입이 중단되고, 도로 공사로 인한 소음, 수질악화 등으로 인하여 이 사건 양식장 내의 뱀장어가 폐사하게 되었다고 주장하면서 피고 및 한국토지공사에게 위

공사를 중단하고, 이 사건 양식장 내의 뱀장어에 대하여 보상하여 줄 것을 요구하는 서면을 계속하여 발송하였고, 이에 피고는 20○○. 6. 18. 이 사건 유수지는 대한민국의 소유로서 피고가 이 사건 공사를 시행함에 있어서 어떠한 법률적인 문제도 없을 뿐 아니라, 피고는 이미 이 사건 양식장 및 인근의 염전 운영자들의 대표자인 소외 3 등과 위 도로공사로 인한 보상을 합의하였으므로, 원고의 요청을 받아들일 수 없다는 내용의 통지를, 한국토지공사는 20○○. 7. 13.경 이 사건 양식장 내의 장어의 개체수를 17,900마리로 산정하여 보상을 할 예정이라는 내용의 통지를 원고에게 각 발송하였습니다.

아. 한편, 위와 같이 원고의 공사 중단 및 피해 보상 요청이 계속되자, 피고는 20○○. 6. 18.경 이 사건 유수지 북쪽에 양수기를 설치하여 당시까지 위 유수지에 남아있던 해수를 이 사건 양식장으로 공급하기 시작하였는데, 원고는 20○○. 6. 27.경 이미 도로 공사로 인한 토사 등으로 오염된 해수가 유입된다고 주장하면서 피고에게 양수기를 통한 해수의 공급의 중단을 요청하였습니다.

자. 그 후 원고와 피고, 한국토지공사는 20○○. 10.경까지 이 사건 양식장 내의 뱀장어의 개체수 등 뱀장어의 실태조사를 거친 후 보상 절차를 진행하려고 하였으나, 실태조사의 방법, 감정인의 선정 등에 관한 다툼으로 인하여 그에 관한 협의가 이루어지지 못하였다. 결국 한국토지공사는 20○○. 2.경 ○○대학교 해양과학기술연구소의 소외 4 교수에게 이 사건 양식장 내의 장어 개체수의 감정을 의뢰하였다. 그 후 소외 4는 이 사건 (가) 부분 양식장에는 32,900마리의 뱀장어가, 이 사건 (나) 부분 양식장에는 2,754마리의 뱀장어가 서식하는 것으로 감정하였고, 이에 중앙토지수용위원회는 20○○. 3. 27. 수용의 개시일을 20○○. 4. 25.로 하여 인천경제자유구역 개발사업에 편입되는 ○○동 (지번 1 생략) 토지 내의 원고의 물건(위 뱀장어의 이전 비용금 68,436,000원 포함)의 이전비용을 합계 금 86,626,000원으로 결정하였으며, 한국토지공사와 인천광역시 도시개발공사는 20○○. 4. 23. ○○지방법원 20○년 금제3629호로 원고를 피공탁자로 하여 위 금원을 변제공탁하였습니다.

차. 한편, 원고는 이 사건 양식장에 뱀장어를 입식한 이후 단 한 번도 뱀장어를 포획하여 판매한 사실이 없습니다.

2. 원고의 주장

원고는 20○○. 5.경부터 20○○. 7.경까지 이 사건 양식장에 뱀장어 122,200마리(38,200kg 상당)를 입식하였는데, 뱀장어의 생존률은 85%이고, 이 사건 양식장의 조정계수는 0.8675이므로, 이 사건 양식장 내의 뱀장어 현존량은 90,107마리(= 122,200마리 × 85% × 0.8675)가 되어야 한다. 그런데 피고의 이 사건 공사 시행으로 인하여 위 뱀장어 중 51%인 45,962마리(= 90,107마리 × 51%)가 폐사하였고, 생존하고 있는 나머지 44,145마리(= 90,107마리 - 45,962마리)도 이 사건 양식장의 수질 악화 등으로 폐사할 것이다. 한편, 이 사건 양식장 내의 뱀장어의 시가는 자연산 뱀장어와 같이 kg당 82,500원이고, 위 뱀장어는 피고의 위 공사 시공이 없었더라면 900g까지 성장하였을 것입니다. 따라서 원고는 피고의 위 공사 시공으로 인하여 (1) 이미 폐사한 뱀장어 45,962마리의 예상매출액 금 3,412,678,500원(= 45,962마리 × 82,500원/kg × 900g/마리)에서 위 뱀장어의 생산금액의 2%인 판매관리비 금 68,253,570원을 공제한 금 3,344,424,930원(= 3,412,678,500원 - 금 68,253,570원)의 어업손해를, (2) 현재 생존하고 있는 44,145마리의 예상매출액 금 3,277,766,250원(= 44,145마리 × 82,500원/kg × 900g/마리)에서 위 뱀장어의 생산금액의 2%인 판매관리비 금 65,555,325원을 공제한 금 3,212,210,925원(= 금 3,277,766,250원 - 금 65,555,325원)의 어업손실을 입었는바, 피고는 원고에게 합계 금 6,556,635,855원(= 금 3,344,424,930원 + 금 3,212,210,925원) 및 이에 대한 지연손해금을 지급할 의무가 있다고 할 것입니다.

3. 손해배상책임의 발생

가. 피고의 손해배상책임에 대하여

(1) 환경정책기본법 제31조 제1항 및 제3조 제1호, 제3호, 제4호에 의하면 사업장 등에서 발생되는 환경오염으로 인하여 피해가 발생한 경우에는 당해 사업자는 귀책사유가 없더라도 그 피해를 배상하여야 하고, 위 환경오염에는 소음·진동으로 사람의 건강이나 환경에 피해를 주는 것도 포함되므로, 피해자들의 손해에 대하여 사업자는 그 귀책사유가 없더라도 특별한 사정이 없는 한 이를 배상할 의무가 있습니다(대판 2001.2.9. 99다55434).

(2) 살피건대, 위 사실에 의하면, 피고가 이 사건 공사를 진행하면서 중장비 등을 사용으로 인한 수중 소음 및 진동의 증가, 이 사건 유수지를 통한 해수 유입 차단과 위 공사 과정에서 발생한 비산먼지 등으로 인한 수질의 오염 및 먹이 공급의 차단 등(이하 '이 사건 공사 피해'라고 한다)이 원인이 되어 원고 소유의 이 사건 양식장 내 뱀장어가 폐사되었다고 봄이 상당하므로, 원고 소유 뱀장어의 폐사에 대한 피고의 귀책사유를 불문하고, 피고는 원고에게 뱀장어가 폐사함으로써 원고가 입은 손해를 배상할 책임이 있습니다.

4. 손해배상의 범위

가. 손해액의 인정기준

피고가 원고에게 배상하여야 할 손해는 이 사건 공사 피해로 인하여 폐사된 원고 소유의 뱀장어의 시가 상당액(= 폐사된 뱀장어의 수 × 뱀장어 1마리당 평균 체중 × kg당 시가)이라고 할 것입니다. 한편, 앞에서 본 바와 같이 원고는 이 사건 양식장 내의 뱀장어를 사육하기 위하여 이 사건 유수지에서 해수를 공급하였을 뿐, 그 이외에 사료를 공급하는 등으로 관리한 사실은 없으므로, 위와 같이 계산된 손해액에서 폐사된 뱀장어를 성만 크기로 사육할 때 추가되는 어업경비 등은 공제하지 않습니다.

나. 손해액의 구체적 산정

(1) 폐사된 뱀장어의 수 : 37,109마리

감정인 소외 6의 감정결과(감정서 14 내지 17면 참조)에 의하면, 통상의 뱀장어 양식장의 경우에 그 양식조건은 양어용수가 35%, 적지조건이 15%, 양식기술도가 20%, 수면적 이용률이 20%, 양식시설 상태가 10%의 비율로 참작되어 결정되는데, 이 사건 양식장은 이 사건 공사가 진행되기 전에는 양어용수의 평가점수가 100점을 만점으로 환산할 때 90점, 적지조건이 85점 정도로 그 양식조건이 양호하였으나, 이 사건 공사 피해로 인하여 이 사건 양식장은 양식용수 및 적지조건의 평가점수는 모두 0점이 되었고(결국 이 사건 공사피해로 인하여 양식장의 조정계수는 0.8675에서 0.4250으로 낮아졌다), 그로 인하여 원고가 이 사건 양식장에 입식한 뱀장어는 20○○. 2.경 ~ 20○○. 6.경까지 전체 뱀장어 수의 51%가 폐사한 사실을 인정할 수 있고, 을나 제13호증(○○대학교 해양과학기술연수구의 용역 보고서)의 기재에 의하면, 이 사건 양식장 내에는 2008. 3.경 35,654마리{ = 이 사건 (가) 부분 양식장 내의 생존 뱀장어 32,900마리 + (나) 부분 양식장 내의 생존 뱀장어 2,754마리}가 생존하고 있었던 사실을 인정할 수 있습니다. 위 사실에 의하면, 이 사건 공사 피해로 인하여 폐사한 뱀장어는 37,109마리{ = 72,763마리(= 생존 뱀장어 35,654마리 ÷ 49%) – 35,654마리}라고 할 것입니다.

(2) 뱀장어 1마리당 평균 체중 : 233g

감정인 소외 6의 감정결과(감정서 제12면 참조)에 의하면, 위 감정인은 20○○. 2.경부터 20○○. 6.경까지 이 사건 양식장 내의 뱀장어를 무작위로 체포하여 그 체중을 측정하였는데, 그 평균체중은 233g인 사실을 인정할 수 있습니다.

(3) 뱀장어의 시가 : 1kg 당 금 35,000원

강화군 소재 갯벌장어 양식장에서 국내산 일반 성만어를 노지양식장에서 사료를 급여하지 않고 유입된 해수에 포함된 어류치어, 새우 등을 섭취하게 하여 75일 이상 자연적으로 순치시키는 방법으로 양식한 뱀장어의 출하가격은 당시 1kg당 35,000원 내외인 사실을 인정할 수 있고, 앞에서 본 증거들에 의하면, 이 사건 양식장은 먹이 공급방법, 양식장의 위치 등이 강화군 소재 갯벌 장어 양식장과 유사하다 할 것이므로, 이 사건 양식장 내의 뱀장어의 시가는 1kg 당 금 35,000원이라고 할 것입니다.

다. 손해액의 계산

금 302,623,895원(= 폐사된 뱀장어 37,109마리 × 1마리의 평균 체중 233g × 1g당 금 35원)

라. 책임의 제한

한편, 앞에서 본 다음과 같은 사정, 즉 ① 원고는 20○○. 12.경 이 사건 양식장이 위치한 ○○동 (지번 1 생략) 토지를 매도하여 최소한 그 무렵부터는 이 사건 양식장을 그대로 운영할 수 없다는 사실을 알았음에도 불구하고, 그 이후 이 사건 양식장에서 뱀장어를 전혀 출하하지 아니한 점, ② 이 법원의 강화군에 대한 사실조회결과 및 감정증인 소외 5의 증언에 의하면, 뱀장어를 노지 양식장에 입식한 후 75일 내지는 적어도 6개월 후에는 출하하는 것이 통상적이라고 하는데, 원고는 ○○동 (지번 1 생략) 토지를 매도하기 이전부터 현재까지 이 사건 양식장에서 뱀장어를 출하한 사실이 전혀 없을 뿐 아니라, 뱀장어 양식장을 운영하기 위한 내수면어업신고를 한 사실이 없는 점, 그밖에 원고가 이 사건 양식장에 뱀장어를 입식하게 된 경위, 시기, 이 사건 양식장이 소재한 토지의 수용원인 및 시기 등 이 사건에 나타난 모든 사정을 종합하면, 위와 같은 원고의 잘못도 뱀장어 폐사로 인한 손해의 발생 및 확대에 한 원인이 되었다고 할 수도 있으므로, 피고의 책임을 80%로 제한하겠습니다.

3. 결 론

따라서, 피고는 원고에게 손해배상 금 242,099,116원(= 금 302,623,895원 × 80%, 원 미만 버림) 및 이에 대하여 20○○. 7. 22.부터 이 소장 부본 송달일까지는 민법이 정하는 연 5%의, 그 다음날부터 다 갚는 날까지는 소송촉진 등에 관한 특례법이 정하는 연 12%의 각 비율에 의한 지연손해금을 지급할 의무가 있다고 할 것입니다.

입 증 방 법

1. 갑제1호증 뱀장어 감정
1. 갑제2호증 현장사진
1. 갑제3호증 ○○○○

그밖의 것은 변론시 수시 제출하겠습니다.

첨 부 서 류

1. 위 입증방법 2통
1. 납부서 1통
1. 소장부본 1통

20○○. ○. ○.

위 원고 ○ ○ ○ (인)

○○ 지방법원 귀중

[서식 50] 손해배상청구의 소 – 공사소음·진동으로 인한 숭어 폐사

소 장

원 고 ○ ○ ○(123456-1234567)
○○시 ○○구 ○○대로 ○○

피 고 1. 인천광역시
대표자 시장 ○○○
2. ○○건설 주식회사
○○시 ○○구 ○○대로 ○○
대표이사 ○○○

손해배상(기)

청 구 취 지

1. 피고들은 각자 원고에게 돈 67,750,964원 및 이에 대하여 20○○. 1. 1.부터 이 소장 부본 송달일까지는 연 5%의, 20○○. 10. 23.부터 완제일까지는 연 12%의 각 비율에 의한 돈을 지급하라.
2. 소송비용은 피고들의 부담으로 한다.
3. 제1항은 가집행할 수 있다.

라는 판결을 구합니다.

청 구 원 인

1. 손해배상책임의 발생

가. 기초사실

(1) 원고는 ○○시 ○○면 ○○리 소재 강화제2대교(이하 '신강화대교'라고 한다) 동쪽 끝(김포쪽)의 남쪽 바다에 제방을 쌓아 조성한 공유수면 약 61,200㎡(약 18,500평)에서 '○○수산'이라는 상호로 숭어와 대하를 양식하는 육상 축제식 양식장(이하 '이 사건 양식장'이라고 한다)을 운영하면서 위 공유수면을 남쪽부터 1호지 약 7,000평, 2호지 약 7,000평, 3호지 약 4,500평으로 둑으로 분리하여 숭어와 대하를 양식해 왔습니다.

(2) 원고는 20○○. 6. 내지 7.경 숭어 치어 약 50,000마리를 1호지에 약 12,000마리, 2호지에 약 14,000마리, 3호지에 약 24,000마리를 입식하였다가(당시 1호지와 2호지에서는 숭어와 대하를 복합 양식하였지만 그 곳에 농약이 살포되는 사고가 일어

나는 바람에 대하는 모두 폐사하였다.) 20○○. 4.경 대하양식 준비를 위해 2호지에 있던 숭어를 1호지와 3호지로 나누어 이동시켰는데, 아래에서 보는 숭어의 폐사(이하 '이 사건 폐사'라고 한다) 당시 3호지에서 양식되던 숭어는 자연폐사율을 고려할 때 약 25,000마리 정도 되었습니다.

(3) 피고 인천광역시(이하 '피고 인천시'라고 한다)는 위 ○○리를 통과하여 강화도로 연결되는 신강화대교의 교량 및 도로공사를 발주한 시행청이고, 피고 한솔건설 주식회사(이하 '피고 회사'라고 한다)는 위 공사를 시공한 건설회사입니다.

(4) 피고 인천시는 인천지하철 2호선 공사구간에서 나온 15t 덤프트럭 약 1,000대 분량(약 10,000㎥)의 토사를 신강화대교 접속도로 복토용으로 쓰기 위하여 이 사건 양식장 중 2호지 바로 앞의 공터에 개설한 임시 야적장에 20○○. 1. 15.부터 같은 달 31.까지 사이에 집중 반입하였고, 그 후 피고 회사는 같은 해 4. 10.경부터 15t 덤프트럭 3-4대와 포크레인 1-2대를 사용하여 위 토사를 반출하기 시작했습니다.

(5) 원고가 20○○. 4. 초부터 같은 해 5. 초까지 이 사건 양식장 2호지에 대하 치하입식을 위한 준비를 하면서 피고 회사에 대하양식에 지장이 없도록 적치된 토사를 빨리 반출해 달라고 독촉하자, 피고 회사는 같은 해 5. 말경까지 토사를 완전히 반출하기로 원고와 약속하고 같은 달 24.부터 덤프트럭과 포크레인 등의 중장비를 집중 투입하고 야간까지 연장작업을 하여 같은 달 28.까지 모두 15t 덤프트럭 약 600 내지 700대 분의 토사를 위 야적장에서 신강화대교 연결도로 부근으로 반출하여 갔습니다.

(6) 그 때 덤프트럭 등이 신강화대교 접속도로와 위 토사 야적장 사이의 비포장도로(그 거리는 200m 내지 300m 정도이고, 중간에 있는 3호지 앞 공터에서 덤프트럭이 교행하였다.)를 빈번히 통행하고 굴삭기를 동원하여 도로의 평탄작업을 하면서 소음과 진동을 유발하자 3호지의 숭어들이 요동을 치거나 수면 위로 튀어 오르는 등의 변화를 보이다가 같은 달 26. 05:00경부터 대량으로 폐사하기 시작하여 그 다음날 3호지의 숭어 전량이 폐사하였습니다.

(7) 이 사건 양식장 3호지 인접 도로의 평상시의 공중소음은 25㏈, 수중소음은 96㏈, 진동은 0.0068㎝/sec인데 반하여, 15t 덤프트럭이 3호지와 5-6m의 거리를 두고 통과할 때의 공중소음은 토사를 싣지 않은 빈차의 경우 43㏈, 토사를 실은 상차의 경우 48㏈이고, 빈차의 수중소음은 104-106㏈이며, 진동은 빈차가 0.0069㎝/sec, 상차가 0.0076㎝/sec이고, 포크레인이 평탄작업을 할 경우에는 이격거리가 5-6m일 때 공중소음이 53-54㏈, 수중소음이 120-124㏈, 진동이 0.0710㎝/sec, 이격거리가 15m일 때 공중소음이 44-46㏈, 진동이 0.0150㎝/sec, 이격거리가 25m일 때 공중소음이 35-38㏈, 진동이 0.0072㎝/sec로 측정되었습니다.

(8) 일반적으로 소음과 진동에 노출된 어류는 아주 예민하게 반응하여, 외부적으로는 유영속도가 증가하거나 급격하게 방향을 바꾸는 등의 반응을 보이고, 내부적으로는 진동에 의한 스트레스에 의해 내분비계통 특히 면역체계 등에 장애를 일으키며 소음의 경우는 생장에 심각한 영향을 주는 것으로 학계에 보고된바 있습니다.

(9) 한편, 이 사건 양식장 중 3호지와 다소 거리가 떨어져 있는 1호지에 입식된 숭어는 위와 같은 폐사현상이 없이 정상적으로 양식되었습니다.

나. 주장 근거

위 사실에 의하면, 이 사건 폐사는 피고 회사가 20○○. 5. 24.부터 덤프트럭 등을 집중 투입하여 이 사건 양식장 앞의 야적장에 적치된 토사를 위 양식장 3호지 앞 도로를 통하여 대량 운반하면서 발생한 소음과 진동으로 인하여 발생하였다고 봄이 상당하므로(그 직접적인 원인은 소음과 진동 때문에 3호지 내 숭어의 집단 요동현상이 일어나 아랫물과 윗물이 뒤집어지고 흙탕물이 생겨 용존산소량이 부족해지고 수질이 급격히 악화된 데 있었다고 보입니다.), 피고들은 환경오염 피해에 대한 무과실책임을 규정한 환경정책기본법 제31조 제1항에 의하여 그 사업장인 위 토사반출현장에서 발생한 환경오염의 하나인 소음·진동으로 인한 원고의 피해를 배상할 의무가 있다 할 것이다{원고는 민법 제750조의 일반 불법행위법을 근거로 피고들에게 손해배상을 구하나, 위 환경정책기본법의 규정은 손해의 책임과 발생에 관한 입증책임을 환경오염을 발생시키는 사업자에게 지우는 것으로서 민법 제750조에 대한 특별규정이라고 보아야 하므로 환경오염으로 인한 손해배상사건에 관하여는 그 피해자가 위 법률의 적용을 구하는 주장을 하였는지 여부를 가리지 않고 민법상의 손해배상 규정에 우선하여 적용하여야 할 것입니다(대판 1967.9.26. 67다1695)}.

2. 손해배상책임의 제한

위에서 본 사실관계에 의하면, 원고는 토사운반로 바로 앞의 3호지에서 숭어를 양식하고 있으면서도 피고 회사에 토사를 빨리 반출해 달라고 독촉하여 20○○. 5. 24.부터 집중적으로 작업을 하게 하였을 뿐 아니라, 작업과정에서 양식중인 숭어에 피해가 가지 않도록 주의를 환기시키는 등의 조치도 취하지 않았으며(당시 피고 회사측은 숭어양식 사실을 잘 알지 못하였던 것으로 보인다.), 나아가 위 작업으로 인한 수질악화를 방지하기 위한 주·배수구 등의 양수시설을 충분히 갖추지 않았던 것으로 보이는바, 이러한 원고의 과실은 이 사건 폐사로 인한 손해의 발생 및 확대의 한 원인이 되었다 할 것이나 이로써 피고들의 책임을 면제할 정도에는 이르지 않으므로 피고들이 배상할 손해액을 산정함에 있어 이를 참작하기로 하되, 그 비율은 이 사건에 나타난 여러 사정에 비추어 30% 정도로 정하기로 합니다.

3. 손해배상의 범위

가. 주 장

원고가 숭어 치어를 입식하여 10개월 이상 양성한 상태에서 모두 폐사하였고, 아래에서 보는 바와 같이 그 때부터 7개월 정도만 추가로 양성하면 횟감으로 쓸 수 있는 성어로 출하할 수 있었으며, 폐사 직후 원고가 10개월 이상 양성된 숭어를 구입하여 다시 입식할 수 있었다는 사정이 보이지 않는 이 사건에 있어 이 사건 폐사로 인하여 원고가 입은 손해액은 원고가 숭어의 양식으로 인하여 얻을 수 있었던 장래의 수익

상당액으로 봄이 상당합니다. 이 사건 폐사 당시 양식장 3호지에서 양식 중인 숭어는 25,000마리 정도 되었음은 앞서 본 바와 같고, 감정 결과에 의하면 20○○. 6. 내지 7.경 위 3호지에 숭어 치어를 입식하여 폐사한 때(20○○. 5. 하순)까지 양성한 경우 마리당 평균 어체중은 250g 정도 되고, 횟감용 상품크기(마리당 평균 800g)로 양성하기 위하여는 추가로 7개월 정도 소요되며, 그 기간 동안의 생존율은 평균 95% 정도이고, 숭어의 평균 판매단가는 kg당 6,500원인 사실, 따라서 상품으로 출하할 때를 기준으로 한 3호지의 숭어 생산량은 19,000kg{= (25,000마리 × 0.95) × 800g}, 그 판매가격(생산액)은 123,500,000원(= 19,000kg × 6,500원)으로 산출되는 사실, 한편 2002. 5. 하순부터 성어로 양성할 때까지 3호지의 양식에 추가로 소요되는 경비는 사료구입비(사료의 단가는 kg당 700원) 17,850,000원, 인건비(자가노력비와 고용인건비) 6,233,483원, 약품비(수질정화제, 수질검사용 산소엠플기, 어병예방 항생제 등) 348,432원, 시설유지비(겨울철 휴어기 때 양식장 바닥을 포크레인 등으로 경운하는 경비) 976,000원, 감가상각비(시설, 기계·장비류) 99,633원, 일반관리비(전화요금, 보험료, 면허세, 연료비 등) 1,205,360원 등으로 합계 26,712,908원인 사실을 인정할 수 있을 것입니다. 따라서 20○○. 5. 하순부터 상품크기(800g)로 양성할 경우 3호지 숭어의 수익액은 돈 96,787,092원(= 생산액 123,500,000원 - 양식경비 26,712,908원)이 됩니다.

나. 책임의 제한

위에서 본 바와 같이 피고들의 책임비율은 70%가 되므로 결국 피고들이 원고에게 배상하여야 할 손해액은 돈 67,750,964원(= 96,787,092원 × 70%)이 됩니다.

4. 결 론

그렇다면 피고들은 각자 원고에게 손해배상금 67,750,964원 및 이에 대하여 20○○. 1. 1.부터 이 소장 부본 송달일까지는 민법 소정의 연 5%의, 그 다음날부터 완제일까지는 소송촉진 등에 관한 특례법 소정의 연 12%의 각 비율에 의한 지연손해금을 지급할 의무가 있다고 할 것입니다.

입 증 방 법

1. 갑제1호증 감정서
1. 갑제2호증 ○○○○
1. 갑제3호증 ○○○○
1. 갑제4호증 ○○○○

그밖의 것은 변론시 수시 제출하겠습니다.

첨 부 서 류

1. 위 입증방법 3통

1. 납부서 1통
1. 소장부본 2통

20○○. ○. ○.

위 원고 ○ ○ ○ (인)

○○ 지방법원 귀중

5. 그밖의 상린관계

[서식 51] 용수권 확인

소　　장

원　고　　○○○외 9(별지와 같음)
주소 별지 기재와 같음
소송대리인 변호사 ○○○
○○시 ○○구 ○○로 ○○-○○

피　고　　○ ○ ○(123456-2345678)
○○시 ○○구 ○○대로 ○○

용수권확인

청 구 취 지

1. ○○남도 ○○군 ○○로 ○○ ㅁㅁ유지 8,098㎡에서 원고들이 각각 별지목록 기재 해당 답(畓)에 용수(用水)하는 권리가 있음을 확인한다.
2. 피고는 원고들이 위 용수를 하는데 방해가 되는 일체의 행위를 하여서는 아니된다.
3. 소송비용은 피고의 부담으로 한다.

라는 판결을 구합니다.

청 구 원 인

1. 기초사실

가. ○○남도 ○○군 ○○로 ○○ ㅁㅁ유지 5,099㎡에 대하여 소외 등 6명의 소유로 등기되었다가(19○○. 1. 30. 보존등기 되었습니다), 위 소외인들이 피고 앞으로 19○○. 11. 5. 매매를 원인으로 한 소유권 이전동기가 19○○. 12. 4.자로 경유된 사실이 있습니다.

나. 그런데 위 유지에 원고들이 물을 끌어서 농사를 짓고 있는데, 이에 인접해 있는 별지목록 기재의 각 소유 토지를 경작하고 있는 피고가 20○○. 5. 22.경 인부들을 시켜 위 유지를 메워서 그 자리에 논을 만들려고 한 사실이 있습니다.

2. 원고의 용수권

가. 원고들은 위 유지에서 별지목록 기재의 각 소유토지에 용수한 권리가 있고 또한 민법

제228조에 다른 급수청구권이 있으므로 피고가 위 유지를 메워 작답(作畓)하는 행위는 원고들의 위 권리를 침해하는 행위가 될 것입니다.

나. 피고 소유의 위 유지는 수 십년 전에 해면이었던 일대의 공유수면을 매립할 때에 그 매립공사로 신설된 제방에 의하여 유수와 원천수가 혼합정지된 유지로서 연접된 ◇◇유지 4,295㎡ 및 △△유지 2,442㎡과 서로 물이 소통된 것인데, 원고들이 각 소유 토지의 경작에 필요한 관개수를 그곳에서 수 십년 동안 용수하여 왔고 또한 피고가 위 유지를 개답하려면 연접된 위 두 유지의 물까지 빼지 않고서는 불가능한 이외에 유지의 가격 이상을 들이지 않고서는 할 수 없는 것일 뿐만 아니라 피고의 거주지와 위 유지와는 10km 이상이나 떨어져 있어 피고가 왕래하면서 경작한다는 것은 불가능한 일이므로 피고가 그 소유의 본건 유지를 개간 작답하는 행위는 권리남용이라고 해야 할 것입니다.

다. 원고들 소유의 별지목록 기재 토지는 ○○군 ○○지구에 속하는 토지로서 수 십년 전에 해면이었던 공유수면을 매립하여 개간 작답한 것이고 피고 소유의 본건 유지는 그 매립공사로 인하여 신설된 제방에 의하여 유수와 원천수가 혼합정지된 유지로서 연접된 ◇◇유지 4,295㎡ 및 △△유지 2,442㎡과 차례로 이어져서 3개의 물이 서로 소통하는 것인바, 원고들이 연접되어 있는 각 토지의 소유자로서 농경을 위하여 수 십년 동안 위 피고 소유의 유지에서 관개수를 용수하여 왔으므로 관습에 의하여 용수권을 취득하였다고 해야 할 것입니다.

라. 설령 본건 유지에 대한 용수권에 관하여 관습이 없다고 하더라도 피고 소유 유지의 전 소유자인 소외 ○○○이 19○○. 7. 18. 그 유지에서 용수하여 농경을 하고 있던 ○○지구 내의 토지소유자들로부터 금 10,000,000원의 급수료를 일시 지급받고 그 후 계속 급수하여 온 것이므로 그 용수권자인 원고들은 민법 제233조에 의하여 위 ○○○의 일반승계인인 소외 ○○○ 등 뿐만 아니라 특별승계인인 피고에 대하여도 소외 ○○○와의 위 약정에 따른 용수지역권의 권리의무 관계를 주장할 수 있다고 해야 할 것입니다.

3. 결 론

이에 원고들은 농지의 소유자로서 농사를 짓기 위하여 부득이 필요한 용수권을 인정받고자 청구취지와 같은 재판을 구하고자 본건 소에 이르게 된 것입니다.

입 증 방 법

1. 갑제1호증	○○○○
1. 갑제2호증	부동산등기부등본
1. 갑제3호증	○○용수권 계약서
1. 갑제2호증	현황사진

그밖의 것은 변론시 수시 제출하겠습니다.

첨 부 서 류

1. 위 입증방법	2통
1. 납부서	1통
1. 소장부본	1통

20○○. ○. ○.

위 원고들의 소송대리인
변호사 ○○○ (인)

○○ 지방법원 귀중

[서식 52] 배수장설치청구 – 방해예방 등

소 장

원 고 ○○화장품 주식회사
○○시 ○○구 ○○대로 ○○
대표이사 ○○○

피 고 ○○주택공사
○○시 ○○구 ○○대로 ○○
사장 ○○○

방해예방 등

청 구 취 지

1. 피고는 원고에게
   (가) 별지 제1 방해예방시설(배수장설치)을 지체 없이 착공하여 20○○년 내에 시설 및 설치 완료하고, 별지 제2 방해예방조치(배수장 운영)를 20○○. 7. 1. 이후 계속 운영하라.
   (나) 만약 (가)항을 이행할 수 없을 때는 금 812,399,000원 및 이에 대한 20○○. 3. 31.부터 완제일까지 년 15%의 비율에 의한 금원과 20○○. 7. 1.부터 매년 29,633,225원의 금원을 지급하라.
2. 소송비용은 피고가 부담한다.

라는 재판을 구합니다.

청 구 원 인

1. 방해예방청구의 주장 및 근거

피고 소유의 ○○시 ○○구 ○○로 ○○ 대 370㎡(이하 '이 사건 택지'라 합니다)는 원래 원고 소유의 ○○시 ○○구 ○○로 ○○ 대 370㎡(이하 '이 사건 공장용지'라 합니다)보다 2.1m 낮았으므로 피고는 주변지의 소유자로서 굴포천의 수위가 이 사건 공장용지의 부지고 이상으로 상승할 정도의 홍수가 발생하는 경우에는 원고 소유의 공장용지에 내리는 빗물을 받아 흘러나가게 하여야 할 자연승수의무가 있음에도 불구하고 주변 토지를 4.8m나 성토하여 이 사건 공장용지가 오히려 이 사건 택지보다 2.7m나 낮아지게 됨으로써 원고 소유의 공장용지 위에 내린 빗물이 흘러나가지 못하게 되어 원고의 위 공장이 침수되게 되었으므로 피고는 원고에게 이를 방지하기 위한 청구취지 기재의 방해예방시설을 하여 이를 운영하고 만약 그 의무의 이행을 할 수 없는 경우에는 청구취지 기재의 시설비용과 그 운영비를 지급해야 할 것입니다.

2. 결 론

이에 피고는 원고에게 별지 제1 방해예방시설(배수장설치)을 지체 없이 착공하여 20○○년 내에 시설 및 설치 완료하고, 별지 제2 방해예방조치(배수장 운영)를 20○○. 7. 1. 이후 계속 운영해야 할 것이며, 만약 이를 이행할 수 없을 때는 금 812,399,000원 및 이에 대한 20○○. 3. 31. 부터 완제일까지 년 15%의 비율에 의한 금원과 20○○. 7. 1.부터 매년 29,633,225원의 금원을 지급해야 할 것이므로 원고는 청구취지와 같은 재판을 구하고자 본건 소에 이르게 된 것입니다.

입 증 방 법

1. 갑제1호증 ○○○○
1. 갑제2호증 부동산등기부등본
1. 갑제3호증 ○○○○
1. 갑제2호증 현황사진

그밖의 것은 변론시 수시 제출하겠습니다.

첨 부 서 류

1. 위 입증방법 2통
1. 납부서 1통
1. 소장부본 1통

20○○. ○. ○.

위 원고 ○ ○ ○ (인)

○○ 지방법원 귀중

[별지 1] 방해예방시설 내역(배수장 설치)

번호	항 목	위치 면적 크기재료	비 고
1	배수장부지	○○시 ○구 ○○동 36의 1 공장 용지 서북인접 대지 370㎡(동서 37m × 남북 10m)	별지 1-A 배치도와 같이 배수펌프시설을 하려면 최소한 동서 37m, 남북 10m가 되어야 함
2	지상건축물 지하구조물	철근 콘크리트 라멘조 별지 1-B 평면도 및 단면도와 같으며 콘크리트벽 두께 200mm 이상	
3	펌프 모타 및 전기기계 시설	위치는 별지 1-A 와 같으며 양수펌프(관직경 550mm과 이에 따른 용량의 회전날개) × 3대 전기모타 75HP × 3대 위 양수펌프 3대 및 전기모타 3대를 위한 수선설비 가동설비	
4	외곽 설비	남쪽, 동쪽 각 인입 우수관로 직경 각 600mm, 길이는 남쪽 580m, 동쪽 380m	남쪽 관로는 배수장의 남쪽으로 내려갔다가 ○○화장품 공장용지를 싸고돌아 다시 동쪽 끝까지 닿는 것임

[별지 2] 방해예방조치 내역(배수장 년간 운영비)

번호	항 목	운영방법 및 비용	비 고
1	운영요원	전기기계 보조원 2명 1일 30,000원 × 153일 = 91,900,000원	지휘하는 전기기사 인건비는 공장 인원으로 겸직하고 계산 안함
2	전기기본료	시설용량 244마력 × kw 환산비 0.75 × kw당 기본료 월간 3.250원 × 12개월 = 7,137,000원	전기사용료는 홍수 때만 소요되므로 계산 안함
3	감가상각비	시설비 532,649,000원 : 내용수명 40년 = 13,316,225원	
계		29,633,225원	

[서식 53] 가축사육시설 건축허가처분취소 청구의 소 – 악취·지하수 오염

소 장

원 고(선정당사자) ○ ○ ○(123456-1234567)
○○시 ○○구 ○○대로 ○○

피 고 ○○시장

건축허가처분취소

청 구 취 지

1. 피고가 20○○. 6. 13. 소외 ○○○에 대하여 한 건축허가처분을 취소한다.
2. 소송비용은 피고의 부담으로 한다.

라는 판결을 구합니다.

청 구 원 인

1. 처분의 경위

가. 소외 ○○○(이하 '소외인'이라 합니다)은 의약품 및 의약품 원료와 의료용구, 위생용품의 제조·수출입, 백신 및 백신원료 제조·수출입 등을 영위하는 회사로서, 실험용 비글견을 생산하기 위하여 20○○. 8. 12. 피고로부터 ○○시 (주소 1 생략), (주소 2 생략), (주소 3 생략) 지상에 대지면적 5,825㎡, 건축면적 1,455㎡의 동식물관련시설 2개동(견사 1개동, 퇴비사 1개동)에 관한 건축허가를 받은 후 위 시설을 건축하여 운영 중이다. 원고(선정당사자, 이하 '원고'라 한다)와 선정자들은 이 사건 시설 인근에 있는 ○○마을의 주민들입니다.

나. 소외인은 위 비글견 사육시설을 ○○시 (주소 1 생략), (주소 2 생략), (주소 4 생략), (주소 5 생략), (주소 6 생략), (주소 7 생략), (주소 3 생략), (주소 8 생략) 등 8필지에 걸쳐 대지면적 29,966㎡, 건축면적 6,552.01㎡로 증축하고자 20○○. 11. 2. 피고에게 건축(증축)허가신청을 하였습니다[이하 증축할 비글견 사육시설을 '이 사건 시설'이라 하고, 건축(증축)허가신청을 '이 사건 신청'이라 합니다].

다. 피고는 20○○. 2. 18. 이 사건 신청 부지가 마을로 진입하는 도로변에 위치하여 혐오시설로 인식될 수 있고, 대규모 견사가 들어설 경우 악취, 소음, 지하수 오염 등 주민생활 환경 및 보건위생상 피해가 예상된다는 등의 이유로, 소외인의 이 사건 신청에 대하여 불허가하였습니다.

라. 소외인은 위 불허가처분에 대하여 전라북도 행정심판위원회에 행정심판을 청구하였는데, 전라북도 행정심판위원회는 20○○. 6. 8. 참가인이 증축하고자 하는 시설이 여타의 일반 축사와 달리 소음 방지시설 및 오염 저감시설을 충분히 마련하고 있는 점, 실험동물의 경우 엄격하게 관리될 필요성이 있는 점, 이로써 유발될 경제적 효과가 큰 점 등을 이유로 참가인의 청구를 받아들여, "피고의 20○○. 2. 18. 참가인에 대한 건축불허가처분을 취소한다"는 재결을 하였습니다.

마. 위 재결에 따라 피고는 20○○. 6. 13. 소외인에 대하여 건축(증축)을 허가하는 처분을 하였습니다(이하 '이 사건 처분'이라 합니다).

3. 이 사건 처분의 적법 여부

가. 원고의 주장

(1) 이 사건 시설은 이 사건 처분 당시에 시행 중이던 ○○시 가축분뇨의 관리 및 이용에 관한 조례 소정의 상대제한지역에 해당함에도 불구하고 피고는 대규모 가축사육시설인 이 사건 시설의 증축을 허가하였으므로, 이 사건 처분은 법령에 위반되는 것으로서 위법하다고 해야 할 것입니다.

(2) 이 사건 처분 이전에 있었던 소외인에 대한 20○○. 8. 12.자 기존 건축허가에도 ○○시 가축분뇨의 관리 및 이용에 관한 조례 소정의 상대제한지역 규정에 위반하여 건축허가를 해준 실체적 하자가 있었는바, 기존의 위 하자가 이 사건 처분에 승계되었으므로, 이 사건 처분 역시 하자 있는 처분으로 취소되어야 할 것입니다.

(3) 마을 방문객이 이 사건 시설을 혐오시설로 인식할 우려가 높은 점, 이 사건 시설과 같은 대규모 축사로 인한 악취, 소음, 지하수 오염 등으로 주민들의 환경권에 심각한 피해가 초래될 것으로 예상되는 점, 인근 주민들이 이 사건 시설에 대한 강력한 반대 민원을 제기하고 있는 점 등에 비추어 보면, 이 사건 처분을 거부할 중대한 공익상의 필요가 있습니다.

나. 관계법령

별지 관계법령 기재와 같습니다.

다. 사실관계

(1) ○○시 가축분뇨 조례의 개정 경과

(가) 가축분뇨의 관리 및 이용에 관한 법률 제8조 제1항에 의하면, "시장은 지역주민의 생활환경보전 또는 상수원의 수질보전 등을 위하여 일정한 지역에 대하여 조례가 정하는 바에 따라 가축의 사육을 제한할 수 있다"고 규정하고 있습니다. 이에 따라 ○○시는 20○○. 4. 4. 조례 제831호로 ○○시 가축분뇨의 관리 및 이용에 관한 조례(이하 '○○시 가축분뇨 조례'라 한다)를 제정하여 일정한 경우 가축의 사육을 금지 또는 제한하였습니다.

(나) ○○시 가축분뇨 조례 제3조 제1항, 제4조 제1항, 제2항에서는 3마리 이하의 애완용 개를 제외한 어떠한 가축도 사육이 금지되는 '절대제한지역'과 소규모의 농업용·농가부업용 가축사육만이 제한적으로 허용되는 '상대제한지역'으로 구

분하고 있습니다.

(다) 한편, ○○시 가축분뇨 조례는 제정 이후 현재까지 3차례에 걸쳐 개정되어 왔는 바, 특히 상대제한지역의 거리제한 규정에서 많은 개정이 있었다. 구체적인 개정경과를 살펴보면 다음과 같습니다.

〈상대제한지역 거리제한 규정의 개정경과〉

○ 제정(20○○. 4. 4. 조례 831호, 이하 '제정 조례'라 한다): 절대금지지역을 제외한 지역 중 5호이상의 민가가 밀집한 지역(기타 공중이 수시 집합하는 시설 또는 장소 포함), 마을회관, 모정, 병의원, 사회복지시설의 건물부지경계와 축사부지 경계선의 가장 가까운 지적·임야도상 직선거리 100m이내의 지역

○ 1차 개정(20○○. 12. 3. 조례 제956호, 이하 '1차 개정 조례'라 한다): 절대금지지역을 제외한 지역 중 5호이상의 민가(공중이 수시 집합하는 시설 또는 장소 포함)가 밀집한 지역·마을회관·모정·병의원·사회복지시설·공공기관이 설치·운영하는 수련원·유원지(이하 '민가 등'이라 한다)의 건물부지 경계와 축사부지 경계선의 가장 가까운 지적·임야도상 직선거리로 500m이내 지역[다만 소·젖소·말·사슴·양의 경우 200m이내 지역. ○○에 주소를 두고 5년 이상 거주하는 자로서 본인이 직접 경영할 경우 1회에 한하여 거리제한 500m를 300m이내로 완화할 수 있음(다만, 소·젖소·말·사슴·양·염소·타조의 경우 150m이내 지역). 이하 이 단서 조항을 '300m 완화규정'이라 함]

○ 2차 개정(20○○. 10. 7. 조례 제996호): 절대금지지역을 제외한 지역 중 5호이상의 민가(공중이 수시 집합하는 시설 또는 장소 포함)가 밀집한 지역·마을회관·모정·병의원·사회복지시설·공공기관이 설치·운영하는 수련원·유원지의 건물부지 경계와 축사부지 경계선의 가장 가까운 지적·임야도상 직선거리로 1킬로미터 이내 지역, 다만 소·젖소·말·사슴·양의 경우 500미터이내 지역.

○ 3차 개정(20○○. 2. 23. 조례 제1063호): 2차 개정과 같으나, '공익사업을 위한 토지 등의 취득 및 보상에 관한 법률 제4조에 따라 공익사업에 필요한 축사를 협의 또는 수용에 의하여 가축분뇨배출시설을 이전하고자 하는 경우 보상금 수령 후 종전 규모에 한하여 1년 이내에 가축사육 제한지역의 거리를 50%로 경감하여 적용한다는 규정을 추가함.

(2) 이 사건 시설 주변의 현황

(가) 이 사건 시설로부터 직선거리로 약 50m에 있는 ○○시 (주소 9 생략)는 현재 아무런 건물이 없는 나대지 상태임

(나) 이 사건 시설로부터 직선거리로 약 360m 거리에는 ○○마을회관이, 약 410m 거리에는 ○○마을이 각 위치하고 있음

라. 주 장

(1) 이 사건 신청에 대한 허가 여부의 판단기준이 되는 조례

(가) 행정행위는 처분 당시에 시행 중인 법령과 허가기준에 의하여 하는 것이 원칙이고, 인·허가신청 후 처분 전에 관계 법령이 개정 시행된 경우 신법령 부칙에 그 시행 전에 이미 허가신청이 있는 때에는 종전의 규정에 의한다는 취지의

경과규정을 두지 아니한 이상 당연히 허가신청 당시의 법령에 의하여 허가 여부를 판단하여야 하는 것은 아닙니다(대판 2005.7.29. 2003두3550).

(나) 살피건대, 소외인이 20○○. 11. 2. 피고에게 이 사건 신청을 한 사실, 그 후 ○○시 가축분뇨 조례가 20○○. 12. 3. 1차 개정되어 상대제한지역 거리규정이 500m로 강화된 사실, 피고는 1차 개정 조례 시행 당시인 20○○. 2. 18. 피고의 이 사건 신청에 대하여 불허가하는 처분을 한 사실은 앞서 본 바와 같고, 갑 제2호증의 기재에 의하면 1차 개정 조례에는 이미 허가신청이 있는 사안에 대하여 신청 당시의 조례를 적용한다는 경과규정이 없는 사실이 인정되고 달리 피고가 참가인의 이 사건 신청을 수리하고도 정당한 이유 없이 처리를 늦추어서 그 사이에 법령 등이 변경된 것이라고 볼 만한 아무런 자료가 없으므로, 이 사건에 있어서 처분의 기준이 되는 근거법령은 바로 1차 개정 조례입니다.

(2) 이 사건 처분이 1차 개정 조례에 저촉되어 위법한지 여부

(가) 살피건대, 이 사건 시설로부터 직선거리로 약 50m 거리에는 민가가 존재하지 않으나, 약 360m 거리에는 ○○마을회관이, 약 410m 거리에는 ○○마을이 각 위치하고 있음은 앞서 본 바와 같으며, 달리 참가인에 대하여 1차 개정 조례의 300m 완화규정이 적용될 만한 사정은 없으므로, 이 사건 신청지는 이 사건 시설로부터 직선거리로 500m 거리 내에 민가 등이 존재하여 이 사건 1차 개정 조례의 상대제한지역 규정에 저촉되는 지역임이 명백합니다. 따라서 피고로서는 1차 개정 조례의 상대제한지역 규정에 저촉됨을 이유로 이 사건 신청을 불허가하였어야 함에도 불구하고 참가인에 대하여 이 사건 시설의 증축을 허가하였으므로 결국 이 사건 처분은 관련 법령에 위반된 것으로서 위법하다 할 것입니다.

(나) 이에 대하여 피고는 당초 피고의 불허가처분이 전라북도 행정심판위원회의 재결에 의하여 취소되었는바, 피고로서는 위 재결의 기속력에 의하여 이 사건 처분을 할 수밖에 없었다는 취지로 주장하므로 살피건대, 행정심판법 제49조 제1항의 규정에 의하면 행정심판법상 재결은 피청구인인 행정청을 기속하는 효력을 가지므로 재결청이 취소심판청구가 이유 있다고 인정하여 처분청에게 처분을 취소할 것을 명하면 처분청으로서는 그 재결에 따라 처분을 취소하여야 하는 것이지만, 그렇다고 하여 그 재결에 따른 후속처분이 위법할 경우에 이를 항고소송으로 다툴 수 없는 것은 아닌 바(대판 1993.8.24. 92누17723), 앞서 본 바와 같이 이 사건 처분이 처분 당시에 시행되던 1차 개정 조례의 상대제한지역 규정에 위반된 실체적 하자를 지닌 이상 이 사건 처분이 재결에 따른 것이라는 이유만으로 적법하다고 볼 수 있는 것은 아니므로, 피고의 위 주장은 이유 없다고 해야 할 것입니다.

3. 결 론

결국, 이 사건 처분은 원고의 나머지 주장에 대하여 살펴볼 필요 없이 처분 당시에 시행되던 관련 법령을 위반한 위법이 있으므로 취소되어야 할 것입니다.

입 증 방 법

1. 갑제1호증 허가결정서
1. 갑제2호증 ○○○○
1. 갑제3호증 ○○○○
1. 갑제4호증 현장사진
1. 갑제5호증 ○○○○
1. 갑제6호증 ○○○○

그밖의 것은 변론시 수시 제출하겠습니다.

첨 부 서 류

1. 위 입증방법 2통
1. 납부서 1통
1. 소장부본 1통

20○○. ○. ○.

위 원고 ○ ○ ○ (인)

○○ 지방법원 귀중

[서식 54] 골프장조성사업실시계획승인처분취소 청구의 소 – 소음·진동

소 장

원 고(선정당사자) ○ ○ ○(123456-1234567)
○○시 ○○구 ○○대로 ○○

피 고 ○○군수

골프장조성사업실시계획승인처분을 취소

청 구 취 지

1. 원고(선정당사자)의 청구에 기하여, 피고가 20○○. 5. 22. 소외 ○○○에 대하여 한 블랙스톤골프장조성사업실시계획승인처분을 취소한다.
2. 소송비용은 피고의 부담으로 한다.
3. 제1항은 가집행할 수 있다.

라는 판결을 구합니다.

청 구 원 인

1. 기초사실

가. 이 사건 골프장 부지의 지형적 특성

이 사건 골프장 부지는 ○○군 소재지에서 남동쪽으로 약 7km, ○○농공단지에서 약 1.5km 정도에 위치하고 부지 동쪽으로는 해발 601.6m의 ○○산(해발 601.5m)이 있어 호남정맥과 분지맥이 1km 이내에 있으며, 부지의 91%가 임야지역으로 주1) 표고 117~393m 내에 분포하고 있고, 경사 20° 이상 급경사지역이 면적의 41.6%를 차지한다. 또한 이 사건 골프장 부지는 ○○천의 상류에 위치하여 이 곳에서 흘러내리는 물은 소하천인 ○○천과 ○○천을 따라 내려가 ○○천과 ○○천을 거쳐 영산강으로 유입됩니다.

나. 이 사건 축사

이 사건 골프장이 위치한 전남 ○○군 ○면은 가축 사육 호수와 두수가 다른 읍면에 비하여 많은 편이고, 이 사건 축사에서 원고는 젖소를 사육하고 있다. 이 사건 축사는 이 사건 골프장 부지와 경계를 이루면서 골프장 부지에 비하여 저지대에 위치하고 있으며, 이 사건 골프장을 조성하기 위하여는 그 부지에 포함된 여러 능선 부분을 상당 부분 절토하여야 하는데, 그 절토공사 부분 중 상당 부분이 이 사건 축사와 근접하여 있습니다.

2. 처분의 경위

가. 전라남도지사는 20○○. 3. 3. ○○·○○ 개발촉진지구 개발계획을 고시하였고, 20○○. 10. 12. ○○·○○ 개발촉진지구 개발계획 변경 고시(전라남도 고시 제20○○-124호)를 하면서 전남 ○○군 ○면 ○○리 일원에 대중골프장 18홀을 조성하는 동면대중골프장 조성사업을 신규로 추가하였습니다.

나. 소외 ○○○(이하 '소외인'이라고만 합니다)은 전남 ○○군 ○면 (주소 1 생략) 등 119필지 면적 합계 1,158,471㎡(이하 '이 사건 골프장 부지'라 한다)에 18홀 규모의 대중골프장(이하 '이 사건 골프장'이라 한다)을 설치하기 위해 블랙스톤골프장조성사업실시계획승인을 피고에게 신청하였고, 피고는 20○○. 5. 22. 별지 승인조건 및 권고사항을 부과하여 블랙스톤골프장 실시계획승인(○○군 고시 제20○○-32호, 이하 '이 사건 처분'이라 한다)을 하였습니다.

다. 원고(선정당사자)는 이 사건 골프장 부지와 맞닿은 전남 ○○군 ○면 (주소 2 생략)에 소재한 축사(이하 '이 사건 축사'라 한다)에서 젖소 등을 사육하고 있는데, 이 사건 축사는 이 사건 골프장 조성사업으로 인한 환경영향평가 대상지역 안에 위치하고 있고, 원고(선정당사자)를 비롯한 나머지 선정자들(이하 원고(선정당사자)는 '원고'라고만 하고, 나머지 선정자들과 통틀어 '원고 등'이라 한다)은 이 사건 골프장으로부터 약 1.7km 떨어진 전남 ○○군 ○면 ○○리 △△마을(이하 '△△마을'이라고만 한다)에 거주하고 있는 주민들로서, △△마을은 위 환경영향평가 대상지역에는 포함되지 않았습니다.

3. 원고의 주장 요지 및 근거

가. 관련 법령

별지 관련 법령 기재와 같습니다.

나. 피고의 본안전 항변에 대하여 답변

이 사건 골프장 공사 및 운영시 원고 등에게 소음·진동 등의 피해를 입힐 수 있더라도, 그로 인하여 원고 등이 법령에 의해 직접 보호되는 구체적 이익을 침해받을 것으로 단정할 수 없으므로, 원고 등은 이 사건 처분의 취소를 구할 원고 적격이 없다고 주장하고 있습니다. 그러나 행정처분의 직접 상대방이 아닌 제3자라 하더라도 당해 행정처분으로 인하여 법률상 보호되는 이익을 침해당한 경우에는 그 처분의 취소나 무효확인을 구하는 행정소송을 제기하여 그 당부의 판단을 받을 자격이 있다 할 것이며, 여기에서 말하는 법률상 보호되는 이익이라 함은 당해 처분의 근거 법규 및 관련 법규에 의하여 보호되는 개별적·직접적·구체적 이익이 있는 경우를 말하고, 공익보호의 결과로 국민 일반이 공통적으로 가지는 일반적·간접적·추상적 이익이 생기는 경우에는 법률상 보호되는 이익이 있다고 할 수 없습니다. 또한 행정처분의 직접 상대방이 아닌 자로서 그 처분에 의하여 자신의 환경상 이익이 침해받거나 침해받을 우려가 있다는 이유로 취소소송을 제기하는 제3자는, 자신의 환경상 이익이 그 처분의 근거 법규 또는 관련 법규에 의하여 개별적·직접적·구체적으로 보호되는 이익,

즉 법률상 보호되는 이익임을 입증하여야 원고적격이 인정되고, 다만 그 행정처분의 근거 법규 또는 관련 법규에 그 처분으로써 이루어지는 행위 등 사업으로 인하여 환경상 침해를 받으리라고 예상되는 영향권의 범위가 구체적으로 규정되어 있는 경우에는, 그 영향권 내의 주민들에 대하여는 당해 처분으로 인하여 직접적이고 중대한 환경피해를 입으리라고 예상할 수 있고, 이와 같은 환경상의 이익은 주민 개개인에 대하여 개별적으로 보호되는 직접적·구체적 이익으로서 그들에 대하여는 특단의 사정이 없는 한 환경상 이익에 대한 침해 또는 침해 우려가 있는 것으로 사실상 추정되어 법률상 보호되는 이익으로 인정됨으로써 원고적격이 인정되며, 그 영향권 밖의 주민들은 당해 처분으로 인하여 그 처분 전과 비교하여 수인한도를 넘는 환경피해를 받거나 받을 우려가 있다는 자신의 환경상 이익에 대한 침해 또는 침해 우려가 있음을 증명하여야만 법률상 보호되는 이익으로 인정되어 원고적격이 인정됩니다(대판 2006.12.22. 2006두14001).

살피건대, 이 사건 축사가 위치한 지역이 이 사건 골프장 조성사업에 관한 환경영향평가 대상지역에 포함된 사실은 앞서 본 것과 같으므로, 원고는 이 사건 처분으로 인하여 환경상 이익에 대한 침해 또는 침해 우려가 있는 것으로 추정할 수 있고, 따라서 원고에게는 원고적격이 인정된다. 또한 원고 등이 거주하는 △△마을이 이 사건 골프장 조성사업으로 인한 환경영향평가 대상지역에 포함되지 않았음은 앞서 본 바와 같으나, 원고 등은 이 사건 골프장 부지로부터 약 1.7km 이내에 거주하는 주민들로서 이 사건 골프장 건설 및 운영으로 인하여 주거환경이나 자연환경의 측면에서 피해를 입을 가능성이 크다는 점에서, 원고 등의 환경상 이익은 법률상 보호되는 이익으로 평가되어야 하고, 따라서 원고 등에게도 원고적격이 인정되는 바입니다.

다. 원고의 주장 근거

(1) 이 사건 처분은 허위의 설계도에 기초한 위법한 처분입니다.

피고는 이 사건 골프장이 아닌 전남 ○○군 소재 '○○○○○ 컨트리클럽' 골프장의 종·평면도를 기초로 이 사건 처분을 하였고, 환경영향평가와 재해영향평가 역시 위 종·평면도를 근거로 이루어졌습니다. 따라서 허위의 설계도에 기초한 이 사건 처분은 위법합니다.

(2) 이 사건 처분은 교통영향평가를 실시하지 않은 채 행하여진 위법한 처분입니다.

피고는 이 사건 처분을 체육시설의 설치·이용에 관한 법률(이하 '체육시설법'이라 한다)이 아닌 지역균형개발 및 지방중소기업 육성에 관한 법률(이하 '지역균형개발법'이라 한다)에 근거하여 한 것이고, 영향평가법 제4조 제1항 제13호, 같은 조 제3항, 같은 법 시행령 제2조 제3항, 별표 1의 '2. 교통영향평가분야' 표의 기재에 따르면, 지역균형개발법 제2조 제2호의 규정에 의한 지역개발사업 중 부지면적 10만㎡ 이상 300만㎡ 미만의 사업은 실시계획의 승인 전 지방교통영향심의위원회 심의대상이 되는데, 이 사건 골프장 조성사업은 이에 해당되므로 교통영향평가를 실시하였어야 한다. 그럼에도 교통영향평가를 실시하지 않은 채 행하여진 이 사건 처분은 위법하다고 할 것입니다.

라. 원고 등이 입을 피해에 대한 실질적인 대책을 마련하지 않은 상태에서 행하여진 이 사건 처분에는 재량권을 일탈·남용한 위법이 있습니다.

(1) △△마을 주민인 원고 등의 피해에 관하여 보면, 이 사건 골프장 부지 동쪽에는 △△마을 주민의 식수원인 취수장이 위치하고 있는데, 이 사건 골프장이 건설되면 위 취수장이 화공약품, 중금속, 농약 등으로 인해 오염될 것이고, 이 사건 골프장에서 사용하는 수천 톤의 물은 골프장에 내리는 빗물과 지하수로 조달될 것이므로 원고 등이 사용하는 지하수가 고갈 될 것이다. 또한 골프장 주변 10km 이내 지역에서는 친환경 지구 지정이 어려우므로 원고 등이 친환경 유기농업에 종사하지 못하게 되고, 골프장 야간 조명으로 인한 피해 및 골프공 난입 등으로 인한 주민의 안전 문제가 생기며, 멸종 위기에 있는 야생동식물 등 생태계를 파괴하게 됩니다.

(2) 또한 이 사건 축사를 운영하는 원고의 피해에 관하여 보면, 이 사건 골프장 부지는 경사가 급한 임야 지역이어서 골프장 건설을 위해서는 필연적으로 소음과 진동이 심한 발파작업과 중장비 작업을 진행하여야 할 것인데, 이 사건 축사는 이 사건 골프장 부지와 맞닿아 있어 공사로 인한 소음과 진동이 축사로 그대로 전달될 것이다. 한편 일반적으로 가축들은 소음·진동에 민감한 반응을 보이는 것으로 알려져 있으므로, 이 사건 골프장 공사로 인한 젖소의 산유량 저하, 한우와 젖소의 폐사, 불임, 유산, 성장 저하 등 많은 피해가 예상됩니다. 이와 같이 이 사건 골프장이 건설되어 운영되는 경우, 원고 등은 심각한 피해를 입게 될 것인데, 이 사건 환경영향평가는 이 사건 축사 및 △△마을 주민들에 대한 실질적인 피해 방지 대책을 전혀 다루지 않았고, 피고는 달리 원고 등의 피해를 방지할 대책을 마련하지 않은 상태에서 위와 같이 부실한 환경영향평가에 기초하여 이 사건 처분을 하였다. 따라서 이 사건 처분에는 재량권을 일탈·남용한 위법이 있다고 할 것입니다.

(3) 소 결 론

(가) 행정계획이라 함은 행정에 관한 전문적·기술적 판단을 기초로 하여 도시의 건설·정비·개량 등과 같은 특정한 행정목표를 달성하기 위하여 서로 관련되는 행정수단을 종합·조정함으로써 장래의 일정한 시점에 있어서 일정한 질서를 실현하기 위한 활동기준으로 설정된 것으로서, 관계 법령에는 추상적인 행정목표와 절차만이 규정되어 있을 뿐 행정계획의 내용에 대하여는 별다른 규정을 두고 있지 않으므로 행정주체는 구체적인 행정계획을 입안·결정함에 있어서 비교적 광범위한 형성의 자유를 가진다고 할 것이지만, 행정주체가 가지는 이와 같은 형성의 자유는 무제한적인 것이 아니라 그 행정계획에 관련되는 자들의 이익을 공익과 사익 사이에서는 물론이고 공익 상호간과 사익 상호간에도 정당하게 비교교량하여야 한다는 제한이 있는 것이고, 따라서 행정주체가 행정계획을 입안·결정함에 있어서 이익형량을 전혀 행하지 않거나 이익형량의 고려 대상에 마땅히 포함시켜야 할 사항을 누락한 경우 또는 이익형량을 하였으나 정당성과 객관성이 결여된 경우에는 그 행정계획결정은 형량에 하자가 있어 위법합니다(대판 2007.1.25. 2004두12063).

(나) 이 사건 환경영향평가서에도 나타나 있듯이 이 사건 골프장의 공사 및 운영으로 인하여 이 사건 골프장 부지와 맞닿아 있는 곳에서 이 사건 축사를 운영하는 원고를 비롯한 영향평가 대상지역 안에서 거주하거나 생업을 영위하는 주민들은 환경상·재산상의 피해를 입게 됩니다. 따라서 행정청인 피고로서는 이 사건 처분을 함에 있어 원고 및 대상지역 주민들이 입게되는 피해에 대한 실질적인 대책이 마련되어 있는지 여부 등을 충분히 검토하여야 하고, 그 검토를 함에 있어서는 공익을 도모하면서도 원고를 비롯한 이해관계인들의 이익 침해를 가급적 최소화할 수 있는 방향으로 이익형량을 하였어야 합니다.

(다) 그런데, 앞서 본 사실에 의하면 다음과 같은 제반 사정이 인정됩되다. ① 이 사건 골프장 건설로 인한 이 사건 축사의 소음·진동 피해와 관련하여, 이 사건 골프장 건설장비 가동시의 예측 소음도는 80.4db(A), 발파시의 예측 소음도 81.5db(A), 가설방음판넬을 설치한 후의 예측 소음도는 66.3db(A)로, 모두 소음·진동규제법상 소음 규제기준 65db(A)을 넘고, 발파시 예측 진동도는 0.69㎝/sec로 진동 허용 기준인 0.09㎝/sec보다 7배가 높으며, 이 사건 환경영향평가에서도 이 사건 축사의 경우 이주 등의 적절한 저감대책이 필요하다고 하였습니다. ② 구 영향평가법 제21조에 따라 피고는 환경영향평가서 협의기관장인 영산강유역환경청장의 협의내용이 사업계획 등에 반영되었는지의 여부를 확인하고, 협의내용이 반영되지 아니한 때에는 이를 반영하도록 하여야 하는데, 영산강유역환경청은 사전환경성검토 협의의견, 환경영향평가초안 검토의견, 환경영향평가 협의의견 등을 통해 지속적으로, 이 사건 골프장 공사 및 운영시 소음·진동, 대기오염, 농약 등으로 인하여 그 인근에 위치한 축사 및 그 가축에 영향을 끼칠 것으로 예상되므로, 축사의 매입이 이루어지지 않을 경우 환경영향을 최소화할 수 있는 구체적인 대책을 수립하여야 한다는 의견을 피고에게 통보하였습니다. ③ 한편, 피고는 20○○. 10. 12. 이 사건 골프장 조성사업을 신규로 추가하는 내용의 개발계획 변경 고시가 있은 이래로, 원고를 비롯한 이 사건 골프장 부지 인근 주민들이 피해 대책 마련 등을 촉구해오자, 이 사건 축사를 비롯한 축사 및 그 부지를 매입할 계획임을 밝히기도 하였으나, 이 사건 처분이 있기까지 축사 등의 매입은 성사되지 않았습니다. ④ 이 사건 환경영향평가에는 원고에 대한 구체적인 피해 대책이 나와 있지 않고, 피고가 이 사건 처분을 하며 부과한 승인조건이나 권고사항에도 원고가 입을 피해 방지 대책이나 보전대책은 나와 있지 않습니다.

(라) 결국, 위에서 본 제반사정을 종합하여 보면, 피고는 이 사건 처분을 함에 있어 원고 및 대상지역 주민들이 입게 되는 피해에 대한 실질적인 대책이 마련되어 있는지 여부 등을 충분히 검토하고, 공익을 도모하면서도 원고를 비롯한 이해관계인들의 이익 침해를 가급적 최소화할 수 있는 방향으로 이익형량을 하여 이 사건 처분을 하였어야 함에도, 이익형량의 고려 대상에 마땅히 포함시켜야 할 사항인 이 사건 축사를 운영하는 원고 등에 대한 피해대책을 누락하였고, 이는

이 사건 골프장 조성사업이 원고 등의 사익뿐만 아니라 지역균형개발법상의 공익적 목적을 위하여 시행되는 것이라는 점을 감안한다 하여도 정당화될 수 없을 것입니다. 또한 원고 등에게 침해가 있거나 침해가 예상되는 환경적 이익에 대하여 사후적으로 환경분쟁위원회의 조정, 민사소송절차 등을 통해 그 침해를 회복하거나 보전할 수 있다고 하나, 환경적 이익 침해의 경우 사후적인 침해 회복에는 한계가 있고 별도의 절차를 거쳐야 한다는 점에 있어서, 그러한 방법은 최후의 수단으로 고려하여야 하고 피고로서는 이 사건 처분 당시 가능한 피해를 최소화할 수 있는 방향으로 이익형량을 하여 이 사건 처분을 하였어야 한다. 따라서 이 사건 처분은 재량권을 일탈·남용한 위법한 처분이라고 할 것입니다.

4. 결 론

그렇다면 피고가 20○○. 5. 22. 소외 ○○○에 대하여 한 블랙스톤골프장조성사업실시계획승인처분을 취소하는 것이 타당하다고 할 것입니다.

입 증 방 법

1. 갑제1호증	○○○○
1. 갑제2호증	○○○○
1. 갑제3호증	○○○○
1. 갑제4호증	현황사진
1. 갑제5호증	○○○○
1. 갑제6호증	○○○○

그밖의 것은 변론시 수시 제출하겠습니다.

첨 부 서 류

1. 위 입증방법	2통
1. 납부서	1통
1. 소장부본	1통

20○○. ○. ○.

위 원고(선정당사자) ○ ○ ○ (인)

○○ 지방법원 귀중

[서식 55] 야간작업금지 등 청구의 소 – 소음·진동·악취 피해

소 장

원 고 ○ ○ ○(123456-1234567)
○○시 ○○구 ○○대로 ○○

피 고 ○ ○ ○(123456-2345678)
○○시 ○○구 ○○대로 ○○

야간작업금지 등

청 구 취 지

1. 피고는 원고에게 3,000,000원 및 이에 대하여 20○○. 1. 26.부터 이 소장 부본 송달일까지는 연 5%, 그 다음날부터 다 갚는 날까지 연 12%의 각 비율에 의한 금원을 지급하라.
2. 가. 피고는 매일 22:00부터 다음날 05:00까지 서울 ○○구 ○○1가 72-112 '○○섬유'라는 상호의 공장 내에 설치되어 있는 기계를 작동하여서는 아니된다.
   나. 피고가 위 의무에 위반하는 행위를 한 때에는 원고에게 위반일 1일당 300,000원의 비율에 의한 금원을 지급하라.
3. 소송비용은 피고의 부담으로 한다.
4. 제1항은 가집행할 수 있다.

라는 판결을 구합니다.

청 구 원 인

1. 기초사실

가. 당사자들의 지위

원고는 20○○. 5. 30. 준공업지역인 서울 ○○구 ○○ 1가 72-90 대 82㎡를 취득한 후 20○○. 12.경 그 지상에 벽돌조 평스라브 2층 다가구주택 1, 2층 및 지층 각 46.65㎡(이하 '원고 주택'이라고 한다)를 건축하여 현재까지 거주하여 왔고, 피고는 20○○. 4.경 원고 주택과 블록담장을 경계로 약 1m 떨어져 있는 같은 구 ○○ 1가 72-112 대 566㎡의 지상에 건축된 한정일 소유의 시멘블록조 스레트지붕 단층공장 328.93㎡, 단층공장 261.36㎡, 단층변소 25.92㎡ 등 3개의 건물을 한정일로부터 임차하여 현재까지 위 건물들에서 '금강섬유'라는 상호로 직물 및 편조원단을 염색·가공하는 공장(이하 '피고 공장'이라고 한다)을 운영하고 있습니다.

나. 피고 공장의 운영 상황과 발생된 소음·진동·악취의 정도

(1) 피고는 피고 공장을 운영하면서 소음을 배출하는 시설인 염색기 6대, 탈수기 2대, 원단 폭출기 및 보일러 각 1대 등과 악취를 배출하는 시설인 건조기 1대를 각 설치하여 작동하였고, 염색 과정에서 악취발생물질이 함유된 면유연제, 탈유제, 쇼핑제, 분산제 등의 약품을 사용하여 성수기인 8월~11월 사이에는 24시간, 비수기인 1~7월, 12월에는 14:00부터 새벽까지 피고 공장을 가동하였는데, 그 과정에서 위 기계들과 약품으로 인하여 소음·진동·악취가 발생하였습니다.

(2) 원고는 20○○. 9. 4.~20○○. 4. 26. 13회에 걸쳐서 피고 공장의 소음·진동·악취 등으로 인하여 집안에서의 휴식·숙면 등을 방해받는다고 주장하면서 서울특별시 성동구청 등에 민원을 제기하였고, 그에 따라 서울특별시 보건환경연구원이 피고 공장에서 발생하는 야간소음·진동·악취 등을 측정한 결과는 다음과 같았습니다.

(가) 소음 : 20○○. 10. 5. 56㏈, 20○○. 11. 10. 52㏈, 2001. 1. 6. 49㏈, 20○○. 4. 19. 48㏈, 20○○. 5. 29. 57㏈, 20○○. 9. 28. 43㏈

(나) 진동 : 20○○. 10. 4. 54㏈, 20○○. 9. 28. 48㏈

(다) 악취 : 20○○. 9. 8. 3도, 20○○. 10. 4. 및 20○○. 9. 28. 각 2도

다. 소음·진동·악취 배출허용기준

소음·진동규제법 제6조, 시행규칙 [별표 4]에서 정한 준공업지역의 소음·진동 배출허용기준은 공장소음이 주간(06:00~18:00) 65㏈, 야간(24:00~익일 06:00) 55㏈이고, 공장진동이 주간(06:00~22:00) 70㏈, 야간(24:00~익일 06:00) 65㏈이며, 대기환경보전법 제8조, 시행규칙 [별표 8] 제3호에서 정한 준공업지역의 악취 배출허용기준은 악취도 2도 이하입니다.

라. 피고의 개선조치

피고는 서울특별시장으로부터 20○○. 9. 14. 위 측정 결과 악취의 배출허용기준을 초과한 것에 대한 시설개선명령을 받고 같은 달 26. 악취저감조치를 하였으며(20○○. 10. 25. 분진과 악취를 줄이기 위하여 흡착시설과 여과집진시설을 설치하였습니다), 같은 해 10. 10.과 20○○. 5. 29. 위 각 측정 결과 각 야간소음배출기준 초과한 것에 대한 각 개선명령 및 과태료부과처분을 받고 2001. 5.경 원고주택과 인접한 블록담장의 벽을 보강하여 높이는 방법으로 방음시설을 하였으며, 그밖에 진동을 줄이기 위하여 탈수기에 완충장치를 부착하였습니다.

마. 원·피고 사이의 분쟁

(1) 원고는 20○○. 8. 16. 피고 공장의 소음·진동·악취로 인하여 집안에서의 휴식과 숙면 등을 방해받는다고 주장하면서 피고를 상대로 이 법원 20○○카합1442호로 야간작업금지가처분신청을 하였고, 그에 따라 이 법원은 같은 해 12. 9. 매일 22:00~다음날 05:00의 7시간 동안 피고 공장 내에 설치된 기계의 작동을 금지하는 가처분결정을 하여 그 시경 집행되었습니다.

(2) 위 가처분과는 별개로 피고 공장의 인접 토지소유자인 원고와 거주자인 그 가족들을 포함한 13인은 피고 공장에서 발생하는 소음·진동·악취로 인하여 재산적·정신적 손해를 입었다고 주장하면서 피고를 상대로 중앙환경분쟁재정위원회에 재정신

청을 하였는데, 위 위원회는 20○○. 12. 20. "소음·진동으로 인한 피해는 인정되지 않으나, 피고가 피고 공장을 운영한 2000. 4. 1.부터 악취방지설비를 보강한 같은 해 9. 26.까지 악취도가 3도로서 규제기준을 초과하였으므로 그로 인한 원고 외 13인의 정신적 피해가 인정된다."는 이유로 피고에 대하여 원고와 그 가족들(이하 '원고 등'이라고 한다)에게 1,450,000원의 배상금을 지급할 것을 명하는 재정을 하였고, 피고는 위 재정에서 정한 위 배상금을 원고 등에게 지급하고자 하였다가 거절당하자 20○○. 2. 1. 이 법원 20○○년 금제453호로 위 금액을 변제공탁하였습니다.

바. 원고 등의 피해상황

피고가 피고 공장을 운영한 20○○. 4.경부터 위 가처분결정의 집행으로 가동을 중단한 20○○. 12.경까지 피고 공장에서 발생한 위 소음·악취로 인하여 원고 등이 집안에서 휴식이나 숙면을 취할 수 없었고, 특히 원고의 처 ○○○는 위 기간 중 ○○대학교병원, ○○병원 등에서 고혈압, 관절염, 심한 스트레스에 대한 적응장애, 불안신경증 등으로 인한 치료를 받기까지 하였습니다.

2. 원고의 청구 내역

가. 피고의 불법행위책임

(1) 공장을 운영하는 자가 그 공장을 가동하는 과정에서 소음·진동·악취·분진을 발생시킴으로써 인접 토지의 거주자에게 사회통념상 수인할 수 있는 한도를 넘는 신체적·정신적 손해를 가한 경우 그 침해행위는 사법상 위법한 가해행위로서 불법행위가 되는데, 그 경우 사회통념상 수인할 수 있는 한도를 넘었는지 여부는 그 지역의 환경과 소음 등에 관한 공법적 규제기준, 피침해자의 생활상황, 침해행위의 태양과 침해의 정도, 사회적 유용성, 가해자의 침해방지대책에 관한 태도 등을 종합적으로 고려하여 결정하여야 합니다.

(2) 위 사실에 의하면, 피고는 20○○. 4.경부터 구조적으로 취약한 시멘블록조 스레트 지붕으로 축조된 건물에서 피고 공장을 운영하면서 그 공장 내에 설치된 기계를 작동하여 소음·진동규제법과 대기환경보전법의 각 규제기준을 초과하는 소음·악취를 발생시켰고, 그에 따라 행정청으로부터 개선명령 등을 받았음에도 불구하고 계속 피고공장을 운영하면서 위 가처분결정이 집행될 때까지 소음·악취를 발생시켜 왔으며(다만, 수인한도를 넘는 진동이 발생하였다는 주장사실과 피고가 위 가처분결정 이후에도 기계를 작동하였다는 주장사실들은 인정할 증거가 없다.), 그와 같은 침해행위로 인하여 블록담장을 경계로 약 1m 떨어져 있는 인접 토지에서 원고 주택을 소유하고 거주하는 원고 등이 주거생활의 안정을 방해받아 집안에서 휴식과 숙면을 취할 수 없었고, 병원에서 치료를 받는 등 신체적·정신적 손해를 입었다고 할 것입니다.

(3) 그런데 앞서 본 바와 같이 피고 공장이 위치한 곳은 준공업지역이고, 원고가 피고 공장과 인접한 곳에 대지를 취득한 후 원고 주택을 신축하였으며, 원고 등의 민원

에 의하여 피고가 악취방지시설 및 방음시설 등을 설치하는 등 나름대로 노력을 한 점, 소음 등의 금지를 위하여 지나치게 피고 공장 내에서의 기계의 작동을 금지시킬 경우 피고가 입게 될 피해가 작지 아니한 것으로 보이는 점 등을 종합하여 볼 때, 매일 05:00～22:00의 17시간 동안에 이루어진 피고의 위 침해행위는 상린관계에 따라 원고 등이 수인하여야 할 통상의 범위 내에 속하는 것이어서 원고 등으로서는 이를 인용할 의무가 있다고 할 것이므로, 결국 피고의 위 침해행위 중 위 시간 동안을 제외하고 원고 등이 일상생활을 영위함에 필요한 최소한의 휴식을 위한 시간인 매일 22:00～다음날 05:00의 7시간(이하 '인용시간'이라고 한다) 동안 소음·악취를 발생시킨 행위만이 사회통념상 수인할 수 있는 한도를 넘는 위법한 가해행위로서 원고에 대한 불법행위가 된다고 할 것입니다.

나. 손해배상

위 사실에 의하면, 20○○. 4.경부터 위 가처분결정의 집행시까지 인용시간 동안의 사회통념상 수인할 수 있는 한도를 넘는 피고의 위와 같은 침해행위로 인하여 원고 등이 생활상의 불편은 물론 정신적 고통을 받았음이 분명하므로 피고는 금전으로 이를 위자할 의무가 있다고 할 것인데, 원·피고의 지위와 원고 주택 및 피고 공장의 현황, 발생한 소음·악취의 정도, 피해의 회피가능성 등 변론에 나타난 모든 사정들을 참작하여 볼 때, 피고가 원고에게 배상하여야 할 위자료의 액수는 3,000,000원으로 정함이 상당하다고 봅니다.

다. 기계의 작동금지 및 간접강제

(1) 위 사실에 의하면, 위와 같은 사회통념상 수인할 수 있는 한도를 넘는 침해행위를 한 피고는 장래에 있어서 그러한 침해행위로 인하여 원고의 일상생활에 고통을 주지 않기 위한 적당한 조치로서 매일 22:00부터 다음날 05:00까지피고 공장 내에 설치되어 있는 기계를 작동하지 아니할 의무가 있다고 할 것입니다.

(2) 피고는, 피고가 피고 공장의 악취방지시설 및 방음시설을 설치한 이후 서울특별시 보건환경연구원이 측정한 피고 공장의 소음·진동·악취 측정 결과가 모두 공법상 규제기준 이내였으므로 원고의 위 금지청구는 이유가 없다고 주장하나, 그러한 공법적 규제는 통상 행정목적 달성을 위하여 최소한도의 기준을 설정하여 놓은 것일 뿐이므로 가사 피고의 주장처럼 피고 공장의 가동으로 발생하는 소음·악취가 당시의 공법적 규제에 형식적으로 적합하였다고 하더라도 앞서 인정한 바와 같이 위 청구 시간 동안 현실적으로 발생하는 피고 공장의 소음·악취의 피해 정도가 현저하게 커서 원고의 수인 한도를 넘는 이상 피고의 침해행위는 여전히 위법성이 있다고 할 것이어서 원고로서는 피고에 대하여 장래의 침해 금지를 위한 적당한 조치를 구할 권리가 있다고 할 것이므로, 위 주장은 이유가 없다고 해야 할 것입니다.

(3) 나아가 앞서 본 바와 같이 원·피고 사이에 20○○. 9. 4.～20○○. 4. 26. 13차례에 걸쳐 분쟁이 있었고, 이 사건 소송 중에도 여전히 피고가 피고 공장을 야간에 가동하였는지에 관하여 다투어지고 있었던 점 등의 사정들을 참작하여 볼 때, 피고에 대하여 위 금지를 명하는 채무명의가 성립하더라도 피고가 이를 단기간 내에 위반

할 개연성이 있고, 또한 이 판결절차에서도 간접강제에 관한 민사집행법 제261조에 의하여 피고에게 명할 적정한 배상액을 산정하는 것이 가능하다고 인정되므로, 피고가 장차 앞서 인정한 금지의무에 위반하는 행위를 한 때에는 그에 따른 간접강제로서 위반일 1일당 300,000원의 비율에 의한 배상금을 원고에게 지급할 것을 명하도록 청구합니다.

3. **결 론**

이에 피고는 원고에게 3,000,000원 및 이에 대하여 20○○. 1. 26.부터 이 소장 부본 송달일까지는 연 5%, 그 다음날부터 다 갚는 날까지 연 12%의 각 비율에 의한 금원을 지급하여야 할 것이고, 또한 매일 22:00부터 다음날 05:00까지 서울 성동구 성수1가 72 - 112 '금강섬유'라는 상호의 공장 내에 설치되어 있는 기계를 작동하여서는 아니되며, 피고가 위 의무에 위반하는 행위를 한 때에는 원고에게 위반일 1일당 300,000원의 비율에 의한 금원을 지급하여야 할 것입니다.

입 증 방 법

1. 갑제1호증　　소음측정표
1. 갑제2호증　　공장위치도
1. 갑제3호증　　○○○○
1. 갑제4호증　　현황사진
1. 갑제5호증　　○○○○
1. 갑제6호증　　○○○○

그밖의 것은 변론시 수시 제출하겠습니다.

첨 부 서 류

1. 위 입증방법　　1통
1. 납부서　　1통
1. 소장부본　　1통

20○○. ○. ○.

위 원고 ○ ○ ○ (인)

○○ 지방법원 귀중

[서식 56] 손해배상청구의 소 – 토지굴착

소 장

원 고 1. ○○○
○○시 ○○구 ○○대로 ○○
2. □□□
○○시 ○○구 ○○대로 ○○

피 고 1. ○○○
○○시 ○○구 ○○대로 ○○
2. ○○○
○○시 ○○구 ○○대로 ○○
3. ○○○
○○시 ○○구 ○○대로 ○○

손해배상(기)

청 구 취 지

1. 피고들은 연대하여 원고 ○○○에게 금 51,342,901원, 원고 □□□에게 금 6,926,386원 및 각 이에 대하여 20○○.○○.○○.부터 이 소장 부본 송달일까지는 연 5%의, 그 다음 날부터 완제일까지 연 12%의 비율에 의한 금원을 지급하라.
2. 피고들은 연대하여 원고들을 위하여 서울 ○○구 ○○동 216의3 대지와 같은 곳 216의 5,6,7 각 대지의 경계에 위 216의 3 대지의 토사유실을 방지함에 적절한 시설을 하라.
3. 소송비용은 피고들의 부담으로 한다.
4. 제1항은 가집행할 수 있다.

라는 판결을 구합니다.

청 구 원 인

1. 손해배상책임의 발생

원고들은 부부로서 서울 ○○구 ○○동 216의 3 대 683평방미터의 공유자이고, 원고 ○○○은 원고들이 거주하는 그 지상 가옥(연와조 스라브기와즙 평가건 주택, 이하 이 사건 가옥이라고 한다)의 단독소유자이며, 피고들은 원고들 소유의 위 대지와 맞닿아 있는 같은 동 216의 5,6,7 대지의 각 소유자들로서(같은 동 216의 5는 피고 ○○○, 216의 6은 피고 ○○○, 216의 7은 피고 ○○○의 소유로 되어 있습니다) 20○○.2.경부터 수

개월동안 공동으로 피고들 소유의 위 대지 3필지(이하, 이 사건 대지라고 합니다) 위에 지하 1층, 지상 4층의 건물을 건축하기 위하여 그 기초공사로서 이 사건대지에 굴착공사를 한 사실이 있습니다. 원고들과 피고들 소유의 위 각 대지는 원래 동일한 지반 위에 형성되어 있고, 이는 상층부에서 하층부 쪽으로 볼 때 부토층, 풍화암층, 연암층, 경암층의 순서로 지층이 형성되어 있는데, 경암층의 굴착시는 진동의 전달이 쉽고 많은 소음을 내게 되며, 위 굴착공사는 경암층까지 이르게 되었던 사실, 피고들의 대리인인 소외 ㅇ삼봉의 지시, 감독을 받으며 위 굴착공사를 하던 소외 ㅇ영호는 위와 같이 토지를 심굴함에 있어서 피고들 소유의 위 대지 및 이에 인접한 원고들 소유의 대지에 관한 지반구조 및 성질, 공사현장과 이 사건 가옥과의 거리 등을 조사하고 그에 적합한 굴착기와 굴착방법을 선택함으로써 인접대지나 건물 및 주민들에게 굴착공사로 인한 진동이나 소음으로 피해를 입지 않도록 할 주의의무가 있음에도 불구하고, 이와 같은 주의의무를 다하지 아니한 채 중형브레이커(브레이커 대신 리퍼를 사용할 경우 진동이 줄어들 수 있다) 1대 이상을 사용하여 함부로 위 굴착공사를 시행하여 그 진동으로 인하여 이 사건 가옥에 균열을 생기게 하였고, 심굴로 인하여 원고 ㅇㅇㅇ 소유의 우물을 고갈시켰음은 물론, 위 공사기간 동안 탁자가 흔들릴 정도의 진동과 심한 소음으로 원고들에게 고통을 준 사실을 인정할 수 있습니다. 그렇다면 피고들은 위 ㅇ영호의 사용자로서 위 불법행위로 인하여 원고들이 입은 손해를 배상할 책임이 있다고 할 것입니다.

2. 손해배상책임의 내용

가. 원고 ㅇㅇㅇ 소유의 가옥, 담장 및 우물에 대한 피해복구비청구

이 사건 굴착공사로 인한 진동에 의하여 원고 ㅇㅇㅇ 소유 가옥의 내외부 벽면, 지붕 등에 균열이 가고 피고들이 이 사건 대지의 지면으로부터 약 20미터 깊이까지 굴착공사를 함으로써 피고들 소유 대지에 인접한 원고 ㅇㅇㅇ 소유 차고내의 우물(깊이 약 15미터)이 고갈되어 이를 약 25미터 깊이로 더 파야 지하수가 양수되게 된 사실을 인정할 수 있고, 위와 같은 피해를 복구함에 있어서는 위 균열 벽면 등에 대한 철거, 보수공사비, 지하수개발공사비, 위 각 공사에 부대되는 잡공사비 등을 합하여 모두 10,792,288원 정도가 드는 사실을 인정할 수 있으므로 원고 ㅇㅇㅇ은 이 사건 공사로 인하여 위 금원 상당의 손해를 입었다고 할 것입니다.

나. 원고 ㅇㅇㅇ 소유의 가옥 가격하락에 의한 손해배상청구

원고 ㅇㅇㅇ은 그 소유의 이 사건 가옥을 위와 같은 비용으로 수리하더라도 예전에 비하여 그 가액이 하락된다 할 것인바, 그 하락가액 상당인 금 6,963,000원을 손해배상으로서 구하는 바입니다.

다. 원고들 소유 토지가격의 하락에 의한 손해배상청구에 관한 판단

원고들은 피고들이 이 사건 대지를 약 19미터나 굴착함으로써 원래 같은 높이였던 원고들 소유 대지가 우뚝 솟은 결과가 되어 그 시가가 하락되게 되었는바 그 하락가액은 금 36,514,000원 정도가 된다고 봅니다.

라. 원고 ○○○의 치료비 및 원고들의 위자료청구

이 사건 굴착공사로 인하여 수개월 동안 이 사건 가옥에 균열이 갈 정도의 심한 진동과 소음이 발생하였고, 이로 인하여 원고들이 정신적 고통을 받은 사실은 앞서 인정한 바와 같으므로 피고들은 이를 금전으로써 위자할 의무가 있다고 할 것인바, 위 공사기간, 진동과 소음의 정도 등 이 사건에 나타난 모든 사정을 참작하면 피고들은 그 위자료로서 각자 원고들에게 각 금 1,000,000원씩을 지급함이 상당하다고 할 것입니다.

마. 원고들의 토사유실방지시설청구

이 사건 굴착공사로 인하여 원고들 소유의 대지는 우뚝 솟은 결과가 되었고 이 사건 대지와 원고들 소유의 대지 사이에는 피고들이 시공한 콘크리트 옹벽이 있으나 옹벽이 완전한 수직상태를 이루지 못하고 있고 균열이 있으며 후면이 전부 콘크리트로 채워져 있지 않는 등 무너질 위험성이 있으므로, 피고들은 위 양대지 사이에 원고들 소유 토지의 토사유실방지를 위한 적절한 시설을 할 의무가 있다고 할 것입니다.

3. 결 론

그렇다면 피고들은 각자 원고 ○○○에게 위 복구비 금 10,792,288원과 위자료 금 1,000,000원 합계 금 11,792,288원, 원고 □□□에게 위자료 금 1,000,000원 및 이에 대하여 20○○.○○.○○.부터 이 사건 소장 부본 송달일까지는 민법 소정의 연 5%의, 각 그 다음날부터 완제일까지는 소송촉진 등에 관한 특례법 소정의 연 12%의 각 비율에 의한 지연손해금을 지급할 의무가 있다고 할 것이며, 또한 피고들은 연대하여 원고들을 위하여 서울 ○○구 ○○동 216의3 대지와 같은 곳 216의 5,6,7 각 대지의 경계에 위 216의 3 대지의 토사유실을 방지함에 적절한 시설을 할 의무가 있다고 할 것입니다.

입 증 방 법

1. 갑제1호증 지적도
1. 갑제2호증 부동산등기부등본
1. 갑제3호증 경계측량도
1. 갑제4호증 현황사진
1. 갑제5호증 ○○○○
1. 갑제6호증 ○○○○

그밖의 것은 변론시 수시 제출하겠습니다.

첨 부 서 류

1. 위 입증방법 4통
1. 납부서 1통

1. 소장부본 3통

20○○. ○. ○.

위 원고 1. ○ ○ ○ (인)

2. □ □ □ (인)

○○ 지방법원 귀중

[서식 57] 손해배상청구의 소 – 농업용수 고갈, 농작물수확량 감소

소 장

원 고 ○○○
○○시 ○○구 ○○대로 ○○

피 고 서울특별시
대표자 시장 ○○○

손해배상(기)

청 구 취 지

1. 피고는 원고에게 금 4,472,999원 및 그중 금 1,656,666원에 대하여 20○○. 1. 1.부터, 금 994,000원에 대하여 20○○. 1. 1.부터, 금 994,000원에 대하여 20○○. 1. 1.부터, 금 828,333원에 대하여 20○○. 9. 1.부터 이 소장 부본 송달일까지는 연 5%의, 그 다음날부터 완제일까지 각 연 12%의 비율에 의한 금원을 지급하라.
2. 소송비용은 피고의 부담으로 한다.
3. 제1항은 가집행할 수 있다.

라는 판결을 구합니다.

청 구 원 인

1. 기초사실

서울 ○○구 ○○동 413의 1 대 1,326평, 같은 동 413의 53 대 220평 및 같은 동 413의 57 대 74평에 한하여 20○○. 7. 4. 원고 앞으로 소유권이전등기가 경유되어 있어 위 각 대지는 원고의 소유인 것인바, 수원을 둔 한강 제2지류인 ○○천은 서울 ○○구 ○○동 207앞 북한교에서 시작하여 같은 구 ○○동 소재 한국전력회사 연수원 서쪽을 거쳐 남쪽으로 길게 뻗어 ○○천 합류점까지 흐르는 하천으로서 위 ○○천은 20○○. 4. 13. 서울특별시 고시 제952로서 하천법상의 이른바 준용하천으로 피고 서울특별시가 그 관리청이 된 사실과 당시 그 수로위치의 현황과 그에 맞추어 피고가 정한 하천 계획선은 별지도면 표시와 같이 되어 있어 원고 소유인 본건 각 대지는 위 우이천의 남쪽에 위치하였던 사실 및 위 우이천은 원래 별지도면 표시 (가)부분이 만곡되어 있으므로 동(라)부분에서 유수의 충격을 받을 소지는 있었으나 그 만곡율이 작으므로 편류는 심하지 않고 유수의 파괴력도 미소하였던 것인데, 위 20○○. 4. 13.경부터 피고가 관리하는 하천부지의 위

(가)부분에 무허가 건축물이 들어서기 시작함에 따라 그 대안인 별지도면 표시 (다)부분이 침식되기 시작하였고 또 같은 하한부지인 별지도면 표시 (나)부분에도 무허가 건축물이 들어서게 되자 같은 (라)표시 부분이 침식이 되어 위 우이천은 심하게 만곡되고 그 침식작용은 그에 따라 점차 왕성해졌는데 위 (가)부분의 하천부지에 더 많은 무허가 건축물이 세워지고 동시에 위 (나)부분의 하천부지는 전부 무허가 건물(약 40동)로 점유되자(20○○. 7.중에 도합 7,80동의 무허가 건물이 서 있었다) 하천폭은 심히 축소되고 만곡은 더욱 심해지므로 그 유속은 더 빨라지고 유수의 충격력도 급증하여 급속한 하안침식이 진행된 결과 20○○년 우기가 끝났을 때인 7월말경에는 위 하한의 수로위치는 별지도면 제1도면 표시와 같이 되어 버려 본건 각 대지중 위 ○○동 413의 1 대지중 397평, 같은 동 413의 53 대지중 397평, 같은 동 413의 53 대지중 100평등 도합 497평이 하상이 되어 그 지상으로 하천이 흐르고 위 양대지의 나머지 부분 및 위 같은 동 57 대지는 위 하천부지에 인접되어 그중 일부 도합 379평은 인근 주민들이 자의로 통행하는 통로로 사용되고 있는 사실(별지 제2도면 참조), 위와 같은 수로의 변경은 본건 변론종결일까지 그 현황을 유지하고 있을 뿐 아니라 피고는 원래의 위치로 원상회복을 위한 하등의 조치도 취한바 없는 사실 및 본래의 수로가 위 인정과 같이 변형되어 원고 소유 대지중 위 497평이 포락된 것은 그 원인이 위 우이천의 관리청인 피고가 하천부지에 난립하는 무허가 건축물을 통제하고 적절한 호안공사 및 준설작업을 하는 등 필요한 하천관리를 게을리 한 과실에 기인하는 결과인 사실을 각각 인정할 수 있습니다.

그렇다면 피고는 위 우이천의 관리청으로서 위 인정과 같은 하천관리상의 과실로 인하여 원고 소유 대지 중 도합 497평이 물에 잠기게 함으로 인하여 원고에게 입한 손해를 배상할 의무가 있다고 할 것입니다.

2. 피고의 손해배상책임의 발생

공유하천이던 이 사건 소포하천 연안 농지의 경작자들은 소포방조제 및 배수갑문이 준공된 20○○년 이전부터 소포하천의 물을 농업용수로 이용하여 농사를 해 온 사실, 위 방조제 및 배수갑문의 준공으로 소포호가 생성되었고 ○○농지개량조합이 농업기반시설인 위 소포호와 방조제 등을 관리하게 되었는데, 위 소포하천 연안 농지 가운데 그 경작자가 위 농지개량조합의 조합원으로 가입한 농지는 위 농업기반시설로부터 농업용수 공급을 받을 수 있는 '조합구역'으로 지정되었으나, 그 외의 농지는 조합구역으로 지정되지 아니한 채 그 경작자들이 이전과 같이 관행적으로 또는 위 농지개량조합과 급수계약을 체결하는 등의 방법으로 소포호의 물을 농업용수로 이용해 온 사실, 피고가 20○○. 1. 1. ○○농지개량조합의 권리와 의무를 포괄적으로 승계함으로써 위 '조합구역'은 피고가 관리하는 '공사관리지역'으로 된 사실, 그런데 ○○농지개량조합이나 피고는 소포방조제 및 배수갑문 축조 이래 이 사건 염해 발생 당시나 그 이후에도 소포호 연안 농지 가운데 공사관리지역으로 지정되지 아니한 농지의 경작자들이 소포호로부터 농업용수를 이용하는 것에 대하여 이의를 제기하거나 그 이용을 금지한 바는 없는 사실을 알 수 있습니다.

위와 같이 공유하천인 소포하천 연안 지역 농지의 경작자들이 소포방조제 및 배수갑문이 축조되기 이전부터 이미 소포하천을 농업용수로 이용해 오고 있었다면 위 경작자들은 민법상의 공유하천용수권이나 관습에 의한 용수권 또는 그와 유사한 용수권을 가지고 있었다고 봄이 타당하고, 그러한 상태에서 소포하천 하류에 방조제 등이 축조되어 이 사건 소포호 등 농업기반시설이 만들어졌다면, 이 사건 소포호의 관리자는 당초부터 존재해 오던 위 경작자들의 용수권을 방해할 수 없으므로, 소포호 연안 농지 가운데 '조합구역'으로 지정되지 아니한 농지의 경작자들에 대해서도 소포호로부터의 용수사용을 수인하여야 할 의무가 있다고 할 것이고(○○농지개량조합이나 피고가 소포방조제 및 배수갑문 축조 이래 이 사건 염해가 발생한 이후에도 공사관리지역 외 농지 경작자들의 농업용수이용에 이의를 제기하거나 이를 금지한바 없는 점도 이를 뒷받침한다), 따라서 소포호의 관리자인 피고의 잘못으로 위 용수권의 대상이 되는 소포호의 담수가 농업용수로서의 기능이 상실됨으로써 이를 농업용수로 사용한 공사관리지역 외 농지의 경작자들이 수확량 감소의 손해를 입게 되었다면, 피고는 그 손해를 배상할 책임이 있다고 할 것입니다.

3. 본건 각 대지 중 도합 497평이 우이천의 하상으로 포락됨으로써 원고에게 발생한 손해액수

원고의 손해는 결국 본건 토지 중 497평을 사용 수익하지 못하므로 인한 것이고 그 손해는 특별한 사정이 없는 한 그 토지에 대한 사용수익을 하지 못하였을 때의 통상의 임대료 상당의 금원이라고 할 것입니다. 피고는 원고의 손해는 위 우이천의 변경된 수로를 원상회복하는데 필요한 금원이라고 주장하나, 본건에서 원고가 주장하는 손해는 위 원상회복이 될 때까지 피고의 위 인정의 불법행위로 원고가 본건 토지를 사용수익하지 못함으로 인한 손해를 말하는 것이며, 위 수로가 원상회복이 되지 아니한 사실은 위 인정과 같으므로 피고의 주장은 이유없다고 할 것입니다. 감정인 소외 ○○○의 감정의견에 의견에 의하면 본건 토지 중 포락된 부분에 관하여 그것이 포락되지 않았다면 받을 수 있는 통상의 임대료는 평당 매년 20○○년도에는 금 800원, 20○○년도에는 금 1,500원, 20○○년도에는 금 1,500원, 20○○년도에는 금 2,000원, 20○○년도에는 금 2,000원, 20○○년도에는 금 2,500원 상당인 사실이 인정되고 따라서 이를 기준으로 하여 20○○. 8. 1.부터 20○○. 8. 31.까지 도합 497평에 해당하는 임대료 상당액은 별지 계산표와 같이 도합 금 4,472,999원으로 계산됩니다.

4. 결 론

따라서 피고는 원고에게 위 인정 도합 금 4,472,999원 및 그중 금 1,656,666원에 대하여는 20○○. 1. 1.부터, 금 994,000원에 대하여는 20○○. 1. 1.부터, 금 994,000원에 대하여는 20○○. 1. 1.부터, 금 828,333원에 대하여는 20○○ . 9. 1.부터 이 소장 부본 송달일까지는 연 5%의, 그 다음날부터 완제일까지 각 연 12%의 비율에 의한 금원을 지급할 의무가 있다고 할 것입니다.

입 증 방 법

1. 갑제1호증	감정서
1. 갑제2호증	부동산등기부등본
1. 갑제3호증	○○○○
1. 갑제4호증	현장사진
1. 갑제5호증	○○○○
1. 갑제6호증	○○○○

그밖의 것은 변론시 수시 제출하겠습니다.

첨 부 서 류

1. 위 입증방법	2통
1. 납부서	1통
1. 소장부본	1통

20○○. ○. ○.

위 원고 ○ ○ ○ (인)

○○ 지방법원 귀중

[서식 58] 손해배상(기) – 농업용수관리 과실로 인한 고염수 피해

소 장

원 고(선정당사자) ○ ○ ○(123456-1234567)
○○시 ○○구 ○○대로 ○○
소송대리인 ○○○
○○시 ○○구 ○○대로 ○○

피 고 농업기반공사
○○시 ○○구 ○○대로 ○○
대표자 ○○○

손해배상(기)

청 구 취 지

1. 피고는 원고(선정당사자) 및 선정자들에게,
   가. 별지 '20○○년도 소포만 간척지 피해 현황표(1목록)의 인정금액 기재 각 돈 및 위 각 돈에 대하여 20○○. 12. 1.부터 20○○. 1. 27.까지는 연 5%의, 그 다음날부터 완제일까지는 연 12%의 각 비율에 의한 돈을,
   나. 별지 '20○○년도 소포만 간척지 피해 현황표(2목록)의 인정금액'란 기재 각 돈 및 위 각 돈에 대하여 20○○. 12. 1.부터 20○○. 1. 27.까지는 연 5%의, 그 다음날부터 완제일까지는 연 12%의 각 비율에 의한 돈을 각 지급하라.
2. 소송비용은 피고가 부담한다.
3. 제1항 중 금원 지급부분은 가집행할 수 있다.

라는 판결을 구합니다.

청 구 원 인

1. 기초사실

가. 소포호의 생성과 형태

소포호는, 피고가 19○○년경 전남 ○○군 ○○면 소포만 일대에 간척지를 조성하기 위하여 소포하천 하구에 방조제와 배수갑문 10문(1문 규모 : 6m x 4m, 이하, 이 사건 배수갑문이라 한다)을 설치하는 방법으로 인위적으로 바다를 막아서 생성된 긴 하천형의 담수호입니다. 따라서 이 사건 배수갑문을 기준으로 바깥쪽은 바다이고 안쪽에는 담수호가 된 소포호가 있습니다. 한편 이 사건 배수갑문 안쪽으로 50m 지점에 배수갑문과 나란한 방향으로 소포호를 가로지르는 다리(이하, 소포교라고 한

다)가 설치되어 있습니다.

나. 소포호 담수를 간척지 농업용수로 공급

피고는 이 사건 배수갑문을 관리하면서 평소에는 수문을 닫아 놓고 있다가 소포호의 수량이 증가하면 수문을 개방하여 담수를 바다로 배수하는 방법으로 소포호 수위를 조절합니다. 또한 피고는 양수장과 용수로를 관리하면서 소포호 주변에 조성된 간척지에 소포호 담수를 농업용수로 공급하고, 원고 및 선정자들(이하, 원고 등이라고 합니다)은 이를 공급받아 간척지에서 벼를 재배하고 있습니다.

다. 소포호 담수의 염분농도 상승

(1) 소포호 담수의 염분농도(이하, 소포호 염도라고 한다)는 2000년 전까지는 아래와 같이 양호한 수준을 유지하고 있었습니다.

연도	염도수치	연도	염도수치
20○○. 6. 29.	0.16%	20○○. 8. 4.	0.12%
20○○. 4. 19.	0.08%	20○○. 8. 14.	0.09%
20○○. 7. 9.	0.11%	20○○. 2. 17.	0.137%
20○○. 7. 22.	0.125	20○○. 3. 2.	0.15%

(2) 그런데, 소포호 염도는 20○○년에 들어와 아래와 같이 급격히 상승하였습니다.

시기(20○○년 기준)	염도수치	변화추이
2001. 05. 04.	0.34%	상승
06. 01.	0.45%	상승
06. 14.	0.54%	상승
06. 26.	0.08%	집중강우로 일시 급락
07. 31.	0.18%	상승
08. 22.	0.22%	상승
09. 25.	0.37%	상승
10. 13.	0.44%	상승
11. 20.	0.50%(가물막이에서 상류쪽)	상승
	1.12%(가물막이에서 배수갑문쪽)	
11. 27.	0.50%(가물막이에서 상류쪽)	상승
	2.12%(가물막이에서 배수갑문쪽)	

(3) 그리고, 소포호 염도는 아래와 같이 20○○년 상반기에도 높은 수준으로 유지되다가 하반기부터 하락하기 시작하여 연말에 가서야 정상수준으로 회복되었습니다.

시기(20○○년 기준)	염도수치	변화추이
20○○. 01. 01. ~ 05. 30(농번기)	0.40 ~ 0.54%	고염도 지속

같은 해 06. 01. ~ 07. 02.	0.36 ~ 0.44%	다소 하락
같은 해 07. 02. ~ 12. 30.	0.1% ~ 0.36%	계속 하락하여 정상 회복

(4) 20○○년 말부터 정상으로 회복된 소포호 염도는 그 이후부터 현재까지 0.1%~0.2% 정도로 안정적 수준을 유지하고 있습니다.

라. 소포호 염도 상승 등에 따른 원고 등의 피해 발생

(1) 일반 사항

아래와 같은 '벼의 주요생육단계별 생장장해 한계 염도를 초과하는 고염도의 물로 영농을 하였을 경우, 벼의 활착율(벼가 뿌리를 내리는 비율), 분열수(벼가 새끼를 치는 양), 초장(벼의 키) 등이 감소하게 되어, 염도가 0.00%일 경우의 정조(벼)수량 지수를 100으로 가정할 때, 염도 0.05%이면 95, 염도 0.15%이면 80, 염도 0.25%이면 75, 염도 0.35%이면 25 수준으로 그 수확량이 감소합니다.

〔벼의 주요생육단계별 생장장해 한계 염도〕

생육단계	한계염도	생육단계	한계염도
묘대기	0.09%	유수형성기~수잉기	0.07%
이앙기 ~ 활착기	0.05%	수잉기~출수기	0.09%
활착기 ~ 유수형성기	10.13%	등숙기	0.13%

*묘대기 : 못자리 기간, *이앙기 : 모내기 기간, *활착기 : 모 뿌리 내리는 기간, *유수(幼) 형성기 : 어린 이삭이 생기는 시기, *수잉기(李期) : 벼꽃 수정 준비단계, *출수기(出德期) : 이삭이 밖으로 나와 벼꽃이 피는 시기, *등숙기(登熟期) : 이삭 핀 때로부터 50일간

(2) 20○○년의 염해 피해 발생

원고 등은 20○○. 5.경에 피고가 공급한, 위와 같이 고염도의 소포호 담수를 이용하여 별지 '20○○년도 소포만 간척지 피해 현황표(1목록)'의 '지번'란 기재 각 논에 일반벼 및 검정벼의 재배를 위한 모내기를 마쳤는데, 모내기를 실시한 논의 어린 벼가 말라 죽어가므로 그 정도에 따라 다시 못자리를 설치하거나 모내기를 실시했습니다. 그러나 다시 모내기를 실시한 후에도 벼가 정상적으로 생육하지 못하여 그 수확량이 평년에 비하여 별지 '20○○년도 소포만 간척지 피해 현황표(1목록)'의 '필지별 피해율'란 기재 각 피해율과 같이 30 ~ 80%(평균 41%)씩 감소하였습니다(이하, '이 사건 20○○년도 피해'라고 합니다).

(3) 20○○년의 염해 및 태풍 피해 발생

피고는 20○○. 5.경까지 위와 같이 소포호 담수의 염도가 높아 원고 등에게 모내기 용수를 공급하지 못하였고, 이에 따라 원고 등은 평년보다 다소 늦은 20○○. 6. 10.부터 20○○. 7. 5.사이에 피고가 공급한, 위와 같이 고염도의 소포호 담수를 이용하여, 별지 '20○○년도 소포만 간척지 피해 현황표(2목록)'의 '지번'란 기재 각 논에 일반벼 및 검정벼의 재배를 위한 모내기를 마쳤습니다. 그러나 위와 같이

고염도의 물을 사용함으로써 벼가 정상적으로 생육하지 못한데다가, 늦은 모내기로 인하여 20○○. 8. 31.부터 20○○. 9. 1.사이의 태풍 루사로 백수피해(벼이삭이 강풍 등으로 말라 여물지 않는 현 상)까지 생겨, 그 수확량이 평년에 비하여 별지 '20○○년도 소포만 간척지 피해 현황표(2목록)'의 필지별 인정피해율'란 기재 각 피해율과 같이 농가별로 30~100%씩 감소하였습니다(이하, '이 사건 20○○년도 피해'라고 하고, 20○○년도와 20○○년도 피해를 통칭할 때는 편의상, '이 사건 피해'라고 합니다).

2. 손해배상책임의 발생

가. 당사자의 주장

원고는, 피고가 관리하는 이 사건 배수갑문의 노후화 또는 관리상의 잘못으로 인하여 20○○. 5.경부터 20○○. 11.경까지 이 사건 제2번 배수갑문을 통하여 바닷물이 유입되어 20○○년과 20○○년에 소포호 염도가 상승한 것이므로, 피고는 원고 등에게, 원고 등이 20○○년에 위 고염도의 소포호 담수를 일반벼 및 검정벼의 재배에 이용한 결과 발생한 추가 모내기 비용 및 벼 수확량 감소로 인한 모든 손해의 합계인 별지 '20○○년도 소포만 간척지 피해 현황표(1목록)'의 '합계금액'란 기재 각 금액과, 원고 등이 20○○년도에 위 고염도의 소포호 담수를 일반벼 및 검정벼의 재배에 이용한데다, 피고가 원고는 등에게 적기에 모내기 용수를 공급하지 못하여 모내기를 늦게 함으로써 태풍 루사로 인한 백수피해까지 입어 발생한 손해의 합계인 별지 '20○○년도 소포만 간척지 피해 현황표(2목록)'의 '합계금액'란 기재 각 금액을 지급할 의무가 있다고 주장하는 바입니다. 이에 대하여 피고는, ① 선정자(이하, '김○○ 등'이라고 합니다)의 경작농지는 피고가 관리하는 공사관리지역 외의 농지여서 이들에 대하여는 농업용수를 공급할 의무가 없으므로 설령 김○○ 등이 임의로 소포호 담수를 농업용수로 이용한 결과 손해를 입었다 하더라도 피고는 이들에 대하여 책임이 없고, ② 20○○년과 20○○년에 소포호 염도가 상승한 것은 20○○년에 이은 20○○년의 계속된 가뭄으로 강수량이 부족하게 되어 소포호 주변 간척지로부터 고염도의 농경수가 계속 유입되었기 때문이므로, 이 사건 피해 중 염해 피해는 피고의 과실에 기인한 것이 아니라 불가항력적인 자연재해에 해당하고, 또한, 주식회사 ○○건설(이하, '○○건설'이라고 합니다)이 소포교 개축공사를 위하여 물길 차단용으로 설치했던 가(假)물막이 시설(가체절)을 사후에 완전히 제거하지 않는 바람에 잔류된 토사와 사석이 수문의 바닥 틈새에 끼여 그 틈으로 해수가 유입되거나 고염도 저층수의 배수로를 막았던 것으로 인하여 발생한 손해는 피고가 아닌 ○○건설이 책임질 부분이라고 주장하고 있습니다.

나. 원고 주장의 근거

(1) 비(非)공사관리 지역 농민들의 손해배상청구권 여부

우선, 피고의 공사관리지역 밖에 있는 농민들에 대하여 피고에게 이 사건 피해에 따른 손해배상책임이 있는지에 관하여 살펴보기로 하겠습니다. 위 김○○ 등이 19○○.경부터 자체적으로 위 소포호 담수를 끌어다가 농업용수로 이용하여 장기간 농사를 지어 온 사실을 인정할 수 있습니다. 그런데, 농업기반공사 및 농지관리기금법 제2조 제2호는 공사관리지역을 농업기반공사가 관리하는 농업기반시설의 부지 및 농업기반시설로부터 농업용수의 공급을 받는 지역이라고 정의하면서, 동법 제11조, 제13조, 제14조는 공사는 공사관리지역을 설정·관리하여야 하고, 공사관리지역에 해당하는 농업용수 이용자에게는 농업용수를 성실하게 공급할 의무가 있다고 규정하고 있습니다. 위와 같은 규정의 취지를 종합할 때 공사관리지역을 둔 취지는 농업기반공사가 공사관리지역 내의 농민들에게는 농업용수를 성실하게 공급할 법적 의무까지 부담하지만, 공사관리지역 밖의 농민들에게는 그러한 의무를 부담하지 않는다는 것일 뿐, 비(非)공사관리지역의 농민이 자체적으로 공사가 관리하는 농업용수를 끌어다가 이용하는 것까지 금지하는 것은 아니라고 할 것입니다. 따라서 비록 김○○ 등의 농지가 피고가 관리하는 공사관리지역에는 해당하지 않는다 하더라도 그들이 사실상 소포호의 담수를 농업용수로 이용하고 있는 이상, 피고는 소포호의 담수를 잘못 관리하여 그들에게 생긴 손해를 배상할 책임이 있다 할 것이고(피고의 구체적인 책임발생 원인에 관하여는 아래에서 보기로 한다), 이를 공사관리지역과 달리 취급할 것은 아니므로, 피고의 위 주장은 이유 없다고 해야 할 것입니다.

(2) 소포호 염도 상승 원인과 그에 대한 피고의 과실

이 사건의 쟁점은 소포호 염도 상승의 원인과 그에 대한 피고의 과실 유무라고 할 것인데, 염도 상승의 원인을 다음과 같이 3가지 측면에서 살펴보겠습니다.

(가) 먼저, 피고의 이 사건 배수갑문에 대한 관리상 잘못으로 인하여 염도가 상승한 것인지에 관하여 보기로 합니다.

1) 현장 상황을 살펴보면 다음과 같은 사실이 인정됩니다.

① ○○건설은 20○○. 3.부터 20○○. 4. 30.경까지 이 사건 배수갑문 안쪽(소포호쪽) 50m지점에 소포교를 개축하였는데, 그 과정에서 교각공사의 편의를 위하여 이 사건 배수갑문 안쪽 100m 지점에 토사와 사석으로 임시제방을 만들어 소포호의 물길을 차단하는 가물막이 시설을 하였습니다.

② 그 당시 피고는 ○○건설이 나중에 가물막이시설을 완전히 제거하지 않으면 소포호에 잔류된 토사와 사석(이하, '잔토사'라고 합니다)이 유속을 따라 이동하다가 배수갑문의 수문에 끼여 그 틈새로 해수가 유입될 것을 우려하면서도 ○○건설이 위와 같이 가물막이시설을 하는 것에 동의하였습니다.

③ 위와 같은 피고의 우려대로 실지로 소포교 공사 도중인 20○○. 3. 26.경 가물막이 시설에서 유실된 토사가 이 사건 제6번 배수갑문의 수문에 끼여 해수가 유입되는 사고가 발생하였는데, 피고는 소포교 완공 이후 ○○건설에게 몇 차례에 걸쳐 가물막이시설 및 그에 따른 잔토사 제거를 독촉하였을 뿐, 막상 ○○건설에서 20○○. 4. 30.무렵 가물막이시설을 제거할 때나 20○○. 6. 20.부터 같은 해 8. 6.사이에 잔토사를 제거할 때에는 완벽한 제거 작업이 이루어지도록 ○○건설을 제대로 지휘·감독하지 않았을 뿐 아니라 잔토사가 완전히 제거되었는지 조차도 확인하지 않았습니다. 그로

인하여 소포호 바닥에는 대충 처리된 상당량의 잔토사가 아래에서 보는 최종 제거시점인 20○○. 12. 14.까지 상당기간 잔류하게 되었습니다.

④ 한편, 소포호 염도는, 위 소포교 개축공사 전인 20○○. 3. 2.에는 0.15%로 양호한 수준이었으나, 그 후로 20○○. 5. 19. 0.3%, 20○○. 5. 29. 0.27%, 20○○. 6. 2. 0.3%, 20○○. 6. 9. 0.23%, 20○○. 6. 15. 0. 29%로 상승하다가 20○○년도 들어와서는 앞서 본 바와 같이 급격히 상승하였습니다.

⑤ 소포호는 갈수기인 20○○. 10. 17.부터 20○○. 3. 11.까지에도 뚜렷한 이유 없이 수량이 증가하면서 염도가 상승하였고, 피고는 위 기간 동안 불어나는 소포호 담수를 조절하기 위하여 5차례에 걸쳐 9,547,845㎥의 담수를 바다로 방류하였는데 그때 방류된 수량만 담수호 전체 용적의 40%에 이릅니다.

⑥ 원고 등은 20○○. 5월경 모내기를 한 벼가 이유 없이 시드는 등 염해 피해가 발생하자 피고에게 소포호 염도 상승의 원인 규명을 요청하였고, 이에 피고는 20○○. 5월경부터 수시로 소포호 염도를 측정하면서 이 사건 배수갑문의 누수 여부를 확인하기 위하여 20○○. 11. 8.부터 같은 달 17.까지 가물막이 공사를 하여 물길을 차단하고 같은 달 22. 이 사건 배수갑문과 가물막이 사이의 담수를 배수한 다음 이 사건 배수갑문의 수문이 드러난 상태에서 해수 유입 여부를 확인한 결과, 이 사건 제2번 배수갑문의 문비(門驛) 바닥에 잔토사가 쌓여 있어 수문이 완전히 닫히지 못함에 따라 수문과 바닥사이에 약 1cm 가량의 틈새가 벌어져 있는 상태였고, 그 틈새로 상당량의 바닷물이 소포호로 유입되는 장면이 목격되었습니다. 또한 이 사건 배수갑문의 벽면(담수와 접해있는 부분)과 바닥에는 바다에서 주로 서식하는 종류의 굴과 따개비가 생육하고 있거나 생육한 흔적이 보였는데, 특히 이 사건 제2번 배수갑문의 바닥에 집중적으로 분포되어 있었습니다.

⑦ 피고가 위와 같이 가물막이를 한 후인 20○○. 11. 20.경 염도를 측정하였는데, 1의 다.(2)항 표와 같이 가물막이를 경계로 상류 쪽의 염도는 0.5%, 배수갑문 쪽의 염도는 1.12%였고, 20○○. 11. 27.경 다시 측정하였는데 상류 쪽의 염도는 여전히 0.5%였으나, 배수갑문 쪽의 염도는 2.12%로 급격히 상승하였으며, 배수갑문 쪽 담수호에서 죽은 붕어들이 떠올랐습니다.

⑧ 소포호 바닥에 잔류한 앞서 본 잔토사가 유속에 의하여 이동하다가 이 사건 제2번 배수갑문의 수문과 바닥 사이에 끼일 수 있는 최대 크기는 직경 약 1.5cm이고(이는 곧 잔토사가 수문에 끼여 생길 수 있는 틈새의 최대 크기가 됩니다), 그 벌어진 틈새를 통해 유입되는 1일 평균 해수 순유입량을 계산하면, 그 벌어진 틈이 0.5cm이면 순유입량은 2,303㎥, 1cm이면 순유입량은 4,606㎥, 1.5cm이면 순유입량은 6,909㎥입니다. 한편, 소포호 염도가 월 1%씩 상승하기 위해서는 월 286,722㎥~364,414㎥ 가량의 해수가 소포호로 유입되어야 하는데, 이를 1일 유입량으로 환산할 경우 한 달 동안 매일 9,557㎥~12,147㎥ 가량의 해수가 유입되어야 합니다.

⑨ 피고는 20○○. 11. 26. 이 사건 제2번 배수갑문 하단부에 폐비닐, 보온덮개 등을 이용하여 해수가 유입되는 틈새를 봉합하였고, 20○○. 12. 8.부터 같은 달 14.까지 ○○건설로 하여금 소포호 바닥에서 15톤 트럭 401대 분량의 잔토사를 준설하게 함으로써 비로소 소포호 바닥에 있는 가물막이시설의 잔토사가 완전히 제거되었습니다.

⑩ 그리고 그 이후로는 별다른 인위적 조치가 없었는데도, 잔토사가 완전히 제거된 20○○. 12. 14.로부터 약 6개월 정도 지나자 1의 다.(3)항에서 보는 바와 같이 염도가 서서히 낮아졌고 20○○년말에는 정상수준으로 회복되었으며 현재까지 소포호 염도에는 아무런 문제가 없었습니다.

2) 위 사실들에 의하면, ○○건설에 의하여 완전히 제거되지 않은 가물막이시설의 잔토사가 유속에 의하여 이동하다가 수문 작동 중에 수문과 배수갑문의 문비(門扉) 바닥 사이에 끼여 수문이 완전히 닫히지 못함에 따라 최소한 20○○년 상반기부터는 그 틈새로 바닷물이 소포호로 유입되었고, 특히 이러한 현상은 이 사건 제2번 배수갑문에서 집중적으로 일어남으로써 소포호 염도가 상승하게 되었다고 할 것인데, 이는 피고가 이 사건 배수갑문의 조작시 그 개폐 여부를 제대로 확인하지 않고, 정기적인 점검을 통하여 그 기능이 제대로 발휘될 수 있도록 유지, 관리하지 못한 잘못에 기인한다 할 것입니다. 다만 이 사건 제2번 배수갑문의 틈새를 최대 1.5cm로 가정하여 그로 인한 1일 평균 해수 유입량, 즉 예측가능한 범위 내에서 해수의 1일 평균 최대 유입량인 6,909m²을 기준으로 하더라도 앞서 본 바와 같이 2001년도에 월 평균 1% 이상씩 상승하는 염도 수준에 이르기 위하여 필요한 1일 해수 유입량인 9,557m²~12,147m²의 56%(6,909m²/12,147m²)~72%(6,909m²/9,557m²) 수준밖에 되지 않는 점과 아래 2의 나.(2).(다).1).⑤항에서 보는 바와 같이 20○○년경 소포호 염도가 소포호 전 지역에서 거의 비슷하게 측정되었을 뿐, 해수가 유입되는 이 사건 배수갑문 부근이라 하여 특별히 더 높게 나오지 않은 점을 감안하여 볼 때, 위와 같은 해수 유입만이 소포호 염도 상승의 모든 원인이 될 수는 없다 할 것입니다.

(나) 다음으로, ○○건설이 미처 제거하지 못한 잔토사로 인하여 고염도의 저층수가 제대로 배수되지 못하여 염도가 상승하였고 그에 대하여 피고에게 잘못이 있는지에 관하여 보기로 하겠습니다.

1) 다음과 같은 사실이 인정됩니다.

① 물은 염도가 높을수록 비중이 높으므로 고염도의 물이 유입될 경우 물밑으로 가라앉아 누적되는 성질이 있고, 물밑으로 누적된 고염도의 물(이하, '고염도 저층수'라고 합니다)은 그 물길을 상층부와 따로 형성합니다.

② 소포호에는 호수 바닥 가운데 부분을 깊게 파서 고염도 저층수의 배수로를 따로 만들어 놓았는데, 위 저층수 배수로는 다른 배수갑문보다 약 1m 더 깊게 설치한 이 사건 제5, 6번 배수갑문에 연결되어 있어 고염도 저층수가 위 배수갑문을 통하여 바다로 배출되고 있습니다.

③ 그런데 앞서 본 바와 같이 ○○건설이 소포교 공사를 위하여 설치했던 가물막이시설의 잔토사를 완전히 제거하지 않는 바람에 이 사건 제5, 6번 배수갑문 앞쪽에 잔토사가 쌓이면서 저층수 배수로를 막아 버렸습니다.

2) 위 사실에다가 앞서 본 사실까지 보태어 보면, ○○건설이 미처 처리하지 못한 잔토사가 저층수 배수로를 막아버려 고염도 저층수가 바다로 배출되지 못한 것도 소포호 염도 상승의 한 원인으로 작용하였다고 할 것이고, 이는 소포호 및 이 사건 배 수갑문을 보존·관리하는 피고가 ○○건설로 하여금 가물막이 시설을 모두 제거하게 하여 소포호 염도를 적정하게 유지하여야 할 의무가 있음에도 이를 성실하게 이행하지 않은 잘못에 기인한다 할 것입니다(따라서 ○○건설의 불법행위 책임이 인정된다 하더라도, 피고는 ○○건설과 공동불법행위의 책임을 지는 관계에 있고 피고가 면책되는 것은 아닙니다).

(다) 마지막으로, 가뭄이라는 자연적 현상에 의하여도 소포호 염도가 상승할 수 있는지에 관하여 보기로 하겠습니다.

1) 다음과 같은 사실이 인정됩니다.

① 간척지에서 벼를 재배함에 있어 가장 중요한 문제는 간척지에 남아 있는 염분의 제거인데, 자연적 상태로 방치할 경우 간척지가 정상적인 농지로 숙전화되기까지는 상층토는 20년, 심층토는 35년, 하층토는 80년 이상 걸립니다. 따라서 농민들은 그 기간을 단축하기 위하여 인위적으로 논물 걸러대기 방법을 사용하는데, 이는 간척지에 담수를 채워 토양 속의 염분을 용해시킨 다음 배수하고, 다시 담수 채우기와 배수를 반복 시행(이하, '농경지 환수'라고 합니다)함으로써 물로 간척지의 염분을 씻어내는 방법입니다. 원고 등도 간척지에서 농사를 시작한 이래 소포호에서 담수를 끌어다가 간척지의 염분을 씻어내고 그 물을 다시 소포호로 내보내는 논물 걸러대기 방법을 사용하고 있습니다.

② 그런데, 가뭄이 들면 위와 같은 농경지 환수를 더욱 자주 하게 됩니다. 왜냐하면 가뭄으로 토양 중 수분의 증발이 일어나면, 하층의 염분을 간직한 수분이 토양표면으로 상승하게 되는데 이때 수분은 증발되고 염분만 남아 토양 표층에 염분이 집적되는 현상이 생기고 이를 씻어내기 위하여 농경지 환수가 더욱 필요해지기 때문입니다

③ 따라서, 가뭄이 들어 강수량이 부족하면 소포호로 유입되는 낮은 염도의 하천 유입수는 부족해지는 반면, 소포호 주변의 농경지 환수로 발생하는 고염도의 농경수는 지표 및 지하수 등을 통하여 그 유입량이 많아짐에 따라, 소포호에는 고염도의 저층수가 계속적으로 누적되면서 전체적으로 소포호 염도가 상승하는 현상이 발생합니다.

④ 그런데, ○○군의 20○○년 강수량은 연 949mm(평년 1,145mm), 월 평균 79.1mm(평년 95.4mm)에 불과하고, 특히 농번기인 3, 4, 5월의 강수량은 3월 43.0mm(평년 78.3mm), 4월 42.0mm(평년 87.1mm), 5월 28.0mm(92.5mm)에 불과하여 당시 극심한 가뭄현상이 있었고, 20○○년 강수량도 1월

31.3mm(평년 18.2mm), 2월 21.2mm(평년 37.3mm), 3월 52.4mm(평년 78.3mm), 4월 101.4mm(평년 87.1mm), 5월 99.0mm(평년 99.0mm)로서 20○○년에 형성된 가뭄을 해소하기에는 부족하였습니다.

⑤ 그리고 20○○년도 소포호의 각 위치별 월별 염도측정 결과에 의하면, 11월을 제외하고는 아래에서 보는 바와 같이 해수가 유입되는 이 사건 배수갑문에 가까이 위치한 하류뿐만 아니라, 환수된 농경수가 배수되는 상류와 중류에서도 염도 측정값이나 염도 상승 속도가 거의 비슷하게 나타났습니다.

구 분	하 류	중 류		상 류		
측정지점	소포1 양수장	소포 양수장	해창 양수장	앵무 양수장	고정 양수장	염장 양수장
5월	0.36	0.36	0.35		0.33	0.34
6월	0.39	0.39	0.37		0.37	0.37
7월	0.10	0.12	0.11		0.12	0.11
8월	0.25	0.21	0.20	0.21	0.20	0.20
9월	0.36	0.32	0.28	0.33	0.31	0.26
10월	0.54		0.53	0.48	0.47	0.535
11월	0.78		0.41	0.44	0.386	0.42
12월	0.49		0.48	0.47	0.43	0.47

⑥ 또한, 같은 ○○군에 위치하는 ○○면 ○○리 소재 보전 담수호의 경우 소포호와는 달리 가뭄 외에는 다른 특별한 원인을 찾을 수 없는데도 아래 표에서 보는 바와 같이 소포호 만큼은 아니지만 그와 비슷한 염도 상승추이를 나타내고 있습니다.

시기(20○○년)	소포호 염도 수치	보전호 염도 수치	변화추이
20○○. 05. 04.	0.34%	0.28%	상승
06. 01.	0.45%	0.37%	상승
06. 14.	0.54%	0.46%	상승
06. 26.	0.08%	0%	집중강우로 일시 급락
07. 31.	0.18%	0.18%	상승
08. 22.	0.22%	0.20%	상승
09. 25.	0.37%	0.27%	상승

그리고 ○○군의 ○○암 담수호도 20○○. 4. 24. 0.28%에 불과한 염도가 같은 해 6. 7. 0.34%, 같은 달 22. 0.43%로 상승하는 등 가뭄 외에 다른 특별한 원인 없이 상승하였고, 또한 인근에 있는 ○○군 ○○간척지, ○○군 사내, 만덕, 논정 간척지에서도 가뭄으로 인하여 염도가 상승하여 염해 피해가 발생하였습니다.

2) 위 사실에 의하면, 20○○년 및 20○○년의 소포호 염도 상승은 앞서 본 해수 유입과 고염도 저층수의 배수차단 외에도, 20○○년에 이은 20○○년의 계속된 가뭄으로 인하여 강수량이 부족해지고 소포호 주변 농경지 환수로 발생하는 고염도의 농경수 유입으로 인하여 발생하였다 할 것입니다.

(3) 소 결 론

결국 소포호 염도는 위와 같이 3가지 요인이 복합적으로 작용하여 상승하였다고 봄이 상당하다 할 것이고, 그 상호간의 우열은 가름하기 어렵다 할 것이므로, 피고는 공작물인 이 사건 배수갑문과 고염도 저층수 배수로를 설치한 자로서 위와 같은 보존상의 하자로 인하여 원고 등에게 생긴 손해를 배상할 책임이 있다고 할 것입니다.

다. 책임의 제한

불법행위로 인한 손해배상사건에서 손해의 발생이나 확대에 관하여 자연력의 기여 외에 피해자의 과실도 있는 경우 자연력의 기여도와 피해자의 과실 비율을 따로 인정하여 이를 참작할 경우에는 먼저 자연력의 기여도를 공제한 후 그 나머지 부분 중 피해자의 과실이 기여한 부분을 공제하여 가해자의 배상범위를 산정하는 것이 상당하다 할 것이므로(대판 2001.6.1. 2000다62575), 이에 따라 다음과 같이 피고의 책임 비율을 정하는 것이 상당하다고 할 것입니다.

(1) 자연력의 기여도

피고는 이 사건 피해는 가뭄과 태풍이라는 불가항력적인 자연재해에 의하여 발생하였으므로 면책되어야 한다고 주장하나, 앞서 본 바와 같이 이 사건 피해는'가뭄과 태풍'이라는 자연적 현상 외에도 해수 유입과 고염도 저층수의 배수 차단 등 다른 인위적 원인들이 복합적으로 작용하여 발생하였으므로 피고의 손해배상책임이 면제될 수는 없고, 다만 손해의 공평한 부담이라는 견지에서 손해 발생에 대하여 자연력이 기여하였다고 인정되는 부분을 공제한 나머지 부분으로 제한하여야 할 것입니다(대판 2005.4.29. 2004다66476). 그런데, 앞서 본 바와 같이, 이 사건 20○○년도 피해는 소포호 염도 상승에 따른 순수 염해피해이고, 이 사건 20○○년도 피해는 위와 같은 염해 피해에다가 태풍 ○○에 의한 백수피해까지 겹쳐 발생된 것이므로, 그 성질상 20○○년과 20○○년을 나누어 살펴보겠습니다.

(가) 20○○년도 자연력(가뭄) 기여도

앞서 본 해수 유입 등 인위적 요인이 염도 상승에 미치는 영향, 20○○년도 ○○군의 가뭄 상황, 인근지역의 가뭄에 따른 염도 상승 변화율과 그 피해 정도 등의 사정에 비추어 20○○년 자연력 기여도의 비율을 이 사건 20○○년도 손해 중 30% 정도라고 봄이 상당하다고 봅니다.

(나) 20○○년도 자연력(가뭄과 태풍) 기여도

앞서 본 증거들에 의하면 20○○. 8. 말경 태풍 ○○에 의한 강풍과 집중호우로 원고 등 뿐만 아니라 ○○남도 내 대부분 지역이 극심한 피해를 입었는데, 태풍 ○○의 영향으로 인하여 수확량 기준 ○○남도의 평균 피해율은 12.4%이고, 피해면적 기준 ○○군의 평균 피해율은 62.61%인 사실, 원고 등의 경우 피고의 소포호 담수의 공급지연으로 모내기를 너무 늦게 실시하는 바람에 일조량이 부족하였고, 특히 태풍 ○○가 강타한 20○○. 8. 말경 원고 등의 벼는 이제 막 이삭이 피는 출수기에 접어들어 정상적으로 모내기를 한 다른 지역에 비해 태풍의 영향을 더 강하게 받는 바람에 그 피해가 더 커진 사실 등이 인정되고, 위 사실에다가 앞서 본 20○○년도 자연력 기여도의 요인을 20○○년도에 대입 적용한 결과를 함께 고려하여 볼 때 20○○년도 자연력 기여도는 태풍과 가뭄을 합하여 이 사건 20○○년 손해 중 60% 정도라고 봄이 상당할 것입니다.

(2) 원고 등의 과실

피고에게 1차적으로 농업용수를 공급할 책임이 있다고 하더라도 원고 등 또한 양호한 농업용수의 원활한 공급을 위해 자체적으로 노력하거나 피고에게 적극 협력할 의무가 있다고 할 것인데, 피고가 20○○. 6. 5.경부터 원고 등에게 소포호 염도 상승에 따라 이에 대비한 영농지도를 한 사실이 인정되고, 이러한 사실에다가 앞서 본 바와 같이 원고 등이 20○○. 5.경 모내기를 마친 후 어린 벼가 시들어 가자 다시 못자리를 설치하고 추가 모내기를 한 무렵부터는 소포호 담수의 염도가 모내기에 적합하지 않을 정도로 상승한 것을 알았으므로 원고 등에게도 자구책을 강구할 의무가 있는 것으로 보이는 점, 동일하게 위와 같은 고염도의 소포호 담수를 이용한 원고 등에게도 염해로 인한 피해율은 서로간에 많은 차이가 있었던 점(20○○년은 30~80%, 20○○년은 30~100%) 등을 보태어 보면, 원고 등도 피고의 영농지도에 따라 적절한 대책을 강구하였다면 위 염해 피해를 감소시킬 수 있었다고 보이므로, 이러한 대비책을 강구하지 않은 원고 등의 과실 또한 이 사건 손해 발생 및 그 확대의 한 원인이 되었다고 할 것이므로 피고가 배상할 손해액을 산정함에 있어 참작하되, 그 과실 비율을 정함에 있어 앞서 본 바와 같이 20○○년도는 원고 등이 당초에는 소포호 담수가 고염도인 줄 모르고 그 담수로 모내기까지 마친 상황이었으므로 그로 인한 염해 피해는 어느 정도 불가피한 측면이 있는 반면, 앞서 본 증거들에 의하면 20○○년도는 이와 달리 원고 등은 모내기 전부터 염해 피해의 가능성을 예상하고 있었고, 피고가 소포호 담수는 농경지 환수용으로만 사용하라고 영농지도하는 상황이었던 사실을 인정할 수 있으므로, 원고 등으로서는 지하수 등 대체용수의 개발, 염도에 강한 품종의 선택 및 농법 실시 등 달리 적절한 대처방안을 강구할 수 있는 여유가 20○○년에 비하여 충분히 있었던 점을 참작하여 양자간에 차등을 두기로 하되, 앞서 본 사정에 비추어 20○○년의 원고 등의 과실비율은 그 해 자연력의 기여도 30%를 제외한 나머지 부분 중에서 20%, 20○○년의 원고 등의 과실비율은 그 해 자연력의 기여도 60%를 제외한 나머지 부분 중에서 40% 정도로 정함이 상당하다고 할 것입니다.

(3) 소결론

따라서 위에서 본 바와 같이 자연력의 기여도를 먼저 공제하고, 그 이후 원고 등의 과실 정도를 공제하는 방법으로 최종적인 피고의 책임비율을 계산하면, 20○○년도의 경우는 56%{= 100% - 30% - (70 × 20/100)%}, 20○○년도의 경우는 24%{= 100% - 60% - (40 × 40/100)%}가 각 된다고 할 것입니다.

3. 손해배상의 범위

가. 원고 등이 위와 같이 20○○년 및 20○○년에 피해를 본 경작면적은, 별지 '20○○년도 및 20○○년도 소포만 간척지 피해현황표(1, 2목록)'의 '지적'란 기재 각 면적과 같고, 20○○년 피해율은, 별지 '20○○년도 소포만 간척지 피해 현황표(1목록)'의 '필지별 피해율'란 기재 각 피해율과 같이 30~80%이고, 20○○년 피해율은, 별지 '20○○년도 소포만 간척지 피해 현황표(2목록)'의 '필지별 인정피해"란 기재 각 피해율과 같이 농가별로 30~100%이며, 농지 1㎡당 일반벼 및 검정벼의 평균 수확량은 0.688kg/㎡이고, 20○○년 일반벼 가격은 1,413원/kg, 20○○년 일반벼 가격은 1,375원/kg이며, 20○○년 검정벼 가격은 1,825원/kg, 20○○년 검정벼 가격은 1,375원/kg인 사실, 원고 등은 20○○년에 다시 모내기를 함에 따라 별지 '20○○년도 소포만 간척지 피해 현황표(1목록)'의 '추가모내기비용'란 기재 각 금액을 지출한 사실이 인정된다고 할 것입니다.

나. 위 사실에 의하면, 원고 등이 20○○년 및 20○○년에 위와 같이 벼 수확량이 감소함으로 인하여 입은 손해액은, 원고 등이 피해를 본 각 경작면적(㎡)에 각 피해율(%), 평균 벼 수확량(kg/㎡), 각 벼 가격(원/kg)을 곱한 금액이 될 것입니다.

다. 그리고 앞서 본 바와 같이 원고 등이 입은 위 손해액 중 피고가 책임질 부분은 20○○년도는 56%, 20○○년도는 24%이므로, 원고 등이 20○○년에 벼 수확량 감소 및 추가 모내기로 인하여 입은 손해액 중 피고가 배상하여야 할 벼 수확량 감소로 인한 손해(각 경작면적 × 각 피해율 × 평균 벼 수확량 × 각 벼 가격) + 추가모내기 비용} × 56%, 다만 원 미만은 버린다, 이하 같다}는 별지 '20○○년도 소포만 간척지 피해 현황표(1목록)'의 기재 각 금액이 되고, 원고 등이 20○○년 벼 수확량 감소로 인하여 입은 손해액 중 피고가 배상하여야 할 금액(각 경작면적 × 각 피해율 × 평균 벼 수확량 × 각 벼 가격 × 24%)은 별지 '20○○년도 소포만 간척지 피해 현황표(2목록)'의 기재 각 금액이 될 것입니다.

라. 이에 대하여 피고는, 손해배상책임이 인정된다 하더라도 ○○군이 태풍 ○○로 인한 피해와 관련하여 원고 등에게 합계 2,300,742,240원을 이미 지급하였으므로 이 금액을 피고가 배상할 금액에서 공제하여야 한다고 주장하나, ○○군수에 대한 20○○. 7. 29.자 민원회신결과에 의하면 ○○군은 태풍 ○○로 인한 피해에 대하여 국고 등으로 원고 등에게 생계비, 농약대, 대파대, 특별위로금 등을 지급한 사실은 인정되나, 원고 등이 국고 등으로부터 위 생계비 등으로 지급받은 금액은 피고의 불법행위로 인하여 입은 손해에 대한 배상이라기보다는 자연재해로 인하여 입은 손실에 대한 보상이라고 봄이 상당하므로, 피고의 위 공제 주장은 이유 없다고 해야 할 것입니다.

4. 결 론

그렇다면, 피고는 원고 등에게, 1 별지 '20○○년도 소포만 간척지 피해 현황표(1목록)'의 기재 각 금액에 대하여는 20○○. 12. 1.부터 이 소장 부본 송달일까지는 민법에 정한 연 5%의, 그 다음날부터 다 갚는 날까지는 소송촉진 등에 관한 특례법에 정한 연 12%의 각 비율에 의한 지연손해금을 각 지급할 의무가 있다고 할 것입니다.

입 증 방 법

1. 갑제1호증 ○○○○
1. 갑제2호증 민원회신결과
1. 갑제3호증 ○○○○
1. 갑제4호증 현황사진
1. 갑제5호증 ○○○○

그밖의 것은 변론시 수시 제출하겠습니다.

첨 부 서 류

1. 위 입증방법 2통
1. 납부서 1통
1. 소장부본 1통

20○○. ○. ○.

위 원고(선정당사자) ○ ○ ○
소송대리인 변호사 ○ ○ ○ (인)

○○ 지방법원 귀중

[서식 59] 토지사용승낙 – 수도관 등 설치공사 목적의 도로경유청구

소 장

원 고 ○ ○ ○(123456-1234567)
○○시 ○○구 ○○대로 ○○

피 고 ○ ○ ○(123456-2345678)
○○시 ○○구 ○○대로 ○○

토지사용승낙

청 구 취 지

1. 피고는 원고가 ○○시 ○○구 ○○도로 411㎡ 지하에 시공하고자 하는 수도, 하수 및 오수, 통신, 가스관, 전선 시설공사를 위하여 위 토지 중 별지1 도면 표시 11, 12, 13, 14, 15, 16, 27, 26, 25, 24, 23, 22, 11의 각 점을 순차로 연결한 선내 부분 64㎡에 대한 사용승낙의 의사표시를 하라.
2. 소송비용은 피고가 부담한다.

라는 재판을 구합니다.

청 구 원 인

1. **기초사실**
   가. 원고는 ○○시 ○○구 ○○로 전 317㎡, ○○도로 36㎡, ○○ 전 46㎡의 소유자이고, 피고는 ○○도로 411㎡(이하 ‘이 사건 도로’라 합니다), ○○ 잡종지 6,313㎡의 소유자입니다(이하 지번으로만 토지를 특정합니다).
   나. 원고는 ○○ 토지상에 건물(이하 ‘이 사건 건물’이라 합니다)을 신축하였는데 위 건물에 급수공사(이하 ‘이 사건 급수공사’라 합니다)를 시행하기 위하여 20○○. 7. 30. ○○시에 이 사건 급수공사 시행신청서를 제출하였으나, ○○시로부터 이 사건 급수공사를 시행하기 위해서는 이 사건 도로를 경유해야 하며 타인의 토지에 수도관 등을 설치할 경우 ○○시 수도급수조례 제6조 제4항 및 같은 조례 시행규칙 제2조 제1항 규정에 따라 토지소유자의 토지사용승낙서를 첨부해야 한다는 20○○. 8. 5.자 회신을 받았습니다.
   다. 원고는 ○○시의 위 20○○. 8. 5.자 회신에도 불구하고 이 사건 도로 사용에 관한 피고의 승낙을 얻지 못해 토지사용승낙서를 제출하지 못했고, 결국 ○○시는 20○○. 8. 12. 원고의 이 사건 급수공사 신청을 반려하고, 그 무렵 원고에게 반려통보를 하였습니다.

2. 원고의 청구 및 근거

가. 원고의 주장과 피고의 반론

원고는, 이 사건 건물을 위한 수도, 하수 및 오수, 통신, 가스관, 전선 시설공사 (이하 '이 사건 시설공사'라 합니다)는 이 사건 도로를 통과하지 않으면 사실상 시행할 수 없고, 가사 이 사건 도로 외에 다른 토지를 통하여 이 사건 시설공사를 시행할 수 있다고 하더라도 매우 과다한 비용이 발생하므로 원고는 민법 제218조에 기하여 이 사건 도로에 이 사건 시설공사를 시행할 시설권이 있으니, 피고는 원고에게 이 사건 도로 사용승낙의 의사표시를 할 의무가 있다고 해야 할 것입니다. 이에 대하여 피고는, 원고는 피고의 부친이 ○○시에 기부 채납한 ○○도로, ○○○소유인 ○○ 토지, 원고 소유인 ○○, ○○ 토지 등을 통해 이 사건 도로를 경유하지 않아도 이 사건 시설공사를 실시할 수 있고, 여기에 과다한 비용이 소요되지 않으며, 이 사건 시설공사 중 전기공사는 ○○○ 소유 ○○ 토지 배전설비를 이용하는 방법도 가능하므로, 이 사건 도로를 통해 이 사건 시설공사를 실시하는 것이 손해가 가장 적은 장소와 방법을 선택하는 것이라 할 수 없다고 주장하고 있습니다.

나. 원고 주장의 타당성

(1) 토지소유자는 타인의 토지를 통과하지 않으면 필요한 수도, 소수관, 가스관, 전선 등을 시설할 수 없거나 과다한 비용을 요하는 경우에는 타인의 토지를 통과하여 이를 시설할 수 있고, 다만, 위와 같은 시설을 하는 경우에도 그로 인한 타인의 손해가 가장 적은 장소와 방법을 선택하여야 하는데(민법 제218조 제1항), 손해가 가장 적은 장소와 방법이 선택된 것인지 여부는 구체적 사안에서 사회통념에 따라 쌍방 토지의 지형적·위치적 형상 및 이용관계, 부근의 지리 상황, 상린지 이용자의 이해득실 기타 제반 사정을 기초로 판단하여야 할 것입니다(대판 2005.7.14. 2003다18661 등 참조).

(2) 이 사건에서 살피건대, ○○시 ○○구, ○○전력공사, ○○가스안전공사, 주식회사 ○○○에 대한 각 민원회신결과 등의 취지를 종합하여 보면, 이 사건 건물의 소유자인 원고는 이 사건 도로를 통과하지 않으면 이 사건 건물에 필요한 시설들을 설치할 수 없거나, 과다한 비용을 요한다고 봄이 상당하다고 할 것입니다.

(가) 별지2 도면과 같이 이 사건 건물 부지인 ○○ 토지의 북쪽 끝 ○○, ○○ 토지와의 경계에는 담벽이 설치되어 있고, 바로 옆 ○○ 토지에는 골프연습장이 설치되어 있으며, ○○ 토지의 폭은 50m이상입니다.

(나) 골프연습장 진출입로인 이 사건 도로의 폭은 시작 지점 약 11.3m, 중간 지점 약 8.4m, ○○ 토지가 시작되는 지점 약 8.2m이고, ○○ 도로에서 ○○ 토지가 시작되는 지점까지의 거리는 약 27.2m입니다. 따라서 별지1 도면과 같은 이 사건 시설공사에 필요한 부분인 이 사건 도로 중 ○○ 토지 경계로부터 폭 2m에 해당하는 부분(별지1 도면 표시 11, 12, 13, 14, 15, 16, 27, 26, 25, 24, 23, 22,

11의 각 점을 순차로 연결한 선내 부분 64㎡, 이하 '이 사건 사용부분'이라 합니다)을 제외하더라도 골프연습장 진출입을 위한 차량 출입이 가능합니다.

(다) ○○ 토지와 이 사건 도로의 경계에는 담벽이 설치되어 있고, ○○ 토지는 그 지상 건물의 부지와 주차장으로 사용되고 있으며, 이 사건 사용부분에 해당하는 면적은 64㎡입니다.

(라) 이 사건 시설공사에 소요되는 공사기간 및 공사에 필요한 면적은 아래 표와 같습니다.

구 분		상수관	하수관	전 기	통 신
예상 공사기간		7일	7일	10일	5일
필요면적	폭	1m	2m	1m	1m
	깊이	1.2m	1.5m	1.2m	1m

(마) 이 사건 시설공사를 일괄적으로 실시할 수 있는 방법은 ○○ 도로에 매설되어 있는 시설과 연결하는 방법이 유일한데, ○○ 도로에서 원고 소유인 ○○, ○○ 각 토지만을 경유하여 이 사건 건물에 연결될 수 있는 방법은 없고 이 사건 도로 또는 ○○ 토지를 경유하여야 합니다. 그런데 그중 상·하수도관 공사, 통신공사의 경우 이 사건 도로를 경유하여 시행하는 것이 가장 설치비용이 적게 소요되고, 거리가 가까운 방법입니다.

(바) 전기공사의 경우 ○○ 도로의 배전설비를 이용하여 이 사건 도로를 경유하여 이 사건 건물에 도달하는 방법과 ○○ 토지상의 배전설비를 이용하는 두 가지 방법이 가능하지만, 다른 시설들과 함께 일괄적으로 ○○ 도로에 매설된 설비를 이용하여 이 사건 도로를 경유하는 방법이 가장 효율적일 것으로 판단됩니다. 더구나 이 사건 도로에서 이 사건 시설공사를 하여야 하는 상황에서 전기공사만 제외하고 나머지 시설공사를 이 사건 도로에서 시행한다고 하더라도 피고에게 피해가 줄어든다고 볼 수 없고, 오히려 전기공사를 포함한 일괄적인 이 사건 시설공사를 통하여 피고가 추가로 받는 불이익은 사실상 없는 것으로 보이며, 전기공사와 나머지 시설공사를 별도로 하는 것은 사회적 비용만 증가시킬 뿐입니다.

(사) 한편 ○○ 토지는 그 지상 건물의 부지와 주차장으로 사용되고 있어 이 사건 시설공사를 시행할 경우 그로 인한 피해가 클 것으로 예상되는 반면, 이 사건 도로는 폭 8.2~11.3m인 도로로서 폭 2m 이내, 공사기간 5~10일인 이 사건 시설공사를 시행하더라도 도로 이용에 큰 지장은 초래하지 않을 것으로 예상됩니다.

(3) 따라서 원고는 이 사건 도로 중 이 사건 사용부분에 관하여 이 사건 시설공사를 시행할 시설권을 가지고 있다 할 것이고, 나아가 ○○시가 원고에게 이 사건 급수공사 실시의 전제조건으로 이 사건 도로에 관한 사용승낙서 제출을 요구하고 있는 사정을 감안해 보면 원고의 위 시설권 행사를 보장하기 위해 피고에게는 이 사건 도로 중 이 사건 사용부분에 대한 사용승낙의 의사표시를 할 의무가 있다고 할

것입니다.

3. 피고 주장과 이에 대한 반박

가. 피고는, 민법 제218조의 수도 등 시설권 규정은 타토지 소유자의 수인의무를 부담시키는 것 이외에 토지 사용을 승낙하는 의사표시를 행할 의무까지 부담시키는 취지는 아니고, ○○시가 급수공사 실시의 전제조건으로 요구한 피고의 토지사용승낙서(갑 제11호증의 붙임 서류)에는 피고의 재산권을 과도하게 침해하는 내용이 포함되어 있으므로 피고에 대하여 이 사건 도로에 대한 사용승낙의 의사표시를 구하는 원고의 주장은 부당하다고 주장하고 있습니다. 살피건대, 민법 제218조는 도시생활에 필수불가결한 수도 등 시설에 대한 인접한 부동산 간의 이용의 조절을 위한 상린관계를 규정한 것으로 소유권을 제한하는 규정인 점, 민법 제218조에 기하여 토지소유자가 가지는 타토지에 대한 수도 등의 시설권은 직접적인 시설에 관한 권리뿐만 아니라 시설을 위한 토지사용과 이에 대한 승낙도 포함된다고 보아야 하는 점, 이 사건 시설공사에 필요한 부분은 이 사건 도로의 일부인 이 사건 사용부분에 한정되어 있어 이로 인하여 이 사건 도로의 용도인 골프연습장 진출입이 불가능하게 된다고 보기 어려운 점, 급수공사를 위한 토지사용승낙서(갑 제11호증의 붙임 서류)에 '토지 매매로 소유자가 변경될 시 본 승낙서를 토지 매입자에게 인계하며, 토지 매입자는 본 승낙서의 모든 내용을 승계하고, 상기 토지의 형질변경에 의해 급수공급시설의 이전이 불가피할 경우 사전에 귀 시(市)와 협의하겠으며, 이하 모든 사유로 발생되는 공사비는 원인자가 부담한다'는 내용이 포함되어 있으나, 이는 급수공사 후 설치되는 급수설비에 대한 소유권을 ○○시로 하고 급수설비 개량 및 교체 등의 유지관리에 지장이 발생되지 않도록 하기 위하여 급수설비에 대한 내용을 규정한 것으로 이러한 내용이 이 사건 도로 사용이나 재산권 행사를 본질적으로 침해하는 것으로는 보이지 않는 점, 민법 제218조는 수도 등 시설을 한 후에 사정의 변경이 있는 경우 타토지의 소유자가 그 시설의 변경을 청구할 수 있고, 타토지의 소유자에게 손해가 발생할 경우 보상을 청구할 수 있다고 규정하고 있는 점 등에 비추어 보면, 피고에게 이 사건 사용부분에 대한 토지사용승낙의 의사표시를 구하는 것이 민법 제218조에 규정한 시설권의 범위를 벗어난다거나 재산권을 본질적으로 침해한다고 볼 수 없으므로, 피고의 위 주장은 이유 없다고 해야 할 것입니다.

나. 또한 피고는, 이 사건 시설공사를 실시하기 위해 적당하다고 인정되는 기간으로 한정하여 이 사건 도로에 대한 토지사용승낙의 의무를 부과하여야 한다고 주장하나, 앞서 본 바와 같이 원고는 이 사건 시설공사를 위한 목적으로 이 사건 사용부분의 토지사용승낙을 구하고 있어 그 사용목적이 특정되어 있는 점, 이 사건 시설공사에 필요한 부분은 이 사건 도로의 일부인 이 사건 사용부분에 한정되어 있는 점, 민법 제218조에 규정된 수도 등 시설권은 인접한 부동산의 소유와 사용관계를 합리적으로 조정하기 위한 상린관계에 기초한 소유권 제한 규정으로 상린관계가 인정된 이상 토지사용에 대한 피고의 수인의무가 발생하고 특별한 사정 변경 없이 이를 손쉽게 변경할 수

없는 점, 이 사건 시설공사를 위한 이 사건 도로에 대한 토지사용승낙 기간을 한정한다면 관공서의 허가 여부, 공사 여건, 환경, 기후 등 원고가 책임질 수 없는 외부적 사정으로 기간을 준수하지 못할 경우 사실상 원고의 청구가 배척되는 결과가 되어 토지 이용 조절을 위한 상린관계의 취지가 퇴색될 뿐만 아니라 이로 인한 개인적·사회적 피해가 크고, 소송경제적으로도 바람직하지 않은 점, 피고는 민법 제218조에 기하여 사정 변경이 있는 경우 이 사건 시설에 대한 변경을 청구할 수 있고 나아가 손해보상을 청구할 수 있는 점 등에 비추어 보면, 이 사건 도로에 대한 토지사용승낙 기간을 한정하여야 한다는 피고의 위 주장은 이유 없다고 해야 할 것입니다.

4. 결 론

그렇다면 피고에 대하여 원고에게 이 사건 도로 중 이 사건 사용부분에 대한 사용승낙의 의사표시를 할 것을 구하는 원고의 이 사건 청구는 이유 있어 인용되어야 할 것이므로 원고로서는 청구취지와 같은 재판을 구하기 위하여 본건 소에 이르게 되었습니다.

입 증 방 법

1. 갑제1호증	○○○○
1. 갑제2호증	부동산등기부등본
1. 갑제3호증	민원회신결과
1. 갑제2호증	현황사진

그밖의 것은 변론시 수시 제출하겠습니다.

첨 부 서 류

1. 위 입증방법	2통
1. 납부서	1통
1. 소장부본	1통

20○○. ○. ○.

위 원고 ○ ○ ○ (인)

○○ 지방법원 귀중

제3장 가처분신청서 작성사례

[서식 60] 통행방해금지 등 가처분신청서

소 장

신 청 인 ○○ 주식회사
○○시 ○○구 ○○대로 ○○
대표이사 ○○○

피신청인 ○○시
대표자 시장 ○○○

통행권확인

신 청 취 지

1. 채권자는 별지목록 기재 토지 중 별지도면 표시 ㉮, ㉯, ㉰, ㉱, ㉮ 각 점을 차례로 연결한 선내 ①부분의 통로에 통행을 방해하는 흙 및 암석 등의 방해물을 이 사건의 결정 송달일로부터 3일 내에 제거하라.
2. 채무자가 위 명령을 실행하지 않으면 채권자는 채권자가 위임하는 ○○지방법원 ○○지원 소속의 집행관으로 하여금 채무자의 비용으로 적당한 방법으로 흙 및 암석 등의 방해물을 제거하게 할 수 있다.
3. 채무자는 별지목록 기재 토지 중 별지도면 표시 ㉮, ㉯, ㉰, ㉱, ㉮ 각 점을 차례로 연결한 선내 ①부분 도로 및 이와 연결되는 도로를 채권자, 채권자가족들 및 차량 등이 통로로서 사용함을 방해하여서는 아니된다.

라는 재판을 구합니다.

신 청 이 유

1. 채권자와 채무자간의 관계

가. 채권자는 ○○ ○○군 ○○면 ○○리 ○○ 대지 605㎡ 및 그 지상에 주택 84.55㎡를 소유하여 거주하고 있고, 같은 리 ○○○ 전 9,957㎡, 같은 리 ○○○ 전 466㎡를

소유하여 농업에 종사하는 사람이며(소갑 제1호증 주민등록표등본, 소갑 제2호증의 1 내지 4 각 부동산등기사항증명서 참조), 채무자는 같은 리 ○○ 임야 1,633㎡, 같은 리 ○○ 전 129㎡, 같은 리 ○○○ 전 10,235㎡, 같은 리 ○○○ 전 1,709㎡의 소유자입니다(소갑 제3호증의 1 내지 3 각 부동산등기사항증명서 참조).

2. 채권자의 주위토지통행권 발생사실

가. 도로형성경위

별지목록 기재 토지 중 별지도면 표시 ㉮, ㉯, ㉰, ㉱, ㉮ 각 점을 차례로 연결한 선내 ①부분의 도로(다음부터 이 사건 도로라 함)는 최초 20년 이상 폭 1m 이내의 소로로 형성되어 사용되어지다가 약 10여년전 신청외 ◇◇◇가 광산을 위한 도로로 사용하기 위해 현재와 같은 폭 3m의 도로로 확장한 뒤 채권자 및 마을 주민들이 농로로 사용하여 왔습니다.

나. 주위토지통행권 발생사실

채권자가 거주하는 거주지와 공로에 이르는 통로는 채권자가 밭을 경작하고, 장을 보는 등 생활에 필요한 차량운행을 할 수 있는 유일한 통로이며, 채무자는 주변을 우회하는 소로가 있다는 이유로 채권자의 이 사건 도로 사용을 방해하고 있습니다. 그러나 주변을 우회하는 소로는 차량운행이 불가능하며(소갑 제4호증 도로사진 참조), 도로를 정비하기 위해서는 도로주변의 토지를 매입해야 하는 등 막대한 비용이 소요됨은 명백하다 할 것입니다.

또한, 토지의 지형적, 위치적 형상 및 이용관계를 보더라도 농업에 종사하는 채권자가 소유한 각종 농지의 현재 이용상황으로도 경운기 및 소형트럭 등이 운행되어질 수 있는 공로에 이르는 통로가 필요하며, 채권자가 위와 같은 용도로 현재의 도로를 이용하더라도 채무자로서는 현재 임야의 용도로 사용되고 있는 같은 곳 소재 ○○ 토지의 이용에 막대한 피해를 입히는 것도 아니고, 같은 곳 소재 ○○○의 토지이용에 대한 수인의 범위를 넘는 제한이라 할 수 없을 것입니다.

그리고 위 도로는 채권자외 5인이 각 소유 토지를 경작하는데 필요한 공로에 이르는 유일한 통로로 사용할 수밖에 없습니다.

3. 채무자의 통행방해사실

가. 채무자는 단지 토지의 소유자라는 사실을 내세우며 이 사건 도로에 흙, 암석 등의 방해물을 설치하여 경운기 및 차량의 통행을 막고 있으며(소갑 제5호증의 1, 2 각 사진 참조) 채권자의 방해물제거청구에 대하여 우회하는 소로가 있다는 주장만 되풀이하고 있습니다.

나. 또한, 채무자는 20○○. ○.경부터 ○월까지 별지도면 표시 ㉰부분의 도로에 대하여 공작물을 설치하고 통행을 방해하여(소갑 제5호증의 3, 4 각 사진 참조) 채권자로서는 달리 방법을 생각하지 못하고 경작한 야채를 판매하기 위해 고심하던 중 당시 야채 운송업을 하던 신청외 □□□가 중재를 하여 통행을 할 수 있도록 해줄테니

토지사용료 명목의 금전을 지급해줄 것을 요구하여 금 1,000,000원을 신청외 ㅁㅁㅁ에게 지급하여 채무자에게 전달해 줄 것을 부탁하였고, 더불어 위 도로의 통행방해를 중지해줄 것을 요청한 사실이 있으며, 위 금전이 채무자에게 전달되었는지는 확인할 수 없는바, 다만 채무자가 위 도로상의 통행방해를 위 금전지급 후 2일이 지나자 중지했던 사실이 있습니다.

다. 현재 채무자의 통행방해사실에 의하여 채권자 및 채권자가족 외에도 위 도로를 통하여 경작지에 이르는 마을 주민들이 피해를 보고 있으며, 특히 채권자는 밭을 경작하는 이외에도 장을 보거나 비료를 구입하는 등의 일상생활에 필요한 차량운행을 하지 못하여 막대한 손해를 입고 있는 실정입니다.

4. **결 론**

결국 채권자는 이 사건 도로를 통로로 사용하지 못할 경우 공로에 차량을 통하여 출입할 방법이 없을 뿐 아니라, 채무자가 주장하는 우회통로를 정비하는데는 신청외 토지소유자들의 토지를 매입해야 하는 등 막대한 비용이 들 것이 명백하므로 채권자는 주위의 토지를 통행할 권한이 있다 할 것이고, 따라서 채무자가 통행을 방해하고 있는 별지목록 기재 토지 중 별지도면 표시 ㉮, ㉯, ㉰, ㉱, ㉮ 각 점을 차례로 연결한 선내 ①부분 도로에 설치되어 있는 흙, 암석 등의 방해물은 즉시 제거되어져야 할 것이며, 이 사건 도로는 채권자가 위와 같은 주위토지통행권을 가지고 있으므로 그 물권적 청구권의 권능인 채무자의 침해행위 방해배제 및 방해예방청구권이 있다 할 것입니다.

5. 한편, 이 사건 통행방해금지 등 가처분명령의 손해담보에 대한 담보제공은 민사집행법 제19조 제3항, 민사소송법 제122조에 의하여 보증보험주식회사와 지급보증위탁계약을 맺은 문서를 제출하는 방법으로 담보제공을 할 수 있도록 허가하여 주시기 바랍니다.

소 명 방 법

1. 소갑 제1호증 주민등록표등본(채권자)
1. 소갑 제2호증의 1 내지 4 각 부동산등기사항증명서
1. 소갑 제3호증의 1 내지 3 각 부동산등기사항증명서
1. 소갑 제4호증의 1, 2 우회도로 사진
1. 소갑 제5호증의 1 내지 4 각 방해물사진
1. 소갑 제6호증 지적도등본

첨 부 서 류

1. 위 소명방법 각 1통
1. 토지대장등본 1통

1. 송달료납부서 1통

20○○. ○. ○.

위 신청인 ○○○ (인)

○○ 지방법원 귀중

[별지] 도면표시

도 면

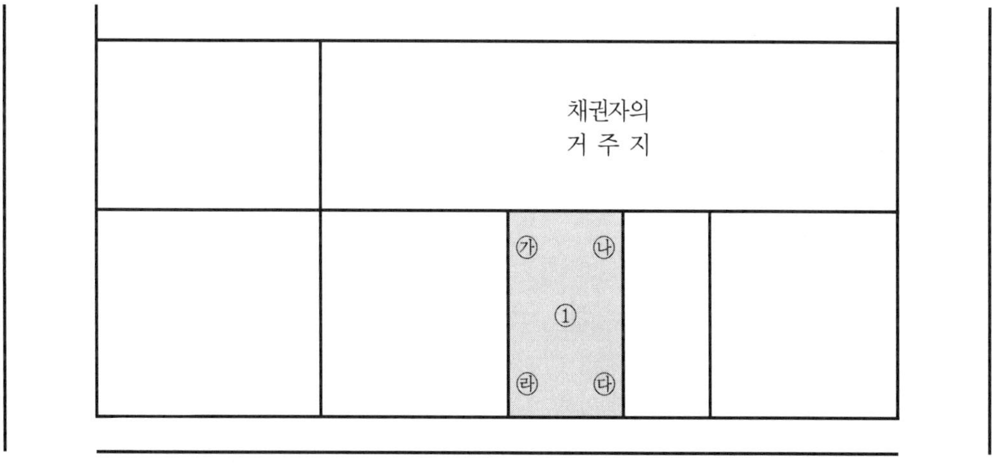

[서식 61] 통행방해금지가처분

통행방해금지 가처분 신청

신 청 인 ○ ○ ○(123456-1234567)
○○시 ○○구 ○○대로 ○○
소송대리인 ○○○
○○시 ○○구 ○○로 ○○-○○

피신청인 ○ ○ ○
○○시 ○○구 ○○대로 ○○

통행방해금지가처분

청 구 취 지

1. 피신청인은 별지 목록 기재 토지 중 별지 도면 표시 1,2,5,4,1의 각 점을 순차로 연결한 선내 (나)부분 129.64㎡를 통로로 사용하는 것을 방해하는 철책, 담장 기타 공작물을 설치하거나 물건을 야적하거나 또는 위 (나)부분의 표면을 요철지게 하거나 표고를 주위 토지와 달리하는 등으로 신청인의 통행을 방해해서는 아니된다.
2. 피신청인이 위 명령을 위반하는 경우 집행관은 위 명령의 위반상태를 제거하고 명령을 집행하는 데에 필요한 적당한 조치를 취하여야 한다.

라는 재판을 구합니다.

청 구 원 인

1. 기초사실

(1) 신청인은 ○○시 ○○구 ○○로 ○○ 대 2212.7㎡(이하 '신청인 토지'라 합니다) 및 그 지상 6층 건물을 소유하면서 그곳에서 ○○○○이라는 상호로 숙박업 등을 하고 있습니다. 피신청인이 소유하는 별지 목록 기재 토지(이하 '이 사건 토지'라 합니다) 중 별지 도면 표시 1,2,5,4,1의 각 점을 순차로 연결한 선내 (나)부분 129.64㎡(이하 '이 사건 계쟁 부분'이라 합니다)는 신청인 토지에서 공로로 출입하는 유일한 통로일 뿐만 아니라, 「국토의 계획 및 이용에 관한 법률」에 따라 ○○시장이 결정 고시한 ○○시 도시관리계획 제1종 지구단위계획에서 공개공지(보차겸용통로)로 지정되어 있으므로, 신청인은 신청인 소유의 토지 출입을 위한 주위토지통행권 또는 공개공지를 자유롭게 통행할 권리가 있다고 할 것입니다.

(2) 그런데 피신청인은 현재 신청인의 이러한 통행권을 부정하면서 이 사건 토지 중 계쟁 부분에 주차장을 설치하기 위해 아스콘 포장을 파헤치는 등 신청인 및 신청인 소유의 토지 및 건물에 출입하는 고객들의 통행을 방해하고 있거나 그럴 위험이 있고, 그로 인해 신청인은 영업상 막대한 피해를 입을 우려가 있으므로, 가처분으로써 피신청인에게 그러한 통행방해행위의 금지를 명할 필요가 있다고 할 것입니다.

2. 구체적 주장

가. 주위토지통행권 주장

민법 제219조의 주위토지통행권은 어느 토지와 공로 사이에 그 토지의 용도에 필요한 통로가 없는 경우에 인정되는 것입니다. 물론 신청인 소유 토지 남쪽(그 지상 건물의 정면이고, 이 사건 계쟁 부분 반대편입니다)에 자동차의 출입이 가능한 폭 4.5m(조업주차공간 포함)의 도로 및 폭 1.5m의 인도가 개설되어 있고 신청인 소유 토지에서 위 도로와 인도를 통해 공로에 출입할 수 있는 사실이 있기는 합니다. 그러나 위 인도는 건물 전면의 공지일 뿐 공공의 이용에 제공되는 통행로가 아니고, 위 도로도 ○○도와 ○○시가 신청인 소유 토지 남쪽 면에 녹지공간을 조성하는 바람에 자동차로 주간선도로를 통해 직접 신청인 소유 토지에 출입하는 것이 불가능해지자 영업에 필수불가결한 조업주차공간으로서 마련해 준 일방통행로로서 이 도로변의 7개 건물에 입주한 수십 개의 영업점의 각종 조업용 차량이 이곳에 주차하게 되면 차폭, 작업용 호스, 크레인 작업반경 등으로 인해 다른 차량의 통행이 어려워져 사실상 통로로서의 기능을 상실하게 되기 때문에 신청인 소유의 토지와 건물에 출입하는 이용고객의 수를 감안할 때 이러한 도로와 인도는 신청인 소유 토지의 용도에 적합한 통로로서의 충분한 기능을 하지 못하므로, 신청인 토지를 위해 이 사건 계쟁 부분에 대한 주위토지통행권이 인정되어야 할 것입니다. 주위토지통행권은 어느 토지가 타인 소유의 토지에 둘러싸여 공로에 통할 수 없는 경우뿐만 아니라, 어떤 통로가 이미 있다고 하더라도 그 통로가 당해 토지의 이용에 부적합하여 실제로 통로로서의 충분한 기능을 하지 못하고 있는 경우에도 인정될 수 있는 것입니다(대판 2005.12.9. 2004다63521).

나. 공개공지 주장

이 사건 계쟁부분이 공개공지(보차겸용통로)로 지정된 것은 ○○시장이 결정·고시한 ○○시 제1종 지구단위계획에 따른 것입니다. 피신청인이 새로운 건축행위를 하지 않고 이 사건 토지를 종전대로 주차장으로 이용하는 경우에도 피신청인은 위와 같은 지구단위계획에 따라 이 사건 계쟁부분을 공개공지(보차겸용통로)로 개방하여 공중의 통행에 제공하여야 할 공법상 의무를 부담한다고 보아야 할 것입니다.

3. 결 론

이에 신청인은 피신청인으로 하여금 별지 목록 기재 토지 중 별지 도면 표시 1,2,5,4,1의 각 점을 순차로 연결한 선내 (나)부분 129.64㎡를 통로로 사용하는 것을 방해하는 철책,

담장 기타 공작물을 설치하거나 물건을 야적하거나 또는 위 (나)부분의 표면을 요철지게 하거나 표고를 주위 토지와 달리하는 등으로 신청인의 통행을 방해하지 못하도록 본건 신청을 하기에 이른 것입니다.

소 명 방 법

1. 소갑제1호증 ○○○○
1. 소갑제2호증 ○○○○
1. 소갑제3호증 ○○○○
1. 소갑제4호증 현장사진
1. 소갑제5호증 ○○○○
1. 소갑제6호증 ○○○○

그밖의 것은 변론시 수시 제출하겠습니다.

첨 부 서 류

1. 위 소명방법 1통
1. 송달료납부서 1통
1. 소장부본 3통

20○○. ○. ○.

위 신청인의 소송대리인
변호사 ○○○ (인)

○○ 지방법원 귀중

[서식 62] 토지출입금지가처분신청서

토지출입금지 가처분 신청

원 고 ○○ 주식회사
○○시 ○○구 ○○대로 ○○
대표이사 ○○○

피 고 ○○○
○○시 ○○구 ○○대로 ○○

목적물의 표시
별지목록 기재와 같음

목적물의 가격
4,127,590원

신 청 취 지

채무자는 별지목록 기재 토지에 출입하여서는 아니된다.
라는 재판을 구합니다.

신 청 이 유

1. 원래 채권자의 소유인 별지목록 기재 토지에 대하여, 20○○. ○.경 신청외 김□□가 판결문을 위조하여 자신의 명의로 소유권보존등기를 마치고 이를 신청외 정□□에게 양도하였으며, 신청외 정□□는 이를 다시 신청외 ◇◇◇에게 양도하여 20○○. ○. ○.자 매매를 원인으로 한 소유권이전등기가 되었습니다.
2. 그러나 채권자는 위와 같은 등기는 무효의 등기이므로 ○○지방법원 20○○가합○○○호로 소송을 제기하여 별지목록 기재 토지에 관하여 차례로 이전된 위 등기의 말소를 구함과 동시에 국가를 상대로 위 토지가 채권자의 진정한 소유임을 확인하는 소송을 제기하여 채권자 승소판결이 선고되고, 항소심과 상고심에서 위 판결이 확정되어 위 등기는 원인무효로써 20○○. ○. ○. 각 말소되고 폐쇄등기가 되었으며 채권자 명의로 소유권보존등기가 되었습니다.
3. 그런데, 신청외 김□□는 20○○. ○.경 별지목록 기재 토지를 채무자에게 점유·경작케 하여 채무자가 별지목록 기재 토지 위에 비닐하우스 1동을 설치하고 있어 그 소유권자인 채권자의 권리행사를 불가능하게 하고 있으므로, 만일 지금에 있어서 채무자의 출입을 방치하고 비닐하우스의 설치를 방지하지 않으면 채권자가 나중에 승소판결을 받아 확정

된다고 하더라도 토지사용권이 침해당하게 되어 결국 판결의 집행을 보전하지 못하게 될 것이므로, 채무자에 대하여 별지목록 기재 토지의 출입금지가처분명령을 구하기 위하여 이 사건 신청에 이르렀습니다.

4. 한편, 이 사건 출입금지가처분명령의 손해담보에 대한 담보제공은 민사집행법 제19조 제3항, 민사소송법 제122조에 의하여 보증보험주식회사와 지급보증위탁계약을 맺은 문서를 제출하는 방법으로 담보제공을 할 수 있도록 허가하여 주시기 바랍니다.

소 명 방 법

1. 소갑 제1호증　　부동산등기사항증명서
1. 소갑 제2호증　　토지대장등본
1. 소갑 제3호증의 1, 2　　판결정본

첨 부 서 류

1. 위 소명방법　　각 1통
1. 송달료납부서　　1통

20○○. ○. ○.

위 신청인 ○○○ (인)

○○ 지방법원 귀중

[별 지] 부동산의 표시

부동산의 표시

○○ ○○군 ○○면 ○○리 ○○ 전 1,000㎡. 끝.

[서식 63] 공사중지가처분신청서 – 영업장 조망차단피해

공사중지 가처분 신청

원 고 ○○ 주식회사
○○시 ○○구 ○○대로 ○○
대표이사 ○○○

피 고 ㅁㅁ광역시
위 대표자 시장 ○○○

목적물 가액 금○○○○원

목적물의 표시

ㅁㅁ시 ㅁㅁ구 ㅁㅁ동 224의 1 도로 중 별지 도면 표시 1, 2, 3, 4, 1의 각 점을 순차로 연결한 선으로 둘러싸인 28.82㎡

피보전권리의 요지

신청인의 소유권에 기한 방해배제 및 예방청구권

신 청 취 지

1. 피신청인은 ㅁㅁ 도시철도 1호선 1-7공구 공사 중 ㅁㅁ시 ㅁㅁ구 ㅁㅁ동 224의 1 도로 지상 부분에 돌출되는 환기탑 설치공사를 시행함에 있어 그 환기탑의 폭은 2.2m, 길이는 13m, 높이는 도로 지면에서 1.5m를 각 초과하여 시공하여서는 안 되고, 도로 지면에서 높이 1.2m를 초과하는 부분은 신청인의 건물을 가리는 불투명한 소재로 시공하여서는 아니된다.
2. 집행관은 위 취지를 적당한 방법으로 공시하여야 한다.
3. 담보제공은 채권자와 ○○보증보험주식회사간에 체결한 지급보증위탁계약 문서의 제출에 의한다.
4. 신청비용은 피신청인의 부담으로 한다.

라는 재판을 구합니다.

신 청 이 유

1. 신청인은 ㅁㅁ시 ㅁㅁ구 ㅁㅁ동 543의 41 대 56.1㎡, 같은 동 543의 42 대 78.4㎡, 같은

동 543의 43 대 87.4㎡ 등 3필지의 토지와 그 지상 철근콘크리트조 슬래브지붕 4층 영업소 건물(1 내지 3층 : 165㎡, 4층 : 75.9㎡, 지하실 : 85㎡, 이하 '이 사건 건물'이라 한다)을 소유하고 있습니다.

2. 피신청인은 ㅁㅁ도시철도 1호선 중 1-7공구 토목공사(본선 1,306m, 정거장 2개소 302m, 총연장 1,608m)를 시공하면서, 이 사건 건물의 전면에 위치한 ㅁㅁ시 ㅁㅁ구 ㅁㅁ동 224의 1 도로(노폭 5.5m, 이하 '이 사건 보도'라 한다) 중 별지 도면 표시 1, 2, 3, 4, 1의 각 점을 순차로 연결한 선으로 둘러싸인 28.82㎡ 부분의 지하굴착 토목공사를 마무리짓고, 앞으로 그 지상에 폭 2.2m, 길이 13m, 높이 2m 정도 규모의 철제 환기탑(이하 '이 사건 환기탑'이라 한다) 설치공사를 실시하려 하고 있습니다.

3. 일반인들의 통행에 제공되는 보도 상에 구조물을 설치하는 경우 그 구조물의 설치로 인하여 그에 인접한 건물이나 대지를 이용함에 있어 커다란 불편을 초래하고 건물 본래의 기능 및 활용성을 극도로 저하시키는 결과를 낳게 될 뿐만 아니라 그 건물에 입주한 상점 영업에 중대한 손해를 초래하는 경우와 같이 그 건물 본래의 효용을 방해하는 경우에는, 그 방해가 사회통념상 일반적으로 수인할 정도를 넘어선다고 인정되는 한 그 건물이나 대지의 소유권에 기하여 그 방해의 제거나 예방을 청구할 수 있다고 할 것입니다. 이 경우 그 침해가 사회통념상 일반적으로 수인할 정도를 넘어서는지 여부는 피해의 성질 및 정도, 피해이익의 공공성, 가해행위의 태양, 가해행위의 공공성, 가해자의 방지조치 또는 손해회피의 가능성, 인·허가 관계 등 공법상 기준에의 적합 여부, 지역성, 토지이용의 선후 관계 등 모든 사정을 종합적으로 고려하여 판단하여야 합니다(대판 1997.7.22. 96다56153).

4. 이 사건 건물은 도시계획상 일반 상업지역 안에 위치한 상가 및 병원 건물로서, 그 인근에 ㅁㅁ역·지하상가 및 ㅁㅁ시장이 있고, 그 앞에 왕복 8차선 도로와 접하여 있으며, 특히 그 1층의 점포들은 보도와 바로 접하여 있어 그 보도 앞을 지나가는 행인들이 직접 점포로 출입할 수 있을 뿐 아니라 이 사건 보도가 바로 차도에 접하여 있어 이 사건 보도나 그 앞의 차도 및 반대편 쪽 보도를 통행하는 행인들에 대한 홍보 효과도 매우 커서 그 경제적인 효용가치가 매우 큽니다. 그러나 이 사건 환기탑이 설치되는 경우에는 이 사건 보도의 도로폭이 5.38m에서 3.18m로 40%나 줄게 되어, 위 건물의 1층 점포로 출입하는 사람들이 불편을 겪게 되고, 자연히 일반 통행인이 이 사건 건물 1층 점포 내부의 진열물을 구경하기도 어렵게 되어 영업에 지장을 주게 될 우려가 매우 큽니다. 더구나 이 사건 건물 전면 길이 15m 중 그 73%나 되는 11m가 이 사건 환기탑과 중복되는데 이 사건 환기탑의 높이가 2m 가량이나 되어 이 사건 환기탑의 길이와 중복되는 부분은 그 전면의 유리창이 가려져 이 그 안에 진열된 상품이나 선전 포스터 등에 대하여 그 앞 차도나 그 반대편 쪽의 보도에서 모두 시야가 차단되어 그 홍보나 광고효과는 거의 상실되게 됩니다. 따라서 결과적으로 이 사건 건물의 본래의 용도에 따른 사용을 실질적으로 방해하는 결과를 초래하고 나아가 이로 인하여 이 사건 건물 1층 점포들의 경제적 가치는 급격히 하락하여 그 소유자인 신청인에게 매우 심각한 손해를 입히게 될 것입니다.

5. 피신청인이 설치하려는 이 사건 환기탑은 인천 지역의 주민들의 편의를 위하여 설치하는

도시철도를 위한 필요불가결한 구조물로서 공공의 이익을 위한 것임은 인정됩니다. 그러나 피신청인으로서는 구조물의 규모를 최소한으로 하여 신청인의 피해를 최소화할 수 있도록 최대한의 노력을 보였어야 함에도 불구하고, 환기탑의 높이를 다른 지하철역의 환기탑보다 더 높여 2m로 정함으로써 이 사건 건물에 대한 피해를 더욱 심화시켰다 할 것입니다[공사 노선 내 다른 환기탑의 시설현황 참조]. 이는 결과적으로 행정편의와 공공이익을 앞세워 신청인에게만 중대한 불이익을 감수하라는 것이어서 형평에 어긋난다 할 것이고, 이 사건 환기탑의 설치로 인하여 이 사건 건물에 대하여 미치는 방해 내지 피해의 정도는 사회관념상 일반적으로 요구되는 수인의 정도를 초과하였다 할 것입니다.

6. 이 사건 환기탑의 설치로 인하여 신청인의 이 사건 건물에 대한 소유권이 침해되고 그 침해의 정도가 사회관념상 요구되는 수인의 정도를 초과하는 이상, 피신청인으로서는 그 침해를 최소화하여 일반적으로 수인될 수 있는 범위 안에서 위 환기탑 설치공사를 시행하여야 할 것입니다. 이 사건 환기탑의 폭은 2.2m, 길이는 13m, 높이는 도로 지면에서 1.5m 이하로 각 제한하고, 도로 지면에서 높이 1.2m를 초과하는 부분은 신청인의 건물을 가리는 불투명한 소재로 시공하지 못하도록 제한하는 것이 상당합니다.
7. 신청인은 피신청인에 대하여 신청인의 이 사건 건물에 대한 소유권 행사를 방해할 우려가 있는 이 사건 환기탑 설치 공사를 위에서 인정한 범위를 초과하여 시행하지 못하도록 청구할 수 있는 피보전권리가 있다고 할 것입니다. 보전의 필요성에 관하여 보더라도, 피신청인이 위에서 본 규모대로 이 사건 환기탑을 설치하는 경우 신청인에게는 앞서 기술한 바와 같은 회복할 수 없는 손해가 발생할 염려가 명백 하므로 시급히 공사 중지를 할 필요성이 있다고 할 것이므로 이건 신청에 이르게 되었습니다.
8. 이 사건 담보제공은 보증보험회사와 체결한 지급보증위탁계약체결문서의 제출에 의할 수 있도록 허가하여 주시기 바랍니다.

첨 부 서 류

1. 부동산등기사항전부증명서	1통
1. 진정서	1통
1. 토지대장등본	1통
1. 건물 및 도로 사진	7매
1. 공사 현장 사진	10매
1. 공사 노선 내 다른 환기탑의 시설현황	1부

20○○. ○. ○.

위 신청인 ○ ○ ○ (인)

○○ 지방법원 귀중

[서식 64] 공사중지가처분신청서 – 지하토지굴착으로 인한 주택 균열

공사중지 가처분 신청서

원　　고　　○○○
　　　　　　○○시 ○○구 ○○대로 ○○

피　　고　1. □□□
　　　　　　○○시 ○○구 ○○길
　　　　　2. □□건설 주식회사
　　　　　　○○시 ○○구 ○○길 ○○
　　　　　　대표이사 ○○○

목적물 가액　금○○○○○○○원

목적물의 표시
별지기재와 같음

피보전권리의 요지

신청인의 소유권에 기한 방해배제청구권 및 손해배상청구권

신 청 취 지

1. 피신청인들은 별지목록기재 부동산에 대한 지하굴착공사를 하여서는 아니된다.
2. 집행관은 위 취지를 적당한 방법으로 공시하여야 한다.
3. 담보제공은 채권자와 ○○보증보험주식회사간에 체결한 지급보증위탁계약 문서의 제출에 의한다.
4. 신청비용은 피신청인들의 부담으로 한다.

라는 재판을 구합니다.

신 청 이 유

1. 신청인은 ○○시 ○○구 ○○동 ○○○ 대지상 연와조 스라브위 기와지붕 지상 1,2층 각 110.76평방미터, 지하실 25.08평방미터(이하 이 사건 건물이라고 한다)의 소유자이며, 피신청인 1.은 이 사건 건물과 인접한 같은동 □□□ 대 275.6평방미터의 소유자입니다.

2. 피신청인 1.은 20○○. ○. 초순경 ○○구청장으로부터 피신청인 1.명의로 건축허가를

받아 위 지상에 지하1층, 지상4층 건평 821.14평방미터의 주거용 근린생활시설을 세우기 위하여 피신청인 2.와 건축도급계약을 체결하였고, 피신청인 2.는 장비를 동원하여 이 사건 건물의 지층으로부터 근접한 거리에서 굴토작업을 하고 있습니다.

3. 위 굴토공사후인 20○○. ○. 16:00경부터 굴토면에 접한 이 사건 건물의 담장이 약 13 내지 15미터 가량 붕괴되고, 위 담장과 이 사건 건물사이의 폭 약 1미터의 시멘트바닥이 약 10센티미터 침하되면서 이 사건 건물의 내, 외벽 및 바닥에 수많은 균열이 발생하게 된 사실이 있습니다.

4. 위 지하굴착작업을 시행하게 되면 지하수 및 토사가 유출되거나 진동이 발생되고 이에 따른 인접지반의 교란에 의한 부동침하나 진동의 전달로 인하여 인접지 건물에 균열을 발생시키거나 심한 경우에는 붕괴에 이르게할 위험성이 불구하고 피신청인들은 이를 방지하기 위한 제반안전조치를 취하지 아니한채 굴토면에 콘크리트기둥을 설치하는 씨.아이.피공법을 사용하여 지하 약 4미터 깊이로 굴토공사를 강행하고 있습니다.

5. 이 사건 건물과 인접대지에서 공사를 시행하는 피신청인들로서는 위와같은 지하굴토작업을 할 경우 위와 같은 위험 이 당연히 예상되므로 사전에 지하수 및 토사유출방지를 위하여 흙막이 시공을 철저히 하고 지반이 동요되지 않도록 받침대를 세우거나 진동전달 방지를 위한 안전조치를 취하여야 할 주의이무가 있음에도 이를 게을리하고 공사를 진행하고 있어, 이는 신청인의 수인의 한도를 넘는 것이라고 할 것입니다.

6. 따라서, 신청인은 피신청인들을 상대로 소유권방해배제청구의 소와 발생된 손해에 대해 손해 배상 청구의 소제기를 준비 중입니다. 그러나, 재판 받기까지는 상당한 시일이 소요되고 피신청인이 공사를 강행하고 있으므로 피신청인의 위 공사를 방치 한다면 신청인은 건축물 붕괴 등으로 신체 및 생명 그리고 금전상 막대한 손해를 입을 것이 명백하므로 시급히 공사 중지를 할 필요성이 있어 본안 소송에 앞서 이 사건 신청에 이르게 되었습니다.

7. 이 사건 담보제공은 보증보험회사와 체결한 지급보증위탁계약체결문서의 제출에 의할 수 있도록 허가하여 주시기 바랍니다.

첨 부 서 류

1. 부동산등기사항전부증명서	1통
1. 진정서	1통
1. 토지대장등본	1통
1. 사진	1통
1. 현장약도	1통
1. 주민등록표등본	1통
1. 법인등기사항전부증명서	1통

20○○. ○. ○.

위 신청인 ○ ○ ○ (인)

○○ 지방법원 귀중

[별 지] 목적물의 표시

목적물의 표시

○○시 ○○구 ○○동 □□□
대 275.6평방미터

[서식 65] 공사중지가처분신청서 – 일조권 침해방지

공사중지 가처분 신청

신 청 인　　○○○외 25(별지 기재와 같음)
각 주소 별지 기재와 같음
○○시 ○○구 ○○로 ○○-○○

피신청인　　○○○
○○시 ○○구 ○○대로 ○○

공사중지가처분신청

신 청 취 지

1. 피신청인은 ○○시 ○○구 (이하 동명 및 지번 1 생략) 외 54필지 토지상에 신축 중인 ○○○ 103동 아파트에 대하여 15층을 초과하여 건축하는 공사를 하여서는 아니된다.
2. 소송비용은 피고의 부담으로 한다.

라는 재판을 구합니다.

신 청 이 유

1. 기초사실

가. 신청인들의 지위와 소유하는 아파트의 현황

(1) 신청인들은 ○○시 ○○구 (이하 지번 2 생략) △△△ 212동(이하 '피해아파트'라 하고 그 대지를 '피해아파트 부지'라 한다) 각 해당 호의 구분소유자들입니다.

(2) △△△은 13개동으로 구성되어 있고 각 동은 최저 17층, 최고 28층인데, 그 중 피해아파트는 동향에 28층으로 기계탑을 제외한 높이는 76.3m이다.

(3) 피해아파트 부지는 국토의 계획 및 이용에 관한 법률 및 그 시행령상 제3종 일반주거지역으로 지정되어 있습니다.

나. 피신청인의 지위와 공사중인 아파트의 현황

(1) 피신청인은 피해아파트 남쪽에 인접한 ○○시 ○○구 (이하 동명 및 지번 1 생략) 외 54필지 토지(이하 '이 사건 토지'라 한다) 위에 3개동 30층 내지 38층 374세대의 ○○○아파트(이하 '이 사건 아파트'라 한다)를 건설하는 내용의 주택건설사업계획 승인을 받아 건축을 하고 있는 시행사입니다.

(2) 이 사건 아파트 103동은 역 Y자형으로 Y자의 기둥 부분(피해아파트에 가까운 라인)은 30층, 나머지 부분은 각 35층(기계탑을 제외한 높이 104.8m)으로 건축될 예정이

고, 가장 가까운 곳이 피해아파트로부터 수평거리로 약 27m 떨어져 있으며, 이 사건 토지는 국토의 계획 및 이용에 관한 법률 및 그 시행령상 준주거지역으로 지정되어 있습니다.

(3) 피신청인은 이 사건 심리종결일 무렵 3개동 모두 5층 골조공사를 진행중이고, 이 사건 아파트 103동은 100% 분양이 완료되었습니다.

다. 이 사건 아파트 건축 전 피해아파트의 일조상황

피해아파트는 동향이어서 이 사건 아파트 건축 전에도 오전 11:30분 이후에는 일조 확보가 어려워, 별지 2 목록 기재와 같이 동짓날 09시부터 15시까지 연속일조시간(이하 '연속일조시간'이라 합니다)은 2시간 32분 내지 2시간 46분 정도 확보하였으나, 08시부터 16시까지 총일조시간(이하 '총일조시간'이라 합니다)은 3시간 32분 내지 3시간 46분 정도밖에 확보하지 못하였습니다.

라. 이 사건 아파트 완공 후 피해아파트의 일조상황

(1) 이 사건 아파트가 계획대로 건축되면 별지 2 목록 기재와 같이 피해아파트의 1호 라인은 연속일조시간 1시간 1분, 총일조시간 2시간 1분(2701호는 연속일조시간 1시간 31분, 총일조시간 2시간 58분), 2호 라인은 연속일조시간 39분, 총일조시간 1시간 39분, 3호 라인은 연속일조시간 1분, 총일조시간 1시간 1분의 일조가 확보되고, 4호 라인의 경우에는 연속일조시간은 없고, 총일조시간은 5분밖에 확보할 수 없습니다.

(2) 이 사건 아파트가 계획대로 건축될 경우 생기는 총 일조방해시간 중 피해아파트 자체 구조에 의하여 발생하는 종전 일조방해시간이 차지하는 비율은(이 사건 아파트가 35층으로 완공되었을 경우의 수치는 나타나 있지 않으므로 34층을 기준으로 본다), 별지 3 목록 기재와 같이 1호 라인의 경우 74.7%(2701호는 87.1%), 2호 라인의 경우 70.1%(2702호는 69%), 3호 라인의 경우 63.2%(2703호는 62.5%, 2803호는 61.3%), 4호 라인의 경우 53.5%입니다.

마. 이 사건 아파트의 주택건설사업계획 승인의 경과

(1) 피신청인은 2006. 9. 28. 연제구청에 34-41층의 ㄴ형 1개동(101동) 및 37-41층의 ㅁ형과 Y형이 결합된 형태 1개동(102동)을 △△△ 207동 남측 전면 약 50~70m 지점에 건축하는 내용으로 주택건설사업계획 승인신청을 하였는데, 위 207동 주민들이 이 사건 아파트가 건립되면 자신들의 일조권, 조망권이 침해된다는 이유로 여러 차례에 걸쳐 연제구청 앞에서 집회를 하고 구청장 면담을 요구하는 등 민원을 제기하였습니다.

(2) 이에 피신청인은 위 신청을 취하하고 20○○. 5. 15. △△△ 207동의 일조 및 조망에 영향을 미치지 않는 101동을 30-44층으로 약간 높이고, 102동을 Y형(42층)으로 변경하되, 약간 굽은 일자형의 30층 1개동(103동)을 208동과 84m 떨어진 지점에 신설하는 내용으로 다시 주택건설사업계획 승인신청을 하였고, 이에 대하여 ○○구청장은 20○○. 10. 5. 101동은 Y형 32-34층으로, 102동은 38층으로 하향조정하고, 103동은 역 Y자형으로 한 라인을 추가하고 층수는 34-35층으로 상향조정하여

주택건설사업계획 승인을 하였습니다.

(3) 이후에도 △△△ 주민들의 민원이 계속되자 연제구청장은 20○○. 11. 19. 102동을 36층으로 낮추고, 103동의 피해아파트와 가까운 1호 라인을 34층에서 30층으로 낮추는 내용으로 사업계획변경 승인을 하였습니다.

바. 피해아파트측과의 교섭경과

(1) 피신청인은 20○○. 11. 27. △△△ 입주자대표회의와 이 사건 아파트의 건설로 발생하는 제반 피해에 관한 협의를 하였고, 피해아파트 및 208동, 211동은 이 사건 아파트 건설공사로 인하여 발생하는 소음 및 분진, 진동 피해에 대하여 연합피해대책위원회를 구성하여 20○○. 2. 27.과 20○○. 4. 2. 피신청인과 소음 및 분진, 진동 피해 방지 및 보상에 관하여 협의하였으나 일조침해로 인한 피해보상에 대해서는 구체적인 협의를 한 사실이 없습니다.

(2) 한편, 피신청인은 ○○대학교 환경문제연구소에 이 사건 아파트가 예정대로 완공될 경우 피해아파트 및 207동, 208동의 일조환경에 미치게 될 영향에 대하여 감정을 의뢰하여 20○○년 9월경 피해아파트 전세대가 연속일조시간 2시간과 총일조시간 4시간의 기준 모두를 충족하지 못한다는 감정 결과를 받았으나 피해아파트 주민들의 공개요구에도 불구하고 이를 공개하지 않았습니다.

2. 신청인들의 주장 근거

신청인들은, 이 사건 아파트 건설 전에는 신청인들의 피해아파트 전 세대가 양호한 상태의 일조량을 확보하고 있었는데 이 사건 아파트가 계획대로 건축되면 수인한도를 넘는 일조침해를 받게 되고, 이 사건 아파트 103동 A-Type(1호 라인)의 개구부에서 피해아파트 4호 라인에 위치한 신청인들의 아파트 내부가 들여다보이게 되어 위 신청인들의 사생활의 비밀이 침해될 것이 예상된다는 이유로, 신청취지와 같은 가처분을 구하는 것입니다.

가. 일조권 침해

(1) 수인한도의 판단기준

일조방해의 정도가 사회통념상 일반적으로 인용되는 수인한도를 넘어서는 경우에는 위법한 것으로 평가되어 그 방해사유의 제거 내지 예방으로 공사의 금지를 구할 수 있고, 그 침해가 사회통념상 일반적으로 수인할 정도를 넘어서는지의 여부는 피해의 정도, 피해이익의 성질 및 그에 대한 사회적 평가, 가해행위의 태양, 가해행위의 공공성, 가해방지 및 피해 회피의 가능성, 공법적 규제의 위반 여부, 지역성, 토지 이용의 선후관계, 교섭경과 등 모든 사정을 종합적으로 고려하여 판단하여야 할 것이다. 다만, 그러한 일조의 침해에 대하여 불법행위를 원인으로 손해배상을 구하는 것이 아니라 공사 자체의 금지를 구하는 경우에는 상대방의 헌법상 보장된 재산권 행사 자체를 전면적으로 제한하게 되는 점에 비추어 위와 같이 수인한도를 넘는지 여부에 대하여 더욱 엄격히 심사할 필요가 있습니다. 또한, 가해건물의 신축으로 인하여 일조피해를 받게 되는 건물이 이미 다른 기존 건물에 의하여 일조방해를 받고 있는 경우 또는 피해건물이 남향이 아니거나 처마가 돌출되어 있는 등 그 구조 자체가 충분한 일조를 확보하기 어렵게 되어 있는 경우에는, 가해건물 신축 결과 피해건물이 동짓날 08시부터 16시 사이에 합계 4시간 이상 그리고 동짓날 09시부터 15시 사이에 연속하여 2시간 이상의 일조를 확보하지 못하게 되더라도 언제나 수인한도를 초과하는 일조피해가 있다고 단정할 수는 없고, 가해건물이 신축되기 전부터 있었던 일조방해의 정도, 신축 건물에 의하여 발생하는 일조방해의 정도, 가해건물 신축 후 위 두 개의 원인이 결합하여 피해건물에 끼치는 전체 일조방해의 정도, 종전의 원인에 의한 일조방해와 신축 건물에 의한 일조방해가 겹치는 정도, 신축 건물에 의하여 발생하는 일조방해시간이 전체 일조방해시간 중 차지하는 비율, 종전의 원인만으로 발생하는 일조방해시간과 신축 건물만에 의하여 발생하는 일조방해시간 중 어느 것이 더 긴 것인지 등을 종합적으로 고려하여 신축 건물에 의한 일조방해가 수인한도를 넘었는지 여부를 판단하여야 합니다(대판 2007.6.28. 2004다54282).

(2) 피해아파트의 일조권 침해에 대한 수인한도

(가) 다음과 같은 사정, 즉 ① 피해아파트는 세대 전면의 방위가 동향이어서 이 사건 아파트 건축 전에도 오전 중에만 일조가 가능하였고, 총일조시간이 4시간에 미치지 못하였던 점, ② 이 사건 아파트가 예정대로 건축될 경우 생기는 총 일조방해시간 중 피해아파트의 방향 및 구조에 따라 발생하는 종전 일조방해시간이 차지하는 비율이 1, 2호 라인의 경우는 70%, 3호 라인의 경우는 63%를 넘고 (2702호는 69%, 2703호는 62.5%, 2803호는 61.3%로 위 수치에 근접한다), 이 사건 건물 신축으로 인하여 추가되는 일조방해시간이 종전 일조방해시간의 1/3(1호 라인) 내지 1/2(2호 라인) 정도에 그치며, 3호 라인의 경우는 1/2이 넘지만 종전 일조방해시간보다 2시간 가까이 짧은 점, ③ 피해아파트 부지는 그 용도지역이 제3종 일반주거지역인데 반해 이 사건 토지는 준주거지역이어서 이 사건 토지에서 허용되는 건폐율 및 용적률이 훨씬 높은 점, ④ 이 사건 아파트의 구조가 건축물의 높이 제한, 건폐율, 용적률 등에 관한 건축 관련 법규에 전혀 위반되지 않는 점, ⑤ 이 사건 토지가 나대지로 유지되어야 할 특별한 사정이 없어 신청인들로서는 이 사건 토지 위에 적어도 신청인들의 건물과 같은 규모와 용도의 건물이 차후에 건축될 것을 예상하였을 것인 점, ⑥ 피해아파트도 28층으로 상당히 고층건물에 속하는 점, ⑦ 이 사건 아파트 103동은 이미 분양이 100% 완료된 점, ⑧ 피신청인은 이 사건 아파트의 주택건설사업계획 승인을 받는 과정에서 △△△ 주민들의 민원을 고려하여 여러 차례에 걸쳐 층수를 조정하고 각 동의 구조를 변경하는 등 설계변경을 거친 점, ⑨ 일조침해를 원인으로 공사의 금지를 구하는 경우에는 불법행위를 원인으로 손해배상 청구를 하는 경우보다 수인한도를 엄격하게 판단하여야 하는 점 등을 종합하여 보면, 피해아파트의 경우 연속일조시간이 30분 미만이고 총일조시간이 1시간 미만인 경우에는 수인한도를 넘는 것으로 보아 건축공사의 금지를 청구할 수 있다고 봄이 상당

합니다.

(나) 본건 아파트 1, 2, 3호 라인의 경우 연속일조시간 30분, 총일조시간 1시간 중 적어도 하나의 기준은 충족하므로 이 사건 아파트의 건축으로 인하여 일조침해가 발생한다고 하더라도 그 정도가 단순히 금전배상에 의하여 전보될 수준을 넘어 이 사건 아파트의 신축공사 자체를 중지시켜야 할 만큼 현저한 정도에까지 이르렀다고는 보이지 않는 반면, 피해아파트 4호 라인의 경우 이 사건 아파트 건축 후에는 연속일조시간이 전혀 없고, 총일조시간은 5분에 지나지 않으며, 총일조시간이 종전보다 97.8% 감소하여 그 침해의 정도가 사회통념상 일반적인 수인한도를 넘는다고 할 것이다. 따라서 피해아파트 4호 라인의 소유자들인 신청인들은 소유권에 기하여 일조침해를 야기하는 이 사건 아파트 103동 신축공사의 중지를 청구할 수 있다고 할 것입니다.

(3) 공사중지를 명할 범위

나아가, 공사중지를 명할 이 사건 아파트 103동의 층수에 관하여 보건대, 이 사건 아파트 103동의 층수를 15층으로 제한할 경우 피해아파트 4호 라인의 12층 이상은 일조방해가 어느 정도 완화되지만 1층부터 11층까지는 일조상황에 아무런 변화가 없어 여전히 수인한도를 넘는 일조침해를 받게 되고, 층수를 그 보다 높일 경우 피해아파트 4호 라인의 수인한도를 넘는 피해 세대가 늘어나므로, 이 사건 아파트 103동의 층수를 신청취지와 같이 15층으로 제한함이 상당합니다.

나. 사생활의 비밀 침해

이 사건 아파트가 예정대로 건축될 경우 이 사건 아파트 103동의 A-Type(1호 라인)에서 피해아파트 4호 라인의 내부가 들여다보여 사생활의 비밀이 침해되는 정도가 사회통념상 일반적인 수인한도를 넘는다고 보이므로 피해아파트 4호 라인 소유자들은 이 사건 아파트의 A-Type 건물 외벽에 개구부 설치 금지를 구하는 신청 부분은 피보전권리에 대한 소명이 되었다고 보아야 할 것입니다.

3. 결 론

그렇다면 별지 신청인들의 각 신청은 피보전권리 및 보전의 필요성이 소명되어 이유 있으므로 이를 인용하여 주시기 바랍니다.

소 명 방 법

1. 소갑제1호증	□□□□
1. 소갑제2호증	부동산등기부등본
1. 소갑제3호증	○○○○○
1. 소갑제4호증	현황사진
1. 소갑제5호증	○○○○
1. 소갑제6호증	○○○○

그밖의 것은 변론시 수시 제출하겠습니다.

첨 부 서 류

1. 위 소명방법 1통
1. 송달료납부서 1통

20○○. ○. ○.

위 신청인들
별지 기재와 같음
소송대리인 변호사 ○○○ (인)

○○ 지방법원 귀중

[서식 66] 공사중지가처분신청서 – 학교경관, 교육환경 침해금지

공사중지 가처분 신청

신 청 인 대한민국
위 법률상대표자 법무부장관 ○○○
(소관 : ○○지방검찰청장)

피신청인 ○○ 주식회사(123456-2345678)
○○시 ○○구 ○○대로 ○○
대표이사 ○○○

목적물의 표시 : 별지목록 기재와 같음
목 적 물 가 액 : 금 10,000,000,000원
피보전권리의요지 : 학교공관 침해 등으로 인한 공사중지청구권

신 청 취 지

피신청인은 별지목록 기재의 토지상에 건축 중인 별지도면 표시 건물 중 18층을 초과하는 건물부분에 대한 일체의 공사를 하여서는 아니된다.
라는 재판을 구합니다.

신 청 이 유

1. 기초사실

가. 신청인 산하의 ○○대학교는 1946. 5. 15. 국립대학교설치령에 따라 설립된 국립대학교인데, 그 학교 부지와 인접한 별지목록 기재의 4필지 토지(이하 이 사건 토지라 한다) 소유자인 피신청인은 20○○. 12. 2. ○○구청장으로부터 위 지상에 24층의 아파트 1개동 277세대, 건축면적 31,945.86m2의 건축에 관한 사업시행승인을 받고, 그 무렵 건축공사에 착수하여 현재 기초공사가 완료되고 17층 부분의 골조공사가 진행 중인바, 이보다 앞서 ○○대학교는 이 사건 토지로부터 불과 20 내지 40m 떨어진 거리에 5층 높이의 첨단과학관의 건축을 시작하여 이미 완공되었는데, 만일 피신청인이 건설중인 위 24층 높이의 아파트가 완공되는 경우에는 그 건물의 높이가 ○○대학교 교내 전체를 위에서 내려다 볼 수 있어 ○○대학교의 경관 및 교육환경, 교육활동을 현저하게 해할 우려가 있는 등 교육환경권을 침해하고, 또한 위 과학관 옥상 위에 설치될 자동기상관측장비를 비롯한 최신과학장비가 제대로 작동되지 아니함으

로써 이와 관련된 교수들의 연구활동이나 학생들의 수업에 막대한 지장이 예상될 뿐만 아니라 아파트의 상주인구의 증가로 인한 통행차량, 생활소음 등으로 연구활동에도 심각한 지장을 초래할 것이고, 이러한 침해는 금전적 보상만으로 회복하기 어려운 손해가 될 것이므로 위 아파트를 적어도 16층 이상의 높이로 건축하여서는 안될 것입니다.

나. 즉, ○○대학교 첨단과학관은 20○○. 12. 19. 완공된 지하 1층, 지상 5층 연면적 8, 155.86m2의 자연대 연구실험동(첨단과학관)은 대기학과, 통계학과, 전자계산학과 등 3개 학과가 수용되어 20○○. 3월경부터 강의와 연구활동이 시작되어 현재 지하층은 전시실, 보일러실, 목공실, 1층은 w/s 기계실, 터미널실, p.c. 실습실, 통계자료실습실, 2층은 교수실, 세미나실, 학과사무실, 3층은 학과사무실, 터미널실, 개인용컴퓨터실, 4층은 교수연구실, 세미나실, 원격탐사실험실, 실습실, 5층은 교수연구실 및 준비실, 실험실, 세미나실로 사용되고 있으면서 이미 컴퓨터를 비롯한 각종 과학장비가 설치, 완료되었으며, 그 건물옥상의 남쪽부분에는 20○○. 11월경 자동기상관측장비(A.W.S. : AUTOMATIC WEATHER SYST EM)를 설치, 20○○. 1월경부터 운용하면서 현재 각종 기상현상을 관측하고 있고, 북쪽부분에는 20○○년 상반기 중으로 ○○지방기상청이 장비현대화 계획에 따라 자동관측장비 1대를 더 설치하여 교육실습 및 실무용으로 이용할 예정입니다. 그리고 위 첨단과학관 바로 옆에는 20○○. 2월경 공사에 착공한 지하 1층, 지상 4층 규모의 공동연구기기동의 건축공사가 진행중이고 20○○. 12월경 완공될 예정입니다. 이에 대하여 위 아파트는 별지 도면표시와 같이 그 구조가 탑상형으로서 가장자리 부분은 9층 내지 16층이고 중앙 부분은 18층 내지 24층으로 설계되어 있고, 이 사건 변론종결 당시에는 그 기초공사는 완료되고 위 24층의 아파트 중 19층까지의 골조공사를 마치고 20층의 골조공사를 진행중에 있으며, 골조공사를 제외한 내장공사 등 일체의 나머지 공사는 아직 시행되지 않고 있는 상태입니다.

2. 피보전권리

가. 피보전권리의 성격

(1) 헌법 제35조 제1항은 "모든 국민은 건강하고 쾌적한 환경에서 생활할 권리를 가지며, 국가와 국민은 환경보전을 위하여 노력하여야 한다"라고 규정하고 있는바, 위 헌법상 규정된 '환경권'은 사람이 인간다운 생활을 영위함으로써 인간으로서의 존엄을 유지하기 위하여 필요적으로 요구되는 것이기 때문에 인간의 생래적인 기본권의 하나로서 인간다운 생활을 위한 필수적인 절대권이며, 모든 사람에게 다같이 보장되는 보편적인 권리로서의 성질을 가진다 할 것이고, 이러한 환경권의 내용인 환경에는 자연적 환경은 물론이고, 역사적, 문화적 유산인 문화적 환경도 환경권의 대상인 환경의 범주에 포함시켜야 하며, 그 뿐만 아니라 사람이 사회적 활동을 하는 데 필요한 사회적 시설도 인간의 생활에 필요 불가결한 사회적 환경으로서 이에 포함됨은 당연하며, 신청인이 내세우는 주장의 요지 또한 교육환경의 일종으로서

역시 위 사회적, 문화적 환경의 범주에 속한다고 할 것이다. 그런데 이러한 '환경권'의 법적 성질에 관하여는 사법상의 구체적인 권리로까지 인정하여 환경권 자체의 침해 또는 침해의 우려에 대하여 그 배제청구권을 인정할 수 있을 것인지의 여부를 놓고 권리의 대상이 된 환경의 범위와 이에 대한 지배의 내용, 권리의 주체, 객체 및 그 내용, 나아가 법적 안정성의 문제를 둘러 싸고 다툼이 있는 것은 주지의 사실이다. 그러나, 신청인이 내세우고 있는 교육환경은 넓은 의미의 주거환경의 범주에 속하는 것으로서 이러한 주거환경에는 일조(일조), 통풍(통풍), 정온(정온), 청정(청정)한 대기(대기), 조망(조망), 압박감(압박감) 없는 상태 등 자연적 환경이익이 포함되고, 이러한 주거환경은 사회의 진보에 응하여 필연적으로 변화하는 것이기 때문에 정지된 일시점에 있어서의 환경, 그 상태를 영속시키는 것을 목적으로 하는 취지의 권리를 인정하는 것은 곤란하지만, 그것은 주로 인위적 변화이기 때문에, 때에 따라서는 부당한 환경변화나 유해무익(유해무익)한 환경파괴를 초래하는 경우가 있을 수 있고, 이 경우 현재 환경이익을 누리고 있는 구성원들은 그 환경이익이 아무런 합리적 이유도 없이 박탈되거나 부당한 환경악화를 강요당하는 것은 도저히 묵과할 수 없는 중대한 사태이고 특히 그 손해는 물질적으로나 정신적으로 현저함은 명백하다. 따라서 그 구성원이 현재 누리고 있는 환경이익은 그 환경으로부터 받고 있는 현재의 이익에 대한 정당한 보지(보지)를 목적으로 하는 법익으로서 정당하게 보호받아야 할 필요가 있고, 이러한 환경이익에 대한 부당한 침해 즉 부당하게 환경을 악화시켜 손해를 주는 것은 당연히 법률상 불법행위를 구성하여 그 손해배상책임을 부담한다고 할 것이나, 환경이익은 그 법익의 성질상 원래 금전에 의한 평가가 극히 곤란하고 금전배상만으로는 거의 그 목적을 달성할 수 없는 것이므로 환경이익 보호의 방법으로서는 손해배상만으로는 충분하지 않고 그 부당한 침해행위 즉 환경의 부당악화 그 자체를 유효 적절하게 금지시키는 방법이 강구되어야 한다. 그래서 현재 환경이익을 누리는 구성원은 그 환경이 명백히 부당하게 파괴될 우려, 다시 말하면 환경이익이 명백히 부당하게 침해될 위험이 발생한 경우에는 그와 같은 부당한 침해를 사전에 거절하거나 미리 방지할 수 있는 권리, 이른바 '환경이익의 부당침해 방지권'을 가진다고 봄이 상당하고, 따라서 현실적으로 부당한 침해의 위험이 있거나 이미 부당한 침해가 발생하고 있는 경우에는 특단의 사정, 예를 들면 금전적 보상에 의한 해결을 수인(수인)할 수 있는 사유 등이 없는 한 위 방지권에 기하여 위험방지를 위한 충분하고 필요한 한도 내에서 구체적인 금지청구권을 취득하고 이를 행사함으로써 환경이익을 보전할 수 있는 것으로 해석함이 상당하다 할 것이다.

(2) 한편 민법 제217조는 "토지소유자는 매연, 소음, 진동 등 기타 이에 유사한 것으로서 이웃토지의 사용을 방해하거나 이웃 거주자의 생활에 고통을 주지 않도록 적당한 조치를 할 의무가 있다"고 규정하고 있는바, 이는 토지 그 자체의 지배 내지 이용과는 별도로 그 토지 위에 영위하는 인간의 건강하고 쾌적한 생활이익이 소음, 진동, 매연 등으로 인하여 적극적으로 침해되었을 때에는 생활이익의 침해를 토지

소유권의 침해와 동일시하여 토지 소유권에 터잡아 이러한 생활이익의 침해행위에 대한 방해배제청구권을 인정한 것이다. 그리고 앞서 본 일조, 통풍, 정온, 조망 등 교육환경을 포함한 주거환경도 넓은 의미의 '토지' 위의 '자원'으로 보고 이러한 주거환경은 자연으로부터 부여받은 만인 공유의 공동자원이기 때문에 어느 한 사람의 토지소유자만의 독점물로 하는 것은 부당하고 상린지 토지소유자 상호간에 민법의 위 규정에서 정한 상호배려의무를 부과시키고, 동시에 이러한 환경이익이 이웃토지의 통상의 용도에 적당하지 않음으로 인하여 사회 통념상 수인할 수 있는 정도를 초과하여 침해당하거나 방해당할 염려가 있을 때에는 당해 토지의 소유자는 그 토지의 소유권에 기하여 위 침해나 방해행위에 대하여 방해배제청구권을 가진다고 할 것이다.

(3) 또한 민법 제217조 소정의 생활방해나 앞서 본 주거환경의 침해는 토지 소유권의 침해의 범주에 넣어 볼 수 있는 것이지만, 그 주된 피해법익은 인간의 건강하고 쾌적한 생활이익으로서 이러한 주거환경의 이익은 그 법익의 법적 성격으로 보아 종래의 생명, 신체, 자유, 명예, 정조, 초상권, 신용권 등과 마찬가지로 인격권의 일종에 속한다고 보아야 하고 이러한 인격권은 그 지배권 내지 절대권적 성격으로부터 물권적 청구권에 준하는 방해배제청구권이 인정되고 있다.
따라서 위 생활방해나 주거환경의 침해는 실질적으로는 신체적 자유 내지 정신적 자유의 침해에 속하는 것이고 이 경우 일정한 한도를 초과하는 침해에 대하여는 방해배제청구권이 인정되는 토지 소유권 기타 물권을 가지고 있지 않는 자라고 하더라도 막바로 인격권의 침해를 이유로 인격권에 터잡아 방해배제 또는 방해예방청구권을 행사할 수 있다고 봄이 상당하다고 할 것입니다.

나. 환경이익의 부당침해방지권의 행사

이러한 환경이익의 부당침해 또는 생활방해 등에 대하여 앞서 본 환경이익 그 자체의 침해로서의 부당침해방지청구권, 또는 토지 등의 소유권 침해로서의 물권적 청구권, 쾌적한 생활이익의 침해로서의 인격권에 기한 방해배제청구권 등 어느 권리에 근거하더라도 그 권리의 행사는 일정한 요건하에서만 그 행사가 가능하다고 할 것이므로, 그것이 타인의 사유재산권의 행사와 저촉되는 경우에는 "모든 국민의 재산권은 보장된다"는 헌법 제23조 제1항의 사유재산권의 보호와 환경이익의 보호 및 상린관계 등 양자를 서로 조화시켜서 상호간의 충돌을 합리적으로 조정할 수밖에 없다 할 것이다. 즉 신청인이 내세우는 건전한 교육환경의 이익이 상린관계에 있는 다른 주민의 사유재산권 행사로 인하여 침해를 받게 되더라도 그 침해가 이웃토지의 통상의 용도에 적당한 것으로서 사회 통념상 수인할 수 있는 정도의 경우에는 그 사유재산권의 행사를 막을 수 없는 것이다. 그리고 이러한 수인한도를 판정하는 요소는 양 당사자를 둘러 싸고 있는 주변 장소의 지역성, 피해자가 입은, 혹은 입게 될 피해법익의 성질 및 정도, 이에 대한 사회적 평가, 가해자의 의도와 사유재산권 행사의 공공성 여부, 양 당사자 중 누가 먼저 토지이용을 시작했는지의 선후관계, 가해자의 방지조치 또는 손해회피가능성, 금지에 의한 예측불가능한 손해의 유무 등 그 개별, 구체적인 모든 사정을 광범위하게 종합한 이익형량에 따라 판단하여야 함은 당연하다. 특히 이 사건에서의 이익형량에 있어서는 ○○대학교가 대한민국 교육의 근본이념에 입각하여 국가와 인류의 문화발전에 필요한 심오한 이론과 광범위하고 정치한 응용방법을 교수, 연구함으로써 사회의 급격한 변화에 적응할 수 있는 지도자적 인격의 도야를 교육이념으로 하여 설립된 국립대학교이므로, 헌법 제31조 제4항의 "교육의 자주성, 전문성, 정치적 중립성 및 대학의 자율성은 법률이 정하는 바에 의하여 보장된다"는 대학의 자율성 보장의 정신과, 헌법 제22조 제1항의 "모든 국민은 학문과 예술의 자유를 가진다"는 학문의 자유보장의 정신도 함께 고려되어야 할 것이다.

3. 피신청인의 아파트 완성으로 인하여 예상되는 교육환경 침해의 태양과 정도

가. 첨단과학관에서의 교육 및 연구활동의 침해

(1) 첨단과학관에 있는 대기학과는 기상현상을 연구하는 학문으로서 이러한 연구를 수행하기 위하여 바람(풍향, 풍속), 기온, 습도, 우량, 태양복사량(수평면, 산란, 자외선), 상층기상관측(기온, 습도, 바람, 수직관측), 대기질 관측(대기 중 분진, 대기 중 오염물질) 등의 관측자료가 필수적인 요소이고 이러한 자료를 관측할 목적으로 첨단과학관 옥상에 현재 자동기상관측장비 1대가 설치되어 있으며, ○○지방기상청에서도 자동기상관측장비 현내화 사업계획에 의하여 ○지역에 설치되는 6개소의 방재기상용 도시기상관측망 중 1개소로서, 도시기후와 기상연구 및 대기오염예보 등 대도시 관측용으로 생활기상지원을 강화함과 동시에 기상서비스의 가시적 효과 등 관측망 구성을 위하여 첨단과학관 옥상 북쪽부분에다가 자동기상관측장비 1대를 설치하여 교육실습 실무용으로 이용할 계획입니다.

(2) 또한 이러한 기상관측장비는 통신선로를 통하여 건물 내부에 있는 분석용 컴퓨터와 분석기기에 연결되어 여기에서 기상자료를 분석하고 그 결과를 각종 연구실로 전송하는 시스템을 갖추고 있습니다.

(3) 그런데 이러한 자동기상관측장비는 관측자료의 정확한 측정을 주기능으로 하는 것이기 때문에 인근 건물이나 건축물의 후류(wake)에 의한 영향을 받지 않는 넓게 개방된 장소에 위치하여야 하고, 현재의 관측위치가 ○○대학교 내에서는 계곡의 중간부분에 위치하고 있어 가장 적합한 장소인데, 위 첨단과학관 바로 정면에 24층 높이의 이 사건 아파트가 현재의 이격거리를 유지한 상태대로 완성될 경우 거대한 아파트의 건물이 공기의 흐름을 변형시켜 복사균형에 영향을 미치게 됨으로써 실제대기의 현상과는 크게 다른 관측치가 관측기기에 기록되고 이렇게 부정확한 관측자료로서는 교수의 연구활동이나 학생들의 학습활동에 커다란 지장을 초래함은 물론 위 관측기기의 본래의 기능 및 그 활용성이 극도로 저하될 것으로 예상된다. 그리고 위 아파트의 7, 8층 높이에서 위 과학관의 정면을 가리게 되고 현재의 20층의 골조공사가 진행되는 상태에서도 이미 설치된 위 기상관측기의 작동에 다소 영향을 미치고 있는 것으로 보입니다.

나. ○○대학교의 경관 등의 파괴
완성될 위 아파트는 ○○대학교의 정문 우측 바로 옆에 위치하고 있으므로 만약 24층의 높이로 건축될 경우, 위 아파트와 마주하면서 ○○대학교 부지 내에 설치된 위 첨단과학관을 포함한 중앙도서관, 교수연구관, 생물관, 사회관 등 여러 연구시설과 지원시설이 대학교의 전면 방향에서 바라보면 위 아파트 건물에 가리게 되어 대학교로서의 전체적인 경관을 크게 훼손당할 우려가 있고, 또한 교수, 학생 등을 포함한 대학의 구성원으로서도 위 아파트 건물로 인한 시계의 장애 등 그 주변의 조망권을 현저하게 침해받을 염려가 있을 뿐 아니라, 위 아파트는 ○○대학교 내부 전체를 위에서 내려다 보는 형태로 지어지고 있어 아파트에서 학교 내부를 훤히 들여다 보는 등으로 조용하고 쾌적한 환경을 필수불가결로 하는 대학의 교육환경을 현저하게 저해함은 물론 그 구성원들이 위와 같이 거대한 초고층 건물로부터 위에서 아래로 내려다 보여지는 불쾌감 또는 압박감을 받는 것도 교육환경의 저해요인으로 작용할 것입니다.

다. 소음, 교통량 증가로 인한 피해
현재 위 아파트 공사로 발생하는 각종 소음으로 인하여 위 첨단과학관에서 시행되는 교수, 학생들의 연구활동이나 강의가 제대로 이루어지지 않는 등 많은 지장을 받고 있고, 또한 위 아파트가 완공되어 277세대의 주민들이 입주하고, 아파트 앞의 어린이 놀이터까지 설치될 경우 소음원(소음원)인 차량의 정지, 발차, 확성기, 입주자들의 주거지 환경에 의한 소음이 관련 법규상의 허용기준치 이상으로 크게 증가할 뿐아니라 위 아파트와 첨단과학관 사이에 건설될 아파트 진입로에의 교통량 증가, 그로 인한 소음의 증가로 위 첨단과학관의 교육환경이나 교수와 학생들의 연구활동에 현저하게 지장을 줄 염려가 있습니다.

4. 신청인과 피신청인간의 이익형량의 고려

가. 위 24층 높이의 아파트의 건축공사가 현재 진행중이고, 장차 완공됨으로써 ○○대학교의 구성원들이 입은 또는 입게 될 위 2항의 라. 와 같은 내용의 교육환경의 침해는 그 피해의 성질과 정도에 비추어 금전적 평가가 곤란함은 물론 단순히 사후에 금전보상만으로는 회복되기 어려운 성질의 것임은 물론 그 침해가 일시적인 것이 아니라 장래에 계속하는 것이므로 중대하고, 명백하게 부당한 것임이 틀림없습니다.

나. 비록 피신청인의 위 아파트 건축의 동기나 경위가 이 사건 토지에 대한 ○대학교측과의 교환협의의 결여에 있고, 그 원인이 교환대상 토지가 이 사건 토지보다 훨씬 높은 가격으로 평가됨에 있었으나, ○○대학교로서도 교환가격을 임의로 정할 수 있는 것이 아니라 관련 법규에 의하여 국유지의 평가방법상 한국감정원 등에서 감정한 감정가격에 따라야만 하는 특별한 사정 때문이었던 만큼, 오히려 교환받을 토지의 감정가격이 이 사건 토지보다 높다는 이유만을 내세워 교환협의를 거부한 피신청인의 대표이사인 박정현의 책임도 적지 않은 것으로 보입니다.

다. 나아가 피신청인이 이 사건 토지를 매수하여 위 아파트의 건축공사를 시작할 당시의 상황은 이미 ○○대학교측에서 위 첨단과학관의 공사가 거의 완공단계에 있었고, 당초 건축승인을 받은 10층 짜리 아파트 2동의 규모와 높이 정도로만 건립하였다면 ○○대학교와 별다른 분쟁 없이 공사를 진행할 수 있었을 뿐만 아니라 그 소유권의 행사에 의한 상당한 이익을 보장받을 수 있는 상황이었는데도, 피신청인은 단순한 영업상 이익만을 최대한으로 고려하여 초고층 아파트인 24층 짜리 아파트 1동으로 설계를 변경하고, 이러한 설계 변경에 따라 건물의 규모는 건축연면적 비율로 보아 1.5배 가량(19, 430. 99m2에서 31, 945. 86m2로), 건물의 높이는 2.4배 가량(10층에서 24층으로), 세대수의 증가는 1.7배 가량(160세대에서 277세대로) 증가되었고, 특히 이 사건 토지가 교육시설보호지구에 속해 있었던 지역의 특수성 때문에 ○○대학교의 입장에서는 도저히 예상할 수 없었던 정도의 증가가 있었음에도 이러한 엄청난 증가로 인하여 그 바로 앞에 건축중인 위 첨단과학관에 미치는 영향을 비롯한 교육환경의 침해에 대한 어떠한 사전조사나 환경평가작업 또는 ○○대학교측과의 협의도 없이 그대로 공사를 감행한 것은 비록 설계변경에 대한 관할 기관의 승인이 있었다 하더라도 헌법 제23조 제2항의 "재산권의 행사는 공공복리에 적합하도록 하여야 한다"는 사유재산권 행사의 공공복리성이라는 헌법정신에 위반되는 것으로 권리남용의 정도로까지 보여짐은 물론 이 사건 분쟁이 발생하게 된 주요한 원인이 되었습니다.

라. 그리고 위 아파트가 22평형과 33평형의 국민주택 규모에 해당하여 무주택자의 주택공급이라는 공공성을 가지는 건축공사라고 하더라도 이 사건 토지는 ○○대학교와 인접한 곳에 위치하면서 교육시설보호지구로 지정되어 건축법시행령, ○○시 건축조례 및 ○○시 ○○구 건축조례에 의하여 학교의 기능수행에 장애가 된다고 인정되는 일정한 범위의 건축물의 건축이 금지(다만 건축조례 등의 불비로 건축물의 고도, 높이 제한의 규정은 없다)되는 그 지역의 특수성을 감안하여 보면 오랜 전통을 지닌 ○○대학교의 교육환경의 보호 역시 그에 못지 않는 정도로 공공성을 지니고 있다 할 것입니다.

마. 또한 위 아파트의 건축으로 가장 많은 침해를 받고 있는 위 완공된 첨단과학관은 그 건축공사비만으로도 많은 비용이 소요되었고, 현재는 대기학과, 통계학과, 전자계산학과 등 3개학과가 수용되어 있으면서 건물 옥상에 설치된 자동기상관측장비를 포함하여 건물 내부에 각종 관측용 컴퓨터와 과학기기가 설치 완료되었고, 여기에다가 위 과학관의 설립 목적, 본래의 기능과 성격, 나아가 ○○대학교의 학교부지 사정 및 연구기관이나 지원시설물들의 기존 배치상황 등에 의하면 위 과학관의 구조변경이나 다른 장소로의 이설은 사실상 불가능할 뿐 아니라 당초부터 위 기능에 맞게 계획 시공되어 있어 다른 용도의 건물로서의 사용도 실제 어려운 것으로 보입니다.

5. 건축공사금지 청구

가. 건축공사금지청구권의 취득

위와 같은 신청인과 피신청인 간의 제반 사정을 종합하여 보면, 피신청인의 위 건축공사는 이로써 이웃토지의 사용을 방해하거나 이웃 거주자의 생활에 고통을 주는 것으로서 위 완공될 24층 아파트로 인하여 예상되는 교육환경 등의 침해는 명백하고, 또한 그 건축은 토지의 통상 용도에 적당한 것도 아니라고 할 것이어서 사회 통념상 수인한도를 초과하는 것으로 보이므로, 신청인은 그 침해에 대한 위험방지를 위한 필요한 한도 내에서 피신청인에 대하여 그가 시행하는 위 건축공사의 금지청구권을 취득하였다고 할 것입니다.

나. 건축공사금지의 범위

나아가 위 필요한 한도 내에 해당하는 공사금지의 범위를 보면, 위 아파트 공사의 현재 공정상태에서도 이미 앞서 본 바와 같이 교육환경 등에 상당한 지장을 초래하거나 초래할 우려가 있는 것으로 보이나, 위 아파트는 별지도면에 나타난 바와 같이 탑상형으로 설계되어 있어 그 중앙부분에 건축될 예정인 19층부터 24층까지에 해당하는 건물로 말미암아 아파트의 전체 고도가 엄청나게 높아지는 결과를 초래하고, 그 공사의 진행정도가 아직은 골조공사만 진행된 단계에 있는 점을 함께 고려하여 보면, 위 중앙부분에 각 층마다 5세대씩 건축 예정인 19층부터 24층까지 (6층×5세대 =총 30세대)의 건물부분에 대한 공사를 금지시키는 것이 상당하다고 보여지고, 비록 이 사건 변론종결 당시 19층과 20층의 각 건물공사 중 골조공사가 이미 완공된 상태라고 하더라도 신청인으로서는 그 상태대로의 현상을 유지함과 동시에 더 이상의 잔여 공사를 금지시키기 위하여 골조공사를 마친 위 19층, 20층의 건물에 대한 공사금지도 함께 구할 수 있음은 물론 뒤에서 보는 바와 같이 그 보전의 필요성도 인정된다 할 것입니다.

이와 같이 하면 공사금지의 범위를 최소화하면서도 위 아파트의 높이를 당초보다 약 1/4정도(총 24층 중 위로부터 6층이 없어지는 셈이 된다)로 낮추는 효과를 얻을 수 있어서 신청인이 입게되는 환경이익의 침해를 상당히 감소시킬 수 있고, 또한 피신청인에 대하여서도 공사금지로 인하여 예견가능성을 넘는 정도의 피해를 입게 하지는 않는 것으로 될 것입니다.

6. 결 론

그렇다면 신청인의 이 사건 신청은 이 사건 토지상에 건축 중인 별지도면 표시의 건물 가운데 18층을 초과하는 부분에 대한 일체의 공사를 금지하는 범위 내에서 그 피보전권리와 보전의 필요성이 있다고 하여야 할 것이므로 본 가처분신청을 인용하여 주시기 바랍니다.

소 명 방 법

1. 소갑제1호증	○○○○
1. 소갑제2호증	부동산등기부등본
1. 소갑제3호증	○○○○
1. 소갑제4호증	현황사진
1. 소갑제5호증	○○○○

1. 소갑제6호증 ○○○○

그밖의 것은 변론시 수시 제출하겠습니다.

첨 부 서 류

1. 위 소명방법 1통
1. 송달료납부서 1통

20○○. ○. ○.

위 신청인 ○ ○ ○ (인)

○○ 지방법원 귀중

[별 지] 부동산의 표시

○○북도 ○○시 ○○구 ○동 27-14 대 132.2㎡

- 이 상 -

[서식 67] 공사중지가처분신청서

공사중지 가처분 신청

신 청 인　　○○○ 외 221(별지 기재와 같음)
각 주소 별지 기재와 같음
송달장소 : ○○시 ○○동 ○○○-○ ○○빌딩 ○동 ○○○호
연락처 : ○○○-○○○○-○○○○
소송대리인 변호사 ○ ○ ○
○○시 ○○동 ○○-○번지 (T. 010-2222-○○○○)

피신청인　　1. ○○○건설 주식회사
○○도 ○○시 ○○구 ○동 ○○-○○
대표이사 ○○○
2. ○○○
○○시 ○○구 ○동 ○○-○○

목적물의 표시 : 별지목록 기재와 같음
목 적 물 가 액 : 금 10,073,640원
피보전권리의요지 : 생활소음 등으로 인한 공사중지청구권

신 청 취 지

피신청인들은 서울 ○○구 ○○동 20-1 외 28필지 지상에서 ○○주공3단지 재건축공사를 진행함에, 같은 동 22 소재 ○○○○중학교의 방학 기간을 제외한 기간 동안 평일 08:00부터 16:00까지, 토요일 08:00부터 14:00까지 위 ○○○○중학교의 학교부지 경계선으로부터 50m 이내의 장소에서 위 공사를 진행하여서는 아니된다.
라는 재판을 구합니다.

신 청 이 유

1. 신청근거

신청인들은 서울 ○○구 ○○동 22 소재 ○○○○중학교(이하 '이 사건 학교'라 합니다) 재학생들로서, 피신청인들이 위 학교에서의 수업에 지장을 초래하지 않도록 하기 위한 적절한 조치를 취하지 아니한 채, 위 학교 부지를 둘러싼 같은 동 20-1 외 28필지 지상에서 재건축공사(이하 '이 사건 공사'라 합니다)를 진행하고 있으므로 신청취지 기재 가처분 결정의 발령을 구하는 바입니다.

2. **피보전권리 및 보전의 필요성**

우리 헌법은 문화국가·민주국가·사회국가·복지국가에서 차지하는 교육의 중요성을 감안해서 교육을 모든 국민의 권리로 규정함과 동시에 국가와 국민의 공동의무임을 명백히 밝히고 있어, 교육을 받을 권리는, 교육을 통해 개인의 잠재적인 능력을 계발시켜 줌으로써 인간다운 문화생활과 직업생활을 할 수 있는 기초를 마련해 주고, 문화적이고 지적인 사회풍토를 조성하고 문화창조의 바탕을 마련함으로써 헌법이 추구하는 문화국가를 촉진시키며, 합리적이고 계속적인 교육을 통해서 민주주의가 필요로 하는 민주시민의 윤리적 생활철학을 어렸을 때부터 습성화시킴으로써 헌법이 추구하는 민주주의의 토착화에 이바지하고, 능력에 따른 균등한 교육을 통해서 직업생활과 경제생활영역에서 실질적인 평등을 실현시킴으로써 헌법이 추구하는 사회국가·복지국가의 이념을 실현한다는 의의와 기능을 가지는 헌법 제10조, 제31조에 의하여 보장되는 인격권적 기본권이라고 할 것인바, 어떠한 형식으로든 수업을 받을 수 있는 권리에 한정되지 않고 정당한 그리고 적절한 방식과 내용으로 수업을 받을 권리를 가리킨다고 할 것이므로, 위 기본권에는 교육을 받는 데 지장을 초래하지 않는 환경에서 교육을 받을 권리 및 만일 제3자가 그와 같은 권리를 침해할 경우 그 배제를 구할 권리가 포함된다고 하겠습니다. 다만 이 사건과 같이 소유권에 기하여 인접 대지에 건물을 축조하는 행위가 교육을 받는 데 지장을 초래하지 않는 환경에서 교육을 받을 권리와 충돌하는 경우라면, 구체적인 사안에서 각 기본권이 가지는 가치와 침해의 정도를 비교형량하여 교육을 받을 권리에 대한 침해의 정도가 현저하게 커 사회통념상 수인한도를 넘는지 여부를 살펴야 할 것이고, 침해의 정도가 수인한도를 넘는지 여부는 결국 피해의 성질 및 정도, 피해이익의 공공성, 가해행위의 태양, 가해행위의 공공성, 가해건물 및 학교건물의 구조와 배치, 가해자의 방지조치 또는 손해회피의 가능성, 공법상 기준에의 적합 여부, 해당 건물 주변의 지역적 특성, 당사자의 분쟁교섭과정, 토지이용의 선후관계 등 모든 사정을 종합하여 판단하여야 할 것입니다.

위 법리에 따라 이 사건에 관하여 보건대, 피신청인들이 이 사건 공사를 시작한 이래 학교 건물 내에서 측정한 소음의 정도가 학교보건법 소정의 기준을 초과한바 있고, 향후 피신청인들의 굴착공사가 진행될 경우 그 소음이 상당한 기간 지속될 수밖에 없을 것으로 보이는 점, 피신청인들이 공사로 인한 소음을 감소시키기 위해 설치한 13m 높이의 방음벽으로 말미암아 학교 부지 내에서의 천공차폐율이 고도로 증가하였음이 명백하고, 위 방음벽에 벽화를 그렸다는 사정만으로 건전한 신체와 정신을 함양할 적절한 기회를 가질 권한이 있는 신청인들이 그 폐쇄감으로 인하여 겪게 될 고통을 상쇄할 수 있을 것인지 의문인 점, 이 사건 공사로 인하여 발생하는 비산먼지를 근본적으로 예방하는 것은 사실상 불가능하고, 결국 일정한 경우 신청인들은 운동장이 아닌 체육관에서 체육활동을 실시할 수밖에 없을 것으로 보이는데, 이 사건 학교에 설치된 실내 체육관의 면적, 시설 등이 신청인들의 건전한 신체활동을 보장할 수 있는 수준이라고 보기 어려운 점, 이 사건 공사로 인하여 신청인들의 종전 통학로 대부분이 폐쇄되고, 피신청인들에 의하여 개설된 통학로의 경우 주변 도로 및 이 사건 공사 현장의 여건상 안전사고의 위험이 적지 아니한 점, 이 사건 공사부지와 이 사건 학교의 위치에 비추어 공사가 개시되기 이전에 위와 같은 피해의 발생을 충분히 예견할 수 있었음에도, 피신청인들을 포함한 관련 당사자들이 그 예방을 위한 사전조치를 충실히 이행하였는지 의문일 뿐만 아니라, 이 사건 공사가 개시된 이후에도 임시교사의 신축을 포함하여 다양한 침해의 예방을 위한 대안이 제시된 바 있고, 전체 공사의 규모 및 이익에 비추어 과도하다거나 불가능하지 아니한 대안을 마련할 여지가 적지 않다고 보이는 상황임에도 불구하고, 기존 학교시설에 방음벽, 이중창, 공기청정기 등을 설치하는 등의 조치만이 이행된 점 등의 제반 사정을 고려할 때, 결국 이 사건 공사로 인하여 신청인들의 적절한 환경에서 교육을 받을 권리가 수인한도를 초과하는 정도로 침해되고 있다고 보지 아니할 수 없고, 피신청인들이 이 사건 공사의 지연으로 인한 경제적 손실을 이유로 공사를 강행할 예정임을 명백히 하고 있는 점, 신청인들의 적절한 환경에서 교육을 받을 권리가 침해되는 경우 이를 금전배상으로 전보하는 것도 그 시기적 특성상 한계가 있다고 보이는 점에 비추어 보전의 필요성도 인정된다고 할 것이므로, 피신청인들에게 이사건 공사의 중지를 명하기로 하되, 이 사건 가처분으로써 공사를 금지할 범위에 관하여는, 위에서 본 제반 사정 및 학교시설에 관한 공법상 제반 규정에 비추어 주문 제1항 기재 범위 내로 한정함이 상당하다고 보입니다.

3. **담보의 제공**

담보의 제공은 보증보험회사와 지급보증위탁계약을 체결한 문서를 제출 하는 것으로 갈음하는 것을 허가하여 주시기 바랍니다.

4. **결 론**

그렇다면 별지 신청인들의 위 신청은 피보전권리 및 보전의 필요성이 소명되어 이유 있으므로 이를 인용하여 주시기 바랍니다.

입 증 방 법

1. 소갑제 1 호증의 1, 2 ○○○○
1. 소갑제 2 호증의 1, 2 ○○○○
1. 소갑제 3 호증 ○○○○
1. 소갑제 4 호증의 1, 2 ○○○○
1. 소갑제 5 호증 ○○○○

첨 부 서 류

1. 위 소명자료 각 1통
1. 송달납부서 1통

20○○. ○. ○.

위 신청자들의 소송대리인

변호사 ○ ○ ○ (인)

○○지방법원 신청과 귀중

[서식 68] 공사중지가처분신청서 – 토지심굴굴착 금지

공사중지 가처분 신청

채 권 자 ○○○외 ○명 (별지)
각 주소 별지 기재와 같음
송달장소 : ○○시 ○○동 ○○○-○ ○○빌딩 ○동 ○○○호
연락처: ○○○-○○○○-○○○○
소송대리인 변호사 ○ ○ ○
○○시 ○○동 ○○-○번지 (T. 010-2222-○○○○)

채 무 자 ○ ○ ○
○○도 ○○시 ○○구 ○동 ○○-○○

목적물의 표시 : 별지목록 기재와 같음
목 석 불 가 액 : 금 00,000,000원
피보전권리의 요지 : 공사중지

신 청 취 지

1. 채무자는, ○○시 ○○동2가 8 및 같은 곳 대 ㎡ 양 토지 중, 같은 동 2가 2의2 대 64평 지상건물(철근콘크리트조 스라브즙 점포 및 주택 건평 1층 117㎡ 68, 2층 111㎡ 68, 3층 143㎡ 14, 옥상 14㎡ 21, 4층 옥상, 목조와즙 평가 건 주택 건평 20㎡ 16 철근 콘크리트조 스라브즙 주택 건평 1층 47㎡ 93, 2층 47㎡ 93, 옥상 22㎡ 47 철근콘크리트조 스라브즙 점포 및 주택 건평 1층 42㎡ 64, 2층 42㎡ 64, 3층 42㎡ 64)의 남쪽 및 서쪽 벽체(위 ○○동 2가 및 ○○에 면한 부분벽)를 각 기준으로 하여 이와 평행으로 폭 5미터를 이루는 부분 이내의 토지상에, 백화점 및 주택 철근콘크리트조 지하3층(일부는 지하 2층) 지상7층 (일부는 지상 4층) 건물 축조를 위한 심굴 굴착작업공사 또는 일체의 공작물설치공사를 속행하여서는 아니된다.
2. 집행관은 위의 취지를 적당한 방법으로 공시하여야 한다.
3. 신청비용은 채무자의 부담으로 한다.
4. 채무자가 금 15,000,000원을 공탁할 때에는 이 결정의 집행정지 또는 집행처분의 취소를 구할 수 있다.

라는 재판을 구합니다.

신 청 이 유

1. 신청 요지

채권자는 ○○시 ○○동2가 26의 1 대799㎡ 8 및 같은 곳 26의 16 대1,940㎡ 7 양 지상에 철근콘크리트 지하 2층 지상 4층 내지 7층 건물을 축조키 위한 기초 지하 심굴 작업 중인 위 토지 2,740㎡ 5에 대한 채무자의 점유를 풀고, 채권자가 위임하는 ○○지방법원 소속 집행관에게 그 보관을 명하고, 채무자는 위 토지상에 건물축조를 위한 심굴굴착작업공사를 속행하거나, 기타 공작물을 설치하여서는 아니되며, 집행관은 위 취지를 적당한 방법으로 공시하여야 한다.라는 관결을 구하는 바입니다.

2. 신청 근거

(가) ○○시 ○○동2가 및 같은 곳 양 대지가 채무자 소유, 이에 인접한 ○○시 ○○동2가 대지와 그 지상건물이 채권자 소유이고, 채무자는 그 소유의 위 양 대지상에 지하 3층(일부는 지하 2층) 지상 7층(일부는 지하 4층)의 백화점 건물 및 주택건설공사를, 공사대금 6억 4천만원으로 신청외 ○○건업주식회사(대표이사 ○○○)에 도급을 주어 그 신축공사를 시공 중에 있는바, 그 신축 건물벽과 채권자 소유 건물벽과의 간격은 그 최단거리가 동쪽 끝부분 약 70센티미터 정도, 그 최장거리가 서쪽 끝부분 약 2미터 정도이고, 채무자가 위 신청의 회사에 도급을 주어 신축 건물의 지하실 공사를 위해 채권자 소유 대지와의 경계에까지 인접하여 지하심굴 공사를 함에 있어서 그 경계로부터 그 경계선과 평행으로 약 2.5미터 떨어진 지점에 2미터쯤의 간격으로 10미터 길이의 에이치빔(H-BEAM)을 박고 타이백공법(어스앙카공법)을 시공한 뒤 그라우팅 작업을 함으로써 채권자 소유 건물의 도괴, 균열, 지반침하 등으로 인한 손해발생을 예방하기 위한 조치를 취한 뒤 그 심굴작업을 실시하였으나, 그 심굴하려 하는 토지 및 채권자 소유 토지의 지반이 보통의 지질보다 연약한 데다가 채권자 소유의 기존 건물은 당초 지하실이 없어 지하실이 설치되어 있는 건물보다 그 기초가 약한데도, 그 지질이나 기존 건물의 구조체등 조사를 소홀히 함으로써 그 지반 및 기존건물의 상태에 적합한 타이백 공사를 제대로 하지 못하였고, 에이치빔을 2미터 간격으로 항타할 때 그 진동으로 인한 충격 하중을 줄이지 못하였으며 그라우팅을 함에 있어서 그 주입압력에 대한 판단 잘못으로 일반적인 공법을 넘는 강한 압력을 주입함으로써 그 바닥지반을 상승케 하였다가 제차 침하하게 한데다가 굴토로 말미암아 지하수의 탈수 현상을 일으키게 하어 공사장 외곽 기둥을 연결하는 지반에 침하현상을 일으키게 한 결과, 채권자 소유의 건물은 1층 ○○다방안 남쪽 시멘트 기둥, 남쪽 천정보, 바닥 모서리, 중앙 통로, 다방 내 주방의 남서쪽 기둥 및 그 바닥, 1층 중앙코너(양복점)의 바닥, 2층 홀의 화장실 입구 바닥, 3층 번소의 동쪽 및 남쪽 벽체 등이 갈라져 많은 균열이 생겼고 이러한 균열은 점차 확대되고 있는 사실, 채권자 소유 건물의 정화조는 채무자측이 위와 같이 그라우팅 공법을 시공하느라고 시멘트를 부벼넣은 결과, 그 정화조가 있던 자리가 모두 시멘트로 채워져 있어 이를 종전

대로 사용하지 못하게 되자, 채무자측에서는 정화조를 채무자 소유 토지 내로 옮겨 설치해주고 파이프로 연결하여 채권자로 하여금 이를 그 상태로 일시 방편으로 사용하게 하고 있는 사실, 채무자측에서 타이백 공사를 시공함에 있어서는 1차 타이백시공 부분이 부실하게 시공되어 있고, 그밖에도 8미터가량 심굴한 부분 지하에는 그라우팅공법을 강마사상층부까지 시행하되, 타이백공법 대신 아일랜드 공법을 시행하여 지질의 침하를 막아야 하고, 공사장 외곽 기둥 부위는 실내면 쪽에서 기둥의 한 개소에 구멍 두개씩 수직으로 그라우팅을 행하고 그 기초 밑에 약 6미터 깊이로 기둥 네 귀에서 그라우팅을 행함으로써 그 기초가 미끄러지는 것을 예방하여야 할터인데 채무자측은 이러한 조치를 제대로 시행하지 않은 사실, 위 정화조를 완벽하게 복구 시공하지 않으면 정화조에서의 누수 현상에 따른 토지부식 등으로 말미암아 지반의 침하현상을 일으킬 염려가 농후한데도, 채무자측은 그 정화조 복구공사를 제대로 하지 않고 방치하고 있는 사실, 이에 따라 채권자가 채무자측에게 그 건물의 균열이 점점 심해지고 정화조 복구공사가 이루어지지 않고 있음을 이유로, 그 보수 및 복구공사 기타 예방조치가 될 때까지 건축 공사 등을 중지해 줄 것을 호소하고 있는 데도, 채무자측이 이를 무시하고 그 공사를 강행하고 있어 위 현존의 손해 외에도 이를 그대로 방치하면 채권자 소유 건물 및 토지의 안전에 심각한 위험을 줄 것인 사실 등을 알 수 있을 것입니다.

(나) 그렇다면 채무자는 인접지의 지반이 붕괴되지 않도록 충분한 방어 공사를 하지 않은 채 그 토지를 심굴하여 건축공사를 시공함으로써 채권자 소유 토지의 침하와 그 지상 건물에 균열 등 손해를 입혔다 할 것이므로 채권자는 그 심굴 굴착 등의 금지청구와 소유물 방해제거 또는 그 소유물 방해예방 청구권을 행사할 수 있다 할 것이고, 채무자측이 신축공사를 그대로 속행한다면 채권자의 손해는 계속 확대될 염려가 있으며 그 지상 건물이 도괴될지도 모르는 위험까지 예견되는 터이므로 그 현저한 손해를 피하기 위하여 채권자 소유 건물 및 토지의 도괴 기타 침하에 영향을 주는 범위 내에서는 가처분으로 그 토지심굴굴착 및 공작물 설치 등 공사를 중지케 함이 타당하다 할 것인바, 본건 토지들의 지반이 연약한 점, 채권자 소유 건물의 피해상황, 채무자가 시공하고 있는 건축 공사의 규모 등을 고려할 때 그 심굴 및 공작물 건축 공사 등을 중지시켜야 할 범위는 채권자소유 지상건물의 남쪽벽으로부터 그 벽과 평행으로 폭 5미터 이내 부분에 해당하는 토지가 타당하다 할 것이고, 그 취지를 집행관으로 하여금 공시케 할 필요가 있을 것이며, 본건의 경우 채권자의 손해는 결국 그 원상회복에 따르는 비용 기타 손해를 금전으로 배상받아야 할 것임에 귀착될 것인 데다가 채무자가 시공 중인 건물의 공사금액이나. 공사규모가 비교적 대규모로서 그 공사중단으로 인한 채무자의 손해 역시 보통의 경우보다 심대한 손해를 입을 염려가 있는 등 특별한 사정이 있다 할 것이므로, 채권자는 공사속행으로 채무자가 입게 될 손해의 담보로서 금 1,500만원을 공탁하고 이 결정의 집행정지 또는 집행처분의 취소를 구할 수 있게 함이 상당하다고 해야 할 것입니다.

3. 결 론

그렇다면 별지 신청인의 위 신청은 피보전권리 및 보전의 필요성이 소명되어 이유 있다고 해야 할 것이므로 이를 인용하여 주시기 바랍니다.

소 명 방 법

1. 소갑제 1 호증의 1, 2	○○○○
1. 소갑제 2 호증의 1, 2	현장사진
1. 소갑제 3 호증	○○○○
1. 소갑제 4 호증의 1, 2	○○○○
1. 소갑제 5 호증	○○○○

첨 부 서 류

1. 위 소명자료	각 1통
1. 송달납부서	1통

20○○. ○. ○.

위 채권자들의 소송대리인
변호사 ○ ○ ○ (인)

○○지방법원 신청과 귀중

[서식 69] 수도관공사중지 등 가처분신청서 – 지하수이용권 침해 개발행위 금지

공사중지 가처분 신청

신 청 인　　○○○외 ○○ (별지)
각 주소 별지 기재와 같음
소송대리인 변호사 ○○○
○○시 ○○구 ○○대로 ○○-○○

피신청인　　주식회사 ◇◇
○○시 ○○구 ○○대로 ○○
대표이사 ○○○

수도관공사중지 등 가처분

신 청 취 지

1. 피신청인은 이 사건 토지 중 별지 도면 2, 4, 6, 3-1, 5-1표시 부분의 각 지하수 채취용 시추공에 대하여 수도관 인입 등 부대공사를 속행하거나 채취한 지하수를 제3자에게 공급하여서는 아니되고,
2. 위 지하수채취용 시추공에 대한 피신청인 주식회사 ◇◇의 점유를 풀고 신청인들이 위임하는 위 법원 소속 집행관에게 그 보관을 명한다.

라는 재판을 구합니다.

신 청 이 유

1. 기초사실

(1) 피신청인 주식회사 ◇◇(이하 '피신청인 회사'라 합니다)은 광천음료수 제조 및 판매업, 각종 음료수 및 식품판매업, 체육시설 운영업 등을 목적사업으로 하여 설립된 회사로서, 이 사건 토지를 매수하여 광천음료수를 제조·판매할 것을 목적으로 ○○ 남구청장에게 이 사건 토지에 관한 토지거래허가신청을 하여 20○○. 1. 6. 그 허가를 받았고, 이어 20○○. 4. 26. 신청외 ○○종합금융 주식회사로부터 이 사건 토지를 금 1,115,000,000원에 매수하였으며, 20○○. 1. 19. ○○ 남구청장에게 지하수개발신고를 하여 그 신고필증을 교부받아 20○○. 4. 25.경 지하수개발에 착공하였습니다.

(2) 피신청인 회사는 이 사건 토지 지하에서 지하수 취수공 1개공당 1일 100톤 이상씩 취수공 5개공에서 모두 500톤 이상의 지하수를 매일 취수하여 이 지하수로 탄산음료

와 먹는 샘물을 제조한 다음 그 중 일부는 국내에서 시판하고 나머지는 국외로 수출하기로 계획하고, 위와 같이 지하수개발에 착공함과 동시에 ○○수영구청장에게 이 사건 토지 지하에서 취수한 천연암반수를 이용하여 탄산음료와 먹는샘물의 제조를 목적으로 하는 공장을 이 사건 토지 지상에 신설할 것을 내용으로 하는 공장신설승인 신청을 하였으나 거부되었으며, 한편, 20○○. 5. 30. ○○광역시장에게 먹는물관리법 제9조에 의한 수원개발허가신청을 청구하였다가 같은 해 6. 23. ○○광역시장으로부터 그 신청이 반려되자 환경부에 행정심판을 청구하여 그 재결에서 피신청인 회사의 청구가 인용됨으로써 20○○. 1. 3. ○○광역시장으로부터 개발기간을 20○○. 4. 25.부터 20○○. 4. 10.까지로, 개발면적을 180㎡(취수공 1개공당 36㎡ × 5개공)로 하는 수원개발허가를 받은 다음, 이 사건 토지상에 별지 도면 1, 2, 3, 4 표시 부분에 깊이 200m의 4개공을 시추하였고, 20○○. 5. 10.경 같은 도면 6 표시 부분에 깊이 200m의 1개공을 추가로 시추하였습니다.

(3) 피신청인 회사는 그 후 20○○. 5. 17. 수원개발허가 변경신청을 하여 20○○. 5. 22. ○○광역시장으로부터 시추공 위치를 변경하고 개발기간을 20○○. 5. 20.부터 20○○. 8. 20.까지로 연장하는 수원개발변경허가를 받아 같은 도면 3-1, 5-1 표시 부분에 깊이 350m의 2개공을 추가로 시추하였고, 이러한 과정에서 개발허가면적이 180㎡임에도 불구하고 이를 초과한 564㎡를무단으로 형질변경을 하였습니다.

(4) 그 후, 피신청인 회사는 같은 도면 1, 3 표시부분의 2개공을 폐공함으로써 이 사건 토지에 개발되어 있는 지하수 취수공은 같은 도면 표시 2, 4, 6, 3-1, 5-1 표시부분의 5개공으로서, 1개공당 취수가능량은 1일 200톤 내지 300톤이며, 이 사건 변론 종결일 현재 피신청인 회사는 취수공 시추공사를 완료하고 수량확보를 위한 수중펌프 설치, 수도관 인입 등의 부대공사를 남겨 둔 상태에 있고 피신청인 류윤면은 그 처인 신청외 최차선을 피신청인 회사의 대표이사로 내세워 피신청인 회사를 실질적으로 경영하면서 이 사건 토지상의 지하수개발업무를 추진하고 있습니다.

(5) 한편, 이 사건 토지는 ○○의 ○○진구, ○○구, ○구, ○○구, 등의 한가운데에 위치하고 있는 ○○의 주산인 황령산 남동쪽에 자리잡은 ○○산의 해발 61m 내지 85m 지점에 위치하고 있으며 그 아래에는 신청인들과 일부 보조참가인들이 소유, 거주하는 ○○빌라와 ○○빌라가 인접하여 있고, 다시 그 아래에 간선도로변 평지에 이르기까지(이하 '이 사건 토지 일대'라 합니다) 단독주택, 공동주택 등의 주택 및 근린생활시설과 kbs○○방송본부, ○○고등학교, 수녀원, ○○성당, ○○남부교육구청, ○○국제우체국, 민속박물관 등의 공공시설들이 밀집하여 있습니다.

(6) ○○산은 ○○의 도심 한가운데 위치하고 있고 그 기슭에 주택과 근린생활시설, 공공시설이 밀집하여 있어 ○○시민들의 생활터전이 되고 있는 한편, 그 부존 지하수는 수질이 양호하여 그 일대의 주민과 공공시설이 지하수를 취수하여 음용수를 비롯한 생활용수로 사용하고 있음은 물론 그밖에 ○○산을 찾는 등산객들도 이 지하수를 이른바 약수로 이용하고 있습니다.

(7) 이 사건 토지 일대에서는 종래 지하 50m 내지 100m 깊이에서도 음용수 등 생활용수용 지하수 취수가 가능하였으나 20○○년경부터 5개의 무허가 생수판매업소에서 1일 약 600톤의 지하수를 판매하고 또 수돗물 불신에 따라 식수용 지하수를 자체 개발하는 단독주택과 공동주택 및 공공시설의 급증으로 지하수 취수량이 급격히 증가함으로써 지하 60m 내지 80m 길이인 ○○남부교육구청, ○○고등학교, 민족박물관의 지하수가 고갈되고, 이어 지하 200m 깊이인 ○○산 청소년수련소, ○○빌라, ○○빌라, 산수탕 등의 지하수가 고갈되었으며, 20○○년에 들어서는 지하 300m 이하의 깊이까지 굴착하여야 식수용 지하수를 취수할 수 있는 정도에 이르렀습니다.

(8) 신청인들은 이 사건 토지 아래로 약 300m 이내에 주택 등을 소유하여 거주하면서 지하 약 200m의 지하수를 개발하여 식수 및 생활용수로 사용하고 있었는데(○○빌라와 ○○빌라에는 상수도시설이 되어 있지 않다), 20○○년경 필요한 양 만큼의 취수가 불가능하여져 지하 약 400m 지점까지 굴착하여 지하수를 취수하고 있으나 이 깊이는 해수면 이하 300여m에 해당하고 바다에 접한 지역이어서 해수의 침범이 우려됩니다.

(9) 먹는물관리법이 20○○. 5. 1.부터 시행되자 ○○광역시에서는 먹는 샘물 제조업을 목적으로 한 수원개발허가신청이 증가할 것으로 예상하고 먹는 샘물 제조를 위한 수원개발로 자연생태계의 훼손과 지반침하, 지하수의 고갈 등의 피해가 발생할 우려가 있는 지역을 먹는 샘물 개발 제한구역으로 지정, 보호하기로 하여 우선 각 구청에 대하여 먹는 샘물 개발제한 필요지역의 조사를 지시하였고, 이에 따라 이 사건 토지 일대를 관할하는 ○○시 ○○구청은 20○○. 7. 31. 그 관내의 대부분 지역이 주택밀집의 도심지역이고, ○○산을 비롯한 황령산 일원은 자연녹지지역이어서 자연녹지를 개발할 경우 주변환경 및 풍치, 미관 등 자연환경의 훼손이 우려되고 먹는 샘물 제조업을 위한 수원개발은 지하수의 대량취수로 인하여 지하수 고갈의 우려가 있음을 이유로 ○○구 전지역을 먹는 샘물 제조업을 위한 수원개발 제한구역으로 지정할 필요가 있다는 의견을 ○○광역시에 제시하였습니다.

(10) ○○산이 품고 있는 지하수의 부존량은 한정되어 있는데다가 지하의 광범위한 지역에 걸쳐서 그 수원이 연결되어 있어 한 곳에서의 과도한 지하수의 취수는 인접지을 비롯한 다른 곳에서의 지하수 원천의 사용에 필연적으로 영향을 줄 수밖에 없는데, 만일 피신청인 회사가 그들의 목적대로 탄산음료와 먹는 샘물 제조·판매를 위한 대량취수로 나아가는 경우에는 신청인들을 비롯한 다른 지하수 이용권자들은 취수량의 감소로 음용수 기타 생활용수의 이용에 현저한 장애를 받을 것으로 예상됩니다.

2. 피보전권리의 소명

(1) 토지의 소유권은 정당한 이익이 있는 범위 내에서 토지의 상하에 미치고(민법 제212조), 지하수는 토지의 구성부분이므로, 토지소유자는 그 소유의 토지에서 개발하여

취수한 지하수를 독점적으로 이용할 수 있다 할 것이나, 어느 한 토지소유자에게 지하에 부존된 지하수 원천(이하 지하수 원천이라 한다)에 대한 전용권이 없는 한 인근 토지소유자들도 이 지하수 원천을 평등하게 이용할 지하수 이용권이 있다 할 것이므로, 토지소유자는 타인의 지하수 이용권을 침해하지 않는 한도에서 그 소유토지에서 지하수를 개발, 이용할 수 있다 할 것이고, 함부로 지하수를 개발·이용함으로써 다른 지하수 이용권자의 지하수 이용을 방해하거나 방해할 염려가 있는 경우에는 다른 지하수 이용권자는 가해자인 지하수 이용자에 대하여 소유권에 기해 지하수 개발·이용 금지등에 의하여 그 방해의 배제 또는 그 예방을 구할 수 있다 할 것입니다.

(2) 한편, 상린자는 그 공용에 속하는 원천이나 수도를 각 수요의 정도에 응하여 타인의 용수를 방해하지 않는 범위 내에서 각각 용수할 권리가 있고 (민법 제235조), 필요한 용도나 수익이 있는 원천이나 수도가 타인의 건축 기타 공사로 인하여 단수, 감수, 기타 용도에 장해가 생긴 때에는 용수권자는 손해배상을 청구할 수 있으며(민법 제236조 제1항), 위 고아사로 인하여 음료수 기타 생활상의 용수에 장해가 있을 때에는 원상회복을 청구할 수 있으므로(민법 제236조 제2항), 상린자가 지하수 원천을 공동으로 이용하는 경우 각 용수권자는 각자의 수요의 정도에 응하여 타인의 용수를 방해하지 않는 범위 내에서만 용수할 수 있을 뿐이고 만일 그 정도를 넘어 취수하는 시설을 함으로써 타인의 용수권을 침해하는 경우에는 불법행위를 구성하여 이로 인한 손해를 배상하고 나아가 원상회복을 할 의무가 있다고 할 것이고, 따라서 토지소유자 아닌 지하수 원천 이용자 역시 어느 한 토지소유자가 함부로 지하수를 개발·이용함으로써 그의 지하수 이용을 방해하거나 방해할 염려가 있는 경우에는 가해자인 지하수 이용자에 대하여 위 각 규정에 기해 지하수 개발, 이용 금지 등에 의하여 그 방해의 배제 또는 그 예방을 구할 수 있다 할 것입니다.

(3) 이 사건에 관하여 보건대, 위 사실에 의하면, 신청인들은 이 사건 토지 일대에서 공동주택과 그 부지인 토지를 소유하는 자들로서 각 그 토지의 지하에 흐르는 지하수를 독점적으로 사용할 수 있다 할 것이고 피신청인 회사 역시 이 사건 토지의 소유자로서 그 지하에 흐르는 지하수를 취수하여 이를 이용할 권리가 있음은 부인할 수 없습니다. 그러나 위에서 본 바와 같이 ○○산에 부존하고 있는 지하수의 양은 한정되어 있고, 그 지하수는 신청인들뿐만 아니라 그 기슭에 생활터전을 잡고 있는 주민들과 황령산을 찾는 등산객들이 공동으로 이용하는 공동의 자산이며, 피신청인 회사가 취수하려는 지하수는 지하의 광범위한 지역에 걸쳐서 그 수원이 연결되어 있어 한 곳에서의 과도한 취수는 다른 곳에서의 지하수 원천 사용에 영향을 주기 마련인데, 피신청인 회사는 그들의 생활상의 수요에 응한 정도의 취수에 그치는 것이 아니라 탄산음료 및 먹는 샘물 제조판매업을 위하여 목표생산량 1일 500톤에 이르는 대량의 취수를 목적으로 취수공시설을 한 것이고, 이는 신청인들을 비롯한 다른 공동의 지하수 이용권자들의 지하수이용권을 침해할 우려가 있음을 분명합니다. 따라서 신청인들은 그들의 소유권 및 지하수 이용권에 기하여 이를 침해할 우려가 있는 피신청인 회사에 대하

여 방해배제 및 방해예방청구권을 가지고 있어야 할 것이므로, 신청인들의 이 사건 가처분신청은 그 피보전권리가 소명되었다 할 것입니다.

3. 보전의 필요성 근거

(1) 앞서 본 사실에 의하면, 신청인들이 피신청인 회사의 취수를 위한 공사에 대하여 금지청구권을 행사하지 않아 피신청인 회사의 취수를 위한 공사가 완공된다면 이로 인하여 신청인들들의 지하수 이용권에 대한 침해는 비록 금전배상 등의 방법이 있다 하더라도 이미 충분히 회복될 수 없게 되므로, 지하수 채취용 시추공에 대한 부대공사를 속행하거나 채취한 지하수를 제3자에게 공급하지 못하게 하고 지하수 채취용 시추공에 대한 피신청인 회사의 점유를 풀고 신청인들이 위임하는 위 법원 소속 집행관에게 그 보관을 명하는 범위 내에서 신청인들에게 그 권리에 대한 보전의 필요성이 인정된다 할 것입니다.

(2) 이에 대하여, 피신청인 회사는 신청인들의 지하수 이용권은 피신청인 회사가 지하수를 개발한 다음 공장을 설립하여 지하수를 취수하는 과정에서 그 취수량을 적절히 조절함으로써 보장 될 수 있는 것이므로 관할관청으로부터 적법한 허가를 받아서 시행하는 피신청인 회사의 수원개발을 위한 공사 자체를 중지시켜야 할 보전의 필요성은 없다고 주장하지만, 피신청인 회사가 비록 관할관청으로부터 수원개발을 위한 적법한 허가를 받았다 하더라도 위에서 본 바와 같이 이 사건 토지 일대 지하수 취수량의 증가로 인하여 신청인들이 필요한 양 만큼의 취수가 불가능하여 현재는 지하 약 400m의 지점까지 굴착하여 지하수를 취수하고 있는 형편임에도 피신청인 회사가 다시 하루 수백톤의 지하수를 필요로 하는 먹는 샘물 제조판매업을 영위하기 위하여 이 사건 토지에서 지하수를 개발하게 된다면 신청인들이 이용하는 지하수 및 이 사건 토지 인근의 지하수는 머지않아 고갈될 것이 예견되므로 신청인들의 지하수 이용권을 보전하기 위하여 피신청인 회사의 수원개발을 위한 공사 자체를 중지시켜야 할 보전의 필요성이 있다 할 것입니다.

4. 결 론

그렇다면 신청취지와 같은 위 가처분 신청은 그대로 인정되어야 할 것입니다.

소 명 방 법

1. 소갑제1호증 ○○○○
1. 소갑제2호증 부동산등기부등본
1. 소갑제3호증 ○○○○
1. 소갑제4호증 현장사진
1. 소갑제5호증 ○○○○
1. 소갑제6호증 ○○○○

그밖의 것은 변론시 수시 제출하겠습니다.

첨 부 서 류

1. 위 소명방법 1통
1. 송달료납부서 1통

20○○. ○. ○.

위 신청인들의 소송대리인
변호사 ○ ○ ○ (인)

○○ 지방법원 귀중

[서식 70] 보사용 방해금지 가처분

보사용 방해금지 가처분신청

신청인(채권자) ○ ○ ○
○○도 ○○시 ○○구 ○동 ○○
소송대리인 변호사 ○ ○ ○
○○시 ○○동 ○○-○번지 (T. 010-0000-0000)

피신청인(채무자) ○ ○ ○
○○도 ○○시 ○○구 ○동 ○○-○○

목적물의 표시 : 별지목록 기재와 같음
목 적 물 가 액 : 금 00,000,000원
피보전권리의 요지 : 보사용 방해금지

신 청 취 지

1. 피신청인은 ○○도 ○○군 ○○하천 4,505㎡ 중 별지도면 표시 가,나,다,라,가를 순차로 연결한 부분에 설치된 속칭 보로부터 신청인이 인수하는 것을 방해하는 일체의 행위를 하여서는 아니된다.
2. 피신청인은 신청인이 위 보로부터 인수하기 위한 범위 내에서 파괴된 수도를 복구하는 것을 방해하는 일체의 행위를 하여서는 아니된다.
3. 집행관은 적당한 방법으로 위 사실을 공시하여야 한다.

라는 재판을 구합니다.

신 청 이 유

1. 피보전권리

(1) ○○도 ○○군 ○○하천 4503㎡ 중 별지도면 표시 가,나,다,라,가를 순차로 연결한 부분에 속칭 보(洑)가 일제시대부터 설치되어 있는 사실 및 위 하천이 공유하천인 사실에 관하여는 당사자 사이에 다툼이 없습니다.

(2) 신청인은 ○○도 ○○군 ○○ 답 5,610㎡의 주변 토지 약 50여필지 도합 40,000㎡ 가량을 경작하고 있는데, 신청인은 공유하천에 설치된 위 보로부터 관개를 위한 인수를 하여 위 답을 경작하고 있고 위 보에 딸린 몽리답은 본건 보를 유일한 수원으로 하고 있는 사실, 본건 보는 조선하천령 시행(1927년) 이전에 위 지역의 경작자들이 그 몽리답의 관개를 위하여 위 하천에 나무와 돌 등을 쌓아 물을 막아 설치한 것으로

서 그 후 일제시대 때에 이르러 현재와 같은 형태의 콘크리트보가 형성되고, 그 후 19○○년 5월경에 군부대에서 발전소 수토를 만들기 위해 보강공사를 한 것인데, 위 경작자들은 위 보가 설치된 이래 계속하여 위 보로부터 인수하여 위 답을 경작하여 왔으나 8. 15. 해방 후부터 9. 26. 수복 때까지는 위 몽리답이 38선 이북에 위치하고 있는 관계상 이를 북한집단이 사실상 지배하게 되었고 그 후에는 이 지역이 소위 민간통제선 북방이라서 경작이 불허되다가 근년에 와서 차차 경작이 허용되기 시작하여 신청인의 토지는 19○○년부터 관계당국으로부터 영농을 위한 출입이 허가되어 그때부터 다시 위 보에서 관개를 위한 인수를 하여 신청인의 답을 경작해 오고 있었던 사실, 본건 보에 담수되는 유수 중 일부는 그 보의 좌측으로 부터 연결되는 수로를 통해 신청인이 경작하는 몽리답에 들어가고 일부는 위 보의 제방을 넘어 하류로 이어져서 피신청인 조합의 관리하에 있는 3호 간선보로 가서 피신청인 조합원들의 몽리답으로 흘러들어가며, 일단 신청인의 몽리구역 수도에 인수된 물도 신청인의 몽리답에 공개하고 남은물이 있게 되면 지리적인 여건상 자연히 하류인 위 3호 간선보로 흘러들어가게 되어 있는 사실을 각 인정할 수 있을 것입니다.

(3) 위 사실에 의하면 공유하천에 설치된 본건 보에서 신청인 소유의 농지에 관개하기 위하여 인수하는 관행이 있었다 할 것이므로 그 농지소유자인 신청인은 그 농지의 관개에 필요한 한도 내에서 용수권이 있다 할 것인바, 피신청인은 본건 보는 피신청인 조합이 관리권을 가지고 있으므로, 조합원이 아닌 신청인은 용수권이 없고 본건 보로부터 인수되는 하류의 수로는 일제시대 어운수리조합에서 매수한 토지로 그 후 피신청인 조합의 전신인 ○○수리조합이 위 어운조합을 합병했으므로 위 수로는 피신청인 조합의 소유라고 할 것인즉 신청인이 이 수로를 이용할 권한은 없다고 주장하나, 위 보의 관리권이 피신청인 조합에 있다는 점에 관한 피고의 주장은 이를 믿기 어렵고 그밖에 달리 위 주장 사실을 인정할만한 자료가 없을 뿐더러 위에서 본 바와 같이 신청인은 종전부터 공유하천에 설치된 본건 보로부터 그 소유농지의 관계를 위하여 인수하는 관행에 의한 용수권이 있다 할 것이므로 피고의 주장은 이유 없다고 해야 할 것입니다.

2. 보전의 필요성

신청인의 토지는 위에서 본 바와 같은 사정으로, 19○○년경부터 관계당국으로부터 출입 영농이 허가되어 경작을 하게 되었고, 피신청인 조합이 관리하는 몽리 지역은 신청인의 토지보다 조금 먼저 출입 영농이 허가되었는바, 위 보의 수원을 이루던 상류지역의 호수와 보가 모두 북한집단의 사실상의 지배하에 들어가 수량이 절대적으로 부족해진데다가 신청인의 토지에 대한 영농이 뒤늦게 허가되어 신청인이 위와 같이 위 보로부터 인수를 하여 하류에 흘러가는 수량이 상대적으로 감소되자 신청인과 피신청인 간에 본건 보의 사용에 관해 상호 분쟁이 있어 오다가 한발이 심한 20○○. 4월 중순 경에는 피신청인 조합직원 8명 가량이 본건 보에서 신청인의 보에 연결되는 수로를 약 15미터 가량 파괴하고 동년 6. 27.경 다시 피신청인 조합직원 10여명이 위 수도를 약 21미터 가량 파괴하여 신청인이 영농을 위하여 위 보로부터 인수하는 것을 방해한 사실이 있습니다.

3. **결 론**

그렇다면 만약 본안판결이 있을 때까지 위와 같은 상태를 그대로 방치한다면 신청인에게 회복할 수 없는 현저한 손해가 발생할 급박한 사정에 놓여 있다고 인정되므로 위 손해를 방지하기 위하여 신청취지 기재와 같은 내용의 가처분을 할 필요가 있다 할 것입니다.

이와 같이 별지 신청인의 위 신청은 피보전권리 및 보전의 필요성이 소명되어 이유 있으므로 이를 인용하여 주시기를 바라는 바입니다.

입 증 방 법

1. 소갑제 1 호증의 1, 2 ○○○○
1. 소갑제 2 호증의 1, 2 ○○○○
1. 소갑제 3 호증 ○○○○
1. 소갑제 4 호증의 1, 2 ○○○○
1. 소갑제 5 호증 ○○○○

첨 부 서 류

1. 위 소명자료 각 1통
1. 송달납부서 1통

20○○. ○. ○.

위 신청인(채권자)의 소송대리인
변호사 ○ ○ ○ (인)

○○지방법원 신청과 귀중

사 항 색 인

[ㄱ]

[ㄴ]

[ㄷ]

[ㅁ]

[ㅈ]

[ㅊ]

저 자 약 력

저자 **장 종 운**

- 전남대학교 법과대학 및 동 대학원
- 법학박사

경력〉 대한법률구조공단
기업회생경영사(CTP)

〈주요저서〉

- 「신 생활법률총람 (上)·(下)」
- 「신 민사소송서식총람 (上)·(下)」
- 「신 법률상담사례」
- 「신 손해배상실무」 외 다수

〈주요논문〉

- 「개인채무자의 도산절차와 면책에 관한 연구」(박사학위논문)
- 「보장성보험채권에 대한 압류금지와 강제해지성 여부」
  (연세대 '법학연구', 2019년 제29권 제1호)

"주위토지통행권·층간소음·층간누수·일조권·조망권" 중심

상린관계 소송 실무 －이웃토지분쟁과 생활방해금지－

저　　자 장 종 운
발 행 인 양 진 수
발 행 처 진 원 사

2022년 1월 3일 초판 인쇄
2022년 1월 14일 초판 발행

서울시 송파구 법원로9길 26, C동 1107호 (문정동, H비즈니스파크)
전화 : 02) 916－1850 / 팩스 : 02) 916－3442
신고번호 제2018－000026호
http://www.jinwonsa.co.kr
http://www.lawbookstore.co.kr
e-mail : hhansin@hanmail.net

ISBN : 978-89-6346-600-2　　93360　　**정가 50,000원**